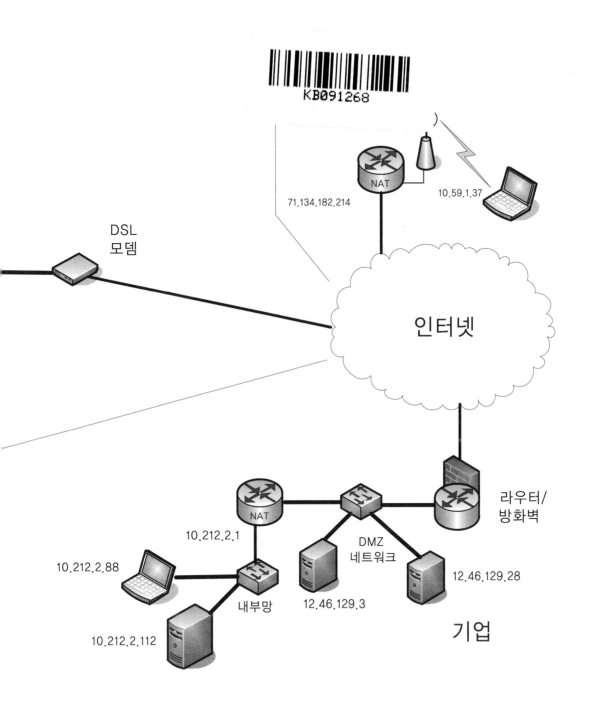

KB091268

71.134.182.214

NAT

10.59.1.37

DSL
모뎀

인터넷

라우터/
방화벽

NAT

10.212.2.1

DMZ
네트워크

10.212.2.88

12.46.129.28

내부망

12.46.129.3

기업

10.212.2.112

# TCP/IP Illustrated, Volume 1

## Second Edition

Korean edition published by aCORN Publishing Co., Copyright © 2021.

Authorized translation from the English language edition,
entitled TCP/IP ILLUSTRATED, VOLUME 1: THE PROTOCOLS, 2nd Edition,
by FALL, KEVIN R.; STEVENS, W. RICHARD, published by Pearson Education, Inc,
Copyright © 2012 Pearson Education, Inc.

All rights reserved. No part of this book may be reproduced or transmitted in any form or by any means,
electronic or mechanical, including photocopying, recording or by any information storage retrieval system,
without permission from Pearson Education, Inc.

이 책은 Pearson Education, Inc.와 에이콘출판㈜가 정식 계약하여 번역한 책이므로
이 책의 일부나 전체 내용을 무단으로 복사, 복제, 전재하는 것은 저작권법에 저촉됩니다.

# TCP/IP Illustrated, Volume 1

## Second Edition

### TCP/IP 네트워크 프로토콜의 이해

케빈 폴 · 리차드 스티븐스 지음
김중규 · 이광수 · 이재광 · 홍충선 옮김
이정문 감수

i!i
에이콘

| 초판에 쏟아진 찬사 |

"이 책은 TCP/IP 개발자와 사용자를 위한 바이블이나 다름없다. 이 책을 펴든 지 몇 분 만에 나와 동료들이 고민해왔던 시나리오들을 찾을 수 있었다. 스티븐스는 이 책에서 기존의 네트워크 계통 도사라는 사람들이 모호하게 감춰왔던 수많은 비밀을 명쾌하게 밝혀준다. 이 책은 다년간 TCP/IP 구현에 종사하면서 지금까지 보아온 책들 중에서 가장 훌륭한 책이다."

— 로버트 시암파Robert A. Ciampa / 3COM의 Synernetics 부문 네트워크 엔지니어

"스티븐스의 모든 책이 읽기 쉬우면서도 기술적으로 훌륭한 내용을 담고 있지만, 이 책은 그중에서도 단연 최고다. 그동안 많은 책이 TCP/IP 프로토콜들을 설명했지만, 스티븐스는 다른 경쟁 서적과는 비교할 수 없는 깊이와 현실 세계의 세부 사항을 제공한다. 이 책은 독자로 하여금 TCP/IP 내부를 들여다볼 수 있도록 도와주며, 프로토콜이 어떻게 동작하는지를 보여준다."

— 스티븐 베이커Steven Baker / 「UNIX Review」의 네트워킹 칼럼니스트

"이 책은 개발자, 네트워크 관리자 또는 TCP/IP 기술에 대한 이해를 필요로 하는 누구에게나 훌륭한 참고서이다. TCP/IP 관련 주제들을 포괄적으로 다루며, 초심자를 위한 충분한 배경 지식과 해설을 전달하면서도 전문가들도 만족시킬 정도의 세부 사항을 제공한다."

— 밥 윌리엄즈Bob Williams / 넷매니지사의 마케팅 부문 부사장

"이 책의 차별성은 스티븐스가 프로토콜에 대해 설명하는 것뿐만 아니라 직접 프로토콜을 보여주고자 한다는 점이다. 명쾌한 설명, 각 장 말미의 연습문제, 프로토콜 헤더 및 데이터에 관한 상세한 다이어그램, 실제 네트워크 트래픽 예제 등의 다양한 도구를 이용해 프로토콜을 가르쳐준다."

— 월터 진츠Walter Zintz / 유닉스월드

"이론만 소개하는 책들과는 비교도 할 수 없다. 스티븐스는 다중 호스트 기반의 구성 방식을 취했고, TCP/IP를 설명하는 데 그림들을 사용한다. 이 책은 이론을 보완하는 현실적 사례들에 기초한다. 이는 TCP/IP에 관한 기존의 책들과 구별되는 특징이며, 사례를 이용한 설명은 이 책의 내용을 이해하는 데 도움이 되고, 많은 정보를 제공한다."

— 피터 하버록Peter M. Haverlock / IBM TCP/IP Development 컨설턴트

"이 책에는 훌륭한 그림들이 들어있으며, 깔끔한 문체를 사용해 읽기 쉽게 작성됐다. 한마디로 복잡한 주제를 이해하기 쉽게 만들어준 책이다. 모든 사람에게 필독서로 추천한다."

— 엘리자베스 진칸Elizabeth Zinkann / 시스템 관리자

"스티븐스는 훌륭한 교재이자 참고 서적을 저술했다. 이 책은 훌륭한 구성과 깔끔한 서술을 갖췄으며, 또한 IP, TCP, 기타 지원 프로토콜과 응용 등의 논리와 운영에 관한 세부 사항을 수많은 훌륭한 그림과 함께 기술한다."

— 스콧 브래드너Scott Bradner / 하버드 대학 OIT/NSD 컨설턴트

널리 알려진 주제에 대해 역사적 사실과 기술적 내용을 풍부하게 서술하면서도 고도의 정확성을 유지하고 있는 책을 발견하기란 쉽지 않다. 이 책의 놀라운 점 한 가지는 '적나라한' 기술 방식인데, TCP/IP의 결함에 대해서도 감추지 않는 이러한 기술 방식은 오히려 이 책의 신빙성을 더해준다. TCP/IP 아키텍처는 그 탄생 시점을 반영하고 있다. 엄청나게 늘어난 애플리케이션은 말할 것도 없이 수백만 배 이상 확대된 사용 규모에 따라 여러 측면에서 추가된 요구사항들에 TCP/IP가 적용할 수 있었던 것은 놀라운 일이다. TCP/IP 아키텍처와 프로토콜들의 범위와 한계에 대한 이해는 미래의 진화와 혁신에 대한 사고에 있어 견실한 기초로 작용할 것이다.

인터넷 아키텍처가 초창기에 형성될 당시에는 '기관enterprise'이라는 개념이 정립돼 있지 않았다. 결과적으로 대부분의 네트워크는 자체적인 IP 주소 공간을 갖고 라우팅 시스템에 자신의 주소들을 직접 '공표announce'했다. 상용 서비스의 도입 이후 자사 고객들을 대신해 인터넷 주소 블록을 '공표하는' 중개자로서의 인터넷 서비스 제공자ISP가 등장했다. 이러한 이유로 대부분의 주소 공간은 'ISP 종속' 방식으로 지정돼 있으며, 'ISP 독립' 주소 체계의 사용은 점차 드물게 됐다. 그 결과 라우팅 경로 요약이 생겨났으며, 전역 라우팅 테이블 크기가 한없이 늘어나는 것을 막을 수 있었다. 이러한 전략은 나름의 이점들도 있지만, ISP 종속 주소의 사용자들이 전역 라우팅 테이블에 각자의 주소를 등록하지 않으므로 '다중 홈' 문제가 발생하게 됐다. 또한 IP 주소 '고갈crunch'로 인해 네트워크 주소 변환이 생겨났으며, 이는 ISP 독립성과 다중 홈 문제를 심화시켰다.

이 책을 읽다 보면 작은 네트워크와 응용 환경에 적용하던 단순한 개념들이 얼마나 복잡하게 진화했는지 놀라게 된다. 이 책을 통해, TCP/IP가 새로운 운영 조건이나 도전 과제, 시스템 규모의 급속한 성장 등으로 인해 발생한 수많은 요구 사항을 수용하기 위해 얼마나 복잡해졌는지 알 수 있다.

인터넷의 '기관' 사용자 보호와 관련된 문제로 인해 경계선 보안을 제공하는 방화벽이 생겨나게 됐다. 방화벽은 유용하지만, 지역 인터넷 설비에 대한 공격은 내부 침해를 통해 발생할 수도 있다. 예를 들면 감염된 컴퓨터를 내부 네트워크에 연결시킬 수도 있고, USB 포트를 통해 내부의 컴퓨터를 감염시키기 위해 감염된 휴대용 저장기기가 사용될 수도 있다.

따라서 340×1조×1조×1조 개의 주소를 제공하는 IP 버전 6의 도입을 통해 인터넷 주소 공간을 확장할 필요 외에도 DNSSEC<sup>Domain Name System Security Extension</sup>, DNS 보안 확장을 위시한 다양한 보안 강화 메커니즘을 도입할 필요가 있음이 분명해졌다.

이 책의 독특한 점은 TCP/IP 역사를 자세히 서술했다는 점이다. 이를 통해 네트워킹 문제들에 대한 해결책이 어떻게 진화해왔는지에 대한 배경지식과 발전 경로를 살펴볼 수 있다. 이 책은 또한 미해결 문제 영역을 밝히는 일과 서술의 정확성을 제고하기 위한 노력을 아끼지 않았다. 인터넷 작업의 정밀성과 안전성을 제고하고 만성적인 문제들에 대한 해결책을 탐색하는 일에 열의를 갖고 있는 엔지니어라면 이 책에서 얻는 지식들이 큰 도움이 될 것이다. 이 책의 저자들은 최신 인터넷 기술들을 면밀하게 서술한 점에 대해 칭송받을 만한 자격이 있다.

빈트 서프<sub>Vint Cerf</sub>
**2011년 6월 우드허스트에서**

## | 지은이 소개 |

**케빈 폴**Kevin R. Fall

TCP/IP 분야에서 25년 이상의 경력이 있으며, IAB에서도 활동한다. 또한 네트워크 성능 보장이 어려운 극한 환경에서의 네트워킹을 연구하는 IRTF의 DTNRG Delay Tolerant Networking Research Group 연구반에서 공동 의장을 맡고 있으며, IEEE 펠로우이기도 하다.

**리차드 스티븐스**W. Richard Stevens

개척자적인 저술가로, 수십 년 동안 네트워크 전문가들에게 TCP/IP 기술들을 가르쳤으며, 이를 통해 인터넷이 일상생활의 중심이 될 수 있도록 기여해왔다. 스티븐스의 베스트셀러로는 3권으로 이뤄진 『TCP/IP Illustrated』(Addison-Wesley), 『UNIX Network programming』(Prentice Hall) 등이 있다.

# 감사의 글

책 표지에는 저자 이름만 표시돼 있지만, 좋은 책을 만들기 위해서는 많은 사람의 노력이 필요하다. 가장 먼저 그리고 누구보다도 감사하고 싶은 것은 이 책을 쓰는 동안 길고 힘든 시간을 참아준 우리 가족들 샐리, 빌, 엘렌, 데이빗이다.

의심할 여지없이 이 분야에서 최고의 전문가인 자문 편집자 브라이언 커니건[Brian Kernighan]은 원고 초안을 가장 먼저 읽고 많은 부분을 교정해줬다. 세부 사항에 대한 점검과 읽기 쉬운 문장에 관한 제언, 초안에 대한 철저한 검토 등은 큰 도움이 됐다.

감수자들은 다른 관점의 의견을 제시하고 기술적 오류들을 잡아줬으며, 이들의 논평과 제안, (가장 중요한) 비판들은 이 책에 지대한 기여를 했다. 전체 원고를 읽고 논평해준 스티브 벨로빈[Steve Bellovin], 존 크로우크로프트[Jon Crowcroft], 피트 하버록[Pete Haverlock], 더그 슈미트[Doug Schmidt]에게 감사드린다. 또한 TCP 관련 장을 감수해준 데이브 보먼[Dave Borman], 부록 E의 공동 저자라고 불러도 손색이 없는 밥 길리건[Bob Gilligan]에게도 감사드린다.

나 혼자서 작업할 수는 없기에 많은 도움을 받았는데, 수많은 작은 부탁을 들어주고, 특히 이메일을 통한 여러 가지 질문에 답해준 Joe Godsil, Jim Hogue, Mike Karels, Paul Lucchina, Craig Partridge, Thomas Skibo, Jerry Toporek에게도 감사드린다.

이 책이 만들어지기까지에는 내가 금방 대답할 수 없는 많은 TCP/IP 관련 질문을 받고, 이를 해결하기 위해 작은 테스트들을 실행하고, 강제로 특정 조건을 발생시키고, 결과를 관찰하는 과정이 있었다. 탐색이 필요한 문제들을 질문해준 피터 하버록[Peter Haverlock]에게 감사드리며, 그와 같은 질문에 대답하기 위해 이 책에서 사용된 공개 소프트웨어들을 제공해준 반 제이콥슨[Van Jacobson]에게도 감사드린다.

네트워킹에 관한 책을 쓰려면 작업할 수 있는 네트워크와 인터넷 접속이 필요하다. 자신의 네트워크와 호스트들을 이용할 수 있게 해준 국립천문관측소, 특히 시드니 울프[Sidney Wolff], 리차드 울프[Richard Wolff], 스티브 그랜디[Steve Grandi]에게 감사드린다. 여러 질문에 답해주고 여러 호스트에 계정을 만들어준 스티브 그랜디에게 깊이 감사드린다. 또 최신의 4.4BSD 시스템을 사용할 수 있게 해준 U.C. 버클리 CSRG 소속의 키이스 보스틱[Keith Bostic]과 커크 맥쿠식[Kirk McKusick]에게도 감사드린다.

끝으로 이 책을 독자에게 전달하기 위해 모든 노력을 모으고 잡다한 일들을 처리해준 출판사가 있으며, 특히 그 중심에 최고의 편집자 존 웨이트John Wait가 있었기에 이 모든 일이 가능했다. 존과 애디슨 웨슬리의 전문가들과 함께 일하는 것은 큰 기쁨이었으며, 이들의 직업 의식과 세부 사항들에 대한 세심한 주의의 결과로 이 책이 탄생했음을 밝히고 싶다.

이 책의 출판 원고는 Troff를 고수하는 내가 제임스 클락James Clark이 개발한 Groff 패키지를 사용해 작성했다.

리차드 스티븐스
1993년 10월 아리조나 투싼에서

## | 옮긴이 소개 |

**김중규** jgkim@daegu.ac.kr

대구대학교 정보통신공학과 교수

**이광수** rhee@sookmyung.ac.kr

숙명여자대학교 컴퓨터공학과 교수

**이재광** jklee@hnu.kr

한남대학교 컴퓨터공학과 교수

**홍충선** cshong@khu.ac.kr

경희대학교 컴퓨터공학과 교수

## | 감수자 소개 |

**이정문** kamui73@hotmail.com

컴퓨터공학을 전공했으며 다수의 원서를 번역했다. 번역서로는 『안드로이드 앱 마케팅』(2011), 『데이터 과학으로 접근하는 정보보안』(2016), 『양자 컴퓨터 프로그래밍』(2019), 『양자 컴퓨터 원리와 수학적 기초』(2020) 등이 있다.

오늘날 네트워크 및 네트워크 간 연결에 관한 기술은 이 시대에 아마 가장 빠르게 성장해왔고, 또 성장해 나갈 것으로 생각한다. 특히 매년 새로운 형태의 소셜 네트워킹 애플리케이션의 등장이 이러한 주장을 증명하고 있다. 최근 매일 인터넷을 사용하는 사람들이 점점 더 늘어나는 추세다. 우리는 최신 뉴스나 날씨 등을 확인하거나 연구, 쇼핑, 항공, 철도 예약을 할 때 인터넷을 사용한다. 이와 같이 고도의 정보화 사회에서 인터넷 전문가가 되려면 인터넷과 관련된 네트워크를 사용하고, 관리하고 실행하기 위한 훈련이 필요하다.

이를 위해 가장 적합하다고 생각되는 리차드 스티븐스가 저술한 것을 바탕으로 케빈 폴이 개정한 『TCP/IP Illustrated, Volume 1, Second Edition』이다. 우리는 TCP/IP 프로토콜 모음에 대해 아주 자세하게 설명한 안내서로서 많은 사람들에게 큰 도움이 되리라고 판단해 이 책의 번역을 맡게 됐다. 특히 이 책은 최신의 혁신적인 수정 사항을 완벽하게 반영하고 있을 뿐만 아니라 최신 리눅스, 윈도우, 맥 OS 환경 등에서 다양한 예제를 통해 각 프로토콜이 어떻게 동작하는지 보여준다. 이 책은 TCP/IP의 동작 원리, 일반적인 조건에서 동작 내용, 또 다양한 애플리케이션이나 네트워크상에서 TCP/IP가 어떻게 적용되는지를 이해하기 위한 최선의 도움서라 할 만하다.

이 책을 접하는 독자들은 TCP/IP에 대한 지식 수준에 관계없이 전체 TCP/IP 프로토콜에 대한 직관적인 이해를 갖게 해줄 뿐만 아니라, 이를 통해 더 나은 애플리케이션을 작성할 수도 있고, 좀 더 효율적이면서도 신뢰할 수 있는 네트워크를 운영할 수도 있을 것이다. 따라서 이 책이 국내 인터넷 분야에 활동하고 있는 많은 분들에게 조금이나마 도움이 됐으면 하는 바람이다. 이 책을 완성하기까지 함께 협력해준 이광수 교수님, 홍충선 교수님, 김중규 교수님께 진심으로 감사의 뜻을 전하며, 에이콘출판사 임직원 여러분께도 감사의 마음을 표한다.

**대표 역자 이재광**

이 책은 TCP/IP 프로토콜 모음의 바이블로 알려진 『TCP/IP Illustrated』의 2판입니다. 1판은 TCP/IP 프로토콜을 이해하는 데 필독서로 불릴 정도로 유명한 책이었으나, 인터넷과 소프트웨어 기술의 발전에 따라서 업그레이드가 필요하게 됐습니다. 그런데 안타깝게도 1판 저자였던 리차드 스티븐스 님이 작고하면서 케빈 폴 님이 저술한 2판이 세상에 나오게 됐습니다.

1판과 마찬가지로 2판 역시 저자의 내공이 느껴질 정도로 폭넓으면서도 깊이 있는 내용을 다루고 있습니다. 다만, 저자가 다르다 보니 주제를 서술하는 방식이 1판과 다르고, 새로 추가된 내용도 1판보다 어려운 부분이 있기 때문에 입문자가 읽기에는 다소 어려울 수 있습니다. TCP/IP 입문자라면 다른 입문서(혹은 1판)를 먼저 읽고 이 책을 읽거나, 혹은 이 책의 내용 중에서 IPv4 부분만 골라서 끝까지 읽는 방법을 생각해볼 만합니다. 거의 대부분의 내용에서 IPv4와 IPv6를 함께 다루고 있는데 IPv6 부분이 좀 더 어렵기 때문입니다. IPv6의 보급률이 당초 예상보다 더딘 점을 감안하지 않더라도, 일단 IPv4의 이해를 바탕으로 IPv6을 공부하는 접근 방법을 택하면 처음부터 분량에 압도되지 않고 TCP/IP 프로토콜 모음의 전체적인 그림을 얻을 수 있다는 장점이 있습니다.

1,000페이지가 넘는 방대한 분량에 TCP/IP 프로토콜 모음의 수많은 프로토콜을 읽다 보면 지치는 느낌을 받을지도 모릅니다. 하지만 TCP/IP 프로토콜 모음의 전체적인 구조를 파악하며 구체적인 세부 내용을 깊이 있게 파고들기에 이보다 좋은 책이 별로 없을 것입니다.

언제나 많은 도움을 주시는 에이콘출판사의 권성준 사장님, 황영주 상무님, 조유나 님, 김진아 님께 감사드립니다. 그리고 사랑하는 부모님, 아내, 두 아들에게도 고마움을 전하고 싶습니다.

| 차례 |

## 11장   이름 변환과 DNS                                                637

## 12장   TCP: 전송 제어 프로토콜                                        717

## 13장   TCP 연결 관리                                                    735

에이콘출판의 기틀을 마련하신 故 정완재 선생님 (1935-2004)

『TCP/IP Illustrated, Volume 1, Second Edition』을 접하게 된 여러분을 환영한다. 이 책은 TCP/IP 프로토콜을 최신 상태로 자세히 서술하는 것이 목표다. 이 책에서는 TCP/IP 프로토콜이 어떻게 작동하는지에 대한 서술에 그치지 않고 다양한 분석 도구를 사용해 TCP/IP 프로토콜의 동작 모습을 살펴본다. 이를 통해 TCP/IP 프로토콜 설계 결정의 배경과 프로토콜들 사이의 상호작용을 이해할 수 있을 뿐만 아니라, 프로토콜 구현 소프트웨어의 소스코드를 읽거나 실험 설비를 설치해보지 않고도 구현 세부 사항들을 접할 수 있을 것이다. 물론 소스코드를 읽거나 실험 설비를 설치해보는 것은 심도 있는 이해에 도움이 될 것이다.

지난 30년 동안 네트워킹은 급속히 발전해왔다. 원래는 연구 프로젝트이며 호기심의 대상으로 출발했던 인터넷은 오늘날 정부, 기업, 개인 모두가 의존하는 전역 통신 기반으로 발전했다. TCP/IP 프로토콜들은 인터넷상의 모든 기기가 정보를 교환하기 위해 사용하는 토대가 되는 방법들을 정의한다. 이제 인터넷과 TCP/IP는 IPv6으로 넘어가는 진화 과정에 있으며, 사실상 이러한 변화는 10여년이 넘게 지체 중이다. 이 책 전반에 걸쳐 IPv6와 현재의 IPv4 양쪽 모두를 서술하지만, 중요한 차이점들도 강조한다. 유감스럽게도 IPv6과 IPv4는 호환되지 않으며, 따라서 이러한 진화의 영향을 파악하려면 신중하고 섬세한 이해가 필요하다.

이 책은 현재의 TCP/IP 프로토콜의 작동 원리에 대한 이해를 높이고자 하는 모든 사람을 위한 책이며, 여기에는 TCP/IP 프로토콜들을 다루는 네트워크 운영자 및 관리자, 네트워크 소프트웨어 개발자, 학생, 사용자 등이 포함된다. 이 책은 초판에 익숙한 독자들뿐만 아니라 이 책을 처음 접하는 독자들에게도 흥미로운 내용들을 포함한다. 이 책의 기존 내용들과 새로 추가된 내용들이 독자들에게 흥미롭고 유용하길 희망한다.

# 초판에 대한 논평

『TCP/IP Illustrated』초판의 출간 이래 거의 이십 년이란 세월이 지났다. 이 책은 TCP/IP 프로토콜들을 자세하게 이해하고자 하는 학생들이나 전문가들에게 매우 귀중한 자료들을 포함하고 있으며, 이는 다른 유사 도서와의 중요한 차이점이다. 오늘날까지도 이 책은 TCP/IP 프로토콜들의 동작에 대한 자세한 정보에 관해서는 가장 훌륭한 참고서로 남아 있다. 그러나 정보통신 기술 분야에서는 가장 훌륭한 도서들이라도 세월이 지나면 낡은 것이 되고 말며, 이는 『TCP/IP Illustrated』시리즈도 예외일 수는 없다. 2판에서는 스티븐스 박사의 수많은 저술에 공통된 높은 서술 수준과 상세하게 설명하는 친절함을 유지하면서도 새로운 내용들을 면밀하게 추가하고자 노력했다.

이 책의 초판에서는 링크 계층부터 시작해서 애플리케이션과 네트워크 관리에 이르기까지 광범위한 프로토콜들과 이들의 동작을 다뤘다. 오늘날 이렇게 광범위한 내용을 한 권의 책에 포함시키자면 너무 두꺼운 책이 될 것이다. 이러한 이유로 2판에서는 핵심 프로토콜 위주로 서술했으며, 여기에는 인터넷에서 구성, 명명, 데이터 전달, 보안 등의 기본 서비스 제공에 주로 사용되는 비교적 낮은 레벨의 프로토콜들이 포함된다. 응용, 라우팅, 웹서비스, 기타 중요 주제 등은 이어지는 후속 권들에서 다룬다.

초판이 출판된 이후 TCP/IP 구현의 표준 준수성과 안정성 개선에 상당한 진전이 이뤄졌다. 초판에서는 많은 예제에서 구현 오류나 표준에서 벗어난 동작들을 지적했는데, 오늘날의 TCP/IP 구현, 특히 IPv4에 대한 구현에서는 이러한 문제들이 대부분 해소됐다. 지난 18년 동안 TCP/IP 프로토콜 사용이 얼마나 확대됐는지를 생각하면 이러한 상황은 별로 놀라운 일은 아닐 것이다. 오작동하는 구현들은 비교적 드물며, 이는 TCP/IP 프로토콜의 성숙성을 방증한다고 볼 수 있다. 오늘날 핵심 프로토콜들의 동작에서 나타나는 문제점들은 잘 사용되지 않는 프로토콜 기능의 고의적 사용에 따른 경우가 많으며, 이는 초판에서는 중점적으로 다루지 않았던 일종의 보안 관련 사항들로서 2판에서는 이 문제들의 설명에 상당한 비중을 두었다.

# 21세기의 인터넷 환경

초판이 출판된 이후 인터넷의 사용 패턴이나 중요성에 상당한 변화가 있었다. 가장 명백한 분수령은 1990년대 초반에 시작된 월드와이드웹의 탄생과 상업화이며, 이로 인해 다양한 동기를 갖는 수많은 사람이 인터넷을 이용하게 됐다. 이에 따라 원래 소규모의 학술 기관 환경에서 구현됐던 프로토콜과 시스템은 주소 공간의 제한이나 보안 문제의 증가 등의 문제점들을 겪게 됐다.

보안 위협에 대한 대응으로 네트워크 관리자와 보안 관리자들은 특별한 통제 요소들을 네트워크에 도입했다. 오늘날 인터넷 접속 지점에 방화벽의 설치가 일반화됐으며, 이는 대형 기관들뿐만 아니라 소규모 사업체나 일반 가정의 경우도 마찬가지다. 지난 10여 년 동안 IP 주소와 보안에 대한 수요가 증가하면서 최근의 거의 모든 라우터에서 NAT<sup>Network Address Translation</sup>, 네트워크 주소 변환 장치가 지원되며 NAT의 사용이 광범위하게 확대되고 있다. NAT의 도입으로 인해 인터넷 사이트들은 인터넷 서비스 제공자로부터 받은 비교적 적은 수의 라우팅 가능한 인터넷 주소만으로도 많은 수의 컴퓨터에 IP 주소를 지정할 수 있게 됐는데, 동시에 인터넷에 접속하는 사용자 수만큼의 주소만 있으면 되기 때문이다. NAT 도입의 결과로 (거의 무한정의 주소를 제공하는) IPv6으로의 이행이 늦추어지게 됐으며, 일부 오래된 프로토콜들과의 상호운용성 문제가 발생하게 됐다.

1990년대 중반 무렵 PC 사용자들이 인터넷 접속을 요구하기 시작하면서 PC 소프트웨어의 최대 공급자인 마이크로소프트는 전용 소프트웨어를 통한 인터넷 접속 제공이라는 원래의 정책을 버리고 자사의 대부분 제품에서 TCP/IP 호환성을 지원하기 위한 노력을 진행했다. 이후 윈도우 운영체제를 탑재한 PC가 오늘날 인터넷에 연결된 PC들의 주종을 이루게 됐다. 시간이 지나면서 리눅스 기반의 시스템들도 상당히 많아졌으며, 이로 인해 선두 주자로서의 마이크로소프트의 아성은 위협을 받고 있다. 한때 인터넷에 연결된 시스템의 다수를 차지하고 있었던 오라클의 솔라리스나 버클리의 BSD 기반 시스템 등을 포함하는 기타 운영체제들은 이제 인터넷 연결 시스템들 중 비교적 작은 비중을 차지하고 있을 뿐이다. (Mach 기반의) 애플의 맥 OS X 운영체제가 새로운 경쟁자로 떠올랐으며, 특히 휴대용 컴퓨터 사용자들 사이에서 인기를 얻고 있다. 2003년에 휴대용 컴퓨터의 매출이 데스크톱 컴퓨터의 매출을 앞질렀으며, 휴대용 컴퓨터의 급속한 보급은 광범위한 지역에서 무선 인프라를 통한 고속 인터넷 접속에 대한 수요를 촉진했다. 2012년 이후 인터넷 접속을 위한 가장 보편적인 방법은 스마트폰일 것으로 예상된다. 태블릿 컴퓨터 또한 성장 중인 중요한 경쟁자일 것이다.

오늘날 무선 네트워크는 음식점, 공항, 커피전문점, 기타 공공장소 등과 같은 수많은 장소에서 제공된다. 대개의 무선 네트워크는 짧은 거리에서 무료 또는 (고정 요금 체계의) 유료 고속 무선 인터넷 접속을 제공하는 하드웨어를 사용해 제공되며, 이러한 무선 네트워크 하드웨어는 사무실이나 가정에서 사용되는 LAN과도 호환성을 갖는다. (LTE, HSPA, UMTS, EV-DO 등과 같은) 휴대폰 표준에 기초한 '무선 고속통신망' 기술들도 선진국들에서 (그리고 최신의 무선 기술로 이행 중인 일부 개발도상국에서도) 보편화되고 있는데, 이들의 경우 종종 제한적인 대역폭을 제공하며 통신량에 기초한 요금 체계를 따른다. 두 가지 유형의 인프라 모두 휴대용 컴퓨터나 좀 더 소형기기를 사용해 이동하면서도 인터넷을 이용하고 싶은 사용자들의 욕망을 다룬다. 어느 유형의 인프라를 사용하든 무선 네트워크를 통해 인터넷에 접속하는 이동성 사용자들의 존재는 TCP/IP 프로토콜 아키텍처에 두 가지 중요한 기술적 도전 과제를 제기한다. 첫째, 이동성은 호스트 컴퓨터의 주소가 인접 라우터의 식별 정보에 기초해 지정된다는 가정을 위배하는 것으로 인터넷의 라우팅 및 주소 체계에 영향을 미친다. 둘째, (일반적으로 유선망의 경우 네트워크상에 과도한 트래픽이 발생하지 않는 한 데이터 손실이 발생하지 않는 데 비해) 무선 링크는 연결 중단을 겪을 수 있으며 이로 인해 유선 링크와는 다른 이유로 데이터 손실이 발생할 수 있다.

끝으로 인터넷에서 '오버레이overlay' 네트워크를 형성하는 소위 p2p 애플리케이션들이 급부상했다. p2p 애플리케이션들은 어떤 작업을 수행하기 위해 중앙 서버에 의존하는 대신, 통신 가능한 일단의 동격peer 컴퓨터들을 정하고 상호작용을 통해 작업을 수행한다. 동격 컴퓨터들을 운영하는 것은 다른 사용자들이며, 이들은 고정된 서버 인프라에 비해 참여와 이탈이 신속히 이뤄진다. '오버레이' 개념은 일반 IP 기반 네트워크상에서 상호작용하는 동격 컴퓨터들이 또 다른 네트워크를 형성한다는 사실을 개념화시킨 것이다(실은 IP 기반 네트워크 또한 하위의 물리적 링크상에서 형성된 오버레이라고 볼 수 있다). p2p 애플리케이션들의 발전은 트래픽 흐름이나 전자상거래를 연구하는 사람들에게는 지대한 관심사이지만, 이 책에서 기술하는 핵심 프로토콜들에 큰 영향을 미치고 있지는 않다. 그러나 오버레이 네트워크 개념은 점차 네트워킹 기술에서 중요한 관심사가 되고 있다.

## 2판에서의 내용상 변화

초판과의 가장 중요한 변화는 전반적으로 다루는 범위의 재구성과 보안 관련 내용을 많이 추가했다. 인터넷상의 모든 계층에서 사용되는 거의 모든 프로토콜들을 다루는 대신에, 2판에서는 먼저 현재 널리 사용되고 있거나 가까운 장래에 널리 사용될 것으로 예상되는 일반적인(보안성과 무관한) 프로토콜들을 자세히 소개하는데, 여기에는 이더넷(802.3), Wi-Fi(802.11), PPP, ARP, IPv4, IPv6, UDP, TCP, DHCP, DNS 등이 포함된다. 시스템 관리자나 일반 사용자 모두 이러한 프로토콜들을 접하기 쉬울 것이다.

2판에서 보안은 두 가지 형태로 다루고 있다. 먼저 해당사항이 있는 각 장에서 한 절을 할애해 해당 장에서 다루는 프로토콜에 관련된 공격과 대응책을 기술한다. 이러한 기술에서 공격을 구성하기 위한 방법을 구체적으로 제시하고 있지는 않으며, 대신 프로토콜의 구현이 (때로는 규격 자체가) 충분히 안정돼 있지 않을 때 발생할 수 있는 문제점 유형들에 대한 실무적 해설을 제시한다. 오늘날의 인터넷에서 불완전한 규격이나 안이한 구현으로 인해 비교적 단순한 공격으로도 주요 업무 시스템들이 침해될 수 있다.

보안에 관한 두 번째의 중요한 논의는 18장에서 이뤄지는데, 여기에서는 보안과 암호학을 자세히 살펴보고 IPsec, TLS, DNSSEC, DKIM 등의 프로토콜도 소개한다. 무결성이나 안전한 운영의 확보를 요하는 모든 서비스나 애플리케이션의 구현에서 이러한 프로토콜들이 중요하다는 것은 오늘날 널리 알려져 있다. 인터넷의 상업적 중요성이 증가함에 따라 보안에 대한 필요성도 (그에 대한 위협의 수도) 이에 비례해 증가하고 있다.

초판에는 IPv6이 포함되지 않았지만, 2011년 2월 현재 미할당 IPv4 주소 그룹들이 고갈됨에 따라 IPv6의 사용이 크게 증가할 것으로 예상된다. IPv6의 주요 탄생 동기는 IPv4의 주소 고갈 문제를 해결하기 위한 것이며, 아직은 IPv4만큼 보편화돼 있지는 않지만 인터넷에 연결된 (휴대폰, 가정용 기기, 환경 센서 등과 같은) 소형 기기의 수가 증가함에 따라 점차 중요성을 더해가고 있다. (2011년 6월 8일로 정해진) 세계 IPv6의 날과 같은 이벤트들이 하위 프로토콜상의 상당한 변화와 기능 확대에도 불구하고 인터넷의 가동에 별 문제가 없음을 확인시켜주는 데 도움이 되고 있다.

2판의 구성에서 두 번째로 고려한 점은 별로 사용되지 않는 프로토콜들에 관한 내용은 축소하고 초판의 출간 이래 상당한 수정이 이뤄진 프로토콜들에 대한 수정 사항을 반영하는 것이다. RARP, BOOTP, NFS, SMTP, SNMP 등을 다루는 장들은 없앴으며, SLIP 프로토콜에 대한 설명은 DHCP와 PPP(PPPoE 포함)에 대한 설명을 확장하는 것으로 대체했다. (초판의 9장에서 설명했던) IP 포워딩 기능은 2판에서는 5장의 IPv4와 IPv6 프로토콜에 관한 전반적인 내용에 편입했다. (RIP, OSPF, BGP 등의) 동적 라우팅 프로토콜에 관한 설명은 없앴는데, OSPF와 BGP만으로도 책 한 권 분량은 되기 때문이다. ICMP에서 시작해 IP, TCP, UDP 등에 이르기까지 IPv4와 IPv6 동작 차이가 클 경우 이러한 차이점을 다뤘다. IPv6에 대한 별도의 장을 두는 대신 해당 사항이 있을 경우 각각의 핵심 프로토콜에서 IPv6의 영향에 대해 기술했다. 인터넷 애플리케이션들과 지원 프로토콜들을 다뤘던 초판의 15장과 25~30장의 대부분은 삭제했으며, 하위 핵심 프로토콜의 동작을 보여주기 위해 필요한 것들만 남겨졌다.

새로운 내용들을 다루는 몇 개의 장이 추가됐다. 1장에서는 네트워킹 관련 이슈와 아키텍처에 대한 일반 개요에서 시작해 인터넷 관련 내용을 소개한다. 인터넷 주소체계 아키텍처는 2장에서 다룬다. 6장은 호스트 구성과 시스템을 네트워크에 연결하는 방법 등을 다루는 내용으로 새로 추가했다. 7장에서는 방화벽과 NAT<sup>Network Address Translation</sup>, 네트워크 주소 변환를 다루는데, 여기에는 라우팅 가능한 영역과 라우팅 불가능한 영역 사이에서 주소 공간을 분할하기 위해 NAT가 어떻게 사용되는지도 다뤘다. 초판에서 사용된 도구들 외에 (그래픽 사용자 인터페이스를 갖춘 무료 네트워크 트래픽 모니터 애플리케이션인) 와이어샤크가 추가됐다.

2판에서 대상으로 삼은 독자층은 초판의 경우와 같다. 이 책을 이해하는 데 네트워킹 개념에 대한 사전 지식은 필요하지 않지만, 사전 지식이 있는 고급 독자라면 세부 사항이나 참고 자료 등을 더 잘 활용할 수 있을 것이다. 추가적인 내용을 찾아보고 싶은 독자들을 위해 각 장의 끝에 풍부한 참고 자료들을 제시했다.

# 2판에서 편집상의 변화

2판에서 내용상의 전체적인 흐름은 초판과 큰 차이가 없다. 1장과 2장은 이 책의 도입부로서 전반적인 소개에 중점을 두고, 이후에는 도입부에서 제시된 네트워크 통신의 목표가 인터넷 아키텍처에서 어떻게 실현되는지 설명하기 위해 프로토콜들이 상향식으로 제시된다. 초판에서와 마찬가지로 필요한 곳에서는 프로토콜의 동작 세부 사항을 보이기 위해 실제 패킷들에 대한 분석 자료가 사용된다. 초판의 출간한 이후 무료로 이용 가능하고 그래픽 인터페이스를 갖춘 패킷 캡처 및 분석 도구가 나와 있으며, 이들은 초판에서 사용됐던 tcpdump 프로그램에 비해 기능상으로도 강화됐다. 2판에서도 텍스트 기반의 패킷 캡처 도구의 출력물을 검사하는 것만으로 충분한 설명이 가능할 경우에는 tcpdump를 사용했다. 그렇지 못한 대부분의 경우에는 와이어샤크 도구의 스냅샷을 사용했다. tcpdump의 출력 스냅샷을 포함해 일부 출력물들은 설명의 명확성을 위해 부분만을 보여주거나 단순화시켰으니 유의하기 바란다.

제시되는 패킷 분석 자료들은 대개 이 책의 앞표지 안쪽에 기재된 네트워크 구성도에 포함된 하나 이상의 요소의 동작을 보여준다. 이 네트워크 구성도는 (클라이언트 접속이나 p2p 네트워킹에 주로 이용되는) 초고속통신망에 연결된 '일반 가정' 환경, (커피전문점과 같은) '공공장소' 환경, 기관 환경 등을 나타낸다. 예제에서 사용되는 운영체제에는 리눅스, 윈도우, FreeBSD, 맥 OS X 등이 포함된다. 오늘날 인터넷에서는 여러 운영체제의 다양한 버전이 사용되고 있다.

각 장의 구성은 초판과는 조금 달라졌다. 각 장은 그 장에서 다루는 주제에 대한 서론을 제시하고, 일부 장에서는 이어서 역사적 사항이 제시되기도 하며, 이후 세부 내용들과 요약, 참고 자료 등이 뒤따른다. 대부분 장의 끝에서 보안 관심사와 공격들을 설명한다. 참고 자료는 2판에서 새로 추가한 것으로, 각 장의 독립성을 강화하고 독자들이 참고 자료를 찾기 위해 읽던 곳에서 멀리 떨어진 페이지들로 이동하는 일을 줄여줄 것이다. 일부 참고 자료에는 온라인으로 쉽게 찾을 수 있게 웹 URL이 표시돼 있다. 그리고 논문이나 도서의 경우 참조 형식을 저자들의 성의 첫 글자와 출판년도 마지막 두 자리를 사용함으로써 더욱 짧게 표현했다(예를 들면 초판의 [Cerf and Kahn 1974]가 2판에서는 [CK74]로 단축된다). RFC 문서들의 경우 저자 이름 대신 RFC 번호가 사용되며, 이는 일반적인 RFC 참조 관행에 부합될 뿐 아니라, RFC 문서들을 참고 자료 목록에서 한곳으로 모으는 효과가 있다.

끝으로 언급하고 싶은 것은 TCP/IP 네트워크 시리즈의 편집 규약은 초판의 규약을 충실히 따른다는 것이다. 그러나 2판의 저자는 별도의 원고 정리 편집자를 두고 스티븐스 박사나 애디슨 웨슬리$^{Addison-Wesley}$ 컴퓨터 전문 서적 시리즈의 일부 저자들이 사용한 Troff 시스템 대신 다른 조판 패키지를 이용하기로 결정했다. 덕분에 최종 원고 정리는 고맙게도 출판사에서 지정해준 전문 편집자인 바바라 우드$^{Barbara\ Wood}$의 도움을 받을 수 있었다. 독자 여러분이 결과물에 만족하길 바란다.

케빈 폴
2011년 9월 캘리포니아 주 버클리에서

이 책은 TCP/IP 프로토콜들을 다루지만, TCP/IP에 관한 다른 책들과는 다른 관점으로 기술했다. 단순히 프로토콜을 설명하고 동작을 기술하는 데 그치지 않고 프로토콜의 실제 동작을 관찰하는 데 널리 사용되는 진단 도구를 사용한다. 다양한 환경에서 프로토콜들이 어떻게 동작하는지 살펴보는 것은 동작 원리와 설계 의도를 이해하는 데 많은 도움이 된다. 또한 수천 라인의 소스코드를 힘들게 분석하지 않고도 프로토콜이 어떻게 구현됐는지 짐작할 수 있게 해준다.

1960년대에서 1980년대까지는 네트워킹 프로토콜들을 개발할 때는 '회선'을 지나가는 패킷을 살펴보려면 고가의 전용 하드웨어가 필요했다. 또한 이런 하드웨어가 보여주는 패킷을 이해하려면 프로토콜에 대한 고도의 숙련성이 요구됐으며, 하드웨어 기반 분석기들의 기능은 하드웨어 설계자들이 구현한 것으로 제한됐다.

오늘날 어디에서나 볼 수 있는 워크스테이션에서 LAN을 감시할 수 있게 되면서 이러한 상황에 큰 변화가 생겼다[Mogul 1990]. 관찰하고자 하는 네트워크에 워크스테이션을 설치하고 공개적으로 제공되는 소프트웨어를 실행시키는 것만으로도 회선상을 지나가는 정보들을 관찰할 수 있게 됐다. 많은 사람이 이러한 분석기를 네트워크 문제 진단을 위한 도구로 간주하지만, 이 책은 또한 (이 책의 목표인) 네트워크 프로토콜들이 어떻게 동작하는지 이해하기 위한 강력한 도구가 되기도 한다.

이 책은 TCP/IP 프로토콜들이 어떻게 동작하는지 이해하고자 하는 모든 사람을 대상으로 설명한다. 여기에는 네트워크 애플리케이션을 개발하는 프로그래머, TCP/IP를 활용하는 컴퓨터 시스템과 네트워크의 유지를 담당하는 시스템 관리자, 매일 같이 TCP/IP 애플리케이션을 이용하는 사용자 등이 포함된다.

# 편집 규약

대화형 입출력을 표시할 때 입력 문자는 진한 글씨체로 표시하고 출력 문자는 고정폭 글자체(Courier)체로 표시한다.

```
bsdi % telnet svr4 discard       connect to the discard server
Trying 140.252.13.34...          this line and next output by Telnet client
Connected to svr4.
```

또한 명령을 실행하는 호스트를 표시하기 위해 셸 프롬프트에는 항상 시스템 이름을 포함시킨다(위의 예에서는 bsdi).

> **주의**
> 이 책에서 역사적 배경이나 구현 세부 사항을 기술한다.

때로 특정 명령에 대한 유닉스 사용 설명서상의 설명을 참조할 경우 ifconfig(8)와 같은 표현을 사용한다. 명령 다음의 괄호 안에 숫자를 표시하는 방식은 유닉스 명령을 참조하는 일반적인 방식이다. 괄호 안의 숫자는 해당 명령에 대한 자세한 설명을 싣고 있는 페이지가 들어 있는 절의 번호다. 다만 모든 유닉스 시스템에서 명령 그룹에 해당하는 절 번호에 관해 설명서 구성이 동일하지 않다는 점에 주의할 필요는 있다. 이 책에서는 BSD 스타일을 따르지만(BSD 계열인 SunOS 4.1.3에서도 동일함), 독자들의 시스템에서 사용되는 사용 설명서는 다르게 구성돼 있을 수도 있다.

# 문의

한국어판에 오류가 있다면 에이콘출판사의 도서정보 페이지 http://www.acornpub.co.kr/book/tcpip-illustrated-new의 도서 오류 신고에서 연락하거나 에이콘출판사 편집팀(editor@acornpub.co.kr)으로 연락해주길 바란다.

# 01
## 소개

효과적인 의사소통은 공통 언어의 사용에 달려있다. 이는 사람과 동물뿐 아니라 컴퓨터도 마찬가지다. 공통 언어와 함께 일단의 공통 동작들이 사용될 때 프로토콜이 사용된다고 말한다. 뉴옥스포드 아메리칸 사전에 따르면 프로토콜<sup>protocol</sup>의 첫 번째 정의는 다음과 같다.

국가 업무나 외교 업무를 관장하는 공식 절차 또는 규정 체계

우리는 매일 수많은 프로토콜에 참여한다. 질문을 하고 질문에 대답하는 일, 사업상 거래 조건을 협상하는 일, 팀원 간에 협업하는 일 등이 모두 프로토콜에 해당한다. 컴퓨터역시 다양한 프로토콜에 참여한다. 서로 관련 있는 프로토콜들을 모아 놓은 것을 프로토콜 모음<sup>protocol suite</sup>이라고 부른다. 프로토콜 모음의 프로토콜들이 서로 어떻게 관련되는지, 그리고 달성해야 할 과제를 어떻게 분할하는지를 규정하는 설계를 프로토콜 모음의 아키텍처<sup>architecture</sup> 또는 참조 모델<sup>reference model</sup>이라고 부른다. TCP/IP는 인터넷 아키텍처를 구현하는 프로토콜 모음이며 ARM<sup>ARPANET Reference Model, 알파넷 참조 모델[RFC0871]</sup>에 그 기원을 둔다. ARM 자체도 미국의 Paul Baran[B64]과 Leonard Kleinrock[K64], 영국의 Donald Davies[DBSW66], 프랑스의 Louis Pouzin[P73] 등의 패킷 교환에 관한 초창기 작업의 영향을받은 바 있다. 다년에 걸쳐 (ISO 프로토콜 아키텍처[Z80], 제록스의 XNS[X85], IBM의 SNA[I96] 등과

같은) 다른 프로토콜 아키텍처들도 만들어졌지만, TCP/IP가 가장 보편적인 프로토콜 아키텍처로 자리 잡았다. 컴퓨터 통신의 역사와 인터넷의 개발에 초점을 맞춘 흥미로운 책들이 여럿 있으며, [P07]과 [W02]도 그런 범주의 책들이다.

TCP/IP 아키텍처는 다수의 서로 다른 패킷 교환 컴퓨터 네트워크 간에 상호 연결을 제공할 필요에서 발전했음을 기억할 필요가 있다[CK74]. 이러한 요구를 달성하기 위해 원래는 호환성이 없는 네트워크 사이의 변환 기능을 제공하는 (나중에는 라우터router라고 불리게 된) 게이트웨이gateway가 사용됐다. 그 결과로 형성된 '결합concatenated' 네트워크에서는 다양한 서비스를 제공하는 훨씬 더 많은 수의 노드가 통신할 수 있으므로 유용성이 크게 증가했다. 이러한 결합 네트워크를 캐터넷catenet이라고 불렀는데, 나중에는 인터네트워크 internetwork라는 용어가 사용됐다. 프로토콜 아키텍처가 완전히 개발되기 전이었지만 이러한 전역 네트워크가 제공하게 될 용도들은 일찍이 예견됐다. 예를 들면 1968년 J. C. R. Licklider와 Bob Taylor는 전역 상호 연결 통신망이 '초공동체supercommunities'를 지원하기 위해 사용될 가능성을 다음과 같이 예견했다[LT68].

> 오늘날 온라인 공동체는 지리적으로뿐만 아니라 기능적으로도 서로 분리돼 있다. 구성원은 자신이 소속된 공동체를 둘러싼 설비의 처리 능력, 저장 능력, 소프트웨어 기능만 이용할 수 있기 때문이다. 그러나 이제 개별 공동체들을 상호 연결함으로써 소위 초공동체로 전환시키려는 움직임이 진행 중이다. 이러한 상호 연결을 통해 어느 공동체의 누구라도 초공동체 전체의 프로그램과 정보 자원을 이용할 수 있게 되기를 희망한다. (중략) 이러한 전체 네트워크는 네트워크들의 네트워크로 이뤄진 유연한 구조를 가지며, 내용이나 구성에 있어 계속 변화할 것이다.

이처럼 ARPANET 그리고 인터넷을 뒷받침한 전역 네트워크 개념이 오늘날 우리가 즐기는 다양한 용도를 지원하도록 설계됐음은 분명하다. 그러나 여기까지 오는 것은 쉬운 일이 아니었다. 오늘날의 성공은 설계와 구현에 대해 세심한 주의를 기울이고 혁신적인 사용자와 개발자가 생겨나고 개념을 프로토타입으로, 나아가서 상용 네트워크 제품으로 구현하기에 충분한 자원이 제공된 덕분이다.

1장에서는 이후의 장을 위한 역사적 배경과 충분한 기초 지식을 제공하기 위해 인터넷 아키텍처와 TCP/IP 프로토콜 모음을 개략적으로 소개한다. 아키텍처는 (프로토콜 아키텍처와 물리적 아키첵처 모두) 어떤 기능이 제공돼야 하며 그러한 기능들은 논리적으로 어디서 구현돼야 하는지에 대한 설계상의 의사결정들의 모음에 해당한다. 아키텍처를 설계하는 일은 과학보다는 예술에 가깝지만, 그래도 바람직한 것으로 받아들여지는 아키텍처의 몇 가지 특성을 살펴보자. 네트워크 아키텍처라는 주제에 대해서는 데이[Day]가 쓴 책[D08]에서 자세히 다뤄져 있다.

## 1.1 아키텍처에 관한 원칙

TCP/IP 프로토콜 모음은 다양한 컴퓨터 제조업체가 공급하고 전혀 다른 소프트웨어를 실행시키는 다양한 크기의 컴퓨터, 스마트폰, 내장형 기기 등이 서로 통신할 수 있게 해준다. 21세기에 들어서 TCP/IP 프로토콜 모음은 현대적 통신, 오락, 상거래 등에서 필수품으로 자리 잡았다. TCP/IP 프로토콜 모음은 프로토콜 정의 문서들과 많은 구현이 무료나 저가로 공개적으로 제공된다는 점에서 진정한 개방형 시스템이라고 할 수 있다. TCP/IP 프로토콜 모음은 인터넷의 기초를 형성하고 있는데, 인터넷은 지구상의 거의 모든 곳에서 20억 명 정도의 사용자들이 이용하는 WAN[Wide Area Network, 원거리 통신망]으로 이는 2010년 기준으로 세계 인구의 대략 30%에 해당된다. 많은 사람이 인터넷과 웹을 같은 것으로 생각하지만, 원래 인터넷은 컴퓨터들 사이에 기초적인 메시지 교환을 제공하는 기능을 가리킨다. 이에 비해 웹은 인터넷을 통신 도구로 이용하는 응용 서비스의 하나이며, 1990년 초반 전 세계가 인터넷 기술에 주목하게 만든 어쩌면 가장 중요한 인터넷 응용 서비스일 것이다.

몇 가지 목표들이 인터넷 아키텍처의 형성을 이끌었다. [C88]에서 클라크[Clark]는 '기존 상호 연결 네트워크들을 다중적으로 활용하기 위한 효과적인 기법을 개발하는' 것이 주된 목표였다고 밝히고 있다. 이 말의 핵심은 인터넷 아키텍처가 여러 개의 서로 다른 네트워크들을 상호 연결할 수 있어야 하며, 또 이렇게 상호 연결된 네트워크상에서 여러 가지 활동들이 동시에 실행될 수 있어야 한다는 점이다. 이러한 주된 목표 외에도 클라크는 다음과 같은 2차적 목표들을 제시했다.

- 네트워크나 게이트웨이들이 손실되는 상황에서도 인터넷 통신이 계속돼야 한다.
- 인터넷 통신은 여러 다른 유형의 통신 서비스를 지원해야 한다.
- 인터넷 아키텍처는 다양한 네트워크들을 수용할 수 있어야 한다.

- 인터넷 아키텍처는 자원의 분산 관리를 허용해야 한다.
- 인터넷 아키텍처는 비용 효과적이어야 한다.
- 인터넷 아키텍처는 약간의 노력만으로 호스트가 인터넷에 연결될 수 있어야 한다.
- 인터넷 아키텍처에서 사용되는 자원은 그 사용 이유가 납득할 만해야 한다.

최종적으로 선택된 것이 아닌 다른 설계상의 의사결정을 통해서도 위에 나열된 목표를 지원할 수 있었을 것이다. 하지만 이러한 아키텍처 원칙들이 정형화되는 과정에서 몇 가지 선택지들이 탄력을 받으면서 설계자들의 선택에 영향을 미치게 됐다. 이 중 특히 중요한 몇 가지와 그로 인한 결과를 살펴보자.

## 1.1.1 패킷, 연결, 데이터그램

1960년대까지 네트워크의 개념은 주로 전화망에 기반을 뒀다. 전화망은 통화가 지속되는 동안 전화기들을 서로 연결하기 위한 목적으로 개발된 것으로서 하나의 통화는 한쪽 당사자에서 반대쪽 당사자에게 연결<sup>connection</sup>을 확립하는 것으로서 구현됐다. 연결이 확립됐다는 것은 통화가 지속되는 동안에 한쪽 전화기와 상대방 전화기 사이에 회선(초기에는 물리적인 전기 회선)이 만들어졌음을 의미했다. 통화가 완료되면 연결은 해제되고 해당 회선은 다른 사용자들이 사용할 수 있게 된다. 연결 종단점 사이의 통화 시간과 식별 정보는 사용자들에게 요금을 청구하기 위해 사용됐다. 연결의 확립 시에 각 사용자에게는 (대체로 음성 형태의) 정보 전송을 위한 일정 대역폭<sup>bandwidth</sup>, 즉 용량<sup>capacity</sup>이 정해진다. 전화망은 원래 아날로그 방식으로 출발했으나 디지털 방식으로 발전했으며, 이러한 발전을 통해 신뢰성과 성능이 크게 개선됐다. 전화 회선에 삽입되는 데이터는 사전 확립된 경로 상의 네트워크 스위치들을 거쳐 예측 가능한 방식으로 반대쪽 전화기에 나타나는데, 반대쪽에 도달하기까지 걸리는 시간에는 (지연시간<sup>latency</sup>이라고 부르는) 제한이 있었다. 이러한 방식을 통해 사용자가 필요로 할 때 회선이 비어 있기만 하면 예측 가능한 서비스를 받을 수 있다. 회선은 통화가 지속되는 동안 네트워크상의 해당 경로를 독점적으로 지정하는데, 회선이 바쁘지 않은 동안에도 경로를 독점적으로 사용한다. 전화망은 이 방식을 사용하기 때문에 통화가 발생하면 사용자가 아무런 말도 하지 않더라도 통화 시간에 해당하는 요금이 부과된다.

1960년대에 개발된 중요한 개념들 중 하나는 패킷 교환<sup>packet switching</sup>이다<sup>[B64]</sup>. 패킷 교환

에서는 여러 바이트로 구성된 디지털 정보의 "덩어리(패킷)"가 다소 독립적으로 네트워크를 통해 이동한다. 서로 다른 발신지로부터의 패킷들이 함께 섞였다가 나중에 다시 분리되는데, 이를 다중화multiplexing라고 한다. 패킷들은 목적지로 향하는 과정에서 스위치들을 지나는데, 패킷들마다 다른 경로를 취할 수 있다. 이러한 다중화를 통해 두 가지 장점을 기대할 수 있다. 외부 충격에 대한 회복력이 강할 뿐 아니라(설계자들은 네트워크에 대한 물리적 공격을 우려했다), 통계적 다중화를 통해서 네트워크 링크와 스위치의 이용률을 높일 수 있다.

패킷들이 패킷 스위치에 도착하면 대체로 버퍼 메모리buffer memory 또는 큐queue라고 불리는 곳에 저장된 다음 FCFSFirst-Come-First-Served, 선입선처리 방식으로 처리된다. 이는 패킷 처리 일정을 정하는 가장 단순한 방법이며, FIFOFirst-In-First-Out, 선입선출 방식이라고도 한다. FIFO 버퍼 관리와 수요 기반 일정 관리를 결합해서 쉽게 통계적 다중화를 구현할 수 있는데, 통계적 다중화는 인터넷상의 서로 다른 발신지로부터의 트래픽을 혼합시키기 위해 주로 사용되는 방법이다. 통계적 다중화에서는 트래픽의 도착 관련 통계량과 시간 패턴에 기초해 트래픽이 혼합된다. 이러한 다중화는 단순하면서도 효율적인데, 사용 가능한 네트워크 용량이 있고 이를 사용할 트래픽만 있으면 어느 병목지점에서든 네트워크가 바쁘게 일할 것이기(즉, 높은 이용률을 보일 것이기) 때문이다. 이 방식의 단점은 예측 가능성이 제한된다는 점이다. 특정 애플리케이션이 보이는 성능이 네트워크를 공유 중인 다른 애플리케이션의 통계치에 따라 달라진다. 통계적 다중화는 자동차들이 차선을 바꿀 수 있지만 차선이 줄어드는 구간에서 혼잡이 발생할 수 있는 고속도로와 비슷하다고 볼 수 있다.

TDMTime-Division Multiplexing, 시분할 다중화와 정적 다중화static multiplexing 등의 또 다른 기법들에서는 데이터 전송에 사용될 시간이나 그 밖의 자원을 각각의 연결마다 일정한 수준만큼 예약한다. 이러한 기법들을 사용할 경우 예측 가능성이 높아지며, 전화 통화의 비트 전송률bitrate을 꾸준히 유지할 수 있다는 장점이 있다. 하지만 예약된 대역폭이 사용되지 않을 수도 있으므로 네트워크 용량을 충분히 활용하지 못할 수도 있다. 주목할 점은 TDM 기법을 이용해 회선을 단순 구현할 수도 있지만, 연결 지향 패킷들을 이용해 VCVirtual Circuit, 가상 회선을 구현할 수도 있다는 점이다. VC는 많은 점에서 회선과 비슷한 동작을 보이지만, 실물 회선 스위치를 필요로 하지는 않는다. 이러한 방식은 1990년대 초반까지 널리 사용됐던 X.25 프로토콜의 토대가 됐다. X.25는 점차 프레임 릴레이frame relay로, 그리고 나중에는 DSL Digital Subscriber Line, 디지털 가입자 회선기술과 인터넷 연결을 지원하는 케이블 모뎀 등으로 대체됐다(3장 참고).

X.25와 같이 VC 개념과 연결 지향을 지원하는 패킷 네트워크에서는 각 스위치에서 개별 연결마다 어떤 정보(상태 정보)를 스위치에 저장할 필요가 있다. 왜냐하면 개별 패킷은 인덱스 값을 상태 테이블에 제공하는 아주 작은 오버헤드 정보만 포함하기 때문이다. 예를 들어 X.25에서 12비트 LCI Logical Channel Identifier, 논리적 채널 식별자나 LCN Logical Channel Number, 논리적 채널 번호이 이러한 용도로 사용된다. 각 스위치에서는 주어진 패킷을 위한 경로상의 다음 스위치를 결정하기 위해 LCI나 LCN과 해당 스위치상의 흐름별 상태 정보per-flow state를 함께 사용한다. 흐름별 상태 정보는 VC상에서 데이터를 교환하기에 앞서 연결 확립, 해제, 상태 정보 등을 지원하는 신호 프로토콜을 사용해 설정된다. 따라서 이러한 네트워크를 연결 지향 네트워크라 부른다.

회선상에 구축됐든 패킷상에 구축됐든 연결 지향 네트워크는 오랜 기간 가장 보편적인 네트워킹 형태였다. 1960년대 후반 데이터그램datagram이라는 또 다른 방식이 개발됐다. CYCLADES[P73] 시스템에 기원을 둔 데이터그램은 발신지와 최종 목적지에 관한 모든 식별 정보를 (패킷 스위치에 두는 대신) 패킷 내부에 포함하는 특별한 유형의 패킷이다. 이러한 방식에서는 패킷 크기가 늘어나는 경향이 있지만, 패킷 스위치에서 흐름별 상태 정보를 유지할 필요가 없으며, 따라서 (복잡한) 신호 프로토콜 없이도 비연결형connectionless 네트워크를 구축할 수 있다. 초창기 인터넷 설계자들은 데이터그램 개념을 반겼으며, 이러한 결정은 TCP/IP 프로토콜 모음의 나머지 부분에 중대한 영향을 미쳤다.

또 다른 관련 개념 하나는 메시지 경계message boundary 또는 레코드 마커record marker라고 불리는 개념이다. 그림 1-1에서 보여주듯이 애플리케이션에서 둘 이상의 정보 덩어리를 네트워크로 보낼 때 통신 프로토콜은 둘 이상의 정보 덩어리가 기록됐다는 사실을 보존할 수도 있고 그렇지 않을 수도 있다. 대부분의 데이터그램 프로토콜들은 메시지 경계를 보존하며, 데이터그램 자체가 시작 요소와 끝 요소를 갖기 때문에 이는 자연스러운 선택이다. 그러나 회선이나 VC 네트워크에서는 애플리케이션이 여러 개의 데이터 덩어리를 전송했는데 수신 측 애플리케이션이 이를 한꺼번에 하나 이상의 서로 다른 크기의 데이터 덩어리로 읽을 수도 있다. 이러한 유형의 프로토콜들에서는 메시지 경계가 보존되지 않는다. 하부 프로토콜이 메시지 경계를 보존하지 못하는데 애플리케이션에서는 메시지 경계를 필요로 한다면 애플리케이션이 자체적으로 메시지 경계를 제공해야 한다.

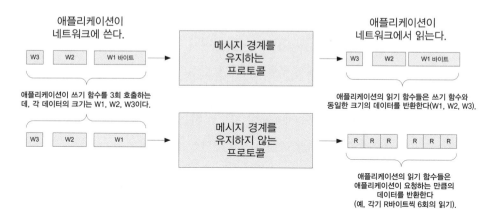

**그림 1-1** 애플리케이션은 프로토콜을 통해 전달될 메시지를 쓴다. 메시지 경계는 한 번의 쓰기와 그다음 쓰기 사이의 위치 또는 바이트 단위 거리를 의미한다. 메시지 경계를 유지하는 프로토콜은 발신자 측에서 지정한 메시지 경계 위치를 수신 측에 알려준다. 메시지 경계를 유지하지 않는 프로토콜은 이러한 정보를 무시하고 수신자 측에 전달하지 않는데, TCP 같은 스트리밍 프로토콜이 이에 해당한다. 따라서 메시지 경계 구분이 필요한 애플리케이션들은 자체적으로 발신자 측 메시지 경계를 표시하기 위한 방법을 구현해야 할 수도 있다.

## 1.1.2 단대단 원칙과 운명 공동체

운영체제나 프로토콜 모음 같은 대형 시스템을 설계할 때에는 특정 기능을 어디에 배치해야 할지에 관한 질문이 종종 발생한다. TCP/IP 프로토콜 모음의 설계에 영향을 미친 가장 중요한 원칙 중의 하나는 단대단 원칙end-to-end argument[SRC84]이라고 불리는 것으로 다음과 같이 요약될 수 있다.

> 문제가 되는 기능은 통신 시스템의 종단점들에 배치된 애플리케이션에 관한 지식과 도움이 있어야만 완전하고 정확하게 구현될 수 있다. 따라서 통신 자체의 특성으로 해당 기능을 구현하는 것은 불가능하다(때로는 해당 기능의 불완전한 버전을 통신 시스템이 제공하는 것이 성능 향상에 도움이 될 수도 있다).

이 원칙은 처음 보면 상당히 단순해 보일 수 있지만 통신 시스템 설계에서는 중대한 의미를 가질 수 있다. 단대단 원칙은 정확성과 완전성의 달성을 위해서는 반드시 통신 시스템의 애플리케이션이나 최종 사용자의 개입이 필요하다고 주장한다. 애플리케이션이 필요로 할 '가능성이 있는' 기능들을 정확히 구현하기 위한 노력 자체는 불완전할 수밖에 없다. 요컨대 단대단 원칙은 (오류 제어, 암호화, 전달 확인 등과 같은) 중요한 기능들이 대체로 대형 시스템의 하위 수준(또는 하위 계층, 1.2.1절 참고)에서 구현되는 것이 바람직하지 않음을 주장한다. 그러나 하위 계층에서 구현할 경우 종단점의 할 일을 덜어줌으로써 결과적으로 성능을 개선시킬 수 있는 기능들을 제공할 수도 있다. 단대단 원칙에 숨어있는 의미는 하위 계층의 구현에서는 애플리케이션이 필요로 하는 것이 무엇인지에 대해 완벽히 추정할 수 없기 때문에 완벽을 목표로 해서는 안 된다는 점이다.

단대단 원칙은 '단순한' 네트워크와 그러한 네트워크에 연결된 '똑똑한' 시스템을 지향하는 설계를 지지한다. TCP/IP 설계에서도 이러한 현상을 찾아볼 수 있는데, TCP/IP에서는 (데이터 손실이 없게 보장하는 방법, 발신자의 전송률을 제어하는 방법 등과 같은) 수많은 중요한 기능들이 애플리케이션이 있는 종단 호스트들에 구현돼 있다. 어떤 기능들을 동일 컴퓨터, 네트워크 또는 소프트웨어 스택상에 함께 구현할지에 대한 선택은 운명 공동체[C88]로 불리는 또 다른 관련 원칙의 주제다.

운명 공동체fate sharing 원칙은 (가상 연결과 같은) 활성화된 통신 연계의 유지에 필요한 모든 상태 정보를 통신 종단점과 동일한 위치에 배치하도록 제안한다. 이러한 논리에 따르면 통신을 파괴하는 유일한 장애 유형은 1개 이상의 종단점도 파괴하며, 이 경우 통신 전체가 어떤 식으로든 분명히 파괴된다. 운명 공동체 원칙에 따르면 (TCP에 의해 구현된 것과 같은) 가상 연결은 네트워크 내부의 연결에 (너무 길지 않은) 일정 기간 동안 장애가 일어나도 활성 상태를 유지할 수 있다. 운명 공동체 원칙은 또한 '단순한 네트워크와 똑똑한 종단 호스트' 모델을 지원하며, 오늘날에도 계속 논쟁 대상이 되고 있는 것은 어떤 기능들을 네트워크에 두고 어떤 기능들을 종단 호스트들에 둘 것인가에 대해서다.

### 1.1.3 오류 제어와 흐름 제어

네트워크상의 데이터가 손상되거나 손실되는 상황들이 존재한다. 여기에는 하드웨어 문제, 전송 중의 비트들을 변화시키는 방사선, 무선 네트워크에서 신호 수신 영역 밖으로의 이동 등 다양한 원인이 있을 수 있다. 이러한 오류를 다루는 일을 오류 제어error control라고

하며, 네트워크 인프라를 구성하는 시스템에 구현될 수도 있고 네트워크에 접속된 시스템에 구현될 수도 있으며 둘 다에 구현될 수도 있다. 단대단 원칙과 운명 공동체 원칙을 적용한다면 오류 제어는 애플리케이션 내부나 가까이에 구현되는 것이 자연스러울 것이다.

대체로 오류 비트의 수가 많지 않은 상황에서는 데이터가 수신될 때나 전송되는 도중에 비트 오류를 검출하고 복구하기 위한 여러 가지 수학적인 코드가 사용될 수 있으며[LC04], 이러한 작업은 네트워크 내부에서 일상적으로 수행된다. 좀 더 심각한 오류가 패킷 네트워크에서 발생할 경우에는 패킷 전체를 재전송하는 것이 보통이다. 회선 교환 네트워크나 X.25와 같은 VC 교환 네트워크에서는 재전송이 네트워크 내부에서 이뤄지는 경향이 있다. 이런 방식은 데이터에 대한 엄격한 순서와 무오류 전달을 요하는 애플리케이션에는 적합할 수 있지만, 애플리케이션에 따라서는 이러한 기능을 필요로 하지 않으며 신뢰성 있는 데이터 전달을 위한 (연결 확립이나 잠재적 재전송으로 인한 지연 등과 같은) 부담을 원하지 않을 수도 있다. 심지어 신뢰성 있는 파일 전송을 수행하는 애플리케이션조차도 파일 데이터를 구성하는 조각들이 오류 없이 전달되고 원래의 순서대로 재조립될 수만 있다면 조각들이 전달되는 순서에 대해서 상관하지 않는다.

네트워크 내부에 신뢰성 있게 엄격한 순서를 요구하는 전달을 구현해야 하는 부담에 대한 대안으로서 프레임 릴레이와 인터넷 프로토콜은 최선 노력 전달best-effort delivery 이라는 다른 유형의 서비스를 채택했다. 최선 노력 전달에서 네트워크는 데이터를 오류나 틈새 없이 전달하기 위해 과도한 노력을 하지는 않는다. 오류 검출 코드나 검사합checksum 등을 사용해서 데이터그램이 어디로 보내질지에 대해 영향을 미칠 수 있는 특정 유형의 오류를 탐지할 수 있지만, 그런 오류가 탐지되더라도 추가적인 조치 없이 해당 데이터그램은 그냥 폐기된다.

최선 노력 전달이 성공적으로 동작할 경우, 수신자가 처리할 수 있는 속도보다 빠르게 발신자가 데이터를 보내는 상황이 일어날 수 있다. 그래서 최선 노력 IP 네트워크에서는 네트워크의 외부이자 통신 시스템의 상위 계층에서 동작하는 흐름 제어flow control 메커니즘을 통해서 발신자의 전송 속도를 늦춘다. 특히 TCP에서 이러한 유형의 문제를 다루며, 이에 대해서는 15장과 16장에서 자세하게 살펴본다. 이러한 방식은 단대단 원칙에도 부합하는데, 종단 호스트에 위치한 TCP에서 전송률 제어를 처리하기 때문이다.

또한 운명 공동체 원칙에도 부합되는데, 네트워크 인프라의 일부 요소들에 장애가 발생하더라도 (작동하는 통신 경로가 존재하는 한) 네트워크 외부 기기들의 통신이 반드시 영향 받는 것은 아니기 때문이다.

## 1.2 설계와 구현

프로토콜 아키텍처는 특정한 구현 방법을 제안할 수는 있지만 강제하지는 않는다. 그래서 프로토콜 아키텍처와 구현 아키텍처를 구분할 필요가 있다. 구현 아키텍처는 프로토콜 아키텍처상의 개념들이 어떻게 실현될 수 있는지를 정의하며, 대체로 소프트웨어의 형태를 갖는다.

ARPANET을 위한 프로토콜들의 구현을 담당했던 연구자의 상당수는 운영체제의 소프트웨어 구조에 친숙했으며, 멀티프로그래밍 시스템 'THE'에 대해 기술한 저명한 논문[D68]에서는 대형 소프트웨어 구현의 논리적 건전성과 정확성에 대한 검증 방법으로 계층적 구조의 사용을 주창한 바 있다. 이러한 영향으로 네트워킹 프로토콜의 구현에 (그리고 설계에서도) 다중 계층layer을 도입한 설계 철학이 탄생했다. 이러한 방식은 오늘날 계층화layering라고 불리며, 프로토콜 모음을 구현하는 데 일반적인 방식으로 자리 잡았다.

### 1.2.1 계층화

계층화를 사용할 경우 각 계층은 통신의 각기 다른 측면을 담당한다. 계층화된 설계를 통해 개발자들은 시스템의 각기 다른 부분을 개별적으로 발전시킬 수 있으며 전문 영역이 다소 다른 개발자들이 함께 참여하는 경우가 많다. 프로토콜 계층화와 관련해 가장 많이 언급되는 개념은 ISOInternational Organization for Standardization에서 정의된 OSIOpen Systems Interconnection 모델[Z80]이라고 불리는 표준이다. 그림 1-2에서는 표준 OSI 계층들을 이름, 번호, 사례 등과 함께 보여준다. 인터넷의 계층화 모델은 이보다는 단순한데, 이에 대해서는 1.3절에서 살펴본다.

OSI 모델에서는 7개의 논리적 계층이 프로토콜 아키텍처 구현의 모듈화를 위해 바람직할 수 있다고 제안하지만, TCP/IP 아키텍처는 대체로 5개의 계층으로 구성된 것으로 간주된다. 1970년대 초반에는 OSI 모델과 그에 앞선 ARPANET 모델의 상대적 이점과 결점들에 대한 많은 논쟁이 있었다. 결국 TCP/IP가 '이겼다'고 말할 수 있겠지만, (ISO에서 OSI 모델에 따라 표준화한 프로토콜들인) ISO 프로토콜 모음 중의 많은 개념과 일부 프로토콜은 TCP/IP에서도 채택됐다(예, IS-IS[RFC3787]).

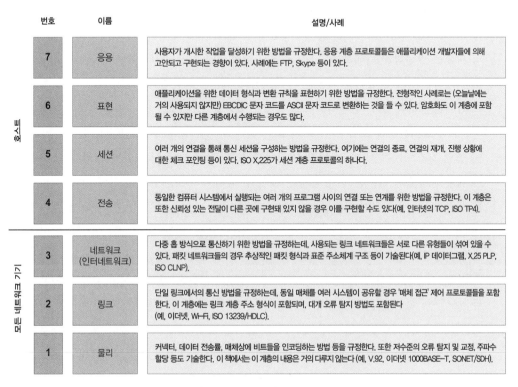

| 번호 | 이름 | 설명/사례 |
|---|---|---|
| 7 | 응용 | 사용자가 개시한 작업을 달성하기 위한 방법을 규정한다. 응용 계층 프로토콜들은 애플리케이션 개발자들에 의해 고안되고 구현되는 경향이 있다. 사례에는 FTP, Skype 등이 있다. |
| 6 | 표현 | 애플리케이션을 위한 데이터 형식과 변환 규칙을 표현하기 위한 방법을 규정한다. 전형적인 사례로는 (오늘날에는 거의 사용되지 않지만) EBCDIC 문자 코드를 ASCII 문자 코드로 변환하는 것을 들 수 있다. 암호화도 이 계층에 포함될 수 있지만 다른 계층에서 수행되는 경우도 많다. |
| 5 | 세션 | 여러 개의 연결을 통해 통신 세션을 구성하는 방법을 규정한다. 여기에는 연결의 종료, 연결의 재개, 진행 상황에 대한 체크 포인팅 등이 있다. ISO X.225가 세션 계층 프로토콜의 하나다. |
| 4 | 전송 | 동일한 컴퓨터 시스템에서 실행되는 여러 개의 프로그램 사이의 연결 또는 연계를 위한 방법을 규정한다. 이 계층은 또한 신뢰성 있는 전달이 다른 곳에 구현돼 있지 않을 경우 이를 구현할 수도 있다(예, 인터넷의 TCP, ISO TP4). |
| 3 | 네트워크 (인터네트워크) | 다중 홉 방식으로 통신하기 위한 방법을 규정하는데, 사용되는 링크 네트워크들은 서로 다른 유형들이 섞여 있을 수 있다. 패킷 네트워크들의 경우 추상적인 패킷 형식과 표준 주소체계 구조 등이 기술된다(예, IP 데이터그램, X.25 PLP, ISO CLNP). |
| 2 | 링크 | 단일 링크에서의 통신 방법을 규정하는데, 동일 매체를 여러 시스템이 공유할 경우 '매체 접근' 제어 프로토콜들을 포함한다. 이 계층에는 링크 계층 주소 형식이 포함되며, 대개 오류 탐지 방법도 포함된다 (예, 이더넷, Wi-Fi, ISO 13239/HDLC). |
| 1 | 물리 | 커넥터, 데이터 전송률, 매체상에 비트들을 인코딩하는 방법 등을 규정한다. 또한 저수준의 오류 탐지 및 교정, 주파수 할당 등도 기술한다. 이 책에서는 이 계층의 내용은 거의 다루지 않는다(예, V.92, 이더넷 1000BASE-T, SONET/SDH). |

**그림 1-2** ISO에서 규정한 표준 7계층 OSI 모델. (적어도 이론상으로는) 모든 네트워크 기기에서 모든 계층의 프로토콜들이 구현되는 것은 아니다. OSI 용어들과 계층 번호는 널리 사용된다.

그림 1-2에 간략히 기술돼 있듯이 각 계층은 각기 다른 일을 담당한다. 하위 계층부터 살펴보면 물리 계층에서는 전화선이나 광섬유 케이블 같은 통신 매체상에서 디지털 정보를 이동시키기 위한 방법을 정의한다. 이더넷과 무선 LAN(Wi-Fi) 표준들 중 일부는 이 계층에 속한다. 물리 계층에 대해서는 이 책에서 자세히 다루지 않는다. 링크link 또는 데이터링크data-link 계층은 동일 매체를 공유하는 이웃과의 연결성을 확립하기 위한 프로토콜들과 방법들을 포함한다. (DSL 같은) 일부 링크 계층 네트워크들은 2개의 이웃만 연결한다. 둘 이상의 이웃이 동일한 공유 네트워크에 접근할 수 있을 경우 그러한 네트워크

를 다중 접근<sup>multi-access</sup> 네트워크라고 한다. 와이파이<sup>Wi-Fi</sup>와 이더넷은 다중 접근 링크 계층 네트워크의 예들이며, 특정 시점에 어떤 기기가 공유 매체에 접근할 수 있는지를 중재하기 위한 프로토콜이 사용된다. 링크 계층에 대해서는 3장에서 살펴본다.

계층 스택에서 링크 계층 바로 위에 위치한 네트워크 또는 인터네트워크<sup>internetwork</sup> 계층은 이 책에서 가장 중요하게 다루는 계층이다. TCP/IP 같은 패킷 네트워크에서 네트워크 계층은 연결성을 위해 서로 다른 유형의 링크 계층 네트워크들을 사용할 수 있는 상호운용 가능한 패킷 형식을 제공한다. 네트워크 계층은 또한 호스트들을 위한 주소 체계와 하나의 컴퓨터에서 다른 컴퓨터로 패킷을 전송할 때 패킷을 어디로 보낼지 선택하는 라우팅 알고리즘들을 포함한다. 3계층보다 위에 위치한 프로토콜들은 (적어도 이론상으로는) 종단 호스트들에서만 구현되며, 여기에는 전송<sup>transport</sup> 계층도 포함된다. 역시 이 책에서 매우 비중있게 다루는 전송 계층은 세션 간에 데이터 흐름을 제공하며, 어떤 서비스를 제공하느냐에 따라서(예를 들어 데이터 유실이 발생할 수 있는 패킷 네트워크에서 신뢰성 있는 데이터 전달을 해야 할 경우) 매우 복잡해지기도 한다. 세션<sup>session</sup>이란 애플리케이션들 사이에서 진행되는 상호작용을 나타내는데, 예를 들면 웹 로그인 세션 동안 웹 브라우저에서 '쿠키'를 사용할 때와 같은 경우다. 세션 계층 프로토콜들은 연결 개시와 재개, 체크포인팅<sup>checkpointing</sup> 등과 같은 기능들을 제공할 수도 있다. 체크포인팅은 지금까지 이뤄진 작업 내용을 저장하는 기능을 말한다. 세션 계층 위에는 표현<sup>presentation</sup> 계층이 있으며, 정보를 위한 형식 변환과 표준 인코딩 등을 담당한다. 앞으로 살펴보겠지만 인터넷의 프로토콜들에서는 공식적인 세션 프로토콜이나 표현 프로토콜은 존재하지 않으며, 이러한 기능들이 필요할 경우 애플리케이션에서 구현된다.

최상위 계층은 응용<sup>application</sup> 계층이다. 애플리케이션들은 대체로 자체의 응용 계층 프로토콜을 구현하며, 이들이 사용자에게 가장 잘 드러나는 프로토콜들이다. 다양한 응용 계층 프로토콜들이 존재하며, 프로그래머들이 계속 새로운 응용 계층 프로토콜들을 만들어내고 있다. 따라서 응용 계층은 가장 많은 혁신이 이뤄지는 곳이며, 또한 새로운 기능들이 개발되고 이용되는 곳이다.

## 1.2.2 계층 구현상의 다중화, 역다중화, 캡슐화

계층화된 아키텍처의 주요 이점 중 하나는 프로토콜 다중화<sup>protocol multiplexing</sup>를 자연스럽게 수행할 수 있다는 점이다. 프로토콜 다중화는 여러 개의 서로 다른 프로토콜들이 동일 인프라상에 공존할 수 있게 해주며, 동일한 프로토콜 객체의 여러 인스턴스(예를 들면 연결)를 혼동 없이 사용할 수 있게 해준다.

다중화는 여러 계층에서 발생할 수 있으며, 어떤 프로토콜 스트림이, 또는 어떤 정보 스트림이 같은 그룹에 속하는지 결정하기 위한 식별자로 각 계층마다 다른 종류가 사용된다. 예를 들면 링크 계층의 경우 (이더넷, Wi-Fi 등과 같은) 대부분의 링크 기술은 링크 계층 프레임 안에 어떤 프로토콜(예를 들면 IP)을 운반 중인지 표시하기 위해 각 패킷 안에 프로토콜 식별자 필드 값을 포함한다. 어떤 계층의 PDU<sup>Protocol Data Unit</sup> (프로토콜 데이터 단위) 객체(패킷, 메시지 등)가 그보다 아래의 계층을 통해 운반될 때 이 객체는 그 아래 계층에 의해 (불투명 데이터로) 캡슐화돼 있다고 표현한다. 따라서 N-1 계층에서 캡슐화를 사용해 N 계층의 여러 객체를 다중화할 수 있으며, 그림 1-3에서 이러한 과정을 보여준다. N-1 계층에서의 식별자는 역다중화<sup>demultiflexing</sup>을 할 때 N 계층에서의 수신 프로토콜 또는 프로그램을 알아내는 데 사용된다.

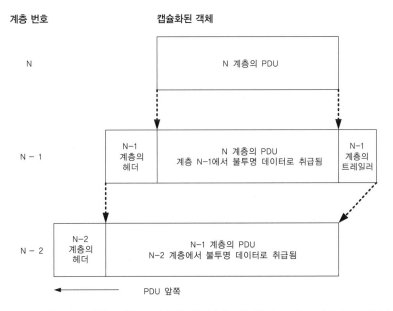

**그림 1-3** 캡슐화는 대체로 계층화와 함께 사용된다. 순수한 캡슐화에서는 한 계층의 PDU를 그 아래 계층의 (해석되지 않는) 불투명 데이터로 취급한다. 캡슐화는 발신자 측에서 이뤄지며, (그 반대의 작업인) 캡슐화 해제는 수신자 측에서 이뤄진다. 대부분의 프로토콜들에서는 캡슐화 과정에서 헤더를 사용하며, 일부 프로토콜은 트레일러도 사용한다.

그림 1-3에서 각 계층마다 자체적으로 메시지 객체(PDU) 개념을 갖고 있는데, 그 메시지 객체의 생성을 담당하는 특정 프로토콜과 대응 관계에 있다. 예를 들어 4계층 (전송 계층) 프로토콜에서 생성되는 패킷은 자연스럽게 4계층 PDU 또는 TPDU<sup>Transport PDU, 전송 PDU</sup>라고 불린다. 상위 계층으로부터 PDU를 받은 계층에서는 대체로 PDU 안의 내용을 보지 않게 '약속돼' 있으며, 이것이 캡슐화의 요체다. 즉, 각 계층은 상위 계층 데이터를 해석할 수 없는 불투명 정보로 취급한다. 대부분의 경우 각 계층은 PDU 앞에 자체 헤더를 덧붙이며, 일부 프로토콜은 트레일러를 사용하기도 한다(TCP/IP 프로토콜들은 트레일러를 사용하지 않음). 헤더는 발신 시에는 데이터를 다중화하는 데 사용되고 수신 시에는 데이어를 역다중화하는 데 사용된다. 이때 사용되는 역다중화 식별자<sup>demux</sup>로서 TCP/IP 네트워크는 하드웨어 주소, IP 주소, 포트 번호 등이 주로 사용된다. 헤더에는 또한 중요한 상태 정보가 포함될 수도 있는데, 예를 들면 가상 회선이 설정 중인지 여부, 설정 완료 여부 등을 나타내는 정보가 포함될 수 있다. 캡슐화의 결과로 만들어진 객체는 또 다른 PDU가 된다.

그림 1-2가 제시하는 계층화의 또 다른 중요한 특성 하나는 순수 계층화에서 네트워크에 연결되는 모든 기기에서 모든 계층을 다 구현할 필요는 없다는 점이다. 그림 1-4는 어떤 기기가 특정 유형의 처리만 수행하면 된다고 기대될 경우 일부 계층만 구현하면 된다는 것을 보여준다.

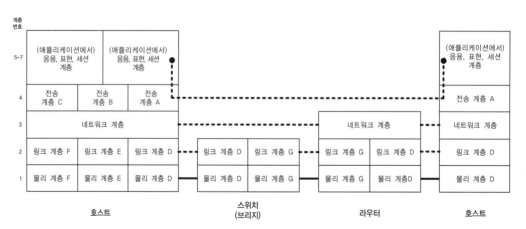

**그림 1-4** 네트워크 기기들은 저마다 구현하는 프로토콜 스택들이 다르다. 종단 호스트는 모든 계층들을 구현하는 경향이 있다. 라우터는 전송 계층보다 아래에 있는 계층들을 구현하며, 스위치는 링크 계층과 그 하위의 프로토콜들을 구현한다. 이와 같은 이상적인 구조를 벗어나는 경우도 있는데, 이는 라우터나 스위치 등이 대체로 (관리나 설정 등을 위해) 호스트 역할을 수행하는 기능을 포함하기 때문에 따라서 자주 사용지는 않더라도 모든 계층에 대한 구현을 필요로 하는 경우다.

그림 1-4의 다소 이상적인 소규모 인터네트워크에는 2개의 종단 시스템, 하나의 스위치, 하나의 라우터가 포함돼 있다. 이 그림의 개별 계층에서 각 기호는 하나의 프로토콜 유형에 대응된다. 이 그림에서 각 기기마다 구현하는 프로토콜 계층 스택이 다르다는 것을 볼 수 있다. 왼쪽의 호스트는 3가지의 링크 계층 프로토콜(D, E, F)과 그에 대응되는 물리 계층 프로토콜들, 그리고 1가지 유형의 네트워크 계층 프로토콜상에서 실행되는 3가지의 전송 계층 프로토콜(A, B, C)을 구현한다. 종단 호스트들은 모든 계층을 구현하고 스위치는 2계층까지 구현하며(그림의 스위치는 프로토콜 D와 G를 구현하고 있음), 라우터는 3계층까지 구현한다. 라우터들은 서로 다른 유형의 링크 계층 네트워크들을 상호 연결할 수 있으며, 따라서 이들이 연결하는 각 네트워크 유형의 링크 계층 프로토콜들을 구현해야 한다.

그림 1-4의 인터네트워크는 다소 이상적인 모습인데, 오늘날의 스위치나 라우터는 데이터 포워딩에 꼭 필요한 것 이상의 프로토콜을 구현하는 경우가 많기 때문이다. 여기에는 관리 목적 등의 여러 가지 이유가 있다. 이러한 상황에서 라우터나 스위치 등의 기기들은 때로 호스트의 역할을 수행하며 원격 로그인과 같은 서비스를 지원한다. 그리고 이를 위해서는 전송 프로토콜들과 응용 프로토콜들도 구현해야 한다.

그림에서는 2개의 호스트만이 통신하는 것을 보이고 있지만, (기호 D와 G로 표시하고 있는) 링크 계층과 물리 계층 네트워크에 여러 개의 호스트들이 연결돼 있을 수 있다. 이 경우 적절한 상위 계층 프로토콜들을 구현하는 시스템들이라면 어느 쌍 사이에서도 통신이 가능하다. 그림 1-4에서는 특정 프로토콜 모음에 대해 종단 시스템end system과 중개 시스템intermediate system을 구별할 수 있다. 양쪽의 두 호스트는 종단 시스템이고 중간의 라우터는 중개 시스템에 해당된다. 네트워크 계층보다 상위의 계층들에서는 단대단end-to-end 프로토콜들을 사용하며, 그림에서는 종단 시스템에서만 이러한 계층들을 필요로 한다. 하지만 네트워크 계층이 제공하는 홉 단위hop-by-hop 프로토콜은 2개의 종단 시스템과 모든 중개 시스템에서 사용된다. 스위치나 브리지는 보통 중개 시스템으로 간주되지 않는데, 이는 스위치나 브리지가 인터네트워킹 프로토콜의 주소 형식을 이용한 주소를 갖지 않기 때문이며, 이들은 대체로 네트워크 계층 프로토콜과는 상관없이 동작한다. 라우터나 종단 시스템의 관점에서 기본적으로 스위치나 브리지는 보이지 않는 요소들이다.

라우터는 둘 이상의 네트워크 인터페이스를 갖는 기기로 정의된다(왜냐하면 둘 이상의 네트워크를 연결하므로). 다중 인터페이스를 갖는 시스템을 다중 홈multi-homed 시스템이라고 한다. 호스트도 다중 홈 시스템일 수 있지만, 한 인터페이스에서 다른 인터페이스로 패킷을 명시적으로 포워딩하지 않는다면 라우터라고 부르지는 않는다. 또한 인터네트워크상에서 패킷을 이동시키는 일만을 담당하는 전용 하드웨어 박스만이 라우터가 될 수 있는 것은 아니다. 대부분의 TCP/IP 구현들은 다중 홈 호스트들도 적절한 설정을 통해 라우터 역할을 하게 허용한다. 이러한 시스템은 FTP<sup>File Transfer Protocol[RFC0959]</sup>나 웹과 같은 애플리케이션이 사용될 때는 호스트라고 부를 수 있고, 한 네트워크에서 다른 네트워크로 패킷을 포워딩할 때는 라우터라고 부를 수 있다. 이 책에서는 문맥에 따라 적절한 용어를 사용한다.

인터네트워크의 목표 중 하나는 물리적 배치(토폴로지)의 세부 사항이나 하위 계층 프로토콜의 이질성을 애플리케이션이 보지 못하도록 가리는 것이다. 그림 1-4는 2개의 네트워크로만 이뤄져서 이 점이 분명히 드러나지는 않지만, 호스트들이 링크 계층 프로토콜 D(예를 들어 이더넷)를 통해서 네트워크에 접속돼 있음에도 불구하고 링크 계층 프로토콜 G를 사용하는 라우터와 스위치에 의해 구분되고 있다는 사실을 응용 계층이 신경써서는 안 된다(그리고 실제로 상관하지 않는다). 호스트들 사이에 물리적 상호 연결 유형에 따라서 20개의 라우터가 있더라도 애플리케이션은 아무 수정 없이 실행될 수 있다(성능은 다소 떨어질 수 있다). 이런 식으로 세부사항을 추상화하기 때문에 인터네트워크의 개념은 매우 효과적이고 유용하다.

## 1.3 TCP/IP 아키텍처와 프로토콜 모음

지금까지 아키텍처, 프로토콜, 프로토콜 모음, 구현 등에 대해 추상적인 수준에서 논의했다. 이 절에서는 TCP/IP 프로토콜 모음<sup>protocol suite</sup>을 구성하는 아키텍처와 개별 프로토콜들에 대해 알아본다. 인터넷에서 사용되는 프로토콜들에 대한 통합적인 이름으로 TCP/IP 프로토콜 모음이라는 용어가 공인돼 있지만, 인터넷에서 사용되는 프로토콜 패밀리에는 TCP와 IP 외에도 수많은 프로토콜이 있다. 먼저 인터넷 프로토콜 계층화의 토대를 형성하는 ARPANET 계층화 참조 모델이 앞서 논의된 OSI 계층화 모델과 어떻게 다른지부터 살펴보자.

## 1.3.1 ARPANET 참조 모델

그림 1-5는 ARPANET 참조 모델에서 비롯된 계층화 구조를 보여주는데, 이러한 계층화 구조는 나중에 TCP/IP 프로토콜 모음에서 채택됐다. 이 구조는 OSI 모델보다는 단순하지만, 실제 구현 중에는 전통적인 계층으로는 분류하기 어려운 특별한 프로토콜들도 포함돼 있다.

**그림 1-5** 인터넷에서 사용되는 TCP/IP 프로토콜 모음에 기초한 프로토콜 계층화. 공식적인 세션 계층이나 표현 계층은 존재하지 않는다. 그리고 표준 계층에 딱 들어맞지는 않지만 다른 프로토콜의 운영에 중요한 기능을 수행하는 몇 개의 부속 프로토콜이나 보조 프로토콜들이 존재한다. 이러한 보조 프로토콜들 일부는 IPv6에서는 사용되지 않는데, IGMP와 ARP가 여기에 해당된다.

그림 1-5의 아래쪽에서 시작해 스택 위쪽으로 가면서 가장 먼저 만나는 계층은 '비공식' 계층인 2.5 계층이다. 여기에 속하는 프로토콜이 몇 개 있는데, 그중에서 가장 오래됐으면서 중요한 프로토콜 중 하나는 ARP^Address Resolution Protocol, 주소 결정 프로토콜이다. ARP는 IP 계층에서 사용되는 주소와 링크 계층에서 사용되는 주소 사이의 변환을 담당하는데, (이더넷이나 Wi-Fi 같은) 다중 접속 링크 계층 프로토콜과 IPv4가 사용될 경우에만 ARP가 사용된다. ARP 프로토콜에 대해서는 4장에서 살펴본다. IPv6에서는 주소 변환 기능이 ICMPv6에 포함되며, 이에 대해서는 8장에서 살펴본다.

그림 1-5의 3계층에 있는 IP는 TCP/IP 프로토콜 모음에서 핵심 네트워크 계층 프로토콜이며, 5장에서 자세히 살펴본다. IP가 링크 계층 프로토콜에 전달하는 PDU를 IP 데이터그램이라고 부르며, 최대 64KB의 크기를 갖는다(IPv6에서는 최대 4GB). 문맥상 명확한 곳에서는 IP 데이터그램을 좀 더 단순한 용어인 패킷<sup>packet</sup>으로 표현하는 경우가 많다. 크기가 큰 패킷을 더 작은 크기의 (프레임<sup>frame</sup>이라고 불리는) 링크 계층 PDU에 넣기 위해 단편화<sup>fragmentation</sup>라는 기능이 수행되는데, 이는 필요할 때 IP 호스트나 라우터에서 수행될 수 있다. 단편화가 적용될 경우 큰 데이터그램을 여러 개의 부분으로 나누어 단편<sup>fragment</sup>이라고 불리는 여러 개의 작은 데이터그램들로 전송하고, 목적지에 도착하면 다시 모으는데, 이를 재조립<sup>reassembly</sup>이라고 한다. 단편화에 대해서는 10장에서 살펴본다.

이 책 전반에 걸쳐 IP라는 용어는 IP 버전 4와 6 모두를 가리킨다. IP 버전 6를 가리킬 때에는 IPv6이라는 용어를 쓰며, IP 버전 4를 가리킬 때에는 IPv4라고 하는데, 현재 가장 널리 사용되는 버전은 IPv4다. 아키텍처에 대한 설명에서는 IPv4와 IPv6 간의 세부적인 차이는 별로 의미가 없다. 하지만 주소 체계나 설정 기능의 동작에 대해 살펴보는 2장이나 6장에서는 둘 간의 세부적인 차이점이 중요해진다.

IP 패킷은 데이터그램이므로 각 패킷마다 3계층 발신자와 수신자의 주소를 포함한다. IP 주소라고 불리는 이러한 주소는 IPv4에서는 32비트 길이를 가지며 IPv6에서는 128비트 길이를 갖는데, 2장에서 자세히 살펴볼 것이다. 이러한 IP 주소 크기의 차이는 IPv4와 IPv6를 구분짓는 가장 중요한 특징이다. 데이터그램의 목적지 주소는 각 데이터그램을 어디로 보내야 할지 결정하기 위해 사용되며, 이렇게 결정을 내리고 데이터그램을 다음 홉으로 전송하는 작업을 포워딩<sup>forwarding</sup>이라고 부른다. 라우터와 호스트 모두 포워딩 기능을 수행하는데, 대체로 라우터 쪽이 포워딩 기능을 수행하는 빈도가 훨씬 더 높다. IP 주소에는 세 가지 유형이 있는데, 유형에 따라 포워딩 수행 방법이 달라진다. IP 주소 유형은 단일 호스트를 목적지로 하는 유니캐스트<sup>unicast</sup>, 특정 네트워크상의 모든 호스트를 목적지로 하는 브로드캐스트<sup>broadcast</sup>, 멀티캐스트 그룹에 속하는 호스트 집합을 목적지로 하는 멀티캐스트<sup>multicast</sup>로 구분할 수 있다. 2장에서 IP 주소 유형들에 대해 자세히 살펴본다.

ICMP<sup>Internet Control Message Protocol, 인터넷 제어 메시지 프로토콜</sup>는 IP의 부속 프로토콜로서 이 책에서는 3.5계층 프로토콜로 분류한다. ICMP는 다른 호스트나 라우터의 IP 계층과 오류 메시지나 기타 중요 정보를 교환하기 위해 사용된다. ICMP에도 IPv4에서 사용되는 ICMPv4

와 IPv6에서 사용되는 ICMPv6 등 두 가지 버전이 있다. ICMPv6 쪽이 훨씬 더 복잡하며, IPv4에서는 ARP 등과 같은 다른 프로토콜이 처리하는 주소 자동 설정이나 이웃 탐색 등의 기능까지 ICMPv6가 수행한다. ICMP를 주로 사용하는 것은 IP이지만, 애플리케이션도 ICMP를 사용할 수 있다. 실제로 널리 사용되는 네트워크 진단 도구인 ping과 traceroute에서 ICMP를 사용한다. ICMP 메시지는 전송 계층 PDU와 같은 방식으로 IP 데이터그램 안에 캡슐화된다.

IGMP<sup>Internet Group Management Protocol, 인터넷 그룹 관리 프로토콜</sup>도 IPv4에 부속된 프로토콜이다. IGMP는 어떤 호스트들이 멀티캐스트 그룹의 구성원인지 관리하기 위해 멀티캐스트 주소 체계 및 전달과 함께 사용된다. 멀티캐스트 그룹<sup>multicast group</sup>은 특정 멀티캐스트 목적지 주소를 대상으로 하는 트래픽을 수신하고자 하는 수신자 그룹을 말한다. 브로드캐스트와 멀티캐스트의 일반적인 성질과 더불어 IGMP 프로토콜 및 (IPv6에서 사용되는) MLD<sup>Multicast Listener Discovery</sup> 프로토콜에 대해서 9장에서 살펴본다.

4계층에서 널리 사용되는 두 가지 프로토콜은 서로 매우 다르다. 가장 많이 사용되는 TCP<sup>Transmission Control Protocol, 전송 제어 프로토콜</sup>는 패킷의 손실, 복제, 순서 복구 등 IP 계층에서 해결하지 못하는 문제들을 다룬다. TCP는 연결 지향의 가상 회선 방식으로 동작하며, 메시지 경계를 보존하지 않는다. 반대로 UDP<sup>User Datagram Protocol, 사용자 데이터그램 프로토콜</sup>는 IP가 제공하는 기능 외에 별로 보태는 것이 없다. UDP는 애플리케이션에서 메시지 경계를 유지하는 데이터그램을 전송하도록 허용하지만 전송률 제어나 오류 제어 등은 제공하지 않는다.

TCP는 두 호스트 사이에 신뢰성 있는 데이터 흐름을 제공한다. TCP는 애플리케이션이 넘겨주는 데이터를 그 아래의 네트워크 계층에 적합한 크기의 조각들로 분할하는 일, 수신 패킷에 대한 확인 응답, 전송된 패킷에 대해 반대편 종단이 확인 응답을 보낼 때까지 기다릴 수 있는 최대 시간을 설정하는 일 등을 처리해준다. TCP가 사용될 경우 전송 계층에서 신뢰성 있는 데이터 흐름이 제공되므로 응용 계층에서는 이러한 세부 사항을 무시할 수 있다. TCP가 IP 쪽에 보내는 PDU를 TCP 세그먼트<sup>TCP segment</sup>라고 한다.

반면 UDP가 응용 계층에 제공하는 것은 훨씬 단순한 서비스다. UDP는 한 호스트에서 다른 호스트로 데이터그램을 전송해주지만, 데이터그램이 반대편 종단에 도달하는 것을 보장하지는 않는다. 신뢰성 있는 전달이 필요하다면 응용 계층에서 해결해야 한다. 실제로 UDP가 제공하는 것은 데이터의 다중화와 역다중화를 위해 포트들을 제공하는 것과 데이터 무결성 검사합을 제공하는 것이 거의 전부다. TCP와 UDP는 동일 계층에 속하지만 매우 다르다. 이들은 각기 다른 용도를 갖고 있으며, TCP나 UDP를 이용하는 애플리케이션들을 살펴볼 때 구체적으로 설명할 것이다.

전송 계층 프로토콜 2개가 더 있는데, 이들은 비교적 최근에 만들어졌으며 일부 시스템들에서만 찾아볼 수 있다. 이들은 아직 널리 사용되고 있지 않으므로 이 책에서 자세히 다루지는 않겠지만 알아둘 필요는 있다. 그중 하나는 [RFC4340]에서 규정한 DCCP<sup>Datagram Congestion Control Protocol, 데이터그램 혼잡 제어 프로토콜</sup>이다. DCCP가 제공하는 서비스는 TCP와 UDP의 중간쯤에 해당한다고 볼 수 있는데, 신뢰할 수 없는 데이터그램들에 대한 연결 지향의 교환을 혼잡 제어와 함께 제공하기 때문이다. 혼잡 제어는 네트워크상에 과도한 트래픽이 발생하지 않게 발신자의 전송률을 제한하는 몇 가지 기법으로 이뤄지며, TCP에서 혼잡 제어 기법들이 어떻게 동작하는지에 대해서는 16장에서 자세히 살펴본다.

일부 시스템에서 찾아볼 수 있는 또 다른 전송 계층 프로토콜은 [RFC4960]에서 규정한 SCTP<sup>Stream Control Transmission Protocol, 스트림 제어 전송 프로토콜</sup>이다. SCTP는 TCP와 마찬가지로 신뢰성 있는 전달을 제공하지만, 데이터 순서를 엄격히 유지하게 요구하지는 않는다. SCTP는 또한 TCP와 달리 동일 연결상에서 여러 스트림의 운반을 허용하며, 메시지 추상화를 제공한다. SCTP는 IP 네트워크상에서 전화망에서 사용되는 것과 비슷한 신호 메시지들을 운반하기 위해 설계됐다.

전송 계층보다 위의 응용 계층에서는 개별 애플리케이션의 세부 사항을 처리한다. 거의 모든 TCP/IP 구현에서 제공되는 공통 애플리케이션들도 다수 존재한다. 응용 계층에서 관심의 대상은 애플리케이션의 세부 사항이지 네트워크를 통한 데이터의 이동이 아니다. 반면 하위의 세 계층은 애플리케이션에 대해서는 전혀 알지 못하며, 통신의 모든 세부 사항을 처리한다.

## 1.3.2 TCP/IP에서 다중화, 역다중화, 캡슐화

다중화, 역다중화, 캡슐화의 기초 사항들에 대해서는 이미 살펴봤다. 각 계층마다 식별자가 있으므로, 수신 시스템은 어떤 프로토콜 혹은 데이터 스트림이 동일 소속인지 알 수 있다. 각 계층은 일반적으로 주소 정보도 갖고 있다. 이 정보는 PDU가 올바른 곳으로 전달됐음을 확인하는 데 사용된다. 그림 1-6에서는 가상의 인터넷 호스트에서 역다중화가 어떻게 이뤄지는지 보여준다.

TCP/IP 프로토콜 모음에 포함되는 것은 아니지만 이더넷을 예로 들어 링크 계층으로부터의 역다중화가 어떻게 수행되는지 살펴보자. 3장에서 몇 개의 링크 계층 프로토콜에 대해서 살펴볼 것이다. 이더넷 프레임은 48비트 목적지 주소와 16비트 이더넷 유형Ethernet type 필드를 포함하는데, 이 목적지 주소는 링크 계층 주소 또는 MAC<sup>Media Access Control</sup> 주소라고도 불린다. 이더넷 유형 필드의 값이 16진수 0x0800이면 이 프레임에 IPv4 데이터그램이 들어있음을 나타낸다. 0x0806과 0x86DD일 경우는 ARP와 IPv6를 나타낸다. 프레임 내의 목적지 주소가 수신 시스템들의 주소 중 하나와 일치한다면, 프레임은 수신되고 오류 검사가 수행된다. 그리고 이더넷 유형 필드 값에 따라서 어느 네트워크 계층 프로토콜이 프레임을 처리할지 정해진다.

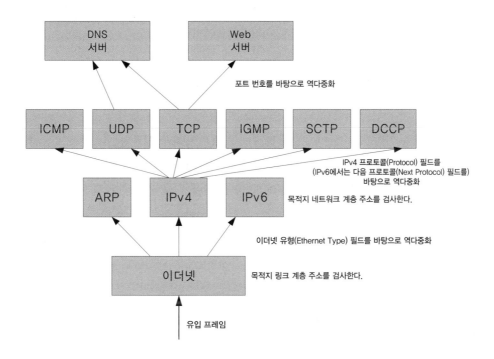

**그림 1-6** TCP/IP 스택은 주소 정보와 프로토콜 역다중화 식별자의 조합을 사용해 데이터그램이 올바르게 수신됐는지 확인하고, 올바르게 수신된 데이터그램을 어떤 프로토콜이 처리할 것인지 결정한다. 또한 일부 계층에서는 데이터그램 내용이 전송 중에 손상되지 않았는지 확인하기 위해 검사합이라는 숫자 값을 검사한다.

수신된 프레임에 IP 데이터그램이 들어있다고 가정하면, 이더넷 헤더와 트레일러가 제거된 후 나머지 바이트들(이를 프레임의 페이로드payload라고 한다)은 IP로 전달돼 IP가 처리하게 된다. IP는 데이터그램에 들어 있는 목적지 IP 주소 등의 항목을 검사한다. 이 목적지 IP 주소가 IP 계층이 갖고 있는 값과 일치하고 데이터그램이 헤더에 오류가 없으면(IP는 페이로드를 검사하지 않는다), 8비트 길이의 IPv4 프로토콜 필드(IPv6의 경우는 다음 프로토콜 필드)를 검사해서 어느 프로토콜을 호출해야 할지 결정한다. 이 필드에 자주 사용되는 값으로는 1(ICMP), 2(IGMP), 4(IPv4), 6(TCP), 17(UDP) 등이 있다. 4(그리고 IPv6를 나타내는 41) 값은 흥미로운데, IP 데이터그램의 페이로드 영역 내부에 IP 데이터그램이 들어있을 수 있음을 의미하기 때문이다. 이는 계층화와 캡슐화의 원래 개념에 위배되지만, 3장에서 살펴볼 터널링이라는 강력한 기법의 기초가 된다.

데이터그램이 유효하다고 네트워크 계층(IPv4든 IPv6든)이 판단하고 어느 전송 프로토콜로 보내야 할지도 정해지면, (필요하다면 재조립된) 데이터그램은 전송 프로토콜로 전달돼 처리된다. 전송 계층에서는 (TCP와 UDP를 포함해서) 대부분의 프로토콜이 포트 번호를 사용해서 적절한 수신 애플리케이션으로 역다중화를 수행한다.

## 1.3.3 포트 번호

포트 번호port number는 0에서 65535까지의 16비트 정수다. 이들은 추상적인 숫자이며 어떤 물리적 실체를 가리키는 것은 아니다. IP 주소는 포트 번호를 사용하는 전송 프로토콜을 위한 65,535개의 포트 번호가 연계될 수 있다(대부분의 전송 프로토콜이 포트 번호를 사용한다). 그리고 포트 번호는 올바른 수신 애플리케이션을 알아낼 때 사용된다. 클라이언트/서버 애플리케이션들의 경우(1.5.1절 참고), 서버가 먼저 포트 번호를 "바인딩"하고 그다음에 1개 이상의 클라이언트가 특정 컴퓨터의 특정 전송 프로토콜을 사용해 해당 프로토콜 번호에 연결을 확립한다. 이런 의미에서 포트 번호들은 전화번호의 내선번호 확장과 비슷한 역할을 한다. 다만 포트 번호는 표준에 의해서 할당되는 것이 일반적이다.

표준 포트 번호를 지정하는 기구는 IANAInternet Assigned Numbers Authority다. 포트 번호들은 몇 개의 특별한 범위들로 구분된다. 0에서 1023까지는 잘 알려진well-known 포트 번호, 1024에서 49151까지는 등록registered 포트 번호, 그리고 49152에서 65535까지는 동적/사설dynamic/private 포트 번호라고 한다. 잘 알려진 포트 번호에 바인딩하고자 하는(즉, 잘 알려진 포트 번호에서 서비스를 제공하고자 하는) 서버는 전통적으로 관리자 또는 'root'로서의 접근 권한과 같은 특별한 권한을 필요로 한다.

잘 알려진 포트 번호들은 SSH<sup>Secure Shell Protocol</sup>(포트 22), FTP(포트 20과 21), 텔넷<sup>Telnet</sup> 원격 터미널 프로토콜(포트 23), 이메일/SMTP<sup>Simple Mail Transfer Protocol</sup>(포트 25), DNS<sup>Domain Name System</sup>(포트 53), 웹(HTTP<sup>Hypertext Transfer Protocol</sup>와 HTTPS, 포트 80과 443), IMAP<sup>Interactive Mail Access Protocol</sup>과 IMAPS(포트 143과 993), SNMP<sup>Simple Network Management Protocol</sup>(포트 161과 162), LDAP<sup>Lightweight Directory Access Protocol</sup>(포트 389)등의 널리 알려진 서비스를 식별하는 데 사용된다. (HTTP나 HTTPS와 같이) 여러 개의 포트를 사용하는 프로토콜들은 기본 응용 계층 프로토콜과 함께 TLS<sup>Transport Layer Security</sup>가 사용되는지 여부에 따라 다른 포트 번호를 가질 경우가 많다(18장 참고).

> **주의**
>
> 위에서 언급한 (텔넷, FTP, SMTP 등의) TCP/IP 표준 서비스들의 포트 번호를 보면 대부분 홀수임을 알 수 있다. 여기에는 역사적인 배경이 있는데, 이 포트 번호들은 (ARPANET의 전송 계층 프로토콜로 TCP의 전신인) NCP(Network Control Protocol)의 포트 번호들에서 유래했기 때문이다. NCP는 양방향 통신이 아니라 단방향 통신 프로토콜이어서 각 애플리케이션은 2개씩의 연결을 필요로 했으며, 따라서 각 애플리케이션에는 홀짝으로 된 한 쌍의 포트 번호가 지정됐다. TCP와 UDP가 표준 전송 계층 프로토콜이 됐을 때 애플리케이션마다 1개의 포트 번호만 필요했으므로 NCP 포트 번호 중 홀수 번호만이 사용됐다.

등록 포트 번호들은 특별한 권한을 갖는 클라이언트나 서버라면 이용할 수 있지만, IANA에서 용도에 대한 등록부를 관리하므로 새로 애플리케이션을 개발할 때는 IANA로부터 포트 번호를 할당받은 것이 아닌 경우에는 등록 포트 번호의 사용을 피하는 것이 좋다. 동적/사설 포트 번호들에 대해서는 기본적으로 아무 통제가 없다. 상황에 따라서는 사용되는 포트 번호가 임시적인 것이기 때문에 포트 번호의 값이 중요하지 않을 수도 있다(예, 클라이언트상의 포트 번호). 이러한 포트 번호를 임시<sup>ephemeral</sup> 포트 번호라고 부른다. 이러한 포트 번호가 임시성을 갖는 것은 클라이언트의 경우 클라이언트를 실행하는 사용자가 서비스를 필요로 하는 동안만 포트 번호가 필요하며, 연결 확립을 위해 서버가 클라이언트를 찾을 필요는 없기 때문이다. 반면에 서버는 클라이언트가 찾을 수 있도록 일반적으로 자주 변하지 않는 이름과 포트 번호를 필요로 한다.

### 1.3.4 이름, 주소, DNS

TCP/IP에서는 컴퓨터(라우터 포함)의 링크 계층 인터페이스가 적어도 1개의 IP 주소를 갖고 있다. IP 주소는 호스트를 식별하기에 충분하지만, 사람이 기억하거나 조작하기에는 불편하다(주소 길이가 긴 IPv6에서는 더욱 그렇다). TCP/IP 세계에서 DNS는 호스트 이름과 IP 주소 사이의 (그리고 그 역방향의) 대응 관계를 제공하는 분산 데이터베이스다. 호스트 이름들은 계층 구조를 형성하며, .com, .org, .gov, .in, .uk, .edu 등과 같은 도메인<sup>domain</sup>으로 끝난다. 다소 놀랍게도 DNS는 응용 계층 프로토콜이므로, 제대로 운영되기 위해서는 다른 프로토콜들의 도움이 필요하다. 대부분의 TCP/IP 프로토콜은 호스트 이름을 사용하지 않지만 (웹 브라우저 사용자와 같은) 일반 사용자들은 호스트 이름을 자주 사용하며, 따라서 DNS가 제대로 기능하지 않으면 정상적인 인터넷 접속이 거의 불가능해진다. 11장에서 DNS에 대해 자세히 살펴본다.

호스트 이름을 조작하는 애플리케이션은 주어진 호스트 이름에 대응되는 IP 주소(혹은 주소들)를 조회하기 위해 표준 API 함수를 호출할 수 있다(1.5.3절 참고). 또한 IP 주소가 주어지면 대응되는 호스트 이름을 찾아주는 역방향 조회 함수도 제공된다. 호스트 이름을 입력으로 받는 애플리케이션은 대부분 IP 주소도 입력으로 받을 수 있다. 웹 브라우저도 이러한 기능을 지원한다. 예를 들면 웹 브라우저 주소 창에 URL http://131.243.2.201/index.html과 (IPv6 연결을 필요로 하는) http://[2001:400:610:102::c9]/index.html을 둘 다 입력할 수 있으며, 이 주소들은 실질적으로 http://ee.lbl.gov/index.html과 같다.

## 1.4 인터넷, 인트라넷, 엑스트라넷

앞서도 언급했듯이 인터넷은 세월이 흐르면서 요소 네트워크들의 상호 연결을 통해 네트워크 집합체로 발전돼 왔다. 소문자로 쓰는 internet(인터네트워크)는 공통의 프로토콜 모음을 사용해 연결된 여러 네트워크들을 의미하고, 첫 글자가 대문자인 Internet(인터넷)은 TCP/IP를 사용해 서로 통신할 수 있는 범세계적인 호스트들의 집합체를 나타낸다. 인터넷은 인터네트워크지만, 그 역은 성립하지 않는다.

1980년대에 네트워킹이 경이적으로 성장한 이유 중 하나는 서로 떨어져 있는 독립형 컴퓨터들은 별 의미가 없다는 것을 깨달은 덕분이다. 그래서 몇 개의 독립형 컴퓨터를 연결해서 네트워크가 형성되기 시작했다. 이것 자체도 한 걸음 발전한 것이었지만, 1990년대 들어서 사람들은 상호운용될 수 없는 개별 네트워크는 그렇게 할 수 있는 더 큰 네트워크만큼의 가치가 없다는 것을 알게 됐다. 이러한 인식은 소위 메트칼프<sup>Metcalfe</sup>의 법칙의 기초가 됐는데, 이 법칙에 따르면 컴퓨터 네트워크의 가치는 대략 연결된 종단점(예를 들어 사용자, 기기) 개수의 제곱에 비례한다. 인터넷 개념과 이를 지원하는 프로토콜들로 인해 서로 다른 네트워크의 상호 연결이 가능해졌으며, 이러한 믿을 수 없을 만큼 단순한 개념은 결과적으로 대단히 강력한 힘을 발휘하게 됐다.

인터네트워크를 구축하는 가장 단순한 방법은 2개 이상의 네트워크를 라우터로 연결하는 것이다. 라우터는 네트워크를 연결하는 데 사용되는 특수 목적의 장비를 의미하는 경우가 많다. 라우터의 좋은 점은 이더넷, Wi-Fi, 점대점 링크, DSL, 케이블 인터넷 서비스 등 여러 가지 서로 다른 유형의 물리적 네트워크들에 대한 연결을 제공한다는 점이다.

> **주의**
>
> 이런 장비를 IP 라우터라고 부르기도 하지만 이 책에서는 그냥 라우터라고 부를 것이다. 과거에는 게이트웨이라는 용어를 사용했으며, 오래된 TCP/IP 문헌의 상당수가 게이트웨이라고 불렸다. 오늘날에 게이트웨이는 (이메일이나 파일 전송 등의) 특정 애플리케이션을 위해 2개의 서로 다른 프로토콜 모음(예를 들어 TCP/IP와 IBM SNA)을 연결하는 프로세스를 가리키는 애플리케이션 계층 게이트웨이(ALG, Application-Layer Gateway)의 의미로 사용된다.

최근 들어서는 TCP/IP 프로토콜 모음을 사용해서 인터네트워크를 설정하는 여러 방법을 가리키는 용어들이 사용되고 있다. 인트라넷<sup>intranet</sup>은 대체로 기업이나 기관 등에 의해 운영되는 사설 인터네트워크를 가리키기 위해 사용되는 용어다. 대체로의 경우 인트라넷은 개별 기관의 구성원들에게만 자원에 대한 접근을 허용한다. 사용자들은 VPN<sup>Virtual Private Network, 가상 사설망</sup>을 통해 자신의 (사내) 인트라넷에 연결할 수도 있다. VPN은 인트라넷상의 잠재적으로 민감한 자원들에 대한 접근이 인가된 사용자들에게만 제공될 수 있게 보장하는 데 도움을 주는데, 앞서 언급한 바 있는 터널링 개념을 사용한다. VPN에 대해서는 7장에서 자세히 살펴본다.

많은 경우 기업이나 사업체에서는 서버들을 포함하는 자신의 네트워크에 협력업체나 유관업체에서 접근할 수 있도록 구성하기를 희망한다. 이러한 네트워크를 엑스트라넷$^{extranet}$이라고 부르며, VPN의 사용이 필요할 수도 있다. 엑스트라넷은 기관 방화벽 바깥쪽에 배치된 컴퓨터들로 구성된다(7장 참고). 인트라넷, 엑스트라넷, 인터넷 사이에 기술적인 차이는 별로 없지만 용도나 관리 정책이 다르기 때문에 이처럼 구체적인 용어들이 생겨났다.

## 1.5 애플리케이션의 설계

지금까지 설명한 네트워크 개념들은 꽤 단순한 서비스 모델을 제공하는데[RFC6250], 바로 서로 다른(때로는 동일한) 컴퓨터에서 실행되는 프로그램 사이에 바이트들을 이동시킨다는 점이다. 이 기능으로 뭔가 유용한 일을 하려면, 서비스를 제공하거나 계산을 수행하기 위해서 네트워크를 사용하는 네트워크 애플리케이션이 필요하다. 네트워크 애플리케이션$^{networked\ application}$은 전형적인 설계 패턴에 따르는 구조를 갖는다. 이들 중 가장 보편적인 것이 클라이언트/서버$^{client/server}$ 모델과 p2p$^{peer-to-peer}$ 모델이다.

### 1.5.1 클라이언트/서버

대부분의 네트워크 애플리케이션은 한쪽이 클라이언트가 되고 다른 쪽이 서버가 되도록 설계돼 있다. 서버는 클라이언트에 서버 호스트상의 파일에 대한 접근 등과 같은 특정 유형의 서비스를 제공한다. 서버들은 반복 실행형$^{iterative}$과 동시 실행형$^{concurrent}$의 두 가지 범주로 분류할 수 있다. 반복 실행형 서버는 다음 단계들을 반복한다.

I1. 클라이언트의 요청이 도착하기를 기다린다.

I2. 클라이언트의 요청을 처리한다.

I3. 요청을 보낸 클라이언트에게 응답을 보낸다.

I4. I1 단계로 돌아간다.

반복 실행형 서버에서 문제가 발생하는 것은 I2 단계가 긴 시간을 소요할 경우다. 이 단계가 진행되는 동안 다른 어떤 클라이언트도 서비스를 이용할 수 없다. 반면 동시 실행형 서버는 다음 단계들을 반복한다.

C1. 클라이언트의 요청이 도착하기를 기다린다.

C2. 클라이언트의 요청을 처리하기 위한 새로운 서버 인스턴스를 시작한다. 이때 운영체제의 지원에 따라 새로운 프로세스, 태스크, 또는 스레드를 생성해야 할 수도 있다. 이렇게 새로 만들어진 서버 인스턴스는 한 클라이언트의 요청 전부를 처리한다. 요청된 작업에 대한 처리가 완료되면 새로 만들어진 서버는 종료된다. 이러한 과정이 진행되는 동안 원래의 서버 인스턴스는 C3으로 진행한다.

C3. C1 단계로 돌아간다.

동시 실행형 서버의 이점은 서버가 클라이언트의 요청들을 처리하기 위해 다른 서버 인스턴스들을 파생시킨다는 점이며, 이렇게 해서 각 클라이언트는 기본적으로 자체 서버를 갖게 된다. 따라서 운영체제가 다중 프로그래밍multiprogramming을 허용한다면(오늘날의 모든 운영체제가 지원한다) 여러 클라이언트가 동시에 서비스를 받을 수 있다. 이처럼 클라이언트가 아니라 서버를 기준으로 구분하는 이유는 대체로 클라이언트는 자신이 반복 실행형 서버와 대화하는지 동시 실행형 서버와 대화하는지 알 수 없기 때문이다. 일반적으로 대부분의 서버는 동시 실행형이다.

여기에서 클라이언트와 서버라는 용어는 애플리케이션이 실행되는 컴퓨터 시스템이 아니라 애플리케이션을 가리킨다는 점에 유의하기 바란다. 동일한 용어가 클라이언트 애플리케이션이나 서버 애플리케이션을 실행시키기 위해 사용되는 하드웨어 시스템을 가리키기 위해 사용되기도 한다. 따라서 용어의 의미가 다소 불분명한 점은 있지만, 실제 사용상 큰 문제는 없다. 결과적으로 하나의 (하드웨어) 서버가 둘 이상의 (애플리케이션인) 서버를 실행시키는 경우도 자주 발견된다.

## 1.5.2 p2p

단일 서버가 존재하지 않고 역할을 분산시켜서 동작하도록 설계되는 애플리케이션들이 있다. 이런 설계 방식에서는 하나의 서버를 두는 것이 아니라 각 애플리케이션이 클라이언트 역할과 서버 역할을 모두 하고, 심지어 두 역할을 동시에 하면서 요청을 포워딩할 수도 있다. (Skype[SKYPE], BitTorrent[BT] 등과 같이) 널리 사용되는 애플리케이션들 중에 이러한 형태를 갖는 것들이 있으며, 이들을 p2ppeer-to-peer 애플리케이션이라고 한다. 동시 실행형 p2p 애플리케이션은 요청을 받은 뒤 그 요청에 자신이 응답할 수 있는지 결정할 수 있다. 그리고 만일 응답할 수 없다고 판단되면 다른 객체에게 그 요청을 포워딩한다. 따라서 p2p 애플리케이션들의 집합은 애플리케이션 사이의 네트워크를 형성하며 이를 오버레이 네트워크overlay network 라고 부르기도 한다. 오늘날 이러한 오버레이는 흔히 사용되며, 대단히 강력한 도구가 될 수 있다. 예를 들면 스카이프Skype는 세계 최대의 국제 전화 사업자로 성장했다. 또한 2009년 인터넷 트래픽의 절반 이상이 비트토렌트BitTorrent로 인한 것이라는 추정치가 발표된 바 있다[IPIS].

발견 문제discovery problem는 p2p 네트워크에서 주요 문제 중 하나다. 이것은 피어peer들이 수시로 들어왔다 나갔다 하는 네트워크에서 개별 피어는 자신이 원하는 데이터나 서비스를 제공할 수 있는 다른 피어를 어떻게 찾을 것인가 하는 문제다. 이 문제는 일반적으로 부트스트래핑bootstrapping 절차를 통해서 처리되는데, 최초에 각 피어는 현재 동작 중일 가능성이 높은 피어의 주소와 포트 번호로 설정된다. 이렇게 해서 네트워크에 연결된 신규 피어는 다른 피어들의 정보를 학습하고, 또 그 피어들이 제공하는 서비스나 파일을 프로토콜에 따라서 학습한다.

### 1.5.3 API

p2p 방식이든 클라이언트/서버 방식이든 간에 애플리케이션은 자신이 원하는 네트워크 동작(예를 들면 연결을 확립하거나 데이터를 읽고 쓰기 등)을 표현할 필요가 있다. 이것은 호스트 운영체제가 제공하는 네트워킹 API를 통해 지원된다. 가장 많이 사용되는 네트워킹 API를 소켓 또는 버클리 소켓이라고 부르는데, 최초에 버클리 대학에서 이 API를 개발했기 때문이다[LJFK93].

이 책은 프로그래밍 교재가 아니지만, TCP/IP의 어떤 기능을 소켓 API가 제공하는지 여부를 가끔 언급할 것이다. 소켓 프로그래밍의 개념과 자세한 예제들은 [SFR04]에서 찾을 수 있다. IPv6에서 사용 가능하도록 소켓을 수정하는 방법도 여러 무료 온라인 문서에서 읽을 수 있다[RFC3493][RFC3542][RFC3678][RFC4584][RFC5014].

## 1.6 표준화 절차

TCP/IP 프로토콜 모음을 처음 접하는 사람들은 다양한 프로토콜들을 정의하고 표준화하는 책임자가 누구인지, 그리고 프로토콜들이 어떻게 운영되는지 궁금해 한다. 이 질문에 대한 대답에는 많은 기구들이 관여된다. 가장 중요한 그룹은 IETF<sup>Internet Engineering Task Force[RFC4677]</sup>이며, IETF는 인터넷의 '핵심' 프로토콜들을 위한 표준의 개발, 토론, 합의 등을 위해 전 세계의 장소들을 옮겨가며 매년 세 차례의 회의를 갖는다. 정확히 어떤 프로토콜들이 '핵심'에 해당하는지에 대해서는 논란의 여지가 있지만, IPv4, IPv6, TCP, UDP, DNS 등과 같이 보편적으로 사용되는 프로토콜들은 명백히 IETF의 관할에 속한다. IETF 회의에는 누구나 참석할 수 있지만 참가비를 내야 한다.

IETF는 IAB<sup>Internet Architecture Board</sup>와 IESG<sup>Internet Engineering Steering Group</sup> 선도 그룹을 선출하는 토론장이다. IAB는 IETF 활동들에 아키텍처 관련 지침을 제공하며, 다른 표준화 기구들에 대한 연락관의 지정 등과 같은 다른 업무들도 수행한다. IESG는 새로운 표준의 생성과 승인, 기존 표준에 대한 수정 등에 관련된 의사결정 기구다. 세부적인 표준화 작업은 대체로 IETF 워크그룹에 의해 이뤄지며, 각 워크그룹에는 해당 과업을 위해 자원한 워크그룹 의장이 있어 작업을 통솔한다.

IETF 외에도 IETF와 긴밀하게 협력하는 2개의 중요한 그룹이 있다. IRTF<sup>Internet Research Task Force</sup>는 표준화하기는 아직 이른 프로토콜, 아키텍처, 절차 등을 연구하며 IRTF 의장은 투표권이 없는 IAB 구성원이다. 또 IAB는 인터넷 기술이나 용법 등에 관한 범세계적 정책과 교육에 영향을 미치고 홍보하기 위해 ISOC<sup>Internet Society</sup>와 협력한다.

### 1.6.1 RFC

인터넷 분야의 모든 공식 표준은 RFC<sup>Request For Comment</sup>로 발행된다. RFC는 여러 방식으로 만들어지는데, (RFC 편집자라고도 불리는) RFC 발행자는 RFC가 개발된 방식에 따라 몇 개의 문서 그룹으로 분류한다. (2010년 기준으로) 현재 RFC 문서 그룹에는 IETF 제출 문서, IAB 제출 문서, IRTF 제출 문서, 독립적 제출 문서 등이 있다. 승인을 받아서 (영구적으로) RFC로서 발행되기 전까지 문서는 편집과 검토 프로세스를 통해 지적 사항을 반영하는 임시적인 인터넷 드래프트<sup>internet draft</sup>로서 존재한다.

모든 RFC가 표준인 것은 아니다. 소위 표준 트랙<sup>standards-track</sup> 범주의 RFC들만이 공식 표준으로 간주된다. 다른 범주에는 BCP<sup>Best Current Practice, 우수 관행</sup>, 정보성<sup>informational</sup>, 실험성

experimental, 과거 문서historic 등이 포함된다. 어떤 문서가 RFC라고 해서 IETF가 표준으로 보증하는 것은 아니라는 사실을 유념해야 한다. 실제로 상당한 이견이 있는 RFC들도 있다.

RFC 중에는 수 페이지에 불과한 것도 있고, 수백 페이지에 이르는 것도 있다. 각 RFC에는 RFC 1122와 같이 식별번호가 부여돼 있으며, 번호가 높을수록 나중에 발행된 RFC이다. RFC들은 http://www.rfceditor.org를 비롯해 여러 웹사이트에서 무료로 제공된다. 역사적인 이유들 때문에 RFC는 기본 텍스트 파일로 제공되는 것이 일반적이지만, 일부 RFC는 좀 더 고급의 파일 형식으로 작성 혹은 재작성됐다.

다른 표준들을 요약, 명료화, 해석하기 때문에 중요한 의미를 갖는 다수의 RFC들이 존재한다. 예를 들어 [RFC5000]은 2008년 중반 현재 공식 표준으로 간주되는 RFC들을 모두 정리해 놓았다(이 글을 쓰는 현재, 이러한 종류의 RFC중에서 가장 최근에 나온 RFC다). 이후의 변경을 반영한 최신 목록은 현행 표준 문서 웹사이트[OIPSW]에서 확인할 수 있다. 호스트 요구 사항 RFC([RFC1122], [RFC1123])는 프로토콜이 IPv4 호스트를 구현할 때 요구되는 사항들을 정의하며, 라우터 요구 사항 RFC[RFC1812]는 프로토콜이 IPv4 라우터를 구현할 때 요구되는 사항들을 정의한다. 노드 요구 사항 RFC[RFC4294]는 프로토콜이 IPv6 호스트와 라우터를 구현할 때 요구되는 사항들을 정의한다.

## 1.6.2 기타 표준

이 책에서 다루는 프로토콜의 대부분은 IETF가 표준화를 담당하지만, 다른 표준화 기구 중에도 주목해야 할 프로토콜의 정의를 담당하고 있는 것들이 있다. 그 중에서 중요한 표준화 기구에는 IEEEInstitute of Electrical and Electronics Engineers, 미국전기전자기술자협회, W3CWorld Wide Web Consortium, 월드와이드웹 컨소시엄, ITUInternational Telecommunication Union, 국제전기통신연합 등이 포함된다. 이 책의 내용과 관련한 활동으로 IEEE는 (Wi-Fi나 이더넷 등과 같은) 3계층보다 하위의 표준들에 관여하며, W3C는 응용 계층 프로토콜, 특히 (HTML 기반 구문과 같은) 웹 기술에 관련된 프로토콜들에 관여한다. ITU, 특히 그 산하의 ITU-T(예전의 CCITT)는 전화망과 이동전화망에서 사용되는 프로토콜들을 표준화하는데, 인터넷에서 이들은 점차 더욱 중요한 요소가 되고 있다.

## 1.7 구현과 소프트웨어 배포

역사적으로 사실상의 표준 TCP/IP 구현은 UC 버클리의 CSRG<sup>Computer Systems Research</sup> <sup>Group</sup>에서 만들었으며, 이 구현은 1990년대 중반까지 4.x BSD<sup>Berkeley Software Distribution</sup> 시스템이나 BSD 네트워킹 배포판과 함께 배포됐다. 이 소스코드는 다른 많은 구현들의 출발점으로 이용됐다. 오늘날 널리 사용되는 운영체제들은 저마다 자체적인 구현을 포함하고 있다. 이 책에서는 리눅스, 윈도우 그리고 가끔 (과거의 BSD 배포판에서 파생된) FreeBSD와 맥 OS 등의 TCP/IP 구현에서 예제를 가져온다. 하지만 대부분의 경우 어떤 구현인가 하는 것이 문제가 되지는 않는다.

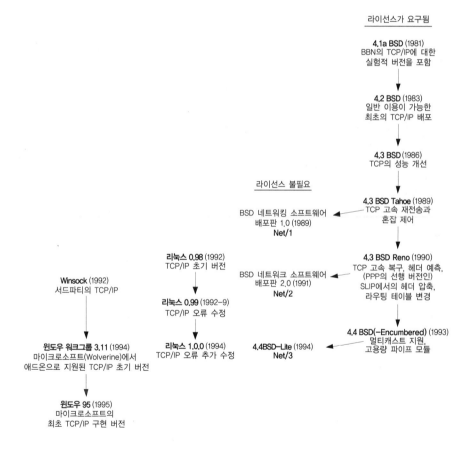

**그림 1-7** 1995년까지 TCP/IP를 지원하는 소프트웨어 배포판의 역사. 다양한 BSD 배포판들이 TCP/IP 제공을 선도했다. 부분적으로는 1990년대 초반 BSD 배포판의 법률적 불확실성 등으로 인해 대안으로 리눅스가 개발됐으며, 초기에는 PC 사용자들에게 알맞게 만들어졌다. 마이크로소프트는 몇 년 뒤 윈도우에서 TCP/IP를 지원하기 시작했다.

그림 1-7에서는 여러 BSD 배포판의 연대표를 보이면서 이후의 장들에서 다룰 중요한 TCP/IP 기능들을 보여준다. 또한 리눅스와 윈도우에서 TCP/IP를 지원하기 시작한 연도도 보여준다. 세 번째 열에서 보여주는 BSD 네트워킹 배포판은 모든 네트워킹 코드를 포함하고 있는 무료로 이용 가능한 공개 소스코드 배포판이며, 여기에는 프로토콜 자체에 대한 구현들과 (텔넷 원격 터미널 프로그램이나 FTP 파일 전송 프로그램 등과 같은) 애플리케이션이나 유틸리티 다수에 대한 구현도 포함돼 있다.

1990년대 중반에 이르러 인터넷과 TCP/IP는 확고한 토대를 마련했다. 대중적인 운영체제들은 TCP/IP를 내부적으로 직접 지원한다. TCP/IP에서 연구 및 개발된 새로운 기능들은 예전에는 BSD 배포판에 먼저 구현됐으나, 이제는 리눅스 배포판에 먼저 구현된다. 최근 윈도우는 (윈도우 비스타부터) 많은 새로운 기능과 자체적인 IPv6 기능을 포함하는 새로운 TCP/IP 스택을 구현했다. 리눅스, FreeBSD, 맥 OS X도 특별한 설정 옵션 없이 IPv6을 지원한다.

## 1.8 인터넷 아키텍처에 관련된 공격

이 책 전반에 걸쳐서 우리는 프로토콜의 설계나 구현에서 발견된 공격이나 취약점에 대해서 간략히 논의할 것이다. 인터넷 아키텍처 전체를 목표로 삼는 공격은 거의 없다. 그러나 인터넷 아키텍처가 목적지 IP 주소에 기초해 IP 데이터그램을 전달한다는 점을 주목할 필요가 있다. 따라서 악의적인 사용자는 자신이 송신하는 IP 데이터그램의 발신지 IP 주소 필드에 자신이 선택한 아무 IP 주소나 삽입할 수 있으며, 이를 스푸핑spoofing이라고 한다. 이렇게 만들어진 데이터그램은 목적지에 전달되지만 귀속attribution을 알아내기가 어렵다. 즉, 인터넷에서 받은 데이터그램의 발신지를 결정하기가 어렵거나 불가능할 수 있다.

스푸핑은 인터넷에서 자주 볼 수 있는 다른 공격 수단들과 결합될 수 있다. DoSDenial-Of-Service, 서비스 거부 공격들은 대체로 어떤 중요한 자원을 과도하게 사용함으로써 합법적인 사용자들이 서비스를 이용할 수 없게 만든다. 예를 들어 서버에 과도하게 많은 IP 데이터그램을 보내 서버가 패킷들을 처리하는 데에만 모든 시간을 소모하게 해 다른 유용한 일을 할 수 없게 만드는 것도 일종의 DoS 공격이다. 과도한 트래픽으로 공격 대상 네트워크를 바쁘게 만들어 다른 패킷들을 보낼 수 없게 만드는 DoS 공격도 있다. 많은 수의 컴퓨터가 트래픽 발신에 동원될 수 있으며 이를 DDoS<sup>Distributed DoS, 분산 서비스 거부</sup> 공격이라고 한다.

비인가 접근<sup>unauthorized access</sup> 공격은 인가되지 않은 방식으로 정보나 자원에 접근하는 것이다. 이러한 공격을 달성하는 기법은 다양한데, 프로토콜 구현상의 오류를 이용해 시스템에 대한 통제권을 확보하는 것도 하나의 방법이며, 이를 시스템을 점유<sup>owning</sup>한다고 하고 점유된 시스템은 좀비<sup>zombie</sup> 또는 봇<sup>bot</sup>이라고 부른다. 또 공격자의 프로그램이 (합법적 사용자의 인증 정보를 갖고) 합법적인 사용자인 것처럼 위장하는 형태의 공격도 있다. 더욱 심각한 형태의 공격은 멀웨어<sup>malware</sup>라고 부르는 악의적 소프트웨어를 사용해서 다수의 원격 시스템들의 제어권을 탈취하고, 이 시스템들을 분산적으로 조정하며 이용하는 것이다. 이렇게 분산 공격에 사용되는 시스템들을 봇넷<sup>botnet</sup>이라고 부른다. 고의적으로 멀웨어를 개발하고 불법적 이득이나 다른 악의적 목적으로 시스템을 악용하는 프로그래머를 일반적으로 블랙햇<sup>black hat</sup>이라고 부른다. 소위 화이트햇<sup>white hat</sup>은 기술적으로는 비슷한 일을 하지만, 시스템을 악용하지 않고 취약점을 당사자에게 알려준다.

인터넷 아키텍처에 관한 또 다른 우려 사항은 원래의 인터넷 프로토콜들이 인증, 무결성, 기밀성 등을 지원하기 위한 어떠한 암호화도 수행하지 않는다는 점이다. 따라서 악의적인 사용자는 네트워크를 흐르는 패킷을 관찰하는 것만으로도 비공개 정보를 알아낼 수 있다. 또 전송 중인 패킷의 내용을 수정할 능력이 있는 사람은 다른 사용자인 것처럼 위장할 수도 있고 메시지 내용을 변경할 수도 있다. 이러한 문제들은 암호화 프로토콜 덕분에 크게 감소했지만(18장 참고), 단순한 도청 공격에도 취약한 오래되거나 부실하게 설계된 프로토콜들이 여전히 사용되는 경우가 종종 있다. 다른 사람이 전송한 패킷들을 비교적 쉽게 도청할 수 있는 무선 네트워크가 보편화됐음을 감안하면 오래됐거나 안전하지 않은 프로토콜들의 사용은 피해야 한다. (링크 계층 Wi-Fi 네트워크상에서와 같이) 어느 한 계층에서 암호화를 사용할 수도 있지만, IP 데이터그램이 최종 목적지에 이르기까지 여러 네트워크 세그먼트를 지나갈 때 정보를 확실하게 보호할 수 있는 방법은 (IP 계층 이상의) 호스트 대 호스트<sup>host-to-host</sup> 암호화뿐이라는 점에 유의해야 한다.

## 1.9 정리

1장에서는 네트워크 아키텍처와 설계 일반, 그리고 이후의 장들에서 자세히 살펴볼 TCP/IP 프로토콜 모음 등에 대한 개념들을 두루 소개했다. 인터넷 아키텍처는 기존 네트워크들을 상호 연결하고 다양한 서비스와 프로토콜들이 동시에 운영될 수 있게 설계됐다. 견고성과 효율성을 위해 데이터그램을 사용하는 패킷 교환 방식이 선택됐으며, 데이터의 보안이나 예측 가능한 전달(예를 들면 지연 시간의 한도)은 부차적인 관심사였다.

초기에 인터넷 프로토콜을 구현했던 사람들은 운영체제의 계층화 및 모듈화 소프트웨어 설계에 익숙했기 때문에 인터넷 프로토콜도 캡슐화를 사용하는 계층 구조를 채택했다. TCP/IP 프로토콜 모음에서 3개의 주요 계층은 네트워크 계층, 전송 계층, 응용 계층이며, 각 계층이 무엇을 담당하는지 간단히 설명했다. 또한 TCP/IP 프로토콜 모음과 긴밀한 연관 관계를 갖는 링크 계층에 대해서도 언급했다. 각 계층에 대해서는 이후의 장들에서 더 자세히 살펴본다.

TCP/IP에서 네트워크 계층과 계층 간의 구별은 중요하다. 네트워크 계층의 IP는 신뢰성이 결여된 데이터그램 서비스를 제공하며, 인터넷에서 주소를 지정할 수 있는 모든 시스템에 구현돼야 한다. 반면 (TCP, UDP 등의) 전송 계층은 종단 호스트에서 실행되는 애플리케이션들에 단대단 서비스를 제공한다. 전송 계층의 주요 프로토콜인 TCP와 UDP는 근본적인 차이를 보인다. TCP는 순서를 지키며 신뢰성 있는 스트림을 전달하며, 흐름 제어와 혼잡 제어를 제공한다. 반면 역다중화를 위한 포트 번호의 사용과 오류 탐지 메커니즘을 제외하면 UDP는 기본적으로 IP와 다를 것이 없다. 그러나 TCP와 달리 UDP는 멀티캐스트 전달을 지원한다.

프로토콜을 혼동하거나 동일한 프로토콜상의 서로 다른 연결을 혼동하는 것을 피하기 위해 각 계층에서는 주소와 역다중화 식별자가 사용된다. 링크 계층 다중 접속 네트워크에서는 흔히 48비트 주소가 사용된다. IPv4는 32비트 주소를 사용하며, IPv6는 128비트 주소를 사용한다. 전송 계층의 TCP와 UDP는 여러 그룹으로 구분된 포트 번호들을 사용한다. 어떤 포트 번호들은 표준에 의해 지정되고, 어떤 포트 번호들은 서버와 통신하는 클라이언트 애플리케이션에 의해 임시로 지정된다. 포트 번호들이 어떠한 물리적 실체를 나타내는 것은 아니며 단지 통신을 원하는 애플리케이션들이 만나는 방편으로 사용될 뿐이다.

포트 번호와 IP 주소를 사용하면 인터넷상의 서비스 위치를 식별하기에 충분하지만, 사람들이 기억하거나 사용하기에는 불편하며 특히 IPv6 주소의 경우 더욱 불편하다. 그래서 인터넷은 DNS를 통해서 IP 주소로 (그리고 그 역방향으로도) 변환될 수 있는 계층적 구조의 호스트 이름을 사용한다. DNS는 인터넷 인프라의 필수 요소로 자리 잡았으며, DNS를 더욱 안전하게 만들기 위한 노력이 진행 중이다(18장 참고).

인터네트워크는 여러 네트워크가 모인 것이다. 인터네트워크를 위한 보편적인 구성 요소는 IP 계층에서 네트워크들을 연결하는 라우터다. 첫 글자가 대문자인 Internet(인터넷)은 전 세계에 걸쳐 있는 인터네트워크이며, (2010년을 기준으로) 거의 20억 명의 사용자를 상호 연결하고 있다. 인트라넷이라고 불리는 사설 인터네트워크는 비인가 접근을 방지하는 특별한 장비(10장에서 다루는 방화벽)를 통해서 인터넷에 연결된다. 엑스트라넷은 어떤 기관의 인트라넷의 일부분으로 협력기관이나 유관기관에 제한적인 방식의 접근을 허용하도록 설계된다.

네트워크 애플리케이션들은 클라이언트/서버 설계 패턴을 따르거나 p2p 설계 패턴에 따라 설계된다. 클라이언트/서버가 좀 더 일반적이며 널리 사용되는 설계이지만, p2p 설계도 대단한 성공을 보이고 있다. 어느 설계 패턴을 따르든 애플리케이션은 네트워크 작업을 수행하기 위해 API를 호출한다. TCP/IP 네트워크에서 가장 보편적인 API는 소켓 API이며, TCP/IP 사용을 선도한 BSD 유닉스 배포판 소프트웨어와 함께 제공됐다. 1990년대 후반이 되면 모든 대중적인 운영체제가 TCP/IP 프로토콜 모음과 소켓 API를 제공하게 됐다.

보안은 인터넷 아키텍처에서 주요 설계 목표는 아니었다. 종단 호스트는 보안성이 없는 IP 데이터그램 안의 발신지 IP 주소 필드를 쉽게 위조할 수 있기 때문에 수신자가 패킷의 발신지를 알아내기가 어려울 수 있다. 분산 서비스 거부[DDoS] 공격은 여전히 해결하기 어려운 문제로 남아있는데, 제어권을 뺏긴 종단 호스트들을 모아 DDoS 공격이나 다른 공격을 수행할 수 있는 봇넷들을 시스템 소유자도 모르게 형성할 수 있기 때문이다. 마지막으로, 초창기 인터넷 프로토콜들은 민감한 정보의 기밀성을 보장하기 위해 아무 일도 하지 않았지만 이러한 프로토콜들은 대부분 노후화됐으며 최근의 대체 프로토콜들은 호스트 사이에 기밀성과 인증을 갖춘 통신을 제공하기 위해 암호화를 사용하고 있다.

# 1.10 참고 자료

- **[B64]** P. Baran, "On Distributed Communications: 1. Introduction to Distributed Communications Networks," RAND Memorandum RM-3420-PR, Aug. 1964.

- **[BT]** http://www.bittorrent.com

- **[C88]** D. Clark, "The Design Philosophy of the DARPA Internet Protocols," Proc. ACM SIGCOMM, Aug. 1988.

- **[CK74]** V. Cerf and R. Kahn, "A Protocol for Packet Network Intercommunication," IEEE Transactions on Communications, COM-22(5), May 1974.

- **[D08]** J. Day, Patterns in Network Architecture: A Return to Fundamentals (Prentice Hall, 2008).

- **[D68]** E. Dijkstra, "The Structure of the 'THE'-Multiprogramming System," Communications of the ACM, 11(5), May 1968.

- **[DBSW66]** D. Davies, K. Bartlett, R. Scantlebury, and P. Wilkinson, "A Digital Communications Network for Computers Giving Rapid Response at Remote Terminals," Proc. ACM Symposium on Operating System Principles, Oct. 1967.

- **[I96]** IBM Corporation, Systems Network Architecture-APPN Architecture Reference, Document SC30-3422-04, 1996.

- **[IPIS]** Ipoque, Internet Study 2008/2009, http://www.ipoque.com/resources/ internet-studies/internet-study-2008_2009

- **[K64]** L. Kleinrock, Communication Nets: Stochastic Message Flow and Delay (McGraw-Hill, 1964).

- **[LC04]** S. Lin and D. Costello Jr., Error Control Coding, Second Edition (Prentice Hall, 2004).

- **[LJFK93]** S. Leffler, W. Joy, R. Fabry, and M. Karels, "Networking Implementation Notes-4.4BSD Edition," June 1993.

- **[LT68]** J. C. R. Licklider and R. Taylor, "The Computer as a Communication Device," Science and Technology, Apr. 1968.

- **[OIPSW]** http://www.rfc-editor.org/rfcxx00.html

- **[P07]** J. Pelkey, Entrepreneurial Capitalism and Innovation: A History of Computer Communications 1968-1988, available at http://historyofcomputercommunications.info

- **[P73]** L. Pouzin, "Presentation and Major Design Aspects of the CYCLADES Computer Network," NATO Advanced Study Institute on Computer Communication Networks, 1973.

- **[RFC0871]** M. Padlipsky, "A Perspective on the ARPANET Reference Model," Internet RFC 0871, Sept. 1982.

- **[RFC0959]** J. Postel and J. Reynolds, "File Transfer Protocol," Internet RFC 0959/ STD 0009, Oct. 1985.

- **[RFC1122]** R. Braden, ed., "Requirements for Internet Hosts-Communication Layers," Internet RFC 1122/STD 0003, Oct. 1989.

- **[RFC1123]** R. Braden, ed., "Requirements for Internet Hosts-Application and Support," Internet RFC 1123/STD 0003, Oct. 1989.

- **[RFC1812]** F. Baker, ed., "Requirements for IP Version 4 Routers," Internet RFC 1812, June 1995.

- **[RFC3493]** R. Gilligan, S. Thomson, J. Bound, J. McCann, and W. Stevens, "Basic Socket Interface Extensions for IPv6," Internet RFC 3493 (informational), Feb. 2003.

- **[RFC3542]** W. Stevens, M. Thomas, E. Nordmark, and T. Jinmei, "Advanced Sockets Application Program Interface (API) for IPv6," Internet RFC 3542 (informational), May 2003.

- **[RFC3678]** D. Thaler, B. Fenner, and B. Quinn, "Socket Interface Extensions for Multicast Source Filters," Internet RFC 3678 (informational), Jan. 2004.

- **[RFC3787]** J. Parker, ed., "Recommendations for Interoperable IP Networks Using Intermediate System to Intermediate System (IS-IS)," Internet RFC 3787 (informational), May 2004.

- **[RFC4294]** J. Loughney, ed., "IPv6 Node Requirements," Internet RFC 4294 (informational), Apr. 2006.

- **[RFC4340]** E. Kohler, M. Handley, and S. Floyd, "Datagram Congestion Control Protocol (DCCP)," Internet RFC 4340, Mar. 2006.

- **[RFC4584]** S. Chakrabarti and E. Nordmark, "Extension to Sockets API for Mobile IPv6," Internet RFC 4584 (informational), July 2006.

- **[RFC4677]** P. Hoffman and S. Harris, "The Tao of IETF-A Novice's Guide to the Internet Engineering Task Force," Internet RFC 4677 (informational), Sept. 2006.

- **[RFC4960]** R. Stewart, ed., "Stream Control Transmission Protocol," Internet RFC 4960, Sept. 2007.

- **[RFC5000]** RFC Editor, "Internet Official Protocol Standards," Internet RFC 5000/STD 0001 (informational), May 2008.

- **[RFC5014]** E. Nordmark, S. Chakrabarti, and J. Laganier, "IPv6 Socket API for Source Address Selection," Internet RFC 5014 (informational), Sept. 2007.

- **[RFC6250]** D. Thaler, "Evolution of the IP Model," Internet RFC 6250 (informational), May 2011.

- **[SFR04]** W. R. Stevens, B. Fenner, and A. Rudoff, UNIX Network Programming, Volume 1, Third Edition (Prentice Hall, 2004).

- **[SKYPE]** http://www.skype.com

- **[SRC84]** J. Saltzer, D. Reed, and D. Clark, "End-to-End Arguments in System Design," ACM Transactions on Computer Systems, 2(4), Nov. 1984.

- **[W02]** M. Waldrop, The Dream Machine: J. C. R. Licklider and the Revolution That Made Computing Personal (Penguin Books, 1992).

- **[X85]** Xerox Corporation, Xerox Network Systems Architecture-General Information Manual, XNSG 068504, 1985.

- **[Z80]** H. Zimmermann, "OSI Reference Model-The ISO Model of Architecture for Open Systems Interconnection," IEEE Transactions on Communications, COM-28(4), Apr. 1980.

# 02
## 인터넷 주소 구조

## 2.1 개요

2장에서는 인터넷에서 사용되는 네트워크 계층 주소의 구조를 다루는데, 이 주소를 IP 주소라고도 부른다. 우리는 인터넷상의 기기들에 주소를 할당하고 지정하는 방식, 주소 지정에서 계층 구조가 라우팅 확장성에 어떻게 도움이 되는지, 그리고 브로드캐스트, 멀티캐스트, 애니캐스트 등 특수 용도의 주소 사용법을 살펴볼 것이다. 또한 IPv4 주소와 IPv6 주소의 구조와 용도가 어떻게 다른지에 대해서도 알아본다.

인터넷에 연결된 모든 기기는 적어도 1개의 IP 주소를 갖는다. TCP/IP 프로토콜 기반의 사설망에서 사용되는 기기 또한 IP 주소를 필요로 한다. 어느 경우든 IP 라우터(5장 참고)가 구현하는 포워딩 절차는 트래픽의 목적지를 식별하기 위해 IP 주소를 사용한다. IP 주소는 또한 트래픽의 발신지도 표시한다. IP 주소는 어떤 면에서 전화번호와 비슷하다. 그러나 대체로 사용자들이 전화번호를 알고 직접 사용하는 반면 IP 주소는 DNS(11장 참고) 때문에 사용자에게 직접 드러나지 않을 때가 많다. DNS를 통해서 사용자는 숫자 주소 대신에 이름을 사용할 수 있기 때문이다. 하지만 스스로 네트워크를 구성해야 하거나 어떤 이유로든 DNS에 장애가 발생하면 사용자가 IP 주소를 직접 다뤄야 하는 상황에 직면하게 된다. 인터넷이 호스트와 라우터를 어떻게 식별하고 이들 사이에 트래픽을 전달하는지 이해하려면 먼저 IP 주소의 역할을 이해해야 한다. 따라서 IP 주소의 관리, 구조, 용도 등을 살펴볼 필요가 있다.

기기들이 인터넷에 연결될 때 네트워크상에서 사용 중인 다른 주소와 중복되지 않는 주소를 지정 받기 위해 조정이 필요하다. 사설망의 경우에도 망 내의 다른 주소와의 중복을 피하기 위해 IP 주소들에 대한 조정이 요구된다. IP 주소들의 그룹이 먼저 사용자나 조직에 할당되고, 주소를 할당받은 사용자나 조직은 네트워크의 "번호부여 체계"에 따라서 주소를 기기에 지정한다. 인터넷에서 관리 개체들의 계층 구조는 사용자나 서비스 제공자에게 IP 주소를 할당하는 데 도움이 된다. 대체로 일반 사용자는 요금을 받고 주소와 라우팅 서비스를 제공하는 ISP[Internet Service Provider, 인터넷 서비스 제공자]에게서 주소를 할당받는다.

## 2.2 IP 주소의 표현

IP 주소에 익숙한 대다수의 인터넷 사용자들은 가장 널리 사용되는 주소 유형인 IPv4 주소에 대해 알고 있을 것이다. IPv4 주소는 종종 165.195.130.107과 같은 점 4자리[dotted-quad], 또는 점 10진수[dotted-decimal] 표기법을 사용해 표현된다. 점 10진수 표기법은 마침표로 구분된 4개의 10진수로 구성된다. 각 숫자는 [0, 255] 범위의 정수이며, 전체 IP 주소의 1/4을 나타낸다. 점 10진수 표기법은 인터넷 체계 전반에서 사용되는 32비트 길이의 (음이 아닌 정수값인) IP 주소를 10진수로 편리하게 나타내는 방법일 뿐이다. 많은 상황에서 IP 주소를 2진수로 다뤄야 할 때가 있는데, http://www.subnetmask.info나 http://www.subnetcalculator.com 등의 인터넷 사이트는 IP 주소 형식 간의 변환용 계산기 및 관련 정보를 제공한다. 표 2-1은 IPv4 주소와 2진 표현의 예를 몇 개 보여준다.

**표 2-1** IPv4 주소에 대한 점 10진수 표기법과 2진 표기법의 예

| 점 10진수 표현 | 2진 표현 |
| --- | --- |
| 0.0.0.0 | 00000000 00000000 00000000 00000000 |
| 1.2.3.4 | 00000001 00000010 00000011 00000100 |
| 10.0.0.255 | 00001010 00000000 00000000 11111111 |
| 165.195.130.107 | 10100101 11000011 10000010 01101011 |
| 255.255.255.255 | 11111111 11111111 11111111 11111111 |

IPv6에서는 주소의 길이가 IPv4 주소의 4배인 128비트이며, 대부분의 사용자들은 IPv6 주소에 익숙하지 않다. 그래서 통상적으로 IPv6 주소는 콜론으로 구분되는 일련의 4자리 16진수(블록 또는 필드라고 부른다)들로 표현한다. 8개의 블록을 포함하는 IPv6 주소의 한 예는 5f05:2000:80ad:5800:0058:0800:2023:1d71이다. 일반 사용자에게는 10진수만큼 익숙하지 않지만 16진수는 2진수로 쉽게 변환할 수 있다는 장점이 있다. 또 IPv6 주소를 간단히 표현하기 위해 합의된 몇 가지 표기법이 표준화돼 있다[RFC4291].

1. 각 블록에서 앞에 나타나는 0은 표시할 필요가 없다. 조금 전에 예로 들었던 주소를 5f05:200 0:80ad:5800:58:800:2023:1d71로 표시할 수도 있다.

2. 0으로만 이뤄진 블록은 생략하고 ::으로 대체할 수 있다. 예를 들면 IPv6 주소 0:0:0:0:0:0:0:1 은 ::1로 줄여 쓸 수 있다. 마찬가지로 주소 2001:0db8:0:0:0:0:0:2도 2001:db8::2로 줄여 쓸 수 있다. 모호성을 피하기 위해 :: 표시는 IPv6 주소에서 한 번만 쓸 수 있다.

3. IPv6 형식으로 표현되는 내장Embedded IPv4 주소는 일종의 혼합 표기법을 사용한다. 이 표 기법에서는 IPv4 부분 바로 앞에 오는 블록에 ffff라는 값을 갖게 하고 주소의 나머지 부 분은 점 10진수 표기법을 사용해 표시한다. 예를 들면 IPv6 주소 ::ffff:10.0.0.1은 IPv4 주 소 10.0.0.1을 나타낸다. 이러한 주소 표현을 IPv4 대응 IPv6 주소IPv4-mapped IPv6 address라고 한다.

4. IPv6 주소의 하위 32비트는 점 10진수 표기법을 사용해 표시하는 표기법 관행도 채택돼 있 다. 따라서 IPv6 주소 ::0102:f001은 ::1.2.240.1과 같다. 이런 표기법을 가리켜 IPv4 호환 compatible IPv6 주소라고 부른다. IPv4 호환 주소가 IPv4 대응 주소와 같지 않다는 점에 주의 하자. IPv4 호환 주소는 소프트웨어가 IPv4 주소처럼 작성 혹은 조작할 수 있다는 의미로만 호환성을 갖는다. IPv4 호환 주소는 원래 IPv4에서 IPv6으로의 이행 계획에서 요구됐지만 이제는 더 이상 필수적으로 요구되지 않는다[RFC4291].

표 2-2는 IPv6 주소와 2진 표현의 예를 보여준다.

표 2-2 IPv6 주소와 2진 표현의 예

| 16진 표현 | 2진 표현 |
| --- | --- |
| 5f05:2000:80ad:5800:58:800:2023:1d71 | 0101111100000101  0010000000000000 |
| | 1000000010101101  0101100000000000 |
| | 0000000001011000  0000100000000000 |
| | 0010000000100011  0001110101110001 |
| ::1 | 0000000000000000  0000000000000000 |
| | 0000000000000000  0000000000000000 |
| | 0000000000000000  0000000000000000 |
| | 0000000000000000  0000000000000001 |
| ::1.2.240.1 또는 ::102:f001 | 0000000000000000  0000000000000000 |
| | 0000000000000000  0000000000000000 |
| | 0000000000000000  0000000000000000 |
| | 0000000100000010  1111000000000001 |

(예를 들어 주소를 포함하는 URL을 표현할 때와 같이) IPv6 주소의 콜론 구분자와 IP 주소와 포트 번호 사이에 사용되는 콜론 구분자가 혼동될 때가 있다. 이러한 상황에서는 IPv6 주소를 둘러싸는 대괄호가 사용된다. 예를 들면 다음과 같은 URL이 있다고 하자.

http://[2001:0db8:85a3:08d3:1319:8a2e:0370:7344]:443/

이 URL은 HTTP/TCP/IPv6 프로토콜들을 사용하는 IPv6 호스트 2001:0db8:85a3:08d3:1319:8a2e:0370:7344상의 포트 번호 443을 가리킨다.

[RFC4291]의 유연한 규정들은 동일한 IPv6 주소를 여러 가지 방법으로 표현할 수 있게 함으로써 불필요한 혼동을 초래했다. 이러한 상황을 개선하기 위해 [RFC5952]에서는 [RFC4291]과의 호환성을 유지하면서도 선택 범위를 좁히기 위한 규칙을 몇 가지 정했다.

1. 각 블록에서 앞에 나타나는 0은 반드시 생략해야 한다(예를 들어 **2001:0db8::0022**는 **2001:db8::22**가 된다).

2. :: 표시는 16비트 블록들에 대해서만이 아니라 최대의 효과를 얻을 수 있도록 (즉 최대한 많은 0 이 생략되도록) 사용돼야 한다. 동일한 길이의 0 블록이 여러 개 있을 경우 그중 첫 번째 블록들을 ::로 대체한다.

3. a에서 f까지의 16진수는 소문자로 표시한다.

이 책에서도 가급적 이러한 규칙을 준수할 것이다.

## 2.3 IP 주소의 기본 구조

IPv4 주소 공간에서 가능한 주소의 수는 4,294,967,296개이며, IPv6의 경우 340,282,36 6,920,938,463,463,374,607,431,768,211,456개다. 주소의 개수가 많기 때문에(특히 IPv6 에서) 편의를 위해 주소 공간을 여러 덩어리로 나눠서 사용하는 것이 편리하다. IP 주소 들은 유형과 크기별로 나뉜다. 대부분의 IPv4 주소 덩어리는 최종적으로 개별 주소로까지 나뉘며, 이런 개별 주소가 인터넷 혹은 사설 인트라넷에 접속된 컴퓨터의 네트워크 인터페이스 1개를 식별하는 데 사용된다. 이러한 주소를 유니캐스트<sup>unicast</sup>주소라고 부르며, 대부분의 IPv4 주소가 여기에 속한다. IPv6 주소의 대부분은 현재 사용되지 않고 있다. 유니캐스트 주소 외에도 둘 이상의 인터페이스를 가리킬 수 있는 브로드캐스트, 멀티캐스트, 애니캐스트 등 다른 유형의 주소들이 있으며, 나중에 다루게 될 특별한 용도의 주소들도 있다. 현재의 주소 구조에 대한 세부 사항을 설명하기에 앞서 IP 주소의 역사적 발전 과정을 먼저 이해하는 것이 바람직하다.

### 2.3.1 클래스 기반 주소 지정

처음 인터넷의 주소 구조가 정의될 때 모든 유니캐스트 IP 주소는 네트워크 부분(IP 주소 를 사용하는 인터페이스가 속하는 네트워크를 식별)과 **호스트 부분**(네트워크 부분으로 표현된 네트워크상의 특정 호스트를 식별)으로 구성되도록 정의됐다. 그래서 IP 주소의 앞부분의 연속된 비트들을 네트워크 번호<sup>net number</sup>로 부르고 나머지 비트들을 호스트 번호<sup>host number</sup>로 부르게 됐다. 당시 대부분의 호스트들은 1개의 네트워크 인터페이스만을 갖고 있었으므로 인터페이스 주소interface address라는 용어와 호스트 주소host address라는 용어는 거의 같은 의미로 사용됐다.

네트워크마다 호스트의 수가 다를 수 있고 각 호스트마다 고유한 IP 주소가 필요하다는 점을 깨닫게 되면서, 현재의 호스트 개수 및 향후 전망에 근거해서 사이트마다 IP 주소 공간의 할당 단위를 다르게 지정한 분할 방식이 고안됐다. 주소 공간의 분할을 위해 5개의 클래스class가 도입됐는데, 클래스마다 32비트 IPv4 주소 중 네트워크 번호가 차지하는 비트 수와 호스트 번호가 차지하는 비트 수가 다르다. 기본적인 개념을 그림 2-1에서 볼 수 있다.

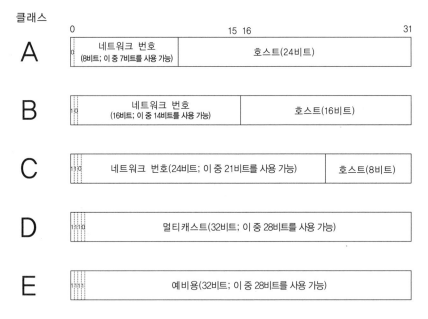

**그림 2-1** 원래 IPv4 주소 공간은 5개의 클래스로 분할됐다. 클래스 A, B, C는 인터넷상의 인터페이스들을 위한 (유니캐스트) 주소, 그리고 다른 특별한 용도의 주소를 지정하기 위해 사용됐다. 클래스들은 주소의 처음 몇 비트에 의해 구분되는데, 0은 클래스 A, 10은 클래스 B, 110은 클래스 C를 표시한다. 클래스 D는 멀티캐스트에서 사용하며(9장 참고), 클래스 E는 예비용으로 남아있다.

그림 2-1에서는 5개의 클래스에 A, B, C, D, E라는 이름이 부여돼 있는 것을 볼 수 있다. 클래스 A, B, C는 유니캐스트 주소에 사용된다. 이 주소 구조를 자세히 살펴보면 각 클래스의 상대적 크기와 주소 범위가 어떻게 구성돼 있는지 알 수 있다. 표 2-3에서 이러한 클래스 구조를 보여주는데, 이를 클래스 기반 주소 지정classful addressing 구조라고 부르

기도 한다.

**표 2-3** 원래의 (클래스 기반) IPv4 주소 공간 분할

| 클래스 | 주소 범위 | 상위비트 | 용도 | 전체 비율 | 네트워크 수 | 호스트 수 |
|---|---|---|---|---|---|---|
| A | 0.0.0.0-<br>127.255.255.255 | 0 | 유니캐스트/<br>특별한 용도 | 1/2 | 128 | 16,777,216 |
| B | 128.0.0.0-<br>191.255.255.255 | 10 | 유니캐스트/<br>특별한 용도 | 1/4 | 16,384 | 65,536 |
| C | 192.0.0.0-<br>223.255.255.255 | 110 | 유니캐스트/<br>특별한 용도 | 1/8 | 2,097,152 | 256 |
| D | 224.0.0.0-<br>239.255.255.255 | 1110 | 멀티캐스트 | 1/16 | 해당 없음 | 해당 없음 |
| E | 240.0.0.0-<br>255.255.255.255 | 1111 | 예비용 | 1/16 | 해당 없음 | 해당 없음 |

표 2-3은 다양한 크기의 유니캐스트 주소 블록을 사용자에게 할당하기 위해 클래스 기반 주소 지정이 어떻게 사용됐는지 보여준다. 이처럼 클래스로 분할하는 것은 사용 가능한 네트워크 번호의 개수와 해당 네트워크에서 지정될 수 있는 호스트의 개수 간에 상충 관계가 있다. 예를 들어 클래스 A 네트워크 번호 18.0.0.0을 할당받은 사이트(MIT 대학)는 호스트 주소로 지정할 수 있는 $2^{24}$개의 주소를 갖지만(즉, 18.0.0.0-18.255.255.255 범위의 IPv4 주소를 사용할 수 있음), 인터넷을 통틀어서 클래스 A 네트워크의 수는 127개뿐이다. 반면에 192.125.3.0이라는 클래스 C 네트워크 번호를 할당받은 사이트는 256개의 호스트 주소만 갖지만(192.125.3.0-192.125.3.255 범위의 주소), 이용할 수 있는 클래스 C 네트워크 번호의 수는 2백만 개도 넘는다.

> **주의**
>
> 이 숫자들은 정확하지 않다. 몇 개의 주소는 유니캐스트 주소로 사용할 수 없다. 특히 각 범위의 첫 번째 주소와 마지막 주소는 유니캐스트 주소로 사용할 수 없다. 앞의 예에서 주소 범위 18.0.0.0을 할당받은 사이트에서는 실제로 $2^{24} - 2 = 16,777,214$개의 유니캐스트 IP 주소를 지정할 수 있다.

클래스 기반의 인터넷 주소 지정 방식은 (1980년대 초반까지) 인터넷 성장기의 첫 10년 동안은 거의 그대로 유지됐다. 이후 인터넷의 규모가 더욱 커지면서 새로운 네트워크 세그먼트가 인터넷에 추가될 때마다 새로운 클래스 A, B, 또는 C 네트워크 번호 할당을 중앙 집중식으로 조정하는 것은 너무 불편하다는 문제점이 드러나기 시작했다. 더욱이 클래스 A 또는 B의 네트워크 번호를 지정하는 것은 너무 많은 호스트 번호를 낭비하는 경향이 있었고, 반면에 클래스 C 네트워크 번호들은 신규 사이트에 충분한 수의 호스트 번호를 제공하지 못했다.

## 2.3.2 서브넷 주소 지정

인터넷이 성장하기 시작하면서 드러난 초창기 문제점 중의 하나는 인터넷에 연결될 새로운 네트워크 세그먼트마다 새로운 네트워크 번호를 할당해야 하는 데에서 오는 불편함이었다. 이는 특히 1980년대 초반 근거리 통신망<sup>LAN</sup>이 발전하고 사용이 증가하면서 번거로운 일이 됐다. 이 문제를 해결하기 위해 인터넷에 연결된 사이트가 네트워크 번호를 할당받은 뒤 해당 사이트의 관리자가 자체적으로 네트워크를 분할하는 방법을 자연스럽게 고려하게 됐다. 특히 인터넷의 핵심 라우팅 인프라를 건드리지 않고 해결될 수 있다면 더욱 바람직했다.

이러한 개념을 구현하려면 IP 주소에서 네트워크 부분과 호스트 부분의 경계를 변경할 수 있되 사이트 내부에서만 유효해야 했다. 사이트 외부의 인터넷에서는 여전히 클래스 A, B, C로 보여야 하기 때문이다. 이러한 기능을 지원하기 위해 채택된 방식이 서브넷 주소 지정<sup>subnet addressing[RFC0950]</sup>이라고 불리는 방식이다. 서브넷 주소 지정을 사용할 경우 사이트는 클래스 A, B, C 네트워크 번호를 할당받은 뒤 나머지 호스트 비트들을 내부적으로 추가로 할당 및 지정할 수 있다. 사이트는 자신이 할당받은 주소의 호스트 부분을 서브넷<sup>subnet</sup> 번호와 호스트 번호로 추가로 나눌 수 있는 것이다. 기본적으로 서브넷 주소 지정 방식은 IP 주소 구조에서 비트를 새로 추가하지 않고도 새로운 필드 하나를 추가하는 효과를 달성한다. 그 결과로 사이트 관리자는 다른 사이트들과의 조정 없이도 서브넷의 수와 각 서브넷상의 호스트 수를 조절할 수 있다.

서브넷 주소 지정으로 유연성을 얻게 되는 대가로서 새로운 비용이 발생한다. 서브넷 필드들과 호스트 필드들의 정의가 (네트워크 번호의 클래스로 정해지는 것이 아니라) 사이트마다 다르기 때문에, 사이트 안의 모든 라우터와 호스트는 주소에서 서브넷 필드의 위치는 어디이고, 호스트 필드의 위치는 어디인지 결정하기 위한 새로운 방법을 필요로 한다. 서브넷이 생기기 전에는 (주소의 상위 비트들만 보면) 네트워크 번호가 클래스 A, B, C 중 어느 것인지 알 수 있으므로 이런 정보를 쉽게 알아낼 수 있었다. 예를 들어 서브넷 주소 지정을 사용하면 IPv4 주소는 그림 2-2와 같은 형태를 가질 수 있다.

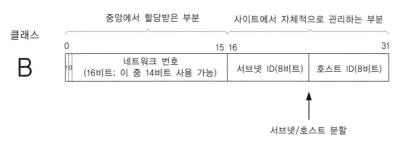

**그림 2-2** 서브넷을 사용하는 클래스 B 주소의 예. 서브넷 ID에 8 비트를 사용함으로써 각 서브넷마다 254개의 호스트를 갖는 256개의 서브넷을 사용할 수 있다. 네트워크 관리자는 분할 방법을 변경할 수 있다.

그림 2-2는 1개의 클래스 B 주소가 어떻게 서브넷으로 분할될 수 있는지 보여준다. 인터넷의 어느 사이트가 클래스 B 네트워크 번호를 할당받았다고 가정하자. 이 사이트가 사용할 모든 주소의 처음 16비트는 특정 숫자로 고정된다. 인터넷 주소 관리기구로부터 할당받은 것이기 때문이다. 하지만 (서브넷을 사용하지 않는다면 클래스 B 네트워크 내의 호스트 번호로만 사용됐을) 나머지 16비트는 사이트의 네트워크 관리자가 필요에 따라 분할해서 사용할 수 있다. 그림 2-2의 경우는 서브넷 번호로 8비트가 사용되고 호스트 번호로도 8비트가 사용된다. 따라서 이 사이트는 256개의 서브넷을 지원할 수 있으며, 각 서브넷은 254개까지의 호스트를 포함할 수 있다(서브넷을 사용하지 않을 경우에는 전체 할당 범위에서 첫 번째 주소와 마지막 주소만을 잃지만, 서브넷을 사용할 경우 서브넷마다 첫 번째 주소와 마지막 주소만 사용할 수 없지만, 서브넷을 사용할 경우에는 각 서브넷마다 첫 번째 주소와 마지막 주소를 사용할 수 없음에 주의하자). 서브넷 구조는 서브넷이 생성되는 네트워크 안의 호스트와 라우터에만 보인다는 사실을 잊지 말자. 인터넷의 나머지 부분에서는 여전히 이 사이트에 연계된 주소들을 서브넷 주소 지정 이전과 똑같이 취급한다. 그림 2-3에서는 이러한 과정을 보여준다.

그림 2-3은 1대의 경계 라우터로 인터넷에 접속되고(즉 인터넷 접속 지점이 1개) 2개의 내부

LAN을 갖는 가상의 사이트를 보여준다. x의 값은 [0, 255] 범위 내의 어떤 정수값도 가능하다. 각 이더넷 네트워크는 클래스 B 주소인 128.32를 네트워크 번호로 갖는 네트워크의 IPv4 서브넷이다. 인터넷상의 다른 사이트가 이 사이트에 도달하기 위해서 인터넷 라우팅 시스템은 목적지 주소가 128.32로 시작하는 모든 트래픽을 그림 2-3의 경계 라우터로 (구체적으로는 이 라우터의 IPv4 인터페이스 주소인 137.164.23.30으로) 보낸다. 이때 경계 라우터는 128.32 네트워크 내부의 서브넷들을 구별해야 한다. 특히 128.32.1.x 형태의 주소로 향하는 트래픽과 128.32.2.x 형태의 주소로 향하는 트래픽을 구별하고 분리할 수 있어야 한다. 이들은 각기 클래스 B 네트워크 번호 128.32의 서브넷 1과 2에 해당한다. 이를 위해 경계 라우터는 주소의 어느 부분이 서브넷 ID를 나타내는지 알아야 하는데, 다음 절에서 살펴볼 설정 매개변수를 통해 구현된다.

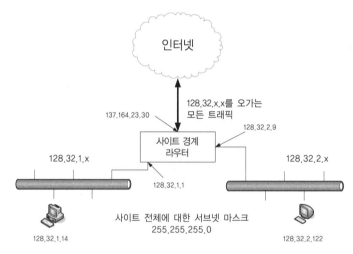

**그림 2-3** 어떤 사이트에 클래스 B 네트워크 번호 128.32가 할당됐다. 이 네트워크의 관리자는 사이트 전체에 서브넷 마스크 255.255.255.0을 적용해 256개의 서브넷을 만들고 각 서브넷은 256 − 2 = 254개의 호스트를 갖도록 설정했다. 동일한 서브넷에 속하는 호스트의 IPv4 주소는 공통의 서브넷 번호를 갖는다. 왼쪽 LAN 세그먼트상의 모든 호스트의 IPv4 주소는 128.32.1로 시작하며, 오른쪽 LAN 세그먼트상의 모든 호스트의 IPv4 주소는 128.32.2로 시작한다.

### 2.3.3 서브넷 마스크

서브넷 마스크subnet mask는 네트워크 정보와 서브넷 정보가 호스트 정보와 어떻게 분할되는지 호스트 또는 라우터가 알아내기 위해 사용한다. IP에서 서브넷 마스크의 길이는 IP

주소의 길이와 같다. 즉, IPv4에서는 32비트이며 IPv6에서는 128비트다. 서브넷 마스크는 호스트 또는 라우터에서 IP 주소와 마찬가지 방법으로 설정된다. 즉, (라우터가 흔히 그렇듯이) 고정값으로 설정되거나 DHCP<sup>Dynamic Host Configuration Protocol, 동적 호스트 설정 프로토콜, 6장 참고</sup>와 같은 동적 시스템을 사용해 설정된다. IPv4의 경우 서브넷 마스크는 IPv4 주소와 동일한 방식으로(즉, 점 10진수 표기법으로) 표현될 수 있다. 처음부터 그렇게 정해진 것은 아니었지만 오늘날의 서브넷 마스크들은 앞에 1비트들이 나타나고 이어서 0비트들이 나타나는 구조를 갖는다. 이러한 배열로 인해 마스크상의 (왼쪽에 위치한) 1비트 개수로 마스크를 표현하는 간이 형식을 사용할 수 있다. 오늘날 이러한 형식이 가장 보편적으로 사용되며 프리픽스 길이<sup>prefix length</sup>라고도 불린다. 표 2-4는 IPv4 서브넷 마스크의 몇 가지 예를 보여준다.

**표 2-4** 다양한 형식의 IPv4 서브넷 마스크 예

| 점 10진수 표현 | 간이 표현(프리픽스 길이) | 2진 표현 |
| --- | --- | --- |
| 128.0.0.0 | /1 | 10000000 00000000 00000000 00000000 |
| 255.0.0.0 | /8 | 11111111 00000000 00000000 00000000 |
| 255.192.0.0 | /10 | 11111111 11000000 00000000 00000000 |
| 255.255.0.0 | /16 | 11111111 11111111 00000000 00000000 |
| 255.255.254.0 | /23 | 11111111 11111111 11111110 00000000 |
| 255.255.255.192 | /27 | 11111111 11111111 11111111 11100000 |
| 255.255.255.255 | /32 | 11111111 11111111 11111111 11111111 |

표 2-5는 IPv6 서브넷 마스크의 몇 가지 예를 보여준다.

라우터나 호스트는 IP 주소의 네트워크/서브넷 부분이 어디서 끝나고 호스트 부분이 어디서 시작하는지 알아내기 위해 마스크를 사용한다. 서브넷 마스크에서 1로 설정된 비트는 IP 주소에서 해당 비트가 네트워크/서브넷 부분임을 의미하며, 이 네트워크/서브넷 부분은 데이터그램을 포워딩하기 위한 기초 정보로서 사용된다(5장 참고). 역으로 서브넷 마스크에서 0으로 설정된 비트는 호스트 부분임을 의미한다. 예를 들면 그림 2-4는 서브넷 마스크가 255.255.255.0일 때 IPv4 주소 128.32.1.14가 어떻게 취급되는지를 보여준다.

**표 2-5** 다양한 형식의 IPv6 서브넷 마스크 예

| 16진 표현 | 간이 표현(프리픽스 길이) | 2진 표현 |
|---|---|---|
| ffff:ffff:ffff:ffff:: | /64 | 1111111111111111 1111111111111111 |
| | | 1111111111111111 1111111111111111 |
| | | 0000000000000000 0000000000000000 |
| | | 0000000000000000 0000000000000000 |
| ff00:: | /8 | 1111111100000000 0000000000000000 |
| | | 0000000000000000 0000000000000000 |
| | | 0000000000000000 0000000000000000 |
| | | 0000000000000000 0000000000000000 |

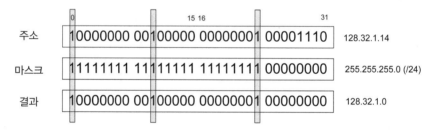

**그림 2-4** IP 주소와 서브넷 마스크를 비트 단위 AND 연산으로 결합하면 주소의 네트워크/서브넷 식별자(프리픽스)를 얻을 수 있으며, 이 값은 라우팅에 사용된다. 이 예에서 IPv4 주소 128.32.1.14에 길이 24의 마스크를 적용하면 프리픽스 128.32.1.0/24가 된다.

이제 주소의 각 비트가 서브넷 마스크상의 대응 비트와 어떻게 AND되는지 살펴보자. 비트 단위 AND 연산에서 결과 비트가 1이 되는 것은 마스크와 주소상의 대응 비트들 모두 1일 때다. 이 예에서 주소 128.32.1.14는 서브넷 128.32.1.0/24에 속한다. 그림 2-3에서 이것은 주소가 128.32.1.14인 시스템을 목적지로 하는 데이터그램을 어느 서브넷으로 포워딩해야 할지 결정하기 위해 라우터가 필요로 하는 정보다. 인터넷 라우팅 시스템의 다른 부분들은 이 서브넷 마스크에 관한 정보를 필요로 하지 않는다. 이 사이트 외부의 라우터들은 주소의 네트워크 부분만 갖고 라우팅 결정을 내릴 뿐, 네트워크/서브넷 결합 또는 호스트 부분을 갖고 라우팅 결정을 내리지 않기 때문이다. 따라서 서브넷 마스크는

순전히 사이트 내부적인 문제일 뿐이다.

## 2.3.4 VLSM

지금까지 우리는 사이트에 할당된 네트워크 번호를 어떻게 추가적으로 분할해 여러 서브넷에 지정할 수 있는지 살펴봤다. 이때 각 서브넷은 크기가 같으므로, 동일한 수의 호스트를 지원한다. 그리고 서브넷의 크기는 네트워크 관리자의 운영 예상에 근거해서 결정된다. 이번 절에서는 동일한 사이트의 서로 다른 부분에서 동일한 네트워크 번호에 각기 다른 길이의 서브넷 마스크를 사용하는 방법을 알아보자. 이렇게 하면 주소 설정을 관리하기 복잡해지지만, 서브넷마다 서로 다른 수의 호스트를 가질 수 있기 때문에 서브넷 구조의 유연성을 증대시킬 수 있다. VLSM<sup>Variable-Length Subnet Mask, 가변 길이 서브넷 마스크</sup>은 오늘날 대부분의 호스트, 라우터, 라우팅 프로토콜 등에서 지원된다. VLSM이 어떻게 동작하는지 이해하기 위해 그림 2-5에서 보여주는 네트워크 토폴로지를 살펴보자. 이 네트워크는 그림 2-3의 네트워크에 VLSM을 사용하는 서브넷 2개를 추가한 것이다.

그림 2-5에서 보여주는 좀 더 복잡하면서도 현실적인 예에서는 사이트 내부에서 /24, /25, /26 등 3개의 서로 다른 서브넷 마스크를 사용해 128.32.0.0/16 네트워크를 서브넷들로 분할한다. 이렇게 함으로써 서브넷마다 각기 다른 수의 호스트를 가질 수 있게 된다. 호스트의 수는 IP 주소에서 네트워크/서브넷 번호에서 사용되지 않고 남아있는 비트 수에 의해 정해진다. IPv4에서 /24 프리픽스의 경우 32 - 24 = 8비트가 남아 256개의 호스트를 지원할 수 있고, /25 프리픽스의 경우 그 절반인 128개의 호스트를 지원할 수 있으며, /26 프리픽스의 경우 또 그 절반인 64개의 호스트를 지원할 수 있다. 그림 2-5에서 모든 호스트와 라우터의 인터페이스마다 IP 주소와 서브넷 마스크가 둘 다 표시돼 있고, 서브넷 마스크는 네트워크 토폴로지 내의 위치에 따라 다르다는 점에 주목하자. 라우터들 사이에서 (OSPF, IS-IS, RIPv2 등과 같은) 적절한 동적 라우팅 프로토콜이 실행된다면 트래픽은 동일 사이트에 속한 호스트들 간에, 또는 인터넷 공간의 외부 사이트와 정확하게 흐를 수 있다.

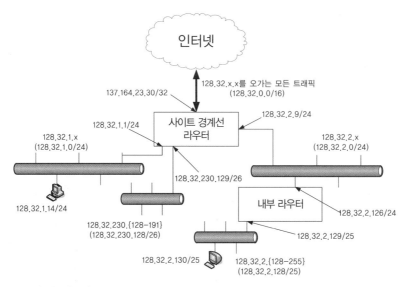

**그림 2-5** VLSM은 네트워크 번호를 각기 다른 수의 호스트를 갖는 서브넷들로 분할하기 위해 사용될 수 있다. 각 라우터와 호스트는 IP 주소와 서브넷 마스크를 갖도록 구성된다. RIP 버전 1과 같은 일부 오래된 라우팅 프로토콜을 제외하고는 대부분의 소프트웨어에서 VLSM을 지원한다.

이상하게 보일 수도 있지만 1개의 서브넷이 2개의 호스트만 포함하는 경우를 자주 볼 수 있다. 연결의 양쪽 종단에 IP 주소가 지정돼야 하는 점대점 링크로 라우터들이 연결될 때 IPv4에서 /31 네트워크 프리픽스를 사용하는 것이 일반적인 관행이며, IPv6에서는 /127 네트워크 프리픽스를 사용하는 것이 권고되는 관행이다[RFC6164].

## 2.3.5 브로드캐스트 주소

모든 IPv4 서브넷에는 특별한 주소 하나가 서브넷 브로드캐스트 주소로 예약돼 있다. IPv4 주소의 네트워크/서브넷 부분을 적절한 값으로 설정하고 호스트Host 필드의 모든 비트를 1로 설정한 것이 서브넷 브로드캐스트 주소가 된다. 그림 2-5에서 가장 왼쪽의 서브넷을 보자. 이 서브넷의 프리픽스는 128.32.1.0/24이다. 서브넷 브로드캐스트 주소를 만들기 위해서는 먼저 서브넷 마스크에서 1은 0으로, 또 0은 1로 모두 바꾼 후 서브넷상의 임의의 컴퓨터 주소와 비트 단위 OR 연산을 수행하면 된다. 이때 서브넷상의 임의의 컴퓨터 주소 대신 네트워크/서브넷 프리픽스를 사용해도 같은 결과를 얻는다. 비트 단위 OR 연산에서 결과 비트가 1이 되는 것은 입력 비트 중 어느 쪽이든 1이 있을 때.

IPv4 주소 128.32.1.14에 대해서 서브넷 브로드캐스트 주소를 계산하는 방법이 그림 2-6에 보인다.

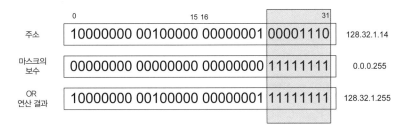

**그림 2-6** 서브넷 마스크에 대한 보수와 IPv4 주소에 대한 비트 단위 OR 연산을 통해 서브넷 브로드캐스트 주소를 형성한다. /24 서브넷 마스크의 경우 나머지 32 − 24 = 8비트 모두 1로 설정돼 10진수 255가 만들어지며, 서브넷 브로드캐스트 주소는 128.32.1.255가 된다.

그림에서 보여주듯이 서브넷 128.32.1.0/24를 위한 서브넷 브로드캐스트 주소는 128.32.1.255다. 이러한 유형의 주소를 목적지 주소로 사용하는 데이터그램을 다이렉티드 브로드캐스트<sup>directed broadcast</sup>라고 한다. 이러한 브로드캐스트는 적어도 이론상으로는 목적지 서브넷에 도달하기 전까지는 인터넷상에서 단일 데이터그램으로 전송되다가 목적지 서브넷에 이르러 그 안의 모든 호스트에게 전달되는 브로드캐스트 데이터그램 집합으로 변한다. 이러한 개념을 좀 더 일반화하면 목적지 IPv4 주소가 128.32.255.255인 데이터그램을 만들어 그림 2-3이나 그림 2-5와 같은 네트워크에 연결된 인터넷으로 내보낼 수 있다. 이 데이터그램은 목표 사이트의 모든 호스트에 도달할 것이다.

> **주의**
>
> 다이렉티드 브로드캐스트는 보안 관점에서 큰 문제가 될 수 있음이 드러나서 현재의 인터넷에서는 사실상 차단돼 있다. [RFC0919]에서는 IPv4에서의 다양한 유형의 브로드캐스트에 대해 기술하고 있으며, [RFC1812]에서는 라우터에서 다이렉티드 브로드캐스트에 대한 포워딩을 제공하는 것이 바람직하며 기본적으로 활성화돼 있어야 한다고 제안하고 있다. 이러한 정책은 [RFC2644]에서 뒤집혔으며, 여기에서는 기본적으로 라우터는 다이렉티드 브로드캐스트의 포워딩을 비활성화해야 하며, 아예 기능 자체를 없애도 좋다고 제안하고 있다.

서브넷 브로드캐스트 주소 외에 특수한 용도의 주소 255.255.255.255가 로컬 네트워크 브로드캐스트로서 예약돼 있다(이 주소를 한정 브로드캐스트<sup>limited broadcast</sup>라고도 부른다). 라우터는 이 브로드캐스트를 절대로 포워딩하지 않는다(특수 용도의 주소에 대해서는 2.5절을 참조). 라우터에서는 브로드캐스트를 포워딩하지 않지만, 브로드캐스트를 보내는 컴퓨터가 연결돼 있는 네트워크를 목적지로 하는 서브넷 브로드캐스트 및 로컬 네트워크 브로드캐스트는 (종단 호스트에서 명시적으로 비활성화돼 있지 않은 한) 정상적으로 전달될 것으로 기대된다. 이러한 브로드캐스트는 라우터의 동작을 필요로 하지 않으며, 대신 이를 지원하기 위해 링크 계층 브로드캐스트가 이용된다(3장 참고). 일반적으로 브로드캐스트 주소는 TCP/IP와 달리 양자 간 대화를 필요로 하지 않는 UDP/IP(10장)나 ICMP(8장) 같은 프로토콜과 함께 사용된다. IPv6에는 브로드캐스트 주소라는 것이 아예 없으며, IPv4에서 브로드캐스트 주소가 사용될 상황에서 IPv6은 멀티캐스트 주소를 사용한다(9장 참고).

## 2.3.6 IPv6 주소와 인터페이스 ID

IPv4 주소보다 4배나 길다는 점 외에도 IPv6 주소는 구조상 추가된 부분이 있다. IPv6 주소에서 사용되는 특수한 프리픽스들은 주소의 적용 범위scope를 표시한다. IPv6 주소의 적용 범위란 해당 주소가 사용될 수 있는 네트워크 부분이 어디인지를 가리킨다. 중요한 적용 범위에는 동일한 컴퓨터상의 통신에만 사용될 수 있는 노드 로컬node-local, 동일한 네트워크 링크나 IPv6 프리픽스상의 노드 사이에서만 사용될 수 있는 링크 로컬link-local, 인터넷 전체에서 사용될 수 있는 전역global 등이 있다. IPv6에서는 대부분의 노드가 둘 이상의 주소를 사용하며, 이 주소들은 동일한 네트워크 인터페이스 상에서 사용될 때가 많다. 이는 IPv4에서도 가능하지만 IPv6만큼 널리 쓰이지는 않는다. 멀티캐스트 주소(2.5.2절 참고)를 포함해 하나의 IPv6 노드에서 필요한 주소들의 집합이 [RFC4291]에 제시돼 있다.

> **주의**
>
> 프리픽스 fec0::/10을 사용하는 사이트 로컬(site-local)이라는 적용 범위도 원래 IPv6에서 지원됐지만, [RFC3879]에서 유니캐스트용으로는 더 이상 사용하지 않도록 권고한 바 있다. 주된 문제점으로는 둘 이상의 사이트에서 사이트 로컬 주소를 사용할 경우에 대한 처리 문제와 '사이트'를 어떻게 정의할지가 불명확한 점 등이다.

링크 로컬 IPv6 주소들은(그리고 일부 전역 IPv6 주소들도) 유니캐스트 IPv6 주소 지정을 위한 기초로 인터페이스 ID[IID, Interface Identifier]를 사용한다. 주소가 2진수 000으로 시작되는 경우를 제외하면 IID는 항상 IPv6 주소의 하위 비트로서 사용되며, 따라서 이들은 동일 네트워크 프리픽스 내에서는 다른 것과 값이 달라야 한다. IID는 보통 64비트 길이를 가지며, 수정 EUI-64 형식[EUI-64]을 사용해 하부 링크 계층의 네트워크 인터페이스 MAC 주소로부터 직접 만들어지거나 혹은 주소 추적에 대해서 프라이버시를 제공하려는 목적으로 MAC 주소를 난수화하는 과정을 거쳐서 만들어진다.(6장 참고).

IEEE 표준에서 EUI는 확장 고유 식별자[extended unique identifier]를 의미한다. EUI-64 ID는 24비트 OUI[Organizationally Unique Identifier, 기관 고유 식별자]로 시작하며, 이어서 OUI가 식별하는 기관에서 지정한 40비트 확장 ID가 온다. OUI들을 유지하고 할당하는 것은 IEEE 등록 기관[IEEERA]이다. EUI는 '범세계적 관리'가 적용될 수도 있고 '지역 관리'가 적용될 수도 있다. 인터넷에서 이러한 주소들은 대체로 범세계적 관리 대상이다.

(이더넷과 같이) IEEE 표준을 따르는 대부분의 네트워크 인터페이스들은 오랫동안 48비트 EUI라는 짧은 형식의 주소를 사용해왔다. EUI-48 형식과 EUI-64 형식 사이에서 의미 있는 차이점은 길이뿐이다(그림 2-7 참고).

EUI-48 주소와 EUI-64 주소 모두에서 OUI는 24비트 길이를 가지며, 첫 3바이트를 차지한다. 이 주소들의 첫 번째 바이트의 하위 두 비트는 각기 u 비트와 g 비트로 표시된다. u 비트가 1이면 이 주소는 지역 관리 대상임을 나타낸다. g 비트가 1이면 이 주소는 그룹 주소나 멀티캐스트 주소임을 나타낸다. 당분간은 g 비트가 0인 경우만 고려하기로 하자.

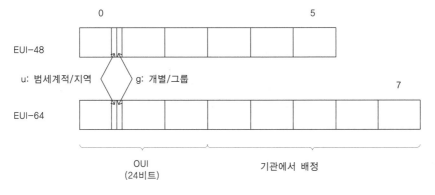

**그림 2-7** IEEE에서 정의한 EUI-48과 EUI-64 형식. IPv6에서 이 값들은 u 비트를 반전시켜서 인터페이스 ID를 만드는 데 사용된다.

EUI-48 주소의 24비트 OUI를 EUI-64 주소로 복사하고 EUI-64 주소의 4번과 5번 바이트에 16비트값 1111111111111110(16진수 FFFE)을 넣은 다음 나머지 기관 지정 비트들을 복사함으로써 EUI-48 주소로부터 EUI-64 주소를 만들 수 있다. 예를 들면 EUI-48 주소 00-11-22-33-44-55는 EUI-64로는 00-11-22-FF-FE-33-44-55가 될 것이다. 이러한 변환은 EUI-48 주소가 주어졌을 때 IPv6가 인터페이스 ID를 만드는 과정의 첫 번째 단계다. 그리고 나서 수정 EUI-64는 u 비트의 값을 반전시켜서 IPv6용의 인터페이스 ID를 형성한다.

(AppleTalk와 같이) 제조사가 EUI-48 주소를 제공하지 않지만 다른 유형의 하부 주소를 갖는 인터페이스에 대해서 인터페이스 ID가 필요할 경우는 주어진 하부 주소의 왼쪽을 0들로 채워 인터페이스 ID를 만든다. (터널, 직렬 링크 등에서와 같이) 식별자를 어떤 형태로든 전혀 갖지 않는 인터페이스를 위한 인터페이스 ID는 동일 노드상의(그러나 동일 서브넷 상에 있지는 않은) 다른 인터페이스로부터, 또는 그 노드에 연계된 다른 식별자로부터 유도될 수도 있다. 이 방법조차 불가능하다면 최후의 수단으로 수동 지정을 하는 수밖에 없다.

### 2.3.6.1 예제

리눅스의 ifconfig 명령을 사용해 링크 로컬 IPv6 주소가 형성되는 방식을 조사할 수 있다.

```
Linux% ifconfig eth1
eth1      Link encap:Ethernet HWaddr 00:30:48:2A:19:89
          inet addr:12.46.129.28 Bcast:12.46.129.127
          Mask:255.255.255.128
          inet6 addr: fe80::230:48ff:fe2a:1989/64 Scope:Link
          UP BROADCAST RUNNING MULTICAST MTU:1500 Metric:1
          RX packets:1359970341 errors:0 dropped:0 overruns:0 frame:0
          TX packets:1472870787 errors:0 dropped:0 overruns:0 carrier:0
          collisions:0 txqueuelen:1000
          RX bytes:4021555658 (3.7 GiB) TX bytes:3258456176 (3.0 GiB)
          Base address:0x3040 Memory:f8220000-f8240000
```

이더넷의 하드웨어 주소 00:30:48:2A:19:89가 어떻게 IPv6 주소로 매핑되는지 알 수 있다. 먼저 EUI-64로 변환하면 주소 00:30:48:ff:fe:2a:19:89가 만들어진다. 그런 다음 u 비트를 반전시켜서 IID 값 02:30:48:ff:fe:2a:19:89가 만들어진다. 링크 로컬 IPv6 주소를 완성시키기 위해 예약 프리픽스 fe80::/10을 사용한다(2.5절 참고). 이제 이들을 합치면 완전한 주소 fe80::230:48ff:fe2a:1989가 만들어진다. /64는 IID로부터 만들어지는 IPv6 주소의 서브넷/호스트 부분을 식별하는 데 사용되는 표준 길이로서 [RFC4291]에 따른 것이다.

IPv6를 지원하는 윈도우 시스템에서 또 다른 흥미로운 예를 살펴보자. 이 예에서는 특수한 터널 종단점tunnel endpoint을 볼 수 있는데, 이것은 IPv4만 지원하는 네트워크에서 IPv6 트래픽을 운반하는 데 사용된다.

```
c:\> ipconfig /all
...
Tunnel adapter Automatic Tunneling Pseudo-Interface:

   Connection-specific DNS Suffix .   : foo
   Description . . . . . . . . . .     : Automatic Tunneling
                                         Pseudo-Interface

   Physical Address. . . . . . .       : 0A-99-8D-87
   Dhcp Enabled. . . . . . . . .       : No
   IP Address. . . . . . . . . .       : fe80::5efe:10.153.141.135%2
   Default Gateway . . . . . . .       :
   DNS Servers . . . . . . . . .       : fec0:0:0:ffff::1%2
                                         fec0:0:0:ffff::2%2
                                         fec0:0:0:ffff::3%2
   NetBIOS over Tcpip. . . . . .        : Disabled
...
```

여기서 우리는 ISATAP[RFC5214]이라고 불리는 특별한 터널링 인터페이스를 볼 수 있다. 물리적 주소physical address라고 하는 것은 실제로는 IPv4 주소를 16진수로 인코딩한 것이다. 즉, 0A-99-8D-87은 10.153.141.135와 같다. 여기에서 사용된 OUI 00-00-5E는 IANA[IANA]에서 지정된 것으로서, 16진수 값 fe와 조합돼 내장 IPv4 주소임을 가리킨다. 이 조합은 다시 표준 링크 로컬 프리픽스 fe80::/10과 조합돼 fe80::5efe:10.153.141.135라는 주소가 만들어진다. 주소 끝에 붙은 %2는 윈도우에서 영역 zone ID라고 부르는 것으로서, IPv6 주소에 대응하는 컴퓨터에서 사용되는 인터페이스 인덱스 번호를 의미한다. IPv6 주소는 자동 설정에 의해서 생성되기도 하는데 자동 설정에 대해서는 6장에서 자세히 다룬다.

## 2.4 CIDR과 병합

성장통을 완화하기 위해 서브넷 주소 지정을 채택한 뒤에도 인터넷은 1990년대 초반에 심각한 확장성 문제들을 겪기 시작했다. 그중에서 특히 즉각적인 대처가 필요하다고 간주됐던 것은 아래의 세 가지 이슈였다.

1. 1994년에 이르러 클래스 B 주소 중 절반 이상이 이미 할당됐으며, 1995년이면 클래스 B 주소가 모두 소진될 것으로 예상됐다.

2. 32비트 IPv4 주소는 2000년대 초반에 예상되는 인터넷의 규모를 다루기에는 부족한 것으로 판단됐다.

3. 1995년에 약 65,000개 수준이었던 전역 라우팅 테이블 내의 항목 개수가 계속 증가하고 있었다(네트워크 번호마다 1개씩 저장된다). 클래스 A, B, C 라우팅 항목이 추가될수록 라우팅 성능은 지속적으로 하락할 것으로 예상됐다.

이러한 세 가지 이슈를 다루기 위해 IETF에 ROAD<sup>ROuting and ADdressing</sup>라는 이름의 워킹그룹이 1992년부터 활동하기 시작했다. 이 워킹그룹은 문제 1과 문제 3은 즉각적인 관심을 요하는 것이고 문제 2는 장기적인 해결책이 필요한 것으로 간주했다. 그래서 단기적 해결책으로서 IP주소를 클래스별로 구분하는 것을 실질적으로 폐지하고, 계층적으로 지정된 IP 주소들을 병합하는 기능을 보급하는 방법을 제안했다. 이러한 조치는 문제 1과 문제 3을 해결하는 데 도움이 될 것이었다. 문제 2를 해결하는 방안으로는 IPv6가 제시됐다.

### 2.4.1 프리픽스

IPv4 주소의(특히 클래스 B 주소의) 고갈 우려를 완화하기 위해서 VLSM과 비슷한 방법으로 클래스 기반 주소 지정 체계가 일반화되고, 인터넷 라우팅 시스템은 CIDR<sup>Classless Inter-Domain Routing, 클래스를 사용하지 않는 도메인 간 라우팅[RFC4632]</sup>을 지원하도록 확장됐다. CIDR 확장은 256개 이상 65,536개 미만의 호스트에 연속된 주소 범위를 편리하게 할당할 수 있는 방법을 제공한다. 즉, 1개의 클래스 B나 여러 개의 클래스 C가 아닌 다른 단위를 사이트에 할당할 수 있게 된 것이다. CIDR을 사용할 경우 주소 범위는 클래스의 일부로서 정의되지 않으며, 대신에 서브넷 마스크와 비슷한 마스크를 필요로 하는데 이것을 CIDR 마스크라고 부르기도 한다. CIDR 마스크는 사이트 내부로 제한되지 않으며, 전역 라우팅 시스템도 CIDR 마스크를 볼 수 있다. 따라서 인터넷의 핵심 라우터들은 네트워크 번호뿐 아니라 CIDR 마스크도 해석 및 처리할 수 있어야 한다. 이러한 숫자 조합을 네트워크 프리픽스prefix라고 부르며, IPv4와 IPv6 주소 관리에 모두 사용된다.

이처럼 IP 주소에서 네트워크 번호와 호스트 번호의 구분을 사전에 정의하지 않음으로써 IP 주소 범위를 더 세밀하게 할당할 수 있다. 클래스 기반 주소 지정과 마찬가지로, 유형 또는 특수 목적에 따라 연속된 주소들을 그룹으로 묶음으로써 주소 공간을 여러 덩어리로 쉽게 분할할 수 있다. 그리고 이러한 그룹화는 주소 공간의 프리픽스를 사용해서 표현하는 것이 일반적이다. n 비트 프리픽스는 주소의 처음 n개 비트에 대해 사전에 정의된 값이다. n의 값(프리픽스의 길이)은 IPv4에서는 0-32 범위의 정수, IPv6에서는 0-128 범위의 정수로 표현된다. 일반적으로 이 값은 기본 IP 주소 뒤의 / 문자 다음에 덧붙인다. 표 2-6은 프리픽스 및 이에 대응하는 IPv4 혹은 IPv6 주소 범위의 몇 가지 예를 보여준다.

**표 2-6** 프리픽스 및 이에 대응하는 IPv4 또는 IPv6 주소 범위의 예

| 프리픽스 | 프리픽스(2진수) | 주소 범위 |
|---|---|---|
| 0.0.0.0/0 | 00000000 00000000 00000000 00000000 | 0.0.0.0-255.255.255.255 |
| 128.0.0.0/1 | 10000000 00000000 00000000 00000000 | 128.0.0.0-255.255.255.255 |
| 128.0.0.0/24 | 10000000 00000000 00000000 00000000 | 128.0.0.0-128.0.0.255 |
| 198.128.128.192/27 | 11000110 10000000 10000000 11000000 | 198.128.128.192-198.128.128.223 |
| 165.195.130.107/32 | 10100101 11000011 10000010 01101011 | 165.195.130.107 |
| 2001:db8::/32 | 0010000000000001 0000110110111000 0000000000000000 0000000000000000 0000000000000000 0000000000000000 0000000000000000 0000000000000000 | 2001:db8::-2001:db8:ffff:ffff |

표 2-6는 프리픽스에 의해 정의 및 고정된 비트들을 네모 상자 안에 표시하고 있다. 나머지 비트들은 0과 1의 임의의 조합으로 설정될 수 있으며, 그에 따라 가능한 주소 범위를 표현할 수 있다. 당연히 프리픽스 길이가 짧을수록 가능한 주소의 개수는 많아

진다. 또 클래스 기반 주소 지정 방식을 이러한 표현법으로 일반화해서 나타낼 수 있다. 예를 들면 클래스 C 네트워크 번호 192.125.3.0은 프리픽스 192.125.3.0/24 또는 192.125.3/24로 표현될 수 있다. 클래스 기반 A와 B 네트워크 번호들은 각기 /8과 /16이라는 프리픽스 길이를 사용해 표현될 수 있다.

## 2.4.2 병합

IP 주소의 클래스 기반 구조를 제거함으로써 IP 주소 블록을 다양한 크기로 할당하는 것이 가능해졌다. 하지만 이렇게 해도 문제 3은 여전히 해결되지 않는다. 라우팅 테이블 항목의 수를 줄이는 데는 도움이 되지 않기 때문이다. 라우팅 테이블 항목은 트래픽을 어디로 보낼지 라우터에게 알려준다. 라우터는 수신한 데이터그램에 들어있는 목적지 IP 주소를 조사한 뒤, 이 주소와 일치하는 라우팅 항목을 찾아서 이로부터 데이터그램을 수신할 "다음 홉"을 알아낸다. 이것은 자동차를 몰고 특정 주소를 향해 가고 있는데, 교차로를 만날 때마다 어느 방향으로 가야 다음 교차로가 나오는지 알려주는 표지판을 보면서 목적지까지 가는 것과 비슷하다. 교차로마다 인접한 목적지를 알려주는 표지판이 얼마나 많이 있을지 생각하면, 1990년대 초반 인터넷이 직면한 문제가 어떤 것인지 감을 잡을 수 있을 것이다.

당시에는 인터넷상에서 모든 목적지에 대해 최단 경로를 관리하면서 라우팅 테이블 항목의 수를 대폭 줄일 수 있는 기법은 거의 알려지지 않았다. 1970년대 후반에 Kleinrock과 Kamoun이 발표한 연구에 포함돼 있는 계층적 라우팅hierarchical routing[KK77]이 그나마 잘 알려진 방법이었다. 이들은 네트워크 토폴로지가 트리[1] 형태로 배열되고 이러한 토폴로지에 맞춰 주소들이 지정돼 있을 경우 모든 목적지에 최단거리 경로를 유지하면서도 아주 작은 크기의 라우팅 테이블이 사용될 수 있다는 사실을 발견했다. 그림 2-8을 살펴보자.

---

1  그래프 이론에서 트리는 순환을 형성하지 않으면서 연결된 그래프다. 라우터와 링크로 이뤄진 네트워크가 트리 모양이라는 것은 임의의 두 라우터 사이에는 단 1개의 (중복성 없는) 단순 경로만이 존재함을 의미한다.

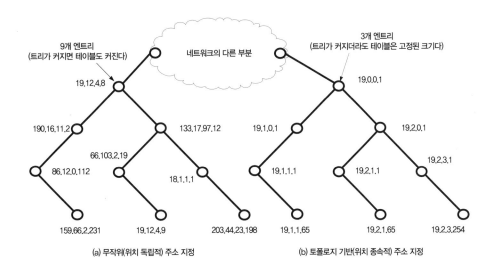

9개 엔트리
(트리가 커지면 테이블도 커진다)

네트워크의 다른 부분

3개 엔트리
(트리가 커지더라도 테이블은 고정된 크기다)

19.12.4.8

190.16.11.2
133.17.97.12
66.103.2.19

86.12.0.112
18.1.1.1

159.66.2.231
19.12.4.9
203.44.23.198

19.0.0.1

19.1.0.1
19.2.0.1

19.1.1.1
19.2.1.1
19.2.3.1

19.1.1.65
19.2.1.65
19.2.3.254

(a) 무작위(위치 독립적) 주소 지정

(b) 토폴로지 기반(위치 종속적) 주소 지정

**그림 2-8** 트리 토폴로지를 갖는 네트워크에서 라우터에 저장될 필요가 있는 라우팅 정보('상태')의 양을 제한하기 위해 네트워크 주소를 특수한 방법으로 지정할 수 있다. (왼편과 같이) 이러한 주소 지정 체계를 따르지 않을 경우 최단거리 경로를 보장하기 위해서는 도달해야 할 노드의 수에 비례해서 라우팅 정보를 저장해야 한다. 이렇게 트리 토폴로지를 활용해서 주소를 지정하면 라우팅 정보의 양을 줄일 수 있지만, 네트워크 토폴로지가 변경될 경우 일반적으로 주소의 재지정이 요구된다.

이 그림에서 원은 라우터를 나타내며, 선은 라우터 사이의 네트워크 링크를 나타낸다. 그림의 왼편과 오른편은 트리 모양의 네트워크들을 나타낸다. 둘 사이에 다른 점은 라우터에 주소가 지정되는 방식이다. 왼편의 (a)에서는 기본적으로 주소들이 무작위로 지정된다. 즉, 주소와 트리 내에서 라우터 위치 사이에 직접적인 관계가 없다. 반면 오른편의 (b)에서는 트리 내에서 라우터의 위치에 기초해서 주소가 지정된다. 각 트리 최상단의 라우터가 필요로 하는 항목의 수에 상당한 차이가 있음을 알 수 있다.

왼편 트리의 루트$^{root}$ (최상단) 노드는 19.12.4.8이라는 레이블을 갖는 라우터다. 이 라우터는 모든 가능한 목적지에 대해서 다음 홉을 알기 위해서 트리에서 자신보다 '아래에 있는' 모든 라우터, 즉 190.16.11.2, 86.12.0.112, 159.66.2.231, 133.17.97.12, 66.103.2.19, 18.1.1.1, 19.12.4.9, 203.44.23.198에 대해서 항목을 필요로 한다. 그 외의 다른 목적지에 대해서는 '네트워크의 다른 부분'이라는 레이블이 붙은 클라우드 쪽으로 보내므로 이 라우터가 필요로 하는 항목의 수는 9개가 된다. 반면 오른편 트리의 루트는 19.0.0.1이라는 레이블을 가지며 라우팅 테이블에 단지 3개의 항목만 있으면 된다. 오른편 트리에서 왼쪽의 라우터들은 모두 프리픽스 19.1로 시작하고 오른쪽의 라우터들은 모두 프리픽스

19.2로 시작한다는 것에 주목하자. 따라서 라우터 19.0.0.1의 테이블은 19.1로 시작되는 모든 목적지에 대해 다음 홉이 19.1.0.1이라고 알려주고, 19.2로 시작되는 모든 목적지에 대해 다음 홉이 19.2.0.1이라고 알려준다. 그 외의 다른 목적지에 대해서는 '네트워크의 다른 부분'이라는 레이블을 갖는 클라우드로 보내므로, 필요한 항목의 개수는 총 3개다. 이런 동작이 재귀적으로 일어난다는 점에 주목하자. 즉, (b)쪽 트리 내의 어떤 라우터도 자신과 연결된 링크 개수보다 많은 항목을 필요로 하지 않는다. 이것은 주소 지정에 특별한 방법이 사용된 것에 따른 직접적인 결과다. (b)쪽의 트리에 라우터가 추가돼도 이 멋진 특성은 그대로 유지된다. 이것이 [KK77]에서 제시된 계층적 라우팅 개념의 핵심이다.

인터넷 환경에서 이 계층적 라우팅 개념은 인터넷 라우팅 항목의 수를 줄이기 위해서 특정 방식으로 사용될 수 있다. 경로 병합<sup>route aggregation</sup>이라는 절차를 따르는 것이다. 경로 병합은 수치상 인접한 IP 프리픽스들을 더 큰 주소 공간을 포괄하는 1개의 프리픽스(이 프리픽스를 병합체<sup>aggregate</sup> 또는 축약체<sup>summary</sup>라고 부른다)로 합치는 방법이다. 그림 2-9를 보자.

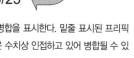

190.154.27.0/26 ⟹ 190.154.27.0/25     190.154.27.0/25 ⟹ 190.154.27.0/24
190.154.27.64/26                          190.154.26.0/24
190.154.27.192/26   190.154.27.192/26 ⟹ 190.154.27.128/25
190.154.27.128/26

190.154.26.0/23

**그림 2-9** 이 예에서 화살표는 2개의 주소 프리픽스를 합쳐 1개의 주소 프리픽스를 만드는 병합을 표시한다. 밑줄 표시된 프리픽스는 각 단계에서 추가된 것이다. 첫 번째 단계에서 190.154.27.0/26과 190.154.27.64.0/26은 수치상 인접하고 있어 병합될 수 있지만, 190.154.27.192/26은 함께 병합될 수 없다. 190.154.27.128/26이 추가되면 두 단계에 걸친 병합을 통해 190.154.27.0/24가 만들어진다. 여기에 인접한 190.154.26.0/24가 최종적으로 추가되면 병합체 190.154.26.0/23이 만들어진다.

그림 2-9의 왼쪽에서 3개의 주소 프리픽스로 시작한다. 처음 2개의 프리픽스 190.154.27.0/26과 190.154.27.64/26은 수치상 인접하고 있어 병합이 일어날 수 있다. 화살표는 병합이 일어난다는 것을 표시한다. 프리픽스 190.154.27.192/26은 이들과 수치상 인접해 있지 않아 첫 번째 단계에서 함께 병합될 수 없다. (밑줄 표시된) 새로운 프리픽스 190.154.27.128/26이 추가될 경우 프리픽스 190.154.27.192/26과 190.154.27.128/26이 병합돼 프리픽스 190.154.27.128/25를 형성할 수 있다. 이 병합체는 이제 병합체 190.154.27.0/25에 인접하므로 이들을 병합해 190.154.27.0/24를 만들 수 있다. (밑줄 표시된) 프리픽스 190.154.26.0/24가 추가되면 이 2개의 클래스 C 프리픽

94

스들을 병합해 190.154.26.0/23을 만들 수 있다. 이런 방법으로 원래 있던 3개의 프리픽스와 추가된 2개의 프리픽스를 하나의 프리픽스로 병합할 수 있다.

## 2.5 특수 용도의 주소

IPv4 주소 공간과 IPv6 주소 공간 모두 유니캐스트 주소를 지정하는 용도로는 사용할 수 없고 특별한 용도로 사용되는 주소 범위 몇 개를 포함한다. IPv4에서 사용되는 특수 용도의 주소들이 표 2-7[RFC5735]에 주어져 있다.

**표 2-7** IPv4 특수 용도 주소(2010년 1월 정의됨)

| 프리픽스 | 용도 | 참고 자료 |
| --- | --- | --- |
| 0.0.0.0/8 | 로컬 네트워크상의 호스트. 발신지 IP 주소로만 사용될 수 있다. | [RFC1122] |
| 10.0.0.0/8 | 사설망(인트라넷)을 위한 주소. 이러한 주소는 인터넷에 나타나지 않는다. | [RFC1918] |
| 127.0.0.0/8 | 인터넷 호스트 루프백 주소(동일 컴퓨터). 대개 127.0.0.1만이 사용된다. | [RFC1122] |
| 169.254.0.0/16 | '링크 로컬' 주소. 단일 링크상에서만 사용되며, 대개 자동으로 지정된다(6장 참고). | [RFC3927] |
| 172.16.0.0/12 | 사설망(인트라넷)을 위한 주소. 이러한 주소는 인터넷에 나타나지 않는다. | [RFC1918] |
| 192.0.0.0/24 | IETF 프로토콜 지정용(IANA 예약). | [RFC5736] |
| 192.0.2.0/24 | 도큐멘테이션에서 사용하게 승인된 TEST-NET-1 주소. 이러한 주소는 인터넷에 나타나지 않는다. | [RFC5737] |
| 192.88.99.0/24 | 6to4 릴레이에서 사용됨(애니캐스트 주소) | [RFC3068] |
| 192.168.0.0/16 | 사설망(인트라넷)을 위한 주소. 이러한 주소는 인터넷에 나타나지 않는다. | [RFC1918] |
| 198.18.0.0/15 | 벤치마크와 성능 시험에서 사용됨 | [RFC2544] |
| 198.51.100.0/24 | TEST-NET-2. 문서화에 사용하도록 승인됨 | [RFC5737] |
| 203.0.113.0/24 | TEST-NET-3. 문서화에 사용하도록 승인됨 | [RFC5737] |
| 224.0.0.0/4 | IPv4 멀티캐스트 주소(예전의 클래스 D). 목적지 주소로만 사용됨 | [RFC5771] |
| 240.0.0.0/4 | 예비용(예전의 클래스 E). 255.255.255.255는 제외 | [RFC1112] |

| 프리픽스 | 용도 | 참고 자료 |
|---|---|---|
| 255.255.255.255/32 | 로컬 네트워크 (한정) 브로드캐스트 주소 | [RFC0919]<br>[RFC0922] |

IPv6에서는 다수의 주소 범위 및 개별 주소가 특수 용도로 사용된다. 표 2-8[RFC5156]에 나열돼 있다.

**표 2-8** IPv6 특수 용도 주소(2008년 4월 정의됨)

| 프리픽스 | 용도 | 참고 자료 |
|---|---|---|
| ::/0 | 기본 경로 항목. 주소 지정 용도로 사용되지 않음 | [RFC5156] |
| ::/128 | 미지정 주소. 발신지 IP 주소로 사용될 수 있음 | [RFC4291] |
| ::1/128 | IPv6 호스트 루프백 주소. 로컬 호스트 밖으로 보내는 데이터그램에서는 사용되지 않음 | [RFC4291] |
| ::ffff:0:0/96 | IPv4-대응 주소. 이러한 주소들은 패킷 헤더에는 나타날 수 없음. 호스트 내부 전용 | [RFC4291] |
| ::{ipv4-address}/96 | IPv4-호환 주소. 더 이상 사용되지 않음 | [RFC4291] |
| 2001::/32 | Teredo 주소 | [RFC4380] |
| 2001:10::/28 | 오버레이에서 라우팅 가능한 암호 해시 식별자. 이러한 주소는 인터넷에 나타나지 않는다. | [RFC4843] |
| 2001:db8::/32 | 문서화와 예제 용도로 사용되는 주소 범위. 이러한 주소는 인터넷에 나타나지 않는다. | [RFC3849] |
| 2002::/16 | 6to4 터널 릴레이의 6to4 주소 | [RFC3056] |
| 3ffe::/16 | 6bone 실험용. 더 이상 사용되지 않음 | [RFC3701] |
| 5f00::/16 | 6bone 실험용. 더 이상 사용되지 않음 | [RFC3701] |
| fc00::/7 | 고유한 로컬 유니캐스트 주소. 전역 인터넷에서는 사용되지 않음 | [RFC4193] |
| fe80::/10 | 링크 로컬 유니캐스트 주소 | [RFC4291] |
| ff00::/8 | IPv6 멀티캐스트 주소. 목적지 주소로만 사용됨 | [RFC4291] |

IPv4와 IPv6 모두에서 특수 용도, 멀티캐스트, 또는 예비용으로 지정되지 않은 주소 범위들은 유니캐스트용으로 지정될 수 있다. (IPv4 프리픽스 10/8, 172.16/12, 192.168/16 등과

IPv6 프리픽스 fc00::/7 등의) 일부 유니캐스트 주소 공간은 사설망 구축용으로 예약돼 있다. 이 범위에 속하는 주소들은 사이트나 기관 내부의 서로 통신하는 호스트나 라우터에서 사용될 수 있지만 전역 인터넷 쪽에서 사용될 수는 없다. 따라서 이러한 주소들은 때로 라우팅 불가능 주소라고 불린다. 즉, 인터넷은 이러한 주소를 라우팅하지 않는다.

라우팅 불가능한 사설 주소 공간에 대한 관리는 전적으로 해당 기관의 자체적인 결정 사항이다. IPv4 사설 주소들은 홈 네트워크나 중대형 기관의 내부 네트워크에서 자주 사용된다. 이 주소들을 이용할 때 종종 NAT^Network Address Translation, 네트워크 주소 변환가 사용되는데, NAT는 IP 데이터그램이 인터넷을 출입할 때 IP 데이터그램 안의 IP 주소를 고쳐 쓴다. NAT에 대해서는 7장에서 자세히 다룬다.

## 2.5.1 IPv4/IPv6 주소 변환기

일부 네트워크에서는 IPv4와 IPv6 사이에서 변환을 수행하는 것이 효과적일 수 있다 [RFC6127]. 유니캐스트 주소 변환을 위한 프레임워크가 이미 개발됐으며[RFC6144], 멀티캐스트 주소 변환을 위한 프레임워크도 현재 개발 중이다[IDv4v6mc]. 이러한 프레임워크의 기초적인 기능 중 하나는 알고리즘에 따라 자동으로 주소 변환을 수행하는 것이다. [RFC6052]는 '잘 알려진' IPv6 프리픽스 64:ff9b::/96 또는 다른 지정 프리픽스를 사용해 유니캐스트 주소의 경우 어떻게 변환될 수 있는지 규정하고 있다.

이 변환 체계는 IPv4 내장 IPv6 주소라는 특화된 주소 형식을 이용한다. 이러한 유형의 주소는 IPv6 주소 안에 IPv4 주소를 포함한다. IPv6 프리픽스의 길이에 따라 정해지는 6가지 형식 중 하나를 사용해 인코딩될 수 있으며 IPv6 프리픽스의 길이는 32, 40, 48, 56, 64, 96 중의 하나여야 한다. 그림 2-10에서 이 6가지 형식을 자세히 볼 수 있다.

| | 0 | 31 | 39 | 47 | 63 | 71 | 79 | 87 | 95 | 103 | 127 |
|---|---|---|---|---|---|---|---|---|---|---|---|
| 32 | IPv6 프리픽스 (32비트) | | IPv4 주소 (32비트) | | | u | 접미사(56비트) | | | | |
| 40 | IPv6 프리픽스 (40비트) | | IPv4 주소 (첫 24비트) | | | u | IPv4 주소 (마지막 8비트) | 접미사(48비트) | | | |
| 48 | IPv6 프리픽스 (48비트) | | IPv4 주소 (첫 16비트) | | | u | IPv4 주소 (마지막 16비트) | | 접미사(40비트) | | |
| 56 | IPv6 프리픽스 (56비트) | | | IPv4 주소 (첫 8비트) | | u | IPv4 주소 (마지막 24비트) | | 접미사(32비트) | | |
| 64 | IPv6 프리픽스 (64비트) | | | | | u | IPv4 주소 (32비트) | | 접미사(24비트) | | |
| 96 | IPv6 프리픽스 (96비트) | | | | | | | IPv4 주소 (32비트) | | | |

**그림 2-10** IPv4 주소는 IPv6 주소 안에 내장돼 IPv4 내장 IPv6 주소를 형성할 수 있다. 사용되는 IPv6 프리픽스 길이에 따라 6가지 서로 다른 형식을 이용할 수 있다. IPv4 유니캐스트 주소와 IPv6 유니캐스트 주소 사이의 자동 변환을 위해 잘 알려진 프리픽스 64:ff9b::/96이 사용될 수 있다.

그림 2-10에서 프리픽스는 잘 알려진 프리픽스거나 변환기를 설치하는 기관의 고유 프리픽스다. 비트 64부터 비트 71까지는 [RFC4291]에서 규정된 식별자들과 호환성을 유지하기 위해 반드시 0으로 설정돼야 한다. 접미사 비트들은 예비용이며 0으로 설정하는 것이 좋다. 이제 IPv4 내장 IPv6 주소를 만드는 방법은 단순하다. IPv6 프리픽스 뒤에 32비트 IPv4 주소를 연결한 다음 비트 63부터 비트 71까지를 0으로 설정한다. 그리고 128비트 주소가 만들어질 때까지 접미사로 0들을 덧붙인다. 96비트 프리픽스를 선택해 만든 IPv4 내장 IPv6 주소는 앞서 언급된 IPv4 대응 주소를 위한 규약을 사용해 표현될 수 있다([RFC4291]의 2.2(3)절 참고). 예를 들면 잘 알려진 프리픽스와 함께 IPv4 주소 198.51.100.16을 내장시킨 결과로 만들어지는 주소는 64:ff9b::198.51.100.16이다.

## 2.5.2 멀티캐스트 주소

IPv4와 IPv6 모두 멀티캐스트 주소 지정을 지원한다. (그룹 또는 그룹 주소라고도 불리는) IP 멀티캐스트 주소는 하나의 인터페이스가 아니라 한 그룹의 호스트 인터페이스들을 식별한다. 일반적으로 말하자면 이러한 그룹은 전체 인터넷을 대상으로 할 수도 있다. 하나의 그룹이 포괄하는 네트워크 부분을 해당 그룹의 적용 범위<sup>scope</sup>라고 부른다<sup>[RFC2365]</sup>. 흔히 사용되는 적용 범위에는 노드 로컬(동일 컴퓨터), 링크 로컬(동일 서브넷), 사이트 로컬(일부 사이트에 적용 가능), 전역(전체 인터넷), 관리용 등이 포함된다. 관리용 적용 범위를 갖는 주소는 라우터에 수동 설정된 네트워크 영역에서 사용될 수 있다. 사이트 관리자는 라우터를 관리용 적용범위의 경계로서 동작하도록 설정할 수 있는데, 그룹의 멀티캐스트 트래픽을 라우터 너머로 포워딩하지 않는다는 뜻이다. 사이트 로컬 적용 범위와 관리용 적용 범위는 멀티캐스트 주소 지정에서만 사용할 수 있음을 주의하자.

인터넷 호스트의 프로토콜 스택은 소프트웨어의 제어 하에서 멀티캐스트 그룹에 가입하거나 멀티캐스트 그룹을 탈퇴할 수 있다. 호스트는 멀티캐스트 그룹에 뭔가를 보내야 할 때, 자신의 유니캐스트 주소 중 하나를 발신지 주소로 하고 멀티캐스트 그룹의 주소는 목적지 주소로 하는 데이터그램을 생성한다. 멀티캐스트 그룹에 가입한 적용 범위 내의 모든 호스트는 그룹으로 보내진 데이터그램을 수신한다. 발신자는 그룹 내의 호스트들이 메시지를 수신했다는 사실을 (메시지를 수신한 호스트가 응답을 보내지 않는 한) 인지하지 못한다. 발신자는 몇 대의 호스트가 자신이 보낸 데이터그램을 수신했는지도 알지 못한다.

지금까지 기술한 원래의 멀티캐스트 서비스 모델을 ASM<sup>Any-Source Multicast, 임의 발신지 멀티캐스트</sup>이라고 부른다. ASM 모델에서는 임의의 발신자가 임의의 그룹에 송신할 수 있으며, 수신자는 그룹 주소를 지정하는 것만으로 그룹에 가입할 수 있다. 이보다 나중에 개발된 SSM<sup>Source-Specific Multicast, 발신지 지정 멀티캐스트[RFC3569][RFC4607]</sup> 방식에서는 그룹마다 1개의 발신자만 사용한다([RFC4607] 정오표 참고). 이 방식에서는 호스트가 그룹에 가입할 때 채널 주소를 지정하는데, 채널 주소는 그룹 주소 및 발신지 IP 주소로 이뤄진다. SSM은 ASM 모델을 배포할 때의 복잡성을 회피하기 위한 목적으로 개발됐다. ASM과 SSM 모두 인터넷에서 널리 사용되지는 않지만 SSM의 보급 가능성이 더 높아 보인다.

WAN에서의 멀티캐스팅을 이해하고 구현하기 위한 노력은 10년 이상 인터넷 커뮤니티에서 계속돼 왔고, 수많은 프로토콜이 이를 지원하기 위해 개발됐다. 인터넷에서 멀티캐스팅의 동작 방식을 자세히 설명하는 것은 이 책의 범위를 넘어가지만, 관심 있는 독자들은 [IMR02]를 읽어보기 바란다. 로컬 IP 멀티캐스트가 어떻게 운영되는지에 대한 세부 사항은 9장에서 다룬다. 일단 이번 장에서는 IPv4와 IPv6 멀티캐스트 주소의 형식과 의미를 살펴보자.

## 2.5.3 IPv4 멀티캐스트 주소

IPv4에서 클래스 D 주소 공간(224.0.0.0-239.255.255.255)은 멀티캐스트 지원용으로 예약돼 있다. 28개의 비트를 사용할 수 있으므로 $2^{28}$ = 268,435,456개의 호스트 그룹을 지원한다(호스트 그룹마다 1개의 IP 주소). 이 주소 공간은 할당 방식과 라우팅에서 처리되는 방식에 따라 표 2-9에 제시돼 있는 영역들로 구분된다[IP4MA].

224.255.255.255까지의 주소 블록들은 특정 응용 프로토콜이나 기관 전용으로 할당돼 있으며, 이들의 할당은 IANA나 IETF에 의해 이뤄진다. 로컬 네트워크 제어 블록은 발신자의 로컬 네트워크로 한정된다. 즉, 멀티캐스트 라우터는 이러한 주소로 보내지는 데이터그램을 포워딩하지 않는다. 모든 호스트All Hosts 그룹(224.0.0.1)도 이 블록에 속하는 그룹의 하나다. 인터네트워크 제어 블록은 로컬 네트워크 제어 블록과 비슷하지만 로컬 링크 너머로 라우팅될 필요가 있는 제어 트래픽을 위한 것이다. 이 블록에 속하는 그룹의 예로는 NTPNetwork Time Protocol, 네트워크 타임 프로토콜 멀티캐스트 그룹(224.0.1.1)[RFC5905]을 들 수 있다.

로컬 제어 블록에도 인터네트워크 제어 블록에도 해당하지 않는 주소들을 보관하기 위해서 첫 번째 애드 혹ad hoc 블록이 만들어졌다. 이 범위에서 주소 할당은 대부분 상용 서비스를 위한 것이다. 이 중에는 전역 주소 할당을 필요로 하지 않는(그리고 결코 필요 하지 않을) 것도 있다. 결국은 GLOP2 주소 지정이 사용될 것이기 때문이다(다음 문단 참고). SDP/SAP 블록은 SAPSession Announcement Protocol, 세션 선언 프로토콜[RFC2974]를 사용해 멀티캐스트 세션 선언 메시지를 보내는 세션 디렉토리 도구SDR[H96]와 같은 애플리케이션에서 사용되는 주소들을 포함한다. 원래 SAP의 구성 요소였던 SDPSession Description Protocol, 세션 기술 프로토콜[RFC4566]는 이제 IP 멀티캐스트에서뿐만 아니라 다른 메커니즘에서도 멀티미디어 세션을 기술하는 데 사용된다.

나머지 영역의 주소 블록들은 IP 멀티캐스트의 발전 과정에서 비교적 늦게 생성됐다. SSM 블록은 앞서 서술한 바와 같이 SSM을 이용하는 애플리케이션들이 자체의 유니캐스트 발신지 IP 주소와 조합해 SSM 채널을 형성할 때 사용한다. GLOP 블록에서 멀티캐스트 주소들은 주소를 할당하는 애플리케이션이 위치한 호스트의 ASAutonomous System, 자율 시스템 번호에 기초해 정해진다. AS 번호들은 경로의 병합과 라우팅 정책의 적용 등을 위한 목적으로 ISP들 사이에서 전체 인터넷 규모의 라우팅 프로토콜들에 사용한다. AS마다 고유한 AS 번호를 갖는다. 원래 AS 번호들은 16비트였지만, 지금은 32비트로 확장돼 있다[RFC4893]. GLOP 주소들은 IPv4 멀티캐스트 주소의 2번과 3번 바이트에 16비트 AS 번호를 넣어 생성되며, 남은 한 바이트로 256개까지의 멀티캐스트 주소들을 표현할 수 있다. 따라서 16비트 AS 번호와 AS 번호에 연계된 GLOP 멀티캐스트 주소 사이에 양방향 매핑을 적용할 수 있다. 이 계산은 손으로도 할 수 있지만, 온라인 계산기들을 사용할 수도 있다.

표 2-9 멀티캐스트 지원에 사용되는 IPv4 클래스 D 주소 공간의 주요 영역

| 범위 | 용도 | 참고 자료 |
| --- | --- | --- |
| 224.0.0.0-224.0.0.255 | 로컬 네트워크 제어; 포워딩되지 않음 | [RFC5771] |
| 224.0.1.0-224.0.1.255 | 인터네트워크 제어; 일반적으로 포워딩됨 | [RFC5771] |
| 224.0.2.0-224.0.255.255 | 애드혹 블록 I | [RFC5771] |
| 224.1.0.0-224.1.255.255 | 예비용 | [RFC5771] |
| 224.2.0.0-224.2.255.255 | SDP/SAP | [RFC4566] |
| 224.3.0.0-224.4.255.255 | 애드혹 블록 II | [RFC5771] |
| 224.5.0.0-224.255.255.255 | 예비용 | [IP4MA] |
| 225.0.0.0-231.255.255.255 | 예비용 | [IP4MA] |
| 232.0.0.0-232.255.255.255 | 발신지 지정 멀티캐스트(SSM) | [RFC4607] [RFC4608] |
| 233.0.0.0-233.251.255.255 | GLOP | [RFC3180] |
| 233.252.0.0-233.255.255.255 | 애드혹 블록 III(233.252.0.0/24는 문서화 용도로 예약) | [RFC5771] |
| 234.0.0.0-234.255.255.255 | 유니캐스트 프리픽스 기반 IPv4 멀티캐스트 주소 | [RFC6034] |
| 235.0.0.0-238.255.255.255 | 예비용 | [IP4MA] |
| 239.0.0.0-239.255.255.255 | 관리용 | [RFC2365] |

가장 최근의 IPv4 멀티캐스트 주소 할당 메커니즘은 다수의 멀티캐스트 주소들을 하나의 IPv4 유니캐스트 주소 프리픽스에 연계시킨다. 이 메커니즘은 UBM[unicast-prefix-based multicast, 유니캐스트 프리픽스 기반 멀티캐스트 주소 지정]이라고 불리며 [RFC6034]에 기술돼 있다. IPv4 버전 UBM은 먼저 개발된 IPv6 버전과 비슷한 구조를 가진다(IPv6 버전은 2.5.4절에서 살펴본

다). UBM IPv4 주소 범위는 234.0.0.0에서 234.255.255.255까지다. /24 이하의 프리픽스를 갖는 유니캐스트 주소 할당에서는 UBM 주소를 이용할 수 있고, /25 이상의 프리픽스가 사용될 경우는 반드시 다른 메커니즘을 사용해야 한다. UBM 주소는 234/8 프리픽스, 할당받은 유니캐스트 프리픽스, 멀티캐스트 그룹 ID를 이어서 만들어진다. 그림 2-11에 UBM 주소 형식이 보인다.

| 0 | 78 | N | 31 |
|---|---|---|---|
| 234<br>(8비트) | 유니캐스트 접두사<br>(24비트 이내) | | 그룹 ID<br>(16비트 이내) |

**그림 2-11** IPv4 UBM 주소 형식. /24 이하의 유니캐스트 주소 할당의 경우, 멀티캐스트 주소는 234/8 프리픽스, 할당된 유니캐스트 프리픽스, 멀티캐스트 그룹 ID 등의 결합에 기초해 할당된다. 따라서 유니캐스트 프리픽스가 짧을수록 더 많은 유니캐스트 주소와 멀티캐스트 주소를 포함한다.

특정 유니캐스트 할당에 연계된 UBM 주소들의 집합을 결정하려면 할당된 프리픽스 앞에 234/8 프리픽스를 붙이기만 하면 된다. 예를 들면 유니캐스트 IPv4 주소 프리픽스 192.0.2.0/24에는 1개의 UBM 주소 234.192.0.2가 연계된다. 또한 멀티캐스트 주소를 8비트만큼 왼쪽으로 이동시킴으로써 그 주소의 소유주를 알아낼 수도 있다. 예를 들면 멀티캐스트 주소 범위 234.128.32.0/24는 UC 버클리에 할당됐음을 알 수 있는데, 대응되는 IPv4 주소 공간 128.32.0.0/16(234.128.32.0의 '8비트만큼 왼쪽 이동한' 버전)을 UC 버클리에서 소유하고 있기 때문이다(이러한 정보는 WHOIS 질의를 사용해 알아낼 수 있다. 2.6.1.1절 참고).

UBM 주소는 다른 유형의 멀티캐스트 주소 할당에 비해서 몇 가지 장점이 있다. 예를 들면 GLOP 주소 지정에서 사용되는 AS 번호에 대한 16비트 제한이 UBM 주소에는 적용되지 않는다. 또한 UBM 주소의 할당은 기존의 유니캐스트 주소 공간 할당에 근거해 이뤄진다. 따라서 멀티캐스트 주소들을 사용하고자 하는 사이트들은 이미 외부와의 추가 조정 없이도 어떤 주소들을 사용할 수 있는지 이미 알고 있다. 끝으로 UBM 주소는 AS 번호에 대응되는 GLOP 주소보다 작은 단위로 할당될 수 있다. 현재의 인터넷에서는 1개의 AS 번호가 다수의 사이트와 연계될 수 있으므로, UBM이 지원하는 주소와 소유자 간의 단순 매핑이 어렵다.

관리용 주소 블록은 멀티캐스트 트래픽의 배포를 특정 라우터와 호스트의 집합으로 제한하는 데 사용될 수 있다. 이들은 사설 유니캐스트 IP 주소의 멀티캐스트 버전에 해당된다. 이러한 주소들은 기관 경계선에서 차단되기 때문에 인터넷으로 나가는 멀티캐스트 배포에 사용돼서는 안 된다. 대형 사이트들은 (업무 그룹, 부서, 지리적 영역 등과 같은) 특정의 범위별로 관리하기 위해 관리용 멀티캐스트 주소들을 더욱 세분화하기도 한다.

### 2.5.4 IPv6 멀티캐스트 주소

멀티캐스트를 훨씬 더 활발하게 사용하는 IPv6에서는 프리픽스 ff00::/8이 멀티캐스트 주소를 위해 예약돼 있으며, 112비트를 그룹 번호에 사용할 수 있다. 따라서 가능한 그룹의 개수는 다음과 같다.

$2^{112}$ = 5,192,296,858,534,827,628,530,496,329,220,096

IPv6 멀티캐스트 주소의 일반 형식은 그림 2-12와 같다.

**그림 2-12** 기본 IPv6 멀티캐스트 주소 형식은 4개의 플래그 비트를 포함한다(0: 예비용, R: 랑데부 지점 포함, P: 유니캐스트 프리픽스 사용, T: 임시성). 4비트 적용 범위 값은 (전역, 로컬 등과 같은) 멀티캐스트 적용 범위를 나타낸다. 그룹 ID는 하위 112비트 안에 인코딩된다. P 또는 R 비트가 1로 설정돼 있으면 다른 형식이 사용된다.

IPv6 멀티캐스트 주소의 2번 바이트는 4비트 플래그 필드와 4비트 적용 범위 필드를 포함한다. 적용 범위 필드는 특정 멀티캐스트 주소를 목적지로 갖는 데이터그램의 배포에 제한을 표시하기 위해 사용된다. 16진 값 0, 3, f 는 예약돼 있으며, 6, 7 그리고 9부터 d 까지는 지정돼 있지 않다. 적용 범위 필드가 가질 수 있는 값이 표 2-10에 보인다. 이것은 [RFC4291] 2.7절의 내용에 기초하고 있다.

표 2-10 IPv6 적용 범위 필드 값

| 값 | 적용 범위 |
|---|---|
| 0 | 예약 |
| 1 | 인터페이스 로컬/장비 로컬 |
| 2 | 링크 로컬/서브넷 로컬 |
| 3 | 예약 |
| 4 | 관리용 |
| 5 | 사이트 로컬 |
| 6-7 | 미지정 |
| 8 | 기관 로컬 |
| 9-d | 미지정 |
| e | 전역 |
| f | 예약 |

IANA가 영구적 용도로 할당한 IPv6 멀티캐스트 주소 중에는 의도적으로 둘 이상의 적용 범위에 걸쳐 있는 것들이 많다. 이러한 주소들은 적용 범위에 대해 상대적인 오프셋$^{offset}$ 값을 사용해서 정의되며, 이러한 이유로 적용 범위 상대$^{scope-relative}$ 주소 또는 가변 적용 범위$^{variable-scope}$ 주소라고 부른다. 예를 들면 가변 적용 범위 멀티캐스트 주소 ff0x::101은 [IP6MA]에서 NTP 서버용으로 예약했으며, x는 가변 적용 범위를 표시한다. 표 2-11에서 이러한 예약에 의해 정의된 주소들 중 일부를 보여준다.

표 2-11 NTP(101)를 위한 영구 가변 적용 범위 IPv6 멀티캐스트 주소 예약의 예

| 주소 | 의미 |
|---|---|
| ff01::101 | 동일 장비상의 모든 NTP 서버 |
| ff02::101 | 동일 링크/서브넷상의 모든 NTP 서버 |
| ff04::101 | 특정 관리용 적용 범위 안의 NTP 서버 |
| ff05::101 | 동일 사이트상의 모든 NTP 서버 |
| ff08::101 | 동일 기관 내의 모든 NTP 서버 |

| 주소 | 의미 |
|---|---|
| ff0e::101 | 인터넷상의 모든 NTP 서버 |

IPv6는 P와 R 비트가 0으로 설정돼 있으면 그림 2-12의 멀티캐스트 주소 형식을 사용한다. 하지만 P 비트가 1로 설정돼 있으면 2개의 다른 방법을 사용할 수 있는데, 이 방법들은 그룹 단위로 전역적 합의를 필요로 하지 않으며 [RFC3306]과 [RFC4489]에 기술돼 있다. 첫 번째 방법인 유니캐스트 프리픽스 기반의 IPv6 멀티캐스트 주소 지정에서는 ISP나 주소 할당 관리 기구authority에 의한 유니캐스트 프리픽스 할당 시에 실질적으로 멀티캐스트 주소들의 할당도 수행되기 때문에, 중복 주소의 발생을 피하기 위해서 전역적인 조정을 해야 할 필요성이 줄어든다. 링크 적용 범위 IPv6 멀티캐스트라고 불리는 두 번째 방법에서는 인터페이스 IDⁱᴵᴰ가 사용되며, 멀티캐스트 주소는 호스트의 IID에 기초해 정해진다. 이러한 다양한 형식들이 어떻게 동작하는지 이해하려면 먼저 IPv6 멀티캐스트 주소의 비트 필드들의 용도에 대해 자세히 이해할 필요가 있는데, 표 2-12에 정리돼 있다.

**표 2-12** IPv6 멀티캐스트 주소 플래그

| 비트 필드(플래그) | 의미 | 참고 자료 |
|---|---|---|
| R | 랑데부 지점 플래그(0: 일반형, 1: RP 주소 포함) | [RFC3956] |
| P | 프리픽스 플래그(0: 일반형, 1: 유니캐스트 프리픽스에 기초한 주소) | [RFC3306] |
| T | 임시성 플래그(0: 영구 지정, 1: 임시 지정) | [RFC4291] |

T 비트 필드가 1이면, 그룹 주소가 임시 혹은 동적으로 할당된 주소임을 의미한다. 즉, [IP6MA]에 정의된 표준 주소가 아니다. P 비트 필드가 1로 설정돼 있다면 T 비트 필드 역시 반드시 1로 설정돼야 한다. 이 경우 그림 2-13과 같이 유니캐스트 프리픽스에 기초한 특별한 형식의 IPv6 멀티캐스트 주소가 사용된다.

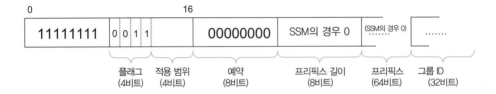

**그림 2-13** IPv6 멀티캐스트 주소는 유니캐스트 IPv6 주소 지정에 기초해 생성될 수 있다[RFC3306]. 이렇게 생성될 경우 P 비트 필드가 1로 설정되며, 32비트 그룹 ID와 함께 유니캐스트 프리픽스가 주소 안에 포함된다. 이런 형태로 멀티캐스트 주소를 할당하면 전역적으로 주소 할당을 합의할 필요성이 완화된다.

그림 2-13에서 우리는 유니캐스트 프리픽스 기반의 주소 지정이 유니캐스트 프리픽스와 그 길이, 그리고 더 짧은 (32비트) 그룹 ID를 포함하도록 멀티캐스트 주소의 형식을 어떻게 변경하는지 볼 수 있다. 이 방식의 목적은 새로운 전역 메커니즘 없이도 전역적으로 유일한 IPv6 멀티캐스트 주소를 할당하는 방법을 제공하는 것이다. IPv6 유니캐스트 주소들은 이미 프리픽스 단위로 전역적으로 할당됐기 때문에(2.6절 참고) 이러한 프리픽스의 비트들을 멀티캐스트 주소에서 사용하는 것이 가능하며, 따라서 기존 유니캐스트 주소 할당 방법을 멀티캐스트용으로 응용할 수 있다. 예를 들면 3ffe:ffff:1::/48 유니캐스트 프리픽스를 할당받은 기관은 결과적으로 유니캐스트 기반의 ff3x:30:3ffe: ffff:1::/96 멀티캐스트 프리픽스 할당을 받은 셈이 되며, 여기에서 x는 임의의 유효한 적용 범위다. 이 형식에서 프리픽스 길이와 프리픽스 필드를 0으로 설정함으로써 SSM도 지원할 수 있으며, 따라서 이렇게 만들어진 모든 IPv6 SSM 멀티캐스트 주소에서 프리픽스는 ff3x::/32가 돼야 한다(x는 임의의 유효한 적용 범위).

유일한 링크 로컬 적용 범위 멀티캐스트 주소를 생성하기 위한 목적으로는 IID에 기초한 방법이 사용될 수 있으며[RFC4489], 링크 로컬 적용 범위만이 요구될 경우 이 방법이 유니캐스트 프리픽스 기반 할당보다 선호된다. 이때는 다른 형태의 IPv6 멀티캐스트 주소가 사용된다(그림 2-14).

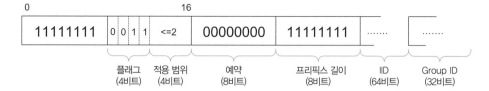

| 0 | | | | | 16 | | | |
|---|---|---|---|---|---|---|---|---|
| 11111111 | 0 0 1 1 | <=2 | 00000000 | 11111111 | ....... | ....... |

플래그 (4비트)    적용 범위 (4비트)    예약 (8비트)    프리픽스 길이 (8비트)    IID (64비트)    Group ID (32비트)

**그림 2-14** IPv6 링크 적용 범위 멀티캐스트 주소 형식. 링크 적용 범위 이하의 주소들에만 적용될 수 있으며, IPv6 인터페이스 ID 와 그룹 ID를 조합해 멀티캐스트 주소가 만들어진다. 이러한 매핑은 아주 단순하며, 이렇게 만들어진 주소들은 ff3x:00ff/32 형태의 프리픽스를 사용하는데, 여기에서 x는 적용 범위 ID이며 3보다 작은 값을 갖는다.

그림 2-14의 주소 형식은 그림 2-13과 비슷하지만, 프리픽스 길이 필드가 255로 설정되고 그다음 필드가 프리픽스가 아니라 IID라는 점이 다르다. 2-13에 비해 2-14의 구조가 갖는 이점은 멀티캐스트 주소를 만들 때 프리픽스를 포함시킬 필요가 없다는 점이다. 따라서 라우터를 사용하지 못할 수도 있는 애드혹 네트워크에서도 개별 장비가 복잡한 합의 프로토콜을 이용하지 않고 자신의 IID에 기초해 유일한 멀티캐스트 주소를 만들 수 있다. 하지만 앞서 언급했듯이 이 형식은 링크 로컬 또는 노드 로컬 멀티캐스트 적용 범위에만 적용될 수 있다. 더 큰 적용 범위가 요구될 경우에는 유니캐스트 프리픽스 기반 주소 지정 방식이나 영구 멀티캐스트 주소가 사용된다. 그림 2-14의 주소 방식을 이용한 예를 들면 IID가 02-11-22-33-44-55-66-77인 호스트는 ff3x:0011:0211:2233:4455:6677:gggg:gggg 형태의 멀티캐스트 주소를 사용할 것이다. 여기서 x는 2 이하의 적용 범위 값이며 gggg:gggg는 32비트 멀티캐스트 그룹 ID를 16진수로 표현한 것이다.

이제 남은 비트 필드는 R 비트 필드다. 랑데부 지점에 대한 정보를 요하는 멀티캐스트 라우팅 프로토콜과 함께 유니캐스트 프리픽스 기반 멀티캐스트 주소 지정이 사용될 때 R 비트 필드가 사용된다.

> **주의**
>
> 랑데부 지점(RP)은 하나 이상의 멀티캐스트 그룹에 대해 멀티캐스트 라우팅을 처리하도록 설정된 라우터의 IP 주소를 말한다. RP는 PIM-SM 프로토콜[RFC4601]에서 사용되며, 동일한 멀티캐스트 그룹에 참여 중인 발신자와 수신자가 서로 찾는 것을 돕는다. 인터넷에 걸쳐서 멀티캐스트를 배포하고자 할 때의 문제점 중 하나는 랑데부 지점의 위치를 찾는 것이었다. 이 방법에서는 IPv6 멀티캐스트 주소에 RP 주소를 포함시킴으로써 이 문제를 해결한다. 비트들을 적절히 선택하기만 하면 그룹 주소로부터 RP 주소를 쉽게 찾을 수 있기 때문이다.

P 비트가 1로 설정돼 있을 때는 그림 2-15와 같이 수정된 형식의 멀티캐스트 주소가 사용된다.

**그림 2-15** RP의 유니캐스트 IPv6 주소는 IPv6 멀티캐스트 주소 안에 내장될 수 있다[RFC3956]. 이렇게 함으로써 라우팅 시에 주소와 연계된 RP를 쉽게 찾을 수 있다. RP는 멀티캐스트 발신자들과 수신자들이 동일한 서브넷에 있지 않을 때 이들 사이의 조정을 위해 멀티캐스트 라우팅 시스템에서 이용된다.

그림 2-15의 형식은 그림 2-13의 형식과 비슷하지만, SSM이 사용되고 있지 않으며 따라서 프리픽스 길이가 0이 될 수 없다. 그리고 RIID라는 이름의 4비트 필드가 새로 도입된다. 그림 2-15 형식의 멀티캐스트 주소에 기초한 RP의 IPv6 주소를 만들기 위해 프리픽스 길이 필드에 표시된 개수만큼의 비트들을 프리픽스 필드에서 추출한 다음, 새 IPv6 주소의 상위 비트들에 넣는다. 그런 다음 RIID 필드의 내용을 RP 주소의 하위 4비트로 사용한다. 나머지는 0들로 채운다. 멀티캐스트 주소 ff75:940:2001:db8:dead:beef:f00d:face를 예로 들어보자. 이 경우 적용 범위는 5(사이트 로컬)이며, RIID 필드의 값은 9이고, 프리픽스 길이는 0x40 = 64비트다. 프리픽스 자체는 2001:db8:dead:beef이며, 따라서 RP 주소는 2001:db8: dead:beef::9가 된다. [RFC3956]에는 더 많은 예제가 있다.

IPv4에서와 마찬가지로 많은 수의 IPv6 멀티캐스트 주소들이 예약돼 있다. 이러한 주소들은 적용 단위별로 구분할 수 있지만, 앞서 언급했던 가변 적용 범위 주소들은 예외다. 표 2-13은 IPv6 멀티캐스트 공간에 예약된 주요 주소들의 목록을 싣고 있다. 추가적인 정보는 [IP6MA]를 참고하기 바란다.

**표 2-13** IPv6 멀티캐스트 주소공간에서의 예약 주소

| 주소 | 적용 범위 | 용도 | 참고 자료 |
|---|---|---|---|
| ff01::1 | 노드 | 모든 노드 | [RFC4291] |
| ff01::2 | 노드 | 모든 라우터 | [RFC4291] |

| 주소 | 적용 범위 | 용도 | 참고 자료 |
|---|---|---|---|
| ff01::fb | 노드 | mDNSv6 | [IDChes] |
| ff02::1 | 링크 | 모든 노드 | [RFC4291] |
| ff02::2 | 링크 | 모든 라우터 | [RFC4291] |
| ff02::4 | 링크 | DVMRP 라우터 | [RFC1075] |
| ff02::5 | 링크 | OSPFIGP | [RFC2328] |
| ff02::6 | 링크 | OSPFIGP 지정 라우터 | [RFC2328] |
| ff02::9 | 링크 | RIPng 라우터 | [RFC2080] |
| ff02::a | 링크 | EIGRP 라우터 | [EIGRP] |
| ff02::d | 링크 | PIM 라우터 | [RFC5059] |
| ff02::16 | 링크 | MLDv2 지원 라우터 | [RFC3810] |
| ff02::6a | 링크 | 모든 수신기 | [RFC4286] |
| ff02::6d | 링크 | LL-MANET 라우터 | [RFC5498] |
| ff02::fb | 링크 | mDNSv6 | [IDChes] |
| ff02::1:2 | 링크 | 모든 DHCP 에이전트 | [RFC3315] |
| ff02::1:3 | 링크 | LLMNR | [RFC4795] |
| ff02::1:ffxx:xxxx | 링크 | 요청 노드(solicited-node) 주소 범위 | [RFC4291] |
| ff05::2 | 사이트 | 모든 라우터 | [RFC4291] |
| ff05::fb | 사이트 | mDNSv6 | [IDChes] |
| ff05::1:3 | 사이트 | 모든 DHCP 서버 | [RFC3315] |
| ff0x:: | 가변 | 예비용 | [RFC4291] |
| ff0x::fb | 가변 | mDNSv6 | [IDChes] |
| ff0x::101 | 가변 | NTP | [RFC5905] |
| ff0x::133 | 가변 | 병합 서버 접근 프로토콜 | [RFC5352] |
| ff0x::18c | 가변 | 모든 AC 주소(CAPWAP) | [RFC5415] |
| ff3x::/32 | (특수) | SSM 블록 | [RFC4607] |

### 2.5.5 애니캐스트 주소

애니캐스트anycast 주소는 네트워크상의 어떤 위치에서 사용되느냐에 따라 다른 호스트를 식별하는 유니캐스트 IPv4나 IPv6 주소다. 인터넷상의 여러 위치로부터 동일한 유니캐스트 경로를 광고하도록 인터넷 라우터를 설정하는 방법을 사용하므로, 애니캐스트 주소는 인터넷상의 단일 호스트를 가리키는 것이 아니라 해당 애니캐스트 주소에 응답하는 '가장 적절한' 또는 '가장 가까운' 하나의 호스트를 가리킨다. 애니캐스트 주소는 공통의 서비스를 제공하는 컴퓨터를 찾기 위한 용도로 흔히 사용된다[RFC4786]. 예를 들면 애니캐스트 주소로 전송되는 데이터그램은 DNS 서버(11장 참고), IPv4 터널 안에 IPv6 트래픽을 캡슐화하는 6to4 게이트웨이[RFC3068], 멀티캐스트 라우팅을 위한 RP[RFC4610] 등을 찾기 위해 사용될 수 있다.

## 2.6 할당

IP 주소 공간은 계층적 구조를 갖는 관리 기구들에 의해 대체로 묶음 단위로 할당된다. 관리 기구들은 주소 공간을 ISP나 하위 관리 기구 등의 다양한 소유주에게 할당한다. 관리 기구들이 할당하는 것은 대부분 전역 유니캐스트 주소 공간의 일부지만, 때로 멀티캐스트 주소나 특수 용도 주소 등과 같은 다른 유형의 주소들이 할당되기도 한다. 관리 기구는 사용자에게 주소를 할당할 때 기간을 지정하지 않을 수도 있고, (예를 들면 실험 수행을 위해서) 기간을 지정할 수도 있다. 담당기관 계층 구조의 최상위에는 IANA[IANA]가 있는데, IANA는 IP 주소의 할당이나 인터넷 프로토콜에서 사용되는 다른 유형의 숫자들의 할당 등을 위한 다양한 업무를 담당한다.

### 2.6.1 유니캐스트

유니캐스트 IPv4와 IPv6 주소 공간에 대해서 IANA는 몇 개의 RIRRegional Internet Registry, 지역 인터넷 등록 기관들에 할당 권한의 상당 부분을 위임하고 있다. RIR들은 2003년에 조직된 NRONumber Resource Organization, 숫자 자원 담당 기구[NRO]라는 조직을 통해 서로 협력하고 있다. 이 책의 집필 시점인 2011년 중반에 NRO에 참여하고 있는 RIR들은 표 2-14와 같다. 또한 2011년 초반 IANA가 보유 중인 미사용 상태의 모든 유니캐스트 IPv4 주소 공간은 이들

RIR에 넘겨졌다.

**표 2-14** NRO에 참여하고 있는 지역 인터넷 등록 기관

| RIR 이름 | 담당 지역 | 참고 사이트 |
| --- | --- | --- |
| AfriNIC - African Network Information Center | 아프리카 | http://www.afrinic.net |
| APNIC - Asia Pacific Network Information Center | 아시아/태평양 지역 | http://www.apnic.net |
| ARIN - American Registry for Internet Numbers | 북미 | http://www.arin.net |
| LACNIC - Regional Latin America and Caribbean IP Address Registry | 남미와 일부 카리브해 도서 지역 | http://lacnic.net/en/index.html |
| RIPE NCC - Reseaux IP Europeens | 유럽, 중동, 중앙아시아 | http://www.ripe.net |

RIR은 비교적 큰 주소 블록들을 취급한다[IP4AS][IP6AS]. 이들은 (호주, 싱가포르 등과 같은) 각 국에서 운영되는 하위 등록 기관이나 대규모 ISP들에 주소 공간을 할당한다. ISP들은 다시 자신과 자사 고객들에게 주소 공간을 제공한다. 인터넷 서비스를 신청하는 사용자 는ISP가 갖고 있는 주소 공간의 (보통 아주 작은) 일부를 주소 프리픽스 형태로 제공 받는 다. 이러한 주소 범위를 소유하고 관리하는 것은 고객의 ISP이며, 이러한 주소들은 해당 ISP가 소유한 다른 프리픽스들과 병합될 수 있는 하나 이상의 프리픽스들로 이뤄지므로 PA^Provider-Aggregatable, 제공자 병합 가능 주소라고 부른다. 이러한 주소를 이동 불가^nonportable 주소 라고 불리기도 하는데, ISP를 변경할 경우 고객은 자신이 보유 중인 인터넷에 연결된 모 든 컴퓨터와 라우터에서 IP 프리픽스들을 변경해야 하기 때문이다(이 귀찮은 작업을 번호 재 지정^renumbering이라고 한다).

또 다른 유형의 주소 공간으로 PI^Provider-Independent, 제공자 독립 주소 공간이 있다. PI 공간에서 할당된 주소들은 사용자에게 직접 할당되며, 어느 ISP와도 사용될 수 있다. 그러나 이러 한 주소들은 고객 소유이며 ISP가 소유한 주소와 인접하지 않으므로 병합될 수 없다. 고 객의 PI 주소를 위한 라우팅을 요청받은 ISP가 추가적인 서비스 요금을 요구할 수도 있 고 아예 그와 같은 구성을 ISP가 지원하지 않을 수도 있다. 어떤 의미에서 고객의 PI 주

소 라우팅에 동의하는 ISP는 자신의 라우팅 테이블 크기를 증가시켜야 하므로 다른 고객들에 비해 상대적으로 더 많은 비용을 투입하는 것이다. 반면 PI 주소를 선호해서 기꺼이 추가 비용을 부담하는 사이트들도 많다. 다른 ISP로 갈아탈 때 번호 재지정을 하지 않아도 되기 때문이다(특정 ISP에 종속되는 문제를 제공자 족쇄<sup>provider lock</sup>이라고도 부른다).

### 2.6.1.1 예제

주소 공간이 어떻게 할당돼 있는지 파악하기 위해 인터넷의 WHOIS 서비스를 사용할 수 있다. 예를 들면 IPv4 주소 72.1.140.203에 관한 정보를 URL http://whois.arin.net/rest/ip/72.1.140.203.txt에 접근해서 아래와 같이 얻을 수 있다.

```
NetRange:     72.1.140.192 - 72.1.140.223
CIDR:         72.1.140.192/27
OriginAS:
NetName:      SPEK-SEA5-PART-1
NetHandle:    NET-72-1-140-192-1
Parent:       NET-72-1-128-0-1
NetType:      Reassigned
RegDate:      2005-06-29
Updated:      2005-06-29
Ref:          http://whois.arin.net/rest/net/NET-72-1-140-192-1
```

이 결과에서 72.1.140.203이라는 주소는 실제로 SPEK-SEA5-PART-1이라는 네트워크의 일부이며, 이 네트워크에는 주소 범위 72.1.140.192/27이 할당돼 있음을 알 수 있다. 또한 SPEK-SEA5-PART-1의 주소 범위는 NET-72-1-128-0-1이라는 PA 주소 공간의 일부임을 알 수 있다. 이 네트워크에 관한 정보를 URL http://whois.arin.net/rest/net/NET-72-1-128-0-1.txt를 방문함으로써 아래와 같이 얻을 수 있다.

```
NetRange:     72.1.128.0 - 72.1.191.255
CIDR:         72.1.128.0/18
OriginAS:
NetName:      SPEAKEASY-6
NetHandle:    NET-72-1-128-0-1
Parent:       NET-72-0-0-0-0
NetType:      Direct Allocation
RegDate:      2004-09-09
Updated:      2009-05-19
Ref:          http://whois.arin.net/rest/net/NET-72-1-128-0-1
```

이 레코드는 (NET-72-1-128-0-1이라는 이름 또는 '핸들'로 지칭되는) 주소 범위 72.1.128.0/18이 ARIN에서 관리하는 주소 범위로부터 직접 할당됐음을 볼 수 있다. WHOIS 질의를 위해 ARIN이 지원하는 데이터 형식과 다양한 방법들에 관한 세부 사항은 [WRWS]에서 찾아볼 수 있다.

다른 RIR을 사용해서 다른 유형의 결과를 살펴보자. 예를 들어 http://www.ripe.net/whois의 웹 질의 인터페이스를 사용해 IPv4 주소 193.5.93.80에 관한 정보를 검색해보면 다음과 같은 결과를 얻는다.

```
% This is the RIPE Database query service.
% The objects are in RPSL format.
%
% The RIPE Database is subject to Terms and Conditions.
% See http://www.ripe.net/db/support/db-terms-conditions.pdf
%
% Note: This output has been filtered.
% To receive output for a database update, use the "-B" flag.
% Information related to '193.5.88.0 - 193.5.95.255'
inetnum:        193.5.88.0 - 193.5.95.255
netname:        WIPONET
descr:          World Intellectual Property Organization
descr:          UN Specialized Agency
descr:          Geneva
country:        CH
admin-c:        AM4504-RIPE
tech-c:         AM4504-RIPE
status:         ASSIGNED PI
mnt-by:           CH-UNISOURCE-MNT
mnt-by:           DE-COLT-MNT
source:           RIPE # Filtered
```

여기서 우리는 주소 193.5.93.80이 WIPO에 할당된 193.5.88.0/21 블록의 일부임을 알 수 있다. 이 블록의 상태는 ASSIGNED PI라고 돼 있는데, 이 주소 블록이 제공자 독립 유형임을 의미한다. RPSL이 언급돼 있는 것은 이 데이터베이스 레코드가 ISP가 라우팅 정책을 표현할 때 사용하는 RPSL<sup>Routing Policy Specification Language, 라우팅 정책 표현 언어[RFC2622][RFC4012]</sup>로 작성돼 있음을 의미한다. 이러한 정보를 이용해 네트워크 운영자들은 인터넷 라우팅의 불안정성을 최소화하는 데 도움이 되도록 라우터를 구성할 수 있다.

## 2.6.2 멀티캐스트

IPv4와 IPv6에서 멀티캐스트 주소, 즉 그룹 주소는 적용 범위, 결정 방식(예를 들어 고정 값 설정, 합의에 의한 동적 설정, 알고리즘에 의한 설정), ASM 또는 SSM을 위해 사용되는지 여부 등에 기초해 기술될 수 있다. 이러한 그룹들의 할당을 위한 지침이 만들어져 있으며 (IPv4를 위한 [RFC5771], IPv6를 위한 [RFC3307]), 전반적인 아키텍처는 [RFC6308]에 자세히 기술돼 있다. (관리용 적용 범위, IPv6 링크 적용 범위 멀티캐스트 주소 등과 같이) 전역 적용 범위를 갖지 않는 그룹들은 인터넷의 여러 부분에서 재사용될 수 있으며, 네트워크 관리자가 관리용 적용 범위 주소 블록 중에서 설정할 수도 있고 종단 호스트에서 자동으로 선택될 수도 있다. 전역 적용 범위를 갖는 고정 주소들은 일반적으로 변경되지 않으며, 애플리케이션 코드 내에 고정 주소로 표현돼 있을 수도 있다. 이러한 유형의 주소 공간은 한정돼 있으므로(특히 IPv4에서는 더욱 그렇다), 어떤 인터넷 사이트에도 적용될 수 있는 용도로 사용된다. 알고리즘으로 결정되는 전역 적용 범위를 갖는 주소들은 GLOP에서처럼 AS 번호에 기초해 생성될 수도 있고, 연계된 유니캐스트 프리픽스 할당에 기초해 생성될 수도 있다. SSM은 전역 적용 범위를 갖는 (즉, SSM 블록의) 주소를 사용할 수도 있고, 관리용 적용 범위 주소를 사용할 수도 있으며, 프리픽스가 0인 유니캐스트 프리픽스 기반 IPv6 주소를 사용할 수도 있다.

멀티캐스트에 관한 프로토콜의 엄청난 개수와 다양한 멀티캐스트 주소 형식의 복잡성을 고려하면 (전역 멀티캐스트 라우팅[RFC5110]은 차치하고라도) 멀티캐스트 주소 관리는 어마어마하게 큰 문제다. 일반 사용자 관점에서 보면 멀티캐스팅은 거의 잘 사용되지 않으므로 크게 관심 대상이 아니다. 프로그래머 관점에서는 애플리케이션 설계 시에 멀티캐스트를 지원하는 것이 필요하며, 이를 위한 통찰력있는 설명이 제공되고 있다[RFC3170]. 멀티캐스트를 구현해야 하는 네트워크 관리자는 서비스 제공자와 협업이 필요 가능성이 높다. 그리고 멀티캐스트 주소 할당을 위한 몇 가지 지침을 제조업체들이 제공 중이다[CGEMA].

## 2.7 유니캐스트 주소 지정

ISP 등을 통해 어떤 사이트에 유니캐스트 IP 주소 범위가 할당되면 사이트/네트워크 관리자는 주소 범위 안의 주소들을 각 네트워크 인터페이스에 어떻게 지정할지 또 서브넷 구조를 어떻게 설정할지 결정해야 한다. (대부분의 일반 가정이 그렇듯이) 1개의 물리적 네트워크 세그먼트만을 갖는 사이트에서는 이 과정이 비교적 단순하다. 하지만 대규모 기관, 특히 여러 ISP로부터 서비스를 받고 넓은 지역에 분산돼 있는 다수의 물리적 네트워크 세그먼트를 사용하는 기관의 경우 복잡한 프로세스를 거쳐야 한다. 먼저 사설 주소 범위와 ISP가 제공하는 하나의 IPv4 주소를 사용하는 일반 가정 사용자의 경우를 살펴보자. 이는 오늘날 가장 일반적인 시나리오다. 그런 다음 좀 더 복잡한 상황에 대한 기본 지침으로 넘어갈 것이다.

### 2.7.1 단일 제공자/네트워크 없음/단일 주소

오늘날 가장 단순한 유형의 인터넷 서비스는 한 대의 컴퓨터에 사용할 1개의 IP 주소(미국에서는 일반적으로 IPv4 주소만)를 ISP에게서 받는 것이다. DSL 같은 서비스에는 1개의 IP 주소가 점대점 링크의 종단으로서 지정될 수 있으며, 이 주소는 영구적으로 사용되지 않는다. 예를 들어 사용자의 컴퓨터가 DSL을 통해 인터넷에 연결돼 63.204.134.177이라는 주소를 지정받았다고 하자. 이 컴퓨터에서 실행되는 프로그램은 인터넷 트래픽을 주고 받을 수 있으며, 트래픽의 발신지 IP 주소는 63.204.134.177이다. 이렇게 단순한 호스트도 별도의 IP 주소가 활성화된다. 여기에는 로컬 '루프백loopback' 주소(127.0.0.1)와 최소한 모든 호스트All Hosts 멀티캐스트 주소(224.0.0.1)를 비롯한 몇 개의 멀티캐스트 주소 등이 포함된다. 이 호스트가 IPv6를 실행 중이라면, 모든 노드All Nodes IPv6 멀티캐스트 주소(ff02::1), ISP가 지정한 임의의 IPv6 주소, IPv6 루프백 주소(::1), IPv6용으로 구성된 각 네트워크 인터페이스마다 링크 로컬 주소를 최소한으로 사용한다.

리눅스에서 호스트의 활성화된 멀티캐스트 주소(그룹)들을 보려면 사용 중인 IP 주소와 그룹을 보여주는 ifconfig 명령과 netstat 명령을 사용하면 된다.

```
Linux% ifconfig ppp0
ppp0      Link encap:Point-to-Point Protocol
          inet addr:71.141.244.213
```

```
                P-t-P:71.141.255.254 Mask:255.255.255.255
                UP POINTOPOINT RUNNING NOARP MULTICAST MTU:1492 Metric:1
                RX packets:33134 errors:0 dropped:0 overruns:0 frame:0
                TX packets:41031 errors:0 dropped:0 overruns:0 carrier:0
                collisions:0 txqueuelen:3
                RX bytes:17748984 (16.9 MiB) TX bytes:9272209 (8.8 MiB)

    Linux% netstat -gn
    IPv6/IPv4 Group Memberships
    Interface       RefCnt Group
    --------------  ------ --------------------
    lo              1      224.0.0.1
    ppp0            1      224.0.0.251
    ppp0            1      224.0.0.1
    lo              1      ff02::1
```

이 결과에서 장치 ppp0에 연계된 점대점 링크에 IPv4 주소 **71.141.244.213**이 지정돼 있으며, IPv6 주소는 지정돼 있지 않음을 볼 수 있다. 그렇지만 이 호스트 시스템은 IPv6가 활성화돼 있으므로 그룹 정보를 보면 로컬 루프백(lo) 인터페이스에서 IPv6 모든 노드All Nodes 멀티캐스트 그룹에 가입돼 있음을 볼 수 있다. 또한 mDNS(멀티캐스트 DNS) 외에도 IPv4 모든 호스트All Hosts 그룹이 사용 중임을 알 수 있다. mDNS 프로토콜은 고정 IPv4 멀티캐스트 주소 **224.0.0.251**을 사용한다.

## 2.7.2 단일 제공자/단일 네트워크/단일 주소

둘 이상의 컴퓨터를 소유한 인터넷 사용자의 경우 한 대의 컴퓨터만 인터넷에 연결하는 것은 이상적인 상황이 아닐 것이다. 따라서 이들은 홈 LAN이나 WLAN 네트워크를 구축하고 라우터나 라우터 역할을 하는 컴퓨터를 사용해서 인터넷에 연결한다. 이러한 구성은 단일 컴퓨터 상황과 아주 비슷하지만, 라우터가 홈 네트워크로부터 ISP로 패킷을 포워딩하고, 또 ISP와 교환되는 패킷 내의 IP 주소를 재작성하는 NAT(7장 참고. 윈도우에서는 ICSInternet Connection Sharing, 인터넷 연결 공유라고도 부름)를 수행한다는 차이가 있다. ISP의 관점에서는 1개의 IP 주소만 사용되는 것으로 보인다. 오늘날 이러한 동작의 대부분은 자동화돼 있어서 수동 주소 구성의 필요성은 최소화돼 있다. 라우터는 DHCP를 사용해 집 안의 클라이언트들에게 자동으로 주소를 지정한다. 그리고 필요할 경우 ISP와의 연결 설정을 위한 주소 지정도 처리한다. DHCP 동작과 호스트 구성에 대한 세부 사항은 6장에서 다룬다.

### 2.7.3 단일 제공자/복수의 네트워크/복수의 주소

많은 기관에서는 단일 유니캐스트 주소의 할당만으로는(특히 임시적으로 받은 것이라면) 자체적인 인터넷 접근 수요를 모두 만족시킬 수 없다. 특히 (웹사이트와 같은) 인터넷 서버를 운영하는 기관에서는 일반적으로 시간이 지나도 변하지 않는 IP 주소를 필요로 한다. 이러한 사이트들은 여러 개의 LAN을 운영하는 경우가 많은데, 이들 중 일부는 방화벽이나 NAT 장치에 의해 인터넷과 분리된 내부망이고 일부는 인터넷에 서비스를 제공하는 외부망이다. 이러한 네트워크들의 경우 대개 사이트 관리자 또는 네트워크 관리자가 있어 사이트가 필요로 하는 IP 주소가 몇 개나 되는지, 사이트에 어떤 서브넷 구조를 도입할지, 어떤 서브넷은 내부망에 두고 어떤 서브넷은 외부망에 둘지 등을 결정하는 일을 담당한다. 그림 2-16에서 보여주는 배치는 중소 규모의 기관에서 흔히 볼 수 있다.

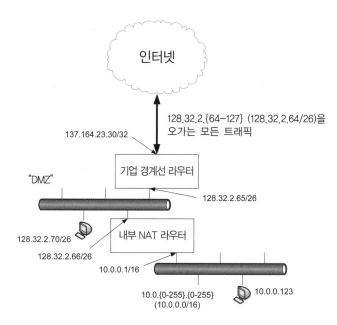

**그림 2-16** 전형적인 중소 규모의 기관 네트워크. 이 사이트에는 128.32.2.64/26 범위에 속하는 64개의 (라우팅 가능한) 공인 IPv4 주소가 할당돼 있다. DMZ 네트워크에는 인터넷에서 보이는 서버들이 속한다. 내부 라우터는 NAT를 사용해 기관 내부 컴퓨터들에 인터넷 접속을 제공한다.

이 그림의 사이트에는 프리픽스 128.32.2.64/26이 할당돼 64개까지의 (실제로는 2를 뺀 62개까지의) 라우팅 가능한 IPv4 주소를 제공한다. 주 방화벽 밖에 위치하는 DMZ<sup>Demilitarized</sup>

<sup></sup>Zone 네트워크(7장 참고)에는 인터넷상의 사용자들이 접근할 수 있는 서버들을 둔다. 이러한 컴퓨터들은 대체로 웹 접근, 로그인 서버, 기타 서비스 등을 제공한다. 이러한 서버들에는 프리픽스 범위 중의 작은 부분만을 사용해 IP 주소를 할당하는데, 많은 사이트가 소수의 공개 서버들만을 갖고 있다. 사이트 프리픽스 안의 나머지 주소들은 NAT 라우터에 주어져 'NAT 풀'을 위한 기초를 구성한다(7장 참고). NAT 라우터는 자신의 풀 안에 주소들을 사용해 내부망을 출입하는 데이터그램들을 고쳐 쓴다. 그림 2-16의 네트워크 구성은 두 가지 중요한 이유로 편리하다. 첫째, 내부망을 DMZ로부터 분리함으로써 DMZ 서버들이 침해 당할 경우에도 내부 컴퓨터들을 손상으로부터 보호하는 데 도움이 된다. 또한 이러한 구성은 IP 주소 지정을 분할시켜 준다. 일단 경계선 라우터, DMZ, 내부 NAT 라우터 등의 구성이 완료되면 많은 (사설) IP 주소들을 이용할 수 있는 내부망에서는 임의의 주소 구조를 사용할 수 있다. 물론 여기에서 든 예는 소규모 기관 네트워크를 구성하는 하나의 방법일 뿐이며, 비용 등과 같은 다른 요인들이 특정 중소 규모 기관에서 라우터, 네트워크, IP 주소 등에 관한 결정에 영향을 미칠 것이다.

## 2.7.4 복수의 제공자/복수의 네트워크/복수의 주소(다중 홈 구성)

지속적 운영을 위해서 인터넷 접속이 필요한 기관들은 장애에 대비한 이중화를 위해 또는 다른 이유로 둘 이상의 ISP를 통해서 인터넷에 연결하기도 하는데, 이를 다중 홈 구성<sup></sup>multihoming이라고 한다. CIDR 때문에 단일 ISP를 이용하는 기관들은 해당 ISP에 연계된 PA IP 주소를 갖는 경향이 있다. 이런 상황에서 두 번째 ISP가 추가되면 각 호스트에서 어떤 IP 주소를 사용하는 것이 좋을지에 대한 의문이 발생한다. 복수의 ISP를 이용하거나 (이와 비슷한 문제를 일으킬 수 있는) ISP를 다른 ISP로 전환할 때 참조할 수 있는 지침들이 존재하는데, IPv4의 경우 [RFC4116]에서 PI나 PA 주소들을 다중 홈 상황에서 어떻게 사용할 수 있는지에 대해 논의하고 있다. 그림 2-17의 상황을 생각해보자.

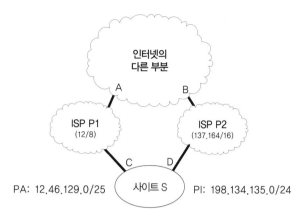

**그림 2-17** 가상적인 다중 홈 기관에서 사용되는 PA(Provider-Aggregatable) 및 PI(Provider-Independent) IPv4 주소. 사이트 운영자들은 이용할 수만 있다면 PI 공간을 선호하는 경향이 있다. 반면에 ISP들은 PA 공간을 선호하는데, 프리픽스 병합 덕분에 라우팅 테이블 크기를 줄여주기 때문이다.

이 그림에서 가상의 사이트 S는 2개의 ISP P1과 P2를 이용한다. 이 사이트에서 P1의 블록(12.46.129.0/25)으로부터 PA 공간을 사용할 경우 이 프리픽스를 각기 C 지점과 D 지점에서 P1과 P2에게 광고할 것이다. P1은 A 지점에서 나머지 인터넷 부분에 대한 광고에서 위의 프리픽스를 자신의 12/8 블록에 병합한 결과를 사용할 수 있다. 그러나 P2는 B 지점에서 이러한 병합을 수행할 수 없는데, 그것은 위의 프리픽스가 자신의 프리픽스 137.164/16에 수치상으로 인접해 있지 않기 때문이다. 또한 인터넷의 다른 부분에 위치한 호스트의 관점에서 12.46.129.0/25로 향하는 트래픽은 ISP P1보다는 ISP P2를 통해 전달되는 경향이 있는데, 이는 P1을 통해 갈 때보다 사이트 S에 대한 프리픽스가 더 길기(따라서 더 구체적이기) 때문이다. 이는 인터넷 라우팅에서 최장 매칭 프리픽스$^{longest\ matching}$ $^{prefix}$ 알고리즘의 동작 원리에 따른 것이다(세부 사항에 대해서는 5장 참고). 즉, 인터넷의 다른 부분에 위치한 호스트는 A 지점에서 프리픽스 12.0.0.0/8을 통하거나 B 지점에서 프리픽스 12.46.129.0/25를 통해 주소 12.46.129.1에 접근할 수 있다. 양쪽 프리픽스 모두 매칭을 이루므로(즉, 목적지 주소 12.46.129.1과 공통의 프리픽스 비트들을 포함하므로), 더 긴 마스크를(더 많은 수의 매칭 비트들을) 갖는 프리픽스를 선호하게 되며, 이 경우에는 P2다. 따라서 S로부터의 프리픽스와 병합될 수 없는 위치의 P2가 S의 트래픽 대부분을 전달하는 결과가 된다.

사이트 S가 PA 공간 대신 PI 공간을 사용하기로 결정할 경우 상황은 더욱 대칭적으로 변한다. 하지만 병합은 불가능하다. 이 경우 PI 프리픽스 198.134.135.0/24가 각기 C 지점과 D 지점에서 P1과 P2에게 광고되지만, 이 프리픽스는 어느 ISP의 주소 블록과도 수치상 인접해 있지 않으므로 어느 ISP도 병합을 수행할 수 없다. 따라서 두 ISP 모두 동일한 프리픽스 198.134.135.0/24를 A 지점과 B 지점에서 광고할 것이다. 이에 따라 인터넷 라우팅에서 '기본' 최단 경로 계산이 이뤄질 수 있으며, 어느 쪽이든 송신 호스트에 가까운 ISP를 통해 사이트 S에 도달할 것이다. 또한 사이트 S가 ISP를 변경하기로 결정할 경우 현재 지정돼 있는 주소들을 변경할 필요가 없다. 다만 이러한 주소들을 병합할 수 없다는 것은 향후 인터넷의 규모 확장에 따라 문제가 될 수 있으며, 따라서 PI 공간은 상대적으로 한정된 자원이다.

IPv6에서의 다중 홈 구성은 오랫동안 IETF의 연구 주제였으며 그 결과로 Multi6 아키텍처[RFC4177]와 Shim6 프로토콜[RFC5533]이 만들어졌다. Multi6에서는 이 문제를 해결하기 위해 제안된 몇 가지 방법을 요약하고 있다. 간단히 설명하면 앞서 설명했던 IPv4 다중 홈 구성과 동등한 라우팅 방식, 모바일 IPv6[RFC6275]의 기능을 이용하는 방식, 노드 위치 지시자에서 노드 식별 기능을 분리시킨 새로운 방법 등을 제시한다. 오늘날 IP 주소는 인터넷에 연결돼 있는 네트워크 인터페이스에 대해 (특히 이름의 형태로) 식별자 역할도 하고, (라우팅 시스템이 이해하는 주소 형태로) 위치 지시자 역할도 하고 있다. 이 둘을 분리하면 하부 IP 주소가 변경될 경우에도 네트워크 프로토콜들이 계속 기능할 수 있을 것인데, 이러한 분리를 구현하는 프로토콜을 식별자/위치 지시자 분리 프로토콜 또는 id/loc 분리 프로토콜이라 부른다.

Shim6에서는 전송 계층에서 사용되는 '상위 계층 프로토콜 식별자'를 IP 주소와 분리시키는 'shim' 네트워크 계층 프로토콜을 소개한다. 다중 홈 구성을 달성하기 위해 동적 네트워크 조건들에 기초해 어떤 IP 주소(위치 지시자)들을 사용할지 선택하며, PI 주소 할당을 필요로 하지 않는다. 통신하는 호스트들은 어떤 위치 지시자를 사용할지 또 언제 변경할지 등을 합의한다. 위치 지시자와 식별자의 분리에 관한 노력은 다른 곳에서도 진행되고 있는데, 실험적 결과인 HIP[Host Identity Protocol(RFC4423)]도 그중 하나다. HIP에서는 암호화된 호스트 식별자를 사용해서 호스트를 식별하는데, 이러한 식별자는 호스트에 연계된 공개 키/개인 키 쌍에서 실질적으로 공개 키 역할을 한다. 따라서 HIP 트래픽이 어떤 호스트에서 온 것인지 인증할 수 있다. 보안 이슈에 관해서는 18장에서 자세히 설명한다.

## 2.8 IP 주소 관련 공격

IP 주소는 기본적으로 숫자에 불과하므로 IP 주소만을 이용하는 공격은 별로 없다. 일반적으로 공격은 '위장된' 데이터그램을 보내거나(5장 참고) 그 밖의 관련 활동과 함께 이뤄지기 때문이다. 그렇지만 (P2P 네트워크에서 저작권 침해나 불법 자료의 배포 등과 같은) 바람직하지 않은 활동의 주체로 의심 가는 개인들을 식별하는 용도로서 현재 IP 주소가 이용되고 있다. 이러한 이용은 몇 가지 이유로 잘못된 결론을 유도할 수 있는데, 예를 들면 임시적으로 지정된 IP 주소는 시간이 바뀌면서 다른 사용자에게 재지정될 수 있다. 따라서 시간 기록에 조금만 오류가 있어도 IP 주소와 사용자를 연계하는 데이터베이스는 부정확하게 된다. 게다가 접근 통제 기법들이 광범위하게, 그리고 안전하게 보급돼 있지 않다. 그래서 공용 접속점 혹은 가정이나 사무실에서 무심코 개방해 둔 무선 라우터를 통해 인터넷에 접속하는 것이 가능하다. 이러한 상황에서 순진한 집주인이나 업체 대표가 트래픽의 발신자가 아니면서도 IP 주소에 의거해 의심을 받게 될 수 있다. 이런 일은 감염된 호스트가 봇넷 형성에 사용되는 경우도 일어날 수 있다. 이렇게 침해받은 컴퓨터와 라우터들은 공격 수행, 불법 콘텐츠 제공, 기타 범죄 등을 위한 인터넷 기반 블랙마켓에서 거래되기도 한다[RFC4948].

## 2.9 정리

(유니캐스트 형태의) IP 주소는 인터넷에 연결된 기기상의 네트워크 인터페이스를 식별하고 찾는 데 사용할 수 있다. IP 주소는 또한 멀티캐스트, 브로드캐스트, 애니캐스트 등의 형태로 둘 이상의 네트워크 인터페이스를 식별하고 찾는 데 사용할 수도 있다. IPv4가 사용될 경우 각 인터페이스는 최소한 1개의 32비트 IPv4 주소를 가지며, IPv6가 사용될 경우에는 대개 여러 개의 128비트 주소를 갖는다. 유니캐스트 주소는 계층적 구조를 갖는 관리 기구에 의해 블록 단위로 할당된다. 관리 기구가 할당하는 프리픽스는 ISP에게 주어지는 유니캐스트 IP 주소 공간의 덩어리를 나타내며, ISP는 다시 자신의 고객에게 IP 주소를 제공한다. 이러한 프리픽스는 ISP의 주소 블록의 일부(PA 주소라고 함)인 경우가 일반적이지만, 사용자가 소유하는 경우(PI 주소라고 함)도 있다. 수치상으로 인접한 주소 프리픽스(PA 주소)들은 라우팅 테이블 공간을 절약하고 인터넷의 확장성을 개선시키기 위해 병합될 수 있다. 이러한 방식은 인터넷에서 클래스 A, B, C 네트워크 번호들로

구성되는 '클래스 기반' 네트워크 구조를 버리고 CIDR<sup>Classless Inter-Domain Routing, 클래스 미사</sup>

<sup>용 도메인 간 라우팅</sup>을 선택했을 때 생겨났다. CIDR은 주소 공간에 대한 수요가 다른 기관들에 각기 다른 크기의 주소 블록을 지정할 수 있게 해준다. 기본적으로 CIDR은 좀 더 효율적인 주소 공간 할당을 가능하게 한다. 애니캐스트 주소는 발신자의 위치에 따라 지칭하는 호스트가 달라질 수 있는 유니캐스트 주소이며, 이러한 주소들은 종종 여러 위치에 존재할 수 있는 네트워크 서비스들을 발견하기 위해 사용된다.

IPv6 유니캐스트 주소는 IPv4 주소와는 다소 차이가 있다. 가장 중요한 차이는 IPv6 주소에는 유니캐스트 주소와 멀티캐스트 주소 모두에 적용 범위 개념이 있다는 점인데, 적용 범위는 해당 주소가 어디에서 유효한지를 나타낸다. 전형적인 적용 범위에는 노드 로컬, 링크 로컬, 전역 등이 포함된다. 링크 로컬 주소는 종종 표준 프리픽스와 (하드웨어/MAC 주소 등과 같은) 하위 계층 프로토콜이 제공하는 주소에 기반하는 IID 또는 무작위 값과의 조합을 바탕으로 생성된다. 이 방식은 IPv6 주소의 자동 설정에도 쓰인다.

IPv4와 IPv6 모두 한 번에 2개 이상의 네트워크 인터페이스를 참조하는 주소 형식을 지원한다. IPv4는 브로드캐스트 주소와 멀티캐스트 주소를 둘 다 지원하지만, IPv6는 멀티캐스트 주소만 지원한다. 브로드캐스트가 일대전부<sup>one-to-all</sup> 통신을 가능케 하는 반면, 멀티캐스트는 일대다<sup>one-to-many</sup> 통신에 사용된다. 발신자는 멀티캐스트 그룹(IP 주소)으로 트래픽을 보내는데, 이 그룹은 TV 채널과 비슷한 역할을 한다. 발신자는 트래픽의 수신자에 대한 아무것도 모르며 채널에 몇 개의 수신자가 있는지도 모른다. 인터넷에서의 전역 멀티캐스트는 10년 이상 발전해왔으며 수많은 프로토콜이 관련돼 있다. 이러한 프로토콜에는 라우팅을 위한 것도 있고, 주소 할당과 조정을 위한 것도 있으며, 호스트가 그룹에 가입하고 싶거나 그룹에서 탈퇴하고 싶다는 의사를 알리기 위한 것도 있다. 또한 IPv4와 (특히) IPv6 모두에서 IP 멀티캐스트 주소들에 대한 다양한 유형과 용도들이 있다. IPv6 멀티캐스트 주소 형식의 변형들은 유니캐스트 프리픽스에 기초한 그룹 할당, 그룹 안에 라우팅 정보(RP 주소)의 포함, IID에 기초한 멀티캐스트 주소의 생성 등을 위한 방법들을 제공한다.

CIDR의 개발과 배치는 아마도 인터넷의 핵심 라우팅 시스템에서 이뤄진 가장 최근의 근본적인 변화일 것이다. CIDR은 주소 공간 할당의 유연성을 높이고 병합을 통한 라우팅 확장성을 제고하는 데 성공적으로 대처할 수 있었다. 또한 훨씬 더 많은 수의 주소들이 필요한 시기가 곧 도래할 것이라는 믿음에 근거해 IPv6가 비슷한 시기 (1990년대 초반)에 추진됐다. 그러나 그 이후 당시에는 예상하지 못했던 NAT(7장 참고)의 광범위한 보급 덕분에 인터넷에 연결된 모든 호스트가 고유한 주소를 가질 필요성이 사라짐으로써 IPv6의 채택이 상당히 지연되고 있다. 대신 사설 주소 공간을 사용하는 대규모 네트워크들이 오늘날 보편화되고 있다. 그러나 결국에는 이용할 수 있는 라우팅 가능한 IP 주소의 수는 고갈될 것이며, 따라서 변화가 필요할 것이다. 2011년 2월 IANA가 보유하고 있던 마지막 5개의 /8 IPv4 주소 프리픽스들이 5개의 RIR에 각기 1개씩 할당됐다. 2011년 4월 15일 APNIC은 자신이 갖고 있던 할당 가능한 프리픽스들을 모두 소진했다. 여러 RIR이 보유 중인 프리픽스들도 길어야 수년 내에는 모두 소진될 것으로 예상된다. IPv4 주소 활용에 관한 현재의 모습은 [IP4R]에서 찾아볼 수 있다.

# 2.10 참고 자료

- **[CGEMA]** Cisco Systems, "Guidelines for Enterprise IP Multicast Address Allocation," 2004, http://www.cisco.com/warp/public/cc/techno/tity/prodlit/ipmlt_wp.pdf

- **[EIGRP]** B. Albrightson, J. J. Garcia-Luna-Aceves, and J. Boyle, "EIGRP-A Fast Routing Protocol Based on Distance Vectors," Proc. Infocom, 2004.

- **[EUI64]** Institute for Electrical and Electronics Engineers, "Guidelines for 64-Bit Global Identifier (EUI-64) Registration Authority," Mar. 1997, http://standards.ieee.org/regauth/oui/tutorials/EUI64.html

- **[H96]** M. Handley, "The SDR Session Directory: An Mbone Conference Scheduling and Booking System," Department of Computer Science, University College London, Apr. 1996, http://cobweb.ecn.purdue.edu/~ace/mbone/mbone/sdr/ intro.html

- **[IANA]** Internet Assigned Numbers Authority, http://www.iana.org IDChes] S. Cheshire and M. Krochmal, "Multicast DNS," Internet draftcheshire- dnsext-multicastdns, work in progress, Oct. 2010.

- **[IDv4v6mc]** S. Venaas, X. Li, and C. Bao, "Framework for IPv4/IPv6 Multicast Translation," Internet draft-venaas-behave-v4v6mc-framework, work in progress, Dec. 2010.

- **[IEEERA]** IEEE Registration Authority, http://standards.ieee.org/regauth

- **[IMR02]** B. Edwards, L. Giuliano, and B. Wright, Interdomain Multicast Routing: Practical Juniper Networks and Cisco Systems Solutions (Addison-Wesley, 2002).

- **[IP4AS]** http://www.iana.org/assignments/ipv4-address-space

- **[IP4MA]** http://www.iana.org/assignments/multicast-addresses

- **[IP4R]** IPv4 Address Report, http://www.potaroo.net/tools/ipv4

- **[IP6AS]** http://www.iana.org/assignments/ipv6-address-space

- **[IP6MA]** http://www.iana.org/assignments/ipv6-multicast-addresses

- **[KK77]** L. Kleinrock and F. Kamoun, "Hierarchical Routing for Large Networks, Performance Evaluation and Optimization," Computer Networks, 1(3), 1977.

- **[NRO]** Number Resource Organization, http://www.nro.net

- **[RFC0919]** J. C. Mogul, "Broadcasting Internet Datagrams," Internet RFC 0919/ BCP 0005, Oct. 1984.

- **[RFC0922]** J. C. Mogul, "Broadcasting Internet Datagrams in the Presence of Subnets," Internet RFC 0922/STD 0005, Oct. 1984.

- **[RFC0950]** J. C. Mogul and J. Postel, "Internet Standard Subnetting Procedure," Internet RFC 0950/STD 0005, Aug. 1985.

- **[RFC1075]** D. Waitzman, C. Partridge, and S. E. Deering, "Distance Vector Multicast Routing Protocol,"

Internet RFC 1075 (experimental), Nov. 1988.

- **[RFC1112]** S. E. Deering, "Host Extensions for IP Multicasting," Internet RFC 1112/STD 0005, Aug. 1989.

- **[RFC1122]** R. Braden, ed., "Requirements for Internet Hosts-Communication Layers," Internet RFC 1122/ STD 0003, Oct. 1989.

- **[RFC1812]** F. Baker, ed., "Requirements for IP Version 4 Routers," Internet RFC 1812/STD 0004, June 1995.

- **[RFC1918]** Y. Rekhter, B. Moskowitz, D. Karrenberg, G. J. de Groot, and E. Lear, "Address Allocation for Private Internets," Internet RFC 1918/BCP 0005, Feb. 1996.

- **[RFC2080]** G. Malkin and R. Minnear, "RIPng for IPv6," Internet RFC 2080, Jan. 1997.

- **[RFC2328]** J. Moy, "OSPF Version 2," Internet RFC 2328/STD 0054, Apr. 1988.

- **[RFC2365]** D. Meyer, "Administratively Scoped IP Multicast," Internet RFC 2365/ BCP 0023, July 1998.

- **[RFC2544]** S. Bradner and J. McQuaid, "Benchmarking Methodology for Network Interconnect Devices," Internet RFC 2544 (informational), Mar. 1999.

- **[RFC2622]** C. Alaettinoglu, C. Villamizar, E. Gerich, D. Kessens, D. Meyer, T. Bates, D. Karrenberg, and M. Terpstra, "Routing Policy Specification Language (RPSL)," Internet RFC 2622, June 1999.

- **[RFC2644]** D. Senie, "Changing the Default for Directed Broadcasts in Routers," Internet RFC 2644/BCP 0034, Aug. 1999.

- **[RFC2974]** M. Handley, C. Perkins, and E. Whelan, "Session Announcement Protocol," Internet RFC 2974 (experimental), Oct. 2000.

- **[RFC3056]** B. Carpenter and K. Moore, "Connection of IPv6 Domains via IPv4 Clouds," Internet RFC 3056, Feb. 2001.

- **[RFC3068]** C. Huitema, "An Anycast Prefix for 6to4 Relay Routers," Internet RFC 3068, June 2001.

- **[RFC3170]** B. Quinn and K. Almeroth, "IP Multicast Applications: Challenges and Solutions," Internet RFC 3170 (informational), Sept. 2001.

- **[RFC3180]** D. Meyer and P. Lothberg, "GLOP Addressing in 233/8," Internet RFC 3180/BCP 0053, Sept. 2001.

- **[RFC3306]** B. Haberman and D. Thaler, "Unicast-Prefix-Based IPv6 Multicast Addresses," Internet RFC 3306, Aug. 2002.

- **[RFC3307]** B. Haberman, "Allocation Guidelines for IPv6 Multicast Addresses," Internet RFC 3307, Aug. 2002.

- **[RFC3315]** R. Droms, ed., J. Bound, B. Volz, T. Lemon, C. Perkins, and M. Carney, "Dynamic Host Configuration Protocol for IPv6 (DHCPv6)," Internet RFC 3315, July 2003.

- **[RFC3569]** S. Bhattacharyya, ed., "An Overview of Source-Specific Multicast (SSM)," Internet RFC 3569 (informational), July 2003.

- **[RFC3701]** R. Fink and R. Hinden, "6bone (IPv6 Testing Address Allocation) Phaseout," Internet RFC 3701 (informational), Mar. 2004.

- **[RFC3810]** R. Vida and L. Costa, eds., "Multicast Listener Discovery Version 2 (MLDv2) for IPv6," Internet RFC 3810, June 2004.

- **[RFC3849]** G. Huston, A. Lord, and P. Smith, "IPv6 Address Prefix Reserved for Documentation," Internet RFC 3849 (informational), July 2004.

- **[RFC3879]** C. Huitema and B. Carpenter, "Deprecating Site Local Addresses," Internet RFC 3879, Sept. 2004.

- **[RFC3927]** S. Cheshire, B. Aboba, and E. Guttman, "Dynamic Configuration of IPv4 Link-Local Addresses," Internet RFC 3927, May 2005.

- **[RFC3956]** P. Savola and B. Haberman, "Embedding the Rendezvous Point (RP) Address in an IPv6 Multicast Address," Internet RFC 3956, Nov. 2004.

- **[RFC4012]** L. Blunk, J. Damas, F. Parent, and A. Robachevsky, "Routing Policy Specification Language Next Generation (RPSLng)," Internet RFC 4012, Mar. 2005.

- **[RFC4116]** J. Abley, K. Lindqvist, E. Davies, B. Black, and V. Gill, "IPv4 Multihoming Practices and Limitations," Internet RFC 4116 (informational), July 2005.

- **[RFC4177]** G. Huston, "Architectural Approaches to Multi-homing for IPv6," Internet RFC 4177 (informational), Sept. 2005.

- **[RFC4193]** R. Hinden and B. Haberman, "Unique Local IPv6 Unicast Addresses," Oct. 2005.

- **[RFC4286]** B. Haberman and J. Martin, "Multicast Router Discovery," Internet RFC 4286, Dec. 2005.

- **[RFC4291]** R. Hinden and S. Deering, "IP Version 6 Addressing Architecture," Internet RFC 4291, Feb. 2006.

- **[RFC4380]** C. Huitema, "Teredo: Tunneling IPv6 over UDP through Network Address Translations (NATs)," Internet RFC 4380, Feb. 2006.

- **[RFC4423]** R. Moskowitz and P. Nikander, "Host Identity Protocol (HIP) Architecture," Internet RFC 4423 (informational), May 2006.

- **[RFC4489]** J. S. Park, M. K. Shin, and H. J. Kim, "A Method for Generating Link- Scoped IPv6 Multicast Addresses," Internet RFC 4489, Apr. 2006.

- **[RFC4566]** M. Handley, V. Jacobson, and C. Perkins, "SDP: Session Description Protocol," Internet RFC 4566, July 2006.

- **[RFC4601]** B. Fenner, M. Handley, H. Holbrook, and I. Kouvelas, "Protocol Independent Multicast-Sparse Mode (PIM-SM): Protocol Specification (Revised)," Internet RFC 4601, Aug. 2006.

126

- **[RFC4607]** H. Holbrook and B. Cain, "Source-Specific Multicast for IP," Internet RFC 4607, Aug. 2006.

- **[RFC4608]** D. Meyer, R. Rockell, and G. Shepherd, "Source-Specific Protocol Independent Multicast in 232/8," Internet RFC 4608/BCP 0120, Aug. 2006.

- **[RFC4610]** D. Farinacci and Y. Cai, "Anycast-RP Using Protocol Independent Multicast (PIM)," Internet RFC 4610, Aug. 2006.

- **[RFC4632]** V. Fuller and T. Li, "Classless Inter-domain Routing (CIDR): The Internet Address Assignment and Aggregation Plan," Internet RFC 4632/BCP 0122, Aug. 2006.

- **[RFC4786]** J. Abley and K. Lindqvist, "Operation of Anycast Services," Internet RFC 4786/BCP 0126, Dec. 2006.

- **[RFC4795]** B. Aboba, D. Thaler, and L. Esibov, "Link-Local Multicast Name Resolution (LLMNR)," Internet RFC 4795 (informational), Jan. 2007.

- **[RFC4843]** P. Nikander, J. Laganier, and F. Dupont, "An IPv6 Prefix for Overlay Routable Cryptographic Hash Identifiers (ORCHID)," Internet RFC 4843 (experimental), Apr. 2007.

- **[RFC4893]** Q. Vohra and E. Chen, "BGP Support for Four-Octet AS Number Space," Internet RFC 4893, May 2007.

- **[RFC4948]** L. Andersson, E. Davies, and L. Zhang, eds., "Report from the IAB Workshop on Unwanted Traffic March 9-10, 2006," Internet RFC 4948 (informational), Aug. 2007.

- **[RFC5059]** N. Bhaskar, A. Gall, J. Lingard, and S. Venaas, "Bootstrap Router (BSR) Mechanism for Protocol Independent Multicast (PIM)," Internet RFC 5059, Jan. 2008.

- **[RFC5110]** P. Savola, "Overview of the Internet Multicast Routing Architecture," Internet RFC 5110 (informational), Jan. 2008.

- **[RFC5156]** M. Blanchet, "Special-Use IPv6 Addresses," Internet RFC 5156 (informational), Apr. 2008.

- **[RFC5214]** F. Templin, T. Gleeson, and D. Thaler, "Intra-Site Automatic Tunnel Addressing Protocol (ISATAP)," Internet RFC 5214 (informational), Mar. 2008.

- **[RFC5352]** R. Stewart, Q. Xie, M. Stillman, and M. Tuexen, "Aggregate Server Access Protocol (ASAP)," Internet RFC 5352 (experimental), Sept. 2008.

- **[RFC5415]** P. Calhoun, M. Montemurro, and D. Stanley, eds., "Control and Provisioning of Wireless Access Points (CAPWAP) Protocol Specification," Internet RFC 5415, Mar. 2009.

- **[RFC5498]** I. Chakeres, "IANA Allocations for Mobile Ad Hoc Network (MANET) Protocols," Internet RFC 5498, Mar. 2009.

- **[RFC5533]** E. Nordmark and M. Bagnulo, "Shim6: Level 3 Multihoming Shim Protocol for IPv6," Internet RFC 5533, June 2009.

- **[RFC5735]** M. Cotton and L. Vegoda, "Special Use IPv4 Addresses," Internet RFC 5735/BCP 0153, Jan. 2010.

- **[RFC5736]** G. Huston, M. Cotton, and L. Vegoda, "IANA IPv4 Special Purpose Address Registry," Internet RFC 5736 (informational), Jan. 2010.

- **[RFC5737]** J. Arkko, M. Cotton, and L. Vegoda, "IPv4 Address Blocks Reserved for Documentation," Internet RFC 5737 (informational), Jan. 2010.

- **[RFC5771]** M. Cotton, L. Vegoda, and D. Meyer, "IANA Guidelines for IPv4 Multicast Address Assignments," Internet RFC 5771/BCP 0051, Mar. 2010.

- **[RFC5952]** S. Kawamura and M. Kawashima, "A Recommendation for IPv6 Address Text Representation," Internet RFC 5952, Aug. 2010.

- **[RFC5905]** D. Mills, J. Martin, ed., J. Burbank, and W. Kasch, "Network Time Protocol Version 4: Protocol and Algorithms Specification," Internet RFC 5905, June 2010.

- **[RFC6034]** D. Thaler, "Unicast-Prefix-Based IPv4 Multicast Addresses," Internet RFC 6034, Oct. 2010.

- **[RFC6052]** C. Bao, C. Huitema, M. Bagnulo, M. Boucadair, and X. Li, "IPv6 Addressing of IPv4/IPv6 Translators," Internet RFC 6052, Oct. 2010.

- **[RFC6217]** J. Arkko and M. Townsley, "IPv4 Run-Out and IPv4-IPv6 Co-Existence Scenarios," Internet RFC 6127 (experimental), May 2011.

- **[RFC6144]** F. Baker, X. Li, C. Bao, and K. Yin, "Framework for IPv4/IPv6 Translation," Internet RFC 6144 (informational), Apr. 2011.

- **[RFC6164]** M. Kohno, B. Nitzan, R. Bush, Y. Matsuzaki, L. Colitti, and T. Narten, "Using 127-Bit IPv6 Prefixes on Inter-Router Links," Internet RFC 6164, Apr. 2011.

- **[RFC6275]** C. Perkins, ed., D. Johnson, and J. Arkko, "Mobility Support in IPv6," Internet RFC 3775, July 2011.

- **[RFC6308]** P. Savola, "Overview of the Internet Multicast Addressing Architecture," Internet RFC 6308 (informational), June 2011.

- **[WRWS]** http://www.arin.net/resources/whoisrws

# 03
## 링크 계층

## 3.1 개요

1장에서 TCP/IP 프로토콜 모음에서 링크 계층의 역할은 IP 모듈을 위해 IP 데이터그램을 송신하고 수신하는 일이라는 것을 배웠다. 링크 계층은 또한 ARP(4장 참고)와 같이 IP를 지원하는 몇 가지 다른 프로토콜을 운반하는 용도로도 사용된다. TCP/IP는 네트워크에 사용되는 하드웨어의 유형에 따라 다양한 링크 계층을 지원하는데, 이더넷과 같은 유선 LAN, 서비스 제공자를 통해 이용할 수 있는 케이블 TV와 DSL 등과 같은 MAN<sup>Metropolitan Area Network, 도시권 통신망</sup>, 모뎀과 함께 사용하는 유선 전화망뿐만 아니라 최근에 도입된 Wi-Fi(무선 LAN), 그리고 HSPA, EV-DO, LTE, WiMAX 등의 이동통신 기술에 기반한 무선 데이터 서비스를 모두 포함한다. 이번 장에서는 링크 계층의 이더넷과 Wi-Fi의 이용에 관련된 세부 사항들, PPP<sup>Point-to-Point Protocol</sup>가 어떻게 사용되는지, 링크 계층 프로토콜들이 터널링<sup>tunneling</sup>이라는 기법을 통해 어떻게 다른(링크 계층 또는 상위 계층) 프로토콜 안에 운반되는지 등에 대해 살펴본다. 오늘날 이용 가능한 모든 링크 기술의 세부 사항들을 살펴볼려면 책 한권이 필요할 것이다. 따라서 가장 널리 사용되는 링크 계층 프로토콜 몇 가지가 TCP/IP에서 어떻게 사용되는지에만 초점을 맞춰 설명한다.

대부분의 링크 계층 기술에는 네트워크 하드웨어로 운반될 PDU를 어떻게 구성할지 기술하는 프로토콜 형식이 연계돼 있다. 링크 계층 PDU를 지칭할 때 대체로 프레임<sup>frame</sup>이라는 용어가 사용되는데, 네트워크 계층 PDU를 가리키는 패킷과 전송 계층 PDU를 가리키는 세그먼트와 구별하기 위한 것이다. 프레임 형식들은 보통 수 바이트에서 수 킬로바이트에 이르는 범위의 가변 길이 프레임 크기를 지원한다. 프레임 길이의 상한선을 MTU[maximum transmission unit, 최대 전송 단위]라고 부르는데, 이는 링크 계층의 특성으로 이후의 장들에서 자주 언급될 것이다. 모뎀이나 직렬 회선 등과 같은 일부 네트워크 기술들은 자체적으로는 최대 프레임 크기를 제한하지 않아서 사용자가 설정할 수 있다.

## 3.2 이더넷과 IEEE 802 LAN/MAN 표준

이더넷[Ethernet]이라는 용어는 DEC, 인텔, 제록스 등에 의해 1980년 발표되고 1982년 수정된 일련의 표준들을 가리킨다. 최초로 널리 보급된 이더넷 유형은 오늘날 '10Mb/s 이더넷' 또는 '공유 이더넷'이라고 불리며 (약간의 수정을 거쳐) IEEE에 의해 표준번호 802.3으로 채택됐다. 이더넷 네트워크는 대체로 그림 3-1의 네트워크처럼 배열된다.

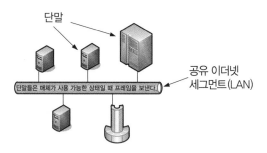

**그림 3-1** 기본적인 공유 이더넷 네트워크는 공유 케이블 세그먼트에 연결된 (워크스테이션이나 수퍼컴퓨터 같은) 하나 이상의 단말로 구성된다. 단말은 매체가 사용 가능한 상태라고 판단될 때 하나 이상의 다른 단말로 링크 계층 PDU(프레임)를 보낼 수 있다. 다수의 단말이 동시에 프레임을 보내면, 신호 지연 등의 이유로 인해 충돌이 발생한다. 충돌은 탐지될 수 있으며, 이 경우 단말들은 각기 다르게 무작위로 정한 시간만큼 기다렸다가 다시 전송을 시도한다. 널리 사용 중인 이러한 방법을 CSMA/CD라고 부른다.

여러 개의 단말이 동일한 네트워크를 공유하고 있으므로, 이 표준에서는 단말이 언제 자신의 데이터를 전송할지를 제어하는 분산 알고리즘을 이더넷 네트워크 인터페이스마다 포함시킨다. CSMA/CD[Carrier Sense Multiple Access with Collision Detection, 반송파 감지 다중 접근/충돌 탐지]라고 불리는 이 방법은 특별한 합의나 동기화 없이도 어떤 컴퓨터가 공유 매체(케이블)에 접근할 수 있는지를 중재해준다. 비교적 간단한 이 방법이 이더넷 기술의 낮은 비용과 그에 따른 보급의 성공에 기여했다.

130

CSMA/CD를 사용할 경우 단말(예를 들면 컴퓨터)은 먼저 네트워크 상에 전송 중인 신호가 있는지 확인하고, 네트워크가 한가하다고 판단되면 자신의 프레임을 보낸다. 이 프로토콜의 이름 중 '반송파 감지carrier sense'는 바로 이러한 부분을 나타낸다. 다른 단말이 우연히 동일한 시간에 프레임을 보낸다면 이로 인한 전기 신호의 중첩이 충돌로서 탐지된다. 이 경우 충돌에 관련된 각 단말은 다시 송신을 시도하기 전에 무작위로 정한 시간만큼 기다린다. 대기 시간은 균일 확률분포로부터 무작위로 선택되는데, 충돌이 탐지될 때마다 2배로 늘어난다. 최종적으로 단말은 프레임을 보낼 기회를 얻게 되거나, 일정 횟수만큼 시도한 후(통상적인 이더넷에서 16회) 타임아웃된다. CSMA/CD에서는 특정 시점에 네트워크상에 1개의 프레임만이 존재할 수 있다. CSMA/CD 접근 방법을 좀 더 공식적인 용어로는 MAC<sup>Media Access Control, 매체 접근 제어</sup> 프로토콜이라 부른다. 여러 가지 유형의 MAC 프로토콜들이 있는데, 일부는 단말마다 독립적으로 네트워크를 사용하려고 시도하는 방식이며(CSMA/CD처럼 회선 쟁탈 기반 프로토콜), 일부는 사전 조정된 협동 기반 방식이다(예를 들어 각 단말마다 프레임을 전송할 수 있는 타임 슬롯을 할당).

10Mb/s 이더넷의 개발 이후 컴퓨터와 통신 인프라의 속도가 더욱 빨라짐에 따라 LAN의 속도도 향상될 필요가 생겼다. 이더넷의 인기 덕분에 혁신과 노력이 거듭돼 이더넷의 속도는 10Mb/s에서 100Mb/s, 1000Mb/s, 10Gb/s 등으로 향상됐으며, 지금도 더욱 빨라지고 있다. 대규모 데이터센터나 대형 기관들에서 10Gb/s 이더넷이 많이 사용되며, 100Gb/s 이더넷도 시연되고 있다. 최초의 (연구용) 이더넷은 3Mb/s 속도로 실행됐지만, DIX(디지털, 인텔, 제록스) 표준은 하나의 공유 케이블 혹은 리피터를 통해서 상호 연결된 케이블상에서 10Mb/s의 속도로 실행됐다. 1990년대 초반 무렵에 이르러 공유 케이블은 대부분 (전화선과 비슷한 외형이며 '10BASE-T'라 불리는) 연선<sup>twisted-pair wiring</sup>으로 교체됐다. 100Mb/s 이더넷은 '고속 이더넷'이라고 불렸으며, 그중 가장 많이 사용돼 온 버전은 '100BASE-TX'라는 버전이다. 고속 이더넷이 개발되면서 회선 쟁탈 기반의 MAC 프로토콜의 위세는 약해졌다. LAN 단말들이 회선을 공유하는 것이 아니라, 스타 토폴로지에서 전용 경로를 갖게 된 것이다. 이는 그림 3-2에서 보여주는 것처럼 이더넷 스위치로 구현될 수 있다.

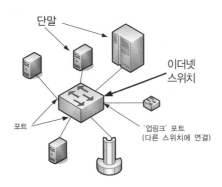

**단말**

**이더넷 스위치**

**포트**

**'업링크' 포트**
**(다른 스위치에 연결)**

**그림 3-2** 스위치 기반 이더넷 네트워크는 한 대 이상의 단말로 이뤄지며, 각 단말은 전용 회선을 통해 스위치 포트에 연결된다. 스위치 기반 이더넷이 사용되는 대부분의 경우 네트워크는 전이중 방식으로 동작하며, CSMA/CD 알고리즘은 필요 없다. 스위치들은 '업링크' 포트라고도 불리는 스위치 포트들을 상호 연결해 더 큰 이더넷 LAN을 형성할 수도 있다.

지금은 스위치가 흔히 사용되기 때문에 이더넷 단말은 발신과 수신을 동시에 할 수 있다 (이를 전이중full-duplex 이더넷이라고 한다). 한 번에 한 방향으로만 흐르는 반이중half-duplex 방식이 여전히 1000Mb/s 이더넷(1000BASE-T) 등에서도 지원되지만, 전이중 이더넷에 비해 사용되는 곳이 많지 않다. 스위치들이 PDU를 어떻게 처리하는지에 대해서는 나중에 자세히 살펴본다.

오늘날 인터넷 접속에 가장 많이 사용되는 기술은 무선 네트워킹이며, 특히 WLAN Wireless Local Area Network, 무선 LAN에서 가장 많이 사용되는 것은 Wi-FiWireless Fidelity로 알려진 IEEE 표준이다. Wi-Fi는 때로 '무선 이더넷'이나 802.11로 불리기도 한다. 이 표준은 802 유선 이더넷 표준과는 다른 것이지만, 프레임 형식이나 일반 인터페이스 등은 상당 부분 802.3을 차용했으며 전체 IEEE 802 LAN 표준의 일부를 구성한다. 따라서 이더넷 네트워크를 위해 TCP/IP에서 사용하는 기능의 대부분은 Wi-Fi 네트워크에서도 사용된다. 앞으로 이러한 기술들을 하나씩 자세히 살펴볼 것이다. 하지만 그 전에 홈 네트워크나 기관 네트워크를 구성할 때 이용되는 IEEE 802 표준 전반에 대한 개괄적 그림을 살펴보는 것이 유용할 것이다. 또한 MAN 표준을 관할하는 IEEE 표준들을 참고 자료에 수록했다. 여기에는 IEEE 802.16(WiMAX)과 이동통신망에서의 매체 독립 핸드오프 표준 (IEEE 802.21) 등도 포함된다.

## 3.2.1 IEEE 802 LAN/MAN 표준

원래의 이더넷 프레임 형식과 동작들은 앞서 언급했던 업계 문서에 기술됐으며 이 형식은 DIX 형식 또는 이더넷 II 형식으로 알려져 있다. 이러한 유형의 이더넷 네트워크는 나중에 약간의 수정을 거쳐 IEEE에서 802.3이라는 이름으로 CSMA/CD 네트워크의 한 종류로 표준화됐다. IEEE 표준 중 802로 시작하는 표준들은 LAN과 MAN의 동작을 정의한다. 오늘날 가장 많이 사용되는 802 표준에는 802.3(기본적으로 이더넷)와 802.11(WLAN/Wi-Fi)이 있다. 이러한 표준들은 장기간에 걸쳐 진화해왔으며 (802.11g 등과 같은) 독립적인 수정안들이 개정 표준에 편입되면서 이름을 바꿔왔다. 표 3-1에서는 2011년 중반 현재 TCP/IP 프로토콜들을 지원하는 데 관련된 IEEE 802 LAN과 MAN 표준들의 전체 목록을 보여준다.

**표 3-1** TCP/IP 프로토콜에 관련된 LAN 및 MAN IEEE 802 표준 (2011)

| 이름 | 설명 | 공식 참조 문서 |
| --- | --- | --- |
| 802.1ak | MRP(Multiple Registration Protocol; 다중 등록 프로토콜) | [802.1AK-2007] |
| 802.1AE | MAC 보안(MACSec) | [802.1AE-2006] |
| 802.1AX | 링크 병합(이전의 802.3ad) | [802.1AX-2008] |
| 802.1d | MAC 브리지 | [802.1D-2004] |
| 802.1p | 트래픽 클래스/우선순위/QoS | [802.1D-2004] |
| 802.1q | 가상 브리지 LAN/MRP 오류 수정 | [802.1Q-2005/ Cor1-2008] |
| 802.1s | MSPT(Multiple Spanning Tree Protocol) | [802.1Q-2005] |
| 802.1w | RSTP(Rapid Spanning Tree Protocol) | [802.1D-2004] |
| 802.1X | 포트 기반 네트워크 접근 제어(PNAC) | [802.1X-2010] |
| 802.2 | LLC(Logical Link Control) | [802.2-1998] |
| 802.3 | 기본 이더넷과 10Mb/s 이더넷 | [802.3-2008] (1절) |
| 802.3u | 100Mb/s 이더넷('고속 이더넷') | [802.3-2008] (2절) |
| 802.3x | 전이중 동작과 흐름 제어 | [802.3-2008] |
| 802.3z/802.3ab | 1000Mb/s 이더넷('기가비트 이더넷') | [802.3-2008] (3절) |

| 이름 | 설명 | 공식 참조 문서 |
|---|---|---|
| 802.3ae | 10Gb/s 이더넷('10기가비트 이더넷') | [802.3-2008] (4절) |
| 802.3ad | 링크 병합 | [802.1AX-2008] |
| 802.3af | (15.4W까지의) PoE(Power over Ethernet; 이더넷을 통한 전원) | [802.3-2008] (2절) |
| 802.3ah | EFM(Ethernet in the First Mile; 접속 이더넷) | [802.3-2008] (5절) |
| 802.3as | (2000 바이트로) 프레임 형식 확장 | [802.3-2008] |
| 802.3at | PoE 강화(30W까지의 'PoE+') | [802.3at-2009] |
| 802.3ba | 40/100Gb/s 이더넷 | [802.3ba-2010] |
| 802.11a | 54Mb/s, 5GHz 무선 LAN | [802.11-2007] |
| 802.11b | 11Mb/s, 2.4GHz 무선 LAN | [802.11-2007] |
| 802.11e | 802.11을 위한 QoS 강화 | [802.11-2007] |
| 802.11g | 54Mb/s, 2.4GHz 무선 LAN | [802.11-2007] |
| 802.11h | 스펙트럼/전원 관리 확장 | [802.11-2007] |
| 802.11i | 보안 강화/WEP 대체 | [802.11-2007] |
| 802.11j | 일본에서의 4.9-5.0GHz 운영 | [802.11-2007] |
| 802.11n | 선택 사항인 MIMO와 40MHz 채널을 사용한 6.5-600Mb/s, 2.4와 5GHz 무선 LAN | [802.11n-2009] |
| 802.11s(초안) | 메시 네트워킹, 혼잡 제어 | 개발 중 |
| 802.11y | 54Mb/s, 3.7GHz 무선 LAN(인가제) | [802.11y-2008] |
| 802.16 | WiMAX(초고속 무선 접속 시스템) | [802.16-2009] |
| 802.16d | WiMAX(고정 무선 MAN 표준) | [802.16-2009] |
| 802.16e | WiMAX(고정/이동 무선 MAN 표준) | [802.16-2009] |
| 802.16h | 개선된 공존 메커니즘 | [802.16h-2010] |
| 802.16j | 802.16에서 다중 홉 중계기 | [802.16j-2009] |
| 802.16k | 802.16 브리지 | [802.16k-2007] |
| 802.21 | 매체 독립 핸드오버 | [802.21-2008] |

802.3, 802.11, 802.16 표준들이 정의하는 LAN 네트워크 유형 이외에 모든 IEEE 표준 LAN 기술들에 적용되는 몇 가지 관련 표준이 있다. 위의 세 가지 표준 모두에 공통적으로 적용되는 것은 802.2 표준으로, 많은 802 네트워크의 프레임 형식에서 사용되는 LLC<sup>Logical Link Control, 논리적 링크 제어</sup> 프레임 헤더를 정의하고 있다. IEEE 용어로 LLC와 MAC는 링크 계층의 '부계층<sup>sublayer</sup>'이다. 둘 중에서 LLC(대체로 프레임 형식)는 각 네트워크 유형에서 공통적으로 사용되는 반면 MAC 계층은 다소 다르다. 예를 들어 원래의 이더넷이 CSMA/CD를 사용했던 반면, WLAN은 CSMA/CA를 주로 사용한다(CA는 '충돌 회피<sup>collision avoidance</sup>'를 뜻한다)

<aside>

**주의**

유감스럽게도 802.2와 802.3의 조합은 이더넷 II와는 다른 프레임 형식을 정의했으며, 802.3x에 와서야 이러한 상황이 정리돼 [802.3-2008]에 반영됐다. TCP/IP 쪽에서는 이더넷 네트워크를 위한 IP 데이터그램의 캡슐화가 [RFC0894]와 [RFC2464]에 정의돼 있다. 다만 이보다 오래된 LLC/SNAP 캡슐화가 [RFC1042]에 남아 있다. 현재는 이것이 문제가 되지 않지만 한때 우려의 대상이었던 적이 있다. 이와 비슷한 문제들이 가끔 발생한다[RFC4840].
</aside>

프레임 형식은 최근까지 큰 변화없이 그대로 유지되고 있다. 프레임 형식의 세부 정보와 그 발전 과정을 알기 위해서 이제부터 좀 더 자세히 파고 들어보자.

### 3.2.2 이더넷 프레임 형식

모든 이더넷(802.3) 프레임들은 공통의 형식에 기초하고 있다. 최초 규격 이래 프레임 형식은 추가적인 기능들을 지원하기 위해 진화해왔다. 그림 3-3에서는 이더넷 프레임의 현재 구성을 보여주며, IEEE가 도입한 새로운 용어인 IEEE 패킷과의 관계도 보여준다(사실 IEEE 패킷이라는 용어는 다른 표준들에서 패킷의 의미를 고려하면 그리 적절한 용어가 아니다.).

이더넷 프레임은 선행부<sup>preamble</sup> 영역으로 시작하는데, 이 영역은 프레임이 언제 도착할지, 그리고 인코딩된 비트들 간의 시간이 얼마나 되는지(클락 복원<sup>clock recovery</sup>이라고 함) 수신측 인터페이스가 알아내는 데 사용된다. 이더넷은 비동기 LAN으로서 각 이더넷 인터페이스에서 정확히 동기화된 클락을 유지하지 않는다. 따라서 인코딩된 비트 사이의 간격은 인터페이스마다 다소 차이가 날 수 있다. 선행부는 인식 가능한 패턴으로 대체로

0xAA이며, 수신자는 SFD<sup>Start Frame Delimiter, 시작 프레임 구분자</sup>를 발견할 때까지 '클락을 복원하기 위해' 이 값을 사용할 수 있다. SFD는 고정 값 0xAB를 갖는다.

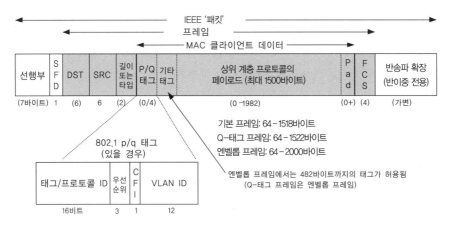

**그림 3-3** 이더넷(IEEE 802.3) 프레임 형식은 발신지 주소, 목적지 주소, 중첩 구조의 길이/유형 필드, 데이터 필드, CRC32를 이용하는 FCS(Frame Check Sequence, 프레임 검사 값) 등을 포함한다. 그리고 기본 프레임 형식에 VLAN ID와 우선순위 정보를 포함하는 태그(802.1 p/q) 및 확장 태그들이 추가될 수 있다. 선행부와 SFD는 수신자와의 동기화에 사용된다. 100MB/s 이상의 이더넷에서 반이중 동작이 사용될 경우, 충돌 탐지의 적절한 동작을 보장하기 위해서 추가 비트들이 반송자 확장으로서 짧은 프레임에 추가될 수 있다.

---

**주의**

원래의 이더넷에서는 두 가지 전압 수준을 갖는 MPE(Manchester Phase Encoding, 맨체스터 인코딩)를 사용해 비트들을 인코딩했다. MPE에서 비트들은 전압의 절댓값이 아니라 전압 변화로 인코딩됐다. 예를 들면 0비트는 −0.85V에서 .85V로의 변화로 인코딩되고, 1비트는 .85V에서 −0.85V로의 변화로 인코딩된다. 이때 0V는 공유 회선이 쉬고 있음을 나타낸다. 10Mb/s 이더넷 규격에서는 네트워크 하드웨어에서 20MHz 속도로 작동되는 발진기를 사용하게 요구했는데, 이는 MPE가 각 비트에 대해 2개의 클락 사이클을 요구했기 때문이다. 따라서 이더넷 선행부에 (2진수 101010100에 해당하는) 0xAA바이트가 있으면 주파수가 10MHz인 +0.85V와 −0.85V 사이의 정사각형 파형이 된다. 다른 이더넷 표준들에서는 효율성을 높이기 위해 맨체스터 인코딩 대신 다른 인코딩들을 사용하게 됐다.

---

기본 프레임 형식은 각 48비트, 즉 6바이트의 목적지 주소(DST)와 발신지 주소(SRC) 필드를 갖는다. 이 주소들은 'MAC 주소', '링크 계층 주소', '802 주소', '하드웨어 주소', '물리 주소' 등의 다양한 이름으로 불린다. 이더넷 프레임 안의 목적지 주소는 둘 이상의 단말 주소를 나타내기도 한다('브로드캐스트'나 '멀티캐스트'의 경우. 9장 참고). 브로드캐스트

기능은 ARP 프로토콜에서 사용되며(4장 참고), 멀티캐스트 기능은 ICMPv6 프로토콜에서 사용되는데(8장 참고), 이 프로토콜들은 네트워크 계층 주소와 링크 계층 주소 사이의 변환을 처리한다.

발신지 주소 다음에는 유형 필드가 오는데, 이 필드는 길이 필드의 역할도 한다. 일반적으로 이 필드는 헤더 다음에 오는 데이터의 유형을 식별한다. TCP/IP 네트워크에서 흔히 사용되는 값에는 IPv4(0x0800), IPv6(0x86DD), ARP(0x0806) 등이 있다. 0x8100 값은 Q 태그 프레임을 나타내는데, 이 프레임은 802.1q 표준에 따라 '가상 LAN', 즉 'VLAN ID'를 포함하고 있음을 나타낸다. 기본 이더넷 프레임의 크기는 1518바이트이지만, 좀 더 최근의 표준들에서는 2000바이트로 확장됐다.

> **주의**
>
> 원래의 IEEE (802.3) 규격에서는 길이/유형 필드를 유형 필드가 아니라 길이 필드로 취급했다. 따라서 이 필드는 둘 이상의 용도로 사용된다는 점에서 중첩 구조를 갖는다. 이 중첩 구조의 비밀은 필드의 값에 있다. 오늘날 이 필드의 값이 1536 이상이면 그 값은 여러 표준들이 정의한 유형 값이고, 1500 이하면 길이를 나타낸다. 유형 값들에 대한 전체 목록은 [ETHERTYPES]에 실려 있다.

[802.3-2008]은 목적지 주소 필드와 발신지 주소 필드에 이어서 다른 IEEE 표준에 정의된 다양한 프로토콜 필드를 포함하는 가변 길이의 태그를 두고 있다. 가장 많이 사용되는 태그는 802.1p와 802.1q에서 사용되는 것들로서 가상 LAN과 QoS$^{Quality-of-Service, 서비스 품질}$ 지시자들을 제공한다. 이들에 대해서는 3.2.3절에서 다룬다.

> **주의**
>
> 현재의 [802.3-2008] 표준에서는 각 이더넷 프레임에 '태그'들을 저장하기 위해 최대 482바이트까지 제공할 수 있도록 802.3의 프레임 형식을 수정한 내용을 반영하고 있다. 이처럼 길이가 늘어난 프레임을 엔벨롭 프레임이라고 하며, 최대 2000바이트까지 허용된다. 802.1 p/q 태그를 포함하는 프레임(Q-태그 프레임이라고 부름) 역시 엔벨롭 프레임이다. 하지만 모든 엔벨롭 프레임이 Q-태그 프레임인 것은 아니다.

지금까지 설명한 필드들 뒤에는 데이터 영역, 즉 프레임의 페이로드$^{payload}$ 부분이 온다. 이 영역에는 IP 데이터그램과 같은 상위 계층의 PDU가 위치한다. 전통적으로 이더넷에서 페이로드 영역의 크기는 언제나 1500바이트였으며 이 값이 이더넷의 MTU였다. 오느

날의 시스템은 대부분 이더넷의 MTU로 1500바이트를 사용하지만, 필요하다면 더 작은 값으로 설정할 수도 있다. 3.2.2.2절에서 설명할 프레임의 최소 길이 요건을 맞추기 위해서 페이로드 뒤에 0 값들이 채워지기도 한다.

### 3.2.2.1 프레임 검사 값/CRC

이더넷 프레임 형식에서 마지막 필드는 페이로드 영역 바로 다음에 오며 프레임에 대한 무결성 검사를 제공한다. 맨 뒤에 오는 CRC<sup>Cyclic Redundancy Check, 순환 중복 검사</sup> 필드는 32비트 길이로서 IEEE/ANSI 표준 CRC32[802.3-2008]라고도 불린다. n 비트 CRC를 사용해서 데이터 전송 오류를 탐지하기 위해서는 먼저 검사할 메시지 끝에 n개의 0비트들을 덧붙여 연장 메시지<sup>augmented message</sup>를 만든다. 그런 다음 연장 메시지를 생성자 다항식<sup>generator polynomial</sup>이라고 불리는 분모 역할을 하는 (n+1) 비트값으로 나누는데, 이때 mod-2 나눗셈이 사용된다. 이 나눗셈에서 (몫에 해당하는 값은 버리고) 나머지에 해당하는 값에 대한 1의 보수가 이 메시지의 CRC 필드 값이 된다. 다양한 n 값에 대해서 생성자 다항식이 표준화돼 있다. n = 32를 사용하는 이더넷의 경우 CRC32 생성자 다항식은 33비트 2진수 100000100110000100011101101101111이다. mod-2 2진 나눗셈을 사용해 나머지를 계산하는 과정을 이해하기 위해 계산하기 쉬운 CRC4를 사용하는 예제를 살펴보기로 하자. ITU에서는 G.704[G704]라는 표준에서 CRC4 생성자 다항식을 위한 값으로 10011을 표준으로 지정했다. 이제 16비트 메시지 1001111000101111을 전송하고자 한다면 먼저 그림 3-4에서 보여주는 mod-2 2진 나눗셈을 계산해야 한다.

그림 3-4에서 나눗셈 후의 나머지는 4비트값 1111이 되는 것을 볼 수 있다. 이 값에 대한 1의 보수인 0000이 프레임 안의 CRC, 즉 FCS<sup>Frame Check Sequence, 프레임 검사 값</sup> 필드에 들어간다. 프레임을 수신한 수신자는 동일한 나눗셈을 수행해서 얻은 나머지 값과 FCS 필드 안의 값이 일치하는지 검사한다. 두 값이 일치하지 않으면 해당 프레임은 전송 중에 손상됐을 가능성이 높으므로 일반적으로 폐기된다. 비트 패턴이 조금만 달라져도 나머지 값이 바뀔 가능성이 매우 높기 때문에 CRC 계열의 함수들은 손상된 메시지 확인을 위한 확실한 지시자로 사용될 수 있다.

```
                    1000011000000101  몫(버림)
          ┌─────────────────────
    10011 │ 10011110001011110000  메시지
            10011
            ─────
            00001
            00000
            ─────
             00011
             00000
             ─────
              00110
              00000
              ─────
               01100
               00000
               ─────
                11000
                10011
                ─────
                 10111
                 10011
                 ─────
                  01000
                  00000
                  ─────
                   10001
                   10011
                   ─────
                    00101
                    00000
                    ─────
                     01011
                     00000
                     ─────
                      10111
                      10011
                      ─────
                       01000
                       00000
                       ─────
                        10000
                        10011
                        ─────
                         01110
                         00000
                         ─────
                          11100
                          10011
                          ─────
                           1111  나머지
```

그림 3-4 CRC4 계산 방법을 보여주는 mod-2 2진 나눗셈

## 3.2.2.2 프레임 크기

이더넷 프레임은 최소 크기와 최대 크기가 모두 존재한다. 최소 크기는 64비트로서 이때 최소 데이터 영역(페이로드) 길이는 48바이트다(태그가 전혀 없음). 페이로드가 이보다 짧을 경우에는 최소 길이를 지키기 위해 페이로드 끝에 (값이 0인) 패딩 바이트들이 추가된다.

**주의**

CSMA/CD를 사용하는 원래의 10Mb/s 이더넷에서는 최소 길이가 중요했다. 프레임을 보낸 단말이 어느 프레임에서 충돌이 일어났는지 알 수 있도록 이더넷 네트워크의 길이는 2500m(4개의 리피터로 이어진 5개의 500m 케이블)를 넘을 수 없었다. 구리선에서 전자의 전파 속도가 대략 .77c, 즉 231M m/s이고, 10Mb/s 속도에서 64바이트의 전송 시간이 (64 * 8/10,000,000) = 51.2μs이므로, 최소 크기 프레임이 대략 11,000m 길이의 케이블을 차지할 수 있다. 케이블의 최대 길이가 2500m이므로 단말 사이의 최대 왕복 거리는 5000m가 된다. 이더넷의 설계자들은 최소 프레임 크기를 정할 때 2배만큼 여유를 뒀기 때문에 표준을 준수하는 모든 경우에서 (그리고 표준을 준수하지 않는 많은 경우에서도) 프레임의 신호가 최대로 떨어진 수신자에 도달했다가 돌아오기까지 걸리는 시간이 지난 후에도 여전히 프레임의 마지막 비트는 전송 진행 중인 상태가 된다. 따라서 충돌이 탐지되면 프레임을 전송 중인 단말은 어느 프레임에서 충돌이 일어났는지 확실히 알 수 있다. 현재 전송 중인 프레임에서 충돌이 일어난 것이기 때문이다. 이 경우, 단말은 다른 단말들에게 경고하기 위해 (높은 전압의) 재밍 신호(jamming signal)를 보낸다. 그리고 재밍 신호를 받은 단말들은 무작위 2진 지수 백오프(binary exponential backoff) 절차를 시작한다.

일반적인 이더넷의 최대 프레임 크기는 1518바이트다(4바이트 CRC와 14바이트 헤더를 포함). 이 크기는 일종의 절충값이다. (수신자 측에서 부정확한 CRC 덕분에 오류를 탐지해서) 프레임이 오류를 포함하고 있음이 밝혀져도 문제 복구를 위해 1.5KB만 다시 보내면 된다. 반면에 이 값은 MTU를 1500바이트 이내로 제한하므로, 이보다 긴 메시지를 보내기 위해서는 여러 개의 프레임이 필요하다(예를 들어 TCP/IP에서 많이 쓰이는 64KB를 전송하기 위해서는 최소한 44개의 프레임이 필요하다).

하나의 큰 상위 계층 PDU를 포함하기 위해 여러 개의 이더넷 프레임을 사용하는 데 따르는 부정적인 효과는 프레임마다 14바이트의 헤더와 4바이트의 CRC라는 고정 크기의 오버헤드가 발생한다는 점이다. 더욱이 이더넷 프레임들 사이에는 간격이 필요한데, 이러한 간격은 이더넷 하드웨어 수신 회로가 네트워크로부터 데이터를 적절히 복원하고 또 다른 단말들이 기존의 이더넷 트래픽에 자신의 트래픽을 끼워 넣을 기회를 갖기 위해 필요하다. 이더넷 II 규격에서는 이더넷 프레임이 시작되기 전에 7바이트의 선행부와 1바이트의 SFD를 두는 것 외에도 IPG^Inter-Packet Gap, 패킷 간 간격을 규정하고 있는데, 이 값은 (10Mb/s에서는 9.6μs, 100Mb/s에서는 960ns, 1000Mb/s에서는 96ns, 10,000Mb/s에서는 9.6ns)의 12배로 정해진다. 따라서 이더넷 II에서 프레임 간 효율성은 최대 1500/(12 + 8 + 14 + 1500 + 4) = 0.975293, 즉 대략 98%이다. 이더넷에서 대량 데이터를 전송할 때 효율성을 개선시키기 위한 한 가지 방법은 프레임 크기를 늘리는 것이며, 이더넷 점보 프레임^Jumbo Frame[JF]을 통해 이를 달성할 수 있다. 보통 최대 9000바이트까지의 프레임 크기를 허용하는 이더넷 점보 프레임은 주로 1000Mb/s 이더넷 스위치에서 사용되며, 비표준 이더넷 확장 중 하나다. 일부 환경에서는 9000바이트보다 더 큰 소위 슈퍼 점보 프레임이라는 것을 이용한다. 이러한 프레임 크기는 대부분의 구형 이더넷 장비에서 사용되는 1518바이트 프레임 크기와 호환되지 않으므로 점보 프레임을 사용할 때는 주의가 필요하다.

### 3.2.3 802.1p/q: 가상 LAN 및 QoS 태그

스위치 기반 이더넷의 사용이 증가함에 따라 한 사이트 내의 모든 컴퓨터를 동일한 이더넷 LAN에서 상호 연결하는 것이 가능해졌다. 이러한 방식의 이점은 관리자가 별다른 구성을 하지 않고도 임의의 호스트들이 IP나 다른 네트워크 계층 프로토콜을 사용해 서로 직접 통신할 수 있다는 점이다. 또한 특별한 멀티캐스트 라우팅 프로토콜을 구성하지 않고도 수신을 원하는 모든 호스트에게 브로드캐스트 트래픽이나 멀티캐스트(9장 참고) 트래픽을 전달할 수 있다. 이렇게 많은 단말을 동일 이더넷에 배치하는 것에 따른 장점들이 있지만, 모든 컴퓨터에 브로드캐스트 트래픽을 보내는 것은 브로드캐스트를 이용하는 호스트들이 많을 경우 네트워크 트래픽을 과도하게 발생시킬 수 있다. 또 보안상의 이유로 임의의 호스트 간에 전면적인 통신을 허용할 수 없는 경우도 있다.

대규모의 다용도 스위치 기반 네트워크의 운영에 관련된 이러한 문제 중 일부를 해결하기 위해 IEEE는 802 LAN 표준들에 VLAN<sup>Virtual LAN, 가상 LAN</sup>이라는 확장 기능을 추가했는데, VLAN은 802.1q<sup>[802.1Q-2005]</sup> 표준에 규정돼 있다. 이 표준과 호환되는 이더넷 스위치는 호스트들 사이의 트래픽을 공통의 VLAN으로 분리한다. 이때문에 동일한 스위치에 연결돼 있지만 서로 다른 VLAN에 속하는 호스트들 간에 트래픽이 전달되기 위해서는 라우터가 필요하다는 점에 주의하자. 스위치/라우터 통합 장치들이 이러한 수요를 해결하기 위해 만들어졌고, 결국 라우터의 성능이 VLAN 스위칭의 성능 수준까지 향상됐다. 이로 인해 VLAN의 인기는 다소 시들해졌으며, 대신 최신의 고성능 라우터가 선호된다. 그렇지만 VLAN은 여전히 쓰이고 있으며 일부 환경에서는 여전히 인기가 있으므로 알아둘 필요가 있다.

단말과 VLAN 간의 매핑을 규정하기 위해 여러 가지 방법이 사용되고 있다. 포트로 VLAN을 지정하는 것은 간단하면서도 널리 사용되는 방법이며, 단말이 연결된 스위치 포트별로 개별 VLAN이 지정된다. 따라서 어떤 포트에 연결되느냐에 따라 소속 VLAN이 정해진다. MAC 주소 기반 VLAN이라는 방법도 있는데, 이 방법에서는 단말의 MAC 주소를 특정 VLAN에 매핑시키기 위해 이더넷 스위치 안의 테이블을 사용한다. 이 방법은 (일부 사용자들이 하고 있는 것처럼) 단말의 MAC 주소를 변경할 경우 관리하기 어려워진다. VLAN 지정의 기초로 IP 주소를 사용하는 방법도 있다.

서로 다른 VLAN에 속하는 단말들이 동일한 스위치에 연결돼 있을 경우 스위치는 단말들에서 사용되는 이더넷 인터페이스 유형에 관계없이 트래픽이 한 VLAN에서 다른 VLAN으로 유출되지 않게 보장해야 한다. 여러 VLAN이 여러 스위치에 걸쳐 있는 상황에서는(트렁킹trunking이라고 함) 이더넷 프레임을 다른 스위치로 보내기 전에 이더넷 프레임에 소속 VLAN을 나타내는 레이블을 부여할 필요가 있다. 이러한 기능을 지원하기 위해 VLAN 태그(또는 헤더)라는 태그를 사용하는데, 이 태그는 12비트 VLAN ID를 포함한다. 12비트 ID는 4096개까지의 VLAN을 나타낼 수 있는데, VLAN 0과 VLAN 4095는 예약돼 있다. VLAN 태그는 또한 그림 3-3에서 보여주듯이 QoS를 지원하기 위한 3비트의 우선순위 필드를 포함하고 있는데, 802.1p 표준에 규정돼 있다. 많은 경우 관리자가 802.1p/q 프레임을 전송하기 위해 사용될 스위치 포트들에 대해 트렁킹 기능을 활성화하는 구성 작업을 수행해야 한다. 이 작업을 다소 쉽게 하기 위해 어떤 스위치들은 트렁킹 포트들에 네이티브native VLAN 옵션을 지원하는데, 이는 태그가 없어 VLAN ID를 갖지 않는 프레임은 네이티브 VLAN으로 보내게 될 것임을 의미한다. 중계 포트들은 VLAN 지원 스위치들을 상호 연결하는 데 사용되며, 다른 포트들은 단말 연결에 사용된다. 어떤 스위치들은 VLAN 트렁킹을 자체적인 방법으로 지원하기도 한다(예를 들어 Cisco의 ISLInter-Switch Link 프로토콜).

802.1p에서는 각 프레임상에 QoS 식별자를 표현하기 위한 메커니즘을 규정하고 있다. 802.1p 헤더는 QoS 수준을 가리키는 3비트 크기의 우선순위 필드를 포함한다. 이 표준은 802.1q VLAN 표준에 대한 확장이다. 이 두 표준은 함께 사용될 수 있으며, 동일 헤더상의 비트들을 공유한다. 이용 가능한 비트가 3개이므로 8개의 서비스 클래스가 정의된다. 가장 낮은 우선순위를 나타내는 클래스 0은 일반 최선 노력 트래픽을 위한 것이다. 가장 높은 우선순위를 나타내는 클래스 7은 긴급 라우팅이나 네트워크 관리 기능 등에 사용될 수 있다. 이 표준들은 패킷 안에 우선순위를 어떻게 인코딩할지를 규정하고 있지

만, 어떤 패킷들에 어떤 클래스가 적합한지를 정하는 정책이나 우선순위에 따른 서비스들을 구현할 하부 메커니즘 등은 구현자가 정하도록 남겨두고 있다. 그래서 우선순위 차이에 따라 트래픽을 어떻게 취급할지는 구현 또는 벤더에 따라 다르다. 802.1p/q 헤더 안의 VLAN ID 필드가 0으로 설정돼 있을 경우 802.1p는 VLAN에 독립적으로 사용될 수 있다.

802.1p/q 정보를 조작하기 위한 리눅스 명령은 vconfig다. 이 명령은 VLAN ID들을 물리적 인터페이스에 연계시키는 가상 인터페이스의 추가나 삭제에 사용될 수 있다. 또 802.1p 우선순위를 설정하고, 가상 인터페이스의 식별 방법을 변경하며, 특정 VLAN ID 태그를 갖는 패킷들 간의 매핑 및 운영체제에서 프로토콜을 처리할 때 패킷에 우선순위가 부여되는 방법을 설정하는 데도 사용된다. 다음의 명령들은 인터페이스 eth1에 VLAN ID 2를 연계시키는 가상 인터페이스를 추가했다가 삭제하고, 이러한 가상 인터페이스들의 이름을 정하는 방식을 변경하고, 새로운 인터페이스를 추가한다.

```
Linux# vconfig add eth1 2
Added VLAN with VID == 2 to IF -:eth1:-
Linux# ifconfig eth1.2
eth1.2 Link encap:Ethernet HWaddr 00:04:5A:9F:9E:80
          BROADCAST MULTICAST MTU:1500 Metric:1
          RX packets:0 errors:0 dropped:0 overruns:0 frame:0
          TX packets:0 errors:0 dropped:0 overruns:0 carrier:0
          collisions:0 txqueuelen:0
          RX bytes:0 (0.0 b) TX bytes:0 (0.0 b)
Linux# vconfig rem eth1.2
Removed VLAN -:eth1.2:-
Linux# vconfig set_name_type VLAN_PLUS_VID
Set name-type for VLAN subsystem. Should be visible in
          /proc/net/vlan/config
Linux# vconfig add eth1 2
Added VLAN with VID == 2 to IF -:eth1:-
Linux# ifconfig vlan0002
vlan0002 Link encap:Ethernet HWaddr 00:04:5A:9F:9E:80
          BROADCAST MULTICAST MTU:1500 Metric:1
          RX packets:0 errors:0 dropped:0 overruns:0 frame:0
          TX packets:0 errors:0 dropped:0 overruns:0 carrier:0
          collisions:0 txqueuelen:0
          RX bytes:0 (0.0 b) TX bytes:0 (0.0 b)
```

여기서 우리는 리눅스에서 가상 인터페이스의 이름을 정하는 기본 방법은 물리적 인터페이스와 VLAN ID를 결합하는 것임을 알 수 있다. 예를 들면 인터페이스 eth1과 연계돼 있는 VLAN ID 2는 eth1.2라는 이름을 갖는다. 또, 다른 명명 방법을 어떻게 사용할 수 있는지도 알 수 있다. 새로운 방법에서는 VLAN들의 이름을 vlan<n>과 같이 정하는데, 이때 <n>은 VLAN의 ID이다. 일단 이름을 정하는 방식이 확립되면 VLAN 장치상에서 전송되는 프레임들은 VLAN ID를 태그 안에 포함한다. 그림 3-5와 같이 와이어샤크를 사용해 이러한 내용을 확인할 수 있다.

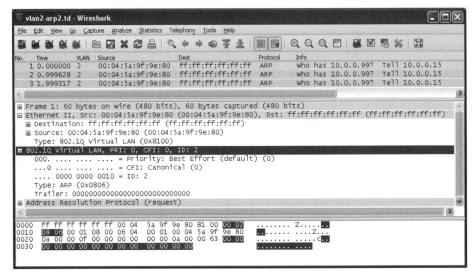

**그림 3-5** VLAN ID 태그를 포함하는 프레임을 보여주는 와이어샤크 화면. VLAN ID와 원래의 이더넷 주소를 보여주기 위해 기본 칼럼과 설정을 변경했다.

이 그림은 VLAN2에서 운반 중인 ARP 패킷(4장 참고)을 보여준다. 프레임의 크기는 60바이트임을 볼 수 있다(CRC는 포함돼 있지 않음). 이 프레임은 이더넷 II 캡슐화를 사용해 캡슐화돼 있는데, 유형은 VLAN을 표시하는 0x8100이다. VLAN 헤더에서 이 프레임이 VLAN 2에 속하며 우선순위가 0이라는 점을 제외하고는 이 프레임에 특별한 점은 없다. 다른 모든 필드는 일반 ARP 패킷에서 예상되는 대로다.

### 3.2.4 802.1AX: 링크 병합(예전 802.3ad)

둘 이상의 네트워크 인터페이스를 갖춘 일부 시스템에는 결합<sup>bonding</sup> 또는 링크 병합<sup>link aggregation</sup>이라고 부르는 기능이 있다. 링크 병합을 사용하면 둘 이상의 인터페이스를 하나의 인터페이스처럼 취급하기 때문에, 이중화를 통한 신뢰성 향상 또는 여러 인터페이스로의 데이터 스트라이핑을 통한 성능 향상을 얻을 수 있다. IEEE 보정 문서 802.1AX<sup>[802.1AX-2008]</sup>에서는 링크 병합을 수행하기 위해 가장 많이 사용되는 방법을 기술하고 있으며, 또한 이러한 링크들을 관리하기 위한 LACP<sup>Link Aggregation Control Protocol</sup>를 정의하고 있다. LACP는 LACPDU라고 불리는 형식의 IEEE 802 프레임을 사용한다.

링크 병합을 지원하는 이더넷 스위치를 이용하는 것은 고속 네트워크 포트를 갖춘 스위치에 투자하는 것에 비해 비용 효과적일 수 있다. 둘 이상의 포트를 병합해 충분한 대역폭을 제공할 수 있다면 고속 포트는 필요하지 않기 때문이다. 네트워크 스위치에서뿐만 아니라 하나의 호스트 컴퓨터상에서 여러 개의 NIC<sup>Network Interface Card, 네트워크 인터페이스 카드</sup>를 이용해 링크 병합을 지원할 수도 있다. 병합되는 포트들은 동일한 유형에 동일한 모드로 (즉, 모두 반이중 모드 또는 전이중 모드로) 운영돼야 한다.

리눅스는 다음 명령들을 사용해 서로 다른 유형의 장치들 사이에서 링크 병합(결합)을 구현하는 기능을 갖고 있다.

```
Linux# modprobe bonding
Linux# ifconfig bond0 10.0.0.111 netmask 255.255.255.128
Linux# ifenslave bond0 eth0 wlan0
```

첫 번째 명령은 결합 드라이버를 로드하는데, 이것은 링크 병합을 지원하는 특별한 유형의 드라이버다. 두 번째 명령은 주어진 IPv4 주소 정보를 갖는 bond0 인터페이스를 생성한다. 병합 인터페이스를 생성하기 위해 IP 관련 정보를 제공하는 것이 꼭 필요한 것은 아니지만 보통 이러한 정보를 제공한다. 이제 ifenslave 명령이 실행되면 결합 장치 bond0에는 MASTER 플래그가 설정되며, 장치 eth0과 wlan0에는 SLAVE 플래그가 설정된다.

```
bond0 Link encap:Ethernet HWaddr 00:11:A3:00:2C:2A
        inet addr:10.0.0.111 Bcast:10.0.0.127 Mask:255.255.255.128
        inet6 addr: fe80::211:a3ff:fe00:2c2a/64 Scope:Link
        UP BROADCAST RUNNING MASTER MULTICAST MTU:1500 Metric:1
```

```
        RX packets:2146 errors:0 dropped:0 overruns:0 frame:0
        TX packets:985 errors:0 dropped:0 overruns:0 carrier:0
        collisions:18 txqueuelen:0
        RX bytes:281939 (275.3 KiB) TX bytes:141391 (138.0 KiB)
eth0 Link encap:Ethernet HWaddr 00:11:A3:00:2C:2A
        UP BROADCAST RUNNING SLAVE MULTICAST MTU:1500 Metric:1
        RX packets:1882 errors:0 dropped:0 overruns:0 frame:0
        TX packets:961 errors:0 dropped:0 overruns:0 carrier:0
        collisions:18 txqueuelen:1000
        RX bytes:244231 (238.5 KiB) TX bytes:136561 (133.3 KiB)
        Interrupt:20 Base address:0x6c00
wlan0 Link encap:Ethernet HWaddr 00:11:A3:00:2C:2A
        UP BROADCAST SLAVE MULTICAST MTU:1500 Metric:1
        RX packets:269 errors:0 dropped:0 overruns:0 frame:0
        TX packets:24 errors:0 dropped:0 overruns:0 carrier:0
        collisions:0 txqueuelen:1000
        RX bytes:38579 (37.6 KiB) TX bytes:4830 (4.7 KiB)
```

이 예에서는 1개의 유선 이더넷 인터페이스와 1개의 Wi-Fi 인터페이스를 결합시키고 있다. 마스터 장치 bond0는 전형적으로 개별 인터페이스에 지정되는 IPv4 주소 정보가 지정되며, 이 장치는 첫 번째 슬레이브의 MAC 주소를 기본값으로 갖는다. bond0 가상 인터페이스에서 IPv4 트래픽이 나갈 때 어느 슬레이브 인터페이스가 이 트래픽을 운반할지에 대해 여러 경우의 수가 있다. 리눅스에서는 결합 드라이버가 로드될 때 전달되는 인수값을 통해서 여러 옵션이 선택된다. 예를 들어 어떤 모드 옵션은 인터페이스들이 차례로 선택될지, 한 인터페이스가 다른 인터페이스에 대한 예비용 역할을 할지, 발신지 MAC 주소와 목적지 MAC 주소에 대한 XOR 연산에 기초해 인터페이스를 선택할지, 프레임들을 모든 인터페이스로 복사할지, 802.3ad 표준 링크 병합을 수행할지, 또는 좀 더 고급형 부하 균형load-balance 옵션을 사용할지 등을 모드 결정한다. 두 번째 모드는 한 링크가 기능 정지 상태가 됐을 때 여분의 네트워크 인프라로 전환할 수 있는 고가용성 시스템에 사용된다(기능 정지 상태에 대한 탐지는 MII 모니터링에 의해 이뤄질 수 있음. 세부 사항에 대해서는 [BOND] 참고). 세 번째 모드는 트래픽 흐름에 기초해 슬레이브 인터페이스를 선택하기 위한 것으로서, 목적지가 충분히 많을 경우 두 단말 사이의 트래픽이 어느 한 인터페이스로 고정된다. 이 모드는 여러 개의 슬레이브 인터페이스 사이에서 트래픽에 대한 부하 균형을 시도하면서도 순서 변경을 최소화하고자 할 때 유용할 수 있다. 네 번째 모드는 장애 내성fault-rolerance을 위한 것이다. 다섯 번째 모드는 802.3ad 지원 스위치에서 사용하기 위한 것으로 동일 유형의 링크들에서 동적 병합을 허용한다.

LACP 프로토콜은 수동 설정을 회피함으로써 링크 병합을 쉽게 설정할 수 있도록 설계됐다. 일단 LACP가 가동되면 클라이언트에 해당하는 LACP '액터actor'와 서버에 해당하는 LACP '파트너partner'는 1초마다 LACPDU를 송신한다. LACP는 어떤 멤버 링크가 LAG Link Aggregation Group, 링크 병합 그룹에 병합될 수 있는지 자동으로 결정하고 이들을 병합한다. 그리고 이를 위해서 (MAC 주소, 포트 우선순위, 포트 번호, 키 등의) 정보들을 링크 건너편으로 전송한다. 수신 단말에서는 서로 다른 포트들에서 받은 값들을 비교한 후 모두 일치하면 병합을 수행한다. LACP에 대한 세부 사항은 [802.1AX-2008]에 기술돼 있다.

## 3.3 전이중, 절전, 자동 협상, 802.1X 흐름 제어

처음 이더넷이 개발됐을 때는 공유 케이블을 사용해 반이중 모드로만 동작했다. 즉, 데이터는 한 번에 한 방향으로만 전송될 수 있었으며, 따라서 어느 특정 시점에 한 대의 단말만이 하나의 프레임을 전송할 수 있었다. 스위치 기반 이더넷이 개발되면서 네트워크는 더 이상 하나의 공유 회선이 아니라 다수의 링크로 이뤄지게 됐다. 그 결과로 여러 쌍의 단말이 동시에 데이터를 교환할 수 있게 됐다. 또한 이더넷은 전이중 모드로 동작할 수 있게 수정됐으며, 이로 인해 충돌 탐지 회로는 이제 무의미하게 됐다. 반이중 동작과 충돌 탐지에 따른 시간제한이 사라지면서 이더넷의 물리적 길이도 늘어났다.

리눅스에서는 전이중 모드가 지원되는지, 또 사용 중에 있는지 질의하기 위해 ethtool 프로그램이 사용될 수 있다. 이 도구는 이더넷 인터페이스의 여러 다른 흥미로운 속성들도 표시 및 설정할 수 있다.

```
Linux# ethtool eth0
Settings for eth0:
        Supported ports: [ TP MII ]
        Supported link modes: 10baseT/Half 10baseT/Full
        100baseT/Half 100baseT/Full
        Supports auto-negotiation: Yes
        Advertised link modes: 10baseT/Half 10baseT/Full
        100baseT/Half 100baseT/Full
        Advertised auto-negotiation: Yes
        Speed: 10Mb/s
```

```
               Duplex: Half
               Port: MII
               PHYAD: 24
               Transceiver: internal
               Auto-negotiation: on
               Current message level: 0x00000001 (1)
               Link detected: yes
   Linux# ethtool eth1
   Settings for eth1:
               Supported ports: [ TP ]
               Supported link modes: 10baseT/Half 10baseT/Full
                       100baseT/Half 100baseT/Full
                       1000baseT/Full
               Supports auto-negotiation: Yes
               Advertised link modes: 10baseT/Half 10baseT/Full
                       100baseT/Half 100baseT/Full
                       1000baseT/Full
               Advertised auto-negotiation: Yes
               Speed: 100Mb/s
               Duplex: Full
               Port: Twisted Pair
               PHYAD: 0
               Transceiver: internal
               Auto-negotiation: on
               Supports Wake-on: umbg
               Wake-on: g
               Current message level: 0x00000007 (7)
               Link detected: yes
```

이 예에서 첫 번째 이더넷 인터페이스 eth0은 반이중 10Mb/s 네트워크에 연결돼 있다. 또한 이 인터페이스는 자동 협상autonegotiation 기능을 갖고 있음을 알 수 있는데, 이것은 802.3u에서 처음 도입된 기능으로 인터페이스들이 속도나 반이중/전이중 동작 등과 같은 정보를 교환할 수 있게 해준다. 자동 협상 정보는 데이터가 송수신되고 있지 않을 때 전송되는 신호를 사용해 물리적 계층에서 교환된다. 두 번째 이더넷 인터페이스 eth1 또한 자동 협상을 지원하며, 속도는 100Mb/s로, 동작 모드는 전이중 모드로 설정돼 있음을 볼 수 있다. (Port, PHYAD, Transceiver 등의) 다른 값들은 물리적 포트 유형, 주소, 물리 계층 회로의 위치가 NIC 내부인지 외부인지 등을 알려준다. current message- level 값은 인터페이스의 동작 모드와 연계된 로그 메시지를 설정하는 데 사용되며, 구체적인 동작은 사용 중인 드라이버에 따라 달라진다. wake-on 값들에 대해서는 다음 예제를 살펴본 후 설명한다.

윈도우에서 이런 세부 정보를 보려면 **제어판 ➤ 네트워크 연결**에서 관심 대상인 인터페이스에
서 마우스 오른쪽 버튼을 누른 다음 **속성**을 선택한다. 그런 다음 **구성** 버튼을 클릭하고 **고
급** 탭을 선택하면 그림 3-6과 비슷한 메뉴가 나타난다(이 그림은 윈도우 7 컴퓨터상의 이더넷
인터페이스임).

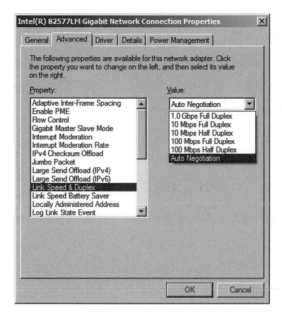

**그림 3-6** 윈도우 7에서 네트워크 인터페이스 속성의 〈고급〉 탭. 여기에서 사용자는 네트워크 장치 드라이버에 동작 매개변수들을
입력할 수 있다.

그림 3-6에서 어댑터의 장치 드라이버를 사용해 설정할 수 있는 특별한 기능들을 볼 수
있다. 예제의 어댑터와 드라이버의 경우 802.1p/q 태그, 흐름 제어, 깨우기(3.3.2절 참고)
기능 등을 켜거나 끌 수 있다. 속도와 이중duplex 모드는 수동으로 설정할 수도 있고, 좀 더
일반화된 자동 협상 옵션에 맡길 수도 있다.

### 3.3.1 이중 모드의 불일치

예전부터 자동 협상을 사용할 때 상호운용과 관련된 몇 가지 문제가 존재했다. 특히 컴퓨

터와 그에 연계된 스위치 포트가 서로 다른 이중 모드를 사용하거나, 링크의 한쪽에서는 자동 협상을 켜두고 있고 반대쪽에서는 끄고 있는 경우 등에서 문제가 발생한다. 이러한 상황에서 소위 이중 모드의 불일치duplex mismatch가 발생할 수 있다. 이 경우 의외로 연결이 완전히 끊기는 게 아니라 성능이 크게 저하되는 현상이 일어날 수 있다. (대량의 데이터 전송 등에서) 네트워크의 양방향으로 상당한 트래픽이 있을 때 반이중 모드의 인터페이스는 유입 트래픽을 충돌로서 판단할 수 있으며, 이로 인해서 CSMA/CD 이더넷 MAC의 지수 백오프exponential backoff 기능이 실행될 수 있다. 동시에 충돌을 촉발시킨 데이터가 손실돼 TCP와 같은 상위 계층 프로토콜에서 재전송을 하게 만들 수도 있다. 따라서 반이중 인터페이스에서 데이터를 동시에 보내고 받아야 할 만큼 트래픽이 충분히 많을 때만 성능 저하를 알아차릴 수 있는데, 부하가 가벼울 때는 이런 상황이 일반적으로 일어나지 않는다. 일부 연구자들은 이러한 불행한 상황을 탐지하기 위한 분석 도구를 개발하려고 시도했다[SC05].

### 3.3.2 WoL(Wake-on LAN), 절전, 매직 패킷

리눅스 예제와 윈도우 예제 모두에서 전원 관리 기능이 있음을 확인할 수 있다. 특정 종류의 패킷 도착에 기초해 네트워크 인터페이스나 컴퓨터를 절전(수면) 상태에서 빠져나오게 하기 위해 윈도우에서는 Wake-Up 기능이 사용되며, 리눅스에서는 Wake-On 옵션이 사용된다. 일반 전원으로의 전환에 사용되는 패킷의 종류는 설정 과정에서 정할 수 있다. 리눅스에서 Wake-On 값들은 0개 이상의 비트로 이뤄지며, 물리 계층 활동(p), 해당 단말을 목적지로 하는 유니캐스트 프레임(u), 멀티캐스트 프레임(m), 브로드캐스트 프레임(b), ARP 프레임(a), 매직 패킷 프레임(g), 비밀번호를 포함하는 매직 패킷 프레임 중어떤 것들을 수신할 때 절전 상태로부터 깨어날지 여부를 지정한다. 이들에 대한 설정은 ethtool의 옵션들을 사용하면 된다. 예를 들면 다음과 같은 명령이 사용될 수 있다.

```
Linux# ethtool -s eth0 wol umgb
```

이 명령은 유형 u, m, g, b 등에 해당하는 프레임 중 하나를 수신할 경우 eth0 장치에 깨어나라는 신호를 보내도록 설정한다. 윈도우에서도 비슷한 기능을 제공하지만, 표준 사용자 인터페이스는 매직 패킷 프레임과 사전 정의된 u, m, b, a 등의 프레임 유형만 허

용한다. 매직 패킷은 바이트 값 0xFF이 반복되는 패턴을 포함한다. 이러한 프레임은 종
종 브로드캐스트 이더넷 프레임 안에 캡슐화된 일종의 UDP 패킷(10장 참고)으로 전송된
다. 매직 패킷을 생성하기 위한 몇 가지 도구들이 제공되며, wol[WOL]도 그중의 하나다.

```
Linux# wol 00:08:74:93:C8:3C
Waking up 00:08:74:93:C8:3C...
```

이 명령의 결과는 매직 패킷 하나를 생성하는 것이며, 와이어샤크를 사용해 확인할 수 있
다(그림 3-7 참고).

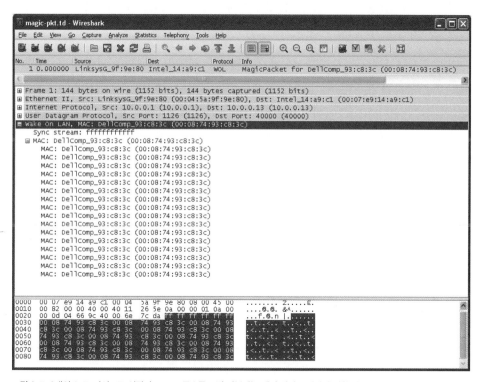

**그림 3-7** 6개의 0xFF 바이트로 시작되고 MAC 주소를 16번 반복하는 매직 패킷 프레임에 대한 와이어샤크 화면

그림 3-7에서 보여주는 패킷은 (1126과 40000이라는) 포트 번호만 임의로 정했을 뿐 일반
UDP 패킷과 다를 바 없다. 이 패킷의 가장 특이한 부분은 데이터 영역이다. 데이터 영
역의 첫 6바이트는 0xFF라는 값을 갖고 있다. 데이터 영역의 나머지 부분에서는 목적지

MAC 주소 00:08:74:93:C8:3C가 16번 반복되고 있다. 이러한 데이터 페이로드 패턴이 매직 패킷을 규정한다.

### 3.3.3 링크 계층 흐름 제어

확장 이더넷 LAN을 전이중 모드에서 서로 다른 속도 구간으로 운영하기 위해서는 스위치가 프레임을 일정 시간 동안 버퍼에 저장할 수 있어야 한다. 이러한 상황은 예를 들어 다수의 단말이 동일한 목적지로 프레임을 보낼 때 발생할 수 있다(이런 경우를 출력 포트 경쟁이라고 부른다). 어떤 단말로 향하는 병합 트래픽의 속도가 그 단말의 링크 속도를 초과할 경우, 프레임들은 중간에 위치하는 스위치에 저장되기 시작한다. 이 상황이 오래 지속되면 프레임은 폐기되기도 한다.

이러한 상황을 완화시키기 위한 한 가지 방법은 트래픽을 보내는 단말에 흐름 제어flow control를 적용하는 것이다(즉, 전송 속도를 떨어뜨린다). 어떤 이더넷 스위치들은(그리고 인터페이스들은) 스위치와 NIC 사이에 특별한 신호 프레임을 전송하는 방법으로 흐름 제어를 구현한다. 흐름 제어 신호는 발신자에게 송신 속도를 늦춰야 함을 알린다. 그렇지만 관련 규격에서는 이에 대한 세부 사항을 구현에 맡긴다. 이더넷에서는 PAUSE 메시지라는 흐름 제어 구현을 사용하는데, 이 메시지는 PAUSE 프레임으로도 불리며 802.3x[802.3-2008]에 규정돼 있다.

PAUSE 메시지는 MAC 제어 프레임에 포함되며, 이때 이더넷 길이/유형 필드는 0x8808이라는 값을 갖고 MAC 제어 명령 코드 0x0001을 사용한다. 이 메시지를 수신한 단말은 전송 속도를 늦추도록 권고된다. PAUSE 프레임들은 항상 MAC 주소 01:80:C2:00:00:01로 전송되며 전이중 링크에서만 사용된다. 그리고 발신자가 전송을 재개하기 전에 얼마나 쉬어야 하는지를 나타내는 지체hold-off 시간 값을 포함하는데, 단위는 quanta이며 1quanta는 512비트를 전송하는 데 소요되는 시간에 해당한다.

MAC 제어 프레임은 그림 3-3의 일반 캡슐화를 사용하는 프레임 형식이지만 길이/유형 필드 바로 다음에 2바이트 명령 코드가 온다. PAUSE 프레임은 MAC 제어 프레임을 사용하는 유일한 프레임 유형이며, 지체 시간을 인코딩하는 2바이트 값을 포함한다. (기본적으로 802.3x 흐름 제어에 해당하는) '전체' MAC 제어 계층에 대한 구현은 선택 사항이다.

이더넷 계층에서 흐름 제어를 사용하는 것은 상당한 부작용이 따를 수 있기 때문에 이러한 이유로 이더넷 계층 흐름 제어는 잘 사용되지 않는다. 여러 단말이 과부하 상태의 스위치(3.4절 참고)를 통해 전송할 경우 이 스위치는 당연히 모든 호스트에게 PAUSE 프레임을 보낼 것이다. 유감스럽게도 스위치의 메모리 활용도는 송신 호스트와 비교할 수 없으며, 따라서 일부 호스트는 해당 스위치를 지나가는 트래픽에 별 책임이 없으면서도 흐름 제어 대상이 되는 불이익을 받을 수 있다.

## 3.4 브리지와 스위치

IEEE 802.1d 표준은 브리지의 동작을 정의하며, 스위치는 본질적으로 고성능 브리지에 해당하기 때문에 스위치의 동작도 정의한다고 볼 수 있다. 브리지 또는 스위치는 다수의 물리 링크 계층 네트워크(예를 들면 한 쌍의 물리적인 이더넷 세그먼트) 또는 여러 단말 그룹을 결합하는 데 사용된다. 가장 기본적인 구성은 그림 3-8에서 보여주듯이 2개의 스위치를 연결해 확장 LAN을 형성하는 것이다.

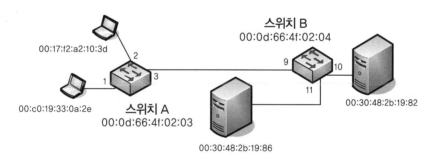

**그림 3-8** 2개의 스위치를 포함하는 간단한 확장 이더넷 LAN. 각 스위치 포트를 포트 번호로 참조할 수 있으며, (스위치를 포함해서) 각 단말마다 MAC 주소를 갖는다.

그림에서 스위치 A와 B는 확장 LAN을 형성하기 위해 상호 연결돼 있다. 클라이언트 시스템들은 A에 연결돼 있고 서버들은 B에 연결돼 있으며, 포트들은 참조용 번호를 갖고 있다. 스위치를 포함해서 모든 네트워크 요소가 자체적인 MAC 주소를 갖고 있음에 주목하자. 브리지들은 다른 네트워크 요소들의 MAC 주소를 '학습하며', 어느 정도 시간이 지나면 스위치는 포트를 통해서 어느 단말에 도달할 수 있는지 모두 알게 된다. 이러한 정보 목록은 각 스위치에서 필터링 데이터베이스라는 이름의 테이블에 저장되는데, 이 테이블은 포트별로 (그리고 VLAN별로도) 정리돼 있다. 예를 들면 각 스위치가 모든 단말의 위치를 학습하면 이 데이터베이스는 그림 3-9에서 보이는 것과 같은 정보를 포함하게 될 것이다.

| 단말 | 포트 |
|---|---|
| 00:17:f2:a2:10:3d | 2 |
| 00:c0:19:33:0a:2e | 1 |
| 00:0d:66:4f:02:03 | |
| 00:0d:66:4f:02:04 | 3 |
| 00:30:48:2b:19:82 | 3 |
| 00:30:48:2b:19:86 | 3 |

스위치 A의 데이터베이스

| 단말 | 포트 |
|---|---|
| 00:17:f2:a2:10:3d | 9 |
| 00:c0:19:33:0a:2e | 9 |
| 00:0d:66:4f:02:03 | 9 |
| 00:0d:66:4f:02:04 | |
| 00:30:48:2b:19:82 | 10 |
| 00:30:48:2b:19:86 | 11 |

스위치 B의 데이터베이스

**그림 3-9** 그림 3-8의 스위치 A와 B에서의 필터링 데이터베이스는 스위치 포트들에 도달하는 프레임상의 발신지 주소를 관찰함으로써 작성된다(학습된다).

스위치(브리지)를 처음 켰을 때 데이터베이스는 비어 있으며 자신을 제외한 어떤 단말의 위치도 알지 못한다. 스위치(브리지)는 자신 외의 다른 단말을 목적지로 하는 프레임을 수신하면 프레임이 도착한 포트 외의 다른 포트들마다 프레임의 복사본을 만든 뒤 각 포트를 통해 내보낸다. 스위치(브리지)가 단말들의 위치에 관한 정보를 학습하지 않는다면, 모든 프레임이 모든 네트워크 세그먼트로 보내지기 때문에 원치 않는 오버헤드가 발생할 것이다. 학습 기능은 이러한 오버헤드를 상당히 감소시키며, 스위치나 브리지의 표준적인 기능이다.

오늘날 대부분의 운영체제는 네트워크 인터페이스들 사이의 브리지 기능을 지원하는데, 이는 여러 개의 인터페이스를 갖는 일반 컴퓨터가 브리지로 사용될 수 있음을 의미한다. 예를 들어 윈도우에서 인터페이스들을 브리지로 연결하기 위해서는 **제어판**의 **네트워크 연결** 메뉴로 가서 브리지에 연결할 인터페이스를 선택한 후 마우스 오른쪽 버튼을 눌러 메뉴가 나타나면 **연결 브리지**를 선택한다. 이렇게 하면 브리지 기능을 보여주는 새로운 아이콘이 나타난다. 인터페이스와 관련된 네트워크 속성은 대부분 보이지 않고, 그 대신에 브리지 장치에 대한 속성이 나타난다(그림 3-10).

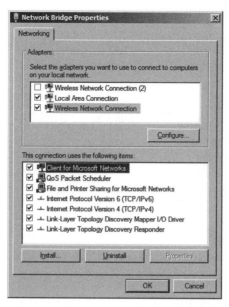

**그림 3-10** 윈도우에서 브리지에 연결할 인터페이스를 선택한 후 마우스 오른쪽 버튼을 눌러 메뉴가 나타나면 〈연결 브리지〉를 선택한다. 일단 브리지가 만들어지면 브리지 장치에 대해 추가적인 수정이 이뤄진다.

그림 3-10은 윈도우 7에서 네트워크 브리지 가상 장치를 위한 속성 패널을 보여준다. 브리지 장치의 속성에는 브리지로 연결되는 하부 장치의 목록과 브리지에서 실행되는 (마이크로소프트 네트워크 클라이언트, 파일 및 프린터 공유 등과 같은) 서비스 모음이 포함된다. 리눅스도 명령행<sup>command line</sup> 인수들을 사용한다는 점 외에는 비슷하다. 그림 3-11과 같은 토폴로지의 네트워크를 예제로 사용해보자.

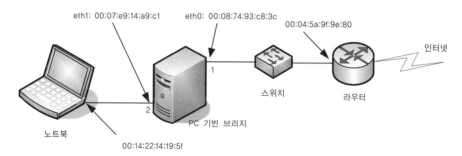

**그림 3-11** 이 간단한 토폴로지에서 리눅스 기반 PC는 이 PC가 연결하는 2개의 이더넷 세그먼트 사이의 브리지로서 동작하도록 설정돼 있다. 브리지는 학습을 통해서 확장 LAN의 다른 시스템에 도달하려면 어느 포트를 사용해야 하는지에 대한 정보를 모아서 테이블에 저장한다.

그림 3-11의 간단한 네트워크에서는 2개의 이더넷 포트를 갖는 리눅스 기반 PC를 브리지로 사용한다. 포트 2에는 1개의 단말이 연결돼 있으며, 네트워크의 나머지 부분은 포트 1에 연결돼 있다. 다음 명령들은 브리지를 활성화한다.

```
Linux# brctl addbr br0
Linux# brctl addif br0 eth0
Linux# brctl addif br0 eth1
Linux# ifconfig eth0 up
Linux# ifconfig eth1 up
Linux# ifconfig br0 up
```

이러한 일련의 명령들은 브리지 장치 br0을 생성하고 이 브리지에 인터페이스 eth0과 eth1을 추가한다. brctl delif 명령을 사용해 인터페이스들을 제거할 수도 있다. 일단 인터페이스들이 확립되면 brctl showmacs 명령을 사용해 필터링 데이터베이스를 검사할 수 있으며, 리눅스에서 이 데이터베이스는 포워딩 데이터베이스 또는 fdbs라고 불린다.

```
Linux# brctl show
bridge name bridge id          STP enabled  interfaces
br0          8000.0007e914a9c1 no              eth0 eth1

Linux# brctl showmacs br0
port no mac addr is local? ageing timer
  1 00:04:5a:9f:9e:80 no 0.79
  2 00:07:e9:14:a9:c1 yes 0.00
  1 00:08:74:93:c8:3c yes 0.00
  2 00:14:22:f4:19:5f no 0.81
  1 00:17:f2:e7:6d:91 no 2.53
  1 00:90:f8:00:90:b7 no 17.13
```

이 명령의 출력은 브리지에 관한 또 하나의 세부 정보를 보여준다. 단말들은 위치가 바뀌거나 MAC 주소가 변경되거나 네트워크 카드가 교체될 수도 있기 때문에 브리지에서 특정 포트를 통해 어떤 MAC 주소에 도달할 수 있다는 사실을 발견한 후에도 그 정보가 계속 정확하다고 가정할 수는 없다. 이 문제를 해결하기 위해 새로 주소가 학습될 때마다 타이머가 시작되며, 타이머의 기본값은 5분이다. 리눅스에서는 브리지에 설정된 고정 시간 값이 모든 학습 대상 항목에 적용된다. 'ageing<sup>수명</sup>' 시간 내에 항목 내의 주소가 관찰되지 않으면 아래와 같이 해당 항목은 제거된다.

```
Linux# brctl setageing br0 1
Linux# brctl showmacs br0
port no mac addr is local? ageing timer
  1 00:04:5a:9f:9e:80 no 0.76
  2 00:07:e9:14:a9:c1 yes 0.00
  1 00:08:74:93:c8:3c yes 0.00
  2 00:14:22:f4:19:5f no 0.78
  1 00:17:f2:e7:6d:91 no 0.00
```

여기서는 편의상$^{ageing}$의 값을 비정상적으로 작게 설정했다. 수명 초과로 인해 어떤 항이 제거됐을 경우 제거된 목적지를 향하는 프레임은 다시 수신 포트를 제외한 모든 포트를 통해 내보내지며(이를 범람$^{flooding}$이라고 함), 필터링 데이터베이스에 해당 항이 새로 만들어진다. 필터링 데이터베이스와 학습의 사용은 정확히 성능 최적화를 위한 것이다. 테이블들이 비어 있을 경우 네트워크에는 더 많은 오버헤드가 발생하지만 그래도 동작은 한다. 이제 셋 이상의 브리지가 필요 이상의 링크들로 상호 연결된 경우를 살펴보자. 이러한 상황에서 프레임들의 범람은 프레임들이 끝없이 순환하는 홍수를 일으킬 수 있다. 당연히 이러한 문제를 해결하기 위한 방법이 요구된다.

## 3.4.1 STP(스패닝 트리 프로토콜)

브리지는 단독으로 운영될 수도 있고 다른 브리지들과 결합돼 운영될 수도 있다. 셋 이상의 브리지가 사용 중일 때(또는 일반적으로 스위치 포트들이 교차 연결돼 있을 때) 네트워크를 순환하는 프레임들이 만들어질 가능성이 있다. 그림 3-12의 네트워크를 생각해보자.

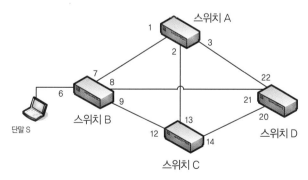

**그림 3-12** 4개의 스위치와 다수의 불필요한 링크를 갖는 확장 이더넷 네트워크. 이 네트워크를 통해 프레임을 포워딩할 때 단순 범람이 사용될 경우 과도한 트래픽으로 인해 커다란 문제가 발생할 수 있다(이를 브로드캐스트 폭풍이라고 부른다). 이런 상황에서는 STP를 사용해야 한다.

그림 3-12의 스위치들이 지금 막 켜져 필터링 데이터베이스들이 비어 있다고 가정하자. 단말 S가 하나의 프레임을 전송하면 스위치 B는 이 프레임을 포트 7, 8, 9에서 복제한다. 그래서 이 시점에서 최초의 프레임은 3배로 '증폭'됐다. 이 프레임들은 스위치 A, D, C에서 수신된다. 스위치 A는 포트 2와 3에 이 프레임의 사본을 생성한다. 스위치 D와 C는 각기 포트 20, 22와 13, 14에서 또 복사본을 생성한다. 그러면 프레임 사본들이 스위치 A, C, D 사이를 양방향으로 이동하므로 증가율은 6배가 된다. 이 프레임들이 브리지에 수신되면, 브리지는 어느 포트로 단말 S에 도달 가능한지 알아내고자 시도하고 이때 포워딩 데이터베이스의 내용은 일정하지 않고 갈팡질팡하기 시작한다. 이런 상황이 일어나서는 안 된다는 것은 명백하다. 다행히도 이러한 상황을 피하기 위해 사용되는 STP<sup>Spanning Tree Protocol, 스패닝 트리 프로토콜</sup>라는 이름의 프로토콜이 있다. 브리지나 스위치에 복제 억제를 위한 방법이 필요한 이유를 설명하기 위해 STP에 대해 자세히 알아보자. 현재의 표준인 [802.1D-2004]에서 일반 STP는 RSTP<sup>Rapid Spanning Tree Protocol, 고속 스패닝 트리 프로토콜</sup>로 대체됐는데, 먼저 기본적인 STP를 설명하고 나서 RSTP에 대해 살펴볼 것이다.

STP는 토폴로지 순환이 발생하지 않도록(즉, 브리지들 간에 중복 경로가 허용되지 않도록), 그리고 토폴로지가 분할되지 않도록(따라서 모든 단말에 도달할 수 있도록) 각 브리지의 특정 포트를 비활성화하는 방식으로 동작한다. 수학적으로 스패닝 트리<sup>spanning tree</sup>는 주어진 그래프의 모든 노드와 일부 간선으로 이뤄지는데 이때 임의의 두 노드 사이에 경로가 존재하지만 (그래프 전체에 걸친다. 즉 스패닝한다.) 순환은 존재하지 않는다(간선들이 트리 구조를 형성한다). 하나의 그래프에 대해 많은 스패닝 트리가 존재할 수 있다. STP는 브리지를 노드로 링크를 간선으로 하는 그래프에 대한 스패닝 트리 중의 하나를 찾는다. 그림 3-13에서 이러한 개념을 보여준다.

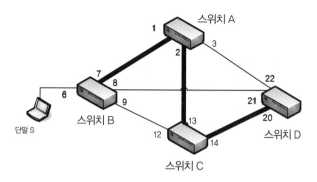

스위치 A

스위치 B

단말 S

스위치 C

스위치 D

**그림 3-13** STP를 사용해서 B-A, A-C, C-D 링크가 스패닝 트리에서 활성 상태가 됐다. 포트 6, 7, 1, ,2, 13, 14, 20은 포워딩 상태이고, 나머지 포트는 차단된다(즉 포워딩 상태가 아니다). 이렇게 함으로써 루프가 형성되지 않고 브로트캐스트 폭풍을 예방할 수 있다. 설정이 바뀌거나 스위치에 장애가 발생하면, 차단됐던 포트가 포워딩 상태로 바뀌고 브리지는 새로운 스패닝 트리를 계산한다.

그림 3-13에서 굵은 선은 STP가 프레임 포워딩을 위해 선택한 네트워크 링크들을 나타낸다. 그 외의 다른 링크들은 사용되지 않는다. 즉, 포트 8, 9, 12, 21, 22, 3은 차단된다. STP에서는 다른 프레임이 수신된 경우에만 프레임이 생성되므로 앞서 언급했던 여러 문제들이 발생하지 않는다. 프레임의 수가 증폭되지 않는 것이다. 게다가 임의의 두 단말 사이에 1개의 경로만 존재하므로 순환도 일어나지 않는다. 스패닝 크리는 각 브리지에서 실행하는 분산 알고리즘을 통해서 생성 및 유지된다.

포워딩 데이터베이스와 마찬가지로 STP도 브리지 전원의 켜짐 및 꺼짐, 네트워크 인터페이스 카드의 교체, MAC 주소의 변경 등의 상황에 대처해야 한다. 확실히 이러한 변화들은 스패닝 트리의 동작에 영향을 미칠 수 있으며, 따라서 STP는 이러한 변화에 적응해야 한다. 이러한 적응에 대한 구현은 BPDU<sup>Bridge Protocol Data Unit, 브리지 프로토콜 네이터 난위</sup>라고 불리는 특별한 프레임들의 교환을 통해 이뤄진다. 이러한 프레임들은 스패닝 트리의 형성과 유지에 사용된다. 트리는 '루트 브리지<sup>root bridge</sup>'라고 불리는 브리지에서 시작돼 점점 '커지며', 루트 브리지의 선택은 다른 브리지들에 의해 이뤄진다.

앞에서 언급됐듯이 1개의 주어진 네트워크에 대해 가능한 스패닝 트리는 많다. 이들 중에서 어느 것이 프레임 포워딩에 사용할 최선의 스패닝 트리인지 결정하는 것은 각 링크의 비용이나 루트 브리지의 위치 등에 따라 달라질 수 있다.

링크의 비용은 링크 속도에 반비례하도록 권장되는 정수값이다. 예를 들어 10Mb/s 링크의 비용이 100이면, 100Mb/s 링크와 1000Mb/s 링크에 권고되는 비용값은 각각 19와 4일 것이다. STP는 이러한 비용값을 사용해서 루트 브리지까지의 최소 비용 경로를 계산한다. 여러 개의 링크를 순회해야 한다면 총 비용값은 개별 링크 비용의 합이 된다.

### 3.4.1.1 포트 상태와 역할

STP의 기본 동작을 이해하려면 브리지의 포트별로 상태 기계의 동작과 BPDU의 내용을 이해할 필요가 있다. 각 브리지상의 브리지의 모든 포트는 차단blocking, 수신listening, 학습learning, 포워딩forwarding, 비활성화disabled의 5가지 상태 중 하나의 상태에 있다. 이들 사이의 관계는 그림 3-14의 상태 전이 다이어그램에서 보여준다.

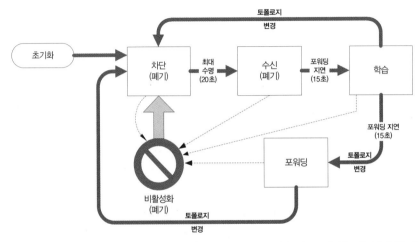

**그림 3-14** 정상적인 STP 동작에서 포트는 4개의 주요 상태들을 이동한다. 차단 상태에서는 프레임을 포워딩하지 않는다. 그러다 토폴로지 변경이나 타임아웃이 발생하면 수신 상태로 바뀔 수 있다. 포워딩 상태는 활성화된 스위치 포트가 데이터 트래픽을 운반하는 정상적인 상태다. 괄호 안에 표기된 상태 이름은 RSTP에서 부르는 명칭이다.

그림 3-14은 스패팅 트리에서 포트의 정상적인 상태 전이를 굵은 화살표로 표시하고, 관리자의 설정에 의한 변화는 점선 화살표로 표시하고 있다. 초기화가 끝난 뒤에 포트는 차단 상태로 들어간다. 이 상태에서는 주소 학습, 프레임 포워딩, BPDU 전송이 일어나지 않는다. 하지만 수신되는 BPDU를 모니터링은 하는데, 나중에 수신 상태로 들어갈 때 루트 브리지로의 경로에 포함시키기 위한 것이다. 수신 상태에서 포트는 BPDU를 보내고 받을 수 있지만, 주소를 학습하거나 프레임을 포워딩하지는 않는다. 일반적인 포워딩 지연 타임아웃인 15초가 지나면 포트는 학습 상태에 진입하며, 이 상태에서는 데이터를 포워딩

하는 외의 모든 절차를 수행할 수 있다. 포트는 또 한 번의 포워딩 지연 시간만큼 기다린 후 포워딩 상태에 진입하며 프레임의 포워딩을 시작한다.

포트 상태 기계와 관련해서 각 포트마다 역할$^{role}$이 있다는 용어가 사용된다. 이 용어는 RSTP(3.4.1.6절 참고)에서 더욱 중요하다. 포트는 루트 포트, 지정 포트, 대용 포트, 백업 포트 역할을 가질 수 있는데, 루트 포트$^{root\ port}$는 스패닝 트리상의 간선에서 루트 방향의 종단에 위치하는 포트이고, 지정 포트$^{designated\ port}$는 연결된 세그먼트에서 루트까지 최저 비용 경로상의 포트로서 동작하며 포워딩 상태인 포트이다. 대용 포트$^{alternate\ port}$도 연결된 세그먼트에서 루트까지의 경로상에 위치하지만 경로의 비용이 더 높으며 포워딩 상태가 아니다. 백업 포트$^{backup\ port}$는 동일한 브리지상에서 지정 포트와 동일한 세그먼트에 연결된 포트다. 따라서 백업 포트들은 지정 포트에 장애가 발생했을 때 스패닝 트리 토폴로지의 나머지 부분에 영향을 미치지 않으면서 쉽게 장애 포트의 역할을 떠맡을 수 있지만, 브리지에 전면 장애가 발생했을 때 대체 경로를 제공하지는 못한다.

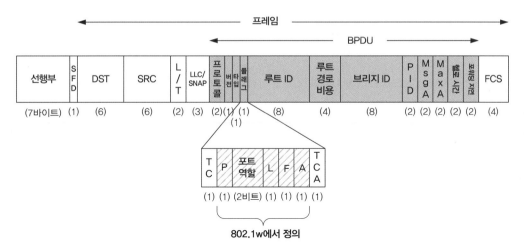

**그림 3-15** BPDU들은 802 프레임의 페이로드 영역 안에 운반되며 스패닝 트리를 구축하기 위해 브리지 사이에서 교환된다. 주요 필드에는 발신지, 루트 노드, 루트에 이르는 비용, 토폴로지 변경 지시자 등이 있다. 802.1w와 [802.1D-2004](RSTP(고속 STP) 포함)에서는 포트 상태를 나타내는 추가 필드들이 있다.

### 3.4.1.2 BPDU 구조

스패닝 트리에 포함될 링크들을 결정하기 위해 STP는 그림 3-15에서 보여주는 형식을 따르는 BPDU들을 사용한다.

그림 3-15에서 보여주는 형식은 원래의 STP와 새로운 RSTP(3.4.1.6절 참고) 모두에 적용된다. BPDU들은 항상 그룹 주소 01:80:C2:00:00:00(링크 계층 그룹 주소와 인터넷 멀티캐스트 주소의 세부 사항에 대해서는 9장 참고)로 전송되며, 수정 없이 브리지를 통해 포워딩되지는 않는다. 그림에서 DST(목적지), SRC(발신지), L/T(길이/유형) 필드는 BPDU를 운반하는 프레임의 일반 이더넷(802.3) 헤더에 속하는 부분들이다. 3바이트 LLC/SNAP 필드는 802.1에서 정의되며, BPDU에서는 상수 0x424203으로 설정된다. 모든 BPDU가 LLC/SNAP을 사용해 캡슐화되는 것은 아니지만 많이 사용되는 옵션이기는 하다.

프로토콜 필드는 프로토콜 ID 번호를 나타내는데, 0으로 설정된다. 버전 필드는 STP가 사용 중인지 RSTP가 사용 중인지에 따라 0이나 2로 설정된다. 유형 필드도 비슷하게 설정된다. 플래그 필드는 원래의 802.1d 표준에서 정의된 TC^Topology Change, 토폴로지 변경 비트, TCA^Topology Change Acknowledgment, 토폴로지 변경 확인 비트 등을 포함한다. 추가적으로 정의된 비트들에는 P^Proposal, 제안, 포트 역할(00: 미상, 01: 대응, 10: 루트, 11: 지정), L^Learning, 학습, F^Forwarding, 포워딩, A^Agreement, 합의 등이 있는데, 이들에 대해서는 3.4.1.6절에서 RSTP를 다룰 때 설명한다. 루트 ID 필드는 프레임 발신자에게 보이는 루트 브리지의 ID를 나타내는데, 해당 브리지의 MAC 주소는 브리지 ID 필드에 들어간다. 이 두 ID 필드 모두 MAC 주소 바로 앞에 2바이트 우선순위 필드를 포함하는 특별한 방식으로 인코딩된다. 특정 브리지를 스패닝 트리의 루트로 지정하기 위해 관리 소프트웨어에서 우선순위 값들을 조작할 수 있다(예를 들어 Cisco의 Catalyst 스위치에서는 기본값으로 0x8000을 사용함).

루트 경로 비용은 루트 ID 필드에 지정된 브리지에 도달하기 위한 비용으로 계산된 값을 나타낸다. PID 필드는 포트 ID이며 1바이트의 구성 가능한 우선순위 필드(기본값은 0x80)에 프레임을 내보낼 포트의 번호를 덧붙여 만들어진다. MsgA 필드는 메시지 수명^message age을 나타낸다(다음 문단 참고). MaxA 필드는 타임아웃에 앞선 최대 수명^maximum age을 나타내며, 기본값은 20초다. 헬로 시간^Hello Time 필드는 구성 프레임의 주기적 전송 사이의 시간을 나타낸다. 포워딩 지연^Forwarding Delay 필드는 학습과 수신 상태에서 소요된 시간을 나타낸다. 수명이나 시간 필드의 값은 모두 1/256초 단위로 표시된다.

메시지 수명 필드는 다른 시간 관련 필드들처럼 값이 고정돼 있지 않다. 루트 브리지가 BPDU를 송신할 때는 이 필드를 0으로 설정한다. 이 프레임을 수신한 브리지는 메시지 수명 필드의 값을 1 증가시킨 후 루트 포트가 아닌 포트를 통해 이 프레임을 내보낸다. 요컨대 이 필드는 홉 카운트의 역할을 하며, 수신된 BPDU가 몇 개의 브리지를 거쳐왔는지를 알려준다. 포트에서 BPDU가 수신됐을 때 BPDU에 포함돼 있는 정보는 메모리에 보관된 상태에서 타임아웃 전까지 STP 알고리즘에 참여하며, 타임아웃은 (MaxA - MsgA) 시점에 발생한다. 루트 포트에서 또 다른 BPDU를 수신하기 전에 이 시간이 경과하면 루트 브리지는 '죽은' 것으로 선언되고 해당 브리지는 루트 브리지 선택 과정을 다시 새로 시작한다.

### 3.4.1.3 스패닝 트리의 구축

STP가 하는 첫 번째 작업은 루트 브리지를 선택하는 일이다. 네트워크(또는 VLAN) 안에서 (우선순위와 MAC 주소를 결합한) ID 값이 가장 작은 브리지가 루트 브리지로 선택된다. 브리지를 초기화할 때는 자신이 루트 브리지라고 가정하고 루트 ID 필드에 자신의 브리지 ID를 넣은 구성 BPDU들을 전송한다. 그러다가 더 작은 ID를 갖는 브리지가 탐지되면 자신이 만든 프레임의 전송을 중지하고 자신이 수신한 더 작은 ID를 갖는 프레임을 이후에 전송할 BPDU의 기초로 선택한다. 더 작은 루트 ID를 갖는 BPDU를 수신한 포트는 루트 포트(즉, 루트 브리지로 가는 경로상의 포트)로 표시된다. 나머지 포트들은 차단 상태 또는 포워딩 상태가 된다.

### 3.4.1.4 토폴로지 변경

STP가 수행하는 두 번째 작업은 토폴로지 변경을 처리하는 것이다. 토폴로지 변경에 적응하기 위해 앞서 설명했던 기초적인 데이터베이스 수명aging 메커니즘을 사용할 수도 있지만, 부정확한 항을 삭제하는 데 수명 타이머는 5분이라는 긴 시간이 걸리므로 좋은 방법은 아니다. 대신 STP에서는 토폴로지 변경을 탐지하고 이에 대해 신속하게 네트워크에 알리는 다른 방법을 사용한다. STP에서 토폴로지의 변경은 포트가 차단 상태나 포워딩 상태에 진입할 때 발생한다. 브리지가 (링크 고장 등과 같은) 연결성 변경을 탐지하면 브리지는 루트에 이르는 트리상의 부모 브리지에게 루트 포트를 통해 TCNTopology Change Notification, 토폴로지 변경 통보 BPDU들을 전송한다. 루트에 이르는 트리상의 그다음 브리지는 통보해준 브리지에 TCN BPDU들에 대한 확인 메시지를 보내고, TCN BPDU들을 루트 방향으로 포워딩한다. 일단 토폴로지 변경을 통보받은 루트 브리지는 이후의 주기적인 구성 메시지들에서 TC 비트 필드를 1로 설정한다. 이러한 메시지들은 네트워크상의 모든 브리지에서 중계돼 차단 상태나 포워딩 상태의 포트에서 수신된다. TC 비트 필드가 1로 설정되면 브리지는 자신의 수명을 포워딩 지연 타이머 값으로 줄일 수 있다. 이때 통상적으로 권고되는 5분이 아니라 초 단위로 조절 가능하다. 이렇게 수명을 감소시키면, 정확하지 않을 가능성이 있는 데이터베이스 항목을 더 신속히 제거 및 재학습할 수 있을 뿐 아니라, 통신을 하고 있는 단말이 정확한 항목을 실수로 잘못 제거하지 않도록 예방할 수도 있다.

### 3.4.1.5 예제

리눅스에서 브리지 기능은 기본적으로 STP가 비활성화돼 있는데, 일반 컴퓨터를 브리지로 사용하는 대부분의 경우에 토폴로지는 비교적 단순할 것이라는 가정에 따른 것이다. 지금까지 사용해온 예제 브리지에서 STP를 활성화시키려면 다음과 같은 명령을 사용한다.

```
Linux# brctl stp br0 on
```

이 명령을 실행한 결과를 조사해보면 다음과 같다.

```
Linux# brctl showstp br0

br0

  bridge id            8000.0007e914a9c1
  designated root      8000.0007e914a9c1
  root port            0                    path cost            0
  max age              19.99                bridge max age       19.99
  hello time           1.99                 bridge hello time    1.99
  forward delay        14.99                bridge forward delay 14.99
  ageing time          0.99
  hello timer          1.26                 tcn timer            0.00
  topology change timer 3.37                gc timer             3.26

  flags                TOPOLOGY_CHANGE TOPOLOGY_CHANGE_DETECTED

eth0 (0)
  port id              0000                 state          forwarding
  designated root      8000.0007e914a9c1    path cost            100
  designated bridge    8000.0007e914a9c1    message age timer   0.00
  designated port      8001                 forward delay timer 0.00
```

```
    designated cost        0                          hold timer           0.26

    flags

eth1 (0)
    port id                0000                       state             forwarding
    designated root        8000.0007e914a9c1          path cost             19
    designated bridge      8000.0007e914a9c1          message age timer    0.00
    designated port        8002                       forward delay timer  0.00
    designated cost        0                          hold timer           0.26

    flags
```

이 출력을 통해서 우리는 브리지로 연결된 단순 네트워크에서의 STP 설정을 볼 수 있다. 브리지 장치 br0은 전반적인 브리지 정보를 갖고 있다. 여기에는 그림 3-11의 PC 기반 브리지(포트 1)에서 가장 작은 MAC 주소로부터 유도되는 브리지 ID (8000.0007e914a9c1) 가 포함된다. (헬로 시간, 토폴로지 변경 타이머 등과 같은) 주요 설정 매개변수들은 초 단위로 표시된다. flags 값들은 최근에 토폴로지 변경이 있었음을 나타내는데, 이는 해당 네트워크가 최근에 연결됐음을 감안하면 당연한 결과다. 출력의 나머지 내용은 eth0(브리지 포트 1)과 eth1(브리지 포트 2)을 위한 포트별 정보를 기술한다. eth0을 위한 경로 비용이 eth1의 약 10배라는 것에 주목하자. eth0이 10Mb/s 이더넷 네트워크이고, eth1이 전이중 100Mb/s 네트워크이기 때문이다.

와이어샤크를 사용해 BPDU의 내용을 볼 수 있다. 그림 3-16에서 52바이트 BPDU의 내용을 보여준다. 52바이트라는 길이는 이더넷 헤더의 길이/유형 필드에 헤더 길이 14를 더해 구한 것이며, 이더넷 프레임의 최소 길이인 64바이트보다 더 짧은 것은 리눅스 캡처 도구에서 패딩을 제거했기 때문이다. 목적지 주소는 예상대로 그룹 주소 01:80:C2:00: 00:00이다. 페이로드 길이는 길이 필드의 값인 38과 같다. SNAP/LLC 필드는 상수 0x424243을 갖고 있으며, 캡슐화 프레임은 스패닝 트리(버전 0) 프레임이다. 프로토콜 필드들 중 나머지는 단말 00:07:e9:14:a9:c1이 자신을 스패닝 트리의 루트라고 믿으며, 우선순위는 (아주 낮은) 32768이고, 우선순위 값이 0x80인 BPDU는 포트 2에서 전송됐음을 나타낸다. 또한 최대 수명은 20초, 헬로 시간은 2초, 포워딩 지연은 15초임을 나타낸다.

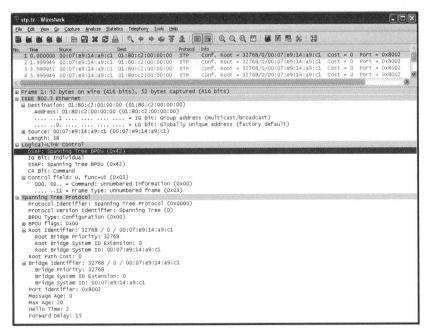

**그림 3-16** BPDU에 대한 와이어샤크 화면. 이더넷 목적지는 브리지들에 대한 그룹 주소 01:80:c2:00:00:00이다.

## 3.4.1.6 RSTP(고속 스패닝 트리 프로토콜)(예전 802.1w)

일반 STP의 문제점 중의 하나는 일정 시간 내에 BPDU를 수신하지 못했을 경우에만 토폴로지 변경을 탐지할 수 있다는 점이다. 타임아웃이 길 경우 수렴 시간이 불필요하게 길어질 수 있다. 수렴 시간이란 스패닝 트리를 따라서 데이터 흐름을 재확립하는 데 소요되는 시간을 말한다. 지금은 [802.1D-2004]의 일부가 돼 있는 IEEE 802.1w 표준에서는 일반 STP를 보강한 고속 STP를 규정하고 있는데, 이를 RSTP^Rapid Spanning Tree Protocol, 고속 스패닝 트리 프로토콜라고 한다. STP에 비해 RSTP의 주요 개선 사항은 각 포트의 상태를 모니터링하고 장애가 감지되면 즉시 토폴로지 변경 조치를 개시한다는 점이다. 그리고 RSTP는 브리지 사이의 합의를 지원하기 위해 BPDU 형식의 플래그 필드 안의 6비트 모두 활용하며, 이러한 합의를 통해 일부 타이머들은 프로토콜 동작을 개시하지 않아도 된다. 덕분해 일반 STP가 5가지 포트 상태를 갖는 것에 반해서 (그림3-14에서 괄호 안의 상태 이름에서 볼 수 있듯이) 폐기, 학습, 포워딩의 3가지 상태만 갖는다. RSTP에서 폐기 상태는 일반 STP의 비활성화, 차단, 수신 상태에 해당한다. RSTP는 또한 루트 포트가 고장 났을 때 즉시 백업 역할을 하는 대용 포트라는 포트 역할도 규정한다.

RSTP는 한 가지 유형의 BPDU만을 사용한다. 따라서 특별한 토폴로지 변경 BPDU 같은 것은 없다. RSTP BPDU는 버전과 유형 번호로 0 대신 2를 사용한다. RSTP에서 토폴로지 변경을 탐지한 스위치는 토폴로지 변경을 나타내는 BPDU들을 전송하며, 이를 수신한 스위치는 즉시 자신의 필터링 데이터베이스를 비운다. 이러한 변화는 프로토콜의 수렴 시간에 상당한 영향을 미칠 수 있다. 토폴로지 변경이 루트 브리지까지 파급됐다가 포워딩 지연 시간이 지나 역파급될 때까지 기다리는 대신 필터링 데이터베이스의 항들을 즉시 비울 수 있게 된다. 전체적으로 수렴 시간은 대부분의 경우 수십 초에서 1초도 되지 않는 시간으로 줄어든다.

RSTP는 최종 단말에만 연결돼 있는 간선 포트edge port와 일반 스패닝 트리 포트를 구분하며, 또한 점대점 링크와 공유 링크를 구분한다. 보통 간선 포트나 점대점 링크상의 포트들은 루프를 형성하지 않으므로 수신 상태나 학습 상태를 건너뛰고 직접 포워딩 상태로 이동할 수 있다. 물론 간선 포트라는 가정에 위배되는 상황이 존재할 수 있는데, 예를 들어 두 포트가 교차 연결돼 있는 경우 이러한 상황에 해당한다. 그렇지만 이 경우에는 해당 포트들이 어떤 형태로라도 BPDU들을 운반한다면 스패닝 트리 포트로 재분류함으로써 해결될 수 있다. 단순한 최종 단말이라면 BPDU를 발생시키지 않을 것이기 때문이다. 점대점 링크는 인터페이스의 동작 모드로부터 유추될 수 있다. 인터페이스가 전이중 모드로 동작할 경우 링크는 점대점 링크로 분류된다.

일반 STP에서 BPDU는 통보를 보내는 브리지 또는 루트 브리지로부터 중계되지만, RSTP에서는 모든 브리지들이 일종의 '킵얼라이브keepalive' 신호로서 BPDU를 주기적으로 보낸다. 이 신호는 인접 브리지와 연결이 제대로 동작 중인지 확인하기 위한 것으로서, 대부분의 상위 계층 라우팅 프로토콜들도 이 방식을 사용한다. 브리지가 헬로 간격의 3배에 해당하는 시간 내에 갱신된 BPDU를 수신하지 못할 경우 브리지는 이웃 브리지와의 연결이 끊어졌다고 판단한다. RSTP에서는 일반 STP와는 달리 간선 포트를 연결하거나 연결을 끊는다고 해서 토폴로지 변경이 발생하지 않는다는 점을 유념하기 바란다. 토폴로지 변경이 탐지되면 통보하는 브리지는 TC 비트 필드가 1로 설정된 BPDU들을 루트 브리지뿐만 아니라 다른 모든 브리지에 전송한다. 이렇게 함으로써 전체 네트워크에 토폴로지 변경을 일반 STP에 비해 훨씬 빠르게 통보할 수 있다. 브리지가 이러한 메시지들을 수신하면 간선 포트에 연계된 항들을 제외한 나머지 테이블 항들을 모두 지우고 학습 과정을 새로 시작한다.

RSTP 기능의 상당수는 일반 STP에 독자적인 개량을 추가해서 자사 제품에 포함시켰던 시스코Cisco 등의 제조업체에 의해 개발된 것이다. IEEE 위원회는 이러한 보강 기능들 중 많은 부분을 수정된 802.1d 표준에 반영했다. 802.1d 표준은 일반 STP와 RSTP 모두를 규정하며, 따라서 확장 LAN들은 일부 세그먼트들에서는 일반 STP를 사용하고 나머지 세그먼트들에서는 RSTP를 사용할 수도 있다. 물론 이 경우 RSTP의 이점은 사라질 것이다. RSTP는 VLAN[802.1Q-2005]을 포함하게 확장됐는데, 이때 MSTPMultiple Spanning Tree Protocol, 다중 스패닝 트리 프로토콜이라는 프로토콜이 사용된다. 이 프로토콜은 RSTP(따라서 STP) BPDU 형식을 유지하고 있으므로 하위 호환성을 갖지만, 또한 (VLAN마다 스패닝 트리 1개씩) 다중 스패닝 트리의 형성을 지원한다.

## 3.4.2 802.1ak: MRP(다중 등록 프로토콜)

MRPMultiple Registration Protocol, 다중 등록 프로토콜는 브리지 LAN 환경에서 단말들 사이에 속성을 등록하는 일반적인 방법을 제공한다. [802.1ak-2007]에서는 MVRP와 MMRP라는 두 가지 MRP '응용'을 규정한다. MVRP는 VLAN들의 등록에 사용되며, MMRP는 그룹 MAC 주소의 등록에 사용된다. MRP는 앞서 나온 GARP 프레임워크를 대체하며, MVRP와 MMRP는 각기 예전의 GVRP 프로토콜과 GMRP 프로토콜을 대체한다. 원래 이들은 모두 802.1q에서 정의됐다.

MVRP에서는 최종 단말이 일단 VLAN의 구성원으로 설정되면 이 정보가 스위치로 알려지며, 이 스위치는 다시 이 사실을 다른 스위치들에게 전파한다. 이러한 과정을 통해 스위치들은 단말의 VLAN ID에 기초해 자신의 필터링 테이블을 보강할 수 있으며, STP를 통해 스패닝 트리를 다시 계산하지 않고도 VLAN 토폴로지 변경이 이뤄질 수 있다. STP 재계산을 하지 않아도 된다는 점은 GVRP를 MVRP로 대체하는 주요 이유 중 하나다.

MMRP는 단말이 자신이 그룹 MAC 주소(멀티캐스트 주소)에 관심 있음을 등록하기 위한 방법이다. 스위치는 이 정보를 사용해서 어느 포트를 통해 멀티캐스트 트래픽을 전달해야 할지 결정한다. 이 기능을 사용하지 못하면 스위치는 모든 멀티캐스트 트래픽을 브로드캐스트해야 하므로 원치않는 오버헤드가 발생할 가능성이 높다. MMRP는 계층 3 프로토콜인 IGMP나 MLD, 그리고 많은 스위치에서 지원되는 'IGMP/MLD 도청snooping'

기능과 비슷한 점이 많은 2계층 프로토콜이다. IGMP, MLD, 도청 등에 대해서는 9장에서 살펴본다.

## 3.5 무선 LAN: IEEE 802.11(Wi-Fi)

오늘날 인터넷 접속에 가장 많이 사용되는 기술들 중 하나는 Wi-Fi[Wireless Fidelity]인데, IEEE 표준 이름인 802.11로도 알려져 있으며 이더넷의 무선 버전에 해당한다. Wi-Fi는 대부분의 응용 분야에 적합한 연결성과 성능을 제공하는 값싸고 편리한 방법으로 발전해왔다. Wi-Fi 네트워크는 설치하기 쉬우며, 대부분의 휴대형 컴퓨터나 스마트폰은 이제 Wi-Fi 인프라에 접속하기 위해 필요한 하드웨어를 갖추고 있다. 많은 커피전문점, 공항, 호텔, 기타 시설 등에 Wi-Fi '핫스팟'이 있으며, Wi-Fi는 다른 인프라를 갖추기 어려울 수도 있는 개발도상국들에서도 상당한 발전을 보이고 있다. IEEE 802.11 네트워크 아키텍처를 그림 3-17에서 보여준다.

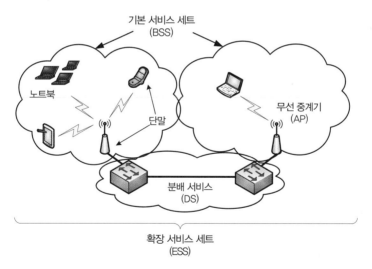

**그림 3-17** 무선 LAN을 위한 IEEE 802.11 용어. ESS라고 불리는 확장 WLAN을 형성하기 위해 유선이나 무선 백본인 분배 서비스(DS)를 이용해 무선중계기(AP)들을 연결할 수 있다. 단말들은 기본 서비스 세트(BSS)를 형성하는 AP들과 이동 장치 모두를 포함한다. 대체로 ESS에는 네트워크 이름으로 기능하는 ESSID가 지정된다.

그림 3-17의 네트워크는 여러 개의 단말[STA]을 포함한다. 대체로 단말 중에서 AP[Access

Point, 무선중계기들을 중심으로 단말들이 조직화된다. 하나의 AP와 그에 연계된 단말들을 함께 BSS<sup>Basic Service Set, 기본 서비스 세트</sup>라고 부른다. AP들은 일반적으로 '백본' 역할을 하는 유선 DS<sup>Distribution Service, 분배 서비스</sup>를 통해 서로 연결돼 ESS<sup>Extended Service Set, 확장 서비스 세트</sup>를 형성한다. 이러한 구성을 흔히 인프라 모드라고 한다. 802.11 표준은 또한 애드혹<sup>ad hoc</sup> 모드를 제공한다. 애드혹 모드에서 AP나 DS는 존재하지 않으며, 대신 단말대단말(개체 간) 통신이 이뤄진다. IEEE 용어로는 애드혹 네트워크에 참여하는 단말들이 IBSS<sup>Independent Basic Service Set, 독립 기본 서비스 세트</sup>를 형성한다. BSS나 IBSS들로 형성된 WLAN을 서비스 세트<sup>Service Set</sup>라고 부르며, SSID<sup>Service Set Identifier</sup>로 식별된다. ESSID<sup>Extended Service Set Identifier</sup>는 연결돼 있는 BSS들의 모음에 대한 이름에 해당하는 SSID이며, 32 글자 이내의 LAN 이름이라 할 수 있다. 이러한 이름들은 대체로 WLAN을 처음 설치할 때 Wi-Fi AP에 부여된다.

### 3.5.1 802.11 프레임

802.11 네트워크를 위한 공통 프레임 형식은 한 가지이지만, 프레임의 유형은 여러 가지다. 프레임 유형에 따라서 사용되지 않는 필드가 존재하기 때문이다. 그림 3-18에서는 공통 프레임 형식과 (최대 크기의) 데이터 프레임을 보여준다.

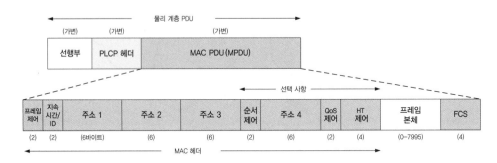

**그림 3-18** 802.11 기본 데이터 프레임 형식([802.11n-2009] 기준). MPDU 형식은 이더넷 프레임 형식과 비슷하지만 추가 필드들을 갖는데, 어떤 필드들이 추가되는지는 AP 사이에 사용되는 DS 유형, 프레임이 DS로 향하는 방향인지 여부, 프레임들이 병합되고 있는지 등에 따라 달라진다. QoS 제어 필드는 성능 관련 기능에 사용되며, HT 제어 필드는 802.11n의 '고처리율<sup>high-throughput</sup>' 기능의 제어에 사용된다.

그림 3-18의 프레임은 동기화를 위한 선행부를 포함하는데, 그 내용은 802.11의 어떤 변

형이 사용되는지에 따라 달라진다. 그다음의 PLCP^Physical Layer Convergence Procedure, 물리 계층 수렴 절차 헤더는 물리 계층에 관한 정보를 물리 계층에 독립적인 방식으로 제공한다. PLCP 부분은 대체로 프레임의 나머지 부분에 비해 낮은 데이터 전송률로 전송된다. 여기에는 두 가지 이유가 있는데, (속도가 느리면 오류 발생 가능성이 낮아지므로) 데이터를 정확히 전달할 확률을 높이고 동일 영역에서 느린 속도로 운영될지도 모를 구식 장비와의 호환성 및 간섭 보호를 제공하는 것이다. MPDU^MAC PDU는 이더넷의 프레임과 비슷하지만 몇 개의 필드가 추가됐다.

MPDU의 맨 앞부분에는 FCW^Frame Control Word, 프레임 제어 단어가 오는데, 여기에는 프레임 유형을 식별하는 2비트 유형 필드가 있다. 프레임에는 관리 프레임, 제어 프레임, 데이터 프레임 등 세 가지 유형이 있으며, 각 유형에는 또 여러 세부 유형이 있다. 유형들과 세부 유형들에 대한 전체 목록은 [802.11n-2009, 표 7-1]에 실려 있다. 필요에 따라 포함되는 나머지 필드들의 내용은 프레임 유형에 따라 정해지는데, 이들을 하나씩 살펴보기로 하자.

### 3.5.1.1 관리 프레임

관리 프레임^Management Frames은 단말들과 AP 사이의 연계를 생성, 유지, 종료시키는 데 사용된다. 또한 암호화가 사용 중인지, 네트워크의 이름(SSID 또는 ESSID)이 무엇인지, 어떤 전송률이 지원되는지, 공통의 시간대가 무엇인지 등을 알아보기 위해서도 사용된다. 관리 프레임들은 Wi-Fi 인터페이스가 인접한 AP들을 '검색'할 때 필요한 정보를 제공하기 위해 사용된다.

검색은 단말이 이용할 수 있는 네트워크를 발견하고 관련 설정 정보를 받아오는 절차다. 이때, 주파수를 바꿔가면서 트래픽을 수신함으로써 이용 가능한 AP를 찾는 수동적인 방법도 있고, 반면에 '탐색 요청^probe request'이라는 특별한 관리 프레임을 전송해서 능동적으로 네트워크를 탐색하는 방법도 있다. 이러한 탐색 요청에는 802.11 트래픽이 (의료 서비스와 같은) 비802.11 용도로 사용되는 주파수를 사용하지 말아야 한다는 제약이 따른다. 리눅스 시스템에서 수동으로 검색을 개시하는 예는 다음과 같다.

```
Linux# iwlist wlan0 scan
wlan0 Scan completed :
        Cell 01 - Address: 00:02:6F:20:B5:84
```

```
ESSID:"Grizzly-5354-Aries-802.11b/g"
Mode:Master
Channel:4
  Frequency:2.427 GHz (Channel 4)
Quality=5/100 Signal level=47/100
Encryption key:on
IE: WPA Version 1
  Group Cipher : TKIP
  Pairwise Ciphers (2) : CCMP TKIP
  Authentication Suites (1) : PSK
Bit Rates:1 Mb/s; 2 Mb/s; 5.5 Mb/s; 11 Mb/s;
        6 Mb/s; 12 Mb/s; 24 Mb/s; 36 Mb/s; 9 Mb/s;
        18 Mb/s; 48 Mb/s; 54 Mb/s
Extra:tsf=0000009d832ff037
```

이 예에서 무선 인터페이스 wlan0을 사용해서 검색을 수동으로 시작한 결과를 볼 수 있다. MAC 주소가 00:02:6F:20:B5:84인 AP가 마스터 역할을 한다. 즉, 인프라 모드에서 AP 역할을 하고 있다. 이 AP는 ESSID 'Grizzly-5354-Aries-802.11b/g'를 채널 4에서 2.427GHz의 주파수로 브로드캐스트한다(채널 선택에 관한 세부 사항에 대해서는 3.5.4절 참고). 품질 수준과 신호 수준은 검색을 수행하는 단말이 AP로부터 얼마나 신호를 잘 수신하고 있는지를 나타내는데, 이 값들의 의미는 제조업체에 따라 달라진다. WPA 암호화가 이 링크에서 사용되며(3.5.5절 참고), 이용 가능한 비트 전송률은 1Mb/s에서 54Mb/s 사이이다. tsf[time sync function, 시간 동기화 함수]의 값은 AP에서 인식된 시간을 나타내는데, 이 시간은 절전 모드(3.5.2절 참고) 등과 같은 다양한 기능들의 동기화에 사용된다.

AP가 자신의 SSID를 브로드캐스트할 때 아무 단말이나 그 AP와의 연계를 확립하려 시도할 수 있다. 연계가 확립되면 오늘날의 대부분 Wi-Fi 네트워크는 그 단말에 인터넷 접속을 제공하기 위해 필요한 설정 정보도 설정한다(6장 참고). 그러나 AP의 운영자가 어떤 단말들이 네트워크를 이용할지 통제하고 싶어 할 수도 있다. 어떤 운영자들은 보안 조치의 하나로 AP가 자신의 SSID를 브로드캐스트하지 않게끔 함으로써 단말들이 AP에 연계되는 것을 의도적으로 어렵게 만들기도 한다. 이러한 방식은 보안에 크게 도움이 되지는 않는데, SSID를 추측할 수도 있기 때문이다. 좀 더 안정적인 보안성을 제공하는 것은 링크 암호화나 비밀번호를 사용하는 것이며, 이에 대해서는 3.5.5절에서 설명한다.

### 3.5.1.2 제어 프레임: RTS/CTS와 ACK

제어 프레임<sup>control frame</sup>은 프레임에 대한 수신 확인에 사용되기도 하고 일종의 흐름 제어를 처리하기 위해서도 사용된다. 흐름 제어는 수신자가 너무 빠른 발신자의 속도를 늦출수 있게 도움을 준다. 수신 확인은 어떤 프레임들이 정확히 수신됐는지 발신자가 파악하는 데 도움을 준다. 이러한 개념들은 또한 전송 계층에서 TCP에도 적용된다(15장 참고). 802.11 네트워크는 흐름 제어를 위한 선택 사항인 RTS<sup>Request-To-Send, 송신 허가 요청</sup>/CTS<sup>Clear-To-Send, 송신 준비 완료</sup> 송신 조정을 지원한다. 이 기능이 활성화돼 있을 경우 단말은 데이터 프레임을 송신하기에 앞서 RTS 프레임을 전송하며, 수신자는 추가 트래픽을 수신할 준비가 돼 있을 때 CTS로 응답한다. RTS/CTS 교환 후 단말은 (CTS 프레임 안에 표시돼 있는) 시간 이내에 데이터 프레임을 송신하고 성공적 수신에 대한 확인을 받는다. 이러한 전송 협력 체계는 무선 네트워크에서 보편화돼 있으며, 오랫동안 유선 직렬 회선에서 사용돼온 (하드웨어 흐름 제어라고도 불리는) 흐름 제어 신호 체계를 닮았다.

RTS/CTS 교환은 서로의 상황을 알 수 없는 단말들이 동시에 송신하는 것을 피할 수 있도록 각 단말에 언제 송신이 허용되는지 알려줌으로써 은닉 단말 문제<sup>hidden terminal problem</sup>를 방지하는 데 도움이 된다. RTS 프레임이나 CTS 프레임은 짧기 때문에 채널을 오래 사용하지는 않는다. 일반적으로 AP는 전송할 패킷의 크기가 충분히 클 경우 RTS/CTS 교환을 개시한다. 보통 AP는 패킷 크기 임계치 또는 비슷한 이름의 설정 옵션을 갖고 있다. 프레임의 크기가 이 임계치보다 크면 데이터 전송에 앞서 RTS가 보내지는데, 대부분의 제조업체는 RTS/CTS 교환을 이용할 때의 기본값을 500 바이트로 설정한다. 리눅스에서 RTS/CTS 임계치는 다음과 같은 방법으로 설정될 수 있다.

```
Linux# iwconfig wlan0 rts 250
wlan0 IEEE 802.11g ESSID:"Grizzly-5354-Aries-802.11b/g"
          Mode:Managed
          Frequency:2.427 GH
          Access Point: 00:02:6F:20:B5:84
          Bit Rate=24 Mb/s Tx-Power=0 dBm
          Retry min limit:7 RTS thr=250 B Fragment thr=2346 B
          Encryption key:xxxx- ... -xxxx [3]
          Link Quality=100/100 Signal level=46/100
          Rx invalid nwid:0 Rx invalid crypt:0 Rx invalid frag:0
          Tx excessive retries:0 Invalid misc:0 Missed beacon:0
```

iwconfig 명령은 RTS 임계치와 단편화 임계치(3.5.1.3절 참고) 등을 포함해 여러 변수를 설정하기 위해 사용할 수 있다. 이 명령은 또한 네트워크 ID(ESSID) 오류나 암호키 오류 등으로 인한 프레임 오류의 개수 등과 같은 통계치들을 결정고자 사용할 수도 있다. 또한 과도한 재시도 횟수(즉, 재전송 시도 횟수), 무선 네트워크에서 라우팅 결정에 영향을 미치는 링크 신뢰도[ETX]에 대한 대략적 수치 등도 제공한다. 제한된 접속 범위를 갖는 WLAN에서 은닉 단말 문제가 발생할 가능성은 낮으며, 이 경우 단말의 RTS 임계치를 (1500바이트 이상의) 높은 값으로 조정함으로써 RTS/CTS를 거의 사용하지 않는 것이 바람직할 수도 있다. 이를 통해 패킷마다 RTS/CTS 교환에 따른 오버헤드를 피할 수 있다.

유선 이더넷 네트워크에서 충돌이 없었다는 것은 프레임이 정확하게 수신됐을 확률이 높음을 의미한다. 무선 네트워크에서는 충돌 외에도 불충분한 신호 강도나 간섭 등과 같이 프레임의 정확한 전달을 방해하는 다양한 요인이 존재할 수 있다. 이러한 문제들의 해결에 도움을 주기 위해 802.11은 802.3 재전송 방식을 확장해 재전송/수신 확인(ACK) 방식을 추가했다. ACK는 전송된 각 유니캐스트 프레임에 대해(802.11a/b/g) 또는 전송된 각 프레임 그룹에 대해(802.11n 또는 802.11e에서 '블록 ACK' 사용) 일정 시간 내에 수신돼야 한다. 'ACK 파열'(9장 참고)을 피하기 위해 멀티캐스트 프레임과 브로드캐스트 프레임에 대해서는 ACK를 연계시키지 않는다. 지정된 시간 내에 ACK를 수신하지 못하면 프레임을 재전송해야 한다.

재전송이 있을 경우 네트워크 안에 중복된 프레임들이 발생할 수 있다. 이전에 전송된 프레임을 재전송하는 것임을 나타내기 위해 FCW 안의 재시도[Retry] 비트를 1로 설정한다. 수신 단말에서는 이를 이용해 프레임 중복을 제거할 수 있다. 단말들은 최근에 수신한 프레임들의 주소, 순서 번호, 단편 번호 등을 소규모의 캐시에 저장하면서, 수신된 프레임이 캐시 안의 항과 일치하면 해당 프레임을 폐기한다.

프레임 송신과 ACK의 수신에 필요한 시간은 링크의 거리와 슬롯 타임에 따라 달라지는데, 슬롯 타임[slot time]은 802.11 MAC 프로토콜에서 정한 기본 시간 단위다(3.5.3절 참고). 대부분의 시스템에서 (슬롯 타임과) ACK 대기 시간은 설정 가능하지만 구체적인 방법은 시스템마다 다르다. 가정용이나 일반 사무실과 같은 대부분의 경우에는 기본값들을 사용하는 것으로 충분하다. 장거리용으로 Wi-Fi를 사용할 경우에는 이 값들을 조정해야 할 수도 있다(예, [MWLD] 참고).

### 3.5.1.3 데이터 프레임, 단편화, 병합

바쁘게 일하는 네트워크에서 대부분의 프레임은 데이터 프레임, 즉 데이터를 운반하는 프레임이다. 대체로 802.11 프레임과 IP와 같은 상위 계층 프로토콜에 제공되는 링크 계층(LLC) 프레임 사이에는 일대일 대응 관계가 존재한다. 그러나 802.11은 프레임 단편화 fragmentation를 지원하는데, 프레임을 여러 개의 단편으로 분할할 수 있다. 802.11n 규격에서는 또한 프레임 병합aggregation을 지원하는데, 여러 개의 프레임을 전송할 때 오버헤드를 줄이기 위해 사용할 수 있다.

단편화가 사용될 때 각 단편은 자체의 MAC 헤더와 끝부분의 CRC를 가지며, 다른 단편들과는 독립적으로 처리된다. 예를 들면 서로 다른 목적지로 향하는 단편들을 사이사이에 끼워 넣을 수 있다. 단편화는 채널에 간섭이 심할 경우 성능 향상에도 도움이 될 수 있다. 블록 ACK를 사용하는 경우가 아니라면 각 단편은 개별적으로 전송되며, 수신자는 단편마다 ACK를 보낼 것이다. 단편들은 전체 프레임보다는 작은 크기를 가지며, 재전송이 필요할 경우 복구될 필요가 있는 데이터 크기는 더 작을 것이다.

단편화는 (브로드캐스트나 멀티캐스트가 아닌) 유니캐스트 목적지 주소를 갖는 프레임들에만 적용된다. 단편화 기능을 지원하기 위해 순서 제어 필드는 4비트의 단편 번호와 12비트의 순서 번호를 포함한다. 하나의 프레임이 단편화될 경우 모든 단편은 공통의 순서 번호 값과 1씩 증가하는 연속적인 단편 번호를 갖게 된다. 4비트 단편 번호 필드 크기를 고려하면 동일한 프레임에 대해 모두 15개까지의 단편이 가능함을 알 수 있다. FCW 안의 MF(More Frag, 추가 단편 있음) 필드는 뒤에 단편들이 더 있음을 나타낸다. 마지막 단편들에서 이 비트는 0으로 설정된다. 목적지에서 동일한 프레임 순서 번호를 갖는 단편들을 단편 번호 순으로 모음으로써 원래의 프레임을 복원하는 역단편화defragment가 수행된다. 동일한 순서 번호를 갖는 모든 단편이 수신됐고 마지막 단편에서 MF 필드가 0으로 설정돼 있을 경우 프레임이 복원돼 상위 계층 프로토콜로 전달된다.

단편화에는 조정이 필요하기 때문에 자주 사용되지는 않으며, 조정 과정 없이 사용될 경우 성능에 다소 악영향을 미칠 수도 있다. 작은 크기의 프레임들이 사용될 경우 비트 오류가 발생할 가능성을 줄일 수 있다(다음 문단 참고). 단편화 임계치로 사용되는 크기는 대체로 256바이트에서 2KB 사이다. 많은 AP는 단편화 임계치를 크게 설정함으로써 단편화를 사용하지 않는 것을 기본으로 정한다(예, Linksys 제품의 AP에서는 2437바이트).

단편화가 유용할 수 있는 이유는 확률로 간단히 설명될 수 있다. BER$^{Bit Error Rate, 비트 오류율}$이 P라면 하나의 비트가 성공적으로 전달될 확률은 (1 - P)이며, N개의 비트가 성공적으로 전달될 확률은 $(1 - P)^N$이다. N이 증가하면서 이 확률은 작아진다. 따라서 프레임 크기가 작아질수록 원리상 오류 없이 전달될 확률을 향상시킬 수 있다. 물론 크기가 N 비트인 프레임을 K개의 단편으로 분할할 경우 최소한 ⌈N/K⌉개의 단편들을 전송해야 한다. 구체적인 예로 1500바이트(12,000비트) 프레임을 전송하는 경우를 들어보자. (비교적 높은 BER에 해당하는) $P = 10^{-4}$를 가정하면 단편화를 사용하지 않을 경우 성공적으로 전달될 확률은 $(1 - 10^{-4})^{12,000}$ = .301이 될 것이다. 따라서 한 번에 오류 없이 전달할 확률은 대략 30%에 불과하며, 성공적 전달을 위해 평균적으로 이 프레임을 3회 또는 4회 송신해야 할 것이다.

동일한 예에서 단편화를 사용하고 단편화 임계치를 500으로 설정할 경우 대략 4000비트의 단편이 3개 생성될 것이다. 각 단편이 오류 없이 전달될 확률은 대략 $(1 - 10^{-4})^{4000}$ = .670이 된다. 따라서 각 단편이 성공적으로 전달될 확률은 대략 67% 정도다. 물론 전체 프레임을 복원하기 위해서는 3개의 단편이 성공적으로 전달돼야 한다. 3, 2, 1, 0개의 단편들이 성공적으로 전달될 확률은 각기 $(.67)^3$ = 0.30, $3(.67)^2(.33)$ = 0.44, $3(0.67)(.33)^2$ = .22, $(.33)^3$ = .04이다. 따라서 재시도 없이 3개의 단편 모두 성공적으로 전달될 확률은 단편화되지 않은 프레임이 성공적으로 전달될 확률과 차이가 없지만, 두세 개의 단편이 성공적으로 전달될 확률은 상당히 높다. 이러한 경우 재전송돼야 할 단편은 1개 이하이며, 이 경우 원래의 단편화되지 않은 1500바이트 프레임에 비해 (대략 1/3에 해당하는) 훨씬 적은 시간이 걸릴 것이다. 물론 각 단편에 약간의 오버헤드가 따르므로 BER이 0에 아주 가깝다면 단편화는 처리해야 할 프레임의 수만 늘려 성능을 저하시키기만 할 것이다.

802.11n에서 제공되는 보강 기능의 하나는 프레임 병합에 대한 두 가지 방식의 지원이다. A_MSDU$^{Aggregated MAC Service Data Unit, 병합 MAC 서비스 데이터 단위}$라는 방식에서는 여러 개의 완전한 802.3(이더넷) 프레임들을 1개의 802.11 프레임으로 병합시킨다. A-MPDU$^{Aggregated MAC Protocol Data Unitt, 병합 MAC 프로토콜 데이터 단위}$라는 방식에서는 거의 연속해 전송되는 발신지, 목적지, QoS 설정 등이 동일한 여러 개의 MPDU를 병합시킨다. 그림 3-19에서는 두 가지 병합 유형을 보여준다.

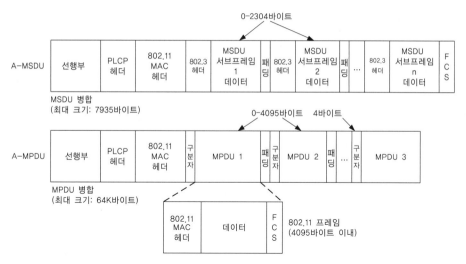

**그림 3-19** 802.11n에서의 프레임 병합은 A-MSDU와 A-MPDU를 포함한다. A-MSDU는 하나의 FCS를 사용해 프레임들을 병합한다. A-MPDU 병합은 병합되는 각 802.11 프레임 사이에 4바이트 구분자를 사용한다. 각 A-MPDU 부프레임은 자체의 FCS를 가지며, 블록 ACK를 사용해 개별적으로 수신 확인하며, 필요할 경우 개별적으로 재전송한다.

하나의 병합 프레임에 대해서는 A-MSDU 방식이 기술적으로 좀 더 효율적이다. 각 802.3 헤더는 보통 14바이트이며, 36바이트까지 커질 수 있는 802.11 MAC 헤더에 비해 작다. 따라서 여러 개의 802.3 프레임에 대해 1개의 802.11 MAC 헤더만 사용한다면 추가로 병합되는 프레임마다 최대 22바이트까지 절약할 수 있다. 하나의 A-MSDU는 7935바이트까지 될 수 있어 (50바이트 정도의) 작은 패킷들이라면 100개 이상 수용할 수 있으며, (1500 바이트 정도의) 큰 데이터 패킷들도 여러 개 수용할 수 있다. 하나의 A-MSDU는 하나의 FCS만 갖는다. 이렇게 A-MSDU 프레임이 커지면 전달 과정에서 오류가 발생할 확률도 증가하며, 전체 병합 프레임에 1개의 FCS만이 존재하므로 오류가 발생하면 전체 프레임이 재전송돼야 한다.

A-MPDU 병합은 다른 방식의 병합이며, 여기에서는 (64개까지의) 여러 개의 802.11 프레임들을 함께 전송하는데, 프레임마다 4095바이트까지의 크기를 가질 수 있으며 자체 802.11 MAC 헤더와 FCS를 갖는다. A-MPDU는 최대 64KB까지의 데이터를 운반할 수 있는데, 1000개 이상의 작은 패킷들이나 40개 정도의 큰(1.5KB) 패킷들을 수용하기에 충분한 크기다. 병합 프레임을 구성하는 부프레임<sup>subframe</sup>마다 자체의 FCS를 가지므로 오류가 발생한 부프레임만 선택해 재전송할 수 있다. 이를 위해 (802.11e에서 시작된) 802.11n

의 블록 ACK를 이용하는데, 이것은 어떤 A-MPDU 부프레임들이 성공적으로 전달됐는지에 대해 발신자에게 피드백을 제공하는 일종의 확장 ACK다. 이 기능은 TCP(14장 참고)에서 보게 될 선택적 ACK와 용도 측면에서 비슷하지만 세부 사항에 있어서는 차이가 있다. 따라서 A-MSDU들에 의해 제공되는 병합 방식이 많은 수의 작은 패킷들을 운반하는 오류가 별로 없는 네트워크에서는 더 효율적일지 모르지만, 실제로는 A-MPDU 병합에 비해 성능이 떨어진다[S08].

## 3.5.2 절전 모드와 TSF(시간 동기화 기능)

802.11 규격에서는 단말들이 PSM<sup>Power Save Mode, 절전 모드</sup>이라는 제한적인 전원 상태에 진입하는 방법을 제공한다. PSM은 단말의 전파 수신 회로를 한동안 꺼두는 방법으로 전력을 절약하도록 설계돼 있다. PSM을 사용하지 않을 경우 수신 회로가 항상 작동해 전력을 소모할 것이다. PSM 상태의 단말기에서 내보내는 프레임은 FCW 안의 한 비트가 1로 설정된다. 이 비트가 1로 설정돼 있음을 인식하는 AP는 해당 단말의 요청이 있을 때까지 그 단말로 보내지는 프레임들을 버퍼에 저장한다. AP들은 보통 SSID, 채널, 인증 정보 등과 같은 다양한 정보를 나타내는 (일종의 관리 프레임인) 표지<sup>beacon</sup> 프레임을 내보내는데, PSM 상태의 단말을 지원할 때는 자신의 버퍼에 프레임이 보관돼 있음을 표지 프레임의 FCW에 표시한다. 단말들이 PSM에 진입해 있는 기간은 AP가 그다음 표지 프레임을 보낼 때까지이며, 그 시점에서 단말은 깨어나서 AP가 자신을 위해 버퍼에 저장 중인 대기 프레임이 있는지 확인한다.

PSM을 사용하기 위해서는 주의와 이해가 필요하다. PSM이 배터리 수명을 연장시켜줄 수도 있지만, 대부분의 무선 장치에서 NIC가 전원을 소모하는 유일한 모듈은 아니다. 화면이나 하드디스크 같은 무선 장치의 다른 부분에서 상당한 전력을 소모할 수 있으며, 따라서 PSM이 전체적인 배터리 수명 연장에 별 도움이 되지 않을 수도 있다. 더욱이 PSM의 사용으로 인해 프레임 송신 사이에 휴식 시간이 추가되며, 모드 전환에 시간이 소요될 수도 있으므로 처리 성능에 상당한 영향을 미칠 수도 있다[SHK07].

대기 프레임이 있는지 확인하기 위해 단말을 정확한 시간에 (즉, AP가 표지 프레임을 보내는 시간에 맞춰) 깨울 수 있으려면 AP와 PSM 단말 사이에 시계를 맞춰야 한다. Wi-Fi는 TSF<sup>Time Synchronization Function, 시간 동기화 기능</sup>를 사용해 시계를 맞춘다. 각 단말은 네트워크 내의 다른 단말들과 동기화되는 참조 시간을 위한 (마이크로초 단위의) 64비트 카운터를 유지한다. (1Mb/s 이상의 전송률을 갖는 물리 계층의 경우) 동기화는 물리 계층의 최대 전파 속도에 4μs를 더한 값 이내로 동기화가 유지된다. 이를 달성하기 위해 각 단말은 다른 단말에서 보낸 64비트 카운터의 사본인 TSF 갱신에서 제공된 값이 자신의 값보다 큰지 확인하는 방법을 사용한다. TSF 갱신 안의 값이 더 클 경우 그 값으로 자신의 시계를 수정한다. 이 방식은 시계를 항상 앞쪽으로 이동시키지만, 단말들의 시계가 조금씩 차이 날 때 느린 시계들을 가장 빠른 시계에 맞춰 동기화시키는 경향에 대한 우려도 제기되고 있다.

802.11e(QoS) 기능들을 802.11에 반영하면서 802.11의 기본 PSM이 확장돼 버퍼 저장 프레임을 주기적으로 일괄batch 처리하는 일정 관리 기능이 포함됐다. 처리 주기는 표지 프레임의 수로 표현된다. APSD^Automatic Power Save Delivery, 자동 절전 전달이라고 불리는 이 방식에서는 QoS 제어 필드의 일부 하위 필드들을 사용한다. APSD에서는 일반 802.11 PSM에서처럼 표지 프레임 주기 때마다 장치들이 깨어날 필요가 없으므로 소형의 저전력 장치들에서 특히 유용할 수 있다. APSD 단말에서는 전파 송수신 회로를 꺼두는 시간을 스스로 더 길게 선택할 수 있다. 802.11n에서는 또한 함께 작동하는 여러 개의 전파 회로를 갖추고 프레임이 준비될 때까지 회로들 중 하나만 켜두는 방식의 단말들도 허용하게 기본 PSM을 확장했다(3.5.4.2절의 MIMO 참고). 이러한 방식을 공간 다중화spatial multiplexing 절전 모드라고 한다. 802.11n은 또 APSD를 보강하는 PSMP^Power Save Multi-Poll라는 방식을 포함하고 있는데, 이 방법은 동시에 (AP에 대해) 양방향으로 프레임들을 전송하도록 일정을 정하는 방법을 제공한다.

### 3.5.3 802.11 MAC(매체 접근 제어)

무선 네트워크에서는 802.3 LAN과 같은 유선 네트워크에서보다 '충돌'의 탐지가 훨씬 어렵다. 본질적으로 매체는 단방향으로 동작하며, 중앙 집중 방식이나 분산 방식으로 전송을 조절함으로써 다중 동시 전송을 예방해야 한다. 802.11 표준은 무선 매체의 공유를 제어하기 위한 세 가지 방식을 제시하는데, PCF^Point Coordination Function, 단일점 조정 기능, DCF^Distributed Coordinating Function, 분산 조정 기능, HCF^Hybrid Coordination Function, 혼합형 조정 기능 등이다. HCF는 802.11e에서의 QoS 지원과 802.11 규격[802.11-2007]에 포함됐으며, 802.11n에서도 사용된다. DCF의 구현은 모든 유형의 단말이나 AP에서 필수이지만, PCF의 구현은 선택 사항이며 널리 채택돼 있지는 않다. 따라서 PCF에 대해서는 자세히 다루지 않겠다. HCF는 802.11n AP나 이보다 앞선 802.11e를 지원하는 AP 등과 같은 비교적 신형의 QoS 지원 Wi-Fi 장비들에서 발견된다. 일단 DCF를 먼저 살펴보고, 그다음에 QoS의 맥락에서 HCF에 대해 알아본다.

DCF는 경쟁 기반 매체 접근을 위한 일종의 CSMA/CA다. DCF는 인프라 모드와 애드혹 모드 양쪽에서 사용된다. CSMA/CA를 사용할 경우 단말들은 매체가 비어 있는지 알아보기 위해 수신하고 있다가 비게 되면 송신 기회를 가질 수 있다. 비어 있지 않으면 다시 확인하기 전에 무작위로 정한 만큼의 시간을 기다린다. 이러한 동작은 유선 LAN에서 CSMA/CD를 사용할 때 충돌을 감지한 단말이 백오프 시간을 정하는 방법과 비슷하다. 802.11에서 채널 중재는 CSMA/CA에 기초하는데, 여기에 특정 단말이나 프레임 유형에 대해 우선순위를 제공하기 위한 보강 기능이 추가돼 있다.

802.11 반송파 감지는 물리적 방식과 가상 방식 두 가지로 수행된다. 일반적으로 단말들은 송신 준비가 돼 있을 때 우선순위의 단말들이 채널에 접근할 수 있도록 허용하기 위해 일정 시간 기다리며, 이러한 백오프 시간을 DIFS<sup>Distributed Inter-Frame Space, 분산 프레임 간격</sup>라고 한다. 채널이 DIFS 기간 동안 바쁠 경우 단말은 백오프 기간을 새로 시작한다. 매체가 한가해지면 송신 지망자가 3.5.3.3절에 기술돼 있는 충돌 회피/백오프 절차를 개시한다. ACK의 수신(수신 실패)에 의해 판정되는 성공적인 (성공적이지 못한) 전송 후에도 이 절차가 개시된다. 전송이 성공적이지 못했을 경우 EIFS<sup>Extended Interframe Space, 확장 프레임 간격</sup>라는 다른 시간을 사용해 백오프 절차가 개시된다. 이제 가상 및 물리적 반송파 감지 메커니즘들과 함께 DCF의 구현에 대해 자세히 살펴보자.

### 3.5.3.1 가상 반송파 감지, RTS/CTS, 네트워크 할당 벡터(NAV)

802.11 MAC 프로토콜에서 가상 반송파 감지 메커니즘은 각 MAC 프레임 안에 들어있는 지속 시간<sup>Duration</sup> 필드를 관찰함으로써 작동한다. 이를 달성하기 위해 단말은 자신을 목적지로 하지 않는 트래픽을 수신한다. 지속 시간 필드는 일반 데이터 프레임뿐만 아니라 송신에 앞서 선택 사항으로 교환되는 RTS 프레임과 CTS 프레임 모두에 들어있으며, 프레임을 운반하는 매체가 얼마나 오래 동안 바쁠지에 대한 추정치를 제공한다.

송신기는 프레임 길이, 전송률, 물리 계층의 특성(예: 전송률 등) 등에 기초해 지속 시간 필드를 설정한다. 각 단말은 NAV<sup>Network Allocation Vector, 네트워크 할당 벡터</sup>라고 불리는 자체 카운터를 유지하는데, 이것은 매체가 현재의 프레임을 운반하느라 얼마나 오래 동안 바쁠지, 그리고 다음 송신을 시도하기 전에 얼마나 오래 동안 기다릴 필요가 있는지에 대한 추정치들이다. 지속 시간 필드가 자신의 NAV보다 큰 트래픽을 수신하게 된 단말은 자신의 NAV를 새로운 값으로 갱신한다. 지속 시간 필드는 RTS 프레임과 CTS 프레임 모두에 들어있으므로, 사용될 경우 발신자이든 수신자이든 그 신호 범위 안의 단말은 지속 시간 필드 값을 확인할 수 있다. NAV는 시간 단위로 표시되며, 자체 시계에 기초해 값이 줄어든다. 자체 NAV의 값이 0이 아닐 경우 매체는 바쁜 것으로 간주되며, ACK를 수신하면 다시 0으로 설정된다.

### 3.5.3.2 물리적 반송파 감지(CCA)

(서로 다른 주파수나 전파 기술 등에 대해) 각 802.11 물리 계층 규격은 에너지나 파형의 인식 (대체로 올바른 형식의 PLCP의 인식이 사용됨) 등에 기초해 채널이 비어 있는지 여부를 추정하기 위한 기능을 제공하도록 요구된다. 이러한 기능을 CCA<sup>Clear Channel Assessment</sup>라고 부르며 그에 대한 구현은 물리 계층에 따라 달라진다. CCA 기능이 있다는 것은 매체가 현재 바쁜지 여부를 파악하기 위해 802.11 MAC에 물리적 반송파 감지 기능이 있음을 의미한다. 이 기능은 단말이 송신에 앞서 얼마나 대기해야 하는지를 결정하기 위해 NAV와 함께 사용된다.

### 3.5.3.3 DCF 충돌회피/백오프 절차

NAV 지속 시간이 충족됐고 CCA가 채널이 바쁘다고 나타내고 있지 않을 경우 단말은 채널이 비어 있을 가능성이 높다고 판정하며, 이때 송신에 앞서 접근을 연기한다. 많은 단말이 채널이 비기를 기다렸을 수도 있으므로, 각 단말은 송신에 앞서 백오프 시간을 계산하고 그 시간만큼 기다린다. 백오프 시간은 슬롯 타임<sup>slot time</sup>에 난수를 곱한 것으로 정해진다(송신을 시도하는 단말에서 백오프 시간이 이미 0이 아닐 경우에는 다시 계산하지 않음). 슬롯 타임은 물리 계층에 따라 달라지지만, 보통 수십 마이크로초 정도다. 난수는 [0, CW] 구간상의 균일 분포에서 선택되는데, 여기에서 CW<sup>Contention Window, 경쟁 윈도우</sup>는 기다려야 할 시간 슬롯의 수를 나타내는 정수이며, 물리 계층에 의해 정해지는 범위는 aCWmin $\leq$ CW $\leq$ aCWmax와 같다. CW 값은 물리 계층에 의해 정해지는 상수 aCWmin 값에서 시작해 연속적인 송신 시도마다 2배씩 증가하는데, 상수 aCWmax 값을 초과하지 못한다. 이것은 이더넷에서 충돌 탐지에 따른 백오프 절차와 비슷하다.

무선 환경에서 충돌의 탐지detection는 실용적이지 못한데, 송신기와 수신기가 동일 장비상에서 동시에 작동하면서 자신이 송신한 것 외의 다른 송신 내용을 듣기 어렵기 때문이다. 그래서 충돌 탐지 대신에 충돌 회피avoidance가 사용된다. 또한 프레임이 성공적으로 수신됐는지 판정하기 위해 유니캐스트 프레임에 대한 응답으로 ACK가 생성된다. 정확한 프레임을 수신한 단말은 매체가 바쁜지 한가한지 고려하지 않고 (SIFSShort Interframe Space, 짧은 프레임 간격라고 불리는) 짧은 시간 동안 기다린 후 ACK 송신을 시작한다. SIFS 값은 항상 DIFS보다는 작기 때문에 이것이 문제를 일으키지는 않으며, 따라서 ACK를 생성하는 단말은 전송의 완결을 위해 채널에 대해 우선적인 접근권을 갖는다. 발신지 단말은 ACK 프레임을 받지 못한 채 일정 시간이 지나면 전송이 실패했다고 판단하며, 이 경우 앞에서 논의된 백오프 절차가 개시되고 프레임의 전송이 다시 시도된다. (상수 CTStimeout에 의해 정해지는) 일정 시간 내에 앞서 보낸 RTS에 대한 응답 CTS를 수신하지 못했을 경우에도 동일한 절차가 개시된다.

### 3.5.3.4 HCF와 802.11e/n QoS

802.11 표준 [802.11-2007]의 5, 6, 7, 9절은 부분적으로 IEEE 내의 802.11e 그룹의 작업에 기초하고 있으며, 802.11e, Wi-Fi QoS, WMMWi-Fi Multimedia 등의 용어들이 자주 사용된다. 이들은 QoS 기능에 관한 것으로 VoIPVoice Over IP나 스트리밍 비디오와 같은 멀티미디어 애플리케이션을 지원하기 위해 802.11 MAC 계층과 시스템 인터페이스에 대한 변경을 포함하고 있다. QoS 기능이 실제로 필요한지 여부는 네트워크의 혼잡 수준과 지원돼야 할 애플리케이션 유형에 따라 달라진다. 네트워크의 활용도가 높지 않다면 QoS MAC 지원은 필요하지 않을 수도 있다. 다만 이 경우에도 (블록 ACK나 APSD 같은) 다른 802.11e 기능들의 일부는 여전히 유용할 수 있다. 네트워크 활용도나 혼잡 수준이 높고 VoIP와 같은 서비스에 안정적인 전송을 지원할 필요가 있을 경우 QoS 지원이 바람직할 수 있다. QoS 기능에 관한 규격은 비교적 새로운 것으로 QoS 지원 Wi-Fi 장비는 비QoS 장비에 비해 비싸고 복잡하기 쉽다.

QoS 기능으로 인해 QoS 단말QSTA, QoS 무선중계기QAP, QoS BSSQBSS, QoS 지원 BSS 등과 같은 새로운 용어들이 만들어지게 됐다. 일반적으로 QoS 기능들을 지원하는 기기들은 일반 비QoS 동작도 지원한다. (HT STA라고 불리는) 802.11n '고처리율' 단말들은 또한

QSTA이기도 하다. 새로운 형태의 조정 기능인 HCF<sup>Hybrid Coordination Function, 혼합형 조정 기능</sup>는 경쟁 기반 채널 접근과 제어 기반 채널 접근을 모두 지원하는데, 제어 기반 방식은 거의 사용되지 않는다. HCF에는 예약 기반 채널 접근 방법인 HCCA<sup>HFCA-Controlled Channel Access</sup>와 더 많이 사용되는 경쟁 기반 채널 접근 방법인 EDCA<sup>Enhanced DCF Channel Access</sup>가 있는데, 이들은 함께 작용할 수도 있다. 또한 높은 부하 상태에서 접속을 아예 거부할 수도 있는 입장 제어<sup>admission control</sup>도 어느 정도 지원한다.

EDCA는 기본 DCF 접근을 토대로 삼고 있다. EDCA에는 4 종류의 AC<sup>Access Category, 접근 범주</sup>로 매핑되는 8 종류의 UP<sup>User Priority, 사용자 우선순위</sup>가 있다. UP는 802.1d 우선순위 태그와 동일한 구조를 사용하며 1에서 7까지의 번호가 붙는데, 7이 가장 높은 우선순위를 나타내며 우선순위 0은 2와 3 사이에 위치한다. 4 종류의 AC는 백그라운드 트래픽, 최선노력 트래픽, 비디오 트래픽, 오디오 트래픽을 위한 것이다. 우선순위 1과 2는 백그라운드 AC, 우선순위 0과 3은 최선 노력 AC, 우선순위 4와 5는 비디오 AC, 우선순위 6과 7은 오디오 AC를 위한 것이다. 각 AC마다 변형 DCF가 TXOP<sup>Transmit Opportunity, 전송 기회</sup>라고 불리는 채널 접근 크레딧을 얻기 위해 경쟁하는데, 이때 사용되는 MAC 매개변수들은 높은 우선순위를 선호하는 경향이 있다. EDCA를 사용할 때, DCF에서 유래한 매개변수의 상당수(DIFS, aCWmin, aCWmax 등)는 설정 매개변수로서 조절할 수 있다. 이들의 값은 관리 프레임을 사용해서 QSTA로 전달된다.

HCCA는 느슨하게 PCF를 토대로 삼고 있으며 폴링<sup>polling</sup> 제어 기반의 채널 접근 방법을 사용한다. HCCA는 동기 스타일 접근 제어를 위해 설계됐으며, EDCA의 경쟁 기반 접근 방법에 비해 우선권을 갖는다. HC<sup>Hybrid Coordinator, 혼합형 조정자</sup>가 AP 안에 위치해 있고 채널 접근권을 할당하기 위해 우선권을 갖는다. 단말은 송신에 앞서 자신의 트래픽을 위한 TSPEC<sup>Traffic Specification, 트래픽 명세서</sup>를 발행할 수 있으며, 8과 15 사이의 UP 값을 사용한다. HC는 EDCA 기반 프레임 전송에 앞서 일어나는 프레임 교환의 짧은 지속 시간을 갖는 제어 기반 접근 단계에서 사용될 요청들에 예약된 TXOP들을 할당한다. HC는 또한 네트워크 관리자가 설정한 입장 제어 정책에 기초해 TSPEC들에 TXOP 할당을 거부할 수도 있다. HCF는 경쟁 기반 단말들이 비경쟁 접근에 간섭하는 것을 방지하기 위해 앞서 DCF에서 설명한 바 있는 가상 반송파 감지 메커니즘을 이용한다. QSTA들과 일반 단말들로 구성된 단일 네트워크는 HCF와 DCF 둘 다 동시에 교차하며 실행시킬 수도 있지만 애드혹 네트워크는 HC를 지원하지 않는다. 따라서 TSPEC을 처리하거나 입장 제어를 수행하지 못한다. 이러한 네트워크에서 HCF를 운영할 수는 있지만, TXOP들을 얻는 일은 EDCA 기반 경쟁을 통해 이뤄져야 한다.

### 3.5.4 물리 계층 세부 사항: 전송률, 채널, 주파수

[802.11-2007] 표준은 이제 802.11a, 802.11b, 802.11d, 802.11g, 802.11h, 802.11i, 802.11j, 802.11e 등의 보정판amendment들을 포함한다. 802.11n 표준은 2009년 802.11에 대한 보정판으로 채택됐다[802.11n-2009]. 이러한 보정판들의 대부분은 802.11 네트워크를 위한 추가적인 변조, 코딩, 운영 주파수 등을 제공하지만, 802.11n은 다중 데이터 스트림을 추가하고 다중 프레임을 병합하는 방법도 포함한다(3.5.1.3절 참고). 이 책에서는 물리 계층을 세부적으로 설명하지는 않지만, 옵션이 얼마나 광범위한지 보여주기 위해서 802.11 표준에서 물리 계층을 서술하는 부분을 표 3-2에 정리했다.

표 3-2 802.11 표준에서 물리 계층을 서술하는 부분

| 표준(절) | 속도(Mb/s) | 주파수 범위; 변조 방식 | 채널 집합 |
|---|---|---|---|
| 802.11a(17절) | 6, 9, 12, 18, 24, 36,48, 54 | 5.16-5.35와 5.725-5.825GHz; OFDM | 34-165(국가마다 다름) 20MHz/10MHz/5MHz 채널 폭 옵션 |
| 802.11b(18절) | 1, 2, 5.5, 11 | 2.401-2.495GHz; DSSS | 1-14(국가마다 다름) |
| 802.11g(19절) | 1, 2, 5.5, 6, 9, 11, 12, 18, 24, 36, 48, 54 (22, 33 추가) | 2.401-2.495GHz; OFDM | 1-14(국가마다 다름) |
| 802.11n | 6.5-600 많은 옵션 있음 (4개 이내의 MIMO 스트림) | 2.4와 5GHz 모드 20MHz- 또는 40MHz-와이드 채널; OFDM | 1-13(2.4GHz 대역); 36-196(5GHz 대역) (국가마다 다름) |
| 802.11y | (802.11-2007과 동일) | 3.650-3.700GHz(인가제); OFDM | 1-25,36-64, 100-161 (국가마다 다름) |

첫 번째 열은 원래의 표준 이름과 [802.11-2007] 안에서의 현재 위치를 보여준다. 이 표에서 802.11b/g는 2.4GHz ISM Industrial, Scientific, and Medical 대역에서 운용되며, 802.11a

는 이보다 높은 5GHz U-NII<sup>Unlicensed National Information Infrastructure</sup> 대역에서만 운용되며, 802.11n은 양쪽 대역 모두에서 운용될 수 있다는 것을 보여주고 있음을 유의하라. 802.11y 보정판은 미국 내에서 3.65-3.70GHz 대역에 대해 인가를 받아 사용할 수 있도록 규정하고 있다. 이 표로 알 수 있는 중요하고도 실용적인 결론은 802.11b/g 장비가 802.11a 장비와 상호운용되거나 간섭하지 않지만, 802.11n 장비는 조심스럽게 이용하지 않는다면 앞의 두 부류의 장비들과 혼선을 일으킬 수 있다는 점이다.

### 3.5.4.1 채널과 주파수

(미국의 연방통신위원회 등과 같은) 규제기관들은 세계 도처에서 전자파 스펙트럼을 다양한 용도에 따라 할당된 주파수 대역들로 분할했다. 각 대역과 용도에 대해 해당 지역 정책에 따라 인가가 필요한 경우도 있고 필요 없는 경우도 있다. 802.11에는 관할 영역이나 국가에 따라 다양한 전력 레벨에서 다양한 방법으로 사용될 수 있는 채널 그룹들이 있다. Wi-Fi 채널들은 특정 기저 중심 주파수에서 시작해 5MHz 단위로 번호가 부여된다. 예를 들면 기저 중심 주파수가 5.00GHz일 때 채널 36의 중심 주파수는 5,000+36*5=5,180MHz가 된다.

채널 중심 주파수는 서로 5MHz만큼씩 떨어져 있지만, 채널들의 폭은 5MHz 이상이 될 수도 있다(802.11n의 경우 40MHz까지 될 수 있음). 따라서 동일 대역 안의 채널 그룹 내의 일부 채널들이 중첩되는 경우가 많으며, 이로 인해 한 채널상에서의 전송이 인접한 채널상에서의 전송과 간섭을 일으킬 수 있다.

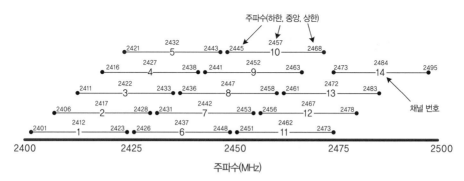

**그림 3-20** 802.11b과 802.11g 표준은 대략 2.4GHz와 2.5GHz 사이의 주파수 대역을 사용한다. 이 대역은 22MHz 폭의 중첩되는 14개의 채널들로 분할돼 있으며, 이들 중 일부가 운영 국가에 따라 합법적 용도로 일반에 제공되고 있다. 동일 지역에서 운영되는 여러 기지국에는 서로 중첩되지 않는 채널들을 지정할 것을 권고한다. 예를 들면 미국에서라면 채널 1, 6, 11 등을 지정할 수 있을 것이다. 이 대역에서 중첩 없이 40MHz 802.11n 채널들을 사용하려 한다면 1개의 채널만 사용할 수 있을 것이다.

그림 3-20은 2.4GHz ISM 대역에서 802.11b/g 채널들을 위한 채널-주파수 매핑을 보여준다. 각 채널의 폭은 22MHz이다. 모든 채널을 모든 국가에서 합법적 용도로 사용할 수 있는 것은 아니다. 예를 들면 현재 채널 14는 일본에서만 사용할 수 있도록 승인돼 있으며, 채널 12와 13은 유럽에서 사용할 수 있게 승인돼 있는 반면 미국에서는 채널 1에서 11까지 사용할 수 있도록 허가하고 있다. 다른 국가들은 좀 더 엄격한 제한을 적용할 수도 있다(802.11 표준의 부록 J와 보정판 참고). 정책과 인가 요건은 시간이 지남에 따라 변경될 수 있음을 유의하기 바란다.

그림 3-20에서 보여주듯 중첩돼 있는 채널들의 효과는 이제 명확하다. 예를 들면 채널 1 상의 송신기는 채널 2, 3, 4, 5와 중첩되지만 6 이상의 채널과는 중첩되지 않는다. 이 점은 여러 개의 AP를 사용해야 하는 환경에서 어떤 채널들을 지정할지 선택할 때 중요하며, 여러 개의 AP가 동일 지역 내의 서로 다른 네트워크에서 이용될 때는 더욱 중요하다.

미국에서 흔히 사용되는 방식은 서로 중첩되지 않는 채널 1, 6, 11을 사용해 한 지역에서 3개까지의 채널을 지정하는 것인데, 채널 11은 미국에서 인가 없이 사용할 수 있도록 승인된 가장 높은 주파수의 채널이다. 동일 대역에 다른 WLAN이 운용 중이라면, 관련된 WLAN의 관리자들이 협업해서 채널 설정을 수행할 것을 고려할 만하다.

그림 3-21에서 보여주듯 802.11a/n/y는 다소 복잡한 채널 그룹을 공유하지만 더 많은 수의 중첩되지 않는 채널을 사용할 수 있게 제공한다(미국에서는 12개의 인가 없이 사용할 수 있는 20MHz 채널들이 있음).

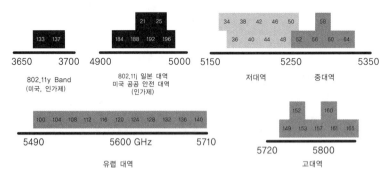

**그림 3-21** 20MHz 채널들을 위해 승인돼 있는 다수의 802.11 채널 번호들과 중심 주파수. 인가 없이 사용할 수 있는 가장 보편적인 대역에는 U–NII 대역, 5GHz 이상의 모든 대역이 포함된다. 더 낮은 대역도 대부분의 국가에서는 사용이 승인돼 있다. '유럽' 대역은 대부분의 유럽 국가에서 사용이 승인돼 있으며, 고대역은 미국과 중국에서 사용이 승인돼 있다. 802.11a/y의 경우 채널 폭은 대체로 20MHz이지만, 802.11n에서는 40MHz이다. 일본에서는 더 좁은 폭을 갖는 채널들을 사용하기도 한다.

그림 3-21에서 채널들은 5MHz 단위로 번호가 부여돼 있지만, 5MHz, 10MHz, 20MHz, 40MHz 등 다양한 채널 폭이 존재한다. 40MHz 채널 폭은 802.11n에서 사용되는 옵션이며(3.5.4.2절 참고), 채널 결합이라는 방법으로 2개의 20MHz 채널을 병합한 일부 사설 Wi-Fi 시스템에서도 사용된다.

일반적인 Wi-Fi 네트워크의 경우 AP는 설치 과정에서 운영 채널이 지정되며 클라이언트 단말들은 그 AP에 연계될 수 있도록 채널을 변경한다. 애드혹 모드로 동작할 경우 제어 AP가 존재하지 않으므로 단말의 운영 채널은 수동으로 설정된다. 이용할 수 있는 채널 그룹과 작동 전력은 규제 환경, 하드웨어 성능, 지원 드라이버 소프트웨어 등에 의해 제약될 수 있다.

### 3.5.4.2 802.11 고처리율/802.11n

2009년 말에 IEEE는 [802.11-2007]에 대한 보정판으로 802.11n[802.11n-2009]을 표준화했다. 이 표준은 802.11에 여러 가지 중요한 변경을 가했다. 더 높은 처리율을 지원하기 위해 이 표준은 여러 개의 안테나로 운반되는 다중 동시 운영 데이터 스트림(이를 공간 스트림spatial stream이라 부른다)을 관리하는 MIMOMultiple Input, Multiple Output 기능을 도입했다. 하나의 채널에서 4개까지의 공간 스트림이 지원된다. 802.11n 채널은 2개의 인접한 20MHz 채널들을 사용해 폭이 40MHz까지 허용되며, 이는 802.11a/b/g/y 등에서 사용되는 일반 채널의 두 배에 해당한다. 따라서 802.11a/g의 최대 데이터 전송률인 54Mb/s의 8배인 432Mb/s까지 가능하다. 더욱이 802.11n은 좀 더 효율적인 변조 방식을 사용해 단일 스트림 성능을 개선하고 있으며(802.11n은 MIMO와 OFDMOrthogonal Frequency Division Multiplexing, 직교 주파수 분할을 결합해 이용함으로써 20MHz 채널마다 52개의 데이터 반송파를 가지며, 40MHz 채널에서는 108개가 되는데 비해 802.11a와 802.11g에서는 48개임) 좀 더 효율적인 순방향 오류 정정 코드를 사용해 3/4가 아니라 5/6의 비트율을 달성하고 있어 스트림별 성능을 20MHz 채널에서는 65Mb/s로, 40MHz 채널에서는 135Mb/s까지 끌어올리고 있다. 또한 기호 사이의 강제 휴지 시간인 GIGuard Interval, 보호 구간 지속 시간을 예전 방식인 800ns에서 400ns로 줄임으로써 스트림별 최대 성능을 20MHz 채널에서는 72.2Mb/s로, 40MHz 채널에서는 150Mb/s까지 향상시켰다. 4개의 공간 스트림이 완벽하게 조화를 이룰 경우 최대 성능이 대략 600Mb/s에 이를 수 있다.

77가지의 변조와 코딩 옵션 조합이 802.11n에서 지원되는데, 여기에는 단일 스트림을 위한 8가지 옵션, 모든 스트림에 대한 EQM$^{Equal\ Modulation,\ 균등\ 변조\ 기법}$을 사용하는 24가지 옵션, 다중 스트림에 대한 UEQM$^{Unequal\ Modulation,\ 비균등\ 변조\ 기법}$을 사용하는 43가지 옵션 등이 포함된다. 표 3-3에서는 첫 33개의 MCS$^{Modulation\ and\ Coding\ Scheme,\ 변조\ 기법\ 및\ 코드율}$ 값에 대한 옵션 조합들을 보여준다. 33-76 범위의 더 높은 MCS 값들에는 2 채널을 위한 조합(33-38), 3 채널을 위한 조합(39-52), 4 채널을 위한 조합(53-76) 등을 포함한다. MCS 값 32 는 40MHz 채널의 상위 20MHz와 하위 20MHz에 속하는 신호들이 동일한 정보를 포함하는 특별한 조합이다. 각 데이터 전송률 열은 2개의 값을 포함하고 있는데, 하나는 예전 방식의 800ns GI를 사용하는 것이며, 다른 하나는 짧아진 400ns GI를 사용해 더 높은 데이터 전송률을 제공하는 것이다. 밑줄 표시된 6Mb/s와 600Mb/s라는 값은 각기 최저 처리율과 최고 처리율을 나타낸다.

**표 3-3** 802.11n을 위한 MCS 값들은 균등 및 비균등 변조, 다양한 FEC 코딩률, 20MHz 폭 채널과 40MHz 폭 채널을 사용하는 4개 까지의 공간 스트림, 800ns 또는 400ns GI 등을 포함한다. 모두 77개의 조합들은 6Mb/s에서 600Mb/s까지의 데이터 전송률을 제공한다.

| MCS 값 | 변조 유형 | FEC 코딩률 | 공간 스트림 | 전송률(Mb/s) (20MHz) [800/400ns] | 전송률(Mb/s) (40MHz) [800/400ns] |
|---|---|---|---|---|---|
| 0 | BPSK | 1/2 | 1 | 6.5/7.2 | 13.5/15 |
| 1 | QPSK | 1/2 | 1 | 13/14.4 | 27/30 |
| 2 | QPSK | 3/4 | 1 | 19.5/21.7 | 40.5/45 |
| 3 | 16-QAM | 1/2 | 1 | 26/28.9 | 54/60 |
| 4 | 16-QAM | 3/4 | 1 | 39/43.3 | 81/90 |
| 5 | 64-QAM | 2/3 | 1 | 52/57.8 | 108/120 |
| 6 | 64-QAM | 3/4 | 1 | 58.5/65 | 121.5/135 |
| 7 | 64-QAM | 5/6 | 1 | 65/72.2 | 135/150 |
| 8 | BPSK | 1/2 | 2 | 13/14.4 | 27/30 |
| ... | ... | ... | ... | ... | ... |
| 15 | 64-QAM | 5/6 | 2 | 130/144.4 | 270/300 |
| 16 | BPSK | 1/2 | 3 | 19.5/21.7 | 40.5/45 |

| MCS 값 | 변조 유형 | FEC 코딩률 | 공간 스트림 | 전송률(Mb/s) (20MHz) [800/400ns] | 전송률(Mb/s) (40MHz) [800/400ns] |
|---|---|---|---|---|---|
| ... | ... | ... | ... | ... | ... |
| 31 | 64-QAM | 5/6 | 4 | 260/288.9 | 540/600 |
| 32 | BPSK | 1/2 | 1 | 해당 없음 | 6/6.7 |
| ... | ... | ... | ... | ... | ... |
| 76 | 64x3/16x1-QAM | 3/4 | 4 | 214.5/238.3 | 445.5/495 |

표 3-3은 802.11n에서 사용할 수 있는 BPSK[Binary Phase Shift Keying, 2진 위상 편이 변조], QPSK[Quadrature Phase Shift Keying, 직교 위상 편이 변조], 16-QAM과 64-QAM 등 서로 다른 레벨의 QAM[Quadrature Amplitude Modulation, 직교 진폭 변조] 등을 포함하는 다양한 코딩 조합을 보여준다. 이러한 변조 방식들은 주어진 채널 대역폭의 데이터 전송률을 증가시켜준다. 그러나 변조 방식이 높은 성능을 제공하고 복잡해질수록 잡음이나 간섭에 민감해지는 경향이 있다. FEC[Forward Error Correction, 순방향 오류 정정]는 전송 과정에서 발생하는 비트 오류들을 탐지하고 고치는 데 사용될 수 있는 잉여 비트들을 송신 측에서 삽입하는 방법들을 포함한다. FEC에서 코딩률[code rate]은 하부 통신 채널에 전달되는 데이터와 실제 유용한 데이터의 비율을 말한다. 예를 들면 1/2 코딩률은 전송되는 2비트마다 유용한 비트는 1개임을 의미한다.

802.11n는 세 가지 운영 모드 중 하나로 동작할 수 있다. 802.11n 전용인 소위 그린필드 모드[Greenfield mode]에서 PLCP는 802.11n 장비만 인식하는 '훈련용 비트 열'이라는 특별한 비트 배열을 포함하며, 구식 장비와는 상호운용되지 않는다. 호환성을 유지하기 위해 802.11n은 다른 2개의 상호운용 모드를 지원하지만, 두 모드는 네이티브 802.11n 장비의 성능에 제약을 가한다. 그중 하나인 비 HT[non-HT] 모드는 모든 802.11n 기능들을 비활성화시켜 구식 장비와의 호환성을 유지한다. 이것은 별로 흥미롭지 않은 방식이기 때문에 더 이상 논의하지 않을 것이다.

반면에 HT 혼합[HT-mixed] 모드는 단말의 통신 상대에 따라 802.11n 동작과 구식 동작 모두를 지원한다. AP의 802.11n 지원 능력을 HT 단말들에 전달하면서도 구식 단말들을 보호하기 위해 필요한 정보는 PLCP에서 제공되는데, PLCP는 HT 정보와 구식 정보 모두를 포함할 수 있도록 증강됐으며, 구식 장비에서도 처리될 수 있도록 그린필드 모드에 비해 느린 속도로 전송된다. HT 보호는 또한 HT AP가 구식 단말들에 공유 채널을 언제 사용할 것인지 알려주기 위해 자신을 향하는 CTS 프레임(또는 RTS/CTS 프레임 교환)을 구식 속도에 맞춰 전송하도록 요구한다. RTS/CTS 프레임들이 짧기는 하지만 이들을 구식 속도(6Mb/s)에 맞춰 전송해야 한다는 요구 사항은 802.11n WLAN의 성능을 상당히 저하시킬 수 있다.

802.11n AP를 설치할 때 적절한 채널 지정에 주의를 기울여야 한다. 40MHz 채널들을 사용할 때 802.11n AP들은 2.4GHz ISM 대역에는 이렇게 넓은 폭의 채널들을 사용할 수 있는 주파수 대역이 충분하지 않으므로 5GHz 이상의 U-NII 대역에서 운영돼야 한다. PCO<sup>Phased Coexistence Operation</sup>라는 이름의 선택 사항인 BSS 기능을 사용해 AP는 주기적으로 20MHz 채널 폭과 40MHz 채널 폭 사이에서 전환할 수 있으며, 이를 통해 처리율은 다소 낮아지지만 구식 장비 근처에서 운영되는 802.11n AP들 사이에서 공존 상태를 향상시킬 수 있다. 끝으로 언급할 사항은 802.11n AP들은 대체로 일반 AP들에 비해 전력 소모가 크다는 점이다. 이러한 고전력 수준은 802.3af PoE<sup>Power-over-Ethernet</sup> 시스템 회선에 의해 제공되는 기본 15W를 초과하게 되며, 이는 직접적 외부 전원 공급과 같은 다른 형태의 전원이 제공되지 않을 경우 30W를 제공하는 802.3at PoE를 사용해야 함을 의미한다.

### 3.5.5 Wi-Fi 보안

802.11 네트워크를 위한 보안 모델에는 상당한 발전이 있었다. 802.11에서는 초창기에 WEP<sup>Wired Equivalent Privacy, 유선급 기밀성</sup>라는 이름의 암호화 방법을 사용했는데, 나중에 WEP가 너무 취약한 것으로 밝혀져 대체 방법이 요구됐다. 이에 대해 산업계는 WPA<sup>Wi-Fi Protected Access, Wi-Fi 접속 보호</sup>를 제시했으며, 여기에서는 암호화된 블록에서 키가 사용되는 방식이 변경됐다(기초적인 암호학에 대해서는 18장 참고). WPA에서는 TKIP<sup>Temporal Key Integrity Protocol, 임시 키 무결성 프로토콜</sup>라는 기법을 사용해 프레임마다 서로 다른 키로 암호화한다. WPA는 또한 Michael이라는 메시지 무결성 검사를 포함하는데, 이는 WEP의 주요 취약점 하나를 해결한다. IEEE 802.11i 표준 그룹이 (산업계에서 'WPA2'라고 부르는) 더욱 강력한 표준을 개

발해 [802.11-2007]의 8절에 편입시키는 일을 진행하는 동안 현장에 이미 배치돼 있는 WEP 지원 장비에서 펌웨어 업그레이드 방식으로 사용될 수 있는 임시 조치로 개발된 것이 WPA다. WEP와 WPA 모두 RC4 암호화 알고리즘[S96]을 사용하며, WPA2는 AES 알고리즘[AES01]을 사용한다.

앞에서 설명한 암호화 기법들은 단말들이 네트워크 접속을 위한 합법적 인가를 받을 것으로 가정하고 단말과 AP 사이의 기밀성 제공에 주력하고 있다. WPA나 WPA2를 사용하는 소규모 환경이나 WEP에서는 보통 이에 대해 구현할 때 각 단말이나 AP의 설정 과정에서 공유키나 비밀번호를 사전 설정하는 방법으로 이뤄지며, 키를 알고 있는 사용자는 네트워크에 대한 합법적인 접속 권한을 갖는 것으로 가정된다. 이러한 키들은 또한 기밀성 보장에 사용되는 암호화 키의 초기화에도 자주 사용된다. 이러한 사전 공유키를 사용하는 방법에는 몇 가지 단점이 있다. 예를 들면 인가된 사용자들에게만 키를 제공하기 위해 관리자가 상당한 수고를 해야 할 수도 있다. 어떤 사용자에 대해 인가를 중지해야 할 경우에는 사전 공유키를 교체하고 모든 합법적 사용자들에게 통보해야 한다. 이러한 방법은 사용자의 수가 많은 환경에서는 적용하기 어렵기 때문에 WPA나 그 이후의 표준들은 802.1X[802.1X-2010]라는 포트 기반 접속 제어를 지원한다. 802.1X는 802.3과 802.11을 포함해 IEEE 802 LAN상에서 EAP^Extensible Authentication Protocol, 확장 가능 인증 프로토콜[RFC3748]를 전송하는 EAPOL이라는 방법을 제공한다[RFC4017]. EAP는 다시 그 안에 다른 많은 표준 또는 비표준 인증 프로토콜들을 운반하기 위해 사용될 수 있다. EAP는 또한 WEP 키를 포함해 키들의 확립에 사용될 수도 있다. 이들에 관한 세부 사항은 18장에 주어져 있지만, 3.6절에서 PPP를 논의할 때에도 EAP가 사용되는 것을 볼 수 있을 것이다.

IEEE 802.11i 그룹의 작업이 완료되면서 WPA2의 일부분으로 WPA의 RC4/TKIP 조합을 확장해 CCMP라는 새로운 알고리즘을 추가했다. CCMP에서는 기밀성을 위해서 AES의 카운터 모드^CCM[RFC3610]를 사용하며, 인증과 무결성을 위해 CBC-MA^CCipher Block Chaining Message Authentication code를 사용한다(여기서의 MAC은 매체 접근 제어를 나타내는 MAC과는 무관함). 모든 AES 처리에는 128비트 블록 크기와 128비트 키를 사용한다. CCMP와 TKIP은 RSN^Robust Security Network이라는 Wi-Fi 보안 아키텍처의 토대를 형성하는데, RSN은 RSNA^Robust Security Network Access를 지원한다. WEP 등의 이전 방법들은 RSNA 이전 방법이라고 불린다. RSNA 표준은 CCMP에 대한 지원을 필수로 요구하며, TKIP는 선택

사항이다. 802.11n에서는 아예 TKIP를 지원하지 않는다. 표 3-4에서는 다소 복잡한 이 상황을 정리한다.

**표 3-4** Wi-Fi 보안은 안전하지 않은 것으로 밝혀진 WEP에서 WPA로, 그리고 현재 표준인 WPA2 알고리즘들로 진화해왔다.

| 이름/표준 | 암호 | 키 스트림 관리 | 인증 |
|---|---|---|---|
| WEP(RSNA 이전) | RC4 | (WEP) | 사전 공유키, (802.1X/EAP) |
| WPA | RC4 | TKIP | 사전 공유키, 802.1X/EAP |
| WPA2/802.11(i) | CCMP | CCMP, (TKIP) | 사전 공유키, 802.1X/EAP |

모든 경우에서 802.1X와 함께 사전 공유키도 인증과 키 초기화에 사용될 수 있다. 802.1X/EAP를 사용하는 주요 이점은 사용자별로 AP에 대한 접근 제어를 제공하기 위해 관리 가능한 인증 서버를 사용할 수 있다는 점이다. 이러한 이유로 802.1X를 사용하는 인증을 때로 '엔터프라이즈'라고 부른다(예: WPA 엔터프라이즈). EAP 자체는 다양한 종류의 개별 인증 프로토콜을 캡슐화할 수 있으며, 이에 대해서는 18장에서 자세히 설명한다.

### 3.5.6 Wi-Fi 메시(802.11s)

IEEE에서는 802.11s 표준에 대한 작업이 진행되고 있는데, 이 표준은 Wi-Fi 메시mesh 운영을 다룬다. 메시 운영 환경에서 무선 단말들은 AP처럼 데이터 포워딩 에이전트 역할을 수행할 수 있다. 이 책의 집필 시점인 2011년 중반에 802.11s 표준은 아직 완성돼 있지 않다. 802.11s 표준의 초안에서는 HWRPHybrid Wireless Routing Protocol, 혼합형 무선 라우팅 프로토콜를 정의하고 있는데, 이 프로토콜은 부분적으로 IETF 표준인 AODVAd-Hoc On-Demand Distance Vector 라우팅 프로토콜[RFC3561]과 OLSROptimized Link State Routing 라우팅 프로토콜[RFC3626]에 기초하고 있다. 메시 단말은 일종의 QoS 단말이며 HWRP나 다른 라우팅 프로토콜에 참여할 수 있지만, 표준을 준수하는 노드는 반드시 HWRP와 그에 연계된 통신 시간 링크 지표airtime link metric에 대한 구현을 포함해야 한다. 메시 노드들은 EDCA를 사용해 협력하며, 선택 사항인 MDAMesh Deterministic Access라는 이름의 조정 기능을 사용할 수도 있다. MPMesh Point, 메시 포인트는 이웃 노드들과 메시 링크를 형성하는 노드들을 말한다. 또한 AP 기능을 포함하는 노드들은 MAPMesh AP라고 부른다. 일반 802.11 단말들은 무선 LAN의 나머지 부분에 접근하기 위해 AP를 이용할 수도 있고 MAP를 이용할 수도 있다.

802.11s 초안에서는 SAE<sup>Simultaneous Authentication of Equals, 동격 개체들의 동시 인증 인증[SAE]이라고 불</sup>리는 RSNA를 위한 새로운 종류의 보안 옵션에 대해 규정하고 있다. 이 보안 프로토콜은 특별히 지정된 개시자와 응답자 사이의 엄격한 동작을 요구하지 않는다는 점에서 다른 프로토콜과는 다소 차이가 있다. 대신 단말들은 동격의 개체들로 취급되며, 다른 단말을 먼저 인지한 단말이 보안 교환을 개시할 수 있다(또는 두 단말이 연계 확립을 개시하면서 보안 교환이 동시에 이뤄질 수도 있다).

## 3.6 PPP

PPP<sup>Point-to-Point Protocol, 점대점 프로토콜[RFC1661][RFC1662][RFC2153]</sup>는 저속 모뎀 링크로부터 고속 광섬유 링크<sup>[RFC2615]</sup>에 이르기까지 다양한 직렬 링크상에서 IP 데이터그램을 운반하기 위해 널리 사용되는 방법 중 하나다. PPP는 일부 DSL 서비스 제공자들이 널리 이용하고 있으며, 초기 IP 주소와 도메인 네임 서버 등과 같은 인터넷 시스템 매개변수들의 지정에도 사용되고 있다(6장 참고).

PPP는 하나의 프로토콜이 아니라 관련 프로토콜들의 모음이다. PPP는 링크 확립에 사용되는 LCP<sup>Link Control Protocol, 링크 제어 프로토콜</sup>라는 이름의 기본적인 방법을 지원할 뿐만 아니라 LCP가 기본 링크를 확립한 후 IPv4, IPv6, 비IP 프로토콜 등의 다양한 종류의 프로토콜들을 위해 네트워크 계층 링크를 확립하기 위해 사용되는 여러 NCP도 지원한다. PPP를 위한 압축과 암호화의 제어를 다루는 관련 표준들이 많이 있으며, 링크가 가동되기 시작할 때 다양한 인증 방법이 이용될 수 있다.

### 3.6.1 링크 제어 프로토콜(LCP)

PPP에서 LCP 부분은 점대점 링크상에서 두 당사자 사이의 하위 통신을 확립하고 유지하기 위해 사용된다. 따라서 PPP의 동작은 단일 링크의 두 종단만 고려하면 되며, 이더넷이나 Wi-Fi의 MAC 계층 프로토콜들처럼 공유 자원에 대한 접근을 중재하는 문제를 고려할 필요가 없다.

일반적으로 PPP는, 특히 LCP는 하부 점대점 링크에 최소한의 요구 사항만을 부과한다.

LCP가 ACK를 사용하므로 링크는 반드시 양방향 동작을 지원해야 하며, 동기적으로 또는 비동기적으로 동작해야 한다. 보통 LCP는 HDLC<sup></sup>High-Level Data Link Control, 고급 데이터 링크 제어 프로토콜에 기초한 단순한 비트 수준 프레임 형식을 사용해 링크를 확립한다. PPP가 설계될 무렵 이미 HDLC는 공인된 프레임 형식으로 존재하고 있었다[ISO3309][ISO4335]. IBM은 HDLC를 수정해 SDLC<sup></sup>Synchronous Data Link Control, 동기적 데이터 링크 제어를 만들었는데, 이 프로토콜은 IBM에서 자체적으로 개발한 SNA<sup></sup>System Network Architecture 프로토콜 모음에서 링크 계층으로 사용됐다. HDLC는 또한 802.2에서 또 나중에는 PPP에서 LLC 표준의 토대로 사용됐다. HDLC 형식을 그림 3-22에서 보여준다.

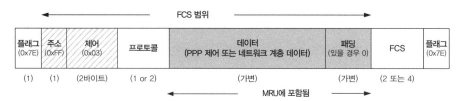

**그림 3-22** HDLC에서 차용한 PPP 기본 프레임 형식. 이 형식은 프로토콜 ID, 페이로드 영역, 2바이트 또는 4바이트 FCS 등을 포함한다. 다른 필드들은 압축 옵션에 따라 포함될 수도 포함되지 않을 수도 있다.

그림 3-22에서와 같이 HDLC 스타일의 프레임이 사용될 경우 PPP 프레임 형식에서는 양쪽 끝에 고정 값 0x7E를 갖는 1바이트 플래그 필드들이 나타난다. 이러한 필드들은 점대점 링크의 종단에 위치한 두 단말이 프레임의 시작과 끝을 발견하기 위해 사용된다. 값 0x7E 자체가 프레임 내부에서 발생할 경우 약간 문제가 되는데, PPP가 동기적 링크상에서 동작하는지 비동기적 링크상에서 동작하는지에 따라 처리되는 방법이 다르다. 비동기적 링크의 경우 PPP는 바이트 채움<sup></sup>byte stuffing이라고도 불리는 문자 채움을 사용한다. 플래그 문자가 프레임의 다른 부분에 나타날 경우 2바이트 열인 0x7D5E로 교체되는데, 0x7D은 'PPP의 이스케이프 문자'다. 이스케이프 문자 자체가 프레임 안에 나타날 경우 2바이트 열인 0x7D5D로 교체된다. 따라서 수신자는 0x7D5E를 수신하면 0x7E로, 0x7D5D는 0x7D로 교체한다. T1 회선이나 T3 회선 같은 동기적 링크에서 PPP는 비트 채움<sup></sup>bit stuffing을 사용한다. 플래그 문자의 비트 패턴은 6개의 연속된 1비트를 갖는 01111110이라는 점을 고려해 비트 채움에서는 플래그 문자 위치가 아닌 곳에서 5개의 1비트가 연속적으로 나타나면 그 뒤에 0비트를 삽입한다. 비트 채움을 사용하게 되면 바이트의 전송에 8비트를 초과하는 경우들이 발생하지만 일반적으로 문제가 되지 않는데,

이는 직렬 처리 하드웨어의 하위 계층에서 비트 스트림에 대한 '채움 해제'를 통해 비트 채움 전의 원래 상태 패턴들을 복원할 수 있기 때문이다.

PPP에서는 첫 번째 플래그 필드 다음에 HDLC의 주소 필드와 제어 필드를 사용하기로 정했다. HDLC에서 주소 필드는 단말의 주소를 지정하는데, PPP에서는 하나의 목적지만 가지므로 이 필드는 항상 모든 단말을 대상으로 하는 0xFF라는 값을 갖는다. HDLC에서 제어 필드는 프레임 순서 정리와 재전송 행위를 표시하기 위해 사용된다. 이러한 링크 계층에서의 신뢰성 관련 기능들은 PPP에서 구현되는 경우가 별로 없으며, 따라서 제어 필드는 항상 고정된 값 0x03으로 설정된다. PPP에서 주소 필드와 제어 필드 모두 고정된 상수이므로 ACFC<sup>Address and Control Field Compression, 주소 및 제어 필드 압축</sup>라는 옵션을 적용해 전송할 때는 이 필드들은 종종 생략된다.

> **주의**
>
> 링크 계층 네트워크에서 얼마만큼의 신뢰성을 제공하는 것이 좋은지에 대해서는 오랫동안 많은 논쟁이 있었다. 이더넷에서는 16번까지 재전송을 시도한 후 포기한다. PPP에서도 재전송을 하도록 정의한 사양이 있지만[RFC1663], 대체로 PPP는 재전송을 아예 하지 않도록 설정된다. 재전송 여부를 어떻게 설정하느냐는 미묘한 문제로서, 운반되는 트래픽의 종류에 따라 달라진다. 고려 사항들에 관한 자세한 논의는 [RFC3366]에서 찾아볼 수 있다.

PPP 프레임의 프로토콜 필드는 운반되는 데이터의 유형을 표시하는데, 다양한 유형의 프로토콜이 PPP 프레임으로 운반될 수 있다. 프로토콜 필드에서 사용되는 프로토콜들의 목록과 지정된 번호는 'PPP 필드 지정' 문서<sup>[PPPn]</sup>에 실려 있다. HDLC 규격에 따라 지정된 프로토콜 번호에서 최상위 바이트는 항상 0이며, 최하위 바이트의 최하위 비트는 항상 1이다. (16진수로 표현된) 0x0000-0x3FFF 범위의 값들은 네트워크 계층 프로토콜을 나타내며, 0x8000-0xBFFF 범위의 값들은 데이터가 연계된 어떤 NCP에 속한다는 것을 나타낸다. 0x4000-0x7FFF 범위의 프로토콜 값들은 어떤 NCP에도 연계돼 있지 않은 '소량<sup>low-volume</sup>' 프로토콜에 사용된다. 0xC000-0XEFFF 범위의 프로토콜 값들은 LCP와 같은 제어 프로토콜을 나타낸다. 일부 환경에서는 링크 확립 과정에서 PFC<sup>Protocol Field Compression, 프로토콜 필드 압축</sup> 옵션이 성공적으로 협상될 경우 프로토콜 필드가 1개의 바이트로 압축될 수 있다. 이러한 옵션은 0x0000-0x00FF 범위의 프로토콜 번호를 갖는 프로토콜들에 적용될 수 있으며, 보편적으로 사용되는 대부분의 네트워크 계층 프로토콜들은 여

기에 포함된다. 그렇지만 LCP 패킷들은 항상 압축되지 않은 2바이트 형식을 사용한다는
점을 유념하기 바란다.

PPP 프레임의 마지막 부분은 16비트 FCS인데, 생성자 다항식 10001000000100001을
사용해 계산한 CRC16 값이며, FCS 필드 자신과 플래그 바이트들을 제외한 전체 프레임
에 대해 계산된다. FCS 값은 바이트 채움이나 비트 채움을 수행하기 전의 프레임에 대해
계산된 것임을 유의하라. LCP 옵션(3.6.1.2절 참고)이 적용될 경우 CRC는 16비트에서 32
비트로 확장될 수 있으며, 이 경우에는 앞에서 언급된 이더넷을 위한 동일한 CRC32 생
성자 다항식을 사용한다.

### 3.6.1.1 LCP 동작

LCP는 기본 PPP 패킷 이상의 단순한 캡슐화를 사용하며, 그림 3-23에서 이를 보여준다.

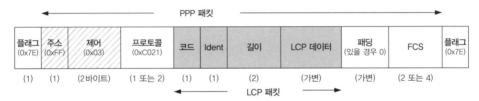

**그림 3-23** LCP 패킷은 캡슐화된 데이터의 유형과 길이를 표현할 수 있는 상당히 일반적인 형식을 갖는다. LCP 프레임들은 주로
PPP 링크의 확립에 사용되지만, 상당수의 네트워크 제어 프로토콜이 이러한 기본 형식을 바탕으로 한다.

LCP를 위한 PPP 프로토콜 필드 값은 항상 0xC021이며, 이 필드는 PFC를 사용해 제거
하지 않는데 모호성을 최소화하기 위함이다. Ident 필드는 LCP 요청 프레임의 발신자가
제공한 순서 번호이며, 메시지마다 1씩 증가된다. (ACK, NACK, REJECT 응답 등과 같은) 응
답을 형성할 때 요청 패킷 안에 포함돼 있는 Ident 필드의 값을 응답 패킷의 Ident 필드
로 복사한다. 이러한 방식을 사용함으로써 요청한 측은 이 값을 이용해 응답이 어떤 요청
에 관한 것인지 식별할 수 있다. 코드 필드는 요청이나 응답의 대상인 동작의 유형을 나
타내는데, 동작의 종류에는 설정 요청configure-request(0x01), 설정 ACKconfigure-ACK(0x02), 설
정 NACKconfigure-NACK(0x03), 설정 REJECTconfigure-REJECT(0x04), 종료 요청terminate-request
(0x05), 종료 ACKterminate-ACK(0x06), 코드 REJECTcode-REJECT(0x07), 프로토콜 REJECT
protocol-REJECT(0x08), 에코 요청echo-request(0x09), 에코 응답echo-reply(0x0A), 폐기 요청discard-
request(0x0B), 식별identification(0x0C), 잔여 시간time-remaining(0x0D) 등이 있다. 일반적으로

ACK 메시지는 옵션들에 대한 수락을 나타내며, NACK 메시지는 대안 제시와 함께 부분적으로 거부한다는 뜻이다. REJECT 메시지는 1개 이상의 옵션들에 대한 전면적 거부를 나타낸다. 코드가 거부됐다는 것은 이전 패킷에 포함된 필드 값들 중의 하나가 알려져 있는 값이 아님을 나타낸다. 길이 필드는 LCP 패킷의 길이를 바이트 단위로 표시하며, 링크의 MRU<sup>Maximum Received Unit, 최대 수신 단위</sup>를 초과해서는 안 된다. MRU는 뒤에서 논의하겠지만 일종의 최대 프레임 한도에 대한 권고 값이다. 길이 필드는 LCP 프로토콜의 한 부분임을 유의하기 바란다. 일반 PPP 프로토콜에서는 길이 필드를 두지 않는다.

LCP의 주된 작업은 최소한의 수준으로 점대점 링크의 가동을 시작하는 것이다. 설정 메시지들은 링크의 각 종단이 기본적인 설정 절차를 시작하고 설정 옵션의 값을 합의하게 한다. 종료 메시지들은 통신이 완료됐을 때 링크를 해제하기 위해 사용된다. LCP는 또한 앞에서 언급된 몇 가지 추가적인 기능들을 제공한다. 에코 요청/응답 메시지는 상대 개체의 동작을 확인하기 위해 링크가 활성화돼 있는 상태에서 아무 때나 LCP에 의해 교환될 수 있다. 폐기 요청 메시지는 성능 측정에 사용될 수 있으며, 상대 개체에 응답 없이 패킷을 폐기하게 지시한다. 식별과 잔여 시간 메시지는 관리 목적으로 사용되는데, 각기 상대 개체 시스템의 유형을 알아보기 위해, 그리고 링크 확립이 유지되는 잔여 시간을 표시하기 위해 사용되는데, 이러한 정보는 관리적 용도나 보안상의 용도 등으로 사용될 수 있다.

과거에 점대점 링크에서 자주 발생하는 문제가 있었는데, 이 문제는 원격 단말이 '루프백 모드'에 있을 때, 즉 '루프 상태'가 될 때 발생한다. 전화 회사의 광역 데이터 회로들을 테스트하기 위해 루프백 모드로 두는 경우가 가끔 있는데, 이 경우 한쪽에서 전송한 데이터를 상대 쪽에서 그대로 돌려보낸다. 이는 회선 테스트에서 유용할 수 있지만 데이터 통신에는 전혀 도움이 되지 않으므로, LCP에서는 (발신자가 임의로 선택하는 숫자인) 매직 숫자를 송신해서 동일한 유형의 메시지로 즉시 돌아오는지 확인하는 방법을 사용한다. 만일 그렇다면 회선은 루프 상태인 것이므로 보수 작업을 해야 할 가능성이 높다.

PPP 링크들이 어떻게 확립되고 옵션들이 어떻게 협상되는지 이해하는 데 도움을 주기 위해 그림 3-24에서는 단순화된 패킷 교환의 진행과 (링크의 양 종단에서 구현되는) 단순화된 상태 기계를 보여준다.

(모뎀에서 신호 탐지 등과 같이) 일단 하부 프로토콜 계층에서 연계가 활성화됐음을 나타내

는 순간 링크가 확립된 것으로 간주된다. 이 과정에서 링크 품질 보고와 ACK의 교환 (3.6.1.2절 참고) 등으로 이뤄지는 링크 품질 테스트가 함께 수행될 수도 있다. ISP에 접속할 때 등과 같이 링크가 인증을 요구하는 경우는 흔히 있으며, 이 경우 링크에 연결되는 한쪽 당사자나 양쪽 당사자 모두를 인증하기 위해 여러 추가적인 교환이 필요할 수도 있다. 하부 프로토콜이나 하드웨어가 (반송파 손실 등으로) 연계가 중단됐음을 나타내거나 링크 종료 요청을 보내고 상대 개체로부터 종료 ACK를 수신하게 되면 링크는 종료된다.

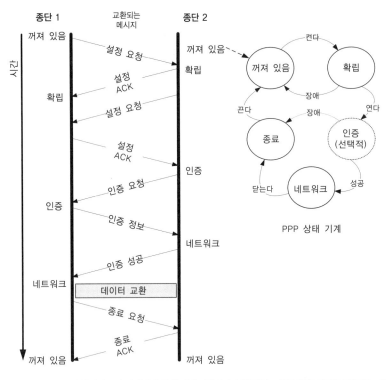

**그림 3-24** LCP는 PPP 링크의 확립과 종단 사이의 옵션 합의에 사용된다. 전형적인 교환은 옵션 목록을 포함하는 한 쌍의 설정 요청과 ACK, 인증 교환, 데이터 교환(세부 사항은 그림에서 생략됨), 종료 교환 등으로 이뤄진다. PPP는 여러 부분으로 이뤄진 일반적 용도의 프로토콜이므로 링크의 확립과 종료 사이에 다른 여러 가지 다른 동작이 발생할 수 있다.

### 3.6.1.2 LCP 옵션

LCP는 하나 이상의 NCP들이 사용할 링크를 확립하면서 몇 가지 옵션에 대한 협상도 진행할 수 있다. 여기에서는 자주 사용되는 두 가지 옵션을 살펴보기로 한다. ACCM Asynchronous Control Character Map, 비동기 제어 문자 맵 또는 'asyncmap'이라는 옵션은 PPP에서 어떤 제어 문자(0x00-0x1F 범위의 ASCII 문자)를 '이스케이프' 처리할 필요가 있는지를 규정한다. 문자에 대한 이스케이프 처리는 해당 문자의 원래 값을 전송하는 대신 원래의 제어 문자와 값 0x20에 대해 XOR 연산을 적용해 구한 값 앞에 PPP 이스케이프 문자(0x7D)를 덧붙여 전송한다. 예를 들면 XOFF 문자(0x13)는 0x7D33으로 전송된다. 제어 문자들이 하부 하드웨어의 동작에 영향을 미칠 수 있는 경우에 ACCM이 사용된다. 예를 들어 XON/XOFF 문자들을 사용하는 소프트웨어 흐름 제어가 작동 중이고 XOFF 문자가 이스케이프 처리 없이 링크를 통해 전달될 경우 하드웨어에서 XON 문자를 만날 때까지 데이터 전송을 멈춘다. 일반적으로 asyncmap 옵션은 32비트 16진수로 지정되는데, 하위 n번째 비트 자리에 1비트가 있으면 값이 n인 제어 문자는 이스케이프 처리돼야 함을 나타낸다. 따라서 asyncmap 0xffffffff는 모든 제어 문자를 이스케이프 처리할 것이며, 0x00000000은 어느 제어 문자도 이스케이프 처리하지 않을 것이고, 0x000A0000은 XON(0x11)과 XOFF(0x13)를 이스케이프 처리할 것이다. 0xffffffff가 기본값으로 지정돼 있기는 하지만, 오늘날 많은 링크는 asyncmap이 0x00000000으로 설정된 상태에서 안전하게 동작할 수 있다.

PPP에는 길이 필드가 없고 직렬 회선들은 프레임 구성을 지원하지 않으므로 이론상 PPP 프레임에 엄격한 길이 한도가 설정돼 있지는 않지만, 실상은 MRU를 지정함으로써 최대 프레임 크기를 정하는 경우가 많다. 호스트가 MRU 옵션(유형 0x01)을 지정할 경우 상대방 종단에게 MRU 설정값보다 긴 프레임은 전송하지 말라고 요구하는 것이다. MRU 값은 데이터 필드 길이를 바이트 수로 나타낸 것이며, (프로토콜, FCS, 플래그 필드 등의) 다양한 여타 PPP 오버헤드 필드들은 포함하지 않은 것이다. MRU의 값은 대체로 1,500이나 1,492로 정해지지만 65,535와 같이 큰 값도 사용될 수 있다. IPv6의 경우 최소한 1,280 이상이어야 한다. 표준에서는 PPP 구현들이 1,500바이트까지의 큰 프레임들도 수용할 수 있어야 한다고 규정하고 있으므로, MRU는 패킷 크기에 관한 엄격한 한도라기보다는 상대방에게 보내는 패킷 크기 권고값 정도의 의미를 갖는다. 동일한 PPP 링크상에서 큰 패킷들과 작은 패킷들이 섞여있을 때 큰 패킷들이 낮은 대역폭의 링크 대역폭의 대부분을 사용할 수도 있으며, 이 경우 작은 패킷들에 피해를 끼치게 된다. 이로 인해 발생하는 교란 현상(jitter, 지연 시간이 일정하지 않음)은 원격 로그인이나 VoIP 같은 대화형 애플리케이션에 부정적인 영향을 미칠 수 있다. MRU(또는 MTU) 값을 작게 설정함으로써 오버헤드는 다소 높아지겠지만, 이러한 문제를 완화시키는 데 도움될 수 있다.

PPP는 링크 품질 정보를 교환하기 위한 메커니즘을 지원한다. 옵션에 대한 협상이 진행되는 동안 특정 품질 프로토콜에 대한 요청을 포함하는 설정 메시지가 포함될 수 있다. 옵션 중에서 16비트가 프로토콜 지정을 위해 예약돼 있지만, 가장 흔히 사용되는 것은 LQR<sup>Link Quality Report, 링크 품질 보고</sup>에 관한 PPP 표준이며[RFC1989], PPP 프로토콜 필드에 0xC025라는 값을 사용한다. 이 옵션이 활성화돼 있으면 상대방 종단은 주기적으로 LQR들을 제공해야 한다. LQR 요청 사이의 최대 시간 간격은 설정 옵션에 포함되는 32비트 숫자로 인코딩되며 1/100초 단위로 표현된다. 종단들은 요청된 것보다 더 자주 LQR들을 생성할 수도 있다. LQR들은 매직 숫자, 송신 및 수신된 패킷의 수와 바이트 수, 오류 있는 도착 패킷의 수와 폐기된 패킷의 수, 교환된 전체 LQR의 수 등을 포함한다. 대체로의 구현에서는 상대 개체에 얼마나 자주 LQR들을 요청할지 사용자가 설정할 수 있게 해준다. 어떤 구현들에서는 품질 이력이 설정된 임계치를 충족하지 못할 경우 링크를 종료시키는 방법을 제공하기도 한다. LQR들에 대한 요청은 PPP 링크가 확립 상태에 도달한 후에 이뤄질 수 있다. 각 LQR에는 순서 번호가 주어지며, 따라서 시간에 따른 품질 추세를 판단할 수 있다. 이는 LQR들의 순서가 변경돼 있는 경우에도 가능하다.

많은 PPP 구현들은 콜백<sup>callback</sup> 기능을 지원한다. 전형적인 콜백 구성의 경우 PPP 다이얼업 콜백 클라이언트가 PPP 콜백 서버를 호출하고 인증 정보를 제공하면 서버가 연결을 끊은 다음 역으로 클라이언트를 호출한다. 이러한 방식은 통화 요금이 호출 방향에 따라 달라지는 상황이나 보안상의 이유로 유용할 수 있다. 콜백의 협상에 사용되는 프로토콜은 LCP 옵션 값 0x0D다[RFC1570]. 합의될 경우 CBCP<sup>Callback Control Protocol, 콜백 제어 프로토콜</sup>이 협상을 완료한다.

PPP에서 사용되는 압축 알고리즘과 암호화 알고리즘 중에는 운영 시 블록 크기라고 불리는 최소 바이트 수에 대한 요구 사항을 갖는 것들이 있다. 데이터의 길이가 충분하지 않을 때 블록 크기의 짝수 배가 되도록 길이를 맞추기 위해 패딩이 추가될 수 있다. 패딩이 필요할 경우 데이터 영역 뒤, 그리고 PPP FCS 필드 앞에 패딩이 위치한다. 자가 서술 패딩<sup>self-describing padding[RFC1570]</sup>이라는 패딩 방법에서는 패딩을 0이 아닌 값들로 채운다. 여기에서 각 바이트는 패딩 영역에서 자신의 오프셋 값을 갖는다. 즉, 패딩의 첫 번째 바이트는 0x01이라는 값을 가지며, 마지막 바이트는 추가된 패딩 바이트의 수에 해당하는 값을 갖는다. 이 방법에서는 최대 255바이트까지의 패딩이 지원된다. 자가 서술 패딩 옵션

(유형 10)은 상대 개체에게 이러한 형태의 패딩을 이해할 능력이 있음을 알리고 또 해당 연계에서 허용되는 최대 패딩 값을 나타내는 MPV<sup>Maximum Pad Value, 최대 패딩 값</sup>를 포함한다. 기본 PPP 프레임에는 명시적인 길이 필드가 존재하지 않으며, 따라서 수신자는 수신된 데이터 영역에서 패딩 바이트를 몇 개나 지워야 할지 결정하기 위해 자가 서술 패딩을 사용할 수 있다.

프레임마다 헤더를 전송하는 데 따른 고정 비용의 영향을 줄이기 위해 PPPMux<sup>[RFC3153]</sup>라는 방법이 도입됐다. 이 방법은 여러 개의 페이로드를 동일한 PPP 프레임 안에 다중화시키는데, 이 페이로드들은 서로 다른 프로토콜들의 페이로드들일 수도 있다. 주 PPP 헤더의 프로토콜 필드는 다중화 프레임<sup>multiplexed frame</sup>을 나타내는 0x0059로 설정되며, 각 페이로드 블록이 프레임 안에 삽입된다. 이러한 다중화를 달성하기 위해 1바이트 또는 4바이트 부프레임 헤더가 각 페이로드 블록 앞에 삽입되며, 그중 PFF라고 불리는 한 비트는 프로토콜 필드가 부프레임 헤더 안에 포함돼 있는지를 표시한다. LXT라고 불리는 한 비트는 그 뒤의 길이 필드가 1바이트인지 2바이트인지를 표시한다. 그다음에 외부 PPP 헤더와 동일한 값들과 동일한 압축 방식을 사용하는 1바이트 또는 2바이트의 프로토콜 ID가 포함될 수 있다. PPPMuxCP<sup>PPPMux Control Protocol, PPPMux 제어 프로토콜</sup>를 사용해 설정 상태를 설정했을 경우 부프레임 헤더가 확립된 기본 프로토콜 ID와 일치한다면 PFF는 프로토콜 ID 필드를 갖지 않음을 의미하는 값 0을 갖는다.

그림 3-19의 PPP 프레임 형식에 따르면 일반 PPP/HDLC FCS는 16비트가 될 수도 있고 32비트가 될 수도 있다. 기본값은 16이지만, 32비트 FCS 옵션으로 32비트 FCS를 활성화시킬 수도 있다. 기타 LCP 옵션들에는 PFC와 ACFC의 사용, 인증 알고리즘의 선택 등이 포함된다.

국제화 표준<sup>[RFC2484]</sup>에서는 사용할 언어와 문자 세트를 지정하는 방법을 제공한다. 문자 세트는 '문자 세트 등록부'<sup>[IANA-CHARSET]</sup>에 실려 있는 표준 값들 중 하나를 사용하며, 언어는 [RFC5646][RFC4647]의 목록 값 중에서 선택한다.

## 3.6.2 다중 링크 PPP(MP)

여러 개의 점대점 링크를 병합해 하나의 링크 역할을 하게 만들기 위해 MP<sup>Multilink PPP, 다중 링크 PPP[RFC1990]</sup>라는 이름의 특별한 PPP 옵션이 사용될 수 있다. 이러한 개념은 앞서 설명한 링크 병합과 비슷하며, (ISDN B 채널 등과 같은) 여러 개의 회로 스위치 채널을 병합하기 위해 사용돼 왔다. MP에는 다중 링크 지원을 표시하기 위한 특별한 LCP 옵션, 여러 링크를 거치면서 프레임들을 단편화하고 단편화된 PPP 프레임들을 다시 조합하기 위한 협상 프로토콜 등이 포함된다. 번들bundle이라고 불리는 병합 링크는 완전한 가상 링크로 동작하며, 자체 설정 정보를 포함할 수 있다. 번들은 여러 개의 멤버 링크로 이뤄지며, 각 멤버 링크 또한 자체 옵션을 가질 수 있다.

MP를 구현하기 위한 가장 단순한 방법은 패킷들을 멤버 링크들에 차례대로 번갈아가며 전송하는 것이다. 은행원 알고리즘이라고 불리는 이러한 방식에서는 패킷의 순서를 재조정하느라 다른 프로토콜들의 성능에 나쁜 영향을 미칠 수 있다(예를 들어 TCP는 패킷 순서 재조정을 통해서 정상적으로 동작할 수는 있지만, 순서 재조정을 하지 않을 때보다 속도가 느려진다). 그래서 MP는 은행원 알고리즘을 사용하지 않고 대신에 각 패킷 안에 2바이트 또는 4바이트 순서화 헤더sequencing header를 두며, 원격 MP 수신자가 순서를 재구성하는 작업을 수행한다. 데이터 프레임의 형식은 그림 3-25와 같다.

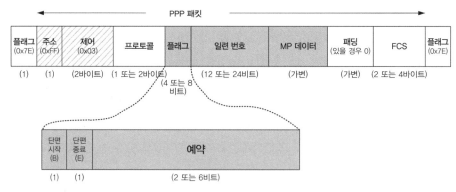

**그림 3-25** MP 단편은 다중 링크 번들의 원격 종단에서 단편들의 순서를 재구성할 수 있게 순서화 헤더를 포함한다. 순서화 헤더 형식으로 2바이트의 짧은 헤더와 4바이트의 긴 헤더 두 가지가 지원된다.

그림 3-25에서 단편 시작(B) 비트 필드, 단편 종료(E) 비트 필드, 순서 번호 필드 등을 포함하는 MP 단편을 볼 수 있다. 단편화 정보에 4바이트가 사용되는 긴 형식과 2바이트가 사용되는 짧은 형식이 있음에 유의하기 바란다. 어떤 형식이 사용될지는 옵션 협상 동안 LCP 짧은 순서 번호 옵션(유형 18)을 사용해 선택된다. 이 형식으로 프레임이 운반되지만 단편화되지는 않은 경우 B 비트와 E 비트 모두 1로 설정돼 이 단편이 첫 번째이면서 마

지막 단편, 즉 전체 프레임임을 나타낸다. 그 외의 경우에는 첫 번째 단편에서는 BE 비트 조합이 10, 마지막 단편에서는 BE 비트 조합이 01, 그리고 그 사이의 모든 단편에서는 BE 비트 조합이 00으로 설정된다. 순서 번호는 첫 번째 단편을 기준으로 해당 단편의 오프셋을 표시한다.

MP를 사용하도록 요청하려면 MRRU<sup>Multilink Maximum Received Reconstructed Unit, 다중 링크 최대 수신 재구성 단위, 유형 18</sup>라는 LCP 옵션을 포함시키면 되는데, MRRU는 번들에 적용되는 일종의 더 큰 MRU 역할을 한다. 멤버 링크 중 어느 것도 MRU보다도 큰 프레임을 MP 링크를 통해 전송할 수 있는데, 한도는 MRRU 값에 의해 정해진다.

하나의 MP 번들이 여러 멤버 링크에 걸쳐 전송될 수 있으므로 동일한 번들에 속하는 멤버 링크들을 식별하는 방법이 필요하다. 동일한 번들에 속하는 멤버 링크는 LCP 종단점 구별자 옵션(유형 19)으로 식별된다. 종단점 구별자<sup>endpoint discriminator</sup>는 전화번호일 수도 있고, IP 주소나 MAC 주소에서 유도된 숫자일 수도 있고, 어떤 관리용 문자열일 수도 있다. 각 멤버 링크에 공통된 값이라는 것 외에 이 옵션의 형식에 대한 제한은 별로 없다.

MP를 확립하는 기본적인 방법은 [RFC1990]에서 정의돼 있으며 멤버 링크들의 대칭적 사용을 기대한다. 즉, 고정된 개수의 링크 각각에 대략적으로 동일한 수의 단편들이 할당된다. 이보다 복잡한 할당 정책을 사용하는 BAP<sup>Bandwidth Allocation Protocol, 대역폭 할당 프로토콜</sup>와 BACP<sup>Bandwidth Allocation Control Protocol, 대역폭 할당 제어 프로토콜</sup>가 [RFC2125]에 규정돼 있다. BAP는 번들에서 동적으로 링크를 추가하거나 제거하기 위해 사용할 수 있으며, BACP는 BAP를 사용해 링크를 추가하거나 제거하는 방법에 관한 정보를 교환하기 위해 사용할 수 있다. 이러한 기능은 BOD<sup>Bandwidth On Demand, 대역폭 조절 기능</sup>를 구현하는 데 도움을 주기 위해 사용할 수 있다. 어떤 애플리케이션의 대역폭 수요를 충족시키기 위해 고정된 어떤 자원의 할당을 요하는 네트워크에서 BOD는 대체로 트래픽을 모니터링하다가 사용도가 높을 때 새로운 연결을 생성하고 사용도가 낮으면 연결을 끊는다. 이러한 방식은 요금이 사용 중인 연결의 수와 연관돼 있는 상황 등에서 유용할 수 있다.

BAP/BACP는 링크 구별자<sup>link discriminator</sup>라는 새로운 LCP 옵션(LCP 옵션 유형 23)을 이용한다. 이 옵션은 번들의 각 멤버 링크마다 다르게 요구되는 16비트 숫자를 포함하는데 이 숫자는 BAP에서 추가하거나 제거할 링크를 식별하기 위해 사용된다. BACP는 PPP 링크의 네트워크 단계 동안 번들마다 한 번씩 협상된다. 협상의 주된 목적은 우선 개체

favored peer를 식별하는 것이다. 즉 여러 개체 사이에서 둘 이상의 번들이 동시에 확립될 경우에는 우선 개체에 먼저 멤버 링크들을 할당한다.

BAP는 요청, 응답, 표시 등 세 가지 패킷 유형을 포함한다. 요청request은 번들에 링크를 추가하거나 번들에서 링크를 제거하게 요청할 때 사용된다. 표시indication는 추가 시도의 결과를 다시 원래의 요청자에게 전달하기 위한 것이며, 표시 또한 ACK 대상이다. 응답response은 이러한 요청들에 대한 ACK 또는 NACK이다. 이들에 대한 자세한 내용은 [RFC2125]에서 찾아볼 수 있다.

### 3.6.3 압축 제어 프로토콜(CCP)

PPP는 비교적 느린 다이얼업 모뎀을 사용할 때 선택되는 프로토콜이었다. 그러한 이유로 PPP 링크상에 전송되는 데이터를 압축하기 위한 여러 가지 방법이 개발됐다. 이러한 압축은 모뎀 하드웨어에서 지원되는 (V.42bis, V.44 등과 같은) 압축 유형들과는 차이가 있으며, 또한 나중에 설명할 프로토콜 헤더 압축과도 다르다. 오늘날 몇 가지 압축 방법들을 사용할 수 있는데, PPP 링크상의 각 방향에 어느 압축 방법을 사용할지 선택하기 위해서 LCP는 CCPCompression Control Protocol, 압축 제어 프로토콜[RFC1962] 활성화를 위한 옵션을 협상할 수 있다. CCP는 NCP(3.6.5절 참고)와 비슷한 역할을 하지만, 일단 LCP 링크 확립 교환에서 압축 옵션이 표시된 후의 압축 구성의 세부 사항들을 처리한다.

NCP와 비슷한 행동을 보이는 CCP도 링크가 네트워크 상태에 진입한 후에야 협상될 수 있다. CCP는 LCP와 동일한 패킷 교환 절차와 형식을 사용하지만 프로토콜 필드는 0x80FD로 설정된다. 또한 CCP에는 몇 가지 특별한 옵션이 있으며, 공통적인 코드 필드 값들(1-7) 외에도 리셋 요청reset-request(0x0e)과 리셋 ACKreset-ACK(0x0f)라는 2개의 새로운 작업이 정의돼 있다. 압축 프레임에서 오류가 탐지되면 상대 개체에게 (사전, 상태 변수, 상태 기계 등의) 압축 상태를 초기 상태로 되돌리도록 요청하기 위해 리셋 요청이 사용될 수 있다. 해당 개체는 리셋을 수행한 후 리셋 ACK로 응답한다.

PPP 프레임의 정보 영역(즉, LCP 데이터 영역과 패딩 영역을 포함하는 영역) 안에 1개 이상의 압축 패킷들을 운반할 수 있다. 압축 프레임의 프로토콜 필드 값은 0x00FD이지만, 여러 개의 압축 데이터그램이 있는지 표시하기 위해 사용되는 메커니즘은 개별 압축 알고리즘(3.6.6절 참고)에 따라 달라진다. MP와 결합돼 사용될 경우 CCP는 번들에 대해 사용될 수도 있고 멤버 링크들의 어떤 조합에 대해 사용될 수도 있다. 멤버 링크들에 대해서만 사용될 경우 프로토콜 필드는 개별 링크 압축 데이터그램을 나타내는 0x00FB로 설정된다.

CCP는 십여 개의 압축 알고리즘 중 하나를 활성화시킬 수 있다[PPPn]. 이 알고리즘 대부분은 공식 표준 트랙 IETF 문서에 규정돼 있지는 않은데 일부는 정보성 RFC에 기술돼 있다. 예를 들면 [RFC1977]은 BSD 압축 기법을 기술하고 있으며 [RFC2118]은 MPPC[Microsoft Point-to-Point Compression Protocol]를 기술하고 있다. 압축이 사용 중일 경우 더 이상의 처리에 앞서 PPP 프레임들이 재구성되며, 따라서 상위 계층의 PPP 동작들은 일반적으로 압축 프레임의 세부 사항에 대해 고려할 필요가 없다.

### 3.6.4 PPP 인증

PPP 링크가 네트워크 상태에서 동작을 개시하기에 앞서 어떤 인증 (신원 확인) 메커니즘을 사용해 상대 개체의 신원을 확립하는 것이 종종 필요하다. 기본 PPP 규격에서는 인증을 사용하지 않는 것이 기본이며, 이 경우에는 그림 3-24의 인증 교환이 사용되지 않을 것이다. 그러나 어떤 형태로든 인증이 요구되는 경우가 더 많으므로 이 상황에 대처하기 위해서 여러 프로토콜들이 오랜 기간 동안 발전해왔다. 3장에서는 이들에 대해 대략적으로 살펴보고 세부 사항에 대해서는 보안을 다루는 18장으로 미룬다. 인증을 아예 사용하지 않는 방법을 제외하고는 가장 단순하고 보안성이 낮은 인증 기법이 PAP[Password Authentication Protocol, 비밀번호 인증 프로토콜]라는 기법이다. 이 프로토콜은 아주 단순한데, 한 개체가 상대 개체에게 비밀번호를 요청하면 상대 개체는 비밀번호를 제공한다. 비밀번호는 PPP 링크상에서 암호화되지 않은 상태로 전송되므로, 회선상의 어떤 도청자라도 비밀번호를 캡처해뒀다가 나중에 사용할 수 있다. 이러한 중대한 취약점 때문에 PAP는 인증 방법으로 권장되지 않는다. PAP 패킷들은 프로토콜 필드의 값이 0xC023으로 설정된 LCP 패킷으로 인코딩된다.

CHAP[Challenge-Handshake Authentication Protocol, 도전 응답 인증 프로토콜[RFC1994]]는 약간 더 안전한 인증 방법을 제공한다. CHAP를 사용할 경우 인증자[authenticator]라고 불리는 한 개체가 상대 개체에게 난수값을 보낸다. 난수값과 공유 비밀 키를 조합해 만든 수를 응답으로 전송하는데, 이러한 조합을 위해 (역방향 계산이 어려운) 특별한 일방향 함수를 사용하며, 공유 비밀

키는 대체로 비밀번호로부터 도출된다. 이러한 응답을 수신했을 때 인증자는 상대 개체가 올바른 비밀번호를 갖고 있다는 사실을 대단히 높은 확률로 판단할 수 있다. CHAP 프로토콜은 키나 비밀번호를 암호화되지 않은 형태로 링크상에 전송하지 않으며, 따라서 어떤 도청자라도 비밀을 알 수는 없다. 매번 다른 난수 값이 사용되므로 매번 도전/응답에서 함수의 결과는 달라진다. 따라서 도청자가 그 값을 캡처했다고 하더라도 해당 개체로 위장하기 위해 그 값을 재사용할 수는 없다. 그렇지만 CHAP는 '중간자' 공격에는 취약하다(18장 참고).

EAP[RFC3748]는 여러 다른 네트워크 유형에서 이용할 수 있는 인증 프레임워크다. EAP는 PAP나 CHAP와 같은 단순 비밀번호에서 스마트카드나 생체 인증과 같은 훨씬 정교한 인증 유형에 이르기까지 다양한 (대략 40개 정도의) 인증 방법을 지원한다. EAP는 다양한 유형의 인증 형식들을 운반하기 위한 메시지 형식을 정의하고 있지만, 개별 유형의 링크상에서 EAP 메시지들을 어떻게 운반할 것인지 정의하는 추가적인 규격들이 필요하다.

PPP에서 EAP를 사용할 경우 지금까지 설명했던 기본 인증 방법이 다소 변경된다. 링크 확립의 초기인 LCP 링크 확립 단계에서 구체적인 인증 방법을 협상하는 대신 네트워크 상태 바로 앞인 인증 상태에 이를 때까지 인증 작업이 연기된다. 따라서 RAS<sup>Remote Access</sup> Server, 원격 접속 서버의 접속 제어 결정에 영향을 미치는데 사용되는 정보가 훨씬 다양해진다. 다양한 인증 메커니즘을 운반하기 위한 표준 프로토콜이 존재할 경우 네트워크 접속 서버는 EAP 메시지의 내용을 처리할 필요가 아예 없다. 접속 제어 결정을 위해 (RADIUS 서버[RFC2865] 등과 같은) 다른 인프라 차원의 인증 서버를 이용할 수 있는데, 현재 기업 네트워크나 ISP에서는 이러한 설계를 선택하고 있다.

### 3.6.5 네트워크 제어 프로토콜(NCP)

PPP 링크상에서 여러 다른 NCP가 사용될 수 있으며 때로 동시에 사용될 수도 있지만 여기에서는 IPv4와 IPv6를 지원하는 NCP들을 주로 살펴보자. IPv4를 지원하는 NCP는 IPCP<sup>IP Control Protocol, IP 제어 프로토콜[RFC1332]</sup>이며, IPv6를 지원하는 NCP는 IPV6CP[RFC5072]다. 일단 LCP가 링크 확립과 인증을 완료하면 링크의 각 종단은 네트워크 상태가 되며 0개 이상의 NCP들을 사용해 네트워크 계층 연계를 협상하는데, 대체로 IPCP처럼 1개의 NCP가 사용된다.

IPv4를 위한 표준 NCP인 IPCP는 링크상에 IPv4 연결성을 확립하고 VJ 압축<sup>Van Jacobson</sup> header compression[RFC1144]을 설정하기 위해 사용될 수 있다. IPCP 패킷들은 PPP 상태 기계가 네트워크 상태에 도달한 후 교환될 수 있다. IPCP 패킷들은 LCP와 동일한 패킷 교환 메커니즘과 패킷 형식을 사용하지만 프로토콜 필드는 0x8021로 설정되며 코드 필드는 0-7의 범위로 제한된다. 이 범위의 코드 필드 값은 벤더 지정[RFC2153], 설정 요청, 설정 ACK, 설정 REJECT, 종료 요청, 종료 ACK, 코드 REJECT 등의 메시지 유형에 해당된다. IPCP는 IP 압축 프로토콜(2), IPv4 주소(3), 모바일 IPv4[RFC2290] (4) 등을 포함하는 여러 가지 옵션을 협상할 수 있다. 주 도메인 네임 서버와 보조 도메인 네임 서버 등의 위치를 찾기 위한 다른 옵션들도 이용될 수 있다(11장 참고).

IPV6CP는 LCP와 거의 같은 패킷 교환 메커니즘과 패킷 형식을 사용하지만 인터페이스 ID와 IPv6 압축 프로토콜이라는 2개의 다른 옵션을 지원한다. 인터페이스 ID는 링크 로컬 IPv6 주소의 형성을 위한 기초로 사용되는 64비트 IID 값(2장 참고)을 전달하기 위해 사용된다. 인터페이스 ID는 로컬 링크에서만 사용되므로 전역적으로 고유할 필요는 없다. 링크 로컬 IPv6 주소를 만들려면 IPv6 주소의 상위 비트들에는 표준적인 링크 로컬 프리픽스를 사용하고 하위 비트들에는 터페이스 ID의 함수를 사용한다. 이는 IPv6 자동 설정과 비슷하다(6장 참고).

## 3.6.6 헤더 압축

PPP 다이얼업 회선들은 54,000bps 이하라는 비교적 느린 속도로 동작했으며 TCP/IP에서는 (TCP의 ACK와 같이, 15장 참고) 작은 패킷들이 많이 사용됐다. 이러한 패킷들의 대부분은 TCP 헤더와 IP 헤더를 포함하는데, 이러한 헤더들의 내용 대부분은 동일한 TCP 연결상의 패킷들에서 거의 변하지 않는다. 다른 상위 계층 프로토콜들도 비슷하게 동작한다. 따라서 상위 계층 프로토콜들의 헤더들을 압축하는 (또는 제거하는) 방법은 유용하며 비교적 느린 점대점 링크상에서 운반되는 바이트 수를 줄일 수 있다. 헤더들의 압축이나 제거에 이용되는 방법들은 시간이 지나면서 진화해왔다. 앞서 언급된 VJ 압축부터 시작해 연도순으로 이들에 대해 살펴본다.

VJ 압축에서는 상위 계층의 (TCP와 IP) 헤더 부분을 작은 1바이트 연결 ID로 대체한다. [RFC1144]에서는 CSLIP<sup>Compressed Serial Line IP, 압축 직렬 회선 IP</sup>라는 더 오래된 점대점 프로토콜을 사용하는 이 방식의 근원에 대해 서술하고 있다. 대체로의 IPv4 헤더는 20바이트이며, 옵션이 포함되지 않은 TCP 헤더도 또 20바이트를 차지한다. 이들을 합하면 보통의 TCP/IPv4 헤더 조합은 40바이트가 되며 필드 중 상당수는 패킷이 바뀌어도 내용이 변하지 않는다. 또 패킷마다 내용이 달라지는 필드도 약간만 혹은 제한적으로만 달라진다. 따라서 달라지지 않는 값을 링크 상에서 한 번(또는 몇 번)전송하고 테이블에 저장한 뒤 후속 패킷에서는 그 값 대신에 크기가 작은 인덱스로 대체하는 방법을 사용할 수 있다. 또 제한적으로만 변하는 값에 대해서는 변화량을 전송하는 차등 인코딩을 사용할 수 있다. 이러한 방법으로 전체 40바이트 헤더를 대체로 3 내지 4바이트 정도로 압축할 수 있으며 이를 통해 느린 링크상에서 TCP/IP 성능을 현저히 개선할 수 있다.

더욱 발전한 헤더 압축 방법은 IP 헤더 압축[RFC2507][RFC3544]이다. 이 방법에서는 TCP나 UDP 전송 계층 프로토콜도 사용하고 IPv4 또는 IPv6 네트워크 계층 프로토콜도 사용해 여러 패킷들의 헤더들을 압축하는 방법을 제공한다. 이 기법은 VJ 압축을 논리적으로 확장하고 일반화한 것으로서 더 많은 프로토콜들에 적용될 수 있고 PPP 링크 이외의 다른 링크들에도 적용될 수 있다. 전송 도중에 압축 헤더 값들이 손상될 경우 링크의 출구에서 오류 패킷이 만들어질 수 있으므로 [RFC2507]에서는 하부 링크 계층에 강력한 오류 탐지 메커니즘이 필요하다고 지적하고 있다. PPP처럼 강력한 FCS 계산을 채택하지 않은 링크에서 헤더 압축이 사용될 경우에는 이러한 메커니즘이 중요하다.

헤더 압축의 진화 과정에서 가장 최근의 것은 ROHC[Robust Header Compression][RFC5225]인데 이 기법에서는 IP 헤더 압축을 더욱 일반화해 더 많은 전송 프로토콜들을 처리할 수 있으며, 두 종류 이상의 헤더 압축을 동시에 적용할 수 있다. 앞에서 언급된 IP 헤더 압축과 마찬가지로 PPP 링크를 포함해 여러 유형의 링크상에서 사용될 수 있다.

### 3.6.7 예제

전화접속 모뎀으로 클라이언트와 통신하는 PPP 서버의 디버깅 출력을 살펴보자. 전화 모뎀으로 서버에 접속하는 클라이언트는 IPv6을 지원하는 윈도우 비스타 PC고, 서버는 리눅스 컴퓨터다. 비스타 컴퓨터는 시연을 위해 단일 링크들에서도 다중 링크 기능을 협상하게 설정돼 있으며(**속성 > 옵션 > PPP 설정**), 서버는 CCP를 사용해 협상된 암호화 프로토콜을 요구하도록 설정돼 있다(다음 출력의 MPPE 참고).

```
data dev=ttyS0, pid=28280, caller='none', conn='38400',
    name='',cmd='/usr/sbin/pppd', user='/AutoPPP/'
pppd 2.4.4 started by a_ppp, uid 0
using channel 54
Using interface ppp0
ppp0 <--> /dev/ttyS0
sent [LCP ConfReq id=0x1 <asyncmap 0x0> <auth eap>
    <magic 0xa5ccc449><pcomp> <accomp>]
rcvd [LCP ConfNak id=0x1 <auth chap MS-v2>]
sent [LCP ConfReq id=0x2 <asyncmap 0x0> <auth chap MS-v2>
    <magic 0xa5ccc449><pcomp> <accomp>]
rcvd [LCP ConfAck id=0x2 <asyncmap 0x0> <auth chap MS-v2>
    <magic 0xa5ccc449><pcomp> <accomp>]
rcvd [LCP ConfReq id=0x2 <asyncmap 0x0> <magic 0xa531e06>
    <pcomp> <accomp><callback CBCP> <mrru 1614>
    <endpoint [local:12.92.67.ef.2f.fe.44.6e.84.f8.
           c9.3f.5f.8c.5c.41.00.00.00.00]>]
sent [LCP ConfRej id=0x2 <callback CBCP> <mrru 1614>]
rcvd [LCP ConfReq id=0x3 <asyncmap 0x0> <magic 0xa531e06>
    <pcomp> <accomp>
    <endpoint [local:12.92.67.ef.2f.fe.44.6e.84.f8.
           c9.3f.5f.8c.5c.41.00.00.00.00]>]
sent [LCP ConfAck id=0x3 <asyncmap 0x0> <magic 0xa531e06>
    <pcomp> <accomp>
    <endpoint [local:12.92.67.ef.2f.fe.44.6e.84.f8.
           c9.3f.5f.8c.5c.41.00.00.00.00]>]
sent [CHAP Challenge id=0x1a <4d53c52b8e7dcfe7a9ea438b2b4daf55>,
    name = "dialer"]
rcvd [LCP Ident id=0x4 magic=0xa531e06 "MSRASV5.20"]
rcvd [LCP Ident id=0x5 magic=0xa531e06 "MSRAS-0-VISTA"]
rcvd [CHAP Response id=0x1a
    <4b5dc95ed4e1788b959025de0233d4fc0000000
     00000000033a555d2a77bd1fa692f2a0af707cd 4f0c0072c379c82e0f00>,
    name = "dialer"]
sent [CHAP Success id=0x1a
    "S=7E0B6B513215C87520BEF6725EF8A9945C28E918M=Access granted"]
sent [CCP ConfReq id=0x1 <mppe -M -D -C>]
rcvd [IPV6CP ConfReq id=0x6 <addr fe80::0000:0000:dead:beef>]
sent [IPV6CP TermAck id=0x6]
rcvd [CCP ConfReq id=0x7 <mppe -H -M -S -L -D >]
sent [CCP ConfNak id=0x7 <mppe -M -D -C>]
rcvd [IPCP ConfReq id=0x8 <compress VJ 0f 01> <addr 0.0.0.0>
    <ms-dns1 0.0.0.0> <ms-wins 0.0.0.0> <ms-dns3 0.0.0.0>
    <ms-wins 0.0.0.0>]
sent [IPCP TermAck id=0x8]
```

```
rcvd [CCP ConfNak id=0x1 <mppe -H -M -L -D -C>]
sent [CCP ConfReq id=0x2 <mppe -H -M -L -D -C>]
rcvd [CCP ConfReq id=0x9 <mppe -H -M -L -D -C>]
sent [CCP ConfAck id=0x9 <mppe -H -M -L -D -C>]
rcvd [CCP ConfAck id=0x2 <mppe -H -M -L -D -C>]
MPPE 128-bit stateful compression enabled
sent [IPCP ConfReq id=0x1 <compress VJ 0f 01> <addr 192.168.0.1>]
sent [IPV6CP ConfReq id=0x1 <addr fe80::0206:5bff:fedd:c5c3>]
rcvd [IPCP ConfAck id=0x1 <compress VJ 0f 01> <addr 192.168.0.1>]
rcvd [IPV6CP ConfAck id=0x1 <addr fe80::0206:5bff:fedd:c5c3>]
rcvd [IPCP ConfReq id=0xa <compress VJ 0f 01>
    <addr 0.0.0.0> <ms-dns1 0.0.0.0>
    <ms-wins 0.0.0.0> <ms-dns3 0.0.0.0> <ms-wins 0.0.0.0>]
sent [IPCP ConfRej id=0xa <ms-wins 0.0.0.0> <ms-wins 0.0.0.0>]
rcvd [IPV6CP ConfReq id=0xb <addr fe80::0000:0000:dead:beef>]
sent [IPV6CP ConfAck id=0xb <addr fe80::0000:0000:dead:beef>]
rcvd [IPCP ConfAck id=0x1 <compress VJ 0f 01> <addr 192.168.0.1>]
rcvd [IPV6CP ConfAck id=0x1 <addr fe80::0206:5bff:fedd:c5c3>]
local LL address fe80::0206:5bff:fedd:c5c3
remote LL address fe80::0000:0000:dead:beef
rcvd [IPCP ConfReq id=0xc <compress VJ 0f 01>
    <addr 0.0.0.0> <ms-dns1 0.0.0.0> <ms-dns3 0.0.0.0>]
sent [IPCP ConfNak id=0xc <addr 192.168.0.2> <ms-dns1 192.168.0.1>
    <ms-dns3 192.168.0.1>]
sent [IPCP ConfAck id=0xd <compress VJ 0f 01> <addr 192.168.0.2>
    <ms-dns1 192.168.0.1> <ms-dns3 192.168.0.1>]
local IP address 192.168.0.1
remote IP address 192.168.0.2
... data ...
```

이 디버깅 출력은 PPP 교환이 어떻게 진행되는지 서버 관점에서 꽤 상세하게 보여주고 있다. PPP 서버 프로세스는 ppp0이라는 (가상) 네트워크 인터페이스를 생성해 직렬 포트 ttyS0에 연결된 전화 접속 모뎀을 통해 들어오는 연결을 기다리게 한다. 연결이 수신되면 서버는 asyncmap 0x0, EAP 인증, PFC, ACFC 등을 요청한다. 클라이언트는 EAP 인증을 거부하고 대신 MS-CHAP-v2[RFC2759]를 제안한다(ConfNak). 서버는 이번에는 MS-CHAP-v2를 사용해 다시 시도하는데 클라이언트는 이를 수용하고 ACK를 보낸다(ConfAck). 그런 다음 들어오는 요청에는 CBCP, MP 지원과 연계된 1,614바이트의 MRRU, 종단점 ID 등이 포함돼 있다. 서버는 CBCP와 다중 링크 동작에 대한 요청을 거부한다(ConfRej). 클라이언트는 이번에는 MRRU 없이 종단점 구별자를 다시 전송하는

데 이는 수용되고 ACK된다. 그런 다음 서버는 dialer라는 이름과 함께 CHAP 도전 값을 전송한다. 도전 값에 대한 응답이 도착하기 전에 2개의 신원 정보 메시지들이 도착하며 상대 개체를 나타내는 식별 문자열이 MSRASV5.20과 MSRAS-0-VISTA임을 알려준다. 끝으로 CHAP 응답이 도착해 올바른 응답임이 검증되고 ACK를 통해 접속이 허가됐음을 표시한다. 그런 다음 PPP는 네트워크 상태로 이동한다.

일단 네트워크 상태가 되면 CCP, IPCP, IPV6CP NCP 등이 교환된다. CCP는 MPPE<sup>Microsoft Point-to-Point Encryption, 마이크로소프트 점대점 암호화[RFC3078]</sup> 협상을 시도한다. MPPE는 실제로는 암호화 프로토콜이기 때문에 패킷을 압축하는 것이 아니라 오히려 4바이트만큼 확장한다. 그렇지만 MPPE는 협상 프로세스의 초반에 암호화의 확립을 위한 비교적 간단한 수단을 제공한다. 옵션 +H -M +S -D -C는 MPPE 상태 상실<sup>stateless</sup> 동작이 필요한지(H), 사용 가능한 암호 키의 강도<sup>strength</sup>가 무엇인지(S: secure, M: medium, L: low), 이제는 사용되지 않는 D 비트, MPPC<sup>[RFC2118]</sup>라는 별도의 사설 압축 프로토콜이 필요한지(C) 등을 표시한다. 최종적으로 두 개체는 강력한 128비트 키를 사용하는 상태 유지 모드(-H, +S)에 합의한다. 협상의 중간쯤에서 클라이언트가 IPCP 요청을 보내려고 시도하지만 서버가 요청되지도 않은 TermAck로 응답하는데, 이것은 LCP에서 정의된 메시지로 ICPC에서 채택했다. 이 메시지는 서버가 '재협상을 필요로 하고 있음'을 나타내기 위해 사용된다<sup>[RFC1661]</sup>.

성공적인 MPPE 협상 후 서버는 VJ 압축의 사용을 요청하고 자신의 IPv4와 IPv6 주소인 192.168.0.1과 fe80::0206:5bff:fedd:c5c3을 제공한다. 이 IPv6 주소는 서버의 이더넷 MAC 주소인 00:06:5B:DD:C5:C3에서 유도된 것이다. 클라이언트는 처음에 IPCP를 사용해 자신의 IPv4 주소와 네임 서버를 0.0.0.0으로 제안하지만 이는 거부된다. 그다음에 클라이언트는 fe80::0000:0000:dead:beef를 자신의 IPv6 주소로 사용하게 요청하며 이는 수용되고 ACK된다. 끝으로 클라이언트는 서버의 IPv4 주소와 IPv6 주소 모두에 대해 ACK를 보내면 IPv6 주소들이 확립된다. 그런 다음 클라이언트는 다시 IPv4 주소와 네임 서버 주소로 0.0.0.0을 요청하는데, 이는 거부되고 대신 192.168.0.1을 선택한다. 이들은 수용되고 ACK된다.

이 교환에서 볼 수 있듯이 PPP 협상은 유연하면서도 장황하다. 시도, 거부, 재협상될 수 있는 옵션의 수가 상당히 많다. 이러한 점은 지연 시간이 짧은 링크에서는 큰 문제가 되지 않을 수도 있지만 각 메시지가 목적지에 도달하는 데 위성 링크처럼 몇 초나 그 이상이 소요된다고 상상해보라. 링크 확립은 사용자에게 너무 길게 느껴지는 절차가 될 것이다.

## 3.7 루프백

의외라고 생각할 수 있지만 클라이언트는 자신과 동일한 컴퓨터에서 실행 중인 서버와 TCP/IP 등의 인터넷 프로토콜을 사용해서 통신하고 싶어할 때가 많다. 그래서 대부분의 구현은 네트워크 계층에서 루프백$^{loopback}$ 기능을 지원하는데, 일반적으로 가상 루프백 네트워크 인터페이스 형태를 취한다. 이것은 실제 네트워크 인터페이스와 비슷하게 동작하지만, 실제로는 동일한 호스트 컴퓨터상에서 TCP/IP나 다른 통신을 가능하게 하기 위해 운영체제가 지원하는 특별한 소프트웨어다. 127로 시작되는 IPv4 주소가 이러한 용도로 예약돼 있으며 IPv6 주소 ::1도 마찬가지다(IPv4와 IPv6에서의 주소 표현에 대해서는 2장을 참고). 전통적으로 리눅스를 포함하는 유닉스 계열의 시스템들에서는 루프백 인터페이스에 IPv4 주소 127.0.0.1을(IPv6에서는 ::1을) 지정하며, 또한 localhost라는 이름을 지정한다. 루프백 인터페이스로 전송되는 IP 데이터그램은 네트워크상에 나타나서는 안 된다. 전송 계층이 상대방 종단이 루프백 주소인 것을 알고 전송 계층 로직의 일부와 네트워크 계층 로직 전부를 합쳐서 수행하면 어떻게 하냐고 우려할 수도 있지만, 대부분의 구현은 전송 계층과 네트워크 계층에서 데이터 처리를 완료한 후, IP 데이터그램이 네트워크 계층 하단을 떠날 때만 그 데이터그램을 다시 네트워크 스택에 넣는다. 루프백 인터페이스는 성능 측정 용도로로 쓸 만한데, 네트워크 스택 소프트웨어의 실행에 소요되는 시간을 하드웨어 오버헤드가 전혀 없는 상태에서 측정할 수 있기 때문이다. 리눅스에서 루프백 인터페이스는 lo라고 불린다.

```
Linux% ifconfig lo
lo Link encap:Local Loopback
        inet addr:127.0.0.1 Mask:255.0.0.0
        inet6 addr: ::1/128 Scope:Host
        UP LOOPBACK RUNNING MTU:16436 Metric:1
        RX packets:458511 errors:0 dropped:0 overruns:0 frame:0
        TX packets:458511 errors:0 dropped:0 overruns:0 carrier:0
        collisions:0 txqueuelen:0
```

```
          RX bytes:266049199 (253.7 MiB)
          TX bytes:266049199 (253.7 MiB)
```

여기에서 로컬 루프백 인터페이스는 IPv4 주소 **127.0.0.1**과 (클래스 기반 주소 지정 방식에서 클래스 A 네트워크 번호 127에 대응되는) 서브넷 마스크 **255.0.0.0**을 갖고 있는 것을 볼 수 있다. IPv6 주소 ::1은 128비트 길이의 프리픽스를 가지며, 따라서 단 1개의 주소를 나타낸다. 이 인터페이스는 16KB의 MTU를 갖는데, 이는 훨씬 더 큰 크기인 2GB까지로 설정될 수 있다. 2개월 전 이 컴퓨터가 가동되기 시작한 이후 거의 50만 개의 패킷에 이르는 다량의 트래픽이 오류 없이 이 인터페이스를 거쳐 갔다. 사실 로컬 루프백 장치는 네트워크상에 패킷들을 전송하는 것이 아니기 때문에 여기에서 오류가 있을 것으로 기대하지는 않을 것이다.

윈도우에서는 마이크로소프트 루프백 어댑터가 기본으로 설치되지는 않지만 그래도 IP 루프백은 지원된다. 루프백 어댑터는 물리적 네트워크 인터페이스가 없는 경우에도 다양한 네트워크 설정을 테스트하기 위해 사용될 수 있다. 윈도우 XP에서 루프백 어댑터를 설치하려면 **시작** 메뉴 ➤ **제어판** ➤ **새 하드웨어 추가** ➤ 목록에서 **네트워크 어댑터** 선택 ➤ 제조업체로 **마이크로소프트** 선택 ➤ **마이크로소프트 루프백 어댑터** 선택 등의 과정을 거친다. 윈도우 비스타나 윈도우 7의 경우 명령 프롬프트에서 프로그램 hdwwiz를 실행시킨 후 수동으로 마이크로소프트 루프백 어댑터를 추가한다. 일단 이를 수행한 후에 ipconfig 명령을 실행하면 다음과 같은 결과를 볼 수 있다(이 예는 윈도우 비스타에서 실행했다).

```
C:\> ipconfig /all
...
Ethernet adapter Local Area Connection 2:
   Connection-specific DNS Suffix . . :
   Description . . . . . . . . . . . . : Microsoft Loopback Adapter
   Physical Address. . . . . . . . . . : 02-00-4C-4F-4F-50
   DHCP Enabled. . . . . . . . . . . . : Yes
   Autoconfiguration Enabled . . . . . : Yes
   Link-local IPv6 Address . . . . . . :
        fe80::9c0d:77a:52b8:39f0%18(Preferred)
   Autoconfiguration IPv4 Address. . . : 169.254.57.240(Preferred)
   Subnet Mask . . . . . . . . . . . . : 255.255.0.0
   Default Gateway . . . . . . . . . . :
   DHCPv6 IAID . . . . . . . . . . . . : 302121036
   DNS Servers . . . . . . . . . . . . : fec0:0:0:ffff::1%1
```

```
          fec0:0:0:ffff::2%1
          fec0:0:0:ffff::3%1
NetBIOS over Tcpip . . . . . . . . . . . : Enabled
```

위의 결과에서 인터페이스가 생성되고 IPv4 주소와 IPv6 주소가 모두 지정되고, 일종의
가상 이더넷 장치의 모습을 갖는 것을 볼 수 있다. 이제 이 컴퓨터는 여러 개의 루프백 주
소를 갖는다.

```
C:\> ping 127.1.2.3
Pinging 127.1.2.3 with 32 bytes of data:
Reply from 127.1.2.3: bytes=32 time<1ms TTL=128
Reply from 127.1.2.3: bytes=32 time<1ms TTL=128
Reply from 127.1.2.3: bytes=32 time<1ms TTL=128
Reply from 127.1.2.3: bytes=32 time<1ms TTL=128
Ping statistics for 127.1.2.3:
        Packets: Sent = 4, Received = 4, Lost = 0 (0% loss),
Approximate round trip times in milli-seconds:
        Minimum = 0ms, Maximum = 0ms, Average = 0ms


C:\> ping ::1
Pinging ::1 from ::1 with 32 bytes of data:
Reply from ::1: time<1ms
Reply from ::1: time<1ms
Reply from ::1: time<1ms
Reply from ::1: time<1ms
Ping statistics for ::1:
        Packets: Sent = 4, Received = 4, Lost = 0 (0% loss),
Approximate round trip times in milli-seconds:

        Minimum = 0ms, Maximum = 0ms, Average = 0ms


C:\> ping 169.254.57.240
Pinging 169.254.57.240127.1.2.3 with 32 bytes of data:
Reply from 169.254.57.240: bytes=32 time<1ms TTL=128
Reply from 169.254.57.240: bytes=32 time<1ms TTL=128
Reply from 169.254.57.240: bytes=32 time<1ms TTL=128
Reply from 169.254.57.240: bytes=32 time<1ms TTL=128
Ping statistics for 169.254.57.240:
        Packets: Sent = 4, Received = 4, Lost = 0 (0% loss),
Approximate round trip times in milli-seconds:
        Minimum = 0ms, Maximum = 0ms, Average = 0ms
```

위의 결과로부터 IPv4에서 127로 시작되는 모든 목적지 주소는 루프백 주소임을 알 수 있다. 그러나 IPv6의 경우 ::1이라는 1개의 주소만이 루프백 용도로 정의돼 있다. 또한 주소가 169.254.57.240인 루프백 어댑터는 데이터를 지체 없이 돌려준 것을 볼 수 있다. 9장에서 다시 살펴볼 미묘한 문제는 멀티캐스트나 브로드캐스트 데이터그램을 (루프백 인터페이스상에서) 동일한 컴퓨터로 다시 복제해야 하는가다. 이에 관한 선택은 개별 애플리케이션에서 정할 수 있다.

## 3.8 MTU와 경로 MTU

그림 3-3에서 볼 수 있듯이 이더넷과 같은 링크 계층 네트워크에서 상위 계층 프로토콜 PDU를 운반하는 프레임의 크기에는 제한이 있다. 그래서 이더넷에서 페이로드의 크기는 약 1,500바이트로 제한되며 PPP에서도 이더넷과의 호환성을 유지하기 위해 대체로 동일한 값을 사용한다. 링크 계층에서 이러한 특성은 MTU<sup>maximum transmission unit, 최대 전송 단위</sup>라고 불린다. 이더넷과 같은 대부분의 패킷 네트워크는 고정된 상한 값을 갖는다. 직렬 링크와 같은 대부분의 스트림 유형 네트워크는 상한 값을 설정할 수 있으며 PPP와 같은 프레임 구성 프로토콜은 이 설정값을 사용한다. IP가 송신할 데이터그램을 갖고 있고 이 데이터그램이 링크 계층의 MTU보다 클 경우 IP는 단편화<sup>fragmentation</sup>를 수행해 데이터그램을 작은 단편들로 분할해 각 단편이 MTU보다 작게 만든다. IP 단편화에 대해서는 5장과 10장에서 살펴본다.

동일한 네트워크상의 두 호스트 사이의 통신에서 사용되는 데이터그램의 크기에 직접적인 영향을 미치는 것은 이들을 상호 연결하는 로컬 링크의 MTU다. 두 호스트가 여러 네트워크를 거쳐 통신할 경우 각 링크마다 서로 다른 MTU를 가질 수 있는데, 두 호스트 간의 모든 링크들로 구성된 네트워크 경로상에서 값이 가장 작은 MTU를 가리켜서 경로 MTU<sup>path MTU</sup>라고 한다.

임의의 두 호스트 사이의 경로 MTU는 상수로 고정될 필요는 없다. 경로 MTU는 특정 시점에 사용 중인 경로에 따라 달라지며 네트워크 안의 링크나 라우터에 장애가 발생하면 경로가 달라질 수 있다. 또한 경로들은 대칭이 아닌 경우가 종종 있다. 즉 호스트 A에서 호스트 B로 가는 경로와 그 역방향의 경로가 달라질 수도 있으며, 따라서 양방향의 경로 MTU가 반드시 동일할 필요는 없다.

[RFC1191]에서는 IPv4를 위한 PMTUD^Path MTU Discovery, 경로 MTU 탐색 메커니즘을 규정하고 있으며 [RFC1981]에서는 IPv6 버전을 규정하고 있다. 이 메커니즘들에서 발생하는 문제점 중 일부를 피하는 보완책은 [RFC4821]에 서술돼 있다. PMTU 탐색은 특정 시점의 경로 MTU를 결정하기 위해 사용되며 IPv6 구현에서는 필수 항목이다. 이후의 장들에서 ICMP와 IP 단편화에 대해 서술한 후에 이러한 메커니즘이 어떻게 동작하는지 살펴본다. 또한 TCP와 UDP를 설명할 때 경로 MTU가 전송 성능에 어떤 영향을 미치는지도 살펴본다.

## 3.9 터널링의 기초

경우에 따라서는 인터넷이나 다른 네트워크를 통해 두 컴퓨터 사이에 가상 링크를 확립하는 것이 유용할 수 있다. 예를 들어 VPN이 이런 유형의 서비스를 제공한다. 그리고 이러한 유형의 서비스를 구현하기 위해 가장 많이 사용되는 방법이 터널링^tunneling이다. 일반적으로 터널링은 하위 계층 트래픽을 상위 계층(또는 동일 계층) 패킷 안에서 운반하는 개념이다. 예를 들면 IPv4는 IPv4 패킷이나 IPv6 패킷 안에 운반될 수 있고 이더넷은 UDP 패킷 또는 IPv4 패킷 또는 IPv6 패킷 안에 운반될 수 있다. 터널링은 프로토콜들의 엄격한 계층화를 뒤집어 오버레이 네트워크^overlay network의 형성을 가능하게 한다. 오버레이 네트워크란 그 안의 '링크'가 물리적으로 연결된 링크가 아니라 다른 프로토콜로 구현된 가상 링크인 네트워크를 말한다. 터널링은 대단히 강력하고 유용한 기법이다. 여기에서는 몇 가지 터널링 선택지들의 기초를 알아보자.

한 프로토콜의 패킷을 다른 프로토콜상에서, 또는 한 계층의 패킷을 다른 계층상에서 터널링하기 위한 방법은 아주 다양하다. 터널의 확립에 사용되는 가장 흔한 프로토콜 세 가지는 GRE^Generic Routing Encapsulation, 일반형 라우팅 캡슐화[RFC2784], 마이크로소프트 전용의 PPTP^Point-to-Point Tunneling Protocol, 점대점 터널링 프로토콜[RFC2637], L2TP^Layer 2 Tunneling Protocol, 2계층 터널링 프로토콜[RFC3931] 이다. 이들 외에도 초창기의 비표준 IP-in-IP 터널링 프로토콜^[RFC1853]이 있다. GRE와 LT2P는 각기 IP-in-IP와 PPTP를 표준화하고 대체하기 위해 개발됐지만, 이 프로토콜들은 여전히 모두 사용 중이다. 여기에서는 GRE와 PPTP에 초점을 맞추되 PPTP를 더욱 자세히 살펴볼 텐데, 이는 PPTP가 IETF 표준은 아니지만 개별 사용자들이 더 많이 접하는 방법이기 때문이다. L2TP는 종종 IP 계층에서 보안을 제공하는 IPsec(18

장 참고)과 함께 사용되는데, 그 이유는 L2TP 자체로는 보안을 제공하지 못하기 때문이다. GRE와 PPTP는 밀접하게 연관돼 있으므로, 이제 그림 3-26에서 GRE 헤더의 원래 표준 형식과 수정된 표준 형식을 살펴보자.

**그림 3-26** 기본 GRE 헤더는 4바이트에 불과하지만 16비트 검사합 옵션을 포함하는데, 이러한 검사합은 많은 인터넷 프로토콜에서 사용되는 유형이다. 이 헤더는 나중에 하나의 흐름에 포함된 여러 패킷에 공통된 ID(키 필드)와 순서 번호를 포함하게 확장됐는데, 이들은 순서가 뒤바뀐 패킷들의 순서를 바로잡는 데 사용된다.

그림 3-26의 헤더들에서 볼 수 있듯이 기본 GRE 규격[RFC2784]은 다소 단순하며 다른 패킷들을 위한 최소한의 캡슐화만 제공한다. 첫 번째 비트 필드(C)는 검사합checksum의 존재 여부를 나타낸다. 만일 검사합이 존재한다면, 많은 인터넷 관련 필드에서 사용되는 유형의 검사합 값이 검사합 필드에 포함된다.(5.2.2절 참고). 검사합 필드에 값이 있다면 예약 1 필드에도 값이 포함되며 그 값은 0으로 설정된다. [RFC2890]은 기본 형식을 확장해 선택 사항인 키 필드와 순서 번호 필드를 포함할 수 있게 했으며, 이들은 각기 그림 3-26의 K 비트와 S 비트가 1로 설정될 경우 포함된다. 키 필드가 포함될 경우 여러 패킷에서 공통의 값을 갖는데 이는 해당 패킷들이 동일한 패킷 흐름에 속한다는 것을 표시한다. 순서 번호 필드는 (서로 다른 링크를 통해 이동하는 등의 이유로) 패킷들의 순서가 어긋났을 때 순서를 바로잡기 위해 사용된다.

GRE가 PPTP의 기초를 형성하고 또 PPTP에 의해 사용되지만 이 두 프로토콜은 다소 다른 용도로 사용된다. GRE 터널은 ISP들 사이에서 또는 지점들에 서비스를 제공하기 위한 기업 인트라넷 안에서 트래픽을 운반하는 용도로 대체로 네트워크 인프라 내부에서 사용된다. GRE 터널이 IPsec과 결합될 수도 있지만 암호화를 사용하지 않을 수도 있다. 반면에 PPTP는 사용자와 이들의 ISP나 기업 인트라넷 사이에서 사용되는 경우가 가장 많으며 MPPE 등을 사용해 암호화된다. PPTP는 기본적으로 GRE와 PPP를 결합시킨 것이며 GRE가 가상의 점대점 링크를 제공하면 그 위에서 PPP가 동작한다. GRE는 IPv4나 IPv6를 사용해 트래픽을 운반하며, 따라서 계층 3 터널링 기술이다. PPTP는 직접적인 LAN(링크 계층) 연결을 모방할 수 있게 (이더넷과 같은) 2계층 프레임을 운반하기 위해 사용되는 경우가 많다. 이러한 방식은 기업 네트워크에 대한 원격 접속 등에 사용될 수 있다. PPTP는 표준 GRE 헤더를 조금 변형한 비표준 형식을 사용한다(그림 3-27 참고).

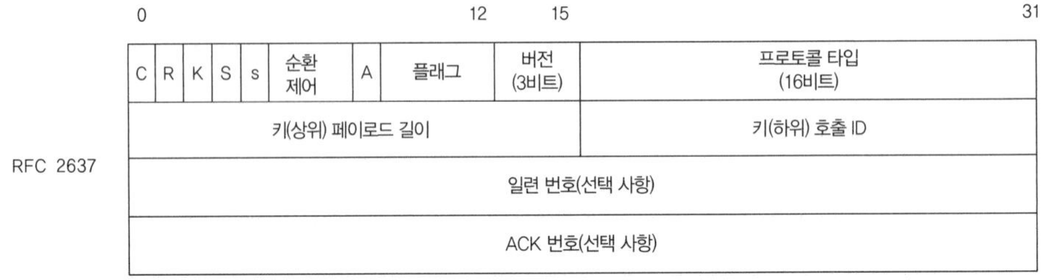

**그림 3-27** PPTP 헤더는 오래된 비표준 GRE 헤더에 기초하고 있으며, 순서 번호, 누적 패킷 ACK 번호, 식별 정보 등을 포함한다. 첫 번째 단어의 필드 대부분은 0으로 설정된다.

그림 3-27의 헤더 형식이 표준 GRE 헤더와 여러 가지 차이점을 갖고 있음을 볼 수 있는데 R, s, A 비트 필드, 플래그 필드, 순환 제어 필드가 추가돼 있다. 이들 대부분은 0으로 설정되며 사용되지 않는다(이들은 오래된 비표준 버전의 GRE 때문에 포함된 것이다). K, S, A 비트 필드들은 각기 키, 순서 번호, ACK 번호 등의 필드 포함 여부를 표시한다. 순서 번호 필드가 포함돼 있을 경우 그 값은 상대 개체가 관찰한 패킷 번호 중에서 가장 큰 값을 갖는다.

이제 PPTP 세션을 어떻게 확립하는지 살펴보자. PPTP의 다른 기능들에 대해서는 끝에서 간략히 언급한다. 다음 예는 앞에서 제시된 PPP 링크 확립의 예와 비슷하지만, 이번에는 다이얼업 링크를 사용하는 대신에 PPTP가 PPP에 '원상태의raw' 링크를 제공한다. 이 예에서도 클라이언트는 윈도우 비스타이며, 서버는 리눅스다. 다음 결과는 디버그 옵션이 활성화됐을 때 /var/log/messages 파일에 기록된 내용이다.

```
pptpd: MGR: Manager process started
pptpd: MGR: Maximum of 100 connections available
pptpd: MGR: Launching /usr/sbin/pptpctrl to handle client
pptpd: CTRL: local address = 192.168.0.1
pptpd: CTRL: remote address = 192.168.1.1
pptpd: CTRL: pppd options file = /etc/ppp/options.pptpd
pptpd: CTRL: Client 71.141.227.30 control connection started
pptpd: CTRL: Received PPTP Control Message (type: 1)
pptpd: CTRL: Made a START CTRL CONN RPLY packet
pptpd: CTRL: I wrote 156 bytes to the client.
pptpd: CTRL: Sent packet to client
pptpd: CTRL: Received PPTP Control Message (type: 7)

pptpd: CTRL: Set parameters to 100000000 maxbps, 64 window size
pptpd: CTRL: Made a OUT CALL RPLY packet
pptpd: CTRL: Starting call (launching pppd, opening GRE)
pptpd: CTRL: pty_fd = 6
pptpd: CTRL: tty_fd = 7
pptpd: CTRL (PPPD Launcher): program binary = /usr/sbin/pppd
pptpd: CTRL (PPPD Launcher): local address = 192.168.0.1
pptpd: CTRL (PPPD Launcher): remote address = 192.168.1.1
pppd: pppd 2.4.4 started by root, uid 0
pppd: using channel 60
pptpd: CTRL: I wrote 32 bytes to the client.
pptpd: CTRL: Sent packet to client
pppd: Using interface ppp0
pppd: Connect: ppp0 <--> /dev/pts/1
pppd: sent [LCP ConfReq id=0x1 <asyncmap 0x0> <auth chap MS-v2>
          <magic 0x4e2ca200> <pcomp> <accomp>]
pptpd: CTRL: Received PPTP Control Message (type: 15)
pptpd: CTRL: Got a SET LINK INFO packet with standard ACCMs
pptpd: GRE: accepting packet #0
pppd: rcvd [LCP ConfReq id=0x0 <mru 1400> <magic 0x5e565505>
          <pcomp> <accomp>]
pppd: sent [LCP ConfAck id=0x0 <mru 1400> <magic 0x5e565505>
          <pcomp> <accomp>]
pppd: sent [LCP ConfReq id=0x1 <asyncmap 0x0> <auth chap MS-v2>
          <magic 0x4e2ca200> <pcomp> <accomp>]
pptpd: GRE: accepting packet #1
pppd: rcvd [LCP ConfAck id=0x1 <asyncmap 0x0> <auth chap MS-v2>
          <magic 0x4e2ca200> <pcomp> <accomp>]
pppd: sent [CHAP Challenge id=0x3
          <eb88bfff67d1c239ef73e98ca32646a5>, name = "dialer"]
pptpd: CTRL: Received PPTP Control Message (type: 15)
pptpd: CTRL: Ignored a SET LINK INFO packet with real ACCMs!
```

```
pptpd: GRE: accepting packet #2
pppd: rcvd [CHAP Response id=0x3<276f3678f0f03fa57f64b3c367529565000000
            00000000000fa2b2ae0ad8db9d986f8e222a0217a620638a24
            3179160900>, name = "dialer"]
pppd: sent [CHAP Success id=0x3
            "S=C551119E0E1AAB68E86DED09A32D0346D7002E05
            M=Accessgranted"]
pppd: sent [CCP ConfReq id=0x1 <mppe -M -D -C>]
pptpd: GRE: accepting packet #3
pppd: rcvd [IPV6CP ConfReq id=0x1 <addr fe80::1cfc:fddd:8e2c:e118>]
pppd: sent [IPV6CP TermAck id=0x1]
pptpd: GRE: accepting packet #4
pppd: rcvd [CCP ConfReq id=0x2 <mppe -M -S -L -D -C>]
pppd: sent [CCP ConfNak id=0x2 <mppe -M -D -C>]
pptpd: GRE: accepting packet #5
pptpd: GRE: accepting packet #6
pppd: rcvd [IPCP ConfReq id=0x3 <addr 0.0.0.0> <ms-dns1 0.0.0.0>
            <ms-wins 0.0.0.0> <ms-dns3 0.0.0.0> <ms-wins 0.0.0.0>]
pptpd: GRE: accepting packet #7
pppd: sent [IPCP TermAck id=0x3]
pppd: rcvd [CCP ConfNak id=0x1 <mppe -M -L -D -C>]
pppd: sent [CCP ConfReq id=0x2 <mppe -M -L -D -C>]
pppd: rcvd [CCP ConfReq id=0x4 <mppe -M -L -D -C>]
pppd: sent [CCP ConfAck id=0x4 <mppe -M -L -D -C>]
pptpd: GRE: accepting packet #8
pppd: rcvd [CCP ConfAck id=0x2 <mppe -M -L -D -C>]
pppd: MPPE 128-bit stateless compression enabled
pppd: sent [IPCP ConfReq id=0x1 <addr 192.168.0.1>]
pppd: sent [IPV6CP ConfReq id=0x1 <addr fe80::0206:5bff:fedd:c5c3>]
pptpd: GRE: accepting packet #9
pppd: rcvd [IPCP ConfAck id=0x1 <addr 192.168.0.1>]
pptpd: GRE: accepting packet #10
pppd: rcvd [IPV6CP ConfAck id=0x1 <addr fe80::0206:5bff:fedd:c5c3>]
pptpd: GRE: accepting packet #11
pppd: rcvd [IPCP ConfReq id=0x5 <addr 0.0.0.0>
            <ms-dns1 0.0.0.0> <ms-wins 0.0.0.0>
            <ms-dns3 0.0.0.0> <ms-wins 0.0.0.0>]
pppd: sent [IPCP ConfRej id=0x5 <ms-wins 0.0.0.0> <ms-wins 0.0.0.0>]
pptpd: GRE: accepting packet #12
pppd: rcvd [IPV6CP ConfReq id=0x6 <addr fe80::1cfc:fddd:8e2c:e118>]
pppd: sent [IPV6CP ConfAck id=0x6 <addr fe80::1cfc:fddd:8e2c:e118>]
pppd: local LL address fe80::0206:5bff:fedd:c5c3
pppd: remote LL address fe80::1cfc:fddd:8e2c:e118
pptpd: GRE: accepting packet #13
pppd: rcvd [IPCP ConfReq id=0x7 <addr 0.0.0.0>
```

```
                <ms-dns1 0.0.0.0> <ms-dns3 0.0.0.0>]
  pppd: sent [IPCP ConfNak id=0x7 <addr 192.168.1.1>
                <ms-dns1 192.168.0.1> <ms-dns3 192.168.0.1>]
  pptpd: GRE: accepting packet #14
  pppd: rcvd [IPCP ConfReq id=0x8 <addr 192.168.1.1>
                <ms-dns1 192.168.0.1> <ms-dns3 192.168.0.1>]
  pppd: sent [IPCP ConfAck id=0x8 <addr 192.168.1.1>
                <ms-dns1 192.168.0.1> <ms-dns3 192.168.0.1>]
  pppd: local IP address 192.168.0.1
  pppd: remote IP address 192.168.1.1
  pptpd: GRE: accepting packet #15
  pptpd: CTRL: Sending ECHO REQ id 1
  pptpd: CTRL: Made a ECHO REQ packet
  pptpd: CTRL: I wrote 16 bytes to the client.
  pptpd: CTRL: Sent packet to client
```

이 출력 결과는 앞서 배웠던 PPP 예제와 비슷하지만 이번에는 pppd 프로세스와 pptpd 프로세스의 출력을 모두 포함한다는 점이 다르다. pppd 와 pptpd 프로세스는 서버에서 PPTP 세션을 확립하기 위해 함께 동작한다. 확립 과정은 pptpd가 유형 1의 제어 메시지를 수신하는 것으로 시작되는데 이러한 메시지는 클라이언트가 제어 연결의 확립을 희망하고 있음을 표시한다. PPTP는 별도의 제어 스트림과 데이터 스트림을 사용하며 먼저 제어 스트림을 확립한다. 앞의 요청에 응답한 후 서버는 상대 개체로부터 밖으로 나가는 호출에 대한 요청을 표시하는 유형 7 제어 메시지를 수신하게 된다.

최대 속도는 100,000,000bps라는 큰 값으로 설정되는데, 이것은 실질적으로 무제한을 의미한다. 윈도우<sup>window</sup>는 64로 설정되는데, 이 개념은 주로 TCP(15장 참고) 같은 전송 프로토콜에서 만나게 되는 개념이다. 여기에서 윈도우는 흐름 제어를 위해 사용된다. 즉, PPTP는 얼마나 많은 프레임이 성공적으로 목적지에 도달했는지 판단하기 위해 순서 번호와 ACK 번호를 사용한다. 성공적으로 전달된 프레임의 수가 너무 적으면 발신자는 속도를 줄인다. 자신이 송신한 프레임들을 위한 ACK를 기다리기 위한 시간을 얼마나 길게 잡아야 하는지 결정하기 위해 PPTP는 링크의 왕복 시간 추정에 기초한 적응형 타임아웃 메커니즘을 사용한다. 나중에 TCP를 학습할 때 이러한 유형의 계산에 대해 살펴본다.

윈도우가 설정된 직후 pppd 애플리케이션은 실행을 개시하며 앞의 다이얼업 예제에서 살펴본 것처럼 PPP 데이터를 처리하기 시작한다. 다이얼업 예제와의 차이점은 패킷이 수신 및 송신될 때 pptpd가 pppd 프로세스에 패킷들을 중계한다는 것과 (set link info

나 echo request 등과 같은) 몇 가지 특별한 PPTP 메시지들을 pptpd 자체에서 처리한다는 것뿐이다. 이 예제는 PPTP 프로토콜이 실제로 어떻게 PPP 패킷들을 위한 GRE 터널링 에이전트의 역할을 수행하는지 보여준다. 이러한 처리 방식은 편리한데 이는 (pppd와 같은) 기존의 PPP 구현을 캡슐화된 PPP 패킷의 처리에 사용할 수 있기 때문이다. GRE는 보통 IPv4 패킷 안에 캡슐화되지만 패킷들을 터널링하기 위해 IPv6를 사용할 경우에도 유사한 기능들을 이용할 수 있다[RFC2473].

## 3.9.1 단방향 링크

사용될 링크가 한 방향으로만 동작할 때 흥미로운 쟁점 하나가 발생한다. 이러한 링크를 UDL<sup>Unidirectional Link, 단방향 링크</sup>이라고 부른다. 지금까지 서술된 프로토콜 중 다수는 이러한 상황에서는 적절히 동작하지 않는데, 이들이 PPP의 설정 메시지들의 경우와 같이 정보의 교환을 필요로 하기 때문이다. 이러한 상황을 다루기 위해 보조 인터넷 인터페이스를 통한 터널링이 UDL의 동작과 조합될 수 있는 표준이 만들어졌다[RFC3077]. 단방향 링크가 나타나는 전형적인 상황은 (사용자를 향하는) 다운스트림 트래픽에 대해서는 위성 링크를 사용하고 업스트림 트래픽에 대해서는 다이얼업 모뎀 링크를 사용하는 인터넷 접속의 경우다. 이러한 환경은 위성 연결을 이용하는 사용자의 활동에서 업로드에 비해 다운로드가 차지하는 비중이 훨씬 높을 때 유용할 수 있으며 초창기 위성 인터넷 설치에서 흔히 사용됐던 환경이다. 이러한 환경은 링크 계층 업스트림 트래픽을 GRE 캡슐화를 사용해 IP 패킷 안에 캡슐화하는 방식으로 운영됐다.

수신 측에서 자동으로 터널을 확립하고 유지하기 위해 [RFC3077]에서 DTCP<sup>Dynamic Tunnel Configuration Protocol, 동적 터널 설정 프로토콜</sup>를 규정하고 있다. DTCP에서는 관심 있는 수신자는 누구나 UDL의 존재, 그 MAC 주소와 IP 주소 등을 알 수 있게 다운 링크상에 멀티캐스트 Hello 메시지들을 전송한다. Hello 메시지는 사용자의 보조 인터페이스를 통해 도달할 수 있는 네트워크 내부의 터널 종단점 목록을 나타낸다. 사용자가 어느 터널 종단점을 사용할지 선택한 후에 DTCP는 돌아오는 트래픽도 GRE 터널의 UDL과 동일한 MAC 유형으로 캡슐화되도록 조치한다. 서비스 제공자는 이렇게 GRE로 캡슐화된 (대체로 이더넷인) 2계층 프레임들을 수신하고 터널에서 프레임들을 추출해 적절히 포워딩할 수 있도록 조치한다. (서비스 제공자 측에 해당하는) UDL의 업스트림 쪽에서는 수동 터널 설정이 필요하지만 수많은 사용자들이 위치하는 다운스트림 쪽에서는 터널이 자동으로 설정된다. 이러한 UDL 처리 방식은 기본적으로 상위 계층 프로토콜의 링크 비대칭성을 '숨기는' 것에 해당한다는 점을 유의하기 바란다. 이러한 처리 방식으로 인해 링크의 '양' 방향의 대역폭이나 지연 등과 같은 성능은 심한 비대칭을 이룰 수 있으며, 이는 상위 계층 프로토콜들에 악영향을 미칠 수 있다[RFC3449].

앞서의 위성 예제에서 볼 수 있듯이 터널링의 주요 쟁점 중 하나는 터널링 설정에 많은 노력이 든다는 점이며, 전통적으로 터널링 설정은 수작업으로 이뤄졌다. 대체로 터널 설정에는 터널 종단점의 선택, 터널 종단점에 위치한 장비들에 상대 개체의 IP 주소 설정이 포함되며 상황에 따라 프로토콜의 선택과 인증 정보의 제공 등이 추가될 수도 있다. 터널을 자동으로 설정하거나 사용하는 데 도움을 주기 위한 여러 가지 기법이 생겨났다. 그와 같은 기법 중 하나가 IPv4에서 IPv6로의 전환을 위해 6to4라는 이름으로 규정됐다[RFC3056]. 6to4에서 IPv6 패킷들은 [RFC3056]에 규정된 캡슐화를 사용해 IPv4 네트워크 상에서 터널링된다. 이 방식의 문제는 상대 호스트들이 NAT 네트워크 주소 변환 장치 (7장 참고) 후방에 위치할 때 발생한다. 오늘날 이러한 상황은 흔히 볼 수 있으며 특히 일반 가정 사용자들의 경우에 많이 해당된다. 자동 설정 터널을 사용한 IPv6 전환에 대해서는 [RFC4380]에 규정된 Teredo라는 방식이 사용될 수 있다. Teredo는 IPv6 패킷들을 UDP/IPv4 패킷으로 터널링한다. 이 방식을 이해하려면 IPv4와 IPv6뿐만 아니라 UDP에 대한 배경 지식도 필요하므로 터널 자동 설정 옵션들에 대한 자세한 설명은 10장으로 미룬다.

## 3.10 링크 계층에 대한 공격

TCP/IP 네트워크 동작에 영향을 미치기 위해 TCP/IP보다 아래의 계층들을 공격하는 것은 흔히 사용되는 방법인데, 링크 계층 정보의 많은 부분은 상위 계층들에 공유되지 않아서 탐지하고 대처하기 어렵기 때문이다. 그렇지만 현재는 이러한 공격 기법의 상당수에 대처할 수 있게 됐으며, 이번 절에서는 링크 계층에서의 문제점이 상위 계층에 어떻게 영향을 미치는지에 대한 이해를 높이기 위해 몇 가지 공격 기법을 살펴보기로 한다.

일반 유선 이더넷에서는 인터페이스들을 무차별 모드promiscuous mode로 설정할 수 있는데, 이 모드에서 네트워크 인터페이스는 자신을 목적지로 지정하지 않은 트래픽들도 수신할 수 있다. 전송 매체가 거의 공유 케이블이었던 초창기 이더넷에서 이 모드를 사용하면 이더넷 케이블에 연결된 컴퓨터를 가진 사람 누구나 다른 사람들의 프레임을 도청해 내용물을 검사할 수 있었다. 많은 상위 계층 프로토콜들이 비밀번호 등과 같은 민감한 정보를 포함할 수 있으므로, 패킷 안의 ASCII 코드를 보는 것만으로도 남의 비밀번호를 쉽게 가로챌 수 있었다. 이러한 상황에 큰 변화를 가져온 두 가지 요소가 있는데, 하나는 스위치의 보급이며 또 하나는 상위 계층 프로토콜들에서 암호화를 도입한 것이다. 스위치가 배치돼 있을 경우 어떤 종단 단말이 연결돼 있는 스위치 포트에 제공되는 트래픽은 그 단말을 (또는 그 포트를 통해 브리징되는 단말들을) 목적지로 하는 트래픽과 브로드캐스트/멀티캐스트 트래픽뿐이다. 브로드캐스트/멀티캐스트 트래픽이 비밀번호와 같은 정보를 포함하는 경우는 드물기 때문에 스위치의 사용으로 이러한 공격은 상당 부분 해결됐다. 그러나 상위 계층들에서 암호화를 사용하는 것이 훨씬 더 효과적인 방법이며 이는 오늘날 많이 보편화돼 있다. 암호화를 사용하는 경우 패킷을 도청하더라도 내용을 읽어내는 일이 거의 불가능하므로 별 소용이 없을 것이다.

스위치의 동작을 공격 목표로 삼는 유형의 공격도 있다. 앞서 스위치는 포트별로 단말에 관한 정보를 담고 있는 테이블을 유지하고 있다고 설명한 바 있다. (다수의 단말들로 위장하는 방법 등을 통해) 이 테이블을 빨리 채워버리면 스위치는 정상적인 단말 정보를 폐기할 수밖에 없으며 따라서 정상 단말에 서비스를 제공할 수 없게 된다. 이와 관련된 좀 더 심각한 공격이 STP를 사용해 이뤄질 수 있다. 이 경우 공격하는 단말은 루트 브리지에 이르는 저비용 경로 스위치로 위장해 트래픽을 자신에게로 모을 수 있다.

Wi-Fi 네트워크에서는 유선 이더넷 네트워크에서의 도청이나 위장 문제가 더 크게 부각된다. 어떤 단말이든 모니터링 모드에 진입해서 중간에서 패킷들을 도청할 수 있기 때문이다. 다만 802.11 인터페이스를 모니터링 모드로 만드는 것은 이더넷 인터페이스를 무차별 모드로 만드는 것보다는 어려운데 이를 위해서는 적절한 장치 드라이버가 필요하기 때문이다. 워드라이빙<sup>war driving</sup>이라고 불리는 초창기 '공격'의 한 형태는 여기저기 돌아다니면서 인터넷 접속을 제공하는 무선중계기AP들을 찾아내는 것이었다(이것은 법률상 위법이 아닌 곳이라 공격이라고 말하기 어려울 수도 있다). 많은 AP가 인가된 사용자들에게만 접속을 허용하기 위해 암호화를 사용한다. 하지만 일부 AP들은 공개돼 있거나 소위 캡처링 포털을 사용하는데, 캡처링 포털<sup>capturing portal</sup>은 사용자를 등록 웹페이지로 안내하고

MAC 주소에 기초해 접속을 필터링하는 시스템이다. 캡처링 포털 시스템은 다른 단말이 등록하는 것을 관찰한 후 합법적으로 등록한 사용자로 위장함으로써 이미 확립된 연결을 '가로채는hijacking' 방법으로 공격할 수 있다.

Wi-Fi에 대한 좀 더 복잡한 공격은 암호에 대한 공격인데 특히 많은 초창기 AP에서 사용된 WEP 암호화에 대한 공격이 비교적 쉽게 이뤄진다. IEEE가 관련 표준을 개정해야 할 정도로 WEP에 대한 공격[BHL06]은 상당히 심각한 수준이었다. 가장 최근의 WPA2 암호화 구조는 (그리고 이보다는 약간 약하지만 WPA도) 훨씬 강력한 것으로 알려져 있으며 WEP 사용은 더 이상 권고되지 않는다.

공격자가 두 노드 사이의 채널에 접근할 수 있으면 다양한 방법으로 PPP 링크를 공격할 수 있다. PAP와 같은 아주 단순한 인증 메커니즘이 사용될 경우 도청을 통해 취득한 비밀번호를 나중에 비합법적인 사용에 이용할 수 있다. PPP 링크를 통해 운반되는 상위 계층 트래픽의 유형에 따라(예: 라우팅 트래픽) 원치않는 동작이 추가로 일어나기도 한다.

공격과 관련해서 터널링은 공격의 대상이 될 수도 있고 공격의 도구가 될 수도 있다. 터널이 공격 대상이 된다는 것은 터널이 네트워크를 (종종 인터넷을) 통과하므로 도청과 분석의 대상이 될 수 있기 때문이다. 터널 종단점도 공격당할 수 있는데 종단점이 지원할 수 있는 것보다 더 많은 터널을 확립하려고 시도하거나 (DoS 공격) 설정 자체를 공격하는 방법이 사용된다. 공격으로 인해 터널 설정이 조작되면 종단점으로 비인가 터널을 열 수 있으며, 이 시점에서 터널은 공격 대상이 아니라 공격 도구가 되며 L2TP와 같은 프로토콜은 프로토콜에 독립적인 방법으로 링크 계층에서 사설 내부망에 접근할 수 있는 편리한 방법을 제공할 수 있다. 예를 들어 어떤 GRE 관련 공격에서는 암호화되지 않은 터널에 삽입된 트래픽이 터널 종단점에 도착한 후 터널 종단점에 연결된 '사설' 네트워크에 마치 내부의 트래픽인 것처럼 들어간다.

## 3.11 정리

3장에서는 이 책에서 다루는 인터넷 프로토콜 중에서 최하위 계층인 링크 계층을 다뤘다. 이더넷에 대해서는 10Mb/s에서 10Gb/s로, 또 그 이상으로 향상된 속도상의 진화와 VLAN, 우선순위, 링크 병합, 프레임 형식 등의 기능상 진화 등 두 가지 측면의 진화를 살펴봤다. 스위치에 대해서는 어떻게 독립적인 여러 단말 사이에 직접적인 전기적 경로를 구현함으로써 브리지에 비해 개선된 성능을 제공하는지, 그리고 어떻게 전이중 동작이 반이중 동작을 대체했는지 살펴봤다. 또한 IEEE 802.11 무선 LAN 'Wi-Fi' 표준에 대한 세부 사항을 살펴보면서 이더넷과의 유사점과 차이점에 대해서도 언급했다. 이 표준은 가장 많이 사용되는 IEEE 표준의 하나가 됐으며 2.4GHz와 5GHz라는 2개의 주요 대역에서 인가 없이 사용할 수 있는 네트워크 접속을 제공한다. 또한 Wi-Fi를 위한 보안 방법의 진화에 대해서도 살펴봤는데 특히 비교적 약한 WEP에서 훨씬 강력한 WPA와 WPA2 구조로의 진화에 대해서 살펴봤다. IEEE 표준이 아닌 점대점 링크와 PPP 프로토콜에 대해서도 살펴봤다. PPP는 기본적으로 HDLC 스타일의 프레임 형식을 사용해 TCP/IP와 비TCP/IP 네트워크에 사용되는 어떤 종류의 패킷이라도 캡슐화할 수 있으며, 저속 다이얼업 모뎀에서 고속 광섬유 회선에 이르기까지 다양한 링크상에서 사용될 수 있다. PPP는 압축, 암호화, 인증, 링크 병합 등을 포함하는 광범위한 프로토콜들의 모음이다. PPP는 두 당사자만 지원하므로 이더넷이나 Wi-Fi의 MAC 프로토콜처럼 공유 매체에 대한 접근 제어를 고려할 필요는 없다.

대부분의 구현에서는 루프백 인터페이스를 제공한다. 루프백 인터페이스에 대한 접근은 127.0.0.1(IPv6의 경우 ::1)과 같은 특별한 루프백 주소를 통해 이뤄질 수도 있고 호스트 자신의 IP 주소로 IP 데이터그램을 송신하는 방법으로 이뤄질 수도 있다. 루프백 데이터는 전송 계층과 IP에 의한 완전한 처리를 거친 다음에 다시 돌아가서 프로토콜 스택을 따라 올라간다. 많은 링크 계층의 중요한 특성 중 하나인 MTU와 그에 연관된 개념인 경로 MTU에 대해서도 살펴봤다.

또한 하위 계층 프로토콜을 상위 계층(또는 동일 계층) 패킷 안에 운반하는 터널링에 대해서도 설명했다. 터널링 기법을 통해 오버레이 네트워크를 형성할 수 있는데, 이때 인터넷상의 터널을 또 하나의 네트워크 인프라 수준의 링크로 사용한다. 이러한 기법은 IPv4 네트워크상에서 IPv6 네트워크 오버레이를 운영하는 경우처럼 새로운 기능에 대한 실험에서도 유용하며, VPN 등에서와 같이 실용적으로도 유용해 많이 사용된다.

3장의 끝에서는 링크 계층을 대상으로 삼는 공격들과 도구로 이용하는 공격들에 대해 간략히 살펴봤다. 많은 공격이 (예를 들면 비밀번호를 찾기 위해서) 단순히 트래픽을 가로채서 분석하는 수준이지만 종단점으로 위장하거나 전송 도중의 트래픽을 수정하는 것과 같은 좀 더 복잡한 공격들도 있다. 또, 터널 종단점 같은 제어 정보나 STP를 손상시켜서 트래픽을 원래 의도하지 않았던 목적지로 유도하는 공격도 있다. 링크 계층에 대한 접근은 공격자에게 DoS 공격을 수행할 수 있는 일반적인 방법도 제공한다. 가장 많이 알려진 방법은 방해 신호를 이용하는 것으로 이는 거의 전파의 태생 때부터 존재해온 공격 방법이다.

3장에서는 오늘날 TCP/IP에서 사용되는 보편적인 링크 기술 중 일부만을 다뤘다. TCP/IP가 성공한 요인 하나는 거의 모든 링크 기술 위에서 동작할 수 있었기 때문이다. 기본적으로 IP가 요구하는 것은 발신자와 수신자(들) 사이에 중간 링크들을 가로지르는 경로가 있어야 한다는 것뿐이다. 이것만 해도 요구 수준이 높은 것은 아니지만, 심지어 특정 시점에 발신자와 수신자(들) 사이에 종단간end-to-end 경로가 존재하지 않아도 되도록 요구 수준을 더욱 낮추기 위한 연구들이 진행되고 있다[RFC4838].

# 3.12 참고 자료

- **[802.11-2007]** "IEEE Standard for Local and Metropolitan Area Networks, Part 11: Wireless LAN Medium Access Control (MAC) and Physical Layer (PHY) Specifications," June 2007.

- **[802.11n-2009]** "IEEE Standard for Local and Metropolitan Area Networks, Part 11: Wireless LAN Medium Access Control (MAC) and Physical Layer (PHY) Specifications Amendment 5: Enhancements for Higher Throughput," Oct. 2009.

- **[802.11y-2008]** "IEEE Standard for Local and Metropolitan Area Networks, Part 11: Wireless LAN Medium Access Control (MAC) and Physical Layer (PHY) Specifications Amendment 3: 3650-3700 MHz Operation in USA," Nov. 2009.

- **[802.16-2009]** "IEEE Standard for Local and Metropolitan Area Networks, Part 16: Air Interface for Fixed Broadband Wireless Access Systems," May 2009.

- **[802.16h-2010]** "IEEE Standard for Local and Metropolitan Area Networks, Part 16: Air Interface for Fixed Broadband Wireless Access Systems Amendment 2: Improved Coexistence Mechanisms for License-Exempt Operation," July 2010.

- **[802.16j-2009]** "IEEE Standard for Local and Metropolitan Area Networks, Part 16: Air Interface for Fixed Broadband Wireless Access Systems Amendment 1: Multihop Relay Specification," June 2009.

- **[802.16k-2007]** "IEEE Standard for Local and Metropolitan Area Networks, Part 16: Air Interface for Fixed Broadband Wireless Access Systems Amendment 5: Bridging of IEEE 802.16," Aug. 2010.

- **[802.1AK-2007]** "IEEE Standard for Local and Metropolitan Area Networks, Virtual Bridged Local Area Networks Amendment 7: Multiple Registration Protocol," June 2007.

- **[802.1AE-2006]** "IEEE Standard for Local and Metropolitan Area Networks Media Access Control (MAC)

Security," Aug. 2006.

- **[802.1ak-2007]** "IEEE Standard for Local and Metropolitan Area Networks-Virtual Bridged Local Area Networks-Amendment 7: Multiple Registration Protocol," June 2007.

- **[802.1AX-2008]** "IEEE Standard for Local and Metropolitan Area Networks-Link Aggregation," Nov. 2008.

- **[802.1D-2004]** "IEEE Standard for Local and Metropolitan Area Networks Media Access Control (MAC) Bridges," June 2004.

- **[802.1Q-2005]** IEEE Standard for Local and Metropolitan Area Networks Virtual Bridged Local Area Networks," May 2006.

- **[802.1X-2010]** "IEEE Standard for Local and Metropolitan Area Networks Port- Based Network Access Control," Feb. 2010.

- **[802.2-1998]** "IEEE Standard for Local and Metropolitan Area Networks Logical Link Control" (also ISO/IEC 8802-2:1998), May 1998.

- **[802.21-2008]** "IEEE Standard for Local and Metropolitan Area Networks, Part 21: Media Independent Handover Services," Jan. 2009.

- **[802.3-2008]** "IEEE Standard for Local and Metropolitan Area Networks, Part 3: Carrier Sense Multiple Access with Collision Detection (CSMA/CD) Access Method and Physical Layer Specifications," Dec. 2008.

- **[802.3at-2009]** "IEEE Standard for Local and Metropolitan Area Networks-Specific Requirements, Part 3: Carrier Sense Multiple Access with Collision Detection (CSMA/CD) Access Method and Physical Layer Specifications Amendment 3: Date Terminal Equipment (DTE) Power via the Media Dependent Interface (MDI) Enhancements," Oct. 2009.

- **[802.3ba-2010]** "IEEE Standard for Local and Metropolitan Area Networks, Part 3: Carrier Sense Multiple Access with Collision Detection (CSMA/CD) Access Method and Physical Layer Specifications, Amendment 4: Media Access Control Parameters, Physical Layers, and Management Parameters for 40Gb/s and 100Gb/s Operation," June 2010.

- **[802.11n-2009]** "IEEE Standard for Local and Metropolitan Area Networks, Part 11: Wireless LAN Medium Access Control (MAC) and Physical Layer (PHY) Specifications, Amendment 5: Enhancements for Higher Throughput," Oct. 2009.

- **[AES01]** U.S. National Institute of Standards and Technology, FIPS PUB 197, "Advanced Encryption Standard," Nov. 2001.

- **[BHL06]** A. Bittau, M. Handley, and J. Lackey, "The Final Nail in WEP's Coffin," Proc. IEEE Symposium on Security and Privacy, May 2006.

- **[BOND]** http://bonding.sourceforge.net

- **[ETHERTYPES]** http://www.iana.org/assignments/ethernet-numbers

- **[ETX]** D. De Couto, D. Aguayo, J. Bicket, and R. Morris, "A High-Throughput Path Metric for Multi-Hop Wireless Routing," Proc. Mobicom, Sep. 2003.

- **[G704]** ITU, "General Aspects of Digital Transmission Systems: Synchronous Frame Structures Used at 1544, 6312, 2048k, 8488, and 44736 kbit/s Hierarchical Levels," ITU-T Recommendation G.704, July 1995.

- **[IANA-CHARSET]** "Character Sets," http://www.iana.org/assignments/character-sets

- **[ISO3309]** International Organization for Standardization, "Information Processing Systems-Data Communication High-Level Data Link Control Procedure-Frame Structure," IS 3309, 1984.

- **[ISO4335]** International Organization for Standardization, "Information Processing Systems-Data Communication High-Level Data Link Control Procedure- Elements of Procedure," IS 4335, 1987.

- **[JF]** M. Mathis, "Raising the Internet MTU," http://www.psc.edu/~mathis/MTU

- **[MWLD]** "Long Distance Links with MadWiFi," http://madwifi-project.org/wiki/ UserDocs/LongDistance

- **[PPPn]** http://www.iana.org/assignments/ppp-numbers

- **[RFC0894]** C. Hornig, "A Standard for the Transmission of IP Datagrams over Ethernet Networks," Internet RFC 0894/STD 0041, Apr. 1984.

- **[RFC1042]** J. Postel and J. Reynolds, "Standard for the Transmission of IP Datagrams over IEEE 802 Networks," Internet RFC 1042/STD 0043, Feb. 1988.

- **[RFC1144]** V. Jacobson, "Compressing TCP/IP Headers for Low-Speed Serial Links," Internet RFC 1144, Feb. 1990.

- **[RFC1191]** J. Mogul and S. Deering, "Path MTU Discovery," Internet RFC 1191, Nov. 1990.

- **[RFC1332]** G. McGregor, "The PPP Internet Protocol Control Protocol," Internet RFC 1332, May 1992.

- **[RFC1570]** W. Simpson, ed., "PPP LCP Extensions," Internet RFC 1570, Jan. 1994.

- **[RFC1661]** W. Simpson, "The Point-to-Point Protocol (PPP)," Internet RFC 1661/ STD 0051, July 1994.

- **[RFC1662]** W. Simpson, ed., "PPP in HDLC-like Framing," Internet RFC 1662/ STD 0051, July 1994.

- **[RFC1663]** D. Rand, "PPP Reliable Transmission," Internet RFC 1663, July 1994.

- **[RFC1853]** W. Simpson, "IP in IP Tunneling," Internet RFC 1853 (informational), Oct. 1995.

- **[RFC1962]** D. Rand, "The PPP Compression Protocol (CCP)," Internet RFC 1962, June 1996.

- **[RFC1977]** V. Schryver, "PPP BSD Compression Protocol," Internet RFC 1977 (informational), Aug. 1996.

- **[RFC1981]** J. McCann and S. Deering, "Path MTU Discovery for IP Version 6," Internet RFC 1981, Aug. 1996.

- **[RFC1989]** W. Simpson, "PPP Link Quality Monitoring," Internet RFC 1989, Aug. 1996.

- **[RFC1990]** K. Sklower, B. Lloyd, G. McGregor, D. Carr, and T. Coradetti, "The PPP Multilink Protocol (MP)," Internet RFC 1990, Aug. 1996.

- **[RFC1994]** W. Simpson, "PPP Challenge Handshake Authentication Protocol (CHAP)," Internet RFC 1994, Aug. 1996.

- **[RFC2118]** G. Pall, "Microsoft Point-to-Point (MPPC) Protocol," Internet RFC 2118 (informational), Mar. 1997.

- **[RFC2125]** C. Richards and K. Smith, "The PPP Bandwidth Allocation Protocol (BAP)/The PPP Bandwidth Allocation Control Protocol (BACP)," Internet RFC 2125, Mar. 1997.

- **[RFC2153]** W. Simpson, "PPP Vendor Extensions," Internet RFC 2153 (informational), May 1997.

- **[RFC2290]** J. Solomon and S. Glass, "Mobile-IPv4 Configuration Option for PPP IPCP," Internet RFC 2290, Feb. 1998.

- **[RFC2464]** M. Crawford, "Transmission of IPv6 Packets over Ethernet Networks," Internet RFC 2464, Dec. 1988.

- **[RFC2473]** A. Conta and S. Deering, "Generic Packet Tuneling in IPv6 Specification," Internet RFC 2473, Dec. 1998.

- **[RFC2484]** G. Zorn, "PPP LCP Internationalization Configuration Option," Internet RFC 2484, Jan. 1999.

- **[RFC2507]** M. Degermark, B. Nordgren, and S. Pink, "IP Header Compression," Internet RFC 2507, Feb. 1999.

- **[RFC2615]** A. Malis and W. Simpson, "PPP over SONET/SDH," Internet RFC 2615, June 1999.

- **[RFC2637]** K. Hamzeh, G. Pall, W. Verthein, J. Taarud, W. Little, and G. Zorn, "Point-to-Point Tunneling Protocol (PPTP)," Internet RFC 2637 (informational), July 1999.

- **[RFC2759]** G. Zorn, "Microsoft PPP CHAP Extensions, Version 2," Internet RFC 2759 (informational), Jan. 2000.

- **[RFC2784]** D. Farinacci, T. Li, S. Hanks, D. Meyer, and P. Traina, "Generic Routing Encapsulation (GRE)," Internet RFC 2784, Mar. 2000.

- **[RFC2865]** C. Rigney, S. Willens, A. Rubens, and W. Simpson, "Remote Authentication Dial In User Service (RADIUS)," Internet RFC 2865, June 2000.

- **[RFC2890]** G. Dommety, "Key and Sequence Number Extensions to GRE," Internet RFC 2890, Sept. 2000.

- **[RFC3056]** B. Carpenter and K. Moore, "Connection of IPv6 Domains via IPv4 Clouds," Internet RFC 3056, Feb. 2001.

- **[RFC3077]** E. Duros, W. Dabbous, H. Izumiyama, N. Fujii, and Y. Zhang, "A Link- Layer Tunneling

Mechanism for Unidirectional Links," Internet RFC 3077, Mar. 2001.

- **[RFC3078]** G. Pall and G. Zorn, "Microsoft Point-to-Point Encryption (MPPE) Protocol," Internet RFC 3078 (informational), Mar. 2001.

- **[RFC3153]** R. Pazhyannur, I. Ali, and C. Fox, "PPP Multiplexing," Internet RFC 3153, Aug. 2001.

- **[RFC3366]** G. Fairhurst and L. Wood, "Advice to Link Designers on Link Automatic Repeat reQuest (ARQ)," Internet RFC 3366/BCP 0062, Aug. 2002.

- **[RFC3449]** H. Balakrishnan, V. Padmanabhan, G. Fairhurst, and M. Sooriyabandara, "TCP Performance Implications of Network Path Asymmetry," Internet RFC 3449/BCP 0069, Dec. 2002.

- **[RFC3544]** T. Koren, S. Casner, and C. Bormann, "IP Header Compression over PPP," Internet RFC 3544, July 2003.

- **[RFC3561]** C. Perkins, E. Belding-Royer, and S. Das, "Ad Hoc On-Demand Distance Vector (AODV) Routing," Internet RFC 3561 (experimental), July 2003.

- **[RFC3610]** D. Whiting, R. Housley, and N. Ferguson, "Counter with CBC-MAC (CCM)," Internet RFC 3610 (informational), Sept. 2003.

- **[RFC3626]** T. Clausen and P. Jacquet, eds., "Optimized Link State Routing Protocol (OLSR)," Internet RFC 3626 (experimental), Oct. 2003.

- **[RFC3748]** B. Aboba et al., "Extensible Authentication Protocol (EAP)," Internet RFC 3748, June 2004.

- **[RFC3931]** J. Lau, M. Townsley, and I. Goyret, eds., "Layer Two Tunneling Protocol-Version 3 (L2TPv3)," Internet RFC 3931, Mar. 2005.

- **[RFC4017]** D. Stanley, J. Walker, and B. Aboba, "Extensible Authentication Protocol (EAP) Method Requirements for Wireless LANs," Internet RFC 4017 (informational), Mar. 2005.

- **[RFC4380]** C. Huitema, "Teredo: Tunneling IPv6 over UDP through Network Address Translations (NATs)," Internet RFC 4380, Feb. 2006.

- **[RFC4647]** A. Phillips and M. Davis, "Matching of Language Tags," Internet RFC 4647/BCP 0047, Sept. 2006.

- **[RFC4821]** M. Mathis and J. Heffner, "Packetization Layer Path MTU Discovery," Internet RFC 4821, Mar. 2007.

- **[RFC4838]** V. Cerf et al., "Delay-Tolerant Networking Architecture," Internet RFC 4838 (informational), Apr. 2007.

- **[RFC4840]** B. Aboba, ed., E. Davies, and D. Thaler, "Multiple Encapsulation Methods Considered Harmful," Internet RFC 4840 (informational), Apr. 2007.

- **[RFC5072]** S. Varada, ed., D. Haskins, and E. Allen, "IP Version 6 over PPP," Internet RFC 5072, Sept. 2007.

- **[RFC5225]** G. Pelletier and K. Sandlund, "RObust Header Compression Version 2 (ROHCv2): Profiles for RTP, UDP, IP, ESP, and UDP-Lite," Internet RFC 5225, Apr. 2008.

- **[RFC5646]** A. Phillips and M. Davis, eds., "Tags for Identifying Languages," Internet RFC 5646/BCP 0047, Sept. 2009.

- **[S08]** D. Skordoulis et al., "IEEE 802.11n MAC Frame Aggregation Mechanisms for Next-Generation High-Throughput WLANs," IEEE Wireless Communications, Feb. 2008.

- **[S96]** B. Schneier, Applied Cryptography, Second Edition (John Wiley & Sons, 1996).

- **[SAE]** D. Harkins, "Simultaneous Authentication of Equals: A Secure, Password- Based Key Exchange for Mesh Networks," Proc. SENSORCOMM, Aug. 2008.

- **[SC05]** S. Shalunov and R. Carlson, "Detecting Duplex Mismatch on Ethernet," Proc. Passive and Active Measurement Workshop, Mar. 2005.

- **[SHK07]** C. Sengul, A. Harris, and R. Kravets, "Reconsidering Power Management," Invited Paper, Proc. IEEE Broadnets, 2007.

- **[WOL]** http://wake-on-lan.sourceforge.net

# 04

---

# ARP: 주소 결정 프로토콜

## 4.1 개요

앞서 우리는 IP 프로토콜이 매우 다양한 물리적 네트워크에서 패킷 스위칭의 상호운용을 제공하기 위해 설계됐음을 살펴본 바 있다. 이를 위해 필요한 것들이 여러 가지 있지만, 특히 네트워크 계층 소프트웨어에서 사용되는 주소와 하부 네트워크 하드웨어에서 해석되는 주소 사이를 변환하는 기능이 필요하다. 일반적으로 네트워크 인터페이스 하드웨어는 하나의 기본<sup>primary</sup> 하드웨어 주소를 갖는다 (이더넷이나 802.11 무선 인터페이스의 경우 48비트값). 하드웨어에 의해 교환되는 프레임들은 정확한 하드웨어 주소를 사용해 올바른 인터페이스로 보내져야 하며 그렇지 않으면 데이터가 전달될 수 없다. 그런데 IP네트워크는 자체적으로 32비트 IP 주소를 사용하므로 IP 주소를 아는 것만으로는 하드웨어 주소가 사용되는 네트워크에서 프레임을 효율적으로 전송할 수 없다. 운영체제 소프트웨어, 즉 이더넷 드라이버는 데이터를 직접 전송하기 위해 하드웨어 주소를 알아야 하는 것이다. TCP/IP 네트워크에서는 ARP<sup>Address Resolution Protocol, 주소 결정 프로토콜[RFC0826]</sup>가 IPv4 주소와 하드웨어 주소 사이의 동적 매핑을 제공한다. ARP는 IPv4에서만 사용되며, IPv6는 ICMPv6에 편입돼 있는 NDP<sup>Neighbor Discovery Protocol, 이웃 탐색 프로토콜</sup>를 사용한다(8장 참고).

네트워크 계층 주소와 링크 계층 주소를 할당하는 기구가 서로 다르다는 점에 주의해야 한다. 네트워크 하드웨어의 경우 기본 주소는 장치 제조업체에서 정해 장치 내부의 영구 메모리에 저장되며 변경되지 않는다. 특정 종류의 하드웨어에서 사용하도록 설계된 프로토콜은 해당 하드웨어에서 쓰는 특정 유형의 주소를 이용해야 한다. 이러한 방식을 통해 서로 다른 계열의 네트워크 계층 프로토콜들이 동시에 운영될 수 있다. 반면 네트워크 인터페이스에 지정되는 IP 주소는 사용자나 네트워크 관리자가 자신의 필요에 맞게 설정한다. 예를 들어 휴대용 장치에 지정되는 IP 주소는 장치가 이동함에 따라 변경될 수도 있다. 대체로 IP 주소들은 네트워크 접속 지점 근처에서 유지되는 주소 그룹에서 선택되며 시스템이 켜지거나 설정될 때 결정된다(6장 참고). IP 데이터그램을 포함하는 이더넷 프레임을 LAN상의 한 호스트에서 다른 호스트로 전송할 때 프레임의 목적지가 어떤 인터페이스인지 결정하는 것은 48비트 이더넷 주소다.

주소 결정<sup>address resolution</sup>이란 한 주소에서 다른 주소로의 매핑을 발견하는 프로세스를 말한다. IPv4를 사용하는 TCP/IP 프로토콜 모음에서는 ARP를 사용해서 주소 결정이 이뤄진다. ARP는 다양한 주소 유형 사이의 매핑을 지원하도록 설계됐다는 점에서 포괄적<sup>generic</sup> 프로토콜이라 할 수 있다. 그렇지만 실제로는 ARP는 거의 대부분 32비트 IPv4 주소와 이더넷 스타일의 48비트 MAC 주소 사이의 매핑에 사용된다. [RFC0826]에 정의된 이 매핑은 이 책의 관심사이기도 하다. 이번 장에서 우리는 이더넷 주소와 MAC 주소를 같은 의미로 사용할 것이다.

ARP는 네트워크 계층 주소에서 하드웨어 주소로의 동적 매핑을 제공한다. 동적이라는 표현을 사용하는 것은 매핑이 자동으로 이뤄지며 시간이 지남에 따라 변경이 발생하더라도 시스템 관리자에 의한 재설정 작업 없이도 변경에 적응하기 때문이다. 즉 어떤 호스트의 네트워크 인터페이스 카드가 교체돼서 (IP 주소는 유지하면서) 하드웨어 주소가 바뀌더라도, ARP는 처음에 약간의 지연이 발생할 뿐 여전히 제대로 동작한다. 따라서 애플리케이션 사용자나 시스템 관리자가 ARP의 동작에 대해 관심을 가질 일은 거의 없다.

> **주의**
>
> ARP와는 반대 방향의 매핑을 제공하는 관련 프로토콜은 RARP라고 불리며, 디스크 장치가 없는 X 터미널이나 디스크 없는 워크스테이션 등에서 사용됐다. 오늘날 RARP는 거의 사용되지 않으며 RARP를 사용하려면 시스템 관리자의 수동 설정이 필요하다. 세부 사항에 대해서는 [RFC0903]을 참고하기 바란다.

## 4.2 예제

브라우저로 웹 페이지를 여는 것처럼 인터넷 서비스를 이용하려면 로컬 컴퓨터는 서버에 어떻게 접촉해야 할지 알아내야 한다. 가장 기본적으로는 서비스가 동일 IP 서브넷에서 제공되는 로컬 서비스인지 아니면 원격 서비스인지 여부를 결정하는데 원격 서비스일 경우 목적지에 도달하기 위해서는 라우터를 거쳐야 한다. ARP는 동일한 IP 서브넷 안의 시스템에 도달하는 경우에만 사용된다. 이 예제에서는 다음과 같은 URL에 접촉하기 위해 웹브라우저를 사용한다고 가정한다.

```
http://10.0.0.1
```

이 URL은 일반적으로 많이 사용되는 도메인 네임 또는 호스트 이름 대신 IPv4 주소를 포함하고 있음에 주목하자. 이름 대신에 주소를 사용하는 이유는 이 ARP 예제가 동일한 IPv4 프리픽스(2장 참고)를 공유하는 시스템에 가장 적합하다는 것을 강조하기 위해서다. 이번 예제에서 우리는 로컬 웹서버의 주소를 포함하는 URL을 사용해서 직접 전달<sup>direct</sup> <sup>delivery</sup>이 어떻게 동작하는지 살펴볼 것이다. 프린터나 VoIP 어댑터와 같은 임베디드 장치들의 설정을 위해 내장 웹 서버를 포함하면서 이러한 로컬 웹 서버의 사용은 점차 확대되고 있다.

### 4.2.1 직접 전달과 ARP

이 절에서는 ARP의 동작에 초점을 맞추면서 직접 전달이 어떤 단계들을 거쳐서 실행되는지 열거한다. IP 데이터그램을 발신자와 동일한 IP 프리픽스를 갖는 IP 주소로 전송할 때 직접 전달이 일어난다. 직접 전달은 IP 데이터그램의 일반적인 포워딩 방법에서 중요한 역할을 수행한다(5장 참고). 다음 목록은 앞의 예제를 사용해 IPv4에서 직접 전달의 기본 동작들을 설명한다.

1. (이 경우에는 웹브라우저인) 애플리케이션은 URL에 호스트 이름이 포함돼 있는지 판단하기 위해 URL을 분석하는 특별한 함수를 호출한다. 이 예에서는 호스트 이름이 포함돼 있지 않으며, 따라서 애플리케이션은 32비트 IPv4 주소인 **10.0.0.1**을 사용한다.

2. 애플리케이션은 TCP 프로토콜에 **10.0.0.1**과의 연결을 확립하도록 요청한다.

3. TCP는 IPv4 데이터그램을 **10.0.0.1**에 전송함으로써 원격 호스트에 연결 요청 세그먼트를 보내고자 시도한다(이에 관한 세부 사항은 15장에서 살펴본다).

4. 여기에서는 주소 **10.0.0.1**이 송신 호스트와 동일한 네트워크 프리픽스를 사용 중이라고 기정하고 있으므로 데이터그램은 라우터를 거치지 않고 그 주소로 직접 전송될 수 있다.

5. IPv4 서브넷에서 이더넷 호환 주소가 사용된다고 가정하면 송신 호스트는 32비트 IPv4 목적지 주소를 48비트 이더넷 스타일 주소로 변환해야 한다. [RFC0826]의 용어를 사용하자면 논리적 인터넷 주소를 그에 대응되는 물리적 하드웨어 주소로 변환해야 하며, 이것이 바로 ARP의 기능이다. ARP는 보통 브로드캐스트 네트워크에서만 작동하는데, 링크 계층이 하나의 메시지를 연결돼 있는 모든 네트워크 장치들에 전달할 수 있기 때문이다. 이것은 ARP가 동작하기 위한 중요한 요구 사항이다. NBMA<sup>Non-Broadcast Multiple Access</sup>라고도 불리는 비브로드캐스트 네트워크에서는 다른 좀 더 복잡한 매핑 프로토콜이 필요할 수 있다[RFC2332].

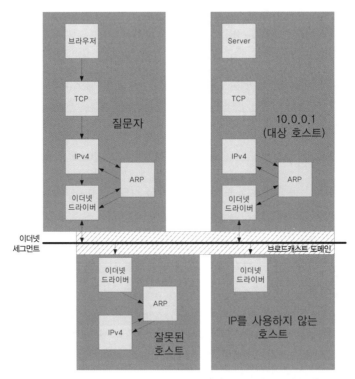

**그림 4-1** 동일한 브로드캐스트 도메인에 속하는 이더넷 호스트들. ARP 질의는 링크 계층 브로드캐스트 프레임을 사용해 전송되며, 모든 호스트가 이 프레임을 수신한다. 그리고 해당 주소를 사용 중인 호스트가 직접 응답을 한다. IP를 사용하지 않는 호스트는 ARP 질의를 스스로 폐기해야 한다.

6. ARP는 링크 계층 브로드캐스트를 이용해 공유 링크 계층 세그먼트상의 모든 호스트에게 ARP 요청<sup>ARP request</sup>이라는 이더넷 프레임을 전송한다. 그림 4-1에서는 브로드캐스트 도메인을 빗금 영역으로 표시한다. ARP 요청은 목적지 호스트의 IPv4 주소 10.0.0.1을 포함하며 다음 질문에 대한 응답을 요청한다. "IPv4 주소가 10.0.0.1로 설정돼 있다면 자신의 MAC 주소를 보내주세요."

7. 동일한 브로드캐스트 도메인 안의 모든 시스템은 ARP 요청을 수신한다. IPv4 프로토콜이나 IPv6 프로토콜을 아예 운영하지 않는 시스템들도 ARP 요청을 수신하지만 다른 VLAN에 속하는 시스템들은 ARP 요청을 수신하지 않는다(VLAN에 관한 세부 사항은 3장 참고). ARP 요청 프레임에서 지정한 IP 주소를 사용 중인 시스템이 존재한다면 그 시스템만이 ARP 응답<sup>ARP reply</sup>를 보내며 응답한다. 이 응답에는 (ARP 요청에 들어있던 것과 동일한) IPv4 주소와 응답 시스템의 MAC 주소가 포함돼 있다. ARP 응답은 대체로 브로드캐스트를 사용하지 않고 발신자에게만 전달된다. ARP 요청을 수신하는 호스트는 이때 발신자의 IPv4 주소와 MAC 주소 간의 매핑도 학습하고 나중에 사용하기 위해 메모리에 기록한다(4.3절 참고).

8. ARP 응답을 해당 ARP 요청의 발신자가 수신하고 ARP 요청/응답 교환의 원인이었던 데이터그램을 이제 전송할 수 있다.

9. 이제 발신자는 데이터그램을 이더넷 프레임 안에 포함시키고 ARP 교환을 통해 알게 된 이더넷 주소를 목적지 이더넷 주소로 사용해 목적지 호스트에 직접 전송한다. 이더넷 주소는 올바른 목적지 호스트만을 가리키므로 다른 호스트나 라우터는 이 데이터그램을 수신하지 않는다. 따라서 직접 전달만이 사용될 경우 라우터는 필요 없다.

ARP는 IPv4를 운영하는 다중 접속 링크 계층 네트워크에서 사용되며 이러한 네트워크 안의 각 호스트는 자신의 기본 하드웨어 주소를 갖는다. PPP(3장 참고)와 같은 점대점 링크는 ARP를 사용하지 않는다. (사용자의 행위나 시스템 부팅 등에 의해) 점대점 링크가 확립될 때 시스템은 링크의 각 종단에서 사용되는 주소를 통보받는데, 이때 하드웨어 주소는 개입되지 않으므로 주소 결정이나 ARP 등은 필요 없다.

## 4.3 ARP 캐시

ARP의 효율적 운영에 필수적인 것이 각 호스트나 라우터에서 ARP 캐시(또는 ARP 테이블)를 관리하는 일이다. ARP 캐시는 주소 결정을 사용하는 각 인터페이스를 위해 네트워크 계층 주소에서 하드웨어 주소로의 매핑에 관한 최신 정보를 유지한다. ARP 캐시에 들어있는 주소 매핑 정보의 통상적인 유효 기간은 [RFC1122]에 정의된 대로 해당 정보가 생성된 뒤 20분까지다.

리눅스나 윈도우에서 arp 명령을 사용해 ARP 캐시의 내용을 확인할 수 있다. -a 옵션은 캐시 안의 모든 항을 표시하도록 지시한다. 리눅스에서 arp 명령을 실행하면 다음과 같은 형태의 출력을 얻는다.

```
Linux% arp
Address          HWtype    HWaddress           Flags Mask    Iface
gw.home          ether     00:0D:66:4F:60:00   C             eth1
printer.home     ether     00:0A:95:87:38:6A   C             eth1

Linux% arp -a
printer.home (10.0.0.4) at    00:0A:95:87:38:6A [ether] on eth1
gw.home (10.0.0.1) at 00:0D:66:4F:60:00 [ether] on eth1
```

윈도우에서 arp 명령을 실행하면 다음과 같은 형태의 출력을 얻는다.

```
c:\> arp -a


Interface: 10.0.0.56 --- 0x2
  Internet Address        Physical Address       Type
  10.0.0.1                00-0d-66-4f-60-00      dynamic
  10.0.0.4                00-0a-95-87-38-6a      dynamic
```

IPv4 주소와 하드웨어 주소 간의 매핑 정보를 볼 수 있다. 첫 번째 리눅스 실행 결과는 각 매핑 항목마다 (IP 주소에 대응하는) 호스트 이름, 하드웨어 주소 유형, 하드웨어 주소, 플래그, 이 매핑이 활성화된 로컬 네트워크 인터페이스의 5개 열이 표시된다. 플래그Flags 열은 기호 C, M, P 중 하나를 포함한다. C는 ARP 프로토콜이 동적으로 학습한 것임을 뜻하고, M은 (arp -s를 사용해) 수동으로 입력한 항이라는 뜻이며(4.9절 참고), P는 'publish

<sup>공개</sup>'를 의미한다. 즉 P 항에 대해서 ARP 요청이 들어오면 호스트는 ARP 응답으로 반응한다. 이 옵션은 프록시 ARP의 설정에 사용된다(4.7절 참고). 두 번째 리눅스 실행 결과는 비슷한 정보를 "BSD 스타일로" 보여주고 있다. 여기서는 호스트 이름과 주소가 모두 표시되며, 주소 유형([ether]는 이더넷을 의미) 및 이 매핑이 활성화되는 인터페이스도 표시된다.

윈도우의 arp 프로그램은 인터페이스의 IPv4 주소, 그리고 인터페이스 번호의 16진 표현(여기에서는 0x2)을 먼저 표시한다. 또 주소가 수작업으로 입력된 것인지 ARP 프로토콜이 학습한 것인지도 표시한다. 이번 예제에서는 둘 다 dynamic이라고 표시돼 있으므로 ARP에 의해 학습된 것이다(수작업으로 입력된 경우에는 static으로 표시된다). 48비트 MAC 주소는 6자리 16진수로 표시되는데 리눅스에서는 콜론으로 구분되며 윈도우에서는 대시로 구분돼 있음을 유의해야 한다. 전통적으로 유닉스 시스템에서는 항상 콜론을 사용해온 반면 IEEE 표준이나 다른 운영체제에서는 대시를 사용하는 경향이 있다. arp 명령의 추가적인 기능과 다른 옵션들에 대해서는 4.9절에서 살펴본다.

## 4.4 ARP 프레임 형식

그림 4-2는 IPv4 주소를 결정하기 위해 이더넷 네트워크상에서 사용되는 ARP 요청과 응답 패킷에서 공통적으로 사용되는 형식을 보여준다(앞서 언급했듯이 ARP는 IPv4 주소 이외의 다른 주소와도 함께 사용될 수 있다. 하지만 실제로 그런 사례는 매우 드물다). 처음 14바이트는 802.1p/q나 다른 태그를 사용하지 않는 표준적인 이더넷 헤더로 구성되고 나머지 부분은 ARP 프로토콜에서 정의된 것이다. ARP 프레임의 처음 8바이트는 일반적인 정보를 포함하고 나머지 부분은 IPv4 주소를 48비트 이더넷 스타일 주소로 매핑할 때 사용된다.

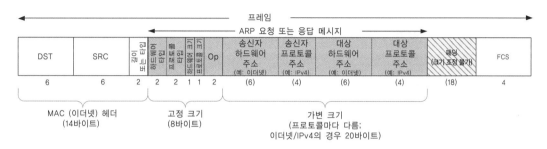

**그림 4-2** IPv4 주소를 48비트 MAC(이더넷) 주소로 매핑할 때 사용되는 ARP 프레임 형식

그림 4-2에 보이는 ARP 프레임의 이더넷 헤더에서 처음 두 필드는 목적지와 발신지 이더넷 주소를 포함한다. ARP 요청의 경우 (모두 1비트인) ff:ff:ff:ff:ff:ff라는 특별한 이더넷 주소는 브로드캐스트 주소를 나타낸다. 즉 동일한 브로드캐스트 도메인 안의 모든 이더넷 인터페이스는 이러한 프레임을 수신한다. 이더넷 프레임의 길이<sup>Length</sup> 또는 유형<sup>Type</sup> 필드의 값은 ARP에서는 (요청이든 응답이든) 반드시 0x0806이어야 한다.

길이/유형 필드 다음에 위치하는 4개의 필드는 맨 뒤에 오는 4개의 필드의 유형과 크기를 나타내며, 이 값들은 IANA에서 관리한다<sup>[RFC5494]</sup>. ARP 패킷의 필드들을 기술할 때는 하드웨어와 프로토콜이 수식어로서 사용된다. 예를 들어 ARP 요청은 프로토콜 주소(이 경우 IPv4 주소)에 대응되는 하드웨어 주소(이 경우 MAC 주소)를 요청하는 것이다. ARP를 기술할 때가 아니면 이런 표현은 거의 사용되지 않는다. 하드웨어 주소보다는 MAC 주소, 물리적 주소, 링크 계층 주소가 더 보편적으로 쓰이는 용어다(IEEE 802.3/이더넷 사양에 기반하는 네트워크일 경우는 이더넷 주소라고도 부른다). 하드웨어 유형 필드는 하드웨어 주소의 유형을 나타내며 이더넷을 위한 값은 1이다. 프로토콜 유형 필드는 매핑 대상인 프로토콜 주소의 유형을 나타내며 IPv4 주소를 위한 값은 0x0800이다. 이 값은 의도적으로 IPv4 데이터그램을 포함하는 이더넷 프레임의 유형 필드와 동일한 값으로 정했다. 그다음에 오는 2개의 1바이트 필드인 하드웨어 크기, 프로토콜 크기 등은 각기 하드웨어 주소와 프로토콜 주소의 크기를 바이트 단위로 표시한다. 이더넷상에서 IPv4 주소를 위한 ARP 요청이나 응답의 경우 이들의 값은 각기 6과 4다. 동작 필드는 동작이 ARP 요청(값은 1임), ARP 응답(2), RARP 요청(3), RARP 응답(4) 중 어느 것인지 표시한다. 이 필드는 ARP 요청과 ARP 응답에서 길이/유형 필드가 동일하기 때문에 필요하다.

그다음 4개의 필드는 발신자 하드웨어 주소(여기에서는 이더넷 MAC 주소), 발신자 프로토콜 주소(IPv4 주소), 목적지 하드웨어 (MAC/이더넷) 주소, 목적지 프로토콜 (IPv4) 주소 등이다. 일부 정보는 중복돼 있는데 발신자의 주소는 이더넷 헤더와 ARP 메시지 양쪽에 들어있다. ARP 요청의 경우 목적지 하드웨어 주소는 0으로 설정하고 그 외의 모든 필드를 채운다. 어떤 시스템이 자신을 목적지로 하는 ARP 요청을 수신하면 자신의 하드웨어 주소를 넣은 다음 2개의 발신자 주소와 2개의 목적지 주소를 맞바꾸고 동작 필드는 2로 설정한 후 응답을 전송한다.

# 4.5 ARP 예제

이 절에서는 텔넷<sup>telnet</sup>과 같은 TCP/IP 유틸리티 프로그램을 실행시킬 때 실제로 ARP에 어떤 일이 일어나는지 알아보기 위해 tcpdump 명령을 사용할 것이다. 텔넷은 두 시스템 사이에 TCP/IP 연결을 확립할 수 있는 간단한 애플리케이션이다.

## 4.5.1 정상적인 예제

ARP의 동작을 알아보기 위해 telnet 명령을 실행해서 (www라고 부르는) TCP 포트 80을 사용해서 호스트 10.0.0.3에서 실행 중인 웹 서버에 접속해보자.

```
C:\> arp -a                   ARP 캐시가 비어있는지 확인한다
No ARP Entries Found
C:\> telnet 10.0.0.3 www      웹 서버[포트 80]에 접속한다
Connecting to 10.0.0.3...
Escape character is '^]'.
```

텔넷 클라이언트 프롬프트가 화면에 표시되도록 CTRL+]을 입력한다.

```
Welcome to Microsoft Telnet Client
Escape Character is 'CTRL+]'
Microsoft Telnet> quit
```

quit 명령은 텔넷 프로그램을 종료시킨다.

위의 작업이 수행되는 동안 교환되는 트래픽을 관찰할 수 있는 다른 시스템에서 tcpdump 명령을 실행하자. 이때 -e 옵션을 사용해서 (여기에서는 48비트 이더넷 주소인) MAC 주소를 표시할 것이다.

다음 결과는 tcpdump의 출력이다. 연결이 종료됨을 나타내는 마지막 4줄은 삭제돼 있다. 이번 절의 논의와 관련이 없기 때문이다(자세한 설명은 13장에서 한다). 시스템에 따라서, 그리고 tcpdump 버전에 따라서 출력 내용이 아래와 다소 다를 수 있다.

```
Linux#  tcpdump -e
1       0.0 0:0:c0:6f:2d:40 ff:ff:ff:ff:ff:ff arp 60:
        arp who-has 10.0.0.3 tell 10.0.0.56
```

```
2    0.002174 (0.0022)0:0:c0:c2:9b:26 0:0:c0:6f:2d:40 arp 60:
     arp reply 10.0.0.3 is-at 0:0:c0:c2:9b:26

3    0.002831 (0.0007)0:0:c0:6f:2d:40 0:0:c0:c2:9b:26 ip 60:
     10.0.0.56.1030 > 10.0.0.3.www: S 596459521:596459521(0)
     win 4096 <mss 1024> [tos 0x10]
4    0.007834 (0.0050)0:0:c0:c2:9b:26 0:0:c0:6f:2d:40 ip 60:
     10.0.0.3.www > 10.0.0.56.1030: S 3562228225:3562228225(0)
     ack 596459522 win 4096 <mss 1024>
5    0.009615 (0.0018)0:0:c0:6f:2d:40 0:0:c0:c2:9b:26 ip 60:
     10.0.0.56.1030 > 10.0.0.3.discard: . ack 1 win 4096 [tos 0x10]
```

패킷 1에서 발신지 하드웨어 주소는 0:0:c0:6f:2d:40이고, 목적지 하드웨어 주소는 이더 넷 브로드캐스트 주소인 ff:ff:ff:ff:ff:ff다. 그림 4-1에서 볼 수 있듯이, 동일한 브로 드캐스트 도메인 내의 모든 이더넷 인터페이스(TCP/IP 실행 여부와 상관없이 동일한 LAN이 나 VLAN에 속하는 모든 인터페이스)가 이 프레임을 수신해서 처리한다. 패킷 1에서 그 다음 필드의 값은 arp인데, 이것은 프레임 유형Frame Type 필드의 값이 0x0806이며 이 프레임이 ARP 요청 또는 ARP 응답임을 나타낸다. 5개의 패킷 모두에서 arp 또는 ip 뒤에 60이라 는 값이 오는데, 이 값은 이더넷 프레임의 길이를 의미한다. ARP 요청이나 ARP 응답의 크기는 항상 42바이트인데, ARP 메시지를 위한 28바이트와 이더넷 헤더를 위한 14바이 트로 이뤄져 있다. 각 프레임은 60바이트의 데이터와 4바이트 CRC(3장 참고)라는 이더넷 의 최소 크기 요건을 충족시키기 위해 패딩이 추가돼 있다.

패킷 1에서 그다음 부분인 arp who-has는 이 프레임이 대상 IPv4 주소는 10.0.0.3이고 발 신자 IPv4 주소는 10.0.0.56인 ARP 요청임을 나타낸다. tcpdump는 IP 주소에 대응되는 호스트 이름을 출력하는 것이 기본 옵션이지만, 여기에서 호스트 이름이 표시돼 있지 않 은 것은 호스트 이름을 찾기 위한 역reverseDNS 매핑이 설정돼 있지 않기 때문이며, DNS 세부 사항에 대해서는 11장에서 설명한다. DNS 매핑의 제공 여부에 상관없이 ARP 요 청 안의 IP 주소를 표시하도록 하기 위해 -n 옵션을 사용할 것이다.

패킷 2로부터 ARP 요청은 브로드캐스트이지만 ARP 응답의 목적지 주소는 (유니캐스트) MAC 주소 0:0:c0:6f:2d:40임을 볼 수 있다. 따라서 ARP 응답은 요청 호스트에게 직접 전송되며, 일반적으로 브로드캐스트되지 않는다(이러한 규칙의 예외 상황에 대해서는 4.8절 참 고). tcpdump는 이 프레임을 위한 ARP 응답을 응답자의 IPv4 주소와 하드웨어 주소와 함께 출력한다. 3번 행은 연결 확립을 요청하는 첫 번째 TCP 세그먼트를 나타내며, 목적지 하드웨어 주소는 목적지 호스트(10.0.0.3)를 가리킨다. 이 세그먼트의 세부 사항에 대해서는 13장에서 다룬다.

패킷 번호 다음에 표시된 숫자는 tcpdump가 패킷을 수신한 상대 시간을 초 단위로 표시한 것이다. 첫 번째 패킷을 제외한 각 패킷은 이전 시간과의 차이를 괄호 안에 초 단위로 표시하고 있다. 출력 결과에서 ARP 요청을 보내고 ARP 응답을 받기까지의 시간이 대략 2.2ms임을 볼 수 있으며, 첫 번째 TCP 세그먼트는 이보다 0.7ms 후에 전송된다. 이 예제에서 동적 주소 결정을 위한 ARP의 사용에 따른 오버헤드는 3ms도 되지 않는다. 호스트 10.0.0.56의 ARP 캐시에서 호스트 10.0.0.3에 대한 정보가 유효한 상태였다면 최초에 ARP 교환이 일어나지 않았으며, 따라서 최초의 TCP 세그먼트가 목적지 이더넷 주소로 즉시 전송될 수 있었을 것이라는 점에 주목하자.

tcpdump 출력과 관련해서 한 가지 언급할 것은 호스트 10.0.0.3에서 첫 번째 TCP 세그먼트를 10.0.0.56에 보내기 전에(4번 행) 10.0.0.3에서 보낸 ARP 요청이 보이지 않는다는 점이다. 10.0.0.3이 이미 자신의 ARP 캐시 안에 10.0.0.56 항을 가지고 있을 수도 있지만, 통상적으로 시스템은 자신에게 보내진 ARP 요청을 수신하면 ARP 응답을 보내는 일 외에도 요청자의 하드웨어 주소와 IPv4 주소를 자신의 ARP 캐시에 기록하는 일을 수행한다. 요청자가 데이터그램을 전송하면 그 데이터그램을 수신한 시스템은 응답을 전송할 것이라고 가정하는 것이 논리적이기 때문이다.

### 4.5.2 존재하지 않는 호스트에 대한 ARP 요청

ARP 요청에서 지정한 호스트가 켜져 있지 않거나 존재하지 않을 경우에는 무슨 일이 일어날지 알아보기 위해 실제로 존재하지 않는 로컬 IPv4 주소에 접근을 시도해보자. 프리픽스는 로컬 서브넷에 해당하지만 그 주소를 사용 중인 호스트가 없는 것이다. 이 예제에서는 IPv4 주소 10.0.0.99를 사용한다.

```
Linux% date ; telnet 10.0.0.99 ; date
Fri Jan 29 14:46:33 PST 2010
Trying 10.0.0.99...
telnet: connect to address 10.0.0.99: No route to host
Fri Jan 29 14:46:36 PST 2010    3초가 지났음
```

```
Linux% arp -a
? (10.0.0.99) at <incomplete> on eth0
```

tcpdump의 출력은 다음과 같다.

```
Linux# tcpdump .n arp
1 21:12:07.440845 arp who-has 10.0.0.99 tell 10.0.0.56
2 21:12:08.436842 arp who-has 10.0.0.99 tell 10.0.0.56
3 21:12:09.436836 arp who-has 10.0.0.99 tell 10.0.0.56
```

이번에 -e 옵션을 사용하지 않은 것은 ARP 요청이 브로드캐스트 주소를 통해서 전송된다는 것을 우리가 이미 알고 있기 때문이다. ARP 요청의 빈도가 거의 1초에 한 번씩인 것을 볼 수 있는데, 이것은 [RFC1122]에 정의된 최댓값에 해당한다. 하지만 (여기에 테스트 결과를 싣지는 않았지만) 윈도우 시스템에서 테스트를 해 보면 이와 다르게 동작한다. 3번의 ARP 요청 간의 간격이 1초 간격으로 일정한 것이 아니라, 애플리케이션이나 프로토콜마다 다르기 때문이다. ICMP와 UDP의 경우(각각 8장과 10장 참고)에는 약 5초마다 전송되며, TCP의 경우에는 10초가 사용된다. TCP에서 10초의 간격은 (응답이 돌아오지 않아도) 2번의 ARP 요청을 보낸 뒤에 비로소 연결 확립 시도를 포기한다는 것을 의미한다.

## 4.6  ARP 캐시 타임아웃

ARP 캐시 내의 모든 정보 항목들은 통상적으로 타임아웃(유효기간 만료) 값이 지정된다 (타임아웃이 적용되지 않는 항목을 arp 명령을 사용해서 수동 입력하는 방법을 나중에 다룬다). 대부분의 구현은 완전한 항목에 대해서는 20분, 완전하지 않은 항목에 대해서는 3분을 타임아웃 값으로 지정한다(실제로 존재하지 않는 호스트에 ARP 요청을 보냈던 예제의 경우가 완전하지 않은 항목에 해당한다). 그리고 일반적으로 항목이 사용될 때마다 20분을 새로 적용한다. 호스트 요구사항 RFC[RFC1122]에서는 사용 중인 항목에 대해서도 타임아웃이 적용돼야 한다고 정해져 있지만 많은 구현들이 이를 따르지 않는다. 즉, 항목이 참조될 때마다 타임아웃을 새로 시작한다.

ARP 캐시는 이 책에서 처음 다루는 소프트 상태soft state의 예라는 점에 주목하자. 소프트

244

상태란 타임아웃이 되기 전에 리프레시<sup>refresh</sup>되지 않으면 폐기되는 정보를 말한다. 많은 인터넷 프로토콜에서 네트워크 조건이 변경될 경우 자동 재구성을 개시하는 데 도움이 된다는 이유로 소프트 상태를 이용한다. 소프트 상태의 사용에 따른 비용은 기간 만료를 방지하기 위해 상태를 리프레시해야 한다는 점이다. '소프트 상태 리프레시'는 소프트 상태를 유지할 수 있도록 프로토콜 설계 자체에 반영되는 경우가 많다.

## 4.7 프록시 ARP

프록시 ARP<sup>Proxy ARP[RFC1027]</sup>는 어떤 시스템이 다른 호스트를 대신해 ARP 요청에 대답하는 것을 말하며 대체로 특별하게 설정된 라우터가 이러한 역할을 한다. 이때문에 ARP 요청의 발신자는 대답하는 시스템이 목적지 호스트라고 속아 넘어간다. 하지만 실제 목적지 호스트는 다른 곳에 있거나 아예 존재하지 않을 수도 있다. 프록시 ARP는 많이 사용되지는 않으며 일반적으로 가급적 사용하지 않는 편이 좋다.

프록시 ARP는 무차별 ARP<sup>promiscuous ARP</sup> 또는 ARP 해킹<sup>ARP hack</sup>이라고도 불린다. 이러한 이름들은 프록시 ARP가 2개의 물리적 네트워크를 서로 감추는 용도로 사용된 것에서 비롯한다. 한쪽 네트워크에서 다른 쪽 네트워크상의 호스트를 찾는 ARP 요청에 대답할 수 있도록 가운데 위치한 라우터가 프록시 ARP 에이전트로 설정돼 있다면 2개의 물리적 네트워크 모두 동일한 IP 프리픽스를 사용할 수 있다. 이러한 기법을 사용해 한 그룹의 호스트를 다른 그룹으로부터 '숨길' 수 있다. 예전에는 이러한 방식으로 프록시 ARP를 사용할만한 두 가지 이유가 있었는데, 서브넷 구성을 처리하지 못하는 시스템들이 있었고, 구식 브로드캐스트 주소를 사용하는 시스템들도 있었기 때문이다(구식 브로드캐스트 주소는 현재처럼 호스트 ID의 비트가 전부 1인 것이 아니라 전부 0이었다).

리눅스는 자동 프록시 ARP라는 기능을 지원한다. 이 기능을 활성화하려면 /proc/sys/net/ipv4/conf/*/proxy_arp 파일에 문자 1을 써넣거나 sysctl 명령을 사용하면 된다. 이 기능이 활성화돼 있으면 프록시 ARP를 사용하기 위해 프록시 대상 IPv4 주소 모두를 위한 ARP 항들을 수작업으로 입력할 필요가 없어지며, 개별 주소가 아니라 어떤 주소 범위를 지정해 프록시 ARP 서비스를 제공할 수 있게 된다.

## 4.8 GARP와 주소 충돌 탐지(ACD)

ARP의 또다른 기능으로 GARP<sup>Gratuitous ARP</sup> 가 있다. GARP는 호스트가 자기 자신의 주소를 찾는 ARP 요청을 보낼 때 사용된다. 시스템 부팅 시에 '켜지도록' 설정된 네트워크 인터페이스가 GARP를 사용한다. 아래 출력은 윈도우 호스트의 부팅 과정을 리눅스 컴퓨터에서 관찰한 것이다.

```
Linux#      tcpdump -e -n arp
1           0.0 0:0:c0:6f:2d:40 ff:ff:ff:ff:ff:ff arp 60:
                arp who-has 10.0.0.56 tell 10.0.0.56
```

tcpdump에 -n 플래그를 사용한 것은 호스트 이름이 아니라 점 10진수 형식으로 주소를 출력하기 위한 것이다. ARP 요청 안의 필드들을 보면 발신자 프로토콜 주소와 목적지 프로토콜 주소 모두 10.0.0.56으로 동일하다. 또 이더넷 헤더 안의 발신지 주소 필드 0:0:c0:6f:2d:40는 발신자의 하드웨어 주소와 같다. GARP는 아래 2가지 목적을 위해 사용된다.

1. 다른 호스트가 자신과 동일한 IPv4 주소로 설정됐는지 여부를 알 수 있다. GARP를 보내는 호스트는 응답이 돌아오기를 기대하지 않는다. 하지만 만일 응답이 돌아온다면 '이더넷 주소 ....에서 중복 IP 주소가 사용 중입니다'와 같은 오류 메시지가 표시된다.

2. GARP를 보내는 호스트가 (전원을 내려서 네트워크 카드를 교체한 후에 재부팅돼서) 하드웨어 주소가 변경된 경우, GARP 브로드캐스트 프레임을 수신한 다른 호스트들은 자신의 ARP 캐시 내에 들어있는 (GARP 프레임을 보낸 호스트에 대한) 주소 정보를 갱신한다. 앞서 설명했듯이 ARP 캐시에 이미 들어있는 IP주소로부터 ARP 요청이 수신되면, 이 ARP 요청에 들어있는 하드웨어 주소 정보로 해당 캐시 항목이 갱신된다. 이것은 호스트에 수신된 모든 ARP 요청에 대해서 동일하게 수행되며, GARP는 ARP의 이러한 동작을 이용하는 것이다.

GARP는 다수의 단말이 동일한 IPv4 주소를 사용하려고 한다는 사실을 표시할 뿐, 이런 상황에 대처할 수 있는 실질적인 메커니즘은 전혀 제공하지 않는다(단지 시스템 관리자가 조치를 취하도록 메시지를 출력할 뿐이다). 이러한 문제를 다루기 위해 [RFC5227]에서는 IPv4 의 ACD<sup>Address Conflict Detection, 주소 충돌 탐지</sup>에 대해 기술하고 있다. ACD는 ARP 탐색<sup>probe</sup> 패킷과 ARP 선언announcement 패킷을 정의하고 있다. ARP 탐색은 발신자 프로토콜(IPv4) 주소 필드가 0으로 설정돼 있는 ARP 요청 패킷으로서, 후보 IPv4 주소가 브로드캐스트 도메인 안의 다른 시스템에서 사용 중인지 알아보기 위해 사용된다. 발신자 프로토콜 주소 필드를 0으로 설정하는 이유는 다른 호스트가 이미 후보 IPv4 주소를 사용하고 있을 경우 캐시 오염을 피하기 위한 것이며 이것이 무상 ARP의 동작 방식과 다른 점이다. ARP 선언은 발신자 프로토콜 주소 필드와 목적지 프로토콜 주소 필드가 후보 IPv4 주소로 채워져 있다는 점을 제외하면 ARP 탐색과 동일하다. 후보 IPv4 주소를 자신이 사용하겠다는 발신자의 의도를 선언하기 위해 사용되는 것이 ARP 선언이다.

ACD를 수행하기 위해 인터페이스를 켜거나 수면 상태에서 빠져나올 때 또는 (새로운 무선 네트워크와의 연계가 이뤄지는 등으로) 새로운 링크가 확립됐을 때 호스트는 먼저 ARP 탐색을 송신한다. 호스트는 (0-1초 구간의 균일 분포로부터의) 무작위 시간만큼 기다린 후 3개까지의 탐색 패킷을 전송한다. 지연 시간을 두는 것은 동시에 여러 시스템의 전원을 켰을 때 이들이 한꺼번에 ACD 수행을 시도함으로써 네트워크 트래픽 급증을 발생시키는 혼잡을 피하기 위한 것이다. 탐색 간격은 1-2초 구간의 (균일 분포로부터의) 무작위 시간으로 정해진다.

요청 단말이 탐색을 보내는 동안 다른 ARP 요청이나 응답을 수신할 수도 있다. 자신이 보낸 탐색에 대한 응답을 받았다는 것은 후보 IP 주소를 다른 단말이 이미 사용 중임을 나타낸다. 다른 시스템에서 목적지 프로토콜 주소 필드에 동일한 후보 IPv4 주소를 포함하는 요청을 보냈다는 것은 다른 시스템도 동일한 IPv4 주소를 획득하기 위한 시도를 동시에 진행시키고 있음을 나타낸다. 어느 경우이든 해당 시스템은 주소 충돌 메시지를 표시하고 다른 후보 주소를 찾아보는 편이 좋다. DHCP(6장 참고)를 사용해 주소를 지정하는 환경에서는 그와 같이 권고하고 있다. [RFC5227]에서는 주소 획득 시도 과정에서 10번의 충돌을 경험한 후에는 호스트가 전송률 제한 단계로 진입해 성공할 때까지 60초당 한 번씩만 ACD를 수행하게 제한한다.

이러한 절차를 수행했는데 충돌이 발견되지 않으면, 요청 호스트는 브로드캐스트 도메인 안의 시스템들에게 자신이 현재 사용 중인 IPv4 주소를 알리기 위해 2초 간격으로 두 번의 ARP 선언을 전송한다. ARP 선언들에서 발신자 프로토콜 주소 필드와 목적지 프로토콜 주소 필드 모두 사용 중인 IPv4 주소로 설정한다. 이러한 선언들을 전송하는 목적은 캐시 안의 기존 주소 매핑을 발신자의 주소 사용 현황을 반영해 갱신하도록 보장하기 위한 것이다.

ACD는 현재 진행 중인 과정으로 간주되며 이런 점에서 무상 ARP와 차이가 있다. 호스트는 자신이 사용 중인 주소를 선언한 다음 수신되는 ARP 트래픽을 (요청이든 응답이든) 조사해 자신의 주소가 발신자 프로토콜 주소 필드에 나타나는지 확인하는 일을 계속한다. 만일 나타난다면 어떤 다른 시스템이 자신이 동일한 주소를 정당하게 사용 중이라고 믿고 있는 것이다. [RFC5227]은 이런 경우에 사용할 수 있는 세 가지 해결 방법을 제공한다. 해당 주소의 사용을 중지하든가, 해당 주소를 유지하되 '방어적인' ARP 선언을 전송하고 충돌이 계속되면 사용을 중지하든가, 또는 충돌에도 불구하고 주소를 계속 사용하는 방법이다. 마지막 옵션은 (프린터나 라우터와 같은 임베디드 장치처럼) 안정적이고 고정된 주소를 꼭 필요로 하는 시스템에만 권고되는 방법이다.

[RFC5227]은 링크 계층 브로드캐스트를 사용해서 일부 ARP 응답이 전송될 때의 잠재적 이점도 제시한다. 이것이 전통적인 ARP 동작 방식은 아니지만, 동일 세그먼트상의 모든 단말이 모든 ARP 트래픽을 처리해야 한다는 단점만 제외하면 나름의 장점을 갖고 있다. 모든 단말이 브로드캐스트 응답을 보고 자신의 캐시에 충돌 상황을 반영하므로 ACD가 더 자주 일어나기 때문이다.

## 4.9  arp 명령

앞서 우리는 윈도우와 리눅스에서 ARP 캐시 안의 모든 항목이 표시되도록 arp 명령을 -a 플래그와 함께 사용했다(리눅스에서는 -a 플래그를 사용하지 않아도 비슷한 정보가 출력된다). 수퍼유저나 관리자는 -d 옵션을 사용해서 ARP 캐시 안의 항목을 삭제할 수 있다(앞서 예제를 실행하기 전에 ARP 교환이 일어나도록 -d 옵션이 사용됐다).

-s 옵션을 사용하면 캐시에 항목을 추가할 수도 있다. 이때는 IPv4 주소(또는 DNS를 사용해 IPv4 주소로 변환될 수 있는 호스트 이름)와 이더넷 주소를 필요로 한다. IPv4 주소와 이더넷 주소가 하나의 항을 구성하며 캐시에 추가된다. 이 항은 반영구적이므로 타임아웃이 적용되지는 않지만 시스템의 재부팅 시에는 캐시에서 삭제된다.

arp 명령의 리눅스 버전은 윈도우 버전보다 몇 가지 기능을 더 제공한다. -s 옵션을 사용해 항을 추가할 때 명령의 끝에 키워드 temp가 있으면 해당 항은 임시 항으로 간주되며, 다른 ARP 항들과 마찬가지로 타임아웃이 적용된다. -s 옵션을 사용할 때 명령의 끝에 키워드 pub이 있으면 그 시스템이 해당 항에 대한 ARP 응답자 역할을 하게 만든다. 그 시스템은 해당 항의 IPv4 주소에 대한 ARP 요청에 대해 지정된 이더넷 주소로 응답한다. 광고된 주소가 그 시스템 자체의 주소일 경우 그 시스템은 지정된 IPv4 주소에 대한 프록시 ARP 에이전트(4.7절 참고)의 역할을 수행한다. 프록시 ARP를 활성화하기 위해 arp -s가 사용된 경우 리눅스는 /proc/sys/net/ipv4/conf/*/proxy_arp 파일에 0이 들어 있더라도 지정된 주소에 대해 응답을 보낸다.

## 4.10 임베디드 장치의 IPv4 주소 설정에 ARP 사용

이더넷과 TCP/IP 프로토콜과 호환되는 임베디드 장치들이 많아지면서 네트워크 설정 정보를 직접 입력하는 방법을 제공하지 않는 네트워크 연결 장치들이 점차 보편화되고 있다(이런 장치에는 키보드가 없어 장치에서 사용될 IP 주소를 입력하는 것이 불가능하다). 이러한 장치들은 대체로 두 가지 방법 중 하나를 사용해 설정된다. 한 가지 방법은 DHCP를 사용해 주소와 다른 정보를 자동으로 지정하는 것이다(6장 참고). 또 다른 방법은 ARP를 사용해 IPv4 주소를 설정하는 것인데, DHCP만큼 많이 사용되지는 않는다.

임베디드 장치의 IPv4 주소 설정에 ARP를 사용하는 것은 이 프로토콜의 원래 의도는 아니었으며, 따라서 완전 자동으로 이뤄지지는 않는다. 기본 개념은 (arp -s 명령을 사용해) 해당 장치를 위한 ARP 매핑을 수작업으로 확립한 후 그 주소로 IP 패킷을 전송하는 것이다. 이미 ARP 항이 존재하므로 ARP 요청/응답이 생성되지는 않으며 하드웨어 주소를 바로 사용할 수 있다. 물론 장치의 이더넷(MAC) 주소는 알려져 있어야 하는데 이 주소는 대체로 장치 자체에 인쇄돼 있으며 때로 제조업체의 장치 일련번호와 동일한 경우도 있다. 이러한 장치가 자신의 하드웨어 주소를 목적지로 하는 패킷을 수신할 경우 데이터그램 안에 포함돼 있는 목적지 주소를 자신의 초기 IPv4 주소로 사용한다. 이후 이 장치는 (임베디드 웹 서버 등과 같은) 다른 수단을 사용해 완전하게 설정될 수 있다.

# 4.11 ARP 관련 공격

다양한 공격들이 ARP를 이용해서 꾸준히 시도돼 왔다. 가장 단순한 것은 프록시 ARP 기능을 사용해서 어떤 호스트인 것처럼 위장한 뒤 그 호스트에 대한 ARP 요청에 응답하는 것이다. 이로 인해 피해를 받은 호스트가 없을 경우, 이 공격은 어렵지 않고 잘 드러나지도 않는다. 하지만 피해 호스트가 실행 중일 경우는 하나의 ARP 요청에 대해서 둘 이상의 응답이 생성되기 때문에 공격이 쉽게 발각된다.

하나의 컴퓨터가 둘 이상의 네트워크에 연결돼 있는데 ARP 소프트웨어의 버그로 인해서 한쪽 인터페이스의 ARP 항목이 다른 쪽 인터페이스로 '유출'된 경우에 이를 이용한 공격이 일어날 수 있으며, 이러한 공격을 통해 트래픽을 잘못된 네트워크 세그먼트로 향하게 만들 수 있다. 리눅스에서는 /proc/sys/net/ipv4/conf/*/arp_filter 파일을 수정함으로써 직접적으로 영향을 미칠 수 있는데, 이 파일에 1 값이 기록되면 ARP 요청이 도착했을 때 IP 포워딩 검사가 수행된다. 요청을 보낸 호스트의 IP 주소를 조회해서 어느 인터페이스로 IP 데이터그램을 돌려보낼지 결정하는데, ARP 요청 수신에 사용된 인터페이스가 IP 데이터그램을 돌려보낼 인터페이스와 다를 경우 ARP 응답이 보내지지 않는다 (그리고 해당 ARP 요청은 폐기된다).

좀 더 위험한 ARP 관련 공격은 고정 항목static entry의 처리와 관계가 있다. 앞서 설명했듯이 고정 항목은 ARP 요청/응답 없이 특정 IP 주소에 대응되는 이더넷(MAC) 주소를 찾고 싶을 때 사용되는 것으로서 보안성을 높이기 위한 목적으로 오랫동안 사용돼 왔다. 중요한 호스트에 대한 고정 항목을 ARP 캐시에 넣어두면 해당 IP 주소로 위장하는 호스트를 금세 탐지할 수 있다고 생각했기 때문이다. 하지만 불행히도 대부분의 ARP 구현들은 고정 항목들을 ARP 응답이 제공하는 항목으로 교체했다. 그래서 (ARP 요청을 보낸 적이 없음에도 불구하고) ARP 응답을 수신한 컴퓨터는 자신이 갖고 있는 고정 항목을 공격자가 제공하는 항목으로 교체하는 잘못을 저지를 수 있다.

## 4.12 정리

ARP는 거의 모든 TCP/IP 구현에서 기본적인 도구이지만 보통은 애플리케이션이나 사용자 모르게 동작한다. ARP는 로컬 IPv4 서브넷상에서 사용 중인 IPv4 주소에 대응되는 하드웨어 주소를 결정하기 위해 사용된다. 발신 호스트와 동일한 서브넷으로 데이터그램을 포워딩할 때 호출되며, 데이터그램의 목적지가 동일한 서브넷이 아닐 경우에는 라우터에 도달하는 용도로도 사용된다(자세한 내용은 5장 참고). ARP 캐시는 ARP의 동작에서 대단히 중요하며 우리는 arp 명령을 사용해서 ARP 캐시를 검사 및 조작하는 예제를 다뤘다. 캐시 안의 항목들은 타이머를 갖고 있으며, 완전한 항목과 불완전한 항목 둘 다 타이머에 기반해서 캐시로부터 제거된다. arp 명령은 ARP 캐시 안의 항목들을 표시 및 수정한다. arp 명령은 ARP 캐시 안의 항을 표시하거나 수정할 때 사용된다.

4장에서 우리는 ARP의 통상적인 동작과 더불어 특수한 ARP인 프록시 ARP(라우터의 다른 인터페이스에서 접근할 수 있는 호스트에 대해 ARP 요청이 있을 때 라우터가 대신 대답하는 기능)와 GARP(자기 자신의 IP에 대한 ARP 요청을 보내는 기능. 일반적으로 시스템이 부팅될 때 사용됨)에 대해서 살펴봤다. IPv4를 위한 주소 충돌 탐지에 대해서도 다뤘는데, 동일 브로드캐스트 도메인에서 주소 중복이 발생하지 않도록 GARP와 비슷한 프레임을 지속적으로 교환하는 방법이 사용된다. 마지막으로 ARP와 관련된 공격 방법에 대해 살펴봤다. 이러한 공격의 대부분은 ARP 응답을 조작함으로써 호스트를 위장하는 방법을 사용한다. ARP를 사용하는 공격 기법은 강력한 보안을 구현하지 않은 상위 계층 프로토콜에 문제를 일으킬 수 있다(18장 참조).

# 4.13 참고 자료

- **[RFC0826]** D. Plummer, "Ethernet Address Resolution Protocol: Or Converting Network Protocol Addresses to 48.bit Ethernet Address for Transmission on Ethernet Hardware," Internet RFC 0826/STD 0037, Nov. 1982.

- **[RFC0903]** R. Finlayson, T. Mann, J. C. Mogul, and M. Theimer, "A Reverse Address Resolution Protocol," Internet RFC 0903/STD 0038, June 1984.

- **[RFC1027]** S. Carl-Mitchell and J. S. Quarterman, "Using ARP to Implement Transparent Subnet Gateways," Internet RFC 1027, Oct. 1987.

- **[RFC1122]** R. Braden, ed., "Requirements for Internet Hosts," Internet RFC 1122/ STD 0003, Oct. 1989.

- **[RFC2332]** J. Luciani, D. Katz, D. Piscitello, B. Cole, and N. Doraswamy, "NBMA Next Hop Resolution Protocol (NHRP)," Internet RFC 2332, Apr. 1998.

- **[RFC5227]** S. Cheshire, "IPv4 Address Conflict Detection," Internet RFC 5227, July 2008.

- **[RFC5494]** J. Arkko and C. Pignataro, "IANA Allocation Guidelines for the Address Resolution Protocol (ARP)," Internet RFC 5494, Apr. 2009.

# 05

# 인터넷 프로토콜

## 5.1 개요

IP는 TCP/IP 프로토콜 모음에서 일꾼에 해당하는 프로토콜이다. TCP, UDP, ICMP, IGMP 데이터는 모두 IP 데이터그램으로 전송된다. IP는 최선 노력의 비연결형 데이터 그램 전달 서비스를 제공한다. '최선 노력best-effort'이라 함은 IP 데이터그램이 목적지에 성공적으로 도달한다는 보장이 없음을 의미한다. IP는 트래픽을 불필요하게 폐기하지는 않지만, 자신이 전달하고자 하는 패킷의 운명에 대해서 어떤 보장도 하지 않는다. 라우터 에서의 일시적 버퍼 고갈 등과 같이 무엇인가 잘못됐을 때 IP는 일부 데이터를 (대체로 마 지막으로 도착된 데이터그램을) 버린다는 단순한 오류 처리 알고리즘을 적용한다. 따라서 신 뢰성이 요구되는 경우에는 (예를 들어 TCP와 같은) 상위 계층 프로토콜이 신뢰성을 제공해 야 한다. IPv4와 IPv6 모두 이러한 기본적인 최선 노력 전달 모델을 사용한다.

비연결형connectionless이라는 용어는 IP가 네트워크 장치 내부에 (즉, 라우터 내부에) 서로 연 관된 데이터그램들에 관한 어떤 연결 상태 정보도 유지하지 않음을 의미한다. 따라서 각 데이터그램은 다른 데이터그램들과는 독립적으로 처리된다. 이것은 IP 데이터그램들 이 순서가 바뀐 채로 전달될 수 있음도 의미한다. 발신지에서 2개의 연속된 데이터그램 을 (A 다음에 B의 순서로) 동일한 목적지에 전송할 경우 각 데이터그램은 독립적으로 경로 가 결정돼 각기 다른 경로를 취할 수 있으며 이로 인해 B가 A보다 먼저 도착할 수도 있다. 또 IP 데이터그램은 전송 중에 복제될 수도 있고 오류가 발생해 데이터가 변경될 수도 있다. 이럴 때도 애플리케이션에 오류 없이 전달되기 위해서는 IP보다 상위의 프로토콜이 이 모든 잠재적 문제를 처리해야 한다(대체로 TCP가 이러한 일을 수행함).

5장에서는 IPv4(그림 5-1 참고)와 IPv6(그림 5-2 참고) 헤더의 필드를 살펴보며, IP 포워딩이 어떻게 동작하는지 설명한다. IPv4에 대한 공식적인 규격은 [RFC0791]에 주어져 있다. IPv6를 기술하는 규격은 [RFC2460]부터 시작하는 일련의 RFC들이다.

**그림 5-1** IPv4 데이터그램. IPv4 헤더는 가변 크기를 가지며 4비트 IHL 필드에 따라 최대 15개의 32비트 워드(word), 즉 60바이트까지로 제한된다. 전형적인 IPv4 헤더는 (옵션 없이) 20바이트를 포함한다. 발신지 주소와 목적지 주소는 각기 32비트 길이를 갖는다. 두 번째 32비트 워드의 대부분은 IPv4 단편화 기능에 사용된다. 헤더 검사합은 헤더 안의 필드들이 목적지에 정확하게 전달되도록 보장하는 데 도움이 되지만 데이터를 보호하지는 않는다.

## 5.2 IPv4 헤더와 IPv6 헤더

그림 5-1에서는 IPv4 데이터그램 형식을 보여준다. 옵션이 존재하지 않는 한(옵션은 드물게 사용된다) IPv4 헤더의 정상적인 크기는 20바이트다. IPv6 헤더는 크기가 2배지만 옵션은 갖지 않는다. 대신에 IPv6 헤더는 옵션과 비슷한 역할을 하는 확장 헤더extension header를 가질 수 있는데 나중에 자세히 살펴볼 것이다. 헤더와 데이터에 관한 그림 5-1과 5-2

에서 최상위 비트는 왼쪽의 0번 비트이며, 최하위 비트는 오른쪽의 31번 비트다.

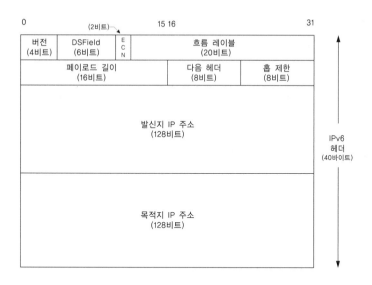

**그림 5-2** IPv6 헤더는 고정 크기(40바이트)이고 128비트 길이의 발신지 주소와 목적지 주소를 포함한다. 다음 헤더(Next Header) 필드는 IPv6 헤더 뒤에 오는 확장 헤더의 존재 및 유형을 표시하며, 특수 확장이나 처리 지시자를 포함하는 헤더 체인이 형성된다. 애플리케이션 데이터는 헤더 체인보다 뒤에 위치하는데, 일반적으로 전송 계층 헤더 바로 뒤에 온다.

32비트값 안의 4바이트는 비트 0-7이 가장 먼저 전송되고, 그 다음에 비트 8-15, 비트 16-23, 비트 24-31의 순서로 전송된다. 이런 순서를 가리켜 빅 엔디언<sup>big endian</sup> 형식이라고 부르며, TCP/IP 헤더 안의 2진수들이 네트워크를 돌아다닐 때 반드시 지켜야 하는 바이트 순서다. 이 순서를 네트워크 바이트 순서<sup>network byte order</sup>라고도 부른다. (대부분의 PC에서 사용되는 리틀 엔디언<sup>little endian</sup> 방식과 같은) 다른 형식으로 2진수를 저장하는 컴퓨터 CPU는 전송 시에는 헤더 값을 네트워크 바이트 순서로 변환하고 수신 시에는 그 반대로 변환해야 한다.

## 5.2.1 IP 헤더 필드

(4비트에 불과한) 첫 번째 필드는 버전<sup>Version</sup> 필드이며 IP 데이터그램의 버전 번호를 담고 있는데 IPv4의 경우에는 4이고 IPv6의 경우에는 6이다. IPv4 헤더와 IPv6 헤더에서 버전 필드의 위치만 같으며 다른 필드들의 위치는 모두 다르다. 따라서 이 두 프로토콜은

직접적인 호환성을 갖지 않으며 호스트나 라우터는 IPv4와 IPv6를 분리해 처리해야 한다(둘을 함께 지원하는 듀얼 스택<sup>dual stack</sup>이 있음). 다른 IP 버전들도 제안되고 개발되기는 했지만 버전 4와 버전 6만이 실제로 사용 중이다. IANA에서는 이러한 버전 번호들의 공식 등록부를 관리한다[IV].

IHL<sup>Internet Header Length, 인터넷 헤더 길이</sup> 필드는 옵션들을 포함해 IPv4 헤더 안에 들어 있는 32비트 단어 수를 나타낸다. 이 필드의 길이는 4비트이므로 IPv4 헤더의 크기는 최대 15개의 32비트 단어 즉 60바이트로 제한된다. 뒤에서 이러한 길이 제한으로 인해 어떻게 경로 기록<sup>Record Route</sup> 옵션과 같은 일부 옵션들이 오늘날 거의 쓸모없게 됐는지 살펴본다. 이 필드의 통상적인(즉, 옵션이 없을 경우) 값은 5다. IPv6 헤더에는 IHL과 같은 필드는 없는데, IPv6 헤더의 길이는 40바이트로 고정돼 있기 때문이다.

헤더 길이 다음에 오는 것은 IPv4<sup>[RFC0791]</sup>에서는 ToS<sup>Type of Service, 서비스 유형</sup> 바이트이며 IPv6<sup>[RFC2460]</sup>에서는 트래픽 클래스<sup>Traffic Class</sup> 바이트다. 이들은 널리 사용된 적이 없으며 따라서 이 8비트 필드는 결국 여러 RFC([RFC3260][RFC3168][RFC2474] 등)에 의해 두 부분으로 분할되게 됐다. 첫 6비트는 이제 DS 필드<sup>Differentiated Services Field, 차등 서비스 필드</sup>라고 불리며 끝의 두 비트는 ECN<sup>Explicit Congestion Notification, 명시적 혼잡 통보</sup> 필드라고 불린다. 이들에 관련된 RFC들은 IPv4와 IPv6 모두에 적용된다. 이 필드들은 데이터그램을 포워딩할 때 데이터그램을 특수 처리하는 용도로 사용되며 5.2.3절에서 좀 더 자세히 다룬다.

전체 길이<sup>Total Length</sup> 필드는 IPv4 데이터그램의 전체 길이를 바이트 수로 나타낸다. 이 필드와 IHL 필드를 사용해 데이터그램에서 데이터 부분이 시작되는 위치와 데이터 부분의 길이를 알 수 있다. 전체 길이 필드는 16비트 필드이므로 (헤더를 포함한) IPv4 데이터그램의 최대 크기는 65,535바이트가 된다. 헤더에서 전체 길이 필드는 꼭 필요한데 IPv4 데이터그램을 운반하는 일부 하위 계층 프로토콜들은 스스로 캡슐화된 데이터그램의 (정확한) 크기를 전달하지 않기 때문이다. 예를 들면 이더넷의 경우 작은 프레임들에 대해서는 64바이트라는 최소 길이를 맞추기 위해 패딩을 덧붙인다. 이더넷 페이로드의 최소 크기는 46바이트지만(3장 참고), IPv4 데이터그램은 이보다 작을 수도 있다(20바이트에 불과할 수도 있음). 전체 길이 필드가 제공되지 않는다면 IPv4 구현은 46바이트 이더넷 프레임 중 얼마만큼이 패딩이 아닌 실제 IP 데이터그램인지 알 수 없어 혼란을 일으킬 수 있다.

65,535바이트 IP 데이터그램을 전송하는 것이 가능하기는 하지만 (이더넷과 같은) 대부분

의 링크 계층은 작은 조각들로 단편화하지 않고서는 이렇게 큰 데이터그램을 한 번에 운반할 수 없다. 더욱이 호스트는 576바이트보다 큰 IPv4 데이터그램을 수신할 수 있어야 한다는 요구 사항은 없다(IPv6에서 호스트는 반드시 자신에 연결된 링크의 MTU 크기의 데이터그램을 처리할 수 있어야 하며, 링크 MTU의 최솟값은 1,280바이트다). 데이터 전송에 UDP 프로토콜(10장 참고)을 사용하는 (DNS, DHCP, 기타 등등의) 많은 애플리케이션이 IPv4의 576 바이트 제한에 걸리지 않기 위해서 데이터 크기를 512바이트로 제한하고 있다. TCP는 추가적인 정보에 기초해 데이터그램 크기를 선택한다(15장 참고).

하나의 IPv4 데이터그램이 여러 개의 작은 단편들로 단편화될 때, 각 단편은 독립적인 IP 데이터그램이 되며 전체 길이 필드는 개별 단편의 길이를 나타낸다. 단편화에 대해서는 UDP와 함께 10장에서 자세히 설명한다. IPv6에서 단편화는 헤더에서 지원되지 않으며 대신 페이로드 길이$^{Payload\ Length}$ 필드가 길이를 나타낸다. 이 필드는 헤더의 길이를 제외한 IPv6 데이터그램의 길이를 나타내지만 확장 헤더들의 길이는 페이로드 길이 필드에 포함된다. IPv4에서와 마찬가지로 이 필드의 길이가 16비트이므로 최댓값은 65,535로 제한된다. 그렇지만 IPv6에서 64KB로 제한되는 것은 전체 데이터그램이 아니라 페이로드 길이다. 더욱이 IPv6는 점보그램$^{jumbogram}$ 옵션(5.3.1.2절 참고)을 지원하는데 점보그램은 적어도 이론상으로는 4GB(4,294,967,295바이트) 크기의 패킷을 제공할 수 있다.

ID 필드는 하나의 IPv4 호스트가 송신하는 데이터그램을 식별하는 데 사용된다. 한 데이터그램의 단편들을 다른 데이터그램의 단편들과 혼동되지 않게 구별하기 위해 송신 호스트는 (자신의 IP 주소 중 하나로부터) 데이터그램을 송신할 때마다 내부 카운터를 1씩 증가시키고 카운터의 값을 IPv4 ID 필드로 복사한다. 이 필드는 단편화의 구현에 가장 중요해서 이후 10장에서 더 자세히 살펴본다. 이때 플래그 필드와 단편 오프셋 필드도 함께 설명한다. IPv6에서 이 필드는 단편화$^{Fragmentation}$ 확장 헤더에 나타나며 이에 대해서는 5.3.3절에서 설명한다.

TTL$^{Time-to-Live}$ 필드는 데이터그램이 통과할 수 있는 라우터 수에 상한선을 설정한다. 이 값은 발신자가 초기화하는데([RFC1122]에서 64를 권고하고 있지만 128이나 255를 사용하는 경우도 드물지 않다), 데이터그램을 포워딩하는 라우터마다 이 필드의 값을 1씩 감소시킨다. 이 필드가 0에 도달하면 데이터그램은 폐기되며 이를 ICMP 메시지로 발신자에게 통보한다 (8장 참고). 덕분에 불필요한 라우팅 순환이 발생할 경우 패킷이 네트워크에서 무한히 순환하는 현상을 방지할 수 있다.

**주의**

TTL 필드는 원래 IP 데이터그램의 최대 수명으로 정의된 (초 단위의) 값이었지만, 라우터는 이 값을 적어도 1만큼 감소시켜야만 한다. 오늘날 정상적인 운영 상황에서 데이터그램을 1초 이상 잡고 있는 라우터는 거의 없으므로, 이전의 규칙은 이제 무시되거나 잊혀졌으며 따라서 IPv6에서는 사실상의 용도를 반영해서 이 필드에 대해 홉 제한(Hop Limit)이라는 이름을 사용한다.

IPv4 헤더 안의 프로토콜<sup>Protocol</sup> 필드는 데이터그램의 페이로드 부분에 들어있는 데이터그램 유형을 나타내는 번호를 포함한다. 가장 흔히 나타나는 값은 17(UDP)과 6(TCP)이다. 이 필드는 두 종류 이상의 프로토콜 페이로드를 운반하는데 IP 프로토콜이 사용될 수 있도록 역다중화 기능을 제공한다. 원래는 데이터그램에 캡슐화되는 전송 계층 프로토콜을 나타냈지만, 지금은 꼭 전송 계층 프로토콜이 아니라도 상관없다. 예를 들어 Pv4-in-IPv4(값은 4) 같은 것도 캡슐화할 수 있다. 이 필드에 사용 가능한 값의 공식 목록은 지정 번호 페이지[IAN]에서 확인할 수 있다. IPv6 헤더 안의 다음 헤더<sup>Next Header</sup> 필드는 IPv4의 프로토콜 필드를 일반화시킨 것이다. 이 필드는 IPv6 헤더 뒤에 오는 헤더 유형을 가리키는 데 사용된다. 이 필드는 IPv4 프로토콜 필드에 정의돼 있거나 5.3절에 기술돼 있는 IPv6 확장 헤더에 연계돼 있는 값이면 아무 값이나 포함할 수 있다.

헤더 검사합<sup>Header Checksum</sup> 필드는 IPv4 헤더에 대해서만 계산된다. 이 말은 IPv4 데이터그램의 페이로드 부분(예를 들면 TCP나 UDP 데이터)에 대해서는 정확성 검사를 하지 않는다는 뜻이다. 따라서 IP 데이터그램의 페이로드 부분의 정확한 전달을 보장하려면 다른 프로토콜이 자체적인 데이터 무결성 검사 메커니즘을 갖고 헤더 뒤의 중요 데이터를 검사해야 한다. IP 안에 캡슐화되는 거의 모든 프로토콜(ICMP, IGMP, UDP, TCP)은 자신들의 헤더와 데이터뿐만 아니라 (해당 프로토콜에게 중요한) IP 헤더의 특정 부분도 대상으로 하는 검사합을 자체 헤더 안에 갖고 있다(계층화 원칙의 위반에 해당함). 의외로 IPv6 헤더는 검사합 필드를 포함하지 않는다.

주의
IPv6 헤더에서 검사합 필드를 제외시킨 것은 다소 논쟁의 소지가 있는 결정이었다. 이러한 결정의 배경은 IP 헤더 안의 정보에 대한 정확성을 필요로 하는 상위 계층 프로토콜은 스스로 중요하다고 생각하는 데이터에 대해 자체적으로 검사합을 계산해야 한다는 것이었다. IP 헤더에 발생한 오류의 결과는 데이터가 엉뚱한 곳에 전달되거나 발신지가 다른 곳으로 표시돼 있거나 또는 전달 과정에서 다른 손상이 있었거나 등일 것이다. (인터넷 트래픽의 전달에 광섬유가 사용되면서) 비트 오류는 비교적 드물게 됐으며 (상위 계층 검사합이나 다른 검사를 통해) 다른 필드들의 정확성을 보장하기 위한 더욱 강력한 메커니즘들이 존재하므로, IPv6 헤더에서는 검사합 필드를 제거하는 것으로 결정됐다.

IP 헤더 검사합의 계산에 사용되는 알고리즘은 검사합을 이용하는 다른 인터넷 관련 프로토콜들의 대부분에서도 사용되며 때로 인터넷 검사합<sup>Internet checksum</sup>으로 알려져 있다. IPv4 데이터그램이 라우터를 통과할 때 TTL 필드의 값이 감소하는 결과로 헤더 검사합이 변경돼야 한다는 점을 유의하기 바란다. 검사합을 계산하는 방법들에 대해서는 5.2.2절에서 자세히 살펴본다.

모든 IP 데이터그램은 데이터그램 발신자의 발신지 IP 주소와 데이터그램의 최종 도착지에 해당하는 목적지 IP 주소를 포함한다. 이들은 IPv4에서는 32비트값이며 IPv6에서는 128비트값인데 대체로 어느 컴퓨터상의 한 인터페이스를 식별한다. 멀티캐스트 주소와 브로드캐스트 주소(2장 참고)는 이러한 규칙에 대한 예외다. 32비트 주소는 굉장히 많은 수의 인터넷 개체(45억 개)를 수용할 수 있을 것처럼 생각되지만, 이 수는 충분하지 않다는 공감대가 널리 형성돼 있으며 이것은 IPv6으로 옮겨가는 주요 동기가 되고 있다. IPv6의 128비트 주소는 엄청난 수의 인터넷 개체를 수용할 수 있다. [H05]에 나와 있는 것처럼 IPv6은 $3.4 \times 10^{38}$개의 주소를 갖는다. [H05]나 다른 문헌들에 따르면 "이 정도면 낙관적으로 추정할 때 지구상의 1평방미터당 3,911,873,538,269,506,102개의 주소를 이용할 수 있다." 이 정도이면 확실히 아주 오랫동안 사용할 수 있을 것이다.

## 5.2.2 인터넷 검사합

인터넷 검사합은 수신된 메시지나 메시지 일부가 송신된 것과 일치하는지 여부를 충분히 높은 확률로 판단하기 위해 사용되는 16비트의 수학적인 값이다. 인터넷 검사합 알고리즘은 널리 쓰이는 CRC<sup>Cyclic Redundancy Check, 순환 중복 검사[PB61]</sup>와 같지 않다는 점에 유의하자. CRC는 더욱 강력한 보호를 제공한다.

내보낼 데이터그램에 대한 IPv4 헤더 검사합을 계산하기 위해 우선 데이터그램의 검사합 필드는 0으로 설정된다. 그런 다음 헤더에 대한 16비트 1의 보수합을 계산한다(전체 헤더를 일련의 16비트 단어들의 열로 간주함). 이 합에 대한 16비트 1의 보수를 검사합 필드에 저장하면 데이터그램은 송신 준비가 완료된다. 1의 보수 덧셈은 'end-round-carry 덧셈'으로 구현될 수 있다. 즉 일반 (2의 보수) 덧셈을 사용해 올림[carry] 비트가 발생하면 이 값을 1로 취급해 다시 더한다. 그림 5-3에서 예를 보여주는데 메시지 내용은 16진수로 표현돼 있다.

IPv4 데이터그램이 수신되면 (검사합 필드의 값도 포함해서) 전체 헤더에 걸쳐서 검사합이 계산된다. 이때 계산된 검사합의 값은 오류가 없다면 가정하면 항상 (값 FFFF에 대한 1의 보수에 해당하는) 0이다. 정상적인 패킷이나 헤더에서 검사합 필드의 값이 FFFF가 없다는 점에 유의하자. 만일 그 값이 FFFF라면 (송신 측에서 마지막으로 1의 보수 연산을 수행하기 전에) 검사합은 0이었어야 한다. 하지만 모든 바이트가 0이 아닌 한 1의 보수 덧셈으로 구한 합이 0이 될 수는 없으며 정상적인 IPv4 헤더라면 모든 바이트가 0인 경우는 없다. (계산된 검사합이 0이 아니어서) 헤더가 잘못된 것으로 판정될 경우 IPv4 구현은 수신된 데이터그램을 폐기하며 이때 오류 메시지는 생성되지 않는다. 손실된 데이터그램을 탐지하고 필요에 따라 재전송하는 일은 상위 계층들의 몫이다.

```
송신 측
메시지:          E3 4F 23 96 44 27 99 F3 [00 00] ◄────[ 검사합 필드 = 0000 ]
2의 보수 합:     1E4FF
1의 보수 합:     E4FF+1 = E500
1의 보수:        ~(E500) = ~(1110 0101 0000 0000) =  0001 1010 1111 1111 =
                 1AFF (검사합)

수신 측
메시지 + 검사합 =   E34F + 2396 + 4427 + 99F3 + 1AFF = E500 + 1AFF = FFFF
                   ~(메시지 + 검사합) = 0000
```

**그림 5-3** 인터넷 검사합은 검사합 계산의 대상이 되는 데이터에 대한 16비트 합의 1의 보수다(더해야 할 바이트 수가 홀수이면 0 값을 갖는 패딩을 추가함). 합을 계산할 데이터가 검사합 필드를 포함할 경우 검사합 계산에 앞서 이 필드를 0으로 설정하며, 계산된 검사합으로 이 필드를 채운다. 검사합 필드를 포함하는 (헤더나 페이로드 등의) 데이터 블록을 수신했을 때 유효성을 검사하기 위해 (검사합 필드를 포함함) 전체 블록에 대해 동일한 종류의 검사합을 계산한다. 검사합 필드는 기본적으로 데이터의 나머지 부분에 대한 검사합의 역에 해당하므로 정확하게 수신된 데이터에 대해 검사합을 계산한 결과는 0이어야 한다.

### 5.2.2.1 인터넷 검사합에 관한 수학 이론

16비트 16진수 값들의 집합 V = {0001, . . . , FFFF}와 1의 보수합 연산 + 아벨군[Abelian group]을 형성한다. 어떤 집합과 연산의 조합이 군[group]을 형성하기 위해서는 닫혀 있음[closure], 결합 법칙의 성립, 항등원의 존재, 역원의 존재를 만족해야 하며 (가환군이라고도 불리는) 아벨군이 되기 위해서는 교환 법칙도 성립해야 한다. 자세히 살펴보면 집합 V와 1의 보수합 연산 조합에서 이 모든 성질들이 성립된다는 것을 알 수 있다.

- V에 속하는 임의의 X, Y에 대해 (X + Y)는 V에 속한다.                    [닫혀 있음]
- V에 속하는 임의의 X, Y, Z에 대해 X + (Y + Z) = (X + Y) + Z가 성립한다.        [결합 법칙]
- V에 속하는 임의의 X에 대해 e + X = X + e = X가 성립한다. 이때 e = FFFF이다.    [항등원]
- V에 속하는 임의의 X에 대해 X + X′ = e를 만족하는 V에 속하는 X′가 존재한다.    [역의 존재]
- V에 속하는 임의의 X, Y에 대해 (X + Y) = (Y + X)가 성립한다.              [교환 법칙]

집합 V와 군 ⟨V,+⟩에서 흥미로운 점은 숫자 0000을 고려 대상에서 제외시켰다는 점이다. 숫자 0000을 집합 V에 포함시키면 ⟨V,+⟩는 더 이상 군이 아니게 된다. 이를 확인하기 위해 먼저 0000과 FFFF 모두 + 연산에 대해 (덧셈에 대한 항등원인) 0의 역할을 수행하는 것을 관찰한다. 예를 들면 AB12 + 0000 = AB12 = AB12 + FFFF가 된다. 그러나 군에서는 단 1개의 항등원이 존재할 수 있을 뿐이다. 그리고 12AB라는 원소가 있고 항등원이 0000이라면 (12AB + X′) = 0000이 성립하는 12AB의 역 X′가 필요하다. 그러나 그와 같은 식이 성립하게 되는 V에 속하는 X′은 존재하지 않는다. 따라서 ⟨V,+⟩를 진정한 군으로 만들기 위해서는 0000을 ⟨V,+⟩의 항등원으로 고려할 필요가 없게 집합 V에서 제거할 필요가 있다. 현대 대수학 개요에 대해서는 Pinter가 저술한 유명한 교재[P90]와 같은 전문적 교재를 참고하기 바란다.

## 5.2.3 DS 필드와 ECN(예전의 ToS 바이트나 IPv6 트래픽 클래스)

IPv4 헤더에서 3번째와 4번째 필드(IPv6에서는 2번째와 3번째 필드)는 DS 필드[Differentiated Service, 차등 서비스]와 ECN 필드다. 차등 서비스[DiffServ]는 인터넷에서 (단순한 최선 노력 서비스 이상의) 차등화된 서비스 클래스를 목표로 하는 프레임워크이자 표준 모음이다[RFC2474][RFC2475][RFC3260]. (사전에 정의된 패턴에 따라 비트들을 설정함으로써) 특정 방식으로 표시된 IP 데이터그램들은 다른 데이터그램들과 다르게 (예를 들면 더 높은 우선순위를 적용해) 포워딩될 수 있다. 이렇게 함으로써 네트워크상에서 대기열 지연이 줄거나 늘어날 수 있으며 다른 특별한 효과를 발생시킬 수도 있다(ISP가 추가요금을 부과할 수 있음). DS 필드에 들어있는 숫자는 DSCP^Differentiated Services Code Point, 차등 서비스 코드 포인트라고 불린다. '코드 포인트'는 사전에 정의돼 그 의미가 합의된 비트 배열을 가리킨다. 일반적으로 데이터그램에 지정된 DSCP는 네트워크 인프라를 거쳐서 전달되는 과정에서 값이 바뀌지 않는다. 그러나 (예를 들면 일정 시간에 얼마나 많은 우선순위 패킷의 전송이 허용되는가와 같은) 정책에 따라 데이터그램 안의 DSCP가 전달 과정에서 변경될 수도 있다.

헤더 안의 2비트 ECN 필드는 내부의 대기열에 상당히 많은 트래픽을 갖고 있는 라우터를 통과하는 데이터그램에 혼잡 지시자를 표시하기 위해 사용된다. 지속적으로 혼잡한 ECN 지원 라우터는 패킷을 포워딩할 때 두 비트 모두 1로 설정한다. 이 기능의 용도는 ECN 비트로 표시된 패킷을 목적지에서 수신했을 때 (TCP 등의) 프로토콜이 ECN 표시를 인식하고 이 사실을 발신자에게 알리도록 하는 것이다. 통보를 받은 발신자는 전송 속도를 낮춰 혼잡을 완화하므로 과부하로 인해 라우터에서 폐기되는 패킷이 줄어든다. 이러한 메커니즘은 네트워크 혼잡을 방지하거나 해결하는 것을 목표로 하는 여러 방법 중 하나이며 혼잡 제어에 대해서는 16장에서 자세히 살펴본다. DS 필드와 ECN 필드는 서로 긴밀한 관계가 있는 것은 아니지만, 이 필드들이 차지하는 공간이 예전의 IPv4 서비스 유형^ToS 필드와 IPv6 트래픽 클래스^Traffic Class 필드로부터 분할된 것이기 때문에 함께 논의되는 경우가 많다. 그래서 'ToS 바이트'와 '트래픽 클래스 바이트'라는 용어도 여전히 널리 사용되고 있다.

ToS와 트래픽 클래스 바이트의 원래 용도가 널리 지원되지는 않지만, DS 필드의 구조는 이들과의 하위 호환을 어느 정도 제공하도록 설계됐다. 이것이 어떻게 가능한지 명확히 이해하기 위해서 먼저 그림 5-4에서 ToS 필드의 원래 구조를 살펴보자.

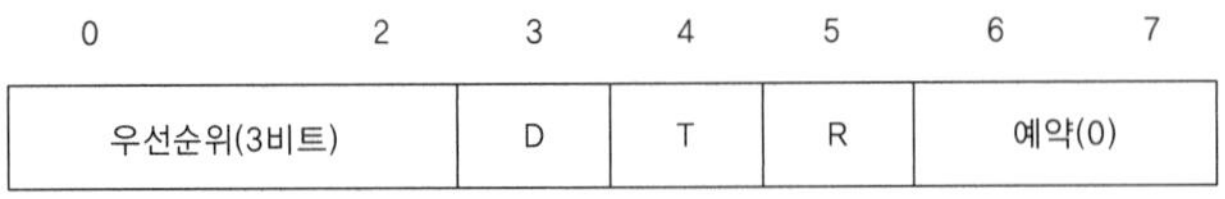

| 0 | 2 | 3 | 4 | 5 | 6 | 7 |
|---|---|---|---|---|---|---|
| 우선순위(3비트) | | D | T | R | 예약(0) | |

**그림 5-4** 원래의 IPv4 서비스 유형 필드와 IPv6 트래픽 클래스 필드 구조. 우선순위 하위 필드는 어느 패킷이 높은 우선순위를 가져야 하는지 나타낸다(값이 클수록 우선순위가 높다). D, T, R 부필드는 각각 지연(delay), 처리율(throughput), 신뢰성(reliability)를 나타낸다. 이 필드들에 1 값이 들어있으면 낮은 지연, 높은 처리율, 높은 신뢰성을 각각 의미한다.

D, T, R 하위 필드들은 데이터그램이 각기 지연delay, 처리율throughput, 신뢰성reliability 측면에서 좋은 취급을 받아야 함을 나타내며, 값이 1이면 더 나은 취급을 의미한다(각각 낮은 지연, 높은 처리율, 높은 신뢰성). 우선순위 값은 000(일반)에서 111(네트워크 제어)에 이르는 값을 가지며 값이 커질수록 우선순위가 높아진다(표 5-1 참고). 우선순위 값은 미국 국방성의 AUTOVON 전화시스템[A92] 시절의 MLPPMultilevel Precedence and Preemption, 다중 등급 우선순위 및 선점라는 호출 선점 체계에 기초하고 있다. 이 체계에서는 우선순위가 낮은 호출은 우선순위가 높은 호출이 들어오면 통화 중이라도 순서를 뺏길 수 있다. 표 5-1의 용어들은 아직도 사용되며 VoIP 시스템들에도 반영되고 있다.

**표 5-1** 원래의 IPv4 ToS 필드와 IPv6 트래픽 클래스 필드에서 우선순위 하위 필드가 가질 수 있는 값의 목록

| 값 | 우선순위 이름 |
| --- | --- |
| 000 | 일상(Routine) |
| 001 | 우선(Priority) |
| 010 | 즉시(Immediate) |
| 011 | 고속(Flash) |
| 100 | 초고속(Flash Override) |
| 101 | 기급(Critical) |
| 110 | 인터네트워크 제어(Internetwork Control) |
| 111 | 네트워크 제어(Network Control) |

DS 필드가 정의될 때, 제한된 형태의 하위 호환성을 제공하기 위해서 우선순위 값을 사용하도록 감안됐다[RFC2474]. 그림 5-5를 보면, DS 필드는 6비트 길이로서 DSCP 값을 갖고 있다. 길이가 6비트이므로 총 64개의 코드 포인트가 지원된다. 특정한 DSCP 값은 데이터그램에 적용될 포워딩 취급 또는 특별한 처리 방법을 라우터에게 알려준다. 다양한 포워딩 취급은 PHBPer-Hop Behavior로서 표현되므로, DSCP 값은 실질적으로 라우터에게 어느 PHB를 데이터그램에 적용할지 알려주는 것과 같다. DSCP의 기본값은 일반적으로 0으로서 이 값은 통상적인 최선 노력 인터넷 트래픽을 의미한다. DSCP가 가질 수 있는 64개의 값은 크게 3종류로 구분되며, 이러한 구분은 [DSCPREG]에서 정의됐으며 표 5-2에 요약돼 있다.

0                                          6      7

| DS 5 | DS 4 | DS 3 | DS 2 | DS 1 | DS 0 (0) | ECN (2비트) |

클래스                        폐기 확률

**그림 5-5** DS 필드는 6비트 안에 DSCP 값을 포함한다(이 중 5비트는 라우터가 포워딩하는 데이터그램에 적용될 포워딩 취급 방법을 나타내도록 표준화돼 있다). 그 다음 2비트는 ECN에서 사용되며, 데이터그램에 지속적으로 혼잡한 라우터를 통과할 때 설정될 수 있다. ECN 비트가 설정된 데이터그램이 목적지에 도착했을 때, 발신자에게 혼잡 표시가 전송돼 발신자가 보내는 데이터그램들이 하나 이상의 혼잡 라우터를 통과하고 있음을 발신자에게 알릴 수 있다.

**표 5-2** DSCP 값은 표준, 실험적/지역적 용도(EXP/LU), 나중에 표준화될 의도로 사용되는 실험적/지역적 용도(*)의 3개 그룹으로 구분된다.

| 그룹 | 코드 포인트 프리픽스 | 정책 |
|---|---|---|
| 1 | xxxxx0 | 표준 |
| 2 | xxxx11 | EXP/LU |
| 3 | xxxx01 | EXP/LU(*) |

이 중에는 연구자 혹은 관리자가 실험적/지역적 용도로 사용할 수 있는 것들도 있다. 0으로 끝나는 DSCP는 표준 용도로 사용되며, 1로 끝나는 DSCP는 실험적/지역적 용도(EXP/LU)로 사용된다. 01로 끝나는 DSCP는 초기에는 실험적/지역적 용도로 사용되지만 나중에는 표준화될 목적을 갖고 있다.

그림 5-5에서 DS 필드의 클래스 부분은 첫 3비트에 해당하며 ToS 필드의 우선순위 하위 필드에 대한 예전 정의에 기초한다. 일반적으로 라우터는 먼저 클래스에 따라 트래픽을 분리한다. 공통의 클래스에 속하는 트래픽들도 서로 다른 폐기 확률을 가질 수 있으며 라우터는 이를 바탕으로 트래픽을 폐기해야 할 상황에서 어떤 트래픽을 먼저 폐기해야 할지 결정할 수 있다. 클래스 선택자의 길이가 3비트이기 때문에 8개의 코드 포인트가 가능한데(이것을 클래스 선택자 코드 포인트class selector code point라고 부름), 이 코드 포인트들은 예전의 IP 우선순위 기능과 비슷한 기능을 최소한으로 제공하는 PHB에 해당한다. 그리고 이러한 PHB를 클래스 선택자 호환 PHB라고 부르며, [RFC0791]에 정의된 IP 우

선순위 하위 필드의 원래 정의와 부분적으로 하위 호환을 지원하기 위한 것이다. xxx000 형태의 코드 포인트는 언제나 이러한 PHB에 매핑된다. 다만 다른 값이 동일한 PHB에 매핑될 수도 있다.

표 5-3은 클래스 선택자 DSCP 값들을 그에 대응하는 ([RFC0791]에 정의된) IP 우선순위 하위 필드의 용어와 함께 보여준다. AF<sup>Assured Forwarding, 포워딩 보장</sup> 그룹은 실질적으로 우선순위 개념을 일반화한 것으로서, 고정된 개수의 독립적인 AF 클래스에 따라 IP 패킷들에 대한 포워딩을 제공한다. 서로 다른 클래스에 속한 트래픽들은 포워딩 방법이 다르며, 동일한 클래스에 속한 트래픽에는 폐기 우선순위가 다르게 지정될 수 있다. 그리고 폐기 우선순위가 높은 데이터그램은 폐기 우선순위가 낮은 데이터그램보다 우선적으로 처리(즉 포워딩)된다. 트래픽 클래스와 폐기 우선순위를 조합해 정해진 이름 AFij는 AF 클래스 i 와 폐기 우선순위 j를 가리킨다. 예를 들면 AF32로 표시된 데이터그램은 트래픽 클래스 3이고 폐기 우선순위가 2임을 나타낸다.

**표 5-3** DS 필드의 값은 IPv4 서비스 유형 필드 또는 IPv6 트래픽 클래스 필드에 지정되는 IP 우선순위 하위필드에 어느 정도 호환되도록 설계됐다. AF와 EF는 단순한 최선 노력 이상의 서비스를 제공한다.

| 이름 | 값 | 참고 자료 | 설명 |
|------|------|-----------|------|
| CS0 | 000000 | [RFC2474] | 클래스 선택자(최선 노력/일반) |
| CS1 | 001000 | [RFC2474] | 클래스 선택자(우선) |
| CS2 | 010000 | [RFC2474] | 클래스 선택자(즉시) |
| CS3 | 011000 | [RFC2474] | 클래스 선택자(고속) |
| CS4 | 100000 | [RFC2474] | 클래스 선택자(초고속) |
| CS5 | 101000 | [RFC2474] | 클래스 선택자(긴급) |
| CS6 | 110000 | [RFC2474] | 클래스 선택자(인터네트워크 제어) |
| CS7 | 111000 | [RFC2474] | 클래스 선택자(네트워크 제어) |
| AF11 | 001010 | [RFC2597] | 포워딩 보장(클래스 1, 폐기 우선순위 1) |
| AF12 | 001100 | [RFC2597] | 포워딩 보장(1, 2) |
| AF13 | 001110 | [RFC2597] | 포워딩 보장(1, 3) |
| AF21 | 010010 | [RFC2597] | 포워딩 보장(2, 1) |

| 이름 | 값 | 참고 자료 | 설명 |
|---|---|---|---|
| AF22 | 010100 | [RFC2597] | 포워딩 보장(2, 2) |
| AF23 | 010110 | [RFC2597] | 포워딩 보장(2, 3) |
| AF31 | 011010 | [RFC2597] | 포워딩 보장(3, 1) |
| AF32 | 011100 | [RFC2597] | 포워딩 보장(3, 2) |
| AF33 | 011110 | [RFC2597] | 포워딩 보장(3, 3) |
| AF41 | 100010 | [RFC2597] | 포워딩 보장(4, 1) |
| AF42 | 100100 | [RFC2597] | 포워딩 보장(4, 2) |
| AF43 | 100110 | [RFC2597] | 포워딩 보장(4, 3) |
| EF PHB | 101110 | [RFC3246] | 포워딩 촉진 |
| VOICE-ADMIT | 101100 | [RFC5865] | 용량 이내 트래픽 |

EF[Expedited Forwarding, 포워딩 촉진] 서비스는 혼잡 없는 네트워크 상태를 제공한다. 즉 EF 트래픽은 지연, 떨림, 손실 등이 비교적 낮은 서비스를 받아야 한다. 직관적으로 이러한 서비스를 받기 위해서는 라우터에서 나가는 속도가 최소한 라우터로 들어오는 속도 이상이어야 한다는 것을 알 수 있다. 따라서 EF 트래픽이 라우터에서 대기하는 경우는 다른 EF 트래픽 뒤에 있을 경우뿐이다.

인터넷에서 차등 서비스를 제공하기 위한 작업은 10년 이상 현재 진행형이다. 메커니즘 측면의 많은 표준화 작업이 90년대 후반에 이뤄졌지만 이러한 기능 중 일부나마 실현되고 구현되기 시작한 것은 21세기에 들어서다. 이러한 기능들을 이용할 수 있도록 시스템을 설정하는 방법에 관한 약간의 지침이 [RFC4594]에 주어져 있다. 차등 서비스의 복잡성은 부분적으로는 차등 서비스와 추정 과금 체계의 관계, 그리고 이에 따른 공정성 문제 등에 기인하고 있다. 이러한 경제적 관계는 복잡할 수 있으며 이 책에서 다룰 범위를 벗어난다. 이와 관련된 주제들에 관한 정보에 대해서는 [MB97]과 [W03]을 참고하기 바란다.

## 5.2.4  IP 옵션

IP는 데이터그램 단위로 선택할 수 있는 여러 가지 옵션을 지원한다. 이러한 옵션들의 대부분은 인터넷이 지금보다 훨씬 작았고 악의적인 사용자들로부터의 위협이 별로 문제가 되지 않았던 IPv4의 설계 당시에 만들어져 [RFC0791]에 도입됐다. 그래서 상당수의 옵션은 IPv4의 제한된 크기나 보안 문제 때문에 더 이상 실용적이거나 바람직하지 않게 됐다. IPv6에서는 이러한 옵션들의 대부분이 제거되거나 변경됐으며, 옵션은 더 이상 기본 IPv6 헤더에 포함되지 않는다. 대신 옵션이 필요할 경우 기본 IPv6 헤더 뒤에 위치하는 1 개 이상의 확장 헤더에 들어간다. 옵션을 포함하는 데이터그램을 수신한 IP 라우터는 대체로 해당 데이터그램에 특별한 처리를 수행하게 돼 있다. 경우에 따라서는 IPv6 라우터가 확장 헤더를 처리하기도 하지만 많은 헤더가 종단 호스트에서만 처리하도록 설계돼 있다. 일부 라우터에서는 옵션이나 확장 헤더를 갖는 데이터그램은 일반 데이터그램에 비해 포워딩되는 속도가 느릴 수 있다. 이 절에서는 먼저 IPv4 옵션들에 대해 간략히 설명한 다음 IPv6에서는 확장 헤더들과 옵션들을 어떻게 구현하고 있는지 살펴본다. 표 5-4는 오랜 기간에 걸쳐 표준화된 IPv4 옵션들의 대부분을 보여준다.

**표 5-4** IPv4 패킷에서 옵션이 사용될 경우 기본 IPv4 헤더 바로 다음에 온다. 옵션들은 8비트 옵션 유형 필드에 의해 식별된다. 이 필드는 복사(1비트), 클래스(2비트), 번호(5비트) 등 3개의 하위 필드로 세분된다. 옵션 0과 옵션 1은 한 바이트 길이이며 대부분의 다른 옵션들은 가변 길이를 갖는다. 가변 길이 옵션은 1바이트의 유형 식별자, 1바이트의 길이, 그리고 옵션 자체 등으로 구성된다.

| 이름 | 번호 | 값 | 길이 | 설명 | 참고 자료 | 비고 |
|------|------|------|------|------|-----------|------|
| 목록 끝 | 0 | 0 | 1 | 더 이상의 옵션 없음 | [RFC0791] | 요구될 경우 사용 |
| 동작 없음 | 1 | 1 | 1 | 수행할 동작 없음(패딩에 사용) | [RFC0791] | 요구될 경우 사용 |
| 발신지 라우팅 | 3 9 | 131 137 | 가변 | 포워딩되는 패킷이 지나갈 '중간 지점' 라우터들을 발신자가 나열함. 느슨한 발신지 라우팅에서는 지정된 중간점 사이에 다른 라우터를 거칠 수 있음(3,131). 엄격한 발신지 라우팅에서는 지정된 중간점들만 순서대로 거칠 수 있음(9,137). | [RFC0791] | 잘 사용되지 않음 종종 필터링 됨 |
| 보안 레이블 및 취급 레이블 | 2 5 | 130 133 | 11 | 미국 내 군용 데이터그램에서 보안 레이블과 취급 제한을 어떻게 포함시킬지 규정함 | [RFC1108] | 과거에 사용 |

| 이름 | 번호 | 값 | 길이 | 설명 | 참고 자료 | 비고 |
|---|---|---|---|---|---|---|
| 경로 기록 | 7 | 7 | 가변 | 패킷이 지나온 경로를 자신의 헤더 안에 기록 | [RFC0791] | 잘 사용되지 않음 |
| 타임스탬프 | 4 | 68 | 가변 | 패킷 발신지와 목적지에서 시간을 기록함 | [RFC0791] | 잘 사용되지 않음 |
| 스트림 ID | 8 | 136 | 4 | 16비트 SATNET 스트림 ID | [RFC0791] | 과거에 사용 |
| EIP | 17 | 145 | 가변 | 확장 인터넷 프로토콜 (1990년대 초반 실험용) | [RFC1385] | 과거에 사용 |
| Traceroute | 18 | 82 | 가변 | 경로 추적 옵션과 메시지 추가 (1990년대 초반 실험용) | [RFC1393] | 과거에 사용 |
| 라우터 경보 | 20 | 148 | 4 | 라우터에게 데이터그램 내용을 해석할 필요가 있다고 알림 | [RFC2113] [RFC5350] | 가끔 사용됨 |
| 퀵스타트 | 25 | 25 | 8 | 고속 전송 프로토콜의 시작을 표시함(실험용) | [RFC4782] | 잘 사용되지 않음 |

표 5-4는 관련 RFC에서 예약된 IPv4 옵션들을 보여준다. 이들에 대한 전체 목록은 주기적으로 갱신되며 온라인으로 찾아볼 수 있다[IPPARAM]. 옵션 영역은 항상 32비트 경계에서 끝나며, 필요할 경우 0 값을 갖는 패딩 바이트들이 추가된다. 따라서 (IHL 필드가 요구하는 대로) IPv4 헤더는 항상 32비트의 배수가 된다. 표 5-4에서 '번호' 열은 옵션 번호를 표시하며, '값' 열은 해당 옵션이 존재한다는 것을 표시하기 위해 옵션의 유형 Type 필드 안에 들어가는 숫자를 표시한다. 이 두 열의 값들은 반드시 동일할 필요는 없다. 유형 필드는 추가적인 구조를 갖기 때문인데 특히 (상위의) 첫 번째 비트는 해당 데이터그램이 단편화될 경우 이 옵션이 단편으로 복사돼야 하는지 여부를 나타내고, 그다음 두 비트는 옵션의 클래스를 나타낸다. 현재 표 5-4의 모든 옵션은 (디버깅과 측정을 위한) 클래스 2를 사용하는 타임스탬프와 Traceroute를 제외하고는 모두 (제어를 의미하는) 옵션 클래스 0을 사용한다. 클래스 1과 3은 예비용으로 남아 있다.

표준 옵션 대부분은 오늘날의 인터넷에서는 드물게 사용되거나 아예 사용되지 않고 있다. 예를 들면 발신지 라우팅이나 경로 기록과 같은 옵션들은 IPv4 헤더 안에 IPv4 주소들이 들어있어야 하는데 헤더 안의 공간은 제한적이기 때문에 (총 60바이트이고, 그중에서 20바이트는 기본 IPv4 헤더가 사용) 평균적인 인터넷 경로상의 라우터 홉의 수가 대략 15인 오늘날의 인터넷에서 이러한 옵션들은 별로 유용하지 않다[LFS07]. 더욱이 이러한 옵션들은 주로 진단용이며 방화벽의 구축을 더욱 불편하고 위험하게 만들 수 있다. 따라서 IPv4 옵션들은 기관망 경계선의 방화벽에 의해 허용되지 않거나 제거된다(7장 참고).

평균 경로가 짧고 악의적인 사용자들로부터의 보호가 큰 문제가 되지 않을 수도 있는 기관망 내부에서는 옵션들이 여전히 유용할 수 있다. 더욱이 라우터 경보<sup>Router Alert</sup> 옵션은 다른 옵션들이 인터넷에서 사용될 때 일으키는 문제에 예외적인 옵션이다. 이 옵션은 주로 성능 최적화 용도로 설계됐으며 기본적인 라우터 동작을 변경하지 않으므로 다른 옵션들보다는 허용되는 경우가 많다. 앞에서도 언급했듯이 일부 라우터 구현들은 옵션을 포함하지 않는 IP 트래픽의 포워딩에 극도로 최적화된 내부 경로를 갖고 있는데 라우터 경보 옵션은 패킷이 통상적인 포워딩 알고리즘과 달리 처리돼야 한다는 사실을 라우터에게 알리는 역할을 한다. 표의 마지막에 있는 실험적인 퀵스타트<sup>Quick-Start</sup> 옵션은 IPv4와 IPv6 모두에 적용될 수 있으며 IPv6 확장 헤더와 옵션들을 설명하는 다음 절에서 다룬다.

## 5.3 IPv6 확장 헤더

IPv6에서 IPv4에서 옵션들이 제공하는 특별한 기능을 이용하려면 IPv6 헤더 뒤에 확장 헤더들을 추가하면 된다. IPv4의 라우팅 기능과 타임스탬프 기능은 이러한 방식으로 지원되며, IPv6에서 필요하기는 하지만 자주 사용되지 않아서 IPv6 헤더에 비트를 할당하기에는 부적절한 단편화나 초대형 패킷과 같은 기능들도 이러한 방식으로 지원된다. 그래서 IPv6 헤더는 40바이트로 고정되며, 필요에 따라 확장 헤더들이 추가된다. IPv6 헤더의 크기를 고정시키고 확장 헤더는 종단 호스트만 처리하게 함으로써(한 가지 예외가 있음) IPv6의 설계자들은 고성능 라우터의 설계와 구축을 쉽게 만들었는데 라우터에서의 패킷 처리가 IPv4에 비해 단순해지기 때문이다. 실제로 패킷 처리 성능은 프로토콜의 복잡성, 라우터의 하드웨어와 소프트웨어의 성능, 트래픽 부하 등을 포함하는 다양한 요인들의 영향을 받는다.

확장 헤더와 (TCP나 UDP 등의) 상위 계층 프로토콜 헤더는 IPv6 헤더와 연쇄적으로 이어져서 헤더 체인<sup>chain</sup>을 형성한다(그림 5-6). 각 헤더에는 다음 헤더<sup>Next Header</sup> 필드가 있어서 다음에 오는 헤더의 유형을 표시하는데, 다음 헤더는 IPv6 확장 헤더일 수도 있고 다른 유형의 헤더일 수도 있다. 59 값은 헤더 체인의 끝을 나타낸다. 다음 헤더 필드에 사용될 수 있는 값들은 [IP6PARAM]에서 찾아볼 수 있으며, 그 대부분은 표 5-5에서 보여준다.

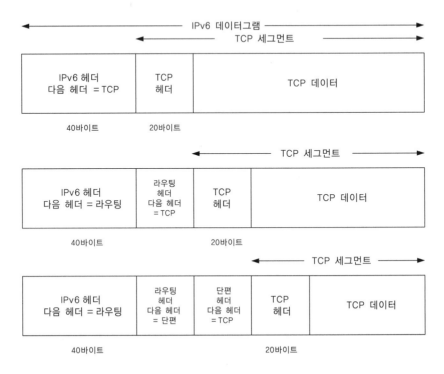

**그림 5-6** IPv6 헤더들은 다음 헤더 필드를 사용해 체인을 형성한다. 이 체인 안의 헤더는 IPv6 확장 헤더일 수도 있고 전송 계층 헤더일 수도 있다. IPv6 헤더는 데이터그램의 시작 부분에 나타나며 길이는 항상 40바이트다.

**표 5-5** IPv6 다음 헤더 필드의 값은 확장 헤더를 가리킬 수도 있고 다른 프로토콜의 헤더를 가리킬 수도 있다. IPv4 프로토콜 필드에도 해당 여부에 따라 동일한 값이 사용된다.

| 헤더 유형 | 순서 | 값 | 참고 자료 |
|---|---|---|---|
| IPv6 헤더 | 1 | 41 | [RFC2460][RFC2473] |
| 홉별 옵션(HOPOPT) | 2 | 0 | [RFC2460]; IPv6 헤더 바로 뒤에 와야 함 |
| 목적지 옵션 | 3, 8 | 60 | [RFC2460] |
| 라우팅 | 4 | 43 | [RFC2460][RFC5095] |
| 단편 | 5 | 44 | [RFC2460] |

| 헤더 유형 | 순서 | 값 | 참고 자료 |
|---|---|---|---|
| ESP(Encapsulating Security Payload) | 7 | 50 | (18장 참고) |
| AH(Authentication; 인증) | 6 | 51 | (18장 참고) |
| 이동성(MIPv6) | 9 | 135 | [RFC6275] |
| (없음 – 다음 헤더 없음) | 끝 | 59 | [RFC2460] |
| ICMPv6 | 끝 | 58 | (8장 참고) |
| UDP | 끝 | 17 | (10장 참고) |
| TCP | 끝 | 6 | (13-17장 참고) |
| 기타 다양한 상위 계층 프로토콜 | 끝 | – | 전체 목록은 [AN] 참고 |

표 5-5에서 볼 수 있듯이 IPv6 확장 헤더 메커니즘은 (라우팅과 단편화 등의) 일부 기능을 옵션과는 별개로 식별한다. 확장 헤더들의 순서는 홉별 옵션<sup>Hop-By-Hop Option, HOPOPT</sup>을 제외하면 권고 사항일 뿐이므로 IPv6 구현은 확장 헤더들을 수신 순서대로 처리할 준비가 돼 있어야 한다. 목적지 옵션 헤더만 두 번 사용될 수 있는데, 첫 번째는 IPv6 헤더 안에 포함된 목적지 IPv6 주소에 관련된 옵션들에 사용되는 경우이며, 두 번째는 데이터그램의 최종 목적지에 관련된 (위치 8의) 옵션들에 사용되는 경우다. (라우팅 헤더가 사용되는 경우와 같은) 일부 경우에 IPv6 헤더 안의 목적지 IP 주소 필드는 데이터그램이 최종 목적지로 포워딩되는 과정에서 변경될 수 있다.

## 5.3.1 IPv6 옵션

지금까지 살펴본 것처럼 IPv6는 IPv4에 비해 확장 헤더와 옵션들을 통합하는 좀 더 유연하고 확장성 있는 방식을 제공한다. IPv4 헤더의 공간 제한 때문에 유용하게 이용할 수 없었던 IPv4의 옵션들은 IPv6에서 규모가 훨씬 커진 오늘날의 인터넷을 수용할 수 있는 특별한 확장 헤더 안에 인코딩된 가변 길이 확장 헤더나 옵션으로서 나타난다. 옵션은 데이터그램이 지나는 경로상의 모든 라우터에게 의미가 있는 홉별 옵션<sup>Hop-by-Hop Option</sup>과 수신자에게만 의미가 있는 목적지 옵션<sup>Destination Option</sup>으로 구분된다. (HOPOPT라고 불리는) 홉별 옵션은 패킷이 지나는 모든 라우터에서 처리돼야 하는 유일한 옵션이다. 홉별 옵션 확장 헤더나 목적지 옵션 확장 헤더에서 옵션을 인코딩하는 형식은 동일하다.

홉별 옵션 헤더와 목적지 옵션 헤더는 둘 이상의 옵션을 포함할 수도 있다. 이 옵션들은 그림 5-7과 같이 TLV$^{\text{type-length-value, 유형-길이-값}}$ 구조로 인코딩된다.

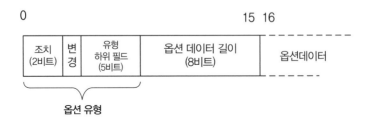

**그림 5-7** 홉별 옵션과 목적지 옵션은 TLV 구조로 인코딩된다. 첫 번째 바이트는 옵션 유형을 표시하는데, 여기에는 이 옵션을 인식하지 못하는 IPv6 노드는 어떻게 조치해야 하는지를 지시하는 하위 필드와 데이터그램이 포워딩될 때 옵션 데이터가 변경될 수 있는지 여부를 알려주는 하위 필드가 포함돼 있다. 옵션 데이터 길이 필드는 옵션 데이터 크기를 바이트 단위로 나타낸다.

그림 5-7에서 보여주는 TLV 구조는 2바이트와 그에 이은 가변 길이의 데이터 바이트들을 포함한다. 첫 번째 바이트는 옵션의 유형을 나타내며, 3개의 하위 필드를 포함한다. 첫 번째 하위 필드는 IPv6 노드가 5비트 길이의 유형 하위 필드를 인식하지 못할 경우 옵션을 처리하기 위해 어떤 조치를 해야 하는지 나타낸다. 이 하위 필드가 가질 수 있는 값은 그림 5-6과 같다.

**표 5-6** IPv6 TLV 옵션 유형 안의 상위 2비트는 옵션을 인식하지 못하는 IPv6 노드가 데이터그램을 포워딩해야 할지 폐기해야 할지, 그리고 데이터그램의 운명을 표시하는 메시지를 발신자에게 보내야 할지 여부를 나타낸다.

| 값 | 조치 |
| --- | --- |
| 00 | 옵션을 건너뛰고, 처리를 계속한다. |
| 01 | 데이터그램을 (조용히) 폐기한다. |
| 10 | 데이터그램을 폐기하고, 발신지 주소로 ICMPv6 매개변수 문제 메시지를 전송한다. |
| 11 | 10의 경우와 같지만, 문제의 패킷의 목적지 주소가 멀티캐스트가 아닐 경우에만 ICMPv6 메시지를 전송한다. |

멀티캐스트 목적지를 향하는 데이터그램 안에 알려지지 않은 옵션이 포함돼 있을 경우

매우 많은 수의 노드가 발신지를 향해서 트래픽을 생성할 수 있다. 하지만 조치$^{Action}$ 필드의 값을 11로 설정하면 이런 일이 발생하지 않도록 막을 수 있다. 새로운 옵션을 개발할 때 조치 필드의 이러한 유연성은 유용하게 쓰일 수 있다. 새로 정의된 옵션을 데이터그램에 넣어도 이 옵션을 이해하지 못하는 라우터는 무시하면 되므로 새로 개발된 옵션이 점진적으로 네트워크에 배포될 수 있다. 데이터그램이 포워딩되면서 옵션 데이터가 변경될 가능성이 있을 경우 변경$^{Change}$ 필드는 1로 설정된다. 표 5-7의 옵션들은 IPv6용으로 정의된 것이다.

표 5-7 IPv6에서 옵션들은 홉별(H) 옵션 확장 헤더나 목적지(D) 옵션 확장 헤더 안에 포함된다. 옵션의 유형 Type 필드에는 조치 필드와 변경 필드의 2진수 값과 함께 '유형' 열의 값이 표함된다. '길이' 열은 그림 5-7의 옵션 데이터 길이 바이트 값을 포함한다. Pad1 옵션은 이 바이트를 갖지 않는 유일한 옵션이다.

| 옵션 이름 | 헤더 | 조치 | 변경 | 유형 | 길이 | 참고 자료 |
|---|---|---|---|---|---|---|
| Pad1 | HD | 00 | 0 | 0 | 해당 없음 | [RFC2460] |
| PadN | HD | 00 | 0 | 1 | 가변 | [RFC2460] |
| 점보 페이로드 | H | 11 | 0 | 194 | 4 | [RFC2675] |
| 터널 캡슐화 제한 | D | 00 | 0 | 4 | 4 | [RFC2473] |
| 라우터 경보 | H | 00 | 0 | 5 | 4 | [RFC2711] |
| 퀵스타트 | H | 00 | 1 | 6 | 8 | [RFC4782] |
| CALIPSO | H | 00 | 0 | 7 | 8 | [RFC5570] |
| 홈 주소 | D | 11 | 0 | 201 | 16 | [RFC6275] |

### 5.3.1.1 Pad1과 PadN

IPv6 옵션들은 8바이트 오프셋에 맞춰져 있으며, 따라서 작은 옵션들은 길이를 가장 가까운 8바이트에 맞춰 0 값의 바이트들로 패딩을 덧붙인다. 이를 지원하기 위해 Pad1과 PadN이라고 불리는 2개의 패딩 옵션이 제공된다. Pad1 옵션(유형 0)은 길이 필드와 값 필드를 갖지 않는 유일한 옵션이며 0 값을 갖는 단순한 한 바이트다. PadN 옵션(유형 1)은 그림 5-7의 형식을 사용해 헤더의 옵션 영역에 두 바이트 이상의 패딩을 삽입한다. n 바이트의 패딩에 대해 옵션 데이터 길이 필드의 값은 (n − 2)가 된다.

### 5.3.1.2 IPv6 점보 페이로드

슈퍼컴퓨터 간의 상호 연결 네트워크와 같은 일부 TCP/IP 네트워크에서는 IP 데이터그램 크기에 대한 일반적인 64KB 제한은 대량의 데이터를 이동시킬 경우에 과도한 오버헤드를 초래할 수 있다. IPv6 점보 페이로드 옵션은 점보그램[jumbogram]이라는 65,535바이트보다 큰 페이로드 크기를 갖는 IPv6 데이터그램을 규정한다. 이 옵션은 MTU 크기가 64KB보다 작은 링크에 연결된 노드에서는 구현될 필요가 없다. 점보 페이로드 옵션은 페이로드 크기가 65,535바이트에서 4,294,967,295바이트 사이인 데이터그램의 페이로드 크기를 표현하기 위한 32비트 필드를 제공한다.

전송을 위해 점보그램이 만들어졌을 때 일반 페이로드 길이 필드는 0으로 설정된다. 나중에 살펴보겠지만, TCP 프로토콜은 앞에서 기술된 인터넷 검사합 알고리즘을 사용해 검사합을 계산하기 위해 페이로드 길이 필드를 사용한다. 점보 페이로드 옵션이 사용될 경우 TCP는 기본 헤더의 일반 길이 필드 대신 이 옵션에 들어있는 길이 값을 사용하도록 주의해야 한다. 이러한 절차가 어려운 것은 아니지만 페이로드가 클수록 오류 탐지에 실패할 가능성은 증가한다[RFC2675].

### 5.3.1.3 터널 캡슐화 한도

터널링[tunneling]은 한 프로토콜을 다른 프로토콜 안에 캡슐화시키는 것을 가리키며 이는 전통적인 계층화에 위배된다(1장, 3장 참고). 예를 들면 IP 데이터그램이 다른 IP 데이터그램의 페이로드 부분 안에 캡슐화될 수도 있다. 터널링은 가상 오버레이 네트워크의 형성에 사용될 수 있는데, 이때 (인터넷과 같은) 하나의 네트워크가 다른 IP 계층을 위해 잘 연결된 링크 계층의 역할을 한다[TWEF03]. 터널들은 중첩될 수 있는데, 터널 안의 데이터그램이 재귀적으로 다른 터널 안에 위치할 수 있다는 뜻이다.

IP 데이터그램을 전송할 때 통상적으로 발신자는 캡슐화에 얼마나 많은 레벨이 사용될지 많이 통제하진 못한다. 그러나 터널 캡슐화 한도[Tunnel Encapsulation Limit] 옵션을 사용하면 발신자가 한도를 지정할 수 있다. IPv6 데이터그램을 터널 안으로 캡슐화하려는 라우터는 먼저 터널 캡슐화 한도 옵션이 포함돼 있는지 검사하고 그 값을 조사한다. 한도 값이 0일 경우 해당 데이터그램은 폐기되고 ICMPv6의 매개변수 문제[Parameter Problem] 메시지(8장 참고)가 데이터그램의 발신지(즉, 이전 터널의 진입점)로 전송된다. 한도 값이 0이 아닐 경우 터널 캡슐화가 허용되지만, 새로 형성되는 (즉, 캡슐화되는) IPv6 데이터그램은 현재 데이터그램의 한도 옵션 값보다는 1만큼 작은 터널 캡슐화 한도 옵션을 포함해야 한다. 실질적으로 캡슐화 한도는 IPv4의 TTL이나 IPv6의 홉 제한$^{Hop\ Limit}$ 필드와 비슷하게 동작한다. 다만 포워딩 홉의 수가 아니라 터널 캡슐화의 수준에 대한 것이라는 점이 다르다.

### 5.3.1.4 라우터 경보

라우터 경보$^{Router\ Alert}$ 옵션은 데이터그램이 라우터가 처리할 필요가 있는 정보를 포함하고 있음을 표시한다. 이 옵션은 IPv4 라우터 경보 옵션과 동일한 용도로 사용된다. [RTAOPTS]는 현재 이 옵션에서 사용할 수 있는 값들을 제시한다.

### 5.3.1.5 퀵스타트

퀵스타트$^{QS}$ 옵션은 [RFC4782]에서 규정하고 있는 TCP/IP를 위한 실험적인 퀵스타트 절차와 결합돼 사용된다. 이 옵션은 IPv4와 IPv6 모두에 적용될 수 있지만, 현재는 사설 망용으로만 제안돼 있으며, 인터넷에서 사용되지는 않는다. 이 옵션은 발신자가 희망하는 전송률을 bps 단위로 인코딩한 값, QS TTL 값, 추가적인 정보 등을 포함한다. 경로상의 라우터들은 희망 전송률에 대한 지원을 수용할 수 있다고 동의할 수 있으며 이 경우 데이터그램을 전송시킬 때 QS TTL 값을 1만큼 감소시키고 전송률 값은 변경하지 않은 채로 둔다. 라우터가 동의하지 않을 경우 즉 더 낮은 전송률을 지원하고자 할 경우 이 값을 수용할 수 있는 전송률로 낮출 수 있다. QS 옵션을 인식하지 못하는 라우터들은 QS TTL 값을 감소시키지 않는다. 수신자는 발신자에게 피드백을 제공하는데, 이 피드백에는 수신된 데이터그램의 IPv4 TTL 또는 IPv6 홉 제한 필드값과 QS TTL 값 사이의 차이, 그리고 경로상의 라우터에 의해 조정된 전송 속도 정보가 포함된다. 이러한 정보는 발신자가 전송 속도를 결정하는데 사용된다(그래서 전송 속도가 더 높아지기도 한다). 이와 같은 TTL 값의 비교는 경로상의 모든 라우터가 QS 협상에 참여하도록 보장할 수 있다. IPv4 TTL (또는 IPv6 홉 제한) 값을 감소시키면서 QS TTL 값은 변경하지 않는 라우터가 있다면 QS가 활성화되지 않기 때문이다.

### 5.3.1.6 CALIPSO

이 옵션은 특정 사설망에서 CALIPSO$^{Common\ Architecture\ Label\ IPv6\ Security\ Option,\ 공통\ 아키텍처\ 레이블}$ $^{IPv6\ 보안\ 옵션[RFC5570]}$를 지원하기 위해 사용된다. 이 옵션은 데이터그램들에 보안 수준 지시자와 추가적인 정보를 담은 레이블을 부여하는 방법을 제공한다. 특히 이 옵션은 모든 데이터에 대해 어떤 형태로든 보안 수준을 나타내는 레이블이 있어야 하는 다중 수준 보안 네트워크 환경에서 사용하도록 의도돼 있다.

### 5.3.1.7 홈 주소

이 옵션은 IPv6 이동성 옵션이 사용 중일 때 데이터그램을 전송하는 IPv6 노드의 '홈 주소'를 갖고있다. 모바일 IP(5.5절 참고)는 상위 계층 네트워크 연결을 유지하면서 네트워크 접속점을 변경할 수 있는 IP 노드들을 위한 여러 가지 절차를 규정하고 있다. 모바일 IP 에서는 노드의 '홈home'이라는 개념이 있는데 노드의 평소 위치의 주소 프리픽스로부터 유도된다.

홈이 아닌 다른 곳으로 로밍roaming된 노드에는 일반적으로 다른 IP 주소가 지정된다. 이 때 홈 주소Home Address 옵션은 이동 중인 노드가 (아마도 임시로 지정받았을) 자신의 새 주소 외에도 자신의 홈 주소를 이용할 수 있도록 해준다. 다른 IPv6 노드들이 모바일 노드와 통신할 때 모바일 노드의 홈 주소를 이용할 수도 있다. 홈 주소 옵션이 들어있을 경우 이 옵션을 포함하는 목적지 옵션 헤더는 라우팅 헤더보다는 뒤에 나타나고 단편 헤더, 인증 헤더, ESP 헤더(18장 참고) 등이 있을 경우 이보다는 앞에 나타나야 한다. 홈 주소 옵션에 대해서는 모바일 IP 부분에서 자세히 살펴볼 것이다.

### 5.3.2 라우팅 헤더

IPv6 라우팅 헤더는 데이터그램이 네트워크를 지나가는 경로를 부분적으로나마 제어하기 위한 메커니즘을 IPv6 데이터그램 발신자에게 제공한다. 현재 두 버전의 라우팅 확장 헤더가 규정돼 있는데, 각기 RH0(유형 0)과 RH2(유형 2)라고 불린다. RH0은 보안 문제로 인해 도태됐으며[RFC5095] RH2는 모바일 IP에서 사용되는 것으로 정의돼 있다. 라우팅 헤더에 대한 정확한 이해를 위해 먼저 RH0을 살펴보고 왜 도태됐는지 또 RH2와는 어떻게 다른지 설명할 것이다. RH0은 데이터그램이 포워딩되면서 '방문하게' 될 하나 이상의 IPv6 노드들을 지정한다. RH0 헤더를 그림 5-8에서 보여준다.

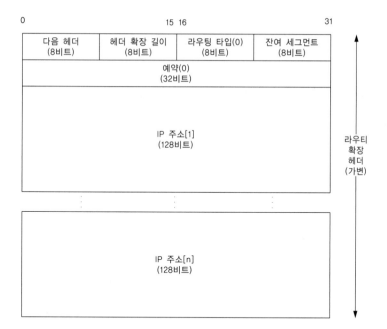

| 0 | 15 16 | | 31 |
|---|---|---|---|
| 다음 헤더 (8비트) | 헤더 확장 길이 (8비트) | 라우팅 타입(0) (8비트) | 잔여 세그먼트 (8비트) |
| 예약(0) (32비트) | | | |
| IP 주소[1] (128비트) | | | |
| IP 주소[n] (128비트) | | | |

라우티 확장 헤더 (가변)

**그림 5-8** 지금은 도태된 라우팅 헤더 유형 0(RH0)은 IPv4의 느슨한 발신지 라우팅 옵션과 엄격한 발신지 라우팅 옵션, 그리고 경로 기록 옵션을 일반화한 것이다. RH0은 발신자에 의해 설정되는데, 여기에는 데이터그램이 포워딩되면서 중간 지점의 역할을 할 IPv6 노드 주소들이 포함된다. 각 주소는 느슨한 주소로 지정될 수도 있고 엄격한 주소로 지정될 수도 있다. 엄격한 주소에는 반드시 한 번의 홉으로 도달해야 하는 반면 느슨한 주소에는 여러 번의 홉으로 도달해도 좋다. 기본 헤더 안의 IPv6 목적지 IP 주소 필드는 데이터그램이 포워딩되면서 다음 중간 지점 주소를 포함하도록 수정될 수 있다.

그림 5-8에서 보여주는 IPv6 라우팅 헤더는 IPv4의 느슨한 발신지 라우팅 옵션과 경로 기록 옵션을 일반화하고 있다. 이 헤더는 IPv6 주소 외의 다른 ID들을 이용한 라우팅도 지원할 수 있지만 이러한 기능이 표준화돼 있지는 않으며, 이 책에서도 이에 대해 더 이상 논의하지 않을 것이다. IPv6 주소에 대한 표준 라우팅의 경우 발신자는 RH0을 사용해 방문할 노드들의 IPv6 주소 벡터를 지정할 수 있다.

이 헤더는 8비트 라우팅 유형 식별자와 8비트 잔여 세그먼트 필드를 포함한다. IPv6 주소를 위한 유형 식별자는 RH0의 경우 0이고 RH2의 경우 2다. 잔여 세그먼트 필드는 처리해야 할 경로 세그먼트가 몇 개나 남아있는지 즉 최종 목적지에 도달할 때까지 방문해야 할 명시적 목록상의 중간노드 수를 표시한다. 주소들의 블록은 32비트 예약 필드로 시작하는데, 발신자는 이 필드를 0으로 설정하고 수신자는 이 필드를 무시한다. 블록 안의 주소들은 데이터그램이 포워딩되면서 방문할 비멀티캐스트 IPv6 주소들이다.

라우팅 헤더는 IPv6 헤더의 목적지 IP 주소 필드에 포함돼 있는 주소를 갖는 노드에 도
달할 때까지는 처리되지 않는다. 이 시점에서 주소 벡터로부터 다음 홉 주소를 결정하기
위해 잔여 세그먼트 필드가 사용되며, 다음 홉 주소는 IPv6 헤더의 목적지 IP 주소 필드
와 맞교환된다. 따라서 데이터그램이 포워딩되면서 잔여 세그먼트 필드의 값은 작아지고
헤더 안의 주소 목록은 데이터그램을 포워딩한 노드들의 주소를 반영한다. 포워딩 절차
에 대한 이해를 돕기 위해 예제를 살펴보자(그림 5-9 참고).

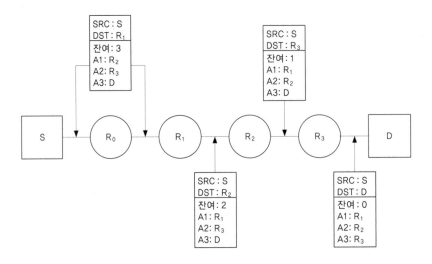

**그림 5-9** IPv6 라우팅 헤더(RH0)를 사용해 발신자 S는 데이터그램이 중간 노드 $R_2$와 $R_3$을 거쳐 가도록 지정할 수 있다. 지나갈 다
른 노드들은 일반적인 IPv6 라우팅에 의해 정해진다. IPv6 헤더 안의 목적지 주소는 라우팅 헤더에서 지정된 각 홉에서 갱신된다는
점을 유의하기 바란다.

그림 5-9에서 라우팅 헤더가 중간 노드들에서 어떻게 처리되는지 살펴볼 수 있다. 발신
자 S가 목적지 주소는 $R_1$이고 라우팅 헤더(유형 0)가 $R_2$, $R_3$, D 등의 주소를 포함하는 데
이터그램을 구성한다. 데이터그램의 최종 목적지는 목록상의 마지막 주소인 D다. (그림
5-9에서 '잔여'라는 레이블이 붙어있는) 잔여 세그먼트 필드는 3에서 시작한다. 데이터그램은
S와 $R_0$에 의해 자동적으로 $R_1$ 쪽으로 포워딩된다. $R_0$의 주소는 데이터그램 안에 들어있
지 않기 때문에 $R_0$에서 라우팅 헤더나 주소들에 대한 수정은 수행되지 않는다. $R_1$에 도
착했을 때 기본 헤더의 목적지 주소와 라우팅 헤더 안의 첫 번째 주소가 맞교환되며 잔
여 세그먼트 필드는 1만큼 감소한다.

데이터그램이 포워딩되면서 목적지 주소와 라우팅 헤더 안의 주소 목록상 다음 주소와 맞교환되는 과정이 라우팅 헤더 안에 있는 목록상의 마지막 목적지에 도달할 때까지 반복된다.

윈도우 XP에서는 ping6 명령에 옵션을 지정하면 라우팅 헤더가 포함되도록 만들 수 있다(윈도우 비스타 이후의 버전에서는 ping 명령만을 포함하고 있는데, 이 명령이 IPv6를 지원한다).

```
C:\> ping6 -r -s 2001:db8::100 2001:db8::1
```

위의 명령은 2001:db8::1에 ping 요청을 전송할 때 발신지 주소로 2001:db8::100을 사용하게 만든다. -r 옵션은 라우팅 헤더(RH0)를 포함하게 지시한다. 와이어샤크를 사용해 나가는 요청을 살펴볼 수 있다(그림 5-10 참고).

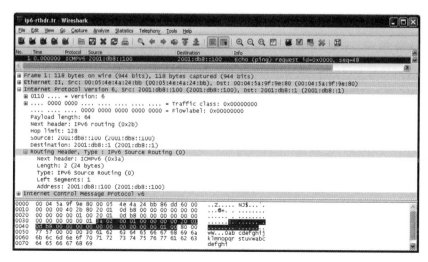

**그림 5-10** 와이어샤크 출력을 보면 ping 요청은 ICMPv6 에코 요청의 형태로 나타난다. IPv6 헤더는 유형 0 라우팅 헤더가 패킷에 포함돼 있음을 나타내는 다음 헤더 필드를 포함하고 있으며, 라우팅 헤더 다음에는 ICMPv6 헤더가 온다. RH0에서 처리하게 남아 있는 세그먼트의 수는 1이다(2001:db8::100).

ping 메시지는 ICMPv6의 에코 요청Echo Request 패킷(8장 참고)의 형태로 나타난다. 다음 헤더Next Field 필드값들을 따라 가보면 기본 헤더 다음에 라우팅 헤더가 오는 것을 볼 수 있다. 라우팅 헤더에서 유형은 RH0을 표시하는 0이며 처리하게 남아있는 세그먼트(홉)가 1개 있음을 알 수 있다. 이 홉은 주소 목록상의 첫 번째 슬롯(번호 0)에서 지정돼 있는

2001:db8::100이다.

앞서 언급했듯이 RH0은 DoS 공격의 효과를 높이는데 RH0가 사용될 수 있다는 보안 우려 때문에 [RFC5095]에서 사용 중지됐다. 문제는 RH0가 라우팅 헤더 안에서 둘 이상의 위치에 동일 주소를 지정할 수 있다는 점이었다. 이때문에 특정 경로 상의 둘 이상의 호스트나 라우터 사이에 트래픽이 여러 번 포워딩될 수 있다. 이렇게 네트워크 안의 특정 경로에서 높은 수준의 트래픽 부하가 발생하면, 동일 경로에서 대역폭을 놓고 경쟁 중인 다른 트래픽 흐름을 방해하게 된다. 이러한 이유로 RH0은 사용 중지됐으며 IPv6는 RH2만 지원하게 됐다. RH2는 RH0와 거의 똑같지만, 하나의 주소만을 위한 공간을 갖고 있으며 라우팅 유형Routing Type 필드의 값이 다르다.

### 5.3.3 단편 헤더

단편Fragment 헤더는 IPv6 발신자가 데이터그램 목적지의 경로 MTU보다 큰 데이터그램을 전송할 때 사용된다. 경로 MTU와 그 결정 방법에 대해서는 13장에서 자세히 다루겠지만, IPv6에서 링크 계층 최소 MTU 값은 1,280바이트다([RFC2460]의 5절 참고). Pv4에서는 데이터그램이 다음 홉의 MTU보다 크면 임의의 호스트 또는 라우터가 단편화를 수행할 수 있으며, IPv4 헤더의 두 번째 32비트 워드에 들어있는 필드들이 단편화 정보를 나타낸다. 반면에 IPv6에서는 데이터그램 발신자만이 단편화를 수행할 수 있으며 이때 단편 헤더가 추가된다.

단편 헤더는 IPv4 헤더와 동일한 내용의 정보를 포함하지만 ID 필드는 IPv4와 달리 16비트가 아니라 32비트다. 이 값이 더 크다는 것은 그만큼 더 많은 단편 패킷들이 네트워크 내에 동시에 존재할 수 있음을 의미한다. 단편 헤더는 그림 5-11에서 보여주는 형식을 사용한다.

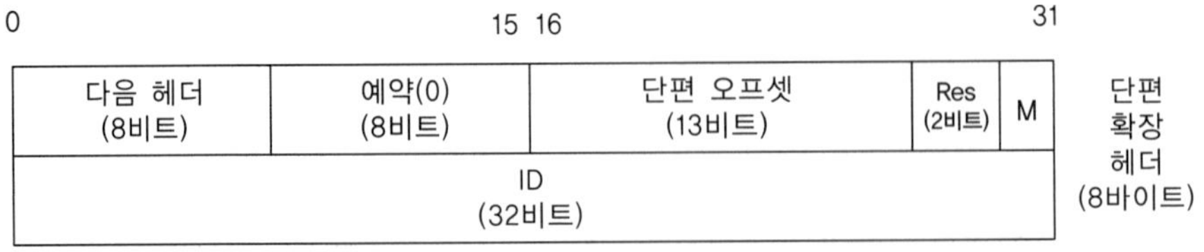

| 0 | | 15 16 | | 31 | |
|---|---|---|---|---|---|
| 다음 헤더<br>(8비트) | 예약(0)<br>(8비트) | 단편 오프셋<br>(13비트) | Res<br>(2비트) | M | 단편<br>확장<br>헤더<br>(8바이트) |
| ID<br>(32비트) | | | | | |

**그림 5-11** IPv6 단편 헤더는 32비트 ID 필드를 포함하는데, 이는 IPv4에서의 ID 필드의 2배에 해당한다. M 비트 필드는 현재 단편이 원래 데이터그램의 마지막 단편인지 여부를 나타낸다. IPv4에서와 마찬가지로 단편 오프셋 필드는 원래의 데이터그램에서 페이로드의 오프셋을 8바이트 단위로 표시한다.

그림 5-11에서 예약 필드와 2비트 Res 필드 모두 0이며, 수신자는 이들을 무시한다. 단편 오프셋 필드는 단편 헤더 다음에 오는 데이터의 위치를 알려주는데, 원래 IPv6 데이터그램에서 '단편화가 가능한 부분'에 상대적인 8바이트 단위로 표시되는 양의 오프셋을 포함한다. M 비트 필드가 1로 설정돼 있으면 데이터그램 안에 단편이 더 포함돼 있음을 나타낸다. 이 값이 0이면 현재의 단편이 원래 데이터그램의 마지막 바이트들을 포함하고 있음을 나타낸다.

단편화 프로세스의 대상이 되는 데이터그램을 '원래 패킷'이라고 부르며, '단편화가 불가능한 부분'과 '단편화가 가능한 부분'의 두 부분으로 이뤄진다. 단편화가 불가능한 부분에는 IPv6 헤더와 목적지에 이르는 중간 노드들에서 반드시 처리해야 하는 확장 헤더들이 포함되는데, 이러한 확장 헤더에는 라우팅 헤더까지의 모든 헤더와 홉별 옵션 확장 헤더 등이 포함된다. 단편화가 가능한 부분은 데이터그램의 나머지 부분, 즉 목적지 옵션 헤더, 상위 계층 헤더, 페이로드 데이터 등을 포함한다.

원래 패킷이 단편화될 때 여러 개의 단편 패킷이 생성되며 이들 각각은 원래 패킷의 단편화가 불가능한 부분의 사본을 포함하지만, 각 IPv6 헤더의 페이로드 길이<sup>Payload Length</sup> 필드는 단편 패킷 크기를 반영해 변경된다. 새로 만들어진 단편 패킷에서 단편화가 불가능한 부분 다음에 단편 헤더가 나타나는데, 단편 헤더는 적절히 지정된 단편 오프셋 필드 (예: 첫 번째 단편의 오프셋은 0)와 원래 패킷의 ID 필드 사본을 포함한나. 마시막 단편에서 M(More Fragments; 단편이 더 있음) 비트 필드는 0으로 설정된다.

다음 예제는 IPv6 발신지에서 데이터그램이 어떻게 단편화되는지를 보여준다. 그림 5-12의 예제에서 3,960바이트의 페이로드는 단편의 전체 크기가 (이더넷에서 전형적인 MTU에 해당하는) 1,500바이트를 초과하지 않도록 단편화되는데, 단편 데이터 크기는 8바이트의 배수가 되게 조정된다.

그림 5-12에서 원래의 큰 패킷이 어떻게 각기 단편 헤더를 포함하는 3개의 작은 패킷들로 단편화되는지 볼 수 있다. IPv6 헤더의 페이로드 길이 필드는 데이터의 크기와 새로형성된 단편 헤더를 반영하기 위해 수정된다. 각 단편 안의 단편 헤더는 공통의 ID 필드를 포함하며, 발신자는 네트워크상에서 이 데이터그램의 기대 수명 동안은 다른 원래 패킷이 동일한 값을 갖지 않도록 보장해야 한다.

단편 헤더 안의 오프셋 필드는 8바이트 단위로 표현되며 따라서 단편화는 8바이트 경계에 맞춰 수행된다. 이것이 바로 첫 번째와 두 번째 단편에서 데이터 바이트 크기가 1,452가 아니라 1,448인 이유다. 이러한 이유로 마지막 단편을 제외한 모든 단편이 8바이트의 배수가 된다. 수신자는 재조립을 수행하기에 앞서 원래 데이터그램의 모든 단편이 수신됐음을 확인해야 한다. 재조립 절차는 단편들을 병합해 원래 데이터그램을 구성한다. IPv4에서의 단편화(10장 참고)와 마찬가지로 단편들은 수신자에게 순서가 바뀐 상태로 도착할 수 있지만 순서에 맞게 재조립돼 데이터그램이 구성되고 처리를 위해 다른 프로토콜에 주어진다.

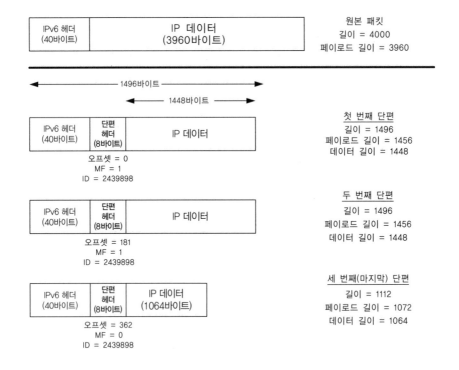

**그림 5-12** 3,960바이트 페이로드가 크기가 1,448바이트 이하인 3개의 단편 패킷들로 분할되는 IPv6 단편화 예. 각 단편은 동일한 ID 필드를 갖는 단편 헤더를 포함한다. 마지막 단편을 제외한 모든 단편에서 M 비트 필드는 1로 설정된다. 오프셋은 8바이트 단위로 표현된다. 예를 들면 마지막 단편은 원래 패킷 데이터의 시작 위치에서 (362 * 8) = 2,896바이트 위치의 오프셋에서 시작되는 데이터를 포함한다. 이 체계는 IPv4의 단편화와 비슷하다.

윈도우 7에서는 다음과 같은 ping 명령을 사용해 IPv6 단편이 만들어지는 것을 볼 수 있다.

```
C:\> ping -l 3952 ff01::2
```

그림 5-13은 위의 명령이 실행되면서 네트워크상에서 이뤄지는 활동에 대한 와이어샤
크 출력을 보여준다.

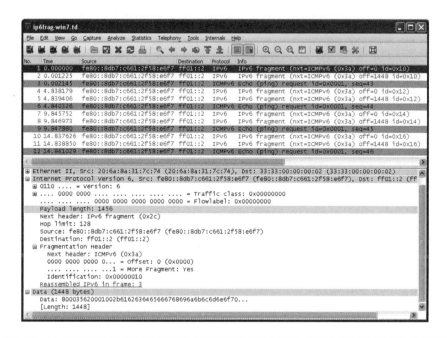

**그림 5-13** ping 프로그램은 이 예제에서 3,960 IPv6 페이로드 바이트를 포함하는 ICMPv6 패킷들을 생성한다. 이 패킷들은
1,500바이트의 이더넷 MTU 크기에 맞게 3개의 패킷 단편들로 단편화된다.

그림 5-13에서 IPv6 멀티캐스트 주소 **ff01::2**로 전송되는 4개의 ICMPv6 에코 요청 메시
지를 구성하는 단편들을 볼 수 있다. 각 요청 메시지는 단편화가 필요한데, -1 3952 옵션
때문에 각 ICMPv6 메시지의 데이터 영역 안에 3,952 바이트가 운반돼야 하기 때문이다
(8바이트 ICMPv6 헤더를 추가해 전체 IPv6 페이로드 길이는 3,960바이트가 된다). IPv6 발신지 주
소는 링크 로컬이므로 목적지의 링크 계층 멀티캐스트 주소를 결정하기 위해서 IPv6 전
용 매핑 절차가 수행되는데, 이 절차는 9장에 기술돼 있다. ping 프로그램에 의해 생성된
ICMPv6 에코 요청은 여러 단편에 걸쳐 있는데 와이어샤크는 후속 단편들을 모두 처리
한 후 화면에 표시하기 위해 재조립한다. 그림 5-14는 두 번째 단편을 자세히 보여준다.

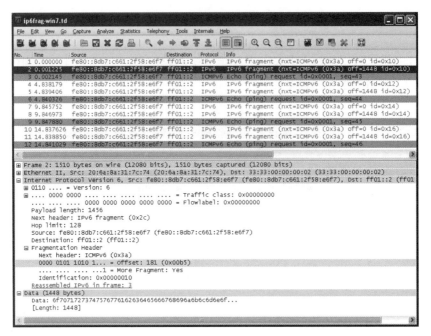

**그림 5-14** ICMPv6 에코 요청의 두 번째 단편은 8바이트 단편 헤더를 포함해 1,448 IPv6 페이로드 바이트를 포함한다. 단편 헤더가 존재한다는 것은 전체 데이터그램이 발신지에서 단편화됐음을 나타내며, 오프셋 필드가 181이라는 것은 이 단편이 바이트 오프셋 1,448에서 시작하는 데이터를 포함한다는 것을 나타낸다. M 비트 필드가 1로 설정돼 있다는 것은 데이터그램을 재조립하기 위해 다른 단편들이 필요하다는 것을 나타낸다. 동일한 원래 데이터그램의 모든 단편은 동일한 ID 필드를 포함한다(이 경우는 2임).

그림 5-14에서 우리는 예상대로 페이로드 길이가 1,448바이트인 IPv6 헤더를 볼 수 있다. 다음 헤더 필드는 표 5-5에서 실려 있는 값 44 (0x2c)를 포함하고 있으며 이는 IPv6 헤더 다음에 단편 헤더가 온다는 것을 나타낸다. 단편 헤더는 그다음 헤더가 ICMPv6 헤더임을 나타내는데, 이는 더 이상의 확장 헤더가 없음을 의미한다. 또한 오프셋 필드가 181이라는 것은 이 단편이 원래 데이터그램에서 바이트 오프셋 1,448에 위치하는 데이터를 포함한다는 것을 의미한다. M 비트 필드가 1로 설정돼 있으므로(와이어샤크에 의해 Yes로 표시돼 있음) 이 단편이 마지막 단편이 아니라는 것을 알 수 있다. 그림 5-15는 첫 번째 ICMPv6 에코 요청 데이터그램의 마지막 단편을 보여준다.

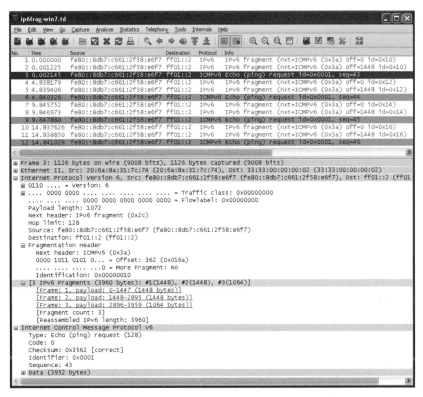

**그림 5-15** 첫 번째 ICMPv6 에코 요청 데이터그램의 마지막 단편에서 오프셋은 362 * 8 = 2,896이고 페이로드 길이는 1,072바이트다(1,064바이트의 원래 데이터그램의 페이로드에 8바이트의 단편 헤더를 더한 결과다). M 비트 필드가 0으로 설정돼 있다는 것은 이것이 마지막 단편임을 나타내며, 원래 데이터그램의 전체 페이로드 길이는 2,896 + 1,064 = 3,960바이트다(3,952 바이트의 ICMP 데이터에 8바이트의 ICMPv6 헤더를 더한 결과다. 8장 참고).

그림 5-15에서 오프셋 필드의 값은 362인데, 8바이트 단위로 표현돼 있으므로 원래 데이터그램을 기준한 바이트 오프셋은 362 * 8 = 2,896임을 의미한다. 전체 길이 필드의 값은 1,072인데, 여기에는 단편 헤더 8바이트가 포함돼 있다. 와이어샤크가 계산한 단편화 패턴을 보면 첫 번째와 두 번째 단편은 첫 1,448바이트와 그다음 1,448 바이트를 포함하며, 마지막 단편은 1,064바이트를 포함하고 있음을 알 수 있다. 따라서 전체적으로 단편화 프로세스는 네트워크 계층에서 운반할 40 * 2 + 8 * 3 = 104바이트를 추가한다(2개의 추가적인 IPv6 헤더와 각 단편을 위한 8바이트 단편 헤더를 더한 결과다). 여기에 링크 계층 오버헤드까지 더하면 합은 104 + (2 * 18) = 140바이트가 된다(새로운 이더넷 프레임 각각은 14바이트 헤더와 4바이트 CRC를 포함한다).

## 5.4 IP 포워딩

개념적으로 IP 포워딩은 단순하며 특히 호스트의 경우 더욱 단순하다. 목적지가 (점대점 링크의 경우처럼) 그 호스트에 직접 연결돼 있거나 (이더넷의 경우처럼) 공유 네트워크상에 있을 경우 IP 데이터그램은 목적지로 직접 전송되며, 라우터는 필요하지도 사용되지도 않는다. 그 외의 경우에는 호스트가 데이터그램을 (기본 라우터라고 불리는) 하나의 라우터로 보내고 그 라우터로 하여금 데이터그램을 목적지로 전달하게 한다. 이러한 단순한 체계에 따라 대부분의 호스트 설정이 처리된다.

이 절에서는 이렇게 단순한 상황의 세부 사항과 더불어 단순하지 않은 상황에서 IP 포워딩의 동작 방식을 살펴본다. 먼저 언급해 둘 것은 오늘날 대부분의 호스트들은 호스트로서 뿐만 아니라 라우터로 설정될 수도 있다는 사실과 많은 홈 네트워크는 인터넷에 연결된 PC를 라우터로 (그리고 7장에서 살펴보겠지만 방화벽으로도) 사용한다는 사실이다. 호스트가 IP 라우터와 다른 점은 IP 데이터그램을 처리하는 방식이다. 호스트는 자신이 발생시키지 않은 데이터그램을 포워딩하지 않는 반면 라우터는 포워딩한다.

일반적인 상황에서 IP 프로토콜은 동일한 컴퓨터상의 (TCP, UDP 등과 같은) 다른 프로토콜로부터, 또는 네트워크 인터페이스로부터 데이터그램을 수신할 수 있다. IP 계층은 다른 곳으로 보내야 할 데이터그램을 수신하면, 메모리 내에 보관 중인 라우팅 테이블 또는 포워딩 테이블이라는 이름의 정보를 검색한다. 네트워크 인터페이스로부터 데이터그램을 받으면 IP는 먼저 목적지 IP 주소가 자신의 IP 주소 중 하나인지 (즉, 자신의 네트워크 인터페이스 IP 주소 중 하나인지) 또는 IP 브로드캐스트나 멀티캐스트 주소 등과 같이 자신이 트래픽을 수신해야 할 다른 어떤 주소인지 검사한다. 자신이 수신자에 해당될 경우 데이터그램은 IPv4 헤더상의 프로토콜 필드나 IPv6 헤더상의 다음 헤더 필드가 지정하는 프로토콜 모듈에 전달된다. 데이터그램의 목적지가 IP 모듈이 사용 중인 IP 주소 중 하나가 아닐 경우 (1) IP 계층이 라우터 역할을 하도록 설정돼 있다면 그 데이터그램은 포워딩되거나(즉, 5.4.2절에 기술된 것처럼 외부로 보내지는 데이터그램으로 취급됨) (2) 그 데이터그램은 조용히 폐기된다. 상황에 따라서는(예: 1번 경우인데 경로를 알 수 없을 때) 오류 조건을 표시하는 ICMP 메시지를 발신지로 전송할 수도 있다.

## 5.4.1 포워딩 테이블

IP 프로토콜 표준은 포워딩 테이블에 어떤 데이터가 포함돼야 하는지 정확하게 기술하고 있지 않으며, IP 프로토콜의 구현자에게 맡기고 있다. 그렇지만 IP를 위한 포워딩 테이블에 일반적으로 구현돼야 할 몇 가지 핵심적인 정보가 있으며 여기서는 이들에 대해 살펴본다. 라우팅 테이블, 즉 포워딩 테이블 안의 각 항은 적어도 개념상으로는 다음과 같은 필드들을 포함한다.

- **목적지**  이 필드는 마스킹 연산(아래 항목 참고)의 결과와 비교하기 위해 사용되는 32비트(IPv6의 경우 128비트)를 포함한다. 목적지는 모든 목적지를 나타내는 '기본 경로'에 표시하는 0일 수도 있고 하나의 목적지만을 나타내는 '호스트 경로'의 경우 IP 주소 자체일 수도 있다.
- **마스크**  이 필드는 포워딩 테이블에서 조회될 데이터그램의 목적지 IP 주소와 비트 단위 AND 마스크로 적용될 32비트(IPv6의 경우 128비트)를 포함한다. 마스크 연산 결과는 포워딩 테이블 항들에서 목적지들과 비교된다.
- **다음 홉**  이 필드는 데이터그램이 전송될 다음 IP 개체(라우터 또는 호스트)의 32비트 IPv4 주소 또는 128비트 IPv6 주소를 포함한다. 다음 홉 개체는 대체로 포워딩 조회를 수행하는 시스템과의 공유 네트워크상에 존재하며 이는 두 개체가 동일한 네트워크 프리픽스를 공유한다는 것을 의미한다(2장 참고).
- **인터페이스**  이 필드는 데이터그램을 다음 홉으로 전송하기 위해 사용되는 네트워크 인터페이스를 참조하기 위해 IP 계층이 사용하는 ID를 포함한다. 예를 들면 이 필드는 호스트의 802.11 무선 인터페이스, 유선 이더넷 인터페이스, 또는 직렬 포트에 연계된 PPP 인터페이스 등을 가리킬 수 있다. 포워딩을 수행하는 시스템이 IP 데이터그램의 발신자이기도 한 경우 이 필드는 어떤 발신지 IP 주소를 나가는 데이터그램에서 사용할지 선택할 때 사용된다(5.6.2.1절 참고).

IP 포워딩은 홉 단위로 수행된다. 위의 포워딩 테이블 정보에서 볼 수 있듯이 라우터와 호스트는 (호스트나 라우터에 직접 연결된 목적지를 제외하고는) 목적지에 이르는 완전한 포워딩 경로를 포함하지는 않는다. IP 포워딩은 데이터그램이 전송되는 다음 홉 개체의 IP 주소만을 제공한다. 다음 홉은 포워딩 수행 시스템보다 목적지에 '가까운' 것으로 가정되며, 다음 홉 라우터는 포워딩 수행 시스템에 직접 연결돼 있는 (즉, 동일한 네트워크 프리픽스를 공유하는) 것으로 가정된다. 또한 데이터그램이 TTL이나 홉 제한을 다 채울 때까지 네트워크상에서 순환되지 않게 다음 홉들 사이에서 '순환 구조'가 형성되지 않는다고 가정된다. 라우팅 테이블의 정확성을 보장하는 일은 1개 이상의 라우팅 프로토콜의 역할이다. 이러한 일을 수행하는 여러 가지 라우팅 프로토콜이 있으며 RIP, OSPF, BGP, IS-IS 등이 포함된다(라우팅 프로토콜들에 관한 자세한 내용은 [DC05] 등을 참고).

## 5.4.2 IP 포워딩 동작

호스트나 라우터상의 IP 계층은 다음 홉 호스트나 라우터에 IP 데이터그램을 전송할 필요가 있으면 먼저 데이터그램 안의 목적지 IP 주소(D)를 검사한다. D 값을 사용해 포워딩 테이블에 대해 다음과 같은 최장 프리픽스 매칭$^{longest\ prefix\ match}$ 알고리즘이 실행된다.

1. 테이블에서 $(D \wedge m_j) = d_j$라는 성질이 성립하는 모든 항을 검색한다. 이때 $m_j$는 인덱스가 j인 포워딩 항 $e_j$에 연계된 마스크 필드의 값이며, $d_j$는 $e_j$에 연계된 목적지 필드의 값이다. 이는 목적지 IP 주소 D와 포워딩 테이블의 각 항$(m_j)$에 비트 단위 AND 연산을 적용하며, 그 결과를 동일한 포워딩 테이블 항$(d_j)$ 안의 목적지와 비교할 것임을 의미한다. 이 성질이 성립하는 항(여기에서 $e_j$)은 목적지 IP 주소에 대한 '매칭' 항이다. 매칭이 이뤄질 경우 이 알고리즘은 해당 항의 인덱스(여기에서 j)와 마스크 $m_j$ 안의 비트들 중 1이 몇 개나 되는지 확인한다. 1로 설정된 비트가 많을수록 '좋은' 매칭이다.

2. 최선의 매칭 항 $e_k$(즉, 마스크 $m_k$ 안에 1비트의 수가 가장 많은 매칭)가 선택되며, 그다음 홉 필드 $n_k$가 데이터그램을 포워딩할 때 다음 홉 IP 주소로 사용된다.

포워딩 테이블에서 어떤 매칭도 발견되지 않을 경우 해당 데이터그램은 전달될 수 없다. 전달 불가 데이터그램이 현재의 호스트에서 발생된 것이면 '호스트 도달 불가' 오류 메시지가 데이터그램을 생성한 애플리케이션에 전달된다. 라우터에서는 ICMP 메시지가 데이터그램을 송신한 호스트에게 돌아간다.

상황에 따라서는 매칭이 되는 둘 이상의 항에서 1비트의 개수가 같을 수 있다. 이러한 일이 일어날 수 있는 한 가지 예는 둘 이상의 기본 경로가 제공되는 경우인데 둘 이상의 ISP에 연결돼 있을 때가 이에 해당하며 다중 홈 구성$^{multihoming}$이라고 한다. 이러한 경우에 종단 시스템의 동작은 표준에서는 규정하고 있지 않으며 운영체제의 프로토콜 구현마다 다를 수 있다. 일반적인 동작은 시스템이 첫 번째의 매칭을 선택하는 것이다. 좀 더 복잡한 시스템에서는 부하 균형을 시도할 수도 있고 여러 경로로 트래픽을 분할할 수도 있다. 연구 결과에 따르면 다중 홈 구성은 큰 기관들뿐만 아니라 일반 가정 사용자에게도 도움이 될 수 있는 것으로 알려져 있다[THL06].

### 5.4.3 예제

단순한 로컬 환경(예: 동일 LAN)과 다소 복잡한 다중 홉 환경(예: 전역 인터넷) 모두에서 IP 포워딩이 어떻게 동작하는지에 대한 이해를 확실히 하기 위해 두 가지 경우를 살펴보기로 한다. 모든 시스템이 동일한 네트워크 프리픽스를 사용하는 첫 번째 경우를 직접 전달이라고 하며, 또 다른 경우를 간접 전달이라고 한다(그림 5-16 참고).

#### 5.4.3.1 직접 전달

먼저 단순한 예를 살펴보자. (IPv4 주소 S, MAC 주소 S인) 윈도우 XP 호스트 S가 (IPv4 주소 D, MAC 주소 D인) 리눅스 호스트 D에게 전송할 IP 데이터그램을 가지고 있다고 하자. 이 시스템들은 스위치를 사용해 상호 연결돼 있다. 두 호스트 모두 동일한 이더넷상에 존재한다(앞표지 안쪽 면 참고). 그림 5-16의 위쪽은 데이터그램의 전달을 보여준다.

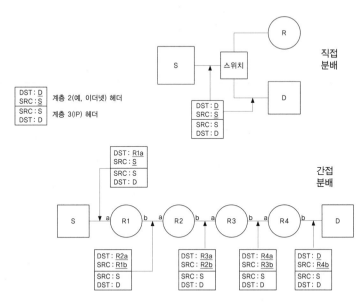

**그림 5-16** 직접 전달은 라우터를 필요로 하지 않는다. IP 데이터그램은 발신지와 목적지를 직접 식별하는 링크 계층 프레임 안에 캡슐화된다. 간접 전달은 라우터를 이용한다. IP 데이터그램은 라우터의 링크 계층 주소를 목적지 링크 계층 주소로 사용해 라우터로 포워딩된다. (라우터 자체가 발신지나 목적지이거나 발신지 라우팅이 사용되는 경우가 아니라면) 라우터의 IP 주소는 IP 데이터그램에 나타나지 않는다.

S의 IP 계층이 다른 곳으로 보내야 할 데이터그램을 TCP나 UDP와 같은 상위 계층으로 부터 받으면 포워딩 테이블을 검색한다. S상의 포워딩 테이블이 표 5-8에서 보여주는 정보를 포함할 것으로 기대할 것이다.

표 5-8에서 목적지 IPv4 주소 D(10.0.0.9)는 포워딩 테이블의 첫 번째 항과 두 번째 항에 매칭된다. 그런데 두 번째 항에 더 잘 매칭 되기 때문에(25 대 0), '게이트웨이' 또는 다음 홉 주소는 주소 S(10.0.0.100)이다. 따라서 이 항의 게이트웨이 부분은 송신 호스트의 자체 네트워크 인터페이스의 주소를 포함하며(라우터를 가리키지 않음), 데이터그램의 전송에 직접 전달이 사용될 것임을 표시한다.

**표 5-8** 호스트 S상의 (유니캐스트) IPv4 포워딩 테이블은 2개의 항만을 포함하고 있다. 호스트 S는 IPv4 주소와 서브넷 마스크가 10.0.0.100/25로 설정되 있다. 10.0.0.1에서 10.0.0.126까지 범위 안의 주소를 목적지로 갖는 데이터그램들은 포워딩 테이블의 두 번째 항을 사용하며, 직접 전달을 사용해 전송된다. 다른 모든 데이터그램은 첫 번째 항을 사용하며, IPv4 주소가 10.0.0.1인 라우터 R에게 보낸다.

| 목적지 | 마스크 | 게이트웨이(다음 홉) | 인터페이스 |
|---|---|---|---|
| 0.0.0.0 | 0.0.0.0 | 10.0.0.1 | 10.0.0.100 |
| 10.0.0.0 | 255.255.255.128 | 10.0.0.100 | 10.0.0.100 |

이 데이터그램은 호스트 D를 목적지로 하는 하위 계층 프레임으로 캡슐화된다. 목적지 호스트의 하위 계층 주소는 알려져 있지 않을 경우 이 시점에서 정확한 하위 계층 주소 D를 결정하기 위해 ARP 프로토콜(IPv4의 경우; 4장 참고)이나 이웃 조회(IPv6의 경우; 8장 참고) 동작이 호출된다. 하위 계층 주소가 결정되면 데이터그램 안의 목적지 주소는 D의 IPv4 주소(10.0.0.9)가 되며 D가 하위 계층 헤더 안의 목적지 IP 주소 필드 안에 들어간다. 스위치는 링크 계층 주소 D에만 기초해 프레임을 D에 전달하며, IP 주소는 전혀 이용하지 않는다.

### 5.4.3.2 간접 전달

또 다른 예를 살펴보자. 윈도우 호스트는 IPv4 주소가 192.48.96.9인 호스트 ftp.uu.net에 전송할 IP 데이터그램을 갖고 있다. 그림 5-16의 아래쪽은 4개의 라우터를 지나가는 개념적인 경로를 보여준다. 윈도우 컴퓨터는 먼저 포워딩 테이블을 검색하지만 로컬 네트워크상의 매칭을 이루는 프리픽스를 찾지 못한다. 따라서 (모든 목적지와 매칭을 이루지만 1

비트는 하나도 없는) 기본 경로 항을 사용한다. 기본 경로 항은 적절한 다음 홉 게이트웨이가 10.0.0.1(라우터 R1의 'a쪽')이라고 표시하고 있다. 이것은 홈 네트워크에서 전형적인 시나리오다.

직접 전달에서 발신지 IP 주소와 목적지 IP 주소는 발신지 호스트와 목적지 호스트의 주소였으며, 하위 계층(예: 이더넷)의 경우도 마찬가지였다. 하지만 간접 전달에서는 IP 주소는 직접 전달과 마찬가지로 발신지 호스트와 목적지 호스트에 대응되지만, 하위 계층 주소는 그렇지 않다. 대신 하위 계층 주소는 어느 기계가 데이터그램을 포함하는 프레임을 수신할지 홉 단위로 결정한다.

이 예에서 필요한 하위 계층 주소는 다음 홉 라우터인 R1의 a쪽 인터페이스의 이더넷 주소이며, 이는 IPv4 주소 **10.0.0.1**에 대응되는 하위 계층 주소다. 이러한 결정을 위해 S과 R1을 상호 연결하는 ARP가 (또는 IPv6이 사용될 경우에는 이웃 조회 요청이) 사용된다. 일단 R1이 자신의 a쪽 하위 계층 주소로 응답하면 S는 데이터그램을 R1에게 전송한다. S에서 R1로의 전달은 하위 계층 헤더들, 좀 더 구체적으로는 하위 계층 목적지 주소에 대한 처리에만 기초해 이뤄진다. 이 데이터그램을 수신하면 R1은 포워딩 테이블을 조사한다. 대체로 표 5-9와 같은 정보가 포함돼 있을 것이다.

**표 5-9** R1에서의 포워딩 테이블은 트래픽을 위해 주소 변환이 수행돼야 함을 나타낸다. 이 라우터는 한쪽에 사설 주소(10.0.0.1)를 갖고 다른 쪽에 공인 주소(70.231.132.85)를 갖는다. 10.0.0.0/25 네트워크에서 발생한 데이터그램들을 인터넷상에서 70.231.132.85에서 송신된 것처럼 보이게 만들기 위해 주소 변환이 사용된다.

| 목적지 | 마스크 | 게이트웨이(다음 홉) | 인터페이스 | 비고 |
|--------|--------|---------------------|-----------|------|
| 0.0.0.0 | 0.0.0.0 | 10.0.0.1 | 10.0.0.100 | NAT |
| 10.0.0.0 | 255.255.255.128 | 10.0.0.100 | 10.0.0.100 | NAT |

R1이 이 데이터그램을 수신하면 데이터그램의 목적지 IP 주소가 자신의 IP 주소가 아니라는 것을 발견할 것이며, 따라서 이 데이터그램을 포워딩한다. R1의 포워딩 테이블을 검색하고 기본 항이 사용된다. 이 경우의 기본 항은 이 네트워크에 서비스를 제공하는 ISP 내의 다음 홉 **70.231.159.254**를 가리키는데, 이것은 R2의 a쪽 인터페이스다. 이 주소는 SBC의 DSL 네트워크 내부에 위치하며 다소 거추장스러운 adsl-70-231- 159-254.dsl. snfc21.sbcglobal.net라는 이름을 갖는다. 이 라우터는 전역 인터넷에 위치하며 윈도우

컴퓨터의 발신지 주소가 사설 주소인 10.0.0.100이므로, R1은 이 데이터그램이 인터넷상에서 라우팅 가능하게 만들기 위해 네트워크 주소 변환NAT을 수행한다. NAT 작업의 결과 이 데이터그램은 새로운 발신지 주소 70.231.132.85를 갖게 만들어지며, 이 주소는 R1의 b쪽 인터페이스에 대응된다. 사설 주소를 사용하지 않는 네트워크(예: ISP와 큰 기관들)에서는 마지막 단계를 사용하지 않으며, 원래의 발신지 주소가 변경되지 않고 남는다. NAT는 7장에서 자세히 설명한다.

(ISP 내부의) 라우터 R2가 이 데이터그램을 수신하면 (NAT 작업은 제외하고) 로컬 라우터 R1이 수행했던 것과 동일한 단계들을 수행한다. 데이터그램의 목적지가 자신의 IP 주소들 중 하나가 아닐 경우 데이터그램은 포워딩된다. 이 경우 라우터는 기본 경로뿐만 아니라 인터넷의 나머지 부분과의 연결성과 자체 로컬 정책에 따라 몇 개의 다른 항도 포함하고 있다.

IPv6 포워딩은 IPv4 포워딩과 아주 약간 다르다는 점에 주의하자. 더 큰 주소 외에도 IPv6는 다음 홉의 하위 계층 주소를 확인하기 위해 (이웃 조회 메시지라는) 약간 다른 메커니즘을 사용하며, 이에 대해서는 ICMPv6의 한 부분으로서 8장에서 자세히 설명한다. 또한 IPv6는 링크 로컬 주소와 전역 주소 모두를 갖는다(2장 참고). 전역 주소들은 일반 IP 주소와 비슷하지만, 링크 로컬 주소는 동일한 링크상에서만 사용될 수 있다. 그리고 모든 링크 로컬 주소들은 동일한 IPv6 프리픽스(fe80::/10)를 공유하므로 다중 홉을 갖는 호스트는 링크 로컬 주소를 목적지로 갖는 데이터그램을 전송할 때 어떤 인터페이스를 사용할지 결정하기 위해 사용자 입력을 필요로 할 수도 있다.

링크 로컬 주소의 사용 예를 보기 위해서 윈도우 XP 컴퓨터에서 아래 명령을 입력하자.(IPv6가 활성화돼 있다고 가정한다)

```
C:\> ping6 fe80::204:5aff:fe9f:9e80

Pinging fe80::204:5aff:fe9f:9e80 with 32 bytes of data:

No route to destination.
  Specify correct scope-id or use -s to specify source address.
  ...

C:\> ping6 fe80::204:5aff:fe9f:9e80%6
```

```
Pinging fe80::204:5aff:fe9f:9e80%6
from fe80::205:4eff:fe4a:24bb%6 with 32 bytes of data:

Reply from fe80::204:5aff:fe9f:9e80%6: bytes=32 time=1ms
Reply from fe80::204:5aff:fe9f:9e80%6: bytes=32 time=1ms
Reply from fe80::204:5aff:fe9f:9e80%6: bytes=32 time=1ms
Reply from fe80::204:5aff:fe9f:9e80%6: bytes=32 time=1ms

Ping statistics for fe80::204:5aff:fe9f:9e80%6:
    Packets: Sent = 4, Received = 4, Lost = 0 (0% loss),
Approximate round trip times in milli-seconds:
    Minimum = 1ms, Maximum = 1ms, Average = 1ms
```

외부로 나가는 링크 로컬 트래픽에 어느 인터페이스를 사용할지 지정하지 않아서 오류가 발생했음을 볼 수 있다. 윈도우 XP에서는 적용 범위<sup>scope</sup> ID나 발신지 주소를 지정할 수 있는데 이 예에서는 목적지 주소에 %6을 추가함으로써 적용 범위 ID를 인터페이스 번호로 지정하고 있다. 이것은 ping 트래픽을 전송할 때의 올바른 인터페이스로서 인터페이스 번호 6을 사용하도록 시스템에 알린다.

IP 목적지에 이르는 경로를 보기 위해 traceroute 프로그램을 이용할 수 있는데(윈도우에서는 tracert라는 이름을 사용하며 옵션들도 약간 다르다), IP 주소를 이름으로 변환하지 않게 -n 옵션을 사용한다.

```
Linux% traceroute -n ftp.uu.net
traceroute to ftp.uu.net (192.48.96.9), 30 hops max, 38 byte packets
 1   70.231.159.254 9.285 ms 8.404 ms 8.887 ms
 2   206.171.134.131 8.412 ms 8.764 ms 8.661 ms
 3   216.102.176.226 8.502 ms 8.995 ms 8.644 ms
 4   151.164.190.185 8.705 ms 8.673 ms 9.014 ms
 5   151.164.92.181 9.149 ms 9.057 ms 9.537 ms
 6   151.164.240.134 9.680 ms 10.389 ms 11.003 ms
 7   151.164.41.10 11.605 ms 37.699 ms 11.374 ms
 8   12.122.79.97 13.449 ms 12.804 ms 13.126 ms
 9   12.122.85.134 15.114 ms 15.020 ms 13.654 ms
     MPLS Label=32307 CoS=5 TTL=1 S=0
10   12.123.12.18 16.011 ms 13.555 ms 13.167 ms
11   192.205.33.198 15.594 ms 15.497 ms 16.093 ms
12   152.63.57.102 15.103 ms 14.769 ms 15.128 ms
13   152.63.34.133 77.501 ms 77.593 ms 76.974 ms
```

```
14   152.63.38.1 77.906 ms 78.101 ms 78.398 ms
15   207.18.173.162 81.146 ms 81.281 ms 80.918 ms
16   198.5.240.36 77.988 ms 78.007 ms 77.947 ms
17   198.5.241.101 81.912 ms 82.231 ms 83.115 ms
```

이 프로그램은 데이터그램들을 목적지 ftp.uu.net(192.48.96.9)로 전송할 때 지나가는 IP 홉을 나열한다. 이를 위해 traceroute 프로그램은 (시간이 지나면서 증가되는 TTL을 갖는) UDP 데이터그램들과 (UDP 데이터그램이 만료될 때의 홉을 탐지하기 위해 사용되는) ICMP 메시지들을 사용한다. 각 TTL 값에 대해 3개씩의 UDP 패킷들이 전송되며 각 홉에 대한 3개씩의 왕복 시간 측정을 제공한다. 전통적으로 traceroute는 IP 정보만을 운반하지만 앞의 출력에서는 다음과 같은 행도 포함돼 있다.

```
MPLS Label=32307 CoS=5 TTL=1 S=0
```

이것은 이 경로에서 MPLS<sup>Multiprotocol Label Switching, 다중 프로토콜 레이블 스위칭[RFC3031]</sup>가 사용되고 있으며 레이블 ID는 32307, 서비스 클래스는 5, TTL은 1, 메시지는 MPLS 레이블 스택의 바닥이 아님(S = 0; [RFC4950] 참고)을 나타낸다. MPLS는 여러 가지 네트워크 계층 프로토콜들을 운반할 수 있는 일종의 링크 계층 프로토콜이다. MPLS와 ICMP의 상호작용은 [RFC4950]에 기술돼 있으며 MPLS에서 옵션들을 포함하는 IPv4 패킷들의 처리는 [RFC6178]에 기술돼 있다. 많은 네트워크 운영자가 트래픽 제어용으로 (즉, 자신의 네트워크를 흐르는 네트워크 트래픽을 제어하기 위해) MPLS를 사용한다.

### 5.4.4 토의

위에서 살펴본 예들에서 IP 유니캐스트 포워딩 동작에 관련해 유념해야 할 몇 가지 중요한 사항이 있다.

1. 이 예에서 대부분의 호스트와 라우터는 포워딩 테이블에서 마스크 0, 목적지 0, 다음 홉 〈어떤 IP 주소〉 형태의 항인 기본 경로를 사용한다. 실제로 대부분의 호스트와 인터넷 가장자리에 위치한 대부분의 라우터는 외부 인터넷과의 연결성을 제공하는 인터페이스가 하나밖에 없기 때문에 로컬 네트워크상의 목적지 외에는 모든 목적지에 대해 기본 경로를 사용할 수 있다.

2. 데이터그램의 발신지 IP 주소와 목적지 IP 주소는 일반적으로 인터넷상에서 변경되지 않는다. 이에 대한 예외는 발신지 라우팅이 사용되거나 데이터 경로에서 NAT와 같은 기능이 사용되는 경우다. IP 계층에서 포워딩 결정은 목적지 주소에 기초해 이뤄진다.

3. 주소를 사용하는 링크마다 다른 하위 계층 헤더가 사용되며 하위 계층 목적지 주소가 있다면 항상 다음 홉의 하위 계층 주소를 포함한다. 따라서 하위 계층 헤더들은 데이터그램이 목적지로 향하는 각 홉을 따라 이동하면서 계속 변경된다. 앞의 예에서 두 이더넷 LAN 모두 다음 홉의 이더넷 주소를 포함하는 링크 계층 헤더를 캡슐화하지만 DSL 링크는 그렇게 하지 않는다. 하위 계층 주소들은 IPv4에서는 ARP(4장 참고), IPv6에서는 ICMPv6 이웃 탐색(8장 참고)을 사용해 구한다.

# 5.5 모바일 IP

지금까지 인터넷이나 IP를 사용하는 사설망에서 IP 데이터그램이 포워딩되는 일반적 방식을 살펴봤다. 이 모델의 한 가지 가정은 호스트의 IP 주소가 이웃한 호스트나 라우터와 프리픽스를 공유한다는 점이다. 하지만 이러한 호스트가 네트워크 접속점을 이동하는데 링크 계층에서 네트워크에 그대로 연결돼 있으면 (TCP 등의) 모든 상위 계층 연결은 실패하게 된다. IP 주소가 바뀌어야 하거나 라우팅이 (이동된) 호스트에 제대로 패킷을 전달하지 않을 것이기 때문이다. 모바일 IP로 알려져 있는 다년간의 (사실은 수십 년간의) 작업이 이 문제를 취급한다(다른 프로토콜들도 제안된 적이 있다[RFC6301]). IPv4를 위한 모바일 IP도 있고[RFC5944](MIPv4) IPv6를 위한 모바일 IP도 있지만[RFC6275] 여기에서는 MIPv6라고 불리는 모바일 IPv6에 초점을 맞추는데, MIPv6가 유연성이 높고 설명하기도 다소 쉽기 때문이다. 또한 MIPv6는 빠르게 성장하는 스마트폰 시장에서 이용될 가능성이 높기 때문이다. 여기에서 MIPv6를 자세히 소개하지는 않는데 MIPv6는 그 자체로 한 권의 책이 될 만큼 복잡하기 때문이다(예: [RC05]). 그렇지만 MIPv6의 기본 개념과 원리는 살펴보자.

모바일 IP의 기반이 되는 기본 개념은 호스트가 '홈' 네트워크를 갖고 있고 때때로 다른 네트워크들을 방문할 수 있다는 것이다. 홈 네트워크에 있는 동안은 5장에서 소개된 알고리즘에 따라 일반 포워딩이 수행된다. 홈 네트워크를 떠나 있는 동안에 호스트는 홈 네트워크에 있을 때 사용하던 IP 주소를 유지하지만 이 호스트가 통신 상대방에게 자신의 홈 네트워크에 연결돼 있는 것처럼 보이게 만들기 위한 특별한 라우팅과 포워딩 기교를 사용한다. 이러한 체계는 모바일 노드를 위한 라우팅 제공에 도움을 주는 '홈 에이전트'라고 불리는 특별한 종류의 라우터를 이용한다.

MIPv6가 복잡한 것은 신호 메시지 및 이들을 보호하는 방법들 때문이다. 이러한 메시지들은 다양한 형태의 이동성Mobility 확장 헤더(다음 헤더Next Header 필드값은 표 5-5의 135이며, 흔히 이동성 헤더라고 부른다)를 사용하며 따라서 모바일 IP는 사실상 그 자체로 하나의 특별한 프로토콜이다. IANA는 MIPv6[MP]에 연계된 많은 다른 매개변수와 함께 다양한 헤더 유형에 대한 등록부를 유지한다(현재 17개가 예약돼 있음). 여기에서는 [RFC6275]에 규정돼 있는 기본 메시지들에 초점을 맞출 것이다. 이외에도 '고속 핸드오버'[RFC5568], 홈 에이전트의 변경[RFC5142], 실험[RFC5096] 등을 구현하기 위해 사용되는 다른 메시지들이 있다. MIPv6를 이해하기 위해 먼저 IP 이동성을 위한 기본 모델과 관련 용어들을 소개한다.

### 5.5.1 기본 모델: 양방향 터널링

그림 5-17에서는 MIPv6의 동작에 관련된 개체들을 보여준다. 이 용어들 중 상당수는 MIPv4[RFC5944]에도 적용된다. 이동할 수 있는 호스트는 MNmobile node, 모바일 노드이라고 불리며, MN과 통신하는 상대 호스트는 CNcorrespondent node, 상대 노드이라고 불린다. MN에는 자신의 홈 네트워크에서 사용되는 네트워크 프리픽스로부터 선택되는 IP 주소가 주어진다. 이 주소는 HoAhome address, 홈 주소라고 불린다. 모바일 노드가 방문 네트워크에 갔을 때 CoAcare-of address, 보조 주소라고 불리는 추가적인 주소가 주어진다. 기본 모델에서는 CN이 MN과 통신할 때마다 트래픽이 MN의 HAhome agent, 홈 에이전트를 통해 라우팅된다. HA는 (라우터나 웹 서버 등과 같은) 다른 중요한 시스템들과 마찬가지로 네트워크 인프라에 배치되는 특별한 유형의 라우터다. MN의 HoA와 CoA 사이의 연계를 MN을 위한 바인딩binding이라고 부른다.

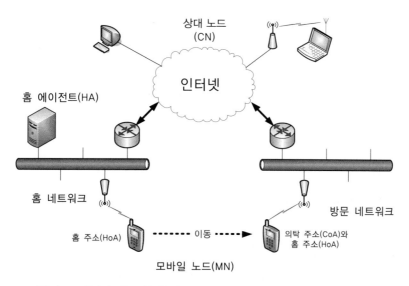

**그림 5-17** 모바일 IP는 노드들이 네트워크 접속점을 변경하면서도 네트워크 연결을 유지할 수 있게 지원한다. 모바일 노드의 홈 에이전트는 자신이 서비스를 제공하는 모바일 노드들을 위한 트래픽의 포워딩을 도우며, 또한 경로 최적화에서 중요한 역할을 수행한다. 경로 최적화는 모바일 노드와 상대 노드가 직접 통신할 수 있게 함으로써 라우팅 성능을 상당히 개선시킬 수 있다.

기본 모델(그림 5-17 참고)은 MN의 CN이 MIPv6 프로토콜을 사용하지 않을 경우에도 작동한다. 이 모델은 또한 'NEMO'[RFC3963]라고 불리는 네트워크 이동성에도 사용되는데 여기에서는 전체 네트워크가 이동성을 갖는다. MN이 (또는 이동 네트워크 라우터가) 네트워크상의 새로운 지점에 연결될 때 CoA를 지정받고 자신의 HA에게 바인딩 갱신binding update 메시지를 전송한다. HA는 바인딩 확인binding acknowledgment 메시지로 응답한다. 모든 일이 잘되면 이후 MN과 CN들 사이의 트래픽은 양방향 터널링이라는 양방향 방식의 IPv6 패킷 터널링[RFC2473]을 사용해 MN의 HA로 라우팅이 이뤄진다. 바인딩 갱신과 확인 메시지는 보통 IPsec의 ESPEncapsulating Security Payload, 캡슐형 보안 페이로드, 18장 참고를 사용해 보호된다. 이러한 보호는 HA가 가짜 MN으로부터의 바인딩 갱신을 속아서 수용하지 않게 보장하기 위한 것이다.

### 5.5.2 경로 최적화(RO)

양방향 터널링은 MIPv6의 동작을 비교적 단순하게 만들어주며 모바일 IP를 지원하지 않는 CN과의 통신도 가능하게 만들어준다. 하지만 MN과 CN이 서로 가까이 있지만

MN의 HA와는 멀리 떨어져 있을 경우 라우팅은 극도로 비효율적일 수 있다는 문제점이 있다. 기본 MIPv6에서 발생할 수 있는 비효율적인 라우팅을 개선하기 위해 관련 노드들의 지원이 있을 경우 RO<sup>Route Optimization, 경로 최적화</sup>라는 프로세스가 사용될 수 있다. 곧 살펴보겠지만 RO의 안전성과 유용성을 확보하기 위해 사용되는 방법들은 다소 복잡하며 여기에서는 기본 동작들만을 간략히 서술할 것이다. 좀 더 자세한 내용은 [RFC6275]와 [RFC4866]을 참고하기 바란다. RO 보안성에 대한 설계 배경에 관해서는 [RFC4225]를 참고하기 바란다.

RO가 사용될 경우 여기에는 HA의 도움 없이 라우팅이 가능하도록 MN이 CN들에게 자신의 현재 CoA를 알려주는 교신자 등록<sup>correspondent registration</sup>이 필요하다. RO 동작은 두 부분으로 이뤄지는데, 한 부분은 등록 바인딩을 확립하고 유지하는 과정이며 또 한 부분은 모든 바인딩이 확립된 후 데이터그램들을 교환하기 위해 사용되는 방법에 관한 것이다. MN은 CN과의 바인딩을 확립하기 위해 각 CN에게 자신이 올바른 MN이 맞다는 것을 증명해야 하는데, 이 절차를 RRP<sup>Return Routability Procedure, 리턴 경로성 절차</sup>라고 부른다. RRP를 지원하는 메시지는 MN과 HA 사이의 메시지들이 IPsec으로 보호되는 것과 달리 IPsec의 보호를 받지 못한다. MN과 임의의 CN 사이에 IPsec이 동작할 것이라는 기대는 신뢰성이 매우 낮았기 때문이다(IPv6은 IPsec 지원을 요구하고 있지만 IPsec의 사용을 강제하지는 않는다). RRP는 IPsec만큼 강력하지는 않지만 더 단순하며 모바일 IP의 설계자들이 염려했던 보안 위협들의 대부분을 해결한다.

RRP는 HoTI<sup>Home Test Init, 홈 주소 테스트 개시</sup>, HoT<sup>Home Test, 홈 주소 테스트</sup>, CoTI<sup>Care-of Test Init, 보조 주소 테스트 개시</sup>, CoT<sup>Care-of Test, 보조 주소 테스트</sup> 등의 이동성 메시지<sup>mobility message</sup>들을 사용하는데, 이들은 모두 IPv6 이동성 확장 헤더의 세부 유형들이다. 이러한 메시지들은 CN에게 특정 MN이 홈 주소를 통해서도 도달 가능하고(HoTI와 HoT 메시지) 보조 주소를 통해서도 도달 가능하다는(CoTI와 CoT 메시지) 것을 증명해준다. RRP 프로토콜을 그림 5-18에서 보여준다.

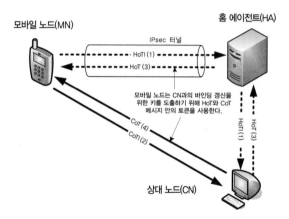

**그림 5-18** 경로 최적화를 실현하기 위해 MN에서 CN으로 바인딩 갱신을 전송할 때 사용되는 리턴 경로성 검사 절차. 이 검사의 목적은 MN의 홈 주소와 보조 주소 중 어느 것을 사용하든 MN에 도달할 수 있다는 것을 CN에게 증명하는 것이다. 이 그림에서 간접 경로를 취하는 메시지들은 반실선 화살표로 표시돼 있다. 번호들은 메시지 순서를 표시하는데, 다만 HoTI 메시지와 CoTI 메시지는 MN이 병렬적으로 전송할 수도 있다.

RRP를 이해하기 위해 그림 5-18과 같이 하나의 MN과 그 HA 그리고 하나의 CN으로 이뤄진 가장 단순한 경우를 예로 사용한다. MN은 먼저 CN에게 HoTI 메시지와 CoTI 메시지를 보낸다. HoTI 메시지는 HA를 거쳐 CN 쪽으로 포워딩된다. CN은 두 메시지를 어떤 순서로든 수신한 다음 각각에 대해 HoT 메시지와 CoT 메시지로 응답한다. HoT 메시지는 HA를 거쳐 MN에게 전송된다. 이 메시지들 내부에는 토큰이라 불리는 난수 비트 스트링이 들어있는데 MN에서 암호 키를 만들기 위해 사용한다(암호학과 키에 관한 기본 지식은 18장을 참고). 암호 키는 CN에게 전송되는 인증된 바인딩 갱신을 설정하기 위해 사용된다. 바인딩이 성공적으로 이뤄질 경우 경로는 최적화될 수 있으며, 데이터는 그림 5-19처럼 MN과 CN 사이에서 직접 흐를 수 있다.

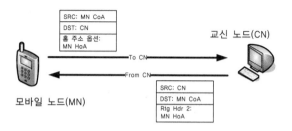

**그림 5-19** 일단 MN과 CN 사이에서 바인딩이 확립되면 데이터는 이들 사이에서 직접 흐른다. MN에서 CN으로 가는 방향은 IPv6 홈 주소 목적지 옵션을 사용하며, 역방향은 유형 2 라우팅 헤더(RH2)를 사용한다.

일단 바인딩이 성공적으로 확립되면 데이터는 양방향 터널링에 따른 비효율성 없이 MN 과 CN 사이에서 직접 흐를 수 있다. 이를 위해 그림 5-19에서 자세히 보여주듯이 MN에 서 CN으로 이동하는 트래픽에는 IPv6 목적지 옵션이 사용되며 역방향으로 향하는 트래픽에는 유형 2 라우팅 헤더(RH2)가 사용된다. MN에서 CN으로 향하는 트래픽은 발신지 IP 주소 필드에 MN의 CoA를 포함하는데, 따라서 진입점 필터링에 의해 발신지 IP 주소 필드에 MN의 HoA를 포함하는 패킷이 폐기될 수도 있는 문제를 피할 수 있다. 홈 주소 옵션에 포함된 MN의 HoA는 라우터에서 처리되지 않으며 따라서 변경 없이 CN에까지 전달된다. 리턴 경로상에서 패킷들의 목적지는 MN의 CoA로 정해진다. MN이 리턴되 는 패킷을 성공적으로 수신하면 확장 헤더를 처리하고 목적지 주소 IP 주소를 RH2에 포 함된 HoA로 대체한다. 그 결과로 만들어지는 패킷이 MN의 프로토콜 스택의 나머지 부 분에 전달되며, 따라서 애플리케이션은 연결의 확립이나 다른 동작에 CoA 대신 MN의 HoA가 사용된 것으로 '믿게 된다'.

### 5.5.3 토의

모바일 IP에 관련된 여러 가지 쟁점이 있다. 모바일 IP는 하부 링크 계층이 어떻게든 연 결을 유지하고 있는 상태에서 노드의 IP 주소가 변경될 수 있는 특정 유형의 이동성을 다루기 위해 설계됐다. 하지만 이런 식의 사용은 장소를 옮길 때 종료되거나 휴면 모드 로 전환될 가능성이 높은 휴대형 컴퓨터의 경우에는 일반적이지 않다. 모바일 IP를 (특히 MIPv6를) 필요로 하는 것은 IP를 사용하는 스마트폰들이다. 이러한 장치들은 지연 시간 에 대한 요구수준이 높은 실시간 애플리케이션(예: VoIP)을 실행하고 있을 가능성이 높기 때문에 바인딩 갱신에 걸리는 줄이기 위한 몇 가지 방법이 탐색됐다. 여기에는 고속 핸드 오버[RFC5568], 계층적 MIPv6(HMIPv6)이라고 불리는 MIPv6에 대한 수정 버전[RFC5380], 보 통 MN에 요구되는 이동성 신호를 프록시가 실행하는 프록시 MIPv6(PMIPv6)[RFC5213] 등 이 포함된다.

## 5.6 IP 데이터그램에 대한 호스트의 처리

보통의 경우 라우터는 자신이 포워딩하는 패킷의 발신지 IP 주소 필드와 목적지 IP 주소 필드에 어떤 IP 주소를 넣을지 고려할 필요가 없지만, 호스트는 둘 다 고려해야 한다. 웹

브라우저와 같은 애플리케이션이 이름을 사용해서 연결을 시도하는 호스트나 서버가 다수의 IP 주소를 가질 수도 있고 이러한 연결을 시도하는 클라이언트 시스템 자신도 여러 개의 주소를 가질 수 있다. 따라서 데이터그램을 송신할 때 어떤 주소를 (그리고 어떤 IP 버전을) 사용해야 할지에 관한 질문이 발생한다. 이번 절에서 알아볼 더욱 미묘한 문제는 로컬 IP 주소를 목적지로 하는 트래픽이 잘못된 인터페이스에 도착했을 때 그와 같은 트래픽을 수용할 것인가에 관한 것이다(잘못된 인터페이스란 수신된 데이터그램에 들어있는 목적지 주소로 설정되지 않은 인터페이스를 말한다).

## 5.6.1 호스트 모델

수신된 유니캐스트 데이터그램이 호스트의 IP 주소 중 하나와 일치하는지 또 이 데이터그램을 처리해야 할지 결정하는 것은 단순해 보이지만 수신 시스템의 호스트 모델에 따라 달라질 수 있다[RFC1122]. 특히 다중 홈 호스트에서 문제가 될 수 있다. 호스트 모델에는 강한Strong 호스트 모델과 약한Weak 호스트 모델 등 두 가지 종류가 있다. 강한 호스트 모델에서는 목적지 IP 주소 필드에 포함된 IP 주소가 데이터그램이 도착한 인터페이스에 설정돼 있는 주소들 중 하나와 일치할 경우에만 데이터그램을 수용해 로컬 프로토콜 스택에 전달한다. 약한 호스트 모델을 구현한 시스템에서는 로컬 주소 중 어느 것에라도 일치하는 목적지 주소를 갖는 데이터그램은 어떤 인디페이스에 도착하더라도 관계없이 수용해 수신 시스템의 프로토콜 스택에서 처리한다. 호스트 모델은 송신 동작에도 작용한다. 즉, 강한 호스트 모델을 사용하는 호스트는 가지고 있는 인터페이스 중 하나가 송신할 데이터그램 안의 발신지 IP 주소 필드와 일치할 때만 해당 인터페이스를 사용해 데이터그램을 송신한나.

그림 5-20에서는 호스트 모델이 중요한 상황을 보여준다. 이 예제에서 2개의 호스트 A와 B는 전역 인터넷을 통해 연결돼 있지만, 로컬 네트워크로도 연결돼 있다. 호스트 A가 강한 호스트 모델을 따르도록 설정돼 있을 경우 인터넷에서 받은 목적지 주소가 203.0.113.1인 패킷이나 로컬 네트워크에서 받은 목적지 주소가 192.0.2.1인 패킷을 호스트 A가 받을 경우 폐기한다. 이러한 상황은 예를 들어 호스트 B가 약한 호스트 모델을 따르게 설정돼 있을 경우 등에서 발생할 수 있다. 호스트 B는 (비용이 저렴하거나 속도가 빠른 등의 이유로) 로컬 네트워크를 사용해 192.0.2.1로 패킷을 전송하기로 선택할 수 있다.

그런데 호스트 A는 외견상 적절한 패킷들로 보이는 이러한 패킷들을 수신하면 폐기해 버린다. 이는 호스트 A가 강한 호스트 모델을 따르기 때문이다. 따라서 '도대체 왜 강한 호스트 모델을 사용하는 것이 좋은 생각일 수 있을까' 하는 의문이 제기될 수 있다.

**그림 5-20** 호스트들은 둘 이상의 인터페이스로 연결돼 있을 수 있다. 이러한 상황에서 호스트들은 교환하는 패킷들의 발신지 IP 주소 필드와 목적지 IP 주소 필드에 어떤 주소를 사용할지 결정해야 한다. 사용되는 주소들은 각 호스트의 포워딩 테이블, 주소 선택 알고리즘[RFC 3484], 호스트가 약한 호스트 모델을 따르는지 강한 호스트 모델을 따르는지 등의 조합에 따라 정해진다.

강한 호스트 모델을 사용하려는 이유는 보안 문제와 연관돼 있다. 그림 5-20에서 인터넷 상의 악의적 사용자가 **203.0.113.2**를 목적지 주소로 하는 패킷을 주입시키는 경우를 생각해보자. 이 패킷은 위조된 발신지 IP 주소(예: **203.0.113.1**)를 포함하고 있다고 하자. 인터넷이 이러한 패킷을 B에게 라우팅하도록 협력할 경우 B에서 실행되는 애플리케이션은 A에서 생성된 로컬 트래픽을 수신한 것이라고 속을 수 있다. 이러한 애플리케이션이 발신지 IP 주소에 기초해 접근 제어 결정을 내린다면 이러한 속임수는 상당히 부정적인 결과로 이어질 수 있다.

어떤 운영체제에서는 송신 동작과 수신 동작 모두에 대해 호스트 모델을 설정할 수 있다. 비스타 이후의 윈도우에서는 IPv4와 IPv6에서 강한 호스트 모델이 송신과 수신을 위한 기본 모델이다. 리눅스에서 IP 동작의 기본 모델은 약한 호스트 모델이다. 맥 OS X을 포함하는 BSD에서는 강한 호스트 모델을 사용한다. 윈도우에서 수신 동작과 송신 동작에 약한 호스트 모델을 설정하려면 각기 다음과 같은 명령을 사용할 수 있다.

```
C:\> netsh interface ipvX set interface <ifname> weakhostreceive=Yabled
```

```
C:\> netsh interface ipvX set interface <ifname> weakhostsend=Yabled
```

이 명령들에서 <ifname>은 적절한 인터페이스 이름으로 대체되며, X는 설정 중인 IP 버전에 따라 4나 6으로 대체되고, Y는 약한 호스트 모델을 활성화할지 비활성화할지 여부에 따라 각기 en이나 dis로 대체된다.

## 5.6.2 주소의 선택

호스트는 IP 데이터그램을 송신할 때 나가는 데이터그램의 발신지 IP 주소 필드에 자신의 IP 주소 중 어느 것을 사용할지, 또 특정 목적지 호스트를 위한 여러 개의 주소를 알고 있을 경우 어떤 목적지 주소를 사용할지 결정해야 한다. 경우에 따라 발신지 주소는 이미 알려져 있을 수도 있다. 예를 들면 애플리케이션에서 주소를 제공할 수도 있고 송신할 패킷이 동일 연결상에서 이전에 수신된 패킷에 대한 응답으로 주어질 수도 있다(TCP에서 주소들이 어떻게 관리되는지에 대해서는 13장 참고).

최근의 IP 구현들에서는 데이터그램의 발신지 IP 주소 필드와 목적지 IP 주소 필드는 발신지 주소 선택이라는 절차와 목적지 주소 선택이라는 절차를 따른다. 과거에는 대부분의 인터넷 호스트들이 외부와의 통신을 위해 단 1개의 IP 주소만을 갖고 있었으므로 주소의 선택은 그리 어려운 일이 아니었다. 인터페이스 하나에 여러 주소를 지정할 수 있는 메커니즘의 도입과 여러 적용 범위를 갖는 주소들의 동시 사용이 일반화돼 있는 IPv6의 사용으로 인해 주소 선택을 위한 절차가 필요하게 됐다. 이러한 상황은 IPv4와 IPv6 모두를 구현하고 있는 호스트('듀얼 스택' 호스트, [RFC4213] 참고)들 사이에서 통신이 이뤄질 때 더욱 복잡해진다. 올바른 주소를 선택하지 못하면 비대칭 라우팅, 원하지 않는 필터링으로 인한 패킷의 폐기 등을 초래할 수 있으며, 이러한 문제들을 해결하는 것은 상당히 어려운 일일 수 있다.

[RFC3484]에서는 IPv6 기본 주소를 선택하기 위한 규칙들을 제시하고 있는데 IPv4 전용 호스트들은 보통 이렇게 복잡한 문제를 갖지 않는다. 일반적으로 애플리케이션들은 앞서 설명했듯이 기본 동작보다 우선하는 특수한 API 함수들을 호출할 수 있다. 하지만 이때도 여전히 까다로운 상황이 발생할 수 있다[RFC5220]. [RFC3484]가 제시하는 기본 규칙은 동일 범위의 주소일 경우 발신지/목적지 주소 쌍을 우선적으로 선택할 것, 큰 범위보다는 작은 범위를 우선적으로 선택할 것, 가용 주소가 있을 경우 임시 주소를 사용하지 말 것, 공통 프리픽스가 가장 긴 주소 쌍을 우선적으로 선택할 것 등이다. 전역 주소를 사

용할 수 있다면 임시 주소보다 전역 주소가 우선적으로 선택된다. 또 관리자가 기본 규칙 대신에 자체적으로 규칙을 정하는 방법도 제시하고 있지만, 이것은 특정 상황에 따라 달라질 수 있으므로 여기서 자세히 다루지는 않는다.

기본 주소들의 선택은 각 호스트에 (적어도 개념적으로는) 존재하는 정책 테이블에 의해 통제된다. 이것은 최장 매칭 프리픽스 조회 테이블이며 IP 라우팅에서 사용되는 포워딩 테이블과 비슷하다. 주소 A에 대해 이 테이블에서의 조회 결과로 A를 위한 우선순위 값 $P(A)$와 A를 위한 레이블 $L(A)$가 생성된다. 우선순위 값이 클수록 선호도가 높음을 나타낸다. 레이블은 동일한 주소 유형을 위한 그룹화에 사용된다. 예를 들어 $L(S) = L(D)$이면 알고리즘은 발신지/목적지 쌍으로 쌍 $(S, D)$의 사용을 선호한다. 다른 정책이 지정돼 있지 않을 경우 [RFC3484]는 표 5-10의 정책 값들을 사용하게 제안한다.

**표 5-10** [RFC3484]에 따른 기본 호스트 정책 테이블. 우선순위 값이 클수록 선호도가 높음을 나타낸다.

| 프리픽스 | 우선순위 P() | 레이블 L() |
|---|---|---|
| ::1/128 | 50 | 0 |
| ::/0 | 40 | 1 |
| 2002::/16 | 30 | 2 |
| ::/96 | 20 | 3 |
| ::ffff:0:0/96 | 10 | 4 |

위의 테이블이나 관리적 설정 매개변수에 기초해 사이트에서 설정된 테이블이 주소 선택 알고리즘에 사용된다. 공통 프리픽스 길이common prefix length를 나타내는 함수 $CPL(A, B)$은 IPv6 주소 A와 B 사이에서 가장 왼쪽의 상위 비트부터 시작해 가장 긴 공통 프리픽스의 길이다. 함수 $S(A)$는 IPv6 주소 A의 적용 범위를 숫자로 매핑한 것인데, 적용 범위가 클수록 더 큰 값으로 매핑된다. A가 링크 적용 범위이고 B가 전역 적용 범위일 경우 $S(A) < S(B)$가 성립한다. 함수 $M(A)$는 IPv4 주소 A를 IPv4 대응 IPv6 주소로 매핑한다. IPv4 주소들의 적용 범위 속성은 주소 자체의 값에 기초해 정해지므로 $S(M(169.254. x.x)) = S(M(127.x.x.x)) < S(M(사설 주소 공간)) < S(M(임의의 다른 주소))$와 같은 관계가 정의될 필요가 있다. 기호 $\Lambda(A)$는 주소의 생명주기를 나타낸다(6장 참고). A가 도태된 (즉, 사용이 권장되지 않는) 주소이고 B가 선호되는 주소일 경우 $\Lambda(A) < \Lambda(B)$가 성립한다. 끝

으로 A가 홈 주소일 경우 H(A)가 참이 되며, A가 보조 주소일 경우 C(A)가 참이 된다. H(A)와 C(A)는 모바일 IP에 대해서만 사용된다.

### 5.6.2.1 발신지 주소 선택 알고리즘

발신지 주소 선택 알고리즘은 특정 목적지 주소 D에 기초해 잠재적인 발신지 주소의 후보 집합$^{candidate\ set}$ CS(D)를 정한다. 임의의 D에 대해 애니캐스트 주소, 멀티캐스트 주소, 미지정 주소 등은 CS(D)에 포함될 수 없다. 이제 기호 R(A)를 CS(D) 안에서 주소 A의 서열$^{rank}$을 나타내기 위해 사용한다. CS(D) 안에서 A가 B보다 서열이 높으면 즉 R(A) 〉 R(B)이면 주소가 D인 컴퓨터에 도달하기 위한 발신지 주소로 B보다는 A를 선호한다는 것을 의미한다. R(A)*〉R(B)라는 표현은 CS(D)에서 B보다 A에게 높은 서열을 지정할 것을 의미한다. 기호 I(D)는 목적지 D에 도달하기 위해 (앞에서 기술된 최장 매칭 프리픽스 알고리즘에 의해) 선택된 인터페이스를 나타낸다. 기호 @(i)는 인터페이스 i에 지정된 주소 집합을 나타낸다. 기호 T(A)는 A가 임시 주소(6장 참고)일 경우 참이 되며 그렇지 않으면 거짓이 된다.

목적지 D에 대해 CS(D) 안의 주소 A와 B 사이에서 부분 순서 관계를 확립하기 위해 다음과 같은 규칙들이 적용된다.

1. 동일 주소를 선호한다. 즉, A = D이면 R(A)*〉 R(B)이고, B = D이면 R(B)*〉 R(A)이나.

2. 적절한 유효 범위를 선호한다. S(A) 〈 S(B)이고 S(A) 〈 S(D)이면 R(B)*〉 R(A)이다. 그렇지 않으면 R(A)*〉 R(B)이다. S(B) 〈 S(A)이고 S(B) 〈 S(D)이면 R(A)*〉 R(B)이고 그렇지 않으면 R(B)*〉 R(A)이다.

3. 도태된 주소들은 피한다. S(A) = S(B)이면 {Λ(A) 〈 Λ(B)이면 R(B)*〉 R(A)이고 그렇지 않으면 R(A)*〉 R(B)이다.}

4. 홈 주소를 선호한다. H(A)이고 C(A)이고 ﹁(C(B) 이고 H(B))이면 R(A)*〉 R(B)이다. H(B)이고 C(B)이고 ﹁(C(A)이고 H(A))이면 R(B)*〉R(A)이다. (H(A)이고 ﹁C(A)) 이고 (﹁H(B)이고 C(B))이면 R(A)*〉 R(B)이다. (H(B)이고 ﹁C(B))이고 (﹁H(A)이고 C(A))이면 R(B)*〉 R(A)이다.

5. 나가는 인터페이스를 선호한다. A ∈ @(I(D))이고 B ∈ @(I(D))이면 R(A)*〉R(B)이다. B ∈ @(I(D))이고 A ∈ @(I(D))이면 R(B)*〉 R(A)이다.

6. 매칭 레이블을 선호한다. $L(A) = L(D)$이고 $L(B) \neq L(D)$이면 $R(A)^* \rangle R(B)$이다. $L(B) = L(D)$이고 $L(A) \neq L(D)$이면 $R(B)^* \rangle R(A)$이다.

7. 임시가 아닌 주소를 선호한다. $T(B)$이고 $\neg T(A)$이면 $R(A)^* \rangle R(B)$이다. $T(A)$이고 $\neg T(B)$이면 $R(B)^* \rangle R(A)$이다.

8. 최장 매칭 프리픽스를 사용한다. $CPL(A,D) \rangle CPL(B,D)$이면 $R(A)^* \rangle R(B)$이다. $CPL(B,D) \rangle CPL(A,D)$이면 $R(B)^* \rangle R(A)$이다.

CS(D) 안의 후보 주소들에 대한 완전 순서를 형성하기 위해 위와 같은 부분 순서 규칙들이 사용될 수 있다. 가장 큰 서열을 갖는 주소가 목적지 D에 대해 선택되는 발신지 주소이면 Q(D)로 표시하고 목적지 주소 선택 알고리즘에서 사용된다. $Q(D) = \emptyset$(공집합)이면 목적지 D에 대해 어떤 발신지도 정해지지 않는다.

### 5.6.2.2 목적지 주소 선택 알고리즘

이제 기본 목적지 주소 선택 방법을 살펴보기로 하자. 목적지 주소 선택은 발신지 주소 선택과 비슷하게 정해진다. 앞의 예제에서 Q(D)는 목적지 D에 도달하기 위해 선택된 발신지 주소다. 목적지 B가 도달 불가능한 곳일 경우 U(B)는 참이 되며, E(A)는 목적지 A가 '캡슐화 전송' 즉 터널링을 이용하는 라우팅을 사용해 도달될 수 있음을 나타낸다. 앞에서와 마찬가지로 집합 SD(S) 안의 원소 A, B에 대해 다음과 같은 규칙들을 제시한다.

1. 사용할 수 없는 목적지는 피한다. $U(B)$ 또는 $Q(B) = \emptyset$이면 $R(A)^* \rangle R(B)$이다. $U(A)$ 또는 $Q(A) = \emptyset$이면 $R(B)^* \rangle R(A)$이다.

2. 매칭이 이뤄지는 적용 범위를 선호한다. $S(A) = S(Q(A))$이고 $S(B) \neq S(Q(B))$이면 $R(A)^* \rangle R(B)$이다. $S(B) = S(Q(B))$이고 $S(A) \neq S(Q(A))$이면 $R(B)^* \rangle R(A)$이다.

3. 도태된 주소들은 피한다. $\Lambda(Q(A)) \langle \Lambda(Q(B))$이면 $R(B)^* \rangle R(A)$이다. $\Lambda(Q(B)) \langle \Lambda(Q(A))$이면 $R(A)^* \rangle R(B)$이다.

4. 홈 주소를 선호한다. $H(Q(A))$이고 $C(Q(A))$이고 $\neg(C(Q(B))$이고 $H(Q(B)))$이면 $R(A)^* \rangle R(B)$이다. $(Q(B))$이고 $C(Q(B))$이고 $\neg(C(Q(A))$이고 $H(Q(A)))$이면 $R(B)^* \rangle R(A)$이다. $(H(Q(A))$이고 $\neg C(Q(A)))$이고 $(\neg H(Q(B))$이고 $C(Q(B)))$이면 $R(A)^* \rangle R(B)$이다. $(H(Q(B))$이고 $\neg C(Q(B)))$이고 $(\neg H(Q(A))$이고 $C(Q(A)))$이면 $R(B)^* \rangle R(A)$이다.

5. 매칭 레이블을 선호한다. $L(Q(A)) = L(A)$이고 $L(Q(B)) \neq L(B)$이면 $R(A) \ ^*\rangle \ R(B)$이다. $L(Q(A)) \neq L(A)$이고 $L(Q(B)) = L(B)$이면 $R(B) \ ^*\rangle \ R(A)$이다.

6. 높은 우선순위를 선호한다. $P(A) \rangle P(B)$이면 $R(A) \ ^*\rangle \ R(B)$이다. $P(A) \langle P(B)$이면 $R(B) \ ^*\rangle \ R(A)$이다.

7. 원천 전송를 선호한다. $E(A)$이고 $\rule{2mm}{0.15mm}E(B)$이면 $R(B) \ ^*\rangle \ R(A)$이다. $E(B)$이고 $\rule{2mm}{0.15mm}E(A)$이면 $R(A) \ ^*\rangle \ R(B)$이다.

8. 작은 적용 범위를 선호한다. $S(A) \langle S(B)$이면 $R(A) \ ^*\rangle \ R(B)$가 되며, 그렇지 않으면 $R(B) \ ^*\rangle \ R(A)$이다.

9. 최장 매칭 프리픽스를 사용한다. $CPL(A, Q(A)) \rangle CPL(B, Q(B))$이면 $R(A) \ ^*\rangle \ R(B)$이다. $CPL(A, Q(A)) \langle CPL \ (B, Q(B))$이면 $R(B) \ ^*\rangle \ R(A)$이다.

10. 어디에도 해당되지 않으면 서열 순서를 변경하지 않는다.

발신지 주소 선택의 경우에서와 마찬가지로 위의 규칙들은 발신지 S에 대한 목적지들의 집합 SD(S) 안의 원소 쌍들 사이에 부분 순서를 형성한다. 서열이 가장 높은 주소가 목적지 주소 선택 알고리즘의 결과가 된다. 앞에서 언급한 것처럼 이 알고리즘의 동작에 관해 몇 가지 쟁점이 제기돼 있다(예: 목적지 주소 선택의 단계 9는 DNS 순환 현상 문제를 초래할 수 있다. 11장 참고). 그 결과 [RFC3484]에 대한 수정이 고려되고 있다[RFC3484-revise]. 이 수정안에서 특히 중요한 것은 소위 주소 선택 알고리즘들에서 고유 로컬 IPv6 유니캐스트 주소 ULA[RFC4193]들을 어떻게 취급할지에 대해 다룬다는 점이다. ULA는 전역 적용 범위를 갖지만 일반 (사설) 네트워크 내부에서만 사용하도록 제약돼 있는 IPv6 주소다.

# 5.7 IP 관련 공격

IP 프로토콜에 대해서는 오랜 기간 동안 수많은 공격이 있었으며 주로 주소 옵션들의 동작을 이용하거나 (단편 재조립과 같은) 특수 코드 내에 들어있는 버그를 파고든다. 단순한 공격에는 (잘못된 헤더 길이나 버전 번호 등과 같이) 하나 이상의 유효하지 않은 IP 헤더 필드를 사용해 라우터에 장애를 발생시키거나 성능을 떨어뜨리는 것이 있다. 최근의 인터넷 라우터들은 옵션을 무시하거나 제거하며, 기본적인 패킷 처리 시의 버그도 모두 수정됐기 때문에 단순한 유형의 공격은 더 이상 문제가 되지 않는다. 단편화 관련 공격들에 대처하기 위한 수단도 제시돼 있다[RFC1858][RFC3128].

인증이나 암호화가 사용되지 않을 경우 (또는 IPv6에서 인증이나 암호화가 비활성화돼 있을 경우) IP 주소 스푸핑 공격이 가능하다. 초기의 공격들은 발신지 IP 주소를 조작하는 방법을 사용했다. 초창기 접근 제어 메커니즘들은 발신지 IP 주소를 이용하는 경우가 많았으므로 시스템을 쉽게 속일 수 있었다. 주소 스푸핑은 때로 다양한 발신지 라우팅 옵션들과 결합됐다. 상황에 따라서는 원격지 공격자의 컴퓨터가 마치 로컬 네트워크상의 호스트인 것처럼 (심지어 동일한 컴퓨터상에 있는 것처럼) 서비스를 요청할 수도 있다. IP 주소 스푸핑은 오늘날에도 여전히 문젯거리지만 피해를 제한할 수 있는 여러 방법이 있으며, 여기에는 ISP가 고객의 트래픽에서 발신지 주소를 검사해 데이터그램들이 고객에 지정된 IP 프리픽스에 맞는 발신지 주소를 갖고 있는지 확인하는 진입점 필터링ingress filtering[RFC2827][RFC3704]이 포함된다.

IPv6와 모바일 IP는 비교적 (특히 IPv4에 비해) 새로운 것으로 아직 모든 취약점이 밝혀지지는 않았다. 좀 더 새롭고 유연한 옵션 헤더들이 사용되므로 공격자가 IPv6 패킷 처리에 상당한 영향을 미칠 가능성이 있다. 예를 들어 RH0 라우팅 헤더는 심각한 보안 문제가 드러나서 완전히 사용 중지됐다. 다른 가능성으로는 패킷의 발신지를 속이기 위해 발신지 주소나 라우팅Routing 헤더의 항을 속이는 방법이 있다. 라우팅 헤더의 내용을 검사할 수 있는 패킷 필터링 방화벽을 설정함으로써 이러한 공격들을 방지할 수 있다. 하지만 IPv6에서 확장 헤더나 옵션을 포함하는 패킷을 무조건 필터링으로 차단해 버리면, IPv6의 기능에 상당한 제약이 발생한다는 것을 기억해야 한다. 특히 확장 헤더를 막아버리면 모바일 IPv6는 동작하지 않는다.

## 5.8 정리

5장에서는 먼저 IPv4 헤더와 IPv6 헤더에 대해 알아보고 인터넷 검사합이나 단편화 등과 같은 관련 기능들을 살펴봤다. IPv6에서 주소 크기가 어떻게 증가했는지, 확장 헤더를 사용해 패킷 안의 옵션들을 포함시키는 IP의 방법이 어떻게 개선됐는지 살펴봤으며 또한 IPv4 헤더에서 중요하지 않은 몇 가지 필드가 제거됐음을 확인했다. 이러한 기능들의 추가로 주소 크기가 4배로 늘어났음에도 불구하고 IP 헤더의 크기는 2배만 늘어났다. IPv4 헤더와 IPv6 헤더는 직접 호환되지 않으며 공통의 필드라고는 4비트 버전 필드뿐이다.

이러한 이유로 IPv4 노드와 IPv6 노드를 상호 연결하려면 어느 정도의 변환이 필요하다. 듀얼 스택 호스트들은 IPv4와 IPv6 모두 구현하지만 어느 프로토콜을 언제 사용할지 선택해야 한다.

IP는 처음 개발됐을 때부터 각 데이터그램에 연계된 트래픽 유형이나 서비스 클래스를 나타내는 헤더 필드를 포함하고 있다. 이 메커니즘은 인터넷에서 차등 서비스를 지원하는 메커니즘을 제공하겠다는 희망 하에 여러 해에 걸쳐 재정의됐다. 차등 서비스가 널리 구현된다면 인터넷은 표준적인 방법을 사용해서 특정 트래픽이나 사용자에 더 나은 성능을 제공할 수 있을 것이다. 이러한 차별화된 서비스가 어느 정도 가능할지는 부분적으로는 사업 모델을 어떻게 해결하느냐에 달려 있을 것이다.

IP 포워딩은 단일 홉이나 다중 홉을 거쳐 IP 데이터그램이 전송되는 방식을 기술한다. 특별한 처리가 이뤄지는 경우가 아니라면 IP 포워딩은 홉 단위로 수행된다. 데이터그램이 홉들을 거쳐 가면서 목적지 IP 주소는 변경되지 않지만 링크 캡슐화와 목적지 링크 계층 주소는 홉마다 변경된다. 호스트나 라우터에서는 최선의 매칭을 이루는 포워딩 항을 결정하거나 포워딩 경로상의 다음 홉을 결정하기 위해 포워딩 테이블과 최장 프리픽스 매칭 알고리즘을 사용한다. 가능한 모든 목적지에 동일하게 매칭을 이루는 기본 경로 하나만으로 이뤄지는 아주 단순한 테이블로 충분한 경우도 많다.

모바일 IP는 보안과 신호 메시지들을 위한 특별한 프로토콜들을 사용해 모바일 노드의 홈 주소와 보조 주소 사이에 안전한 바인딩을 확립한다. 이러한 바인딩은 모바일 노드가 홈 네트워크에 있지 않을 경우에도 통신을 가능하게 한다. 모바일 IP의 기본 기능은 홈 에이전트를 통한 트래픽 터널링을 이용하지만, 이는 매우 비효율적인 라우팅으로 이어질 수 있으므로 모바일 노드와 원격 노드 사이의 직접적인 통신을 가능하게 하는 경로 최적화를 지원하는 다수의 추가 기능이 있다. 경로 최적화를 위해서는 모바일 노드와 통신하는 상대 호스트들이 MIPv6뿐만 아니라 선택 사항인 경로 최적화 기능도 지원해야 한다. 현재 경로 최적화 바인딩 갱신에 소요되는 지연 시간을 줄이려는 연구가 작업이 진행 중이다.

또한 강약의 호스트 모델이 IP 데이터그램들이 처리되는 방식에 어떻게 영향을 미치는지에 대해서도 살펴봤다. 강한 호스트 모델에서 각 인터페이스는 해당 인터페이스에 연계된 주소를 사용하는 데이터그램만 송신하거나 수신할 수 있는 반면, 약한 호스트 모델에서는 그와 같이 엄격히 제약하지는 않는다. 약한 호스트 모델에서는 강한 호스트 모델에서 허용되지 않는 통신을 허용하지만 이로 인해 특정 유형의 공격에 더 취약해진다. 또한 호스트 모델은 호스트가 통신에서 어떤 주소를 사용할지에 대한 선택과도 연관돼 있다. 예전에는 대부분의 호스트들이 하나의 IP 주소만을 가졌기 때문에 이러한 결정은 아주 단순했다. 하나의 호스트가 여러 개의 주소를 가질 수 있는 IPv6가 도입되고 여러 개의 네트워크 인터페이스를 갖는 다중 홈 호스트들이 보편화되면서, 결정은 점차 복잡해지고 라우팅에도 상당한 영향을 미칠 수 있게 됐다. 발신지 주소와 목적지 주소를 위한 주소 선택 알고리즘들이 제시됐다. 이러한 알고리즘들은 제한된 적용 범위와 영구적인 주소를 선호하는 경향이 있다.

지금까지 우리는 IP 프로토콜을 대상으로 하는 몇 가지 공격을 살펴봤다. 이러한 공격에는 주소 스푸핑spoofing, 라우팅을 변경하는 옵션 포함시키기, IP 구현 내의 (특히 단편화 관련) 버그 악용 등이 있다. 최근의 운영체제에서 프로토콜 구현 버그들은 수정됐으며, 대형 기관의 경계 라우터들은 대부분의 경우 옵션들을 비활성화한다. 주소 스푸핑은 여전히 골칫거리지만, 진입점 필터링과 같은 절차가 이런 문제를 제거하는 데 도움이 된다.

# 5.9 참고 자료

- **[A92]** P. Mersky, "Autovon: The DoD Phone Company," http://www.chips.navy. mil/archives/92_oct/file3. htm

- **[AN]** http://www.iana.org/assignments/protocol-numbers

- **[DC05]** J. Doyle and J. Carroll, Routing TCP/IP, Volume 1, Second Edition (Cisco Press, 2005).

- **[DSCPREG]** http://www.iana.org/assignments/dscp-registry/dscp-registry.xml

- **[H05]** G. Huston, "Just How Big Is IPv6?-or Where Did All Those Addresses Go?" The ISP Column, July 2005, http://cidr-report.org/papers/isoc/2005-07/ ipv6size.html

- **[IP6PARAM]** http://www.iana.org/assignments/ipv6-parameters

- **[IPPARAM]** http://www.iana.org/assignments/ip-parameters

- **[IV]** http://www.iana.org/assignments/version-numbers

- **[LFS07]** J. Leguay, T. Friedman, and K. Salamatian, "Describing and Simulating Internet Routes," Computer Networks, 51(8), June 2007.

- **[MB97]** L. McKnight and J. Bailey, eds., Internet Economics (MIT Press, 1997).

- **[MP]** http://www.iana.org/assignments/mobility-parameters

- **[P90]** C. Pinter, A Book of Abstract Algebra, Second Edition (Dover, 2010; reprint of 1990 edition).

- **[PB61]** W. Peterson and D. Brown, "Cyclic Codes for Error Detection," Proc. IRE, 49(228), Jan. 1961.

- **[RC05]** S. Raab and M. Chandra, Mobile IP Technology and Applications (Cisco Press, 2005).

- **[RFC0791]** J. Postel, "Internet Protocol," Internet RFC 0791/STD 0005, Sept. 1981.

- **[RFC1108]** S. Kent, "U.S. Department of Defense Security Options for the Internet Protocol," Internet RFC 1108 (historical), Nov. 1991.

- **[RFC1122]** R. Braden, ed., "Requirements for Internet Hosts-Communication Layers," Internet RFC 1122/ STD 0003, Oct. 1989.

- **[RFC1385]** Z. Wang, "EIP: The Extended Internet Protocol," Internet RFC 1385 (informational), Nov. 1992.

- **[RFC1393]** G. Malkin, "Traceroute Using an IP Option," Internet RFC 1393 (experimental), Jan. 1993.

- **[RFC1858]** G. Ziemba, D. Reed, and P. Traina, "Security Consideration for IP Fragment Filtering," Internet RFC 1858 (informational), Oct. 1995.

- **[RFC2113]** D. Katz, "IP Router Alert Option," Internet RFC 2113, Feb. 1997.

- [RFC2460] S. Deering and R. Hinden, "Internet Protocol, Version 6 (IPv6)," Internet RFC 2460, Dec. 1998.

- [RFC2473] A. Conta and S. Deering, "Generic Packet Tunneling in IPv6 Specification," Internet RFC 2473, Dec. 1998.

- [RFC2474] K. Nichols, S. Blake, F. Baker, and D. Black, "Definition of the Differentiated Services Field (DS Field) in the IPv4 and IPv6 Headers," Internet RFC 2474, Dec. 1998.

- [RFC2475] S. Blake, D. Black, M. Carlson, E. Davies, Z. Wang, and W. Weiss, "An Architecture for Differentiated Services," Internet RFC 2475 (informational), Dec. 1998.

- [RFC2597] J. Heinanen, F. Baker, W. Weiss, and J. Wroclawski, "Assured Forwarding PHB Group," Internet RFC 2597, June 1999.

- [RFC2675] D. Borman, S. Deering, and R. Hinden, "IPv6 Jumbograms," Internet RFC 2675, Aug. 1999.

- [RFC2711] C. Partridge and A. Jackson, "IPv6 Router Alert Option," Internet RFC 2711, Oct. 1999.

- [RFC2827] P. Ferguson and D. Senie, "Network Ingress Filtering: Defeating Denial of Service Attacks Which Employ IP Source Address Spoofing," Internet RFC 2827/BCP 0038, May 2000.

- [RFC3031] E. Rosen, A. Viswanathan, and R. Callon, "Multiprotocol Label Switching Architecture," Internet RFC 3031, Jan. 2001.

- [RFC3128] I. Miller, "Protection Against a Variant of the Tiny Fragment Attack," Internet RFC 3128 (informational), June 2001.

- [RFC3168] K. Ramakrishnan, S. Floyd, and D. Black, "The Addition of Explicit Congestion Notification (ECN) to IP," Internet RFC 3168, Sept. 2001.

- [RFC3246] B. Davie, A. Charny, J. C. R. Bennett, K. Benson, J. Y. Le Boudec, W. Courtney, S. Davari, V. Firoiu, and D. Stiliadis, "An Expedited Forwarding PHB (Per-Hop Behavior)," Internet RFC 3246, Mar. 2002.

- [RFC3260] D. Grossman, "New Terminology and Clarifications for Diffserv," Internet RFC 3260 (informational), Apr. 2002.

- [RFC3484] R. Draves, "Default Address Selection for Internet Protocol Version 6 (IPv6)," Internet RFC 3484, Feb. 2003.

- [RFC3484-revise] A. Matsumoto, J. Kato, T. Fujisaki, and T. Chown, "Update to RFC 3484 Default Address Selection for IPv6," Internet draft-ietf-6man-rfc3484- revise, work in progress, July 2011.

- [RFC3704] F. Baker and P. Savola, "Ingress Filtering for Multihomed Hosts," Internet RFC 3704/BCP 0084, May 2004.

- [RFC3963] V. Devarapalli, R. Wakikawa, A. Petrescu, and P. Thubert, "Network Mobility (NEMO) Basic Support Protocol," Internet RFC 3963, Jan. 2005.

- [RFC4193] R. Hinden and B. Haberman, "Unique Local IPv6 Unicast Addresses," Internet RFC 4193, Oct.

2005.

- **[RFC4213]** E. Nordmark and R. Gilligan, "Basic Transition Mechanisms for IPv6 Hosts and Routers," Internet RFC 4213, Oct. 2005.

- **[RFC4225]** P. Nikander, J. Arkko, T. Aura, G. Montenegro, and E. Nordmark, "Mobile IP Version 6 Route Optimization Security Design Background," Internet RFC 4225 (informational), Dec. 2005.

- **[RFC4594]** J. Babiarz, K. Chan, and F. Baker, "Configuration Guidelines for Diffserv Service Classes," Internet RFC 4594 (informational), Aug. 2006.

- **[RFC4782]** S. Floyd, M. Allman, A. Jain, and P. Sarolahti, "Quick-Start for TCP and IP," Internet RFC 4782 (experimental), Jan. 2007.

- **[RFC4866]** J. Arkko, C. Vogt, and W. Haddad, "Enhanced Route Optimization for Mobile IPv6," Internet RFC 4866, May 2007.

- **[RFC4950]** R. Bonica, D. Gan, D. Tappan, and C. Pignataro, "ICMP Extensions for Multiprotocol Label Switching," Internet RFC 4950, Aug. 2007.

- **[RFC5095]** J. Abley, P. Savola, and G. Neville-Neil, "Deprecation of Type 0 Routing Headers in IPv6," Internet RFC 5095, Dec. 2007.

- **[RFC5096]** V. Devarapalli, "Mobile IPv6 Experimental Messages," Internet RFC 5094, Dec. 2007.

- **[RFC5142]** B. Haley, V. Devarapalli, H. Deng, and J. Kempf, "Mobility Header Home Agent Switch Message," Internet RFC 5142, Jan. 2008.

- **[RFC5213]** S. Gundavelli, ed., K. Leung, V. Devarapalli, K. Chowdhury, and B. Patil, "Proxy Mobile IPv6," Internet RFC 5213, Aug. 2008.

- **[RFC5220]** A. Matsumoto, T. Fujisaki, R. Hiromi, and K. Kanayama, "Problem Statement for Default Address Selection in Multi-Prefix Environments: Operational Issues of RFC 3484 Default Rules," Internet RFC 5220 (informational), July 2008.

- **[RFC5350]** J. Manner and A. McDonald, "IANA Considerations for the IPv4 and IPv6 Router Alert Options," Internet RFC 5350, Sept. 2008.

- **[RFC5380]** H. Soliman, C. Castelluccia, K. ElMalki, and L. Bellier, "Hierarchical Mobile IPv6 (HMIPv6) Mobility Management," Internet RFC 5380, Oct. 2008.

- **[RFC5568]** R. Koodli, ed., "Mobile IPv6 Fast Handovers," Internet RFC 5568, July 2009.

- **[RFC5570]** M. StJohns, R. Atkinson, and G. Thomas, "Common Architecture Label IPv6 Security Option (CALIPSO)," Internet RFC 5570 (informational), July 2009.

- **[RFC5865]** F. Baker, J. Polk, and M. Dolly, "A Differentiated Services Code Point (DSCP) for Capacity-Admitted Traffic," Internet RFC 5865, May 2010.

- **[RFC5944]** C. Perkins, ed., "IP Mobility Support for IPv4, Revised," Internet RFC5944, Nov. 2010.

- **[RFC6178]** D. Smith, J. Mullooly, W. Jaeger, and T. Scholl, "Label Edge Router Forwarding of IPv4 Option Packets," Internet RFC 6178, Mar. 2011.

- **[RFC6275]** C. Perkins, ed., D. Johnson, and J. Arkko, "Mobility Support in IPv6," Internet RFC 6275, June 2011.

- **[RFC6301]** Z. Zhu, R. Rakikawa, and L. Zhang, "A Survey of Mobility Support in the Internet," Internet RFC 6301 (informational), July 2011.

- **[RTAOPTS]** http://www.iana.org/assignments/ipv6-routeralert-values

- **[THL06]** N. Thompson, G. He, and H. Luo, "Flow Scheduling for End-Host Multihoming," Proc. IEEE INFOCOM, Apr. 2006.

- **[TWEF03]** J. Touch, Y. Wang, L. Eggert, and G. Flinn, "A Virtual Internet Architecture," Proc. ACM SIGCOMM Future Directions in Network Architecture Workshop, Mar. 2003.

- **[W03]** T. Wu, "Network Neutrality, Broadband Discrimination," Journal of Telecommunications and High Technology Law, 2, 2003 (revised 2005).

# 06

## 시스템 설정: DHCP와 자동 설정

## 6.1 개요

TCP/IP 프로토콜 모음을 사용하려면 각 호스트와 라우터는 어느 정도의 설정 정보를 필요로 한다. 설정 정보는 시스템에 로컬 이름을 지정하거나 인터페이스에 (IP 주소와 같은) 식별자를 지정하는 데 사용된다. 도메인 네임 시스템<sup>DNS, Domain Name System</sup>이나 모바일 IP 홈 에이전트 같은 여러 가지 네트워크 서비스를 제공 혹은 이용하는 데도 사용된다. 다양한 방법이 설정 정보를 제공 또는 획득하는 데 사용돼 왔지만 근본적으로는 수동으로 직접 입력하는 방법, 네트워크 서비스를 통해서 시스템이 설정 정보를 얻도록 하는 방법, 자동으로 설정 정보를 결정하는 알고리즘을 사용하는 방법, 이렇게 3가지로 나눌 수 있다. 이번 장에서는 이 방법들을 각각 살펴보고 IPv4와 IPv6에서 어떻게 사용되는지 알아보자. 환경 설정이 어떻게 동작하는지 이해하는 것은 중요하다. 모든 시스템 관리자, 그리고 대부분의 최종 사용자가 환경 설정을 어느 정도 다뤄야 하기 때문이다.

2장에서 우리는 TCP/IP 네트워크에서 사용되는 모든 인터페이스는 IP주소, 서브넷 마스크, 브로드캐스트(IPv4의 경우)가 필요하다는 것을 배웠다. 브로드캐스트 주소는 IP주소와 서브넷 마스크를 사용해서 결정할 수 있다. 일반적으로 이러한 최소한의 정보만 있으면 시스템은 동일 서브네트워크에 있는 다른 시스템과 통신할 수 있다. 반면에 로컬 서브넷을 넘어서는 통신(5장에서 이를 간접 전달<sup>indirect delivery</sup>이라고 불렀음)을 위해서는 라우팅 혹은 포워딩 테이블이 필요한데, 이 테이블은 목적지에 도달하려면 무슨 라우터를 사용해야 할지를 알려준다. 웹이나 이메일 같은 서비스를 사용하려면 사용자에게 친숙한 도메인 네임을 하위 프로토콜 계층에서 요구하는 IP 주소로 변환하기 위해 DNS(11장 참조)가 필요한데, DNS는 분산 서비스이므로 DNS를 사용하는 모든 시스템은 최소한 하나의 DNS 서버를 알고 있어야 한다. 결국 인터넷상의 호스트는 웹이나 이메일 같은 대중적인 서비스를 사용하거나 제공하려면 IP주소, 서브넷 마스크 그리고 DNS서버와 라우터의 IP주소가 '필요 최소한의 정보'이다. 모바일 IP를 사용한다면 홈 에이전트를 찾는 방법도 알아야 한다.

이번 장에서는 인터넷의 클라이언트 호스트에서 필요 최소한의 정보를 설정하는 데 사용되는 프로토콜과 절차인 동적 호스트 설정 프로토콜<sup>DHCP, Dynamic Host Configuration Protocol</sup>과 무상태 주소 자동 설정<sup>stateless address autoconfiguration</sup>을 중점적으로 설명한다. 또 클라이언트 시스템의 설정을 위해 ISP업체들이 PPP를 이더넷과 함께 어떻게 사용하는지도 살펴볼 것이다. 반면에 서버와 라우터는 파일 또는 그래픽 사용자 인터페이스에 정보를 직접 입력해서 수동으로 설정을 하는 경우가 많다. 클라이언트와 서버가 이렇게 설정 방법이 다른 것은 몇 가지 이유가 있다. 첫째, 클라이언트 호스트는 서버와 라우터에 비해서 위치를 자주 이동하기 때문에 설정 정보를 유연하게 재할당하는 메커니즘이 필요하다. 둘째, 서버와 라우터는 '언제나 이용 가능'하고 자율적으로 동작할 것이 기대되기 때문에 설정 정보를 다른 네트워크 서비스에 의존하지 않는 것이 높은 신뢰성을 보장한다. 셋째, 일반적으로 서버와 라우터에 비해서 클라이언트의 수가 훨씬 많기 때문에 중앙 집중적 서비스를 사용해서 클라이언트 호스트에 설정 정보를 동적으로 할당하는 것이 단순하며 오류 발생도 적다. 넷째, 클라이언트를 운영하는 사람은 서버와 라우터 관리자에 비해서 시스템 관리 숙련도가 낮은 것이 일반적이므로 경험 많은 관리자가 중앙 집중식으로 대부분의 클라이언트를 설정하도록 하는 편이 오류 발생 가능성을 낮춰준다.

필요 최소한의 정보 이외에도 사용 혹은 제공하는 서비스 유형에 따라서 호스트와 라우터는 다양한 설정 정보를 필요로 한다. 홈 에이전트의 위치, 멀티캐스트 라우터, VPN 게이트웨이, SIP/Volp 게이트웨이 등이 이에 포함된다. 이 중에는 표준화된 메커니즘과 지원 프로토콜을 사용해서 설정 정보를 얻는 것도 있고 사용자가 직접 설정 정보를 입력해야 하는 것도 있다.

# 6.2 동적 호스트 설정 프로토콜

동적 호스트 설정 프로토콜<sup>DHCP[RFC2131]</sup>은 설정 정보를 호스트(그리고 가끔은 라우터)에게 알려주는 보편화된 클라이언트/서버 프로토콜이다. DHCP는 기업이나 홈 네트워크에서 매우 널리 사용된다. 대부분의 기본 홈 라우터 장비들도 내장 DHCP 서버를 지원한다. DHCP 클라이언트는 네트워크 프린터나 VoIP 전화 같은 여러 가지 임베디드 장비와 모든 주요 클라이언트 운영체제에 탑재돼 있다. 이 장비들은 IP 주소, 서브넷 마스크, 라우터 IP 주소, DNS 서버 IP 주소를 DHCP를 통해서 얻어온다. 다른 서비스 (예를 들어 VoIP와 함께 사용되는 SIP 서버)와 관계되는 정보도 DHCP를 통해서 전달될 수 있다. DHCP는 원래 IPv4에서 사용하도록 설계됐으므로, 이번 장에서 따로 명시하지 않으면 IP는 IPv4를 의미한다. IPv6는 DHCPv6<sup>[RFC3315]</sup>라는 이름의 DHCP 버전을 사용할 수 있으며 이것은 6.2.5절에서 다룬다. IPv6는 DHCPv6에 의존하지 않고 자체적으로 설정 정보를 결정하는 자동화 프로세스도 지원하는데 하이브리드 설정을 통해서 IPv6 자체의 자동 설정과 DHCPv6를 함께 사용할 수도 있다.

DHCP 설계는 지금은 사용되지 않는 인터넷 부트스트랩 프로토콜<sup>BOOTP, Internet Bootstrap Protocol[RFC0951][RFC1542]</sup>이라는 프로토콜을 기반으로 한다. BOOTP는 클라이언트에게 제한된 설정 정보를 제공한다. 그리고 한 번 제공된 정보를 변경하는 메커니즘은 없다. DHCP는 BOOTP 모델<sup>[GC89]</sup>에 임대<sup>lease</sup> 개념을 추가해서 호스트 운영에 필요한 모든 정보를 제공할 수 있다. 임대는 클라이언트가 합의된 시간 동안 설정 정보를 사용하게 허용한다. 클라이언트는 임대 갱신을 요청할 수 있고, DHCP 서버가 동의하면 임대를 계속할 수 있다. BOOTP 전용 클라이언트는 DHCP 서버를 사용할 수 있고 DHCP 클라이언트는 BOOTP 전용 서버를 사용할 수 있으므로, BOOTP와 DHCP는 하위 호환성이 있다고 말할 수 있다. DHCP와 마찬가지로 BOOTP는 UDP/IP(10장 참조)로 전달된다. 클라이언트는 포트 68을 사용하고 서버는 포트 67을 사용한다.

DHCP는 2개의 주요 부분으로 구성되는데 주소 관리 부분과 설정 데이터의 전달 부분이다. 주소 관리는 IP 주소의 동적 할당을 처리하고 클라이언트에게 주소를 임대한다. 설정 데이터 전달은 DHCP 프로토콜의 메시지 형식과 상태 기계를 포함한다. DHCP 서버는 3가지 수준으로 주소 할당을 제공하도록 설정할 수 있는데(자동 할당, 동적 할당, 수동 할당). 3가지의 차이점은 클라이언트의 식별자를 활용해 주소를 할당했는지, 그런 주소들이 취소되거나 변경될 수 있는지와 관련이 있다. 가장 많이 사용되는 방법은 동적 할당으로서 서버에서 설정한 주소 풀<sup>pool</sup>에서 클라이언트에게 취소 가능한 IP 주소가 주어진다. 자동 할당에서는 같은 방식이 사용되지만 그 주소는 취소 불가능하다. 수동 할당에서는 주소를 전달하는 데 DHCP 프로토콜이 사용되지만 그 주소는 요청하는 클라이언트에게 고정된다(즉, 서버에서 관리하는 할당 가능한 풀의 일부가 아니다). 수동 할당의 경우 DHCP는 BOOTP처럼 동작한다. 이 책에서는 가장 많이 사용되는 동적 할당에 초점을 둘 것이다.

## 6.2.1 주소 풀과 임대

동적 할당에서 DHCP 클라이언트는 IP 주소 할당을 요청하고 서버는 이용 가능한 주소 풀에서 선택한 하나의 주소로 응답한다. 일반적으로 풀은 DHCP가 사용하기 위해 특별히 할당된 IP 주소들의 연속적인 범위다. 클라이언트에게 주어진 주소는 임대 기간<sup>lease duration</sup>이라는 일정한 시간 동안만 사용 가능하다. 클라이언트는 임대가 만료될 때까지 IP 주소를 사용하도록 허용되므로 필요하다면 임대의 만료 시에 연장 요청을 할 수 있다. 대부분의 경우 클라이언트가 임대를 연장하기 원하면 갱신할 수 있다.

임대 기간은 DHCP 서버의 중요한 설정 매개변수다. 임대 기간은 수 분에서 며칠 또는 그 이상도 가능하다('무한<sup>infinite</sup>'도 가능하지만 단순한 네트워크 외에는 권장하지 않는다). 임대에 가장 적절한 값은 예상되는 클라이언트의 수, 주소 풀의 크기, 주소 안정성에 대한 요구에 따라 다르다. 임대 기간이 길면 이용 가능한 주소 풀이 빨리 고갈되지만 안정성을 높이고 네트워크의 오버헤드를 줄여준다. 임대가 짧으면 다른 클라이언트에게 풀의 가용성을 제공하지만 안정성이 떨어지고 네트워크의 트래픽 부하가 커진다. 일반적인 기본값은 12에서 24시간인데 DHCP 서버에 따라 다르다. 예를 들면 마이크로소프트는 소규모 네트워크에서는 8일을 권장하고, 더 큰 규모에서는 16에서 24일을 권장한다. 임대 기간의 절반이 지나면 클라이언트는 임대 갱신을 요청하기 시작한다.

DHCP를 요청할 때 클라이언트는 서버에게 정보를 제공할 수 있다. 이 정보에는 클라이언트의 이름, 요청할 임대 기간, 지금 사용 중이거나 마지막에 사용했던 주소의 복사본, 그 밖의 매개변수 등을 포함할 수 있다. 서버는 그런 요청을 받으면 클라이언트가 제공한 정보(요청하는 MAC 주소를 포함해)와 다른 외적인 정보(예를 들어 그날의 시간, 요청을 수신한 인터페이스)를 활용해 응답에 제공될 주소와 설정 정보를 결정할 수 있다. 클라이언트에게 임대를 제공할 때 서버는 영구 메모리인 비휘발성 메모리나 디스크에 임대 정보를 저장한다. DHCP 따라서 DHCP 서버가 재시작되고 별 문제가 없다면 임대는 그대로 유지된다.

## 6.2.2 DHCP와 BOOTP 메시지 형식

DHCP는 DHCP의 전신인 BOOTP를 확장한 것이다. DHCP 메시지 형식은 BOOTP의 확장이므로 두 프로토콜 사이의 호환성이 유지된다. 그래서 DHCP 서버는 BOOTP 클라이언트에게 서비스를 제공할 수 있고, DHCP 서버가 없는 네트워크에서도 BOOTP 중계 에이전트relay agents(6.2.6절 참조)가 DHCP 사용을 지원할 수 있다. 메시지 형식은 고정 길이 시작 부문과 가변 길이 꼬리 부문으로 돼 있다(그림 6-1 참조).

그림 6-1의 메시지 형식은 여러 RFC[RFC0951][RFC1542][RFC2131]에 BOOTP와 DHCP가 정의 돼 있다. OpOperation 필드는 메시지가 요청(1)인지 응답(2)인지를 식별한다. HW Typehtype 필드는 ARP(4장 참조)에서 사용된 값에 근거해 할당되고 대응하는 IANA ARP 매개변수 페이지[IARP]에서 정의된다. 보통의 경우에는 값 1(이더넷)이다. HW Lenhlen 필드는 하드웨어(MAC) 주소를 저장할 바이트의 수를 제공하는데 보통 이더넷과 유사한 네트워크는 6이다. 홉Hops 필드는 그 메시지가 경유하는 중계기의 수를 저장한다. 메시지의 발신자는 처음에 이 값을 0으로 지정하며 홉 필드의 값은 중계기를 거칠 때마다 1씩 증가한다. transaction ID는 클라이언트가 선택한(랜덤) 숫자다. 서버가 응답에 이것을 복사하는데 요청과 응답을 짝짓는 목적으로 사용한다.

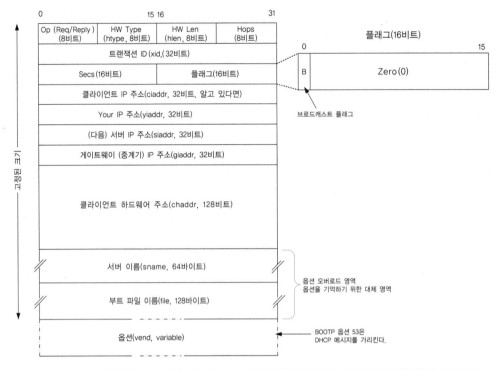

**그림 6-1** BOOTP 메시지 형식. [RFC0951], [RFC1542], [RFC2131]에서 발췌한 것이다. BOOTP 메시지 형식은 옵션을 적절하게 할당해 DHCP 메시지를 보관하는 데 사용된다. 이런 방법으로 BOOTP 중계 에이전트는 DHCP 메시지를 처리할 수 있고, BOOTP 클라이언트는 DHCP 서버를 사용할 수 있다. 서버 이름과 부트 파일 이름 필드는 필요시에 DHCP 옵션을 전달하는 데 사용된다.

Secs 필드는 처음 주소 설정 혹은 갱신 시도로부터 경과한 시간의 초 단위 값으로서 클라이언트가 설정한다. Flags 필드는 현재는 1개의 비트값만을 포함하는데 이 비트값을 브로드캐스트 플래그라고 부른다. (아직 IP주소를 받지 못했다는 등의 이유로) 수신된 유니캐스트 IP 데이터그램을 처리할 수 없지만 브로드캐스트 데이터그램은 처리할 수 있을 경우 클라이언트는 요청 메시지의 브로드캐스트 플래그를 1로 설정한다. 서버와 중계기는 이 플래그가 설정된 것을 보고 응답 시에 브로드캐스트 주소가 사용돼야 함을 알 수 있다.

> **주의**
>
> 윈도우 환경에서는 브로드캐스트 플래그를 사용하는 데 어려움이 있다. 윈도우 XP와 윈도우 7의 DHCP 클라이언트는 이 플래그를 설정하지 않고, 윈도우 비스타 클라이언트만 설정하기 때문이다. 또 윈도우 비스타가 RFC와 호환됨에도 불구하고, 브로드캐스트 플래그를 처리하지 못하는 일부 DHCP 서버는 윈도우 비스타 클라이언트를 제대로 지원하지 않는다. 더 많은 정보가 필요하면 [MKB928233]을 참조하라.

다음 4개의 필드는 모두 IP 주소다. 클라이언트 IP 주소(ciaddr) 필드는 알고 있는 경우에는 요청자의 현재 IP 주소가 포함되고 그렇지 않으면 0이다. 'Your' IP 주소(yiaddr) 필드는 IP 주소를 요청한 클라이언트에게 서버가 IP 주소를 제공하면서 채워 넣는다. 다음 서버Next Server IP 주소(siaddr) 필드는 클라이언트의 부트스트랩 처리에 사용하게(예를 들어 클라이언트가 DHCP 서버가 아닌 서버로부터 수행될 수 있는 운영체제 이미지를 다운로드 하려면) 다음 서버의 IP 주소를 표시한다. 게이트웨이(또는 중계기) IP 주소(giaddr) 필드는 DHCP 또는 BOOTP 중계기가 DHCP(BOOTP) 메시지를 포워딩하는 주소로 채운다. 클라이언트 하드웨어 주소(chaddr) 필드는 클라이언트의 유일한 식별자를 보관하고, 서버는 특정 클라이언트가 주소를 요청할 때마다 동일한 주소를 할당하는 등의 여러 가지 방법으로 사용할 수 있다. 이 필드는 식별자로 사용되는 클라이언트의 MAC 주소를 보관한다. 6.2.3 과 6.2.4절에서 설명된 옵션인 클라이언트 식별자는 이 용도에 적합하다.

나머지 필드는 서버 이름(sname)과 부트 파일 이름(file) 필드를 포함한다. 이 필드들은 항상 채워지는 것은 아니지만, 채워진다면 각 서버의 이름이나 부트 파일의 경로를 표시하는 64바이트 또는 128바이트의 ASCII 문자열이다. 이 문자열은 C 프로그래밍 언어에서처럼 널null로 종료된다. 공간이 부족한 경우(6.2.3절 참조) DHCP 옵션 대신 사용된다. 최초에는 BOOTP에서 Vender Extensions 필드로 알려진 고정 길이의 마지막 필드는 Options 필드인데 가변 길이다. 살펴보겠지만 옵션은 DHCP와 함께 폭넓게 사용되고 DHCP 메시지와 레거시 BOOTP 메시지를 구분하는 데 필요하다.

## 6.2.3 DHCP와 BOOTP 옵션

DHCP는 BOOTP를 확장했고, DHCP에서 필요하지만 BOOTP가 설계됐을 때는 없었던 필드들은 모두 옵션으로 전달된다. 옵션의 표준 형식은 옵션 유형을 나타내는 8비트 태그로 시작한다. 일부 옵션은 고정 길이 바이트와 그 뒤에 오는 태그로 이뤄지고 그 밖의 옵션들은 태그 뒤에 옵션의 길이를 나타내는 1바이트 그리고 옵션 값 자체를 포함하는 가변 길이 바이트로 이뤄진다.

DHCP에는 많은 수의 옵션이 있고, 그중 일부는 BOOTP에서도 지원한다. 전체 목록은 BOOTP/DHCP 매개변수 페이지[IBDP]에서 볼 수 있는데 그중에서 널리 쓰이는 것들을 포함하는 처음 77개의 옵션들이 [RFC2132]에 명시돼 있다. 일반적으로 널리 쓰이는 옵션은 패드(0), 서브넷 마스크(1), 라우터 주소(3), 도메인 네임 서버(6), 도메인 네임(15), 요청된 IP 주소(50), 주소 임대 시간(51), DHCP 메시지 유형(53), 서버 식별자(54), 매개변수 요청 목록(55), DHCP 오류 메시지(56), 임대 갱신 시간(58), 임대 재바인딩 시간(59), 클라이언트 식별자(61), 도메인 검색 목록(119), 종료(255) 등이다.

DHCP 메시지 유형 옵션(53)은 1바이트 길이의 옵션으로 DHCP와 항상 함께 사용되며 다음 값을 가진다. DHCPDISCOVER(1), DHCPOFFER(2), DHCPREQUEST(3), DHCPDECLINE(4), DHCPACK(5), DHCPNAK(6), DHCPRELEASE(7), DHCPINFORM(8), DHCPFORCERENEW(9)[RFC3203], DHCPLEASEQUERY(10), DHCPLEASEUNASSIGNED(11), DHCPLEASEUNKNOWN(12), DHCPLEASEACTIVE(13). 마지막 4개의 값은 [RFC4388]에 정의돼 있다.

옵션은 Options 필드뿐만 아니라 앞에서 언급된 서버 이름Server Name과 부트 파일 이름Boot File Name 필드를 통해서도 전달될 수 있다. 옵션이 서버 이름과 부트 파일 이름 필드 중 어느 하나에 들어가는 것을 옵션 오버로딩option overloading이라고 부르는데 이때 어느 필드가 옵션을 담고 있는지 나타내기 위해 특수 옵션인 오버로드Overload옵션(52)이 포함된다. 길이가 255 바이트를 초과하는 옵션을 위해 긴 옵션long options 메커니즘이 [RFC3396]에 정의됐다. 같은 메시지 안에서 같은 옵션이 여러 번 반복되면 메시지 내에서의 순서대로 내용을 이어서 하나의 옵션으로 처리하는 방식이다. 만약에 옵션 오버로딩도 사용한다면 처리순서는 뒤에서 앞이다. 즉 옵션Option 필드, 부트 파일 이름 필드, 서버 이름 필드 순으로 처리된다.

옵션은 상대적으로 단순한 설정 정보를 제공하거나 다른 합의 프로토콜을 지원하는 데 주로 사용된다. 예를 들면 [RFC2132]는 TCP/IP 노드가 필요로 하는 대부분의 전통적인 설정 정보(주소 지정 정보, 서버 주소, IP 포워딩을 활성화하는 것과 같은 설정 정보의 불리언 값 할당, 초기 TTL 값)에 대한 옵션들을 기술하고 있다. RFC 문서에 단순 설정 정보가 정의된 서비스들은 다음과 같다. NetWare[RFC2241][RFC2242], 사용자 클래스[RFC3004], FQDN[RFC4702], 인터넷 스토리지 이름 서비스 서버iSNS, 스토리지 네트워크에서 사용됨[RFC4174], 브로트캐스트와 멀티캐스트 서비스 제어기BCMCS, 3G 셀룰러 네트워크에서 사용됨[RFC4280], 시간 대역[RFC4833], 자동 설정[RFC2563], 서브넷 선택[RFC3011], 이름 서비스 선택(11장 참조)[RFC2937], 네트워크 접속에 사용되는 인증 전달 프로토콜PANA, Protocol for Carry Authentication for Network Access 서버(18장 참조)[RFC5192]. 다른 프로토콜이나 기능을 지원하는 용도로 정의된 옵션은 6.2.7절부터 설명할 것이다.

## 6.2.4 DHCP 프로토콜 운영

DHCP 메시지는 기본적으로 BOOTP 메시지에 특별한 옵션들이 추가된 것이다. 네트워크에 새로 연결된 클라이언트는 처음에 어떤 DHCP 서버를 이용할 수 있는지 그리고 그 서버들이 어떤 주소를 제공 중인지 찾는다. 그리고 자신이 사용할 서버와 원하는 주소를 결정한 뒤 그 서버에게 주소를 요청한다(이때 자신의 선택을 모든 서버들에게 알려준다). 이 과정에서 그 주소가 다른 클라이언트에게 아직 할당되지 않았다면 서버는 클라이언트에게 주소 할당을 승인한다는 응답을 보낸다. 클라이언트와 서버 간에 일어나는 이벤트의 전형적인 순서가 그림 6-2에 보인다.

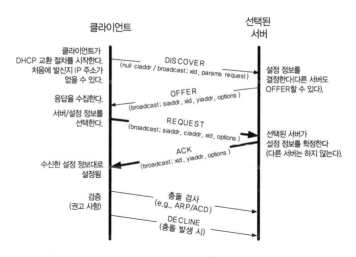

**그림 6-2** 일반적인 DHCP 교환. 클라이언트는 브로드캐스트 메시지를 사용해서 서버의 집합 및 그 서버들이 제공하는 주소를 발견한다. 자신이 희망하는 주소를 요청하며, 선택된 서버로부터 승인 메시지를 받는다. 트랜잭션 ID(xid)는 요청과 응답을 짝짓는데 사용되며, 서버 ID(옵션)는 주어진 주소와 그 클라이언트의 바인딩을 어느 서버가 제공하는지, 그리고 확정하는지를 표시한다. 클라이언트가 자신의 희망을 미리 알고 있다면 프로토콜은 REQUEST와 ACK 메시지만 사용해도 된다.

클라이언트는 요청 메시지를 보낼 때 Op 필드를 BOOTREQUEST로 설정하고, 옵션(Option) 필드의 처음 4바이트를 10진수 99, 130, 83, 99로 한다([RFC2132]에서 magic cookie 값). 클라이언트에서 서버로 보내지는 메시지는 UDP/IP 데이터그램 메시지인데, BOOTP BOOTREQUEST 동작과 적절한 DHCP 메시지 유형(대체로는 DHCPDISCOVER 또는 DHCPREQUEST)을 포함한다. 이 메시지는 주소 0.0.0.0(포트 68)에서 제한된 브로드캐스트 주소 255.255.255.255(포트 67)로 보내지고, 반대 방향의 메시지 (서버에서 클라이언트)는 서버의 IP 주소(포트 67)에서 IP 로컬 브로캐스트 주소(포트 68)로 보내진다(UDP에 대해서는 10장 참조).

일반적인 DHCP 교환에서 클라이언트는 처음에 DHCPDISCOVERY 메시지를 브로드캐스트한다. 이 요청을 직접 또는 중계기를 경유해서 수신한 서버는 'Your' IP 주소 필드에 들어 있는 IP 주소를 넣어서 DHCPOFFER 응답 메시지를 보낸다. (DNS 서버의 IP 주소, 서브넷 마스크 등의) 다른 설정 옵션들도 이 메시지에 포함될 때가 많다. 또 다시 갱신되지 않을 경우 언제까지 해당 주소를 사용할 수 있는지를 나타내는 임대 시간$^{\text{lease time}}$(T), 해당 주소를 제공했던 서버에 다시 주소 갱신을 요청할 때까지의 시간을 나타내는 갱신 시간$^{\text{renewal}}$ $^{\text{time}}$, 임의의 서버에 주소 갱신을 요청하는 시간의 상한을 나타내는 재바인딩 시간(T2) 역시 DHCPOFFER 메시지에 포함된다. 기본적으로 T1=(T/2)이고 T2=(7T/8)이다.

하나 이상의 서버로부터 하나 이상의 DHCPOFFER 메시지를 수신한 클라이언트는 어느 것을 수용할지 결정하고 서버 식별자$^{\text{Server Identification}}$ 옵션을 포함하는 DHCPREQUEST 메시지를 브로드캐스트한다. 이때 클라이언트가 선택한 DHCPOFFER 메시지에 들어있던 주소가 DHCPREQUEST 메시지 안의 요청받은 IP 주소$^{\text{Requested IP Address}}$ 옵션의 값으로 설정된다. 여러 서버가 DHCPREQUEST 메시지를 수신하지만, 그중에서 서버 식별자 옵션의 값으로 지정된 서버만이 영속 저장장치에 주소 바인딩을 기록하며 나머지 서버들은 해당 요청과 관련된 상태값을 모두 비운다. 주소 바인딩을 수행한 서버는 DHCPACK 메시지를 클라이언트에게 보내서 해당 주소 바인딩을 이제 사용할 수 있음을 알린다. (다른 식으로 이미 할당됐거나 이용 불가능한 상태라는 이유 등으로) DHCPREQUEST 메시지 안에 포함된 주소를 할당할 수 없다면, 서버는 DHCPACK이 아니라 DHCPNAK 메시지를 클라이언트에게 보낸다.

DHCPACK 메시지와 기타 설정 정보를 수신한 클라이언트는 메시지에 들어있는 주소가 혹시 사용 중이지 않은지 (예를 들면 해당 주소에 ARP 요청을 보내서 4장에서 설명했던 ACD를 수행하게 한다든지 해서) 네트워크를 조사할 수 있다. 만약 이미 사용 중인 주소라는 결과가 나오면 클라이언트는 해당 주소의 사용을 중지하고 서버에게 DHCPDECLINE 메시지를 보내서 사용할 수 없는 주소임을 알린다. 클라이언트는 10초(권장값)가 지난 뒤에야 다시 주소를 요청할 수 있다. 만료 기간이 되기 전에 주소 임대를 그만하고 싶을 때 클라이언트는 DHCPRELEASE 메시지를 보낸다.

이미 주소를 갖고 있는 상태에서 임대만 갱신하고 싶을 때 클라이언트는 DHCPDISCO
VER/DHCPOFFER 교환을 생략하고 바로 자신이 현재 사용 중인 주소를 포함하는
DHCPREQUEST 메시지를 보낸다. 그다음부터는 앞서와 마찬가지 순서로 동작한다. 서
버는 (DHCPACK 메시지를 보내서) 요청을 승인하거나 (DHCPNAK 메시지를 보내서) 요청을 거
절한다. 이와 달리 클라이언트가 주소를 갖고 있고 갱신도 필요없지만 그 밖의 설정 정보
가 필요한 경우가 있다. 이 경우에는 DHCPREQUEST 메시지 대신 DHCPINFORM 메시지를 사용
해 기존 주소를 사용하고 있으며 추가 정보를 얻고자 한다는 점을 표시한다. 이 메시지를
받은 서버는 요청받은 설정 정보를 DHCPACK 메시지에 포함시켜서 클라이언트에 보낸다.

### 6.2.4.1 예제

DHCP의 동작을 보기 위해 윈도우 비스타 노트북이 리눅스 기반 DHCP 서버(윈도우 7 시
스템도 거의 동일하다)에서 지원하는 무선 LAN에 접속될 때 교환되는 패킷을 조사해보자.
클라이언트는 최근에 다른 IP 프리픽스$^{prefix}$를 사용하는 무선 네트워크를 사용했는데 이
제 새로운 네트워크에 연결하려고 한다. 이전 네트워크의 주소를 기억하고 있으므로, 클
라이언트는 처음에 DHCPREQUEST 메시지(그림 6-3 참조)를 보내서 그 주소를 계속 사용하려
고 한다.

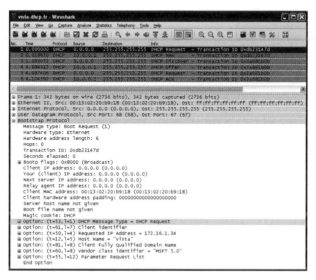

**그림 6-3** 클라이언트가 네트워크를 전환했고, DHCPREQUEST 메시지를 사용해 새로운 네트워크상의 DHCP 서버에게 옛날 주소
172.16.1.34를 요청하려고 시도한다.

**주의**

현재 DNA(Detecting Network Attachment)를 위한 합의된 절차가 존재하는데, IPv4에 대해서는 [RFC4436], IPv6에 대해서는 [RFC6059]에 정의돼 있다. 이 RFC들은 새로운 프로토콜을 포함하는 것이 아니라 IPv4의 경우에는 유니캐스트, IPv6의 경우에는 유니캐스트와 이웃 요청/라우터 탐색 멀티캐스트 메시지의 조합을 사용해서 호스트가 네트워크 링크를 전환할 때의 지연 시간을 줄이는 방법을 제안한다. 이 사양들은 (특히 IPv6의 경우) 비교적 새로 나온 것이기 때문에 아직 구현하지 않은 시스템들도 있다.

그림 6-3에서 링크 계층 브로드캐스트 프레임(목적지 ff:ff:ff:ff:ff:ff)으로 DHCP 요청을 포함시켜 보낸 것을 알 수 있다. 지정되지 않은 발신지 IP 주소 0.0.0.0와 제한된 브로드캐스트 목적지 주소 255.255.255.255를 사용했다. 클라이언트는 요청하는 주소가 성공적으로 할당될지 알지 못하고, 접속하려는 네트워크상에서 사용되는 네트워크 프리픽스를 알지 못하므로 이 주소를 사용하는 것 외에 다른 대안이 없다. 메시지는 BOOTP 클라이언트 포트 68(bootpc)에서 서버 포트 67(bootps)로 전송되는 UDP/IP 데이터그램이다. DHCP는 사실 BOOTP의 일부이므로 프로토콜은 부트스트랩 프로토콜, 메시지 유형은 BOOTREQUEST(1), 하드웨어 유형은 1(이더넷), 주소 길이는 6바이트인 것을 볼 수 있다. 트랜잭션 ID는 0xdb23147d인데 클라이언트가 임의로 선택한 숫자다. 이 메시지는 BOOTP 브로드캐스트 플래그가 설정돼 있는데, 이것은 응답이 반드시 브로드캐스트 주소 지정을 사용해야 한다는 것을 의미한다. 요청되는 주소 172.16.1.34는 여러 옵션들 중 하나에 포함되는데, DHCP 메시지에 나타나는 옵션들의 종류는 6.2.9절에서 자세히 살펴볼 것이다.

인접 DHCP 서버는 요청된 IP 주소 172.16.1.34를 포함하는 클라이언트의 DHCPREQUEST 메시지를 수신한다. 그렇지만 172.16.1.34는 현재 네트워크에서 사용되지 않으므로, 서버는 주소를 할당할 수 없다. 그래서 서버는 DHCPNAK 메시지(그림 6-4 참조)를 보내어 클라이언트의 요청을 거절한다.

그림 6-4에 나타난 DHCPNAK 메시지는 서버에서 브로드캐스트 BOOTP 응답으로 보낸다. 이것은 DHCPNAK의 메시지 유형, 클라이언트의 요청에 대응하는 트랜잭션 ID 10.0.0.1을 포함하는 서버 식별자 옵션, 클라이언트 식별자의 복사본(이 경우에는 MAC 주소), 오류의 형태를 알려주는 문자열 'wrong address'를 포함한다.

이 시점에서 클라이언트는 예전 주소인 172.16.1.34를 사용하려는 노력을 중지하고,

DHCPDISCOVER 메시지(그림 6-5 참조)를 보내 서버와 주소를 찾기 위한 조사를 시작한다.

그림 6-5의 DHCPDISCOVER 메시지는 클라이언트가 보낸 것으로서 DHCPREQUEST 메시지와 유사하며 이전에 사용했던 요청된 IP 주소를 포함하지만 옵션 목록이 더 많고 새로운 트랜잭션 ID(0x3a681b0b)를 포함한다. 나머지 BOOTP 필드들은 대부분은 비워지고 0으로 설정되지만 클라이언트 하드웨어 주소chhddr 필드만은 클라이언트의 MAC 주소를 포함한다. 패킷이 BOOTP 중계 에이전트를 거쳐서 전달되지 않기 때문에 이 주소와 이더넷 프레임의 발신지 MAC 주소가 같다는 점에 주목하자. DISCOVER 메시지의 나머지 부분은 8가지 옵션을 포함한다. 대부분은 그림 6-6의 스크린샷에 나타나 있어서 여러 가지 옵션의 서브 유형을 볼 수 있다.

**그림 6-4** DHCP 서버는 클라이언트에게 IP 주소 172.16.1.34를 사용하지 말라고 알리는 DHCPNAK 메시지를 보낸다. 트랜잭션 ID 덕분에 클라이언트는 이 메시지가 자신의 주소 요청에 대한 것임을 알 수 있다.

그림 6-6은 BOOTP 요청 메시지 안에 포함된 옵션들을 상세히 열거하고 있다. 첫 번째 옵션은 메시지가 DHCPDISCOVER 메시지임을 표시한다. 두 번째 옵션은 주소 자동설정 address auto configuration[RFC2563][6.3 절에서 설명됨]을 사용할지 여부를 클라이언트가 알고 싶어함을 의미한다. 클라이언트는 DHCP를 사용해서 주소를 얻지 못할 경우, DHCP 서버가 허용한다면 자기가 직접 주소를 정할 수 있다.

**그림 6-5** DHCPDISCOVER 메시지는 클라이언트가 이전의 DHCPREQUEST 메시지 실패 후에 주소를 다시 취득하려고 시도 중임을 의미한다.

그다음 옵션은 클라이언트 ID 옵션이 0100130220B918(그림 6-6에 보이지는 않음)으로 설정됐음을 나타낸다. DHCP 서버는 특정 클라이언트에 특별한 설정 정보가 부여됐는지 알아내기 위해서 클라이언트 ID 옵션을 사용한다. 대부분의 운영체제는 DHCP 클라이언트가 주소를 얻을 때 사용하기 위한 클라이언트 ID를 사용자가 지정할 수 있도록 허용한다. 하지만 일반적으로는 클라이언트가 ID가 자동으로 선택되도록 하는 편이 낫다. 다수의 클라이언트가 동일한 ID를 사용하면 DHCP의 운영에 문제가 생기기 때문이다. 자동으로 선택되는 클라이언트 ID는 일반적으로 클라이언트의 MAC 주소를 바탕으로 정해진다. 윈도우 운영체제의 경우, MAC 주소에 1바이트 하드웨어 유형 식별자가 앞에 추가된 형태가 된다(이번 예제의 경우 이 바이트의 값은 1로서 이더넷을 의미한다).

**그림 6-6** DHCPDISCOVER 메시지는 클라이언트가 어떤 설정 정보를 원하는지 나타내는 매개변수 요청들을 많이 포함할 수 있다.

**주의**

MAC 주소에 기반하지 않는 클라이언트 식별자를 사용하려는 움직임이 과거부터 있었다. 이것은 클라이언트 시스템의 네트워크 인터페이스 하드웨어가 바뀌어도(이때 MAC 주소도 바뀌는 것이 일반적이다) 클라이언트가 IPv4 또는 IPv6와 함께 영구적으로 사용할 수 있는 식별자를 가질 수 있도록 하기 위한 것이었다. [RFC4361]은 원래는 IPv6용으로 개발된 방식을 사용해서 IPv4에서 노드별로 특정 식별자를 부여하는 방법을 정의한다. 이 방법은 [RFC3315]에서 DHCPv6용으로 정의된 DUID와 IAID의 조합(6.2.5.3절과 6.2.5.4절 참조)을 DHCPv4에서 사용하는 것이다. 또, DHCP 메시지에서 클라이언트 하드웨어 주소(chaddr) 필드를 사용 중지시켰다. 하지만 이 방법은 아직 널리 보급되지 않았다.

그다음 옵션(Requested IP Address)은 클라이언트가 IP 주소 172.16.1.34를 요청한다는 것을 표시한다. 이 주소는 예전에 연결된 무선 네트워크에서 사용했던 주소로서 앞서 설명했듯이 다른 네트워크 프리픽스가 사용되는 새로운 네트워크에서는 사용할 수 없다.

그 밖에 호스트 이름은 vista, 벤더 클래스 식별자는 MSFT 5.0(윈도우 2000 및 그 후속 버전을 의미)임을 볼 수 있고, 그다음에 매개변수 요청 목록Parameter Request List 옵션이 표시된다. 매개변수 요청 목록 옵션은 클라이언트가 요청하는 설정 정보가 어떤 종류인지 DHCP 서버에게 알려준다. 이것은 바이트 문자열로서 각 바이트는 특정 옵션 숫자를 표시한다. 이번 예제의 경우 통상적인 인터넷 정보(서브넷 마스크, 도메인 네임, DNS 서버, 기본 라우터)뿐 아니라 마이크로소프트 시스템에 공통적인 옵션(예: NetBIOS 옵션)도 많이 포함한다는 것을 알 수 있다. 또, ICMP 라우터 탐색(8장 참고)을 수행할지 여부와 클라이언트가 부팅될 때 클라이언트의 포워딩 테이블에 고정 항목이 있어야 하는지 여부를 클라이언트가 알고 싶어 한다는 표시도 포함한다(5장 참고).

마지막 매개변수 요청(43)은 벤더 고유의 정보다. 이것은 보통 벤더 클래스<sup>Vendor-Class</sup> 식별자 옵션(60)과 함께 사용되는데, 클라이언트가 비표준 정보를 수신하게 허용한다. [RFC3925]는 벤더의 신원과 벤더 고유 정보를 결합해서 벤더 고유 정보를 통해서 벤더를 알아내는 방법을 제공한다. 마이크로소프트 시스템에서 벤더 고유 정보는 시스템 종료 시에 DHCP 임대가 해제돼야 하는지, 포워딩 테이블에 들어 있는 기본 경로의 지표(우선순위)를 어떻게 처리해야 하는지 등을 나타내면서 NetBIOS 사용을 선택하는 용도로 사용된다. 또 마이크로소프트의 NAP<sup>Network Access Protection</sup> 시스템에서도 이 벤더 고유 정보가 사용된다<sup>[MS-CHCPN]</sup>. 맥 OS 시스템은 애플의 NetBoot 서비스와 부트 서버 탐색 프로토콜<sup>BSDP, Boot Server Discovery Protocol[F07]</sup>을 지원하는 데 벤더 고유의 정보를 사용한다.

> **주의**
>
> 그림 6-6에서 고정 경로(static route)가 3종류나 표시되는 것은 주소 지정 방식의 역사 때문이다. 서브넷 마스크와 네트워크 프리픽스가 전면적으로 채택되기 전에는, 주소만 알아도 그 주소의 네트워크 부분을 알아낼 수 있었다(즉, '클래스 기반' 주소가 사용됐다). 이것이 그림 6-6에서 Static Route(코드 33) 매개변수와 함께 사용되는 것이다. 그런데 클래스를 사용하지 않는 주소 방식이 도입되면서 DHCP도 마스크를 포함할 수 있도록 기능이 추가됐고 이것이 그림 6-6에서 Classless Static Route(코드 121)로 표시되고 있고 [RFC3442]에 정의된 클래스없는 고정 경로 매개변수다. 마이크로소프트의 변형 유형(코드 249)도 비슷한 역할을 한다.

DHCPDISCOVER 메시지를 받으면 DHCP 서버는 DHCPOFFER 메시지 안에 IP 주소의 제공, 임대, 추가적인 설정 정보를 포함해 응답한다. 그림 6-7에 나타난 예제에서 DHCP 서버는 한 대뿐이다(이 서버는 라우터이자 DNS 서버이기도 하다).

그림 6-7에서 우리는 DHCPOFFER 메시지가 BOOTP 부분 및 DHCP 주소 처리와 관련된 옵션들을 포함하는 것을 볼 수 있다. BOOTP 메시지 유형은 BOOTREPLY다. 서버가 제공하는 클라이언트의 IP 주소는 'Your' [Client] IP Address에 표시된 10.0.0.57이다. 이 주소가 DHCPDISCOVER 메시지에서 요청된 주소 172.16.1.34와 일치하지 않음에 주목하자.

172.16/12 프리픽스가 로컬 네트워크에서 사용되지 않기 때문이다.

옵션의 집합에 포함된 추가 정보는 서버의 IP 주소(10.0.0.1), 제공된 IP 주소의 임대 시간 (12시간), T1(갱신)과 T2(재바인딩)의 타임아웃인 6과 10.5시간을 각기 포함한다. 덧붙여 서버는 서브넷 마스크(255.255.255.128), 적절한 브로드캐스트 주소(10.0.0.127), 기본 라우터와 DNS 서버(모든 10.0.0.1, DHCP 서버의 경우에는)와 기본 도메인 네임 'home' 정보를 클라이언트에 제공한다. 도메인 네임 home은 표준화되지 않아 사설 네트워크의 외부에서는 사용할 수 없다. 이 예제는 홈 네트워크다. 내가 습관적으로 사용하는 기계의 이름은 <name>.home의 형태다. 클라이언트가 DHCPOFFER 메시지를 한 번 수집했고 제시된 IP 주소 10.0.0.57을 임대하려고 결정했다면 두 번째 DHCPREQUEST 메시지(그림 6-8 참조)를 보내 계속한다.

**그림 6-7** IP주소가 10.0.0.1인 DHCP 서버에서 보낸 DHCPOFFER는 12시간까지 사용할 수 있는 IP 주소 10.0.0.57을 제안한다. 부가적인 정보는 DNS 서버의 주소, 도메인 네임, 기본 라우터 IP 주소, 서브넷 마스크, 브로드캐스트 주소를 포함한다. 이 예제에서 기본 라우터, DHCP 서버, DNS 서버의 IP 주소는 10.0.0.1이다.

**그림 6-8** 두 번째 DHCPREQUEST는 클라이언트가 IP 주소 10.0.0.57를 할당받기 원한다는 것을 표시한다. 메시지는 브로드캐스트 주소로 보내고, 서버 ID 옵션에 주소 10.0.0.1을 포함한다. 이것은 클라이언트가 선택한 DHCP 서버와 주소를 브로드캐스트를 수신하는 다른 서버가 알 수 있게 한다.

그림 6-8에 나타난 두 번째 DHCPREQUEST 메시지는 DHCPDISCOVER 메시지와 유사하다. 차이점은 요청된 IP 주소는 10.0.0.57이고, DHCP 메시지 유형은 DHCPREQUEST이고 DHCP 자동 설정 옵션은 표시되지 않으며 서버 식별자 옵션은 서버의 주소인 (10.0.0.1)로 채워진다는 점이다. DHCPDISCOVER 메시지와 마찬가지로 이 메시지는 브로드캐스트를 사용해 보낸다. 따라서 로컬 네트워크상에 존재하는 모든 서버와 클라이언트가 수신할 수 있다. 서버 식별자 옵션 필드는 선택되지 못한 서버가 주소 바인딩을 하지 않도록 유지하기 위해서 사용된다. 선택된 서버가 DHCPREQUEST를 수신하고 바인딩을 허용할 때 보통 그림 6-9에 나타난 것처럼 DHCPACK 메시지로 응답한다.

그림 6-9에 나타난 DHCPACK 메시지는 앞에서 살펴본 DHCPOFFER 메시지와 매우 비슷하지만 클라이언트의 FQDN 옵션을 포함하는 것이 다르다. 이번 예제에서 FQDN은 (그림에서 보이지는 않지만) vista.home으로 설정됐다. 이 시점에서 DHCP 서버가 연결돼 있는 동안 클라이언트는 주소 10.0.0.57을 자유롭게 사용할 수 있다. 하지만 다른 호스트가 이 주소를 사용하지 못하도록 4장에서 설명한 ACD도 사용하는 편이 바람직하다.

**그림 6-9** DHCPACK 메시지는 클라이언트(와 다른 서버)에게 주소 10.0.0.57을 12시간 동안 할당했음을 확인한다.

이번 예제에서 교환되는 DHCP 메시지들은 시스템이 부팅되거나 새로운 네트워크에 접속될 때 전형적으로 볼 수 있는 것이다. DHCP 설정 정보의 획득 및 해제는 수동으로도 실행할 수 있다. 예를 들어 윈도우에서 아래 명령을 실행하면 DHCP로 얻었던 데이터가 해제된다.

```
C:\> ipconfig /release
```

그리고 다음 명령은 다시 획득한다.

```
C:\> ipconfig /renew
```

리눅스에서는 아래의 명령들로 같은 결과를 얻을 수 있다. DHCP 임대를 해제하려면 다음과 같은 명령을 사용한다.

```
Linux# dhclient -r
```

갱신하려면 다음과 같은 명령을 사용한다.

```
Linux# dhclient
```

DHCP가 획득하고 로컬 시스템에 할당한 정보의 유형은 윈도우에서 ipconfig 명령으로
확인할 수 있다. 다음은 iconfig 명령의 결과 중 일부다.

```
C:\> ipconfig /all
...
Wireless LAN adapter Wireless Network Connection:

        Connection-specific DNS Suffix  . : home
        Description . . . . . . . . . . . : Intel(R) PRO/Wireless 3945ABG
                                            Network Connection
        Physical Address. . . . . . . . . : 00-13-02-20-B9-18
        DHCP Enabled . . . . . . . . . . : Yes
        Autoconfiguration Enabled . . . . : Yes
        IPv4 Address . . . . . . . . . . : 10.0.0.57(Preferred)
        Subnet Mask  . . . . . . . . . . : 255.255.255.128
        Lease Obtained . . . . . . . . . : Sunday, December 21, 2008
                                           11:31:48 PM
        Lease Expires . . . . . . . . . . : Monday, December 22, 2008
                                            11:31:40 AM
        Default Gateway . . . . . . . . . : 10.0.0.1
        DHCP Server . . . . . . . . . . . : 10.0.0.1
        DNS Servers . . . . . . . . . . . : 10.0.0.1
        NetBIOS over Tcpip . . . . . . . : Enabled
        Connection-specific DNS Suffix Search List :home
```

DHCP나 다른 수단을 사용해 호스트에 할당된 설정 정보가 무엇인지 보려면 이 명령이
매우 유용하다.

### 6.2.4.2 DHCP 상태 기계

DHCP 프로토콜은 클라이언트와 서버에서 상태 기계state machine를 운영한다. 상태는 프
로토콜이 다음 순서에 처리할 것으로 예상되는 메시지의 유형을 가리키며 그림 6-10은
클라이언트의 상태 기계다. 상태 간의 전이(화살표)는 메시지 발신과 수신으로 인해 혹은
타이머가 만료될 때 일어난다.

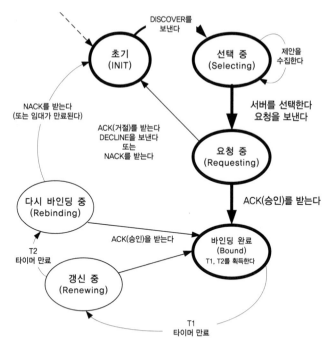

**그림 6-10** DHCP 클라이언트 상태 기계. 굵은 선으로 표시된 상태와 전이는 임대 주소를 처음으로 획득하는 클라이언트에서 전형적으로 볼 수 있다. 점선과 INIT 상태는 프로토콜이 시작하는 곳이다.

그림 6-10에서 클라이언트는 초기$^{INIT}$ 상태부터 시작하는데 이 상태에서는 아무 정보도 갖고 있지 않으므로 DHCPDISCOVERY 메시지를 브로드캐스트한다. 선택 중$^{Selecting}$ 상태에서는 어느 주소와 서버를 사용하고 싶은지 결정을 내릴 때까지 DHCPOFFER 메시지들을 수집한다. 어느 것을 사용할지 선택이 끝나면 클라이언트는 DHCPREQUEST 메시지로 응답을 보내고 요청 중$^{Requesting}$ 상태가 된다. 이때 클라이언트는 자신이 원하지 않는 주소에 대한 ACK를 수신할 수도 있다. 자신이 원하는 주소를 찾지 못하면 클라이언트는 DHCPDECLINE 메시지를 보낸 후 INIT 상태로 돌아간다. 반면에 자신이 원하는 주소를 찾은 경우, 이를 수락하고 타임아웃 값 T1과 T2를 얻은 후 바인딩 완료$^{Bound}$ 상태가 된다. 이 상태에서 클라이언트는 만료될 때까지 해당 주소를 사용할 수 있다. 처음 타이머(타이머 T1)가 만료되면 클라이언트는 갱신 중$^{Renewing}$ 상태가 되고 임대를 재설정하려고 시도한다. 새로운 DHCPACK이 수신되면 재설정은 성공하고(클라이언트는 바인딩 완료 상태로 돌아간다), 그렇지 않으면 결국 T2가 만료돼 클라이언트는 아무 서버로부터든 주소를 다시 얻으려고 시도한다. 임대 기간이 최종적으로 만료되면 클라이언트는 임대받았던 주소를 포기해야 하

며, 다른 주소나 네트워크 연결을 사용할 수 없으면 네트워크와의 연결이 끊어진다.

## 6.2.5 DHCPv6

IPv4와 IPv6의 DHCP 프로토콜은 개념적으로는 비슷한 목표를 달성하지만, 프로토콜의 설계와 배포 방법은 꽤 다르다. DHCPv6[RFC3315]은 DHCPv4와 매우 비슷하게 동작하는 '상태 기반stateful' 모드로 동작할 수도 있고 무상태 주소 자동설정(6.3절 참조)을 사용하는 '무상태stateless' 모드로 동작할 수도 있다. 무상태 모드에서 IPv6 클라이언트는 자신의 IPv6 주소를 직접 설정하는 것으로 간주되지만, DHCPv6를 사용해서 추가적인 정보(예를 들면 DNS 서버의 주소)를 얻어야 할 필요가 있다. ICMPv6 라우터 광고 메시지를 사용해서 DNS 서버의 위치를 알아내는 방법도 있다(8장, 11장, [RFC6106] 참조).

### 6.2.5.1 IPv6 주소의 수명주기

IPv6 호스트는 보통 인터페이스마다 다수의 주소를 사용한다. 각각의 주소는 얼마나 오랫동안, 그리고 어떤 목적으로 주소가 사용될 수 있는지 나타내는 타이머들을 갖는다. IPv6에서는 주소에 선호preferred 수명과 유효valid 수명이 지정되는데, 이 선호 수명과 유효 수명은 주소의 상태 기계에서 주소를 한 상태에서 다른 상태로 이동시키는 타임아웃을 형성하는 데 쓰인다.

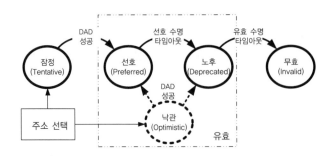

**그림 6-11** IPv6 주소의 수명. 잠정 상태의 주소는 유일성이 검증될 때까지 DAD용으로만 사용된다. 그다음에는 선호 상태가 되고, 선호 수명이 다 될 때까지 제한없이 사용될 수 있다. 노후 상태의 주소는 새로운 연결을 시작하는 데 사용돼서는 안 되며, 유효 수명이 다 된 이후에는 전혀 사용돼서는 안 된다.

그림 6-11은 IPv6 주소의 수명주기lifecycle를 보여주고 있다. 선호Preferred 상태의 주소는 발신지 혹은 목적지의 IPv6 주소로서 일반적인 용도에 사용될 수 있다. 하지만 선호 수

336

명이 만료돼 타임아웃이 발생하면 이 주소는 노후Deprecated 상태가 된다. 노후 상태의 주소는 여전히 기존의 전송 연결(예를 들면 TCP)에는 사용될 수 있지만 새로 시작되는 연결용으로는 사용될 수 없다.

### 6.2.5.2 DHCPv6 메시지 형식

DHCPv6 메시지는 UDP/IPv6 데이터그램으로서 캡슐화된다. 클라이언트 쪽 포트는 546이고 서버쪽 포트는 547(10장 참조)이며 호스트의 링크 범위 발신지 주소를 사용해 중계 에이전트나 서버로 보내진다. 2가지 메시지 형식이 있는데 하나는 클라이언트와 서버 사이에 중계기가 없을 때 적용되고, 다른 하나는 중계기가 사용될 때 적용된다(그림 6-12 참조).

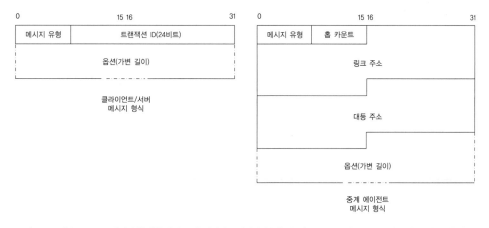

**그림 6-12** 기본 DHCPv6 메시지 형식(왼쪽)과 중계 에이전트 메시지 형식(오른쪽). DHCPv6에서 대부분 관심 있는 정보들은 옵션으로 전달된다.

그림 6-12의 왼쪽은 DHCPv6의 기본 메시지 형식이고 오른쪽은 링크 주소와 피어peer 주소를 포함하는 확장 버전이다. 오른쪽의 형식은 DHCPv6 중계 에이전트와 DHCPv6 서버 간에 사용되는데 링크 주소 필드에 포함되는 전역 IPv6 주소는 서버가 클라이언트가 위치한 링크를 식별할 때 사용된다. 피어 주소 필드는 중계 에이전트의 주소 또는 중계될 메시지를 보낸 클라이언트의 주소를 포함한다. 중계는 연쇄적으로 일어날 수 있기 때문에 다른 중계기로부터 받은 메시지를 다시 중계할 수 있다는 점에 주의하자. DHCPv4와 DHCPv6에서의 중계 동작에 대한 자세한 설명은 6.2.6절에서 한다.

그림 6-12의 왼쪽 형식에서 메시지 유형 필드는 전형적인 DHCP 메시지(REQUEST, REPLY 등)를 포함하는 반면 오른쪽 형식에서 메시지 유형 필드는 중계기로부터 보내진 메시지임을 나타내는 RELAY-FORW나 중계기로 향하는 메시지임을 나타내는 RELAY-REPL를 포함한다. 오른쪽 형식의 옵션 필드가 항상 포함하는 중계 메시지<sup>Relay Message</sup> 옵션은 중계기가 보낸 메시지 전체를 포함한다. 다른 옵션들도 옵션 필드에 포함될 수 있다.

DHCPv4와 DHCPv6 간의 한 가지 차이점은 DHCPv6가 IPv6 멀티캐스트 주소 지정을 사용하는 방법이다. 클라이언트는 모든 DHCP 중계 에이전트와 서버 멀티캐스트 주소 (ff02::1:2)에 요청을 보낸다. 발신지 주소는 링크 로컬 범위다. IPv6에서 레거시 BOOTP 메시지 형식은 없다. 그러나 메시지 의미는 유사하다. 표 6-1은 DHCPv6 메시지의 유형, 이들의 값, 정의된 RFC 그리고 DHCP에서 거의 비슷한 역할을 하는 메시지 및 관련 RFC를 보여주고 있다.

표 6-1 DHCPv6 메시지 유형, 값과 표준. DHCPv4에서 거의 비슷한 역할을 하는 메시지 유형은 오른쪽에 나타나 있다.

| DHCPv6 메시지 | DHCPv6 값 | 참고 자료 | DHCPv4 메시지 | 참고 자료 |
|---|---|---|---|---|
| SOLICIT | 1 | [RFC3315] | DISCOVER | [RFC2132] |
| ADVERTISE | 2 | [RFC3315] | OFFER | [RFC2132] |
| REQUEST | 3 | [RFC3315] | REQUEST | [RFC2132] |
| CONFIRM | 4 | [RFC3315] | REQUEST | [RFC2132] |
| RENEW | 5 | [RFC3315] | REQUEST | [RFC2132] |
| REBIND | 6 | [RFC3315] | DISCOVER | [RFC2132] |
| REPLY | 7 | [RFC3315] | ACK/NAK | [RFC2132] |
| RELEASE | 8 | [RFC3315] | RELEASE | [RFC2132] |
| DECLINE | 9 | [RFC3315] | DECLINE | [RFC2132] |
| RECONFIGURE | 10 | [RFC3315] | FORCERENEW | [RFC3203] |
| INFORMATION-REQUEST | 11 | [RFC3315] | INFORM | [RFC2132] |
| RELAY-FORW | 12 | [RFC3315] | N/A | |
| RELAY-REPL | 13 | [RFC3315] | N/A | |
| LEASEQUERY | 14 | [RFC5007] | LEASEQUERY | [RFC4388] |

| DHCPv6 메시지 | DHCPv6 값 | 참고 자료 | DHCPv4 메시지 | 참고 자료 |
|---|---|---|---|---|
| LEASEQUERY-REPLY | 15 | [RFC5007] | LEASE{UNASSIGNED, UNKNOWN,ACTIVE} | [RFC4388] |
| LEASEQUERY-DONE | 16 | [RFC5460] | LEASEQUERYDONE | [ID4LQ] |
| LEASEQUERY-DATA | 17 | [RFC5460] | N/A | N/A |
| N/A | N/A | N/A | BULKLEASEQUERY | [ID4LQ] |

DHCPv6에서 대부분 관심 있는 정보(주소, 임대 횟수, 서비스의 위치, 클라이언트와 서버 식별자)는 옵션으로 전달된다. 이들 옵션과 함께 사용되는 중요한 개념 중 2가지는 신원 연관<sup>IA, Identity Association</sup>과 DHCP 유일 식별자<sup>DUID, DHCP Unique Identifier</sup>다. 이것들은 다음에 설명한다.

### 6.2.5.3 신원 연관

신원 연관<sup>IA, Identity Association</sup>은 DHCP 클라이언트와 서버 사이에 주소의 모음을 나타내는 식별자다. 각 IA는 IA 식별자<sup>IAID</sup>와 관련된 설정 정보로 이뤄진다. DHCPv6로 할당된 주소를 요청하는 각 클라이언트 인터페이스는 최소한 하나의 IA를 필요로 한다. 각 IA는 단일 인터페이스에만 연관될 수 있다. 클라이언트는 각 IA를 유일하게 식별하기 위해 IAID를 선택한다. 이 값은 서버와 공유한다.

요청에 응답할 때 서버는 하나 이상의 주소를 서버의 관리자가 결정한 주소 할당 정책들에 근거해서 클라이언트의 IA에 할당한다. 일반적으로 그런 정책들은 요청이 도착한 링크와 클라이언트에 대한 표준 정보(6.2.5.4절의 DUID 참조), DHCP 옵션 안의 클라이언트가 제공한 다른 정보에 따라 다르다. 비일시적인 주소와 일시적인 주소를 위한 IA 옵션의 형식은 그림 6-13에 나타나 있다.

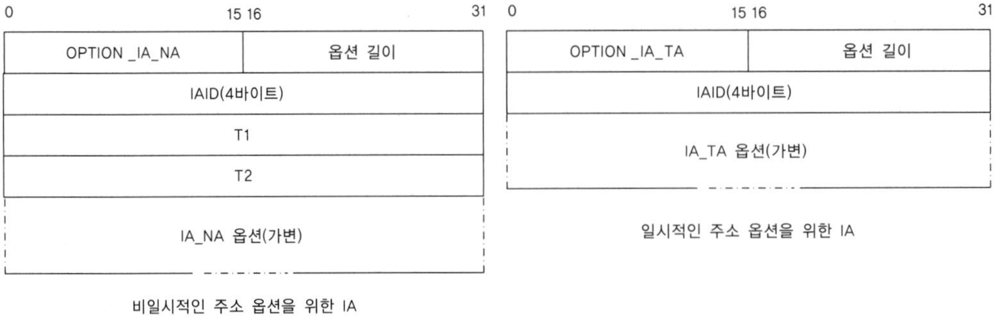

| 0 | | 15 16 | 31 |
|---|---|---|---|
| OPTION _IA_NA | | 옵션 길이 | |
| IAID(4바이트) | | | |
| T1 | | | |
| T2 | | | |
| IA_NA 옵션(가변) | | | |

비일시적인 주소 옵션을 위한 IA

| 0 | | 15 16 | 31 |
|---|---|---|---|
| OPTION _IA_TA | | 옵션 길이 | |
| IAID(4바이트) | | | |
| IA_TA 옵션(가변) | | | |

일시적인 주소 옵션을 위한 IA

**그림 6-13** 비일시적인 주소(왼쪽)와 일시적인 주소(오른쪽)를 위한 DHCPv6 IA의 형식. 각 옵션은 특정 IPv6 주소를 설명하는 추가적인 옵션과 대응되는 임대를 포함할 수 있다.

비일시적인 주소와 일시적인 주소 IA 옵션 간의 주요 차이점은 그림 6-13에 나타난 것처럼 비일시적인 경우에 T1과 T2 값을 포함한다는 점이다. 이 값들에는 DHCPv4에서 사용된 값도 있는 것으로 예상된다. 일시적인 주소에 대해서는 앞에서 획득한 비일시적인 주소에 할당된 T1과 T2 값에 기초해 일반적으로 수명이 결정되므로 T1과 T2가 없을 수 도 있다. 일시적인 주소의 자세한 사항들은 [RFC4941]에 나타난다.

## 6.2.5.4 DHCP 고유 식별자

DHCP 고유 식별자[DUID, DHCP Unique Identifier]는 하나의 DHCP 클라이언트 혹은 서버를 식별하는데, 시간이 지나도 값이 바뀌지 않도록 설계됐다. 서버는 이 값을 사용해서 주소(IA의 일부분으로서) 및 설정 정보 선택 시에 클라이언트를 식별하며, 클라이언트는 요청을 보낼 서버들을 식별한다. DUID는 가변 길이며 클라이언트와 서버는 대부분의 목적에서 DUID 값을 추상적인 값으로 취급한다.

DUID는 전역적으로 유일하면서도 생성하기 쉬워야 한다. 이 조건을 동시에 만족하기 위해서 [RFC3315]는 3가지 DUID 유형을 정의하되 이 3가지만 DUID로서 사용할 수 있는 것은 아니라고 말하고 있다. DUID의 3가지 유형은 다음과 같다.

1. DUID-LLT  링크 계층 주소 + 시간을 기반으로 한 DUID

2. DUID-EN  기업 숫자와 생산자 할당을 기반으로 한 DUID

3. DUID-LL  링크 계층 주소만 기반으로 한 DUID

DUID 부호화의 표준 형식은 DUID 유형을 표시하는 2바이트 식별자로 시작한다. 현재 목록은 IANA[ID6PARAM]가 관리한다. DUID-LLT와 DUID-LL의 경우에는 다음의 [RFC0826]에서 유래된 16비트 하드웨어 유형이 나타나고 DUID-EN의 경우에는 다음에 32비트 사설 기관 번호[Private Enterprise Number]가 나타난다.

> **주의**
>
> 사설 기관 번호(PEN)는 IANA가 영리 조직에게 부여한 32비트값이다. 일반적으로 네트워크 관리 용도로 SNMP 프로토콜과 함께 사용된다. 2011년 중반 현재, 이 중 38,000개가 할당돼 있다. 현재 목록은 IANA [IEPARAM]에서 확인할 수 있다.

DUID의 첫 번째 형태인 DUID-LLT는 기본적으로 권장되는 형식으로서 하드웨어 유형 다음에 2000년 1월 1일 자정(UTC) 이후 경과된 초의 수를 포함하는 32비트 타임스탬프(mod $2^{32}$)를 포함한다. 2136년에는 순환해 다시 0부터 시작된다. 마지막 부분은 가변 길이 링크 계층 주소다. 링크 계층 주소는 모든 호스트의 인터페이스에서 선택될 수 있다. 그리고 트래픽용으로 어떤 인터페이스이든지 한 번 선택했다면 같은 DUID가 반드시 사용돼야 한다. DUID가 유래된 네트워크 인터페이스가 제거되더라도 이 형식의 DUID은 안정화에 필요하다. 따라서 호스트 시스템이 안정적인 스토리지를 유지할 필요가 있다. DUID-LL 형식도 매우 유사하지만 안정적인 스토리지(안정적인 링크 계층 주소를 갖지 않는)가 부족한 시스템에 권장된다. RFC에 따르면 DUID-LL은 사용 중인 링크 계층 주소가 제거 가능한 인터페이스와 관련있는지 판단할 수 없는 결정할 수 없는 클라이언트나 서버는 결코 사용해서는 안 된다.

## 6.2.5.5 프로토콜 동작

DHCPv6 프로토콜은 DHCPv4와 거의 비슷하게 동작한다. 클라이언트가 DHCP 교환 절차를 시작할지 여부는 호스트가 수신하는 ICMPv6 라우터 광고<sup>Router Advertisement</sup> 메시지 안에 들어있는 설정 옵션에 달려 있다(8장 참조). 라우터 광고는 2개의 중요한 비트 필드를 포함한다. M 필드는 관리 주소 설정<sup>Managed Address Configuration</sup> 플래그로서 DHCPv6을 사용해서 IPv6 주소를 얻을 수 있음을 의미하고, O 필드는 기타 설정<sup>Other Configuration</sup> 플래그로서 DHCPv6을 사용해서 IPv6 주소 이외의 정보를 얻을 수 있음을 의미한다. 이 두 필드는 다른 필드들과 함께 [RFC5175]에 정의돼 있다. M과 O 필드의 값은 어떤 식의 조합도 가능하지만, M이 on이고 O가 off인 경우은 아마도 거의 쓰임새가 없을 것이다. M과 O 필드가 둘 다 off일 경우 DHCPv6는 사용되지 않으며 6.3절에서 설명할 무상태 주소 자동 설정을 통해서 주소가 할당된다. M이 off이고 O가 on이면 클라이언트는 반드시 무상태 DHCPv6을 사용해서 무상태 주소 자동 설정을 통해서 주소를 얻어야 한다. DHCPv6 프로토콜은 표 6-1에서 정의된 메시지를 사용해 동작하고 이를 그림으로 나타내면 그림 6-14와 같다.

클라이언트는 처음에 어느 링크 로컬 주소를 사용할지 결정한 뒤 ICMPv6 라우터 탐색 <sup>Router Discovery</sup>(8장 참조) 동작을 수행해서 자신이 연결된 네트워크에 라우터가 존재하는지 알아낸다. 라우터 광고 메시지는 앞서 설명한 M 필드와 O 필드를 포함한다.

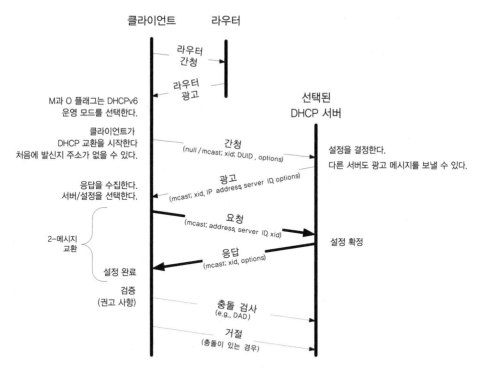

클라이언트     라우터

라우터
간청

라우터
광고

선택된
DHCP 서버

M과 O 플래그는 DHCPv6
운영 모드를 선택한다.

클라이언트가
DHCP 교환을 시작한다
처음에 발신지 주소가 없을 수 있다.

간청
(null / mcast; xid; DUID , options)

설정을 결정한다.
다른 서버도 광고 메시지를 보낼 수 있다.

응답을 수집한다.
서버/설정을 선택한다.

광고
(mcast; xid, IP address server ID, options)

2-메시지
교환

요청
(mcast; address, server ID, xid)

설정 확정

설정 완료

응답
(mcast; xid, options)

검증
(권고 사항)

충돌 검사
(e.g., DAD)

거절
(충돌이 있는 경우)

**그림 6-14** DHCPv6의 기본 동작. 클라이언트는 ICMPv6 라우터 광고로 전달받은 정보를 바탕으로 DHCPv6 사용 여부를 결정한다. DHCPv6의 동작은 DHCPv4와 비슷하지만, 세부적으로는 꽤 다르다.

DHCPv6가 사용 중이면 최소한 M 비트는 on으로 설정되며, 클라이언트는 DHCPv6 서버를 찾으려고 DHCPSOLICIT 메시지를 멀티캐스트(9장 참조)한다. 그래서 하나 이상의 DHCPADVERTISE 메시지가 돌아오면 최소한 하나의 DHCPv6 서버가 존재함을 의미한다. 이 2개의 메시지는 DHCPv6의 이른바 4-메시지 교환four-message exchange 동작 중 2개에 해당한다.

클라이언트가 DHCPv6 서버의 주소를 이미 알고 있거나 주소 할당의 필요성이 없는 경우라면(예를 들어 무상태 DHCPv6거나 신속 확정Rapid Commit 옵션이 사용된 경우. 6.2.9절 참조) 4-메시지 교환은 REQUEST와 REPLY 메시지만 사용되는 2-메시지 교환으로 축약될 수 있다. DHCPv6 서버는 DUID, IA 유형(일시적, 비일시적, 프리픽스. 6.2.5.3절 참조), IAID의 조합으로 형성된 바인딩을 확정한다. IAID는 클라이언트가 선택한 32비트 숫자다. 각 바인딩은 하나 이상 임대를 가질 수 있다. 그리고 하나의 DHCPv6 트랜잭션을 사용해서 하나 이상의 바인딩을 조작할 수 있다.

## 6.2.5.6 확장 예제

그림 6-15는 윈도우 비스타(서비스 팩 1) 기계가 무선 네트워크에 접속하는 예제를 나타낸다. IPv4 스택은 활성화하지 않았다. 링크 로컬 주소를 할당하고 그 주소가 이미 사용 중인지 검사하는 것으로 시작한다.

그림 6-15에서 클라이언트의 낙관적 주소 fe80::fd26:de93:5ab7:405a에 대한 ICMPv6 이웃 요청(DAD)을 볼 수 있다(6.3.2.1절에서 무상태 주소 자동 설정을 설명할 때 DAD를 더 자세히 살펴본다). 패킷은 이에 대응하는 요청 주소 ff02::1:ffb7:405a에 보내진다. 이 주소가 링크상에서 사용 중이지 않을 것이라고 낙관적으로 가정하므로, 곧바로 라우터 요청^RS 메시지가 보내진다(그림 6-16).

그림 6-16에 보이는 RS는 모든 라우터^All Routers 멀티캐스트 주소 ff02::2로 보내진다. RS 메시지를 받은 라우터들은 라우터 광고^RA 메시지로 응답하며 RA 메시지에는 클라이언트가 다음에 할 일을 결정하는 데 중요한 역할을 하는 M과 O 비트가 들어있다.

> **주의**
>
> 이번 예제는 낙관적 주소가 보내는 라우터 요청 메시지가 SLLAO(발신지 링크 계층 주소 옵션)를 포함하고 있는데, 이것은 [RFC4429]를 위반한 것이다. 여기서 문제는 수신 중인 IPv6 라우터의 이웃 캐시가 오염될 가능성이 있다는 점이다. IPv6 라우터는 이 옵션을 처리해서 잠정적 주소와 링크 계층 주소 간의 매핑 정보를 자신의 이웃 캐시에 생성할 수 있는데, 이 매핑 정보는 중복 정보일 수 있기 때문이다. 하지만 이런 일이 일어날 확률은 매우 낮아서 그리 큰 문제는 아니다. 현재 표준화가 진행 중인 '낙관적' 옵션[IDDN]이 표준화된다면 라우터 요청 메시지가 SLLAO를 포함할 수 있게 돼 이 문제는 고려하지 않아도 된다.

그림 6-17에서 RA는 라우터의 존재를 표시하는데, 00:04:5a:9f:9e:80의 SLLAO를 포함한다. 이 옵션은 클라이언트가 라우터로 향하는 후속 링크 계층 프레임을 캡슐화하는데 유용하다. Flags 필드는 M과 O 비트가 둘 다 활성화됐음을(즉, 1로 설정됐음을) 보여준다. 따라서 클라이언트는 주소뿐 아니라 그 밖의 설정 정보를 얻을 때도 DHCPv6를 사용해야 한다. 이를 위해 DHCPv6 서버에게 요청 메시지를 보낸다(그림 6-18).

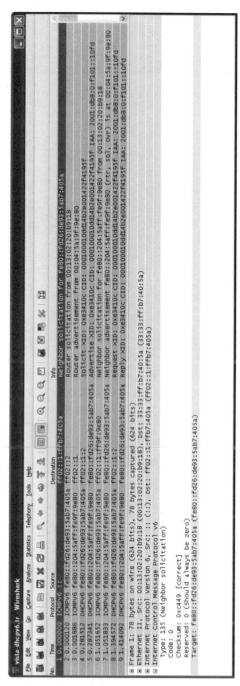

**그림 6-15** 클라이언트 시스템의 링크 로컬 주소에 대한 DAD는 자기 자신의 IPv6 주소에 대한 이웃 요청(Neighbor Solicitation)이다.

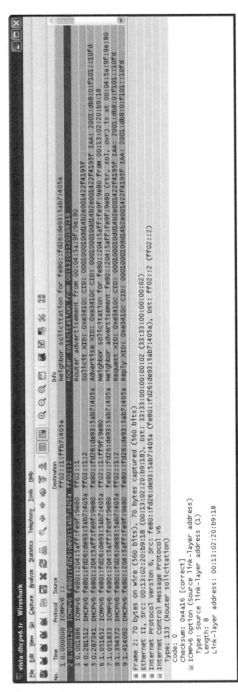

**그림 6-16** 라우터 요청(Router Solicitation)은 근처의 라우터에게 라우터 광고(Router Advertisement) 정보를 제공하도록 유도한다. 요청 메시지는 모든 라우터(All Routers) 그룹 주소(ff02::2)에게로 보내진다.

그림 6-18에 나타난 DHCPv6 SOLICIT 메시지는 트랜잭션 ID(DHCPv4와 동일), 경과 시간(0, 그림 6-18에서는 보이지 않음), 시간과 6바이트 MAC주소로 이뤄진 DUID를 포함한다. 이 예제에서 MAC 주소 00:14:22:f4:19:5f는 SOLICIT 메시지를 보내는 데 사용됐던 인터페이스가 아니라 이 클라이언트의 유선 이더넷 인터페이스의 MAC 주소다. DUID-LL 과 DUID-TLL 유형일 경우 링크 계층 정보는 모든 인터페이스에서 같아야 한다는 점을 잊지 말자. IA는 비일시적인 주소에 대한 것이고 클라이언트는 IAID 09001302를 선택했다. 시간값은 0인데 클라이언트는 특별히 원하는 바가 없고 서버가 결정하면 된다는 것을 의미한다.

다음 옵션은 FQDN 옵션인데 [RFC4704]에 기술돼 있다. 클라이언트의 FQDN을 전달할 뿐 아니라 DHCPv6와 DNS의 상호 작용 방식에도 영향을 미치며(DHCP와 DNS의 상호 작용은 6.4절을 참조) 클라이언트 또는 서버가 FQDN을 IPv6로 변환하기 위한 주소 매핑을 동적으로 갱신하는데 사용된다(반대 방향의 변환은 일반적으로 서버가 처리한다).

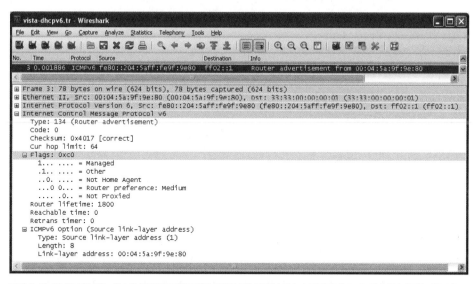

**그림 6-17** 이 RA 메시지는 주소가 관리되고 있으며(즉 DHCPv6을 통해서 주소가 정해지며), DNS 서버 주소 등의 다른 정보도 DHCPv6을 통해서 얻을 수 있음을 나타내고 있다. 이 네트워크는 상태 기반 DHCPv6를 사용하고 있다. ICv6 RA 메시지는 ICMPv6를 사용한다(8장 참조).

이 옵션의 처음 부분은 3개의 비트 필드를 갖는데 N(서버가 DNS 갱신을 수행하면 안 됨), O(클라이언트 요청을 서버가 덮어씀), S(서버가 DNS 갱신을 수행해야 함)이다. 그리고 옵션의 두 번째 부분은 도메인 이름으로, 전체 주소일 수도 있고 아닐 수도 있다.

**주의**

그림 6-18을 보면 FQDN 이름 레코드가 잘못 형성됐으며 MS Vista 클라이언트가 패킷을 생성한 것 같다고 추측하고 있는데 실제로 맞는 말이다. 이 필드가 잘못 형성된 이유는 이 옵션의 원래 규격에서 ASCII 문자를 사용하는 단순 도메인 이름의 부호화를 허용했기 때문이다. 하지만 이 방식은 [RFC4704]에서 폐기됐으며 새로운 부호화 방식은 기존 방식과 직접적으로 호환되지 않는다. 마이크로소프트는 이 문제를 해결하기 위한 핫픽스(hotfix)를 제공하고 있다. 윈도우 7 시스템은 처음부터 [RFC4704]와 호환된다.

요청 메시지 안에는 벤더 클래스 ID와 요청받은 옵션 목록 정보도 들어 있다. 그림 6-18에서 벤더 클래스는 'MSFT 5.0'인데, DHCPv6 서버는 이 값을 사용해 클라이언트가 어떤 처리를 할 수 있는지 알아낸다. 클라이언트의 요청에 대한 응답으로서 서버는 ADVERTISE 메시지를 보낸다(그림 6-19).

그림 6-19에 보이는 ADVERTISE 메시지는 클라이언트에게 정보를 풍부하게 제공한다. 클라이언트 식별자Client Identifier 옵션은 클라이언트의 설정 정보를 되돌려준다. 서버 식별자Server Identifier 옵션은 서버를 식별하기 위한 시간 + 링크 계층 주소 10:00:00:00:09:20을 제공한다. IA는 IAID 값 09001302(클라이언트가 제공한 값)과 전역 주소 2001:db8:0:f101::10fd, 선호 수명 130초, 유효 수명 200초를 가진다(상당히 짧은 수명임). 상태 코드 0은 성공을 표시한다.

또 DNS 재귀 네임 서버Recursive Name Server 옵션[RFC3646]은 서버 주소 2001:db8:0:f101::1, 도메인 검색 목록Domain Search List 옵션은 문자열 home을 포함하고 있다. 이 서버가 FQDN 옵션을 (구현하지 않기 때문에) 포함하지 않는다는 점에 주의하자.

그다음에는 전통적인 이웃 요청 메시지와 이웃 광고 메시지가 클라이언트와 라우터 간에 교환된다(여기서는 이 메시지들에 대해서 자세히 설명하지 않겠다). 이 메시지들이 교환된 뒤, 클라이언트는 전역 비일시적 주소 2001:db8:0:f101::10fd를 확정해 줄 것을 요청한다(그림 6-20).

**그림 6-18** DHCPv6 SOLICIT 메시지는 하나 이상의 DHCPv6 서버 위치를 요청한다. 그리고 클라이언트를 식별하기 위한 정보 및 클라이언트가 얻고 싶어 하는 옵션 정보를 포함한다.

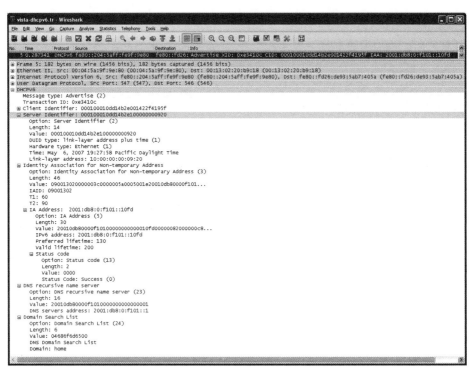

**그림 6-19** DHCPv6 ADVERTISE 메시지는 주소, 임대, 그리고 DNS 서버의 IPv6 주소와 도메인 검색 목록을 포함한다.

그림 6-20에 보이는 REQUEST 메시지는 SOLICIT 메시지와 매우 비슷하지만 서버로부터 받은 ADVERTISE 메시지에 들어 있던 정보(주소, T1, T2)를 포함한다. 트랜잭션 ID는 모든 DHCPv6 메시지에 대해 동일하게 유지된다. REPLY 메시지로 교환이 완료되는데 REPLY 메시지는 메시지 유형이 다르다는 것만 제외하면 ADVERTISE 메시지와 동일하므로 자세히 설명하지 않겠다.

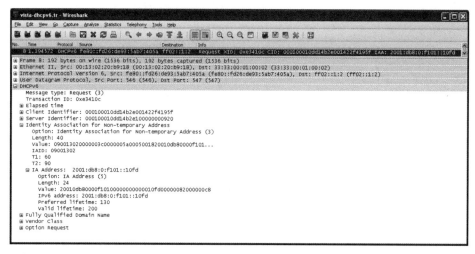

**그림 6-20** DHCPv6 REQUEST 메시지는 SOLICIT 메시지와 유사하지만, 서버의 ADVERTISE 메시지에서 학습한 정보를 포함한다.

이 예제에서 교환된 DHCPv6 메시지는 시스템이 부팅하거나 새로운 네트워크에 접속될 때 전형적으로 볼 수 있는 것이다. DHCPv4에서처럼 시스템이 이 정보를 수동으로 해제하거나 획득하게 지시할 수도 있다. 예를 들면 다음 윈도우 명령은 DHCPv6를 사용해 획득한 데이터를 해제한다.

```
C:\> ipconfig /release6
```

그리고 다음 명령은 획득한다.

```
C:\> ipconfig /renew6
```

DHCP로 얻어서 로컬 인터페이스에 지정된 정보는 ipconfig 명령의 다른 옵션을 사용해서도 확인할 수 있다. 출력 예는 아래와 같다.

```
C:\> ipconfig /all
...
Wireless LAN adapter Wireless Network Connection:

  Connection-specific DNS Suffix  . . : home
  Description . . . . . . . . . . . . : Intel(R) PRO/Wireless 3945ABG
                                        Network Connection
```

```
Physical Address. . . . . . . . . . : 00-13-02-20-B9-18
DHCP Enabled. . . . . . . . . . . . : Yes
Autoconfiguration Enabled . . . . . : Yes
IPv6 Address. . . . . . . . . . . . : 2001:db8:0:f101::12cd(Preferred)
Lease Obtained. . . . . . . . . . . : Sunday, December 21, 2008
                                      11:30:45 PM
Lease Expires . . . . . . . . . . . : Sunday, December 21, 2008
                                      11:37:04 PM
Link-local IPv6 Address . . . . . . :
                          fe80::fd26:de93:5ab7:405a%9(Preferred)
Default Gateway . . . . . . . . . . : fe80::204:5aff:fe9f:9e80%9
DHCPv6 IAID . . . . . . . . . . . . : 150999810
DHCPv6 Client DUID. . . . . . . . . :
                  00-01-00-01-0D-D1-4B-2E-00-14-22-F4-19-5F
DNS Servers . . . . . . . . . . . . : 2001:db8:0:f101::1
NetBIOS over Tcpip. . . . . . . . . : Disabled
Connection-specific DNS Suffix Search List :
                                      home
```

여기서 시스템의 링크 계층 주소(00:13:02:20:b9:18)를 볼 수 있다. 이 예제에서 이 주소
가 IPv6 주소를 형성하는 기초로서 사용되지 않았음에 주의하자.

### 6.2.5.7 DHCPv6 프리픽스 위임(DHCPv6-PD와 6rd)

지금까지는 호스트 설정을 중심으로 설명했지만 DHCPv6는 라우터를 설정하는 용도
로도 사용될 수 있다. 라우터는 주소 공간의 범위를 다른 라우터에 위임할 수 있다. 주
소 범위는 IPv6 주소 프리픽스로 기술되는데, 이 프리픽스는 [RFC3633]에 정의된 대로
DHCP의 프리픽스$^{Prefix}$ 옵션에 포함돼 전달된다. 프리픽스 위임$^{PD, Prefix\ Delegation}$은 위임
을 하는 라우터(이 라우터는 이제 DHCPv6 서버로도 동작한다)가 프리픽스가 위임되는 네트워
크에 관한 세부 토폴로지 정보를 필요로 하지 않는 상황에서 사용된다. 이런 상황은 예를
들면 ISP가 일정 범위의 주소를 나눠주고 고객이 이를 사용 및 재할당할 수 있는 경우에
일어날 수 있다. 이런 상황에서 ISP는 DHCPv6-PD를 사용해서 고객의 자체 장비에 프
리픽스를 위임할 수 있다.

프리픽스 위임에는 IA_PD라는 새로운 형식의 IA가 정의된다. 각 IA_PD는 IAID와 관련
된 설정 정보들로 구성된다. 이것은 앞에서 설명한 것처럼 해당 주소들에 대한 IA와 유
사하다. DHCPv6-PD는 고정 라우터에 대한 프리픽스 위임에도 유용하지만 라우터(와

이들이 연결된 서브넷)가 모바일[RFC6276]일 때도 사용될 수 있게 제안된다.

서비스 제공자가 IPv6을 신속하게 배치할 수 있도록 특별한 형식의 PD인 6rd가 [RFC5569]에 정의됐다. OPTION_6RD(212) 옵션은 IPv6 6rd 프리픽스를 보관하며 이미 할당된 IPv4 주소를 사용해서 고객의 사이트에 IPv6 주소를 할당하는 데 사용된다. IPv6 주소는 서비스 제공자가 제공하는 6rd 프리픽스를 최초 n 비트로 삼아서 알고리즘에 의해 할당되는데, n은 32보다 작은 값이 권장된다. 그 뒤에 고객이 할당한 유니캐스트 IPv4 주소가 32비트만큼(혹은 그 미만) 추가돼서 IPv6 6rd 위임 프리픽스가 생성되는데, 이 프리픽스는 DHCPv6-PD와 동일하게 처리되며 주소 자동 설정(6.4절 참조)을 무리 없이 지원하기 위해서 길이가 64비트 이하일 것이 권장된다.

OPTION_6RD 옵션은 가변 길이고 다음 값을 포함한다. IPv4 마스크 길이, 6rd 프리픽스 길이, 6rd 프리픽스, 6rd 중계 주소의 목록(6rd를 제공하는 중계기의 IPv4 주소) 등이다. IPv4 마스크 길이는 IPv6 주소 할당에 사용하려는 IPv4 주소의 비트 수(왼쪽부터 센다)를 제공한다.

## 6.2.6 중계기에서 DHCP 사용

대부분의 단순한 네트워크에서는 한 대의 DHCP 서버를 동일 LAN상의 클라이언트들이 직접 사용할 수 있다. 그렇지만 복잡한 조직에서는 하나 이상의 DHCP 중계 에이전트를 통해 DHCP 트래픽을 중계하는 것이 필요하거나 편리할 수 있다. 이것을 그림으로 나타내면 그림 6-21과 같다.

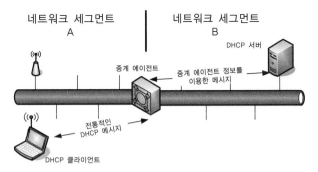

**그림 6-21** DHCP 중계 에이전트는 단일 네트워크 세그먼트 너머까지 DHCP의 운영을 확장한다. 중계기와 DHCPv4 서버 간에만 전달되는 정보는 중계 에이전트 정보(Relay Agent Information) 옵션에 포함돼 전달될 수 있다. DHCPv6에서도 비슷하게 동작하지만 옵션들이 다르다.

중계 에이전트는 복수의 네트워크 세그먼트에 걸쳐서 DHCP 운영을 확장하는 데 사용된다. 그림 6-21에서 네트워크 세그먼트 A와 B 간의 중계는 DHCP 메시지를 전달한다. 이때 옵션을 사용하거나 비어 있는 필드에 값을 채워 넣음으로써 메시지에 정보를 추가할 수 있다. 보통의 환경에서 중계기는 클라이언트와 서버 간의 모든 DHCP 트래픽 교환에 참여하는 게 아니라 브로드캐스트(또는 멀티캐스트 IPv6)인 메시지들만 중계한다는 점을 주의하라. 이러한 메시지들은 클라이언트가 주소를 처음으로 얻을 때 교환된다. 클라이언트는 서버 식별 옵션을 사용해 IP 주소와 서버의 IP 주소를 일단 얻고 나면 중계기를 거치지 않고 서버와 유니캐스트 대화를 수행할 수 있다. 중계 에이전트는 전통적으로 3계층 장비로서 대부분 라우팅 기능이 포함돼 있다는 점을 주의하자. 3계층 중계기의 기초를 설명한 후에 대체로 2계층에서 동작하는 중계기에 대해서도 간단하게 살펴본다.

### 6.2.6.1 중계 에이전트 정보 옵션

BOOTP나 DHCP 중계[RFC2131]의 원래 개념에서 중계 에이전트는 라우터가 전달하지 않을 메시지를 한 서브넷에서 다른 서브넷으로 중계하는 것이 유일한 목적이었다. 간접 전달을 수행할 수 없는 시스템은 중계 에이전트 덕분에 중앙으로부터 주소를 획득할 수 있었다. 단일한 관리 주체 아래에서 운영되는 대규모 조직의 네트워크에는 이런 방식이 적합할 수 있다. 하지만 가입자가 DHCP를 사용하지만 DHCP 인프라는 다른 곳(예: ISP)에 있는 경우에는 더 많은 정보가 필요하다. 여기에는 여러 가지 이유가 있을 수 있다. 예를 들면 ISP가 가입자를 완전히 신뢰할 수 없거나 과금이나 로깅이 DHCP 프로토콜에서는 제공하지 않는 다른 정보와 관련돼 있을 수 있다. 따라서 중계기와 서버 간에 전달되는 메시지 안에 추가 정보를 포함시킬 필요가 있다. 중계 에이전트 정보Relay Agent Information 옵션(DHCPv4에서는 RAIO로 축약)[RFC3046]은 IPv4 네트워크에서 그러한 정보를 포함하는 방법을 제공한다. IPv6는 약간 다르게 동작하므로 다음 절에서 설명할 것이다.

[RFC3046]에 기술된 DHCPv4용 RAIO는 다수의 서브옵션이 정의될 수 있는 프레임워크를 기술하고 있다는 점에서 실제로는 메타옵션이다. 요청을 보내는 사용자, 회선 또는 네트워크를 ISP가 식별할 때 사용하는 것을 포함해서 많은 서브옵션이 정의됐다. 대부분의 경우에 DHCPv4 정보 옵션의 서브옵션은 그에 대응하는 IPv6 옵션이 존재한다.

중계기와 서버 간에 전달되는 어떤 정보들은 보안이 중요하기 때문에 RAIO의 DHCP 인증 서브옵션이 [RFC4030]에 정의됐다. 이것은 중계기와 서버 간에 교환되는 메시지의 데이터 일관성을 보장하는 방식을 제공한다. 이 접근 방식은 DHCP가 인증 방식(6.2.7 절 참조)을 유예하는 것과 매우 닮았다. 차이점은 MD5 알고리즘(18장 참조) 대신 SHA-1 알고리즘이 사용된다는 점이다.

## 6.2.6.2 중계 에이전트 원격-ID 서브옵션과 IPv6 원격-ID 옵션

중계기에 공통적으로 요구되는 조건의 하나는 클라이언트 자체가 제공할 수 있는 것 이상의 정보와 함께 DHCP 요청을 만들어 클라이언트를 식별하는 것이다. 중계 에이전트 정보 옵션의 서브옵션인 원격 ID[Remote-ID] 서브옵션은 클라이언트에 국한되는 정보들(예를 들어 호출자 ID, 모뎀 ID, 사용자 이름, 점대점 링크의 원격 IP 주소 등)을 사용해서 이름을 지정함으로써 요청을 하는 DHCP 클라이언트를 식별할 수 있다. DHCPv6의 중계 에이전트 원격 ID[Relay Agent Remote-ID] 옵션도 같은 기능을 제공하지만 추가적으로 기관 번호[enterprise number]라는 필드를 포함한다. 이 필드는 정보 식별과 관련있는 벤더를 표시한다. 그리고 이 기관 번호를 기초로 벤더별로 고유한 방법으로 원격 ID 정보의 형식이 지정된다. 일반적인 방식은 원격 ID에 DUID를 사용하는 것이다.

## 6.2.6.3 서버 식별자 오버라이드

가끔 중계기는 DHCP 클라이언트와 서버 간에 스스로 끼어들고자 할 때가 있다. 서버 식별자 오버라이드[Server Identifier Ovreride] 하위옵션[RFC5107]을 사용하면 되는데, 이 하위옵션은 앞서 설명한 RAIO의 변형이다.

통상적으로 중계기는 SOLICIT 메시지를 포워딩하고 이 메시지가 클라이언트에서 서버로 전달될 때 메시지에 옵션을 추가할 수 있다. 이 상황에서 클라이언트는 아직 IP 주소를 받지 못해서 브로드캐스트 혹은 멀티캐스트 주소로만 로컬 서브넷에 메시지를 보내고 있을 가능성이 높기 때문에 중계기가 필요하다. 하지만 주소를 받아서 사용하기로 결정하고 나면 클라이언트는 서버 식별자 옵션으로 전달받은 서버의 신원 정보를 사용해서 DHCP 서버와 직접 통신할 수 있으므로, 이후의 클라이언트와 서버 간 트랜잭션에 중계기는 배제된다.

중계기가 SOLICIT뿐 아니라 REQUEST 같은 다른 유형의 메시지에도 다양한 옵션(예를 들면 회선[circuit] ID를 운반하는 RAIO)을 포함시킬 수 있으면 유용할 때가 많다. 이 옵션은 서버가 보낼 DHCPREPLY 메시지 안의 서버 식별자 옵션에 사용될 IP 주소를 지정하는 4바이트 값을 포함한다. 서버 식별자 오버라이드 옵션은 중계 에이전트 플래그<sup>Relay Agents Flag</sup> 서브옵션<sup>[RFC5010]</sup>과 함께 사용돼야 한다. 이 RAIO 서브옵션은 중계기에서 서버로 정보를 전달하는 플래그의 집합인데 현재 정의된 플래그는 하나 뿐이다(클라이언트가 처음에 보낸 메시지의 목적지 주소가 브로드캐스트 주소인지 유니캐스트 주소인지). 서버는 이 플래그의 설정에 따라 주소 할당을 다르게 결정할 수 있다.

### 6.2.6.4 임대 조회와 대량 임대 조회

어떤 환경에서는 (중계기나 집중기와 같은) 제3자<sup>third-party</sup> 시스템이 특정 DHCP 클라이언트에 대한 주소 바인딩을 학습하도록 허용하는 편이 좋은데 이런 기능을 DHCP 임대조회<sup>Lease Query</sup>라고 한다(DHCPv4는 [RFC4388][RFC6148], DHCPv6는 [RFC5007]). DHCPv6의 경우에는 위임된 프리픽스를 위한 임대 정보를 제공하는 것도 가능하다. 그림 6-21에서 중계 에이전트는 DHCP 서버에 어떤 정보가 제공될지를 정하기 위해 자신을 통과하는 DHCP 패킷으로부터 정보를 '주워 모을' 수 있다. 이러한 정보는 중계기에 보관될 수 있지만 중계 실패 시에 분실될 수 있다. 이때 DHCPLEASEQUERY 메시지를 사용하면 중계 에이전트는 정보 재취득을 요청할 수 있다. DHCPLEASEQUERY 메시지는 DHCPv4에 대한 4가지 유형의 조회를 지원하는데 IPv4 주소, MAC 주소, 클라이언트 식별자, 원격 ID다. DHCPv6에서는 2가지를 지원하며, IPv6 주소와 클라이언트 식별자(DUID)다.

DHCPv4 서버는 임대 조회 요청에 대해서 DHCPLEASEUNASSIGNED, DHCPLEASEACTIVE, DHCPLEASEUNKNOWN 중 하나로 응답할 수 있다. 첫 번째 DHCPLEASEUNASSIGNED 메시지는 서버가 조회 요청에 대해서 자격은 있지만 현재 이와 관련해서 임대가 할당된 것이 없음을 의미한다. 두 번째 DHCPLEASEACTIVE 메시지는 임대가 활성 상태이며 (T1과 T2 등의) 임대 매개변수가 제공됨을 의미한다. 이 정보를 어떤 용도로 사용해야 한다고 지정된 것은 없으며, 요청자가 원하는 목적으로 사용할 수 있다

DHCP 서버는 LEASEQUERY-REPLY 응답 메시지를 보내는데 이 메시지가 포함하는 클라이언트 데이터<sup>Client Data</sup> 옵션은 다시 클라이언트 ID, IPv6 주소, IPv6 프리픽스, 클라이언트 최근 트랜잭션 시간 옵션을 포함한다. 이 시간값은 서버가 해당 클라이언트와 가장 최근에 통신한 시점 이후 경과한 시간(초 단위)이다. LEASE-QUERY-REPLY 메시지는 중계 데이터<sup>Relay Data</sup>와 클라이언트 링크<sup>Client Link</sup> 옵션도 포함할 수 있는데 중계 데이터 옵션은 요청 조회와 관련해서 중계기가 가장 최근에 보낸 데이터를 포함하고 클라이언트 링크 옵션

은 클라이언트가 하나 이상의 주소 바인딩을 갖고 있는 링크를 나타낸다. 다시 말하지만 요청자는 이러한 정보를 자신이 원하는 대로 사용할 수 있다.

대량 임대 조회[BL, Bulk Leasequery[RFC5460][ID4LQ]라는 임대 조회의 확장은 UDP/IP가 아닌 TCP/IP를 사용해 복수 바인딩이 동시에 조회되도록 허용한다. 또한 광범위한 조회 유형도 지원한다. BL은 바인딩 정보를 획득하는 특별한 서비스로 설계됐지만 전통적인 DHCP의 일부는 아니다. 따라서 전통적인 설정 정보를 획득하려는 클라이언트들은 BL을 사용하지 않는다. BL의 특별한 사용 예는 프리픽스 위임을 위해 DHCP가 사용될 때다. 이 경우에는 라우터가 DHCP-PD 클라이언트로 동작하는 것이 일상적이다. 라우터는 프리픽스를 획득하고, 그 프리픽스로 대표되는 주소 범위 안의 주소를 전통적인 DHCP 클라이언트에 제공한다. 그렇지만 그런 라우터가 실패하거나 다시 시작하면 라우터는 프리픽스 정보를 분실하게 되고 복구하는 것이 매우 어렵다. 이것은 전통적인 임대 조회 메커니즘이 그 바인딩에 대해 식별자를 필요로 하기 때문이다. BL은 가능한 조회 유형의 집합을 일반화하기 때문에 이 상황이나 다른 상황에서 도움이 된다.

BL은 기본적인 임대 조회를 확장한다. 우선 UDP/IP가 아니라 TCP/IP(IPv6는 포트 547, IPv4는 포트 67)를 사용한다. 덕분에 1번의 조회만으로 대량의 조회 정보를 얻어올 수 있으며 다수의 위임된 프리픽스를 검색할 때 도움이 된다. 또 BL은 조회 요청자를 더 쉽게 식별할 수 있도록 중계기 식별자[Relay Identifier] 옵션을 제공한다. BL은 이 옵션에 들어 있는 중계기 식별자, 링크 주소(네트워크 세그먼트) 또는 중계 ID에 근거해서 조회를 할 수 있다.

Relay ID DHCPv6 옵션과 Relay ID DHCPv4 서브옵션[ID4RI]은 중계 에이전트를 식별하는 DUID를 포함할 수 있다. 중계기는 메시지를 전달하면서 이 옵션을 삽입할 수 있고 서버는 이 옵션을 사용해서 자신이 수신한 바인딩을 제공하는 중계기가 무엇인지 알 수 있다. BL은 [RFC5007]과 [RFC4388]에 정의된 주소와 DUID에 의한 조회뿐 아니라 중계 ID, 링크 주소, 원격 ID에 의한 조회도 지원한다. 이러한 새 조회들은 BL을 지원하는 TCP/IP 기반 서버에서만 지원된다. 반대로 BL 서버는 LEASEQUERY 메시지만 지원하고 통상적인 DHCP 메시지들을 전부 지원하지는 않는다.

BL은 기본적인 임대 조회 메커니즘을 LEASEQUERY-DATA와 LEASEQUERY-DONE 메시지를 사용해 확장한다. 조회 요청에 대한 응답에 성공한 서버는 처음에 LEASEQUERY-REPLY 메시지를 포함시킨다. 그리고 추가 정보가 존재하면 바인딩마다 LEASEQUERY-DATA 메시지를 넣고 마지막에는 LEASEQUERY-DONE 메시지를 넣는다. 동일한 바인딩 그룹에 속하는 메시지는 모두 공통의 트랜잭션 ID를 공유하며 이 ID는 최초의 LEASEQUERY-REQUEST 메시지에 들어있던 값과 동일하다.

### 6.2.6.5 2계층 중계 에이전트

일부 네트워크 환경에서는 DHCP 요청을 중계 및 처리하는 종단 시스템 근처에 2계층 장비(스위치, 브리지 등)가 위치한다. 이러한 2계층 장비는 TCP/IP 구현 스택을 전부 갖고 있지 않기 때문에 IP를 사용해 주소 지정을 할 수 없고, 따라서 일반적인 중계 에이전트로서 동작할 수 없다. 이 문제를 해결하기 위해서 [IDL2RA]와 [RFC6221]은 각각 IPv4와 IPv6에 대해서 2계층 '경량lightweight' DHCP 중계 에이전트LDRA의 동작을 정의한다. 중계 동작과 관련해서 인터페이스를 클라이언트 방면client-facing 인터페이스와 네트워크 방면network-facing 인터페이스로 분류할 수 있고 또 신뢰trusted 네트워크와 비신뢰untrusted 네트워크로 분류할 수 있다. 네트워크 방면 인터페이스는 토폴로지상 DHCP 서버에 더 가깝고 신뢰 인터페이스는 그 인터페이스에 도착한 패킷이 위조된 것이 아니라고 가정된다.

IPv4 LDRA의 주요 이슈는 LDRA 자체에는 IP 계층의 정보가 없을 때 DHCP giaddr 필드를 다루고 RAIO를 삽입하는 방법에 관한 것이다. [IDL2RA]이 권고하는 방법은 클라이언트로부터 받은 DHCP 요청 메시지에 LDRA가 RAIO를 삽입하되 giaddr 필드는 채우지 않는 것이다. 이 DHCP 요청 메시지는 하나 이상의 DHCP 서버 및 다른 LDRA에게 브로드캐스트되며 비신뢰 인터페이스에서 수신되지 않는 한 플러딩flooding된다(즉, 메시지가 수신된 인터페이스를 제외한 모든 인터페이스로 보내진다). 이미 RAIO를 포함하는 메시지를 수신한 LDRA는 다른 옵션을 추가하지 않지만 플러딩을 수행한다. 서버가 보낸 브로드캐스트 응답 메시지(예를 들면 DHCPOFFER)를 가로챈 LDRA는 RAIO 정보를 추출한 뒤 이 정보를 사용해서 응답 메시지를 원래 요청했던 클라이언트로 보낸다. LDRA는 유니캐스트 DHCP 트래픽도 가로챌 수 있는데 이 경우 RAIO는 필요에 따라 생성 또는 추출된다. LDRA와 호환되는 DHCP 서버는 유효 giaddr 필드가 없는 RAIO를 포함하는 DHCP 메시지를 (그 메시지가 유니캐스트건 브로드캐스트건) 처리 및 반환하는 기능을 반드시 지원해야 한다.

IPv6 LDRA는 RELAY-FORW와 RELAYREPL 메시지를 생성해 DHCPv6 트래픽을 처리한다. 클라이언트-facing 인터페이스에서 수신된 ADVERTISE, REPLY, RECONFIGURE, RELAY-REPL 메시지는 폐기된다. 또 비신뢰 클라이언트 방면 인터페이스에서 수신된 RELAY-FORW 메시지도 보안 위험을 예방하기 위해 폐기된다. RELAY-FORW 메시지는 클라이언트 방면 인터페이스를 식별하는 옵션(링크 주소 필드, 피어 주소 필드, 인터페이스 ID 옵션)을 포함해 생성되며 링크 주소 필드는 0, 피어 주소 필드는 클라이언트의 IP 주소, 인터페이스 ID 옵션은 LDRA에서 설정된 값으로 설정된다. 링크 주소 필드가 0인 RELAY-REPL 메시지를 수신한 LDRA는 메시지를 추출한 뒤 인터페이스 ID 옵션(이 값은 서버가 제공한다)에 지정된 인터페이스로 클라이언트에 보낸다. 클라이언트-facing 인터페이스에서 수신된 RELAY-FORW 메시지는 홉 카운트를 증가해 수정한다. 네트워크-facing 인터페이스에서 수신된 RELAYREPL 메시지가 아니면 버린다.

## 6.2.7 DHCP 인증

이 책은 기본적으로 보안 취약점을 각 장의 마지막에 설명하지만(이번 장도 마찬가지다) DHCP에 대해서는 이번 절에서 언급하고 넘어갈 필요가 있다. DHCP의 원활한 동작이 방해되면, 호스트는 잘못된 정보로 설정되고 심각한 문제가 일어날 수 있다. 지금까지 보았듯이 DHCP는 불행히도 보안성을 제공히지 않기 때문에 의도적이든 우연이든 히가받지 않은 DHCP 클라리언트나 서버가 설정돼 정상적인 네트워크에 피해가 발생할 수 있다.

이런 문제를 완화시키려고 DHCP 메시지를 인증하는 방법이 [RFC3118]에 기술돼 있다. [RFC3118]은 인증$^{Authorization}$ 옵션이라는 DHCP 옵션을 정의하는데 형식은 그림 6-22와 같다.

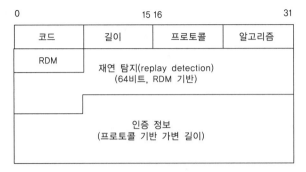

| 0 | | 15 16 | | 31 |
|---|---|---|---|---|
| 코드 | 길이 | 프로토콜 | 알고리즘 | |
| RDM | 재연 탐지(replay detection)<br>(64비트, RDM 기반) | | | |
| 인증 정보<br>(프로토콜 기반 가변 길이) | | | | |

**그림 6-22** DHCP 인증 옵션은 재연 탐지 기능을 갖고 있으며, 다양한 인증 방법을 사용할 수 있다. 2011년에 사양이 정의됐지만 그리 널리 사용되지는 않는다.

인증 옵션의 목적은 권한있는 발신자가 DHCP 메시지를 보냈는지 확인하기 위한 것이다. 코드 필드의 값은 90으로 설정되고, 길이 필드는 (코드 필드와 길이 필드는 제외하고) 옵션의 바이트 수를 나타낸다. 프로토콜 필드와 알고리즘 필드가 0 값을 가지면 인증 정보 필드는 단순한 공유 설정 토큰configuration token 값을 가진다. 설정 토큰이 클라이언트와 서버에서 일치하는 한 메시지는 수락된다. 설정 토큰은 비밀번호 혹은 이와 비슷한 문자열을 보관하는 데 사용할 수 있지만 트래픽을 공격자가 가로챌 수 있어 그리 안전한 방법은 아니다. 다만 우발적인 DHCP 문제를 막는 데는 도움이 될 수도 있다.

프로토콜 필드와 알고리즘 필드의 값이 1로 설정되면, 지연 인증deferred authentication이라는 좀 더 안전한 방법이 사용된다. 이 경우에 클라이언트의 DHCPDISCOVER 또는 DHCPINFORM 메시지는 인증 옵션을 포함하고, 서버는 DHCPOFFER 메시지나 DHCPACK 메시지에 인증 정보를 포함시켜서 응답한다. 인증 정보는 메시지 인증 코드(MAC; 18장 참조)를 포함하는데, MAC는 발신자 인증 및 메시지 내용에 대한 무결성 검사를 제공한다. 서버와 클라이언트가 키를 공유 중이라고 가정하면, MAC는 클라이언트와 서버가 상호 신뢰하고 있음을 보장한다. 또, 클라이언트와 서버 간에 교환되는 DHCP 메시지가 변조되지 않았으며 그 전의 DHCP 교환의 재연replay이 아니라는 것도 보장한다. 재연 탐지 방법(RDM)은 RDM 필드의 값으로 정해지는데, 이 필드의 값이 0이면 재연 탐지 필드에는 단조적으로 증가하는 값(예를 들면 타임스탬프)이 포함된다. 메시지를 수신하면 이 값이 전보다 증가했는지 검사하는데, 만일 전보다 증가한 값이 아니라면 예전 메시지의 재연이라는 것을 의미한다(즉, 메시지가 중간에 포착돼 저장된 후 다시 사용된 것이다). 패킷의 순서가 바뀌는 상황에서는 재연 탐지 필드의 값이 증가하지 않을 수도 있지 않냐고 생각할지 모르지만 (DHCP가 주로 사용되는 LAN 환경에서) DHCP 클라이언트와 서버 간에는 통상적으로 1개의 라우팅 경로만이 사용되므로 그럴 가능성은 매우 낮다.

DHCP 인증이 널리 사용되지 못하는 데는 최소한 2가지 이유가 있다. 첫째, DHCP 서버와 인증을 필요로 하는 각 클라이언트 사이에 공유 키의 배포가 요구된다. 둘째, DHCP가 이미 널리 보급된 후에야 규격화됐다. 그렇지만 중계 에이전트를 통과하는 DHCP 메시지의 보안성을 높이기 위한 사양인 [RFC4030]은 DHCP 인증 옵션을 사용하고 있다 (6.2.6절 참조).

## 6.2.8 재설정 확장

통상적으로 DHCP 클라이언트가 주소 바인딩의 갱신을 시작한다. [RFC3203]은 재설정 확장 기능 및 이와 관련된 DHCPFORCERENEW 메시지를 정의하는데, 여기서는 서버가 먼저 클라이언트로 하여금 상태를 갱신 중<sup>Renewing</sup> 상태로 바꾼 뒤 (DHCPREQUEST와 같은 메시지를 보내서) 서버에게 임대 갱신을 요청하도록 지시한다. 이렇게 해서 클라이언트가 요청한 주소로 임대를 갱신하고 싶지 않으면 서버는 DHCPNAK 메시지로 응답하고 그러면 클라이언트는 초기<sup>INIT</sup> 상태에서 재시작한다. 그리고 다시 DHCPDISCOVER 메시지를 보내기 시작한다.

이 확장 기능의 목적은 네트워크 내에서 클라이언트의 상태가 크게 바뀌었을 때 클라이언트가 주소를 다시 받거나 기존 주소를 버리도록 하는 것이다. 예를 들어 네트워크를 여러 부분으로 분리하거나 네트워크 번호를 재설정하는 경우에 이 기능이 사용될 수 있다. 이 메시지는 DoS 공격의 좋은 먹잇감이므로 DHCP 인증을 사용해 반드시 인증돼야 한다. 하지만 DHCP 인증이 널리 사용되지 않고 있으므로 재설정 확장도 마찬가지로 별로 사용되지 않는다.

## 6.2.9 신속 확정

DHCP 신속 확정<sup>Rapid Commit</sup> 옵션[RFC4039]은 DHCPDISCOVER 메시지를 받은 DHCP 서버가 DHCPACK 메시지로 응답하도록 허용한다. 이렇게 하면 DHCPREQUEST 메시지를 건너 뛰기 때문에 결국 4-메시지 교환이 아니라 2-메시지 교환이 일어나게 된다. 이 옵션의 목적은 네트워크 접속 위치를 자주 변경하는 호스트(즉, 모바일 호스트)를 빨리 설정하는 것이다. 단일 DHCP 서버만 사용하고 주소가 풍부하면 이 옵션은 사용할 필요가 없다.

신속 확정 기능을 사용하려면 클라이언트는 DHCPDISCOVER 메시지 안에 이 옵션을 넣어야 한다. DHCPDISCOVER를 제외한 다른 메시지는 이 옵션을 포함할 수 없다. 서버도 DHCPACK 메시지에만 이 옵션을 사용할 수 있다. 이 옵션을 포함한 DHCPACK 메시지를 수신한 클라이언트는 받은 주소를 즉시 사용해도 된다고 생각한다. (예를 들어 ARP를 통해서) 이미 다른 시스템이 주소를 사용 중임을 나중에 알게 되면 클라이언트는 DHCPDECLINE 메시지를 보내고 그 주소를 포기한다. DHCPRELEASE 메시지를 사용해 자신이 이미 수신했던 주소를 자발적으로 양도할 수도 있다.

## 6.2.10 지역 정보(LCI와 LoST)

어떤 경우에는 호스트가 세상 속에서 자신의 위치를 알 수 있도록 설정하는 것이 유용할 수 있다. 예를 들어 위도, 경도, 고도를 사용해 부호화될 수 있다. 지리정보 설정[Geographic Configuration]이라고 알려진 IETF의 노력은 지구 공간의 위치 설정 정보[LCI]를 클라이언트에게 GeoConf(123)와 GeoLoc(144) DHCP 옵션을 사용해 어떻게 제공할 것인가를 기술한다[RFC6225]. 지구 공간의 LCI는 위도, 경도, 고도의 값을 포함하고 각각에 대한 정확성 표시자도 포함한다. LCI는 긴급 서비스 등의 여러 가지 용도로 사용될 수 있다. IP 전화를 사용하는 발신자가 긴급 도움을 요청하면 LCI는 긴급 상황이 발생한 장소를 표시하는 데 사용될 수 있다.

방금 언급한 물리적 위치 정보가 특정 개인이나 시스템의 위치를 파악하는 데 유용하지만, 어떤 때는 개체의 도시지리적 위치를 아는 것이 중요하다. 도시지리적[civic] 위치는 나라, 도시, 구역, 거리 등의 지정학적 시설 관점에서 위치를 표현한다. 도시지리적 위치 정보는 지구 공간의 LCI와 동일한 LCI 구조를 사용해 물리적 위치와 마찬가지 방법으로 DHCP를 통해서 제공될 수 있다. [RFC4776]는 도시지리적 위치 LCI를 운반하는 GEOCONF_CIVIC(99) 옵션을 정의한다. LCI의 이 형식은 위치의 명명법에 대한 지정학적 방식이 나라마다 다르기 때문에 지구 공간의 정보보다 표기하기 어렵다. 그런 이름은 DHCP에서 일반적으로 사용되는 영어와 ASCII 외의 문자 집합을 필요로 하기 때문에 추가적인 복잡성이 발생한다. 또한 DHCP와 관련된 것은 아니지만 위치의 프라이버

시에 관련된 관심도 있다. 예를 들어 IETF는 'Geopriv'라는 프레임워크에서 이런 이슈를 담당하고 있다. 자세한 정보는 [RFC3693]을 참조한다.

HELD[HTTP-Enabled Location Delivery] 프로토콜[RFC5985]로 알려진 상위 계층 프로토콜의 대안이 위치 정보를 제공하는 데 사용될 수 있다. DHCP 메시지 안에 LCI를 직접 부호화하는 대신 DHCP 옵션 OPTION_V4_ACCESS_DOMAIN(213)과 OPTION_V6_ ACCESS_ DOMAIN(57)은 IPv4와 IPv6에 대해 HELD 서버의 FQDN을 각기 제공한다[RFC5986].

자신의 위치를 파악한 호스트는 관련 서비스와의 통신을 필요로 할 수 있다(예를 들어 가장 가까운 병원의 위치). IETF LoST[Location-to-Service Translation] 프레임워크[RFC5222]는 위치 의존적인 URI를 사용해 접근 가능한 응용 계층 프로토콜을 통해서 이 목적을 달성한다. DHCP 옵션 OPTION_V4_LOST(137)과 OPTION_V6_LOST(51)은 FQDN의 가변 길이 부호화를 제공하는데[RFC5223] DHCPv4와 DHCPv6에서의 LoST 서버 이름을 각기 표시한다. 부호화는 DNS가 도메인 네임을 부호화할 때 사용하는 것과 동일한 형식으로 이뤄진다(11장 참조).

## 6.2.11 이동성과 핸드오프 정보(MoS와 ANDSF)

셀룰러[cellular, 이동통신] 기술로 인터넷에 접속하는 휴대용 컴퓨터와 스마트폰의 사용 증가에 대처하기 위해서 이동통신 설정 및 무선망 사이의 핸드오버[handover] 정보를 포함할 수 있는 프레임워크와 DHCP 옵션이 정의됐다. 현재 이 정보와 관련있는 DHCP 옵션 집합은 2가지다. 하나는 IEEE 802.21 모바일 서비스 발견[MoS Discovery] 이고 다른 하나는 ANDSF[Access Network Discovery and Selection Function, 접근 네트워크 발견과 선택 기능]이다. ANDSF는 셀룰러 데이터 통신 표준 제정 기관 중 하나인 3GPP에서 표준화하고 있다.

IEEE 802.21 표준[802.21-2008]은 IEEE가 정의한 네트워크(802.3, 802.11, 802.16), 3GPP가 정의한 네트워크, 3GPP2가 정의한 네트워크 등 다양한 종류의 네트워크 간에 매체 무관 핸드오프[media-independent handoff] 서비스를 제공하기 위한 프레임워크의 사양을 정의하며 이 프레임워크의 설계에 관해서는 [RFC5677]에서 읽을 수 있다. MoS는 정보 서비스, 명령[command] 서비스, 이벤트 서비스의 3가지 서비스를 제공하는데 이 서비스들은 각각 가용 네트워크, 링크 매개변수를 제어하기 위한 기능, 링크 상태 변화의 통지에 관한 정보를 제공한다고 말할 수 있다. MoS 발견 DHCP 옵션[RFC5678]은 DHCPv4나 DHCPv6를 사용하는 그러한 서비스를 제공해 모바일 노드가 서버의 주소나 도메인 네임을 획득하는 방법을 제공한다. IPv4에 대해 OPTION-IPv4_Address-MoS 옵션(139)은 각 서비스를 제공하는 서버의 IP 주소를 포함하는 서브옵션의 벡터를 포함한다. OPTION-IPv4_FQDN-MoS 옵션(140)의 서브옵션은 각 서비스의 서버에 대한 FQDN의 벡터를 제공한다. 유사한 옵션 OPTIONIPv6_Address-MoS(54)와 OPTION- IPv6_FQDN(55)은 IPv6 환경에서 동등한 기능을 제공한다.

3GPP의 ANDSF 규격을 기초로 [RFC6153]은 ANDSF 정보를 운반하는 DHCPv4와 DHCPv6의 옵션을 정의한다. 특히 모바일 장비가 ANDSF 서버의 주소를 발견하는 옵션을 정의한다. ANDSF 서버는 셀룰러 기반 시설 운영자가 설정한다. 이 서버는 가용성이나 복수 전달 네트워크(예를 들어 3G와 Wi-Fi의 동시 사용)의 액세스 정책과 같은 정보를 보관할 수 있다.

ANDSF IPv4 주소 옵션(142)은 ANDSF 서버에 대한 IPv4 주소의 벡터를 포함한다. 주소는 선호 순서(가장 선호되는 것이 처음에) 대로 제공된다. ANDSF IPv6 주소 옵션(143)은 ANDSF 서버에 대한 IPv6 주소의 벡터를 포함한다. DHCPv4를 사용해 ANDSF 정보를 요청하려면 모바일 노드는 매개변수 요청 목록 안에 ANDSF IPv4 주소 옵션을 포함한다. DHCPv6를 사용해 ANDSF 정보를 요청하려면 클라이언트는 옵션 요청 옵션[ORO] 안에([RFC3315]의 22.7절 참조) ANDSF IPv6 주소 옵션을 포함한다.

## 6.2.12 DHCP 스누핑

DHCP '스누핑[snooping]'은 DHCP 메시지의 내용을 조사해서 접근 제어 목록에 나열된 주소들만 DHCP 트래픽이 보장되도록 일부 스위치 벤더들이 제공하는 기능이다. 이 기능은 2개의 잠재적인 문제를 예방한다. 첫째, '악의를 가진' DHCP 서버가 있더라도 다른 호스트들이 이 서버의 DHCP 주소 제안을 듣지 못하기 때문에 손상의 정도가 제한된다. 또 특정 MAC 주소 집합으로의 주소 할당을 제한할 수 있다. 덕분에 약간의 보호는 가능하지만 MAC 주소는 운영체제 명령을 사용해 시스템에서 쉽게 변경할 수 있으므로 어디까지나 제한된 보호에 그친다.

## 6.3 무상태 주소 자동 설정

라우터의 주소는 수동으로 설정하는 것이 대부분이지만 호스트들은 DHCP와 같은 할당 프로토콜을 사용해 주소를 수동으로 할당받거나 어떤 종류의 알고리즘을 사용해 자동적으로 할당받을 수 있다. 주소의 유형에 따라 자동 할당에는 2가지 형태가 있다. 하나의 링크에서만 사용될 주소(링크 로컬 주소)라면 호스트는 링크 내에서 사용 중이지 않은 주소를 적절히 찾기만 하면 된다. 반면에 전역 접속에 사용될 주소라면 주소의 일부분을 일반적으로 관리해야만 한다. 링크 로컬 주소를 자동 설정할 때 IPv4와 IPv6 둘 다 호스트가 대체로 외부 도움 없이 직접 주소를 결정할 수 있는 메커니즘을 갖고 있다. 이것을 무상태 주소 자동 설정<sup>SLAAC, Stateless Address Autoconfiguration</sup>이라고 한다.

### 6.3.1 IPv4 링크 로컬 주소의 동적 설정

수동으로 주소를 설정하지 않은 호스트가 DHCP 서버가 없는 네트워크에 접속할 때 호스트가 사용할 IP 주소를 어떻게든지 생성하지 않는다면 IP 기반 통신을 할 수 없다. [RFC3927]은 16비트 서브넷 마스크 255.255.0.0([RFC5735] 참조)를 사용해 169.254.1.1에서 169.254.254.254까지 링크 로컬 범위 내의 IPv4 주소를 자동으로 자체 생성할 수 있는 메커니즘을 설명한다. 이 방식은 동적 링크 로컬 주소 설정 혹은 자동 사설 IP 주소 지정<sup>APIPA, Automatic Private IP Addressing</sup>으로 알려져 있다. 간단히 요약하면 호스트는 사용할 범위 내에서 임의의 주소를 선택하고 동일 서브네트워크의 다른 시스템이 그 주소를 이미 사용 중인지 검사한다. 이 검사는 IPv4 ACD(4장 참조)를 사용해 구현된다.

### 6.3.2 링크 로컬 주소를 위한 IPv6 SLAAC

IPv6 SLAAC의 목표는 노드가 자동으로(그리고 자율적으로) 링크 로컬 IPv6 주소를 자체 할당하는 것이다. IPv6 SLAAC은 [RFC4862]에 설명돼 있다. 이것은 링크 로컬 주소를 획득하기, 무상태 자동 설정을 사용해 전역 주소를 획득하기, 링크상에서 링크 로컬 주소가 이미 사용 중인지를 검사하기의 3단계 과정이 필요하다. 무상태 자동 설정은 링크 로컬 주소가 할당되는 경우에만 라우터 없이 사용될 수 있다. 라우터가 있으면 라우터가 알려준 프리픽스와 지역적으로 생성한 정보를 조합해 전역 주소가 형성된다. SLAAC는 DHCPv6(또는 수동 주소 할당)와 함께 호스트가 그 주소('상태가 없는' DHCPv6라고 함)와 다른 정보를 획득하는 데 사용할 수 있다. SLAAC를 수행하는 호스트는 상태 기반^stateful 또는 무상태 DHCPv6를 사용해 설정된 것과 같은 동일 네트워크에서 사용될 수 있다. 일반적으로 호스트에게 주소를 할당할 때 약간의 제어가 필요하면 상태 기반 DHCPv6가 사용된다.

IPv6에서 잠정(또는 낙관) 상태의 링크 로컬 주소는 [RFC4291]과 [RFC4941]에서 기술된 절차를 사용해 선택된다. 멀티캐스트 가능한 네트워크에만 적용되고 선호 수명과 유효 수명이 무한대로 설정된다. 숫자 주소를 형성하기 위해서 적절한 길이의 링크 로컬 프리픽스 `fe80::0`에 어떤 고유한 숫자가 추가되는데, 주소의 가장 오른쪽 N 비트를 (N-비트-길이) 숫자로 설정하고 가장 왼쪽 비트를 10비트 링크 로컬 프리픽스 `1111111010` 로 설정하며, 나머지를 0으로 설정함으로써 완료된다. 결과적으로 주소는 잠정 또는 낙관 상태가 되고 중복 검사를 수행한다(다음 절 참조).

## 6.3.2.1 IPv6 중복 주소 검사(DAD)

IPv6 DAD는 ICMPv6 이웃 요청과 이웃 광고 메시지(8장 참조)를 특정(잠정 또는 낙관 상태의) IPv6 주소가 링크상에서 이미 사용 중인지 알아내는 데 사용한다. 설명 편의상 여기서는 잠정 상태의 주소만 언급하지만 DAD는 낙관 상태의 주소에도 적용되는 것으로 알려져 있다. DAD는 [RFC4862]에 기술돼 있고 IPv6 주소가 인터페이스에 수동으로(또는 자동 설정을 사용하거나, DHCPv6 를 사용해) 할당될 때마다 사용할 것이 권장된다. 중복 주소가 발견되면 이 절차는 잠정 주소를 사용하지 못하게 한다. DAD가 성공하면 잠정 주소는 선호 상태로 전이되고 제한 없이 사용될 수 있다.

DAD는 다음과 같이 수행된다. 노드는 처음에 잠정 주소의 전체 주소^All Nodes 멀티캐스트 주소와 요청 노드^Solicited-Node 멀티캐스트 노드에 가입한다(9장 참조). 중복 주소의 사용여부를 검사하기 위해서 노드는 하나 이상의 ICMPv6 이웃 요청 메시지를 보내는데 이들 메시지의 발신지 IPv6 주소는 미지정 주소이고, 목적지 IPv6 주소는 중복 여부를 검사 중인 주소의 요청 노드^Solicitied-Node 주소다. 목표 주소^Target Address 필드는 중복 여부를 검사 중인 주소(잠정 주소)로 설정된다. 이웃 광고 메시지가 응답으로서 수신되면 DAD가 실패한 것이므로 중복 검사를 받던 주소는 폐기된다.

**주의**

멀티캐스트 그룹에 가입하면 그 결과로 MLD 메시지가 보내진다(9장 참조). 하지만 실제 전송은 [RFC4862]에 따르는 임의의 시간만큼 지난 뒤에 일어난다. 이것은 다수의 노드가 동시에(예를 들면 전원 복구 직후) 전체 호스트(All Nodes) 그룹에 가입할 경우의 네트워크 혼잡을 피하기 위한 것이다. DAD에서 MLD 메시지는 MLD 메시지를 들여다보는 스위치들에게 멀티캐스트 트래픽을 포워딩하도록 알리는 용도로 사용된다.

DAD를 아직 완료하지 못한 주소에 대해 이웃 요청이 수신될 경우, 이 이웃 요청 메시지는 특수한 방법으로 처리된다. 어떤 다른 호스트가 이 주소를 사용하고자 함을 의미하기 때문이다. 그래서 이 메시지가 수신되면 그대로 폐기되고, 현재의 잠정 주소를 포기하면서 DAD는 실패한다.

(다른 노드로부터 비슷한 이웃 요청 메시지를 수신했거나 목표 주소에 대한 이웃 광고 메시지를 수신해서) DAD가 실패한 경우, 해당 주소는 인터페이스에 할당되지 않으며 선호 주소가 되지 못한다. 만일 이 주소가 로컬 MAC 주소로부터 유도된 인터페이스 식별자에 기초하는 링크 로컬 주소라면, 동일한 과정을 반복해도 역시 충돌이 일어날 가능성이 높으므로 이 주소를 사용하는 것은 포기해야 하며 관리자가 직접 주소를 입력해줘야 한다. 하지만 다른 형태의 인터페이스 식별자를 사용해서 얻어진 주소라면, 다른 잠정 주소에 기반한 주소를 사용해서 재시도가 수행될 수도 있다.

## 6.3.2.2 전역 주소에 대한 IPv6 SLAAC

링크 로컬 주소를 얻은 노드는 하나 이상의 전역 주소도 필요할 가능성이 높다. 전역 주소는 링크 로컬 SLAAC와 비슷한 방법으로 만들어지지만, 라우터가 제공하는 프리픽스를 사용한다는 점이 다르다. 이러한 프리픽스는 라우터 광고 메시지 내의 프리픽스$^{Prefix}$ 옵션에 포함돼 운반된다(8장 참조). 그리고 SLAAC로 전역 주소를 만들 때 프리픽스를 사용할지 여부를 알려주는 플래그 값도 포함돼 있다. 프리픽스가 사용될 경우는 인터페이스 식별자(예를 들어 링크 로컬 주소가 만들어질 때 사용된 것과 동일한 식별자)와 결합돼 전역 주소가 만들어진다. 이렇게 만들어진 주소의 선호 수명과 유효 수명 역시 프리픽스 옵션에 포함된 값에 의해 정해진다.

### 6.3.2.3 예제

그림 6-23은 어떤 IPv6 호스트(윈도우 비스타 SP1)가 SLAAC로 주소를 할당할 때 사용하는 일련의 이벤트들을 나타낸다. 시스템은 처음에 링크 로컬 프리픽스 fe80::/64와 1개의 무작위 숫자에 근거한 링크 로컬 주소를 선택한다. 이 방식은 호스트 시스템의 주소를 시간에 따라 변하게 함으로써[RFC4941] 사용자의 프라이버시를 보장하도록 설계됐다. 링크 로컬 주소를 형성할 때 MAC 주소의 비트들을 사용하는 방법도 있는데, 이 주소(fe80::fd26:de93:5ab7:405a)에 DAD를 수행해서 충돌 여부를 찾는다.

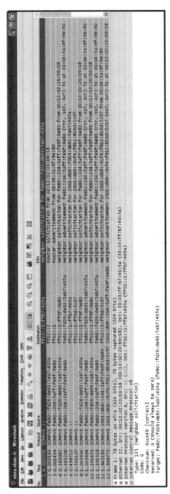

**그림 6-23** SLAAC를 수행할 때 호스트는 먼저 자신이 사용하고 싶은 잠정적 링크 로컬 주소에 대해 ICMPv6 이웃 요청 메시지를 미지정 주소로부터 보냄으로써 DAD를 수행한다.

그림 6-23은 DAD의 동작을 보여주고 있는데, 호스트가 자신이 선택한 링크 로컬 주소가 사용 중인지 알기 위해서 NS 메시지를 보내고 있다. 그리고 다음 할 일을 정하기 위해 RS를 신속히 수행한다(그림 6-24 참조).

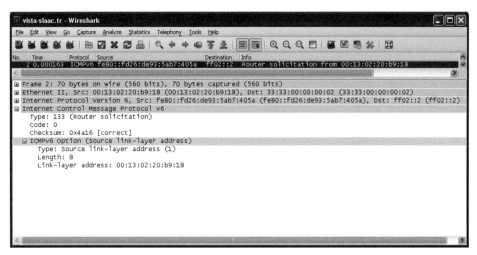

**그림 6-24** ICMPv6 RS 메시지는 근처의 라우터로 하여금 네트워크에 사용 중인 전역 프리픽스 등의 설정 정보를 제공하도록 한다.

그림 6-24에 보이는 RS 메시지는 모든 라우터<sup>All Routers</sup> 멀티캐스트 주소(ff02::2)로 보내지며, 이 주소의 발신지 주소는 자동 설정된 링크 로컬 IPv6 주소다. 응답은 전체 시스템 <sup>All Systems</sup> 멀티캐스트 주소(ff02::1)로 보내지는 RA 안에 들어있으므로 네트워크에 연결된 모든 시스템이 볼 수 있다(그림 6-25).

그림 6-25의 RA 메시지는 라우터의 링크 로컬 주소 fe80::204:5aff:fe9f:9e80에서 모든 시스템 멀티캐스트 주소 ff02::1에게로 보낸 것이다. RA 안의 플래그<sup>Flags</sup> 필드(여러 가지 설정 옵션이나 확장을 포함할 수 있음<sup>[RFC5175]</sup>)는 0으로 설정돼 있는데, 이것은 이 링크의 주소들이 DHCPv6에 의해 관리되지 않음을 의미한다. 프리픽스 옵션은 전역 프리픽스 2001:db8::/64가 링크상에서 사용 중이라는 것을 표시한다. 프리픽스 길이 64는 전달받은 적이 없지만 [RFC4291]를 따라 정의된 것이다. 프리픽스 옵션과 관련된 플래그 필드 값 0xc0은 그 프리픽스가 on 링크이고(라우터와 함께 사용될 수 있다), 자동 플래그가 설정됐음을 표시한다. 이 의미는 호스트가 다른 주소를 자동 설정하는 데 이 프리픽스를 사용

할 수 있다는 것이다. 이 메시지는 재귀적 DNS 서버$^{RDNSS}$ 옵션$^{[RFC6106]}$도 포함한다. 이는 DNS 서버가 주소 2001::db8::1에서 이용 가능하다는 것을 표시한다. SLLAO는 라우터의 MAC 주소가 00:04:5a:9f:9e:80임을 표시한다. 모든 노드는 자신의 이웃 캐시에 이 정보를 저장할 수 있다(IPv6 이웃 캐시는 IPv4 ARP 캐시와 같은 역할을 한다. 이웃 탐색은 8장에서 자세히 설명한다).

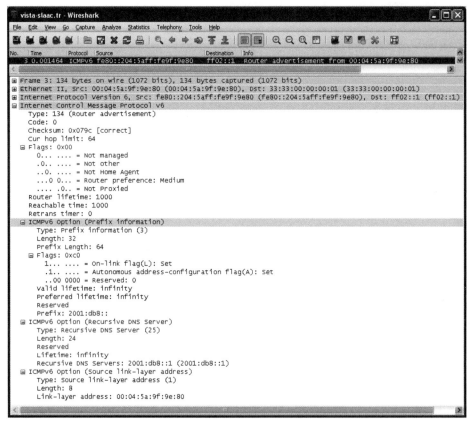

**그림 6-25** ICMPv6 RA 메시지는 기본 라우터의 위치와 이용 가능 여부, 그리고 네트워크상에서 사용 중인 전역 주소 프리픽스를 제공한다. 또 DNS 서버의 위치 및 이 RA 메시지를 보내는 라우터가 모바일 IPv6 홈 에이전트 역할을 할 수 있는지 여부도 포함한다(이 예제에서는 불가능하다). 클라이언트는 이러한 정보들을 사용해서 자신의 동작 방법을 설정한다.

클라이언트와 라우터 간에 이웃 요청 및 이웃 광고 메시지 교환이 있은 후에 클라이언트는 자신이 선택하는 새로운 (전역) 주소에 대해서 다시 DAD를 수행한다(그림 6-26).

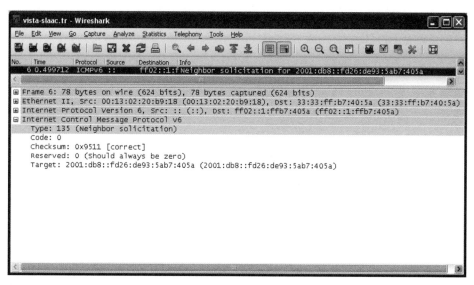

**그림 6-26** 프리픽스 2001:db8::/64에서 유도된 전역 주소에 대한 DAD는 첫 번째 패킷과 동일한 요청 노드(Solicited-Node) 멀티 캐스트 주소로 보내진다.

주소 2001:db8::fd26:de93:5ab7:405a는 앞서 수신한 RA 메시지에 들어있던 프리픽스 2001::db8에 근거해 클라이언트가 선택했다. 이 주소의 하위 비트들은 링크 로컬 주소를 설정할 때 사용됐건 것과 같은 무작위 숫자를 바탕으로 정해진 것이기 때문에, 요청 노드 Solicitied Node 멀티캐스트 주소 ff02::1:ffb7:405a 는 두 주소의 DAD에서 동일하게 적용된 다. 이 주소의 중복 검사가 완료된 후에 클라이언트는 또 다른 주소를 할당하고 그 주소 에 DAD를 적용한다(그림 6-27 참조).

그림 6-27의 DAD 동작은 주소 2001:db8::9cf4:f812:816d: 5c97에 대한 것이다. 이 주소 는 프라이버시를 이유로 하위 순서 비트에 다른 무작위 숫자를 사용해 생성한 임시적인 IPv6 주소다. 이 2개의 전역 주소 간의 차이는 임시 주소는 수명이 더 짧다는 점이다. 수 명은 RA 메시지 안의 프리픽스 정보Prefix Information 옵션의 값과 자체적으로 갖고 있는 기 본값 중에서 작은 값으로 정해지는데, 윈도우 비스타의 경우에 유효 수명의 기본값은 1 주일이고 선호 수명의 기본값은 1일이다. 이 메시지가 완료되면 클라이언트는 자신의 링 크 로컬 주소와 2개의 전역 주소에 대한 SLAAC를 수행한 것이다. 이것은 로컬이나 전 역 통신을 수행하는 데 충분한 주소 정보다. 임시 주소는 프라이버시를 보호하려고 주기 적으로 변경된다. 프라이버시 보호가 필요하지 않으면 윈도우에서 다음 명령으로 무효화

할 수 있다.

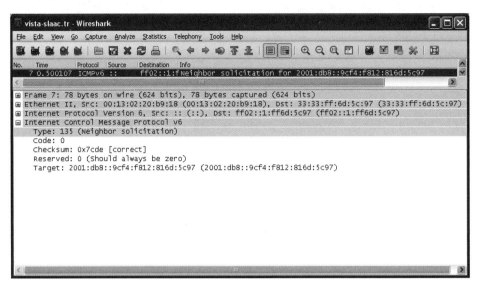

그림 6-27 주소 2001:db8::9cf4:f812:816d:5c97에 대한 DAD

```
C:\> netsh interface ipv6 set privacy state=disabled
```

리눅스에서 임시 주소는 다음 명령으로 활성화할 수 있다.

```
Linux# sysctl -w net.ipv6.conf.all.use_tempaddr=2
```

```
Linux# sysctl -w net.ipv6.conf.default.use_tempaddr=2
```

그리고 다음 명령을 사용해 무효화할 수 있다.

```
Linux# sysctl -w net.ipv6.conf.all.use_tempaddr=0
```

```
Linux# sysctl -w net.ipv6.conf.default.use_tempaddr=0
```

### 6.3.2.4 무상태 DHCP

DHCPv6 서버가 주소를 할당하지(또는 클라이언트마다의 상태를 보존하지) 않지만 다른 설정 정보는 제공하는 '무상태stateless' 모드로 사용될 수 있다는 점을 앞서 언급했다. 무상태 DHCPv6는 [RFC3736]에 기술돼 있고 DHCPv6와 SLAAC를 합친 것이다. DHCPv4와는 다르게 네트워크 관리자가 주소 풀pool에 직접 관여할 필요가 없으므로 매력적인 설정 방법으로 알려져 있다.

무상태 DHCPv6 배치에서 노드들은 그 주소를 DHCPv6가 아닌 다른 방식을 사용해 획득한 것이라고 여겨진다. 따라서 DHCPv6 서버는 표 6-1에 기술된 주소 관리 메시지들을 하나도 처리할 필요가 없다. 게다가 IA 바인딩을 설정하는 데 필요한 옵션들도 처리할 필요가 없다. 이것은 서버 소프트웨어와 서버 설정을 상당히 단순화하며 중계 에이전트의 동작은 변하지 않는다.

무상태 DHCPv6 클라이언트는 DHCPv6 INFORMATION-REQUEST 메시지를 사용해 정보를 요청한다. 이 정보는 서버의 REPLY 메시지에서 제공됐다. INFORMATION- REQUEST 메시지는 옵션 요청Option Request 옵션을 포함한다. 이 옵션은 클라이언트가 더 알기를 원하는 옵션들을 나열한 것이다. INFORMATIONREQUEST는 클라이언트 식별자 옵션을 포함할 수 있다. 이 옵션은 특정 클라이언트에게 커스텀화된 답을 허용한다.

무상태 DHCPv6 서버가 되기 위해서는 INFORMATION-REQUEST, REPLY, RELAY-FORW, RELAYREPL 메시지들을 구현해야 한다. 옵션 요청, 상태 코드, 서버 식별자, 클라이언트 메시지, 서버 메시지, 인터페이스-ID 옵션 역시 구현해야 한다. 이 중에서 마지막 3개는 중계 에이전트가 포함됐을 때 사용된다. 또 쓸 만한 무상태 DHCPv6가 되려면 DNS 서버, DNS 탐색 목록, SIP 서버 옵션도 필요할 가능성이 높다. 그리고 필수는 아니지만 잠재적으로 유용한 옵션으로는 선호, 경과 시간, 사용자 클래스, 벤더 클래스, 벤더 고유의 정보, 클라이언트 식별자, 인증 등이 있다.

### 6.3.2.5 주소 자동 설정의 실용성

IP에서 주소 자동 설정의 실용성은 제한적이다. 클라이언트와 동일한 네트워크에 있는 라우터는 클라이언트에게 자동 설정된 주소와는 다른 범위의 IP 주소를 사용하도록 설정되기 때문이다. IPv4(APIPA)의 경우에는 특히 그러한데, 사설 링크 로컬 프리픽스

169.254/16을 라우터가 사용할 가능성이 거의 없기 때문이다. 따라서 IP 주소를 자체 할당하면 서브넷은 동작할 수 있지만 인터넷 라우팅이나 도메인 네임 서비스DNS는 실패할 가능성이 높다. DNS가 실패하면 대부분의 일반적인 인터넷 '경험'도 실패한다. 따라서 클라이언트가 실질적으로 사용 불가능한 주소를 얻게 하느니, (탐지되기 쉬운) IP 주소를 아예 얻지 못하게 하는 편이 더 나을 때가 많다.

> **주의**
>
> 전통적인 DNS가 아닌 링크 로컬 주소 지정을 사용하는 이름 서비스는 Bonjour/ZeroConf(애플), LLMNR와 NetBIOS(마이크로소프트)등이 있다. 이 서비스들은 다양한 벤더에서 지속적으로 발전했으며, IETF 표준이 아니기 때문에 이름을 주소에 매핑할 때의 정확한 동작은 서로 매우 다르다. 이와 같이 로컬 환경에서 DNS 대신 사용할 수 있는 대안들에 대해서는 11장에서 자세히 설명한다.

APIPA 사용을 비활성화함으로써 시스템에서 IP 주소를 자체 설정하지 못하도록 막을 수 있다. 윈도우에서는 다음 레지스트리 키를 생성하면 된다(키는 한 줄이지만, 지면상 한 줄로 나타내기 힘들어 여기서는 줄 바꿈을 적용했다).

```
HKLM\SYSTEM\CurrentControlSet\Services\Tcpip\Parameters\
IPAutoconfigurationEnabled
```

이 REG_DWORD 값은 모든 네트워크 인터페이스에 대해 APIPA를 비활성화하게 0으로 설정될 수 있다. 리눅스에서는 /etc/sysconfig/network 파일에 아래 지시어를 포함시킨다.

```
NOZEROCONF=yes
```

이것은 모든 네트워크 인터페이스에 대해 APIPA의 사용을 비활성화한다. 특정한 인터페이스에 대해 APIPA를 비활성화하는 것도 가능하다. 이는 인터페이스마다 설정 파일들을 수정한다(예를 들어 첫 번째 이더넷 장치의 경우 /etc/sysconfig/network-scripts/ifcfg-eth0 파일).

IPv6 SLAAC의 경우에는 전역 IPv6 주소를 획득하는 것이 상대적으로 쉽지만 이름과 주소 간의 관계가 보안성이 떨어져서 불행한 결과를 낳을 수 있다(11장과 18장 참조). 따라

서 당분간 SLAAC는 사용하지 않는 편이 낫다. IPv6 전역 주소에 대해 SLAAC를 비활
성화하는 것은 2가지 방법이 있다. 첫 번째 방법은 로컬 라우터가 제공하는 라우터 광고
메시지에서 프리픽스$^{Prefix}$ 옵션 안의 "자동$^{auto}$" 플래그 비트를 끄는 것이다(또는 앞서의 예
제처럼 프리픽스 옵션을 아예 제공하지 않도록 설정한다). 두 번째 방법은 전역 주소를 자동 설정
하지 않도록 클라이언트에서 로컬 설정을 하는 것이다.

리눅스 클라이언트의 SLAAC를 비활성화하려면 다음 명령을 사용한다.

```
Linux# sysctl -w net.ipv6.conf.all.autoconf=0
```

맥 OS나 FreeBSD에서는 최소한 링크 로컬 주소에 대해서 아래 명령을 사용해야 한다.

```
FreeBSD# sysctl -w net.inet6.ip6.auto_linklocal=0
```

그리고 마지막으로 윈도우에 대해서는 다음과 같다.

```
C:\> netsh
netsh> interface ipv6
netsh interface ipv6> set interface {ifname} managedaddress=disabled
```

여기서 {ifname}은 적절한 인터페이스 이름으로 대체해야 한다(이 예제에서는 Wireless
Network Connection). 이러한 설정 명령어들의 동작이 가끔 바뀌기도 한다는 점에 주의하
자. 명령어가 예상대로 동작하지 않는다면 운영체제의 문서를 확인하도록 하자.

## 6.4 DHCP와 DNS의 상호작용

DHCP 클라이언트가 IP 주소를 얻을 때 함께 수신하는 설정 정보 중에서 중요한 것
이 DNS 서버의 IP 주소다. 이것 덕분에 클라이언트 시스템은 DNS 이름을 IPV4와/또
는 IPv6로 변환할 수 있으며, 그래야 전송 계층에서 연결이 수행될 수 있다. DNS 서버
가 없거나 그 밖의 이름-주소 변환 방법이 없으면 대부분의 사용자는 시스템이 인터
넷 접속에 거의 쓸모가 없다고 생각할 것이다. 만일 로컬 DNS가 동작 중이라면 인터넷
과 (앞선 예제의 .home과 같은) 로컬 사설 네트워크 모두에 대해서 이름-주소 변환을 할 수

있어야 한다.

로컬 사설 네트워크의 DNS 매핑은 손으로 관리하기에는 거추장스러워서 DHCP를 사용한 주소 지정과 해당 주소에 대응하는 DNS 매핑 갱신을 합치는 것이 편리하다. 이는 DHCP/DNS 통합 서버나 동적 DNS(11장 참조)를 사용해 달성할 수 있다.

DHCP/DNS 통합 서버(리눅스 dnsmasq 패키지와 같은)는 서버 프로그램이다. 이 프로그램은 IP 주소 임대와 다른 정보들을 제공할 뿐 아니라, DHCPREQUEST 메시지 내의 클라이언트 식별자 혹은 도메인 이름을 읽어서 내부 DNS 데이터베이스의 이름-주소 바인딩을 DHCPACK로 응답하기 전에 갱신하도록 설정할 수 있다. 이렇게 하면, DHCP 클라이언트 혹은 동일 DNS 서버와 통신하는 다른 시스템에 의해 시작되는 이후의 DNS 요청들은 클라이언트 이름과 새롭게 할당된 IP 주소 간의 변환을 수행할 수 있다.

## 6.5 이더넷상에서 동작하는 PPP(PPPoE)

대부분의 LAN과 일부 WAN 환경에서는 DHCP는 클라이언트 시스템을 설정하는 가장 일반적인 방법이다. DSL과 같은 WAN 연결에서는 PPP에 근거한 다른 방법이 대신 사용되는데, 이 방식은 이더넷상에서 PPP를 전송하기 때문에 PPPoE<sup>PPP over Ethernet</sup>라고 부른다. PPPoE는 WAN 연결 장치(예를 들어 DSL 모뎀)가 라우터를 대신해 스위치나 브리지로 동작하는 곳에서 사용된다. ISP들은 일반적으로 접속 수립 시에 PPP를 선호하는데 DHCP 같은 다른 설정 옵션에 비해 상당히 정밀한 설정 제어와 감사 로그를 제공할 수 있기 때문이다. 인터넷 접속을 제공하기 위해 사용자의 PC와 같은 장치들은 IP 라우팅과 주소 지정 기능을 구현해야 한다. 그림 6-28은 전형적인 사용 예를 보여준다.

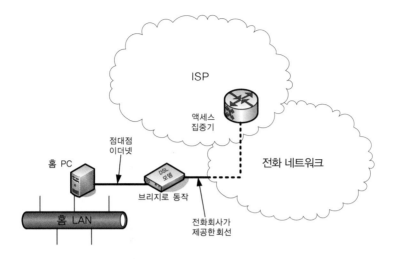

**그림 6-28** PPPoE를 사용해서 고객에게 DSL 서비스가 제공되는 과정을 단순화한 그림. 홈 PC는 PPPoE를 구현해서 ISP 가입자임을 인증한다. 홈 PC는 라우터, DHCP 서버, DNS 서버, NAT 장치 역할도 한다.

그림 6-28은 DSL을 사용해서 다수의 고객에게 서비스를 제공하는 ISP를 보여준다. DSL은 전통적인 아날로그 전화 회선과 동시에 동작할 수 있는 점대점 디지털 링크를 제공한다(전통적인 전화 서비스를 POTS<sup>Plain Old Telephone Service</sup>라고 부른다). 이렇게 전화선을 동시에 사용할 수 있는 것은 주파수 분할 다중화 덕분이다. DSL 정보는 POTS 보다 높은 주파수에서 운반되기 때문이다. 전통적인 전화기를 접속할 때는 DSL의 고주파로 인한 간섭을 막기 위해 필터가 필요하다. DSL 모뎀은 실질적으로 ISP의 AC(액세스 집중기)에서 PPP 포트에게 브리지 연결 서비스를 제공하는 것과 같다. AC는 고객의 모뎀 회선과 ISP의 네트워크 장비를 서로 연결하는 역할을 한다. 모뎀과 AC는 PPPoE 프로토콜도 지원하므로, 이번 예에서 사용자는 점대점 이더넷 네트워크(즉, 하나의 케이블만 사용하는 이더넷 LAN)상의 DSL 모뎀에 접속된 홈 PC를 설정하는 데 PPPoE 프로토콜을 사용한다.

DSL 모뎀이 ISP와 하위 계층 링크를 성공적으로 설정하면 PC는 [RFC2516]에 정의된 대로 PPPoE 교환을 시작할 수 있다(그림 6-29).

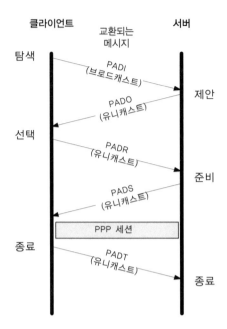

**그림 6-29** PPPoE 메시지 교환은 탐색 단계와 PPP 세션 단계를 거친다. 교환되는 메시지들은 모두 PAD 메시지다. PADI 메시지는 PPPoE 서버에 응답을 보내달라고 요청한다. PADO 메시지는 연결 방법을 제안하고, PADR 메시지는 여러 서버 중에서 클라이언트가 선택한 서버가 무엇인지 나타낸다. 클라이언트가 선택한 서버는 PADS 메시지를 보내서 연결을 확인해준다. 이와 같은 PAD 메시지들이 교환된 후에 PPP 세션이 시작된다. 클라이언트와 서버 중 한 쪽에서 PADT 메시지를 보내거나, 하부 링크에 장애가 발생하거나, 시스템 종료가 일어나면 PPP 세션은 닫힌다.

이 프로토콜은 탐색 단계와 PPP 세션 단계로 이뤄진다. 탐색 단계는 PADI<sup>시작</sup>, PADO<sup>제안</sup>, PADR<sup>요청</sup>, PADS<sup>세션 확인</sup> 등의 PAD<sup>PPPoE Active Discovery</sup> 메시지들의 교환이 일어난다. 교환이 완료되면 이더넷에 캡슐화된 PPP 세션이 시작되며, 클라이언트와 서버 중 한쪽에서 PADT 메시지를 보내면 PPP 세션이 닫힌다. 또, 하부 링크의 연결이 없어진 경우에도 PPP 세션이 닫힌다.

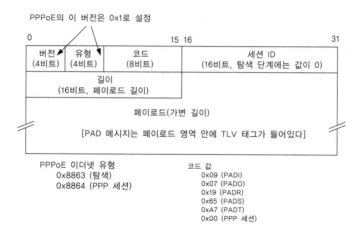

PPPoE의 이 버전은 0x1로 설정

| 0 | 15 16 | 31 |

| 버전<br>(4비트) | 유형<br>(4비트) | 코드<br>(8비트) | 세션 ID<br>(16비트, 탐색 단계에는 값이 0) |
| --- | --- | --- | --- |
| 길이<br>(16비트, 페이로드 길이) | | | |
| 페이로드(가변 길이)<br><br>[PAD 메시지는 페이로드 영역 안에 TLV 태그가 들어있다] | | | |

PPPoE 이더넷 유형
  0x8863 (탐색)
  0x8864 (PPP 세션)

코드 값
  0x09 (PADI)
  0x07 (PADO)
  0x19 (PADR)
  0x65 (PADS)
  0xA7 (PADT)
  0x00 (PPP 세션)

**그림 6-30** PPPoE 메시지는 이더넷 프레임의 페이로드 영역 안에 운반된다. 이더넷의 유형 필드는 탐색 단계에는 0x8863으로 설정되고 PPP 세션 단계에는 0x8864로 설정된다. PAD 메시지 안의 설정 정보는 DHCP 옵션들처럼 TLV 형식으로 표현된다. PPPoE 세션 ID는 서버가 선택하며 PADS 메시지 안에 운반된다.

그림 6-30에서 PPPoE 버전$^{Ver}$과 유형$^{Type}$ 필드는 둘 다 4비트 길이이고, PPPoE 현재 버전에서 이 값들은 0x1이다. 코드 필드는 PPPoE 메시지 유형을 나타내는데, 그림 6-30 우측 하단에서 코드 값들을 볼 수 있다. 세션 ID 필드는 PADI, PADO, PADR 메시지에서는 값이 0x0000이고, 이후의 메시지들에서는 고유한 16비트 숫자를 포함하며, PPP 세션 중에는 동일한 값이 유지된다. PAD 메시지들은 하나 이상의 태그를 포함하며, 이 태그들은 TLV 형식으로서 16비트 TAG_TYPE 필드, 16비트 TAG_LENGTH 필드, 가변 길이의 태그 값 데이터 순으로 배열된다. TAG_TYPE 필드의 값과 의미는 표 6-2에서 볼 수 있다.

표 6-2 PPPoE TAG_TYPE 값, 이름, 목적. PAD 메시지는 하나 이상의 태그를 포함할 수 있다.

| 값 | 이름 | 목적 |
|---|---|---|
| 0x000 | End-of-List | 더 이상 태그가 있지 않음을 나타낸다. TAG_LENGTH는 0이어야 한다. |
| 0x0101 | Service-Name | UTF-8로 인코딩된 서비스 이름(ISP용) |
| 0x0102 | AC-Name | 액세스 집중기 이름을 나타내는 UTF-8 인코딩 문자열 |
| 0x0103 | Host-Uniq | 클라이언트가 메시지 대조를 위해 사용하는 2진 데이터. AC에 의해 해석되지 않는다. |
| 0x0104 | AC-Cokie | AC가 DoS 방어를 위해 사용하는 2진 데이터. 클라이언트는 아무 처리도 하지 않는다. |
| 0x0105 | Vendor-Specific | 권고하지 않는다. 자세한 것은 [RFC2516] 참조 |
| 0x0110 | Relay-Session-ID | PAD 트래픽을 중계하는 중계기에 의해 추가될 수 있다. |
| 0x0201 | Service-Name-Error | 요청받은 Service-Name 태그를 AC가 인정할 수 없음 |
| 0x0202 | AC-System-Error | 요청받은 동작을 수행할 때 AC가 오류를 경험함 |
| 0x0203 | Generic-Error | 복구 불가능한 오류를 나타내는 UTF-8 인코딩 문자열 |

PPPoE의 동작을 실제로 관찰하기 위해서 그림 6-28의 PC와 같은 홈 시스템과 액세스 집중기 사이의 패킷 교환을 모니터링해보자. 그림 6-31은 탐색 단계와 첫 번째 PPP 세션 패킷을 보여주고 있다.

그림 6-31은 PADI, PADO, PADR, PADS 메시지의 교환을 보여준다. 각 메시지는 값이 9c3a0000인 Host-Uniq 태그를 포함하며, 집중기에서 온 메시지는 AC-Name 태그에 값 90084090400368-rback37.snfcca도 포함하고 있다. 그림 6-32는 PADS 메시지를 더 자세히 보여준다.

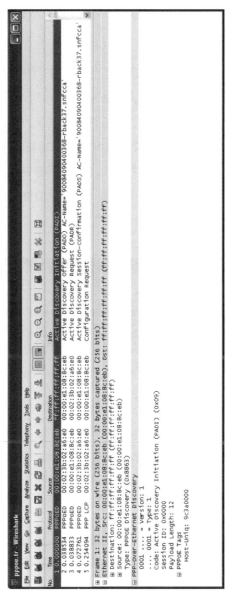

**그림 6-31** PPPoE 교환은 이더넷 브로드캐스트로 보내지는 PADI 메시지부터 시작한다. 후속 메시지들은 유니캐스트 주소를 사용한다. 이 예에서는 Host-Uniq 태그와 AC-Name 태그만 사용된다. PPP 세션은 5번째 패킷부터 시작하는데, 처음에 PPP 링크 설정 교환이 시작되고 최종적으로는 IPCP를 사용해서 시스템의 IPv4 주소가 지정된다(3장 참고).

그림 6-32의 PADS 메시지는 클라이언트에 PPP 세션이 설정됐고 세션 ID는 0xecbd임을 보여준다. AC를 나타내기 위해 AC-Name 태그도 유지된다. 이제 탐색 단계가 완료

됐으므로 PPP 세션 단계(3장 참고)가 시작될 수 있다. 그림 6-33은 첫 번째 PPP 세션 패킷을 보여준다.

이 그림은 PPPoE 교환에서 PPP 세션 단계의 시작을 표시한다. PPP 세션은 설정 요청(3장 참조)을 보내는 클라이언트에 의한 링크 설정PPP LCP과 함께 시작한다. 클라이언트는 PAPPassword Authentification Protocol, 비밀번호 인증 프로토콜을 사용해서 스스로를 AC에게 인증하고자 한다(PAP는 그다지 보안성이 높지 않다). 인증 교환이 완료되고 다양한 링크 매개변수들(예를 들면 MRU)이 교환되면, IPCP가 IP 주소 획득 및 설정에 사용된다. 추가적인 설정 정보(예를 들면 ISP의 DNS서버의 IP주소)는 별도로 얻어야 하며 특히 ISP에 따라서는 수동 설정이 요구된다는 점을 주의하자.

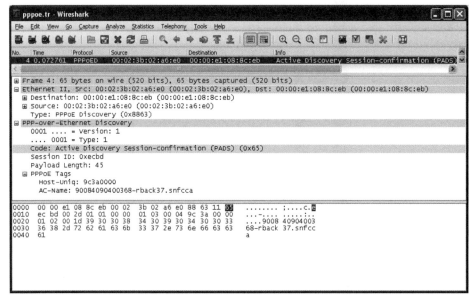

**그림 6-32** PPPoE PADS 메시지는 클라이언트와 액세스 집중기 사이의 연계를 확인한다. 이 메시지는 세션 ID를 0xecbd 로 정의하며, 이 ID는 이후의 PPP 세션 패킷에서 사용된다.

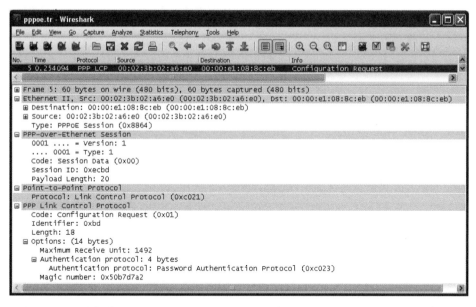

**그림 6-33** PPPoE 세션의 첫 번째 PPP 메시지는 설정 요청이다. 이더넷 유형은 PPP 세션 단계임을 나타내기 위해서 0x8864로 변경됐고, 세션 ID는 0xecbd로 설정됐다. 이 예제에서 PPP 클라이언트는 (상대적으로 안전하지 못한) 비밀번호 인증 프로토콜을 사용해 인증하기를 원하고 있다.

## 6.6 시스템 설정과 관련된 공격

시스템 및 네트워크 설정과 관련해서 매우 다양한 공격을 받을 수 있다. 이러한 공격은 DHCP를 방해하기 위한 미인증 클라이언트 또는 미인증 서버의 설치부터 (서버가 배포할 수 있는 모든 가용 IP 주소를 요청함으로써) 자원 고갈을 유발하는 DoS 공격에 이르기까지 매우 다양하다. 이런 문제의 대다수는 현재 주소 설정에 주로 사용되는 IPv4 프로토콜들이 신뢰를 전제로 하는 네트워크에 맞춰 설계됐고 새롭게 설계된 IPv6은 아직 널리 보급되지 않은 것이 원인이다. 따라서 이런 공격들 중 어느 것도 기본적인 DHCP에 의해서 막을 수 없으며 다만 링크 계층 인증(예를 들어 Wi-Fi 네트워크에 사용되는 WPA2)이 특정 네트워크에 접속될 수 있는 미인증 클라이언트의 수를 제한하는 데 도움이 된다.

현재 IETF에서 IPv6 이웃 탐색의 보안성을 높이기 위해서 노력 중인데 이것이 보급된다면 SLACC를 사용하는 네트워크의 보안성에 직접적으로 영향을 미칠 것이다. 신뢰와 위협 가정은 2004년부터 [RFC3756]에 개요가 설명되고 있으며 안전한 이웃 탐색(SEND)

프로토콜은 [RFC3971]에 정의돼 있다. SEND는 IPsec(18장 참조)을 이웃 탐색 패킷에 적용하며 이때 암호로 생성된 주소(CGA)를 함께 사용한다. 이러한 주소들은 키를 가진 해시 함수에서 유도되므로 적절한 키를 가진 시스템에서만 생성될 수 있다.

## 6.7 정리

인터넷 혹은 인터넷 프로토콜을 사용하는 사설망에서 호스트나 라우터가 동작하기 위해서는 기본적인 설정 정보가 필수적으로 요구된다. 라우터는 최소한 주소를 받아야 하며, 호스트는 주소, 다음 홉 라우터, DNS 서버의 위치를 필요로 한다. DHCP는 IPv4와 IPv6에서 모두 사용 가능하지만 둘 간에 직접적인 호환성은 없다. DHCP 서버는 주소를 요청한 클라이언트에게 지정된 시간 동안 하나 이상의 주소를 임대할 수 있다. 클라이언트는 사용이 계속 필요하면 그 임대를 갱신한다. DHCP는 클라이언트가 추가 정보를 획득하는 데도 사용된다. 추가 정보에는 서브넷 마스크, 기본 라우터, 벤더 고유의 설정 정보, DNS 서버, 홈 에이전트, 기본 도메인 네임 등이 있다. DHCP는 클라이언트와 서버가 다른 네트워크상에 있을 때도 중계 에이전트를 통해서 사용할 수 있다. DHCP의 다양한 확장 기능은 추가 정보들이 중계기 에이전트와 서버 간에 전달될 수 있게 한다. DHCPv6는 일정 범위의 IPv6 주소 공간을 라우터에게 위임하는 데도 사용될 수 있다.

IPv6 환경에서 호스트는 일반적으로 다수의 주소를 사용한다. IPv6 클라이언트는 특별한 링크 로컬 IPv6 프리픽스를 (MAC 주소 혹은 프라이버시 향상을 위한 임의의 숫자로부터 얻은 비트값과 같은) 다른 로컬 정보와 결합해 자율적으로 링크 로컬 주소를 생성할 수 있다. 전역 주소를 얻기 위해서는 ICMP 라우터 광고 메시지 혹은 DHCPv6 서버로부터 전역 주소 프리픽스를 얻어서 사용할 수 있다. DHCPv6 서버는 주소를 요청하는 클라이언트에게 IPv6 주소를 임대하는 '상태 기반$^{stateful}$' 모드로 운영될 수도 있고 주소가 아닌 설정 정보를 제공하는 '무상태$^{stateless}$' 모드로 운영될 수도 있다.

PPPoE는 ISP, 특히 DSL 서비스를 제공하는 ISP와 인터넷 접속을 확립하기 위해서 PPP 메시지를 이더넷상에서 전송한다. PPPoE 사용자는 브리지 또는 스위치 역할을 하고 이더넷 포트를 갖고 있는 DSL 모뎀을 사용한다. PPPoE는 처음에 탐색 메시지들을 교환하면서 액세스 집중기의 신원을 확인하고 PPP 세션을 확립한다. 탐색 단계가 완료되면, 이더넷 안에 캡슐화돼서 IP 등의 다양한 프로토콜을 운반할 수 있는 PPP 트래픽은 PPPoE

연결이 종료될 때까지 지속되는데, PPPoE는 의도적으로 혹은 하부 링크의 연결 해제로 인해 종료된다. PPPoE가 사용될 때는 IPCP(3장 참고)와 같은 PPP 프로토콜의 설정 기능이 책임지고 클라이언트 시스템에 IP 주소를 지정한다.

IPv6 무상태 자동 설정과 함께 사용되는 DHCP와 ICMPv6 라우터 광고 메시지에는 일반적으로 보안 메커니즘이 적용되지 않는다. 이로 인해서 다양한 종류의 공격에 취약한데, 이런 공격에는 미인증 클라이언트에 의한 네트워크 접근, 가짜 주소를 제공해서 서비스 거부[DoS]를 유발하는 불량배 DHCP 서버의 운영, 클라이언트의 과도한 주소 요청으로 인한 자원 고갈 등이 있다. 대부분의 공격들은 DHCP에 추가된 보안 메커니즘(DHCP 인증 혹은 최근 개발된 SEND 프로토콜)으로 완화시킬 수 있다. 그렇지만 아직 실제로 사용되는 사례는 많지 않다.

# 6.8 참고 자료

- **[802.21-2008]** "IEEE Standard for Local and Metropolitan Area Networks. Part 21: Media Independent Handover Services," Nov. 2008.

- **[F07]** R. Faas, "Hands On: Configuring Apple's NetBoot Service, Part 1," Computerworld, Sept. 2007.

- **[GC89]** C. Gray and D. Cheriton, "Leases: An Efficient Fault-Tolerant Mechanism for Distributed File Cache Consistency," Proc. ACM Symposium on Operating System Principles (SOSP), 1989.

- **[IARP]** http://www.iana.org/assignments/arp-parameters

- **[IBDP]** http://www.iana.org/assignments/bootp-dhcp-parameters

- **[ID4LQ]** K. Kinnear, B. Volz, M. Stapp, D. Rao, B. Joshi, N. Russell, and P. Kurapati, "Bulk DHCPv4 Lease Query," Internet draft-ietf-dhc-dhcpv4-bulk-leasequery, work in progress, Apr. 2011.

- **[ID4RI]** B. Joshi, R. Rao, and M. Stapp, "The DHCPv4 Relay Agent Identifier Sub-option," Internet draft-ietf-dhc-relay-id-suboption, work in progress, June 2011.

- **[ID6PARAM]** http://www.iana.org/assignments/dhcpv6-parameters

- **[IDDN]** G. Daley, E. Nordmark, and N. Moore, "Tentative Options for Link-Layer Addresses in IPv6 Neighbor Discovery," Internet draft-ietf-dna-tentative (expired), work in progress, Oct. 2009.

- **[IDL2RA]** B. Joshi and P. Kurapati, "Layer 2 Relay Agent Information," Internet draft-ietf-dhc-l2ra, work in progress, Apr. 2011.

- **[IEPARAM]** http://www.iana.org/assignments/enterprise-numbers

- **[MKB928233]** Microsoft Knowledge Base Article 928233 at http://support.microsoft. com

- **[MS-DHCPN]** Microsoft Corporation, "**[MS-DHCPN]**: Dynamic Host Configuration Protocol (DHCP) Extensions for Network Access Protection (NAP)," http://msdn.microsoft.com/en-us/library/cc227316. aspx, Oct. 2008.

- **[RFC0826]** D. Plummer, "Ethernet Address Resolution Protocol: Or Converting Network Protocol Addresses to 48.bit Ethernet Address for Transmission on Ethernet Hardware," Internet RFC 0826/STD 0037, Nov. 1982.

- **[RFC0951]** W. J. Croft and J. Gilmore, "Bootstrap Protocol," Internet RFC 0951, Sept. 1985.

- **[RFC1542]** W. Wimer, "Clarifications and Extensions for the Bootstrap Protocol," Internet RFC 1542, Oct. 1993.

- **[RFC2131]** R. Droms, "Dynamic Host Configuration Protocol," Internet RFC 2131, Mar. 1997.

- **[RFC2132]** S. Alexander and R. Droms, "DHCP Options and BOOTP Vendor Extensions," Internet RFC 2132, Mar. 1997.

- **[RFC2241]** D. Provan, "DHCP Options for Novell Directory Services," Internet RFC 2241, Nov. 1997.

- **[RFC2242]** R. Droms and K. Fong, "NetWare/IP Domain Name and Information," Internet RFC 2242, Nov. 1997.

- **[RFC2516]** L. Mamakos, K. Lidl, J. Evarts, D. Carrel, D. Simone, and R. Wheeler, "A Method for Transmitting PPP over Ethernet (PPPoE)," Internet RFC 2516 (informational), Feb. 1999.

- **[RFC2563]** R. Troll, "DHCP Option to Disable Stateless Auto-Configuration in IPv4 Clients," Internet RFC 2563, May 1999.

- **[RFC2937]** C. Smith, "The Name Service Search Option for DHCP," Internet RFC 2937, Sept. 2000.

- **[RFC3004]** G. Stump, R. Droms, Y. Gu, R. Vyaghrapuri, A. Demirtjis, B. Beser, and J. Privat, "The User Class Option for DHCP," Internet RFC 3004, Nov. 2000.

- **[RFC3011]** G. Waters, "The IPv4 Subnet Selection Option for DHCP," Internet RFC 3011, Nov. 2000.

- **[RFC3046]** M. Patrick, "DHCP Relay Agent Information Option," Internet RFC 3046, Jan. 2001.

- **[RFC3118]** R. Droms and W. Arbaugh, eds., "Authentication of DHCP Messages," Internet RFC 3118, June 2001.

- **[RFC3203]** Y. T'Joens, C. Hublet, and P. De Schrijver, "DHCP Reconfigure Extension," Internet RFC 3203, Dec. 2001.

- **[RFC3315]** R. Droms, ed., J. Bound, B. Volz, T. Lemon, C. Perkins, and M. Carney, "Dynamic Host Configuration Protocol for IPv6 (DHCPv6)," Internet RFC 3315, July 2003.

- **[RFC3396]** T. Lemon and S. Cheshire, "Encoding Long Options in the Dynamic Host Configuration Protocol (DHCPv4)," Internet RFC 3396, Nov. 2002.

- **[RFC3442]** T. Lemon, S. Cheshire, and B. Volz, "The Classless Static Route Option for Dynamic Host Configuration Protocol (DHCP) Version 4," Internet RFC 3442, Dec. 2002.

- **[RFC3633]** O. Troan and R. Droms, "IPv6 Prefix Options for Dynamic Host Configuration Protocol (DHCP) Version 6," Internet RFC 3633, Dec. 2003.

- **[RFC3646]** R. Droms, ed., "DNS Configuration Options for Dynamic Host Configuration Protocol for IPv6 (DHCPv6)," Internet RFC 3646, Dec. 2003.

- **[RFC3693]** J. Cuellar, J. Morris, D. Mulligan, J. Peterson, and J. Polk, "Geopriv Requirements," Internet RFC 3693 (informational), Feb. 2004.

- **[RFC3736]** R. Droms, "Stateless Dynamic Host Configuration Protocol (DHCP) Service for IPv6," Internet RFC 3736, Apr. 2004.

- **[RFC3756]** P. Nikander, ed., J. Kempf, and E. Nordmark, "IPv6 Neighbor Discovery (ND) Trust Models and Threats," Internet RFC 3756 (informational), May 2004.

- **[RFC3925]** J. Littlefield, "Vendor-Identifying Vendor Options for Dynamic Host Configuration Protocol Version 4 (DHCPv4)," Internet RFC 3925, Oct. 2004.

- **[RFC3927]** S. Cheshire, B. Aboba, and E. Guttman, "Dynamic Configuration of IPv6 Link-Local Addresses," Internet RFC 3927, May 2005.

- **[RFC3971]** J. Arkko, ed., J. Kempf, B. Zill, and P. Nikander, "SEcure Neighbor Discovery (SEND)," Internet RFC 3971, Mar. 2005.

- **[RFC3972]** T. Aura, "Cryptographically Generated Addresses (CGA)," Internet RFC 3972, Mar. 2005.

- **[RFC4030]** M. Stapp and T. Lemon, "The Authentication Suboption for the Dynamic Host Configuration Protocol (DHCP) Relay Agent Option," Internet RFC 4030, Mar. 2005.

- **[RFC4039]** S. Park, P. Kim, and B. Volz, "Rapid Commit Option for the Dynamic Host Configuration Protocol Version 4 (DHCPv4)," Internet RFC 4039, Mar. 2005.

- **[RFC4174]** C. Monia, J. Tseng, and K. Gibbons, "The IPv4 Dynamic Host Configuration Protocol (DHCP) Option for the Internet Storage Name Service," Internet RFC 4174, Sept. 2005.

- **[RFC4280]** K. Chowdhury, P. Yegani, and L. Madour, "Dynamic Host Configuration Protocol (DHCP) Options for Broadcast and Multicast Control Servers," Internet RFC 4280, Nov. 2005.

- **[RFC4291]** R. Hinden and S. Deering, "IP Version 6 Addressing Architecture," Internet RFC 4291, Feb. 2006.

- **[RFC4361]** T. Lemon and B. Sommerfield, "Node-Specific Client Identifiers for Dynamic Host Configuration Protocol Version Four (DHCPv4)," Internet RFC 4361, Feb. 2006.

- **[RFC4388]** R. Woundy and K. Kinnear, "Dynamic Host Configuration Protocol (DHCP) Leasequery," Internet RFC 4388, Feb. 2006.

- **[RFC4429]** N. Moore, "Optimistic Duplicate Address Detection (DAD) for IPv6," Internet RFC 4429, Apr.

2006.

- **[RFC4436]** B. Aboba, J. Carlson, and S. Cheshire, "Detecting Network Attachment in IPv4 (DNAv4)," Internet RFC 4436, Mar. 2006.

- **[RFC4649]** B. Volz, "Dynamic Host Configuration Protocol (DHCPv6) Relay Agent Remote-ID Option," Internet RFC 4649, Aug. 2006.

- **[RFC4702]** M. Stapp, B. Volz, and Y. Rekhter, "The Dynamic Host Configuration Protocol (DHCP) Client Fully Qualified Domain Name (FQDN) Option," Internet RFC 4702, Oct. 2006.

- **[RFC4704]** B. Volz, "The Dynamic Host Configuration Protocol for IPv6 (IPv6) Client Fully Qualified Domain Name (FQDN) Option," Internet RFC 4704, Oct. 2006.

- **[RFC4776]** H. Schulzrinne, "Dynamic Host Configuration Protocol (DHCPv4 and DHCPv6) Option for Civic Addresses Configuration Information," Internet RFC 4776, Nov. 2006.

- **[RFC4833]** E. Lear and P. Eggert, "Timezone Options for DHCP," Internet RFC 4833, Apr. 2007.

- **[RFC4862]** S. Thomson, T. Narten, and T. Jinmei, "IPv6 Stateless Address Auto-configuration," Internet RFC 4862, Sept. 2007.

- **[RFC4941]** T. Narten, R. Draves, and S. Krishnan, "Privacy Extensions for Stateless Address Autoconfiguration in IPv6," Internet RFC 4941, Sept. 2007.

- **[RFC5007]** J. Brzozowski, K. Kinnear, B. Volz, and S. Zeng, "DHCPv6 Lease-query," Internet RFC 5007, Sept. 2007.

- **[RFC5010]** K. Kinnear, M. Normoyle, and M. Stapp, "The Dynamic Host Configuration Protocol Version 4 (DHCPv4) Relay Agent Flags Suboption," Internet RFC 5010, Sept. 2007.

- **[RFC5107]** R. Johnson, J. Kumarasamy, K. Kinnear, and M. Stapp, "DHCP Server Identifier Override Suboption," Internet RFC 5107, Feb. 2008.

- **[RFC5175]** B. Haberman, ed., and R. Hinden, "IPv6 Router Advertisement Flags Option," Internet RFC 5175, Mar. 2008.

- **[RFC5192]** L. Morand, A. Yegin, S. Kumar, and S. Madanapalli, "DHCP Options for Protocol for Carrying Authentication for Network Access (PANA) Authentication Agents," Internet RFC 5192, May 2008.

- **[RFC5222]** T. Hardie, A. Newton, H. Schulzrinne, and H. Tschofenig, "LoST: A Location-to-Service Translation Protocol," Internet RFC 5222, Aug. 2008.

- **[RFC5223]** H. Schulzrinne, J. Polk, and H. Tschofenig, "Discovering Location-to-Service Translation (LoST) Servers Using the Dynamic Host Configuration Protocol (DHCP)," Internet RFC 5223, Aug. 2008.

- **[RFC5460]** M. Stapp, "DHCPv6 Bulk Leasequery," Internet RFC 5460, Feb. 2009.

- **[RFC5569]** R. Despres, "IPv6 Rapid Deployment on IPv4 Infrastructures (6rd)," Internet RFC 5569 (informational), Jan. 2010.

- **[RFC5677]** T. Melia, ed., G. Bajko, S. Das, N. Golmie, and JC. Zuniga, "IEEE 802.21 Mobility Services Framework Design (MSFD)," Internet RFC 5677, Dec. 2009.

- **[RFC5678]** G. Bajko and S. Das, "Dynamic Host Configuration Protocol (DHCPv4 and DHCPv6) Options for IEEE 802.21 Mobility Services (MoS) Discovery," Internet RFC 5678, Dec. 2009.

- **[RFC5735]** M. Cotton and L. Vegoda, "Special-Use IPv4 Addresses," Internet RFC 5735/BCP 0153, Jan. 2010.

- **[RFC5969]** W. Townsley and O. Troan, "IPv6 Rapid Deployment on IPv4 Infrastructures (6rd).Protocol Specification," Internet RFC 5969, Aug. 2010.

- **[RFC5985]** M. Barnes, ed., "HTTP-Enabled Location Delivery (HELD)," Internet RFC 5985, Sept. 2010.

- **[RFC5986]** M. Thomson and J. Winterbottom, "Discovering the Local Location Information Server (LIS)," Internet RFC 5986, Sept. 2010.

- **[RFC6059]** S. Krishnan and G. Daley, "Simple Procedures for Detecting Network Attachment in IPv6," Internet RFC 6059, Nov. 2010.

- **[RFC6106]** J. Jeong, S. Park, L. Beloeil, and S. Madanapalli, "IPv6 Router Advertisement Options for DNS Configuration," Internet RFC 6106, Nov. 2010.

- **[RFC6148]** P. Kurapati, R. Desetti, and B. Joshi, "DHCPv4 Lease Query by Relay Agent Remote ID," Internet RFC 6148, Feb. 2011.

- **[RFC6153]** S. Das and G. Bajko, "DHCPv4 and DHCPv6 Options for Access Network Discovery and Selection Function (ANDSF) Discovery," Internet RFC 6153, Feb. 2011.

- **[RFC6221]** D. Miles, ed., S. Ooghe, W. Dec, S. Krishnan, and A. Kavanagh, "Lightweight DHCPv6 Relay Agent," Internet RFC 6221, May 2011.

- **[RFC6225]** J. Polk, M. Linsner, M. Thomson, and B. Aboba, ed., "Dynamic Host Configuration Protocol Options for Coordinate-Based Location Configuration Information," Internet RFC 6225, Mar. 2011.

- **[RFC6276]** R. Droms, P. Thubert, F. Dupont, W. Haddad, and C. Bernardos, "DHCPv6 Prefix Delegation for Network Mobility (NEMO)," Internet RFC 6276, July 2011.

# 07

## 방화벽과 네트워크 주소 변환

## 7.1 개요

초창기 인터넷과 그 프로토콜의 네트워크 설계자 및 개발자들 대부분은 대학이나 기타 연구기관 출신이었다. 대부분 우호적이며 협력적이었기 때문에 인터넷 시스템의 취약성에도 불구하고 인터넷 공격에 관심을 갖는 사람은 많지 않았다. 하지만 1980년대 후반, 특히 1990년대 초중반에 인터넷이 대중들의 관심을 받게 되면서 인터넷의 보안을 훼손하려는 사람이 늘어났다. 인터넷 공격 성공이 일상화됐고 인터넷에 연결된 호스트의 소프트웨어 구현에 들어있던 버그나 의도치 않은 프로토콜 동작으로 인해 많은 문제가 발생했다. 호스트들이 다양한 버전의 운영체제 소프트웨어를 실행하는 대규모 사이트의 시스템 관리자는 호스트 시스템 내의 수많은 버그를 모두 수정할 수 있다고 보장하기가 매우 어려웠다. 심지어 구형 시스템일 경우에는 거의 불가능한 일이었다. 문제 해결을 위해서는 호스트가 주고받는 인터넷 트래픽을 제어할 수 있는 방법이 필요했다. 오늘날 이 방법을 제공하는 것이 바로 방화벽<sup>firewall</sup>이다. 방화벽은 전달하는 트래픽의 유형을 제한하는 일종의 라우터를 가리킨다.

대규모 조직을 보호하기 위해 방화벽이 보급되면서 또 다른 문제가 중요하게 대두됐다. 가용 IPv4 주소의 개수가 줄어들어서 고갈 위기에 처한 것이다. 주소 할당과 사용 방법에 관한 조치가 필요했다. IPv6을 제외하고 이 문제를 해결하기 위해 개발된 가장 중요한 방법론의 하나가 바로 네트워크 주소 변환NAT, Network Address Translation이다. NAT를 사용하면 인터넷 주소들은 전역적으로 유일하지 않아도 되며 그 결과로 주소 영역address realms이라는 단위로 인터넷의 다른 곳에서 재사용될 수 있다. 다수의 영역에서 동일한 주소를 재사용할 수 있게 되면서 주소 고갈 문제는 크게 완화됐다. 또 지금부터 살펴보겠지만 NAT와 방화벽이 결합된 장치는 홈 네트워크와 소규모 기업을 포함하는 최종 사용자가 인터넷에 연결할 때 사용하는 가장 대중적인 라우터가 됐다. 방화벽과 NAT에 대해서 더 자세히 살펴보자.

## 7.2 방화벽

호스트 시스템의 소프트웨어를 최신 버전으로 유지하고 버그가 포함되지 않도록 유지하는 것은 엄청난 관리 비용을 요구한다. 이런 상황에서 외부로부터의 공격에 대한 대비는 호스트 시스템을 보호하는 데 그치지 않고 방화벽으로 트래픽을 걸러냄으로써 호스트 시스템으로 유입되는 인터넷 트래픽을 제한하는 것으로 확장됐다. 오늘날 방화벽은 매우 널리 쓰이며 몇 가지 유형의 방화벽이 진화해왔다.

보편적으로 사용되는 2가지 형태의 방화벽은 프록시 방화벽proxy firewall과 패킷 필터링 방화벽packet-filtering firewall이다. 두 가지의 차이점은 프로토콜 스택의 어느 계층에서 동작하는가에 달려 있다. 다시 말하면 IP 주소와 포트 번호가 사용되는 방식이 다르다. 패킷 필터링 방화벽은 특정 기준을 충족하는 데이터그램을 폐기하는 인터넷 라우터이고, 프록시 방화벽은 인터넷 클라이언트의 입장에서 보면 다중홈multihomed 서버 호스트처럼 동작한다. 즉, TCP와 UDP 전송의 종착지로서 IP 프로토콜 계층에서 IP데이터그램의 경로를 지정하는 것이 아니다.

### 7.2.1 패킷 필터링 방화벽

패킷 필터링 방화벽은 인터넷 라우터처럼 동작하면서 일부 트래픽을 걸러낸다. 패킷의 헤더 부분이 필터filter라고 하는 어떤 판정 기준을 충족(또는 충족하지 못)하면 패킷을 폐기하거나 전달하도록 설정되는 것이다. 단순한 필터는 네트워크 계층이나 전송 계층 헤더의 여러 부분에 대한 범위 비교를 수행하는데 원하지 않는 IP 주소들이나 옵션, ICMP 메시지 유형 그리고 각 패킷에 포함된 포트 번호에 근거하는 여러 가지 UDP나 TCP 서비스를 비교하는 것이 일반적이다. 앞으로 보게 되겠지만 가장 단순한 패킷 필터링 방화벽은 상태없는 방화벽이고 반면에 상태 기반 방화벽은 매우 정밀한 필터링이 가능하다. 상태가 없는 패킷 필터링 방화벽은 각 데이터그램을 개별적으로 처리한다. 반면 상태 기반 방화벽은 현재의 패킷과 이전 혹은 이후의 패킷 간의 관계를 파악해서 데이터그램이나 스트림이 단일 전송에 속하는지 아니면 하나의 IP 데이터그램을 구성하는 IP 단편fragment(10장 참조)인지 추론할 수 있다. IP 단편화는 방화벽이 임무를 수행하기 어렵게 만드는 요인으로 무상태 패킷 필터링 방화벽은 IP 단편으로 인해 혼란에 빠지기 쉽다.

전형적인 패킷 필터링 방화벽이 그림 7-1에 보인다. 이 방화벽은 내부, 외부, DMZ 이렇게 3개의 네트워크 인터페이스를 갖는 인터넷 라우터다. DMZ 서브넷은 외부 인터넷 사용자의 접근을 허용하는 서버들이 위치하는 엑스트라넷 혹은 DMZ에의 접근을 제공한다. 네트워크 관리자는 필터 혹은 접근 제어 목록ACL,Access Control List, 어떤 패킷을 통과 허용 혹은 거부할지 정하는 정책의 목록을 방화벽에 설정한다. 일반적으로 이런 필터들은 외부로부터 유입되는 트래픽은 보수적으로 차단하고 내부에서 외부로 나가는 트래픽은 자유롭게 허용한다.

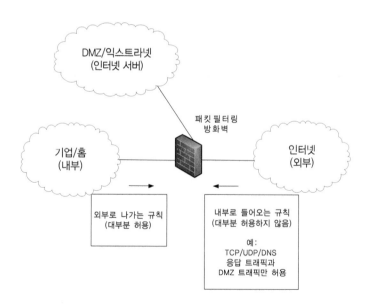

그림 7-1 전형적인 패킷 필터링 방화벽 설정. 방화벽은 '내부'와 '외부' 네트워크 사이에서 IP 라우터처럼 동작한다. 그리고 가끔 세 번째 'DMZ' 또는 엑스트라넷 네트워크는 특정 트래픽만 통과하게 한다. 공통된 구성은 모든 트래픽이 내부에서 외부로 통과하지만 반대 방향으로는 트래픽의 일부만 통과할 수 있도록 구성된다. DMZ 내의 서버에 대한 외부 인터넷으로부터의 접근은 특정 서비스

만 허용된다.

## 7.2.2 프록시 방화벽

패킷 필터링 방화벽은 패킷을 선택적으로 폐기하는 라우터로 동작한다. 반면에 프록시 방화벽은 진정한 의미에서는 인터넷 라우터가 아니다. 프록시 방화벽은 본질적으로 하나 이상의 응용 계층 게이트웨이ALG, Application-Layer Gateway를 실행하는 호스트로서, 둘 이상의 네트워크 인터페이스를 갖고 응용 계층에서 특정 유형의 트래픽을 하나의 연결에서 다른 연결로 중계하는 역할을 수행한다. 최근에는 다양한 기능을 결합한 더욱 정교한 프록시 방화벽들도 존재하지만 기본적으로 프록시 방화벽은 라우터처럼 IP 포워딩을 수행할 수 없다.

그림 7-2는 프록시 방화벽을 보여준다. 프록시 방화벽 안쪽의 클라이언트는 원하는 서비스를 제공하는 실제 호스트가 아니라 프록시와 연계(혹은 연결)되도록 특별하게 설정된다.(프록시 방화벽과 함께 동작 가능한 애플리케이션은 이런 식으로 동작하기 위한 설정 옵션들을 제공한다) 이런 방화벽들은 다중홈 호스트로서 동작하며, IP 포워딩 기능은 (존재하더라도) 일반적으로 비활성화된다. 패킷 필터링 방화벽과 마찬가지로 일반적으로 "외부" 인터페이스에는 전역적으로 경로 지정될 수 있는 IP 주소가 지정되고 "내부" 인터페이스에는 사설 IP 주소가 지정된다. 따라서 프록시 방화벽은 사설 주소 영역의 사용을 지원한다.

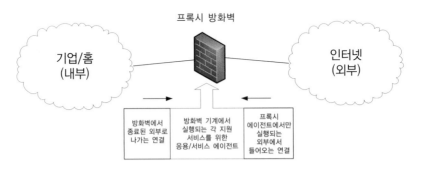

**그림 7-2** 프록시 방화벽은 다중홈 인터넷 호스트처럼 동작한다. 응용 계층에서 TCP 및 UDP 연결의 종착지 역할을 하는 다중홈 인터넷 호스트처럼 동작하므로 통상적인 IP 라우터보다는 ALG에 가깝다. 개별 애플리케이션 혹은 지원 서비스별 프록시는 프록시 방화벽을 통한 통신이 가능하도록 설정돼야 한다.

프록시 방화벽은 보안성이 매우 우수하지만(일부에서는 패킷 필터링 방화벽보다 근본적으로 더 안전하다고 믿는다) 대신에 불안정할 뿐 아니라 유연성이 부족하다는 단점이 따른다. 특히 전송 계층 서비스마다 프록시가 있어야 하기 때문에 새로 사용하고자 하는 서비스마다 해당 프록시가 설치 및 운영돼야 정상적인 통신이 가능하다. 게다가 각 클라이언트는 (예를 들어 목적지 주소와 상관없이 특정 유형의 모든 트래픽을 잡아내는 수집 프록시라고 불리는 대안이 있기는 하지만, 웹 프록시 자동 발견 프로토콜, 또는 WPAD[XIDAD]를 사용해) 프록시를 발견하게 설정돼야 한다. 배포 관점에서 보면 프록시 방화벽은 사용돼야 할 네트워크 서비스들을 사전에 모두 알고 있는 환경에서는 문제가 없지만 새로운 서비스를 추가하기 위해서는 네트워크 운영자가 상당한 작업을 수행해야 한다.

프록시 방화벽의 가장 보편적인 2가지 형태는 HTTP 프록시 방화벽[RFC2616]과 SOCKS 방화벽[RFC1928]이다. 웹 프록시Web proxy라고도 부르는 하는 첫 번째 유형은 HTTP와 HTTPS(웹) 프로토콜들에만 동작하지만 이 프로토콜들이 워낙 널리 사용되기 때문에 방화벽 역시 보편적으로 사용된다. 이 프록시는 내부의 클라이언트에게는 웹 서버로 동작하고, 외부 웹사이트에 접속할 때는 웹 클라이언트로 동작한다. 또 프록시는 웹 캐시Web cache처럼 운영되기도 한다. 웹 캐시는 웹 페이지의 복사본을 저장하고 있으므로, 이후에 해당 웹 페이지에 접근할 때는 웹서버가 아니라 캐시에서 바로 서비스할 수 있다. 덕분에 웹 페이지 표시에 걸리는 지연 시간을 감소시키고 웹 사용자의 경험을 개선한다. 어떤 웹 프록시는 접근 금지 사이트들의 목록인 '블랙리스트'에 근거해 특정 웹사이트에의 접근을 차단하는 내용 필터content filters로 사용되기도 한다. 반대로 인터넷상에는 다수의 소위 터널링 프록시 서버들도 존재한다. 이 서버들은 (예를 들면 psiphon, CGIProxy) 반대기능, 즉 사용자가 필터에 의해 특정 콘텐츠가 차단되지 않도록 한다.

SOCK 프로토콜은 HTTP보다 프록시 접근성이 포괄적이며 웹이 아닌 서비스에도 적용 가능하다. 현재 사용되는 SOCKS의 버전은 4와 5인데 버전 4는 기본적인 프록시 순회를 지원하고 버전 5는 강력한 인증, UDP순회, IPv6 주소지정이 가능하다. 애플리케이션이 SOCKS 프록시를 사용하기 위해서는 SOCKS를 사용할 수 있도록 작성돼야 하며 프록시의 위치 및 SOCKS 버전을 알 수 있도록 설정돼야 한다. 이런 조건이 갖춰진 상태에서 클라이언트는 SOCKS 프로토콜을 사용해서 네트워크 연결을 수행하고 (선택적으로) DNS 검색을 수행하도록 프록시에게 요청할 수 있다.

## 7.3 네트워크 주소 변환(NAT)

기본적으로 NAT는 인터넷의 다른 부분에서 동일 집합의 IP 주소를 재사용하는 것을 허용하는 메커니즘이다. NAT가 생겨난 주요 동기는 IP 주소 공간의 가용성이 한정적이고 감소한다는 점이다. NAT가 사용되는 가장 일반적인 사례는 1개의 인터넷 연결이 제공되는 사이트에 작은 범위의(아마도 1개의) IP 주소만 사용 가능하지만 인터넷 접근을 필요로 하는 컴퓨터는 다수 존재하는 경우이다. 들어오고 나가는 모든 트래픽이 전역 인터넷 주소 영역과 내부(사설) 주소 영역을 구분하는 단일 NAT 장치를 통과하면 모든 내부 시스템은 지역적으로 할당된 사설 IP 주소들을 사용하는 클라이언트로서 인터넷에 접속 가능하다. 하지만 사설 주소를 갖는 시스템에 인터넷 서비스를 제공하는 것은 다소 복잡한 작업을 요구하며 7.3.4절에서 자세히 논의할 것이다.

NAT는 2가지 문제 즉 주소 고갈과 경로 지정의 확장성 우려를 해결하기 위해 도입됐다. NAT는 대규모의 주소를 제공할 수 있는 프로토콜(궁극적으로 IPv6)이 보급되기 전까지 임시적인 조치로서 제안됐고 경로 지정의 확장성은 CIDR(2장 참조)이 도입되면서 문제가 되고 있었다. NAT는 전역적으로 경로 지정할 수 있는 인터넷 주소의 필요성을 감소시킬 뿐 아니라 자체적으로 어느 정도의 방화벽 기능을 제공하고 설정이 간편하다는 점에서 널리 사용되고 있다. 아이러니하게도 NAT의 발전과 보급으로 인해서 IPv6의 채택이 크게 늦어지고 있다. IPv6는 무엇보다도 NAT를 불필요하게 만들기 위해서 고안된 것이었다[RFC4864].

NAT가 비록 널리 쓰이고는 있지만 몇 가지 단점도 있다. 가장 두드러진 단점은 NAT의 사설 주소 영역에서 제공하는 서비스를 인터넷쪽에서 접근 가능하도록 허용하려면 특별한 설정이 요구된다는 것이다. 사설 주소를 사용하는 시스템을 인터넷 쪽에서 직접 도달할 수는 없기 때문이다. 게다가 NAT가 제대로 동작하려면 연결의 양방향으로 흐르는 모든 패킷이 동일한 NAT를 통과해야 한다. 이것은 사설 IP주소를 사용하는 시스템과 공인 IP주소를 사용하는 인터넷 시스템 간의 통신이 동작하도록 NAT가 패킷 내의 주소 정보를 재작성해야 하기 때문이다. 여러 측면에서 NAT는 "똑똑한 종단"과 "멍청한 중간 매개체"라는 인터넷 프로토콜들의 근본적인 신념에 위반된다. 통상적인 라우터와 달리 매 연결 단위로 연결 상태를 필요로 하고 다수의 프로토콜 계층에 걸쳐서 동작해야 하며, IP 계층에서 주소를 변경하기 위해서는 전송 계층에서 검사합 값도 변경해야 한다(왜 그런지는 10장과 13장의 유사헤더 검사합 설명을 참조).

NAT는 일부 응용 프로토콜에서 문제를 드러내는데, 특히 응용 계층 페이로드 안에 IP 주소 정보를 보내는 프로토콜들이 그렇다. FTP[RFC0959]와 SIP[RFC5411]는 그 중에서도 대표적인 것들이다. 이 프로토콜들을 수정하지 않고 NAT와 함께 사용하기 위해서는 애플리케이션 내용을 재작성하는 특수한 응용 계층 게이트웨이 함수를 사용하거나, 애플리케이션이 특정 NAT와 함께 동작하는 방법을 알 수 있도록 다른 NAT 통과 방법이 필요하다. NAT를 사용할 때 고려해야 할 점에 대한 완전한 목록은 [RFC3027]에서 확인할 수 있다. 다양한 문제에도 불구하고 NAT는 널리 사용되고 있으며, (실질적으로 모든 저가형 홈 라우터를 포함해서) 대부분의 라우터가 NAT를 지원한다. NAT가 워낙 널리 사용되고 있기 때문에 애플리케이션 설계자는 자신의 애플리케이션이 'NAT에 친화적으로[RFC3235]' 동작하도록 노력한다. 일부 부족한 점은 있지만, NAT는 인터넷에 매일 접속하는 수백만 클라이언트 시스템이 필요로 하는 (예를 들면 이메일이나 웹과 같은) 기본 프로토콜들을 지원한다.

NAT는 라우터를 통과하는 패킷 안의 식별 정보를 재작성하는 방식으로 동작한다. 대부분의 경우 이것은 양방향 데이터 전달에 모두 적용된다. 가장 기본적인 형태의 NAT는 포워딩되는 패킷의 발신지 IP 주소를 재작성하고 역방향으로 돌아오는 패킷의 목적지 IP 주소를 재작성한다(그림 7-3 참고). 이때 외부로 나가는 패킷의 발신지 IP 주소는 호스트의 IP 주소를 대신해서 NAT 라우터의 인터넷 방면 인터페이스 중 하나가 된다. 따라서 인터넷상의 호스트 입장에서 보면, NAT의 사설 주소를 갖는 호스트로부터 수신되는 패킷은 NAT의 전역 IP 주소로부터 오는 것처럼 보인다.

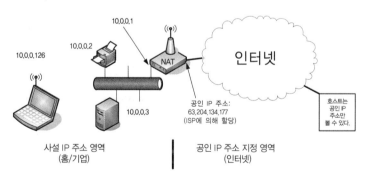

**그림 7-3** NAT는 사설 주소 및 이 주소를 사용하는 시스템을 인터넷과 격리시킨다. 사설 주소를 갖는 패킷은 인터넷에서 직접 경로가 지정되는 것이 아니고, NAT 라우터를 통해서 사설 네트워크를 출입할 때 변환돼야만 한다. 인터넷상의 호스트들은 트래픽이 NAT의 공인 IP 주소로부터 오는 것으로 인식한다.

대부분 NAT는 변환translation과 패킷 필터링packet filtering을 둘 다 수행하고 패킷 필터링 판정 기준은 동적인 NAT 상태에 의존한다. 패킷 필터링 정책의 선택을 얼마나 정밀하게 하느냐는 모든 NAT가 똑같지는 않다. 예를 들어 요청한 적이 없는 패킷(NAT 안쪽에서 발신된 패킷과 관련이 없는 패킷)을 NAT가 수신했을 때, 이 패킷의 취급은 발신지와 목적지 IP 주소에 의존할 수도 있고, 발신지와 목적지 포트 번호에 의존할 수도 있다(혹은 둘 다일 수도 있다). 이렇게 NAT마다 동작 방식이 다르고, 심지어 동일한 NAT가 시점에 따라 다르게 동작하기도 한다. 이때문에 다양한 종류의 NAT와 함께 동작하는 것은 애플리케이션의 어려운 과제 중 하나다.

## 7.3.1 전통적인 NAT: 기본 NAT와 NAPT

NAT의 정확한 동작은 오랫 동안 분명히 정의되지 않은 채로 남아 있었다. 그럼에도 불구하고 여러 NAT 개념들의 다양한 구현이 어떻게 동작하는지에 대한 관찰을 바탕으로 NAT 유형이 분류되기 시작했다. 소위 전통적 NAT는 기본 NAT와 네트워크 주소 포트 변환NAPT를 가리킨다[RFC3022]. 기본 NAT는 IP 주소 변환만 수행한다. 사설 주소가 ISP가 제공하는 공인 주소 풀에 속한 주소로 다시 기록되는 것이다. 이런 유형의 NAT는 IP 주소의 필요성을 대폭 감소시키지는 못해서 그리 널리 쓰이지 않는다. 전역적으로 경로 지정 가능한 주소의 개수가 인터넷에 동시 접속하고자 하는 내부 호스트의 수와 같거나 더 많아야 하기 때문이다. 보다 널리 사용되는 방법인 NAPT는 전송 계층 식별자(예를 들어 TCP와 UDP의 경우는 포트, ICMP의 경우는 질의 식별자)를 사용해서 NAT의 사설 주소쪽에 속한 호스트가 특정 패킷과 어떻게 관련 있는지 구분한다(그림 7-4). 이 방식은 많은 수의(예를 들면 수천 개의) 내부 호스트들이 제한된 개수의 공인 주소(심지어 단 1개의 공인 주소)를 사용해 인터넷에 동시 접속할 수 있게 한다. 앞으로 이 책에서 NAT라는 용어를 사용할 때는 특별히 문맥상 구분이 필요한 경우를 제외하면 기본 NAT와 NAPT를 모두 포함한다.

NAT "뒤편"(혹은 "안쪽")에 있는 사설 주소 영역에 속하는 주소들은 로컬 네트워크 관리자 아닌 누구에게도 강제되지 않는다. 따라서 사설 주소 영역의 호스트가 전역 주소 공간을 사용하는 것도 불가능하지 않다. 원칙적으로 수용할 수 있는 것이다. 하지만 이러한 전역 주소가 인터넷상의 다른 개체에 의해 소유 및 사용 중일 경우, 사설 주소 영역 내의 시스템은 해당 주소를 사용하는 공개 시스템에 도달하지 못할 가능성이 매우 높다. 이런 바람직하지 못한 상황을 회피하기 위해서 사설 주소 영역에서 사용할 수 있도록 3개의 IPv4 주소 범위가 예약돼 있다(10.0.0.0/8, 172.16.0.0/12, 192.168.0.0/16)[RFC1918]. 이런 주소 범위는 내장 DHCP 서버들(6 장 참조) 안의 주소 풀을 위한 기본값들로 자주 사용된다.

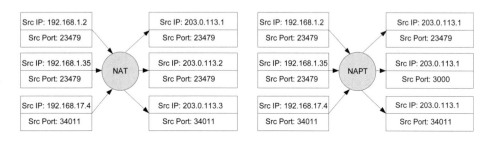

**그림 7-4** 기본 IPv4 NAT(왼쪽)는 주소들의 풀(pool) 중에서 포트 번호는 변경하지 않고 IP 주소들을 다시 작성한다. IP 위장이라고도 부르는 NAPT(오른쪽)은 다수의 주소를 1개의 주소로 변환하는데, 충돌을 피하기 위해서 포트 번호를 변환해야 할 수도 있다. 이 그림에서 포트 번호 23479의 두 번째 인스턴스는 포트 번호 3000을 사용하도록 변환됐는데, 192.168.1.2로 돌아오는 트래픽과 192.168.1.35로 돌아오는 트래픽을 구별하기 위한 것이다.

앞서 설명했듯이 NAT는 어느 정도 방화벽과 비슷한 보안성을 제공한다. 기본적으로 외부 인터넷에서 NAT 사설 주소쪽의 시스템에는 접근할 수 없다. 대부분의 NAT 설정에서 내부 시스템들은 사설 주소를 사용한다. 따라서 사설 주소 영역 내의 호스트와 공개 영역 내의 호스트는 NAT의 개입이 있어야만 서로 통신할 수 있다. 매우 다양한 정책들이 실제로 사용되고 있지만 가장 일반적인 것은 외부로 향하는 거의 모든 트래픽 및 그에 대한 응답 트래픽을 허용하고, 새로운 연결을 요청하면서 내부로 들어오는 거의 모든 트래픽을 차단하는 것이다. 이러한 동작은 공격에 활용할 IP 주소를 확보하려고 시도하는 '탐색' 공격을 막아준다. 또 NAT(특히 NAPT)는 내부 주소의 숫자와 설정을 외부에서 보지 못하도록 은닉한다. 토폴로지 정보가 외부에 드러나서는 안 된다고 믿는 사용자에게 NAT는 토폴로지 은닉 속성을 제공한다.

지금부터 보게 되겠지만 NAT는 지원 대상 프로토콜과 애플리케이션에 대한 맞춤형 설정이 요구되기 때문에 NAT가 처리하고자 하는 특정 프로토콜에 대한 언급 없이 NAT의 동작만 설명하기는 어렵다. 따라서 이번 장에서는 주요 전송 계층 프로토콜과 NAT가 어떻게 함께 동작하고 IPv4/IPv6 혼합 환경에서 어떻게 사용할 수 있는지에 초점을 맞출 것이다. NAT의 동작을 정의하는 작업은 오랫동안 IETF BEHAVE^Behavior Engineering for Hindrance Avoidance 워킹그룹의 주제였다. BEHAVE는 2007년부터 NAT의 일관된 동작을 분명히 정의하는 문서들을 공개하고 있다. 이 문서들은 애플리케이션 작성자와 NAT 개발자가 NAT의 동작 방식에 대해 일관성 있는 예상을 세우는 데 유용하게 쓰인다.

### 7.3.1.1 NAT와 TCP

인터넷의 주요 전송 계층 프로토콜인 TCP는 연결의 각 종단을 식별하려고 IP 주소와 포트 번호를 사용한다는 것을 1장에서 살펴봤다. 하나의 연결은 양 종단의 조합으로 식별된다. 즉, 하나의 고유한 TCP 연결은 2개의 IP 주소와 2개의 포트 번호로 식별될 수 있다. TCP 연결이 시작될 때 '능동 개시자' 또는 클라이언트는 동기화(SYN) 패킷을 '수동 개시자' 또는 서버로 보낸다. 그러면 서버도 SYN 패킷으로 응답하는데, 이 패킷은 클라이언트의 SYN을 수신했음을 확인하는 확인 응답(ACK)도 포함한다. 이를 받은 클라이언트도 서버로 ACK를 보낸다. 이와 같은 '3방향 핸드셰이크^3-way handshake'를 거쳐서 연결이 확립된다. 연결을 정상적으로 닫을 때는 종료(FIN) 패킷이 비슷한 방식으로 교환된다. 또, 재설정(RST) 패킷을 사용해서 연결을 강제 종료할 수도 있다(TCP 연결에 대한 자세한 설명은 13장을 참고). 전통적인 NAT가 TCP와 함께 동작하기 위한 요구 조건이 [RFC5382]에 정의돼 있으며, 주로 TCP의 3-방향 핸드셰이크와 관련이 있다.

그림 7.3의 홈 네트워크 예제를 보면서 10.0.0.126의 무선 클라이언트에서 시작되서 (IPv4 주소가 212.110.167.157인) www.isoc.org 호스트의 웹 서버로 향하는 TCP 연결을 생각해보자. IPv4 주소와 포트 번호를 아래와 같이 표기한다면,

(발신지 IP: 발신지 포트; 목적지 IP: 목적지 포트)

사설망 쪽에서 출발하는 연결 패킷을 (10.0.0.126:9200; 212.110.167.157:80)와 같이 나타낼 수 있다. 클라이언트의 기본 라우터로서 동작하는 NAT/방화벽 장비는 첫 번째 패킷을 수신하고, (TCP 헤더 안의 SYN 비트가 설정돼 있으므로) 이 패킷이 새로운 연결임을 인식한다. NAT의 정책이 허용한다면(그리고 아마 허용할 가능성이 높다. 외부로 나가는 패킷이기 때문이다), 패킷 안의 발신지 주소는 NAT 라우터의 외부 인터페이스의 주소로 수정된다. 따라서 NAT가 이 패킷을 외부로 포워딩할 때는 주소 정보가

(63.204.134.177:9200; 212.110.167.157:80)으로 바뀌어서 전달된다. NAT는 패킷을 포워딩할 뿐만 아니라, 자신이 새로운 연결을 처리하고 있음을 기억하기 위한 내부 상태 정보를 생성한다(이러한 연결을 NAT 세션이라고 부른다). 이 상태 정보는 클라이언트의 발신지 IP 주소와 포트 번호를 포함하는 항목은 반드시 포함한다(이러한 항목을 NAT 매핑이라고 부른다). 이 정보는 인터넷상의 서버가 응답할 때 사용된다. 서버는 NAT 외부 주소 (63.204.134.177:9200)로 응답하고, 이때 클라이언트가 처음 선택했던 포트 번호를 그대로 사용한다. 이러한 동작을 포트 보존port preservation이라고 한다. 수신된 데이터그램의 목적지 포트 번호를 NAT 매핑과 대조함으로써 NAT는 최초에 요청을 보냈던 클라이언트의 내부 IP 주소를 확보할 수 있다. 이번 예제에서 이 주소는 10.0.0.126이므로 NAT는 응답 패킷을 (212.110.167.157:80; 63.204.134.177:9200)에서 (212.110.167.157:80; 10.0.0.126:9200)으로 재작성한 뒤 포워딩한다. 그러면 클라이언트는 자신의 요청에 대한 응답을 받았으므로 서버에 접속된다.

이 예제는 기초적인 NAT 세션이 정상적 상황에서 어떻게 확립되는지 보여주지만 NAT 세션이 어떻게 제거되는지는 보여주지 않는다. 세션 상태는 FIN 메시지가 교환되면 제거되지만, 모든 TCP 연결이 우아하게 제거되는 것은 아니다. 가끔은 컴퓨터가 그냥 꺼지는 경우도 있으며, 이 경우 NAT 메모리에는 유효하지 않은 NAT 매핑이 남을 수 있다. 따라서 NAT는 트래픽이 없어서(혹은 RST 세그먼트가 다른 종류의 문제점을 가리켜서) '이미 죽은 것으로' 판단되는 매핑 항목을 제거해야 한다.

대부분의 NAT는 단순한 버전의 TCP 연결 확립 절차를 포함하므로 연결 성공과 실패를 구별할 수 있다. 특히 SYN 세그먼트가 외부로 나갈 때 연결 타이머connection timer가 활성화되는데, 타이머가 만료되기까지 ACK가 수신되지 않으면 세션 상태는 제거된다. 만일 ACK가 도착하면, 타이머는 취소되고 타임아웃이 상당히 긴 세션 타이머session timer가 (분 단위가 아니라 시간 단위로) 생성된다. 이때 NAT는 내부의 종단점으로 추가 패킷을 보내기도 하는데, 세션이 실제로 죽었는지 다시 한 번 확인하기 위한 것이다(이를 탐침probing이라고 한다). 그런데 ACK가 수신된다면 세션이 아직 살아있음을 의미하므로, NAT는 세션 타이머를 재설정하고 세션을 제거하지 않는다. 반대로 (종료 타이머close timer가 만료된 뒤) 응답이나 RST가 수신되지 않으면, 연결은 이미 죽은 것이므로 상태가 제거된다.

BEHAVE 워킹그룹의 산출물인 [RFC5382]에서 TCP 연결은 킵얼라이브keepalive 패킷(17

장 참조)을 보내도록 설정될 수 있는데, 기본 설정은 2시간마다 1개를 보내는 것이다. 그렇지 않으면 TCP 연결은 영원히 설정된 상태로 남아 있을 수 있다. 그렇지만 연결이 설정되거나 해제되는 동안 최대 유휴 시간은 4분이다. 그래서 [RFC5382]는 NAT가 기존에 확립된 연결이 죽었다고 결론을 내리기까지 최소한 2시간 4분을 기다려야 하며, 부분적으로 개시 혹은 폐쇄된 연결이 죽었다고 결론을 내리기까지 최소한 4분을 기다려야 한다고 요구한다.

TCP NAT에서 까다로운 문제 중 하나가 NAT의 사설망 쪽 호스트에서 운영되는 P2P 애플리케이션을 어떻게 처리하는가 하는 문제다[RFC5128]. P2P 애플리케이션 중에는 동시 개시simultaneous open를 사용하는 것들이 있는데, 이때 연결의 각 종단은 클라이언트로서 동작하며 거의 동시에 SYN 패킷을 보낸다. TCP는 이런 경우에 SYN+ACK 패킷으로 응답하면서 3-방향 핸드셰이크보다 빠르게 연결을 완성할 수 있지만, 기존의 NAT 상당수는 이를 적절히 처리하지 못한다. [RFC5382]는 이 문제를 NAT가 모든 유효 TCP 교환, 특히 동시 개시를 처리하도록 함으로써 해결한다. 일부 P2P 애플리케이션(예를 들면 네트워크 게임)이 이 방식을 사용한다. 또 [RFC5382]는 NAT가 알지 못하는 연결에 대한 SYN을 수신하면 이 SYN은 그냥 폐기하도록 요구한다. 이런 경우는 동시 개시가 시도됐으나 외부 호스트의 SYN이 내부 호스트의 SYN보다 NAT에 먼저 도착했을 때 일어난다. 이런 일이 일어날 리 없다고 생각할 수 있지만, 예를 들면 내장 클락clock의 왜곡으로 인해 발생하기도 한다. 외부 SYN이 내부로 들어오다가 폐기되면, 내부 SYN은 그 외부 SYN이 나타내는 연결에 대해서 NAT 매핑을 설정할 시간을 가진다. 내부 SYN이 6초 이내에 오지 않으면 NAT는 외부 호스트에게 오류 발생을 알릴 수 있다.

### 7.3.1.2 NAT와 UDP

유니캐스트 UDP에 대해서 NAT에 요구되는 조건들은 [RFC4787]에 정의돼 있다. TCP 상에서 NAT를 수행할 때 발생했던 이슈들이 UDP 데이터그램에 대해서 NAT를 수행할 때 대부분 동일하게 발생한다. 그렇지만 TCP에 있는 연결 설정이나 해제 절차가 UDP에는 없기 때문에 약간 다른 점이 있다. 구체적으로, 세션이 생성 중이거나 해제 중이라는 것을 표시하는 SYN, FIN, RST 비트들이 없다. 게다가 연결 참여자들의 관계가 완전히 해소되지 않을 수도 있다. UDP는 TCP와 달리 4-튜플을 사용해서 연결을 식별하는 것이 아니라 2개의 종단점 주소/포트 번호 조합에만 의존하기 때문이다. 이러한 이슈들을 처리하기 위해 UDP NAT는 매핑 타이머를 사용하는데, 이 타이머는 최근에 바인딩이 사용되지 않았다면 NAT 상태를 해제한다. 이 타이머에 사용되는 값은 '최근'의 의미에 따라 상당한 차이가 있지만, [RFC4787]에서는 최소 2분 이상을 요구하며, 권고값은 5분이다. 이와 관련해서 고려해야 하는 것은 타이머가 언제 갱신되는 것이 바람직한가 하는 것이다. 타이머는 패킷이 NAT의 내부에서 외부로 통과할 때 (NAT 아웃바운드 갱신) 또는 그 반대의 경우에 (NAT 인바운드 갱신) 갱신될 수 있다. [RFC4787]은 NAT 아웃바운드 갱신을 하도록 요구하며, NAT 인바운드 갱신은 해도 좋고 안 해도 좋다.

5장에서 언급한 바와 같이(그리고 10장에서도 다시 다룬다) UDP와 IP 패킷은 단편화될 수 있다. 단편화는 단일 IP 패킷이 복수의 조각(단편)으로 늘어나는 것을 허용하며 각각은 독립적인 데이터그램으로 처리된다. 하지만 UDP가 IP보다 상위 계층에 속하므로, 첫 번째 것을 제외하고는 IP 단편은 NAPT의 적절한 동작에 필요한 포트 정보를 포함하지 않는다. 이것은 TCP와 ICMP에도 똑같이 적용된다. 그래서 일반적으로 단순 NAT 또는 NAPT는 단편을 적절히 처리하지 못한다.

### 7.3.1.3 NAT와 기타 전송 프로토콜(DCCP, SCTP)

지금까지 TCP와 UDP가 가장 널리 사용되는 인터넷 전송 프로토콜이지만, TCP와 UDP 이외에도 NAT 동작이 정의됐거나 정의되고 있는 2개의 다른 전송 프로토콜이 있다. DCCP데이터그램 혼잡 제어 프로토콜[RFC4340]는 혼잡이 제어되는 데이터그램 서비스를 제공하는데, [RFC5597]은 DCCP를 지원하기 위한 NAT 수정 방법에 관해서 기술하며 [RFC5596]은 TCP와 비슷한 동시 개시 절차를 DCCP와 함께 사용하기 위한 DCCP 수정을 기술한다. SCTP스트림 제어 전송 프로토콜[RFC4960]는 둘 이상의 주소를 갖는 호스트에 신뢰성있는 메시징 서비스를 제공한다. SCTP를 사용하기 위한 NAT 고려사항에 대해서는 [HBA09]와 [IDSNAT]에서 확인할 수 있다.

### 7.3.1.4 NAT와 ICMP

8장에서 자세히 설명되는 ICMP인터넷 제어 메시지 프로토콜는 IP 패킷에 대한 상태 정보를 제공하며, 네트워크의 상태에 대한 측정이나 정보 수집에도 사용될 수 있다. ICMP용으로 NAT를 사용할 때 요구되는 사항들이 [RFC5508]에 정의돼 있다. NAT가 ICMP용으로 사용될 때 2가지 이슈가 있다. ICMP는 정보성 메시지와 오류 메시지의 2종류 메시지를 사용한다.

오류 메시지는 오류 조건을 유발한 IP 패킷의 (부분적 혹은 완전한) 복사본을 포함하며, 오류가 탐지된 지점(일반적으로 네트워크의 중간 부분)에서 최초 발신자에게로 보내진다. 통상적으로는 이와 같은 ICMP 오류 메시지 전송이 어렵지 않게 수행될 수 있지만, NAT를 통과할 때는 오류 메시지 안에 들어있는 '문제를 일으킨 데이터그램' 부분의 IP 주소를 NAT가 재작성해야 한다. 그래야 종단 클라이언트가 메시지를 정확히 이해할 수 있기 때문이다(이를 ICMP 수리$^{fix-up}$라고 한다). 정보성 메시지도 동일한 문제가 발생하지만, 이 경우에는 대부분의 메시지 유형이 질의/응답 또는 클라이언트/서버 속성을 갖고 있으며, TCP나 UDP에서의 포트 번호와 매우 비슷한 역할을 하는 질의 ID 필드를 포함한다. 따라서 이런 유형의 메시지를 처리하는 NAT는 외부로 나가는 정보성 요청을 인식하고 응답 예상 시간을 타이머로 설정할 수 있다.

### 7.3.1.5 NAT와 터널링

어떤 경우에는 터널링이 적용된 패킷(3장 참고)이 NAT를 통해서 보내져야 할 때가 있다. 이 경우에 NAT는 IP 헤더뿐 아니라 캡슐화돼 있는 다른 패킷의 헤더 혹은 페이로드도 재작성해야 한다. 이러한 예로서 PPTP(3장 참고)와 함께 사용되는 GRE$^{Generic\ Routing\ Encapsulation}$ 헤더를 들 수 있다. GRE 헤더가 NAT를 통과할 때 그 안의 Call-ID 필드가 NAT(혹은 다른 호스트의 터널 연결)의 해당 필드와 충돌할 수 있다. NAT가 이 매핑을 적절히 처리하지 못한다면 통신은 불가능하다. 당연한 말이지만, 캡슐화 수준이 추가될수록 NAT가 할 일은 더 복잡해진다.

### 7.3.1.6 NAT와 멀티캐스트

지금까지 우리는 NAT와 유니캐스트 IP 트래픽의 관계에 대해서만 논의했다. 멀티캐스트 트래픽(9장 참고)을 지원하도록 NAT를 설정할 수도 있지만, 그리 흔히 있는 일은 아니다. [RFC5135]는 NAT를 통과하는 멀티캐스트 트래픽을 처리하기 위한 요구조건들을 제시한다. 멀티캐스트 트래픽을 지원하기 위해서 NAT에는 IGMP 프록시가 보완됐다([RFC4605]와 9장 참고). 또, NAT 외부에서 내부로 들어오는 패킷의 목적지 IP 주소와 포트 번호는 수정되지 않는다. 반면에 NAT 내부에서 외부로 나가는 패킷의 발신지 IP 주소와 포트 번호는 유니캐스트 UDP에서와 마찬가지 방법으로 수정될 수 있다.

### 7.3.1.7 NAT와 IPv6

IPv4 환경에서 NAT가 매우 널리 사용되고 있기 때문에 IPv6 환경에서도 그렇게 될지 궁금해지는 것이 당연하다. 현재 이것은 많은 논쟁의 대상이다[RFC5902]. 다수의 프로토콜 설계자들에게 NAT는 필수적이기는 하지만 프로토콜 설계시 엄청난 복잡함을 더하는 '골칫거리'다. IPv6에서 NAT 사용을 지원하는 데에는 많은 저항 요소가 있다. IPv6에서는 주소를 절약할 필요가 없고 다른 NAT의 특징(예를 들어 방화벽과 유사한 기능성, 토폴로지 은닉, 프라이버시)은 로컬 네트워크 보호LNP[RFC4864]를 사용하는 편이 더 낫다. LNP는 NAT와 동등하거나 더 나은 기능을 제공하는 IPv6 기술들의 집합이다.

패킷 필터링 속성과는 별개로 NAT는 여러 주소 영역의 공존을 지원하므로, ISP를 바꿀 때 사이트는 반드시 IP 주소를 변경하지 않아도 된다. 예를 들어 [RFC4193]은 ULA(고유 로컬 IPv6 유니캐스트 주소)를 정의하는데, 이 주소는 NPTv6[RFC6296]라고 부르는 실험적 IPv6 프리픽스 변환 기법과 함께 사용될 수 있다. NPTv6은 테이블 대신에 알고리즘을 사용해서 IPv6 주소를 (다른 영역의) IPv6 주소로 변환하며, 따라서 일반 NAT처럼 모든 연결마다 상태 정보를 유지할 필요가 없다. 또, 이 알고리즘은 주로 쓰이는 전송 프로토콜(즉 TCP와 UDP)에 대한 검사합 계산 결과가 그대로 유지되도록 주소를 수정한다. 덕분에 NAT의 복잡성이 크게 감소하는데, 네트워크 계층 이상의 패킷 데이터를 수정할 필요가 없고 전송 계층의 포트 번호에 접근할 필요가 없기 때문이다. 하지만 NAT의 외부 주소에 접근해야 하는 애플리케이션은 여전히 NAT 통과 방법을 사용하거나 ALG에 의존해야 한다. 게다가 NPTv6는 방화벽의 패킷 필터링 기능을 제공하지 않으므로 별도 제품을 추가로 고려해야 한다.

## 7.3.2 주소와 포트 변환

NAT가 동작하는 방식에는 상당히 많은 변형이 있다. 주로 주소 및 포트 매핑의 명세와 관련해서 상당한 세부 사항들이 설정돼야 하기 때문이다. IETF 내의 BEHAVE 워킹그룹의 주요 목표 중 하나는 공통적인 동작을 명확히 하고 어떤 것이 가장 적합한지에 대한 지침을 수립하는 것이었다. 관련 이슈를 정확히 이해하기 위해서 먼저 일반적인 NAT 매핑 예제부터 시작하자(그림 7-5).

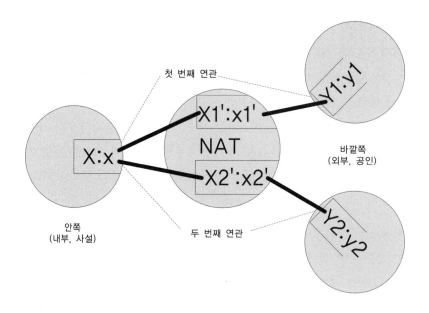

첫 번째 연관

X1':x1'

NAT

X2':x2'

Y1:y1

바깥쪽
(외부, 공인)

X:x

안쪽
(내부, 사설)

Y2:y2

두 번째 연관

**그림 7-5** NAT 주소와 포트의 동작은 매핑이 무엇에 의존하느냐에 따라 결정된다. 내부 호스트는 IP주소:포트인 X:x를 사용해서 Y1:y1에 접촉한 뒤 Y2:y2에 접촉한다. 이때 NAT가 사용하는 주소는 각각 X1':x1'과 X2':x2'다. 임의의 Y1:y1 또는 Y2:y2에 대해서 X1':x1'과 X2':x2'가 동일하다면 NAT는 종단점에 독립적인 매핑을 갖는 것이다. Y1:y1과 Y2:y2가 같을 때만 X1':x1'과 X2':x2'가 같다면 NAT는 주소 및 포트에 의존적인 매핑을 갖는 것이다. 외부 주소가 여러 개인 NAT에서(즉, X1'와 X2'이 같지 않은 경우) 외부 주소가 내부 주소 또는 외부 주소와 관계없이 선택된다면 임의적 풀링 방식으로 동작한다. 이와 달리 Y1과의 모든 연관에 대해서 동일한 X1이 사용된다면 페어링 방식으로 동작한다.

그림 7-5에서는 사설 주소 영역 안의 호스트(즉, 내부 호스트)가 IP 주소 X와 포트 번호 x를 사용한다는 것을 X:x로 표기하고 있다(ICMP에서는 포트 번호 대신에 질의 ID가 사용된다). X는 [RFC1918]에 정의된 사설 IP 주소 공간에서 선택된다. 원격 주소/포트 조합인 Y:y에 도달하기 위해서 NAT는 (전역적으로 라우팅 가능한) 외부 주소 X1′과 포트 번호 x1′을 사용해서 매핑을 생성한다. 내부 호스트가 Y1:y1에 접촉한 뒤 Y2:y2에 접촉한다고 가정하면, NAT는 X1′:x1과 X2′:x2′ 매핑을 각각 설정한다. 대부분의 경우에 X1′과 X2′는 동일한데, 대부분의 사이트는 전역적으로 라우팅 가능한 주소를 1개만 사용하기 때문이다. x1′와 x2′가 동일하면 매핑이 재사용된다고[reused] 말한다. x1′와 x2′가 x와 같으면 NAT는 앞서 언급됐던 포트 보존을 구현하는 것이다. 포트 보존이 불가능한 경우도 있으며, 이런 경우에 NAT는 그림 7-4와 같이 포트 충돌을 처리해야만 한다.

표 7-1와 그림 7-5는 [RFC4787]의 정의를 바탕으로 다양한 NAT 포트 및 주소 동작을 요약한 것이다. 표 7-1은 비슷한 용어를 사용하며 7.3.3.절에서 논의할 필터링 동작도 보여준다. TCP와 UDP 등의 모든 전송 프로토콜에서 필수로 요구되는 NAT 주소 및 포트 동작은 종단점 독립적 동작이다(ICMP에서도 권장된다). 필수로 요구하는 이유는 애플리케이션이 자신의 트래픽의 신뢰성 있는 동작에 사용될 외부 주소를 알아내는데 도움이 되기 때문이다. 7.4절에서 NAT 통과를 논의할 때 자세히 알아볼 것이다.

**표 7-1** NAT의 전반적인 동작은 변환 및 필터링 동작에 의해 정의된다. 호스트 주소에 독립적이거나, 주소에 의존적이거나 주소 및 포트에 의존적일 수 있다.

| 동작 이름 | 변환 동작 | 필터링 동작 |
|---|---|---|
| 종단점 독립적 | 모든 Y2:y2에 대해서 $X1':x1'=X2':x2'$ (필수) | X1':x1'이 하나라도 존재하면 X1:x1에 대한 모든 패킷을 허용한다(최대 투명성을 위해 권고됨) |
| 주소 의존적 | Y1=Y2일 때만 $X1':x1'=X2':x2'$ | 이전에 X1이 Y1을 접촉했다면 Y1:y1에서 X1:x1으로 향하는 모든 패킷을 허용(더 세밀한 필터링을 위해 권고됨) |
| 주소 및 포트 의존적 | Y1:y1=Y2:y2일 때만 $X1':x1'=X2':x2'$ | X1이 이전에 Y1:y1을 접촉했다면 Y1:y1에서 X1:x1으로 향하는 모든 패킷을 허용 |

앞서 언급했듯이 NAT는 다수의 외부 주소를 사용할 수 있다. NAT가 사용할 수 있는 주소 집합을 가리켜 NAT 주소 풀address pool이라고 한다. 어느 정도 규모가 되는 NAT는 대부분 주소 풀을 갖고 있다. NAT 주소 풀이 6장에서 설명한 DHCP 주소 풀과는 별개의 것이지만, 1개의 장치가 NAT와 DHCP 주소 풀을 둘 다 관리해야 할 경우도 있다. 이런 환경에서 자연스럽게 드는 의문점은 NAT 안쪽의 호스트 1개가 다수의 동시 연결을 개시할 때 각 연결에 동일한 외부 주소가 지정될 것인가(이를 가리켜 주소 페어링pairing이라고 한다)하는 점이다. 어느 외부 주소가 사용될지에 대한 제약이 없을 경우, NAT의 IP 주소 풀링 동작이 임의적arbitrary이라고 말한다. 반면에 주소 페어링이 구현된다면 이때는 페어링된다paired라고 말한다. 모든 전송에 대해서 페어링이 권고되는 방식이다. 페어링이 사용되지 않으면 내부 호스트는 자신이 다른 호스트들과 통신 중이라고 잘못된 결론을 얻을 수 있다. 1개의 외부 주소만 사용하는 NAT에서는 당연히 이런 것이 전혀 문제가 되지 않는다.

아주 불안정한 NAT는 주소뿐 아니라 포트도 과도하게 많이 사용한다(포트 오버로딩<sup>port</sup> overloading이라고 한다). 이 경우, 둘 이상의 내부 호스트 트래픽이 동일한 외부 주소 및 포트 번호로 재작성돼야 한다. 둘 이상의 호스트가 동일한 외부 호스트에서 실행 중인 서비스에 요청을 보낸다면, 외부 호스트로부터 돌아오는 응답은 적절한 목적지를 결정할 수가 없다. TCP의 경우 이것은 연결 식별자의 4개 요소(발신지와 목적지의 주소와 포트 번호)가 외부 네트워크의 입장에서 모든 연결에 걸쳐 동일한데 따른 것이다. 지금은 이러한 동작은 금지돼 있다.

어떤 NAT는 포트 패리티라는 특수한 기능을 구현한다. 이것은 NAT는 포트 번호의 '패리티'(짝수 또는 홀수)를 보존하려고 시도하는 것이다. 따라서 x1이 짝수이면 x1′도 짝수이고 반대로도 또한 같다. 포트 보존처럼 강력하지는 않지만 가끔 특수한 포트 번호 지정 (예를 들어 RTP<sup>Real-Time Protocol</sup>은 예전부터 둘 이상의 포트를 사용해왔다. 하지만 이 문제를 피할 수 있는 방법이 제안돼 있다<sup>[RFC5761]</sup>)을 사용하는 특정 목적의 애플리케이션 프로토콜에 유용하다. 포트 패리티 보존은 권장되기는 하지만 필수로 요구되는 기능은 아니다. 게다가 더 정교한 NAT 통과 기법들이 보급됨에 따라 중요성이 낮아질 것으로 예상된다.

### 7.3.3 필터링 동작

NAT는 TCP 연결, UDP 결합, 또는 여러 가지 형태의 ICMP 트래픽을 위한 바인딩을 생성할 때 주소와 포트 매핑을 설정할 뿐만 아니라 방화벽처럼 동작하는 경우에는(이럴 경우가 많다) 응답 트래픽에 적용할 필터링 동작도 결정해야 한다. NAT가 수행하는 필터링의 유형은 논리적으로는 주소 및 포트 처리 동작과 구분되지만 실제로는 서로 관련될 때가 많다. 특히 종단 독립적, 주소 의존적, 주소 및 포트 의존적 등과 같이 동일한 용어가 사용된다.

NAT의 필터링 동작은 대체로 NAT가 주소 매핑을 생성했는지 여부와 관련이 있다. 어떤 형태로든 주소 매핑을 갖고 있지 않은 NAT는 외부로부터 수신된 트래픽을 내부로 포워딩할 수 없을 것임이 명백하다. 내부 목적지 주소로 무엇을 사용할지 알지 못하기 때문이다. 외부로 나가는 트래픽에 대해서는 대부분의 경우에 응답 트래픽이 수신될 수 있도록 필터링동작이 비활성화된다. 종단점 독립적으로 동작하는 NAT의 경우, 내부 호스트에 대한 주소 매핑이 생성되는 즉시 발신지에 관계없이 트래픽 수신이 허용된다. 주소 의존적으로 동작하는 NAT의 경우에는 X1:x1이 Y1에 접촉한 적이 있는 경우에만 Y1:y1에서

X1:x1으로 향하는 트래픽이 허용된다. 주소 및 포트 의존적인 NAT의 경우에는 X1:x1이 Y1:y1에 접촉한 적이 있는 경우에만 Y1:y1에서 X1:x1으로 향하는 트래픽이 허용된다. 마지막 두 경우의 차이점은 포트 번호 y1이 고려 대상에 들어가는지 여부다.

### 7.3.4 NAT 안쪽의 서버

NAT가 가진 가장 명백한 문제점 중 하나는 NAT 안쪽에서 서비스를 제공하려는 시스템에 외부에서는 직접 도달하지 못하는 것이다. 그림 7-3의 예제를 다시 한 번 생각해보자. 주소 10.0.0.3의 호스트가 인터넷에 서비스를 제공한다면 NAT의 관여 없이는 최소한 2가지 이유에서 그 시스템에 도달할 수 없다. 첫째, NAT는 인터넷 라우터로 동작하므로 10.0.0.3으로 향해 들어오는 트래픽을 전달하는 데 NAT가 반드시 동의해야 한다. 둘째, 더 중요한 것은 IP 주소 10.0.0.3은 인터넷에서 경로 지정이 가능하지 않다. 따라서 인터넷의 호스트에서 그 서버를 식별하는 데 사용할 수 없다. 대신 그 서버를 발견하는 데 반드시 NAT의 외부 주소를 사용해야 하고 NAT는 서버로 보내지는 트래픽을 적절히 재작성하고 포워딩할 수 있어야 한다. 이 과정을 가리켜 포트 포워딩 또는 포트 매핑이라고 한다.

포트 포워딩에서 NAT에 들어오는 트래픽은 NAT 안쪽의 특정하게 설정된 목적지로 전달된다. 포트 포워딩을 지원하는 NAT를 사용하면, 경로를 지정할 수 없는 주소들인 사설 주소가 할당된 서버들도 서비스를 제공하는 것이 가능하다. 포트 포워딩은 통상적으로 트래픽이 전달돼야 하는 서버의 주소와 관련 포트 번호가 고정값으로 설정된 NAT를 필요로 한다. 포트 포워딩 지시는 항상 존재하는 고정 NAT 매핑처럼 동작한다. 서버의 IP 주소가 변경되면 NAT는 새로운 주소 정보로 갱신돼야 한다. 포트 포워딩은 각 (IP 주소, 전송 프로토콜) 조합에 대해 단지 하나의 포트 번호 집합만 가능하다는 제약이 있다. 따라서 1개의 외부 주소만 사용하는 NAT는 동일 전송 계층 프로토콜의 1개의 포트만 최대 1개의 내부 호스트에 전달할 수 있다(예를 들어 외부에서 TCP 포트 80을 사용해서 2개의 독립적인 내부 웹서버에 원격으로 접속할 수 없다).

### 7.3.5 헤어피닝과 NAT 루프백

클라이언트가 동일 NAT의 동일한 사설망 쪽에 위치하는 서버에 접근하고자 할 때 흥미로운 일이 일어난다. 이런 시나리오를 지원하는 NAT는 헤어피닝 혹은 NAT 루프백을 구

현한다. 그림 7-6에서 호스트 X1이 호스트 X2에 연결 설정을 시도한다고 가정하자. X1
이 사설 주소 정보 X2:x2를 알고 있다면 직접 연결이 가능하기 때문에 아무런 문제가 없
다. 그렇지만, X1이 공인 주소 정보 X2′:x2′ 만 알고 있는 경우가 있다. 이런 경우에 X1
은 목적지 X2′:x2′ 로 NAT를 사용해 X2에 접촉하려 한다. 헤어피닝 프로세스는 NAT가
X2′:x2′ 와 X2:x2 사이의 매핑이 존재한다는 것을 인지하고 NAT의 사설망 쪽에 위치하
는 X2:x2에 패킷을 전달할 때 발생한다. 이때, X2:x2로 향하는 패킷에 들어있는 발신지
주소가 어느 것인지 의문이 생긴다. X1:x1인가 아니면 X1′:x1′인가?

NAT가 발신지 주소가 X1′:x1′인 헤어핀 패킷을 X2에 제공할 때, 이 NAT는 헤어피닝 동
작을 하는 ‘외부 발신지 IP 주소와 포트’를 갖는다고 말한다. 이 동작은 TCP NAT[RFC5382]
에서 요구하는데, 애플리케이션이 전역적으로 라우팅 가능한 상대방을 식별하기 위한 목
적으로 필요하기 때문이다. 이번 예제의 경우, X2는 X1′으로부터 (예를 들면 제3자 시스템의
협력 때문에) 연결이 들어올 것이라고 예상할 수 있다.

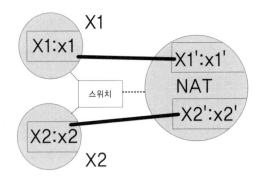

**그림 7-6** 헤어피닝 또는 NAT 루프백을 구현하는 NAT가 사용될 경우, 클라이언트는 서버의 외부 IP 주소와 포트 번호를 사용해서
NAT 기준으로 같은 쪽에 위치하는 서버에 도달할 수 있다. 즉, X1은 주소 지정 정보 X2′:x2′를 사용해 X2:x2에 도달할 수 있다.

### 7.3.6 NAT 편집기

UDP와 TCP 전송 프로토콜을 사용하는 패킷들은 인터넷에서 운반되는 IP 트래픽의 대
부분을 차지한다. UDP와 TCP 프로토콜은 그 형식이 잘 알려져 있기 때문에 추가 기능
이 없이도 NAT가 지원할 수 있다. 하지만 응용 계층 프로토콜이 이 프로토콜들과 연계
해서 전송 계층의 정보 또는 IP 주소와 같은 하위 계층의 정보를 운반할 때는 NAT가 복

잡해진다. 가장 흔한 예가 FTP이다[RFC0959]. 대량의 데이터가 전송돼야 할 때 추가 연결이 이뤄지도록 FTP는 전송 계층과 네트워크 계층의 종단점 정보(즉 IP 주소와 포트 번호)를 주고 받는다. 이렇게 동작하려면 NAT는 데이터그램 내의 IP와 TCP 부분에 들어있는 IP 주소와 포트 번호뿐 아니라 응용 계층 페이로드의 일부도 다시 작성할 수 있어야 한다. 이런 기능을 갖고 있는 NAT를 NAT 편집기editor라고 부른다. NAT가 응용 페이로드의 크기를 변경하는 일은 상당히 많은 작업을 요구한다. 예를 들어 TCP는 전송 데이터의 모든 바이트에 순서 번호를 매기기 때문에(15장 참조) 패킷의 크기가 변경되면 순서 번호도 수정해야 한다. PPTP도 투명한 동작을 위해서는 NAT 편집기를 필요로 한다(3장 참조).

## 7.3.7 서비스 제공자 NAT(SPNAT)와 서비스 제공자 IPv6 전이

비교적 최근에 NAT를 고객 영역에서 ISP로 이동시킨다는 개념이 고안됐다. 이는 서비스 제공자 NATSPNAT, 캐리어 등급 NATGCN, 대규모 NATLSN 등으로 부르며, IPv4 주소 고갈 문제를 더 늦추려는 목적으로 개발됐다. SPNAT에서는 다수의 ISP 고객이 1개의 전역 IPv4 주소를 공유할 수 있다. 실질적으로 이것은 결합 지점을 고객 측에서 ISP 측으로 이동시키는 것이다. 기본적인 형태에서는 SPNAT와 통상적인 NAT 간에 기능적 차이가 없다. 단지 도메인 사용 제안이 다를 뿐이다. 하지만 NAT 기능을 사용자에게 ISP로 옮기는 것은 보안 우려를 높이며 개별 사용자들이 인터넷 서버를 운영하고 방화벽 정책을 제어할 수 있을지에 의구심을 제기한다[MBCB08]. 2009년의 한 연구에 따르면 많은 수의 사용자가 P2P 프로그램 때문에 연결 요청 수신을 허용하고 있다[ANM09].

SPNAT은 IPv4 주소 고갈 문제를 도울 수 있지만 궁극적인 해결 방안으로 여겨지는 건 IPv6이다. 그렇지만 이미 논의한 여러 가지 이유로 IPv6 배포는 기대에 못 미치고 있다. 원래 IPv6와 IPv4 주소들을 둘 다 사용할 수 있는 이중 스택dual-stack 구조([RFC4213] 참조)는 IPv6로의 전환을 지원하기 위한 것이었지만 애초에 임시 방편으로 예상됐으며, IPv4 주소가 고갈되기 한참 전에 이미 불필요하게 됐다. 이보다는 터널링, 주소 변환, 이중 스택을 다양한 설정에서 조합하는 방식이 현재 사용되고 있다. 이러한 접근방식은 먼저 기존의 NAT를 위해 개발된 방법들을 알아본 뒤 7.6절에서 소개할 것이다.

## 7.4 NAT 통과

NAT 장비에 ALG와 NAT 편집기를 설치하는 것이 복잡하기 때문에 그 대안으로 애플리케이션이 자체적으로 NAT 통과$^{traversal}$를 수행할 수 있다. 이것은 애플리케이션이 트래픽이 NAT를 통과할 때 사용될 외부 IT 주소와 포트 번호를 확인하고 그에 맞춰서 프로토콜 운영을 수정하는 작업이다. 네트워크에 분산된 애플리케이션일 경우(예를 들어 다수의 클라이언트와 서버가 있고 그중 일부가 NAT 안쪽에 있을 경우)는 서버를 사용해서 NAT 안쪽의 클라이언트들이 서로 데이터를 복사하거나 서로의 NAT 바인딩을 찾아서 직접 통신할 수 있도록 할 수 있다. 다만 서버를 사용해서 클라이언트 간에 데이터를 복사하는 것은 부하가 많이 걸리고 남용될 가능성이 있기 때문에 가장 마지막에 고려할 만한 방법이다. 그래서 직접 통신을 가능케 하는 방법을 사용하는 것이 대부분이다.

직접 통신 방법은 P2P 파일 공유, 게임, 통신 애플리케이션들에서 일반적이다. 그렇지만 그런 기법들은 자주 특정 애플리케이션에 한정된다. 이 의미는 NAT 통과를 요구하는 새로운 분산 애플리케이션 각각은 자기 자신만의 방법을 구현하는 경향이 있다는 것이다. 이것은 중복성과 상호운용성 문제를 유발할 수 있고 궁극적으로는 사용자의 혼란과 비용을 증가시킨다. 이 상황을 해결하기 위해서 NAT 통과를 처리하는 표준 방법이 개발됐는데 이 방법은 우리가 다음 절에서 설명할 다수의 하위 프로토콜들을 사용한다. 일단 표준은 아니지만 분산 애플리케이션들에 사용되는 견고한 방법을 먼저 설명하고 그다음에 표준 NAT 통과 프레임워크를 설명할 것이다.

### 7.4.1 핀홀과 홀 뚫기

앞에서 언급한 것처럼 NAT는 일반적으로 트래픽 재작성과 필터링 능력을 둘 다 포함한다. NAT 매핑이 설정될 때 특정 애플리케이션에 대한 트래픽은 보통 NAT를 양방향으로 횡단하는 것이 가능하다. 이 매핑은 폭이 매우 좁다. 즉 실행되는 동안에 하나의 애플리케이션에만 적용된다. 이런 유형의 매핑을 핀홀$^{pinhole}$이라고 하는데 특정한 일시적 트래픽 흐름(예를 들면 IP 주소와 포트 번호 조합의 짝)만 허용하도록 설계됐기 때문이다. 핀홀은 일반적으로 프로그램들 간의 통신에 따른 결과로서 동적으로 생성 및 제거된다.

NAT 안쪽의 2개 이상 시스템들에게 핀홀을 사용해 직접 통신하도록 허용하는 방법을 홀 뚫기$^{hole \ punching}$라고 한다. [RFC5128]의 3.3절에 UDP, 3.4절에 TCP에서의 홀 뚫기가 서술돼 있다. 홀을 뚫기 위해서 클라이언트는 로컬 NAT에 매핑을 설정하는 발신 연결을 사용해서 자신이 알고 있는 서버에 접촉한다. 다른 클라이언트가 이 서버에 접촉하면 서버는 두 클라이언트와 모두 연결돼 있으므로 이 클라이언트들의 외부 주소 정보를 알고 있다. 그래서 서버는 클라이언트 간에 각자의 외부 주소 정보를 교환할 수 있다. 이렇게 정보가 교환되면 그다음부터 클라이언트는 서버를 거치지 않고 다른 클라이언트에 연결할 수 있다. 널리 쓰이는 스카이프Skype P2P 애플리케이션은 이 접근 방식을(와 일부 다른 것들) 사용한다.

그림 7-7에서 클라이언트 A가 서버 S1에 접촉하고 이어서 클라이언트 B가 접촉한다고 가정하자.

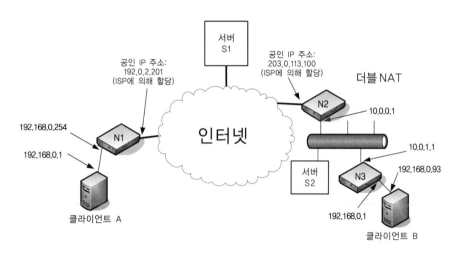

**그림 7-7** NAT 안쪽의 클라이언트에서 실행 중인 애플리케이션이 직접 통신에 참여하려면 서버의 도움이 필요할 수 있다. 홀 뚫기에서 (특정 애플리케이션 전용인 경우가 많은) 시버는 NAT 상태를 설정한 뒤 직접 통신을 시도하는 클라이언트 간에 랑데뷰 정보를 제공한다. 일부 애플리케이션은 표준 프로토콜들을 사용해서 NAT를 통과할 때 트래픽에 할당되는 주소(와 포트 번호)를 '고정'(알아내고 유지)하려고 시도한다. 이런 방법은 NAT가 여러 단계인 환경에서 문제를 겪을 수 있다. 이 예제에서 S1에서 보이는 클라이언트 A의 외부 주소는 192.0.2.201이고, 클라이언트 B의 것은 203.0.113.100이다. 그렇지만 S2에서 B의 외부 주소는 10.0.1.10이다.

S1은 A와 B의 IPv4 외부 주소인 **192.0.2.201**과 **203.0.113.100**을 학습한다. A와 B의 정보가 교환되기 때문에 A는 B의 외부 주소를 사용해서 B에 접촉을 시도할 수 있고 B도 마찬가지로 A에 접촉 시도할 수 있다. 하지만 접촉에 성공할지 여부는 NAT의 유형에 따라 다르다. (A, S1) 연결의 NAT 상태는 N1에 있고 (B, S1) 연결의 NAT 상태는 N2와 N3에 있는데, 이 NAT들이 모두 종단점 독립적인 NAT라면 A와 B는 직접 연결을 할 수 있

다. 하지만 이와 다른 유형의 NAT는 S1이 아닌 곳에서 오는 트래픽을 허용하지 않으므로 직접 통신은 금지된다. 다시 말하면 두 호스트가 주소 종속적 혹은 주수-포트 종속적인 매핑을 사용하는 NAT 안쪽에 있을 경우 직접 통신에 실패한다.

## 7.4.2 UNSAF

NAT를 통과하는 트래픽의 주소를 알아내기 위해서 애플리케이션들은 다양한 메서드 method, 방식를 사용한다. 이를 가리켜 주소 정보의 고정fixing, 학습 뒤 유지이라고 부르며, 주소 고정 방식에는 간접 메서드와 직접 메서드가 있다. 간접 메서드는 NAT를 통과하는 트래픽을 교환해서 NAT의 동작을 유추하는 방법이고 직접 메서드는 하나 이상의 특수한 프로토콜들(현재는 IETF 표준이 아닌)을 사용해 애플리케이션과 NAT 간에 직접 대화하는 방법이다. IETF 내부적으로 많은 노력을 한 덕분에 다수의 간접 메서드가 개발됐고 간접 메서드들은 특정 애플리케이션에서 널리 지원되고 있다(가장 많이 쓰이는 것은 VoIP 애플리케이션이다). 직접 메서드는 일부 NAT에서 지원된다. 직접 메서드를 사용하면 기초적인 NAT 설정도 가능하므로 나중에 NAT 설치 및 설정을 설명할 때 함께 설명할 것이다.

NAT 도움 없이 주소 고정을 시도하는 것을 가리켜 일방적으로 주소를 고정한다고 말하며, 이렇게 하는 애플리케이션을 가리켜서 UNSAF(일방적인 자체 주소 고정, [RFC3424])를 수행한다고 말한다. 이름에서 알 수 있듯이 이런 방식은 바람직하지 않다고 간주되나 당분간은 유지될 수밖에 없다. UNSAF는 휴리스틱heuristic, 어림짐작을 포함하며 NAT의 동작은 벤더별로, 상황별로 다르기 때문에 모든 경우에 동작한다고 보장할 수가 없다. 앞서 언급했던 BEHAVE 문서들은 일관된 NAT 동작을 규정하는 것이 목적이며, 이 명세들이 널리 채택된다면 UNSAF 메서드들의 신뢰성도 높아질 것이다.

대부분의 경우 UNSAF 메서드는 홀 뚫기와 유사한 클라이언트/서버로 동작하되 조금 더 일반적이다. 그림 7-7은 이 상황에서 발생할 수 있는 몇 가지 위험을 보여주고 있다. 한 가지 문제는 모든 NAT에 대해서 단일한 '외부' 주소 영역이 없다는 점이다. 클라이언트 B와 서버 S1 사이에 2단계의 NAT가 존재하는 것도 상황을 복잡하게 만든다. 예를 들어 B에서 실행 중인 애플리케이션이 UNSAF를 사용해서 자신의 외부 주소를 얻으려고 시도할 때, S1과 S2 중 어느 서버와 접촉했냐에 따라서 다른 답을 받게 된다. 또 UNSAF는 NAT와 별개의 서버를 사용하므로 NAT의 동작이 시간이 지나면서 바뀌거나 UNSAF

메서드와 일치하지 않게 될 가능성이 항상 존재한다.

이처럼 NAT와 UNSAF가 여러 문제를 갖고 있기 때문에 IETF의 아키텍처 전문가 그룹인 IAB는 UNSAF 프로토콜 제안이 아래 사항들에 대한 답을 반드시 포함해야 한다고 명시했다.

1. '단기적인' UNSAF 제안이 해결하는 제한된 범위의 문제를 정의한다.

2. 출구 전략/전이 계획을 정의한다.

3. 어떤 설계 결정이 그 방식을 '불안정하게' 만드는지 논의한다.

4. 장기적이고 건전한 기술적 해결방을 위한 요구 조건을 식별한다.

5. 알려진 실무적 이슈 혹은 경험을 논의한다.

이 목록은 프로토콜 명세에 부과되는 요구사항으로는 이례적인 것이지만 NAT와 NAT 통과 기법 간의 상호 운영에 오랫동안 문제가 지속된 데 따른 것이다. 앞서 소개한 수많은 문제점에도 불구하고 UNSAF 메서드들은 널리 사용되고 있는데, 일관성없는 NAT들이 광범위하게 사용되고 있는 것도 부분적인 이유라고 할 수 있다. 이제 NAT 안쪽의 시스템들 간에, 더 나아가 다수의 NAT에 분산된 시스템들 간에 통신 가능성이 극대화되도록 UNSAF 메서드들을 조합해서 견고한 범용 NAT 통과 기법을 만드는 방법을 살펴보자.

## 7.4.3 NAT를 위한 세션 횡단 유틸리티(STUN)

UNSAF와 NAT 통과에서 핵심 역할을 하는 것이 STUN<sup>Session Traversal Utilities for NAT[RFC5389]</sup>
이다. STUN은 과거에 'NAT를 통한 UDP 단순 터널링'이라고 불렸던 기술이 발전한 것인데, 이 과거 버전을 지금은 '클래식<sup>classic</sup> STUN'이라고 부른다. 클래식 STUN은 한때 VoIP/SIP 애플리케이션에서 사용됐지만 지금은 NAT 통과를 수행하기 위해서 다른 프로토콜이 사용할 수 있는 도구로서 개편됐다. 완벽한 NAT 통과 솔루션을 필요로 하는 애플리케이션은 7.4.5절에서 설명하는 메커니즘(예를 들면 ICE와 SIP-아웃바운드)과 함께 시작될 것이 권장되는데, 이러한 프레임워크들은 STUN을 하나 이상의 특별한 방법으로 이용할 수 있고 이러한 이용을 가리켜 STUN 용법<sup>Usage</sup>이라고 부른다. 각 STUN 용법은 [RFC5389]에 정의된 기본 STUN의 운영, 메시지 유형, 오류 코드를 확장할 수 있다.

STUN은 상대적으로 단순한 클라이언트/서버 프로토콜로서 대부분 환경에서 NAT상에 사용될 수 있는 외부 IP 주소와 포트 번호를 확정할 수 있다. 또 킵얼라이브 메시지들을 사용해 NAT 바인딩을 현재 상태로 유지할 수도 있다. 그리고 NAT의 '다른' 쪽에 유효한 협업 서버가 존재해야 하는데 전역적으로 접근 가능한 IP 주소를 가지고 있어서 인터넷에서 이용 가능한 다수의 공개 STUN 서버들이 설정돼 있다. STUN 서버의 주요 업무는 받은 STUN 요청을 클라이언트 주소 정보의 고정이 허용되는 방법으로 다시 보내는 것이다. UNSAF 메서드들이 일반적으로 그렇듯 STUN도 여러 문제에서 자유롭지 못하지만, STUN의 매력은 네트워크 라우터, 응용 프로토콜 또는 서버들의 수정이 필요하지 않다는 점이다. 단지 STUN 요청 프로토콜을 클라이언트가 구현하고, 최소 한 대의 STUN 서버가 적절한 위치에 존재하기만 하면 된다. STUN은 원래 더 정교한 직접 프로토콜이 개발 및 구현되거나 IPv6의 보급으로 NAT가 구식화되기 전까지 (오늘날 널리 쓰이는 많은 표준들이 처음 개발되고 10년 이상 쓰이는 것처럼) '임시적인' 수단으로서 계획된 것이다.

STUN은 TCP, UDP 또는 TCP-TLS<sup>Transport Layer Security, 18장 참조</sup> 조합을 사용해서 동작한다. STUN 용법의 명세에는 특정 용법에서 어느 전송 프로토콜이 지원되는지 정의하는데 UDP와 TCP의 경우는 포트 3478, TCP/TLS의 경우는 포트 3479를 사용한다. STUN 기초 프로토콜은 요청/응답 트랜잭션과 표시<sup>indicaton</sup> 트랜잭션의 2가지가 있다. 표시 트랜잭션은 응답을 필요로 하지 않으며 클라이언트에서 생성될 수 있고 서버에서 생성될 수도 있다. 모든 메시지는 유형, 길이, 값이 0x2112A442인 매직 쿠키, 그리고 응답-요청 매칭이나 디버깅에 사용되는 96비트 무작위 트랜잭션 ID를 포함한다. 각 메시지는 2개의 0비트들로 시작하고 0개 이상의 속성을 포함할 수 있다. STUN 메시지의 유형은 특정 STUN 용법을 지원하는 방식<sup>method</sup>의 맥락에서 정의된다. 방식과 속성 번호를 비롯해 다양한 STUN 매개변수를 IANA에서 관리하고 있다<sup>[ISP]</sup>. 속성<sup>attribute</sup>은 자체적으로 유형을 가지며 길이는 다양하다. 대부분의 경우에 IP 패킷에서 UDP 전송 헤더 바로 뒤에 오는 기본 STUN 헤더는 그림 7-8과 같다.

기본 STUN 헤더는 길이가 20바이트(그림 7-8)이고 메시지 길이 필드는 전체 STUN 메시지 길이가 $2^{16}-1$ 바이트임을 알려준다(헤더 길이 20바이트는 여기에 포함되지 않는다). 하지만 메시지는 항상 4바이트의 배수가 되도록 채워지므로 메시지 길이 필드의 하위 2비트는 언제나 0으로 설정된다. UDP/IP로 보내진 STUN 메시지는 단편화를 막기 위해서 경로 MTU보다 작은 IP 데이터그램을 형성한다. 경로 MTU 값을 알지 못하는 경우 (IP와 UDP헤더와 모든 옵션을 포함해) 데이터그램의 전체 길이는 IPv4의 경우 576바이트, IPv6의 경우 1,280바이트보다 작아야 한다. 응답 메시지가 경로 MTU보다 클 경우에 대해서 STUN은 대책이 없기 때문에 서버가 알아서 메시지의 길이가 적절하도록 응답 메시지를 보내야 한다.

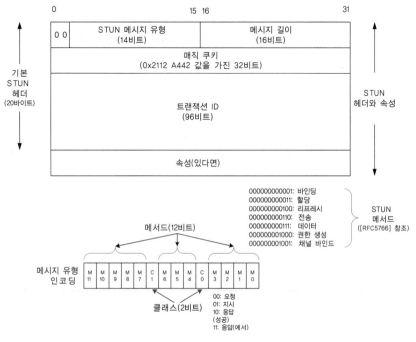

**그림 7-8** STUN 메시지들은 항상 2개의 0비트로 시작하고, TCP도 허용되지만 대체로 UDP 안에 캡슐화된다. 메시지 유형 필드는 메서드(예를 들어 바인딩)와 클래스(요청, 응답, 오류, 성공)를 둘 다 제공한다. 트랜잭션 ID는 96비트 무작위 숫자로서 요청과 응답을 대조하거나 디버깅 용도로 사용된다. STUN 메시지는 0개 이상의 속성을 포함할 수 있으며, 용법에 따라 개수는 가변적이다.

UDP/IP로 받은 STUN 메시지의 무결성을 신뢰할 수 없기 때문에 STUN 애플리케이션은 자체적으로 신뢰성을 구현해야 한다. 손실된 것으로 보이는 메시지를 재전송하는 방법으로 이 문제를 해결하는데, 재전송 간격은 상대방 피어peer와 메시지를 주고 받는데 걸리는 추정 시간(이 시간을 RTT$^{Roundtrip\ Time,\ 왕복\ 시간}$라고 부른다)을 근거로 정해진다. RTT 계산과 재전송 타이머 설정은 TCP을 논의할 때(14장) 주요 관심사항의 하나다. STUN도 TCP와 비슷한 방법을 사용하지만 약간의 수정이 있는데, 자세한 내용은 [RFC5389]를 참조하자. TCP/IP 또는 TCP-TLS 조합/IP에서의 신뢰성은 TCP가 책임진다. TCP 기반의 연결은 다수의 STUN 메시지가 진행 중인 상황을 지원할 수 있다.

STUN 속성들은 TLV, 즉 유형Type, 길이Length, 값Value 을 갖는다. 유형Type과 길이Length는 각각 16비트 길이고, 값Valu은 가변 길이(최대 길이는 64KB)이지만 4바이트의 배수가 되도록 채워진다(채워지는 비트의 값은 아무것이나 된다). 동일한 STUN 메시지 내에 동일한 속성 유형이 둘 이상 존재할 수 있지만, 수신자는 그중에서 첫 번째 것만 처리할 의무가 있다. 유형 번호가 0x8000 미만인 속성을 '이해 필수comprehension-required' 속성이라고 부르고 그 외의 것을 '이해 선택comprehension-optional' 속성이리고 하는데, 자신이 알지 못하는 이해 필수 속성을 포함하는 메시지를 수신한 STUN 메시지는 오류를 발생시킨다. 현재까지 정의된 속성의 대부분은 이해 필수 속성이다[ISP].

[RFC5389]는 바인딩binding이라는 STUN 방식을 정의한다. 바인딩은 주소 고정과 NAT 바인딩의 상태 유지를 위해서 요구/응답과 트랜잭션이나 표시 트랜잭션에서 사용될 수 있다. 또 표 7-2와 같이 11가지 속성도 정의한다.

**표 7-2** [RFC5389]에 정의돼 있고 때로는 STUN2라고도 불리는 STUN은 클래식 STUN을 대체한다. 아래의 11가지 속성은 STUN2와 호환되는 클라이언트나 서버에서 사용될 수 있다.

| 이름 | 값 | 목적/사용 |
| --- | --- | --- |
| MAPPED-ADDRESS | 0x0001 | 주소 계열 표시자와 재귀 전달 주소(IPv4 또는 IPv6)를 포함 |
| USERNAME | 0x0006 | 사용자 이름과 비밀번호. 메시지 일관성 검사에 사용됨(513바이트까지) |
| MESSAGE-INTEGRITY | 0x0008 | STUN 메시지상의 메시지 인증 코드 값(18장과 [RFC5389] 참조) |
| ERROR-CODE | 0x0009 | 3비트의 오류 클래스, 8비트의 오류 코드 값과 가변 길이의 오류 문자 설명을 포함 |
| UNKNOWN-ATTRIBUTES | 0x000A | 알지 못하는 속성을 표시하는 오류 메시지와 함께 사용(속성당 16비트값) |
| REALM | 0x0014 | 장기 크리덴셜을 위한 인증 '영역' 이름을 표시 |
| NONCE | 0x0015 | 재연 공격을 막으려고 요청이나 응답에 선택적으로 운반되는 비반복적인 값(18장 참조) |
| XOR-MAPPED-ADDRESS | 0x0020 | MAPPED-ADDRESS의 XOR한 값 |

| 이름 | 값 | 목적/사용 |
|------|-----|----------|
| SOFTWARE | 0x8022 | 메시지를 보낸 소프트웨어의 문자적 설명(예를 들어 제조자, 버전 번호 등) |
| ALTERNATE-SERVER | 0x8023 | 클라이언트가 MAPPED-ADDRESS와 함께 부호화하는 데 사용된 대체 IP 주소를 제공 |
| FINGERPRINT | 0x8028 | 0x5354554E와 XOR한 메시지의 CRC-32. 사용된다면 반드시 마지막 속성이어야 함(선택 사양) |

그림 7-5에서 주소 정보 X:x를 가진 STUN 클라이언트는 재귀적 전송 주소reflexive transport address 또는 매핑된 주소mapped address 라고 불리는 X1':x1을 알아내고자 한다. 재귀적 전송 주소가 Y1:y1인 STUN 서버는 클라이언트에게 반환되는 STUN 메시지 안의 MAPPED-ADDRESS 속성에 자신의 재귀적 전송 주소를 포함시킨다. MAPPED-ADDRESS 속성은 8비트의 주소군 필드, 16비트의 포트 번호 필드 그리고 32비트 또는 128비트인 주소 필드를 포함하는데, 주소 필드의 길이는 주소군 필드가 IPv4를 가리키는지 IPv6를 가리키는지에 따라서(IPv4일 경우는 0x01, IPv6일 경우는 0x02) 결정된다. 이 속성은 클래식 STUN과 역방향 호환성을 유지하게 포함됐다. 더 중요한 속성은 XOR-MAPPED-ADDRESS 속성이다. 이 속성은 재귀적 전송 주소를 매직 쿠키의 값(IPv4일 경우) 또는 매직 쿠키와 트랜잭션 ID를 연결한 값(IPv6일 경우)과 XOR한 값이다. 이렇게 XOR 연산을 한 값을 사용하는 이유는 패킷을 들여다보고 그 안에 들어있는 IP주소들을 재작성하는 포괄적 ALG를 감지하고 우회하기 위한 것이다. 이러한 ALG는 STUN 등의 프로토콜이 필요로 하는 정보를 재작성할 수 있기 때문에 매우 취약하다. 경험적으로 패킷 페이로드 안의 IP 주소를 XOR하는 것으로 ALG를 우회하는 데 충분하다.

대부분의 VoIP 장비와 pjsua[PJSUA] 등의 '소프트웨어 전화' 애플리케이션을 포함하는 STUN 클라이언트에는 처음에 한 대 이상의 STUN 서버의 IP 주소 또는 이름이 설정된다. 애플리케이션이 최종적으로 통신하고자 하는 상대방과 동일한 IP 주소를 볼 수 있는 STUN 서버를 사용하는 것이 바람직하지만, 현실적으로 그 주소를 알아내기 힘들기 때문에 공개 인터넷에 위치하는 STUN 서버(예를 들면 stun.ekiga.net, stun.xten.com, numb.viagenie.ca 등)를 사용하면 충분하다. 일부 STUN 서버는 DNS의 서비스(SRV) 레코드를 사용해서 찾을 수 있다. STUN 바인딩 요청 예를 그림 7-9에서 볼 수 있다.

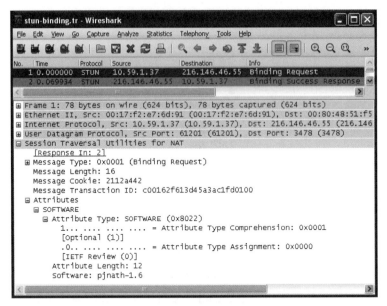

**그림 7-9** STUN 바인딩 요청. 96비트 트랜잭션 ID와 요청을 만든 클라이언트를 표시하는 SOFTWARE 속성을 포함한다. 속성은 10개의 문자를 포함하지만, 길이가 4의 배수이어야 하기 때문에 속성 길이는 12가 된다. 메시지 길이가 16인 것은 속성의 유형과 길이를 포함하는 4바이트가 추가되기 때문이다(STUN헤더는 포함하지 않는다).

그림 7-9에 예시된 STUN 바인딩 요청은 클라이언트에서 시작된다. 트랜잭션 ID는 무작위로 선택됐고, 바인딩 요청은 STUN 서버이자 TRUN 서버(7.4.4절 참조)인 numb. viagenie.ca (IPv4 주소는 216.146.44.55와 216.146.46.59)로 보내졌다, 바인딩 요청은 SOFTWARE 속성을 포함하는데, 이 예시에서는 pjnath-1.6라는 애플리케이션이 바인딩 요청을 시작했으며 이것은 pjsua에 포함된 'PJSIP NAT helper' 애플리케이션이다. 메시지 길이는 속성 유형과 길이를 위한 4바이트와 속성을 수용하기 위한 12바이트를 포함한다. pjnath-1.6의 길이는 단지 10바이트지만 속성 길이는 4의 배수로 맞춘다. NAT를 통과해 지나간 후에 응답은 그림 7-10과 같다.

420

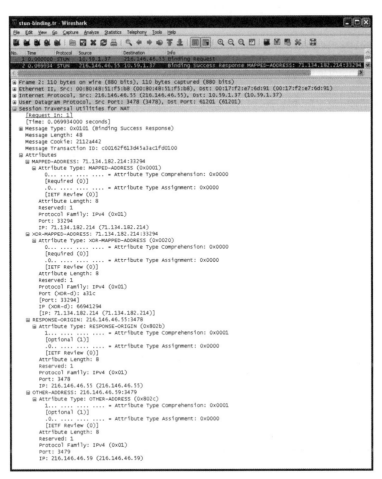

**그림 7-10** 4개의 속성을 포함하는 STUN 바인딩 응답. MAPPED-ADDRESS와 XORMAPPED-ADDRESS 속성은 서버 재귀적인 주소 지정 정보를 포함한다. 다른 속성들은 실험 단계인 NAT 동작 탐색 메커니즘[RFC5780]과 함께 사용된다.

그림 7-10에 보이는 바인딩 응답은 속성의 모음으로 부호화돼서 클라이언트에게 유용한 정보를 제공한다. MAPPED-ADDRESS와 XOR-MAPPED 주소 속성은 STUN 서버가 서버 재귀적인 주소로 **71.134.182.214:33294**를 결정했다는 것을 표시한다. RESPONSE-ORIGIN과 OTHER-ADDRESS 속성은 NAT 유형 발견을 위한 실험적 용도로 사용된다[RFC5780]. RESPONSE-ORIGIN 속성은 STUN 메시지를 보내는 데 사용되는 통신 종단점이다 (216.146.46.55:3478. 발신 IPv4 주소와 UDP 포트 번호). OTHER-ADDRESS 속성은 클라이언트가 "주소 변경" 혹은 "포트 변경"을 요청한 경우 어느 발신지 IPv4 주소와 포트 번호 (216.146.45.59:3479)가 사용됐는지 나타낸다. 이 속성은 지금은 사용되지 않는 예전 STUN

의 CHANGED-ADDRESS 속성과 같은 역할을 한다. 요청 메시지 내에 주소 변경 혹은 포트 변경이 들어있으면, 협업 STUN 서버는 클라이언트에 응답할 때 가급적 다른 주소를 사용하려고 시도한다.

STUN은 주소 고정뿐 아니라 메커니즘<sup>mechanism</sup>이라고 불리는 다양한 기능을 수행하는 데도 사용될 수 있다. 메커니즘에는 DNS 발견, 대체 서버로의 경로 재지정<sup>redirect</sup> 메서드, 메시지 무결성 교환 등이 포함된다. 메커니즘은 특정 STUN 용법의 맥락에서 선택되기 때문에 일반적으로 STUN의 선택적 기능으로 간주된다. 중요도가 높은 메커니즘은 인증과 메시지 무결성을 제공하는데, 2가지 형태를 갖고 있다. 하나는 단기 크리덴셜 메커니즘이고 다른 하나는 장기 크리덴셜 메커니즘이다.

단기 크리덴셜<sup>short-term credential</sup>은 하나의 세션이 유지될 동안만 사용되며, 지속 시간은 STUN 용법에 정의돼 있다. 반면 장기 크리덴셜은 여러 세션에 걸쳐서 사용되며 로그인 ID 또는 계정에 따른다. 단기 크리덴셜은 특정 메시지 교환에 사용되고, 장기 크리덴셜은 특정 자원이 할당돼야 할 때(예를 들면 TURN과 함께. 7.,4.4절 참조) 사용되는 경우가 많다. 비밀번호는 중간에서 가로채기를 할 수 있기 때문에 평문으로는 결코 보내지 않는다.

단기 크리덴셜 메커니즘은 USERNAME과 MESSAGEINTEGRITY 속성을 사용한다. 둘 다 모든 요청에 필요하다. USERNAME은 어느 크리덴셜이 필요한지의 표지<sup>indication</sup>를 제공하고, 메시지 발신자는 메시지에 대한 무결성 검사(메시지 내용에 대해서 계산되는 MAC. 18장 참조)를 형성할 때 이 속성의 값을 이용해서 적절한 공유 비밀번호를 사용할 수 있다. 단기 크리덴셜을 사용할 때는 어떤 형태의 크리덴셜 정보(예를 들면 사용자 이름과 비밀번호)가 이미 교환됐다고 가정한다. 또 단기 크리덴셜은 MESSAGE-INTEGRITY 속성 안에 부호화된 STUN 메시지에 대해서 무결성 검사를 만드는 데 사용된다. 유효한 MESSAGE-INTEGRITY를 형성할 수 있다는 것은 발신자가 적절한 크리덴셜의 현재 상태의('최신의') 복사본을 갖고 있음을 의미한다.

장기 크리덴셜<sup>long-term credential</sup> 메커니즘은 다이제스트 챌린지<sup>digest challenge</sup>라고 하는 방법을 사용해 크리덴셜이 최신 정보임을 보장한다. 이 메커니즘을 사용할 때 클라이언트는 초기에 아무런 인증 정보가 없는 요청을 만든다. 서버는 요청을 거절하지만 응답에 REALM 속성을 제공한다. 클라이언트는 다수의 서비스에 대한 크리덴셜(예를 들면 VoIP 계정이 둘 이상일 때)을 가질 수도 있기 때문에 이 REALM 속성의 값을 사용해서 어느 크리덴셜이 인증에 필요한지 결정할 수 있다. REALM과 함께 서버는 결코 재사용되지 않는 NONCE 값을 제공한다. 이것은 클라이언트가 후속의 요청을 형성하는 데 사용한다. 이 메커니즘은 MESSAGE-INTEGRITY 속성도 사용하지만 그 무결성 기능은 NONCE 값을 포함해 계산된다. 따라서 이전의 장기 크리덴셜 교환을 우연히 엿들은 사람이 유효한 요청을 쉽게 재생성할 수 없다(NONCE 값이 다르므로). 인증 등에서 NONCE 값의 사용에 대해서는 18장에서 자세히 설명한다. 장기 크리덴셜 메커니즘은 STUN 표시 트랜잭션을 보호할 수는 없다. 표시 트랜잭션은 요청/응답 쌍으로 동작하지 않기 때문이다.

## 7.4.4 TURN

TURN<sup>Traversal Using Relay around NAT[RFC5766]</sup>는 2개 이상의 시스템이 상대적으로 비협력적인 NAT 안쪽에 위치했더라도 통신하는 방법을 제공한다. 이런 환경에서 통신을 제공하기 위한 마지막 수단으로서 달리 통신할 방법이 없는 시스템들 간에 데이터를 전달하는 중계 서버를 사용하는 것이다. STUN 확장 및 TURN 고유 메시지를 사용해서 클라이언트가 접근할 수 있는 (NAT 안쪽이 아닌 곳에 위치하는)공통 서버를 통해서 다른 방식들이 모든 실패했을 경우에도 TURN은 통신을 지원할 수 있다. 모든 NAT가 BEHAVE 사양과 호환된다면 굳이 TURN이 필요하지 않다. TURN 서버들을 사용하는 것보다는 직접 통신 방법(즉, TURN을 사용하지 않는 방법)이 거의 언제나 바람직하다.

그림 7-11에서 NAT 안쪽의 TURN 클라이언트는 (보통 공개 인터넷에 위치하는) TURN 서버와 접촉하고, 통신을 주고받고 싶은 상대방 시스템(피어<sup>peer</sup> 시스템이라고 한다)을 명시한다. TURN 서버의 주소 및 통신에 사용할 프로토콜을 찾을 때는 DNS NAPTR 레코드(11장과 RFC<sup>[5928]</sup> 참고), 또는 수동 설정이 사용된다. 클라이언트는 서버로부터 주소와 포트 정보를 얻는데 이 정보를 중계받은 전송 주소<sup>relayed transport address</sup>라고 부르며 TURN 서버는 이 주소를 사용해서 상대방 시스템과 통신한다. 클라이언트는 자신의 서버 재귀적 전송 주소도 얻으며, 상대방 시스템도 자신의 외부 주소를 표현하는 서버 재귀적 전송 주소를 얻는다. 클라이언트와 서버는 이 주소들을 사용해 클라이언트와 상대방 시스템 간의 상호 연결에 필요한 작업들을 수행한다. 이 주소 정보를 교환할 때 사용되는 방법은 TURN에 정의되지 않으므로, TURN 서버가 효과적으로 사용되기 위해서는 다른 메커니즘(예를 들어 ICE. 7.4.5절 참조)을 사용해 이 정보가 교환돼야 한다.

클라이언트는 TURN 명령어들을 사용해서 서버에 할당 주소allocations를 생성 및 유지한다. 할당 주소는 다중 NAT 바인딩과 비슷하며, 상대방 시스템이 클라이언트에 도달하기 위해 사용하는 (고유한) 중계받은 전송 주소를 포함한다. 서버/피어 데이터는 전통적으로 UDP/IPv4으로 운반되는 TURN 메시지를 통해서 전송됐지만, TCP와 IPv6(그리고 IPv4와 IPv6 간의 중계)을 사용하는 개선안(각각 RFC[6062]와 RFC[6156]이 나와 있다. 서버/클라이언트 데이터는 데이터를 보냈거나 받아야 하는 상대방 시스템이 있음을 알리는 정보와 함께 캡슐화된다. 클라이언트/서버 연결은 UDP/IPv4, TCP/IPv4, TCP/IPv4 with TLS 용으로 정의돼 있다. 할당 수립을 위해서는 클라이언트가 인증돼야 하는데 보통 STUN 장기 크리덴셜 메커니즘이 사용된다.

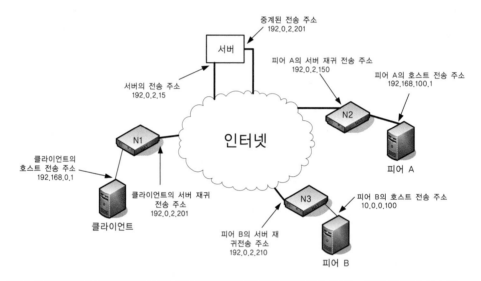

**그림 7-11** [RFC5706]에 기반해서 TURN 서버는 NAT 안쪽의 클라이언트들이 통신을 할 수 있도록 트래픽을 중계한다. 클라이언트와 서버 간의 트래픽 흐름은 TCP, UDP, TCP with TLS를 사용할 수 있다. 서버와 하나 이상의 피어 간의 트래픽은 UDP를 사용한다. 이 방법은 마지막 수단으로서 가능하다면 직접 통신이 더 바람직하다.

TURN은 클라이언트와 피어 간에 데이터를 복사하는 데 2가지 방법을 지원한다. 첫 번째는 [RFC5766]에서 정의된 Send와 Data라는 2개의 STUN 메서드를 사용해서 데이터를 부호화하며, STUN 표시자indicator이므로 인증되지 않는다. 두 번째 방법은 채널channel 이라는 TURN 특유의 개념을 사용하는데, 채널은 클라이언트와 피어 간의 통신 경로로서 Send와 Data 메서드보다 오버헤드가 적다. 채널상으로 운반되는 메시지들은 4바이트 헤더를 사용한다. 이것은 일반적으로 TURN에서 사용되는 (크기가 더 큰) STUN 형식의 메시지와 호환되지 않는다. 하나의 할당은 최대 16K 채널과 연계될 수 있다. 채널은 지연 시간과 오버헤드를 줄이려고 상대적으로 작은 패킷을 선호하는 VoIP와 같은 애플리케이션용으로 개발됐다.

클라이언트는 TURN에 정의된 STUN Allocate 메서드를 사용해서 할당을 얻기 위한 요청을 서버에 보낸다. 이 요청이 성공하면 서버는 성공했음을 나타내는 표시자와 더불어 자신이 할당한 중계받은 전송 주소를 포함하는 응답 메시지를 클라이언트에게 보낸다. 클라이언트가 서버에 적절한 인증 정보를 제공하지 못하면 할당 요청은 거절될 수 있다. 이제 클라이언트는 할당 상태를 유지하기 위한 리프레시refresh 메시지를 보내야 한다. 리프레시 메시지를 받지 못하면 할당은 10분 뒤에 만료된다. 다만 LIFETIME 속성에 별도의 시간이 들어있으면 그 값에 따르며, 이 속성에 0을 지정해서 할당을 삭제할 수도 있다. 할당이 만료되면 관련 채널도 모두 만료된다.

할당은 '5-튜플'로 표현된다. 클라이언트에서 5-튜플은 클라이언트의 호스트 전송 주소와 포트 번호, 서버의 전송 주소와 포트 번호 그리고 서버와의 통신에 사용되는 전송 프로토콜이다. 서버에서는 이 중에서 클라이언트의 호스트 전송 주소와 포트 번호가 서버 재귀적 전송 주소와 포트로 대체된다. TURN 서버를 통한 연결의 패턴을 제한하기 위해서 하나의 할당은 0개 이상의 승인permission을 가질 수 있다. TURN 서버에서 수신된 패킷 중에 발신지 IP 주소가 해당 승인에서 허용되는 것만 상대 클라이언트로 보내질 수 있다. 5분 내에 리프레시되지 않으면 승인은 삭제된다.

TURN은 STUN에 6개의 메서드, 9개의 속성, 6개의 오류 응답 코드를 추가했으며, 이들은 대체로 할당의 설정과 유지, 인증, 채널 조작으로 구분된다. 6개의 메서드와 그 번호는 Allocate(3), Refresh(4), Send(6), Data(7), CreatePermission(8), ChannelBind(9)다. 처음 2개는 할당을 설정하고 유지한다. Send와 Data는 STUN 메시지들을 사용해 클라이언트에서 서버로 향하는 데이터를 캡슐화하고 반대 방향도 마찬가지다. CreatePermission은 승인을 설정 혹은 리프레시하고 ChannelBind는 피어에 16비트 채널 번호를 연계시킨다. 오류 메시지들은 인증 실패나 (채널 번호 등의)자원 고갈과 같은 TURN 기능의 문제점을 가르킨다. TURN에서 정의된 9가지 STUN 속성 이름, 값, 목적은 표 7-3에 나타난다.

표 7-3 TURN에서 정의된 STUN 속성

| 이름 | 값 | 목적/사용 |
|------|-----|-----------|
| CHANNEL-NUMBER | 0x000C | 소속된 데이터가 관련된 채널을 표시한다. |
| LIFETIME | 0x000D | 요청받은 할당의 타임아웃(초) |
| XOR-PEER-ADDRESS | 0x0012 | 피어의 주소와 포트, XOR된 인코딩을 사용한다. |
| DATA | 0x0013 | Send나 Data 표시를 위해 데이터를 유지한다. |
| XOR-RELAYED-ADDRESS | 0x0016 | 클라이언트를 위해 할당된 서버의 주소와 포트 |
| EVEN-PORT | 0x0018 | 중계받은 전송 주소 정보가 짝수의 포트를 사용하도록 요구. 옵션으로 다음번의 포트 할당을 요구한다. |
| REQUESTED-TRANSPORT | 0x0019 | 전송 주소를 형성할 때 특정 전송 프로토콜의 사용을 요청하기 위해서 클라이언트에서 사용된다. IPv4의 프로토콜(Protocol) 필드나 IPv6의 다음 홉(Next hop) 필드의 값에서 추출된다. |
| DONT-FRAGMENT | 0x001A | 피어로 보내는 IPv4 헤더 안의 'don't fragment' 비트를 서버가 설정하게 요청 |
| RESERVATION-TOKEN | 0x0022 | 서버가 갖고 있는 중계받은 전송 주소를 나타내는 고유 식별자. 참조용으로 클라이언트에 제공된다. |
| ALTERNATE-SERVER | 0x8023 | 클라이언트가 MAPPED-ADDRESS와 함께 부호화하는 데 사용된 대체 IP 주소를 제공 |
| FINGERPRINT | 0x8028 | 0x5354554E와 XOR한 메시지의 CRC-32. 사용된다면 반드시 마지막 속성이어야 함(선택 사양) |

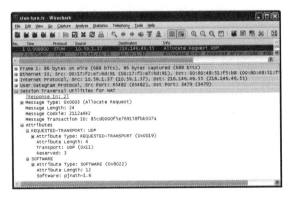

그림 7-12 TURN 할당 요청은 메시지 유형 0x0003을 사용하는 STUN 메시지다. 이 요청은 REQUESTED- TRANSPORT와 SOFTWARE 속성을 포함한다. 이것은 인증 정보를 포함하지 않는다. STUN 장기 크리덴셜에 따라서 이 요청은 실패할 것이다.

TURN 요청은 메시지 유형이 할당 요청인 STUN 메시지의 형태를 취한다. 그림 7-12는 TURN 요청의 예를 보여주는데, STUN 장기 크리덴셜 메커니즘에 따라 그림 7-12에서 보여주는 초기 할당 요청은 인증 정보를 포함하지 않고 있으므로 서버에서 거절됐다. 그림 7-13과 같은 할당 오류 응답을 통해서 서버가 거절했음을 알 수 있다.

**그림 7-13** TURN 할당 오류 응답은 값 401(Unauthorized)을 갖는 ERROR-CODE 속성을 포함한다. 이 메시지는 무결성이 보호되고 있으며, 클라이언트가 그 다음 인증 할당 요청을 만들 때 필요한 REALM과 NONCE 속성을 포함한다.

그림 7-13의 오류 메시지는 REALM 속성(viagenie.ca)과 클라이언트가 다음 요청을 형성하는데 필요한 NONCE 값을 제공한다. MESSAGE-INTEGRITY 속성을 포함하고 있으므로, 클라이언트는 메시지가 변조되지 않았으며 요청된 REALM과 NONCE가 정확하다는 것을 확인할 수 있다. 그 다음 요청은 USERNAME, NONCE, MESSAGEINTEGRITY 속성을 포함한다. 그림 7-14를 보자.

**그림 7-14** 두 번째 TURN 할당 요청은 USERNAME, REALM, NONCE, MESSAGE-INTEGRITY 속성을 포함한다. 이들은 서버가 메시지의 무결성을 증명하고, 클라이언트를 식별하는 데 사용한다. 성공하면 서버는 요청을 인증하고 할당을 수행한다.

장기 크리덴셜을 포함하는 요청을 받은 후에 그림 7-14에서 보는 것처럼 서버는 자체적으로 메시지 무결성 값을 계산하고 MESSAGE-INTEGRITY 속성의 값과 비교한다. 둘이 일치하면 클라이언트가 제출한 비밀번호가 적절하다고 TURN 서버가 결정하기에 충분하다. 따라서 서버는 할당을 승인하고 결과를 클라이언트에게 알려준다(그림 7-15).

**그림 7-15** TURN 할당 성공 응답. 메시지는 무결성 검사를 통과했고, TURN 서버에서 할당된 포트와 주소를 표시하는 XOR-RELAYED-ADDRESS 속성을 포함한다. 할당은 갱신되지 않으면 제거된다.

그림 7-15에 나타난 것처럼 할당 요청이 성공적이고, 중계받은 전송 주소는 **216.146.46. 55:49261**이다(주소를 복호화하기 위해 와이어샤크가 XOR 연산을 수행했음에 주의하자). 클라이언 트는 이제 피어와의 통신을 위해 TURN 서버의 중계를 이용할 수 있다. 통신이 끝나면 할당은 제거될 수 있으며 그림 7-15에서 약 4초 후의 패킷 5와 6은 할당을 제거해 달라 는 클라이언트의 요청을 표시한다. 이 요청은 수명이 0으로 설정된 리프레시로서 표현돼 있다. 서버는 성공했음을 알리는 표시자를 보내고 할당을 제거한다. 할당과 리프레시 성 공 표시자에 포함된 BANDWIDTH 속성에 주의하자. [RFC5766]의 드래프트 버전에서 정의 된 이 속성은 현재는 표준에서 밀려났는데 할당에 허용되는 최대$^{peak}$ 대역폭을 (초당 KB 단위로) 지정하기 위한 것이다. 이 속성은 향후에 다시 정의될 가능성이 있다.

앞서 언급했듯이 TURN은 트래픽이 반드시 TURN 서버를 지나서 중계돼야 한다는 단 점을 갖는다. 이것은 비효율적인 라우팅을 초래할 수 있다(즉, 클라이언트와 피어가 가까이 위 치하는데 TURN 서버는 멀리 떨어져 있을 수 있다). 또 일부 트래픽 내용 중에는 TURN을 사용 할 때 피어에서 클라이언트로 전달되지 않는 것이 있는데, ICMP 값들(8장 참조), TTL(홉 제한), IP의 DS 필드값 등이 포함된다. 게다가 요청을 하는 TURN 클라이언트는 반드시 STUN 장기 크리덴셜 메커니즘을 구현해야 하고 TURN 서버 운영자가 지정한 서식의 로그인 크리덴셜 혹은 계정을 가져야 한다. 이것은 공개 TURN 서버가 무절제하게 사용되는 것을 막아주지만 설정 작업이 꽤 복잡해진다.

## 7.4.5 대화식 연결 수립(ICE)

많은 종류의 NAT가 배치되고 NAT 통과에 필요한 메커니즘도 다양하다 보니 NAT 안쪽에 위치하는 UDP 기반 애플리케이션의 연결 수립을 돕기 위해서 ICE[Interactive Connectivity Establishment[RFC5245]]라는 포괄적 기능이 개발됐다. ICE는 애플리케이션이 예상 가능한 방법으로 UNSAF를 수행하는데 도움이 되는 휴리스틱의 집합이다. ICE는 TURN과 STUN 등의 다른 프로토콜을 이용하며 TCP 기반 애플리케이션까지 확장하는 제안이 나와 있다[IDTI].

ICE는 유니캐스트 SIP 연결 수립에 사용되는 SDP[Session Description Protocol] 과 같은 '제안/대답' 프로토콜들과 함께 동작하며 이를 확장한다. 이런 프로토콜들은 매개변수[parameter]를 갖는 서비스를 제안하고 이 매개변수들에 값을 지정해 대답하는 순서로 동작한다. 통신 수립을 위해 SDP/SIP를 사용하는 VoIP 애플리케이션에 ICE 클라이언트가 통합되는 것이 일반화되고 있다. 하지만 이런 환경에서 ICE가 (RTP [RFC3550] 또는 SRTP [RFC3711]을 사용해 운반되는 통화의 음성 또는 영상 부분과 같은) 미디어 스트림을 위한 NAT 통과을 생성하는데 사용되는 반면, SIP 아웃바운드[Outbound[RFC5626]]라는 메커니즘은 누구에게 전화를 걸고 있는 지와 같은 SIP 신호 정보를 처리한다. ICE는 주로 SIP/SDP 기반 애플리케이션과 함께 사용돼 왔지만 다른 종류의 애플리케이션을 위한 포괄적 NAT 통과 메커니즘으로도 사용될 수 있다. 징글[Jingle[XEP-0176]]의 (UDP 상에서) ICE 사용이 그 예인데, 이것은 핵심 XMPP[RFC6120]의 확장으로서 정의된 것이다.

일반적으로 ICE는 2개의 SDP 개체(에이전트) 사이의 통신을 설정하는 데 사용되는데 우선 각 에이전트가 다른 에이전트와 통신하는 데 사용할 수 있는 후보 전송 주소[candidate transport address]의 집합을 결정한다. 그림 7-11에서 후보 전송 주소는 호스트 전송 주소, 서버 재귀적 전송 주소, 중계된 전송 주소일 수 있다. ICE는 후보 전송 주소들을 결정하는데 STUN와 TURN을 둘 다 활용할 수 있다. 그 후에 ICE는 이 주소들을 우선순위 할당 알고리즘에 따라 정렬한다. 이 알고리즘은 직접 연결을 제공하는 주소에 데이터 중계를 필요로 하는 주소보다 높은 우선순위를 부여한다. 정렬이 끝나면 ICE는 우선순위가 매겨진 주소 집합을 피어 에이전트에게 제공하며 피어 에이전트 역시 비슷한 동작을 수행한다. 궁극적으로 2개의 에이전트는 사용할 수 있는 주소 쌍의 가장 좋은 집합을 합의한다. 그리고 선택된 결과를 다른 실체에게 알린다. 어느 후보 전송 주소를 사용할 수 있는지 결정하기 위해서, STUN 메시지로서 부호화되는 일련의 검사표CHECK가 사용된다. 후보 주소 합의에 걸리는 시간을 줄이기 위한 몇 가지 최적화 기법이 있으나 이 책의 범위를 벗어난다.

처음에 ICE는 모든 가용 후보 주소를 찾기 위해 시도한다. 후보 주소는 로컬에 할당된 전송 주소일 수도 있고(멀티홈multihomed 에이전트일 경우 로컬 주소는 둘 이상일 수 있다), 서버 재귀적 주소일 수도 있으며 TURN에 의해 정해진 중계 주소일 수도 있다. 에이전트는 각 주소에 우선순위를 부여한 후, SDP를 사용해서 피어 에이전트에게 우선순위 목록을 보낸다. 피어 역시 같은 동작을 수행하므로 각 에이전트는 2개의 우선순위 목록을 갖게 된다. 그다음에 각 에이전트는 2개의 목록을 짝지어서 우선순위를 갖는 후보 주소 쌍의 목록을 동일한 내용으로 만든다. 최종적으로 어느 주소를 사용할지 결정하기 위해서 이 후보 주소 쌍에 대해서 검사가 수행되는데 일반적으로 NAT나 중계기를 적게 거치는 주소에 우선순위가 높게 부여된다. 최종적으로 선택된 후보 주소 쌍은 ICE가 지정한 제어 에이전트controlling agent가 결정하는데, 제어 에이전트는 우선순위 순서에 따라 어느 후보 주소 쌍이 사용돼야 하는지 지명한다. 제어 에이전트는 모든 쌍을 시도한 뒤 선택을 할 수도 있고(통상적 지명), 최초의 가용 주소 쌍을 바로 사용할 수도 있다(공격적 지명). 지명 방식은 특정 쌍을 참조하는 STUN 메시지 안의 플래그로서 표현되며 공격적 지명은 모든 요청 안의 해당 플래그를 설정하면 된다.

검사표는 검사 대상 주소 정보를 사용해 2개의 에이전트 간에 교환되는 STUN 바인딩 요청 메시지로서 보내진다. 검사는 타이머로 시작될 수도 있고 피어로부터 검사표가 받을 때 시작되도록(유발 검사triggered check라고 부름) 예약될 수도 있다. 이 요청에 대한 응답은 주소 정보를 포함하는 STUN 바인딩 응답 형태로 수신된다. 일부 환경에서는 이때 새로운 서버 재귀적 주소가 에이전트에게 알려질 수 있는다.(예를 들면 처음에 STUN이나 TURN 서버로 후보 주소를 결정했을 때 사용된 것과 다른 NAT가 에이전트 간에 사용된 경우). 이 경우에 에이전트가 얻은 새로운 주소를 후보 재귀적candidate-reflexive 주소라고 부르며 ICE는 이 주소를 후보 주소 집합에 추가한다. ICE 검사표는 STUN의 단기 크리덴셜 메커니즘을 사용해 무결성 검사되며 STUN의 FINGERPRINT 속성을 사용한다. ICE 클라이언트는 TURN이 사용될 경우는 TURN 승인을 사용해서 관심 대상인 원격 후보 주소로 TURN 바인딩을 제한한다.

ICE는 다른 구현도 존재한다. 경량[lite] 구현은 NAT를 사용하지 않는 시스템 용으로 설계된 것으로서 다른 경량 구현과 상호 동작하지 않는 한 제어 에이전트로서 동작하지 않는다. 또 앞서 배운 완전 구현과 달리 검사를 수행하지 않는다. ICE 구현의 유형은 STUN 메시지 안에 표시되며, 모든 ICE 구현은 STUN[RFC5389]과 호환돼야만 하지만 경량 구현은 STUN 서버로서만 동작할 것이다. ICE는 STUN을 표 7-4에 설명된 속성으로 확장한다.

표 7-4 ICE에서 정의된 STUN 속성

| 이름 | 값 | 목적/사용 |
| --- | --- | --- |
| PRIORITY | 0x0024 | 후보 주소의 (계산을 통해 얻어진) 우선순위 값 |
| USE-CANDIDATE | 0x0025 | 제어 에이전트에 의한 후보 선택임을 표시 |
| ICE-CONTROLLED | 0x8029 | 메시지의 발신자가 제어를 받는 에이전트임을 표시 |
| ICE-CONTROLLING | 0x802A | 메시지의 발신자가 제어 에이전트임을 표시 |

검사표는 PRIORITY 속성을 포함하는 STUN 바인딩 요청으로서 그 값은 [RFC5245]의 4.1.2절에서 설명된 알고리즘이 할당하는 값과 같다. ICE-CONTROLLING와 ICE-CONTROLLED 속성은 발신자가 제어 에이전트 또는 제어를 받는 에이전트일 때 STUN 요청 안에 포함된다. 제어 에이전트는 USE-CANDIDATE 속성도 포함할 수 있는데, 이 속성은 제어 에이전트가 후속 사용을 위해 선택하고자 하는 후보 주소를 나타낸다.

## 7.5 패킷 필터링 방화벽과 NAT 설정

NAT는 (포트 포워딩을 사용하지 않는 한)거의 설정 작업이 필요하지 않지만, 방화벽은 설정 작업을 필요로 하며 어떤 경우에는 상당히 많은 설정을 해줘야 할 때도 있다. 대부분의 홈 네트워크에서 하나의 장치가 NAT, IP 라우팅, 방화벽 기능을 모두 제공하므로 어느 정도의 설정 작업이 필요하다. 논리적으로는 이들 각각의 설정은 별개이지만, 설정 파일,

명령라인 인터페이스, 웹페이지 제어판, 기타 네트워크 관리 도구 등에서 실제로는 합쳐져 있는 경우가 많다.

## 7.5.1 방화벽 규칙

패킷 필터링 방화벽에는 어느 트래픽을 폐기 혹은 전달해야 할지 선택하는 기준을 나타내는 지시자가 주어져야 한다. 오늘날 라우터를 설정할 때 네트워크 관리자는 대체로 하나이상의 ACL을 설정하는데, ACL은 규칙들의 목록으로서 각 규칙은 패턴 매칭$^{pattern}$ $^{matching}$ 기준과 동작$^{action}$을 포함한다. 일반적으로 패턴 매칭 기준은 네트워크 또는 전송 계층에서 패킷의 필드(예를 들면 발신지 IP 주소, 목적지 IP 주소, 포트 번호, ICMP 유형필드 등) 값과 패킷의 방향을 지정한다. 트래픽의 방향에 따라서 패턴을 매칭할 수 있기 때문에 유입$^{ingoing}$ 트래픽과 유출$^{outgoing}$ 트래픽에 별도의 규칙을 적용할 수 있다. 또 많은 방화벽은 방화벽 내에서의 처리 순서의 어느 시점에 규칙을 적용할 지도 지정할 수 있다. ACL 검사 시점을 IP 라우팅 결정 이전에 할 지 아니면 이후에 할 지 지정하는 것이 그 예인데 일부 환경에서는(특히 둘 이상의 인터페이스가 사용되는 경우) 이러한 유연성은 더 중요해진다.

패킷이 도착하면 ACL 안의 매칭 기준들과 순서대로 대조되는데 대부분의 방화벽에서는 최초로 매칭되는 규칙이 적용된다. 규칙이 지정하는 동작은 일반적으로 트래픽의 차단이나 통과, 카운터 값의 조정, 로그 작성 등이다. 일부 방화벽은 패킷을 애플리케이션이나 다른 호스트로 보내는 등의 추가 기능을 지원하기도 한다. 방화벽 제조사마다 자체적인 규칙 명세를 갖고 있지만, 시스코 사의 ACL 형식이 인기를 끌면서 다수의 대기업용 라우터 제조사들로부터 지원되고 있다. 가정용 환경의 ACL은 단순 웹 인터페이스를 사용해 설정되는 것이 일반적이다.

최근의 리눅스 버전에는 방화벽 구축에 널리 쓰이는 시스템 중 하나인 **iptables**가 포함돼 있다. 이것은 NetFilter$^{[NFWEB]}$라고 하는 네트워크 필터링 기능을 사용하는데 과거의 **ipchains**가 개선된 것으로서 상태 기반$^{stateful}$ 및 무상태$^{stateless}$ 패킷 필터링을 지원할 뿐 아니라 NAT와 NAPT도 지원한다. 방화벽과 NAT가 어떤 유형의 기능들을 제공하는지 더 잘 이해하기 위해서 지금부터 **iptables**의 동작 원리를 살펴보자.

**iptables**는 필터 테이블과 필터 체인의 개념을 포함한다. 테이블은 다수의 사전 정의된 체인을 포함하며 사용자 정의 체인도 0개 이상 포함할 수 있다. 3개의 사전 정의된 테이블의 이름은 filter, nat, mangle이다. 기본적으로 포함되는 filter 테이블은 기초적인 패킷 필터링을 위한 것으로서 사전 정의된 체인 INPUT, FORWARD, OUTPUT을 포함한다. 이 체인들의 동작은 방화벽 라우터에서 실행 중인 프로그램을 목적지로 하는 패킷, 전송 중에 방화벽 라우터를 거쳐가는 패킷, 방화벽 라우터에서 출발하는 패킷에 각각 대응한다. nat 테이블은 체인 PREROUTING, OUTPUT, POSTROUTING을 포함한다. mangle 테이블은 모두 5개의 체인이 있다. 이것은 패킷을 임의로 재작성하는 데 사용된다.

필터 체인은 규칙들의 목록이며 각각의 규칙마다 패턴 매칭 기준과 동작을 갖고 있다. 동작(목표[target]라고도 부름)은 특수한 사용자 정의 체인을 실행하는 것일 수도 있고 사전 정의된 동작 ACCEPT, DROP, QUEUE, RETURN 중 하나를 수행하는 것일 수도 있다. 이러한 목표 중 하나를 갖는 규칙에 매칭되는 패킷에 대해서 곧바로 동작이 수행된다. ACCEPT(DROP)는 패킷이 전달된다(버려진다)는 의미다. QUEUE는 패킷이 임의적인 처리를 위해서 사용자 프로그램에게 배달된다는 의미이다. RETURN은 처리가 앞서 호출된[invoked] 체인에서 계속한다는 의미다. 이 일종의 패킷 필터 체인 서브루틴 호출이 만들어진다.

완전한 방화벽 구성을 설계하는 것은 상당히 복잡할 수 있으며, 사용자가 필요로 하는 기능 및 서비스 유형에 따라서 달라지므로 이 책에서는 완벽한 예제를 제시하려고 시도하지 않는다. 다만, iptables의 가능한 사용 방법 중에서 일부분만을 보여주는 예제들을 살펴보자. 아래 내용은 리눅스에서 방화벽 설정 파일의 예제이다. bash 등의 셸에서 호출된다.

```
EXTIF="ext0"
INTIF="eth0"
LOOPBACK_INTERFACE="lo"
ALL="0.0.0.0/0"                    # 모든 것에 매칭된다.

# 필터 테이블의 기본 정책을 폐기 drop으로 설정한다
iptables -P INPUT DROP
iptables -P OUTPUT DROP
iptables -P FORWARD DROP

# 모든 로컬 트래픽은 통과한다.
iptables -A INPUT -i $LOOPBACK_INTERFACE -j ACCEPT
iptables -A OUTPUT -i $LOOPBACK_INTERFACE -j ACCEPT
```

```
# 내부 인터페이스로 들어오는 DHCP 요청을 수락한다.
iptables -A INPUT -i $INTIF -p udp -s 0.0.0.0 \
        --sport 67 -d 255.255.255.255 --dport 68 -j ACCEPT

# 통상적이지 않거나 의심스러우면서 플래그가 설정되지 않은 TCP 트래픽은 폐기한다.
iptables -A INPUT -p tcp --tcp-flags ALL NONE -j DROP
```

이 예제는 필터 기준 목록을 설정할 때 어느 정도의 유연성을 가질 수 있음을 보여준다. 우선 기본 정책(-P 옵션)이 체인에 지정된다. 기본 정책은 어떤 규칙에도 매칭되지 않는 패킷에 적용되는 정책이다. 그다음에 로컬 컴퓨터에 드나드는 트래픽(유사 인터페이스 lo를 사용해 전달됨)에는 기본 **filter** 테이블 내의 **INPUT**과 **OUTPUT** 체인에 대해서 **ACCEPT**(즉, 허용됨) 목표가 지정된다. -j 옵션은 특정 목표로 "점프$^{jump}$"한다는 것을 의미한다. 다음으로 IPv4 주소 **0.0.0.0**에서 출발하고 로컬/서브넷 브로드캐스트로 향하면서 DHCP 포트 번호(67, 68)를 사용해 방화벽으로 들어오는 UDP 브로드캐스트 트래픽은 내부의 인터페이스를 경유해 허용된다. 다음으로 방화벽으로 들어오는 TCP 세그먼트의 **Flags** 필드(13장 참조)들은 모두 1(ALL)과 AND 연산된 후에 0(NONE)과 비교된다. 모든 플래그 필드가 0인 경우에만 매칭이 되는데 이런 TCP세그먼트는 별로 쓸모가 없다(통상적으로 첫째 이후의 모든 TCP 세그먼트는 유효한 ACK 비트를 포함하고 있으며, 첫째 세그먼트는 SYN을 포함하고 있다).

이 예제에서 사용된 문법은 **iptables** 고유의 문법이지만 이 기능들 자체는 그렇지 않다. 대부분 필터링 방화벽은 유사한 유형의 검사와 동작을 수행할 수 있다.

## 7.5.2 NAT 규칙

대부분의 단순 라우터에서 NAT는 방화벽 규칙과 연계해 설정될 수 있다. 윈도우에서는 NAT를 인터넷 연결 공유$^{ICS}$라고 부르고, 리눅스에서는 IP 위장$^{masquerading}$이라고 부른다. 예를 들어 윈도우 XP에서 ICS는 몇 가지 특징을 갖고 있다. ICS를 구동하는 기계에 "내부$^{internal}$" IP 주소 **192.168.1.0**을 할당하고 DHCP 서버와 DNS 서버를 시작한다. 다른 컴퓨터들은 **192.168.0/24** 서브넷 안의 주소들을 할당받고 ICS가 실행되는 기계가 DNS 서버가 된다. 그러므로 이 서비스들이 이미 다른 컴퓨터나 라우터들에서 제공되고 있을 경우 ICS가 활성돼서는 안 된다. 주소들이 충돌할 수 있기 때문이다. 기본으로 사용된 주소 범위를 변경하고 싶으면 레지스트리 설정값을 바꾸면 된다.

윈도우 XP에서 인터넷 연결을 위해 ICS를 활성화하려면 네트워크 설정 마법사를 사용하거나 이미 운영 중인 인터넷 연결(설정 > 네트워크 연결 내에 있음)의 고급<sup>Advanced</sup> 속성들을 변경하면 된다. 이때 다른 사용자가 공유 인터넷 연결을 제어 혹은 비활성화할 수 있도록 허용할 수도 있다. 인터넷 게이트웨이 장비 발견과 제어<sup>IGDDC</sup>로 알려진 이 기능은 클라이언트에서 로컬 인터넷 게이트웨이를 제어하려고 7.5.3절에서 설명된 Universal Plug And Play 프레임워크를 사용한다. 이 기능을 통해서 연결, 연결 해제, 그리고 다양한 상태 메시지 읽기가 가능하다. ICS와 연계해 동작하는 윈도우의 방화벽 기능을 사용하면 서비스 정의<sup>service definition</sup>을 생성할 수 있는데, 서비스 정의는 앞서 설명했던 포트 포워딩과 같은 것이다. 이 기능을 사용하려면 현재 사용 중인 인터넷 연결에서 고급 속성 탭을 선택한 뒤 신규 서비스를 추가하거나 기존 서비스를 수정하면 된다. 이때 사용자는 외부 인터페이스와 내부 서버 기계 모두에 적절한 TCP와 UDP 포트 번호를 입력해야 한다. 따라서 이것은 방화벽으로 들어오는 연결에 대해서 NAPT를 설정하는 방법이 될 수 있다.

윈도우와 마찬가지로 리눅스도 IP 위장 기능을 방화벽 구현과 결합할 수 있다. 아래의 스크립트는 단순한 방법으로 IP 위장을 설정하고 있다. 다만 이것은 예시일 뿐이고, 실제 환경에서는 권장되지 않는다는 점을 주의하자.

```
EXTIF="ext0"
echo "Default FORWARD policy: DROP"
iptables -P FORWARD DROP

echo "Enabling NAT on $EXTIF for hosts 192.168.0.0/24"
iptables -t nat -A POSTROUTING -o $EXTIF -s 192.168.0.0/24 \
        -j MASQUERADE

echo "FORWARD policy: DROP unknown traffic"
iptables -A INPUT -i $EXTIF -m state --state NEW,INVALID -j DROP
iptables -A FORWARD -i $EXTIF -m state --state NEW,INVALID -j DROP
```

여기서는 filter 테이블 내의 FORWARDING 체인에 대한 기본 정책이 DROP으로 설정된다. 그 다음 명령은 외부 인터페이스가 적절한 것으로 판명된 후 192.168.0.0/24 서브넷 내의 주소를 할당받은 호스트들이 임의의 IPv4 트래픽의 주소를 자신들의 주소로 고쳐쓰도록 설정한다(NAT가 사용되며, nat 테이블과 -t 옵션으로 구현된다). NAT는 상태 기반으로 동작하기 때문에, 이제 NAT가 알고 있는 연결의 트래픽만 허용하도록 filter 테이블의 규칙을 수정할 수 있다. 마지막 2줄은 INPUT과 FORWARD 체인을 조정한다. 따라서 유효하지 않거나 알려지지 않은(NEW) 트래픽이 방화벽에 들어오면 모두 폐기된다. 특수 연산자 NEW와 INVALID는 iptables 명령어 내에 정의돼 있다.

### 7.5.3 NAT와 방화벽의 직접적인 상호작용: UPnP, NAT-PMP, PCP

많은 경우에 클라이언트 시스템은 방화벽과 직접 상호 동작하려고 하거나 그럴 필요가 있다. 예를 들어 방화벽은 다양한 서비스를 지원하기 위해서 특정 포트로 향하는 트래픽이 폐기되지 않도록 설정 혹은 재설정돼야 할 때가 있다. 프록시 방화벽이 사용 중인 경우는 클라이언트가 프록시의 정보를 정확히 알아야 하는데, 그렇지 않으면 방화벽 너머와 통신을 할 수 없기 때문이다. 클라이언트와 방화벽 사이의 통신을 지원하기 위해서 다수의 프로토콜이 개발됐는데, 가장 많이 사용되는 2가지는 Universal Plug And Play<sup>UPnP</sup>와 NAT 포트 Mapping 프로토콜<sup>NATPMP</sup>이다. UPnP 표준은 UPnP Forum<sup>[UPNP]</sup>이라는 업계 모임에서 개발했다. NAT-PMP는 IETF<sup>[XIDPMP]</sup>에서 현재 만료된 드래프트 문서다. NAT-PMP는 대부분의 맥 OS X 시스템에서 지원된다. UPnP는 윈도우에서 기본으로 지원되며, 맥 OS와 리눅스에도 추가될 수 있다. UPnP는 DLNA<sup>Digital Living Network Alliance[DLNA]</sup>에서 개발 중인 홈 네트워크<sup>home network</sup>를 위한 소비자 가전장치 탐색 프로토콜을 지원하는 데도 사용된다.

UPnP에서 제어되는 장비는 먼저 DHCP상에서 기초한 IP 주소들로 구성되고, DHCP를 사용할 수 없으면 동적 링크 로컬 주소 구성(6장 참조)을 사용한다. 다음으로 단순 서비스 발견 프로토콜<sup>SSDP[XIDS]</sup>은 장치의 출현을 제어점(예를 들어 클라이언트 컴퓨터들)에 알려주고, 제어점이 장비에 부가 정보를 조회하는 것을 허용한다. SSDP는 표준 TCP 대신 UDP에서 2가지 변종의 HTTP를 사용한다. 이들은 HTTPU와 HTTPMU<sup>[XIDMU]</sup>라고 불리는데, 후자는 멀티캐스트 주소 지정(IPv4 주소 239.255.255.250, 포트 1900)을 사용한다. IPv6상에서 운반되는 SSDP의 경우에는 주소 ff01::c(노드 로컬), ff02::c(링크 로컬), ff05::c(사이트 로컬), ff08::c(기관 로컬), ff0e::c(전역)가 사용된다.

후속의 제어와 이벤트 통지("이벤팅"이라고 함)는 GENA<sup>General Event Notification Architecture</sup>로 제어하는데, SOAP<sup>Simple Object Access Protocol</sup>가 사용된다. SOAP는 클라이언트/서버 원격 프로시저 호출<sup>RPC</sup> 메커니즘을 지원하고, 웹페이지에서 널리 사용되는 XML 안에 부호화된

메시지를 사용한다. UPnP는 오디오와 비디오의 플레이백playback과 스토리지 장비를 포함하는 다양한 소비자 전자 장비를 위해 사용된다. NAT/방화벽 장비는 인터넷 게이트웨이 장비IGD 프로토콜[IGD]을 사용해 제어된다. IGD는 NAT 매핑을 학습하거나 포트 포워딩을 설정하는 능력을 포함하는 다양한 능력을 지원한다. 관심 있는 독자는 MiniUPnP 프로젝트 홈페이지[UPNPC]에서 간단한 IGD 클라이언트를 다운받아서 실험해 볼 수 있다. UPnP IGD[IGD2]의 두 번째 버전은 UPnP에 일반적인 IPv6 지원을 추가한다.

UPnP는 NAT 제어뿐 아니라 그와 관계없는 규격들도 포함하는 광범위한 프레임워크지만, NAT-PMP는 NAT 장비와의 프로그램 통신에만 초점을 둔다. NAT-PMP는 별도의 설정 작업을 요구하지 않는 네트워킹을 위한 애플Apple의 봉주르Bonjour 사양의 일부다. 관리되는 장비가 보통 시스템의 기본 게이트웨이를 DHCP에서 학습하기 때문에 NAT-PMP는 탐색 프로세스를 사용하지 않는다. NAT-PMP는 UDP 포트 5351를 사용한다. NAT-PMP는 NAT 외부의 주소를 학습하고 포트 매핑을 설정하기 위해 단순한 요청/응답 프로토콜을 지원한다. 또 NAT 외부의 주소가 바뀔 때 이를 리스너에게 알려주는 기초적인 이벤팅 메커니즘도 지원하는데, UDP 멀티캐스트 메시지를 NAT 외부 주소가 바뀔 때 224.0.0.1(전체 호스트All Hosts 주소)로 보내는 방법이 많이 사용된다. NAT-PMP는 클라이언트/서버 상호 작용을 위해 UDP 포트 5350을 사용하고 멀티캐스트 이벤트 통지를 위해서는 5351을 사용한다. NAT-PMP의 아이디어는 포트 제어 프로토콜PCP,[IDPCP]에서 제안한 것처럼 SPNAT와 함께 사용하게 확장할 수 있다.

## 7.6 IPv4/IPv6 공존과 전환을 위한 NAT

마지막 최상위 수준의 유니캐스트 IPv4 주소 프리픽스가 2011년 초에 고갈됨에 따라 IPv6를 수용하는 것이 가속화되기 시작했다. 처음에는 호스트는 이중 스택 기능(즉, IPv4와 IPv6 스택을 둘 다 완전히 구현)[RFC4213]을 갖추고 네트워크 서비스는 IPv6 전용으로 전환될 것이라고 예상됐다. 하지만 지금은 IPv4와 IPv6가 상당 기간, 어쩌면 영원히 공존하고 여러 경제적인 이유로 네트워크 인프라는 IPv4와 IPv6 중 하나만 혹은 둘 다로 운영될 것으로 예측된다. 이런 예측이 맞다면, 이중 스택이든 아니든 IPv4와 IPv6간의 통신을 지원할 필요성은 계속 존재할 것이다. IPv4와 IPv6의 조합을 지원하는 데 사용돼온 2가지 주요한 접근 방법은 터널링과 변환이다. 터널링 접근 방식은 Teredo(10장 참조), DS$^{\text{Dual-Stack Lite}}$, IPv6 Rapid Deployment(6rd)를 포함한다. DS-Lite의 아키텍처 내에 SPNAT가 포함돼 있지만, [RFC6144]에 설명된 프레임워크는 보다 순수한 변환 방식을 정의하고 있다. 이 프레임워크는 2장에서 배운 IPv4 내장 IPv6 주소를 사용한다. 이번 절에서는 DS-Lite와 변환 프레임워크를 둘 다 살펴보자.

### 7.6.1 DS-Lite

DS-Lite$^{\text{[RFC6333]}}$는 내부적으로 IPv6를 운영하고자 하는 서비스 제공자가 (기존의 IPv4 사용자를 계속 지원하면서) IPv6로 보다 쉽게 전환하는 것을 도와준다. 서비스 제공자는 적은 개수의 IPv4 주소를 사용해서 고객에게 IPv4와 IPv6 연결을 제공하면서 동시에 실제 운영되는 IPv6 네트워크를 설치하는데 집중할 수 있다. 이 방식은 IPv4-in-IPv6 소프트웨어 터널링$^{\text{[RFC5571]}}$과 SPNAT을 결합한 것이다. 그림 7-16은 DS-Lite의 설치 예시를 보여준다.

그림 7-16에서 고객의 네트워크들은 IPv6와 IPv6를 함께 운영하고 있다. 반면에 서비스 제공자의 네트워크는 IPv6만을 운영하고 있다. 이 상황에서 고객이 IPv6로 인터넷에 연결할 때는 통상적인 IPv6 라우팅이 사용된다. 하지만 IPv4로 연결할 때는 특수한 "사전$^{\text{before}}$" 게이트웨이(그림 7-16에서 B4)를 사용한다. B4는 기초적인 IPv4 서비스(예를 들면 DHCP, DNS 프록시 등)를 제공하지만, '사후$^{\text{after}}$' 게이트웨이(그림 7-16에서 AFTR)에서 종료되는 다중 점대점 터널 안의 고객 IPv4 트래픽을 캡슐화도 한다. AFTR 게이트웨이는 IPv4 인터넷으로 향하는 트래픽의 역캡슐화를 수행하고, 역방향으로는 캡슐화를 수행한다. AFTR은 NAT도 수행하며 일종의 SPNAT로서 동작한다. 구체적으로 말하면, AFTR은 IPv4 인터넷에서 AFTR로 돌아가는 트래픽을 구별하기 위해서 고객의 터널 종단점의 식별 정보를 사용할 수 있다. 덕분에 다수의 고객이 동일한 IPv4 주소 공간을 사용하는 것이 가능하다. B4는 AFTR-Name$^{\text{[RFC6334]}}$이라는 DHCPv6옵션을 사용해서 상대방 AFTR의 이름을 학습할 수 있다.

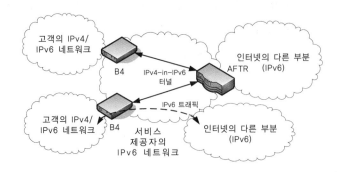

**그림 7-16** DS-Lite는 서비스 제공자가 IPv6만의 기반 시설을 사용해 IPv4와 IPv6 고객 네트워크들 지원할 수 있도록 한다. 서비스 제공자의 경계에서 SPNAT가 사용되므로 IPv4 주소의 사용은 최소한으로 억제된다.

6장에서 배웠던 IPv6의 신속 배포(6rd)와 비교하면 DS-Lite를 이해하는 데 도움이 된다. DS-Lite가 서비스 제공자의 IPv6 네트워크에서 고객에게 IPv4 접근을 허용하는 반면 6rd는 서비스 제공자의 IPv4 네트워크에서 고객에게 IPv6 접근을 목표로 한다. 기본적으로 둘 다 비슷한 아키텍처 요소를 갖고 정반대로 접근하는 것이다. 하지만 6rd의 경우 IPv6 주소와 상대방 IPv4 터널 종단점의 주소 간의 매핑은 주소 매핑 알고리즘을 사용해서 무상태stateless 방식으로 계산된다. 무상태 주소 변환은 다음 절에서 설명하는 IPv4와 IPv6 간의 프로토콜 전체 변환에서도 사용된다.

## 7.6.2 NAT와 ALG를 사용하는 IPv4/IPv6 변환

IPv4와 IPv6의 공존을 지원하기 위해서 터널링 기법을 사용할 때의 가장 큰 문제점은 하나의 주소군을 사용하는 호스트에서 운영 중인 네트워크 서비스에 다른 주소군을 사용하는 호스트가 직접적으로 도달할 수 없다는 점이다. 따라서 IPv6 전용 호스트는 다른 IPv6 시스템과만 통신할 수 있다. 이렇게 되면 기존의 IPv4 인터넷에서 제공 중인 주요 서비스를 IPv6 전용 시스템에서는 이용할 수 없기 때문에 바람직하지 않다. 이러한 문제를 해결하기 위해서 2008년부터 2010년까지 IPv4와 IPv6 간의 직접적인 변환을 제공하기 위한 프레임워크를 개발하기 위해 상당 수준의 노력이 있었지만, NAT-PT로 알려진 이 노력은 성능에 문제가 많았다. 결국 지속적으로 사용하기에는 너무 불안정하며 확장성도 부족한 것으로 결론이 내려져서 더 이상 지원되지 않는다[RFC4966].

IPv4/IPv6 변환 프레임워크는 [RFC6144]에 설명돼 있다. 이 기초적인 변환 아키텍처는 IPv4 주소와 IPv6 주소 간의 전환을 위한 상태 기반 및 무상태 방법, DNS 변환(11장 참조) 그리고 필요 시 추가적인 동작 혹은 ALG의 정의(ICMP와 FTP 포함) 등을 포함하고 있다. 이번 절에서는 [RFC6145]와 [RFC6146]을 기초로 IP를 위한 상태 기반 및 무상태 주소 변환 그리고 2장에서 논의했던 [RFC6052]의 주소 지정에 대한 기초 지식을 알아보자. IP가 아닌 다른 프로토콜에서의 주소 변환은 8장 이후의 장들에서 살펴볼 것이다.

### 7.6.2.1 IPv4-전환 주소와 IPv4-변환 가능 주소

2장에서 IPv4를 내장한 IPv6 주소들의 구조를 설명했다. 이러한 IPv4-내장 IPv6 주소는 IPv4 주소를 생성하는 함수의 입력으로서 사용될 수 있는 IPv6 주소를 말한다. 이 함수는 쉽게 역으로 사용할 수도 있다. IPv4-내장 주소에는 2종류가 있는데, 하나는 IPv4-전환converted 주소이고 다른 하나는 IP-변환 가능translatable 주소이다. 이러한 주소 유형들을 집합으로 나타낸다면 IP-변환 가능 주소 ⊂ IP-전환 주소 ⊂ IP-내장 주소 ⊂ IPv6 주소로 쓸 수 있다. IPv4-변환 가능 주소는 무상태 방식으로 IPv4 주소를 결정할 수 있는 IPv6 주소를 의미한다(7.6.2.2절 참조).

알고리즘에 의한 IPv4와 IPv6 주소 간의 변환에는 2장에서 설명했던 프리픽스가 사용된다. 이 프리픽스는 WKP(Well Known Prefix)인 64:ff9b::/96 이거나 서비스 제공자의 소유로서 서비스 제공자 전용으로 사용되는 NSP(Network-Specific Prefix)이다. WKP는 전역적으로 라우팅 가능한 IPv4 주소를 나타낼 때만 사용된다. 즉, 사설 주소[RFC1918]와 WKP를 함께 사용해서는 안 된다. 또 WKP를 IPv4-변환 가능 주소를 생성하는 데 사용해서능 안된다. IPv4-변환 가능 주소는 서비스 제공자의 네트워크 범주scope 내에서 정의되기 위한 주소이므로, 전역 범주에서 사용하는 것은 적절하지 않다.

WKP는 흥미롭게도 인터넷 검사합에 대해서 중립적이다. 5장에서 배운 인터넷 검사합을 생각해 보자. 프리픽스 64:ff9b::/96을 16진수 값들 0064, ff9b, 0000, 0000, 0000, 0000, 0000, 0000으로 구성된 것으로 간주한다면 이러한 값들의 합은 ffff 인데, 이 값의 1의 보수는 0이다. 따라서 IPv4 주소의 프리픽스로 WKP가 사용됐을 경우, 주소 변환의 결과로서 생성된 패킷 내의 인터넷 검사합(예를 들면 IPv4 헤더 내의 TCP 또는 UDP 검사합)은 영향을 받지 않는다. 당연히 적절하게 선택된 NSP 역시 검사합에 중립적일 것이다.

다음 2개의 하위절에서 우리는 표기법 To4(A6, P)를 프리픽스 P에 연계해 IPv6 주소 A6
에서 비롯된 IPv4 주소를 표시하는 것으로 사용할 것이다. P는 WKP이거나 어떤 NSP다.
표기법 To6(A4, P)는 프리픽스 P와 연계한 IPv4 주소 A4에서 유래한 IPv6 주소를 표현
한다. 약간의 예외는 있지만 A6 = To6(To4(A6,P),P)이고 A4 = To4(To6(A4,P),P)라는 것을
주의하자.

### 7.6.2.2 무상태 변환

무상태 IP/ICMP 변환<sup>SITT</sup>은 상태 테이블을 사용하지 않으면서 IPv4와 IPv6 패킷을 변
환하는 방법을 가리킨다. 테이블 조회 없이 변환이 수행되며, 대신에 IP 헤더를 변환하
기 위해 정의된 방법을 IPv4-변환 가능 주소와 함께 사용한다. 대부분의 경우에 IPv4
의 옵션들은 변환되지 않고(그냥 무시한다) IPv6 확장 헤더들도 (단편<sup>Fragments</sup> 헤더를 제외하
고) 변환되지 않는다. 다만 IPv4의 발신지 경로 지정<sup>Source Route</sup> 옵션은 예외인데, 이 옵션
이 존재할 경우 패킷은 폐기되며 ICMP 오류 메시지(목적지 도달 불가. 발신지 경로 지정 실패
Destination Unreacheable, Source Route Failed ; 8장 참조)가 생성된다. 표 7-5는 IPv4 데이터그램을
IPv6로 변환할 때 IPv6 헤더 필드들에 어떤 값이 할당되는지 보여준다.

**표 7-5** IPv4를 IPv6로 변환할 때 IPv6 헤더를 생성하는 방법

| IPv6 필드 | 할당 방법 |
|---|---|
| Version | 6으로 설정 |
| DS Field/ECN | IPv4 헤더 안의 값을 복사 |
| Flow Label | 0으로 설정 |
| Payload Length | (IPv4 전체 길이) - (IPv4 헤더의 길이)로 설정 |
| Next Header | IPv4 프로토콜 필드(또는 프로토콜 필드의 값이 1이면 58)로 설정. 생성된 IPv6 데이터그램이 단편화됐거나 DF 비트가 설정되지 않았다면 단편화된 헤더를 표시하는 44로 설정한다. |
| Hop Limit | (IPv4 TTL 필드) - 1로 설정(이 값이 0이면 그 패킷은 폐기되고, ICMP 시간 초과 메시지가 생성된다. 8장 참조) |
| Source IP Address | To6으로 설정(IPv4 발신지 IP 주소, P) |
| Destination IP Address | To6으로 설정(IPv4의 목적지 IP 주소, P) |

변환이 진행되는 과정에서 IPv4 헤더는 벗겨지고 IPv6 헤더로 교체된다. 수신된 IPv4 데이터그램이 다음 링크의 MTU보다 크고 헤더 안의 DF 비트 필드가 설정되지 않은 경우, 다수의 IPv6 단편화 패킷이 생성되며 각 패킷은 단편<sup>Fragemts</sup> 헤더를 포함한다. 이것은 수신된 IPv4 데이터그램이 단편일 때도 마찬가지다. [RFC6145]에서는 수신된 IPv4 데이터그램의 DF 비트 필드의 값이 0이면 단편화를 수행할 필요가 있는지 혹은 수신된 데이터그램이 단편인지 여부에 상관없이 무조건 IPv6 데이터그램을 생성할 때 단편 헤더를 포함시킬 것을 추천한다. 이렇게 하면 IPv4 발신자가 PMTUD를 사용하지 않고 있음을 IPv6 수신자가 알 수 있다. 단편 헤더가 포함될 경우 그 필드들의 값은 테이블 7-6과 같이 설정된다.

표 7-6 IPv4에서 IPv6로의 변환 시 단편 헤더가 사용될 경우 필드값을 할당하는 방법

| 단편화된 헤더 필드 | 할당 방법 |
|---|---|
| Next Header | IPv4 프로토콜 필드로 설정 |
| Fragment Offset | IPv4 단편 오프셋 필드에서 복사 |
| More Fragments Bit | IPv4 More Fragment(M) 비트 필드에서 복사 |
| Identification | 하위 16비트는 IPv4 식별자 필드로 설정한다. 상위 16비트는 0으로 설정한다. |

반대 방향(IPv6-to-IPv4 변환)은 수신된 IPv6 헤더 안의 필드에 근거해 헤더 필드값을 갖는 IPv4 데이터그램을 생성하는 것이다. IPv6주소 공간이 IPv4보다 훨씬 크기 때문에 IPv4 전용 호스트는 IPv6 인터넷의 모든 호스트에 접근할 수는 없다. 표 7-7은 단편화되지 않은 IPv6 데이터그램이 수신됐을 때 IPv4 데이터그램의 헤더 필드들이 어떤 값을 할당받는지 보여준다.

표 7-7 단편화되지 않은 IPv6를 IPv4로 변환할 때 IPv4 헤더를 생성하는 방법

| IPv4 헤더 필드 | 할당 방법 |
|---|---|
| Version | 4로 설정 |
| IHL | 5로 설정(IPv4 옵션이 없다) |
| DS Field/ECN | IPv6 헤더 안의 값에서 복사 |
| Total Length | IPv6 페이로드 길이의 값 + 20 |

| IPv4 헤더 필드 | 할당 방법 |
|---|---|
| Identification | 0으로 설정(옵션으로 미리 정의된 다른 값을 설정한다) |
| Flags | More Fragment(M)는 0, Don't Fragment(DF)는 1 |
| Fragment Offset | 0으로 설정 |
| TTL | IPv6 Hop Limit - 1(최소 1이어야 함) |
| Protocol | 단편화 헤더, HOPOPT, IPv6-Router, 또는 IPv6-Opts를 참조하지 않는 최초의 다음 헤더 Next Header 필드에서 복사 |
| Header Checksum | 새로 생성된 IPv4 헤더를 위해 계산함 |
| Source IP Address | To4(IPv6 발신지 IP 주소, P) |
| Destination IP Address | To4(IPv6 목적지 IP 주소, P) |

수신 IPv6 데이터그램이 단편 헤더를 포함할 경우, 외부로 보내지는 IPv4 데이터그램은 표7-7의 할당 방법이 수정된 방법에 따르는 필드값을 사용한다. 표 7-8은 이 경우를 나타낸다.

표 7-8 단편화된 IPv6를 IPv4로 변환할 때 IPv4 헤더를 생성하는 방법

| IPv4 헤더 필드 | 할당 방법 |
|---|---|
| Total Length | (IPv6 페이로드 길이 필드값) - 8 + 20 |
| Identification | IPv6 단편화 헤더의 식별자 필드 안의 하위 16비트에서 복사 |
| Flags | More Fragment(M)는 IPv6 단편화 헤더 안의 M 비트 필드에서 복사, Don't Fragment(DF)는 0으로 설정하며, IPv4 네트워크에서 단편화를 허용한다. |
| Fragment Offset | IPv6 단편화 헤더의 단편 오프셋 필드에서 복사 |

단편화된 IPv6 데이터그램의 경우에는 번역기가 단편화된 IPv4 데이터그램을 생성한다. IPv6에서는 신원 필드가 더 크기 때문에 같은 호스트에서 온 다수의 다른 IPv6 데이터 그램들의 신원 필드값이 공통된 하위 순서 16비트들을 공유하는 방법으로 단편화됐다면 어떤 단편들은 적절하게 재조립하는 것이 실패할 수 있는 가능성이 있다. 그렇지만 전통적인 IPv4 신원 필드를 감싸는 데 비해 이 상황은 위험하지 않다. 게다가 상위 계층에서 무결성 검사는 걱정할 필요가 전혀 없다.

### 7.6.2.3 상태 기반 변환

상태 기반 변환인 NAT64[RFC6146]는 IPv4 서버와 통신하는 IPv6 전용 클라이언트를 지원하기 위한 것이다. 당분간 다수의 주요 서비스들이 IPv4 전용으로 제공될 것으로 예상되기 때문에 NAT64 지원은 중요할 수 있다. 헤더의 변환 방법은 7.6.2.2절에서 논의한 무상태 변환의 경우와 거의 같다. NAT64도 일종의 NAT이기 때문에 BEHAVE 규격과 호환되며, 필터링은 종단점 독립적인 방법과 주소 의존적 방법을 모두 지원하되 매핑은 종단점 독립적인 방법만을 지원한다. 따라서 이런 앞서 논의한 NAT 통과 기법들(예를 들어 ICE, STUN, TURN)과 호환성이 있다. 이러한 프로토콜들이 함께 사용되지 않을 경우, NAT64는 IPv4 호스트들과 통신을 시작하는 IPv6 호스트에 대해서만 위한 동적 변환을 지원한다.

NAT64는 IPv6 환경에서 일반적인 NAT(NAPT)와 거의 똑같이 동작하며, 다만 IPv4-to-IPv6 변환이 그 반대 방향보다 간단하다는 점만 다르다. NAT64 장치에는 IPv6 프리픽스가 할당되는데, 이 프리픽스는 앞서 2장과 [RFC6052]에 기술된 방법을 사용해서 IPv4 주소로부터 IPv6 주소를 직접 생성하는 데 사용된다. IPv4 주소 공간은 상대적으로 여유가 적기 때문에 IPv6-to-IPv4 변환은 일반적으로 동적으로 관리되는 IPv4 주소의 풀pool을 활용하는데, 다수의 IPv6 주소가 동일한 IPv4 주소로 매핑될 수 있으므로 NAPT의 기능들을 지원하려면 NAT64가 필수적이다. NAT64는 현재 IPv6 노드에서 발신하는 TCP, UDP, ICMP 메시지들의 변환 방법을 정의한다(ICMP 조회와 응답의 경우에는 전송 계층의 포트 번호가 아니라 ICMP의 식별자identifier 필드가 사용된다. 8장 참조).

NAT64는 단편을 NAPT와 다르게 처리한다. 전송 검사합이 0이 아닌 TCP나 UDP 단편이 수신된 경우(10장 참조), NAT64는 이 단편들을 일단 대기시켰다가 나중에 함께 변환할 수도 있고 아니면 단편들을 개별적으로 변환할 수도 있다. NAT64는 순서대로 수신되지 않은 단편들도 처리해야만 한다. NAT64는 단편들이 임시 저장되는 시간을 제한하도록 값을 설정할 수 있는데(최소 2초), 이 값을 설정하지 않으면 단편들을 저장하는 패킷 버퍼의 고갈을 유발하는 DoS 공격을 받을 수 있다.

## 7.7 방화벽 및 NAT와 관련된 공격

방화벽을 배포하는 가장 큰 목적이 공격에 대한 노출을 줄이는 것이므로, 종단 호스트나 라우터에 비해서 방화벽이 명백히 적은 취약점을 갖는 것은 놀라운 일이 아니다. 하지만 그렇다고 취약점이 전혀 없는 것은 아니다. 가장 흔한 방화벽 문제는 불완전하거나 잘못된 설정으로 인한 것이다. 방화벽을 설정하는 것은 사소한 업무가 아니다. 특히, 거의 매일같이 새로운 서비스가 수용되는 대규모 조직에서는 더욱 그렇다. 상당수의 (특히 구형) 방화벽이 IP 단편을 처리하지 못하는 약점을 파고드는 형태의 공격도 있다.

NAT/방화벽이 외부로부터 하이재킹돼서 공격자를 위한 위장 기능을 제공할 때 문제가 발생할 수 있다. NAT 기능이 활성화된 방화벽의 외부 인터페이스에 도착한 트래픽은 NAT 장치로부터 온 것처럼 보이기 위해 재작성될 수 있고 이로 인해 공격자의 실제 주소가 숨겨질 수 있다. 설상가상으로 이것은 NAT의 관점에서는 "정상적인" 동작이다. 단지 내부가 아니라 외부로부터 입력 패킷을 받고 있을 뿐이기 때문이다. 이것은 리눅스의 ipchains 기반의 NAT/방화벽에서 특히 문제가 돼 왔다. 위장을 가장 간단한 방법은 다음과 같다.

```
Linux# ipchains -P FORWARD MASQUERADE
```

이 명령은 공격을 허용할 수 있기 때문에 권장되지 않는다. 기본 포워딩 정책을 masquerade로 설정하는데, 이 정책이 임의의 IP 포워딩에 적용될 가능성이 있기 때문이다.

방화벽 및 NAT 규칙과 관련해서 일어날 수 있는 또 다른 문제점은 규칙이 잘못될 수 있다는 점이다. 특히, 더 이상 사용되지 않고 있는 서비스 트래픽의 통과를 허용하는 포트 포워딩 항목 등이 규칙에 포함될 수 있다. 또 일부 라우터는 방화벽 규칙의 복사본을 2개 이상 메모리에 유지하는데, 라우터는 언제 어느 규칙을 활성화해야 할지 구체적으로 지시돼야 하는 것도 문제를 일으킬 수 있다. 마지막으로 많은 라우터가 새로 방화벽 규칙이 추가될 때 이를 기존 규칙과 병합하는데, 운영자가 이 사실을 잘 알지 못할 경우에 바람직하지 못한 결과로 이어질 수 있다.

단편화와 관련해서는 IP 단편이 만들어지는 방법이 문제를 일으킬 수 있다. IP 데이터그램이 단편화(10장 참조)될 때, 전송 헤더(포트 번호를 포함한다)는 첫 번째 단편에만 들어 있고 나머지 단편들에는 들어 있지 않다. 이것은 TCP/IP 프로토콜 아키텍처의 계층 및 캡슐화 구조 때문이지만, 불행히도 방화벽 입장에서는 첫 번째 단편이 아닌 단편들은 수신해 봤자 전송 계층 혹은 서비스에 대한 정보를 거의 얻을 수 없다. 유일한 해결책은 첫 번째 단편을 찾는 것인데, 이를 위해서는 자원 고갈 공격에 노출되기 쉬운 상태 기반 방화벽이 명백히 필요하다. 심지어 상태 기반 방화벽으로도 부족할 수 있다. 첫 번째 단편이 이후의 단편들보다 나중에 도착하는 경우, 필터링 동작보다 먼저 데이터그램 재조립을 수행할 정도로 방화벽이 똑똑하지 않을 수도 있기 때문이다. 이럴 때 방화벽이 자신이 제대로 식별할 수 없는 단편을 그냥 폐기해 버리기도 하는데, 대규모 데이터그램을 사용하는 정상적 트래픽에서 이로 인한 문제가 일어날 수 있다.

## 7.8 정리

방화벽은 종단 시스템에 해가 될 수 있는 정보의 흐름을 네트워크 관리자가 제한하는 메커니즘을 제공한다. 주요한 2가지 유형의 방화벽은 패킷 필터링 방화벽과 프록시 방화벽이다. 패킷 필터링 방화벽은 상태 정보를 저장하는 것(상태 기반 방화벽)과 그렇지 않은 것(무상태 방화벽)으로 구분할 수 있으며 대체로 IP라우터처럼 동작한다. 상태 기반 방화벽은 더 정교하며 광범위한 응용 계층 프로토콜을 지원한다(그리고 패킷 스트림 내의 다수의 패킷들에 걸쳐서 정교하게 로깅 혹은 필터링을 할 수 있다). 프록시 방화벽은 보통 응용 계층 게이트웨이처럼 동작한다. 이러한 방화벽에서 각 응용 계층 서비스는 방화벽상에 자기 자신의 프록시 핸들러를 가져야 하는데, 이때 핸들러는 트래픽의 데이터 부분도 수정할 수 있다. SOCKS 같은 프로토콜들은 표준화된 방식으로 프록시 방화벽을 지원한다.

네트워크 주소 변환NAT은 상대적으로 많은 수의 종단 호스트가 전역적으로 경로 지정이 가능한 하나 이상의 IP 주소를 공유할 수 있게 하는 메커니즘이다. NAT는 이런 목적으로 상당히 많이 사용되고 있지만 방화벽 규칙과 연계해서 NAT/방화벽 조합으로서 사용될 수도 있다. 이렇게 설정할 경우, NAT '안쪽'의 컴퓨터는 외부 인터넷으로 트래픽을 보내는 것과 이에 대한 응답으로서 돌아오는 트래픽을 수신하는 것만 허용된다. 이로 인해 NAT 안쪽에 서비스를 구현하기 어렵게 되는 문제는 포트 포워딩으로 해결될 수 있다. 포트 포워딩은 NAT 내부의 종단 호스트로 향하는 트래픽을 허용하는 방법이다. NAT는 IPv4와 IPv6 간의 주소 변환을 통해서 둘 간의 전환을 돕는 용도로도 제안되고 있다. 또

NAT는 IPv4 주소 고갈 우려를 완화하기 위해서 ISP 내부에서도 사용이 고려되고 있다. 실제로 이런 사용 방식이 늘어난다면 일반 사용자가 자신의 홈 네트워크에서 인터넷 서비스를 제공받기는 더욱 어려워질 수 있다.

일부 애플리케이션은 NAT 뒤편에서 어떤 주소가 사용 중인지 알아내기 위해서 휴리스틱$^{heuristic}$을 사용한다. 이때 NAT의 직접적인 도움 없이 자체적으로 동작하는 경우가 많은데, 이런 방법을 UNSAF('언세이프'라고 발음) 방법이라고 부르며 완전히 신뢰할 만하지는 않다. (IEEE BEHAVE 워킹그룹에서 작성한) 문서들이 여러 프로토콜에서 NAT가 어떻게 동작해야 할지 기술하고 있지만, 모든 NAT가 이런 규격을 구현하지는 않는다. 따라서 연결이 가능하도록 보장하기 위해서는 NAT 통과$^{Traversa}$ 기법을 채택할 필요가 있다.

NAT 통과 기법은 하나 이상의 NAT가 사용될 때도 통신이 가능하도록 주소와 포트 번호의 집합을 알아내야 한다. 이때 주소를 알아내는 데 사용되는 주요 프로토콜이 STUN이다. TURN은 STUN의 특수한 사용법으로서 특별하게 설정된 TURN 서버를 거치도록 트래픽을 중계하는데 TURN 서버는 대체로 인터넷에 위치한다. ICE와 같은 완전한 NAT 통과 프로토콜을 사용하면 어느 주소 혹은 중계기를 사용할 것이지 알아낼 수 있다. ICE는 STUN과 TURN으로 알아내는 주소에 로컬 정보를 조합해서 서로 통신하는 종단점들 간에 사용 가능한 모든 주소를 알아낸다. 그리고 그중에서 이후의 통신을 수행하는 데 최적의 주소를 선택한다. ICE 같은 메커니즘은 신호 전달을 위해 SIP 프로토콜을 사용하는 VoIP 서비스들을 지원하는 용도로 많은 관심을 받고 있다.

방화벽과 NAT은 약간의 설정을 해줘야 한다. 대다수의 홈 사용자에게 기본 설정이 적합하지만, 특정 서비스의 동작을 위해서 방화벽 수정이 필요할 수도 있다. 게다가 NAT 안쪽에 있는 사용자가 인터넷 서비스를 제공하려면 NAT 장치상에서 포트 포워딩이 구성돼야 한다. 어떤 애플리케이션들은 UPnP나 NAT-PMP 같은 프로토콜을 사용해 NAT와 직접 통신을 수행함으로써 관리자가 설정을 쉽게 할 수 있도록 도와주는데, 이 프로토콜들은 사용자의 개입 없이 애플리케이션이 포트 포워딩과 데이터 바인딩을 자동으로 접근 및 수정할 수 있도록 허용한다. 동적으로 변화하는(즉, 인터넷 방면 IP 주소가 바뀌는) NAT의 안쪽에서 웹서버를 실행하는 사용자에게는 동적 DNS(11장 참조)와 같은 추가적인 서비스들도 중요할 수 있다.

# 7.9 참고 자료

- **[ANM09]** S. Alcock, R. Nelson, and D. Miles, "Investigating the Impact of Service Provider NAT on Residential Broadband Users," University of Waikato, unpublished technical report, 2009.

- **[DLNA]** http://www.dlna.org

- **[HBA09]** D. Hayes, J. But, and G. Armitage, "Issues with Network Address Translation for SCTP," Computer Communications Review, Jan. 2009.

- **[IDPCP]** D. Wing, ed., S. Cheshire, M. Boucadair, R. Penno, and P. Selkirk, "Port Control Protocol (PCP)," Internet draft-ietf-pcp-base, work in progress, July 2011.

- **[IDSNAT]** R. Stewart, M. Tuexen, and I. Ruengeler, "Stream Control Transmission Protocol (SCTP) Network Address Translation," Internet draft-ietf-behavesctpnat, work in progress, June 2011.

- **[IDTI]** J. Rosenberg, A. Keranen, B. Lowekamp, and A. Roach, "TCP Candidates with Interactive Connectivity Establishment (ICE)," Internet draft-ietf-mmusicice-tcp, work in progress, Sep. 2011.

- **[IGD]** UPnP Forum, "Internet Gateway Devices (IGD) Standardized Device Control Protocol V 1.0," Nov. 2001.

- **[IGD2]** UPnP Forum, "IDG:2 Improvements over IGD:1," Mar. 2009.

- **[ISP]** http://www.iana.org/assignments/stun-parameters

- **[MBCB08]** O. Maennel, R. Bush, L. Cittadini, and S. Bellovin, "A Better Approach to Carrier-Grade-NAT," Columbia University Technical Report CUCS-041-08, Sept. 2008.

- **[NFWEB]** http://netfilter.org **[PJSUA]** http://www.pjsip.org/pjsua.htm

- **[RFC0959]** J. Postel and J. Reynolds, "File Transfer Protocol," Internet RFC 0959/STD 0009, Oct. 1985.

- **[RFC1918]** Y. Rekhter, B. Moskowitz, D. Karrenberg, G. J. de Groot, and E. Lear, "Address Allocation for Private Internets," Internet RFC 1918BCP 0005, Feb. 1996.

- **[RFC1928]** M. Leech, M. Ganis, Y. Lee, R. Kuris, D. Koblas, and L. Jones, "SOCKS Protocol Version 5," Internet RFC 1928, Mar. 1996.

- **[RFC2616]** R. Fielding, J. Gettys, J. Mogul, H. Frystyk, L. Masinter, P. Leach, and T. Berners-Lee, "Hypertext Transfer Protocol.HTTP/1.1," Internet RFC 2616, June 1999.

- **[RFC2637]** K. Hamzeh, G. Pall, W. Verthein, J. Taarud, W. Little, and G. Zorn, "Point-to-Point Tunneling Protocol (PPTP)," Internet RFC 2637 (informational), July 1999.

- **[RFC2766]** G. Tsirtsis and P. Srisuresh, "Network Address Translation.Protocol Translation (NAT-PT)," Internet RFC 2766 (obsoleted by **[RFC4966]**), Feb. 2000.

- **[RFC3022]** P. Srisuresh and K. Egevang, "Traditional IP Network Address Translator (Traditional NAT)," Internet RFC 3022 (informational), Jan. 2001.

- **[RFC3027]** M. Holdrege and P. Srisuresh, "Protocol Complications with the IP Network Address Translator," Internet RFC 3027 (informational), Jan. 2001.

- **[RFC3235]** D. Senie, "Network Address Translator (NAT)-Friendly Application Design Guidelines," Internet RFC 3235 (informational), Jan. 2002.

- **[RFC3264]** J. Rosenberg and H. Schulzrinne, "An Offer/Answer Model with Session Description Protocol (SDP)," Internet RFC 3264, June 2002.

- **[RFC3424]** L. Daigle, ed., and IAB, "IAB Considerations for UNilateral Self-Address Fixing (UNSAF) across Network Address Translation," Internet RFC 3424 (informational), Nov. 2002.

- **[RFC3550]** H. Schulzrinne, S. Casner, R. Frederick, and V. Jacobson, "RTP: A Transport Protocol for Real-Time Applications," Internet RFC 3550/STD 0064, July 2003.

- **[RFC3711]** M. Baugher, D. McGrew, M. Naslund, E. Carrara, and K. Norrman, "The Secure Real-Time Transport Protocol (SRTP)," Internet RFC 3711, Mar. 2004.

- **[RFC4193]** R. Hinden and B. Haberman, "Unique Local IPv6 Unicast Addresses," Internet RFC 4193, Oct. 2005.

- **[RFC4213]** E. Nordmark and R. Gilligan, "Basic Transition Mechanisms for IPv6 Hosts and Routers," Internet RFC 4213, Oct. 2005.

- **[RFC4340]** E. Kohler, M. Handley, and S. Floyd, "Datagram Congestion Control Protocol (DCCP)," Internet RFC 4340, Mar. 2006.

- **[RFC4605]** B. Fenner, H. He, B. Haberman, and H. Sandick, "Internet Group Management Protocol (IGMP)/Multicast Listener Discovery (MLD)-Based Multicast Forwarding (IGMP/MLD Proxying)," Internet RFC 4605, Aug. 2006.

- **[RFC4787]** F. Audet, ed., and C. Jennings, "Network Address Translation (NAT) Behavioral Requirements for Unicast UDP," Internet RFC 4787/BCP 0127, Jan. 2007.

- **[RFC4864]** G. Van de Velde, T. Hain, R. Droms, B. Carpenter, and E. Klein, "Local Network Protection for IPv6," Internet RFC 4864 (informational), May 2007.

- **[RFC4960]** R. Stewart, ed., "Stream Control Transmission Protocol," Internet RFC 4960, Sept. 2007.

- **[RFC4966]** C. Aoun and E. Davies, "Reasons to Move the Network Address Translator-Protocol Translator (NAT-PT) to Historic Status," Internet RFC 4966 (informational), July 2007.

- **[RFC5128]** P. Srisuresh, B. Ford, and D. Kegel, "State of Peer-to-Peer (P2P) Communication across Network Address Translators (NATs)," Internet RFC 5128 (informational), Mar. 2008.

- **[RFC5135]** D. Wing and T. Eckert, "IP Multicast Requirements for a Network Address Translator (NAT) and a Network Address Port Translator (NAPT)," Internet RFC 5135/BCP 0135, Feb. 2008.

- **[RFC5245]** J. Rosenberg, "Interactive Connectivity Establishment (ICE): A Protocol for Network Address Translator (NAT) Traversal for Offer/Answer Protocols," Internet RFC 5245, Apr. 2010.

- **[RFC5382]** S. Guha, ed., K. Biswas, B. Ford, S. Sivakumar, and P. Srisuresh, "NAT Behavioral Requirements for TCP," Internet RFC 5382/BCP 0142, Oct. 2008.

- **[RFC5389]** J. Rosenberg, R. Mahy, P. Matthews, and D. Wing, "Session Traversal Utilities for NAT (STUN)," Internet RFC 5389, Oct. 2008.

- **[RFC5411]** J. Rosenberg, "A Hitchhiker's Guide to the Session Initiation Protocol (SIP)," Internet RFC 5411 (informational), Feb. 2009.

- **[RFC5508]** P. Srisuresh, B. Ford, S. Sivakumar, and S. Guha, "NAT Behavioral Requirements for ICMP," Internet RFC 5508/BCP 0148, Apr. 2009.

- **[RFC5571]** B. Storer, C. Pignataro, ed., M. Dos Santos, B. Stevant, ed., L. Toutain, and J. Tremblay, "Softwire Hub and Spoke Deployment Framework with Layer Two Tunneling Protocol Version 2 (L2TPv2)," Internet RFC 5571, June 2009.

- **[RFC5596]** G. Fairhurst, "Datagram Congestion Control Protocol (DCCP) Simultaneous-Open Technique to Facilitate NAT/Middlebox Traversal," Internet RFC 5596, Sept. 2009.

- **[RFC5597]** R. Denis-Courmont, "Network Address Translation (NAT) Behavioral Requirements for the Datagram Congestion Control Protocol," Internet RFC 5597/BCP 0150, Sept. 2009.

- **[RFC5626]** C. Jennings, R. Mahy, and F. Audet, eds., "Managing Client-Initiated Connections in the Session Initiation Protocol (SIP)," Internet RFC 5626, Oct. 2009.

- **[RFC5761]** C. Perkins and M. Westerlund, "Multiplexing RTP Data and Control Packets on a Single Port," Internet RFC 5761, Apr. 2010.

- **[RFC5766]** R. Mahy, P. Matthews, and J. Rosenberg, "Traversal Using Relays around NAT (TURN): Relay Extensions to Session Traversal Utilities for NAT (STUN)," Internet RFC 5766, Apr. 2010.

- **[RFC5780]** D. MacDonald and B. Lowekamp, "NAT Behavior Discovery Using Session Traversal Utilities for NAT (STUN)," Internet RFC 5780 (experimental), May 2010.

- **[RFC5902]** D. Thaler, L. Zhang, and G. Lebovitz, "IAB Thoughts on IPv6 Network Address Translation," Internet RFC 5902 (informational), July 2010.

- **[RFC5928]** M. Petit-Huguenin, "Traversal Using Relays around NAT (TURN) Resolution Mechanism," Internet RFC 5928, Aug. 2010.

- **[RFC6052]** C. Bao, C. Huitema, M. Bagnulo, M. Boucadair, and X. Li, "IPv6 Addressing of IPv4/IPv6 Translators," Internet RFC 6052, Oct. 2010.

- **[RFC6062]** S. Perreault, ed., and J. Rosenberg, "Traversal Using Relays around NAT (TURN) Extensions for TCP Allocations," Internet RFC 6062, Nov. 2010.

- **[RFC6120]** P. Saint-Andre, "Extensible Messaging and Presence Protocol (XMPP): Core," Internet RFC 6120, Mar. 2011.

- **[RFC6144]** F. Baker, X. Li, C. Bao, and K. Yin, "Framework for IPv4/IPv6 Translation," Internet RFC 6144 (informational), Apr. 2011.

- **[RFC6145]** X. Li, C. Bao, and F. Baker, "IP/ICMP Translation Algorithm," Internet RFC 6145, Apr. 2011.

- **[RFC6146]** M. Bagnulo, P. Matthews, and I. van Beijnum, "Stateful NAT64: Network Address and Protocol Translation from IPv6 Clients to IPv4 Servers," Internet RFC 6146, Apr. 2011.

- **[RFC6156]** G. Camarillo, O. Novo, and S. Perreault, ed., "Traversal Using Relays around NAT (TURN) Extension for IPv6," Internet RFC 6156, Apr. 2011.

- **[RFC6296]** M. Wasserman and F. Baker, "IPv6-to-IPv6 Network Prefix Translation," Internet RFC 6296 (experimental), June 2011.

- **[RFC6333]** A. Durand, R. Droms, J. Woodyatt, and Y. Lee, "Dual-Stack Lite Broadband Deployments Following IPv4 Exhaustion," Internet RFC 6333, Aug. 2011.

- **[RFC6334]** D. Hankins and T. Mrugalski, "Dynamic Host Configuration Protocol for IPv6 (DHCPv6) Option for Dual-Stack Lite," Internet RFC 6334, Aug. 2011.

- **[UPNP]** http://www.upnp.org

- **[UPNPC]** http://miniupnp.free.fr

- **[XEP-0176]** J. Beda, S. Ludwig, P. Saint-Andre, J. Hildebrand, S. Egan, and R. McQueen, "XEP-0176: Jingle ICE-UDP Transport Method," XMPP Standards Foundation, June 2009, http://xmpp.org/extensions/xep-0176.html

- **[XIDAD]** P. Gauthier, J. Cohen, M. Dunsmuir, and C. Perkins, "Web Proxy Auto- Discovery Protocol," Internet draft-ietf-wrec-wpad-01, work in progress (expired), June 1999.

- **[XIDMU]** Y. Goland, "Multicast and Unicast UDP HTTP Messages," Internet draft-goland-http-udp-01.txt, work in progress (expired), Nov. 1999.

- **[XIDPMP]** S. Cheshire, M. Krochmal, and K. Sekar, "NAT Port Mapping Protocol (NAT-PMP)," Internet draft-cheshire-nat-pmp-03.txt, work in progress (expired), Apr. 2008.

- **[XIDS]** Y. Goland, T. Cai, P. Leach, Y. Gu, and S. Albright, "Simple Service Discovery Protocol/1.0 Operating without an Arbiter," Internet draft-cai-ssdp-v1-03.txt, work in progress (expired), Oct. 1999.

# 08

---

# ICMPv4와 ICMPv6: 인터넷 제어 메시지 프로토콜

## 8.1 개요

IP 프로토콜은 종단 시스템이 자신이 보낸 IP 패킷이 목적지에 도착하지 못했음을 알 수 있는 방법을 직접적으로 제공하지 않는다. 또, 진단 정보(예를 들면 경로를 따라 어떤 라우터가 사용됐는지 혹은 왕복 시간을 추정하기 위한 방법 등)을 얻을 수 있는 방법도 제공하지 않는다. 이런 결점을 해결하기 위해서 인터넷 제어 메시지 프로토콜ICMP[RFC0792][RFC4443]이라는 특수한 프로토콜을 IP와 함께 사용함으로써 IP 프로토콜 계층의 설정 및 IP 패킷의 처리와 관련된 진단과 제어 정보를 제공할 수 있다. ICMP는 IP 계층의 일부로서 간주되기도 하며 어떤 IP 구현에서도 필수적으로 요구된다. ICMP는 IP 프로토콜을 전송 용도로 사용하므로, 엄밀히 말하면 네트워크 계층 프로토콜도 전송 계층 프로토콜도 아니며 그 중간 어딘가에 위치한다.

ICMP는 오류 및 제어 메시지의 전달을 담당한다. ICMP 메시지는 IP 계층 자체, (그보다 위의) 전송 계층 프로토콜들(예를 들면 TCP 혹은 UDP), 어떤 경우에는 심지어 사용자 애플리케이션에 의해 이용된다. ICMP가 IP에 신뢰성을 제공하는 것은 아니라는 사실에 주의하자. 다만 특정 종류의 오류 및 설정 정보를 표시하는 것에 가깝다. 가장 일반적인 패킷 폐기의 원인(라우터에서의 버퍼 오버런)은 어떤 ICMP 정보도 해결에 도움이 되지 않는다. TCP와 같은 다른 프로토콜이 이 상황을 처리할 수 있다.

ICMP가 중요한 시스템 기능의 동작에 영향을 미치고 설정 정보를 얻을 수 있기 때문에, 해커들은 오랫동안 ICMP 메시지를 대규모 공격에 이용해왔다. 이러한 공격에 대한 우려 때문에 네트워크 관리자들은 특히 경계 라우터에서 방화벽으로 ICMP 메시지를 차단하는 경우가 많다. 하지만 ICMP가 차단되면 많은 수의 일상적인 진단 유틸리티(예: ping, traceroute)도 사용할 수 없게 된다[RFC4890].

이 책에서 ICMP는 일반적인 ICMP를 가리키며, ICMPv4와 ICMPv6는 각각 IPv4와 IPv6에서 사용되는 ICMP 버전을 가리킨다. 앞으로 보겠지만, ICMPv6는 ICMPv4가 IPv4에서 차지하는 것보다 훨씬 큰 역할을 IPv6에서 차지한다.

[RFC0792]는 ICMPv4의 공식적인 기본 사양을 담고 있으며, [RFC1122]와 [RFC1812]에서 좀 더 개선되고 분명해졌다. [RFC4443]은 ICMPv6의 기본 명세를 제공하고 [RFC4884]는 특정 ICMP 메시지에 확장 객체를 추가하는 방법을 제공한다. 이 기능은 다중 프로토콜 레이블 스위칭MPLS[RFC4950] 정보를 담는데 사용되며, 라우터가 특정 다이어그램을 포워딩할 때 어느 인터페이스와 홉을 사용할지 표시하는 데도 사용된다[RFC5837]. [RFC5508]은 NAT에서 ICMP의 기본적인 동작 특성을 기술한다(7장에서도 설명했었다). IPv6에서 ICMPv6는 단순한 오류 보고와 알림을 넘어서 다양한 목적으로 사용된다. 이웃 탐색ND[RFC4861] 용으로 사용되는데, 이것은 IPv4에서 ARP가 수행하는 역할과 동일하다. 또 호스트 설정에 사용되는 라우터 탐색 기능(6장 참조)과 멀티캐스트 주소 관리(9장 참조)에도 사용된다. 마지막으로 모바일 IPv6에서 핸드오프 관리에도 이용된다.

### 8.1.1 IPv4와 IPv6에서 캡슐화

메시지는 그림 8-1과 같이 IP 데이터그램 내에 캡슐화돼 전송된다. IPv4에서 프로토콜 필드값이 1인 것은 데이터그램이 ICMPv4를 운반한다는 것을 나타낸다. IPv6에서 ICMPv6 메시지는 0개 이상의 확장 헤더로 시작할 수 있다. ICMPv6 헤더의 마지막 확장 헤더 중에서 마지막은 값 58을 가진 다음 헤더Next field 필드를 포함한다. TCMP 메시지도 (비록 자주 일어나지는 않지만) 다른 IP 데이터그램과 마찬가지로 단편화될 수 있다(10장 참조). 그림 8-2는 ICMPv4 메시지와 ICMPv6 메시지의 형식을 나타낸다. 처음 4바이트는 모든 메시지에서 형식이 동일하지만, 나머지 부분은 메시지마다 다르다.

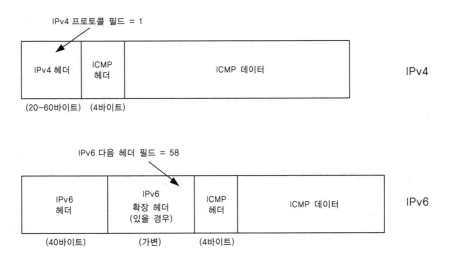

**그림 8-1** IPv4와 IPv6에서 ICMP 메시지의 캡슐화. ICMP 헤더는 ICMP 데이터 영역을 포괄하는 검사합을 포함한다. ICMPv6에서 검사합은 IPv6 헤더 안의 발신지와 목적지 IPv6 주소, 길이와 다음 헤더 필드들을 포괄한다.

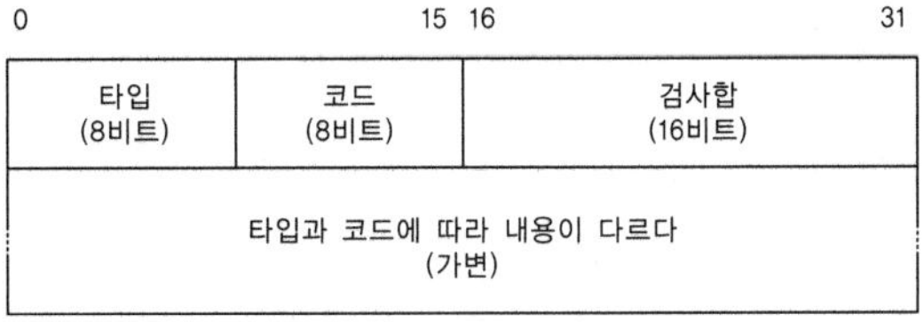

| 타입<br>(8비트) | 코드<br>(8비트) | 검사합<br>(16비트) |
|---|---|---|
| 타입과 코드에 따라 내용이 다르다<br>(가변) | | |

**그림 8-2** 모든 ICMP 메시지는 8비트의 유형과 코드 필드로 시작하고, 전체 메시지에 대한 16비트 검사합이 이어진다. 유형과 코드 값은 ICMPv4와 ICMPv6에 따라 다르다.

ICMPv4에서는 유형 Type 필드를 위해 42개의 값이 예약돼 있다[ICMPTYPES]. 이 값들은 특정 메시지를 의미하는데, 이 중에서 8개만이 통상적으로 사용된다. 이번 장에서 우리는 널리 사용되는 메시지들의 정확한 형식을 하나씩 살펴볼 것이다. 코드Code 필드는 메시지의 의미를 더욱 구분하기 위해 사용된다. 검사합Checksum 필드는 ICMPv4 메시지 전체에 걸쳐 적용되고, ICMPv6의 경우에는 IPv6 헤더의 일부분에서 비롯되는 유사 헤더까지 아우른다([RFC2460]의 8.1절 참조). 검사합 계산에 사용되는 알고리즘은 5장에서 설명했던 IP 헤더 검사합 계산에 사용되는 것과 동일하다. 이것이 우리가 처음으로 다루는 단대단end-to-end 검사합의 예라는 점에 주목하자. ICMP 메시지의 발신자에서 최종 수신자까지 그대로 운반돼 오기 때문이다. 반면에 5장에서 설명했던 IPv4 헤더 검사합은 라우터 홉을 거칠 때마다 값이 바뀐다. TCMP에서는 오류 검사합을 포함하는 ICMP 메시지가 수신되면 그 메시지를 그대로 폐기한다. 수신된 ICMP 메시지가 오류 검사합이라는 것을 알리는 ICMP 메시지는 없다. IP 계층이 데이터그램의 페이로드를 전혀 보호하지 않는다는 점을 기억하자. ICMP가 검사합을 포함하지 않는다면, ICMP 메시지의 내용은 정확하지 않을 수 있고 이는 시스템 동작의 오류로 이어질 수 있다.

## 8.2 ICMP 메시지

여기서는 ICMP 메시지를 전체적으로 살펴본 뒤, 그 중에서 가장 널리 사용되는 것을 구체적으로 살펴본다. ICMP 메시지들은 다음과 같은 2개의 주요 범주로 나눌 수 있다.

- IP 데이터그램 배달 시 문제점과 관련된 메시지(오류 메시지)
- 정보의 수집과 설정에 관련된 메시지(조회 또는 정보성 메시지)

### 8.2.1 ICMPv4 메시지

ICMPv4의 정보성 메시지는 에코 요청$^{Echo\ Request}$과 에코 응답$^{Echo\ Reply}$(각기 유형 8과 0), 라우터 광고$^{Router\ Advertisement}$와 라우터 요청$^{Router\ Solicitation}$(각기 유형 9와 10, 함께 라우터 탐색이라고 한다)이 있다. 그리고 자주 사용되는 오류 메시지는 목적지 도달 불가(유형 3), 재지정(유형 5), 시간 초과(유형 11), 매개변수 문제(유형 12)이다. 표 8-1은 표준 ICMPv4 메시지들에서 정의된 메시지 유형을 나열한다.

표 8-1 표준 ICMPv4 메시지 유형

| 유형 | 공식 이름 | 참조 | E/I | 사용/설명 |
|---|---|---|---|---|
| 0(*) | 에코 응답 | [RFC0792] | I | Echo(ping) 응답; 데이터를 리턴한다. |
| 3(*)(+) | 목적지 도달 불가 | [RFC0792] | E | 도달할 수 없는 호스트/프로토콜 |
| 4 | 발신지 억제 | [RFC0792] | E | 혼잡 상태임을 의미(중요도 하락) |
| 5(*) | 재지정 | [RFC0792] | E | 대체 경로가 사용돼야 함을 표시 |
| 8(*) | 에코 | [RFC0792] | I | Echo(ping) 요청(데이터는 옵션임) |
| 9 | 라우터 광고 | [RFC1256] | I | 라우터의 주소/선호를 표시 |

| 유형 | 공식 이름 | 참조 | E/I | 사용/설명 |
|------|-----------|------|-----|-----------|
| 10 | 라우터 요청 | [RFC1256] | I | 라우터 광고 요청 |
| 11(*)(+) | 시간 초과 | [RFC0792] | E | 자원 고갈(예, IPv4 TTL) |
| 12(*)(+) | 매개변수 문제 | [RFC0792] | E | 잘못 구성된 패킷이나 헤더 |

별표(*)로 표시된 유형들이 가장 보편적인 것이고, 더하기(+)로 표시된 것은 [RFC4884] 확장 객체를 포함할 수 있다. 4번째 칼럼에서, E는 오류 메시지를, I는 조회/정보성 메시지를 표시한다.

보편적으로 사용되는 메시지들(표 8-1의 유형Type 번호 뒤에 별표가 있는 것)에 대해서 표 8-2에 나타난 코드Code 번호가 사용된다. 어떤 메시지들(표 8-1에서 +가 표시된 것)은 [RFC4884] 확장 정보를 운반할 수 있다.

메시지 유형의 공식적인 목록은 IANA[ICMPTYPES]에서 관리한다. 상당수는 1981년에 발표된 최초의 ICMPv4 규격[RFC0792]에서 정의됐는데, 이때는 아직 제대로 사용해 보기도 전이었다. 이후 본격적인 사용 경험이 쌓이고 (DHCP와 같은) 다른 프로토콜이 개발됨에 따라 최초에 정의된 메시지 유형 중 다수는 사용이 중지됐다. 그래서 IPv6(와 ICMPv6)가 설계될 때는 ICMPv6용 유형과 코드가 다소 합리적으로 조정됐다.

**표 8-2** 0 이외에 추가로 코드 번호를 사용하는 ICMPv4 메시지 유형. 이 메시지들은 모두 자주 사용되지만, 코드들은 몇 개만이 널리 사용된다.

| 유형 | 코드 | 공식 이름 | 사용/설명 |
|------|------|-----------|-----------|
| 3 | 0 | 네트워크 도달 불가 | 목적지로의 경로 없음 |
| 3(*) | 1 | 호스트 도달 불가 | 알고 있지만 도달할 수 없는 호스트 |
| 3 | 2 | 프로토콜 도달 불가 | 모르는 (전송) 프로토콜 |
| 3(*) | 3 | 포트 도달 불가 | 모르는/사용되지 않는 (전송) 포트 |
| 3(*) | 4 | 단편화 필요와 단편화 금지가 설정(PTB 메시지) | 단편화가 필요하지만 DF 비트로 금지된다. PMTUD[RFC1191]에서 사용된다. |
| 3 | 5 | 발신지 경로 설정 실패 | 중간 홉에 도달할 수 없음 |
| 3 | 6 | 목적지 네트워크 모름 | 사용 중지[RFC1812] |
| 3 | 7 | 목적지 호스트 모름 | 목적지가 존재하지 않음 |

| 유형 | 코드 | 공식 이름 | 사용/설명 |
|---|---|---|---|
| 3 | 8 | 발신지 호스트가 격리됨 | 사용 중지[RFC1812] |
| 3 | 9 | 관리적으로 금지된 목적지 네트워크와 통신 | 사용 중지[RFC1812] |
| 3 | 10 | 관리적으로 금지된 목적지 호스트와 통신 | 사용 중지[RFC1812] |
| 3 | 11 | 서비스 유형에 대한 목적지 네트워크 도달 불가 | 서비스 유형이 가용하지 않음(net) |
| 3 | 12 | 서비스 유형에 대한 목적지 호스트 도달 불가 | 서비스 유형이 가용하지 않음(host) |
| 3 | 13 | 통신이 관리 목적상 금지됨 | 필터링 정책으로 통신이 금지됨 |
| 3 | 14 | 호스트 우선 위반 | Src/dest/port에 대해 우선순위가 금지됨 |
| 3 | 15 | 우선 컷오프 효과 | 최소 ToS 미만[RFC1812] |
| 5 | 0 | 네트워크를 위한 재지정된 데이터그램(또는 서브넷) | 대체 경로 표시 |
| 5(*) | 1 | 호스트를 위해 재지정된 데이터그램 | 대체 경로 표시(host) |
| 5 | 2 | 서비스 유형과 네트워크를 위해 재지정된 데이터그램 | 대체 경로 표시(ToS/net) |
| 5 | 3 | 서비스 유형과 호스트를 위해 재지정된 데이터그램 | 대체 경로 표시(ToS/host) |
| 9 | 0 | 통상적인 라우터 광고 | 라우터의 주소와 설정 정보 |
| 9 | 16 | 공통 트래픽을 경로 지정하지 못함 | 모바일 IP[RFC5944]에서 사용된다. 라우터가 일반적인 패킷을 경로로 지정하지 못한다. |
| 11(*) | 0 | 전달 중에 TTL 초과 | 홉 제한/TTL 초과 |
| 11 | 1 | 단편화 재조립 시간 초과 | 재조립 타이머 만료 시까지 데이터그램의 모든 파편이 도착하지 않음 |
| 12(*) | 0 | 오류를 표시하는 포인터 | 바이트 오프셋(포인터)가 첫 번째 문제 필드를 가리킨다. |
| 12 | 1 | 요청된 옵션 누락 | 사용 중지 |
| 12 | 2 | 잘못된 길이 | 패킷의 Total Length 필드값이 유효하지 않음 |

## 8.2.2 ICMPv6 메시지

표 8-3은 ICMPv6를 위해 정의된 메시지 유형을 나타낸다. ICMPv6는 오류 메시지와 정보성 메시지뿐 아니라 IPv6 라우터와 호스트 설정에도 상당한 부분을 책임지고 있다.

**표 8-3** ICMPv6에서 오류 메시지들의 메시지 유형은 0에서 127까지다. 정보성 메시지들의 메시지 유형은 128에서 255까지다. 더하기(+) 표기는 그 메시지가 확장 구조를 가질 수 있음을 의미한다. 예약된 것, 할당되지 않은 것, 실험적인 것, 사용 중지된 것의 값은 나타내지 않았다.

| 유형 | 공식 이름 | 참조 | 설명 |
|---|---|---|---|
| 1(+) | 목적지 도달 불가 | [RFC4443] | 도달할 수 없는 호스트, 포트, 프로토콜 |
| 2 | 패킷이 너무 큼(PTB) | [RFC4443] | 단편화가 요구됨 |
| 3(+) | 시간 초과 | [RFC4443] | 홉 제한을 초과했거나 재구성 타이머가 만료됨 |
| 4 | 매개변수 문제 | [RFC4443] | 잘못 구성된 패킷 또는 헤더 |
| 100,101 | 개인적인 실험용으로 예약 | [RFC4443] | 실험용으로 예약됨 |
| 127 | ICMPv6 오류 메시지의 확장용으로 예약 | [RFC4443] | 더 많은 오류 메시지들을 위해 보류됨 |
| 128 | 에코 요청 | [RFC4443] | Ping 요청; 데이터를 포함할 수 있음 |
| 129 | 에코 응답 | [RFC4443] | Ping 응답; 데이터를 회신함 |
| 130 | 멀티캐스트 리스너 조회 | [RFC2710] | 멀티캐스트 가입자 질의(v1) |
| 131 | 멀티캐스트 리스너 보고 | [RFC2710] | 멀티캐스트 가입자 보고 (v1) |
| 132 | 멀티캐스트 리스너 완료 | [RFC2710] | 멀티캐스트 가입 취소 메시지(v1) |
| 133 | 라우터 요청(RS) | [RFC4861] | Mobile IPv6 옵션을 갖는 IPv6 RS |
| 134 | 라우터 광고(RA) | [RFC4861] | Mobile IPv6 옵션을 갖는 IPv6 RA |
| 135 | 이웃 요청(NS) | [RFC4861] | IPv6 이웃 탐색 (요청) |
| 136 | 이웃 광고(NA) | [RFC4861] | IPv6 이웃 탐색 (광고) |
| 137 | 재지정 메시지 | [RFC4861] | 대체 next-hop 라우터를 사용 |
| 141 | 역방향 이웃 탐색 요청 메시지 | [RFC3122] | 역방향 이웃 탐색 요청 : 링크 계층 주소가 주어졌을 때 IPv6 주소를 요청 |
| 142 | 역방향 이웃 탐색 광고 메시지 | [RFC3122] | 역방향 이웃 탐색 응답 : 링크 계층 주소가 주어졌을 때 IPv6 주소를 보고 |

| 유형 | 공식 이름 | 참조 | 설명 |
|---|---|---|---|
| 143 | 버전 2 멀티캐스트 리스너 보고 | [RFC3810] | 멀티캐스트 가입자 보고(v2) |
| 144 | 홈 에이전트 주소 탐색 요청 메시지 | [RFC6275] | Mobile IPv6 HA 주소를 요청함; 모바일 노드가 보냄 |
| 145 | 홈 에이전트 주소 발견 응답 메시지 | [RFC6275] | MIPv6 HA 주소를 포함; 홈 네트워크에서 적격 HA가 보냄 |
| 146 | 모바일 프리픽스 요청 | [RFC6275] | 외부에 있는 동안 홈 프리픽스를 요청 |
| 147 | 모바일 프리픽스 광고 | [RFC6275] | HA에서 모바일로 프리픽스를 제공 |
| 148 | 인증서 경로 요청 메시지 | [RFC3971] | 인증서 경로에 대한 SEND 요청 |
| 149 | 인증서 경로 광고 메시지 | [RFC3971] | 인증서 경로에 대한 SEND 응답 |
| 151 | 멀티캐스트 라우터 광고 | [RFC4286] | 멀티캐스트 라우터의 주소를 제공 |
| 152 | 멀티캐스트 라우터 요청 | [RFC4286] | 멀티캐스트 라우터의 주소를 요청 |
| 153 | 멀티캐스트 라우터 종료 | [RFC4286] | 멀티캐스트 라우터를 사용한 작업을 완료 |
| 154 | FMIPv6 메시지 | [RFC5568] | MIPv6 고속 핸드오버 메시지 |
| 200,201 | 사설 실험용으로 예약 | [RFC4443] | 실험용으로 예약 |
| 255 | ICMPv6 정보성 메시지의 확장용으로 예약 | [RFC4443] | 더 많은 정보 메시지용으로 보류 |

이 목록에서 보면 메시지 유형의 첫 번째 집합과 두 번째 집합 사이의 구분이 명백하다 (즉, 128 미만의 유형을 갖는 메시지들과 그 이상의 메시지들). ICMPv4에서처럼 ICMPv6에서도 메시지들은 정보성과 오류 메시지로 구분되는데, ICMPv6에서 모든 오류 메시지는 유형 필드의 상위 비트가 0이다. ICMPv6 유형 0에서 127까지는 모두 오류이고, 유형 128에서 255까지는 모두 정보성이다. 대부분의 정보성 메시지는 요청/응답 쌍을 이룬다.

널리 쓰이는 ICMPv4 메시지들과 ICMPv6 표준 메시지들을 비교해보면, ICMPv6를 설계할 때 원래의 규격에서 사용되지 않는 메시지는 제거하고 유용한 것은 남기기 위한 노력이 있었음을 알 수 있다. 이런 방침에 따라서 ICMPv6는 일부 오류 메시지의 의미를 정교화하기 위해서 코드 필드도 활용한다. 표 8-4는 코드 값이 0이 아닌 표준 ICMPv6 메시지 유형 (즉, 목적지 도달 불가, 시간 초과, 매개변수 문제)을 보여주고 있다.

표 8-4 0이 아닌 코드 값을 갖는 ICMPv6 표준 메시지 유형

| 유형 | 코드 | 이름 | 사용/설명 |
|---|---|---|---|
| 1 | 0 | 목적지로 경로 없음 | 경로 없음 |
| 1 | 1 | 관리적으로 금지됨 | 정책(예: 방화벽)에서 금지 |
| 1 | 2 | 발신지 주소의 범위를 벗어남 | 목적지의 범위가 발신지의 범위를 벗어남 |
| 1 | 3 | 주소 도달 불가 | 코드 0~2가 적절하지 않을 때 사용 |
| 1 | 4 | 포트 도달 불가 | 포트에서 수신 중인 전송 개체가 없음 |
| 1 | 5 | 발신지 주소가 정책 위반 | Ingress/Egress 정책 위반 |
| 1 | 6 | 목적지로 경로 거절 | 목적지로의 경로 지정 거절 |
| 3 | 0 | 전달 중에 홉 제한을 초과 | 홉 제한(Hop Limit) 필드의 값이 0으로 감소 |
| 3 | 1 | 재조립 시간 초과 | 제한 시간 내에 재조립하지 못함 |
| 4 | 0 | 오류성 헤더 필드 발견 | 일반적인 헤더 처리 오류 |
| 4 | 1 | 인식할 수 없는 다음 헤더 | 알지 못하는 다음 헤더 필드값 |
| 4 | 2 | 인식할 수 없는 IPv6 옵션 | 알지 못하는 Hop-by-Hop 또는 목적지 옵션 |

ICMPv6에서는 기초적인 기능을 정의하는 유형과 코드 필드 외에도 많은 수의 표준 옵션이 지원되고, 그중 일부는 반드시 사용해야 한다. 이것이 ICMPv6와 ICMPv4의 차이점이다(ICMPv4는 옵션이 없다). 현재 표준 ICMPv6 옵션은 [RFC4861]에서 정의하는 옵션 형식$^{Options\ Format}$ 필드를 사용해 ICMPv6 ND 메시지(유형 135와 136)와만 함께 사용하도록 정의돼 있다. 이들 옵션은 8.5절에서 ND를 자세히 알아볼 때 함께 설명할 것이다.

## 8.2.3 ICMP 메시지의 처리

ICMP에서 수신 메시지들을 처리하는 방법은 시스템마다 다르다. 일반적으로는 정보성 요청은 운영체제에서 자동으로 처리되고 오류 메시지들은 사용자 프로세스 혹은 TCP[RFC5461] 같은 전송 프로토콜에 배달된다. 사용자 프로세스는 메시지에 대해서 어떤 조치를 하거나 아니면 그냥 무시할 수 있다. 이러한 일반적 규칙의 예외로서 재지정$^{Redirect}$ 메시지와 목적지 도달 불가–단편화 필요$^{Destination\ Unreacheable-Fragmentation\ Required}$ 메시지가 있다. 재지정 메시지는 호스트의 라우팅 테이블을 자동적으로 갱신한다, 반면 목적지 도달 불가 메시지는 TCP와 같은 전송 프로토콜로 구현되는 경로 MTU 탐색

PMTUD 메커니즘에 사용된다. ICMPv6에서 메시지의 처리 방법은 다소 엄격해졌으며, 수신 ICMPv6 메시지들[RFC4443]을 처리할 때 다음 규칙들이 적용된다.

1. (가능하다면) 알려지지 않은 ICMPv6 오류 메시지들은 반드시 그 오류를 유발한 데이터그램을 생산한 상위 계층 프로세스에 넘겨져야 한다.

2. 알려지지 않은 ICMPv6 정보성 메시지는 폐기된다.

3. ICMPv6 오류 메시지들은 오류를 유발한 원래의('유죄') IPv6 데이터그램 중에서 최소 IPv6 MTU(1,280바이트)를 초과하지 않을 만큼만 포함한다.

4. ICMPv6 오류 메시지들을 처리할 때 원래의 또는 '유죄' 패킷(ICMPv6 오류 메시지의 본문에 들어있음)에서 상위 계층 프로토콜 유형을 추출해 적절한 상위 계층 프로세스를 선택할 수 있다. 이것이 불가능하면 IPv6 계층 처리 후에 그 오류 메시지는 조용히 폐기한다.

5. 오류 처리를 위한 특수 규칙들이 있다(8.3절 참조).

6. IPv6 노드는 ICMPv6 오류 메시지들을 송신하는 속도를 제한해야 한다. 속도 제한을 구현하기 위한 다양한 방법이 있는데, 그중에는 8.3절에서 설명하는 토큰 버킷 방식도 포함된다.

## 8.3 ICMP 오류 메시지

앞에서 언급한 ICMP 메시지들의 종류를 구별하는 것은 ICMPv4의 경우는 [RFC1812], ICMPv6의 경우는 [RFC4443]에 의해서 ICMP 오류 메시지 생성 시에 (ICMP 조회를 할 때는 적용되지 않는) 제한이 적용되기 때문이다. 특히 어떤 메시지에 대한 응답으로서 ICMP 오류 메시지를 송신해서는 안 되는데, 그러한 메시지로는 다른 ICMP 오류 메시지, 잘못된 헤더를 갖고 있는(즉 검사합이 틀린) 데이터그램, IP 계층의 브로드캐스트/멀티캐스트 데이터그램, 링크 계층의 브로드캐스트나 멀티캐스트 내에 캡슐화된 데이터그램, 유효하지 않은 발신지 주소를 갖는 데이터그램, 최초의 단편이 아닌 단편 등이 있다.

ICMP 오류의 생성에 이러한 제약 사항이 부과되는 이유는 브로드캐스트 폭풍broadcast storms을 막기 위한 것이다. 브로드캐스트 폭풍은 적은 수의 메시지 생성으로 인해 원치 않는 트래픽이 연속적으로 생성되는 트래픽 중첩(예를 들어 오류 메시지에 대한 응답으로 오류 메시지 응답이 무한히 발생하는 경우)을 유발하는 상황을 가리킨다. 이런 규칙들은 다음과 같이 요약될 수 있다.

ICMPv4 오류 메시지는 다음에 대한 응답으로서 생성돼서는 안 된다.

- ICMPv4 오류 메시지(ICMPv4 오류 메시지는 ICMPv4 조회 메시지에 대한 응답으로서 생성될 수 있다)
- IPv4 브로드캐스트 주소나 IPv4 멀티캐스트 주소(예전에는 클래스 D주소라고 불렸음) 향하는 데이터그램·링크 계층 브로드캐스트로 송신된 데이터그램
- 첫 번째 단편이 아닌 단편 데이터그램
- 발신지 주소가 하나의 호스트를 지정하지 않는 데이터그램. 즉, 발신지 주소는 제로 주소, 루프백 주소, 브로드캐스트 주소, 멀티캐스트 주소가 될 수 없다.

ICMPv6도 유사하다. ICMPv6 오류 메시지는 다음에 대한 응답으로서 생성되면 안 된다.

- ICMPv6 오류 메시지
- ICMPv6 재지정(Redirect) 메시지
- IPv6 멀티캐스트 주소로 향하는 패킷(아래 2가지는 예외)
  - 거대 패킷(PTB, Packet Too Big) 메시지
  - 매개변수 문제(Parameter Problem) 메시지(코드2)
- 링크 계층 멀티캐스트로 송신된 패킷(위와 동일한 예외)
- 링크 계층 브로드캐스트로 송신된 패킷(위와 동일한 예외)
- 발신지 주소가 단일 노드를 유일하게 식별하지 않는 패킷. 이것은 발신지 주소가 미지정 주소, IPv6 멀티캐스트 주소, 발신자가 애니캐스트 주소임을 알고 있는 임의의 주소가 될 수 없음을 의미한다.

ICMP 메시지들이 생성되는 조건을 지배하는 규칙 외에도 단일 발신자에서 생성되는 전반적인 ICMP 트래픽의 수준을 제한하는 규칙이 있다. [RFC4443]에서 ICMP 메시지들의 속도를 제한하기 위해 권고하는 방법은 토큰 버킷$^{token\ bucket}$이다. 토큰 버킷에서 '버킷'은 최대 개수(B)의 '토큰'을 보관하며, 각 토큰은 특정 개수의 메시지 송신을 허용한다. 버킷은 (N의 속도로)주기적으로 새로운 토큰으로 채워지고, 메시지를 보낼 때마다 1씩 줄어든다. 따라서 토큰 버킷(또는 토큰 버킷 필터라고 부르기도 한다)은 매개변수 (B, N)으로 나

타낼 수 있으며, 소형 또는 중형 장비의 경우 [RFC4443]은 매개변수 (10, 10)을 사용하는 토큰 버킷의 예를 제공한다. 토큰 버킷은 대역폭 이용률을 제한하는 프로토콜 구현에 널리 쓰이는 메커니즘이다. 대부분의 경우 B와 N은 메시지 단위가 아니라 바이트 단위다.

송신된 ICMP 오류 메시지는 "문제를 일으키는" 또는 "원본" 데이터그램의 헤더 전체(즉, 문제를 일으킨 데이터그램의 IP 헤더. IP 옵션도 포함한다)의 복사본뿐 아니라 원본 데이터그램의 IP 페이로드 영역에 들어있는 다른 데이터도 포함하되, 생성된 IP/ICMP 데이터그램의 크기가 특정 값을 초과하지 않도록 한다. 이 값은 IPv4에서는 576바이트, IPv6에서는 IPv6 최소 MTU(최소 1280바이트)이다. 원본 데이터그램에 속하는 페이로드의 일부를 포함하기 때문에, 메시지를 수신한 ICMP 모듈은 IP 헤더 안의 프로토콜<sup>Protocol</sup> 또는 다음 헤더<sup>Next Header</sup> 필드를 통해 프로토콜 정보(예를 들면 TCP나 UDP) 및 사용자 프로세스 정보(IP 데이터그램 페이로드 영역의 처음 8바이트에 위치하는 TCP 또는 UDP 헤더에 들어있는 TCP 또는 UDP 포트 번호)를 알 수 있다. [RFC1812]이 공개되기 전까지는 ICMP 규격은 문제가 발생한 IP 데이터그램의 첫 8바이트만 포함할 것을 요구했다(UDP와 TCP의 포트를 알아내는 데는 이것만으로 충분하므로, 10장, 12장 참조). 그러나 (IP 안에 캡슐화된 IP에서 볼 수 있듯이) 프로토콜 계층화가 복잡해짐에 따라 문제를 효율적으로 분석하려면 정보가 추가적으로 필요하게 됐다. 뿐만 아니라 일부 오류 메시지는 확장<sup>extension</sup> 자료 구조를 포함할 수도 있다. 먼저 확장이 수행되는 방식을 간단히 알아본 뒤 주요 ICMP 오류 메시지들을 살펴보자.

## 8.3.1 ICMP 확장과 멀티파트 메시지

[RFC4884]는 확장 자료 구조를 덧붙여 ICMP 메시지의 활용도를 확장하는 방법을 기술한다. 확장 구조는 가변 크기의 데이터를 포함할 수 있는 확장 헤더와 확장 객체를 포함한다. 그림 8-3에서 그림으로 보여준다.

길이<sup>Length</sup> 필드는 ICMPv4 헤더의 6번째 바이트와 ICMPv6 헤더의 5번째 바이트에서 용도를 변경했다(이 바이트들은 이전에는 0으로 예약돼 있었다). ICMPv4에서 이 필드는 문제가 발생한 데이터그램 크기를 32비트 워드<sup>word</sup> 단위로 표시하고, ICMPv6에서는 64비트 단위다. 따라서 각각 32비트와 64비트 길이가 되도록 필요한 만큼 0이 채워진다. 확장 자료 구조를 사용하는 경우, 원본 데이터그램을 포함하는 ICMP 페이로드 영역은 최소 128 바이트 길이여야 한다.

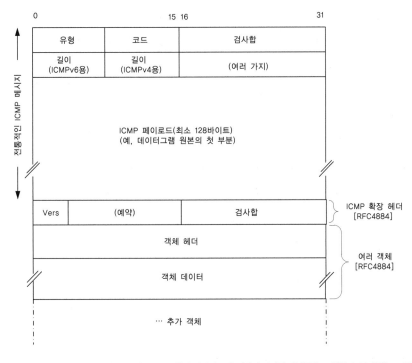

그림 8-3 확장된 ICMPv4와 ICMPv6 메시지들은 32비트 확장 헤더와 0개 이상의 관련된 객체들을 포함한다. 각 객체는 고정 크기 헤더와 가변 길이 데이터 영역을 포함한다. 호환성을 위해 기본적인 ICMP 페이로드 영역은 최소 128바이트다.

확장 자료 구조는 ICMPv4에서는 목적지 도달 불가[Destination Unreachable], 시간 초과[Time Exceeded], 매개변수 문제[Parameter Problems] 메시지와 함께 사용될 수 있고 ICMPv6에서는 목적지 도달 불가, 시간 초과 메시지와 함께 사용될 수 있다. 지금부터 하나씩 자세히 알아보자.

## 8.3.2 목적지 도달 불가(ICMPv4 유형 3, ICMPv6 유형 1)와 너무 큰 패킷 (ICMPv6 유형 2)

이번 절에서는 상당히 자주 쓰이는 ICMP 메시지 유형인 목적지 도달 불가[Destination Unreachable]을 자세히 알아보자. 이 메시지는 전달 중에 문제가 발생했거나 수신하려는 수신자가 없어서 데이터그램이 목적지에 배달될 수 없음을 의미한다. ICMPv4에는 이 메시지용으로 정의된 코드가 16개가 있지만, 그중에서 호스트 도달 불가(코드 1), 포트 도달 불가(코드 3), 단편화 필요/단편화 불가 지정[Fragmentation Required/Don't Fragmet Specified](코드 4), 시스템 관리를 위해서 통신 금지[Communication Administratively Prohibited](코드 13)의 4개가 주로 쓰인다. ICMPv6에서 목적지 도달 불가 메시지는 유형 1이고, 7개의 가능한 코드 값이 있다. IPv4와 달리 ICMPv6에서 단편화 필요 메시지는 완전히 다른 유형(유형 2)으로 대체됐지만, 사용법은 ICMP 목적지 도달 불가 메시지와 비슷하므로 이번 절에서 설명하기로 한다. ICMPv6에서는 이 유형을 너무 큰 패킷[PTB, Packet Too Big] 메시지라 한다. 지금부터 ICMPv4(유형 3, 코드 4) 메시지 또는 ICMPv6(유형 2, 코드 0) 메시지에 대해 ICMPv6의 PTB라는 용어를 사용하기로 한다.

ICMPv4와 ICMPv6에 정의된 모든 목적지 도달 불가 메시지들의 형식을 그림 8-4에서 볼 수 있다. 목적지 도달 불가 메시지에서 유형[Type] 필드의 값은 ICMPv4에서는 3이고 ICMPv6에서는 1이다. 코드[Code] 필드는 특정 항목 또는 도달 실패의 이유를 가리킨다. 이 메시지들을 하나씩 자세히 살펴보자.

## 8.3.2.1 ICMPv4 호스트 도달 불가(코드 1)와 ICMPv6 주소 도달 불가(코드 3)

이 형태의 목적지 도달 불가 메시지는 직접 전달[direct delivery](5장 참조)을 사용해서 호스트에 IP 데이터그램을 보내야 하는데 어떤 이유로 목적지에 도달할 수 없을 경우 라우터나 호스트가 생성한다. 이런 상황의 예로서 마지막 홉의 라우터가 ARP 요청을 사라졌거나 다운된 호스트에 보내려는 경우를 들 수 있다. 앞서 4장에서 ARP를 논의할 때 이런 상황을 다룬 적이 있다. 응답하지 않는 호스트를 감지할 때 ICMPv4와는 다른 방법을 사용하는 ICMPv6에서는 이웃 탐색(8.5절 참조) 프로세스의 실패에 따른 결과로 이 메시지가 생성된다.

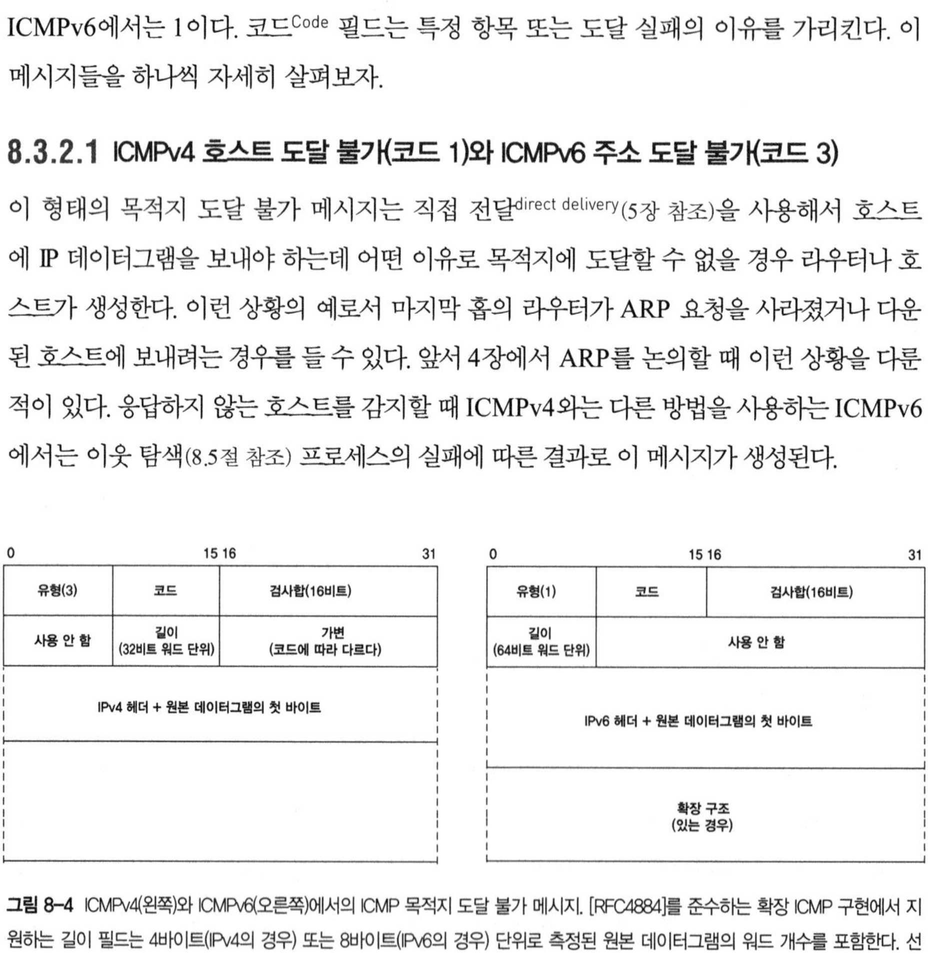

**그림 8-4** ICMPv4(왼쪽)와 ICMPv6(오른쪽)에서의 ICMP 목적지 도달 불가 메시지. [RFC4884]를 준수하는 확장 ICMP 구현에서 지원하는 길이 필드는 4바이트(IPv4의 경우) 또는 8바이트(IPv6의 경우) 단위로 측정된 원본 데이터그램의 워드 개수를 포함한다. 선택적으로 확장 구조가 포함되기도 한다. '가변'이라고 표시된 필드는 코드 값이 4일 경우 다음 홉의 MTU 값을 포함하는데, PMTUD가 이 값을 사용한다. ICMPv6는 이 목적으로 다른 ICMPv6 PTB 메시지(ICMPv6 유형 2)를 사용한다.

### 8.3.2.2 ICMPv6 목적지로 경로 없음(코드 0)

이 메시지는 ICMPv4의 호스트 도달 불가 메시지를 세분화한 것으로서 직접 전달의 실패로 인해서 호스트에 도달할 수 없는 경우와 경로가 존재하지 않아서 호스트에 도달할 수 없는 경우를 구별한다. 이 메시지는 수신된 데이터그램을 직접 전달을 사용하지 않고 포워딩해야 하지만 다음 홉으로 어느 라우터를 사용해야 할지 경로 지정이 존재하지 않을 경우에만 생성된다. 앞서 살펴본 것처럼 IP 라우터는 패킷 내에 유효한 다음 홉next-hop 항목이 들어 있어야 패킷을 성공적으로 포워딩할 수 있다.

### 8.3.2.3 ICMPv4 시스템 관리를 위해서 통신 금지(코드 13)와 ICMPv6 시스템 관리를 위해서 목적지와 통신 금지(코드 1)

ICMPv4와 ICMPv6에서 이 목적지 도달 불가 메시지들은 '시스템 관리를 위한 금지'가 목적지와의 통신을 막고 있음을 가리킨다. 가장 전형적인 예는 방화벽이다(7장 참조). 방화벽은 ICMP 오류를 보낸 라우터가 강제하는 운영 정책을 위반하는 트래픽을 의도적으로 폐기한다. 트래픽을 폐기하는 정책이 알려지는 것은 바람직하지 않기 때문에, 수신된 패킷을 그냥 버리거나 다른 ICMP 오류 메시지를 대신 생성하는 방법으로 이 메시지들이 생성되지 않도록 하는 경우가 많다.

### 8.3.2.4 ICMPv4 포트 도달 불가(코드 3)와 ICMPv6 포트 도달 불가(코드 4)

포트 도달 불가 메시지는 수신할 준비가 안 된 애플리케이션으로 향하는 데이터그램이 들어올 때 생성된다. 서버 프로세스가 사용하지 않는 포트 번호로 메시지가 보내졌을 때(대부분 UDP다. 10장 참조) 자주 발생된다. 프로세스가 사용하고 있는 포트와 일치하지 않는 목적지 포트를 가진 데이터그램을 수신하면 UDP는 ICMP 포트 도달 불가 메시지로 응답한다.

ICMPv4 포트 도달 불가 메시지를 실제로 보고 싶으면 윈도우 또는 리눅스에서 TFTP[RFC1350] 클라이언트를 실행하면서 tcpdump 프로그램으로 패킷이 어떻게 교환되는지 모니터링하면 된다. TFTP 서비스는 주로 UDP 69번 포트를 사용하는데, TFTP 클라이언트는 쉽게 실행할 수 있지만 TFTP 서버를 실행하는 서버는 별로 없다. 따라서 존재하지 않는 서버에 접근을 시도할 때 무슨 일이 일어나는지 관찰하기 좋다. 리스트 8-1의 예제를 보면, 윈도우 호스트에서 TFTP 클라이언트인 tftp를 실행해서 리눅스 기계로부터 파일을 가져오려고 한다. tcpdump에서 -s 옵션은 패킷당 1,500바이트를 수집하도록 지시하고, -i  eth1 옵션은 eth1이라는 이더넷 인터페이스상의 트래픽을 모니터하라고 지시한다. -vv 옵션은 부가적인 설명문이 출력에 포함되게 한다. 그리고 icmp or port tftp는 TFTP 포트(69) 또는 ICMPv4에 해당하는 트래픽을 출력에 포함되게 한다.

**리스트 8-1** 애플리케이션 타임아웃과 ICMP 속도 제한의 예시를 보여주는 TFTP 클라이언트

```
C:\> tftp 10.0.0.1 get /foo              10.0.0.1에서 "/foo" 파일 가져오기를 시도
Timeout occurred                         약 9초 후에 타임아웃이 발생했음

Linux# tcpdump -s 1500 -i eth1 -vv icmp or port tftp

1 09:45:48.974812 IP (tos 0x0, ttl 128, id 9914, offset 0,
                 flags [none], length: 44)

                 10.0.0.54.3871 > 10.0.0.1.tftp: [udp sum ok] 16
                 RRQ "/foo" netascii

2 09:45:48.974812 IP (tos 0xc0, ttl 255, id 43734, offset 0, flags
                 [none], length: 72)
                 10.0.0.1 > 10.0.0.54: icmp 52:
                   10.0.0.1 udp port tftp unreachable
                   for IP (tos 0x0, ttl 128, id 9914, offset 0,
                   flags [none], length: 44)
                     10.0.0.54.3871 > 10.0.0.1.tftp: [udp sum ok] 16
                     RRQ "/foo" netascii

3 09:45:49.014812 IP (tos 0x0, ttl 128, id 9915, offset 0,
                 flags [none], length: 44)

                 10.0.0.54.3871 > 10.0.0.1.tftp: [udp sum ok] 16
                 RRQ "/foo" netascii

4 09:45:49.014812 IP (tos 0xc0, ttl 255, id 43735, offset 0, flags
                 [none], length: 72)
                 10.0.0.1 > 10.0.0.54: icmp 52:
                   10.0.0.1 udp port tftp unreachable
                   for IP (tos 0x0, ttl 128, id 9915, offset 0,
                   flags [none], length: 44)
                     10.0.0.54.3871 > 10.0.0.1.tftp: [udp sum ok] 16
                     RRQ "/foo" netascii

5 09:45:49.014812 IP (tos 0x0, ttl 128, id 9916, offset 0,
```

468

```
                  flags [none], length: 44)

                  10.0.0.54.3871 > 10.0.0.1.tftp: [udp sum ok] 16
                  RRQ "/foo" netascii

6 09:45:49.014812 IP (tos 0xc0, ttl 255, id 43736, offset 0, flags
                  [none], length: 72)
                  10.0.0.1 > 10.0.0.54: icmp 52:
                    10.0.0.1 udp port tftp unreachable
                    for IP (tos 0x0, ttl 128, id 9916, offset 0,
                    flags [none], length: 44)
                        10.0.0.54.3871 > 10.0.0.1.tftp: [udp sum ok] 16
                        RRQ "/foo" netascii

7 09:45:49.024812 IP (tos 0x0, ttl 128, id 9917, offset 0,
                  flags [none], length: 44)

                  10.0.0.54.3871 > 10.0.0.1.tftp: [udp sum ok] 16
                  RRQ "/foo" netascii

8 09:45:49.024812 IP (tos 0xc0, ttl 255, id 43737, offset 0,
                  flags [none], length: 72)
                  10.0.0.1 > 10.0.0.54: icmp 52:
                    10.0.0.1 udp port tftp unreachable
                    for IP (tos 0x0, ttl 128, id 9917, offset 0,
                    flags [none], length: 44)
                        10.0.0.54.3871 > 10.0.0.1.tftp: [udp sum ok] 16
                        RRQ "/foo" netascii

9 09:45:49.024812 IP (tos 0x0, ttl 128, id 9918, offset 0,
                  flags [none], length: 44)

                  10.0.0.54.3871 > 10.0.0.1.tftp: [udp sum ok] 16
                  RRQ "/foo" netascii

10 09:45:49.024812 IP (tos 0xc0, ttl 255, id 43738, offset 0,
                  flags [none], length: 72)
                  10.0.0.1 > 10.0.0.54: icmp 52:
                  10.0.0.1 udp port tftp unreachable
                    for IP (tos 0x0, ttl 128, id 9918, offset 0,
                    flags [none], length: 44)
                        10.0.0.54.3871 > 10.0.0.1.tftp: [udp sum ok] 16
                        RRQ "/foo" netascii

11 09:45:49.034812 IP (tos 0x0, ttl 128, id 9919, offset 0,
```

```
                    flags [none], length: 44)
                       10.0.0.54.3871 > 10.0.0.1.tftp: [udp sum ok] 16
                    RRQ "/foo" netascii

12 09:45:49.034812 IP (tos 0xc0, ttl 255, id 43739, offset 0,
                    flags [none], length: 72)
                    10.0.0.1 > 10.0.0.54: icmp 52:
                    10.0.0.1 udp port tftp unreachable
                     for IP (tos 0x0, ttl 128, id 9919, offset 0,
                     flags [none], length: 44)
                       10.0.0.54.3871 > 10.0.0.1.tftp: [udp sum ok] 16
                     RRQ "/foo" netascii

13 09:45:49.034812 IP (tos 0x0, ttl 128, id 9920, offset 0,
                    flags [none], length: 44)
                    10.0.0.54.3871 > 10.0.0.1.tftp: [udp sum ok] 16
                    RRQ "/foo" netascii

14 09:45:57.054812 IP (tos 0x0, ttl 128, id 22856, offset 0,
                    flags [none], length: 44)
                    10.0.0.54.3871 > 10.0.0.1.tftp: [udp sum ok] 16
                    RRQ "/foo" netascii

15 09:45:57.054812 IP (tos 0xc0, ttl 255, id 43740, offset 0,
                    flags [none], length: 72)
                    10.0.0.1 > 10.0.0.54: icmp 52:
                    10.0.0.1 udp port tftp unreachable
                     for IP (tos 0x0, ttl 128, id 22856, offset 0,
                     flags [none], length: 44)
                       10.0.0.54.3871 > 10.0.0.1.tftp: [udp sum ok] 16
                     RRQ "/foo" netascii

16 09:45:57.064812 IP (tos 0x0, ttl 128, id 22906, offset 0,
                    flags [none], length: 51)
                    10.0.0.54.3871 > 10.0.0.1.tftp: [udp sum ok]
                    23 ERROR EUNDEF timeout on receive"

17 09:45:57.064812 IP (tos 0xc0, ttl 255, id 43741, offset 0,
                    flags [none], length: 79)
                    10.0.0.1 > 10.0.0.54: icmp 59:
                    10.0.0.1 udp port tftp unreachable
                     for IP (tos 0x0, ttl 128, id 22906, offset 0,
                     flags [none], length: 51)
                       10.0.0.54.3871 > 10.0.0.1.tftp: [udp sum ok]
```

시간적으로 매우 근접한 7번의 요청을 볼 수 있다. 첫 번째 요청 (/foo 파일에 대한 RRQ)은 UDP 포트 3871에서 TFTP 서비스(포트 69)로 향한다. ICMPv4 포트 도달 불가 메시지가 즉각적으로 리턴된다(패킷 2) 하지만 TFTP 클라이언트는 이를 무시하고 또 다른 UDP 데이터그램을 곧바로 보내며, 이것은 연이어 6번 반복된다. 8초를 기다린 후에 클라이언트는 마지막으로 한 번 더 시도하고 마침내 포기한다.

ICMPv4 메시지를 보낼 때 포트 번호를 지정하지 않았는데 각 16바이트 TFTP 패킷은 특정 포트(3871)에서 특정 포트(69)로 향했다는 점에 주목하자. TFTP 읽기 요청<sup>RRQ, Read Request</sup>의 끝에 있는 숫자 16은 UDP 데이터그램의 길이를 가리킨다. 이번 예제의 경우 16은 TFTP 연산코드<sup>opcode</sup>의 2바이트, 끝에 널<sup>null</sup>문자가 추가되는 /foo의 5바이트, 그리고 끝에 널 문자가 추가되는 netascii의 9바이트의 합(2+5+9=16)이다. 이 메시지의 전체 모습이 그림 8-5에 보이는데 이번 예제에서 이 메시지의 전체 길이는 (IPv4 헤더를 제외하고) 52바이트이다. 처음 4바이트는 기본적인 ICMPv4 헤더이고 그다음 4바이트는 사용되지 않는다(그림 8-5의 구현은 [RFC4884] 확장을 사용하지 않는다). 그다음 20바이트는 문제가 발생한 IPv4 헤더이며 이어서 8바이트는 UDP 헤더를 포함한다. 마지막으로 이번 예제의 tftp 애플리케이션 요청 메시지가 16바이트이므로, 4+4+20+8+16=52 바이트가 된다.

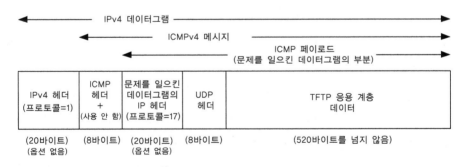

**그림 8-5** ICMPv4 목적지 도달 불가 – 포트 도달 불가 메시지는 문제를 일으킨 IPv4 데이터그램을 가급적 많이 포함하되 IPv4 데이터그램의 전체 크기가 576바이트를 넘지 않도록 한다. 이번 예제에서는 TFTP 요청 메시지를 전부 포함시키기에 충분한 공간이 있다.

앞에서 언급한 것처럼 ICMP가 오류 메시지들 안에 문제를 일으킨 IP 헤더를 포함하는 한 가지 이유는 캡슐화된 IP헤더(이 예제의 경우 UDP 헤더)에 이어지는 바이트를 해석하는

데 도움이 되기 때문이다. 문제를 일으킨 UDP 헤더의 복제본이 리턴된 ICMP 메시지에 포함되므로 발신지와 목적지 포트 번호를 학습할 수 있다. 목적지 포트 번호가 69이기 때문에 ICMP포트 도달 불가 메시지가 생성됐으며, 발신지 포트 번호(3871)는 그 ICMP 오류를 수신하는 시스템이 오류를 특정 사용자 프로세스와 연관시키는 용도로 사용할 수 있다(이번 예제에서는 TFTP 클라이언트. 다만 이 클라이언트는 표시 정보를 별로 활용하지 않았다).

일곱 번째 요청(패킷 13) 후에 한참 동안 오류 메시지가 돌아오지 않았다는 점에 주목하자. 리눅스 기반 서버가 속도 제한<sup>rate limiting</sup>을 수행하기 때문이다. 즉, 리눅스 서버는 [RFC1812]의 제안에 따라 일정 시간 내에 생성될 수 있는 동일 유형의 ICMP 메시지의 수를 제한한다. 처음 오류 메시지(패킷 2, 타임스탬프 48.974812)와 8초가 지나기 전의 가장 마지막 메시지(패킷 12, 타임스탬프 49.034812) 사이에 경과된 시간을 살펴보면 60ms가 경과했음을 계산할 수 있다. 이 시간 동안 ICMP 메시지의 수를 카운트하면 (6 메시지/0.06s) = 100 메시지/s가 속도 제한 임을 알 수 있다. 아래와 같이 리눅스에서 ICMPv4 속도 마스크와 속도 제한의 설정값을 조사하며 이를 확인할 수 있다.

```
Linux% sysctl -a | grep icmp_rate
net.ipv4.icmp_ratemask = 6168
net.ipv4.icmp_ratelimit = 100
```

여러 가지 ICMPv4 메시지에 대해 속도 제한이 적용되고, 속도 제한은 100(초당 메시지 수)임을 알 수 있다. ratemask 변수는 속도 제한이 적용되는 메시지를 가리키는데, 코드 번호가 k인 메시지를 제한해야 할 경우 마스크 내의 k번째 비트를 1로 설정한다. 이번 예제의 경우 코드 3,4,11,12가 제한되고 있다(6168=0x1818=0001100000011000이고 오른쪽에서 3,4,11,12번째 비트가 1이므로). 속도 제한을 0으로 설정하면(무제한을 의미) 리눅스가 9개의 ICMPv4 메시지들을 리턴하는 것을 관찰할 수 있다. Tftp 요청에 일대일로 대응하고 tftp 클라이언트는 거의 즉각적으로 타임아웃된다. 이러한 동작은 윈도우 XP 기계에 접속할 때도 마찬가지로 관찰할 수 있다. 윈도우 XP는 ICMP 속도 제한을 하지 않기 때문이다.

오류 메시지들이 리턴됐을 때 TFTP 클라이언트는 왜 요청을 반복해서 재전송할까? 이것은 네트워크 프로그래밍의 세부 사항과 관계가 있다. 특수한 함수(UDP 소켓의 connect 함수)가 호출되지 않는 한 대부분의 시스템은 UDP를 사용하는 사용자 프로세스에게 그 프로세스로 보내진 ICMP 메시지가 수신됐음을 알려주지 않는다. 일반적인 TFTP 클라이언트는 이 함수를 호출하지 않기 때문에 ICMP 오류 통지를 받지 못한다. TFTP 프로토콜 요청의 운명에 관한 아무런 응답이 없으므로, TFTP 클라이언트는 파일 조회를 계속 시도하는 것이다. 이것은 어리석은 요청과 재시도[poor request and retry]의 예이다. TFTP 자체에도 이를 보완하는 확장 규격[RFC2349]이 있지만, 16장에서 우리는 TCP와 같이 더 정교한 프로토콜이 훨씬 나은 알고리즘을 갖고 있음을 배울 것이다.

### 8.3.2.5 ICMPv4 PTB(코드 4)

IPv4 라우터가 포워드할 데이터그램을 했는데 그 데이터그램이 외부로 내보낼 때 사용될 네트워크 인터페이스가 사용 중인 MTU에 맞지 않으면, 그 데이터그램은 반드시 단편화돼야 한다(10장 참조). 하지만 수신된 데이터그램의 IP 헤더에 단편화 금지[Don't Fragment] 비트가 설정돼 있으면, 데이터그램은 포워드되지 않고 그냥 폐기된다. 그리고 ICMPv4 목적지 도달 불가[PTB] 메시지가 생성된다. 이 메시지를 보내는 라우터는 다음 홉의 MTU를 알고 있으므로 오류 메시지를 생성할 때 MTU 값을 포함시킬 수 있다.

이 메시지는 원래 네트워트 진단용으로 고안됐지만 실제로는 PMTUD(경로 MTU 탐색)용으로 사용돼 왔다. PMTUD는 특정 호스트와 통신을 할 때 패킷 단편화를 가급적 피하기 위해서 적절한 패킷 길이를 정하는 용도로 사용된다. 주로 TCP와 함께 사용되며 14장에서 자세히 살펴본다.

### 8.3.2.6 ICMPv6 PTB(유형 2, 코드 0)

ICMPv6에서 이 메시지는 패킷이 다음 홉의 MTU에 비해 너무 크다는 것을 표시하는 데 사용한다(그림 8-6 참조).

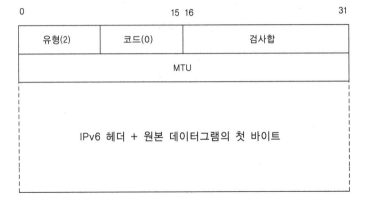

| 0 | 15 16 | 31 |
|---|---|---|
| 유형(2) | 코드(0) | 검사합 |
| MTU | | |
| IPv6 헤더 + 원본 데이터그램의 첫 바이트 | | |

**그림 8-6** ICMPv6 PTB 메시지(유형 2)는 ICMPv4의 목적지 도달 불가 메시지와 비슷하게 동작한다. 그리고 다음 홉의 MTU를 32비트값으로 포함한다.

이 메시지는 목적지 도달 불가 메시지가 아니다. IPv6에서 패킷 단편화는 데이터그램의 발신자에서만 실행되고, MTU 탐색은 언제나 사용 중으로 간주된다고 배운 바 있다. 따라서 이 메시지는 IPv6 PMTUD 메커니즘에서 주로 사용되지만, 다음 홉으로 운반되기에는 너무 큰 패킷이 도착한 (흔치 않은) 상황에서도 사용된다. 경로는 PMTUD가 실행된 뒤, 또 패킷에 네트워크로 들어온 뒤에 변경될 수 있기 때문에 라우터에 수신된 패킷이 출력 경로의 MTU보다 커지는 경우는 언제나 일어날 수 있다. ICMPv4 목적지 도달 불가 코드 4(PTB) 메시지에 대한 최근의 구현과 마찬가지로 ICMP 메시지를 생성하는 라우터의 출력 MTU에 기초해서 패킷의 MTU에 대한 권고값이 메시지에 포함된다.

### 8.3.2.7 ICMPv6 발신지 주소의 범위 초과(코드 2)

2장에서 살펴봤듯이 IPv6은 다양한 적용 범위scope의 주소를 사용한다. 그래서 발신지와 목적지의 주소 범위가 다른 패킷이 만들어질 수 있다. 또 목적지 주소를 동일 범위 내에서 도달할 수 없을 때도 있다. 예를 들어 링크 로컬 범위를 사용하는 발신지 주소의 패킷이 2개 이상의 라우터를 지나야 하는 전역 범위의 목적지로 향할 수 있다. 이 경우 발신지 주소의 범위는 충분치 않기 때문에 라우터는 패킷을 폐기하며, 이런 문제가 발생했음을 알리기 위해 이 유형의 메시지가 생성된다.

### 8.3.2.8 ICMPv6 발신지 주소의 입력/출력 정책 위반(코드 5)

코드 5는 코드 1이 더욱 세분화된 것으로서 특정한 입력$^{ingress}$ 또는 출력$^{egress}$ 필터링 정책이 데이터그램의 성공적인 배달을 방해하는 원인이 될 때 사용한다. 예를 들어 호스트가 예상 밖의 네트워크 프리픽스의 발신지 IPv6 주소를 사용해 트래픽을 보내고자 시도할 때 사용할 수 있다.

### 8.3.2.9 ICMPv6 목적지로 경로 지정 거절(코드 6)

거절$^{reject}$ 또는 차단 경로$^{blocking\ route}$는 특수한 경로 지정 또는 포워딩 테이블 항목(5장 참조)으로서 차단 기준에 해당하는 패킷을 폐기해야 하며 ICMPv6 목적지 도달 불가 - 경로 지정 거절 메시지를 생성해야 함을 표시한다(이와 비슷한 항목인 블랙홀 경로$^{blackhole\ route}$의 경우에도 패킷이 폐기되지만 목적지 도달 불가 메시지를 생성되지 않는다). 이 테이블 항목은 원치 않는 패킷이 목적지로 보내져서 유실되는 것을 방지하기 위해서 라우터의 포워딩 테이블에 설정될 수 있다. 원치 않는 목적지에는 마션$^{martian}$ 경로(공인 인터넷에서 사용되지 않는 프리픽스)와 보그온$^{bogon}$(유효 프리픽스가 아직 할당되지 않음) 등이 포함된다.

## 8.3.3 재지정(ICMPv4 유형 5, ICMPv6 유형 137)

호스트로부터 데이터그램을 수신한 라우터가 자신이 그 호스트에게 최적의 다음 홉$^{next}$ $^{hop}$이 아니라고 판단하면, 라우터는 호스트에게 재지정$^{Redirect}$ 메시지를 보내고 데이터그램을 최적의 라우터(또는 호스트)로 보낸다. 즉, 라우터는 자신보다 더 나은 다음 홉이 있음을 호스트에게 알려서 포워딩 테이블을 갱신하도록 하고, 이후에 동일 목적지로 향하는 트래픽은 곧바로 최적의 노드로 향한다. 이러한 기능은 패킷을 어디로 보내야 할지 IP 포워딩 함수에 알려줌으로써 라우팅 프로토콜의 원초적인 형태를 제공한다. IP 포워딩의 과정은 5장에서 상세히 설명했다.

그림 8-7에서 네트워크 세그먼트는 하나의 호스트와 2개의 라우터 R1과 R2를 갖는다. 호스트가 데이터그램을 라우터 R2를 경유하도록 잘못 보내면, R2는 호스트에게 재지정 메시지를 보내고 데이터그램을 R1으로 포워딩한다. 호스트는 ICMP 재지정 메시지에 따라서 포워딩 테이블을 갱신하도록 설정할 수 있지만 라우터는 굳이 그럴 필요가 없는데, 라우터들은 동적 라우팅 프로토콜을 사용해서 도달 가능한 모든 목적지에 대해서 최적

의 다음 홉 노드를 이미 알고 있을 것이기 때문이다.

ICMP 재지정 메시지는 호스트가 ICMP 오류 메시지에 지정된 목적지로 트래픽을 보낼 때 다음 홉으로서 사용해야 할 라우터의 IP주소(직접 전달로 도달 가능하다면 목적지 호스트)를 포함한다(그림 8-8 참조). 원래 재지정 기능은 호스트에 대한 재지정과 네트워크에 대한 재지정을 구분했지만, 클래스 없는 주소 지정CIDR(2장 참조)이 사용되기 시작하자 네트워크에 대한 재지정은 의미가 없게 됐다. 따라서 호스트가 호스트 재지정을 수신하면 그 단일 IP 목적지 주소에만 유효하다. 지속적으로 잘못된 라우터를 선택하는 호스트는 기본으로 설정된 라우터로부터 재지정 메시지를 받을 때마다 똑같은 항목이 포워딩 테이블에 추가되므로 로컬 서브넷 외부의 모든 목적지에 대해서 하나의 포워딩 테이블 항목만 생길 것이다. ICMPv4 재지정 메시지의 형식은 그림 8-8에서 볼 수 있다.

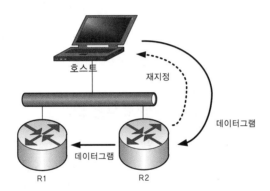

**그림 8-7** 호스트는 R2를 경유해서 목적지로 향하도록 데이터그램을 잘못 보낸다. R2는 호스트의 잘못을 깨닫고 데이터그램을 적합한 라우터 R1으로 보낸다. 그리고 ICMP 재지정 메시지를 보내 호스트의 잘못을 알려준다. 같은 목적지로 향하는 데이터그램이 이후로는 R2를 귀찮게 하지 않고 R1으로 향하도록 호스트가 포워딩 테이블을 수정할 것으로 예상된다.

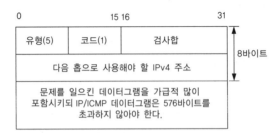

**그림 8-8** ICMPv4 재지정 메시지는 메시지의 페이로드 부분에 포함된 데이터그램의 다음 홉으로 사용될 라우터의 IPv4 주소를 포함한다. 호스트는 재지정 메시지의 IPv4 발신지 주소를 검사해서 현재 사용 중인 기본 라우터로부터 온 것인지 확인한다.

잘못된 라우터(동일 네트워크의 다른 호스트)를 다음 홉으로 사용하도록 호스트의 기본 설정을 바꿈으로써 재지정 메시지가 어떻게 동작하는지 관찰할 수 있다. 예를 들어 먼저 기본 경로를 변경한 뒤에 원격 서버로 연결을 시도해 보자. 그러면 시스템은 패킷을 지정된 호스트로 포워딩하려고 잘못된 시도를 할 것이다.

```
C:\> netstat -rn
Network Dest       Netmask       Gateway            Interface       Metric
0.0.0.0            0.0.0.0       10.212.2.1         10.212.2.88     1
C:\> route delete 0.0.0.0                           기본 경로 삭제
C:\> route add 0.0.0.0 mask 0.0.0.0 10.212.2.112    신규 경로 추가
C:\> ping ds1.eecs.berkeley.edu                     10.212.2.112를 경유해 전송
Pinging ds1.eecs.berkeley.edu [169.229.60.105] with 32 bytes of data:

Reply from 169.229.60.105: bytes=32 time=1ms TTL=250
Reply from 169.229.60.105: bytes=32 time=5ms TTL=250
Reply from 169.229.60.105: bytes=32 time=1ms TTL=250
Reply from 169.229.60.105: bytes=32 time=1ms TTL=250

Ping statistics for 169.229.60.105:
    Packets: Sent = 4, Received = 4, Lost = 0 (0% loss),
Approximate round trip times in milli-seconds:
    Minimum = 1ms, Maximum = 5ms, Average = 2ms
```

tcpdump를 사용하면 이 과정에서 무슨 동작이 일어나는지 관찰할 수 있다(출력 결과의 일부는 생략됐음).

```
Linux# tcpdump host 10.212.2.88
1 20:27:00.759340 IP 10.212.2.88 > ds1.eecs.berkeley.edu: icmp 40:
                echo request seq 15616
2 20:27:00.759445 IP 10.212.2.112 > 10.212.2.88: icmp 68:
                redirect ds1.eecs.berkeley.edu to host 10.212.2.1
3 20:27:00.759468 IP 10.212.2.88 > ds1.eecs.berkeley.edu: icmp 40:
                echo request seq 15616
...
```

여기서 호스트(10.212.2.88)는 ICMPv4 에코 요청(ping) 메시지를 호스트 ds1.eecs.berkeley.edu에게 보낸다. DNS(11장 참조)를 사용해 이름을 IPv4 주소 169.229.60.105로 변환한 후에 요청 메시지는 정확한 기본 라우터 10.212.2.1이 아니라 첫 번째 홉인

10.212.2.112로 보내진다. IPv4 주소 10.212.2.112인 시스템은 정확하게 설정됐기 때문에 메시지를 보낸 호스트가 라우터 10.212.2.1을 사용했어야 한다는 점을 알고 있다. 그래서 해당 호스트에게 ICMPv4 재지정 메시지를 보내서 이후에 ds1.eecs.berkeley.edu로 향하는 트래픽은 라우터 10.212.2.1로 가야한다는 것을 표시한다.

ICMPv6에서 재지정 메시지(유형 137)는 목표target 주소와 목적지 주소(그림 8-9 참조)를 포함하고 있으며, ND 프로세스(8.5절 참조)와 연계해 정의됐다. 목표 주소 필드는 다음 홉으로 사용돼야 할 정확한 노드의 링크 로컬 IPv6 주소를 포함한다. 목적지 주소는 재지정을 유발한 데이터그램 안의 목적지 IPv6 주소다. 목적지 호스트가 재지정 메시지를 수신한 호스트의 이웃인 특별한 경우에는 목표 주소와 목적지 주소 필드는 동일하다. 덕분에 호스트는 공통된 주소 프리픽스[RFC5942]를 공유하지 않아도 다른 호스트가 동일 링크 상에 있음을 알 수 있다.

**그림 8-9** ICMPv6 재지정 메시지. 목표 주소는 목적지 주소가 식별하는 노드에 더 나은 다음 홉 라우터의 IPv6 주소를 표시한다. 이 메시지는 목적지 주소가 이 메시지를 보내는 노드의 온링크(on-link) 이웃이라는 것을 표시하는 데도 사용될 수 있다. 이 경우에 목적지와 목표 주소는 같다.

ICMPv6의 다른 ND 메시지처럼 이 메시지도 옵션을 포함할 수 있다. 목표 링크 계층 주소Target Link-Layer Address 옵션과 재지정 헤더Redirected Header 옵션이 있는데, 목표 링크 계층 주소 옵션은 재지정 메시지가 NBMANon Broadcast Multi Access 네트워크에서 사용될 경우 꼭 필요하다. 재지정 메시지를 수신한 호스트가 새로운 다음 홉의 링크 계층 주소를 알아낼 수 있는 다른 효율적인 방법이 없기 때문이다. 재지정 헤더 옵션은 재지정 메시지를 발생시킨 IPv6 패킷의 일부를 포함한다. 8.5절에서 IPv6의 이웃 탐색<sup>Neighbor Discovery</sup>를 배울 때 이 옵션들의 형식을 살펴볼 것이다.

### 8.3.4 ICMP 시간 초과(ICMPv4 유형 11, ICMPv6 유형 3)

모든 IPv4 데이터그램은 헤더에 TTL<sup>Time-to-Live</sup> 필드를 갖고, 모든 IPv6 데이터그램은 헤더에 홉 제한<sup>Hop Limit</sup> 필드를 갖는다(5장 참조). 원래 8비트 TTL 필드는 데이터그램이 강제로 폐기되기 전까지 네트워크 내에서 활성 상태를 유지하는 시간값을 초 단위로 보관하기 위한 것이었다. 이것은 포워딩 루프가 존재할 경우 꽤 쓸모가 있다. 하지만 모든 라우터는 TTL 필드를 적어도 1만큼 줄여야 한다는 규칙이 있고 데이터그램의 포워딩 시간이 1초도 걸리지 않을 정도로 빨라지다보니, TTL 필드는 실제로는 IPv4 데이터그램이 라우터에 의해서 폐기되기 전까지 최대 몇 개의 홉을 지날 수 있는지 제한하는 용도로 사용돼 왔다. 그리고 이런 사용법은 IPv6에서 공식으로 채택됐다. ICMP 시간 초과<sup>Time Exceeded</sup> 메시지(코드 0)는 TTL 또는 홉 제한 필드의 값이 너무 작아서 라우터가 데이터그램을 폐기해야 할 때(즉, 값이 0이나 1인데 포워드돼야 할 경우) 생성된다. 이 메시지는 traceroute 도구(윈도우에서는 tracert)의 동작에 매우 중요하다. ICMPv4와 ICMPv6에서 이 메시지의 형식은 그림 8-10과 같다.

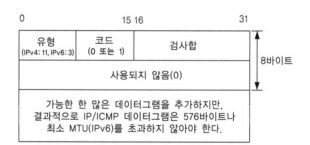

**그림 8-10** ICMPv4와 ICMPv6에서 공통으로 사용되는 ICMP 시간 초과 메시지 형식. TTL이나 홉 카운트가 초과된 경우(코드 0)와 단편 재조립 시간이 기준치를 초과한 경우(코드 1)에 대해서 표준화돼 있다.

단편화된 IP 데이터그램이 목적지에 부분적으로 수신됐을 때는(즉, 일정 시간이 지나도 모든 단편들이 수신되지 않았을 때) 코드 값이 1인 ICMP 시간 초과 메시지가 생성된다. 이 메시지는 데이터그램의 발신자에게 해당 데이터그램이 전부 폐기됐음을 알려주는 역할을 한다.

데이터그램의 단편 중 하나라도 폐기되면 해당 데이터그램은 손실된다는 점을 기억하자.

### 8.3.4.1 예제: traceroute 도구

traceroute 도구는 발신지에서 목적지까지의 경로에 어느 라우터가 사용됐는지 알아내는 데 사용한다. IPv4 버전의 작동을 살펴보자. 먼저 IPv4 TTL 필드를 1로 설정한 데이터그램을 보낸 뒤, 데이터그램이 만료됐을 때 경로상의 라우터들이 ICMPv4 시간 초과(코드 0) 메시지들을 보내도록 하되, 실행을 반복할 때마다 TTL 값을 1 증가시켜서 한 홉 hop만큼 더 떨어진 라우터가 ICMP 메시지를 생성하도록 할 것이다. 이때 라우터의 IPv4 주소들 중에서 발신자쪽을 향하는 인터페이스의 IPv4 주소로부터 메시지가 송신될 것이다. 그림 8-11에서 이 과정을 볼 수 있다.

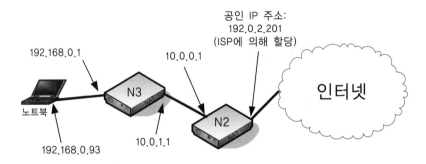

**그림 8-11** 경로가 너무 자주 바뀌지만 않는다면 traceroute를 사용해서 라우팅 경로를 확인할 수 있다. traceroute의 출력 화면에서 라우터는 traceroute를 실행하는 호스트쪽을 향하는 인터페이스 혹은 그 호스트와 가장 가까운 인터페이스에 할당된 IP주소로 표시된다.

이 예제에서 traceroute는 노트북에서 호스트 www.eecs.berkeley.edu(IPv4 주소 128.32.244.172를 가진 인터넷 호스트, 그림 8-11에서는 보이지 않음)로 UDP 데이터그램(10장 참조)를 보내는 데 사용된다. 이것은 다음의 명령으로 수행될 수 있다.

```
Linux% traceroute -m 2 www.cs.berkeley.edu
traceroute to web2.eecs.berkeley.edu (128.32.244.172), 2 hops max,
52 byte packets
  1   gw (192.168.0.1) 3.213 ms 0.839 ms 0.920 ms
  2   10.0.0.1 (10.0.0.1) 1.524 ms 1.221 ms 9.176 ms
```

-m 옵션은 처음에는 TTL=1, 그다음에는 TTL=2, 이렇게 2번round 실행하도록 지시한다. 출력 결과는 해당 TTL을 사용해서 얻어진 정보를 표시한다. 예를 들어 첫 번째 줄은 IP 주소가 192.168.0.1인 라우터가 한 홉만큼 떨어진 위치에서 발견됐으며 왕복 시간round-trip time(3.213, 0.839, 0.920ms)이 3번 측정됐음을 보여준다. 첫 번째 왕복 시간이 이후의 왕복 시간들보다 오래 걸리는 것은 추가적인 작업(즉 ARP 트랜잭션)이 포함되기 때문이다. 그림 8-12와 8-13은 발신된 데이터그램과 수신된 ICMPv4 메시지의 구조를 확인할 수 있는 와이어샤크 패킷 캡처 화면이다.

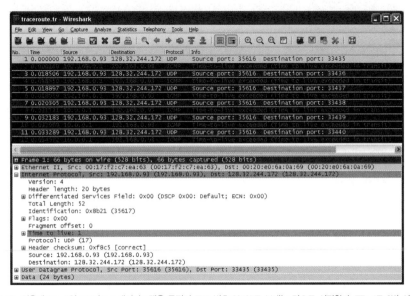

**그림 8-12** 처음에 TTL=1인 UDP/IPv4 데이터그램을 목적지 포트 번호 33435로 보내는 것으로 시작한다. TTL=1로 3번 시도된 뒤 TTL=2로도 3번 시도됐다. 만료되는 데이터그램으로 인해 라우터는 ICMPv4 시간 초과 메시지를 발신지로 돌려보낸다. 메시지의 발신지 주소는 발신자 쪽을 바라보는 라우터 인터페이스의 주소다.

그림 8-12를 살펴보면 traceroute가 6개의 데이터그램을 보내고, 각 데이터그램은 목적지 포트 번호 33435로 차례대로 보내진다는 것을 알 수 있다. 더 자세히 살펴보면 첫 3개의 데이터그램은 TTL = 1로 보내졌고, 두 번째 3개는 TTL = 2로 보내졌다. 그림 8-12는 첫 번째 것을 보여준다. 각 데이터그램은 ICMPv4 시간 초과(코드 0) 메시지를 유발시킨다. 첫 3개는 라우터 N3(IPv4 주소 192.168.0.1)에서 보냈고, 다음 3개는 라우터 N2(IPv4 주소 10.0.0.1)에서 보냈다. 그림 8-13은 마지막 ICMP 메시지를 자세하게 보여준다.

이것은 마지막 시간 초과 메시지다. 이 메시지는 N2가 수신했던 원본 IPv4 데이터그램(패킷 11)을 포함하고 있다. 이 데이터그램은 처음에는 TTL=1로 수신됐지만, N2에서 TTL=0으로 감소된 뒤에는 128.32.244.172로 포워딩할 수 없으므로 N2는 시간 초과 메시지를 원본 데이터그램의 발신지에게로 보낸다.

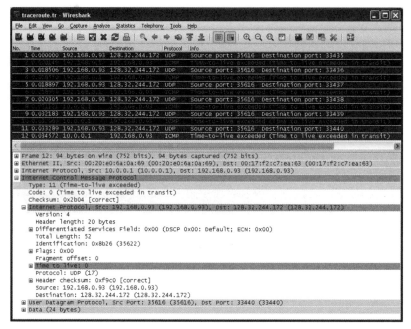

**그림 8-13** 마지막 ICMPv4 시간 초과 메시지는 N2(IPv4 주소 10.0.0.1)가 보냈다. 이것은 시간 초과 메시지를 유발한 원본 데이터그램의 복제본을 포함한다. N2가 1에서 0으로 감소시켰기 때문에 내부 IPv4 헤더의 TTL은 0이다.

## 8.3.5 매개변수 문제(ICMPv4 유형 12, ICMPv6 유형 4)

ICMP 매개변수 문제Parameter Problem 메시지는 회복 불가능한 문제를 포함하는 데이터그램을 수신한 호스트나 라우터가 생성한다. 이 메시지는 데이터그램을 다룰 수 없거나 문제를 설명할 수 있는 적절한 ICMP 메시지가 따로 없을 경우에 생성되는 '포괄적catchall' 오류 메시지라고 할 수 있다. ICMPv4와 ICMPv6에서 어떤 필드의 값이 수용 가능한 범위를 넘어서는 오류가 발생한 경우, 이 메시지의 포인터Pointer 필드는 오류가 발생한 필드가 문제가 발생한 IP 헤더의 시작 위치로부터 몇 바이트만큼 떨어진 위치에 있는지를 가리킨다. 예를 들어 ICMPv4에서 포인터 필드의 값이 1이면, IPv4 DS 필드나 ECN 필드

(과거에는 이 필드들을 묶어서 IPv4 서비스 유형$^{Type of Service}$ 또는 ToS 바이트 필드라고 불렸었다. 5장 참조)가 잘못됐음을 가르킨다.

ICMPv4 매개변수 문제 메시지의 형식은 그림 8-14에서 보여준다.

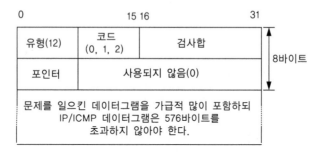

**그림 8-14** ICMPv4 매개변수 문제 메시지는 다른 메시지를 적용할 수 없을 때 사용된다. 포인터 필드는 문제가 발생한 IPv4 헤더 안의 문제가 있음직한 값의 바이트 인덱스를 표시한다. 코드 0은 가장 보편적인 것이다. 코드 1은 예전에는 요구된 옵션이 누락됐다고 표시하는 데 사용됐지만, 지금은 사용하지 않는다. 코드 2는 문제가 발생한 IPv4 데이터그램이 잘못된 IHL이나 전체 길이 필드를 갖고 있다는 것을 표시한다.

ICMP 매개변수 문제 메시지의 코드$^{Code}$ 필드의 값으로서 가장 많이 쓰이는 것이 0이다. 헤더 록은 데이터그램의 전체 길이$^{Total Length}$ 필드의 값이 잘못됐을 경우는 코드 2가 사용될 수 있지만, 그 밖에 IPv4 헤더와 관련된 거의 모든 문제에 대해서 코드 0이 사용된다. 코드 1은 과거에 패킷의 보안 레이블 같은 옵션이 누락됐음을 표시하기 위해 사용된 적이 있지만 지금은 사용되지 않는다. 가장 최근에 정의된 코드 2는 IHL 또는 전체 길이 필드의 값이 잘못 됐음을 가리킨다(5장 참조). 이 오류 메시지의 ICMPv6 버전은 그림 8-15에 나타나 있다.

ICMPv6에서는 ICMPv4보다 오류 처리를 좀 더 세분화해서 오류성 헤더 필드 발견(코드 0), 인식 불가능한 다음 헤더$^{Next Header}$ 유형 발견(코드 1), 알 수 없는 IPv6 옵션 발견(코드 2)의 3가지로 구분한다. IPv4에서와 마찬가지로 포인터 필드는 문제를 일으킨 IPv6 헤더와의 바이트 오프셋$^{offset}$을 나타낸다. 예를 들어 포인터 필드의 값이 40이면 첫 번째 IPv6 확장 헤더에 문제가 있음을 의미한다.

오류성 헤더(코드 0) 오류는 IPv6 헤더 중 하나의 필드값이 잘못된 값일 때 생성된다. 코드 1 오류는 IPv6 다음 헤더(헤더 사슬$^{header chaining}$) 필드가 IPv6 구현에서 지원하지 않는 헤더 유형에 대응하는 값을 포함할 때 생성된다. 마지막으로 코드 2는 IPv6 헤더 옵션이 수신됐으나 현재 사용 중인 IPv6 구현에서 이를 인식할 수 없을 때 생성된다.

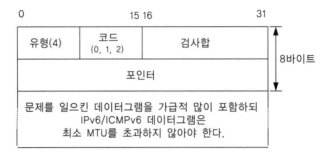

**그림 8-15** ICMPv6 매개변수 문제 메시지. 포인터 필드는 원본 데이터그램에서 오류가 발생된 데이터의 바이트 오프셋을 나타낸다. 코드 0은 잘못된 헤더 필드를 표시한다. 코드 1은 인식 불가능한 다음 헤더(Next Header) 유형을 표시한다. 코드 2는 알려지지 않은 IPv6 옵션을 만났다는 것을 표시한다.

## 8.4 ICMP 조회/정보성 메시지

ICMP가 주소 마스크 요청/응답(유형 17/18), 타임스탬프 요청/응답(유형 13/14), 정보 요청/응답(유형 15/16) 등과 같은 다수의 조회 메시지를 정의하고 있지만 이러한 기능들은 보다 목적에 부합하는 다른 프로토콜(DHCP도 여기에 포함된다. 6장 참조)들로 꾸준히 대체돼 왔다. 그래서 ICMP 조회/정보성 메시지 중에는 에코 요청/응답 메시지(일반적으로 ping이라고 한다)와 라우터 탐색 메시지들만 남아 있다. 라우터 탐색 메커니즘조차도 IPv4에서는 널리 되지 않지만, IPv6에서는 (이웃 탐색의 일부로서) 핵심 역할을 한다. 또 ICMPv6는 모바일 IPv6와 멀티캐스트 라우터 탐색을 지원할 수 있도록 확장됐다. 이번 절에서는 에코 요청/응답 기능과 기초적인 라우터에 사용되는 메시지 그리고 멀티캐스트 리스너 발견에 대해서 알아본다(6장과 9장도 참조). 그리고 이어지는 절에서는 IPv6에서 이웃 탐색이 어떻게 동작하는지 논의한다.

## 8.4.1 에코 요청/응답(ICMPv4 유형 0/8, ICMPv6 유형 129/128)

함께 사용되는 ICMP 메시지들 중에서 가장 널리 쓰이는 것이 바로 에코 요청<sup>Echo Request</sup>과 에코 응답<sup>Echo Response 또는 Reply</sup> 메시지이다. 이 메시지들은 ICMPv4에서는 각각 유형 8과 0이고, ICMPv6에서는 각각 128과 129다. ICMP 에코 요청 메시지의 크기는 대체로 임의적이다(다만, 이 메시지를 포함하고 있는 IP 데이터그램의 최대 크기로 제한된다). ICMP 에코 응답 메시지의 경우 복수의 IP 단편이 존재하는 경우에도 발신자에게 데이터를 다시 돌려보내도록 구현돼야 한다. ICMP 에코 요청/응답 메시지 형식은 그림 8-16에 나타나 있다.

다른 ICMP 조회/정보성 메시지처럼 서버는 응답 메시지에 식별자<sup>Identifier</sup>와 순서 번호<sup>Sequence Number</sup> 필드를 반드시 포함해야 한다.

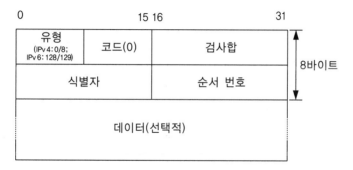

**그림 8-16** ICMPv4와 ICMPv6의 에코 요청과 에코 응답 메시지 형식. 요청 메시지에 포함된 선택적 데이터는 응답 메시지에서 모두 포함돼야 한다. NAT는 7장에서 논의한 것처럼 식별자 필드를 사용해서 요청에 맞는 응답을 식별한다.

인터넷상에서 어떤 컴퓨터에 도달할 수 있는지 빠르게 확인할 수 있는 핑<sup>ping</sup> 프로그램이 바로 이 메시지들을 사용한다. 핑으로 도달할 수 있다면 다른 방법(원격 로그인 등)으로도 거의 틀림없이 도달할 수 있었지만, 최근에는 방화벽이 널리 사용되면서 이제는 틀림없다고 말할 수는 없게 됐다.

> **주의**
>
> 핑(ping)이라는 이름은 물체의 위치를 파악하는 음파탐지기의 동작에서 따온 것이다. 마이크 무스가 핑 프로그램을 작성했는데, 마이크는 이 프로그램의 개발 과정을 담고 있는 재미있는 웹페이지를 운영하고 있다 [PING].

핑은 응답 메시지를 역다중화demultiplex하는 데 사용할 수 있는 숫자로 ICMP 메시지의 식별자 필드의 값을 설정한다. 예를 들어 유닉스 시스템에서는 식별자 필드에 송신 프로세스의 프로세스 ID를 설정하는 것이 일반적이다. 이렇게 하면 동일 호스트에서 다수의 핑 인스턴스가 동시에 동작하더라도 상대방 호스트가 보낸 응답을 식별할 수 있다. ICMP 프로토콜은 전송 계층의 포트 번호를 사용하지 않기 때문이다. 방화벽의 동작을 설명할 때는 이 필드를 조회 식별자Query Identifier 필드라고도 부른다(7장 참조).

ping 프로그램의 인스턴스가 새로 실행되면, 순서 번호 필드가 0으로 설정되고 신규 에코 요청 메시지를 보낼 때마다 순서 필드의 값은 1 증가한다. 패킷의 손실, 재정렬, 중복 여부를 사용자가 알 수 있도록 핑은 응답 패킷의 순서 번호를 화면에 보여준다. IP(따라서 ICMP도)는 최선 노력best-effort의 데이터그램 배달 서비스이기 때문에 이러한 3가지 경우(손실, 재정렬, 중복)는 충분히 일어날 수 있다. 다만 IP와 달리 ICMP는 데이터 검사합을 포함한다.

핑 프로그램은 에코 요청 메시지의 선택적 데이터 영역에 로컬 시간의 복사본도 포함시킨다. 이 시간 정보는 선택적 데이터 영역의 나머지 정보와 함께 에코 응답 메시지에 포함돼서 돌아온다. 그러면 응답이 수신된 순간의 시간값과 응답 메시지 내의 시간값 간의 차이를 계산함으로써 원격 호스트에 도달하는 데 걸리는 RTT 추정값을 산출할 수 있다. 이때 발신자 측의 시간값들만 사용되기 때문에 발신자와 수신자 간에 시간을 동기화할 필요가 없다. traceroute도 비슷한 방법으로 RTT를 측정한다.

초기 버전의 핑은 1초에 한 번씩 에코 요청 메시지를 보내고, 수신된 에코 응답을 모두 화면에 보여줬다. 하지만 최근의 구현들은 화면 출력의 형식과 동작을 다양하게 제어할 수 있다. 윈도우 시스템은 기본적으로 에코 요청 메시지를 1초에 한 번씩 총 4번을 송신하고 몇 개의 통계값을 보여준 뒤 바로 종료된다. 만일 -t 옵션을 지정하면 사용자가 중지할 때까지 핑은 계속 실행된다. 반면에 리눅스에서의 기본 동작은 1초에 한 번씩 에코 요청 메시지를 송신하고 모든 응답 메시지를 화면에 보여주며 사용자가 중지할 때까지 핑이 계속 실행되는 것이다. 하지만 오랜 기간에 걸쳐 다양한 옵션들이 개발됐고 일부 옵션들은 표준으로 사용되게 됐다. 일부 버전에서는 특수한 데이터 패턴을 포함하도록 거대 패킷을 만들 수도 있다. 이 기능은 데이터에 의존적인 오류를 찾기 위해 네트워크 통신 장비에서 사용된다.

다음 예제에서는 ICMPv4 에코 요청을 서브넷 브로드캐스트 주소로 보낸다. 이 예제의 핑 버전(리눅스)은 브로드캐스트 주소로 요청 메시지를 보내는 것이 실수가 아니라 의도적인 것임을 알리기 위해서 -b 옵션을 반드시 사용해야 한다. 대량의 트래픽이 발생할 수 있으므로 경고 메시지가 화면에 표시된다.

```
Linux% ping -b 10.0.0.127
WARNING: pinging broadcast address
PING 10.0.0.127 (10.0.0.127) from 10.0.0.1 : 56(84) bytes of data.
64 bytes from 10.0.0.1: icmp_seq=0 ttl=255 time=1.290 msec
64 bytes from 10.0.0.6: icmp_seq=0 ttl=64 time=1.853 msec (DUP!)
64 bytes from 10.0.0.47: icmp_seq=0 ttl=64 time=2.311 msec (DUP!)
64 bytes from 10.0.0.1: icmp_seq=1 ttl=255 time=382 usec
64 bytes from 10.0.0.6: icmp_seq=1 ttl=64 time=1.587 msec (DUP!)
64 bytes from 10.0.0.47: icmp_seq=1 ttl=64 time=2.406 msec (DUP!)
64 bytes from 10.0.0.1: icmp_seq=2 ttl=255 time=380 usec
64 bytes from 10.0.0.6: icmp_seq=2 ttl=64 time=1.573 msec (DUP!)
64 bytes from 10.0.0.47: icmp_seq=2 ttl=64 time=2.394 msec (DUP!)
64 bytes from 10.0.0.1: icmp_seq=3 ttl=255 time=389 usec
64 bytes from 10.0.0.6: icmp_seq=3 ttl=64 time=1.583 msec (DUP!)
64 bytes from 10.0.0.47: icmp_seq=3 ttl=64 time=2.403 msec (DUP!)
--- 10.0.0.127 ping statistics ---
4 packets transmitted, 4 packets received,
+8 duplicates, 0% packet loss
round-trip min/avg/max/mdev = 0.380/1.545/2.406/0.765 ms
```

4개의 에코 요청 메시지를 보냈는데 12개의 응답이 돌아온 것을 볼 수 있다. 이것은 브로드캐스트 주소를 사용했을 때의 전형적인 모습인데, 메시지를 수신한 노드는 모두 응답을 해야만 하기 때문이다. 그래서 순서번호 0, 1, 2, 3 각각에 대해서 3개씩 응답이 돌아왔다. (DUP!)는 앞서 수신한 것과 동일한 순서 필드를 포함하는 에코 응답이 수신됐음을 의미한다. TTL의 값이 다양(255부터 64까지)한 것은 여러 종류의 컴퓨터들이 응답했음을 가리킨다.

이 절차(IPv4 브로드캐스트 주소로 에코 요청을 보내는 것)는 로컬 시스템의 ARP 테이블(4장 참조)를 신속히 채우는 용도로 사용될 수 있다. 에코 요청 메시지에 응답하는 시스템들은 그 메시지의 발신자로 향하는 에코 응답 메시지를 구성한다. 이 응답 메시지가 동일 서브넷에 위치하는 시스템으로 향할 때 요청 발신자의 링크 계층 주소를 찾기 위해서 ARP 요청이 생성되며, 이 과정에서 모든 응답자와 발신자 사이에서 ARP가 교환돼 에코 요청 발신자는 모든 응답자들의 링크 계층 주소를 학습한다. 이번 예제의 경우 로컬 시스템은 10.0.0.1, 10.0.0.6, 10.0.0.47 주소에 대한 링크 계층 주소 매핑을 처음에 갖고 있지 않았지만, 브로드캐스트 요청을 보낸 뒤에는 ARP 테이블에 매핑 정보가 모두 들어가게 된다. 다만, 브로드캐스트 주소로 보내진 요청에 에코 응답 메시지로 응답하는 것은 선택 사항이다. 기본 설정에서 리눅스는 응답을 하지만 윈도우 XP는 하지 않는다.

## 8.4.2 라우터 탐색: 라우터 요청과 광고(ICMPv4 유형 9, 10)

6장에서 우리는 호스트가 DHCP를 사용해서 어떻게 IP 주소를 얻고 인접 라우터의 존재를 학습하는지 배웠다. 인접 라우터를 학습하는 또 다른 방법을 라우터 탐색RD, Router Discovery라고 부른다. 이 기능은 IPv4와 IPv6에 모두 정의돼 있지만, IPv4에서는 DHCP가 널리 사용되다 보니 RD는 별로 사용되지 않는다. 하지만 모바일IP와 함께 사용되는 규격이 최근에 정의됐으므로 여기서 간단히 살펴보자. IPv6 버전은 IPv6 SLAAC 기능(6장 참조)의 일부를 형성하며 논리적으로 IPv6 ND의 일부이므로 8.5절에서 ND를 설명할 때 함께 다루기로 한다.

IPv4에서 라우터 탐색은 ICMPv4 정보성 메시지[RFC1256]의 쌍(라우터 요청RS, Router Solicitation (유형 10)과 라우터 광고RA, Router Advertisement(유형 9))을 사용해 수행된다. 라우터가 보내는 광고는 2가지다. 첫 번째는 로컬 네트워크에서 모든 호스트All Hosts 멀티캐스트 주소로 (TTL=1로) 주기적으로 멀티캐스트되는 것이고, 두 번째는 호스트가 라우터 정보를 요청할 때 RS 메시지를 사용해서 제공되는 것이다. RS 메시지는 멀티캐스를 사용해서 모든 라우터All Routers 멀티캐스트 주소로 보내진다. RD의 주요 목적은 호스트가 로컬 네트워크에 위치하는 모든 라우터를 학습하고 그중에서 기본 라우터를 선택하기 위한 것이다. 또 모바일 IP 홈 에이전트로서 동작할 라우터의 존재를 발견하는 목적으로도 사용된다. 로컬 네트워크 멀티캐스트에 관한 자세한 설명은 9장을 참조하자. 그림 8-17은 ICMPv4 RA 메시지의 형식을 보여준다. 호스트가 기본 라우터로 사용할 수 있는 IPv4 주소들의 목록을 포함하고 있다.

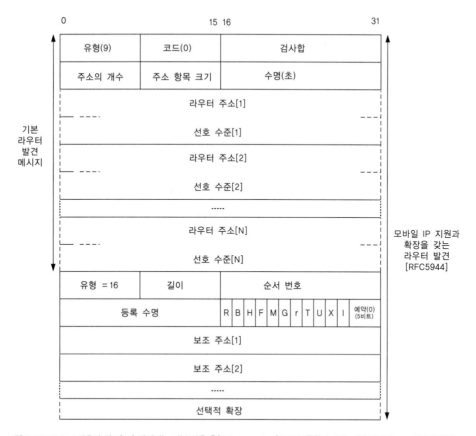

| 0 | 15 | 16 | 31 |
|---|---|---|---|

기본
라우터
발견
메시지

| 유형(9) | 코드(0) | 검사합 | |
|---|---|---|---|
| 주소의 개수 | 주소 항목 크기 | 수명(초) | |
| 라우터 주소[1] | | | |
| 선호 수준[1] | | | |
| 라우터 주소[2] | | | |
| 선호 수준[2] | | | |
| ····· | | | |
| 라우터 주소[N] | | | |
| 선호 수준[N] | | | |

모바일 IP 지원과
확장을 갖는
라우터 발견
[RFC5944]

| 유형 = 16 | 길이 | 순서 번호 | |
|---|---|---|---|
| 등록 수명 | | R B H F M G r T U X I 예약(0) (5비트) | |
| 보조 주소[1] | | | |
| 보조 주소[2] | | | |
| ····· | | | |
| 선택적 확장 | | | |

**그림 8-17** ICMPv4 라우터 광고(RA) 메시지는 기본 다음 홉(default next hop)으로 사용할 수 있는 라우터들의 IPv4 주소 목록을 포함한다. 네트워크 운영자는 선호 수준(preference level)을 사용해서 해당 주소들에 우선순위를 매길 수 있다(숫자가 클수록 우선순위가 높음). 모바일 IPv4[RFC5944]는 MIPv4 이동성(mobility) 에이전트와 라우터 주소의 프리픽스 길이를 광고하기 위해서 RA 메시지를 확장한다.

그림 8-17에서 주소의 개수Number of Addresses 필드는 메시지 내에 있는 라우터 주소 블록들의 수를 표시한다. 각 블록은 IPv4 주소와 선호 수준을 포함하고 있다. 주소 항목 크기Address Entry Size 필드는 블록 당 32비트 단어의 개수(이 경우에는 2개)를 제공한다. 수명Lifetime 필드는 주소들의 목록이 유효하다고 간주되는 시간을 초 단위로 나타낸다. 선호 수준preference level은 부호 있는 32비트 크기의 2의 보수 정수로서 숫자가 클수록 우선순위가 높다. 기본값은 0이며, 특수한 값 0x80000000은 기본 라우터로서 사용될 수 없는 주소임을 가리킨다.

RA 메시지는 모바일IP[RFC5944]에서 노트가 이동성(즉, 홈 그리고 외지foreign) 에이전트의 위치를 찾는 데도 사용된다. 그림 8-17은 이동성 에이전트 광고 확장을 포함하는 RA 메시지를 보여주고 있는데, 이 확장은 통상적인 RA 정보 뒤에 이어지며 유형 필드의 값은 16이고, 길이 필드의 값은 (유형과 길이를 제외하고) 확장 영역 내의 바이트 개수로서 보조 주소care-of address가 K개일 때 (6+4K)가 된다. 순서 번호 필드는 초기화 이후 이동성 에이전트가 생성한 광고 확장의 번호다. 등록 수명Registration lifetime은 광고를 보내는 에이전트가 MIPv4 등록을 받아들이는 최대 시간을 초 단위로 표시한다(0xFFFF는 무한대를 의미). 그 다음에는 다수의 플래그 비트 필드들이 있는데, 다음과 같은 의미다. R(MIP 서비스를 위해 등록이 요구됨), B(에이전트가 너무 바빠서 새로운 등록을 수락할 수 없음), H(에이전트가 홈 에이전트로 동작할 수 있음), F(에이전트가 외지 에이전트로 동작할 수 있음), M(최소의 캡슐화 포맷[RFC2004]이 제공됨), G(에이전트가 캡슐화된 데이터그램에 대해 GRE 터널을 제공함), r(zero(0)로 예약됨), T(역터널링)[RFC3024]이 제공됨), U(UDP 터널링[RFC3519]이 제공됨), X(등록 취소[RFC3543]가 제공됨), I(외지 에이전트가 지역 등록[RFC4857]을 제공한다).

이동성 에이전트 광고 확장 이외에 모바일 노드용으로 설계된 다른 확장이 있다. 바로 프리픽스 길이Prefix-Length 확장으로서 이동성 에이전트 광고 확장 뒤에 올 수 있으며 기초 라우터 광고에 들어있는 각 라우터 주소의 프리픽스 길이를 나타낸다. 형식은 그림 8-18에 나타나 있다.

**그림 8-18** 선택 사항인 ICMPv4 RA 프리픽스 길이 확장은 메시지의 기초 라우터 광고에 들어있는 N개의 라우터 주소 각각에 대해서 유의미한 프리픽스 비트의 개수가 몇 개인지 표시한다. 이 확장은 이동성 에이전트 광고 확장 뒤에 올 수 있다.

그림 8-18에서 길이 필드는 N으로 설정돼 있는데 이 값은 기초 RA 메시지의 주소 개수 Number of Addresses 필드와 같은 값이다. 각각의 8비트 프리픽스 길이 필드는 이 필드에 대응하며 로컬 서브넷에서 사용 중인 라우터 주소 필드(그림 8-17) 내의 비트 개수이다. 모바일 노드는 이 확장을 사용해서 자신이 한 네트워크에서 다른 네트워크로 이동했는지 여부를 알아낼 수 있다. [RFC5944]의 알고리즘 2를 사용해 모바일 노드는 특정 링크에

서 사용 가능한 프리픽스들의 집합을 저장할 수 있으므로 이 네트워크 프리픽스 집합이 변경되면 자신이 이동했음을 알 수 있다.

### 8.4.3 홈 에이전트 주소 발견 요청/응답(ICMPv6 유형 144/145)

[RFC6275]는 MIPv6를 지원하는 데 사용되는 4개의 ICMPv6 메시지들을 정의한다. 이 중 2개는 동적 홈 에이전트 주소 발견을 위한 것이고, 다른 2개는 번호 재지정과 모바일 설정을 위한 것이다. 홈 에이전트 주소 발견 요청Home Agent Address Discovery Request 메시지는 MIPv6 노드가 새로운 네트워크를 방문할 때 홈 에이전트를 동적으로 발견하기 위해 사용한다(그림 8-19).

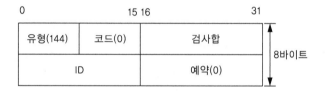

**그림 8-19** MIPv6 홈 에이전트 주소 발견 요청 메시지에 들어있는 식별자ID 필드는 응답 메시지에 포함돼 돌아온다. 이 요청 메시지는 모바일 노드의 홈 프리픽스에 대한 홈 에이전트(Home Agents) 애니캐스트 주소로 보내진다.

이 메시지는 홈 프리픽스에 대한 MIPv6 홈 에이전트 애니캐스트 주소로 보내진다. IPv6 발신지 주소는 대체로 보조 주소care-of address 즉 현재 방문 중인 네트워크에서 모바일 노드가 획득한 주소다. 그리고 이 모바일 노드와 홈 프리픽스에 대한 홈 에이전트로서 동작하기를 원하는 노드는 홈 에이전트 주소 발견 응답Home Agent Address Discovery Reply 메시지를 보낸다.

홈 에이전트 주소는 (아마도 보조 주소인) 모바일 노드의 유니캐스트 주소로 직접 제공된다. 이러한 메시지들은 네트워크 간에 전환이 일어날 때 모바일 노드의 HA가 변경된 경우를 처리하기 위한 것이다. HA를 적절히 재설정한 뒤 모바일 노드는 MIPv6 바인딩 갱신을 시작할 수 있다(5장 참조).

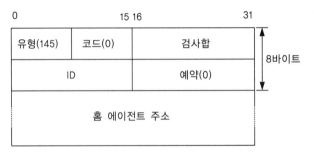

그림 8-20 MIPv6 홈 에이전트 주소 발견 응답 메시지는 요청 메시지에 들어있던 식별자 ID 및 모바일 노드를 위해 패킷을 포워드 하고자 하는 홈 에이전트의 주소를 하나 이상 포함한다.

## 8.4.4 모바일 프리픽스 요청/광고(ICMPv6 유형 146/147)

모바일 프리픽스 요청 메시지(그림 8-21)는 모바일 노드의 홈 주소의 유효수명이 막 끝나려고 할 때 HA에게 라우팅 프리픽스 갱신을 요청한다. 모바일은 홈 주소<sup>Home Address</sup> 옵션 (5장의 IPv6 목적지 옵션을 참조)을 포함하며 IPsec(18장 참조)으로 갱신 요청을 안전하게 보낸다.

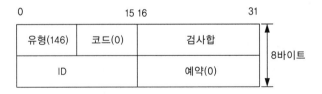

그림 8-21 모바일 노드는 모바일 프리픽스 광고를 제공해줄 것을 홈 에이전트에게 요청하기 위해 MIPv6 모바일 프리픽스 요청 메시지를 보낸다.

이 요청 메시지는 어느 요청에 대한 응답인지 알 수 있도록 식별자 필드에 무작위 값을 포함한다. 이것은 라우터 요청 메시지와 비슷하지만, 다른 점은 로컬 서브네트워크가 아니라 모바일 노드의 HA로 보내진다는 점이다. 유형 필드의 값이 147이면 광고 메시지 (그림 8-22)가 되는데, 이 메시지를 감싸는 IPv6 데이터그램은 반드시 유형 2 라우팅 헤더(5장 참조)를 포함해야 한다. 식별자 필드는 요청 메시지에 들어있던 식별자 필드의 값과 같고, M(Managed) 필드는 호스트가 반드시 상태 기반 주소 설정을 사용해야 하며 자동 설정은 사용하면 안 된다는 것을 가리키고, O(Other) 필드는 상태 기반 설정이 주소

이외의 정보를 제공하고 있음을 가리킨다. 그다음에는 하나 이상의 프리픽스 정보<sup>Prefix</sup> Information 옵션들이 올 수 있다.

**그림 8-22** MIPv6 모바일 프리픽스 광고 메시지. 식별자 필드는 요청 메시지의 식별자 필드와 쌍을 이룬다. M(Managed) 플래그는 상태 기반 설정 메커니즘에서 주소를 제공한다는 것을 표시한다. O(Other) 플래그는 상태 기반 설정 메커니즘이 주소 이외의 정보를 제공하는 것을 표시한다.

모바일 프리픽스 광고 메시지는 홈 프리픽스가 변경됐음을 모바일 노드에 알려주기 위해 설계됐다. 이 메시지는 위조<sup>spoof</sup>된 프리픽스 광고를 방지하기 위해서 IPsec(18장 참조)으로 보호되는 것이 일반적이다. 프리픽스 정보 옵션은 [RFC4861]에 명세된 형식을 사용하며, 모바일 노드가 홈 주소를 설정할 때 사용해야 하는 프리픽스를 포함한다.

### 8.4.5 모바일 IPv6 고속 핸드오버 메시지(ICMPv6 유형 154)

MIPv6의 변형 중에는 MIPv6을 위한 고속 핸드오버<sup>[RFC5568]</sup>를 정의한 것이 있다(이 변형을 FMIPv6라고 부른다). 이것은 모바일 노드가 하나의 네트워크 AP<sup>Access Point, 접속 지점</sup>에서 다른 AP로 이동할 때 IP 계층의 핸드오프 지연을 개선하는 방법을 정의하는데, 사용할 라우터와 주소 정보를 핸드오프가 발생하기 전에 예측하는 방법을 사용한다. 이 프로토콜은 프록시 라우터<sup>proxy router</sup>라는 것을 발견하는 방법을 제공하는데, 프록시 라우터는 모바일 노드가 새로운 네트워크로 핸드오프한 뒤에 접촉할 가능성이 높은 라우터처럼 동작한다. 그리고 이에 대응하는 ICMPv6 프록시 라우터 요청 및 광고 메시지도 존재한다(각각 RtSolPr과 PrRtAdv라고 부른다). RtSolPr과 PrRtAdv 메시지들의 기본 형식은 그림 8-23에 있다.

모바일 노드는 (802.11. 네트워크를 스캔함으로써) 나중에 사용할 AP의 주소 또는 식별자에 대한 정보를 갖고 있을 수 있다. RtSolPr 메시지는 코드 0과 서브 유형 2를 사용하며, 최소한 1개의 옵션(신규 접속점 링크 계층 주소<sup>New Access Point Link Layer Address</sup> 옵션)을 포함해야 한다. 이 옵션은 모바일 노드가 어느 AP에 대한 정보를 요청하고 있는지 알려준다. 이 메시지는 (만일 알고 있다면) 발신지를 나타내는 링크 계층 주소 옵션을 포함할 수도 있다. 이 옵션들은 IPv6 ND 옵션 형식을 따르므로 나중에 ND를 설명할 때 함께 논의하기로 하자.

| 0 | 15 16 | 31 |
|---|---|---|
| 유형(154) | 코드 | 검사합 |
| 서브 유형 | 예약(0) | ID |
| 옵션 | | |

**그림 8-23** FMIPv6 메시지를 위한 ICMPv6 메시지 유형. 코드와 서브 유형 필드들은 더 많은 정보를 제공한다. 요청 메시지는 코드 0과 서브 유형 2를 사용하며 발신자의 링크 계층 주소, 그리고 선호하는 다음 AP의 링크 계층 주소를 옵션으로 포함할 수 있다. 광고 메시지는 코드 0–5와 서브 유형 3을 사용하는데, 각 코드 값은 옵션의 존재, 광고가 신청됐는지 여부, 프리픽스 또는 라우터 정보가 변경됐는지 여부, DHCP의 처리 방법 등을 나타낸다.

## 8.4.6 멀티캐스트 리스너 조회/보고/종료(ICMPv6 유형 130/131/132)

멀티캐스트 리스너 발견<sup>MLD[RFC2710][RFC3590]</sup>은 IPv6를 사용하는 링크에서 멀티캐스트 주소의 관리 방법을 제공한다. 이것은 IPv4에서 사용되는 IGMP와 비슷하다. 9장에서 ICMP의 동작과 이 ICMPv6 메시지의 사용법을 자세히 논의하고, 이번 절에서는 멀티캐스트 리스너 조회<sup>Query</sup>, 보고<sup>Report</sup>, 종료<sup>Done</sup> 메시지를 포함하는 MLD(버전 1) 설정 메시지들의 형식을 설명할 것이다. ICMPv6 MLD(버전 1)의 기초적인 형식이 그림 8-24에 보인다. 이 메시지들을 보낼 때 IPv6 홉 제한<sup>Hop Limit</sup> 필드의 값은 1로 설정되며 라우터 경고 홉단위<sup>Router Alert Hop-By-Hop</sup> 옵션도 포함된다.

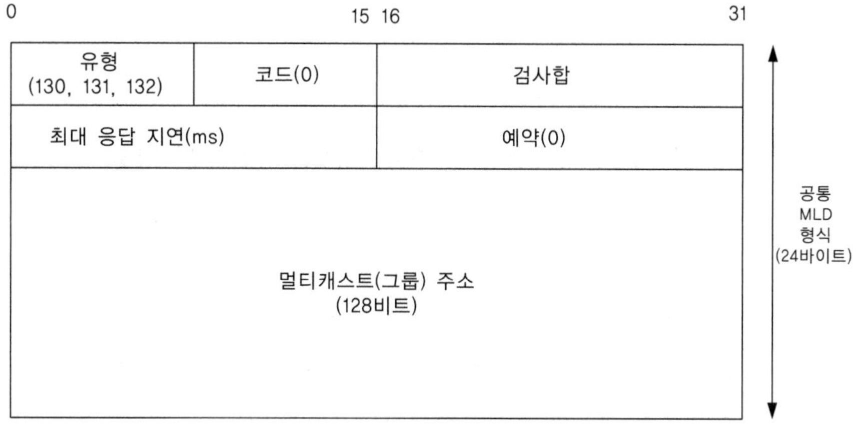

| 유형<br>(130, 131, 132) | 코드(0) | 검사합 |
|---|---|---|
| 최대 응답 지연(ms) | | 예약(0) |
| 멀티캐스트(그룹) 주소<br>(128비트) | | |

공통
MLD
형식
(24바이트)

**그림 8-24** ICMPv6 MLD 버전 1 메시지들은 모두 이런 형식이다. 조회(유형 130)는 일반적인 조회일 수도 있고 특정 멀티캐스트 주소의 조회일 수도 있다. 일반 조회는 호스트에게 어느 멀티캐스트 주소를 사용 중인지 보고하도록 요청하고, 특정 주소 조회는 특정 주소가 (여전히) 사용 중인지를 알아낸다. 최대 응답 시간은 조회에 대한 응답으로 보고를 보내기까지 최대한 미룰 수 있는 밀리초(millisecond) 값이다. 목적지 멀티캐스트 주소는 일반 조회일 경우는 0이고 특정 주소 조회일 경우는 멀티캐스트 주소이다. 보고(유형 131)와 종료(유형 132) 메시지는 보고와 관련된 주소 또는 더 이상 필요없는 주소를 각각 나타낸다.

MLD의 주 목적은 멀티캐스트 라우터들이 연결된 링크 상의 호스트들이 사용 중인 멀티캐스트 주소를 라우터가 학습하도록 하는 것이다. (다음 절에서 설명할) MLDv2는 호스트가 어느 호스트로부터 트래픽을 수신하고자 하는지(또는 수신하고 싶지 않은지) 지정할 수 있도록 함으로써 이 기능을 더욱 확장한다. 멀티캐스트 라우터가 보내는 MLD 조회에는 일반 조회와 특정 멀티캐스트 주소 조회의 2종류가 있다. 일반적으로 라우터는 조회 메시지를 보내고 호스트는 보고 메시지로 응답한다. 보고 메시지는 조회에 대한 응답으로 보내질 수도 있고, 호스트의 멀티캐스트 주소 그룹이 변경된 경우는 조회 요청 없이도 보내질 수 있다.

(조회일 경우는 0이 아닌) 최대 응답 시간 필드는 조회에 대한 응답을 보낼 때 얼마나 최대한 늦출 수 있는지를 밀리초 값으로 나타낸다. 멀티캐스트 라우터는 특정 멀티캐스트 주소로 향하는 트래픽에 '적어도 하나의' 라우터가 관심있다는 것만 알면 되기 때문에(링크 계층이 멀티캐스트를 지원하기 때문에 라우터는 목적지마다 메시지를 복제할 필요가 없다) 노드들은 다른 이웃 노드가 이미 응답했음을 알고 나면 의도적으로 그리고 무작위적으로 보고를 지연시킬 수 있다. 최대 응답 시간 필드는 이러한 지연 시간에 상한을 둔다. 멀티캐스트 주소 필드는 일반 조회일 때는 0, 그렇지 않을 때는 보고받고 싶어하는 라우터의 주소이

다. MLD 보고(유형 131)와 종료(유형 132) 메시지는 보고와 관련된 주소 또는 더 이상 관심없는 주소를 각각 포함한다.

## 8.4.7 버전 2 멀티캐스트 리스너 발견(MLDv2)(ICMPv6 유형 143)

[RFC3810]은 [RFC2710]에 기술된 MLD 기능을 확장한다. 특히 멀티캐스터 리스너가 특정한 발신자 집합에게서만 수신할 수 있도록(또는 수신을 거부할 수 있도록) 허용하프로 발신지 지정 멀티캐스트$^{SSM,\ Source-Specific\ Multicast}$를 지원할 수 있다. 이것은 기본적으로 IPv4에서 사용되는 IGMPv3을 IPv6용으로 변환한 것인데, IPv6는 멀티캐스트 주소 관리에 ICMPv6을 사용한다. 따라서 메시지 형식은 여기서 소개하지만, 멀티캐스트 주소의 동작에 관한 자세한 설명은 9장에서 한다. MLDv2는 특정 발신지에 관한 정보를 추가함으로써 MLD 조회 메시지를 확장한다(그림 8-25). 따라서 최초 24바이트는 MLD와 동일하다.

최대 응답 코드 필드는 MLD 응답 메시지를 보내기까지 허용되는 최대 시간을 기술한다. 이 필드의 값은 특수해서 MLDv1과는 조금 다르게 해석된다. 32768 미만이면 MLDv1에서와 똑같이 (밀리초 단위로) 설정되고, 32769 이상이면 그림 8-26의 형식을 사용해서 부동소수점 수를 부호화한다.

이 경우 최대 응답 지연은 ((가수 | 0x1000) ⟨⟨ (지수 + 3)) 밀리초로 설정된다. 이렇게 복잡하게 부호화를 하는 이유는 응답 지연 시간에 허용되는 값의 범위를 넓히면서 MLDv1과도 어느 정도 호환성을 유지하기 위한 것이다. 특히 지연 시간을 세밀하게 조정해서 보고 메시지의 생성 속도에 영향을 줄 수 있다(9장 참조).

멀티캐스트 주소$^{Multicast\ Address}$ 필드는 일반 조회일 경우 0으로 설정되고, 특정 멀티캐스트 주소 또는 특정 발신지 주소 조회일 경우는 조회 중인 멀티캐스트 주소로 설정된다. S 필드는 라우터 측$^{router-side}$ 처리를 막을지 여부를 나타내는데, 이 필드가 설정되면 멀티캐스트 라우터는 조회 수신 시에 수행하던 타이머 갱신 계산을 하면 안 된다. 하지만 라우터 자신이 멀티캐스트 리스너라면 조회자 선출이나 호스트 측$^{host-side}$ 처리는 정상적으로 일어난다.

QRV<sup>Querier Robustness Variable, 조회자 안전성 변수</sup> 필드는 (만일 설정된다면) 7 이하의 값을 포함한다. 발신자의 내부 QRV 값이 7을 초과할 경우 이 필드는 0으로 설정된다. 9장에서 설명할 안전성 변수<sup>Roburstness variable</sup>는 서브네트워크에서 패킷 손실 예상값를 바탕으로 MLD의 속도를 미세 조정하는 데 사용된다. QQIC<sup>Querier's Query Interval Code, 조회자의 조회 간격 코드</sup> 필드는 조회 간격을 부호화하며 그림 8-27에서 볼 수 있다.

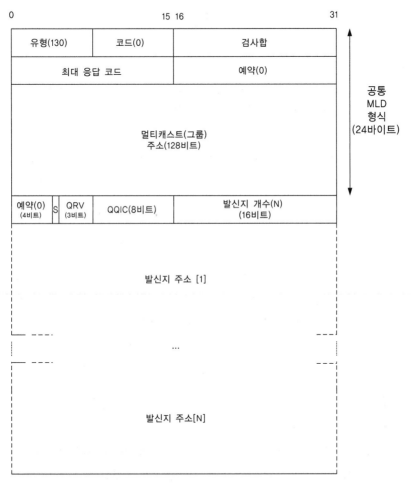

**그림 8-25** MLDv2 조회 메시지 형식. MLD 버전 1 메시지 공통 형식과 호환성이 있다. 주요 차이점은 호스트의 관심 목록에서 특정 멀티캐스트 발신지를 제한하거나 배제하는 능력이다.

**그림 8-26** 최대 응답 코드 값이 32,768보다 큰 경우 MLDv2 조회 메시지에 사용되는 부동소수점 형식. 이 경우 지연은 ((가수 | 0x1000) ⟪ (지수 + 3))ms로 설정된다.

**그림 8-27** MLDv2 QQIC는 MLDv2 조회 간의 간격을 부호화한다. 부호화되지 않은 값을 QQI라고 하는데, 초 단위로 측정되며 QQIC ⟨ 128 일 경우는 QQI = QQIC 이고 그 밖의 경우는 QQI = ((가수 | 0x10) ⟪ (지수 + 3)).

조회 간격은 초 단위로 측정되며 QQIC 필드로부터 다음과 같이 계산된다. QQIC ⟨ 128 이면 QQI = QQIC이고, 나머지 경우는 QQI = ((가수 | 0x10) ⟪ (지수 + 3))이다.

발신지 개수(N) 필드는 조회에서 발신지 주소가 출현하는 숫자를 표시한다. 이 필드는 일반 조회와 특정 멀티캐스트 주소 조회일 경우 0이고 특정 멀티캐스트 주소 또는 특정 발신지 주소 조회일 경우 0이 아니다.

MLDv2 보고 메시지(그림 8-28과 8-29)에서 사용되는 멀티캐스트 주소 레코드는 IPv6가 사용 중인 발신지 주소 필터가 변경됐음을 알리는 표시를 포함한다(발신지 주소 필터는 수신 호스트가 어느 발신 호스트와 통신할지 지정할 수 있다. 이 필터에 관한 자세한 설명은 9장의 멀티캐스트 부분을 참조하자).

레코드 유형은 현재 상태 레코드, 필터 모드 변경 레코드, 발신지 목록 변경 레코드, 이렇게 3가지 범주로 구분된다. 첫 번째 범주는 MODE_IS_INCLUDE(IS_IN)와 MODE_IS_EXCLUDE(IS_EX) 유형을 포함하는데, 특정 발신자에 대해 주소 필터 모드가 각각 '포함 include'인지 '제외exclude'인지 나타낸다. 필터 모드 변경 유형인 CHANGE_TO_INCLUDE(TO_IN) 와 CHANGE_TO_EXCLUDE(TO_EX) 유형은 현재 상태 레코드와 비슷하지만, 변경이 일어났을 때 보내지며 비어 있지 않은 발신지 목록을 포함할 필요가 없다는 점이 다르다. 발신지 목록 변경 유형인 ALLOW_NEW_SOURCES(ALLOW)와 BLOCK_OLD_SOURCES (BLOCK)는 필터 상태(포함/제외)는 변경되지 않고 발신지의 목록만 수정됐을 때 사용된다. MLDv2(그리고

IGMPv3)에 대한 수정안 중에서 MLDv2[RFC5790]의 동작을 단순화하려고 EXCLUDE 모드를 제거한 것이 있다. LW-MLDv2(그리고 LW-IGMPv3)라고 하는 이 '경량' 접근 방법은 메시지 형식은 기존과 똑같지만, 사용 빈도가 낮음에도 불구하고 멀티캐스터 라우터가 추가 상태를 계속 유지해야 하는 EXCLUDE 지시어를 제거했다.

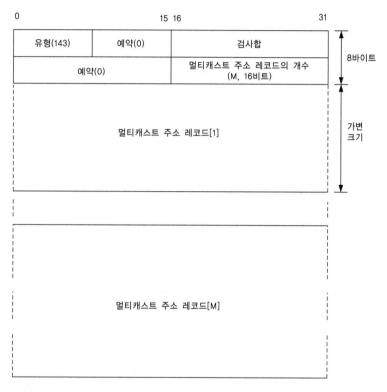

**그림 8-28** 멀티캐스트 주소 레코드의 벡터를 포함하는 MLDv2 보고 메시지

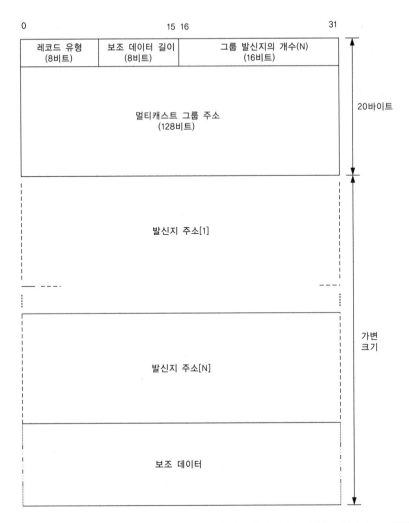

**그림 8-29** 멀티캐스트 주소 레코드. MLDv2 보고 메시지에는 이러한 레코드들이 여러 개 나타날 수 있다. 레코드 유형(Record Type) 필드는 MODE_IS_INCLUDE, MODE_IS_EXCLUDE, CHANGE_TO_INCLUDE_MODE, CHANGE_TO_EXCLUDE_MODE, ALLOW_NEW_SOURCES, BLOCK_OLD_SOURCES중 하나다. LW-MLDv2는 EXCLUDE 모드를 제거해 MLDv2를 단순화했다. 보조 데이터 길이(Aux Data Len) 필드는 32비트 단어 단위로서 레코드 내부 보조 데이터의 길이다. MLDv2의 경우에는 [RFC3810]에서 정의된 대로 이 값은 0이어야 한다(즉, 보조 데이터가 없다).

## 8.4.8 멀티캐스트 라우터 탐색(IGMP 유형 48/49/50, ICMPv6 유형 151/152/153)

[RFC4286]은 멀티캐스트 라우터 탐색<sup>MRD</sup>에 대해서 설명한다. MRD는 멀티캐스트 패킷

과 그 설정 정보를 포워딩할 수 있는 라우터를 찾기 위해서 ICMPv6 및 IGMP와 함께 사용할 수 있는 특수한 메시지를 정의한다. 이것은 주로 'IGMP/MLD 스누핑snooping'과 더불어 사용하게 설계됐다. IGMP/MLD 스누핑은 호스트와 라우터가 아닌 시스템(즉, 2계층 스위치)이 네트워크 계층 멀티캐스트 라우터와 호스트의 위치를 학습할 수 있게 하는 메커니즘으로서 9장의 IGMP 부분에서 자세히 설명한다. MRD 메시지들은 항상 IPv4 TTL 또는 IPv6 홉 제한 필드를 1로 설정하고 라우터 경고 옵션과 함께 보내지며, 광고(151), 요청(152), 종료(153)의 3가지 유형 중 하나에 속한다. 광고는 라우터가 멀티캐스트 트래픽을 기꺼이 포워딩할 것임을 나타내며 사전에 설정된 간격으로 주기적으로 보내진다. 종료 메시지는 라우터가 더 이상 멀티캐스트 트래픽을 포워딩하지 않을 것임을 알리며, 요청 메시지는 라우터가 광고 메시지를 생성하도록 유도한다. 광고 메시지의 형식을 8-30에서 볼 수 있다.

광고 메시지는 라우터의 IP 주소(IPv6에서는 링크 로컬 주소)에서 전체 스누퍼All Snoopers IP 주소로 보내지는데, 이 주소는 IPv4에서는 `224.0.0.106`이고 IPv6에서는 링크 로컬 멀티캐스트 주소 `ff02::6a`이다. 수신자는 라우터의 광고 간격과 MLD 매개변수(QQI와 QRV, 9장에서 상세히 설명한다)를 학습할 수 있다. QQI 값은 조회 간격(초 단위)이고, QQIC(QQI 값의 부호화된 버전)와 다르다. 이것은 앞서 MLDv2 조회에서 설명했다.

| 0 ... 15 | | 16 ... 31 |
|---|---|---|
| 유형 (IPv4: 0x30; IPv6: 151 ) | 광고 간격 (초) | 검사합 |
| 조회 간격(QQI) | | 안전성 변수 |

**그림 8-30** MRD 광고 메시지(ICMPv6 유형 151; IGMP 유형 48)는 요청받지 않은 광고를 보내는 빈도를 나타내는 광고 간격(초 단위), 발신자의 조회 간격, 안전성 변수를 포함한다. 발신자의 IP 주소는 수신자에게 멀티캐스트 트래픽을 포워드할 수 있는 라우터를 표시하는 데 사용된다. 이 메시지는 모든 스누퍼 멀티캐스트 주소(IPv4, 224.0.0.106; IPv6, ff02::6a)에 보낸다.

요청과 종료 메시지의 형식도 거의 같다(그림 8-31). 다만 유형 필드의 값만 다르다.

| 0 | 15 16 | 31 |
|---|---|---|
| 유형<br>(IPv4: 0x31, 0x32;<br>IPv6: 152, 153) | 예약(0) | 검사합 |

**그림 8-31** ICMPv6 MRD 요청(ICMPv6 유형 152; IGMP 유형 49)과 종료(ICMPv6 유형 153; IGMP 유형 50) 메시지들은 공통 형식을 사용한다. MRD 메시지들은 IPv6 홉 제한 필드 또는 IPv4 TTL 필드를 1로 설정하고 라우터 경고 옵션을 포함한다. 요청은 모든 라우터 멀티캐스트 주소(IPv4, 224.0.0.2; IPv6, ff02::2)에 보낸다.

그림 8-31은 요청과 종료 메시지들이 (거의) 공통 형식을 사용한다는 것을 보여준다. 요청 메시지는 필요 시마다 멀티캐스트 라우터로 하여금 광고 메시지를 보내게 하며, IPv4에서는 모든 라우터<sup>All Routers</sup> 주소 **224.0.0.2**로, IPv6에서는 링크 로컬 멀티캐스트 주소 **ff02::2**로 보낸다. 종료는 모든 스누퍼<sup>All Snoopers</sup> IP 주소로 보내지며, 이 메시지를 보내는 라우터가 더 이상 멀티캐스트 트래픽을 포워딩하지 않을 것임을 알린다.

## 8.5 IPv6 이웃 탐색

IPv6의 이웃 탐색<sup>Neighbor Discovery</sup> 프로토콜(NDP 혹은 ND로 줄여서 표기하기도 함)은 ARP가 제공하는 주소 매핑 기능과 ICMPv4의 라우터 탐색 및 재지정<sup>Router Discovery and Redirect</sup> 메커니즘을 합친 것이다. 또 모바일 IPv6 지원용으로도 사용된다. 하지만 브로드캐스트 주소를 사용하는 ARP 및 IPv4와 달리, ICMPv6는 네트워크 계층과 링크 계층 모두에서 멀티캐스트 주소를 널리 사용한다(앞서 2장과 5장에서 우리는 IPv6가 브로드캐스트 주소를 전혀 사용하지 않는다는 것을 배웠다).

ND는 동일 링크 혹은 세그먼트 상의 노드(라우터와 호스트)가 다른 노드와 양방향 연결이 가능한지, 이웃 노드가 실행 중인지 여부를 알아낼 수 있도록 설계됐다. 또 무상태 주소 자동설정(6장 참조)도 지원한다. ND의 모든 기능은 네트워크 계층 이상에서 ICMPv6에 의해 제공되므로, 그 아래의 링크 계층 기술이 무엇이든 대체로 독립적으로 동작할 수 있다. 하지만 ND가 링크 계층 멀티캐스트 기능을 선호하는 것은 사실이며(9장 참조), 이런 이유로 인해서 브로드캐스트 및 멀티캐스트가 불가능한 링크 계층(이런 링크를 NBMA 링크라고 한다)에서는 다소 다르게 동작한다.

ND는 이웃 요청/광고(NS/NA)와 라우터 요청/광고(RS/RA)의 두 부분으로 이뤄진다. 이

옷 요청/광고는 네트워크 계층 주소와 링크 계층 주소 간의 매핑을 제공하는 것으로서 ARP와 역할이 유사하다. 그리고 라우터 요청/광고는 라우터 탐색, 모바일 IP 에이전트 발견, 경로 재지정 그리고 일부 자동설정을 지원한다. ND의 보안성 강화 버전인 SEND[RFC3971]는 ND 옵션을 추가로 도입함으로써 인증 기능 및 특별한 형태의 주소 지정을 제공한다.

ND 메시지는 IPv6 홉 제한 필드값이 255로 설정된 ICMPv6 메시지다. 수신자는 ND 메시지가 이 값을 갖는지 검사함으로써 오프링크 발신자가 로컬 ICMPv6 메시지를 위조하는 것을 막을 수 있다(위조된 메시지는 홉 제한 필드의 값이 255보다 작다). ND 메시지는 매우 다양한 옵션을 가질 수 있다. 먼저 ND 메시지의 주요 유형을 알아본 뒤, ND의 옵션들을 자세히 살펴보기로 하자.

## 8.5.1 ICMPv6 라우터 요청과 광고(ICMPv6 유형 133, 134)

라우터 광고RA, Router Advertisement 메시지는 근처 라우터의 존재 및 기능을 알려주며, 라우터에 의해 주기적으로 혹은 라우터 요청RS, Router Solicitation 메시지에 대한 응답으로서 전송된다. RS 메시지(그림 8-32)는 링크 상의 라우터들이 RA 메시지를 보내도록 유도하며 모든 라우터All Routers 멀티캐스트 주소인 ff02::2로 보내진다. 이때 메시지 발신자가 미지정 주소(자동설정에서 사용됨)가 아닌 IPv6 주소를 사용 중이라면 발신지 링크 계층 주소Source Link-Layer Address 옵션이 포함돼야 한다. 이 옵션은 현재 [RFC4861]에서 RS 메시지의 유일한 유효 옵션이다.

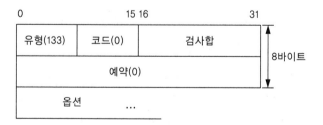

**그림 8-32** ICMPv6 라우터 요청(Router Solicitation) 메시지는 매우 단순하지만, 본질적으로 발신지 링크 계층 주소 옵션(그 ICMPv4의 카운터 파트와는 다르게)을 포함한다. 링크에서 일상적이 아닌(unusual) MTU 값이 사용된다면 MTU 옵션을 포함할 수 있다.

라우터는 RA 메시지(그림 8-33)를 모든 노드All Nodes 멀티캐스트 주소(ff02::1)로 보내거나 (RS에 대한 응답일 경우는) 요청을 보낸 호스트의 유니캐스트 주소로 보낸다. RA 메시지는 로컬 링크의 세부 설정 정보를 로컬 호스트와 라우터에게 알려준다.

| 0 | | | | | | | 15 | 16 | | | 31 |
|---|---|---|---|---|---|---|---|---|---|---|---|
| 유형(134) | | | 코드(0) | | | | | 검사합 | | | |
| 현재 홉 제한 | M | O | H | Pref | P | 예약(0) | | 라우터 수명 | | | |
| 도달 가능한 시간 | | | | | | | | | | | |
| 재전송 타이머 | | | | | | | | | | | |
| 옵션 ... | | | | | | | | | | | |

그림 8-33 ICMPv6 라우터 광고 메시지는 모든 노드 멀티캐스트 주소(ff02::1)로 보내진다. 이 메시지를 수신한 노드는 홉 제한 필드의 값이 255인지 검사해서 패킷이 라우터를 통해서 전달되지 않았음을 확인한다. 이 메시지는 M(Managed, 관리되는 주소 설정), O(Other, 기타 상태 기반 설정), H(Home, 홈 에이전트)의 3개 플래그를 포함한다.

현재 홉 제한Current Hop Limit 필드는 호스트가 IPv6 데이터그램을 보낼 때 적용되는 홉 제한의 기본값이다. 이 값이 0이면 라우터는 그냥 무시한다. 그다음 바이트는 다수의 비트 필드를 포함하는데, 이 필드들은 [RFC5175]에서 요약 및 확장됐다. 우선 M(Managed)필드는 상태 기반 설정에 의해서 IPv6 주소의 로컬 할당을 처리해야 하며 무상태 자동 설정을 사용해서는 안 된다는 뜻이다. O(Other) 필드는 다른 상태 기반 정보(즉 IPv6 주소가 아닌 것)가 상태 기반 설정 메커니즘을 사용한다는 뜻이다(6장 참조). H(Home Agent) 필드는 이 메시지를 보내는 라우터가 모바일 IPv6에 대해서 홈 에이전트로 동작할 의사가 있음을 의미한다. Pref(Preference) 필드는 메시지의 발신자가 기본 라우터로서 사용될 우선 순위를 나타내는데, 01은 높음, 00은 중간(기본값), 11은 낮음, 10은 예약돼 있음(실제로 사용되지는 않음)을 의미한다. Pref 필드에 대한 더 자세한 설명은 [RFC4191]에서 볼 수 있다. P(Proxy) 필드는 테스트 단계의 기능인 ND 프록시[RFC4389]와 함께 사용되는데, 이 기능은 IPv6을 위한 프록시-ARP(4장 참조)라고 할 수 있다.

라우터 수명Router Lifetime 필드는 이 메시지를 보내는 라우터가 기본 다음 홉으로서 몇 초 동안 사용될 수 있는지 나타낸다. 이 값이 0이면 기본 다음 홉으로서 사용될 수 없다. 이 필드는 해당 라우터를 기본 라우터로서 사용할 때만 적용되며, 메시지 내의 다른 옵션에는 아무 영향도 주지 않는다. 도달 가능 시간^Reacheable Time 필드는 밀리초 단위의 시간 값으로서, 2개의 노드 간에 통신을 주고 받을 때 이 시간값 이내에 다른 노드에 도달할수 있어야 그 노드에 도달 가능하다고 가정하며, 이웃 도달 불가 탐지^Neighbor Unreachability Detection 메커니즘(8.5.4절 참조)에서 사용된다. 재전송 타이머^Retransmission Timer 필드는 밀리초 단위의 시간값으로서 호스트는 ND 메시지들을 연속으로 보낼 때 이 시간값만큼 기다렸다가 보낸다.

이 메시지는 (적용 가능하다면) 발신지 링크 계층^Source Link Layer 옵션을 포함하는 것이 일반적이며, 링크에서 가변 길이 MTU가 사용 중일 경우 MTU 옵션도 포함해야 한다. 또, 로컬 링크에서 어느 IPv6 프리픽스를 사용 중인지 알리기 위해서 라우터는 프리픽스 정보^Prefix Option도 메시지에 포함시켜야 한다. RS와 RA 메시지 예제를 6장에서 볼 수 있다(그림 6-24와 6-25 참조).

## 8.5.2 ICMPv6 이웃 요청과 광고(ICMP 유형 135, 136)

ICMPv6의 이웃 요청^NS, Neighbor Solicitation 메시지(그림 8-34)는 IPv4의 ARP 요청 메시지를 효과적으로 대신한다. 이 메시지의 주 목적은 IPv6 주소를 링크 계층 주소로 변환하는 것이다. 하지만 근처 노드에 도달할 수 있는지, 또 양방향으로 도달 가능한지(즉 노드들이 서로 통신 가능한지) 탐지하는 데도 사용될 수 있다. 주소 변환 용으로 사용될 때 이 메시지는 목표 주소^Target Address 필드에 들어있는 IPv6 주소에 대응하는 요청 노드^Solicited-Node 멀티캐스트 주소로 보내진다(이 멀티캐스트 주소는 프리픽스가 f02::1:f/104이며, 대상 IPv6 주소의 하위 24비트와 조합해서 생성된다). 요청 노드 멀티캐스트 주소에 관한 자세한 설명은 9장을 참조하자. 반면에 어떤 이웃 노드와의 통신 가능 여부를 알기 위해서 사용될 때는 요청 노드 주소가 아니라 그 이웃 노드의 IPv6 유니캐스트 주소로 보내진다.

NS 메시지는 발신자가 학습하고자 하는 링크 계층 주소에 대응하는 IPv6 주소를 포함한다. 그리고 발신지 링크 계층 주소 옵션을 포함할 수 있는데, 링크 계층 주소를 사용하는 네트워크에서 이 옵션은 NS 메시지가 멀티캐스트 주소로 보내질 경우는 반드시 포함돼야 하고 유니캐스트 주소로 보내질 경우도 포함되는 것이 바람직하다. 반면에 이 메시지의 발신자가 미지정 주소를 발신지 주소로서 사용하고 있다면(즉 중복 주소가 탐지됐다면)

이 옵션을 포함해서는 안 된다.

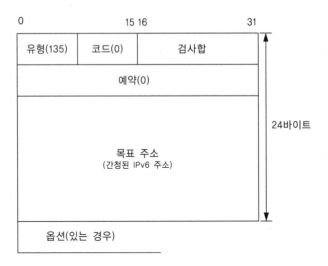

**그림 8-34** ICMPv6 이웃 요청(NS) 메시지는 RS 메시지와 비슷하지만 목표 IPv6 주소를 포함한다. ARP와 비슷한 기능을 제공할 때는 요청 노드 멀티캐스트 주소로 보내지고, 다른 노드와의 통신 가능 여부를 테스트할 때는 유니캐스트 주소로 보내진다. 하위 계층의 주소를 사용하는 링크에서는 발신지 링크 계층 주소(Source Link Layer Address) 옵션을 포함한다.

ICMPv6 이웃 광고<sup>NA, Neighbor Advertisement</sup> 메시지(그림 8-35)는 IPv4의 ARP 응답 메시지와 동일한 역할을 하고, 추가로 이웃 노드와의 통신 가능 여부를 탐지할 수도 있다(8.5.4절 참조). 이 메시지는 NS 메시지에 대한 응답으로서 보내지기도 하고, 노드의 IPv6 주소가 변경될 때 비동기적으로 보내지기도 한다. 그리고 요청을 보낸 노드의 유니캐스트 주소로 보내질 수도 있고, (요청을 보낸 노드가 미지정 주소를 발신지 주소로서 사용했을 때는) 모든 노드 All Nodes 멀티캐스트 주소로 보내질 수도 있다.

R(Router) 필드는 메시지의 발신자가 라우터임을 나타낸다. 만일 라우터가 더 이상 라우터로서 동작하지 않고 단순히 호스트로만 동작하게 되면 이 필드의 값은 변경된다. S(Solicitied) 필드는 이 메시지가 앞서 수신했던 요청 메시지에 대한 응답임을 나타낸다. 이 필드는 양방향 통신이 일어났는지 여부를 확인하는 데 사용된다. O(Override) 필드는 수신자가 갖고 있는 정보를 이 광고 메시지의 정보로 바꿔야 함을 나타낸다. 이 필드는 요청에 대한 광고 응답, 애니캐스트 주소, 요청에 대한 프록시 광고에서는 설정되면 안 되고, 그 밖의 다른 광고들에서는 (요청을 받았든 안 받았든) 설정돼야 한다.

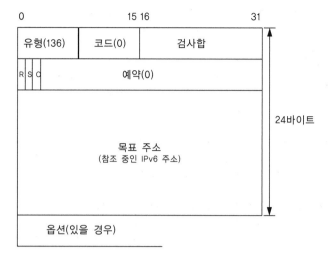

```
  0                    15  16                    31
 ┌─────────────────┬─────────────┬──────────────────┐  ┐
 │   유형(136)      │   코드(0)    │      검사합        │  │
 ├──┬─┬─┬──────────┴─────────────┴──────────────────┤  │
 │R │S│O│              예약(0)                        │  │
 ├──┴─┴─┴─────────────────────────────────────────── ┤  │
 │                                                   │  │ 24바이트
 │                  목표 주소                         │  │
 │            (참조 중인 IPv6 주소)                    │  │
 │                                                   │  │
 ├───────────────────────────────────────────────── ┘  ┘
 │             옵션(있을 경우)                         │
 └─────────────────────────────────────────────────────┘
```

**그림 8–35** ICMPv6 이웃 광고 메시지는 다음의 플래그들을 포함한다. R은 발신자가 라우터임을 표시하며, S는 요청에 대한 응답, O는 캐시에 저장된 주소 매핑을 겹쳐써야 함을 의미한다. 목표 주소(Target Field) 필드는 메시지 발신자의 IPv6 주소(일반적으로 ND 요청을 요청받은 노드의 유니캐스트 주소). 목표 링크 계층 주소(Target Link-Layer Address) 옵션은 IPv6에 ARP와 비슷한 기능을 제공하기 위한 것이다.

요청에 대한 응답일 경우 목표 주소 필드의 값은 대상 IPv6 주소이고, 그렇지 않은 경우는 변경된 링크 계층 주소에 대응하는 IPv6 주소다. 또 요청을 멀티캐스트 주소를 경유해서 받았다면, 링크 계층 주소를 지원하는 네트워크일 경우 목표 링크 계층 주소Target Link Layer Address 옵션을 포함해야 한다. 이제 간단한 예제를 보자.

### 8.5.2.1 예제

NDP와 함께 ICMPv6 에코 요청/응답을 사용하면 어떤 결과를 얻는지 살펴보자. 발신자는 IPv6가 활성화된 윈도우 XP 시스템이고, 패킷 추적trace은 인접 리눅스 시스템상에서 수행됐다. 가독성을 위해 일부 출력은 생략돼 있다.

```
C:\> ping6 -s fe80::210:18ff:fe00:100b fe80::211:11ff:fe6f:c603

Pinging fe80::211:11ff:fe6f:c603
from fe80::210:18ff:fe00:100b with 32 bytes of data:

Reply from fe80::211:11ff:fe6f:c603: bytes=32 time<1ms
Reply from fe80::211:11ff:fe6f:c603: bytes=32 time<1ms
```

```
Reply from fe80::211:11ff:fe6f:c603: bytes=32 time<1ms
Reply from fe80::211:11ff:fe6f:c603: bytes=32 time<1ms

Ping statistics for fe80::211:11ff:fe6f:c603:
    Packets: Sent = 4, Received = 4, Lost = 0 (0% loss),
Approximate round trip times in milli-seconds:
    Minimum = 0ms, Maximum = 0ms, Average = 0ms


Linux# tcpdump -i eth0 -s1500 -vv -p ip6
tcpdump: listening on eth0,
        link-type EN10MB (Ethernet), capture size 1500 bytes


1 21:22:01.389656 fe80::211:11ff:fe6f:c603 > ff02::1:ff00:100b:
            [icmp6 sum ok] icmp6: neighbor sol: who has
                                fe80::210:18ff:fe00:100b
                                (src lladdr: 00:11:11:6f:c6:03)
                                (len 32, hlim 255)
2 21:22:01.389845 fe80::210:18ff:fe00:100b > fe80::211:11ff:fe6f:c603:
            [icmp6 sum ok] icmp6: neighbor adv: tgt is
                                fe80::210:18ff:fe00:100b(SO)
                                (tgt lladdr: 00:10:18:00:10:0b)
                                (len 32, hlim 255)

3 21:22:02.390713 fe80::210:18ff:fe00:100b > fe80::211:11ff:fe6f:c603:
            [icmp6 sum ok] icmp6: echo request seq 18
                                (len 40, hlim 128)
4 21:22:02.390780 fe80::211:11ff:fe6f:c603 > fe80::210:18ff:fe00:100b:
            [icmp6 sum ok] icmp6: echo reply seq 18
                                (len 40, hlim 64)
... continues ...
```

ping6 프로그램은 윈도우 XP와 리눅스에서 사용할 수 있다(윈도우 테의 후속 버전들은 IPv6 기능을 기존의 ping 프로그램에 통합했다). -s 옵션은 어떤 발신지 주소가 사용되는지 알려준다. IPv6에서는 하나의 호스트가 복수의 주소 중에서 하나를 선택할 수 있다는 점을 기억하자. 이번 예제에서는 링크 로컬 주소들 중 하나인 fe80::211:11ff:fe6f:c603을 선택했다. 화면 출력에서는 NS/NA 교환과 ICMP 에코 요청/응답 쌍을 보여준다. ND 메시지들은 모두 IPv6 홉 제한 필드의 값으로 255를 사용하고 ICMPv6 에코 요청과 에코 응답 메시지들은 128이나 64를 사용한다는 것을 볼 수 있다.

이 NS 메시지는 멀티캐스트 주소 `ff02::1:ff00:100b`로 보내지는데, 이 주소는 IPv6 주소 `fe80::210:18ff:fe00:100b`에 대응하는 요청 노드<sup>Solicited-Node</sup> 멀티캐스트 주소다. 이 요청 메시지를 보내는 노드가 자신의 링크 계층 주소 `00:11:11:6f:c6:03`을 발신지 링크 계층 <sub>Source Link Layer Address</sub> 옵션에 포함시킨 것도 볼 수 있다.

NA 응답 메시지는 링크 계층(와 IP 계층) 유니캐스트 주소 지정을 사용해 요청을 보낸 노드에 보내진다. 목표 주소 필드는 요청 메시지 내에서 요청됐던 값 `fe80::210:18ff:fe00:100b`를 포함한다. 또 S와 O 플래스 필드가 설정됐는데, NA 메시지가 그 전의 요청 메시지에 대한 응답이며 이 메시지에 포함된 정보가 요청을 보낸 노드가 갖고 있던 정보를 덮어써야 한다는 것을 의미한다. R 플래그 필드는 설정되지 않았으므로, NA를 보낸 호스트가 라우터로서 동작하지 않음을 뜻한다. 마지막으로 가장 중요한 정보가 목표 링크 계층 주소<sup>Target Link Layer Address</sup> 옵션에 포함된 것을 볼 수 있다. 즉, 요청 노드의 링크 계층 주소는 `00:10:18:00:10:0b`다.

### 8.5.3 ICMPv6 역방향 이웃 탐색 요청/광고(ICMPv6 유형 141/142)

IPv6 역방향 이웃 탐색<sup>IND, Inverse Neighbor Discovery[RFC3122]</sup>은 원래 프레임 릴레이 네트워크에서 링크 계층 주소가 주어졌을 때 IPv6 주소를 알아내기 위해 개발됐다. 이것은 주로 디스크를 내장하지 않은 컴퓨터를 지원하기 위해서 IPv4에서 한때 사용됐던 RARP<sup>Reverse ARP</sup> 프로토콜과 비슷하다. IND의 주요 기능은 이미 알고 있는 링크 계층 주소에 대응하는 네트워크 계층 주소를 확인하는 것이다. 그림 8-36은 IND 요청과 광고 메시지의 기본적인 형식을 보여준다.

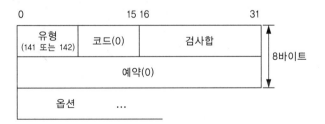

**그림 8-36** ICMPv6 IND 요청(유형 141)과 광고(유형 142) 메시지들은 동일한 기본 형식을 갖는다. 이들은 알려진 링크 계층 주소를 IPv6 주소로 매핑하는 데 사용한다.

IND 요청 메시지는 IPv6 계층에서 모든 노드[All Nodes] 멀티캐스트 주소로 보내지지만 유니캐스트 링크 계층 주소 안에 캡슐화된다. 발신지 링크 계층 주소 옵션과 목적지 링크 계층 주소 옵션을 둘 다 포함해야 하며 발신지/목표 주소 목록 옵션과 MTU 옵션을 포함할 수도 있다.

### 8.5.4 이웃 도달 불가 탐지(NUD)

ND의 중요한 기능 중 하나가 동일 링크 상의 두 시스템 간에 연결이 끊겼거나 비대칭이 됐을 때(즉, 양방향 통신이 아닐 때) 이를 탐지하는 것이다. 이 기능을 수행하는 이웃 도달 불가 탐지[Neighbor Unreacheablity Detecttion] 알고리즘은 각 노드에 존재하는 이웃 캐시[neighbor cache]를 관리한다. 이웃 캐시는 4장에서 설명했던 ARP 캐시와 비슷한데, IPv6 데이터그램을 동일 링크의 이웃에게 직접 전달하는 데 필요한 IPv6와 링크 계층 주소 간의 매핑 정보 및 매핑 상태에 관한 정보를 담고 있는 (개념적인) 자료 구조다. 그림 8-37은 NUD 알고리즘이 이웃 캐시 내의 항목들을 어떻게 관리하는지 보여준다.

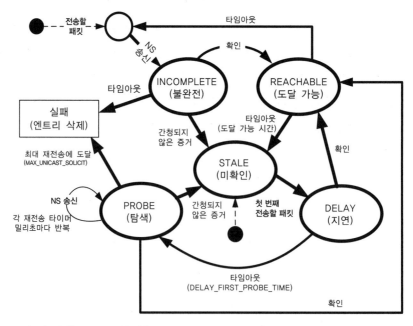

**그림 8-37** NUD는 다수의 항목들로 이뤄지는 이웃 캐시를 관리하는 데 쓰인다. 이웃 캐시의 항목들은 특정 시점에 5개의 상태 중 하나만 가능하다. NA 메시지를 수신하거나 다른 상위 계층 프로토콜 정보를 사용함으로써 도달 가능성을 확인할 수 있다. 요청되지 않은 증거는 요청되지 않은 이웃 및 라우터 광고를 말한다.

각 매핑은 5개의 상태(INCOMPLETE, REACHABLE, STALE, DELAY, PROBE) 중 하나의 상태일 수 있다. 그림 8-37의 다이어그램을 보면, 최초 상태는 INCOMPLETE 또는 STALE이다. 목적지로 보내야 할 유니캐스트 데이터그램을 갖고 있는 IPv6 노드는 자신의 목적지 캐시에 해당 목적지 항목이 존재하는지 검사한다. 항목이 존재하고 목적지가 링크 로컬 주소일 경우 이웃 캐시를 확인하고 그 상태가 REACHEABLE라면 직접 전달(5장 참조)을 사용해서 데이터그램을 보낸다. 반면에 이웃 캐시에 항목이 없지만 목적지가 링크 로컬 주소인 것 같으면 NUD는 INCOMPLETE 상태로 들어가고 NS 메시지를 보낸다. 그래서 NA 메시지가 수신된다면 그 노드에 도달 가능하다고 확신할 수 있으므로 REACHEABLE 상태가 된다. STALE 상태는 유효한 것 같아 보이지만 아직 확인되지 않은 항목을 가리킨다. 과거에 REACHEABLE 상태였지만 오랫동안 갱신되지 않았거나 요청하지 않은 정보가 수신됐을 때(예를 들어, 어떤 노드가 자신의 주소를 변경한 뒤 NA 메시지를 보내는 경우) STALE 상태가 된다. 통신이 가능할 것으로 예상은 되지만 유효한 NA가 수신돼야 이를 확신할 수 있기 때문이다.

나머지 상태(DELAY와 PROBE)는 일시적 상태다. DELAY는 일단 패킷을 보냈지만 도달 가능하다는 증거를 ND가 현재로서는 갖고 있지 않을 때 사용된다. 이 상태는 상위 계층 프로토콜들이 추가 증거를 제공할 기회를 준다. 만일 DELAY_PROBE_TIME (상수 5) 초가 지났는데 증거가 수신되지 않으면 PROBE 상태로 바뀐다. PROBE 상태에서 ND는 주기적으로(RetransTime 밀리초마다. 기본값인 RETRANS_TIMER는 상수 1000이다) NS 메시지를 보낸다. MAX_UNICAST_SOLICIT_NS(기본값은 3)개의 메시지를 보내도 증거가 수신되지 않으면, 해당 항목은 삭제된다.

## 8.5.5 SEND

SEND[RFC3971]는 ND 메시지의 보안성을 높이기 위해 개발된 개선 사항들의 집합이다. 호스트 또는 라우터가 다른 노드처럼 위장하는 스푸핑spoofing 공격을 막는데 도움이 되며 (추가 정보는 8.6절, 18장, [RFC3756]을 참조) 특히 NS 메시지에 응답할 때 다른 노드처럼 위장하는 노드를 막는 것을 목표로 한다. IPsec(18장 참조)가 아니라 자체적인 특수 메커니즘을 사용하는데, 이 메커니즘은 FMIPv6 핸드오프의 보안에도 사용된다.

SEND는 몇 가지 가정을 갖는 프레임워크에서 동작한다. 우선 SEND를 지원하는 라우터는 인증서, 즉 암호화된 자격증을 갖고 있어서 자신의 신원을 호스트에게 증명할 수 있다. 다음으로 모든 호스트는 트러스트 앵커trust anchor를 갖고 있는데, 이것은 라우터가 제시하는 인증서를 검증할 수 있다. 마지막으로, 모든 노드는 자신이 사용할 IPv6 주소를 설정할 때 공개 키/개인 키 쌍을 생성한다. 인증서, 트러스트 앵커, 키 쌍, 기타 보안 관련 기법들에 대한 자세한 설명은 18장을 참조하자.

## 8.5.5.1 CGA

SEND의 아마도 가장 흥미로운 기능은 CGA<sup>Cryptographically Generated Address, 암호화 생성된 주소</sup>라고 부르는 완전히 다른 형태의 IPv6 주소를 사용한다는 점이다[RFC3972][RFC4581][RFC4982]. 이 주소는 노드의 공개 키 정보에 기초하기 때문에 노드의 인증서와 주소가 관계를 갖는다. 따라서 이에 대응하는 개인 키를 소유하는 노드 또는 주소 소유자는 자신이 특정 CGA를 사용 가능한 인증 사용자임을 증명할 수 있다. CGA는 자신이 관련돼 있는 서브넷 프리픽스도 부호화하므로 한 서브넷에서 다른 서브넷으로 쉽게 이동할 수 없다. 이것은 전형적인 주소 할당과는 매우 다른 접근 방식이다.

IPv6 CGA는 64비트 서브넷 프리픽스와 특별히 계산된 인터페이스 식별자에 OR 연산을 수행해서 만들어진다. 이 인터페이스 식별자는 노드의 공개 키로부터 얻어지는 입력값과 특수한 매개변수 자료구조에 Hash1이라는 이름의 보안 해시 함수(역산이 어렵다고 간주되는 해시 함수. 18장을 참조)를 사용해서 계산된다. 이 매개변수는 다른 보안 해시 함수 Hash2에도 입력값으로 사용되는데, Hash2 함수는 해시 함수 출력값의 비트 수를 확장하는 해시 확장hash extension 기법을 제공함으로써 보안성을 높인다(즉, 동일한 해시 값을 생성하는 다른 입력값의 존재 확률을 낮춘다)[A03][RFC6273]. CGA 기법에서는 주소 소유자가 공개 키를 직접 생성할 수 있도록 허용하므로 PKI<sup>Public Key Infrastructure</sup>나 다른 신뢰받는 제3자가 필요없다.

그림 8-38은 CGA 매개변수 자료구조를 보여준다. 수정자<sup>Modifier</sup> 필드는 무작위 값으로 초기화되고 충돌 카운트<sup>Collision Count</sup> 필드는 0으로 초기화된다. 확장 필드 영역은 추후 사용을 위한 것이다[RFC4581].

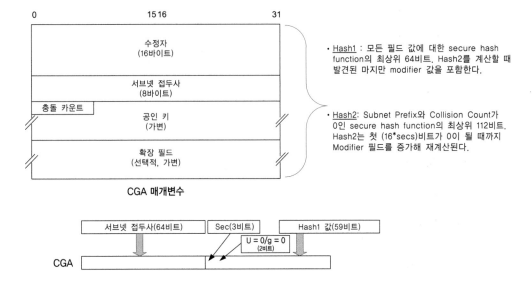

**그림 8-38** SEND가 CGA를 계산하는 방법. CGA 매개변수 자료 구조는 2개의 암호화 해시 함수 Hash1과 Hash2에 입력값으로 사용된다. Hash2의 값은 처음 (16*Sec)개의 비트들이 모두 0이어야 한다(Sec은 3비트 매개변수). 수정자의 값은 Hash2 값이 계산될 때까지 변경되며, 최종값은 Hash1 계산에 사용된다. 그리고 Hash1 값, Sec, 서브넷 프리픽스를 조합해서 CGA가 만들어진다.

부호 없는 3비트 매개변수 Sec는 보안 해시 함수가 수학적으로 얼마나 안전한지, 그리고 연산 비용이 얼마나 높을지에 영향을 미친다(연산 비용은 Sec 값에 지수적으로 증가한다) [RFC4982]. IANA는 Sec 값들에 대한 레지스트리를 관리하고 있다. Hash1과 Hash2 함수는 Sec 값과 더불어 동일 CGA 매개변수 블록에서 동작하는데, 먼저 주소 소유자는 수정자 필드에 무작위 값을 선택하고, 서브넷 프리픽스 필드는 0으로 간주하며 Hash2 값을 계산한다. 결과값의 처음 (16*Sec)개 비트는 반드시 0이어야 하므로 이를 만족시킬 때까지 수정자의 값을 1씩 증가시키며 Hash2를 재계산한다. 이 계산의 시간 복잡도는 $O(2^{16*Sec})$이므로 Sec가 증가할수록 계산 비용은 급격히 증가한다. 하지만 이 계산은 주소가 처음 설정될 때만 필요하다.

수정자의 값이 최종적으로 결정되면 Hash1 값의 59비트를 사용해서 인터페이스 식별자의 하위 59비트가 만들어진다. 상위 3비트는 Sec 값이 되고, (좌측에서) 6-7번 비트는 0이 된다(각각 2장에서 설명했던 u와 g 주소에 대응된다). (6장에서 설명했던 중복 주소 탐지를 통해) 주소 충돌이 발견되면 충돌 카운트 필드의 값이 1 증가하고 Hash1의 값이 재계산된다. 충돌 카운트의 값은 2를 초과하지 못한다. 처음부터 주소 충돌이 일어날 가능성이 없다는 점을 생각하면 다수의 충돌 발생은 설정 오류 또는 해킹 시도의 증거라고 봐야 하기 때문이다. 필요한 계산이 모두 완료되면 서브넷 프리픽스, Sec 값, Hash1 값을 합쳐서 CGA가 생성된다. 서브넷 프리픽스가 바뀌더라도 수정자의 값은 그대로이기 때문에 Hash1만 재계산하면 된다는 점을 기억하자. CGA 이외의 대안에 관심이 있다면 HBA<sup>Hash-Based</sup> <sup>Address, 해시 기반 주소</sup>를 설명하는 [RFC5535]를 참조하자. HBA는 다중홈 호스트를 위한 것으로서, 약간 다른 맥락에서 다중 프리픽스를 사용하며 계산 비용이 CGA보다 낮다. 다만 HBA-CGA 호환 옵션이 이미 정의돼 있다.

지금까지 우리는 CGA가 생성되는 방법을 알아봤지만 어떻게 보안을 위해 사용되는지는 논의하지 않았다. 서브넷 프리픽스, Sec 값, 자신의(또는 다른 누군가의) 공개 키만 주어지면 누구든 CGA를 생성할 수 있다는 점에 주의하자. CGA가 제대로 생성됐으며 올바른 서브넷 프리픽스를 사용하고 있음을 보장하려면 CGA 검증<sup>verifivation</sup>이라는 절차를 거쳐야 한다. CGA 검증을 하려면 CGA와 CGA 매개변수를 알아야 하는데, 다음 사항들을 모두 만족해야 검증이 완료된다. (1) 충돌 카운트는 2보다 크면 안 됨 (2) CGA의 서브젯 프리픽스가 CGA 매개변수의 것과 일치해야 함 (3) CGA 매개변수에서 계산된 Hash1이 CGA의 인터페이스 식별자 부분과 일치(단, 처음 3비트와 비트 6-7번은 상관없음) (4) 서브넷 프리픽스와 충돌 카운트 필드가 0으로 설정돼 CGA 매개변수에서 계산된 Hash2 값의 처음 (16*Sec)개 비트가 모두 0이어야 함. 이러함 검사를 모두 통과하면 CGA는 해당 서브넷 프리픽스에 대해서 정상적인 주소로서 인정된다. 이 계산은 최대 2번의 해시 함수만을 포함하므로 주소 생성 프로세스보다 훨씬 단순하다.

권한 있는 주소 소유자가 CGA를 사용 중임을 검증할 수 있도록(이를 서명 검증<sup>signature</sup> <sup>verification</sup>이라고 부른다), 주소 소유자는 메시지를 생성하고 CGA 서명을 첨부한다. 이 CGA 서명은 CGA와 함께 사용된 공개 키에 대응하는 개인 키를 알아야만 계산될 수 있는 값이다. 검증을 위해서 특수한 128비트 유형 태그와 메시지가 이어진 데이터 블록이 형성되며, 이 데이터 블록과 (CGA 매개변수에서 추출한) 공개 키, 그리고 서명을 매개변수로 하는 RSA 서명(RSASSA-PKCS1-v1_5<sup>[RFC3447]</sup>)을 사용해서 CGA 소유권이 검증된다. 일반적으로 CGA 검증과 서명 검증이 둘 다 성공했을 경우만 CGA와 그 사용자는 유효한 것으로 간주된다.

CGA와 검증을 처리하기 위해서 [RFC3971]에 정의된 2개의 ICMPv6 메시지와 6개의 옵션이 사용된다. RFC3971은 트러스트 앵커Trust Anchor 옵션의 이름 유형Name Type 필드와 Certificate 옵션의 인증 유형Cert Type 필드를 보관하기 위한 2개의 (IANA가 관리하는) 레지스트리도 정의한다*8.5.6.13절 참조). [RFC3972]는 [RFC3971]에서 정의된 128비트값 0x086FCA5E10B200C99C8CE00164277C08으로 CGA 메시지 유형Message Type 레지스트리를 정의하고, [RFC4982]는 Sec 값의 레지스트리를 정의한다. 현재는 이 레지스트리에 0, 1, 2만 들어있는데, Hash2 함수에 처음 0, 16, 32개의 비트를 0으로 사용해 SHA-1 보안 해시 함수를 사용하는 것에 각각 대응된다. [RFC4581]에 정의된 확장 형식은 장래의 표준 확장을 위한 TLV 부호화 기법들을 지원하지만 현재까지 정의된 것은 1개뿐이다 [RFC5535]. 일단 SEND와 함께 사용되는 2개의 ICMPv6 메시지를 살펴보고, 옵션에 대한 설명은 다음 절에서 모든 ICMPv6 옵션들을 논의할 때까지 미루기로 한다.

### 8.5.5.2 인증 경로 요청/광고(ICMPv6 유형들 148/149)

인증 경로Certificate Path를 이루는 인증서들을 호스트가 알아낼 수 있도록 SEND는 요청과 광고 메시지를 정의한다. 호스트는 인증 경로를 사용해서 라우터 광고가 진짜인지 검증한다. 그림 8-39는 요청 메시지를 보여준다.

| 0 | 15 | 16 31 |
|---|---|---|
| 유형(148) | 코드(0) | 검사합 |
| ID | | 컴포넌트 |
| 옵션 | ... | |

**그림 8-39** 인증 경로 요청 메시지. 발신자는 컴포넌트(Component) 필드에 들어있는 위치 인덱스로 지정되는 인증서를 요청한다. 이 값이 65535면, 트러스트 앵커 옵션에 주어진 것부터 시작해 경로 내의 모든 인증서가 필요함을 의미한다.

인증 경로 요청 메시지의 식별자 필드는 무작위 값으로서 요청 메시지에 대응하는 광고 메시지를 식별하는 데 사용된다. 컴포넌트 필드는 요청자가 인증 경로 내의 위치에 대한 인덱스로서 인증서 요청자가 관심을 갖고 있는 인증서의 위치를 가리킨다. 만일 전체 경로의 인증서가 필요하다면, 비트가 모두 1인 값(즉, 65535)으로 설정된다. 이 메시지는 트러스트 앵커 옵션을 포함할 수 있다(8.5.6.12절 참조). 인증서와 인증 경로는 18장에서 더 자세히 설명될 것이다.

그림 8-40에 보이는 인증 경로 광고 메시지는 복수 컴포넌트 광고 내에 1개의 컴포넌트 (인증서)를 나타내는 방법을 제공한다. 이 메시지는 요청 메시지에 대한 응답일 수도 있고, SEND 지원 라우터가 주기적으로 보낼 수도 있다. 요청 메시지에 대한 응답일 겨우 목적지 IPv6 주소는 수신자의 요청 대상 Solicited-Node 멀티캐스트 주소다.

| | | |
|---|---|---|
| 유형(149) | 코드(0) | 검사합 |
| 식별자 | | 모든 구성 요소 |
| 컴포넌트 | | 예약(0) |
| 옵션 ... | | |

**그림 8-40** 인증 경로 광고 메시지. 발신자는 컴포넌트(Component) 필드에 들어있는 위치 인덱스로 지정된 인증서를 요청한다. 이 값이 65535면, 트러스트 앵커 옵션에 주어진 것부터 시작해 경로 내의 모든 인증서가 필요함을 의미한다.

식별자 Identifier 필드는 수신된 요청 메시지에 들어있던 값을 갖고 있다. 요청 메시지가 없었고 모든 노드 All Nodes 멀티캐스트로 보내지는 광고 메시지의 경우에는 0으로 설정된다. 모든 컴포넌트 All Components 필드는 트러스트 앵커를 포함해서 전체 인증 경로 내의 컴포넌트 개수를 가리킨다. 단일 광고 메시지는 단편화를 하지 않도록 권장되므로 1개의 컴포넌트만을 갖는다는 점에 주의하자. 컴포넌트 Component 필드는 인증 경로 내에서 (첨부된 인증서 Certificate 옵션으로 제공되는) 인증서의 인덱스를 가리킨다. N개의 컴포넌트를 갖는 인증 경로에 광고를 보낼 때 바람직한 발신 순서는 (N-1, N-2, ..., 0)이다. 컴포넌트 N은 트러스트 앵커에 이미 존재하므로 보낼 필요가 없다.

## 8.5.6 ICMPv6 이웃 탐색(ND)의 옵션들

IPv6 프로토콜 집합의 많은 프로토콜이 그렇듯이 표준 프로토콜 헤더들이 정의돼 있고 하나 이상의 옵션도 포함될 수 있다. ND 메시지들은 0개 이상의 옵션을 포함할 수 있고 일부 옵션은 2번 이상 나타날 수도 있다. 하지만 일부 메시지는 옵션을 필수로 가져야 하는 것도 있다. ND 옵션들의 일반적인 형식이 그림 8-41에 보인다.

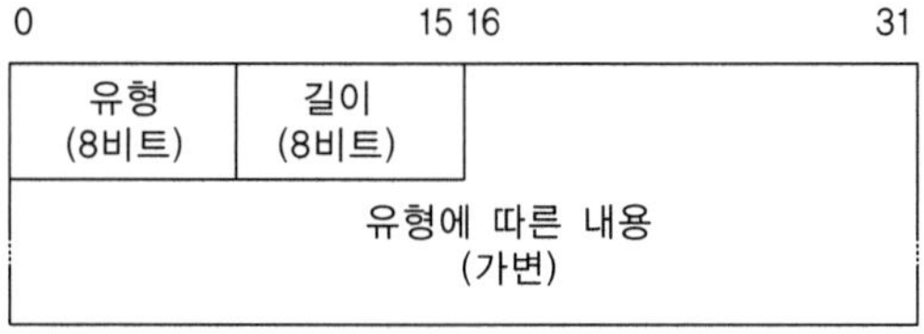

```
0                  15 16            31
┌──────────┬──────────┬──────────────────┐
│  유형     │  길이     │                  │
│ (8비트)   │ (8비트)   │                  │
├──────────┴──────────┴──────────────────┤
│          유형에 따른 내용                 │
│            (가변)                        │
└─────────────────────────────────────────┘
```

**그림 8-41** ND 옵션들은 가변 길이고 TLV 배열로 시작한다. 길이 필드는 8바이트 단위로 (유형과 길이 필드를 포함해서)옵션들의 총 길이를 나타낸다.

.

모든 ND 옵션은 8비트 유형 필드와 8비트 길이 필드로 시작하며, 옵션의 길이는 가변으로서 최대 255바이트까지 지원한다. 옵션은 8바이트 단위로 채워지기 때문에 길이 필드는 옵션의 총 길이를 8바이트 단위로 나타낸다. 유형 필드와 길이 필드도 길이 필드의 값에 포함되며, 길이 필드의 최솟값은 1이다. 표 8-5는 2011년 중반 현재 정의돼 있는 25개의 표준 옵션(및 개발 단계의 옵션) 목록이다. 공식 목록은 [ICMP6TYPES]에서 볼 수 있다.

**표 8-5** IPv6 ND 옵션들의 유형, 옵션을 정의하는 참조, 용도 및 설명

| 유형 | 이름 | 참조 | 사용/설명 |
|------|------|------|-----------|
| 1 | 발신지 링크 계층 주소 | [RFC4861] | 발신자의 링크 계층 주소; NS, RS, RA 메시지에서 사용된다. |
| 2 | 목표 링크 계층 주소 | [RFC4861] | 목표의 링크 계층 주소; NA와 재지정 메시지에서 사용된다. |
| 3 | 프리픽스 정보 | [RFC4861] [RFC6275] | IPv6 프리픽스 또는 주소; RA 메시지에서 사용된다. |
| 4 | 재지정 헤더 | [RFC4861] | 원본 IPv6 데이터그램의 일부; 재지정 메시지에서 사용된다. |
| 5 | MTU | [RFC4861] | MTU 권고값; RA 메시지와 IND 광고 메시지에서 사용된다. |
| 6 | NMBA 지름길 제한 | [RFC2491] | '지름길 시도'에 대한 홉 제한; NS 메시지에서 사용된다. |
| 7 | 광고 간격 | [RFC6275] | 요청되지 않은 RA 메시지를 보내는 간격; RA 메시지에서 사용된다. |
| 8 | HA 정보 | [RFC6275] | MIPv6 HA가 되기 위한 우선순위와 수명; RA 메시지에서 사용된다. |
| 9 | 발신지 주소 목록 | [RFC6275] | 호스트의 주소; IND 메시지에서 사용된다. |

| 유형 | 이름 | 참조 | 사용/설명 |
|------|------|------|-----------|
| 10 | 목표 주소 목록 | [RFC3122] | 목표의 주소; IND 메시지에서 사용된다. |
| 11 | CGA | [RFC3971] | 암호화 기반 주소 : SEND에서 사용된다. |
| 12 | RSA 서명 | [RFC3971] | 호스트 서명에 대한 크리덴셜(SEND) |
| 13 | 타임스탬프 | [RFC3971] | 재연 방지 타임스탬프(SEND) |
| 14 | Nonce | [RFC3971] | 재연 방지 난수(SEND) |
| 15 | 트러스트 앵커 | [RFC3971] | 크리덴셜 유형을 표시(SEND) |
| 16 | 인증서 | [RFC3971] | 인증서를 부호화(SEND) |
| 17 | IP 주소/프리픽스 | [RFC5568] | 보조 주소 또는 NAR 주소; FMIPv6 PrRtAdv 메시지에서 사용된다. |
| 19 | 링크 계층 주소 | [RFC5568] | 희망하는 다음 접근점 또는 모바일 노드의 주소; FMIPv6 PrRtAdv 메시지에서 사용된다. |
| 20 | 이웃 광고 ACK | [RFC5568] | 다음 유효 CoA를 알린다; RA 메시지에서 사용된다. |
| 24 | 경로 정보 | [RFC5568] | 경로 프리픽스/선호하는 라우터 목록 |
| 25 | 재귀 DNS 서버 | [RFC6106] | DNS 서버의 IP 주소들; Ra 메시지에 추가 |
| 26 | RA 플래그 확장 | [RFC5175] | RA 플래그용으로 공간을 확장 |
| 27 | 핸드오버 키 요청 | [RFC5269] | FMIPv6 - SEND를 사용해서 키를 요청 |
| 28 | 핸드오버 키 응답 | [RFC5269] | FMIPv6 - SEND를 사용해서 키를 응답 |
| 31 | DNS 검색 목록 | [RFC6106] | DNS 도메인 검색 이름; RA 메시지에 추가 |
| 253, 254 | 개발 단계 | [RFC4727] | [RFC3692] 형식의 실험 1/2 |

### 8.5.6.1 발신지/목표 링크 계층 주소 옵션(유형 1, 2)

발신지 링크 계층 주소 옵션(유형 1, 그림 8-42 참조)은 링크 계층 주소 지정을 지원하는 네트워크에서 사용될 때 ICMPv6 RS 메시지, NS 메시지, RS 메시지에 포함돼야 한다. 메시지와 관계있는 링크 계층 주소를 포함하며, 2개 이상의 주소를 갖는 노드일 경우 이 옵션이 2개 이상 포함될 수 있다.

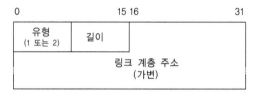

**그림 8-42** 발신지(유형 1)과 목표(유형 2) 링크 계층 주소 옵션. 길이 필드는 8바이트 단위로서, 주소를 포함하는 총 길이를 나타낸다(예를 들어 IEEE 이더넷 유형의 주소라면 길이 필드의 값은 1이다).

목표 링크 계층 주소 옵션(유형 2)은 멀티캐스트 요청에 응답하는 NA 메시지에 포함돼야 하며, 역시 그림 8-42의 형식을 따른다. 이 옵션은 앞서 설명했던 재지정<sup>Redirect</sup> 메시지에도 일반적으로 포함되며, NBMA 네트워크에서 동작할 때는 재지정 메시지에 반드시 포함돼야 한다.

### 8.5.6.2 프리픽스 정보 옵션(유형 3)

프리픽스 정보 옵션<sup>PIO, Prefix Information Option</sup>은 RA 메시지와 모바일 프리픽스 광고<sup>Mobile Prefix Advertisement</sup> 메시지에서 사용되며, IPv6 주소 프리픽스와 (어떤 경우에는) 링크 상에 존재하는 개별 노드들의 완전한 IPv6 주소들을 나타낸다(그림 8-43). 둘 이상의 프리픽스 또는 주소가 보고된 경우 1개의 메시지에 이 옵션의 복사본이 둘 이상 포함될 수 있다. 라우터는 자신이 사용하는 프리픽스마다 PIO를 포함해야 한다. R 필드가 1로 설정되면 프리픽스 필드의 값이 (프리픽스만 포함하고 나머지 비트는 모두 0이거나, IPv6 데이터그램의 발신지 IP 주소<sup>Source IP Address</sup> 필드에 들어있는 링크 로컬 주소가 아니라) 전체 IPv6 주소임을 의미한다. 이 기능은 모바일 IPv6 홈 에이전트 발견에 유용한데 라우터 광고를 보내는 홈 에이전트는 최소한 1개의 프리픽스에 대해서는 반드시 R 필드가 1로 설정된 PIO를 보내야 한다.

프리픽스 길이<sup>Prefix Length</sup> 필드는 설정에 유효하게 사용될 수 있다고 간주되는 프리픽스<sup>Prefix</sup> 필드 내의 비트 수(최대 128)를 나타낸다. L 필드는 "온링크<sup>on-link</sup>" 플래그로서 프리픽스를 온링크 확인<sup>on-link determination</sup>(다음 절을 참조)에 사용할 수 있음을 의미한다. 이 필드가 설정되지 않으면, 이 프리픽스를 온링크 확인에 사용할 수 있는지 여부에 대해서 아무것도 뜻하지 않는다. A 필드는 "자율적 자동 설정" 플래그로서 프리픽스를 자동 설정(6장 참조) 용도로 사용할 수 있음을 나타낸다. 유효 수명과 선호 수명 필드는 초 단위 값으로서 각각 온링크 확인과 자율적 주소 자동 설정에 사용될 수 있는 시간을 의미한다. 두 필드 모두 값이 0xFFFFFFF면 무제한임을 뜻한다.

IPv6에서 "온링크" 노드는 직접 전달direct delivery(5장 참조)를 사용해서 통신 가능한 노드를 말한다. 반면에 IPv4에서는 노드 자신의 IP 주소와 서브넷 마스크를 결합해서 얻어지는 프리픽스를 공통으로 갖고 있는 노드들이 서로 온링크 관계라고 말한다. IPv6에서도 IPv4와 같은 방법을 사용할 수도 있지만, 군이 필요하지 않기 때문에 별도의 확인 없이 온링크 상태를 가정하지 않는다. 그 대신에 L 비트를 통해서 호스트 혹은 라우터는 어느 프리픽스 또는 개별 호스트들이 온링크 상태인지 알 수 있다[RFC5942]. 이 목적을 위해 사용되는 다른 메커니즘들(DHCPv6, 수동 설정, ICMPv6 재지정 메시지)도 있다. 온링크 상태임을 확정해 주는 정보가 없는 노드는 오프링크off-link 상태로 간주된다.

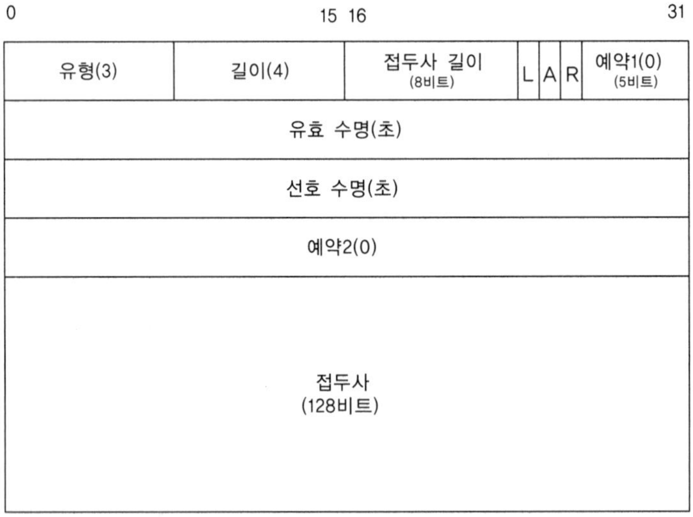

**그림 8-43** 프리픽스 정보 옵션(PIO)은 로컬 네트워크에서 사용 중인 IPv6 주소 프리픽스를 포함한다. A 필드가 1로 설정되면, 주소 자동 설정을 위한 프리픽스를 호스트에게 제공한다. L 필드가 1로 설정되면 이 프리픽스가 온링크 확인(on-link determination)에 사용하기 적합하다는 뜻이다. R 필드는 이 프리픽스가 발신 라우터의 완전한 전역 IPv6 주소라는 것을 나타낸다.

### 8.5.6.3 재지정된 헤더 옵션(유형 4)

재지정된 헤더Redirected Header 옵션은 재지정Redirect 메시지 생성을 유발한 원본("문제 유발") IPv6 데이터그램의 복사본(또는 그 일부)를 포함한다. 옵션 형식을 그림 8-44에서 볼 수 있으며, 이 옵션은 다른 유형의 메시지에서는 그냥 무시된다.

### 8.5.6.4 MTU 옵션(유형 5)

MTU 옵션은 RA 메시지상에서 제공되며 다른 메시지에서는 무시된다(그림 8-45 참조). 이 값은 호스트가 사용할 MTU 값으로서, MTU 크기 설정이 지원된다고 가정한다.

MTU 옵션은 예를 들어 MTU 값이 다른 2개 이상의 링크 계층 기술들이 브리지로 연결돼 있을 때 중요하다. 이 옵션이 없으면(그리고 브리지가 ICMPv6 PTB 메시지를 생성하지 않는 다만) 호스트는 브리지의 다른 쪽 링크 계층 네트워크의 호스트와 안정적으로 통신할 수 없다. 이 메시지는 아주 큰 MTU 값을 지원하도록 32비트를 예약하고 있다.

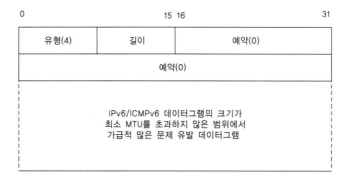

**그림 8-44** 재지정된 헤더(Redirected Header) 옵션은 문제 유발 IPv6 데이터그램의 일부(혹은 전체) 복사본의 앞부분을 표시한다. 어느 경우든 메시지의 크기는 IPv6의 최소 MTU(현재 표준은 1280바이트)로 제한된다.

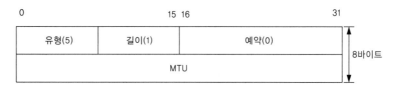

**그림 8-45** MTU 옵션은 로컬 링크상에서 사용되는 MTU 값을 포함한다. 이 옵션은 RA 메시지들과 함께 사용되는데, 비표준이나 알려지지 않은 MTU가 사용될 때 가장 유용하다.

### 8.5.6.5 광고 간격 옵션(유형 7)

RA 메시지에 포함될 수 있고 그 밖의 메시지에서는 무시되는 이 옵션은 요청에 대한 응답이 아닌 멀티캐스트 라우터 광고들이 보내지는 간격의 최대값을 나타낸다(그림 8-46 참조).

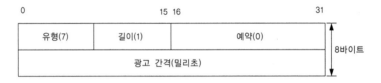

여기서 0, 15, 16, 31의 비트 위치가 표시되어 있다.

| 유형(7) | 길이(1) | 예약(0) | |
| --- | --- | --- | --- |
| 광고 간격(밀리초) | | | 8바이트 |

**그림 8-46** 광고 간격은 요청에 대한 응답이 아닌 멀티캐스트 라우터 광고 메시지들 간의 발신 간격을 밀리초 단위로 나타낸다.

광고 간격 옵션은 주기적인 라우터 광고 메시지들 간의 시간을 나타낸다. 광고 간격 Advertisement Interval 필드는 RA 메시지는 이 메시지의 발신자가 보내는 RA 메시지들의 전송 간격을 밀리초 단위로 정의한다. 라우터는 이 옵션의 값보다 더 자주 RA 메시지를 보낼 수 있지만 덜 자주 보내지는 않는다. 모바일 IPv6 노드는 이동 탐지 알고리즘에 이 옵션을 사용한다[RFC6275].

## 8.5.6.6 홈 에이전트 정보 옵션(유형 8)

이 옵션은 모바일 IPv6 홈 에이전트[RFC6275]의 역할을 맡고자 하는 라우터(즉 메시지의 H 필드를 1로 설정해서 보내는 라우터)가 보내는 RA 메시지에 포함될 수 있으며 그 밖의 메시지에서는 무시된다. H 필드가 설정되지 않은 경우 이 옵션은 포함될 수 없다. 요청에 대한 응답인 RA 메시지들이 다수 존재하고 각 메시지가 서로 다른 주소를 포함하며 R 필드가 설정된 경우, 이 옵션은 각 메시지에 모두 포함돼야 하며 그 값도 모두 같아야 한다. 그림 8-47은 홈 에이전트 정보 옵션 형식을 나타낸다.

| 유형(8) | 길이(1) | 예약(0) | |
| --- | --- | --- | --- |
| 홈 에이전트 우선순위 | | 홈 에이전트 수명(초) | 8바이트 |

**그림 8-47** 홈 에이전트 정보 옵션은 이 옵션의 발신자가 모바일 IPv6를 위한 홈 에이전트로 간주되는 우선순위와 시간을 나타낸다. 우선순위 필드의 값이 클수록 더 선호되는 홈 에이전트임을 의미한다. 수명 필드는 발신자 기꺼이 HA가 되고자 하는 시간을 초 단위로 나타낸다.

홈 에이전트 우선순위 필드는 부호 없는 16비트 정수로서 모바일 노드는 이 값을 사용해서 홈 에이전트 주소 발견 응답<sup>Home Agent Address Discovery Reply</sup> 메시지를 통해 받은 주소들의 순서를 정한다. 더 큰 값을 보낸 라우터일수록 우선적으로 홈 에이전트가 된다. 광고 메시지에 H(홈 에이전트) 필드는 설정됐는데 이 옵션은 포함돼 있지 않다면 해당 메시지를 보낸 라우터의 우선순위는 0(최저 우선순위)으로 간주돼야 한다.

홈 에이전트 수명 필드는 부호 없는 16비트 정수로서 이 메시지의 발신자가 홈 에이전트로서 (앞서 설명한 우선순위 값과 함께) 동작해도 되는 시간을 초 단위로 나타낸다. 이 필드의 기본값은 RA 메시지 내의 수명<sup>Lifetime</sup> 필드와 동일하다. 이 필드의 최댓값인 65535는 18.2시간에 해당하며, 최솟값은 1이다(0은 허용되지 않음). 홈 에이전트 수명 필드와 우선순위 필드가 둘 다 기본값을 포함할 경우 옵션 전체가 RA 메시지에 포함되지 않은 것으로 간주된다.

### 8.5.6.7 발신지/목표 주소 목록 옵션(유형 9, 10)

IND 메시지[RFC3122]에 포함될 수 있으며, 형식은 그림 8-48과 같다. 발신지 주소 목록<sup>Source Address List</sup> 옵션(유형 9)은 발신지 링크 계층 주소 옵션에 의해 확인된 IPv6 주소들의 목록을 포함하고, 목표 주소 목록<sup>Target Address List</sup> 옵션(유형 10)은 목적지 링크 계층 주소 옵션에 의해 확인된 IPv6 주소들의 목록을 포함한다. 옵션에 포함된 주소의 수는 (길이 필드 - 1) / 2로서, 길이 필드는 옵션의 크기를 8바이트 단위로 나타낸다.

### 8.5.6.8 CGA 옵션(유형 11)

CGA 옵션은 CGA 검증과 서명 검증을 수행하는 데 필요한 CGA 매개변수들을 운반하기 위해 SEND[RFC3971]에서 사용된다. 형식은 그림 8-49에 나타난다.

CGA 매개변수 영역은 그림 8-38에서 묘사된 것과 동일한 필드들로 구성돼 있다. 더 자세한 사항들은 [RFC3971]을 참조한다.

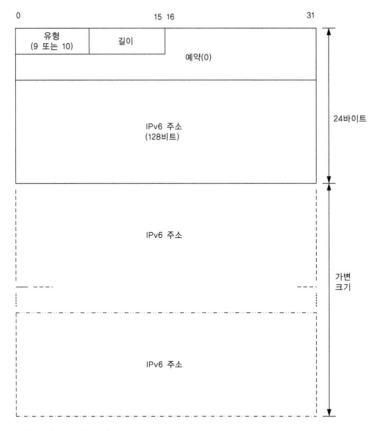

**그림 8-48** 발신지(유형 9)와 목표(유형 10) 주소 목록 옵션. 이들은 IND 메시지에서 사용되고, 노드의 IPv6 주소들의 목록을 제공한다. 메시지를 발신한 인터페이스에서 사용되는 주소들만 포함돼야 한다.

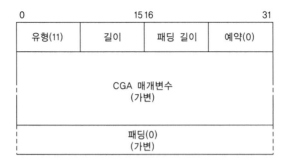

**그림 8-49** SEND와 함께 사용되는 CGA 옵션. 그림 8-38에 나타난 CGA 매개변수를 부호화한다.

### 8.5.6.9 RSA 서명 옵션(유형 12)

RSA 서명Signature 옵션은 RSA 서명을 운반하기 위해 SEND[RFC3971]와 함께 사용된다(18장 참조). 검증을 수행하는 노드는 RSA 서명과 CGA 매개변수를 조합함으로써 메시지 발신자가 CGA의 공개 키와 관련돼 있는 개인 키를 소유하고 있는지 여부를 검증할 수 있다. 형식은 그림 8-50에서 보여준다.

검증을 수행하는 노드는 RSA 서명과 CGA 매개변수를 조합함으로써 메시지 발신자가 CGA의 공개 키와 관련돼 있는 개인 키를 소유하고 있는지 여부를 검증할 수 있다.

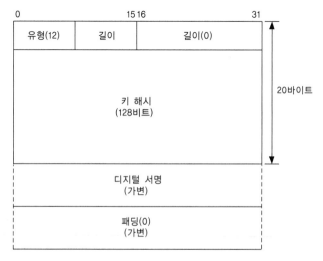

**그림 8-50** SEND와 함께 사용되는 RSA 서명(Signature) 옵션. 서명은 PKCS#1 v 1.5(18장 참조) 형식 안에 부호화된다. 그리고 발신자가 공개 키에 대응하는 개인 키를 소유하고 있으며 따라서 CGA의 진정한 소유자인지를 입증하는 데 사용된다.

### 8.5.6.10 타임스탬프 옵션(유형 13)

타임스탬프timestamp 옵션은 발신 시스템이 알고 있는 현재 시간을 나타내는데, SEND[RFC3971]에 대한 재연replay 공격을 막는데 도움이 된다. 형식은 그림 8-51에서 보여준다.

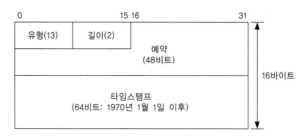

**그림 8-51** SEND와 함께 사용되는 타임스탬프(timestamp) 옵션. 이 값은 1970-01-01 이후부터 경과된 초 단위의 숫자를 부호화한다. 이것은 재연 공격들에 대항하는 데 사용된다.

타임스탬프 필드는 1970-01-01 00:00 UTC 부터 경과한 시간을 초 단위로 나타낸다. 고정 소수점 형식으로서 상위 48비트는 정수 부분을 부호화하고, 나머지 비트는 (1/64K) 소수 부분을 나타낸다.

### 8.5.6.11 임시 옵션(유형 14)

임시$^{Nonce}$ 옵션은 최근에 생성된 무작위 숫자를 포함하며 SEND$^{[RFC3971]}$에 대한 재연 공격을 막는 데 도움이 된다. 형식은 그림 8-52에서 보여준다.

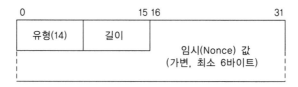

**그림 8-52** SEND와 함께 사용되는 임시(Nonce) 옵션. 이 값은 SEND 메시지들의 쌍에 사용된 랜덤 숫자를 부호화한다. 이것은 재연 공격들에 대항하는 데 사용된다. 임시(Nonce) 값은 발신자가 선택한 랜덤 숫자다. 숫자의 길이는 최소 6바이트여야 한다. 재연 공격들에 저항하려고 임시(nonces) 옵션을 사용하는 자세한 사항은 18장에서 다룬다.

임시값은 발신자가 선택한 무작위 숫자다. 길이는 최소 6바이트다. 재연 공격에 대항하기 위해 임시 옵션을 사용하는 자세한 방법은 18장에서 논의한다.

### 8.5.6.12 트러스트 앵커 옵션(유형 15)

트러스트 앵커$^{Trust\ Anchor}$ 옵션은 인증 경로(18장 참조)의 이름(루트$^{root}$)을 포함한다. SEND에서 호스트가 RA 메시지가 진짜인지 검증하는 데 사용된다. 형식은 그림 8-53에서 보여준다.

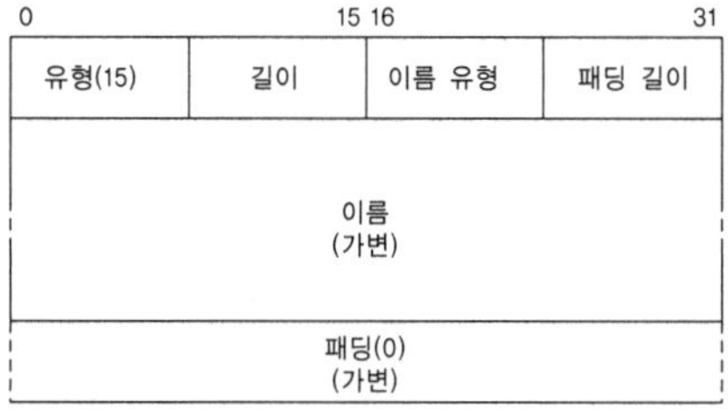

| 0 | 15 16 | 31 |
|---|---|---|
| 유형(15) | 길이 | 이름 유형 | 패딩 길이 |

이름
(가변)

패딩(0)
(가변)

**그림 8-53** SEND와 함께 사용되는 트러스트 앵커(Trust Anchor) 옵션. 트러스트 앵커는 인증서 체인의 루트의 이름이다. 루트 아래의 인증서들은 트러스트 앵커를 통해서 유효성이 확인된다. 인증서 체인은 SEND에서 호스트가 라우터 광고를 검증하는 데 사용된다.

이름$^{Name}$ 유형 필드는 사용된 이름의 유형을 표시한다. 현재 2가지 값이 정의돼 있다. ① DER X/502 이름, ② 자격 있는 완전한 도메인 네임$^{FQDN}$이 그것이다. 2개 이상의 트러스트 앵커 옵션이 포함될 수도 있다. 이름 필드는 이름 유형 필드가 지정하는 형식으로 트러스트 앵커의 이름을 나타낸다. 트러스트 앵커는 메시지 발신자가 수용하고자 하는 인증서 체인에 대한 신뢰$^{trust}$의 루트이다(18장 참조).

## 8.5.6.13 인증서 옵션(유형 16)

인증서 옵션은 SEND가 인증 경로를 제공할 때 그 안의 단일 인증서를 나타낸다. 형식은 그림 8-54에 나타난다.

인증 유형$^{Cert\ Type}$ 필드는 사용된 증명서의 유형을 표시한다. 현재는 1개의 값(X.509v3 증명서)이 정의돼 있다. 인증서와 그 관리 방법은 18장에서 더 자세히 설명한다.

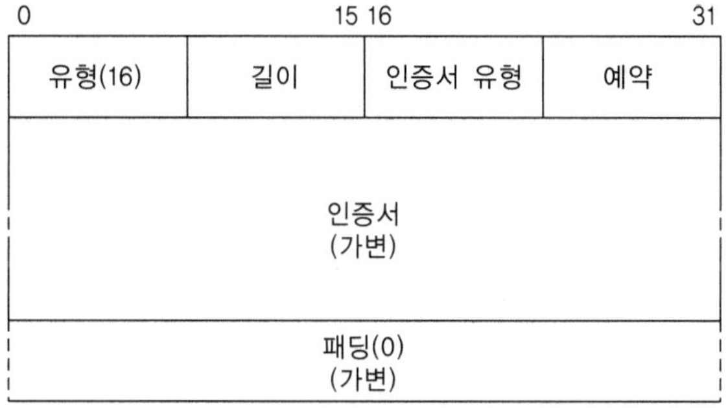

| 0 | 15 16 | 31 |
|---|---|---|
| 유형(16) | 길이 | 인증서 유형 | 예약 |

인증서
(가변)

패딩(0)
(가변)

**그림 8-54** SEND와 함께 사용되는 인증서(Certificate) 옵션. 인증 경로를 구성하는 암호화된 인증서를 보관하며, 라우터 광고를 검증하는 데 사용된다.

### 8.5.6.14 IP 주소/프리픽스 옵션(유형 17)

IP 주소/프리픽스 옵션은 FMIPv6 메시지들(ICMPv6 유형 154)[RFC5568]과 함께 사용된다. 형식은 그림 8-55에서 보여준다.

옵션 코드Option-Code 필드값은 다음 중 어떤 유형의 주소가 부호화됐는지를 표시한다.

    1. 오래된 보조care-of 주소

    2. 새로운 보조 주소

    3. 새로운 액세스 라우터NAR의 IPv6 주소

    4. NAR의 프리픽스(PrRtAdv에서)

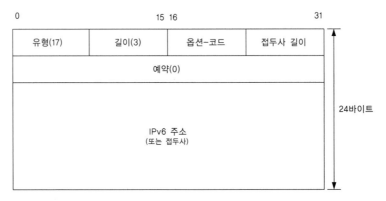

**그림 8-55** FMIPv6와 함께 사용되는 IP 주소/프리픽스(Address/Prefix) 옵션. 다음 액세스 라우터의 프리픽스나 IPv6 주소 또는 모바일 노드가 사용하는 보조 주소를 보관한다.

프리픽스 길이Prefix Length 필드는 IPv6 주소 필드 안의 유효 선행 비트들의 수를 나타낸다. IPv6 주소 필드는 옵션 코드 필드 안에 식별된 IPv6 주소를 부호화한다.

### 8.5.6.15 링크 계층 주소 옵션(유형 19)

링크 계층 주소LLA, Link Layer Address 옵션은 FMIPv6 메시지(ICMPv6 유형 154)[RFC5568]와 함께 사용된다. 형식은 그림 8-56에서 보여준다.

옵션 코드 필드값은 관련된 링크 계층 주소 필드의 값을 어떻게 해석할 것인지를 표시한다.

0. 와일드카드wildcard로, 모든 인접 AP에 대해서 변환이 요구된다.

1. 새로운 AP의 주소

2. 모바일 노드의 주소

3. 새로운 액세스 라우터의 주소

4. RtSolPr/PrRtAdv 메시지의 발신지 주소

5. 해당 라우터에 대한 현재 주소

6. 해당 주소에 대응하는 AP를 위한 프리픽스 정보가 없다.

7. 주소 지정된 AP에 대한 고속 핸드오버를 사용할 수 없다.

링크 계층 주소 필드는 옵션 코드 필드에 표현된 주소를 표시한다.

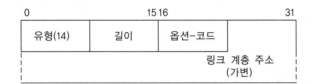

**그림 8-56** FMIPv6와 함께 사용되는 링크 계층 주소 옵션. 옵션 코드(option-code) 값은 주소에 연계된 개체가 무엇인지(즉, 임의의 AP, 특정 AP, NAR, RtSolPr 또는 PrRtAdv 메시지의 발신자, 라우터), 프리픽스 정보를 얻을 수 있는지, LLA가 나타내는 AP가 고속 핸드오버를 지원하는지 등을 나타낸다.

## 8.5.6.16 이웃 광고 승인 옵션(유형 20)

이 옵션은 FMIPv6 메시지들(ICMPv6 유형 154)[RFC5568]과 함께 사용된다. 형식은 그림 8-57에서 보여준다.

옵션 코드 값은 0이다. 상태Status 필드는 요청에 대한 응답이 아닌 이웃 광고의 성질을 표시한다. 다음과 같은 값들이 정의된다.

1. 새로운 보조 주소(NCoA)가 무효임(주소 설정을 수행)

2. NCoA가 무효임(IP 주소 옵션 안에 제공된 NCoaA를 사용)

3. NCoA가 무효임(NCoA로 NAR의 주소를 사용)

4. 이전의 보조 주소(PCoA)가 제공됨(갱신 정보를 보내지 않음)

128  링크 계층 주소를 인식할 수 없음

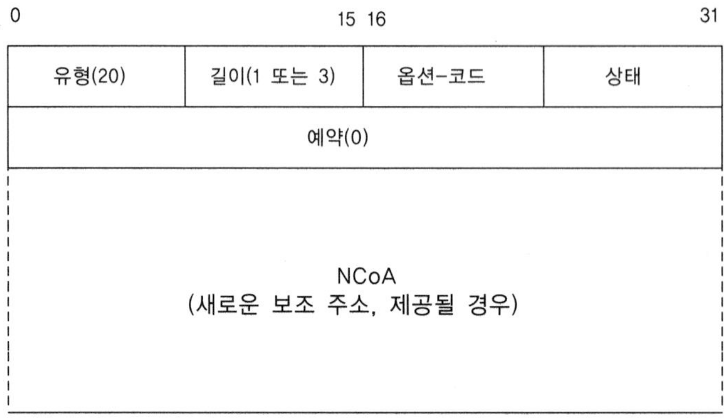

**그림 8–57** FMIPv6와 함께 사용되는 이웃 광고 승인(NAACK, Neighbor Advertisement ACK) 옵션. 모바일 노드가 이전의 액세스 라우터에서 새로운 액세스 라우터로 이동하고 특정 새로운 보조(care–of) 주소를 사용할 것을 제안할 때 새로운 라우터는 제안된 주소의 수용 가능성을 표시한다.

## 8.5.6.17 라우트 정보 옵션(유형 24)

이 옵션은 특정 라우터를 통해서 어느 오프링크 프리픽스와 통신 가능한지 표시하려고 RA 메시지들과 함께 사용된다[RFC4191]. 형식은 그림 8-58에서 보여준다.

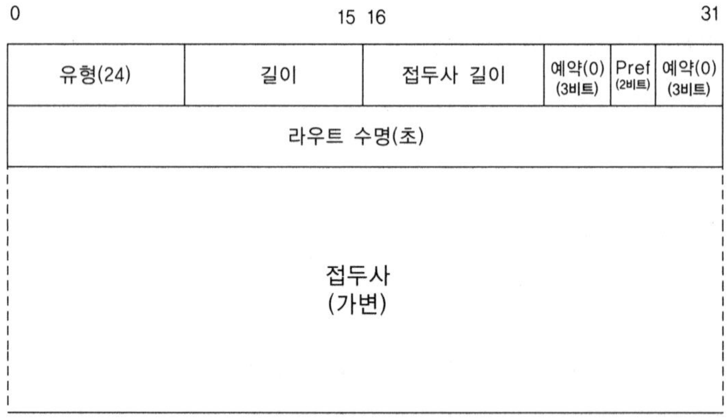

**그림 8–58** 라우트 정보 옵션은 특정한 오프링크 프리픽스와 통신하기 위해 특정한 라우터를 사용하기 위한 우선순위를 나타낸다. 기본 라우터가 둘 이상 있는데 동일 목적지와의 통신을 서로 다르게 수행하는 경우에 이 옵션이 가장 유용하게 쓰인다.

프리픽스 길이$^{Prefix\ Length}$ 필드는 프리픽스$^{Prefix}$ 필드 내의 상위 비트 중에서 유효한 것의 개수를 나타낸다. Pref 필드는 이 옵션에 포함된 프리픽스와 관련된 라우터를 다른 라우터보다 우선적으로 사용해야 하는지 나타낸다. 이 필드의 값이 2라면 이 옵션은 그냥 무시돼야 한다. 라우트 수명$^{Route\ Lifetime}$ 필드는 프리픽스가 유효하다고 간주되는 시간을 초 단위로 나타낸다. 모두 1일 경우 무한대를 의미한다. 가변 길이인 프리픽스$^{Prefix}$ 필드는 이 옵션이 기술하고 있는 IPv6 프리픽스이다.

### 8.5.6.18 재귀적 DNS 서버 옵션(유형 25)

[RFC6106]에서 정의된 재귀적$^{Recursive}$ DNS 서버$^{RDNSS}$ 옵션은 하나 이상의 DNS 서버의 주소를 제공함으로써 무상태 자동 설정을 개선하기 위해 RA 메시지와 함께 사용될 수 있다(6장과 11장 참조). 1개의 RA 메시지가 둘 이상의 RDNSS 옵션을 포함할 수 있다. 형식은 그림 8-59에서 보여준다.

수명$^{Lifetime}$ 필드는 DNS 서버 주소들의 목록이 유효한 것으로 간주되는 시간을 초 단위로 나타낸다. 비트가 전부 1인 값은 무한대를 의미한다. 수명의 값이 둘 이상 필요할 경우, 둘 이상의 RDNSS 옵션이 동일 RA 메시지에 포함될 수 있다.

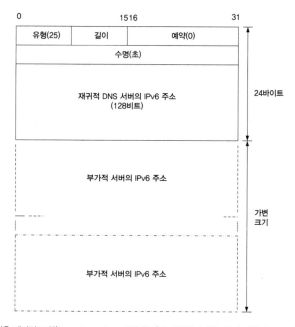

**그림 8-59** RDNSS 옵션은 재귀적 조회(Recursive lookup, 11장 참조)를 수행할 수 있는 하나 이상의 DNS 서버의 IPv6 주소를 나타

낸다.

## 8.5.6.19 라우터 광고 플래그 확장 옵션(유형 26)

이 옵션은 RA 메시지들[RFC5175]에서 사용되는 플래그 필드를 확장한다. 확장된 플래스 옵션EFO, Extended Flags Option이라고도 부른다. 형식은 그림 8-60에서 보여준다.

후속 비트들이 할당되기까지 현재로서는 1로 정의돼 있다.

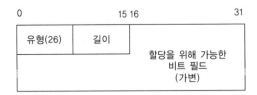

**그림 8-60** 라우터 광고 플래그 확장(Router Advertisement Flags Extension) 옵션은 장래에 정의될 RA 플래그들을 위한 추가 공간의 크기를 나타낸다.

## 8.5.6.20 핸드오버 키 요청 옵션(유형 27)

핸드오버 키 요청Handover Key Request 옵션은 SEND를 사용해서 시그널링 정보를 보호하는 FMIPv6 메시지와 함께 사용된다[RFC5269]. 형식은 그림 8-61에서 보여준다.

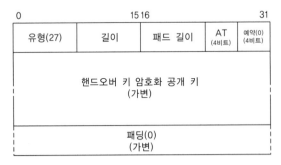

**그림 8-61** 핸드오버 키 요청(Handover Key Request) 옵션은 SEND로 보호되는 FMIPv6 시그널링과 함께 사용되며, 공개 키를 포함하는 CGA 매개변수를 제공한다. 라우터는 이 정보를 사용해 모바일 노드가 암호화하는 데 필요한 핸드오프 키를 형성한다.

패드 길이Pad Length 필드는 옵션의 끝부분에 포함되는 0으로 패딩되는 바이트의 수를 나타낸다. 알고리즘 유형AT 필드는 인증자authenticator 계산하는 알고리즘을 나타낸다[RFC5568].

핸드오버 키 암호화 공개 키 필드는 CGA 옵션에서와 동일한 형식으로 FMIPv6 CGA 공개 키를 암호화한다. 패딩<sup>Padding</sup> 영역은 옵션의 길이가 8의 배수가 되도록 0으로 채워지는 바이트다.

### 8.5.6.21 핸드오버 키 응답 옵션(유형 28)

이 옵션은 SEND를 사용해 시그널링 정보<sup>[RFC5269]</sup>를 보호하는 FMIPv6 메시지들과 함께 사용된다. 형식은 그림 8-62에서 보여준다.

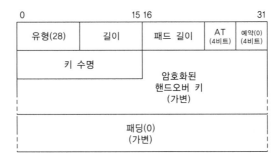

**그림 8-62** 핸드오버 키 응답(Handover Key Reply) 옵션은 SEND로 보호되는 FMIPv6 시그널링과 함께 사용된다. 그리고 모바일 노드의 공개 키를 사용해 암호화된 대칭 핸드오프 키를 제공한다. 대응 개인 키를 소유한 모바일 노드만이 옵션을 복호화해서 키를 복원할 수 있다.

패드 길이 필드와 AT 필드는 핸드오버 키 요청<sup>Handover Key Request</sup> 옵션에서와 같은 값을 갖는다. 키 수명 필드는 핸드오버 키의 유효 시간을 초 단위로 나타낸다(기본값은 HK-LIFETIME 또는 43200초) 암호화된 핸드오버<sup>Encrypted Hand-over</sup> 키 필드는 모바일 노드의 핸드오버 키 암호화 키를 사용해 암호화된 대칭 키(18장 참조)를 표시한다. 부호화 형식은 RSAES-PKCS1-v1_5<sup>[RFC3447]</sup>다. 패딩 영역은 옵션의 길이가 8의 배수가 되게 0으로 채우는 바이트다

### 8.5.6.22 DNS 검색 목록 옵션(유형 31)

DNS 검색 목록<sup>DNSSL, DNS Search List</sup> 옵션<sup>[RFC6106]</sup>은 호스트가 발행할 수 있는 DNS 조회에 추가되는 도메인 네임 확장의 목록을 표시한다. 검색 목록은 초기화 시에 호스트에게 제공될 수 있는 DNS 설정 정보의 일부다. DNSSL 옵션의 형식은 그림 8-63에서 보여준다.

수명 필드는 메시지가 보내진 지 얼마나 오래 도메인 검색 목록이 유효한 것으로 간주되는

지 초 단위로 나타낸다. 도메인 네임 검색 목록은 부분 문자열로부터 완전한 FQDN을 설정할 때 기본값으로 사용될(압축되지 않은) 도메인 네임 확장의 목록을 포함한다(11장 참조).

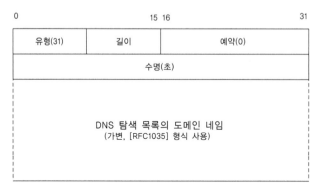

**그림 8-63** DNS 탐색 목록 옵션은 호스트의 DNS 매개변수를 설정할 때 사용되는 도메인 네임 확장의 기본값들의 목록을 제공한다. 부호화 형식은 DNS 이름을 부호화할 때와 같은 것을 사용한다(11장 참조).

### 8.5.6.23 실험적인 값(유형 253, 254)

이 값들은 [RFC3692]에 설명한 것처럼 단지 실험용으로 사용된다.

## 8.6 ICMPv4와 ICMPv6의 변환

7장에서 우리는 [RFC6144]와 [RFC6145]에 기반한 IPv4/IPv6 변환 프레임워크를 논의하고, IP 헤더가 어떻게 변환되는지 살펴 봤다. ICMPv4와 ICMPv6을 상호 변환하는 방법은 [RFC6145]에도 설명돼 있다. ICMP를 변환할 때 IP와 ICMP 헤더 모두 변환된다(즉, 수정 및 교체된다). 또, 내부적으로 문제를 일으킨 패킷 헤더와 데이터를 포함하는 ICMP 오류 메시지는 그 (문제를 일으킨) 데이터그램의 헤더가 변환된 값을 포함하고 있다. 유형 및 코드 번호의 매핑뿐 아니라, 단편화, MTU 크기, 검사합 계산과 관련해서 추가적인 고려 사항들이 있다. ICMPv6가 네트워크 계층의 정보를 포괄하는 유사헤더pseudo-header 검사합을 사용하는 반면, ICMPv4 검사합은 ICMPv4 정보만 갖고 계산된다는 점을 기억하자.

## 8.6.1 ICMPv4를 ICMPv6로 변환

ICMPv4 정보성 메시지를 ICMPv6로 변환할 때 에코 요청과 에코 응답 유형만 변환된다. 변환을 실행하면 유형 값(8과 0)은 값 128과 129로 각기 변환된다. 이 변환 후에 ICMPv6 유사 헤더 검사합이 계산 및 적용된다. ICMPv4 오류 메시지들을 변환할 때 목적지 도달 불가(유형 3), 시간 초과(유형 11), 매개변수 문제(유형 12) 오류 메시지들만 변환된다. 표 8-6은 변환에 사용되는 유형과 코드 값 매핑을 보여준다. 이 표에 보이지 않는 유형과 코드는 변환되지 않으며, 변환됐어야 함에도 변환되지 않은 채로 수신된 패킷은 폐기된다.

**표 8-6** ICMPv4 오류 메시지들을 ICMPv6로 변환하는 데 사용되는 유형과 코드

| ICMPv4 유형/코드 | ICMPv4 서술적 이름 | ICMPv6 유형/코드 | ICMPv6 서술적 이름(주의 사항) |
|---|---|---|---|
| 3/0 | 목적지 도달 불가 – 네트워크 | 1/0 | 목적지 도달 불가 – 경로 없음 |
| 3/1 | 목적지 도달 불가 – 호스트 | 1/0 | 목적지 도달 불가 – 경로 없음 |
| 3/2 | 목적지 도달 불가 – 프로토콜 | 4/1 | 매개변수 문제 – 인식할 수 없는 다음 헤더(포인터를 다음 헤더로 표시) |
| 3/3 | 목적지 도달 불가 – 포트 | 1/4 | 목적지 도달 불가 – 포트 |
| 3/4 | 목적지 도달 불가 – 단편화가 요구됨 (PTB) | 2/0 | PTB(MTU 필드값을 더 큰 IPv6 헤더의 길이로 반영함) |
| 3/5 | 목적지 도달 불가 – 발신지 경로 설정 실패 | 1/0 | 목적지 도달 불가 – 경로 없음(거의 발생하지 않음) |
| 3/{6,7} | 목적지 도달 불가 – 목적지 네트워크/호스트 모름 | 1/0 | 목적지 도달 불가 – 경로 없음 |
| 3/8 | 목적지 도달 불가 – 발신지 호스트가 격리됨 | 1/0 | 목적지 도달 불가 – 경로 없음 |
| 3/{9,10} | 목적지 도달 불가 – 목적지 네트워크/호스트가 관리자에 의해 금지됨 | 1/1 | 목적지 도달 불가 – 관리자에 의해 금지된 목적지와 통신 |
| 3/{11,12} | 목적지 도달 불가 – ToS 불가능 | 1/0 | 목적지 도달 불가 – 경로 없음 |
| 3/13 | 목적지 도달 불가 – 관리자에 의해 금지됨 | 1/1 | 목적지 도달 불가 – 관리자에 의해 금지된 목적지와 통신 |

| ICMPv4 유형/코드 | ICMPv4 서술적 이름 | ICMPv6 유형/코드 | ICMPv6 서술적 이름(주의 사항) |
|---|---|---|---|
| 3/14 | 목적지 도달 불가 – 호스트 우선순위 위반 | N/A | (폐기) |
| 3/15 | 목적지 도달 불가 – 실질적으로 선행 컷오프 | 1/1 | 목적지 도달 불가 – 관리자에 의해 금지된 목적지와 통신 |
| 11/{0,1} | 시간 초과 – TTL, 단편화 재조립 | 3/{0,1} | 시간 초과(코드는 변하지 않는다) |
| 12/0 | 매개변수 문제 – 포인터가 오류의 바이트 오프셋을 포함함 | 4/0 | 매개변수 문제 – 오류가 있는 헤더 필드를 만남(포인터를 표 8-7에 따라 갱신) |
| 12/1 | 매개변수 문제 – 옵션 누락 | N/A | (폐기) |
| 12/2 | 매개변수 문제 – 잘못된 길이 | 4/0 | 매개변수 문제 – 오류가 있는 헤더 필드를 만남(포인터를 표 8-7에 따라 갱신) |

표 8-6에서 포인터[Pointer] 필드가 문제가 발생한 위치의 바이트 오프셋[offset]을 나타내는 매개변수 문제[Parameter Problem] 메시지인 경우, IPv6 포인터 필드에 적절한 값을 찾기 위한 추가 매핑이 요구된다. 표 8-7은 이 매핑을 나타낸다.

헤더 변환 외에도 ICMPv4 오류 메시지에 운반된 문제 유발 데이터그램도 IPv4/IPv6 변환 규칙에 따라 변환된다. 이때문에 내부 변환이 수행되지 않을 때에 비해서 ICMPv6 데이터그램의 크기가 많이 달라진다는 점에 주목하자. 이런 효과를 반영하기 위해서 기초 IPv6 헤더의 전체 길이[Total Length] 필드의 값이 바뀐다. 이러한 내부 변환은 1번만 가능하다. 추가로 내부 헤더가 발견되면 변환 중이던 패킷은 폐기된다. 일반적으로 ICMP 메시지가 아닌 패킷의 변환에 실패하면 ICMPv4 목적지 도달 불가 – 관리 목적으로 통신 금지[Destination Unreachable—Communication Administratively Prohibited] (코드13) 메시지가 그 패킷의 발신자에게 보내진다.

**표 8-7** ICMPv4 매개변수 문제 메시지들을 ICMPv6로 변환할 때 사용되는 포인터(Pointer) 필드 매핑

| IPv4 포인터 값 | IPv4 헤더 필드 | IPv6 포인터 값 | IPv6 헤더 필드 |
|---|---|---|---|
| 0 | 버전/IHL | 0 | 버전/DS 필드/ECN(트래픽 클래스) |
| 1 | DS 필드/ECN(ToS) | 1 | DS 필드/ECN (트래픽 클래스)/흐름 레이블 |

| IPv4 포인터 값 | IPv4 헤더 필드 | IPv6 포인터 값 | IPv6 헤더 필드 |
| --- | --- | --- | --- |
| 2, 3 | 전체 길이 | 4 | 페이로드 길이 |
| 4, 5 | 식별자 | N/A | |
| 6 | 플래그/단편 오프셋 | N/A | |
| 7 | 단편 오프셋 | N/A | |
| 8 | TTL | 7 | 홉 제한 |
| 9 | 프로토콜 | 6 | 다음 헤더 |
| 10, 11 | 헤더 검사합 | N/A | |
| 12-15 | 발신지 IP 주소 | 8 | 발신지 IP 주소 |
| 16-19 | 목적지 IP 주소 | 24 | 목적지 IP 주소 |

IPv6(7장 참조)로 변환되는 다른 IPv4 트래픽처럼 DF 비트 필드가 설정되지 않고 수신된 패킷은 단편Fragemts 헤더를 포함하는 하나 이상의 IPv6 패킷들로 변환되는데, 이 단편 패킷들의 크기는 IPv6 최소 MTU를 넘지 않는다. 이것은 IPv4 라우터는 (ICMPv4 트래픽을 포함하는) IPv4 트래픽을 단편화할 수 있지만 IPv6 라우터는 그렇게 할 수 없기 때문이다. ICMPv4 PTB 메시지들은 IPv6 최소 링크 MTU인 1,280바이트보다 적은 MTU를 포함하는 ICMPv6 PTB 메시지들로 변환될 필요가 있다. 제대로 동작하는 IPv6 스택은 이러한 메시지들을 모두 처리할 수 있어서 후속 데이터그램들은 단편 헤더를 포함한 채로 동일 목적지로 보내진다.

## 8.6.2 ICMPv6를 ICMPv4로 변환

ICMPv6 정보성 메시지 중에서 에코 요청(유형 128)과 에코 응답(유형 129) 메시지들은 ICMPv4 에코 요청(유형 8)과 에코 응답(유형 0) 메시지로 각기 변환된다. 이러한 유형 값 변화와 유사 헤더 계산의 불필요함을 반영해 검사합이 갱신된다. 다른 정보성 메시지는 폐기된다. 표 8-8은 오류 메시지를 변환할 때 ICMPv6 메시지와 ICMPv4 메시지 간의 유형과 코드 번호 매핑을 보여준다.

이번에도 매개변수 문제Parameter Problem 메시지와 함께 사용되는 포인터Pointer 필드는 특수한 처리를 필요로 한다. 표 8-9는 ICMPv6를 ICMPv4로 변환할 때 이 매핑이 어떻게 되는지 보여준다.

ICMPv4 검사합은 유사 헤더를 사용하지 않기 때문에, 검사합에 중립적이지 않은[non-checksum-neutral] 주소 변환이 수행될 경우 헤더 변환 시에 검사합의 값을 적절하게 바꿔줘여 한다는 점에 주의하자. 게다가 내부 IPv6 데이터그램은 IPv4 주소로 변환할 수 없는 주소를 포함할 수도 있기 때문에 상태 기반[stateful] 변환이 요구된다(7장 참조).

표 8-8 ICMPv6 오류 메시지들을 ICMPv4로 변환할 때 사용되는 유형과 코드 매핑

| ICMPv6 유형/코드 | ICMPv6 서술적 이름 | ICMPv4 유형/코드 | ICMPv4 서술적 이름(주의사항) |
|---|---|---|---|
| 1/0 | 목적지 도달 불가 - 경로 없음 | 3/1 | 목적지 도달 불가 - 호스트 |
| 1/1 | 목적지 도달 불가 - 관리자에 의해 금지된 목적지와의 통신 | 3/10 | 목적지 도달 불가 - 목적지 호스트가 관리자에 의해 금지됨 |
| 1/2 | 목적지 도달 불가 - 발신지 주소가 범위를 벗어남 | 3/1 | 목적지 도달 불가 - 호스트 |
| 1/3 | 목적지 도달 불가 - 주소 | 3/1 | 목적지 도달 불가 - 호스트 |
| 1/4 | 목적지 도달 불가 - 포트 | 3/3 | 목적지 도달 불가 - 포트 |
| 2/0 | PTB(MTU 필드를 더 큰 IPv6 헤더의 크기로 반영) | 3/4 | 목적지 도달 불가 - 단편화가 요구됨(PTB) |
| 3/{0,1} | 시간 초과 - 홉 제한, 단편화 재조립 | 11/{0,1} | 시간 초과 - TTL, 단편화 재조립(코드 값은 변경 없음) |
| 4/0 | 매개변수 문제 - 오류가 있는 헤더를 만남 | 12/0 | 매개변수 문제 - 포인터는 오류의 바이트 오프셋을 포함(표 8-7에서처럼 포인터 수정) |
| 4/1 | 매개변수 문제 - 인식할 수 없는 다음 헤더 | 3/2 | 목적지 도달 불가 - 프로토콜(포인터를 프로토콜 필드로 설정) |
| 4/2 | 매개변수 문제 - 인식할 수 없는 IPv6 옵션을 만남 | N/A | (폐기) |
| 16-19 | 목적지 IP 주소 | 24 | 목적지 IP 주소 |

| IPv6 포인터 값 | IPv6 헤더 필드 | IPv4 포인터 값 | IPv4 헤더 필드 |
|---|---|---|---|
| 0 | 버전/DS 필드/ECN(트래픽 클래스) | 0 | 버전/IHL/DS 필드/ECN(ToS) |
| 1 | DS 필드/ECN(트래픽 클래스)/흐름 레이블 | 1 | DS 필드/ECN(ToS) |
| 2, 3 | 흐름 레이블 | N/A | |
| 4, 5 | 페이로드 길이 | N/A | |
| 6 | 다음 헤더 | 9 | 프로토콜 |
| 7 | 홉 제한 | 8 | TTL |
| 8-23 | 발신지 IP 주소 | 12 | 발신지 IP 주소 |
| 24-39 | 목적지 IP 주소 | 16 | 목적지 IP 주소 |

패킷 크기의 차이를 처리할 때는 IPv6 데이터그램에는 '단편화 금지' 표시가 없으며 ('단편화 금지'가 언제나 암묵적으로 참이다) 라우터가 단편화를 수행할 수 없음을 잊지 말자. 따라서 변환기에 도착한 IPv6 패킷이 다음 홉에 도달하는 데 사용되는 IPv4 인터페이스의 MTU 값에 맞지 않으면 그 패킷은 폐기되고, 적절한 ICMPv6 PTB 메시지가 해당 데이터그램을 보낸 IPv6 발신지로 전송된다.

## 8.7 ICMP와 관련된 공격

ICMP와 관련된 공격의 유형은 크게 범람[flood], 폭탄[bomb], 정보 노출[information disclosure]의 3가지로 나뉜다. 범람은 대규모로 생성된 트래픽이 하나 이상의 컴퓨터에 DoS 공격을 유도하는 것이고, 폭탄(핵폭탄[nuke]이라고 부르기도 한다)은 IP 혹은 ICMP 처리가 멈춰버리도록 특별하게 만들어진 메시지를 보내는 것을 의미한다. 정보 노출 공격은 그 자체로는 해가 없지만, 해커가 신속하고 은밀하게 다른 공격 방법을 알아내는데 사용될 수 있다. TCP에 대한 ICMP 공격은 별도로 문서화돼 있다[RFC5927].

과거의 ICMP 관련 공격 중에 스머프[smurf] 공격이라는 것이 있다. 이것은 브로드캐스트 주소를 목적지로 하는 ICMPv4를 사용해 대량의 컴퓨터가 응답을 보내도록 유도하는 것이다. 이것을 빠른 속도로 실행하면 DoS 공격이 되는데, 컴퓨터들이 ICMP 트래픽을 처리하느라 다른 일을 할 수 없게 되기 때문이다. 일반적으로 이 공격은 발신지 IP 주소를 공격대상 컴퓨터의 주소로 설정한다. 브로드캐스트 ICMP 주소를 수신한 컴퓨터들은 동시에 ICMP 메시지 내의 발신지 주소(즉 공격 대상의 주소)로 응답을 보낸다. 방화벽 경계에서 브로드캐스트 트래픽의 통과를 허용하지 않음으로써 이 공격을 쉽게 방지할 수 있다.

ICMPv4 에코 요청/응답Echo Request/Reply (ping) 메시지를 사용하면, 재조립 시에 지나치게 거대한(최대 크기인 64KB를 초과하는) IPv4 데이터그램이 만들어지게 패킷 단편들을 생성할 수 있다. 이 공격은 시스템 정지를 일으키는 데 사용돼 왔으며 또 다른 형태의 DNS 공격에 해당한다. 죽음의 핑ping of death 공격이라고 부르기도 한다. 이와 어느 정도 관련있는 공격 중에 IPv4 헤더의 단편 오프셋Fragment Offset 필드를 변경해서 IPv4 단편 재조립 경로 내에 오류를 유발하는 것이 있으며 이를 티어드롭teardrop 공격이라고 부른다.

ICMP 메시지가 서로 다른 발신지 주소와 목적지 주소를 갖고 있을 것이라는 가정을 악용하는 공격도 있다. 랜드Land 공격에서는 발신지와 목적지 주소가 모두 공격 대상 노드의 주소로 설정된 ICMP 메시지를 보낸다. 이러한 메시지를 수신할 때 제대로 대처하지 못하는 구현들이 가끔 보인다.

종단 시스템이 부정확한 시스템을 다음 홉Next-Hop 라우터로서 사용하도록 유도하는 데 ICMP 재지정Redirect 기능이 사용될 수 있다. 수신된 ICMP 재지정 메시지가 실제로 기본 라우터에서 보낸 것임을 확인하기 위해서 다양한 검사들이 수행되지만, 그래도 메시지가 진짜임을 완벽히 보장할 수는 없다. 이 공격에서는 트래픽의 흐름 내에 중간자man-in-the-middle(18장 참조)가 삽입돼서 트래픽을 기록 및 분석할 뿐 아니라 심지어 원치 않는 동작을 수행하도록 트래픽을 수정한다. 이것은 ARP 포이즈닝poisoning 공격(4장 참조)과 유사한 효과를 낼 수 있다. 또 공격 대상 노드로 하여금 자기자신이 목적지로 연결되는 우선순위 게이트웨이라고 믿게 만드는 데도 사용된다. 이렇게 되면 무한 루프가 발생하고 해당 노드는 루프에 갇혀버린다.

ICMP 라우터 광고 및 라우터 요청 메시지를 사용해서 재지정 공격과 비슷한 공격을 수행할 수 있다. 특히 공격 대상 시스템이 기본 경로default route로 감염된 기계를 가리키도록 유도할 수 있다. 또 이 메시지들을 단순히 수신만 해도 공격자는 로컬 네트워크 환경의 토폴로지를 학습할 수 있다. 악의적이든 우연이든 이러한 "불량배rogue RA" 문제는

[RFC6104]에 자세히 기술돼 있다.

ICMP는 서로 협업하고자 하는 공격자 프로그램들 사이의 통신 채널로서 사용될 수 있다. TFN<sup>Tribe Flood Network</sup> 공격에서 ICMP는 컴퓨터를 감염시킨 바이러스들 간의 협업 도구로서 사용된다.

ICMP 목적지 도달 불가<sup>Destination Unreacheable</sup> 메시지들은 기존 연결(예를 들면 TCP 연결)에 DoS(서비스 거부)를 일으킬 수 있다. 그래서 일부 구현에서는 어떤 IP 주소로부터 호스트 도달 불가, 포트 도달 불가, 프로토콜 도달 불가 메시지를 수신하면 그 IP 주소와 관련된 모든 전송 계층 연결을 닫아버린다. 이러한 공격을 스맥<sup>smack</sup> 혹은 블룹<sup>bloop</sup> 공격이라고도 부른다.

(정상적인 운영에서는 더 이상 사용되지 않는) ICMP 타임스탬프 요청/응답 메시지는 호스트의 현재 시간을 알아내는데 사용될 수 있다. 상당수의 보안 기법들이 무작위 키값을 사용하는 암호화에 기반하기 때문에 무작위 값을 얻는 방법이 드러나면 암호화에 사용되는 유사<sup>pseudo</sup> 난수의 순서를 외부에서 예측할 수 있게 되고(그렇기 때문에 진짜 난수가 아니라 유사 난수이다), 제3자는 키 값을 예측해서 통신을 가로챌 수 있다(TCP에 대해서는 13장을, 난수에 대한 논의는 18장을 참조). 많은 난수가 현재 시간을 바탕으로 생성되기 때문에 호스트의 정확한 시간이 노출되면 문제가 될 수 있다.

또 다른 공격으로서 PTB 메시지의 변경이 있다. 앞서 설명했듯이 이 메시지는 권장 MTU 값을 나타내는 필드를 포함한다. 이 필드는 TCP와 같은 전송 계층 프로토콜이 패킷 크기를 선택하는 데 사용되는데 공격자가 이 값을 변경하면 종단점의 TCP가 아주 작은 패킷으로(따라서 느린 속도로) 실행되게 만들 수 있다.

이런 공격들의 대부분은 현대의 주요 운영체제들이 ICMP 구현을 개선함으로써 효과를 잃게 됐다. 하지만 암호화를 사용하지 않으면, 스푸핑 혹은 위장 공격은 여전히 가능하다. 암호화 기법을 사용하는 프로토콜(예:SEND)은 높은 수준의 보안을 제공하지만 설치가 상당히 복잡하며 문제 발생시 분석하기가 까다롭다.

## 8.8 정리

이번 장에서 우리는 모든 IP 구현에서 필수적으로 요구되는 ICMP(인터넷 제어 메시지 프로토콜, ICMPv4와 ICMPv6)을 살펴 봤다. ICMP 메시지는 IP 데이터그램 내에서 운반되며 지금까지 논의된 것들 중에서 단대단$^{end-to-end}$ 검사합(ICMPv6의 경우에는 유사 헤더 검사합)을 운반하는 첫 번째 메시지이다. ICMP 메시지는 크게 오류 메시지와 정보성 메시지로 구분된다. 메시지 범람을 예방하기 위해서 대체로 문제성 ICMP 오류 메시지에 대한 응답으로서 ICMP 오류 메시지가 생성되지는 않는다. IP를 위해서 ICMP는 제한된 수준의 정보 및 오류 보고 기능을 제공할 뿐이다. 하지만 널리 쓰이는 도구인 ping과 traceroute 명령을 지원하기 위해서 에코 요청/응답 및 시간 초과 메시지가 중요하게 사용된다. (겉으로 잘 드러나지는 않지만) 중요한 기타 메시지로서 경로 MTU 탐색의 적절한 운영과 효율적 라우터 선택을 위해 필요한 목적지 도달 불가, PTB, 재지정 메시지 등이 있다.

우리는 ICMP 목적지 도달 불가, 재지정, 에코 요청/응답 메시지를 꽤 자세히 다뤘다. 또 꽤 자주 접하는 ICMP 포트 도달 불가 오류 메시지도 보았다. 덕분에 우리는 ICMP 오류 내에 포함돼 반환되는 정보 즉 IP 헤더 및 (오류 메시지를 쪼개지 않는 한도에서 최대한) 문제를 일으킨 IP 데이터그램을 조사할 수 있다. ICMP 오류의 수신자는 이런 정보를 통해서 오류 원인을 더 자세히 알고 오류 메시지를 적절한 프로세스 혹은 프로세스 구현으로 보낼 수 있다. 추가적인 정보(예:MPLS 태그 혹은 다음-홉 라우터 정보)를 운반하기 위해서 ICMP 메시지에 적용될 수 있는 확장 기능도 있다.

ICMPv6는 IPv4의 ICMPv4보다 훨씬 더 복잡하고 IPv6에서의 중요도가 높다. IPv6 시스템의 기본적인 설정과 운영에 필수적이기 때문이다. ICMPv6는 유용한 ICMPv4 메시지의 대부분(예를 들면 목적지 도달 불가, 시간 초과, 단편화 필요, 에코 요청/응답 등)을 포함할 뿐 아니라 ND를 처리하고(IPv4의 ARP와 비슷한 역할), IPv6 노드가 온링크 호스트 및 기본 라우터를 발견하게 해주며 MIPv6 노드를 위한 발견 서비스와 동적 설정을 제공한다. 또 ICMPv6는 멀티캐스트 그룹 소속을 관리하는 데도 사용되는데, IPv4에서는 이 기능이 IGMP 프로토콜을 통해서 수행됐다. 이들에 대해서는 9장에서 살펴볼 것이다. ICMPv6는 ND와 함께 사용되는 옵션들을 풍부하게 정의하는데 이 중 일부는 필수 옵션이다. ICMPv6가 수많은 메시지에 사용돼 공격 대상이 되기 쉬우므로 암호화로 생성된 주소(CGA)를 사용해 주소를 검증함으로써 보안을 강화된 변형(SEND)이 존재한다. CGA는 그 자체로 흥미로운 주제로 SEND 이외의 프로토콜에서도 사용된다.

# 8.9 참고 자료

- **[A03]** T. Aura, "Cryptographically Generated Addresses (CGA)," Proc. 6th Information Security Conference (ISC), Oct. 2003.

- **[ICMP6TYPES]** http://www.iana.org/assignments/icmpv6-parameters

- **[ICMPTYPES]** http://www.iana.org/assignments/icmp-parameters

- **[PING]** http://ftp.arl.army.mil/~mike/ping.html

- **[RFC0792]** J. Postel, "Internet Control Message Protocol," Internet RFC 0792/STD 0005, Sept. 1981.

- **[RFC1122]** R. Braden, ed., "Requirements for Internet Hosts-Communication Layers," Internet RFC 1122/STD 0003, Oct. 1989.

- **[RFC1191]** J. C. Mogul and S. E. Deering, "Path MTU Discovery," Internet RFC 1191, Nov. 1990.

- **[RFC1256]** S. Deering, ed., "ICMP Router Discovery Messages," Internet RFC 1256, Sept. 1991.

- **[RFC1350]** K. Sollins, "The TFTP Protocol (Revision 2)," Internet RFC 1350/STD 0033, July 1992.

- **[RFC1812]** F. Baker, ed., "Requirements for IP Version 4 Routers," Internet RFC 1812, June 1995.

- **[RFC2004]** C. Perkins, "Minimal Encapsulation within IP," Internet RFC 2004, Oct. 1996.

- **[RFC2349]** G. Malkin and A. Harkin, "TFTP Timeout Interval and Transfer Size Options," Internet RFC 2349, May 1998.

- **[RFC2460]** S. Deering and R. Hinden, "Internet Protocol, Version 6 (IPv6) Specification," Internet RFC 2460, Dec. 1998.

- **[RFC2491]** G. Armitage, P. Schulter, M. Jork, and G. Harter, "IPv6 over Non- Broadcast Multiple Access (NBMA) Networks," Internet RFC 2491, Jan. 1999.

- **[RFC2710]** S. Deering, W. Fenner, and B. Haberman, "Multicast Listener Discovery (MLD) for IPv6," Internet RFC 2710, Oct. 1999.

- **[RFC3024]** G. Montenegro, ed., "Reverse Tunneling for Mobile IP, Revised," Internet RFC 3024, Jan. 2001.

- **[RFC3122]** A. Conta, "Extensions to IPv6 Neighbor Discovery for Inverse Discovery Specification," Internet RFC 3122, June 2001.

- **[RFC3447]** J. Jonsson and B. Kaliski, "Public-Key Cryptography Standards (PKCS) #1: RSA Cryptography Specifications Version 2.1," Internet RFC 3447 (informational), Feb. 2003.

- **[RFC3519]** H. Levkowetz and S. Vaarala, "Mobile IP Traversal of Network Address Translation (NAT) Devices," Internet RFC 3519, Apr. 2003.

- **[RFC3543]** S. Glass and M. Chandra, "Registration Revocation in Mobile IPv4," Internet RFC 3543, Aug. 2003.

- **[RFC3590]** B. Haberman, "Source Address Selection for the Multicast Listener Discovery (MLD) Protocol," Internet RFC 3590, Sept. 2003.

- **[RFC3692]** T. Narten, "Assigning Experimental and Testing Numbers Considered Useful," Internet RFC 3692/BCP 0082, Jan. 2004.

- **[RFC3704]** F. Baker and P. Savola, "Ingress Filtering for Multihomed Networks," Internet RFC 3704/BCP 0084, Mar. 2004.

- **[RFC3756]** P. Nikander, ed., J. Kempf, and E. Nordmark, "IPv6 Neighbor Discovery (ND) Trust Models and Threats," Internet RFC 3756 (informational), May 2004.

- **[RFC3810]** R. Vida and L. Costa, eds., "Multicast Listener Discovery Version 2 (MLDv2) for IPv6," Internet RFC 3810, June 2004.

- **[RFC3971]** J. Arkko, ed., J. Kempf, B. Zill, and P. Nikander, "SEcure Neighbor Discovery (SEND)," Internet RFC 3971, Mar. 2005.

- **[RFC3972]** T. Aura, "Cryptographically Generated Addresses (CGA)," Internet RFC 4972, Mar. 2005.

- **[RFC4191]** R. Draves and D. Thaler, "Default Router Preferences and More-Specific Routes," Internet RFC 4191, Nov. 2005.

- **[RFC4286]** B. Haberman and J. Martin, "Multicast Router Discovery," Internet RFC 4286, Dec. 2005.

- **[RFC4389]** D. Thaler, M. Talwar, and C. Patel, "Neighbor Discovery Proxies (ND Proxy)," Internet RFC 4389 (experimental), Apr. 2006.

- **[RFC4443]** A. Conta, S. Deering, and M. Gupta, ed., "Internet Control Message Protocol (ICMPv6) for the Internet Protocol Version 6 (IPv6) Specification," Internet RFC 4443, Mar. 2006.

- **[RFC4581]** M. Bagnulo and J. Arkko, "Cryptographically Generated Addresses (CGA) Extension Field Format," Internet RFC 4581, Oct. 2006.

- **[RFC4604]** H. Holbrook, B. Cain, and B. Haberman, "Using Internet Group Management Protocol Version 3 (IGMPv3) and Multicast Listener Discovery Protocol Version 2 (MLDv2) for Source-Specific Multicast," Internet RFC 4604, Aug. 2006.

- **[RFC4607]** H. Holbrook and B. Cain, "Source-Specific Multicast for IP," Internet RFC 4607, Aug. 2006.

- **[RFC4727]** B. Fenner, "Experimental Values in IPv4, IPv6, ICMPv4, ICMPv6, UDP, and TCP Headers," Internet RFC 4727, Nov. 2006.

- **[RFC4857]** E. Fogelstroem, A. Jonsson, and C. Perkins, "Mobile IPv4 Regional Registration," Internet RFC 4857 (experimental), June 2007.

- **[RFC4861]** T. Narten, E. Nordmark, W. Simpson, and H. Soliman, "Neighbor Discovery for IP Version 6 (IPv6)," Internet RFC 4861, Sept. 2007.

- **[RFC4884]** R. Bonica, D. Gan, D. Tappan, and C. Pignataro, "Extended ICMP to Support Multi-Part Messages," Internet RFC 4884, Apr. 2007.

- **[RFC4890]** E. Davies and J. Mohacsi, "Recommendations for Filtering ICMPv6 Messages in Firewalls," Internet RFC 4890 (informational), May 2007.

- **[RFC4950]** R. Bonica, D. Gan, D. Tappan, and C. Pignataro, "ICMP Extensions for Multiprotocol Label Switching," Internet RFC 4950, Aug. 2007.

- **[RFC4982]** M. Bagnulo and J. Arkko, "Support for Multiple Hash Algorithms in Cryptographically Generated Addresses (CGAs)," Internet RFC 4982, July 2007.

- **[RFC5175]** B. Haberman, ed., and R. Hinden, "IPv6 Router Advertisement Flags Option," Internet RFC 5175, Mar. 2008.

- **[RFC5269]** J. Kempf and R. Koodli, "Distributing a Symmetric Fast Mobile IPv6 (FMIPv6) Handover Key Using SEcure Neighbor Discovery (SEND)," Internet RFC 5269, June 2008.

- **[RFC5461]** F. Gont, "TCP's Reaction to Soft Errors," Internet RFC 5461 (informational), Feb. 2009.

- **[RFC5508]** P. Srisuresh, B. Ford, S. Sivakumar, and S. Guha, "NAT Behavioral Requirements for ICMP," Internet RFC 5508/BCP 0148, Apr. 2009.

- **[RFC5535]** M. Bagnulo, "Hash-Based Addresses (HBA)," Internet RFC 5535, June 2009.

- **[RFC5568]** R. Koodli, ed., "Mobile IPv6 Fast Handovers," Internet RFC 5568, July 2009.

- **[RFC5790]** H. Liu, W. Cao, and H. Asaeda, "Lightweight Internet Group Management Protocol Version 3 (IGMPv3) and Multicast Listener Discovery Version 2 (MLDv2) Protocols," Internet RFC 5790, Feb. 2010.

- **[RFC5837]** A. Atlas, ed., R. Bonica, ed., C. Pignataro, ed., N. Shen, and JR. Rivers, "Extending ICMP for Interface and Next-Hop Identification," Internet RFC 5837, Apr. 2010.

- **[RFC5927]** F. Gont, "ICMP Attacks against TCP," Internet RFC 5927 (informational), July 2010.

- **[RFC5942]** H. Singh, W. Beebee, and E. Nordmark, "IPv6 Subnet Model: The Relationship between Links and Subnet Prefixes," Internet RFC 5942, July 2010.

- **[RFC5944]** C. Perkins, ed., "IP Mobility Support for IPv4, Revised," Internet RFC 5944, Nov. 2010.

- **[RFC6104]** T. Chown and S. Venaas, "Rogue IPv6 Advertisement Problem Statement," Internet RFC 6104 (informational), Feb. 2011.

- **[RFC6106]** J. Jeong, S. Park, L. Beloeil, and S. Madanapalli, "IPv6 Router Advertisement Options for DNS Configuration," Internet RFC 6106, Nov. 2010.

- **[RFC6144]** F. Baker, X. Li, C. Bao, and K. Yin, "Framework for IPv4/IPv6 Translation," Internet RFC 6144 (informational), Apr. 2011.

- **[RFC6145]** X. Li, C. Bao, and F. Baker, "IP/ICMP Translation Algorithm," Internet RFC 6145, Apr. 2011.

- **[RFC6273]** A. Kubec, S. Krishnan, and S. Jiang, "The Secure Neighbor Discovery (SEND) Hash Threat Analysis," Internet RFC 6273 (informational), June 2011.

- **[RFC6275]** C. Perkins, D. Johnson, and J. Arkko, "Mobility Support in IPv6," Internet RFC 6275, June 2011.

- **[SI]** http://www.iana.org/assignments/cga-message-types

# 09

# 브로드캐스팅과 로컬 멀티캐스팅

## 9.1 개요

2장에서 우리는 IP 주소에 4가지 종류 즉 유니캐스트, 애니캐스트, 멀티캐스트, 브로드 캐스트가 있다고 배웠다. IPv4는 이 4종류를 모두 사용하고, IPv6는 브로드캐스트를 제외한 나머지를 사용한다. 이번 장에서는 브로드캐스팅과 멀티캐스팅을 자세히 설명하는데, 링크 계층 주소를 사용해서 멀티캐스트 혹은 브로드캐스트 트래픽을 효율적으로 한 컴퓨터에서 다른 컴퓨터들로 보내는 방법을 다룰 것이다. 또, IGMP<sup>Internet Group Management Protocol[RFC3376]</sup>와 IPv6의 MLD<sup>Multicast Listener Discovery[RFC3810]</sup>에 대해서도 살펴본다. 이 프로토콜들은 서브넷에서 사용 중인 멀티캐스트 주소를 IPv4와 IPv6 라우터에게 알려주는 역할을 한다. 다만 인터넷과 같은 WAN 환경에서 멀티캐스트 라우팅을 구현하는 방법은 이 책에서 다루지 않는다. 현 시점에서 멀티캐스트는 WAN보다는 기업체나 LAN 환경에서 주로 쓰이고 있다. 비록 WAN 환경의 멀티캐스팅을 완벽히 이해하려면 이번 장에서 설명할 프로토콜들을 꼭 알아야 하지만 WAN 라우팅 프로토콜은 꽤 복잡하기 때문에 더욱 중요한 LAN 환경에서의 동작에 대한 설명을 꽤히 어렵게 만들 수 있다. 이 주제에 관심있는 독자라면 [EGW02]를 참고하자. 브로드캐스팅과 멀티캐스팅은 애플리케이션을 위해서 2개의 서비스를 제공한다. 하나는 패킷을 다수의 목적지로 전달하는 서비스이고 다른 하나는 클라이언트에 의한 서버 요청/발견 서비스이다.

- **다수의 목적지로 배달**

  많은 애플리케이션이 다수의 수신사로 정보를 전달한다. 예를 들면 대화식 화상회의, 다수의 수신자를 대상으로 하는 메일 혹은 뉴스 발송 등이 이런 애플리케이션에 해당한다. 최근 이런 유형의 서비스들은 브로드캐스팅이나 멀티캐스팅을 사용하지 않고 TCP를 사용하는 경향이 있다(모든 목적지에 별도의 복사본을 전달하므로 비효율적일 수 있다).

- **클라이언트에 의한 서버 요청**

  애플리케이션은 브로드캐스팅이나 멀티캐스팅을 사용해서 서버의 IP 주소를 모르고도 서버에 요청을 보낼 수 있다. 이 기능은 LAN 환경에 대한 정보가 거의 없는 상황에서 네트워크를 설정할 때 매우 유용하다. 예를 들어 노트북 PC는 DHCP(6장 참조)를 사용해서 자신의 초기 IP 주소를 얻고 가장 가까이에 위치하는 라우터를 찾을 수 있다.

브로드캐스팅과 멀티캐스팅 모두 이 중요한 기능을 제공할 수 있지만 일반적으로 멀티캐스팅이 더 선호된다. 멀티캐스팅은 특정 서비스 혹은 프로토콜을 지원하거나 사용하는 시스템만 포함하지만 브로드캐스팅은 그렇지 않기 때문이다. 브로드캐스트 요청은 브로드캐스트 범위 내에서 도달 가능한 모든 호스트에 영향을 미치는 반면 멀티캐스트 요청은 해당 요청에 관심 있을 가능성이 높은 호스트에게만 영향을 미친다. 앞으로 브로드캐스팅과 멀티캐스팅을 살펴보면서 이 개념을 더 잘 이해하게 될 것이다. 일단 지금은 브로드캐스트는 오버헤드가 높지만 단순하고, 멀티캐스트는 효율적이지만 복잡하다는 장단점을 갖는다는 것만 알아두자.

IPv4는 브로드캐스팅을 처음부터 지원했고 멀티캐스팅은 [RFC1112]부터 지원하기 시작했다. IPv6는 멀티캐스팅은 지원하지만 브로드캐스팅은 지원하지 않는다. 일반적으로 UDP 전송 프로토콜(10장)을 사용하는 사용자 애플리케이션만 브로드캐스팅과 멀티캐스팅을 이용한다. 1개의 메시지를 다수의 수신자에게 보내는 애플리케이션에게 중요한 기능이기 때문이다. 반면에 TCP는 연결 지향 프로토콜로서, 여기서는 (IP주소를 갖는) 2개의 호스트 간의 연결이 있고 각 호스트에는 (포트 번호를 갖는) 1개의 프로세스가 있다. 따라서 TCP는 유니캐스트와 애니캐스트 주소는 사용하지만(애니캐스트 주소는 유니캐스트 주소처럼 동작한다) 브로드캐스트와 멀티캐스트 주소는 사용하지 않는다.

**주의**

라우팅 프로토콜들, ARP, IPv6의 ND 등의 중요한 시스템 프로세스들도 브로드캐스팅과 멀티캐스팅을 사용한다. 과거에는 IP 멀티캐스팅 지원이 추가 기능이었기 때문에 사용자가 직접 설치해야 했지만, 지금은 운영체제에 기본으로 포함돼 있다. 멀티캐스팅은 IPv4에서는 중요하지만 선택적 기능이었으나, IPv6에서는 ND(8장 참조) 때문에 필수 기능이 됐다. ND는 유니캐스트 통신에서도 핵심 서비스이기 때문이다.

## 9.2 브로드캐스팅

브로드캐스팅은 네트워크의 모든 수신자에게 메시지를 보내는 것을 의미한다. 원칙적으로 브로드캐스팅은 단순하다. 라우터는 수신한 메시지의 복사본을 해당 메시지를 수신한 인터페이스를 제외한 나머지 모든 인터페이스를 통해서 내보내기만 하면 된다. 하지만 동일한 LAN에 다수의 호스트가 연결돼 있으면 약간 복잡해진다. 효율적인 브로드캐스팅을 위해서 링크 계층의 기능이 사용되기 때문이다.

이더넷처럼 링크 계층에서 브로드캐스팅을 지원하는 네트워크에 다수의 호스트들이 연결돼 있다고 하자. 이더넷 프레임은 발신지와 목적지의 MAC 주소(48비트값)를 포함한다. 통상적으로 IP 패킷은 1개의 호스트로 향하기 때문에 유니캐스트 주소가 사용돼 ARP 혹은 IPv6 ND를 사용해서 목적지의 MAC 주소를 알아낸다. 이처럼 유니캐스트 목적지로 프레임이 보내질 때, 두 호스트 간의 통신은 네트워크의 다른 호스트들에 아무 영향을 미치지 않는다. 스위치를 사용하는 이더넷 네트워크에서 이런 유형의 주소는 스위치와 브리지 내부의 캐시에서 확인할 수 있다(3장 참조). 하지만 호스트가 프레임을 네트워크(혹은 VLAN)의 다른 호스트들 전부에게 보내고자 할 때가 있으며 이를 브로드캐스트라고 부른다. 앞서 4장에서 ARP를 설명할 때 브로드캐스트 주소를 논의한 적이 있다.

### 9.2.1 브로드캐스트 주소 사용

이더넷 혹은 이와 유사한 네트워크에서 멀티캐스트 MAC 주소는 상위 바이트의 하위 비트가 켜져 있다. 이것을 16진수로 나타내면 `01:00:00:00:00:00`이다. 이더넷 브로드캐스트 주소 `ff:ff:ff:ff:ff:ff`는 이더넷 멀티캐스트 주소의 특별한 경우라고 생각할 수 있다. IPv4에서 로컬 서브넷의 브로드캐스트 주소는 호스트 부분이 모두 1이며, 특별한 주소 `255.255.255.255`는 로컬 네트워크 브로드캐스트 주소임을 2장에서 배운 바 있다

(255.255.255.255를 "한정limited" 브로드캐스트 주소라고도 부른다)

## 9.2.1.1 예제

리눅스에서 ifconfig 명령을 사용하면 각 인터페이스의 IPv4 서브넷 브로드캐스트 주소를 확인 또는 설정할 수 있다. 화면 출력은 아래와 같다.

```
Linux% ifconfig eth0
eth0      Link encap:Ethernet HWaddr 00:08:74:93:C8:3C
          inet addr:10.0.0.13 Bcast:10.0.0.127 Mask:255.255.255.128
          inet6 addr: 2001:5c0:9ae2:0:208:74ff:fe93:c83c/64
                   Scope:Global
          inet6 addr: fe80::208:74ff:fe93:c83c/64
                   Scope:Link
          UP BROADCAST RUNNING MULTICAST MTU:1500 Metric:1
          RX packets:426469 errors:0 dropped:0 overruns:1 frame:0
          TX packets:779338 errors:0 dropped:0 overruns:0 carrier:0
          collisions:298048 txqueuelen:1000
          RX bytes:44414543 (42.3 MiB) TX bytes:1094425223 (1.0 GiB)
          Interrupt:19 Base address:0xec00
```

여기서 주소 10.0.0.127은 eth0 장치가 연결된 네트워크에서 사용되는 (서브넷 범위의) 브로드캐스트 주소다. 이 주소는 네트워크 프리픽스(10.0.0.0/25)를 주소의 호스트 부분에 포함된 7(=32-25)개의 비트 1과 결합해서 얻어진 것이다. 즉, 10.0.0.0 OR 0.0.0.127 = 10.0.0.127 이다. 일부 시스템에서는 ipcalc라는 유틸리티를 사용해서 이 계산을 수행할 수 있다.

간단한 브로드캐스팅의 동작을 보기 위해서 ping 프로그램을 사용해서 ICMPv4 에코 요청 메시지를 ifconfig 명령의 출력에서 확인된 브로드캐스트 주소 10.0.0.127로 보내보자.

```
Linux# ping -b 10.0.0.127
WARNING: pinging broadcast address
PING 10.0.0.127 (10.0.0.127) 56(84) bytes of data
64 bytes from 10.0.0.6: icmp_seq=1 ttl=64 time=1.05 ms
64 bytes from 10.0.0.113: icmp_seq=1 ttl=64 time=1.55 ms (DUP!)
64 bytes from 10.0.0.120: icmp_seq=1 ttl=64 time=3.09 ms (DUP!)

--- 10.0.0.127 ping statistics --
1 packets transmitted, 1 received, +2 duplicates,
```

```
0% packet loss, time 0ms
```

이러한 유형의 브로드캐스트는 로컬 LAN(또는 VLAN)상의 모든 호스트에 영향을 미친다는 점을 8장에서 설명했다. 여기에서 네트워크상의 서로 다른 3개 호스트들이 응답했고, ping 프로그램에서 보낸 요청의 수보다 더 많은 응답을 받았다는 점을 알 수 있다(DUP! 표시). 사용되는 주소들을 살펴보기 위해 와이어샤크(그림 9-1 참조)를 활용해 동작을 조사해보자.

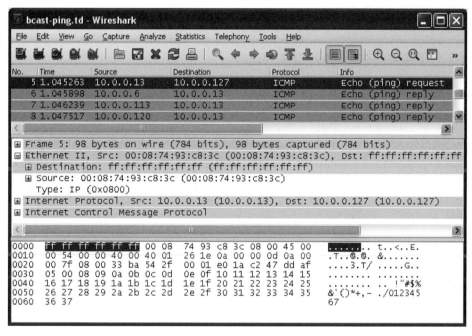

**그림 9-1** 로컬 서브넷의 브로드캐스트 주소로 보내지는 ICMPv4 에코 요청 메시지는 목적지 주소가 모두 1인 링크 계층 브로드캐스트 프레임 안에 캡슐화된다.

에코 요청 메시지가 **10.0.0.127**로 보내진다. IPv4 구현은 로컬 라우팅 정보와 인터페이스 설정 정보를 통해서 이 주소가 로컬 서브넷의 브로드캐스트 주소임을 알아내고, 링크 계층 브로드캐스트 주소 ff:ff:ff:ff:ff:ff로 데이터그램을 보낸다. 따라서 목적지의 MAC 주소를 알기 위해서 ARP 요청을 사용할 필요가 없다. 실제로 발신자는 응답을 수신하기 전에는 어떤 호스트가 응답을 할 지 알지 못한다. 다만 10.0.0.127이 브로드캐스트 주소이므로 발신할 때 브로드캐스트 링크 계층 주소를 목적지로 해야 한다는 것만 알

뿐이다. IP와 링크 계층 모두 발신지 주소는 통상적인 유니캐스트 주소이다. 멀티캐스트 주소는 목적지 주소로만 사용된다.

이번 예제에서 응답 메시지들은 원본 발신자의 유니캐스트 주소인 10.0.0.13으로 보내지며, 응답을 보내는 호스트들의 IPv4 주소인 10.0.0.6, 10.0.0.113, 10.0.0.120을 포함하고 있음에 주목하자. 이를 통해서 우리는 아직 모르는 시스템 혹은 서비스를 발견하는 용도로 브로드캐스트 주소를 (그리고 나중에 배우겠지만 멀티캐스트 주소도) 사용할 수 있음을 알 수 있다. 이번 예제의 경우 브로드캐스트 ping 요청을 보내고 이 에코 요청 메시지에 응답한 3개의 호스트를 발견할 수 있었다.

## 9.2.2 브로드캐스트 데이터그램 보내기

일반적으로 브로드캐스트를 사용하는 애플리케이션은 UDP 프로토콜(또는 ICMPv4 프로토콜)을 사용해서 API를 호출함으로써 트래픽 발신을 유발하는 것이 목적이다. 유일한 예외는 API를 호출할 때 특수한 플래그(SO_BROADCAST)를 사용해서 애플리케이션의 의도가 정말로 브로드캐스트 데이터그램을 보내는 것임을 표시하는 것이다. 예를 들어 리눅스에서 브로드캐스트 주소로 ping을 실행할 때 -b 플래그를 빼먹으면 아래의 결과를 볼 수 있다.

```
Linux% ping 10.0.0.127
Do you want to ping broadcast? Then -b
```

이 오류는 명령 라인에 -b 옵션이 있어야만 API를 통해 SO_BROADCAST 플래그가 제공되기 때문이다. 이것은 네트워크의 혼잡도를 높이는 브로드캐스트 트래픽이 실수로 만들어지지 않도록 예방한다.

브로드캐스팅에 어느 인터페이스를 사용할지 정하기 위해서 IPv4 포워딩 테이블(아래 예제 화면에서는 라우팅 테이블이라고 불린다)이 참조된다. 아래 출력은 인터페이스 목록 및 브로드캐스트 관련 라우팅 정보를 포함하는 윈도우 비스타에서의 라우팅 테이블 예다(이후의 윈도우에서도 동일한 형식을 사용한다. 그리고 혼동을 피하기 위해 화면에 출력되는 다른 정보는 생략했다).

```
C:\> netstat -rn
===========================================================================
Interface List
10 ...02 00 4c 4f 4f 50 ...... Microsoft Loopback Adapter
 9 ...00 13 02 20 b9 18 ...... Intel(R) PRO/Wireless 3945ABG Network
                               Connection
 8 ...00 14 22 f4 19 5f ...... Broadcom 440x 10/100 Integrated
                               Controller
 1 ......................... Software Loopback Interface 1
12 ...00 00 00 00 00 00 00 e0  Microsoft ISATAP Adapter
13 ...00 00 00 00 00 00 00 e0  Microsoft ISATAP Adapter #2
11 ...00 00 00 00 00 00 00 e0  isatap.
                               {2523E0D6-A8E2-42F1-8188-6AA108FEA1EA}
===========================================================================

IPv4 Route Table
===========================================================================
Active Routes:
Network Destination  Netmask           Gateway    Interface       Metric
0.0.0.0              0.0.0.0           10.0.0.1   10.0.0.57       25
10.0.0.127           255.255.255.255   On-link    10.0.0.57       281
127.255.255.255      255.255.255.255   On-link    127.0.0.1       306
169.254.255.255      255.255.255.255   On-link    169.254.57.240  286
255.255.255.255      255.255.255.255   On-link    127.0.0.1       306
255.255.255.255      255.255.255.255   On-link    169.254.57.240  286
255.255.255.255      255.255.255.255   On-link    10.0.0.57       281
```

출력의 첫 부분은 네트워크 트래픽 운반에 사용되는 7개의 네트워크 인터페이스들을 보여준다. 첫째는 가상 루프백virtual loopback 인터페이스이고, 둘째는 Wi-Fi 무선 인터페이스이며, 셋째는 유선 이더넷 인터페이스(연결이 끊겨 있음)이고, 넷째는 또 다른 루프백 인터페이스다. 나머지 3개는 비표준 ISATAPIntra-Site Automatic Tunnel Addressing Protocol[RFC5214] [RFC5579]의 일부로 사용된다. ISATAP은 IPv4 네트워크에 의해서 분리된 IPv6 호스트들을 지원하는 데 사용된다.

그다음에는 라우팅 테이블이 보인다. 브로드캐스트 트래픽을 어디로 보낼지 결정하는 데 사용되는 7개의 항목을 볼 수 있다. 첫 번째는 기본 경로default route로서 어느 목적지든 가능하다(마스크 0.0.0.0). 이것은 로컬 네트워크 범위를 넘어서 브로드캐스트하는 데 사용될 수 있다(단, 이 기능이 활성화돼 있을 경우만). 보안 상의 여러 문제 때문에 이처럼 로컬 네트워크 범위를 넘어가는 브로드캐스트 트래픽은 일반적으로 라우터들에 의해 차단된다.

그다음 3개는 주소가 각각 **10.0.0.57, 127.0.0.1, 169.254.57.240**인 인터페이스들에 대한 서브넷 브로드캐스트 주소다. 이 중에서 뒤에 2개는 소프트웨어 루프백 주소다. 호스트 부분의 비트가 모두 1인 값과 네트워크 프리픽스를 결합한 서브넷 브로캐스트 주소를 목적지 주소로 하고, 서브넷 마스크는 /32 또는 **255.255.255.255**인 것을 볼 수 있다. Gateway 열의 값이 On-link이므로, Interface 열의 인터페이스에서 직접 전달<sup>direct</sup> delivery(5장 참조) 방법으로 트래픽이 전달된다. 이 경우에 각각의 서브넷 브로드캐스트 주소에 대해서 매칭되는 경로가 1개뿐이므로 Metric 열의 값은 참조되지 않는다.

마지막 3개는 한정 브로드캐스트 주소인 **255.255.255.255**에 대한 라우팅 항목이다. 이 주소는 멀티캐스트 주소처럼 동작하는데, 직접 연결된 네트워크에서 사용 중인 주소와 직접적으로 관련이 없기 때문이다. 그래서 한정 브로드캐스트 주소로 향하는 트래픽을 보내기 위해서 어느 인터페이스를 사용해야 할지가 분명하지 않다. 아래 문단은 호스트 요구사항을 설명하는 RFC1122의 3.3.6절로서 거의 도움이 되지 않는다.

한정 브로드캐스트 주소로 보내야 할 데이터그램을 멀티홈<sup>multi-homed</sup> 호스트의 모든 인터페이스로에서 발신해야 하는지에 대해서 토론이 계속되고 있다. 이 RFC는 이 주제에 대해서 특정한 의견을 갖고 있지 않다.

이런 이유로 한정 브로드캐스트로 보내야 할 트래픽을 처리하는 방법은 운영체제마다 다르다. 대부분의 운영체제는 브로드캐스트 트래픽을 처리할 수 있는 인터페이스를 하나 선택한 뒤 그 인터페이스에서 발신한다. 리눅스와 FreeBSD가 이렇게 동작하는데, FreeBSD는 한정 브로드캐스트 주소를 주<sup>primary</sup> 인터페이스(즉, 최초로 설정된 인터페이스)의 서브넷 브로드캐스트 주소로 변환한다. 다만, 애플리케이션에서 IP_ONESBCAST API 옵션을 사용하면 이런 동작을 비활성화할 수 있다. 윈도우는 버전 별로 처리 방법이 다르다. 윈도우 2000까지는 한정 브로드캐스트 트래픽을 다수의 인터페이스를 통해서 보냈다. 하지만 윈도우XP부터는 기본적으로 1개의 인터페이스로만 보낸다. 이번 예제의 경우 한정 브로드캐스트 트래픽에 대응하는 항목이 둘 이상이기 때문에 그중에서 Metric 값이 가장 작은 10.0.0.57 인터페이스가 사용된다.

## 9.3 멀티캐스팅

브로드캐스팅으로 인한 오버헤드를 줄이기 위해서 트래픽을 받고자 하는 수신자에게만 보내는 것이 가능하며 이것을 멀티캐스팅multicasting이라고 한다. 멀티캐스팅은 발신자가 수신자를 지정하거나 수신자가 트래픽에 대한 관심을 표현함으로써 이뤄진다. 그러면 트래픽을 의도된 혹은 관심을 표시한 수신자에게만 보내는 것은 네트워크의 책임이다. 멀티캐스트 구현은 브로드캐스트보다 훨씬 어려운데, 어떤 트래픽이 어떤 수신자의 관심 대상인지에 관한 정보인 멀티캐스트 상태multicast state를 호스트와 라우터가 관리해야 하기 때문이다. TCP/IP 모형에서 수신자는 어떤 트래픽을 수신하고 싶어하는지를 나타내기 위해서 멀티캐스트 주소와 선택적 발신지 목록을 명시한다. 호스트와 라우터는 이 정보를 소프트 상태soft state(4장 참조)로서 관리하는데, 소프트 상태란 정기적으로 갱신되지 않으면 기한 만료로 삭제되는 정보라는 뜻이다. 정보가 삭제되면 멀티캐스트 트래픽의 전달이 중지되거나 브로드캐스트로 전환된다.

브로드캐스트의 비효율성은 WAN 환경에서 매우 심각할 수 있으며, WAN만큼은 아니더라도 LAN이나 회사 내부망에서도 문제가 될 수 있다. 동일한 LAN 혹은 VLAN에서 도달 가능한 모든 호스트가 브로드캐스트 패킷을 처리해야만 하기 때문이다. 하지만 IP 멀티캐스팅을 사용하면 더 효율적으로 업무를 수행할 수 있다. 통신에 관련돼 있거나 관심을 갖는 호스트만 해당 패킷을 처리하고, 트래픽은 사용될 링크에서만 운반되며 링크에는 멀티캐스트 다이어그램의 복사본이 1개만 있으면 되기 때문이다. 멀티캐스팅을 위해서는 통신에 참여하기 원하는 애플리케이션이 자신이 원하는 바를 프로토콜 구현에게 알릴 수 있는 메커니즘이 필요하다. 그러면 호스트 소프트웨어는 애플리케이션의 기준에 부합하는 패킷을 수신할 준비할 수 있다.

원래 IP 멀티캐스팅은 그룹 주소가 이더넷과 같은 링크 계층 네트워크에서 동작하는 방법을 기초로 했다. 이 방식에서 각각의 스테이션은 발신자에 상관하지 않으면서 트래픽을 수신할 그룹 주소를 선택한다. 이렇게 발신자가 누구든 상관하지 않기 때문에 이 방식을 ASMAny Source Multicase, 임의 발신자 멀티캐스트라고 부르기도 한다. 하지만 IP 멀티캐스팅이 점점 발전하면서 발신자의 신원에 민감한 새로운 방식이 개발됐는데 이를 SSMSource Specific Multicast, 특정 발신자 멀티캐스트[RFC4607]이라고 부른다. SSM에서 각 스테이션은 특정 발신자로부터 멀티캐스트 그룹으로 보내지는 트래픽을 명시적으로 포함 또는 제외할 수 있다. SSM

서비스 모델은 ASM보다 구현하기 쉬운데, WAN 환경에서는 다수의 발신자의 위치를 알아내는 것보다 단일 발신자의 위치를 알아내는 것이 더 쉽기 때문이다. 하지만 LAN 환경에서는 ASM과 SSM 지원에 차이가 없기 때문에 이 책에서는 둘을 함께 취급하며 차이점이 중요할 때만 별도로 설명할 것이다. 먼저 멀티캐스트를 지원하는 IEEE LAN 환경에서 IP 멀티캐스트 트래픽이 MAC 계층의 멀티캐스트 주소를 어떻게 이용하는지 알아보자.

## 9.3.1 IP 멀티캐스트 주소를 802 MAC/이더넷 주소로 변환

이더넷 등의 네트워크에서 유니캐스트 주소를 사용할 때, IPv4 주소에 대응하는 MAC 주소를 알아내기 위해서 일반적으로 ARP(4장 참조)가 사용된다. IPv6에서는 ND(8장 참조)가 이 역할을 담당한다. 앞서 브로드캐스트를 배울 때 우리는 LAN 또는 VLAN의 모든 스테이션에 언제나 도달 가능한 1개의 브로드캐스트 MAC 주소가 존재한다는 것을 배 웠다. 그렇다면 멀티캐스트 트래픽을 보내고 싶을 때는 링크 계층 프레임 내부에 어떤 목 적지 MAC 주소를 넣어야 할까? 이상적으로는 MAC 주소를 알아내기 위해서 프로토콜 메시지를 사용할 필요 없이 단지 IP 멀티캐스트 주소를 어떤 MAC 주소로 매핑만 할 수 있으면 좋을 것이다. 이것이 실제로 어떻게 가능할지 알기 위해서 IEEE802 네트워크 중 에서 이더넷과 와이파이 위주로 살펴보자. 이 네트워크들은 IP 멀티캐스팅이 가장 널리 사용되는 네트워크 유형을 대표하기 때문이다. 먼저 IPv4에서의 매핑 방법을 살펴보고, 그다음에는 IPv4와 약간 다른 IPv6에서의 방법을 알아볼 것이다.

링크 계층 네트워크에서 IP 멀티캐스트를 효율적으로 운반하려면, IP 계층의 패킷 및 주 소와 링크 계층의 프레임 간에 1대1로 매핑돼야 한다. IANA는 IEEE OUI Organizationally Unique Identifier, 조직 고유 식별자. 이더넷 주소 프리픽스라고도 부름 00:00:5e를 소유하고 있으며, 01:00:5e부 터 시작하는 그룹 (멀티캐스트) MAC 주소와 00:00:5e부터 시작하는 유니캐스트 주소 를 사용할 권리를 갖고 있다. 이 프리픽스는 이더넷 주소의 상위 24비트로 사용되므 로, 이 블록은 00:00:5e:00:00:00에서 00:00:5e:ff:ff:ff까지인 유니캐스트 주소들과 범위가 01:00:5e:00:00:00에서 01:00:5e:ff:ff:ff까지인 그룹 주소들을 포함한다. IANA 외의 다 른 기관들도 주소 블록을 갖고 있지만, 그 주소 공간의 일부를 IP 멀티캐스팅으로 제공하 는 기관은 IANA뿐이다.

IANA는 그룹 블록의 절반을 IEEE 802 LAN상의 IPv4 멀티캐스트 트래픽을 식별하는 데 할당한다. 이것은 IPv4 멀티캐스팅에 대응하는 이더넷 주소들이 **01:00:5e:00:00:00**부터 **01:00:5e:7f:ff:ff**까지라는 것을 의미한다.

**주의**

여기서 사용하는 표기법은 인터넷 표준으로서 비트들이 메모리에서 위치하는 순서를 사용한다. 대부분의 프로그래머나 시스템 관리자도 이 방식을 사용한다. 반면에 IEEE 문서는 비트들이 전달되는 순서를 사용한다.

IPv4 주소들을 IEEE 802 스타일의 링크 계층 주소들로 매핑하는 것은 그림 9-2에서 보여준다.

**그림 9-2** IPv4-to-IEEE-802 MAC 멀티캐스트 주소 매핑은 IPv4 그룹 주소의 하위 23비트를 01:00:5e로 시작하는 MAC 주소의 접미사로 사용한다. 28개의 그룹 주소 비트들 중 23비트만 사용되므로, 32개의 그룹이 동일한 MAC 계층 주소로 매핑된다.

모든 IPv4 멀티캐스트 주소는 (과거에 클래스D 주소 공간이라고 불렀던) **224.0.0.0**부터 **239.255.255.255**까지의 주소 공간에 포함된다는 것을 2장에서 설명했다. 이 주소들은 모두 상위 4비트가 **1110**이므로 32-4=28비트를 사용할 수 있고 따라서 $2^{28}$ = 268,435,456개의 멀티캐스트 IPv4 주소(그룹 ID라고도 부름)를 부호화할 수 있다. IPv4에 대해서 IANA는 자신의 그룹 주소의 절반을 멀티캐스트 지원용으로 할당하므로 268,435,456개의 IPv4 멀티캐스트 그룹 ID가 $2^{23}$ = 8,388,608개의 항목만 포함할 수 있는 링크 계층 주소 공간으로 매핑돼야 한다. 따라서 이것은 1대1 매핑이 아니다. 둘 이상의 IPv4 그룹 ID가 동일한 MAC 계층 그룹 주소로 매핑되기 때문이다. 구체적으로, $2^{28}/2^{23} = 2^5$ = 32개의 IPv4 멀티캐스트 그룹 ID가 각각의 MAC 계층 그룹 주소로 매핑된다. 예를 들면 멀티캐스트 주소들 **224.128.64.32** (16진수 e0.80.40.20)와 **224.0.64.32**(16진수 e0.00.40.20)는 둘 다

이더넷 주소 `01:00:5e:00:40:20`으로 매핑된다.

IPv6에서 16비트 OUI 16진수 프리픽스는 33:33이다. IPv6 주소의 마지막 32비트는 링크 계층 주소를 구성하는 데 사용될 수 있다는 의미다. 따라서 동일한 32비트로 끝나는 주소는 모두 동일한 MAC 주소로 매핑된다(그림9-3). 모든 IPv6 멀티캐스트 주소들이 ff로 시작하고, 이어지는 8비트들은 플래그와 범위 정보로 사용된다고 가정하면 128 − 16 = 112비트가 남으므로, $2^{112}$ 그룹을 표현할 수 있다. 32비트 MAC 주소로 이 그룹들을 부호화할 수 있으므로 무려 $2^{112}/2^{32} = 2^{80}$개의 그룹이 동일한 MAC 주소로 매핑될 수 있다!

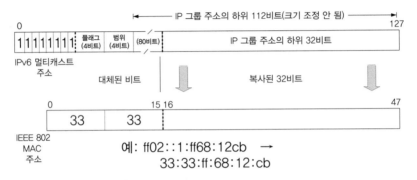

**그림 9-3** IPv6-to-IEEE-802 MAC 멀티캐스트 주소 매핑은 33:33로 시작하는 MAC 주소의 접미사로 IPv6 멀티캐스트 주소의 하위 32비트를 사용한다. 112 중 32개의 멀티캐스트 주소 비트들만 사용되므로, $2^{80}$ 그룹이 같은 MAC 계층 주소에 대응된다.

### 9.3.2 예제

앞서 서브넷 브로드캐스트 주소를 사용해서 브로드캐스트 ICMPv4 에코 요청 메시지에 응답하는 로컬 서브넷의 호스트들을 발견하는 예제를 배운 바 있다. 이번 예제에서는 특정 서비스를 제공하는 호스트를 알아내기 위해서 멀티캐스트 주소를 사용할 수 있다는 점을 이용하자. 멀티캐스트 DNS(mDNS [CK11]) 주소 224.0.0.251에 응답하는 호스트에 ICMPv4 에코 요청을 보낼 것이다.

```
Linux% ping 224.0.0.251
PING 224.0.0.251 (224.0.0.251) 56(84) bytes of data.
64 bytes from 10.0.0.2: icmp_seq=1 ttl=60 time=1.10 ms
64 bytes from 10.0.0.11: icmp_seq=1 ttl=60 time=1.60 ms (DUP!)
64 bytes from 10.0.0.120: icmp_seq=1 ttl=64 time=2.59 ms (DUP!)
```

```
--- 224.0.0.251 ping statistics ---
1 packets transmitted, 1 received, +2 duplicates,
0% packet loss, time 0ms
rtt min/avg/max/mdev = 1.109/1.767/2.590/0.615 ms
```

호스트 10.0.0.2, 10.0.0.11, 10.0.0.120이 모두 응답했다. 이것은 이 호스트들이 mDNS 그룹에 가입했다는 것을 의미한다. 앞선 예제에서 브로드캐스트 주소 10.0.0.127을 사용했을 때와 응답한 호스트 목록이 다르다는 점에 주의하자. 이것은 놀랄 일이 아니다. 모든 호스트가 mDNS 프로토콜을 지원하는 것은 아니기 때문이다.

---

**주의**

멀티캐스트 DNS(mDNS)는 무설정(zero configuration, 시스템과 장치를 자동으로 설정)을 지원하기 위해 설계된 서비스다. 애플 시스템에서 지원돼 왔으며 봉주르(Bonjour)의 일부분이다. 반면에 마이크로소프트는 mDNS와 비슷한 기능을 제공하는 LLMNR(Link Local Multicast Name Rsolution)이라는 이름의 프로토콜을 별도로 지원하고 있다. 둘 다 IETF 인터넷 표준은 아니지만, 현재로서는 mDNS가 LLMNR보다 더 오래돼 이점을 누리고 있다. 11장에서 더 자세히 다룰 것이다.

---

IPv6에서 ICMPv6 에코 요청 메시지를 사용해 유사한 동작을 수행할 수 있다.

```
Linux% ping6 -I eth0 ff02::fb
PING ff02::fb(ff02::fb) from fe80::208:74ff:fe93:c83c eth0:
    56 data bytes
64 bytes from fe80::217:f2ff:fee7:6d91: icmp_seq=1 ttl=64 time=2.76 ms

--- ff02::fb ping statistics ---
1 packets transmitted, 1 received, 0% packet loss, time 0ms
rtt min/avg/max/mdev = 2.768/2.768/2.768/0.000 ms
```

ping6 프로그램을 실행하면서 인터페이스를 지정했다는 점에 주목하자. 이렇게 하면 ping6은 어느 IPv6 주소를 사용할지 선택할 수 있다. 그림 9-4에서 볼 수 있듯이, 이 주소는 eth0 장치의 링크 로컬 주소다.

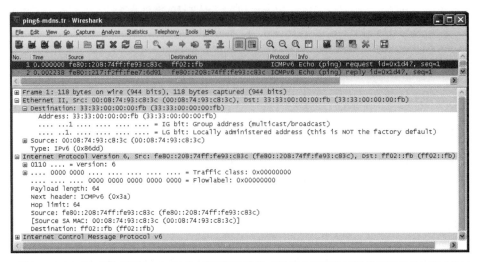

**그림 9-4** ICMPv6 에코 요청 메시지는 eth0 네트워크 인터페이스의 링크 로컬 유니캐스트 주소에서 멀티캐스트 주소 ff02::fb로 보내진다. 응답은 발신자의 IPv6 링크 로컬 IPv6 주소를 포함한다.

이 패킷들은 식별자<sup>Identifier</sup> 필드가 0x1d47로 설정되고 순서 번호<sup>Sequence Number</sup> 필드가 1로 설정된 ICMPv6 에코 요청/응답 메시지들이다. 모든 경우에 발신지 IPv6 주소들은 링크 로컬이다. 요청의 목적지 주소는 MAC 주소 33:33:00:00:00:fb로 매핑되는 멀티캐스트 주소 ff02::fb다. 에코 응답 메시지는 응답자의 링크 로컬 유니캐스트 주소 fe80::217:f2ff:fee7:6d91에서 발신자의 링크 로컬 IPv6 유니캐스트 주소 fe80::208:74ff:fe93:c83c로 직접 보내진다. 에코 응답 메시지의 발신자는 같은 범위의 발신지 IPv6 주소를 사용하려 한다는 점에 주의하자(5장의 발신지 주소 선택에 대한 설명을 참조하고, 그림 9-4와 5-16을 비교하자).

### 9.3.3 멀티캐스트 데이터그램 보내기

IP 패킷을 보낼 때 어떤 발신지 주소와 인터페이스를 사용할지 결정해야 한다. 인터페이스마다 다수의 주소들을 갖는 것이 일반적인 IPv6에서는 특히 그렇다. 호스트 내에 존재하는 포워딩 테이블이 이 결정에 도움이 되는데 윈도우나 리눅스에서 netstat 명령을 사용하면 이 테이블을 볼 수 있다. 아래 화면은 윈도우 비스타에서 IPv4와 IPv6 라우팅 테이블을 출력한 것이다(비스타 이후 버전들도 동일한 형식을 사용한다).

```
C:\> netstat -rn
... interface list ...

IPv4 Route Table
===========================================================================
Active Routes:
Network Destination    Netmask          Gateway     Interface        Metric
0.0.0.0                0.0.0.0          10.0.0.1    10.0.0.57        25
224.0.0.0              240.0.0.0        On-link     127.0.0.1        306
224.0.0.0              240.0.0.0        On-link     169.254.57.240   286
224.0.0.0              240.0.0.0        On-link     10.0.0.57        281
255.255.255.255        255.255.255.255  On-link     127.0.0.1        306
255.255.255.255        255.255.255.255  On-link     169.254.57.240   286
255.255.255.255        255.255.255.255  On-link     10.0.0.57        281
===========================================================================
Persistent Routes:
  None
IPv6 Route Table
===========================================================================
Active Routes:
If  Metric  Network Destination    Gateway
 9  281     ::/0                   fe80::204:5aff:fe9f:9e80
 1  306     ff00::/8               On-link
10  286     ff00::/8               On-link
 9  281     ff00::/8               On-link
===========================================================================
Persistent Routes:
  None
```

IPv4 트래픽에 대해서 기본 경로가 인터페이스 **10.0.0.57**을 사용해서 **10.0.0.1**로 가는 것
을 볼 수 있다. 비록 이 항목이 멀티캐스트 트래픽에 매칭되기는 하지만 이것보다 더 구
체적인 다른 항목이 있는 것을 볼 수 있다. **224.0.0.0/4** 항목(서브넷 마스크는 **240.0.0.0**)은 3
개의 인터페이스가 멀티캐스트 트래픽을 보낼 수 있음을 나타낸다. Metric 값이 가장 낮
은 인터페이스(**10.0.0.57**, Metric 값은 281)이 가장 선호되므로 애플리케이션이 별도로 지
정하지 않는 한 이 인터페이스가 사용된다. IPv6의 경우는 모든 멀티캐스트 주소가 **ff**로
시작하고 브로드캐스트 주소가 없으므로 인터페이스 1, 9, 10이 모두 사용될 수 있다. 인
터페이스 9(이 인터페이스는 아까 IPv4에서 선택된 것으로서 IPv6 유니캐스트 트래픽에 기본으로 사
용되는 인터페이스이기도 하다)가 Metric 값이 가장 낮다. 어느 인터페이스의 IP 주소가 무엇
인지에 대한 추가 정보는 윈도우 명령 ipconfig /all로 확인할 수 있다.

리눅스에서는 (IPv4와 IPv6와 같은) 프로토콜 군별로 구분해서 보여준다. netstat 명령에 IP(또는 다른) 프로토콜의 버전을 인수로서 제공하면 된다. IPv4의 경우에는 멀티캐스트에 매칭되는 특별한 항목이 없으므로 통상적인 기본 경로가 멀티캐스트 트래픽을 처리하지만, IPv6의 경우에는 아래 내용을 확인할 수 있다.

```
Linux% netstat -rn -A inet6
Kernel IPv6 routing table
Destination Next Hop        Flags   Metric   Ref   Use    Iface
ff00::/8    ::              U       256      0     0      eth0
```

직접적인 '다음 홉next hop'이 없기 때문에 미지정 주소(::)로 표시돼 있지만 발신 인터페이스가 eth0인 것은 볼 수 있다. Flags 열의 U 값은 이 경로를 사용할 수 있음을 의미하지만, G 값이 없기 때문에 이것이 온링크 경로이며 라우터에 포워딩할 필요가 없음을 알 수 있다.

### 9.3.4 멀티캐스트 데이터그램 수신

호스트의 특정 인터페이스의 멀티캐스트 그룹에 가입 또는 탈퇴하는 프로세스의 개념은 멀티캐스팅에 매우 중요하다(여기서 '프로세스'는 주로 사용자의 요구에 의해 운영체제가 실행하는 프로그램을 말한다). 특정 인터페이스의 멀티캐스트 그룹에 대한 소속 여부는 동적으로 변화한다. 프로세스가 그룹에 가입 또는 탈퇴하며 시간에 따라 바뀌기 때문이다. 그룹에의 가입 또는 탈퇴 이외에도, 프로세스가 어떤 발신지로부터 오는 트래픽을 수신 또는 제외할지를 지정할 수 있는 방법도 필요하다. 이런 기능들은 멀티캐스팅을 지원하는 호스트에서 API의 일부로서 제공돼야 한다. 지금 '인터페이스'를 강조하는 것은 그룹의 소속 여부는 인터페이스 단위로 생각해야 하기 때문이다. 프로세스는 다수의 인터페이스에서 동일한 그룹에 참여할 수도 있고, 동일한 인터페이스에서 다수의 그룹에 참여할 수도 있으며, 둘 다일 수도 있다.

### 9.3.4.1 예제

운영체제 별로 다른 명령을 사용해서 각각의 인터페이스에서 사용 중인 멀티캐스트 그룹을 확인할 수 있다. 윈도우에서는 netsh 명령을 이용할 수 있다. 아래 화면은 IPv6에서의 실행 예다(IPv4 환경에서는 ipv6 대신에 ip라고 입력한다).

```
C:\> netsh interface ipv6 show joins
Interface 1: Loopback Pseudo-Interface 1
Scope      References  Last  Address
-------    ----------  ----- --------------------------------------
0                   1  Yes   ff02::c


Interface 8: Local Area Connection
Scope      References  Last  Address
-------    ----------  ----- --------------------------------------
0                   0  Yes   ff01::1
0                   0  Yes   ff02::1
0                   1  Yes   ff02::c
0                   1  Yes   ff02::1:3
0                   1  Yes   ff02::1:ffdc:fc85
```

IPv6가 인터페이스마다 여러 개의 멀티캐스트 주소들을 어떻게 사용하는지를 알 수 있다. 처음 인터페이스는 루프백, 로컬 인터페이스다. 이 인터페이스에서 사용되는 멀티캐스트 그룹은 링크 로컬 범위의 SSDP<sup>Simple Service Discovery Protocol</sup>(7장 참조) 멀티캐스트 주소뿐이다.

**주의**

SSDP는 마이크로소프트와 HP가 작성했고 지금은 유효기간이 만료된 인터넷 드래프트 문서 [GCLG99]에 설명돼 있다. SSDP는 IPv4상에서도 주소 239.255.255.250와 UDP 포트 1900을 사용해 운영된다.

다른 네트워크 인터페이스에서는 ff01::1(노드 로컬<sup>node-local</sup> 범위의 모든 노드<sup>All Nodes</sup> 주소)과 ff02::1(링크 로컬<sup>link-local</sup> 범위의 모든 노드 주소)이 모든 노드들에 대한 가입을 보여주고, ff02::c는 SSDP의 사용을 보여준다. 그다음 ff02::1:3은 앞서 언급했고 11장에서 자세히 설명할 LLMNR을 지원하기 위한 것이다. 마지막으로 주소 ff02::1:ffdc:fc85는 이 노드에 대한 요청 대상<sup>Solicited-Node</sup> 멀티캐스트 주소로서 IPv6 ND에서 사용된다. IPv4에서 ARP를 사용하는 것과 달리, IPv6에서는 멀티캐스트 ICMPv6 ND 메시지를 사용해서 이웃 노드의 MAC 주소를 알아낸다는 점을 기억하자.

리눅스에서는 netstat 명령으로 IP 그룹 소속을 확인할 수 있다.

```
Linux% netstat -gn
```

```
IPv6/IPv4 Group Memberships
Interface       RefCnt Group
--------------- ------ --------------------
lo              1      224.0.0.1
eth1            1      224.0.0.1
lo              1      ff02::1
eth1            1      ff02::1:ff2a:1988
eth1            1      ff02::1
```

이 명령의 출력은 IPv4와 IPv6에서 다수의 인터페이스의 가입 정보를 보여주고 있다. 이더넷 인터페이스(eth0)와 로컬 루프백 인터페이스(lo)에서 224.0.0.1(전체 호스트All Hosts) 주소를 볼 수 있다. 또 각 인터페이스에 대한 링크 로컬 범위의 모든 노드All Nodes 바인딩 정보도 볼 수 있다. 마지막으로 요청 노드Solicited-Node 주소는 ff02::1:ff2a:1988이다.

> **주의**
>
> IP 멀티캐스팅에서 프로세스는 멀티캐스트 그룹에 가입하지 않고도 그 그룹으로 트래픽을 보낼 수 있다. 하지만 그보다는 하나 이상의 인터페이스에서 멀티캐스트 그룹에 가입하는 것이 일반적이다. 소켓 API의 특수 옵션(IP_MULTICAST_LOOP)을 사용하면 동일 인터페이스에서 동일 그룹에 속한 (동일 호스트의) 프로세스들 간에 멀티캐스트 트래픽을 처리하는 방법을 변경할 수 있다. 유닉스에서는 이 옵션이 발신 경로에 적용되는데, 이것은 이 옵션이 활성화될 경우 동일 호스트의 다른 프로세스가 (그 프로세스에서는 이 옵션이 비활성돼 있더라도) 멀티캐스트 다이어그램을 수신한다는 것을 의미한다. 반면에 윈도우에서는 이 옵션이 수신 경로에 적용된다. 즉, 이 옵션을 활성화한 프로세스는 동일 호스트의 다른 애플리케이션이 보내는 멀티캐스트 트래픽을 (그 애플리케이션에서는 이 옵션이 비활성돼 있더라도) 수신한다.

### 9.3.5 호스트 주소 필터링

프로그램이 가입한 멀티캐스트 그룹에 수신된 멀티캐스트 데이터그램을 운영체제가 어떻게 처리하는지 이해하려면, 앞서 3장에서 (예를 들면 브리지나 스위치에 의해서) 프레임이 제공될 때마다 호스트의 NIC(네트워크 인터페이스 카드)에서 필터링filtering이 일어난다고 배웠던 것을 기억해낼 필요가 있다. 그림 9-5는 필터링이 어떻게 일어나는지 보여준다.

스위치를 사용하는 전형적인 이더넷 환경에서 브로드캐스트와 멀티캐스트 프레임은 스위치들 간에 형성된 스패닝 트리spanning tree를 따라서 VLAN 내부의 모든 세그먼트에서 복제된다. 이 프레임들은 호스트의 NIC로 전달되며, NIC는 (CRC를 사용하여) 프레임의 정확성을 검사한 뒤 프레임을 장치 드라이버와 네트워크 스택으로 전달할지 여부를 결정한다. 일반적으로 NIC는 목적지 주소가 자신의 하드웨어 주소이거나 브로드캐스트 주소인 프레임만 수신한다. 그렇지만 멀티캐스트 프레임이 포함되면 상황은 좀 더 복잡하다.

NIC는 2가지 유형이 있다. 첫 번째 유형은 호스트 소프트웨어가 관심을 갖고 있는 멀티캐스트 하드웨어 주소의 해시 값을 바탕으로 필터링을 수행한다. 이 경우 해시 중복으로 인해서 원치 않는 프레임이 통과할 가능성이 있다. 두 번째 유형은 멀티캐스트 주소의 테이블을 사용하는데, 이 테이블에 들어있는 것 이상의 멀티캐스트 주소들로 향하는 프레임이 수신될 경우 NIC는 소위 "무차별 멀티캐스트<sup>multicast promiscuous</sup>" 모드로 동작하면서 모든 멀티캐스트 트래픽을 호스트 소프트웨어로 전달한다. 따라서 어느 유형이든 수신된 프레임을 전달해야 할지 여부를 장치 드라이버 혹은 상위 계층의 소프트웨어가 검사해야만 한다. 설령 NIC가 (48비트 하드웨어 주소를 바탕으로) 완벽한 필터링을 수행한다고 해도 멀티캐스트 IPv4 혹은 IPv6 주소에서 48비트 하드웨어 주소로의 매핑은 유일하지 않기 때문에 필터링은 수행돼야 한다. 이처럼 불완전한 주소 매핑과 하드웨어 필터링에도 불구하고 멀티캐스팅은 브로드캐스팅보다 효율적이다.

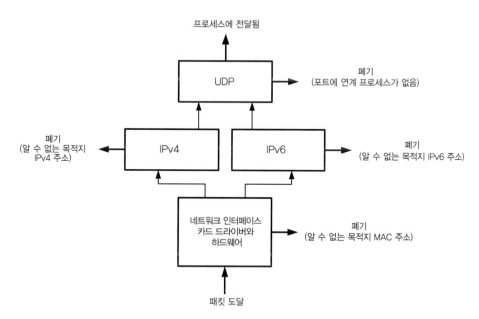

**그림 9-5** 각 계층은 수신된 메시지의 일정 부분에 대한 필터링을 구현한다. MAC 주소 필터링은 소프트웨어 또는 하드웨어의 둘 중 하나에서 발생할 수 있다. 저가의 NIC는 하드웨어에서 적은 기능만 수행하므로, 소프트웨어에 많은 부담을 지우는 경향이 있다.

멀티엔트리 주소 테이블을 지원하는 NIC는 수신된 프레임의 목적지 주소를 이 테이블과 비교하고, 테이블에서 주소가 발견되면 장치 드라이버는 프레임을 수신하고 처리한다. 장치 드라이버 소프트웨어는 (IPv4나 IPv6 구현 등의) 다른 계층의 프로토콜 스택과 함께 테이블 항목들을 관리한다. 또 다른 필터링 구현 방법은 인덱스를 (더 작은 크기의) 이진 벡터로 만들어서 목적지 주소에 해시 함수를 적용하는 것이다. 이렇게 인덱싱된 벡터 내의 항목이 1비트를 포함하면, 해당 주소는 수신 가능한 주소로 판정되고 프레임 처리가 계속된다. 이런 접근 방법은 NIC상의 메모리를 절약할 수 있지만 해시 함수 내부의 충돌로 인해서 수신되면 안 되는 프레임이 수신 가능한 프레임으로 잘못 판정될 수 있다. 다만 이것이 치명적인 문제점은 아니다. 프로토콜 스택의 상위 계층에서도 필터링을 수행하며, 폐기돼서는 안 되는 프레임이 폐기되는 일은 일어나지 않기 때문이다(즉, 긍정 오류false positive는 일어날 수 있어도 부정 오류false negative는 일어날 수 없다).

> **주의**
>
> NIC의 구체적인 사양은 제조사마다 다르다. 예를 들어 인텔 82583V 이더넷 제어기는 16개 항목의 완전 일치 테이블(유니캐스트 또는 멀티캐스트), 멀티캐스트 목적지에 대한 4,096비트 해시 필터, 최대 4,096개의 VLAN 태그에 기반을 둔 필터링, 그리고 무차별 수신과 무차별 멀티캐스트 수신을 모두 지원한다.

일단 NIC가 수신 가능한 프레임이라고 판정했으면(즉, CRC가 정확하고, 임의의 VLAN 태그와 부합하며, 목적지 MAC 주소가 NIC 테이블의 주소에 해당), 이 프레임은 장치 드라이버로 전달되며 장치 드라이버는 추가로 필터링을 수행한다. 첫째, 프레임 유형은 지원 프로토콜 (예를 들면 IPv4, IPv6, ARP 등)을 반드시 명시해야 한다. 둘째로, 호스트가 (목적지 IP 주소로 표시되는) 멀티캐스트 그룹에 속하는지 검사하기 위해 멀티캐스트 필터링이 추가로 수행될 수 있다. 이 검사는 긍정 오류를 일으킬 수 있는 NIC에 필요하다.

장치 드라이버는 프레임을 다음 계층으로 (예를 들어 프레임 유형이 IP 데이터그램임을 명시하고 있다면 IP 계층으로) 전달한다. IP는 발신지와 목적지 IP 주소를 바탕으로 추가적인 필터링을 수행하고, 아무 문제가 없으면 데이터그램을 (TCP나 UDP와 같은) 다음 계층으로 전달한다. UDP는 IP로부터 데이터그램을 수신할 때마다 목적지 포트 번호 그리고 간혹 발신지 포트 번호를 사용해서 필터링을 수행한다. 목적지 포트 번호를 사용하는 프로세스를 찾을 수 없으면 데이터그램은 폐기되고 ICMPv4 또는 ICMPv6 포트 도달 불가Port

Unreacheable 메시지가 생성된다(TCP도 포트 번호를 사용해서 이와 비슷한 필터링을 수행한다). 만일 데이터그램의 검사합 오류가 발견되면, UDP는 데이터그램을 그냥 폐기한다.

멀티캐스트 주소 기법이 개발된 주요 이유는 브로드캐스팅의 오버헤드를 피하기 위한 것이다. UDP 브로드캐스트를 사용하게 설계된 애플리케이션을 생각해보자. 네트워크(또는 VLAN)상에 50개의 호스트가 있지만, 그중 20개만 애플리케이션에 참여할 경우 이 20개 호스트 중 하나가 UDP 브로드캐스트를 보낼 때마다 나머지 30개의 호스트들도 브로드캐스트를 처리해야 한다. 하지만 이 30개의 호스트들은 애플리케이션이 사용하는 목적지 포트 변호를 사용하지 않기 때문에, 브로드캐스트 데이터그램은 UDP 계층까지 올라가면 결국 폐기된다. 멀티캐스팅의 개발 목적은 이처럼 애플리케이션에 관심이 없는 호스트가 군이 데이터그램을 처리할 필요가 없도록 함으로써 오버헤드를 줄이려는 것이다. 멀티캐스팅에서 호스트는 하나 이상의 멀티캐스트 그룹에 명시적으로 가입한다. 가능하다면 NIC는 호스트가 속한 멀티캐스트 그룹이 무엇인지 통보받으므로 IP 계층 멀티캐스트 그룹과 관련된 멀티캐스트 프레임만 NIC 필터를 통과할 수 있다. 이처럼 복잡하게 멀티캐스트 주소와 그룹 소속을 관리하는 덕분에 호스트는 더 적은 오버헤드를 갖게 된다.

## 9.4 IGMP와 MLD

지금까지 우리는 호스트의 관점에서 멀티캐스트 데이터그램이 어떻게 전송되고, 필터링되며 수신되는지 살펴봤다. 멀티캐스트 데이터그램이 WAN 또는 다수의 서브넷을 갖는 회사망으로 포워딩돼야 할 때, 한 대 이상의 멀티캐스트 라우터에 의해서 멀티캐스터 라우팅이 동작해야 한다. 이것은 상황을 매우 복잡하게 만드는데, 멀티캐스트 라우터는 어느 호스트가 어떤 멀티캐스트 그룹에 관심 있는지에 대한 정보를 미리 알아야만 멀티캐스트 트래픽을 적절히 전달할 수 있기 때문이다. 또 멀티캐스트 라우터는 역경로 포워딩 RPF, Reverse Path Forwarding 검사라고 부르는 특수한 절차를 실행한다. 이 절차는 수신된 멀티캐스트 데이터그램의 발신지 주소에 대해서 라우팅 검색을 수행한다. 그래서 라우팅의 발신 인터페이스가 데이터그램이 수신된 인터페이스와 일치할 경우만 데이터그램을 포워딩한다. RPF검사는 멀티캐스트 루프loop를 방지하는 데 중요한 역할을 한다. 멀티캐스트 라우팅은 대체로 IP 라우터가 제공하는 통상적인 유니캐스트 라우팅과는 별도로 동작한다. 하지만 IPv6 ND 프로토콜(8장 참조)이 제대로 동작하기 위해서는 멀티캐스트 라우팅의 일부 기능이 필요하다.

인접 호스트들이 관심을 갖고 있는 멀티캐스트 그룹을 멀티캐스트 라우터가 학습할 수 있도록 2개의 프로토콜이 사용된다. IPv4는 IGMP<sup>Internet Group Management Protocol, 인터넷 그룹 관리 프로토콜</sup>을 사용하고, IPv6는 MLD<sup>Multicast Listner Discovery, 멀티캐스트 리스너 발견</sup> 프로토콜을 사용한다. 두 프로토콜 모두 멀티캐스팅을 지원하는 호스트와 라우터에서 사용되며 서로 매우 비슷하다. 이 프로토콜들 덕분에 LAN(혹은 VLAN)의 멀티캐스트 라우터들은 어느 호스트가 현재 어느 멀티캐스트 그룹에 속하는지 알 수 있다. 이 정보가 있어야 라우터는 어느 멀티캐스트 데이터그램을 어느 인터페이스로 보내야 할지 알 수 있다. 대부분의 경우에 멀티캐스트 라우터는 특정 인터페이스가 "적어도 하나의" 수신 호스트에 도달할 수 있다는 것만 알면 된다. 링크 계층 멀티캐스트 주소(가 지원된다고 가정하면) 덕분에 멀티캐스트 라우터는 관심을 갖고 있는 모든 호스트가 수신할 링크 계층 멀티캐스트 프레임을 보낼 수 있기 때문이다. 따라서 멀티캐스트 라우터는 특정 그룹의 멀티캐스트 트래픽에 관심을 갖고 있는 호스트들을 인터페이스마다 일일이 추적할 필요가 없다.

IGMP는 오랜 기간 발전해왔으며, [RFC3376]은 버전 3(이 글을 쓰는 현재 최신 버전)을 정의하고 있다. MLD도 별개로 발전해왔으며 현재 최신 버전인 버전 2가 [RFC3810]에 정의돼 있다. IGMPv3와 MLDv2는 SSM 지원에 필수적이다. 멀티캐스트 그룹당 1개의 발신지를 사용할 때 이 프로토콜이 갖는 제약에 대해서는 [RFC4604]를 참조하자.

IGMP의 버전 1은 최초로 널리 사용된 IGMP다. 버전 2는 그룹을 더 신속히 탈퇴하는 기능이 추가됐다(이 기능은 MLDv1에서도 지원). IGMPv3와 MLDv2는 멀티캐스트 트래픽의 발신지를 선택하는 기능이 추가돼서 SSM 설치에 꼭 필요하다. IGMP는 IPv4와 함께 사용되는 독립 프로토콜이지만 MLD는 ICMPv6(8장 참조)의 일부다.

그림 9-6은 IPv4(또는 IPv6) 멀티캐스트 지원 라우터가 IGMP(MLD)를 사용하는 방법을 보여준다. 멀티캐스트 지원 라우터는 인터페이스별로 관심 대상인 멀티캐스트 그룹을 알고 싶어 한다. 모든 인터페이스에서 트래픽을 브로드캐스팅하지 않으려면 이 정보는 라우터에게 꼭 필요하다.

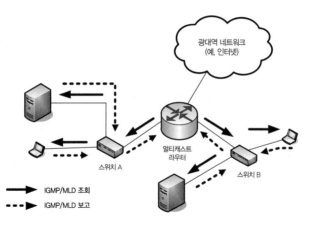

**그림 9-6** 호스트들이 어느 그룹과 발신지에 관심있는지 알기 위해서 주기적으로 IGMP(MLD) 요청을 서브넷마다 보낸다. 그러면 호스트는 자신이 관심있는 그룹과 발신지를 보고하는 응답을 보낸다. 그룹 소속에 변경이 발생하면 라우터의 요청 없이 호스트가 보고를 할 수도 있다.

그림 9-6에서 멀티캐스트 라우터가 IGMP(MLD) 조회$^{query}$를 어떻게 보내는지 볼 수 있다. IGMP(MLD) 조회는 IGMP일 경우는 전체 호스트$^{All Hosts}$ 멀티캐스트 주소인 **224.0.0.4**로, MLD일 경우는 모든 노드$^{All Nodes}$ 링크 범위 멀티캐스트 주소인 **ff02::1**로 보내지고, IP 멀티캐스트를 구현하는 모든 호스트에 의해서 처리된다(단, 특정한 조회에 대한 예외가 있다. 9.4.2절 참조). 조회 메시지에 대한 응답으로서 그룹에 속한 호스트들이 보고$^{report}$ 메시지를 보낸다. 하지만 그룹 소속이나 특정 발신지에 대한 관심에 변경이 발생한 호스트는 이 사실을 멀티캐스트 라우터에게 알리기 위해 (조회 메시지를 받지 않았어도) 스스로 보고 메시지를 보낼 수도 있다. IGMPv3 보고는 IGMPv3을 지원하는 멀티캐스트 라우터 주소 **224.0.0.22**로 보내지고, MLDvs 보고는 MLDv2 리스너 IPv6 멀티캐스트 주소 **ff02::16**으로 보내진다. 멀티캐스트 라우터도 멀티캐스트 그룹에 가입해서 그룹 구성원으로서 동작할 수 있음에 주의하자.

**주의**

IGMPv1과 IGMPv2에서 호스트는 조회 메시지를 수신한 후 즉시 응답하지 않고, 다른 호스트가 동일 그룹에 대해서 응답하는지 알기 위해서 임의의 시간만큼 기다릴 수 있다. 만일 다른 호스트가 응답하면 이 호스트의 응답은 억제된다(즉, 응답을 보내지 않는다). 조회 중인 그룹의 멀티캐스트 주소로 보고를 보내게 하는 방법이 사용됐는데, [RFC3376]의 부록 A에는 IGMPv3에서 왜 이 기능이 제거됐는지 설명하고 있다. 간단히 요약하면, 멀티캐스트 라우터가 개별 호스트의 가입 여부를 추적하기 원할 수 있고, IGMP 스누핑(9.4.7절 참조)을 사용해 브리지로 연결된 LAN에서는 잘 동작하지 않을 수 있으며, 프로토콜 구현이 복잡해 지고, IGMPv3 보고는 다수의 그룹 정보를 포함하기 때문에 억제가 잘 되지 않게 된 것이 제거 원인이라고 한다. IGMPv3와 MLD 모두 과거 버전과의 하위 호환성을 요구하므로, 동일 서브넷에서 과거 버전 호스트 혹은 라우터가 탐지되면 과거 버전의 프로토콜 메시지로 전환된다는 것에 주의하자.

IGMP와 MLD의 캡슐화는 그림 9-7에 나타난다. ICMP처럼 IGMP는 IP 계층의 일부로 간주된다. 또 ICMP처럼 IGMP 메시지는 IPv4 데이터그램에 포함돼 전송된다. 지금까지 우리가 살펴본 다른 프로토콜들과는 달리 IGMP는 TTL이 1로 고정돼 있다. 따라서 패킷은 로컬 서브네트워크로 제한된다. IGMP 패킷은 또 IPv4 라우터 경고<sup>Router Alert</sup> 옵션을 사용하고, 인터네트워크 제어<sup>Internetwork Control</sup>(CS6, 5장 참조)을 나타내기 위해서 6비트값 0x30을 DS 필드에 사용한다. IPv6에서 MLD는 ICMPv6의 일부이지만 MLD의 기능은 IGMP와 거의 유사하므로 여기서 설명하기로 한다(8장에서 ICMPv6를 설명할 때 이 메시지의 형식을 간단히 설명한 적이 있다). 그리고 캡슐화 시에 라우터 경고 옵션을 포함하기 위해서 IPv6 홉바이홉<sup>Hop-by-Hop</sup> 확장 헤더가 사용된다. 대부분의 경우에 발신지의 목록은 비어 있다.

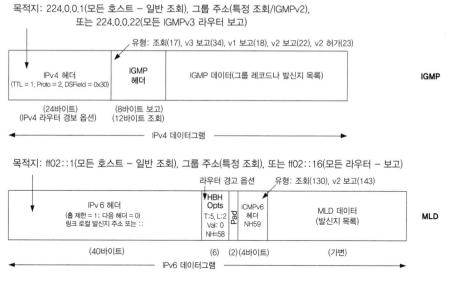

목적지: 224.0.0.1(모든 호스트 – 일반 조회), 그룹 주소(특정 조회/IGMPv2),
또는 224.0.0.22(모든 IGMPv3 라우터 보고)

유형: 조회(17), v3 보고(34), v1 보고(18), v2 보고(22), v2 허가(23)

| IPv4 헤더<br>(TTL = 1, Proto = 2, DSField = 0x30) | IGMP<br>헤더 | IGMP 데이터(그룹 레코드나 발신지 목록) | IGMP |

(24바이트)　　　　　　(8바이트 보고)
(IPv4 라우터 경보 옵션)　(12바이트 조회)

IPv4 데이터그램

목적지: ff02::1(모든 호스트 – 일반 조회), 그룹 주소(특정 조회), 또는 ff02::16(모든 라우터 – 보고)

라우터 경고 옵션　　유형: 조회(130), v2 보고(143)

| IPv6 헤더<br>(홉 제한 = 1; 다음 헤더 = 0)<br>링크 로컬 발신지 주소 또는 :: | HBH<br>Opts<br>T:5, L:2<br>Val: 0<br>NH=58 | Pad | ICMPv6<br>헤더<br>NH59 | MLD 데이터<br>(발신지 목록) | MLD |

(40바이트)　　　　　　　　　(6)　(2)(4바이트)　　　　(가변)

IPv6 데이터그램

**그림 9-7** IGMP는 IPv4에서 별도의 프로토콜로서 캡슐화된다. MLD는 ICMPv6 메시지의 한 유형이다.

IGMP와 MLD는 2개의 프로토콜 처리 규칙을 정의한다. 하나는 그룹 구성원인 호스트가 처리할 때의 규칙이고, 다른 하나는 멀티캐스트 라우터가 처리할 때의 규칙이다. 일반적으로 멤버 호스트(앞으로 '그룹 구성원'이라고 부른다)는 관심 대상인 멀티캐스트 그룹과 발신지의 변경을 즉시 보고하거나 주기적인 조회 요청에 응답하고, 멀티캐스트 라우터는 임의의 그룹 또는 특정 멀티캐스트 그룹과 발신지에 관심있는 호스트가 있는지 확인하기 위해서 조회 메시지를 보낼 뿐 아니라 (PIM-SM이나 BIDIR-PIM과 같은) 광대역 멀티캐스트 프로토콜과 상호작용해서 원하는 트래픽을 관심있는 호스트로 가져오거나 관심없는 호스트로 트래픽이 오지 않게 막는다. 이들 프로토콜에 대한 더 자세한 사항은 [RFC4601]과 [RFC5015]를 참조한다.

## 9.4.1 그룹 구성원의 IGMP 및 MLD 처리 ("그룹 구성원 파트")

IGMP와 MLD에서 그룹 구성원이 처리하는 부분은 어느 그룹에 관심이 있으며 어느 발신지로부터 보낸 트래픽을 수용 또는 차단할지 호스트가 지정할 수 있도록 설계돼 있다. 이를 위해서 호스트는 동일 서브넷에 연결돼 있는 1대 이상의 멀티캐스트 라우터(및 참여 호스트)에 보고 메시지를 보낸다. 보고 메시지는 조회 메시지 수신에 따른 응답으로서 보내질 수도 있고, 수신 상태의 변화(예를 들면 애플리케이션이 그룹에 가입 또는 탈퇴)로 인해 자발적으로 보내질 수도 있다. IGMP 보고는 그림 9-8에 나타난 형태를 갖는다.

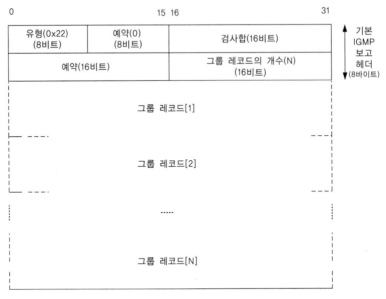

**그림 9-8** IGMPv3 보고 메시지는 N개의 그룹에 대한 그룹 레코드를 포함한다. 각 그룹 레코드는 멀티캐스트 주소와 (선택적으로) 발신지 목록을 포함한다.

보고 메시지는 상당히 단순하다. 그룹 레코드의 벡터를 포함하는데, 각 레코드는 특정 멀티캐스트 그룹에 대한 정보를 포함한다. 이 정보에는 대상 그룹의 주소 그리고 필터 설정에 사용되는 발신지 목록이 선택적으로 포함된다(그림 9-9).

각 그룹 레코드는 유형, 대상 그룹의 주소, 그리고 포함 또는 제외할 발신지 주소들의 목록을 포함한다. 그 밖의 데이터를 포함하는 것도 가능하지만 IGMPv3에서는 사용되지 않는다. 표 9-1은 IGMPv3 보고 레코드 유형을 매우 유연하게 사용할 수 있음을 보여준다. MLD도 같은 값을 사용한다. 발신지 모드는 포함Include 모드 혹은 제외Exclude 모드로 적용되는데, 포함 모드일 경우 목록 내의 발신지에서 오는 트래픽은 수신이 허용되고 제외 모드일 경우는 차단된다(즉, 나머지 발신지들은 허용된다). 그룹 탈퇴는 발신지가 지정되지 않은 포함 모드를 사용하는 것이고, 그룹 단순 가입(즉, 임의의 발신지에 대해서 가입)은 발신지가 지정되지 않은 제외 모드를 사용하는 것과 같다. SSM을 사용할 때 유형 0x02

와 0x04는 사용되지 않는다는 점에 주의하자. 임의의 그룹에 하나의 발신지만 있다고 가정하기 때문이다.

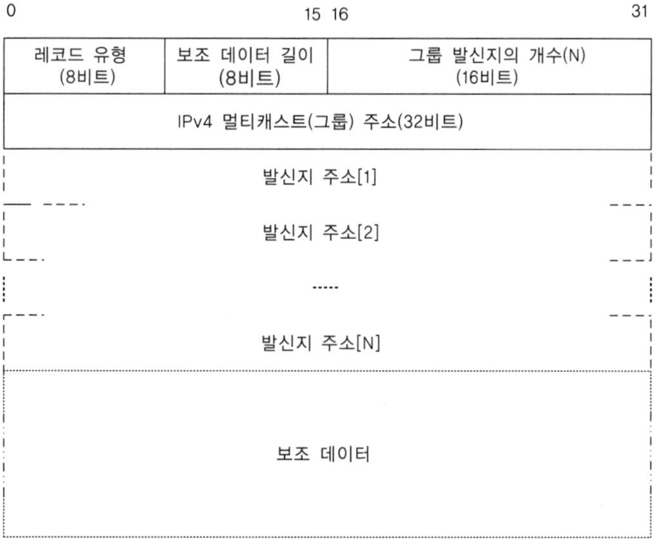

**그림 9-9** IGMPv3 그룹 레코드는 1개의 멀티캐스트 주소(그룹)와 선택적인 발신지 주소 목록을 포함한다. 발신지 주소들은 발신자로서 허용되거나(포함 모드) 걸러진다(제외 모드). 예전 버전에서는 발신지 목록을 포함하지 않았다.

**표 9-1** IGMP와 MLD 발신지 목록에 대한 유형 값은 필터링 모드가 무엇인지(포함 모드 혹은 제외 모드)와 발신지 목록이 변경됐는지 여부를 나타낸다.

| 유형 | 이름과 의미 | 보내는 시점 |
| --- | --- | --- |
| 0x01 | MODE_IS_INCLUDE (IS_IN): 발신지 목록의 주소에서 오는 트래픽을 필터링(차단)하면 안 된다. | 멀티캐스트 라우터에서 온 조회에 대한 응답으로 |
| 0x02 | MODE_IS_EXCLUDE (IS_EX): 발신지 목록의 주소에서 오는 트래픽을 필터링해야 한다. | 멀티캐스트 라우터에서 온 조회에 대한 응답으로 |
| 0x03 | CHANGE_TO_INCLUDE_MODE (TO_IN): 제외 모드에서 포함 모드로 변경. 이제 발신지 목록에서 보낸 트래픽을 필터링하면 안 된다. | 제외 모드에서 포함 모드로의 변경 동작에 대한 응답으로 |
| 0x04 | CHANGE_TO_EXCLUDE_MODE (TO_EX): 포함 모드에서 제외 모드로 변경. 이제 발신지 목록에서 오는 트래픽을 필터링해야 한다. | 포함 모드에서 제외 모드로의 변경 동작에 대한 응답으로 |

| 유형 | 이름과 의미 | 보내는 시점 |
|------|-------------|-------------|
| 0x05 | ALLOW_NEW_SOURCES (ALLOW): 발신지 목록의 변경. 발신지 목록 내의 발신지에서 오는 트래픽을 필터링하면 안 된다. | 발신지 목록에 새로운 발신지 추가가 허용되는 동작에 대한 응답으로 |
| 0x06 | BLOCK_OLD_SOURCES (BLOCK): 발신지 목록의 변경. 발신지 목록의 주소에서 오는 트래픽을 필터링해야 한다. | 과거에 허용되던 발신지를 차단하도록 발신지 목록이 변경되는 동작에 대한 응답으로 |

처음 2개의 메시지 유형(0x01, 0x02)은 현재 상태 레코드current-state record라고 부르며, 현재의 필터 상태를 조회에 대한 응답으로서 보고하는 데 사용된다. 필터 모드 변경 레코드filter-mode-change record라고 부르는 다음 2개의 유형(0x03, 0x04)은 포함 모드에서 제외 모드로, 또는 그 반대의 변경을 나타낸다. 발신지 목록 변경 레코드source-list-change라고 부르는 마지막 2개의 유형(0x05, 0x06)은 포함 또는 제외 모드로 처리 중인 발신지에 변경이 있음을 나타낸다. 마지막 4개의 유형을 묶어서 상태 변경 레코드state-change record 또는 상태 변경 보고state-change report라고도 부른다. 이 4개의 유형은 신규 애플리케이션의 시작이나 정지, 동작 중인 애플리케이션의 그룹/발신지 관심 변경 등과 같은 로컬 상태 변경의 결과로서 보내진다. IGMP/MLD 조회/보고 메시지 자체는 결코 필터링되지 않는다는 점에 주의하자. MLD 보고는 IGMP 보고와 유사한 구조를 사용하지만 좀 더 많은 주소를 수용하고, ICMPv6 유형 코드 143(8장 참조)을 사용한다.

조회 메시지를 수신한 그룹 구성원은 바로 응답하지 않고, 무작위로 (제한된 범위의) 타이머를 설정해서 언제 응답할지 결정한다. 이 지연 간격 동안에 프로세스는 자신의 그룹/발신지 관심을 바꿀 수 있으며, 이러한 변경들은 타이머가 다 되서 보고를 보내기 전에 묶어서 한꺼번에 처리될 수 있다. 이런 식으로 타이머가 만료되면 다수 그룹의 상태가 하나의 보고로 통합되므로 오버헤드를 줄일 수 있다.

IGMP에 사용되는 발신지 주소는 송신 인터페이스의 주요 혹은 선호 IPv4 주소다. MLD의 경우에는 그런데 호스트가 부팅해서 자신의 IPv6 주소를 정하려고 할 때 상황이 복잡해진다. 이때 호스트는 사용하고 싶은 IPv6 주소를 선택하고 다른 시스템이 이미 이 주소를 사용 중인지 확인하기 위해서 DADDuplicate Address Detection(중복 주소 탐지, 6장 참조)를 실행한다. 그런데 DAD는 멀티캐스트를 포함하므로 일부 발신지 주소는 반드시 MLD 메시지에 할당돼야 한다. 이 문제는 [RFC3590]에서 해결됐는데 설정 과정에서 MLD 트래픽에 대한 발신지 IPv6 주소로서 미지정 주소(::)를 사용한다.

## 9.4.2 멀티캐스트 라우터의 IGMP와 MLD 처리( '멀티캐스트 라우터 파트' )

IGMP와 MLD에서 멀티캐스트 라우터는 각 멀티캐스트 그룹, 인터페이스, 발신지 목록에 대해 트래픽을 수신할 그룹 구성원이 적어도 하나 존재하는지 알아낸다. 이를 위해서 조회 메시지를 보낸 뒤, 구성원들이 보내온 보고를 바탕으로 구성원 존재에 관한 상태 정보를 만든다. 이 정보는 소프트 상태값이다. 즉, 갱신되지 않으면 일정 시간 후에 지워진다. 이 상태 정보를 만들기 위해서 멀티캐스트 라우터는 그림 9-10과 같은 IGMPv3 조회 메시지를 보낸다.

IGMP 조회 메시지는 8장에서 설명한 ICMPv6 MLD 조회와 매우 닮았다. 다만 이번에는 그룹(멀티캐스트) 주소는 32비트 길이이고, 최대 응답 코드<sup>Max Resp code</sup> 필드는 16이 아닌 8비트다. 최대 응답 코드 필드는 조회 메시지를 수신한 그룹 구성원이 보고 메시지를 보내기까지 지연할 수 있는 시간의 최댓값으로서 128 미만의 값일 때는 100ms 단위로 부호화되고, 127을 초과할 경우는 그림 9-11과 같이 부호화된다.

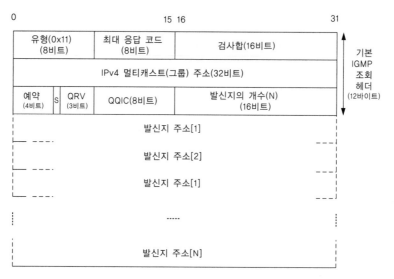

**그림 9-10** IGMPv3 조회는 멀티캐스트 그룹 주소와 선택적인 발신지 목록을 포함한다. 일반 조회는 그룹 주소 0을 사용하고, 전체 호스트(All Hosts) 멀티캐스트 주소 224.0.0.1로 보내진다. QRV 값은 발신자가 사용할 최대 재전송 횟수를 부호화하고, QQIC 필드는 주기적인 조회 간격을 부호화한다. 특정 조회는 그룹이나 발신지/그룹 조합의 트래픽 흐름이 종료되기 전에 사용된다. 이 경우에 (IGMPv1와 IGMPv2에서는 언제나) 조회는 대상 그룹의 주소로 보내진다.

| 0 | | 7 |
|---|---|---|
| 1 | 지수<br>(3비트) | 가수 (4비트) |

최대 응답 시간 = (가수 + 16) * $2^{(지수+3)}$

**그림 9-11** 최대 응답 코드 필드는 응답을 지연할 최대 시간을 100ms 단위로 부호화한다. 127을 초과하는 값은 더 큰 값을 수용하기 위해 지수 표현을 사용한다.

이 부호화는 $16 \times 8 = 128$에서 $31 \times 1024 = 31{,}744$까지 범위(대략 13초에서 53분까지)를 제공한다. 최대 응답 코드 필드에 작은 값들을 사용하면 탈퇴 지연 시간(가장 최근의 그룹 구성원이 탈퇴한 시점부터 트래픽 포워딩이 중지되기까지 걸리는 시간)을 미세하게 조정할 수 있다. 반면에 이 필드에 큰 값을 사용하면 보고 주기가 길어지므로 그룹 구성원이 생성하는 IGMP 메시지로 인한 트래픽 부하가 감소한다.

나머지 필드들은 전체 메시지에 대한 인터넷 스타일 검사합, 대상 그룹의 주소, 발신지의 목록 그리고 8장에서 MLD를 설명할 때 다뤘던 S, QRV, QQIC 필드다. 멀티캐스트 라우터가 모든 멀티캐스크 그룹에 대한 관심을 알고 싶을 경우 그룹 주소 필드는 0으로 설정된다(이러한 조회를 '일반 조회'라고 부른다). S와 QRV 필드들은 장애 감내<sup>fault tolerance</sup>와 보고의 재전송에 사용되는데, 이는 9.4.5절에서 설명할 것이다. QQIC 필드는 조회자의 조회 간격 코드<sup>Querier's Query Interval Code</sup>를 줄인 말로서 조회를 보내는 간격을 초 단위로 나타낸다. 그리고 최대 응답 코드 필드와 동일한 방법으로(즉, 0부터 31,744까지의 범위로) 부호화된다.

멀티캐스트 라우터가 보낼 수 있는 조회 메시지에는 일반 조회<sup>general query</sup>, 그룹 특정 조회<sup>group-specific query</sup>, 그룹 발신지 특정 조회<sup>group-source-specific query</sup>의 3종류가 있다. 일반 조회는 멀티캐스트 라우터가 모든 멀티캐스트 그룹에 관련된 정보를 갱신하는 데 사용되며, 이때 그룹 목록은 비어 있다. 그룹 특정 조회는 일반 조회와 비슷하지만 특정 그룹에만 적용된다. 마지막으로 그룹 발신지 특정 조회는 발신지 목록이 포함된 그룹 특정 조회라고 말할 수 있다. 일반 조회가 (IPv4의 경우) 전체 시스템<sup>All Systems</sup> 멀티캐스트 주소 또는 (IPv6의 경우) 링크 범위의 모든 노드<sup>All Nodes</sup> 멀티캐스트 주소(ff02::1)로 보내지는 것과 달리, 특정 조회는 대상 그룹의 목적지 IP 주소로 보내진다.

특정 조회는 상태 변경 보고에 대한 응답으로서 보내지며, 라우터가 어떤 조치를 취하는 것(예를 들면 필터를 생성하기 전에 특정 그룹에 대해 더 이상 관심이 없음을 보장)이 적절하다고 확인해 주기 위한 것이다. 필터 모드 변경 레코드나 발신지 목록 변경 레코드를 수신하면 멀티캐스트 라우터는 트래픽 발신지를 새로 추가하고 특정 발신지에서 오는 트래픽을 필터링할 수 있다. 여태까지 수신하던 트래픽을 앞으로는 필터링하고자 할 경우, 멀티캐스트 라우터는 그룹 특정 조회와 그룹 발신지 특정 조회를 먼저 보낸다. 그리고 이 조회 메시지에 대한 보고 메시지를 응답받지 못하면 라우터는 해당 트래픽을 필터링하기 시작한다. 이러한 변경은 멀티캐스트 트래픽의 흐름에 많은 영향을 미칠 수 있으므로 상태 변경 보고와 특정 조회는 재전송된다(9.4.5.절 참조)

## 9.4.3 예제

그림 9-12는 모두 동일 서브넷에서 동작 중인 IGMPv2, IGMPv3, MLDv1, MLDv2 프로토콜들을 보여주는 패킷 추적 정보다. 이 추적 정보에 포함된 패킷은 16개로서(그림 9-12는 그 중에서 10개를 보여주고 있다) 조회자의 링크 로컬 IPv6 주소인 `fe80::204:5aff:fe9f:9e80`에서 보내는 MLD 조회로 시작한다. MLD와 MLDv2는 같은 조회 형식을 사용한다는 점을 잊지 말자. 이 시스템은 IPv4 발신지 주소로 10.0.0.1을 사용하는 IGMP 조회자로서도 동작한다.

**그림 9-12** 동일 서브넷에서 동작하는 IGMPv2, IGMPv3, MLDv1, MLDv2. 하이라이트된 패킷이 MLD 조회다.

그림 9-12에서 조회자<sup>querier</sup>는 링크 로컬 IPv6 주소 fe80::204: 5aff:fe9f:9e80을 사용해 멀티캐스트 주소 ff02::1(모든 노드<sup>All Nodes</sup>)로 MLD 조회(패킷 1)을 보낸다. MAC 계층 주소들은 각기 00:04:5a:9f:9e:80과 33:33:00:00:00:01이다. 여기서 우리는 IPv6 링크 로컬 유니캐스트 주소가 MAC 주소와 어떻게 관련돼 있는지, 그리고 앞서 설명한 대로 모든 노드<sup>All Nodes</sup> 주소가 프리픽스 33:33을 사용하는 MAC 주소로 어떻게 매핑되는지 볼 수 있다. IPv6 홉 제한<sup>Hop Limit</sup> 필드는 1로 설정되는데, MLD 메시지들은 로컬 링크에서만 적용할 수 있기 때문이다. IPv6 페이로드 길이<sup>Payload Length</sup> 필드는 36바이트임을 나타내고 있는데, 라우터 경고<sup>Router Alert</sup>(홉바이홉<sup>Hop-By-Hop</sup> 옵션)의 MLD 형태가 8바이트, ICMPv6 헤더 정보가 4바이트, MLD 데이터 자체가 24바이트다. 이 24바이트 중에서 MLD 메시지의 유형<sup>Type</sup>, 코드<sup>Code</sup>, 검사합<sup>Checksum</sup>, 최대 응답<sup>Max Response</sup> 필드들이 8바이트를 차지하고, 나머지 16바이트는 멀티캐스트 주소<sup>Multicast Field</sup> 필드(모든 그룹을 참조하기 위해서 0(알려지지 않은) 또는 미지정 주소로 설정된다)를 저장한다. S 비트 필드, QRV, QQIC 필드들은 2바이트를 사용하고, 마지막 2바이트는 식별된 발신지의 수인데 여기서는 0이다. 이 예에서 모든 MLD 정보의 기본값을 볼 수 있는데, 최대 응답 지연<sup>delay</sup>은 10초이고, QRV = 2이며 조회 간격은 125초다. 다음 메시지(패킷 2, 그림 9-13)는 조회에 대한 응답이다.

그림 9-13은 멀티캐스트 주소 ff02::c(SSDP를 위한 링크 로컬 멀티캐스트 주소)에 관심을 보인 MLDv2 보고다. 발신지 목록이 비어 있는 제외 모드 보고가 사용되고 있음을 볼 수 있다. 그 다음 몇 개의 패킷은 (아직 일부 시스템에서 사용 중인) MLDV1이 사용되고 있음을 보여준다.

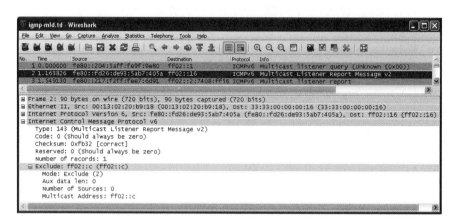

**그림 9-13** MLDv2 리스너(listener) 보고 메시지는 그룹 ff02::c(SSDP를 위한 링크 로컬 범위 멀티캐스트 주소)에 대한 관심을 발신지가 없는 제외 유형의 메시지를 사용해서 나타낸다.

**그림 9-14** MLDv1 보고 메시지는 멀티캐스트 주소 ff02::2:7408:ff56에 관심을 표명한다. 이것은 목적지 IPv6 주소이기도 하다.

그림 9-14에서 패킷 3에서 5까지는 모두 MLDv1 보고다. 여기에서는 패킷 3만 보이지만 다른 것도 유사하다(단지 목적지 IPv6 주소들만 다르다). MLDv2처럼 각 보고는 IPv6 기초와 확장 헤더에 동일한 구조를 사용하지만 목적지 주소는 관심 대상 멀티캐스트 주소 ff02::2:7408:ff56이다. MAC 계층에서 이 목적지 주소는 33:33:74:08:ff:56으로 매핑된다는 점을 주의하자. 패킷 6부터 시작하는 그다음 부분(그림 9-15)은 MLDv2가 어떻게 다수의 관심을 보고할 수 있는지 보여준다.

**그림 9-15** MLDv2 보고는 5개의 멀티캐스트 그룹에 관심을 표시했다. 각 멀티캐스트 주소 레코드는 어떤 발신지도 제외되서는 안된다고(즉, 발신지가 없는 제외 모드) 나타냄으로써 1개의 그룹에 관심이 있음을 보고하고 있다.

그림 9-15에서 패킷 6은 2개 이상의 멀티캐스트 주소에 관심을 표명하는 첫 MLDv2 보고다. fe80::204:5aff:fe9f:9e80(MLD 조회자)에서 보내지며, 다음 5개 그룹 ff02::16(모든 MLDv2지원 라우터), ff02::1:ff00:0(최초의 요청 노드), ff02::2(모든 라우터^All Routers), ff02::202(ONC RPC, 일종의 원격 프로시저 호출), ff02::1:ff9f:9e80(자신의 요청 노드 그룹)의 정보를 포함한다. 패킷 7(그림에 표시되지 않음)은 호스트 fe80::fd26:de93:5ab7:405a가 요청 노드 주소인 ff02::1:ffb7:405a에 관심을 갖고 있음을 나타내는 MLDv2 보고다. 이제 IPv6가 아닌 트래픽을 보여주는 부분 (그림 9-16)으로 넘어가자.

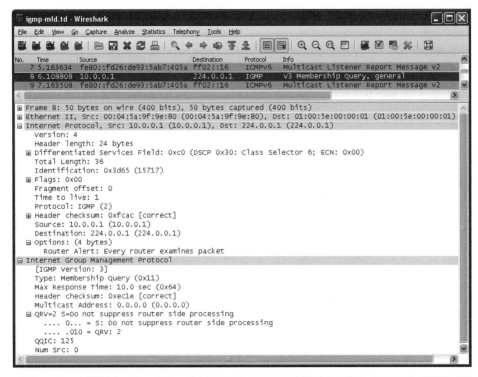

**그림 9-16** IGMPv3 일반 소속 조회는 모든 노드 멀티캐스트 주소 224.0.0.1로 보내진다. IPv4 헤더는 DSCP 값 0x30(클래스 선택자(selector 6))과 IPv4 라우터 경고(Router Alert) 옵션을 포함한다.

그림 9-16의 패킷 8은 추적의 예제 트레이스에서 처음 나타난 IPv4 패킷으로서 조회자 10.0.0.1에서 보낸 IGMPv3 일반 조회다. 이 패킷은 모든 노드^All Nodes 주소인 224.0.0.1로 보내지고 이 멀티캐스트 주소는 링크 계층 주소 01:00:5e:00:00:01로 매핑된다. TTL은 1로 설정돼 있는데, IGMP 메시지는 라우터 너머로 포워딩될 수 없기 때문이다. IPv4 헤

더는 24바이트인데, 4바이트 라우터 경고Router Alert 옵션을 포함하기 위해 기본 IPv4 헤더보다 4바이트 더 크다. 이 패킷은 최대 응답 시간의 기본값이 10초이고 조회 간격의 기본값은 125초인 IGMPv3 소속 조회로서 식별된 멀티캐스트 주소(그룹)는 0.0.0.0이므로 사용 중인 모든 멀티캐스트 그룹에 대한 정보를 요청하는 일반 조회임을 알 수 있다. 패킷 9(그림에는 보이지 않지만, 패킷 7이나 2와 비슷하다)는 멀티캐스트 주소 ff02::1:3(LLMNR)에 관심있음을 나타내는 다른 MLDv2 응답이다. 마지막 7개의 패킷은 그림 9-17에서 볼 수 있다.

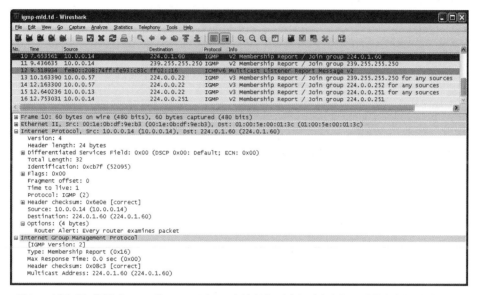

**그림 9-17** (패킷 12를 제외하고) IGMPv2와 IGMPv3 소속 보고가 섞여 있는 마지막 7개의 패킷 목록과 함께 패킷 10의 세부 정보를 볼 수 있다. IGMPv2 보고는 발신지 특정 정보를 포함하지 않는다.

그림 9-17의 패킷 10은 **10.0.0.14**(네트워크 연결 프린터)에서 **224.0.1.60**으로 보내진 IGMPv2 소속 보고로서 HP(휴렛패커드) 사의 제조 장비에 사용되는 탐색 서비스이다. MLDv1처럼 IGMPv2 메시지들은 참조 대상 그룹의 IP 주소에 보낸다. 그런 메시지들은 TTL = 1이고, 라우터 경고Router Alert 옵션을 포함하며, 길이는 32바이트다(24바이트의 IPv4 헤더 더하기 8바이트의 IGMP 보고 정보).

나머지 패킷들은 지금까지 살펴본 것들과 비슷하므로 자세히 다루지 않기로 한다. 패킷 11은 동일 시스템 **10.0.0.14**가 그룹 **239.255.255.250**(UPnP의 일부)에 가입을 원한다고 보고한다. 패킷 12는 호스트 fe80::208:74ff:fe93:c83c가 멀티캐스트 주소 ff02::202 (ONC RPC)와 ff02::1:ff93:f83c(요청 노드 주소)에 관심이 있다는 것을 표시하는 MLDv2 보고다. 패킷 13과 14는 IPv4 주소 10.0.0.57의 호스트가 그룹 239.255.255.250과 224.0.0.252(LLMNR)에 각각 관심이 있다는 것을 표시하는 IGMPv3 보고다. 마지막 2개의 패킷은 호스트 10.0.0.13과 10.0.0.14가 그룹 224.0.0.251(mDNS, 11장 참조)에 가입을 원하고 있음을 표시한다. 이들은 각각 IGMPv3와 IGMPv2 보고다.

## 9.4.4 경량 IGMPv3와 MLDv2

앞서 살펴본 것처럼 호스트는 자신의 애플리케이션이나 시스템 소프트웨어가 어느 멀티캐스트 그룹에 관심이 있는지에 대한 필터 상태를 유지한다. IGMPv3 또는 MLDv2에서는 포함 또는 제외할 발신들의 목록도 유지한다. 멀티캐스트 라우터는 관심을 갖고 있는 호스트들이 수신할 수 있도록 어느 트래픽을 어느 링크로 포워딩해야 할지에 대한 상태를 유지한다. 또 반대로, 모든 수신자의 제외 목록에 포함된 호스트가 보내는 멀티캐스트 트래픽을 포워딩하지 않을 수도 있다. 하지만 실제로 운영해 보면 애플리케이션은 특정 발신지를 차단할 일이 거의 없다. 이 기능을 지원하는 것이 꽤 번거롭다는 것이 경험적으로 입증됐다. 그런데 호스트는 그룹과 관련있는 특정 발신지를 포함시키고 싶을 때가 있는데 SSM이 사용될 때 특히 그렇다. 그 결과 IGMPv3와 MLDv2의 단순화 버전인 경량 Lightweight IGMPv3 LW-IGMPv3와 경량 MLDv2LW-MLDv2가 [RFC5790]에 정의됐다

LW-IGMPv3와 LW-MLDv2는 원조 프로토콜의 부분집합subset이다. ASM과 SSM을 둘다 지원하고 IGMPv3와 MLDv2와 호환되는 메시지 포맷을 사용하지만 특정 발신지 차단 기능은 빠져 있다. 대신에 발신지 목록이 없을 경우에만 배제 모드를 지원하는데, 이것은 (예를 들어 그림 9-13과 같이) IGMP 또는 MLD의 모든 버전에서 통상적인 그룹 가입에 해당한다. 따라서 멀티캐스트 라우터에서 꼭 추적해야 하는 상태는 관심 대상 그룹이 무엇인지, 그리고 관심 대상 발신지가 무엇인지에 대한 것이다. 관심 대상이 아닌 개별 호스트는 전혀 추적할 필요가 없다.

표 9-2는 경량 IGMLv3와 MLDv2에서 메시지 유형이 어떻게 달라지는지 보여준다. 이 표에서 {}은 발신지 목록이 비었음을 나타낸다. 예를 들어 TO_EX{}은 발신지가 없는 제외 EXCLUDE 모드로 변경된다는 의미의 0x04 유형 메시지를 나타낸다. (*, G)는 그룹 G가 임

의의 발신지와 관련있음을 표시하고, (S, G)는 그룹 G가 특정 발신지 S와 관련있음을 표시한다.

**표 9-2** IGMPv3와 MLDv2의 완전체 버전과 '경량' LW-IGMPv3와 LW-MLDv2의 동작 비교

| 완전체 버전 | 경량 버전 | 보내는 시점 |
|---|---|---|
| IS_EX({}) | TO_EX({}) | (*, G) 가입표에 대한 조회 응답(Query response) |
| IS_EX(S) | 없음 | EXCLUDE (S, G) 가입에 대한 조회 응답 |
| IS_IN(S) | ALLOW(S) | INCLUDE (S, G) 가입에 대한 조회 응답 |
| ALLOW(S) | ALLOW(S) | INCLUDE (S, G) 가입 |
| BLOCK(S) | BLOCK(S) | INCLUDE (S, G) 탈퇴 |
| TO_IN(S) | TO_IN(S) | INCLUDE (S, G) 가입으로 변경 |
| TO_IN({}) | TO_IN({}) | (*, G) 탈퇴 |
| TO_EX(S) | 없음 | EXCLUDE (S, G) 가입으로 변경 |
| TO_EX({}) | TO_EX({}) | (*, G) 가입 |

표 9-2의 값을 표 9-1의 값과 비교하면 비어 있지 않은 EXCLUDE 모드는 사용되지 않고, 상태 표시자 유형은 삭제됐다. 게다가 현재 상태 레코드(IS_EX와 IS_EN)가 호환 호스트에 대해서 제거됐다. 경량 멀티캐스트 라우터는 여전히 이러한 메시지를 수신할 수 있어야 하지만, 메시지의 발신지 목록이 언제나 비어 있는 것처럼 취급할 수 있다.

## 9.4.5 IGMP와 MLD의 견고성

IGMP와 MLD 프로토콜의 강건함과 신뢰성과 관련해서 크게 2가지가 중요하다. IGML나 MLD, 더 일반적으로 멀티캐스트의 실패는 원치 않는 멀티캐스트 트래픽의 배포 또는 원하는 멀티캐스트 트래픽의 전달 실패로 이어질 수 있다. IGML와 MLD가 다루는 실패에는 멀티캐스트 라우터의 실패와 프로토콜 메시지의 분실이 있다.

멀티캐스트 라우터의 실패 가능성은 동일 링크에 2대 이상의 멀티캐스트 라우터를 둠으로써 해결한다. 이 경우에는 앞서 언급했듯이 가장 낮은 IP 주소를 갖는 라우터가 '조회자'로 선출된다. 조회자는 서브넷상에 있는 호스트들의 현재 상태를 확인하기 위해서 일

반 조회와 특정 조회를 보낼 책임이 있다. 다른(조회자가 아닌) 라우터는 프로토콜 메시지들을 감시한다. 이들도 그룹 멤버이거나 무차별 멀티캐스트 리스너이며, 현재 조회자가 실패할 경우 다른 라우터가 조회자로 선출될 수 있기 때문이다. 이런 동작에 적절하게 이뤄지려면 동일 링크에 연결된 모든 멀티캐스트 라우터는 조회, 응답, 그리고 일부 설정 정보 (주로 타이머)를 협업할 필요가 있다.

멀티캐스트 라우터들이 수행하는 협업 중에서 첫 번째 유형은 조회자 선출<sup>querier election</sup>이다. 각 멀티캐스트 라우터는 다른 멀티캐스트 라우터의 조회를 수신할 수 있다. 멀티캐스트 라우터는 처음 시동될 때 자신이 조회자라고 간주하고, 서브넷에 존재하는 그룹들을 알기 위해서 일반 조회를 보낸다. 다른 라우터로부터 멀티캐스트 조회를 수신한 라우터는 발신지 주소를 자신의 주소와 비교하고, 발신지 주소가 자신의 주소보다 낮으면 대기<sup>standby</sup> 모드로 진입한다. 그 결과 가장 낮은 IP 주소를 갖고 있는 라우터가 최종 승자가 되서, 서브넷에 조회를 보낼 책임을 갖는 유일한 조회자로 선출된다. 대기 모드 중인 라우터는 타이머를 설정하고, 지정된 시간(다른 조회자 존재<sup>other-querier-present</sup> 타이머라고 부름) 동안 조회가 수신되지 않으면 자신이 다시 조회자가 된다.

조회를 보내는 멀티캐스트 라우터는 동일 서브넷의 호스트들이 어느 그룹과 호스트에 관심을 갖고 있는지 확인하기 위해 주기적으로 일반 조회를 보낸다. 조회를 보내는 속도는 조회자의 조회 간격<sup>query interval</sup>로 정해지는데, 이 값은 설정 가능한 타이머 매개변수다. 둘 이상의 멀티캐스트 라우터가 동일 서브넷에서 동작 중일 때, 현재 조회자의 조회 간격을 다른 모든 라우터들이 채택한다. 따라서 현재 조회자가 조회에 실패해서 다른 멀티캐스트 라우터로 전화돼도 조회 속도에 혼란이 일어나지 않는다.

어떤 그룹(또는 발신지)이 더 이상 관심 대상이 아닌 것 같다고 판단한 멀티캐스터 라우터는 멀티캐스트 트래픽의 포워딩을 중단하기(또는 멀티캐스트 라우팅 프로토콜에게 알려주기) 전에 일단 특정 조회를 보낸다. 이런 특정 조회의 간격은 일반 조회와는 다른데, 이때의 조회 간격을 LMQT<sup>Last Member Query Time</sup>라고 부른다. LMQT는 일반 조회 간격보다 낮은(짧은) 값으로서 탈퇴 지연시간에 결정적인 영향을 미친다. 다수의 멀티캐스트 라우터가 동일 서브넷에서 동작 중인데 호스트가 그룹을 탈퇴(또는 발신지를 제거)하려 할 때, 프로토콜 메시지가 분실되면 복잡한 상황이 발생할 수 있다.

프로토콜 메시지의 분실에 대비하기 위해서 일부 메시지는 최대 한도를 정해서 일정 횟수만큼 재전송된다(이 횟수를 QRV^Querier Robustness Variable 라고 함). QRV 값은 조회 내의 QRV 필드에 부호화되며, 조회자가 아닌 라우터는 조회자의 QRV 값을 자신의 것으로 채택한다. 다시 말하지만, 이것은 조회자가 바뀌는 상황에서 일관성 유지에 도움이 된다. 재전송으로 보호되는 메시지 유형에는 상태 변경 보고와 특정 조회가 있다. 다른 유형의 메시지(즉, 현재 상태 보고)는 포워딩 상태의 변경이 일어나지 않고 다만 타이머 조정으로 인한 소프트 상태의 갱신만 일어나기 때문에 재전송을 통해서 보호되지 않는다. 재전송이 일어날 때, 보고의 재전송 간격은 0과 어떤 설정 매개변수(요청에 대한 응답이 아닌 보고 간격^Unsolicited Report Interval이라고 부름) 간의 값이 무작위로 균일하게 선택되며, 조회의 재전송 간격은 (LMQT을 바탕으로) 일정한 값으로 선택된다. 분실 가능성이 높은 링크(예를 들면 무선랜)에서는 트래픽 증가를 감수하더라도 패킷 분실을 대비하기 위해서 QRV 값을 높일 필요가 있다.

특정 조회를 다룰 때 멀티캐스트 라우터들 간의 동기화를 유지하기 위해서, 조회 메시지의 S 비트 필드는 라우터에서의 (타이머) 처리를 하면 안 된다고 표시한다. 조회자가 특정 조회를 보낼 때 QRV 횟수만큼의 재전송이 예약된다. 최초로 보내지는 특정 조회에서 S 비트 필드의 값은 0이다. 특정 조회를 전송 또는 수신 시에 멀티캐스트 라우터는 후속 재전송을 위한 타이머 값을 LMQT로 낮춘다. 이때, 호스트는 자신이 여전히 그룹 또는 발신지에 관심이 있음을 알리는 보고를 보낼 수 있다. 메시지 분실이 없다면, 이 보고를 받은 멀티캐스트 라우터는 타이머를 평상시 값으로 재설정하고 변경 없이 계속 진행한다. 하지만 앞서 예약됐던 재전송이 폐기되는 것은 아니다. 다만 S 비트 필드가 설정된 채로 재전송된다. 따라서 이를 수신한 라우터는 타이머 값을 LMQT로 낮추지 않는다.

관심있음을 알리는 보고를 수신했음에도 조회 재전송을 유지하는 이유는 모든 멀티캐스트 라우터에서 그룹에 대한 타임아웃을 일관되게 유지할 수 있기 때문이다. 관심있음을 알리는 보고 또는 초기 조회를 조회자가 아닌 라우터가 놓친 경우에도 특정 조회의 (재)전송을 허용하고 (관심있음을 알리는 보고가 정상적으로 수신됐어도) 타이머를 LMQT로 낮추지 않게 만드는 것이 S 비트 필드의 목적이다. S 비트 필드가 없으면 재전송되는 특정 조회로 인해서 조회자가 아닌 라우터는 (관심있음을 알리는 정상적인 보고를 수신했으므로) 자신의 타이머를 낮추는 오류를 범하게 된다.

### 9.4.6 IGMP와 MLD의 카운터와 변수

IGMP와 MLD는 라우터의 실패, 프로토콜 메시지의 손실 그리고 과거 버전과의 상호운용도 처리하는 소프트 상태 프로토콜이다. 이 기능들의 대부분은 상태 변경과 프로토콜 동작을 일으키는 타이머를 이용한다. 표 9-3은 IGMP와 MLD에서 사용되는 모든 설정 매개변수와 상태 변수의 요약을 제공한다.

표 9-3를 보면 IGMP와 MLD가 대부분의 설정 정보와 타이머를 공통으로 갖고 있음을 분명히 알 수 있다. 다만 일부 용어는 다르다. "변경 불가"로 표시된 값은 다른 값의 함수로서 설정되므로 독립적으로는 변경될 수 없다.

**표 9-3** IGMP와 MLD의 매개변수와 타이머, 대부분의 값은 구현 내에서 설정 매개변수로 변경될 수 있다.

| 이름과 의미 | 기본값(제한) |
| --- | --- |
| RV(Robustness Variable, 견고성 변수) - 상태 변경 보고/조회에 대해 RV-1 번까지 재전송 | 2(0이면 안 됨; 1이 아닌 편이 바람직.) |
| QI(Query Interval, 조회 간격) - 현재 조회자가 일반 조회들을 보내는 간격 | 125s |
| QRI(Query Response Interval, 조회 응답 간격) - 보고가 생성되기까지 대기하는 최대 응답 시간. 이 값을 부호화한 값이 최대 응답 필드에 들어간다. | 10s |
| IGMP의 GMI(Group Membership Interval)와 MLD의 MALI(Multifast Address Listener Interval) - 그룹 혹은 발신지/그룹 조합에 관심있는 호스트가 없다고 멀티캐스트 라우터가 선언하기까지 보고가 수신되지 않은 채 지나야 하는 시간 | RV * QI + QRI(변경 불가) |
| IGMP의 OQPI(Other Querier Present Interval)와 MLD의 OQPT(Other Querier Present Timeout) - 조회자가 아닌 멀티캐스트 라우터가 현재 활성화된 조회자가 없다고 선언하기까지 일반 요청이 수신되지 않은 채 지나야 하는 시간 | RV * QI + (0.5) * QRI(변경 불가) |
| 기동 조회 간격 - 방금 기동한 조회자가 사용하는 일반 조회들 사이의 간격 | (0.25) * QI |
| 기동 조회 카운트- 방금 기동한 조회자가 보낸 일반 조회의 개수 | RV |
| IGMP의 LMQI(Last Member Query Interval)와 MLD의 LLQI(Last Listener Query Interval) - 특정 조회에 응답하는 보고의 생성을 기다리는 최대 응답 시간. 이 값은 특정 조회 안의 최대 응답 필드를 형성하기 위해 부호화된다. | 1s |
| IGMP의 LMQC(Last Member Query Count)와 MLD의 LLQC(Last Listener Query Count) - 관심을 갖고 있는 호스트가 더 이상 없다고 선언하기까지 응답이 돌아오지 않는 특정 조회를 보내는 횟수 | RV |

| 이름과 의미 | 기본값(제한) |
|---|---|
| 요청에 대한 응답이 아닌 보고간격- 호스트의 최초 상태 변경 보고를 재전송하는 간격 | 1s |
| 과거 버전 조회자 존재 타임아웃 -IGMPv1 또는 IGMPv2 요청 메시지가 수신되지 않을 때 IGMPv3로 되돌아가기까지 호스트가 기다리는 시간 | RV * QI + QRI(변경 불가) |
| IGMP의 OHPI(Older Host Present Interval)와 MLD의 OVHPT(Older Version Host Present Timeout) - IGMPv1 또는 IGMPv2 보고 메시지가 수신되지 않을 때 IGMPv3로 되돌아가기까지 조회자가 기다리는 시간 | RV * QI + QRI(변경 불가) |

### 9.4.7 IGMP와 MLD 스누핑

IGMP와 MLD는 라우터들 사이의 IP 멀티캐스트 트래픽의 흐름을 관리한다. 트래픽 흐름을 더욱 최적화하기 위해, (원래는 3계층인 IGMP 또는 MLD 메시지를 처리하지 않는) 2계층 스위치가 3계층 정보를 조사해서 특정 멀티캐스트 트래픽이 관심 대상인지 여부를 인지할 수 있다. 이러한 스위치의 기능을 IGMP(MLD) 스누핑[RFC4541]이라고 하며 다수의 스위치 벤더가 지원한다. IGMP 스누핑이 없다면 스위치는 스위치들 간에 형성된 스패닝 트리의 모든 가지를 따라서 브로드캐스팅으로 링크 계층 멀티캐스트 트래픽을 보낸다. 앞에서 설명한 이유들로 이것은 낭비가 많다. IGMP(MLD)를 인식하는 스위치(이런 스위치를 가리켜서 IGMP 스누핑을 줄인 IGS 스위치라고 부르기도 한다)는 호스트와 멀티캐스트 라우터 간의 IGMP (MLD) 트래픽을 감시하고, 멀티캐스트 라우터처럼 어느 포트가 어느 특정 멀티캐스트의 흐름을 필요로 하는지 추적할 수 있다. 이렇게 하면 스위치로 연결된 네트워크에 흐르는 불필요한 멀티캐스트 트래픽의 양을 크게 줄일 수 있다.

IGMP/MLD 스누핑의 구현을 복잡하게 하는 약간의 세부 사항들이 있다. IGMPv3와 MLDv2에서 보고는 조회에 응답해 생성된다. 그렇지만 이전 버전에서는 한 호스트가 보고를 생성하고 동일 링크의 그룹 구성원인 다른 호스트들이 이 보고를 수신하면, 추가 구성원들은 보고를 할 수 없다. IGS 스위치가 모든 인터페이스로 보고를 포워딩해야 한다면 그룹 멤버를 갖는 다른 LAN(VLAN) 세그먼트의 호스트에게는 보고가 전달될 수 없기 때문에 문제를 유발할 수 있다. 따라서 이전 버전의 IGMP와 MLD를 지원하는 IGS 스위치는 모든 인터페이스로 보고를 브로드캐스트 보고를 내보내지 않고 가장 가까운 멀티캐스트 라우터에게만 포워딩한다. MRD<sup>Multicast Router Discvoery</sup>(8장 참조)를 사용하면 멀티캐스트 라우터의 위치를 쉽게 알아낼 수 있다.

스누핑snooping을 구현할 때 또 다른 이슈는 IGMP와 MLD 간의 메시지 포맷의 차이다. MLD는 별개의 프로토콜이 아니라 ICMPv6의 일부분이므로 MLD 스누핑 스위치는 ICMPv6 정보를 처리해야 하며 MLD 메시지를 다른 것과 신중히 구분해야 한다. 특히 다른 ICMPv6 트래픽은 ICMPv6가 사용되는 여러 기능(8장 참조)들을 위해 자유롭게 흐르게 허용돼야 한다.

2계층 장비를 통한 IP 멀티캐스트 트래픽 운반을 더욱 최적화하기 위해 개발된 다른 비표준 프로토콜도 있다. 예를 들면 시스코는 라우터 포트 그룹 관리 프로토콜 RGMP[RFC3488]을 제안했다. RGMP에서 관심 대상 그룹과 발신지는 (IGMP/MLD처럼) 호스트뿐 아니라 멀티캐스트 라우터도 똑같이 보고한다. 이 정보는 (호스트만이 아니라) 멀티캐스트 라우터들 간의 멀티캐스트 트래픽 포워딩을 2계층에서 최적화하는 데 사용된다.

## 9.5 IGMP 및 MLD와 관련된 공격

IGMP와 MLD는 멀티캐스트 트래픽의 흐름을 제어하는 신호를 보내는 프로토콜이기 때문에 이 프로토콜들을 이용하는 공격은 주로 DoS 공격 혹은 자원 활용 공격이다. 또 프로토콜 구현의 버그를 이용하는 공격도 있는데, 호스트를 사용 불가능 상태로 만들거나 공격자가 제공하는 코드를 실행하게 만들기도 한다.

IGMP 혹은 MLD를 보내서 대량의 고대역폭 멀티캐스트 그룹을 등록함으로써 간단한 DoS 공격을 할 수 있다. 공격을 받으면 대역폭이 고갈돼 결국 서비스 거부로 이어진다. 이보다 복잡한 공격은 비교적 낮은 IP 주소를 사용하는 요청을 생성하는 방법을 이용한다. 이 경우에 공격자는 링크에 대한 조회자로 선출돼서 자신의 견고성 변수, 조회 간격, 최대 응답 시간을 다른 멀티캐스트 라우터들이 채택되게 할 수 있다. 이때 최대 응답 시간이 매우 짧으면 호스트는 보고를 빈번하게 보내게 유도돼 CPU 자원을 소모한다.

구현의 버그를 파고드는 몇 가지 공격들이 수행돼 왔다. 일부 운영체제에서는 충돌을 유도하기 위해서 단편화된 IGMP 패킷이 사용된 적이 있다. 또 최근에는 SSM 정보를 사용해서 특별하게 가공된 IGMP 혹은 MLD 패킷이 원격 코드 실행 버그가 유도된 적도 있다. 전반적으로 IGMP 혹은 MLD의 취약성으로 인한 영향은 다른 프로토콜에 비해서 덜

한 경향이 있는데, 멀티캐스트는 LAN에서만 지원되는 경우가 많기 때문이다. 그래서 공격 목표로 삼은 LAN에 온링크 접근을 할 수 없는 원격 공격자는 할 수 있는 일이 별로 없다.

## 9.6 정리

브로드캐스팅은 일반적으로 네트워크 상의 모든 노드에게 트래픽을 보내는 것을 의미한다. TCP/IP의 문맥에서 브로드캐스팅은 로컬 네트워크 혹은 서브네트워크 내의 모든 호스트에 패킷을 보내는 것을 의미한다. 반면에 TCP/IP에서 멀티캐스팅은 네트워크 내의 호스트들 중에서 해당 패킷에 관심있는 호스트에만 패킷을 보내는 것을 의미한다. 호스트들을 선택하기 위한 방법은 멀티캐스트 트래픽의 범위와 수신자의 관심에 따라 다르다. 많은 애플리케이션에서 멀티캐스팅이 브로드캐스팅보다 나은 방법인데, 멀티캐스팅은 통신에 참여하지 않는 호스트에는 부담이 덜 가기 때문이다. 브로드캐스팅은 IPv4에서는 지원되지만 IPv6에서는 지원되지 않는다. 브로드캐스팅과 멀티캐스팅을 사용하면 유니캐스트 연결과 달리 다수의 목적지로 동일 내용을 반복해서 보내지 않아도 된다. 또 알려지지 않은 서버를 발견하는 데도 사용될 수 있다. 멀티캐스팅이 브로드캐스팅보다 더 복잡한 기능인데, 어느 호스트가 어느 그룹에 관심있는지 알아내려면 상태 정보가 관리돼야 하기 때문이다.

IPv4 의 브로드캐스트 주소에는 한정limited 브로드캐스트 주소(255.255.255.255)와 지정 directed 브로드캐스트 주소의 2종류가 있다. 지정 브로드캐스트 주소는 네트워크 프리픽스와 그 길이를 사용해서 만들어지는데, 앞부분이 네트워크 프리픽스와 같고 하위 비트들은 1로 설정된 32비트 주소다. 한정 브로드캐스트 주소보다 지정 브로드캐스트를 사용하는 것이 훨씬 선호된다. 브로드캐스트 트래픽을 어느 인터페이스를 사용할지 선택하는 방법은 운영체제마다 다르다. 일반적으로, 한정 브로드캐스트 트래픽의 경우는 1개의 주 primary 인터페이스를 사용하고, 지정 브로드캐스트와 멀티캐스트 트래픽의 경우는 호스트의 포워딩 테이블에 들어있는 정보를 사용한다.

IP의 멀티캐스팅은 멀티캐스트 패킷을 수신하고 싶은 프로세스가 인터페이스별로 (IP 주소를 사용하여) 특정 그룹에 가입하는 모델을 사용한다. (이더넷과 같이) 멀티캐스트를 지원하는 IEEE 링크 계층 네트워크에서 멀티캐스트 IPv4 트래픽을 전송하기 위해서 그룹 주소의 하위 23비트를 프리픽스 01:00:5e와 결합해 링크 계층 멀티캐스팅에 사용되는 MAC 계층 목적지 주소가 만들어진다. IPv6 멀티캐스트 트래픽을 전송의 경우에는 그룹 주소의 하위 32비트와 16비트 프리픽스 33:33을 조합해 MAC 계층 목적지 주소가 만들어진다. 이 매핑은 유일하지 않다. 즉, 둘 이상의 IPv4 또는 IPv6 그룹 주소가 동일한 MAC 계층 주소를 사용하게 된다. 따라서 호스트 소프트웨어는 원하지 않는 그룹의 트래픽이 들어오는 것을 막기 위해서 필터링을 수행한다.

IGMP와 MLD 프로토콜은 각각 IPv4와 IPv6에서 멀티캐스트 패킷 전달을 지원하는 데 사용된다. 멀티캐스트 라우터는 어느 호스트가 어느 그룹에 관심있는지 그리고 (IGMPv3와 MLDv2의 경우) 어느 발신자가 해당 그룹의 관심 대상인지 알아내기 위해서 조회 메시지를 인접 호스트들에 보낸다. 호스트들은 어느 그룹에 관심을 갖고 있는지 알리는 보고를 응답으로서 보낸다. MLD가 ICMPv6 프로토콜의 일부인 반면 IGMP는 (ICMP와 마찬가지로) IPv4와는 독립적인 프로토콜이다. 일부 스위치는 관심을 갖고 있는 수신 호스트가 없는 스패닝 트리 가지를 따라서 멀티캐스트 IP 트래픽을 보내지 않기 위해서, IGMP와 MLD 트래픽을 "스누프snoop,엿탐"하는 기능을 갖고 있다. IGMP와 MLD의 "견고성 변수"는 분실되기 쉬운 중요 메시지의 재전송을 활성화하는 용도로 설정될 수 있다.

IGMP와 MLD는 둘 다 다른 트래픽의 흐름을 제어하는 신호 프로토콜이기 때문에 이 프로토콜들에 대한 공격은 추가적인 자원 소비를 일으켜서 결과적으로 서비스 거부 공격으로 이어지기 쉽다. 구현 버그를 파고드는 유형의 공격들도 관찰되고 있으며, 공격자가 제공하는 악의적 코드를 실행하는 데 사용될 수 있다. MLD(그리고 MLDv2)는 비교적 최근데 개발된 것이기 때문에 앞으로 추가적인 취약점이 발견될 가능성이 높다. 하지만 이 프로토콜들에 대한 공격은 1개의 링크에만 영향을 미치기 때문에 공격 효과는 제한적이다.

# 9.7 참고 자료

- **[CK11]** S. Cheshire and M. Krochmal, "Multicast DNS," Internet draft- cheshirednsext-multicastdns, work in progress, Feb. 2011.

- **[EGW02]** B. Edwards, L. Giuliano, and B. Wright, Interdomain Multicast Routing: Practical Juniper Networks and Cisco Systems Solutions (Addison-Wesley, 2002).

- **[GCLG99]** Y. Goland, T. Cai, P. Leach, and Y. Gu, "Simple Service Discovery Protocol/1.0 Operating without an Arbiter," Internet draft-cai-ssdp-v1-03.txt (expired), Oct. 1999.

- **[RFC1112]** S. Deering, "Host Extensions for IP Multicasting," Internet RFC 1112/ STD 0005, Aug. 1989.

- **[RFC1122]** R. Braden, ed., "Requirements for Internet Hosts," Internet RFC 1122/ STD 0003, Oct. 1989. **[RFC2644]** D. Senie, "Changing the Default for Directed Broadcasts in Routers," Internet RFC 2644/BCP 0034, Aug. 1999.

- **[RFC3376]** B. Cain, S. Deering, I. Kouvelas, B. Fenner, and A. Thyagarajan, "Internet Group Management Protocol, Version 3," Internet RFC 3376, Oct. 2002.

- **[RFC3488]** I. Wu and T. Eckert, "Cisco Systems Router-port Group Management Protocol (RGMP)," Internet RFC 3488 (informational), Feb. 2003.

- **[RFC3590]** B. Haberman, "Source Address Selection for the Multicast Listener Discovery (MLD) Protocol," Internet RFC 3590, Sept. 2003.

- **[RFC3810]** R. Vida and L. Costa, eds., "Multicast Listener Discovery Version 2 (MLDv2) for IPv6," Internet RFC 3810, June 2004.

- **[RFC4541]** M. Christensen and K. Kimball, "Considerations for Internet Group Management Protocol (IGMP) and Multicast Listener Discovery (MLD) Snooping Switches," Internet RFC 4541 (informational), May 2006.

- **[RFC4601]** B. Fenner, M. Handley, H. Holbrook, and I. Kouvelas, "Protocol Independent Multicast.Sparse Mode (PIM-SM): Protocol Specification (Revised)," Internet RFC 4601, Aug. 2006.

- **[RFC4604]** H. Holbrook, B. Cain, and B. Haberman, "Using Internet Group Management Protocol Version 3 (IGMPv3) and Multicast Listener Discovery Protocol Version 2 (MLDv2) for Source-Specific Multicast," Internet RFC 4604, Aug. 2006.

- **[RFC4607]** H. Holbrook and B. Cain, "Source-Specific Multicast for IP," Internet RFC 4607, Aug. 2006.

- **[RFC4795]** B. Aboba, D. Thaler, and L. Esibov, "Link-Local Multicast Name Resolution (LLMNR)," Internet RFC 4795 (informational), Jan. 2007.

- **[RFC5015]** M. Handley, I. Kouvelas, T. Speakman, and L. Vicisano, "Bidirectional Protocol Independent Multicast (BIDIR-PIM)," Internet RFC 5015, Oct. 2007.

- **[RFC5214]** F. Templin, T. Gleeson, and D. Thaler, "Intra-Site Automatic Tunnel Addressing Protocol (ISATAP)," Internet RFC 5214 (informational), Mar. 2008.

- **[RFC5579]** F. Templin, ed., "Transmission of IPv4 Packets over Intra-Site Automatic Tunnel Addressing Protocol (ISATAP) Interfaces," Internet RFC 5579 (informational), Feb. 2010.

- **[RFC5790]** H. Liu, W. Cao, and H. Asaeda, "Lightweight Internet Group Management Protocol Version 3 (IGMPv3) and Multicast Listener Discovery Version 2 (MLDv2) Protocols," Internet RFC 5790, Feb. 2010.

# 10

## ──

# UDP와 IP 단편화

## 10.1 개요

UDP<sup>User Datagram Protocol</sup>는 데이터그램 위주의 단순한 전송 계층 프로토콜로서 메시지 간의 경계를 유지한다. UDP는 오류 정정, 순서화, 중복 제거, 흐름 제어 혹은 혼잡 제어를 제공하지 않는다. 오류 검출은 제공할 수 있으며, 우리가 살펴본 전송 계층 프로토콜 중에서 진정한 종단간<sup>end-to-end</sup> 검사합을 포함한다. 이 프로토콜 자체적으로는 최소한의 기능만 제공하므로, 이 프로토콜을 사용하는 애플리케이션들은 패킷의 전송과 처리 방법에 관해 상당한 제어권을 갖고 있다. 애플리케이션들은 자신들의 데이터가 확실하게 신뢰성 있게 전달되기를 또는 순서대로 전달되기를 원한다면 이런 보호를 스스로 구현해야 한다. 일반적으로 애플리케이션에 의해 요구되는 각 UDP 출력 작업은 정확하게 따라서 1개의 IP 데이터그램만 전송된다. 이런 특성은 TCP(15장 참조)와 같은 스트림 위주<sup>stream-oriented</sup> 프로토콜과 대조적인 것으로서, 스트림 위주 프로토콜에서는 애플리케이션이 생성한 데이터의 크기는 1개의 IP 데이터그램으로 전송되는 데이터 크기 또는 수신 측에서 소비되는 데이터 크기와 거의 관계가 없다.

[RFC 768]은 UDP의 공식 규격이며, 큰 내용 변경 없이 30년 이상 표준으로 유지되고 있다. 앞에서 언급했듯이 UDP는 오류 정정을 제공하지 않는다. 애플리케이션이 IP 계층에 기록하는 대로 데이터그램을 전송하지만, 목적지에 반드시 도착한다는 보장은 없다.

게다가 다른 네트워크 사용자에게 부정적인 영향을 미칠 수 있는 고속 UDP 트래픽을 방지하기 위한 메커니즘이 없다. 이처럼 신뢰성과 보호가 부족하기 때문에 UDP를 사용하는 것이 전혀 장점이 없다고 생각하기 쉽지만, 그렇지 않다. UDP는 비연결형connectionless이기 때문에 다른 전송 프로토콜에 비해 오버헤드가 적다. 또한 브로드캐스트와 멀티캐스트 동작(9장 참조)은 UDP와 같은 비연결형 전송을 이용하는 편이 훨씬 단순하다. 게다가 애플리케이션이 재전송 단위를 스스로 선택할 수 있다는 점도 UDP 선택에 중요한 고려사항이 될 수 있다(예를 들면 [CT90] 참조).

그림 10-1은 1개의 IPv4 데이터그램으로서 UDP 데이터그램을 캡슐화한 것을 나타내고 있다. IPv6 캡슐화도 유사하지만, 약간의 차이가 있는데 이는 10.5절에서 설명한다. IPv4 프로토콜Protocol 필드는 UDP임을 표시하기 위해 17이란 값을 가진다. IPv6도 다음 헤더Next Header 필드에 동일한 값을 사용한다. UDP 데이터그램의 크기가 MTU 크기를 초과해서 2개 이상의 IP 계층 패킷으로 단편화돼야 할 때 어떤 일이 발생하는지는 10장 뒷부분에서 살펴본다.

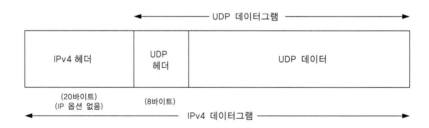

**그림 10-1** 단일 IPv4 데이터그램으로 UDP 데이터그램의 캡슐화(IPv4 옵션이 없는 일반적인 경우). IPv6 캡슐화도 유사하다. UDP 헤더가 헤더 체인(chain) 뒤에 이어진다.

## 10.2 UDP 헤더

그림 10-2는 페이로드와 UDP 헤더(항상 크기는 8바이트임)를 포함하는 UDP 데이터그램을 보여준다.

포트 번호는 우편함mailboxes처럼 동작하며, 프로토콜 구현은 포트 번호를 사용해서 발신 프로세스와 수신 프로세스를 식별한다(1장 참조). 포트는 순전히 추상적인 개념이다. 호스트상의 어떤 물리적 개체와도 대응하지 않는다. UDP에서 포트 번호는 16비트 양의 정수이고, 발신지 포트 번호는 선택적이다. 즉, 데이터그램의 발신자가 응답을 받을 필요가 없다면 발신지 포트 번호는 0으로 설정될 수 있다. TCP, UDP, SCTP[RFC4960] 같은 전송 프로토콜은 IP로부터 들어오는 데이터를 역다중화하기 위해 목적지 포트 번호를 사용한다. IP는 IPv4 헤더의 프로토콜 필드나 IPv6 헤더의 다음 헤더 필드의 값에 근거해서 특정 전송 프로토콜로부터 들어오는 IP 데이터그램을 역다중화할 수 있으므로, 포트 번호는 전송 프로토콜별로 독립적이다. 즉, TCP 포트 번호는 단지 TCP에 의해 사용되고, UDP 포트 번호는 단지 UDP에만 사용된다. 이렇게 구분되기 때문에, 서로 다른 전송 프로토콜을 사용한다면 2개의 다른 서버가 똑같은 IP 주소와 포트 번호를 사용할 수 있다.

**주의**

이처럼 독립적이기는 하지만, TCP와 UDP를 모두 사용하는(또는 모두 사용할 가능성이 높은) 주요 서비스들은 대체로 TCP와 UDP에 동일한 포트 번호를 할당한다. 다만 이것은 편의상 그런 것이고 프로토콜이 강제하지는 않는다. [IPORT]에 포트 번호가 공식적으로 어떻게 할당되지 자세히 나와 있다.

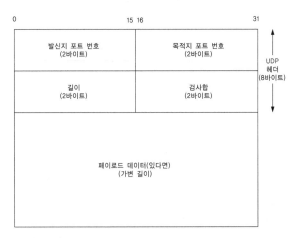

**그림 10-2** UDP 헤더와 페이로드(데이터) 영역. 검사합 필드는 IP 헤더의 발신지와 목적지 IP 주소 필드를 포함하는 UDP 유사 pseudo 헤더를 사용해서 종단간(end-to-end)에 계산된다. 따라서 (예를 들어 NAT 때문에) 이 필드들의 값이 바뀌면 UDP 검사합도 재계산돼야 한다.

그림 10-2에서 UDP 길이Length 필드는 UDP 헤더와 UDP 데이터 길이를 바이트 단위로

나타낸 것이다. 이 필드의 최솟값은 UDP가 IPv6 점보그램(10.5절 참조)으로 사용될 때를 제외하고는 8바이트다. 0바이트 데이터를 가진 UDP 데이터그램을 전송하는 것도 드물지만 허용된다. IPv4 헤더가 데이터그램의 전체 길이(5장 참조)를 포함하고 있고, IPv6 헤더가 페이로드 길이를 포함하고 있기 때문에 UDP 길이 필드의 값은 중복되는 측면이 있음에 주의하자. 따라서 UDP/IPv4 데이터그램의 길이는 IPv4 데이터그램의 전체 길이에서 IPv4 헤더의 길이를 뺀 값이 되고, UDP/IPv6 데이터그램의 길이는 IPv6 헤더에 포함돼 있는 페이로드 길이 필드 값에서 모든 확장 헤더의 길이를 뺀 것이다(점보그램이 사용되지 않았을 경우). 이 두 경우 모두 UDP 길이 필드의 값은 IP 계층 정보로부터 계산된 길이와 일치해야 한다.

## 10.3 UDP 검사합

UDP 검사합은 이 책에서 처음 다루는 종단간 전송 계층 검사합이다(ICMP도 종단 간 검사합을 갖지만 ICMP는 진정한 전송 프로토콜이 아니다). UDP 검사합은 UDP 헤더, UDP 데이터, 그리고 유사 헤더(이 절의 뒤에서 정의)를 포함하며, 최초 발신자에서 계산되고 최종 목적지에서 검사된다. 그리고 전송 중에는 수정되지 않는다(NAT를 통과할 때는 제외. 7장 참조). IPv4 헤더의 검사합은 헤더에 대해서만 계산되며(즉, IP 패킷 내의 데이터는 해당되지 않음), IP 홉을 지날 때마다 재계산된다고 배웠던 것을 기억하자(라우터가 데이터그램을 포워드할 때 IPv4 TTL 필드의 값을 1 감소시키기 때문에 재계산을 해야 한다). (TCP, UDP와 같은) 전송 프로토콜은 헤더 "및" 데이터를 포함하는 검사합을 사용한다. UDP에서는 (비록 사용하도록 강력 권고되기는 하지만) 검사합이 선택적인데 반해서 다른 전송 프로토콜들에서는 필수적으로 사용돼야 한다. IPv6와 함께 사용될 경우는 IP 계층에 헤더 검사합이 없기 때문에 UDP 검사합의 사용과 계산은 필수적이다. 애플리케이션에 오류 없는 데이터를 제공하기 위해서는 UDP와 같은 전송 계층 은 항상 검사합을 계산하거나, 수신 애플리케이션에 데이터를 전달하기 전에 어떤 다른 오류 검출 메커니즘을 사용해야 한다.

UDP 검사합 계산의 기본은 5장에서 설명한 일반적인 인터넷 검사합(16비트 워드의 1의 보수 합의 1의 보수)과 유사하지만, 2가지 특별한 세부 처리가 있다. 첫째, 검사합 알고리즘은 16비트 워드를 더하므로 짝수가 되는데, UDP 데이터그램의 데이터 길이가 홀수 바이트일 수 있다. 그래서 검사합 계산과 검증 시에만 홀수 길이 데이터그램의 끝에 가상의 패

드(채우기)pad 바이트로 0을 추가한다. 패드 바이트는 실제로는 전송되지 않으므로 가상의
바이트라고 부른다.

둘째, UDP(그리고 TCP도 마찬가지로)는 IPv4 헤더의 필드들로부터 유도되는 12 바이트 유
사 헤더 혹은 IPv6 헤더의 필드들로부터 유도되는 40 바이트 유사 헤더를 사용해서 검사
합을 계산한다. 이 유사 헤더 역시 가상의 값이며, (발신자와 수신자 모두에서) 검사합 계산
목적으로만 사용된다. 실제로 전송되는 일은 결코 없다. 발신지와 수신지의 주소 그리고
IP 헤더의 프로토콜Protocol 필드 또는 다음 헤더 필드Next Header field 값(이 값은 17이어야 함)을
포함한다. 유사 헤더의 목적은 데이터가 정확한 목적지에 도착했는지(즉, 주소가 잘못 지정
된 데이터그램을 IP 계층이 수신하지 않았는지, 그리고 IP가 다른 전송 계층을 위한 데이터그램을 UDP
에 주지 않았는지) UDP 계층이 검증하기 위한 것이다. 그림 10-3은 UDP 검사합 계산에
포함되는 UDP 헤더, 페이로드, 유사 헤더를 보여준다.

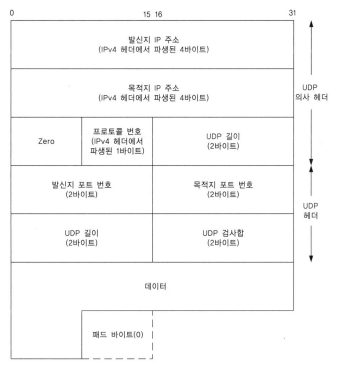

**그림 10-3** 의사 헤더, UDP 헤더, 데이터 등 UDP/IPv4 데이터그램의 검사합 계산에 사용되는 필드. 데이터의 바이트 길이가 짝수
가 아니면 검사합 계산의 목적으로 한 개의 0바이트를 추가한다. 의사 헤더와 패드 바이트는 데이터그램과 함께 전송되지 않는다.

**주의**

주의 깊은 독자는 이것이 소위 계층화 위반(layering violation)이라는 점을 눈치챘을 것이다. 즉, (전송 계층의) UDP 프로토콜이 (네트워크 계층의) IP에 속하는 비트를 직접 건드리는 것이다. 하지만 이것이 계층화 위반인 것은 사실이지만, 프로토콜 구현 상의 사소한 결과에 불과하다. 일반적으로 IP 계층 정보는 데이터를 UDP와 주고받을 때 쉽게 사용 가능하다. 이것이 실제로 크게 문제가 되는 것은 NAT(7장)가 사용될 경우인데, 특히 UDP 데이터그램이 단편화된 경우에 그렇다.

그림 10-3은 길이가 홀수이므로 검사합 계산을 위해서 패드 바이트를 필요로 하는 데이터그램을 보여준다. 검사합을 계산할 때 UDP 데이터그램의 길이가 2번 나타난다는 것에 주의하자. 계산된 검사합의 값이 0x0000이면 헤더에 모두 1비트(0xFFFF)로 저장되는데, 이것은 1의 보수 연산(5장 참조)에 해당하기 때문이다. 수신된 데이터그램의 수신 시 검사합 필드의 값이 0x0000이면 발신자가 검사합 계산을 하지 않았다는 것을 나타낸다. 발신자가 검사합을 계산했고 수신자가 검사합 오류를 발견하면, UDP 데이터그램은 조용히 폐기된다. (IPv4 헤더 검사합 오류가 발견된 경우처럼) 일부 통계 카운트가 갱신될 수도 있지만, 아무 오류 메시지도 생성되지 않는다.

UDP 검사합은 원래 UDP 규격에서는 선택이었지만, 현재는 호스트가 기본으로 활성화해야 한다[RFC1122]. 1980년대에 일부 컴퓨터 제조업체들은 UDP를 이용하는 선Sun의 NFSNetwork File System의 속도를 높이기 위해 기본 설정에서 UDP 검사합을 비활성화한 적이 있다. 2 계층의 CRC 보호(인터넷 검사합보다 강력하다. 3장 참조) 덕분에 별로 문제가 되지는 않았지만, 기본 설정에서 검사합을 비활성화하는 것은 바람직하지 않은 것으로(그리고 RFC 위반으로) 간주된다. 인터넷 초창기에는 경험적으로 데이터그램이 라우터를 통과할 때 정확성이 유지된다고 믿을 수 없었다. 믿거나 말거나, 데이터그램을 포워딩할 때 비트 값을 바꿔버리는 소프트웨어 또는 하드웨어 버그를 포함한 라우터들이 있었다. 종단간 UDP 검사합이 활성화돼 있지 않으면 UDP 데이터그램에서 이러한 오류를 검출할 수가 없다. 또, (SLIP 등의) 일부 오래된 데이터 링크 프로토콜은 어떤 형태로든 데이터 링크 검사합을 포함하지 않기 때문에, 다른 검사합을 사용하지 않으면 IP 패킷의 변경을 검출할 수 없을 가능성을 배제할 수 없다.

**주의**

RFC 1122는 UDP 검사합을 기본으로 활성화하도록 요구한다. 또, 발신자가 검사합을 계산했다면(즉, 수신 된 검사합이 0이 아니면), UDP 구현은 수신된 검사합을 검증해야 한다고 설명하고 있다.

유사 헤더의 구조가 정의되면, UDP/IPv4 데이터그램이 NAT를 통과할 때 IP 계층의 헤 더 검사합이 수정될 뿐 아니라 UDP 유사 헤더의 검사합도 이에 맞춰 수정돼야 한다. IP 계층의 주소나 UDP 계층의 포트 번호가 바뀌었을 수도 있기 때문이다. 따라서 NAT는 패킷 내의 다수의 프로토콜 계층을 수정하는 '계층화 위반'을 일상적으로 수행해야 한다. 유사 헤더 자체가 계층화 위반이기 때문에 NAT로서는 어쩔 수가 없다. UDP 트래픽이 NAT에 의해 처리될 때 적용되는 특수한 규정이 [RFC4748]에 설명돼 있으며, 앞서 7장 에서 배운 바 있다.

최근 들어, 부분적으로 오류에 민감하지 않은 애플리케이션 (멀티미디어 애플리케이션이 전 형적인 예)에 대해서 UDP 검사합 강제를 완화하는 문제에 대한 관심이 제기되고 있다. 이 문제는 부분 검사합이 가치있는 개념인지 여부와 관련이 있다. 부분 검사합은 애플리케 이션이 지정한 일부 페이로드만을 포함한다. 이것은 10.6절에서 UDP-Lite 부분에서 다 룬다.

## 10.4 예제

sock 프로그램[SOCK]을 사용해서 UDP 데이터그램을 생성한 뒤 tcpdump로 확인해 보자. 첫 번째 예제는 목적지 컴퓨터의 디스카드 포트discard port(9번)에서 서버를 실행할 것이다. 두 번째 예에서는 서버를 비활성화시키고, 클라이언트에게 이 사실을 알린다. 보안 우려 때문에 많은 서버 설정에서 UDP 기반 서비스가 비활성화돼 있으므로 두 번째 예제는 흔 히 접할 수 있는 사례다.

```
Linux% sock -v -u -i 10.0.0.3 discard
connected on 10.0.0.5.46274 to 10.0.0.3
wrote 1024 bytes
...                                      (1023 more times)

Linux% sock -v -u -i 10.0.0.3 discard
```

```
connected on 10.0.0.5.46294 to 10.0.0.3
wrote 1 bytes
write returned -1, expected 1024: connection refused
```

sock 프로그램을 실행할 때, -v 옵션으로 상세 모드를 지정해 포트 번호를 표시하고, -u 옵션으로 기본값인 TCP 대신에 UDP를 지정하며, -i 옵션으로 표준 입출력 없이 데이터를 보냈다. 그래서 기본 설정인 1024개만큼의 데이터그램이 IP 주소가 **10.0.0.3**인 목적지 호스트로 전송됐다. 이 예제에서는 해당 포트로 수신되는 데이터그램을 처리하기 위한 서버를 준비해 놓았다. 트래픽 스트림에 접근할 수 있는 호스트에서 아래 명령을 사용해 트래픽을 포착할 수 있다.

```
Linux% tcpdump -n -p -s 1500 -vvv host 10.0.0.3 and\(udp or icmp\)
```

이 명령은 두 컴퓨터 사이의 UDP 또는 ICMP 트래픽을 (그리고 이 책에서 보여주지 않는 다른 트래픽도) 포착한다. -s 1500 옵션은 tcpdump에게 최대 1500 바이트 길이(이번 예제에서 보내는 1024바이트보다 큼)의 패킷을 수집하고, -vvv 옵션은 상세 모드로 출력하도록 지시한다. -n 옵션은 tcpdump에게 IP 주소를 컴퓨터 이름으로 변환하지 말라고 지시하고, -p 옵션은 기본 네트워크 인터페이스를 무차별promiscuous 모드로 두지 않도록 한다. tcpdump 출력의 결과는 리스트 10-1에서 보여준다.

**리스트 10-1** 첫 번째 sock 명령에 의한 패킷을 보여주는 tcpdump 출력(서버가 실행 중)

```
1 22:52:53.102838 10.0.0.5.46274 > 10.0.0.3.9:
                  [udp sum ok] udp 1024 (DF) (ttl 64, id 24462, len 1052)
2 22:52:53.102964 10.0.0.5.46274 > 10.0.0.3.9:
                  [udp sum ok] udp 1024 (DF) (ttl 64, id 24463, len 1052)
3 22:52:53.103091 10.0.0.5.46274 > 10.0.0.3.9:
                  [udp sum ok] udp 1024 (DF) (ttl 64, id 24464, len 1052)
4 22:52:53.103215 10.0.0.5.46274 > 10.0.0.3.9:
                  [udp sum ok] udp 1024 (DF) (ttl 64, id 24465, len 1052)
. . . repeated 1020 times . . .
```

이 출력은 IPv4 주소 **10.0.0.5**의 포트 46274에서 **10.0.0.3**의 포트 9(디스카드 포트)로 패킷 간의 시간 간격이 약 100μs인 4개의 1,052바이트 UDP/IPv4 데이터그램(1,024바이트 UDP 페이로드에 8바이트 UDP 헤더와 20바이트 IPv4 헤더를 더한 것)이 전송됐음을 보여준다. 또

UDP 검사합이 활성화돼 유효하고(tcpdump가 검사했음) DF<sup>Don't Fragmenet</sup> 비트 필드가 설정됐으며, IPv4 TTL 필드가 64이고 IPv4 식별<sup>Identification</sup> 필드의 값이 데이터그램마다 (1씩 증가하므로) 다르다는 것을 알 수 있다. ICMP 트래픽이 생성되지 않으며, 확인 응답이 없기 때문에 확신할 수는 없지만 모든 데이터가 목적지에 성공적으로 전달된 것 같다. 13장에서 살펴보겠지만, 다른 중요한 전송 프로토콜인 TCP는 데이터 바이트를 처음 보내기 전에 상대방과 핸드세이크를 사용하며, 이후에도 데이터가 성공적으로 보내졌는지 알기 위해서 확인 응답 ACK을 사용한다.

두 번째로 동일한 옵션으로 sock 프로그램을 실행하되, 이번에는 서버가 비활성화된 다음에 디스카드 서비스로 데이터그램을 보낸다. 리스트 10-2는 화면에 표시된 결과를 보여준다(일부 출력은 생략).

**리스트 10-2** 호스트(비활성화된 서버)가 ICMP 목적지 도달 불가/포트 도달 불가 메시지를 보내왔음을 보여주는 tcpdump 출력

```
 1 22:55:07.223094 10.0.0.5.46294 > 10.0.0.3.9:
              [udp sum ok] udp 1024 (DF) (ttl 64, id 37874, len 1052)

 2 22:55:07.223134 10.0.0.3 > 10.0.0.5: icmp:
              10.0.0.3 udp port 9 unreachable for
                 10.0.0.5.46294 > 10.0.0.3.9:
                     udp 1024 (DF) (ttl 64, id 37874, len 1052)
              v[tos 0xc0] (ttl 255, id 63302, len 576)
```

이번에는 약간 다르게 동작한 것을 볼 수 있다. 단지 한 개의 UDP 데이터그램을 전송했는데, ICMP 메시지가 응답으로 돌아왔다. 모든 매개변수가 동일하지만, 들어오는 데이터그램을 수신하기 위한 서버가 동작하지 않기 때문이다. 이 경우 UDP 구현은 ICMPv4 목적지 도달 불가(포트 도달 불가)<sup>Destination Unreacheable, Port Unreacheable</sup> 메시지(8장 참조)를 생성해서 발신자에게 보낸다. 이 메시지는 문제 발생의 원인이 된 데이터그램의 처음 556바이트의 사본을 포함한다. ICMP 메시지가 (우연히 또는 방화벽에 의해 의도적으로) 폐기되지 않는다면, 데이터그램을 보냈던 애플리케이션은 (ICMP 메시지를 응답으로 받았을 때 여전히 실행 중이라면) 수신 서버가 없다는 것을 알게 되고 이번 절의 앞부분에서 보여줬던 오류 메시지(즉 write returned -1)를 출력한다. 응답으로 돌아온 ICMP 메시지는 충분한 정보를 포함하고 있기 때문에 호스트는 어느 포트에 도달할 수 없는지 확실히 알 수 있다. 그리고 발신지의 UDP 포트 번호는 프로그램이 수행될 때마다 변경된다는 점을 유의하

자. 처음은 46,274였고 그다음은 46,294였다. 앞서 우리는 1장에서 클라이언트가 사용하도록 권고되는 임시 포트 번호의 범위가 49152에서 65535라고 배웠으므로, 이번 예제는 이를 지키지 않았음을 알 수 있다.

> **주의**
>
> 리눅스에서는 /proc/sys/net/ipv4/ip_local_port_range파일을 수정해서 로컬 포트 매개변수의 범위를 쉽게 바꿀 수 있다. 윈도우의 경우, 비스타 부터는 netsh 명령을 사용해서 동적으로 포트 범위를 설정할 수 있다[KB929851]. 현재의 포트 번호 할당에 대해서는 [IPORT]를 참조한다.

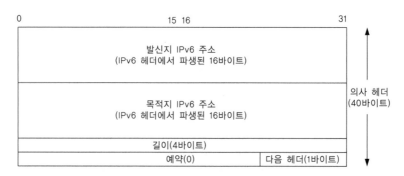

**그림 10-4** UDP(TCP) 의사 헤더는 IPv6에 사용된다([RFC2460]). 의사 헤더는 발신지와 목적지 IPv6 및 32비트 크기의 길이 (Length) 필드 값을 포함한다. IPv6 헤더에는 검사합이 없기 때문에 UDP가 IPv6와 함께 사용될 때 유사 헤더 검사합이 있어야 한다. 다음 헤더(Next Header) 필드에는 체인(chain)의 가장 마지막 IPv6 헤더의 값이 복사된다.

## 10.5 UDP와 IPv6

UDP는 IPv4 대신 IPv6에서 동작할 때 조금만 바뀌면 된다. 눈에 띄게 다른 점은 IPv6에 의해 사용되는 128비트 주소이고, 이에 따라 유사 헤더의 구조가 달라진다. 이보다는 덜 드러나게 달라지는 점은 IP 계층 헤더 검사합이 존재하지 않는다는 점이다. 따라서 UDP가 검사합이 비활성화된 채로 동작한다면 IP 계층 주소 정보의 정확성을 검증하는 종단 간 검사가 전혀 이와 같은 이유로 UDP가 IPv6와 함께 사용될 때는 UDP와 TCP에 공통적으로 유사 헤더 검사합이 필수적으로 있어야 한다. 유사 헤더의 구조는 그림 10-4와 같다. 길이$^{Length}$ 필드가 IPv4에서와 달리 32비트로 늘어났음에 주목하자. 앞서 언급했듯이 이 필드는 UDP에는 불필요하지만 13장에서 배우듯 TCP에서는 필요하며, UDP/IPv6와 TCP/IPv6 둘 다 사용하려면 유지돼야 한다.

IPv6 패킷 길이와 관련된 토의를 확장하면 IPv6 패킷 크기의 두 가지 측면이 UDP에 영향을 미친다. 첫째, IPv6에서는 최소한의 MTU 크기가 1280바이트다(이와 달리 IPv4에서 모든 호스트를 지원하기 위한 최솟값은 576 바이트다). 둘째, IPv6는 점보그램(패킷이 65,535바이트보다 큰 것)을 지원한다. IPv6의 헤더와 옵션들(5장 참조)를 자세히 들여다보면, 점보그램에서는 페이로드 길이를 저장하는 데 32비트만큼 사용할 수 있음을 알 수 있다. 이것은 UDP/IPv6 데이터그램 1개의 크기가 매우 클 수 있음을 의미한다. [RFC2675]에 기술돼 있듯이 이런 경우 UDP 헤더의 UDP 길이 필드는 16비트 크기밖에 안 되기 때문에 문제가 된다. 따라서 IPv6로 캡슐화될 때 65,535 바이트를 초과하는 UDP/IPv6 데이터그램은 자신의 길이 필드 값을 0으로 설정해야 한다. 유사 헤더의 길이 필드는 (32비트이므로) 크기가 충분하다는 점에 주목하자. IPv6 점보그램에 대해서 이 필드의 값을 계산할 때는 UDP 헤더와 데이터를 전부 합한 길이가 사용된다. 패킷 수신 시에 이 필드를 검사하는 것은 점보 페이로드<sup>Jumbo Payload</sup> 옵션의 값에서 모든 IPv6 확장 헤더의 크기를 빼서 IPv6 페이로드의 길이(즉, 데이터그램의 총 길이에서 40바이트 IPv6 헤더를 뺀 값)를 계산하는 과정을 포함한다. UDP 헤더의 길이 필드는 0인데 점보 페이로드 옵션은 존재하지 않는 예외적인 경우에는 (0이 아닌) IPv6 페이로드 길이<sup>Payload Length</sup> 필드의 값을 바탕으로 UDP 길이 필드를 추론할 수 있다[RFC2675]의 4절 참조).

### 10.5.1 테레도Teredo: IPv4 네트워크를 통한 IPv6 터널링

한때는 전세계적인 IPv6 전환이 신속하게 이뤄질 것으로 예상됐지만, 실제로는 전환 속도가 그렇게 빠르지는 않다. 그래서 전환에 따른 부담을 줄이기 위해 다수의 (이론적인 임시) 전환 메커니즘들이 제안됐다[RFC4213][RFC5969]. 6to4 [RFC3056]가 그중 하나로서, 호스트가 사용하는 IPv6 패킷을 IPv4 전용 인프라를 통해서 IPv4 패킷 내에 캡슐화해서 전달할 수 있다. 그런데 6to4은 인터넷의 다른 애플리케이션들이 그렇듯 NAT 통과 문제를 갖는다. 또, 확장성에 문제가 있어서 지속적으로 사용하기에도 좋지 않은 것으로 알려져 있다. 앞서 배운 ICE(7장 참조) 등의 방법으로 아마도 이 문제에 대처할 수 있지만, 특별히 이 문제를 해결하기 위해 테레도<sup>Teredo</sup>(원래 이름은 쉽웜<sup>shipworm, 좀조개</sup>이었지만, 컴퓨터 웜<sup>worm</sup>과의 구별을 위해서 좀조개를 뜻하는 라틴어 테레도로 개명됐다)라는 프로토콜이 고안됐다[RFC4380] [RFC5991][RFC6081]. 테레도는 최근 들어 마이크크로소프트 윈도우에서 사용되면서 유명해졌다.

테레도는 다른 IPv6 연결 방법이 없는 시스템을 위해서 UDP/IPv4 데이터그램의 페이로드 영역에 IPv6 데이터그램을 포함시켜서 전송한다. 예제 시나리오를 그림 10-5에서 보여준다. 테레도 클라이언트client는 테레도 터널링 인터페이스를 구현하는 IPv4/IPv6 호스트로서, 인터페이스에는 조금 뒤에 설명할 '자격 부여qualfication' 절차가 성공적으로 끝난 뒤에 2001::/32 IPv6 프리픽스를 사용하는 특별한 테레도 주소가 할당된다. STUN 서버(7장)와 유사하게 범용 서비스를 제공하는 테레도 서버server는 테레도에 의해 캡슐화된 IPv6 패킷의 (NAT를 통과하는) 직접 터널을 만든다. 테레도 릴레이relay는 TURN 서버와 비슷한 서비스를 제공하므로, 많은 클라이언트가 사용할 경우 상당한 처리 자원을 소비할 수 있다. 서버는 릴레이의 모든 기능을 포함해야 하지만 그 역은 아니라는 점에 주의하자. 테레도 릴레이를 사용하는 것은 IPv6 연결을 위한 '최후의last-resort' 방법이다. 다른 IPv6 연결 방법(예를 들면 6to4나 직접 연결)이 발견되면 노드는 테레도 터널링을 중지한다.

그림 10-5를 보면, 테레도 클라이언트는 처음에 이름 또는 IP주소와 테레도 서버의 UDP 포트 번호(일반적으로 3544)가 설정된다. 테레도는 원래 마이크로소프트에 의해 개발됐기 때문에, 이름이 teredo.ipv6.microsoft.com인 테레도 서버를 사용할 수 있다. 주소를 획득할 준비가 되면 자격 부여 절차가 시작된다. 우선 클라이언트는 자신의 테레도 서비스 포트를 사용해서 자신의 링크 로컬 IPv6 주소 중 하나를 통해서 ICMPv6 RS 패킷(8장 참조)을 보낸다. 테레도 서비스 포트는 UDP/IPv4 내에 IPv6 패킷을 캡슐화 또는 추출하는 일을 담당하는 에이전트로서, 이때 사용되는 캡슐화 형식은 그림 10-6에 보이는 2가지 형식 중에서 원산지 표시Origin Indication 형식이다.

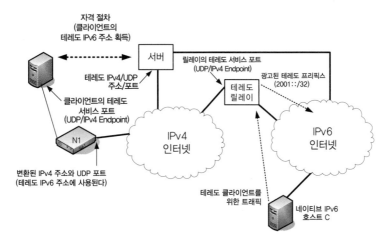

**그림 10-5** IPv6 전환 메커니즘의 하나인 테레도는 IPv6 트래픽을 IPv4 인트라스트럭처를 통해 전달하기 위해 UDP/IPv4 데이터그램의 페이로드 영역 내에 IPv6 데이터그램과 선택적 트레일러를 캡슐화한다. 서버는 클라이언트가 IPv6 주소를 얻고 매핑된 주소와 포트 번호를 알 수 있도록 도와준다. 릴레이는 (필요하다면) 테레도, 6to4, 네이티브 IPv6 클라이언트 간에 트래픽을 포워딩할 수 있다.

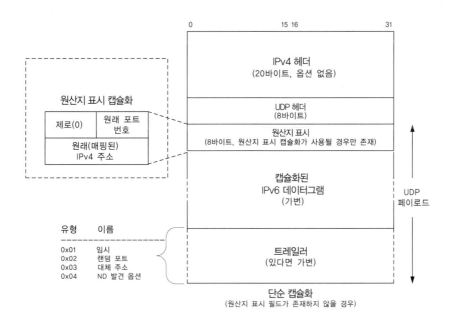

**그림 10-6** 테레도에 의해 사용되는 단순 캡슐과 원산지 표시 캡슐 형식. 원산지 표시 캡슐화는 UDP 헤더와 캡슐화된 IPv6 데이터그램 사이에 UDP 주소와 포트 번호 정보를 포함시켜 운반한다. 이 정보는 테레도 주소가 생성될 때 매핑된 주소와 포트 번호를 테레도 클라이언트에 알리는 데 사용된다. NAT가 이 정보를 바꾸려 하는 것을 막기 위해 주소와 포트 번호의 각 비트가 반전된다. TLV 트리플로 부호화되는 트레일러가 0개 이상 존재할 수 있는데, 다수의 테레도 확장(예를 들면 대칭 NAT 지원)을 구현하는 데 사용된다.

성공적인 응답은 그림 10-6의 원산지 표시 캡슐화 형식을 사용하는 ICMPv6 RA 메시지다. RA는 유효한 테레도 프리픽스가 들어있는 프리픽스 정보Prefix Information 필드를 포함한다. 원산지 표시는 매핑된 주소와 포트 번호 정보를 클라이언트에게 제공한다. RA의 발신지 주소는 서버의 유효한 링크 로컬 IPv6 주소고, 목적지 주소는 RS 메시지의 발신지로 사용되는 클라이언트의 링크 로컬 IPv6 주소다. 이 과정이 모두 정상 동작하면 클라이언트에 자격이 부여되고, 서버에 의해 제공되는 프리픽스와 원산지 정보를 바탕으로 테레도 IPv6 주소가 생성된다. 테레도 주소는 그림 10-7의 형식을 사용해서 다양한 매개변수로부터 생성되는 IPv6 주소다.

테레도 주소(그림 10-7 참조)는 테레도 프리픽스(2001::/32), 테레도 서버의 IPv4 주소, 다음 문단에서 상술할 16비트 플래그Flags 필드, 그리고 매핑된 포트 번호와 IPv4 주소를 차례로 포함한다. 마지막의 2개 정보는 테레도 서버가 바라보는 클라이언트 주소 정보이며, 일반적으로 클라이언트에 가장 멀리 위치하는 NAT에 의해 정해진다. NAT에 의한 재작성을 방지하기 위해서 실제 주소와 포트 번호는 비트 단위로 반전된다.

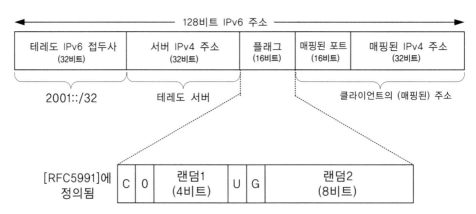

**그림 10-7** 테레도 클라이언트는 2001::/32 테레도 프리픽스로부터 IPv6 주소를 사용한다. 후속 비트들은 테레도 서버의 IPv4 주소, NAT 유형과 주소 추정 공격을 막기 위한 무작위 비트를 나타내는 16비트 플래그, 클라이언트의 매핑된 포트 번호와 IPv4 주소를 포함하는 16비트다. 마지막 2개의 값은 의도적으로 변조된다.

16비트 플래그 필드는 자격 부여 과정에서 발견된 NAT 유형을 표시하기 위해 사용된다. 일부 NAT(공식적으로 대칭 NAT라 불리며, 주소 종속 매핑 혹은 주소및 포트 종속 매핑을 사용하고 주소 종속 혹은 주소 및 포트 종속 필터링을 한다)는 확장 기능(조금 뒤에 설명)이 지원될 때만 테레도와 호환되지만, 가정용 네트워크 환경에서 사용되는 대부분의 NAT들(종단 독립 endpoint-independent 매핑 및 종단 독립 필터링을 하는 '콘cone NAT')은 확장 기능이 없어도 정상적으로 동작한다. 원래 C(Cone NAT) 비트는 콘 NAT가 발견됐음을 알리고 이에 맞는 동작을 준비하는 용도로 사용됐지만, 지금은 이런 용도로 사용되지 않고 그냥 0으로 설정돼야 한다(클라이언트는 이 필드를 무시하며, 서버는 구식 클라이언트를 찾기 위한 용도로 들여다본다). 다음 비트 필드는 0으로 설정된다. U(Universal)와 G(Group) 비트 필드는 미래의 사용을 위해 유효하지만, 현재는 역시 0으로 설정한다. 랜덤1과 랜덤2 필드 값은 테레도 주소를 유추하기 어렵게 하기 위해 무작위 숫자로 선택된다(공격자에 의한 무작위 탐침probe을 줄이기 위한 보안 수단).

자격을 부여받은 클라이언트는 자신의 테레도 주소를 생성하고 나면 IPv6 트래픽을 보낼 수 있게 된다. 자격을 얻는데 실패하거나 보안이 강화된 자격 부여 프로세스가 사용될 때 무슨 일이 일어나는지에 대한 자세한 내용은 [RFC4380]을 참조하라. 일반적으로 테레도 클라이언트가 통신하고자 하는 상대방은 동일 링크의 다른 클라이언트, IPv4 인터넷의 다른 클라이언트, IPv6 인터넷의 호스트로 구분할 수 있다. 어느 경우든 테레도는 IPv6 ND의 역할을 대신할 수 있는 UDP/IPv4 기반의 수단을 제공한다. 동일 링크의 다른 클라이언트일 경우, 테레도는 멀티캐스트 주소 224.0.0.253을 사용하는 IPv4 멀티캐스트 발견 프로토콜을 사용한다. 목적지가 동일 링크에 있는지 확인하기 위해서 테레도 '버블' 패킷(즉, 데이터 페이로드가 들어있지 않은 패킷)이 사용되는데, 이 버블 패킷은 그림 10-6의 단순 캡슐화 형식을 사용하는 최소 길이의 테레도 패킷이다. 버블 패킷은 목적지 IP 주소Destination IP Address 필드가 통신 목적지로 설정된 IPv6 헤더를 포함한다. 그리고 이 헤더는 페이로드나 추가 확장 기능을 갖지 않는다(다음 헤더Next Header 필드가 0x3b로 설정되는데, 아무것도 없음을 의미한다). 통신 상대가 IPv4 인터넷의 클라이언트일 경우는 앞서 테레도 IPv6 주소가 IPv4로 매핑된 주소와 포트 번호를 포함한다고 배운 것을 상기하자. 따라서 테레도 클라이언트는 당연히 테레도로 캡슐화된 패킷을 다른 NAT로 보낼 수 있다. 제한적 NAT일 경우 테레도는 버블 패킷을 사용해서 홀 펀칭hole punching을 수행하고 UDP NAT 매핑을 수립한다(7장과 [RFC6081] 참조).

자격을 부여받은 테레도 클라이언트가 IPv6 호스트(즉 테레도 주소를 사용하지 않는 호스트)로 패킷을 보내고 싶을 경우는 우선 목적지로 중계해 줄 테레도 릴레이 정보가 있는지 확인한다. 테레도 릴레이 정보가 있다면 클라이언트는 단순 캡슐화로 패킷을 보낸다. 하지만 그렇지 않다면 클라이언트는 무작위 큰(예를 들면 64비트) 수를 포함하는 ICMPv6 에코 요청Echo Request 메시지를 생성하고 테레도 서버를 거치도록 IPv6 목적지로 보낸다. 그러면 서버는 이 패킷을 목적지 IPv6 호스트로 포워딩한다. 패킷을 수신한 호스트는 IPv6 데이터그램의 발신지 주소가 클라이언트의 테레도 주소와 같은 것을 보고 에코 응답Echo Reply을 생성하며 이 메시지는 가장 가까운 테레도 릴레이로 보내진다. 그러면 테레도 릴레이는 이 응답 메시지를 클라이언트로 포워딩한다. 응답 메시지를 수신한 클라이언트는 테레도 릴레이의 IPv4 주소를 확인한 후에 해당 IPv6 호스트로 향할 패킷들은 지금 막 확인한 테레도 릴레이의 주소를 사용해야 한다고 표시하기 위해 내부 캐시를 갱신한다.

[RFC6081]에 따르면 Teredo는 다수의 선택적 확장을 지원할 수 있고, 그중에는 대칭 NAT가 사용되는 환경에서 테레도를 운영하기 위한 것들이 있다. 확장 기능은 프로토콜 동작을 변경하는 것으로서 SNSSymmetric NAT Support, 대칭 NAT 지원, UPUPnP-Enabled Symmetric NAT, 유니버설PNP 지원 대칭 NAT, PPPort-Preserving Symmetric NAT, 포트 유지 대칭 NAT), SPSequential Port-Symmetric NAT, 순차 포트-대칭 NAT, HPHairpinning, 헤어피닝, SLRServer Load Reduction, 서버 부하 감소 등이 있다. 이 중에서 UP와 PP는 SNS에 종속적이지만 나머지는 독립적으로 사용될 수 있다. 확장 기능을 조합해 지원 가능한 NAT 유형들이 정리된 표를 참고할 수 있다([RFC6081]의 3절).

확장을 구현하기 위해 한 개 이상의 트레일러trailers가 Teredo 메세지에 존재할 수 있다. 트레일러는 ICMPv6 ND 옵션에 사용되는 것과 동일한 기본 형식(8비트 유형Type 필드와 8비트 길이Length 필드를 포함)을 사용해서 TLV 조합의 순서 리스트ordered list로 부호화된다. 유형 필드의 최상위 2비트는 호스트가 트레일러 유형을 인식하지 못할 경우에 어떻게 처리할지를 부호화한다. 01이면 호스트는 패킷을 폐기하라는 뜻이고, 그 밖의 값이면 호스트는 해당 트레일러는 건너뛰고 그다음 트레일러를 순서대로 처리해야 한다. 트레일러 유형이 가질 수 있는 값의 목록은 IANA[TTYPES]가 관리하는데, 현재 정의된 트레일러 목록을 표 10-1에서 볼 수 있다.

**표 10-1** Teredo 트레일러는 UDP/IPv4에서 IPv6 페이로드 뒤에 캡슐화된다. 각 트레일러는 유형 값, 이름, 그리고 관련 설명을 갖고 있다. 어떤 경우에 길이 값은 상수다.

| 유형 | 길이 | 이름 | 용도 | 설명 |
|------|------|------|------|------|
| 0x00 | 예비 | (미할당) | (미할당) | (미할당) |

| 유형 | 길이 | 이름 | 용도 | 설명 |
|------|------|------|------|------|
| 0x01 | 0x04 | 임시 | SNS, UP, PP, SP, HP | 리플레이(replay) 공격을 막기 위한 32비트 임시값(18장 참조) |
| 0x02 | 예비 | (미할당) | (미할당) | (미할당) |
| 0x03 | [8,26] | 대체 주소 | HP | 동일한 NAT를 사용하는 테레도 클라이언트들이 사용할 수 있는 추가 주소/포트 |
| 0x04 | 0x04 | ND 옵션 | SLR | (NS 메시지를 운반하는) 직접 버블을 사용하는 NAT 리프레시를 허용 |
| 0x05 | 0x02 | 무작위 포트 | PP | 발신자가 예측한 매핑 포트 |

임시[Nonce] 트레일러는 메시지마다 고유한 32비트 무작위 값을 포함한다. 이것은 리플레이 공격을 막기 위한 보안 수단으로서 HP 또는 SNS의 (IP주소, 포트) 쌍과 함께 사용된다. 각 쌍은 6바이트 길이며 트레일러는 1~4개의 쌍을 가질 수 있다. 이 쌍은 동일 방면의 NAT를 사용하는 다른 테레도 클라이언트들이 발신자와 접촉하는 데 사용할 수 있는 UDP/IPv4 종단점으로서 HP 확장과 함께 사용된다.

ND 옵션 트레일러는 TeredoDiscoverySolicitation(0x00)이나 TeredoDiscoveryAdvertisement(0x01)를 나타내는 1바이트를 포함한다. 전자의 경우 수신자는 후자의 메시지를 포함하는 직접(즉 테레도 클라이언트들 간에 직접 전송되는) 버블로 응답하도록 요청받는다. TeredoDiscoveryAdvertisement 유형은 이 요청에 대한 응답으로서 SLR 확장을 지원한다. SLR 확장은 직접 버블에 포함된 NS/NA 메시지가 (서버가 처리를 해야 하는) 간접 버블 대신에 NAT를 리프레시하는 효과를 얻을 수 있다. 마지막으로 무작위 포트 트레일러는 16비트 UDP 포트 번호를 포함하는데, 이것은 발신자가 자신의 매핑된 포트 번호일 가능성이 가장 높다고 생각하는 번호로서 PP 확장에 사용된다([RFC6018]의 6.3절 참조).

## 10.6 경량 UDP

일부 애플리케이션은 데이터 송수신 과정의 오류에 내성을 갖고 있다. 이런 유형의 애플리케이션은 연결 설정 시의 오버헤드를 피하기 위해서 또는 브로드캐스트나 멀티캐스트를 사용하기 위해서 UDP를 사용하고 싶어할 때가 많지만, UDP가 사용하는 검사합은 페이로드 전체를 포함하거나 아니면 전혀 포함하지 않는다(즉 발신자가 검사합을 계산하지 않는다). 경량 UDP(UDP-Lite)라고 불리는 프로토콜[RFC3828]은 부분 검사합이 가능하도록 UDP를 수정함으로써 이 문제를 해결한다. 부분 검사합은 UDP 데이터그램 내의 일부 페이로드만을 포함한다. 경량 UDP는 자체적인 IPv4 프로토콜Protocol 필드값과 IPv6 다음 헤더Next Header 필드값(136)을 가지므로 별도의 전송 프로토콜이라고 분류할 수 있다. 경량 UDP는 UDP 헤더 내의 (없어도 되는 필드였던) 길이Length 필드를 검사합 범위Checksum Coverage 필드로 대체한다(그림 10-8).

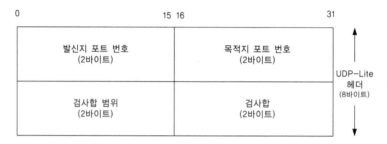

**그림 10-8** 경량 UDP는 검사합이 포함하는 바이트의 수(경량UDP 헤더의 최초 바이트부터 센다)를 나타낸다. 특별한 값인 0일 때를 제외하면 최솟값은 8인데 경량 UDP 헤더 자체가 반드시 포함돼야 하기 때문이다. 이 값이 0이면 통상적인 UDP와 마찬가지로 전체 페이로드를 포함한다는 뜻이다. 검사합 범위 필드를 저장하는 공간이 제한되기 때문에 IPv6 점보그램 패킷일 경우에는 최대 포함 가능 바이트는 64KB 거나 전체 데이터그램(즉, 검사합 범위 필드의 값이 0일 때)이다. 이때 애플리케이션이 사용하는 소켓 API 옵션에는 경량 UDP를 사용 중임을 표시하는 IPROTO_UDPLITE, (setsockopt 함수 호출 시에) 검사합 범위의 크기를 나타내기 위한 SOL_UDPLITE, UDPLITE_SEND_CSCOV, UDPLITE_RECV_CSCOV이 있다. UDP-Lite는 UDP(17)와는 다른 IPv4 프로토콜 번호(136)을 사용한다. IPv6는 다음 헤더(Next Header) 필드에 동일한 값을 사용한다.

그림 10-8에서 검사합 범위Checksum Coverage 필드는 검사합이 포함하는 바이트의 수(경량 UDP 헤더의 최초 바이트부터 센다)를 나타내는 검사합 범위Checksum Coverage 필드를 포함한다. 최솟값은 0으로서 전체 데이터그램을 포함한다는 뜻이다. 1부터 7까지의 값은 유효값이 아닌데 헤더가 항상 포함되기 때문이다.

## 10.7 IP 단편화

3장에서 배웠듯이, 전송 가능하 링크 계층 프레임의 최대 크기에는 상한선이 있다. 그래서 IP 데이터그램 추상화의 일관성을 유지하고 링크 계층의 세부 정보로부터 구분되도록 IP는 단편화fragmentation와 재조립reassembly을 채택하고 있다. IP 계층은 전송해야 할 IP

데이터그램을 받을 때마다 (포워딩 테이블을 검색해서;5장 참조) 어느 로컬 인터페이스로 데이터그램을 보낼지, MTU는 얼마인지 확인한다. IP는 인터페이스의 MTU 값과 데이터그램의 크기를 비교한 뒤, 데이터그램이 너무 크면 단편화를 수행한다. IPv4에서 단편화는 발신 호스트에서 될 수도 있고, 목적지까지의 경로에 있는 중간 라우터에서 될 수도 있다. 데이터그램 단편이 다시 단편화될 수도 있다. 반면에 IPv6에서는 발신지에서만 단편화가 수행될 수 있다. 우리는 앞서 5장에서 IPv6 단편화 예제를 살펴본 적이 있다.

IP 데이터그램 단편들은 최종 목적지에 도달하기 전에는 재조립되지 않는다. 2가지 이유가 있는데, 두 번째 이유가 더 중요하다. 첫 번째 이유는 네트워크상에서 재조립을 하지 않으면 라우터의 소프트웨어(또는 하드웨어)가 해당 기능을 구현하지 않아도 되기 때문이다. 두 번째 이유는 동일한 데이터그램에서 비롯된 단편들이 서로 다른 경로로 목적지에 도달할 수도 있기 때문이다. 이 경우 경로상의 라우터는 전체 일부 단편만을 보기 때문에 원래의 데이터그램을 재조립하는 것이 일반적으로 불가능하다. 첫 번째 이유는 최근의 라우터들의 성능 향상을 생각하면 이제는 별로 설득력이 없으며, 심지어 대부분의 라우터가 궁극적으로는 (관리 또는 설정 중에) 종단 호스트로서 어쨌든 기능할 수 있어야 한다는 점을 생각하면 더욱 그렇다. 하지만 두 번째 이유는 여전히 중요하다.

### 10.7.1 예제: UDP/IPv4 단편화

UDP를 사용하는 애플리케이션은 IP 계층 단편화를 피하기 원한다면 자신이 생성하는 IP 데이터그램의 크기에 신경 써야 한다. 특히 결과 데이터그램의 크기가 링크의 MTU를 초과하면 IP 데이터그램은 다수의 IP 단편화되면 성능 문제가 발생할 수 있는데, 하나의 단편이라도 분실되면 데이터그램 전체가 분실되는 것과 같기 때문이다. 그림 10-9는 3,020바이트 UDP/IPv4 데이터그램이 다수의 IPv4 패킷으로 단편화될 때의 상황을 보여준다.

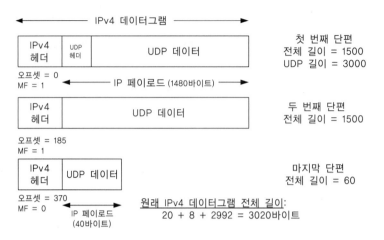

**그림 10-9** 2992 UDP 페이로드 바이트를 가진 단일 UDP 데이터그램이 3개의 UDP/IPV4 패킷으로 분할된다. 발신지와 목적지 포트 번호를 포함하고 있는 UDP 헤더는 첫 번째 단편에만 나타난다. 단편화는 IPv4 헤더의 ID(Identification), 단편 오프셋(Fragment Offset), 추가 단편(MF, More Fragments) 필드에 의해 제어된다.

그림 10-9를 보면, 원본 UDP 데이터그램은 2,992바이트의 애플리케이션(UDP 페이로드) 데이터와 8바이트의 UDP 헤더, 결과적으로 3,020바이트(20바이트의 IPv4 헤더도 포함하고 있으므로)인 것을 알 수 있다. 이 데이터그램이 3개의 패킷으로 단편화될 때 추가 40바이트가 생성된다(새로 생성된 IPv4 단편 헤더 1개당 20바이트). 따라서 전송되는 전체 바이트의 수는 3,060이고, IP 계층 오버헤드가 약 1.3% 증가한다. 식별자$^{Identification}$ 필드 값(원본 발신지가 설정)은 각 단편에 복사되고, 단편들이 모두 도착한 뒤 재조립하는 데 사용된다. 단편 오프셋$^{Fragment\ Offset}$ 필드는 원래 IPv4 데이터그램내에서 단편 페이로드 바이트의 첫 번째 바이트의 오프셋을 (8바이트 단위로) 나타낸다. 이 값은 첫 번째 단편에서는 당연히 0으로 설정된다. 두 번째 단편은 오프셋이 185(185 * 8 = 1480)인데, 1480은 IPv4 헤더의 크기보다 작은 값으로서 첫 번째 단편의 크기다. 세 번째 단편도 비슷하게 분석할 수 있다. 마지막으로 MF 비트 필드는 데이터그램에서 추가 단편의 존재 여부를 나타내는데, 마지막 단편은 무조건 0이다. MF=0인 단편이 수신되면, 재조립 프로세스는 단편 오프셋 필드 값(곱하기 8)과 IPv4 전체 길이 필드 값(에서 IPv4 헤더 길이를 뺀 값)의 합으로 원래 데이터그램의 길이를 알아낸다. 각 오프셋 필드는 원래 데이터그램에 대해 상대적이기 때문에 재조립 과정은 순서에서 벗어나 도착하는 단편을 다룰 수 있다. 데이터그램이 단편화될 때 각 단편의 IPv4 헤더에서 전체 길이 필드는 해당 단편의 전체 길이로 변경된다.

IP 단편화가 투명한 과정인 것처럼 보이지만, 그다지 바람직하지 않은 특징이 하나 있다. 그것은 단편을 하나라도 잃어버리면 데이터그램 전체를 재전송해야만 한다는 점이다. 이런 일이 일어나는 이유는 IP가 에러 정정 메커니즘을 자체적으로 갖고 있지 않기 때문이다. 타임아웃이나 재전송과 같은 메커니즘은 상위 계층의 책임이다(TCP는 타임아웃과 재전송을 수행하지만 UDP는 하지 않는다. 일부 UDP 기반 애플리케이션은 자체적으로 타임아웃과 재전송을 수행하지만, 이것은 UDP보다 상위의 계층에서 일어난다). TCP 세그먼트의 단편이 분실되면, TCP는 전체 TCP 세그먼트, 즉 전체 IP 데이터그램을 재전송한다. 데이터그램의 단편 하나만 다시 보내는 방법은 없다. 단편화가 발신지 시스템이 아닌 중간 라우터에서 이뤄진 경우 발신지 시스템은 데이터그램이 어떻게 단편화됐는지 알 수 없기 때문이다. 이런 이유 때문에 단편화를 회피하려는 시도를 자주 볼 수 있다. [KM87]은 단편화를 회피하는 방법에 대한 논의를 제공한다.

UDP를 이용하면 IP 단편화를 쉽게 생성할 수 있다(TCP는 단편화를 회피하라고 시도하려고 시도하며, 단편화가 일어나야 할 정도로 큰 크기의 세그먼트를 보내도록 애플리케이션이 TCP에 강제하는 것은 거의 불가능하다는 것을 나중에 배운다). sock 프로그램을 사용해 단편화가 발생할 때까지 데이터그램의 크기를 증가시킬 수 있다. 이더넷상에서 프레임의 최대 데이터양은 1,500바이트이다(3장 참조). 20바이트의 IP 헤더, 8바이트의 UDP 헤더[1]를 빼면 애플리케이션이 단편화를 하지 않아도 되는 최대 크기는 1,472바이트가 된다. 데이터 크기를 1,471, 1,472, 1,473, 1,474바이트로 설정해 sock 프로그램을 실행해 보자. 마지막 두 개가 단편화될 것으로 예상할 수 있다.

```
Linux% sock -u -i -nl -w1471 10.0.0.3 discard
Linux% sock -u -i -nl -w1472 10.0.0.3 discard
Linux% sock -u -i -nl -w1473 10.0.0.3 discard
Linux% sock -u -i -nl -w1474 10.0.0.3 discard
```

리스트 10-3은 tcpdump 출력 결과를 보여준다.

**리스트 10-3** MTU가 1500바이트인 이더넷 링크에서의 UDP 단편화

```
1 23:42:43.562452 10.0.0.5.46530 > 10.0.0.3.9:
```

---

1   어떠한 옵션도 사용하지 않는다는 가정을 기억하라. 옵션을 가진 IPv4 데이터그램을 위해 헤더는 200바이트를 초과해 최대 60바이트까지 가질 수 있다.

```
                         udp 1471 (DF) (ttl 64, id 61350, len 1499)
 2 23:42:50.267424 10.0.0.5.46531 > 10.0.0.3.9:
                         udp 1472 (DF) (ttl 64, id 62020, len 1500)
 3 23:42:57.814555 10.0.0.5 > 10.0.0.3:
                         udp (frag 37671:1@1480) (ttl 64, len 21)
 4 23:42:57.814715 10.0.0.5.46532 > 10.0.0.3.9:
                         udp 1473 (frag 37671:1480@0+) (ttl 64, len 1500)
 5 23:43:04.368677 10.0.0.5 > 10.0.0.3:
                         udp (frag 37672:2@1480) (ttl 64, len 22)
 6 23:43:04.368838 10.0.0.5.46535 > 10.0.0.3.9:
                         udp 1474 (frag 37672:1480@0+) (ttl 64, len 1500)
```

처음 2개의 UDP 데이터그램(패킷 1과 2)은 1,500바이트 이더넷 프레임에 들어가기 때문에 단편화되지 않았다. 세 번째 경우에 애플리케이션이 1473바이트를 작성해서 IP 데이터그램 길이는 1,501바이트이므로 단편화된다(패킷 3과 4). 비슷하게 애플리케이션이 1474바이트를 작성해서 1,502바이트 데이터그램이 생성되기 때문에 역시 단편화된다(패킷 5와 6).

tcpdump는 IP 데이터그램의 단편들에 대한 추가 정보를 보여준다. 우선, frag 37671(패킷 3과 4)와 frag 37672(패킷 5와 6)은 IPv4 헤더의 식별자 필드 값을 가리킨다. 단편화 정보에 있는 다음 숫자(패킷 4와 6에서 콜론(:)과 @ 사이에 있는)는 IPv4 헤더를 제외한 IPv4 패킷 크기다. 2개의 데이터그램에서 첫 번째 단편은 1,480바이트의 데이터, 다시 말하면 8바이트 UDP 헤더와 1,472바이트 사용자 데이터로 구성돼 있다(20바이트 IP 헤더를 포함한 패킷은 정확하게 1,500바이트가 된다). 첫 번째 데이터그램의 두 번째 단편(패킷3)은 1 바이트 데이터(나머지 사용자 데이터의 크기)를 포함하고, 두 번째 데이터그램의 두 번째 단편(패킷5)은 사용자 데이터의 나머지 2바이트를 포함한다. 단편화가 일어날 때, 단편들의 데이터 부분(즉 IP헤더를 제외한 부분)은 마지막 단편만 빼고 반드시 크기가 8의 배수여야 한다. 이번 예제에서도 1480은 8의 배수다(이와 달리 앞서 5장에서 살펴본 IPv6 단편화 예제에서는 이더넷 MTU인 1500바이트가 100% 사용되지는 않았다).

@ 기호 다음의 숫자는 데이터그램의 시작 위치부터 단편 내의 데이터까지의 오프셋을 나타낸다. 새로 단편화되는 데이터그램의 첫 번째 단편(패킷 4와 6)은 0에서 시작하고, 두 번째 단편(패킷 3과 5)은 1,480바이트 오프셋에서 시작한다. 오프셋 뒤에 있는 + 기호는 데이터그램을 구성하는 단편이 추가로 존재함을 의미한다. 이것은 IPv4 헤더의 3비트 플래

그<sup>Flags</sup> 필드 내의 MF 비트 필드가 1로 설정된 것에 해당한다.

위 화면 출력을 보면, 놀랍게도 오프셋이 더 큰 단편이 첫 번째 단편보다 '먼저' 전달되고 있음을 알 수 있다. 이것은 발신자가 의도적으로 순서를 바꾼 것이다. 생각해보면 이런 동작이 매우 유용하다. 마지막 단편이 첫 번째로 전달되면 수신 호스트는 전체 데이터그램을 재조립하기 위해 필요한 버퍼 공간의 최대 크기를 알아낼 수 있기 때문이다. 재조립 프로세스가 순서를 쉽게 맞출 수 있다는 점을 고려하면 이로 인해서 크게 문제될 일은 없다. 다만, 첫 번째 단편에만 들어 있는 상위 계층 정보 (예를 들면 UDP 포트)를 활용하는 기법들도 있다<sup>[KEWG96]</sup>.

마지막으로 패킷 3과 5(첫 번째가 아닌 단편)는 발신지 및 목적지 포트가 생략돼 있음에 주의하자. 첫 번째가 아닌 단편의 포트 번호를 tcpdump가 화면에 출력할 수 있으려면 단편들을 재조립해서 첫 번째 단편 내의 UDP 헤더에만 들어있는 포트 번호를 복원해야 하기 때문이다(하지만 tcpdump는 그렇게 하지 않는다).

## 10.7.2 재조립 타임아웃

IP 계층은 데이터그램의 단편이 처음 도착하면 타이머를 시작해야 한다. 그러지 않으면, 결국 도착하지 않는 단편때문에 순신자의 버퍼가 고갈돼 잠재적인 보안 위협이 될 수 있다. 리스트 10-4의 예제는 ICMP 에코 요청<sup>Echo Request</sup> 메시지의 처음 2개의 단편을 보내고 그 이후로는 단편을 보내지 않는 특별한 프로그램을 사용했을 때 이에 대한 응답을 보여주고 있다(일부 출력은 생략돼 있음).

**리스트 10-4** IPv4 단편 재조립 중에 타임아웃 발생

```
 1 17:35:59.609387 10.0.0.5 > 10.0.0.3:
    icmp: echo request (frag 28519:380@0+) (ttl 255, len 400)
 2 17:36:19.617272 10.0.0.5 > 10.0.0.3:
    icmp (frag 28519:380@376+) (ttl 255, len 400)
 3 17:36:29.602373 10.0.0.3 > 10.0.0.5:
    icmp: ip reassembly time exceeded for 10.0.0.5 > 10.0.0.3:
        icmp: echo request (frag 28519:380@0+) (ttl 255, len 400)
        [tos 0xc0](ttl 64, id 38816, len 424)
```

처음에 총 길이가 400인 (시간적으로나 순서적으로나) 첫 번째 단편이 보내졌다. 20초 후에

는 두 번째 단편이 보내졌지만, 그 이후에는 아무 단편도 보내지지 않았다. 첫 번째 단편을 수신한지 30초 후, 상대방 기계는 첫 번째 단편의 복사본을 포함하는 ICMPv4 시간 초과<sup>Time Exceeded</sup> 메시지로 응답해서 데이터그램이 폐기됐음을 발신자에게 알린다. 통상적으로 타임 아웃 값은 30초 또는 60초다. 이 예제에서 볼 수 있듯이 어떤 단편이든 수신되면 타이머가 시작되며, 새로운 단편이 수신됐을 때 재설정되지 않는다. 따라서 타이머는 동일 데이터그램의 단편들이 구분돼 전송될 수 있는 최대 시간 범위에 일종의 제한을 둔다고 말할 수 있다.

> **주의**
>
> 역사적으로 대부분의 버클리 계열 유닉스에 포함된 IP 구현들은 타임아웃 오류를 생성하지 않고 그냥 무시했다. 이들 구현에서도 타이머가 설정되고 타이머 만료시 모든 단편이 폐기되지만, ICMP 오류는 생성되지 않았다. 사실, 첫 번째 단편(즉, 단편 오프셋(Fragment Offset) 필드의 값이 0인 단편)이 수신되지 않았다면, IP 구현이 반드시 ICMP 오류를 생성해야 하는 것은 아니다. 전송 계층의 헤더를 볼 수 없으므로, 폐기된 데이터그램을 어느 사용자 프로세스가 보냈는지 ICMP 오류의 수신자가 알 수 없기 때문이다. 상위 계층 프로토콜은 결국 타임아웃되고 필요하면 재전송을 한다고 가정한다.

## 10.8 UDP를 이용한 PMTUD

UDP를 이용하는 애플리케이션과 PMTUD<sup>Path MTU Discovery, 경로 MTU 탐색</sup> 메커니즘 사이의 상호 동작에 대해 살펴보자. 데이터그램을 내보낼 때 크기를 얼마로 할지 애플리케이션이 제어할 수 있는 UDP와 같은 프로토콜의 경우, 단편화를 하지 않기 위한 데이터그램 크기를 알아낼 수 있는 방법이 있으면 유용하다. 통상적인 PMTUD는 ICMP PTB 메시지(8장 참조)를 사용해서 라우팅 경로상에서 단편화를 유발하지 않는 최대 패킷 크기를 결정한다. PTB 메시지는 UDP보다 하위 계층에서 처리되므로 일반적으로 애플리케이션이 직접 들여다 볼 수 없다. 따라서 애플리케이션이 API 호출을 통해서 목적지별로 최적의 경로 MTU 추정치를 알아내거나, 애플리케이션과 무관하게 IP 계층이 PMTUD를 수행할 수 있다. IP 계층은 목적지별로 PMTUD 정보를 저장하고, 리프레시되지 않는 정보는 만료시킨다.

## 10.8.1 예제

다음 예제에서는 1,501바이트 IPv4 데이터그램을 만드는 UDP 데이터그램을 생성하기 위해 sock 프로그램을 사용한다. 호스트 시스템과 LAN은 1,500바이트보다 큰 MTU를 지원하지만, 라우터에서 인터넷으로 나가는 링크는 이를 지원하지 않는다. 아래 명령은 에코Echo 서비스(UDP 포트 7)로 3개의 UDP 메시지를 빠른 간격으로 보내려고 시도한다.

```
Linux% sock -u -i -n -3 -w1473 www.cs.berkeley.edu echo discard
```

리스트 10-5는 발신 호스트에서 tcpdump를 실행하면 볼 수 있는 화면 출력의 일부를 보여준다.

**리스트 10-5** ICMP PTB 메시지를 나타내는 tcpdump 출력. MTU 권고값이 포함돼 있다.

```
1 14:42:18.359366 IP (tos 0x0, ttl 64, id 18331, offset 0, flags [DF],
  proto UDP (17), length 1501)
  12.46.129.28.33954 > 128.32.244.172.7: UDP, length 1473

2 14:42:18.359384 IP (tos 0x0, ttl 64, id 18332, offset 0, flags [DF],
  proto UDP (17), length 1501)
  12.46.129.28.33954 > 128.32.244.172.7: UDP, length 1473

3 14:42:18.359402 IP (tos 0x0, ttl 64, id 18333, offset 0, flags [DF],
  proto UDP (17), length 1501)
  12.46.129.28.33954 > 128.32.244.172.7: UDP, length 1473

4 14:42:18.360156 IP (tos 0x0, ttl 255, id 23457, offset 0,
  flags [none], proto ICMP (1), length 56)
  12.46.129.1 > 12.46.129.28: ICMP
  128.32.244.172 unreachable - need to frag (mtu 1500), length 36
  IP (tos 0x0, ttl 63, id 18331, offset 0, flags [DF],
  proto UDP (17), length 1501)
  12.46.129.28.33954 > 128.32.244.172.7: UDP, length 1473
```

리스트 10-5에서 각기 1,473 UDP (애플리케이션) 페이로드 바이트를 가진 3개의 UDP 데이터그램을 볼 수 있다. 각 데이터그램은 1501바이트의 (단편화되지 않은) IPv4 데이터그램을 생성한다. 각 IPv4 데이터그램의 IPv4 DF 비트 필드의 값은 1이므로, 이 중 하나가 라우터(IP 주소 12.46.129.1)에 도달하면 1,500바이트의 다음 홉Next Hop MTU 권고값을 포함하는 ICMPv4 PTB 메시지가 생성된다. 또 생성된 ICMPv4 메시지가 폐기된 데이터그램에 들어있던 UDP/IPv4 헤더(와 최초 8 데이터 바이트)를 포함하고 있음도 볼 수 있다. 이 예제에서 sock 프로그램은 데이터그램을 매우 빠른 간격(1밀리초 미만)으로 보냈기 때문에, ICMP 응답 메시지가 오기 전에 실행이 완료됐다.

> **주의**
>
> 현재 ISP들은 최소 MTU를 1500바이트로 설정하고 있다. 다만 주소 할당과 관리에 PPPoE를 사용 중인 일부 ISP는 최소 MTU로서 이보자 작은 1492바이트를 사용한다. PPPoE 헤더가 6바이트고 그다음에 오는 PPP 헤더가 2바이트이므로, 캡슐화된 데이터그램용으로 1500-6-2=1492바이트가 남기 때문이다.

목적지 호스트를 (경로 MTU 정보를 갖고 있지 않은 호스트로) 바꾸고 전송 간에 시간 간격을 늘리면, 아까와는 다르게 동작하는 모습을 관찰할 수 있다. 각 전송 사이에 2초의 지연을 추가하도록 -p 2 옵션을 가진 sock 명령을 사용해서 아래와 같이 2개의 (동일한) 명령을 실행하자.

```
Linux% sock -u -i -n -3 -w1473 -p 2 www.wisc.edu echo
write returned -1, expected 1473: Message too long
Linux% sock -u -i -n -3 -w1473 -p 2 www.wisc.edu echo
```

이 명령들을 실행했을 때의 tcpdump의 출력 결과를 리스트 10-6에서 보여준다.

**리스트 10-6** 3000바이트 MTU 링크상에 1500바이트 경로 MTU를 적용한 성공적인 경로 MTU 탐색의 예

```
1 17:22:16.331023 IP (tos 0x0, ttl 64, id 58648, offset 0, flags [DF],
  proto: UDP (17), length: 1501)
  12.46.129.28.33955 > 144.92.9.185.7: UDP, length 1473

2 17:22:16.331581 IP (tos 0x0, ttl 255, id 38518, offset 0,
  flags [none], proto: ICMP (1), length: 56)
  12.46.129.1 > 12.46.129.28: ICMP
  144.92.9.185 unreachable - need to frag (mtu 1500), length 36
    IP (tos 0x0, ttl 63, id 58648, offset 0, flags [DF],
    proto: UDP (17), length: 1501)
    12.46.129.28.33955 > 144.92.9.185.7: UDP, length 1473

3 17:22:24.284866 IP (tos 0x0, ttl 64, id 53776, offset 0, flags [+],
  proto: UDP (17), length: 1500)
```

```
      12.46.129.28.33955 > 144.92.9.185.7: UDP, length 1473

  4 17:22:24.284873 IP (tos 0x0, ttl 64, id 53776, offset 1480,
     flags [none], proto: UDP (17), length: 21)
     12.46.129.28 > 144.92.9.185: udp

  5 17:22:26.293554 IP (tos 0x0, ttl 64, id 53777, offset 0, flags [+],
     proto: UDP (17), length: 1500)
     12.46.129.28.33955 > 144.92.9.185.7: UDP, length 1473

  6 17:22:26.293559 IP (tos 0x0, ttl 64, id 53777, offset 1480,
     flags [none], proto: UDP (17), length: 21)
     12.46.129.28 > 144.92.9.185: udp

  7 17:22:28.301469 IP (tos 0x0, ttl 64, id 53778, offset 0, flags [+],
     proto: UDP (17), length: 1500)
     12.46.129.28.33955 > 144.92.9.185.7: UDP, length 1473

  8 17:22:28.301474 IP (tos 0x0, ttl 64, id 53778, offset 1480,
     flags [none], proto: UDP (17), length: 21)
     12.46.129.28 > 144.92.9.185: udp
```

리스트 10-6에서는 프로그램을 처음 실행했을 때 ICMPv4 PTB 메시지로 인해서 오류 메시지가 발생했음을 볼 수 있다. 실행 간격을 늘렸기 때문에 PTB 메시지가 발신 호스트에 도달했으며, 발신 호스트는 오류 조건을 받아서 처리할 수 있게 됐다. 흥미롭게도 프로그램을 두 번째 실행할 때 경로 MTU가 1500바이트임이 발견됐으며 시스템은 단편화 (패킷 3, 5, 7은 3개 데이터그램의 첫 번째 단편)을 이용해 프로그램의 3개 데이터그램을 전송할 수 있다. 15분이 지나면 경로 MTU 정보는 실효된 것으로 간주돼 데이터그램은 단편화 없이 보내지고 새로운 ICMPv4 PTB 메시지가 돌아오며, 이 과정은 반복된다.

> **주의**
>
> [RFC1191]은 PMTUD로 정해진 PMTU 값은 10분이 지나면 실효값으로 간주할 것을 권고한다. PMTUD는 방화벽과 필터링 게이트웨이가 ICMP 트래픽을 무차별적으로 폐기해서 PMTU 탐색 알고리즘에 해를 끼칠 수 있기 때문에 문제를 일으킬 때가 있다. 이와 같은 이유로 시스템 전반적으로 또는 특정 부분에만 PMTUD를 비활성화시킬 수 있다. 리눅스에서는 파일 /proc/sys/net/ipv4/ip_no_pmty_disc가 1이면 비활성화된다. 윈도우에서는 레지스트리 엔트리 HKEY_LOCAL_MACHINE\System\CurrentControlSet\Services\Tcpip\Parameters\EnablePMTUDiscovery가 0을 갖게 설정하면 된다. 기존의 PMTUD와 달리 ICMP를 사용하지 않는 대안도 개발됐대[RFC4821]. 이와 관련된 자세한 내용은 15장에서 다룬다.

## 10.9  IP 단편화와 ARP/ND 사이의 상호작용

IP 단편화와 ARP 구현 간의 관계를 UDP를 사용해서 볼 수 있다. 앞서 우리는 ARP가 동일 IPv4 서브넷상에서 IP 계층 주소를 MAC 계층 주소로 매핑하는 데 사용됨을 배웠다(4장 참조). 그렇다면 단편들은 언제 보내져야 하고, 몇 개의 ARP 메시지가 생성돼야 하며, ARP 요청/응답이 완료되기까지 기다려야 하는 단편들의 비율은 얼마나 될까?(이와 비슷한 질문을 IPv6 ND에도 할 수 있다) 1500바이트 MTU를 사용하는 호스트와 LAN 예제로 돌아가서, 아래 2개의 명령을 실행하고 결과를 확인하자.

```
Linux% sock -u -i -nl -w8192 10.0.0.20 echo
Linux% sock -u -i -nl -w8192 10.0.0.20 echo
```

dl 명령의 옵션들은 sock 프로그램이 8,192바이트의 사용자 데이터를 가진 단일 UDP 데이터그램을 생성하게 한다. 그렇다면 MTU가 1500바이트이므로 이더넷상에서 6개의 단편이 생성될 것으로 예상할 수 있다. 프로그램 실행 전에 ARP 캐시는 비어 있는지 확인하자. 단편이 보내지기 전에 ARP 요청/응답이 먼저 교환돼야 하기 때문이다(리스트 10-7).

**리스트 10-7** MTU가 1500바이트인 이더넷상의 ARP와 단편

```
1 15:45:49.063561 arp who-has 10.0.0.20 tell 10.0.0.5
2 15:45:50.059523 arp who-has 10.0.0.20 tell 10.0.0.5
3 15:45:51.059505 arp who-has 10.0.0.20 tell 10.0.0.5
---
4 15:46:08.555725 arp who-has 10.0.0.3 tell 10.0.0.5
5 15:46:08.555973 arp reply 10.0.0.3 is-at 0:0:c0:c2:9b:26
6 15:46:08.555992 10.0.0.5 > 10.0.0.3:
    udp (frag 27358:1480@2960+) (ttl 64, len 1500)
7 15:46:08.555998 10.0.0.5 > 10.0.0.3:
    udp (frag 27358:1480@1480+) (ttl 64, len 1500)
8 15:46:08.556004 10.0.0.5.32808 > 10.0.0.3.7:
    udp 8192 (frag 27358:1480@0+) (ttl 64, len 1500)
```

주소 10.0.0.20인 호스트가 실행 중이지 않으므로 응답을 기대할 수 없다. 리스트 10-7의 첫 번째 부분(패킷 1-3)을 보면, 약 1초 간격으로 3개의 ARP 요청이 보내진 것을 볼 수 있다. 3개의 요청이 보내졌음에도 이에 응답하는 호스트가 없으므로 ARP 요청자는 포기한다. 그다음 경우에는 ARP 응답이 250μs뒤에 수신되고, 단편이 20μs뒤에 전송된다. 이

후 나머지 단편들이 6μs 간격으로 매우 촘촘히 전송된다. 이 시스템(리눅스)에서는 마지막 단편이 가장 먼저 전송된다는 것을 기억하자.

> **주의**
>
> 역사적으로 단편화와 ARP 사이의 상호작용은 문제가 있어 왔다. 예를 들면 어떤 경우에는 매 단편마다 ARP 요청이 전송됐으며, 많은 경우에는 ARP 응답이 돌아오기를 기다리면서 단 1개의 단편만 큐(queue)에 들어갔다. 첫 번째 문제는 [RFC1122]에서 해결책이 제시됐는데, 이런 유형의 ARP 플러딩(flooding)을 예방하는 구현을 필수로 요구하며 권장 최대 전송률은 1초당 한 개다. 두 번째 문제 역시 [RFC1122]에 논의돼 있지만, 단지 '링크 계층은 동일한 (MAC 주소를 아직 모르는) IP 주소로 향하는 패킷 집합마다 적어도 1개의 (최신) 패킷을 (폐기하지 말고) 저장해 뒀다가 MAC 주소가 알려진 뒤에 그 저장된 패킷을 전송하는 것이 좋다'라고 서술하고 있을 뿐이다. 이런 식의 접근 방법은 불필요한 패킷 손실을 유도할 수 있지만, ARP 일으킬 수 있으며, 실제 구현들은 ARP 요청이 대기 중인 동안에 패킷들에 더 긴 큐를 제공함으로써 이 문제를 해결했다.

## 10.10 UDP 데이터그램의 최대 크기

IPv4 헤더의 전체 길이$^{Total\ Length}$ 필드는 16비트값이므로, IPv4 데이터그램의 최대 길이는 이론상 65535바이트다(5장 참조). 여기서 옵션이 없는 IP 헤더 20바이트와 UDP 헤더 8바이트를 제외하면 UDP 데이터그램의 사용자 데이터는 최대 65,507바이트가 된다. IPv6에서는 16비트 페이로드 길이$^{Payload\ Length}$ 필드가 점보그램이 사용되지 않는다는 가정하에 (65535바이트 중에 8바이트가 UDP 헤더에 사용되므로) 실질적으로 65527바이트의 UDP 페이로드를 허용한다. 그러나 크게 2가지 이유로 이러한 최대 길이의 데이터그램이 전달되지 않을 수 있다. 첫 번째는 시스템의 로컬 프로토콜 구현이 어떤 제한을 가질 수가 있기 때문이다. 두 번째는 수신 애플리케이션이 이런 큰 데이터그램을 다룰 수 있는 준비가 안 됐을 수 있기 때문이다.

### 10.10.1 구현 제한

프로토콜 구현은 송수신에 사용되는 버퍼 크기의 기본값을 선택할 수 있는 API를 애플리케이션에 제공한다. 일부 구현은 이 기본값이 IP 데이터그램의 최대 크기보다 작으며, 수십 KB 이상의 데이터그램 송신을 지원하지 못하는 구현도 있다(다만 이 문제는 흔하지는 않다).

소켓 API[UNP3]는 애플리케이션이 수신 버퍼와 송신 버퍼의 크기를 설정하거나 조회할 수 있는 함수들을 제공한다. UDP 소켓의 경우 이 크기는 애플리케이션이 읽고 쓸 수 있는 UDP 데이터그램의 최대 크기와 직접적으로 관련이 있다. 일반적으로 기본값은 8,192 바이트나 65,535바이트이지만, 일반적으로 setsockopt() API 호출에 의해 이 값을 증가 시킬 수 있다.

5장에서 호스트는 재조립을 위해 적어도 576바이트의 IPv4 데이터그램을 수신하기에 충분한 버퍼를 제공할 필요가 있다고 설명했다. 많은 UDP 애플리케이션은 이 제한에 대응하기 위해 애플리케이션 데이터를 512바이트 이하로 제한하도록(그래서 IPv4 데이터그램이 576바이트 이하가 되도록) 설계돼 있다. 이런 제한을 자신의 UDP 데이터그램 크기에 반영하고 있는 예로 DNS(11장 참조)와 DHCP(6장 참조)가 있다.

## 10.10.2 데이터그램 절단

UDP/IP가 크기가 큰 데이터그램을 송수신할 수 있다고 해서 수신 애플리케이션이 꼭 그 크기의 데이터그램을 읽을 수 있는 것은 아니다. UDP 프로그래밍 인터페이스는 네트워크 읽기 동작이 완료될 때 최대 몇 바이트를 반환할지 애플리케이션이 지정할 수 있도록 허용한다. 수신된 데이터그램의 크기가 이 지정된 크기를 초과하면 어떤 일이 발생할까?

대부분의 경우 질문에 대한 대답은 수신 애플리케이션이 지정한 바이트 크기를 초과하는 데이터는 폐기된다. 즉 API가 데이터그램을 절단한다truncate는 것이다. 그러나 정확한 동작은 구현에 따라 다르다. 초과된 데이터를 이후의 읽기 동작에서 제공하는 시스템도 있고, 절단된 크기를 호출자에게 알려주는 시스템도 있다.

> **주의**
>
> 리눅스에서는 소켓 API에 MSG_TRUNC 옵션을 지정해 얼마나 많은 데이터가 절단됐는지 알아낼 수 있다. HP-UX에서 MSG_TRUNC는 읽기 호출이 절단된 일부 데이터가 절단됐다고 반환할 때 설정되는 플래그이다. SVR4(Dolaris 2.x 포함)의 소켓 API는 데이터그램을 절단하지 않는다. 초과 데이터는 그다음 읽을 때 반환된다. 애플리케이션은 단일 UDP 데이터그램에 대해 복수로 읽기가 수행됐다는 것을 알 수 없다.

나중에 배우겠지만, TCP는 메시지 경계가 없는 연속적인 바이트 스트림을 제공한다. 따라서 애플리케이션은 데이터가 있기만 하다면 (혹시 없으면, 준비될 때까지 기다린다.) 얼마든지 자신이 요청한 크기만큼 데이터를 받을 수 있다.

# 10.11 UDP 서버 설계

UDP를 사용하기 원하는 네트워킹 애플리케이션 소프트웨어의 설계와 구현에 영향을 미치는 몇 가지 UDP 특성이 있다[RFC5405]. 서버는 운영체제와 상호작용하고, 대부분의 경우 동시에 여러 개의 클라이언트를 다루기 위한 수단을 필요로 한다. 클라이언트 설계와 구현은 단순하기 때문에 여기서는 다루지 않는다.

전형적인 클라이언트/서버 시나리오에서 클라이언트는 시작되고 나서 바로 하나의 서버와 통신하고 나면 그게 끝이다. 반면에 서버는 시작하고 나서 클라이언트의 요청이 도착할 것을 기다리며 대기sleep 상태로 들어간다. 클라이언트의 데이터그램이 도착하면 서버는 대기 상태에서 깨어나는데, 이때 클라이언트의 요청을 평가하고 추가 처리를 수행해야 할 때가 많다. 우리의 관심사는 서버와 클라이언트의 프로그래밍([UNP3]는 이를 자세하게 다루고 있다)이 아니라, UDP를 사용하는 서버 설계와 구현에 UDP 프로토콜 기능이 어떻게 영향을 미치는가이다(TCP 서버 설계는 13장에서 자세히 살펴본다). 여기서 설명하는 기능 중에 일부는 현재 사용 중인 UDP 구현에 약간 의존하지만 대부분의 구현에 공통적으로 들어있다.

## 10.11.1 IP 주소와 UDP 포트 번호

클라이언트로부터 UDP 서버에 도착하는 것은 UDP 데이터그램이다. IP 헤더는 발신지와 목적지 IP 주소를 포함하고, UDP 헤더는 발신지와 목적지 UDP 포트 번호를 포함한다. 애플리케이션이 UDP 메시지를 수신할 때 UP 헤더와 UDP 헤더는 이미 벗겨진 상태다. 따라서 응답을 보내고 싶은 애플리케이션은 발신지 IP 주소와 포트 번호 정보를 운영체제로부터 뭔가 다른 방법으로 받아야 한다. 이 기능 덕분에 UDP 서버는 다수의 클라이언트를 다룰 수 있다.

일부 서버는 데이터그램이 누구에게 보내진 것인지, 즉 목적지 IP 주소를 알 필요가 있다. 이런 정보는 수신 데이터그램을 살펴보지 않아도 서버가 당연히 아는 것 아니냐고 생각할 수 있지만, 항상 그렇지는 않다. 예를 들면 멀티홈Multihoming, IP 주소 앨리어싱aliasing 그리고 다중 범위scope를 갖는 IPv6 때문에 1대의 호스트가 다수의 IP 주소를 가질 수 있다. 서버는 이 주소들 중 어느 것을 사용해서든 데이터그램을 수신할 수 있으므로(사실, 흔하게 일어나는 일이다), 클라이언트가 선택한 목적지 주소에 따라서 다르게 작업을 처리하고자 하는 서버는 목적지 IP 주소 정보에 접근할 수 있어야 한다. 게다가 어떤 서비스는 목적지 주소가 브로드캐스트나 멀티캐스트냐에 따라 다르게 응답해야 한다(예를 들어 호스트 요구 사항 RFC[RFC1122]에는 TFTP 서버는 브로드캐스트 주소로 보내진 데이터그램은 무시해야 한다고 돼 있다).

> **주의**
>
> DNS 서버는 목적지 IP 주소에 민감한 유형의 서버에 속한다. 목적지 IP 주소 정보를 사용해서 주소 매핑에 대해 특정한 정렬 순서를 준비하기 때문이다. DNS의 이런 동작은 11장에 자세히 기술돼 있다.

핵심은 비록 API가 전송 계층 데이터그램에 포함된 모든 데이터를 전달할 수 있지만, 서버가 가장 효과적으로 동작하기 위해서는 다양한 계층으로부터 부가적인 정보(대표적으로 주소 정보)가 요구된다는 점이다. 이것은 물론 UDP만 그런 것은 아니지만, 우리가 처음 학습하는 전송 계층 프로토콜이 UDP이므로 지금 언급할 가치가 있다

IPv4와 IPv6 둘 다 사용할 수 있게 설계된 UDP 서버는 이 두 가지 유형의 주소가 매우 다른 길이를 갖고 서로 다른 자료 구조를 요구한다는 사실을 고려해야 한다. 게다가 IPv4 주소를 IPv6 주소 내에 부호화하는 상호운용 메커니즘은 IPv4와 IPv6 주소 둘 다 다룰 수 있는 IPv6 소켓 사용을 허용할 수 있다[UNP3].

## 10.11.2 로컬 IP 주소 제한

대부분의 UDP 서버는 UDP 종단점을 바인딩할 때 자신의 로컬 IP 주소를 와일드카드 wildcard화한다. 이것은 서버의 포트로 들어오는 UDP 데이터그램을 어떤 로컬 IP에서든 받아들일 수 있다는 것을 의미한다(로컬 머신에서 사용 중인 임의의 IP 주소·로컬 루프백 주소를 포함). 예를 들어 IPv4 UDP 서버를 포트 7777로 시작할 수 있다.

```
Linux% sock -u -s 7777
```

그런 다음에 종단점 상태를 보기 위해 netstat 명령을 이용한다(리스트 10-8).

```
Linux% netstat -l --udp -n
Active Internet connection (including servers)
Proto Recv-Q   send-Q  Local Address            Foreign Address
udp        0        0  *:7777                   0.0.0.0:*
```

관심 대상이 아닌 출력 내용은 생략됐다. -l 플래그는 수신 중인 모든 ㅍ(서버)에 대해서 보고하도록 지시한다. --udp 플래그는 UDP 프로토콜과 관련된 데이터만 제공한다. -n 플래그는 전체 확장된 호스트 이름이 아니라 IP 주소를 출력한다.

> **주의**
>
> 모든 운영체제가 리눅스와 똑같은 netstat 플래그들을 제공하지는 않지만, 대부분은 비슷한 결과를 얻을 수 있는 플래그 조합을 제공한다. BSD에서는 -ㅓ과 -p udp 플래그가 지원된다. 윈도우에서는 -n, -a, -p udp 플래그를 사용할 수 있다.

로컬 주소는 *:7777로 출력됐는데, * 로컬 IP 주소가 와일드카드화됐다는 것을 의미한다. 서버는 종단점을 생성할 때 호스트의 로컬 IP 주소(브로드캐스트 주소를 포함) 중 하나를 종단점의 로컬 IP 주소로 지정할 수 있다. 그러면 서버에 들어오는 UDP 데이터그램은 목적지 IP 주소가 지정한 로컬 주소와 일치할 때만 이 종단점으로 전달된다. sock 프로그램을 실행할 때 포트 번호 전에 IP 주소를 지정하면 그 IP 주소는 종단점의 로컬 IP 주소가 된다. 예를 들어 아래 명령의 경우,

```
Linux% sock -u -s 127.0.0.1 7777
```

서버는 로컬 루프백 인터페이스(127.0.0.1)에 도착한 데이터그램만 받아들이는데, 루프백 인터페이스이므로 동일 호스트에서 생성된 데이터그램만 받게 된다. 리스트 10-9는 이런 경우의 netstat 출력 결과를 보여준다.

리스트 10-9 로컬 루프백 인터페이스로 제한된 UDP IPv4 서버의 netstat 화면 출력

```
Active Internet connection (including servers)
Proto  Recv Q  send Q Local Address            Foreign Address
udp         0       0 127.0.0.1:7777           0.0.0.0:*
```

이 서버에게 동일한 이더넷상의 호스트로부터 데이터그램을 전송하려고 시도하면 ICMPv4 포트 도달 불가[Port Unreacheable] 오류가 되돌아오고, 송신 애플리케이션은 오류를 수신한다. 서버는 데이터그램을 결코 인식하지 못한다.

```
Linux% sock -u -v 10.0.0.3 6666
connected on 10.0.0.5 50997 to 10.0.0.3 6666
123
error: connection refused
```

### 10.11.3 다중 주소 사용

포트 번호는 같고 로컬 IP 주소는 다른 서버들을 실행하는 것은 가능하다. 하지만 일반적으로 이런 식으로 포트 번호를 재사용해도 된다고 애플리케이션이 시스템에 알려야 한다.

> **주의**
>
> 소켓 API에서 SO_REUSEADDR 소켓 옵션이 지정돼야 한다. sock 프로그램에서는 -A 옵션을 지정하면 된다.

네트워크 인터페이스가 실제로는 1개뿐이라도 추가로 IP 주소를 사용하도록 설정할 수 있다. 아래 명령은 원래 IP 주소가 10.0.0.30인 호스트에 2개의 주소를 추가로 부여한다.

```
Linux% ip addr add 10.0.2.13 scope host dev eth0
Linux% ip addr add 10.0.2.14 scope host dev eth0
```

이제 호스트는 4개의 유니캐스트 IPv4 주소를 가진다. 1개는 원래 주소이고, 2개는 추가된 주소, 나머지 1개는 로컬 루프백 주소다. 동일한 UDP 포트(8888)상에 sock 프로그램을 실행해서 3개의 서로 다른 UDP 인스턴스를 시작할 수 있다.

```
Linux% sock -u -s -A10.0.2.13 8888
Linux% sock -u -s -A 10.0.2.14 8888
Linux% sock -u -s -A 8888
```

-A 플래그는 시스템에게 동일한 주소 정보를 재사용해도 된다고 알려준다. 리스트 10-10

의 netstat 출력은 서버가 수신 대기 중인 주소와 포트 번호를 보여준다.

**리스트 10-10** 동일한 UDP 포트상의 제한된 와일드카드 UDP

```
Active Internet Connections (only servers)
Proto Recv-Q send-Q Local Address      Foreign Address
udp     0      0 10.0.2.13:8888         0.0.0.0:*
udp     0      0 0.0.0.0:8888           0.0.0.0:*
udp     0      0 10.0.2.14:8888         0.0.0.0:*
```

이 시나리오에서 와일드카드 로컬 IP 주소를 가진 서버로 가는 IPv4 데이터그램은 10.0.0.30, 지정$^{directed}$ 브로드캐스트 주소(예, 10.255.255.255), 한정$^{limited}$ 브로드캐스트 주소 (255.255.255.255), 혹은 로컬 루프백 주소(127.0.0.1)로 향하는 것뿐이다. 제한된 서버들이 다른 모든 경우를 포괄하기 때문이다.

와일드카드 주소를 가진 종단점이 있을 때 우선순위가 존재한다. 목적지 주소와 일치하는 특정 IP 주소를 가진 종단점은 항상 와일드카드보다 우선적으로 선택된다. 와일드카드의 종단점은 일치하는 특정 주소를 찾지 못할 때만 이용된다.

## 10.11.4 외부 IP 주소의 제한

지금까지 나타난 모든 netstat 출력에는 외부$^{foreign}$(즉, 서버가 실행 중인 호스트에 로컬이 아닌) IP 주소와 외부 포트 번호가 0.0.0.0:*로 표시됐다. 이것은 종단점이 임의의 IPv4 주소와 포트 번호로부터 UDP 데이터그램을 받아들인다는 것을 의미한다. 그러나 외부 주소를 제한할 수 있는 방법이 있다. 이것은 종단점이 특정 IPv4 주소와 포트 번호로부터만 UDP 데이터그램을 수신한다는 것을 의미한다. 이런 제한은 서버가 클라이언트로부터 데이터그램을 한 번은 수신한 뒤에야 추가될 수 있다는 점에 주의하자. 다른 클라이언트로부터 오는 추가 트래픽을 필터링하기 위한 것이다. sock 프로그램은 -f 옵션으로 외부 IPv4 주소와 포트 번호를 지정한다.

```
Linux% sock -u -s -f  10.0.0.14.4444. 5555
```

이 명령은 외부 IPv4 주소는 10.0.0.14, 외부 포트 번호는 4444로 설정한다. 서버의 포트 번호는 5555이다. 여기서 netstat를 실행하면 로컬 IP 주소를 명시적으로 지정하지 않았음에도 설정돼 있다는 것을 알 수 있다(리스트 10-11).

**리스트 10-11** 외부 주소의 제한이 로컬 주소의 할당을 유발한다.

```
Linux% netstat   --udp -n
Active Internet Connections (w/o servers)
Proto Recv-Q send-Q Local Address  Foreign Address    state
udp      0      0 10.0.0.30:5555 10.0.0.14:4444     ESTABLISHED
```

이것은 외부 IP 주소와 외부 포트 번호를 지정할 때의 전형적인 부수 효과다. 즉, 외부 주소를 지정할 때 로컬 주소가 선택되지 않으면 자동으로 로컬 주소가 선택된다. 지정된 외부 주소에 도달하기 위해서 IP 라우팅이 선택한 인터페이스의 IP 주소가 자동으로 선택되기 때문이다. 이번 예제의 경우, 외부 주소에 이더넷에서 주primary IPv4 주소는 10.0.0.30이다. 종단점 확인과 외부 주소의 제한이 일어난 결과, STATE 열의 값이 ESTABLISHED가 됐음에 주목하자.

표 10-2는 UDP 서버가 설정할 수 있는 3가지 주소 바인딩을 요약한 것이다.

**표 10-2** UDP 서버의 3가지 주소 바인딩

| 로컬 주소 | 외부 주소 | 설명 |
| --- | --- | --- |
| local_IP.local_port | foreign_IP.foreign_port | 하나의 클라이언트로 제한 |
| local_IP.local_port | *.*(와일드카드) | 하나의 로컬 주소와 포트로 제한(하지만 임의의 클라이언트에 대해서만) |
| *.local_port | *.*(와일드카드) | 로컬 포트로만 제한 |

local_port는 서버의 포트 번호이며, local_IP는 로컬 할당된 IP 주소 중 하나여야 한다. 표에서 3개의 행 순서는 UDP 모듈이 어느 로컬 종단점이 데이터그램을 수신할지 정할 때 적용하는 순서다. 가장 특정한 바인딩(첫 번째 줄)을 먼저 적용하고, 가장 특정하지 않은 바인딩(IP 주소가 둘 다 와일드카드인 마지막 줄)을 마지막으로 적용한다.

## 10.11.5 포트당 다중 서버 사용

RFC에는 정의돼 있지 않지만, 대부분의 구현에서는 주소군$^{address\ family}$(즉 IPv4와 IPv6)마다 한번에 1개의 애플리케이션 종단점만이 1개의 '로컬 IP 주소, 포트 번호' 쌍과 연계될 수 있다. 호스트의 IP 주소와 포트 번호로 UDP 데이터그램이 도착하면, 1개의 복사본이 그 1개의 애플리케이션 종단점(즉, 수신 대기 중인 애플리케이션)에 전달된다. 종단점의 IP 주소는 앞에서 기술한 것처럼 와일드카드가 될 수 있지만, 지정된 주소로 향하는 데이터그램을 수신할 수 있는 애플리케이션은 1개뿐이다. 따라서 동일한 주소군에 대해서 동일한 와일드카드 로컬 주소와 동일한 포트 번호를 갖는 서버를 새로 시작하는 것은 불가능하다.

```
Linux% sock -u -s 12.46.129.3 8888 &
Linux% sock -u -s 12.46.129.3
Can't bind local address : address already in use
```

멀티캐스팅(9장 참조)을 지원하는 시스템에서는 애플리케이션이 가능하다고 API에 통보하는 경우(SO_REUSRADDR 소켓 옵션을 지정하는 -A 플래그) 복수의 종단점이 동일한 '로컬 IP 주소, UDP 포트 번호' 쌍을 이용할 수 있다.

> **주의**
>
> 4.4 BSD 계열에서는 다른 소켓 옵션(SO_REUSEPORT)을 지정해야 복수의 종단점이 동일한 포트를 공유할 수 있다. 게다가 (최초로 사용하는 종단점을 포함해서) 해당 포트를 사용하는 종단점마다 이 옵션을 지정해야 한다.

목적지 IP 주소가 브로드캐스트 또는 멀티캐스트 주소이고 목적지 IP 주소와 포트 번호에 복수의 종단점이 있을 경우, 각 종단점마다 수신 데이터그램의 복사본이 전달된다(종단점의 로컬 IP 주소는 와일드카드일 수 있다. 즉, 임의의 목적지 IP 주소와 일치할 수 있다). 그러나 목적지 IP 주소가 유니캐스트 주소인 UDP 데이터그램이 도착하면 종단점들 중에서 하나에 데이터그램의 복사본이 전달된다. 어느 종단점에 유니캐스트 데이터그램이 전해지는가는 구현에 따라 다르지만, 이러한 정책 덕분에 멀티프로세스 서버는 동일 요청에 대해서 여러 번 호출될 필요 없이 동작할 수 있다.

## 10.11.6 주소군 지원: IPv4와 IPv6

프로토콜뿐만(TCP와 UDP 둘 다에 응답하는 서버처럼) 아니라 주소군을 지원하는 서버를 작성하는 것도 가능하다. 매우 간단해 보일지 모르지만(IPv6 주소는 동일 호스트에 길이가 128비트인 또 하나의 주소가 존재할 뿐이므로), 포트 공간의 공유와 관련해 미묘한 문제가 있다. 가능하다. IPv4 요청과 IPv6 요청에 모두 응답하는 UDP 서버를 작성할 수 있다. 일부 시스템에서는 UDP(와 TCP)에서 IPvv4와 IPv6 간에 포트 공간이 공유된다. 즉, IPv4를 사용해서 UDP에 바인딩된 서비스는 IPv6에서도 동일한 포트가 할당되고(그 역도 마찬가지), (SO_REUSEADDR 옵션을 사용하지 않는 한) 다른 서비스는 그 포트를 사용할 수 없게 된다. 게다가 IPv6 주소가 IPv4 주소를 상호운용 가능하게 부호화할 수 있기 때문에(2장 참조) IPv6에서의 와일드카드 바인딩이 IPv4 트래픽을 수신하는 일이 일어날 수도 있다.

> **주의**
>
> 상황은 구현에 따라 다르다. 리눅스에서, 모든 포트 공간은 공유되므로, 와일드카드 IPv6 바인딩이 있으면 이에 대응하는 IPv4 바인딩이 있음을 의미한다. FreeBSD에서는 IPV6_V6ONLY 소켓 옵션을 사용해서 IPv6 공간에만 바인딩이 존재하도록 보장할 수 있다. 프로그래머는 현재 사용 중인 운영체제가 어떤 IPv6 소켓 인터페이스를 제공하는지 찾아보는 것이 바람직하다. C 언어 바인딩이 [RFC3493]에 기술돼 있다.

## 10.11.7 흐름 제어와 혼잡 제어의 부족

대부분의 UDP 서버는 반복interactive 서버다. 즉, 하나의 서버 스레드(또는 프로세스)가 하나의 UDP 포트(예를 들어 서버의 널리 알려진 포트)로 들어오는 모든 클라이언트 요청을 처리한다. 일반적으로 애플리케이션이 사용 중인 UDP 포트마다 길이가 제한된 입력 큐queue가 존재한다. 이것은 서로 다른 클라이언트로부터 거의 동시에 들어온 요청들을 UDP가 자동으로 큐에 넣는다는 것을 의미한다. 수신된 UDP 데이터그램은 수신 순서대로 (애플리케이션이 요청할 때) 애플리케이션에 전달된다(FCFS - 선입선출).

하지만 큐가 넘치게 되면(오버플로우) UDP 구현은 수신되는 데이터그램을 폐기하게 된다. 이런 현상은 단 1개의 클라이언트만 서비스되는 경우에도 일어날 수 있는데, UDP가 v 를 제공하지 않기 때문이다(즉, 서버가 클라이언트에게 발신 속도를 늦추라고 알려줄 방법이 없다). UDP는 자체적으로 신뢰성 메커니즘을 갖고 있지 않은 비연결connectionless 프로토

630

콜이므로, UDP 입력 큐가 오버플로우됐음을 애플리케이션은 통보받지 못한다. 따라서 UDP는 나머지 데이터그램을 그냥 폐기한다.

발신자와 수신자 간의 IP 라우터, 즉 네트워크 중간에도 큐가 존재하는 것 때문에도 문제가 일어날 수 있다. 이 큐가 가득 차면 UDP 입력 큐에서와 마찬가지로 트래픽이 폐기될수 있다. 이런 일이 발생했을 때를 가리켜 네트워크가 혼잡congestion하다고 말한다. 혼잡은 바람직하지 않은 현상인데, UDP 입력 큐의 오버플로우가 하나의 애플리케이션 서버에만 영향을 주는 것과 달리 혼잡이 발생한 지점을 지나는 트래픽을 사용 중인 모든 네트워크 사용자에게 영향을 미치기 때문이다. UDP는 네트워크가 혼잡 상황에 몰릴 때 발신 속도를 늦춰야 한다는 통보를 받을 방법이 없기 때문에 혼잡에 특별한 주의를 기울인다(설령 통보를 받는다고 해도 속도를 늦출 메커니즘도 없다). 그래서 UDP는 혼잡 제어congestion control가 부족하다고 말한다. 혼잡 제어는 복잡한 주제로서 여전히 활발히 연구되고 있다. 혼잡 제어에 대해서는 TCP를 설명할 때 자세히 알아보자(16장 참조).

## 10.12 UDP/IPv4와 UDP/IPv6 데이터그램의 변환

7장에서 IP 데이터그램을 IPv4에서 IPv6로, 그리고 그 반대로 변환하기 위한 프레임워크를 논의했다. 8장에서는 이 프레임워크가 ICMP에 어떻게 적용되는지 설명했다. UDP가 변환기를 통과할 때 7장에서 설명한 대로 변환이 일어나지만, 이때 UDP 검사합checksum 과 관련된 이슈가 있다. UDP/IPv4 데이터그램에서는 UDP 헤더의 검사합 필드값은 0(즉, 계산 안 됨)일 수 있는 반면, UDP/IPv6에서는 그럴 수 없다. 따라서 검사합이 0인 채로 도착한 데이터그램이 IPv4에서 IPv6로 변환되면, 전체 계산된 유사 헤더 검사합을 갖는 UDP/IPv6 데이터그램이 생성되거나 아니면 도착한 패킷이 폐기된다. 변환기는 둘 중에서 원하는 방식을 선택할 수 있는 설정 옵션을 제공해야 한다. 검사합 생성으로 인한 오버헤드가 클 수 있기 때문이다. 검사합이 중립적이지 않은 주소 매핑이 사용될 경우, 0 이 아닌 검사합을 포함하는 패킷이 변환되기 위해서는 검사합이 갱신돼야 한다(7장).

단편화로 인한 추가 고려사항이 있다. 무상태stateless 변환의 경우, 검사합이 0인 단편화 UDP/IPv4 데이터그램은 변환될 수 없는데, 적절한 UDP/IPv6 검사합을 계산할 수 없기 때문이다. 이 경우 데이터그램은 폐기된다. 반면에 상태 기반stateful 변환(즉 NAT64) 의 경우는 다수의 단편을 재조립해서 검사합을 계산할 수 있다. 검사합이 계산된 단편화

UDP/IP 데이터그램은 7장에서 설명한 보통의 단편처럼 취급된다. 변환 뒤에 IPv6 최소 MTU에 맞도록 단편화돼야 하는 거대 UDP/IPv4 데이터그램 역시 통상적인 IPv4 데이터그램처럼 취급된다(즉, 필요할 때마다 단편화된다).

## 10.13 인터넷에서 UDP

인터넷에서 UDP 트래픽의 사용량에 관해서 유용하고 공개된 데이터를 입수하기가 쉽지 않다. 또 프로토콜별 트래픽 부하는 사이트마다 편차가 매우 크다. 그럼에도 불구하고 [FKMC03]은 UDP 트래픽의 양이 총 인터넷 트래픽의 10%~40% 수준이고, P2P 애플리케이션의 사용이 늘어남에 따라 (비록 TCP가 여전히 주류이긴 하지만) UDP의 사용 역시 상승 추세임을 발견했다.

[SMC02]에 따르면, 인터넷 트래픽의 단편화는 UDP에서 가장 많이 일어난다(단편화된 트래픽의 68.3%가 UDP). 다만 전체적으로 보면 단편화는 그리 많이 일어나지 않으며(패킷 기준 0.3%, 바이트 기준 0.8%), 단편화가 일어나는 가장 흔한 트래픽은 UDP 기반의 멀티미디어 트래픽(53%. 마이크로소프트의 미디어 플레이어<sup>Media Player</sup> 애플리케이션이 이 중 절반을 차지)과 VPN 터널 내의 캡슐화/터널링 트래픽(22%)이다. 또 단편화의 약 10%가 역순<sup>reverse-order</sup>이며(나중 IP 단편이 처음 단편보다 먼저 전송됨), 가장 일반적인 단편화 크기는 1500바이트 (79%)이고 그다음으로 1484바이트(18%)와 1492바이트(1%)다.

> **주의**
> 가장 흔한 1500바이트는 이더넷의 페이로드 크기와 관련이 있다. 그리고 1484바이트는 한때 널리 사용됐던 DEC의 기가스위치(GigaSwitch) 토폴로지의 규격이다.

단편화가 일어나는 이유는 2가지 요인 때문으로 보인다. 첫 번째는 부주의한 캡슐화이고, 두 번째는 PMTUD 부재와 대형 메시지를 사용하고 싶어하는 애플리케이션 대응이다. 전자의 경우, 프로토콜 계층마다 캡슐화가 일어나서 헤더가 추가되고, 이에 따라 처음에는 가장 일반적 크기인 1500바이트 MTU를 만족하던 IP 패킷이 나중에는 이것보다 커진다(예를 들면 VPN 터널 위로 운반되는 애플리케이션 트래픽). 후자의 경우, 대형 패킷을 사용하는 애플리케이션 (예를 들면 동영상 애플리케이션) 때문에 단편화가 일어난다. [SMC02]

연구에서 흥미로운 (그리고 불행한) 발견은 IPv4 DF 비트 필드가 설정된 (따라서 PMTUD를 시도한) UDP 패킷의 상당수가 이 비트 필드가 설정되지 않은 UDP 패킷 내에 캡슐화된다는 점이다(그 결과 PMTUD가 시도되지 않고 애플리케이션은 이 사실을 무시한다).

## 10.14 UDP 및 IP 단편화와 관련된 공격

UDP와 관련된 공격은 대부분 공유 자원(버퍼, 링크 용량 등)의 고갈 혹은 시스템 충돌이나 오동작을 일으키기 위한 프로토콜 버그의 악용과 관련이 있다. 둘 다 넓은 범주의 DoS 공격에 속한다. 공격에 성공한 외부 공격자는 정상적인 사용자가 서비스를 이용하지 못하게 만들 수 있기 때문이다. UDP 관련된 가장 단순한 DoS 공격은 그냥 트래픽을 최대한 많이 발생시키는 것이다. UDP는 자신이 보내는 트래픽 속도를 조절하지 않기 때문에 이로 인해서 동일 네트워크 경로를 공유하는 다른 애플리케이션의 성능에 부정적인 영향을 미칠 수 있다. 이것은 악의적인 의도 없이도 일어날 수 있는 일이다.

UDP를 사용하는 정교한 DoS 공격 유형으로 확대<sup>magnification</sup> 공격이 있다. 이 유형은 일반적으로 악의적인 공격자가 적은 양의 트래픽을 전송해서 다른 시스템으로 하여금 훨씬 많은 트래픽을 생성하도록 유도하는 방법을 사용한다. 악의적인 UDP 발신자는 발신지 주소는 공격 대상 노드의 것처럼 위장하고 목적지 주소는 브로드캐스트(예를 들면 지정 <sup>directed</sup> 브로드캐스트 주소)로 설정한다. 그러면 데이터그램 수신시 이에 대한 응답 트래픽을 생성하는 서비스로 UDP 패킷이 보내진다. 서비스를 운영 중인 서버는 이 패킷을 수신하면, 패킷 내의 발신지<sup>Source</sup> IP 주소 필드에 들어있는 IP 주소로 응답 메시지를 보낸다. 이때 발신지 주소는 공격 대상 호스트의 주소이기 때문에, 공격 대상 호스트는 수많은 UDP 트래픽으로 과부하가 걸린다. 이러한 확대 공격에는 다수의 변형이 있다. 그중에서 문자 생성 서비스를 에코 서비스와 결합시켜서 영원히 "왔다갔다하는<sup>ping-pong</sup>" 트래픽을 일으키는 공격이 있는데, ICMP 스머프<sup>smurf</sup> 공격(8장 참조)과 밀접한 관련이 있다.

IP 단편화를 이용하는 몇 가지 공격들이 존재한다. IP 단편화 처리는 UDP 처리보다 조금 더 복잡하기 때문에, 구현 내에 버그가 발견돼 악용되더라도 놀랄 일은 아니다. 이런 공격의 한 가지 형태는 데이터를 전혀 포함하지 않는 단편을 보내는 것이다. 이것은 IPv4 재조립 코드의 버그를 이용한 것으로서 일부 시스템의 장애를 일으켰던 이력이 있다. IPv4 재조립에 대한 또 다른 공격으로서 티어드롭<sup>teardrop</sup> 공격이 있는데, 이것은 단편 오프셋<sup>Fragment Offset</sup> 필드가 겹치는 단편들을 연속으로 생성하는 것으로서 시스템 장애를 일으키거나 성능을 크게 저하시킨다. 또, 단편 오프셋을 겹치게 함으로써 앞선 단편의 UDP 헤더를 겹쳐쓰는 변형도 있다. 이렇게 단편을 겹치는 것은 IPv6에서는 금지돼 있다 <sup>[RFC5722]</sup>. 마지막으로 죽음의 핑<sup>ping-of-death</sup> 공격(ICMPv4 에코 요청<sup>Echo Request</sup> 메시지를 주로 사용하지만 UDP도 사용할 수 있다)은 재조립 시 최대제한 값을 초과하는 IPv4 데이터그램을 생성한다. 이 공격은 매우 간단한데, 단편 오프셋 필드의 값이 (바이트 오프셋이 65528바이트에 해당하는) 8191로 설정될 수 있기 때문이다. 그러면 (명시적으로 금지되지 않을 경우) 이보다 7바이트 이상 초과하는 단편만 있으면 재구축된 데이터그램은 최대 길이인 65535바이트를 초과하게 된다. 단편을 이용하는 공격에 대한 몇 가지 대비책을 [RFC3128]에서 볼 수 있다.

## 10.15 정리

UDP는 간단한 프로토콜이다. 이 프로토콜의 공식 규격인 [RFC768]은 단지 3페이지밖에 안 된다(참고 문헌을 포함해서 그렇다!). UDP가 (IP와는 별도로) 사용자 프로세스에게 제공하는 서비스는 포트 번호와 검사합뿐이다. 흐름 제어, 혼잡 제어, 오류 정정 기능을 제공하지 않으며, 다만 오류 탐지(UDP/IPv4에서는 선택이지만 UDP/IPv6에서는 필수)와 메시지 경계 보존 기능은 제공한다. 이번 장에서 우리는 UDP를 사용해서 인터넷 검사합을 조사하고 IP 단편화가 어떻게 수행되는지 살펴봤다. 또 UDP가 PMTUD와 어떻게 함께 사용되는지, 서버 설계에 어떤 영향을 미치는지, 그리고 인터넷에서의 중요성도 보았다.

UDP는 연결 설정의 오버헤드를 줄여야 할 때, 동시에 다수의 전달(멀티캐스팅, 브로드캐스팅)이 요구될 때, TCP의 비교적 "무거운" 신뢰성이 바람직하지 않을 때(예를 들면 시퀀싱, 흐름 제어, 재전송 등) 널리 사용된다. 멀티미디어와 P2P 애플리케이션 덕분에 지속적으로 사용량이 늘어왔으며, VoIP<sup>[RFC3550][RFC3261]</sup>를 지원하는 주요 프로토콜이다. 또 NAT를 통과하는 트래픽을 과도한 오버헤드 없이 캡슐화하기 편리한 방법이기도 하다(UDP 헤더 8바이트면 충분하다). 우리는 IPv6 전환 메커니즘(테레도)과 STUN(7장 참조)을 사용한 NAT 통과 지원을 위해 UDP를 어떻게 사용하는지 배웠으며, 18장에서 IPsec NAT 통과를 다룰 때 다시 보게 될 것이다. 또 DNS 지원도 UDP의 주요 용도 중 하나인데, 이 중요한 주제에 대해서는 11장에서 알아볼 것이다.

# 10.16 참고 자료

- **[CT90]** D. Clark and D. Tennenhouse, "Architectural Considerations for a New Generation of Protocols," Proc. ACM SIGCOMM, 1990.

- **[FKMC03]** M. Fomenkov, K. Keys, D. Moore, and k claffy, "Longitudinal Study of Internet Traffic in 1998-2003," CAIDA Report, available from http://www.caida. org, 2003.

- **[IPORT]** http://www.iana.org/assignments/port-numbers

- **[KB929851]** Microsoft Support Article ID 929851, "The Default Dynamic Port Range for TCP/IP Has Changed in Windows Vista and in Windows Server 2008," Nov. 19, 2009 (rev. 6.2).

- **[KEWG96]** F. Kaashoek, D. Engler, D. Wallach, and G. Ganger, "Server Operating Systems," Proc. SIGOPS European Workshop, 1996.

- **[KM87]** C. Kent and J. Mogul, "Fragmentation Considered Harmful," DEC WRL Technical Report 87/3, 1987.

- **[RFC0768]** J. Postel, "User Datagram Protocol," Internet RFC 0768/STD 0006, Aug. 1980.

- **[RFC1122]** R. Braden, ed., "Requirements for Internet Hosts-Communication Layers," Internet RFC 1122/STD 0003, Oct. 1989.

- **[RFC1191]** J. C. Mogul and S. E. Deering, "Path MTU Discovery," Internet RFC 1191, Nov. 1990.

- **[RFC2460]** S. Deering and R. Hinden, "Internet Protocol, Version 6 (IPv6) Specification," Internet RFC 2460, Dec. 1998.

- **[RFC2675]** D. Borman, S. Deering, and R. Hinden, "IPv6 Jumbograms," Internet RFC 2675, Aug. 1999.

- **[RFC3056]** B. Carpenter and K. Moore, " Connection of IPv6 Domains via IPv4 Clouds," Internet RFC 3056, Feb. 2001.

- **[RFC3128]** I. Miller, "Protection against a Variant of the Tiny Fragment Attack (RFC 1858)," Internet RFC 3128 (informational), June 2001.

- **[RFC3261]** J. Rosenberg, H. Schulzrinne, G. Camarillo, A. Johnston, J. Peterson, R. Sparks, M. Handley, and E. Schooler, "SIP: Session Initiation Protocol," Internet RFC 3261, June 2002.

- **[RFC3493]** R. Gilligan, S. Thomson, J. Bound, J. McCann, and W. Stevens, "Basic Socket Interface Extensions for IPv6," Internet RFC 3493 (informational), Feb. 2003.

- **[RFC3550]** H. Schulzrinne, S. Casner, R. Frederick, and V. Jacobson, "RTP: A Transport Protocol for Real-Time Applications," Internet RFC 3550/STD 0064, July 2003.

- **[RFC3828]** L-A. Larzon, M. Degermark, S. Pink, L-E. Jonsson, ed., and G. Fairhurst, ed., "The Lightweight User Datagram Protocol (UDP-Lite)," Internet RFC 3828, July 2004.

- **[RFC4213]** E. Nordmark and R. Gilligan, "Basic Transition Mechanisms for IPv6 Hosts and Routers," Internet RFC 4213, Oct. 2005.

- **[RFC4380]** C. Huitema, "Teredo: Tunneling IPv6 over UDP through Network Address Translations (NATs)," Internet RFC 4380, Feb. 2006.

- **[RFC4787]** F. Audet, ed., and C. Jennings, "Network Address Translation (NAT) Behavioral Requirements for Unicast UDP," Internet RFC 4787/BCP 0127, Jan. 2007.

- **[RFC4821]** M. Mathis and J. Heffner, "Packetization Layer Path MTU Discovery," Internet RFC 4821, Mar. 2007.

- **[RFC4960]** R. Stewart, ed., "Stream Control Transmission Protocol," Internet RFC 4960, Sept. 2007.

- **[RFC5405]** L. Eggert and G. Fairhurst, "Unicast UDP Usage Guidelines for Application Designers," Internet RFC 5405/BCP 0145, Nov. 2008.

- **[RFC5722]** S. Krishnan, "Handling of Overlapping IPv6 Fragments," Internet RFC 5722, Dec. 2009.

- **[RFC5969]** W. Townsley and O. Troan, "IPv6 Rapid Deployment on IPv4 Infrastructures(6rd)-Protocol Specification," Internet RFC 5969, Aug. 2010.

- **[RFC5991]** D. Thaler, S. Krishnan, and J. Hoagland, "Teredo Security Updates," Internet RFC 5991, Sept. 2010.

- **[RFC6081]** D. Thaler, "Teredo Extensions," Internet RFC 6081, Jan. 2011.

- **[RFC6343]** B. Carpenter, "Advisory Guidelines for 6to4 Deployment," Internet RFC 6343 (informational), Aug. 2011.

- **[SMC02]** C. Shannon, D. Moore, and k claffy, "Beyond Folklore: Observations on Fragmented Traffic," IEEE/ACM Transactions on Networking, 10(6), Dec. 2002.

- **[SOCK]** http://www.icir.org/christian/sock.html

- **[TTYPES]** http://www.iana.org/assignments/trailer-types

- **[UNP3]** W. Stevens, B. Fenner, and A. Rudoff, UNIX Network Programming, Volume 1, Third Edition (Addison-Wesley, 2004).

- **[Z09]** M. Zhang et al., "Analysis of UDP Traffic Usage on Internet Backbone Links," Proc. 9th Annual International Symposium on Applications and the Internet, 2009.

# 11

---

# 이름 변환과 DNS

## 11.1 개요

지금까지 우리가 배운 프로토콜들은 IP 주소를 사용해서 분산 애플리케이션에 참여하는 호스트를 식별한다. 이러한 주소(특히 IPv6 주소)는 사람이 사용하고 기억하기에는 번거로우므로, 인터넷은 호스트 이름$^{host\ name}$을 사용해서 호스트(클라이언트와 서버 모두)를 식별할 수 있도록 지원한다. 호스트 이름은 이름 변환$^{name\ resolution}$이라는 과정을 거쳐서 IP 주소로 변환돼야 TCP나 IP 같은 프로토콜에 의해서 사용될 수 있다. 인터넷에는 여러 형태의 이름 변환이 존재하지만, 가장 일반적이고 중요한 것은 DNS$^{Domain\ Name\ System,\ 도메인\ 네임\ 시스템[MD88]}$라는 분산 데이터베이스 시스템이다. DNS는 IPv4나 IPv6(혹은 둘 다)를 사용해 인터넷상의 애플리케이션으로서 실행된다. 확장성을 위해서 DNS 이름은 계층적 구조를 가지며, 이름 변환을 지원하는 서버들도 마찬가지다. DNS는 분산 클라이언트/서버 네트워크 데이터베이스로서 TCP/IP 애플리케이션은 DNS를 사용해서 호스트 이름과 IP 주소를 매핑하고, 이메일 경로 정보, 서비스 이름 부여 등의 기능들을 제공한다. "분산$^{distributed}$"이라는 용어는 인터넷상의 어느 단일 사이트가 모든 정보를 알지 못한다는 것을 의미한다. 모든 사이트(예를 들어 대학의 학과, 캠퍼스, 회사, 회사 내의 부서 등)들은 자체적인 정보 데이터베이스를 관리하고, 인터넷상의 다른 시스템(클라이언트)가 이를 조회할 수 있도록 서버 프로그램을 운영한다. 그리고 DNS는 클라이언트와 서버가 서로 통신할 수 있는 프로토콜 및 서버들이 상호 정보를 교환할 수 있는 프로토콜을 제공한다.

애플리케이션의 관점에서 보면, DNS에 대한 접근은 변환기$^{resolver}$라고 부르는 애플리케이션 라이브러리로 이뤄진다. 일반적으로 애플리케이션은 호스트 이름을 IPv4나 IPv6 주소로 변환한 뒤에 비로소 TCP에게 연결을 요청하거나 UDP를 사용하는 유니캐스트 데이터그램을 보낼 수 있다. TCP와 IP 프로토콜 구현은 DNS에 대해서 아무것도 모른다. 단지 IP 주소를 사용해서 동작할 뿐이다.

이번 장에서는 DNS에서 이름을 설정하는 방법, 변환기와 서버가 인터넷 프로토콜(주로 UDP)을 사용해서 통신하는 방법, 그리고 인터넷 환경에서 사용되는 다른 이름 변환 메커니즘 몇 가지를 살펴볼 것이다. 네임 서버를 운영할 때 필요한 모든 관리 기법이나 변환기 및 서버에서 사용 가능한 모든 옵션을 다루지는 않을 것이다. 이러한 정보는 알비츠$^{Albitz}$와 리우$^{Liu}$가 쓴 『DNS and BIND』[AL06]와 [RFC6168] 등에서 얻을 수 있다. DNS 보안(DNSSEC)은 18장에서 자세히 논의한다.

## 11.2 DNS 네임스페이스

DNS에 사용되는 모든 이름 집합이 DNS 네임스페이스를 구성한다. 이 공간은 컴퓨터 파일 시스템의 폴더(디렉토리)나 파일과 유사하게 계층적으로 분할되고, 대소문자를 구별하지 않는다. 현재 DNS 네임스페이스는 도메인들로 이뤄진 트리$^{tree}$ 구조로서, 트리의 꼭대기인 루트$^{root}$에는 이름이 부여돼 있지 않다. 트리의 최상위 계층을 최상위 도메인$^{TLD, Top-Level Domains}$이라 하며, 일반 TLD$^{gTLD}$, 국가 코드 TLD$^{ccTLD}$, 국제 국가 코드 TLD$^{IDN ccTLD}$, 그리고 역사의 이유로 ARPA라고 불리는 특수한 기반$^{infrastructure}$ TLD를 포함한다. 이 TLD들은 그림 11-1과 같은 형태의 트리에서 최상위 레벨을 형성한다.

일반적으로 5개의 TLD 사용 그룹과 국제 도메인 네임$^{IDN}$에 사용되는 한 개의 특별한 도메인 그룹이 있다. IDN의 역사는 인터넷의 '국제화' 혹은 'i18n'의 한 부분으로, 매우 길고 복잡하다. 지구상에는 많은 언어가 있고, 각각 한 개 이상의 문자를 사용한다. 유니코드 표준$^{[U11]}$은 모든 문자를 포함할 것을 목표로 하고, 많은 문자가 보기에는 똑같지만 유니코드 값은 다르다. 게다가 문자를 텍스트로 쓸 때 왼쪽에서 오른쪽으로 쓰는 것도 있고, 오른쪽에서 왼쪽으로 쓰는 것도 있으며, 심지어 (다른 텍스트와 결합 시에) 양방향으로 쓰는 것도 있다. 이러한 기술 문제와 형평성 및 국제 정치 요인을 모두 고려하는 것은 쉽지 않다. 관심 있는 독자는 2006년에 발간된 IAB의 IDN 리뷰$^{[RFC4690]}$에서 더 많은 정보를 구할 수 있다. 현재 정보는 [11DN]에서 볼 수 있다.

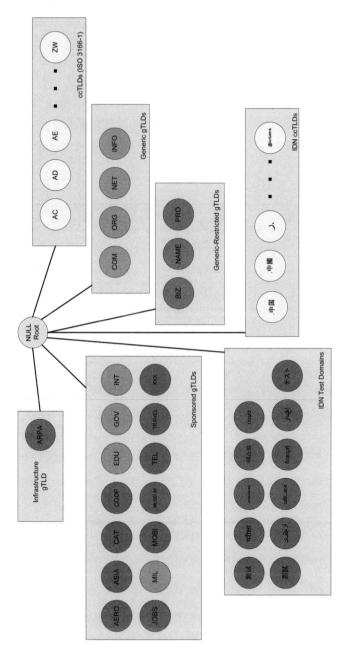

**그림 11-1** DNS 네임스페이스는 제일 위에 이름 없는 루트를 가진 계층 구조를 형성한다. 최상위 도메인(TLD)은 일반 TLD(gTLD), 국가 코드 TLD(ccTLD), 국제 TLD(IDN ccTLD), 그리고 ARPA라는 이름의 특수한 기반 TLD를 포함한다.

gTLD는 일반generic, 일반 제한generic-restricted, 그리고 스폰서sponsored의 3가지 종류가 있다. 일반 gTLD는 용도 제한이 없는 반면, 나머지 2가지(일반 제한과 스폰서)는 용도 혹은 도메인 네임을 사용할 수 있는 대상에 제한이 있다. 예를 들면 EDU는 교육 기관을 위해 사용되고, MIL과 GOV는 미국의 군대 조직과 정부 기구용이며, INT는 국제기구(예를 들면 NATO)를 위해 사용한다. 표 11-1은 2011년 중반 현재 [GTLD]에 정의된 22개의 gTLD를 요약한 것이다. 현재보다 크게 확장한 '새로운 gTLD' 프로그램이 진행 중이기 때문에 수백 어쩌면 수천 개까지 늘어날 가능성이 있다. 이 프로그램과 일반적인 TLD 관리 정책은 ICANNInternet Corporation for Assigned Names and Numbers에 의해 유지된다.

표 11-1 일반 최상위 도메인(gTLD), 2011년 현재

| TLD | 최초 사용 | 용도 | 예 |
| --- | --- | --- | --- |
| AERO | 2011. 12. 21 | 항공 산업 | www.sita.aero |
| ARPA | 1985. 1. 1 | 인프라스트럭처 | 18.in-addr.arpa |
| ASIA | 2007. 5. 2 | 범아시아와 아시아 태평양 | www.seo.asia |
| BIZ | 2001. 6. 26 | 비즈니스 용도 | neustar.biz |
| CAT | 2005. 12. 19 | 문화 공동체 | www.domini.cat |
| COM | 1985. 1. 1 | 일반 | icanhascheezburger.com |
| COOP | 2001. 12. 15 | 기업 관련 | www.ems.coop |
| EDU | 1985. 1. 1 | 미국 내 대학 | hpu.edu |
| GOV | 1985. 1. 1 | 미국 정부 | whitehouse.gov |
| INFO | 2001. 6. 25 | 일반 | germany.info |
| INT | 1988. 10. 3 | 국제 기구 | nato.int |
| JOBS | 2005. 11. 8 | 인적 자원 관리 | intel.jobs |
| MIL | 1985. 1. 1 | 미국 군대 | dtic.mil |
| MOBI | 2005. 10. 30 | 고객/모바일 제품 제공자/서비스 | flowers.mobi |
| MUSEUM | 2001. 10. 30 | 박물관 | icom.museum |
| NAME | 2001. 8. 16 | 개인 | www.name |

| TLD | 최초 사용 | 용도 | 예 |
|---|---|---|---|
| NET | 1985. 1. 1 | 일반 | ja.net |
| ORG | 2002. 12. 9 | 일반 | slashdot.org |
| PRO | 2002. 5. 6 | 전문가 | nic.pro |
| TEL | 2007. 3. 1 | 사업을 위한 컨택 데이터 | telnic.tel |
| TRAVEL | 2005. 6. 27 | 여행 산업 | cancun.travel |
| XXX | 2011. 4. 15 | 성인 오락 산업 | whois.nic.xxx |

ccTLD는 ISO 3166 표준[ISO3166]에 의해 규정된 2문자 국가 코드와 5개의 비표준 uk, su, ac, eu, tp(마지막 것은 사라지는 중)를 포함한다. 일부 2문자 코드는 다른 용도와 의미를 연상하게 하기 때문에 많은 국가가 자국의 ccTLD 내의 이름을 판매해서 상업적 이득을 취할 수 있었다. 예를 들면 도메인 네임 cnn.tv는 태평양의 투발루Tuvalu 섬에 등록된 주소인데 투발루 섬은 TV 오락 산업을 연상하게 하는 도메인 네임을 판매하고 있다. 이런 독특한 방법으로 도메인 네임을 만드는 것을 때때로 도메인 핵domain hack이라 부른다.

## 11.2.1 DNS 네임의 문법

DNS 네임 트리에서 TLD 아래의 네임들은 다시 여러 그룹으로 구분되는데 이 그룹을 서브도메인subdomain이라고 한다. 이것은 매우 흔하게 볼 수 있는데, 특히 ccTLD가 그렇다. 예를 들면 영국의 대부분 교육 사이트는 .ac.uk 접미사를 사용하고, 대부분의 이윤 추구 기업들은 .co.uk 접미사를 사용한다. 미국에서 시 정부 웹사이트는 서브도메인 ci.city.state.us를 사용하는데, 여기서 state는 주 이름의 두 글자 약어이고, city는 도시의 이름이다. 예를 들어 사이트 www.ci.manhattan-beach.ca.us는 미국 캘리포니아의 맨하탄 비치 시 정부의 사이트다.

지금까지 우리가 살펴본 도메인 네임들은 FQDNFully Qualified Domain Name이라고 불리는 것이다. FQDN의 끝에 점이 추가되기도 하는데(예를 들면 mit.edu.), 이것은 완벽한 도메인 네임임을 의미한다. 즉, 이름 변환이 수행될 때 이름에 더 이상 어떠한 정보도 더해지지 않는다는 것을 나타낸다. FQDN과 달리 시스템 설정 과정에서 기본 도메인이나 도메인 검색 목록과 결합돼 사용되는 무자격 도메인 네임unqualified domain name은 1개 이상의 문자열이 뒤에 추가되는데, 시스템이 설정될 때(6장 참조) 기본 도메인 확장이나 DHCP(혹은 덜 사용되지만, RDNSS나 DNSS RA 옵션)를 사용하는 탐색 목록이 할당되는 것이 일반적이다. 예를 들면 기본 도메인 cs.berkeley.edu가 UC 버클리 대학의 컴퓨터과학과 시스템들에 설정돼 있다고 하자. 이 기계들에서 어떤 사용자가 vangogh라는 이름을 입력하면, 로컬 변환기 소프트웨어가 먼저 이 이름을 FQDN인 vangogh.cs.berkeley.edu로 변환하고, 그 다음에 vangogh의 IP 주소를 알아내는 변환기가 호출된다.

도메인 네임은 점으로 구분되는 일련의 레이블들로 이뤄진다. 도메인 네임은 이름 계층 내에서의 위치를 나타내며, 점은 계층 구분자이고 아래 방향으로 트리를 내려가는 것은 도메인 네임의 오른쪽에서 왼쪽으로 가는 것과 같다. 예를 들면 FQDN www.net.in.tum. de는 4레벨 깊이의 도메인(net.in.tum.de) 에 포함된 호스트 이름 레이블(www)을 나타낸다. 루트부터 시작해서 오른쪽에서 왼쪽 순으로 살펴보면, TLD는 de(독일의 ccTLD)이고, tum은 뮌헨기술대학교의 약어이며, in은 informatik(컴퓨터공학과를 의미하는 독일어)의 약어이고, 마지막 net는 컴퓨터 과학과 내의 네트워크 그룹을 위한 약어다. 레이블은 대소 문자를 구분하지 않으므로 ACME.COM이나 acme.com 혹은 AcMe.cOm은 모두 같다 [RFC4343]. 각 레이블의 최대 길이는 63문자이고, FQDN의 전체 길이는 최대 255문자(1바이트)로 제한된다. 예를 들면 도메인 네임 thelongestdomainnameintheworldandthensom eandthesomemoreandmore.com은 레이블 길이가 63으로서, 도메인 네임 길이의 세계 기록이라고 기네스 협회에 제출됐지만 결국 기네스북에 등재할 정도는 아니라는 판정을 받았다.

DNS 네임스페이스는 계층적 구조를 갖기 때문에, 네임스페이스의 각 부분별로 서로 다른 관리 기구가 권한을 가질 수 있다. 예를 들면 elevator.cs.berkeley.edu 이라는 DNS 네임을 새로 만들기 위해서는 cs.berkeley.edu 서브도메인의 소유자에게 말해야 할 가능성이 높다 네임스페이스에서 berkeley.edu와 edu 부분은 변경될 필요가 없으므로, 이 서브도메인의 소유자와는 접촉할 필요가 없다. 이와 같은 DNS의 특징은 확장성scalabilty의 핵심이 되는 요소다. 즉, 전체 DNS 네임스페이스의 모든 변경을 관리해야 하는 단일 기구나 조직이 존재하지 않는다. 사실, 도메인 네임에 계층 구조를 도입한 것은 인터넷 커뮤니티가 인터넷의 급속한 확장에 대응하기 위해서 내놓은 대처 방안들 중 하나였다. 초기 인터넷의 이름 체계는 평면적(즉, 계층적이 아님)이었으며, 단일 기구가 도메인 네임의 할당, 관리, 배포를 모두 책임졌다. 하지만 점점 많은 도메인 네임이 필요하고 더욱 많은 변경이 이뤄지면서 이러한 접근 방법은 제대로 동작하지 못하게 됐다[MD88].

## 11.3 네임 서버와 영역

DNS 네임스페이스의 여러 부분에 대한 관리 책임은 개인 또는 조직에 할당된다. 운영 중인 DNS 네임스페이스의 일부분(1개 이상의 도메인)을 관리할 책임이 부여된 사람은 인터넷 사용자가 해당 도메인 네임에 대한 조회를 수행할 수 있도록 적어도 2개의 네임 서버 또는 DNS 서버를 준비해야 한다. 이 서버들은 DNS(서비스) 그 자체, 즉 이름-주소 변환을 제공하는 것이 주된 임무인 분산 시스템을 구성한다. 하지만 DNS는 그 밖에 다양한 추가 정보도 제공할 수 있다.

관리 책임의 위임 단위를 DNS 서버의 용어로는 영역<sup>zone</sup>이라고 부른다. 영역은 DNS 네임스페이스의 서브트리로서 다른 영역과 구분돼 관리될 수 있다. 모든 도메인 네임은 어떤 영역 내에 존재하며, 심지어 TLD도 루트<sup>root</sup> 영역 내에 존재한다. 새로운 레코드가 영역에 추가될 때, 해당 영역의 DNS 관리자는 신규 항목에 대한 이름과 추가 정보(일반적으로 IP 주소)를 할당하고 이 정보들을 네임 서버의 데이터베이스에 넣는다. 소규모 캠퍼스 같은 곳에서는 새로 서버가 추가될 때 관리자 1명이 이런 작업을 직접 할 수 있지만, 대규모 기업 조직에서는 혼자 하기에는 버겁기 때문에 (아마도 부서 혹은 조직 단위별로) 책임이 위임돼야 한다.

DNS 서버는 2개 이상의 영역 정보를 포함할 수 있다. 도메인 네임에서 계층 변경이 일어나는 위치(즉, 점이 나타나는 위치)마다 해당 이름에 대한 정보를 제공하기 위해 다른 영역 및 서버에 접근이 일어날 수 있다. 이것을 위임<sup>delegation</sup>이라 한다. 일반적인 위임 방법은 berkeley.edu 같은 2레벨 도메인 네임을 구현하기 위해 영역을 사용한다. 이 도메인 내에는 개별 호스트(예를 들면 www.berkeley.edu) 혹은 다른 도메인(예를 들면 cs.berkeley.edu)이 존재할 수 있다. 각 영역은 영역내의 이름, 주소, 하위 영역을 관리할 수 있는 권한이 부여된 위임 소유자 혹은 책임자를 갖는다. 이런 사람은 영역의 내용뿐만 아니라 영역의 데이터베이스를 포함하는 네임 서버도 관리한다.

영역 정보는 최소한 2개의 장소에 존재해야 하는데, 이것은 각 영역 정보를 포함하는 서버가 적어도 2대 있어야 함을 의미한다. 이렇게 하는 이유는 다중화<sup>redundancy</sup>때문이다. 즉, 한 서버가 제대로 기능하지 못해도 적어도 하나의 다른 서버를 사용할 수 있다. 이 서버들은 모두 동일한 영역 정보를 갖고 있다. 이 중에서 1차<sup>primary</sup> 서버는 영역 데이터베이스를 디스크 파일 형태로 갖고 있는 반면, 하나 이상의 2차<sup>secondary</sup> 서버들은 영역 전송 zone transfer이라는 과정을 통해서 1차 서버로부터 데이터베이스의 복사본을 얻는다. DNS 는 영역 전송을 위한 특별한 프로토콜을 갖고 있지만, 다른 방법(예를 들면 rsync 유틸리티 [RSYNC])으로 영역 정보를 얻는 것도 가능하다.

## 11.4 캐싱

DNS 서버는 3군데서 얻은 이름-IP주소 매핑 등의 정보를 갖고 있다. 네임 서버가 정보를 얻는 3개의 정보원은 영역 데이터베이스에서 직접 얻거나, (2차 서버로부터) 영역 전송을 통해서 얻거나, 변환 처리 과정에서 다른 서버로부터 정보를 얻는 것이다. 첫 번째일 경우 해당 서버는 영역에 대해서 가장 믿을 만한 정보를 갖고 있다고 간주되며, 이 서버를 해당 영역의 권한<sup>authoritative</sup> 서버라고 부른다. 이런 서버들은 영역 정보 내의 이름으로 식별된다.

대부분의 네임 서버(일부 루트 또는 TLD 서버는 제외)는 학습한 영역 정보를 TTL<sup>Time To Live</sup> 라는 제한 시간까지 캐시에 임시 저장한다. 그리고 이 정보를 사용해서 조회 요청에 응답한다. 이 방식은 인터넷상의 DNS 메시지 트래픽의 양을 크게 감소시킬 수 있다[J02]. 조회 요청에 응답할 때 서버는 자신이 반환하는 정보가 캐시에 들어있던 것인지 아니면 영역의 권한 정보인지 여부를 명시한다. 그리고 캐시에 들어있던 정보를 반환하는 경우는 권한 정보를 조회할 수 있는 네임 서버의 도메인 네임도 함께 포함시키는 것이 일반적이다.각각의 DNS 레코드(예를 들면 이름-IP주소 매핑)는 자신이 캐시에 얼마나 오래 저장될 수 있는지 제어하는 TTL 값을 갖고 있다. 영역 관리자는 필요시에 이 값을 설정 및 변경한다. TTL은 매핑 정보가 DNS 내의 어디서든 얼마나 오래 저장될 수 있는지를 의미하므로, 영역이 변경돼도 네트워크 내의 어딘가에 TTL이 만료되지 않은 캐시 데이터가 남아 있어서 잘못된 DNS 변환이 수행될 수 있다. 그래서 일부 영역 관리자는 영역 내용의 변경이 예상될 때 변경을 구현하기 전에 TTL 값을 먼저 감소시킨다. 이렇게 하면 부정확한 캐시 데이터가 네트워크에 존재하는 시간이 줄어든다.

성공적인 변환뿐 아니라 그렇지 않은 변환도 캐시에 저장(소극적 캐싱<sup>negative caching</sup>이라고 함)된다는 것을 기억할 필요가 있다. 즉, 특정 도메인 네임에 대한 조회 요청에 대해 레코드 반환이 실패하면 그 사실도 캐시에 저장된다. 이것은 어떤 애플리케이션이 실제로는 존재하지 않는 도메인 네임을 반복적으로 요청하는 경우에 인터넷 트래픽을 줄이는 데 도움이 된다. 소극적 캐싱은 원래 선택적 기능이었지만 [RFC2308]에서 필수 기능으로 변경됐다.

일부 네트워크 구성(예를 들면 구식 유닉스 호환 시스템)에서는 캐시가 클라이언트내의 변환기가 아니라 인접한 네임 서버 내에서 유지된다. 이렇게 네임 서버에 캐시를 두면 LAN 상의 모든 호스트가 해당 서버의 캐시를 이용할 수 있다는 장점이 있지만, 네트워크를 통해서 캐시에 접근해야 하므로 약간의 지연이 발생할 수 있다. 윈도우 및 최근의 시스템 (예를 들어 리눅스)에서는 클라이언트가 캐시를 유지할 수 있으며 해당 시스템에서 실행 중인 모든 애플리케이션을 이용할 수 있다. 윈도우에서는 기본적으로 설정돼 있으며, 리눅스에서는 활성화 또는 비활성화될 수 있다.

윈도우 시스템의 캐시 매개변수는 다음 레지스트리 항목을 편집함으로써 수정할 수 있다.

HKLM\SYSTEM\CurrentControlSet\Services\DNSCache\Parameters

DWORD 값 MaxNegativeCacheTtl은 실패한 DNS 결과가 변환기의 캐시에 남아 있는 시간의 최대값을 초 단위로 지정한다. DWORD 값 MaxCacheTtl은 DNS 레코드가 변환기의 캐시에 남아 있는 시간의 최대값을 초 단위로 지정한다. 이 값이 수신된 DNS 레코드의 TTL보다 작으면, 그중에서 작은 값이 캐시에 기록이 얼마나 오래 동안 남아 있을지를 제어한다. 이런 2개의 레지스트리 키는 기본적으로 처음에는 존재하지 않기 때문에, 사용하기 위해서는 먼저 생성을 해줘야 한다.

리눅스 및 기타 시스템에서는 NSCD<sup>Name Service Caching Daemon</sup>가 클라이언트에서의 캐시 저장 기능을 제공한다. 이것은 (DNS 및 기타 서비스를 위해서) 캐시에 저장되는 변환 정보의 유형과 TTL 등의 캐시 매개변수를 갖고 있는 /etc/nscd.conf 파일에 의해 제어된다. 또 파일 /etc/nsswitch.conf는 여러 애플리케이션에 대해서 이름 변환이 어떻게 발생하는지를 제어한다. 특히, 로컬 파일, DNS 프로토콜(11.5절 참조), 그리고/혹은 NSCD가 매핑에 사용될지 여부를 제어할 수 있다.

## 11.5 DNS 프로토콜

DNS 프로토콜은 2개의 주요 부분으로 구성된다. 하나는 조회/응답 프로토콜로서 특정 이름에 대한 DNS 조회를 수행하고, 다른 하나는 네임 서버들이 데이터베이스 레코드를 교환(즉, 영역 전송)하는 데 사용되는 프로토콜이다. 또, 영역 데이터베이스가 변경됐으므로 영역 전송이 필요하다고 2차 서버에게 알리기 위한 방법(DNS 통지)과 영역을 동적으로 갱신하는 방법(동적 갱신)도 있다. 지금까지 가장 전형적인 용도는 도메인 네임에 해당하는 IPv4 주소를 찾기 위한 단순 조회/응답이다.

대부분의 경우 DNS 이름 변환은 도메인 네임을 IPv4 주소로 변환하는 과정이다. IPv6 주소 매핑도 근본적으로 동일한 작업이다. DNS 조회/응답 동작은 각 사이트 혹은 ISP에 설치된 로컬 서버와 특수한 루트 서버들로 이뤄진 분산 DNS 인프라스트럭처에 의해 지원된다. 또, COM과 NET 등의 대형 gTLD의 확장을 위해 사용되는 일반 최상위 도메인 서버generic top-level domain servers들도 있다. 2011년 중반 현재 A부터 M까지 이름이 붙여진 13개 루트 서버가 있는데, 이들 가운데 9개가 IPv6 주소다. 역시 A부터 M까지 이름 붙여진 13개의 gTLD 서버도 있으며, 그중에서 2개가 IPv6 주소를 사용한다. 루트 서버와 gTLD 서버를 통해서 인터넷 내의 TLD에 대한 네임 서버를 찾을 수 있으며, 이러한 서버들은 동일한 정보를 제공하기 위해서 서로 협업한다. 이들 가운데 일부는 단일 물리적 서버가 아니라 동일 IP 주소를 사용하는 서버의 그룹이다(J 루트 서버의 경우 50대 이상이며, IP 애니케스트 주소를 사용한다. 2장 참조).

그림 11-2는 캐시에 들어있는 정보가 쓸모없어서 완전 변환이 일어나는 경우를 보여주고 있다. 이 그림을 보면, DNS 서버 GW.HOME 가까이에 존재하는 A.HOME이라는 이름의 노트북 PC가 있다. HOME 도메인은 사설 도메인이다. 즉, 인터넷은 이 도메인을 알지 못하며, 사용자가 속한 LAN에서만 접근할 수 있다. A.HOME상의 사용자가 호스트 EXAMPLE.COM과 연결을 희망할 때(예를 들면 웹 브라우저가 페이지 http://EXAMPLE.COM에 접근하라는 명령을 받았을 때) A.HOME은 서버 EXAMPLE.COM의 IP 주소를 알아내야 한다. 이 주소를 모른다면(최근에 접근한 적이 있었다면 주소를 알고 있을 것이다) A.HOME의 변환기 소프트웨어는 우선 로컬 네임 서버 GW.HOME에 조회 요청을 보낸다. 이 요청은 이름 EXAMPLE.COM을 IP 주소로 변환하기 위한 요청이며, 그림 11-2에서 화살표 번호 1번 메시지에 해당한다.

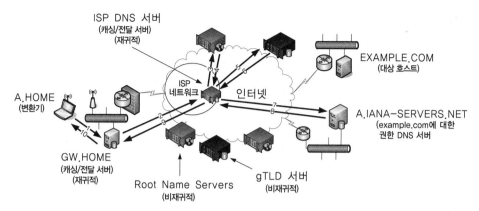

**그림 11-2** A.HOME 서버에서 EXAMPLE.COM에 대해 재귀적 DNS 조회를 하면 일반적으로 최대 10개의 메시지가 사용된다. 로컬 재귀 서버(GW.HOME)는 ISP가 제공하는 서버를 사용한다. ISP 제공 서버는 다시 인터넷 루트 서버와 (COM과 NET에 대한) gTLD 서버를 사용해 EXAMPLE.COM 도메인에 대한 네임 서버를 찾는다. 이 네임 서버(A.IANA-SERVERS.NET)는 EXAMPLE.COM 호스트에 대한 IP 주소를 제공한다. 모든 재귀 서버는 새로 알게 된 정보를 나중에 사용할 수 있도록 캐시에 저장한다.

> **주의**
>
> A.HOME 시스템이 기본 도메인 검색 목록으로 설정됐으면, 추가적인 조회가 있을 수 있다. 예를 들면 .HOME이 A.HOME에 의해 사용되는 기본 탐색 도메인이면 처음 DNS 조회는 이름 EXAMPLE.COM. HOME에 대한 것이므로, .HOME에 대한 권한 서버인 GW.HOME 네임 서버에서 조회가 실패할 것이다. 후속 조회에서는 기본 확장이 제거되므로 EXAMPLE.COM에 대해서 조회가 실행된다.

GW.HOME은 EXAMPLE.COM의 IP 주소 혹은 EXAMPLE.COM 도메인이나 COM TLD에 대한 네임 서버를 알지 못하면, 이 요청을 다른 DNS 서버로 전달한다(이를 재귀 recursion이라고 한다). 이번 예제의 경우에는 ISP가 제공하는 DNS 서버로 요청(메시지 2)이 보내진다. 이 서버 역시 요구받은 주소 혹은 기타 정보를 알지 못하면 루트 네임 서버 중 하나와 접촉한다(메시지 3). 루트 서버는 재귀적이지 않으므로 더 이상 요청을 전달하지 않고, COM TLD에 대한 네임 서버에 접촉하는 데 필요한 정보를 반환한다. 예를 들면 이름 A.GTLD-SERVICES.NET와 1개 이상의 IP 주소를 반환한다(메시지 4). 이 정보를 가지고 ISP 제공 서버는 gTLD 서버(메시지 5)와 접촉하고 도메인 EXAMPLE.COM에 대한 네임 서버들의 이름과 IP 주소를 발견한다(메시지 6). 이 예제의 경우, 네임 서버 중 하나는 A.IANA- SERVICES.NET이다.

도메인에 대한 네임 서버를 알게 된 ISP 제공 서버는 해당 서버에 접촉하고(메시지 7), 이 서버는 요청받은 IP 주소를 응답한다(메시지 8). 이제 ISP 제공 서버는 필요 정보를 갖고 GW.HOME에 응답할 수 있다(메시지 9). GW.HOME은 이제 원래의 조회를 완료할 수 있으므로 클라이언트에게 IPv4 혹은 IPv6 주소로 응답한다(메시지 10).

A.HOME의 관점에서 보면, 로컬 네임 서버가 요청을 수행할 수 있었다. 하지만 실제로는 재귀 조회recursive query가 수행돼서 A.HOME 조회를 위해서 GW.HOME과 ISP 제공 서버가 차례로 DNS 요청을 생성했다. 일반적으로 대부분의 네임 서버는 이와 같은 재귀 조회를 수행한다. 두드러진 예외는 루트 서버 및 재귀 조회를 수행하지 않는 TLD 서버들이다. 이러한 서버들은 상대적으로 중요 자원이므로, DNS 조회를 수행하는 모든 컴퓨터를 위해서 재귀 조회를 수행하면 전체 인터넷의 성능 저하로 이어지기 때문이다.

## 11.5.1 DNS 메시지 형식

하나의 기본 DNS 메시지 형식이 있다[RFC6195]. 이것은 그림 11-3에서 보듯이 모든 DNS 동작(조회, 응답, 영역 전송 통보, 동적 갱신)을 위해 사용된다.

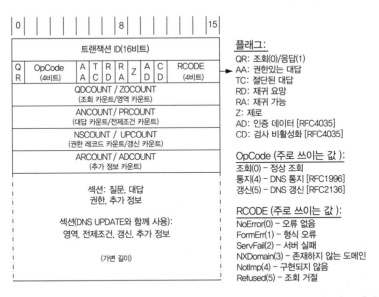

**그림 11-3** DNS 메시지 형식은 고정된 12바이트 헤더를 가진다. 전체 메시지는 보통 UDP/IPv4 데이터그램으로 운반되고 512바이트로 제한된다. DNS 갱신(동적 갱신되는 DNS)는 필드 이름 ZOCOUNT, PRCOUNT, UPCOUNT, ADCOUNT를 사용한다. 특별한 확장 형식(EDNS0이라 부름)은 512바이트를 초과하는 메시지를 허용하는데, DNSSEC(18장 참조)을 사용하는 데 필요하다.

기본 DNS 메시지는 고정 길이의 12바이트 헤더와 그 뒤에 4개의 가변 길이 섹션section 으로 질문(또는 조회), 대답, 권한 레코드, 추가 레코드를 갖는다. 질문 섹션을 제외한 나머지 섹션은 11.5.6절에서 상세하게 설명할 자원 레코드RR, Resource Record를 하나 이상 포함한다 (질문 섹션은 RR과 구조가 매우 비슷한 데이터 항목을 포함한다). RR은 캐시에 저장될 수 있는 반면 질문 섹션은 저장되지 않는다.

고정 길이 헤더에서 트랜잭션 ID 필드는 클라이언트에 의해 설정되고, 서버에 의해 반환된다. 덕분에 클라이언트는 자신이 보낸 요청에 대한 응답인지 확인할 수 있다. 두 번째 16비트 워드는 다수의 플래그와 하위 필드들을 포함한다. 최상위 비트인 QR은 1비트 필드로서 0이면 조회, 1이면 응답을 의미한다. 그다음 OpCode는 4비트 필드로서 조회와 응답에 대해서 정상 값은 0(표준적인 조회)이고, 4는 통지, 5는 갱신을 의미한다. 1-3 범위의 값은 현재 사용되지 않는다. 그다음 AA 비트 필드는 (캐시에 들어있는 것이 아니라) '권한 있는 대답authoritative answer'을 의미한다. TC는 1비트 필드로서 '절단됐음truncated'을 의미하는데, UDP에서 이 필드가 설정됐다는 것은 응답 메시지의 총 길이가 512바이트를 초과해서 초과분이 절단되고 앞부분의 512바이트만 반환됐음을 의미한다.

RD는 '재귀 요망recursion desired'을 뜻하는 비트 필드다. 조회 메시지에 설정되면 응답 메시지에서 돌아온다. 이 필드는 서버에게 재귀 조회를 수행하도록 지시한다. 이 비트가 설정되지 않았으면, 권한있는 대답을 갖고 있지 않은 네임 서버는 대답을 얻기 위해서 접촉해야 하는 다른 네임 서버의 목록을 반환한다. 이 다른 네임 서버에 접촉함으로써 전반적인 조회를 계속할 수 있는데 이를 반복 조회iterative query라고 부른다. RA는 "재귀 가능recursion available"을 의미하는 비트 필드로서, 재귀를 지원하는 경우 서버가 응답 메시지에 설정한다. 루트 서버는 일반적으로 재귀를 지원하지 않으므로, 클라이언트는 반복 조회를 수행해야 이름 변환을 완료할 수 있다. Z 비트 필드는 현재는 반드시 0이어야 하고, 미래의 사용을 위해 예약돼 있다.

AD 비트 필드는 포함된 정보가 권한있는 것이면 1로 설정되며, CD 비트 필드는 보안 검사가 비활성화되면(18장 참조) 1로 설정된다. 응답 코드(RCODE) 필드는 응답 코드를 나타내는 4비트 필드로서 [DNSPARAM]에 정의된 값을 가질 수 있다. 주로 쓰이는 값은 0(오류 없음)과 3(이름 오류 또는 존재하지 않는 도메인. NXDOMAIN으로 표현)이다. 표 11-2는 처음 11개의 오류 코드의 목록을 보여준다(11부터 15까지는 미할당). 추가 유형들은 특수한 확장을 통해서 정의돼 있다(11.5.2절 참조). 이름 오류는 권한있는 네임 서버로부터만 반환되므로, 조회 메시지에 들어있는 도메인 네임이 존재하지 않음을 의미한다.

**표 11-2** RCODE 필드에 사용되는 처음 10개 오류 유형

| 값 | 이름 | 참고 자료 | 실명과 목적 |
|---|---|---|---|
| 0 | NoError | [RFC1035] | 오류 없음 |
| 1 | FormErr | [RFC1035] | 형식 오류. 조회가 해석될 수 없음 |
| 2 | ServFail | [RFC1035] | 서버 실패. 서버에서 처리 오류 |
| 3 | NXDomain | [RFC1035] | 존재하지 않는 도메인. 알 수 없는 도메인이 참조됨. |
| 4 | NotImp | [RFC1035] | 구현되지 않음. 요청이 서버에서 지원되지 않음 |
| 5 | Refused | [RFC1035] | 거절됨. 서버가 해답을 제공하려 하지 않음. |
| 6 | YXDomain | [RFC2136] | 이름이 존재하지만, 존재하면 안 됨(DNS 갱신과 함께 사용됨) |
| 7 | YXRRSet | [RFC2136] | RRSet이 존재하지만, 존재하면 안 됨(DNS 갱신과 함께 사용됨) |
| 8 | NXRRSet | [RFC2136] | RRSer이 존재하지 않지만, 존재해야 함(DNS 갱신과 함께 사용됨) |
| 9 | NotAuth | [RFC2136] | 영역에 대해 서버가 권한이 없음(DNS 갱신과 함께 사용됨) |
| 10 | NotZone | [RFC2136] | 이름이 영역에 포함되지 않음(DNS 갱신과 함께 사용됨) |

그다음 4개의 필드는 16비트 크기로 DNS 메시지를 구성하는 질문, 대답, 권한, 추가 정보 섹션들 내의 항목 수를 지정한다. 조회 메시지의 경우, 질문의 개수는 보통 1이며 나머지 3개는 0이다. 응답 메시지의 경우, 대답의 개수는 적어도 1이다. 질문은 이름, 유형, 클래스를 가진다(클래스는 인터넷이 아닌 레코드를 지원하지만 이 책에서는 다루지 않는다. 유형은 조회 대상 객체의 유형을 구별한다). 나머지 섹션은 0개 이상의 RR을 포함하는데, RR은 이름, 유형, 클래스 정보뿐 아니라 데이터가 캐시에 저장되는 시간을 제어하는 TTL 값도 포함한다. DNS가 이름을 부호화하는 방법 및 DNS 메시지 전송에 사용될 전송 프로토콜을 선택하는 방법을 먼저 살펴본 뒤, 주요 RR 유형들을 자세히 알아보자.

### 11.5.1.1 이름과 레이블

DNS 메시지 뒷부분의 가변 길이 섹션은 질문, 대답, 권한 정보(권한 정보를 갖고 있는 네임

서버의 이름), 질의 횟수를 줄이는 데 효과적인 추가 정보를 포함한다. 질문과 RR은 자신이 참조하는 이름(도메인 네임 또는 소유 이름이라고 부름)으로 시작한다. 이름은 일련의 레이블로 이뤄지는데, 레이블은 데이터 레이블과 압축 레이블의 2종류가 있다. 데이터 레이블은 어떤 레이블을 구성하는 문자들을 포함하는 반면, 압축 레이블은 다른 레이블에 대한 포인터pointer로서 동작한다. 압축 레이블은 동일한 문자열의 복사본들이 여러 레이블에 걸쳐 존재할 때 DNS 메시지의 공간을 절약하는 데 도움이 된다.

## 11.5.1.2 데이터 레이블

각 데이터 1바이트 카운트로 시작하는데, 이 값은 그 뒤에 오는 바이트들의 개수를 나타낸다. 그리고 0 값을 포함하는 바이트로 끝나는데, 이것은 길이가 0인 레이블(루트의 레이블)이다. 예를 들면 이름 www.pearson.com의 부호화는 그림 11-4와 같다.

**그림 11-4** DNS 이름은 레이블의 연속으로 부호화된다. 이 예제는 4개의 레이블을 가진 이름 www.pearson.com의 부호화다. 이름의 끝은 이름 없는 루트의 길이가 0인 레이블에 의해 식별된다.

데이터 레이블에서 각 레이블의 길이 바이트는 레이블이 63바이트로 제한되기 때문에 0에서 63의 범위 내의 값이어야 한다. 패딩(채우기)이 사용되지 않으므로 이름의 총길이는 홀수일 수 있다. 데이터 레이블을 '텍스트' 레이블이라고도 부르지만, 데이터 레이블은 ASCII가 아닌 값도 포함할 수 있다. 다만 그렇게 사용하는 경우는 드물며 권장되지 않는다. 실제로 유니코드 문자[RFC5890][RFC5891]을 부호화할 수 있는 다국어 도메인 네임조차도 ASCII 문자 집합을 사용해서 유니코드를 나타내는 '퓨니코드punycode'[RFC3492]라는 이름의 기이한 부호화 문법을 사용한다. 레이블을 안전하게 사용하기 위해서는 [RFC1035]에서 제시하는 요구사항을 따를 것이 권장되는데, "영문자로 시작하고, 영문자 혹은 숫자로 끝나며, 중간의 문자들은 영문자, 숫자, 하이픈"으로 하는 것이 바람직하다.

### 11.5.1.3 압축 레이블

DNS 응답 메시지는 동일한 도메인 네임과 관련된 정보를 대답, 권한, 추가 정보 섹션에 포함하는 경우가 많다. 이 경우 데이터 레이블을 사용한다면 동일 이름을 참조할 때 동일 문자들이 DNS 메시지 내에서 반복되게 된다. 이러한 중복을 피하고 공간을 절약하기 위해서 압축 방식이 사용된다. 도메인 네임의 레이블 부분이 나타날 때마다 선행 카운트 바이트(0부터 63 사이의 값을 가짐)의 상위 2비트를 1로 설정하고 나머지 비트들은 후속 바이트 내의 비트들과 결합해 14비트 포인터(오프셋)을 DNS 메시지 내에 만드는 것이다. 이 오프셋은 압축 레이블로 대체돼야 하는 데이터 레이블(이것을 압축 대상<sup>compression target</sup>이라고 부름)의 위치가 DNS 메시지의 시작 위치에서 몇 바이트 떨어져 있는지를 가리킨다. 따라서 압축 레이블은 시작 위치에서 최대 16383바이트만큼 떨어진 위치를 가리킬 수 있다. 그림 11-5는 압축 레이블을 이용해 도메인 네임 usc.edu와 ucla.edu을 어떻게 부호화하는지 보여준다.

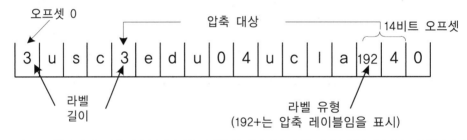

**그림 11-5** 압축 레이블은 공간을 절약하기 위해 다른 레이블을 참조할 수 있다. 이것은 레이블 내용의 이전 바이트의 상위 순서 비트 2개를 설정함으로써 수행된다. 이것은 레이블 내용의 앞에 위치하는 바이트의 2개의 상위 비트를 1로 설정함으로써 가능하다. 그러면 이후의 14개의 비트들은 대체 레이블에 대한 오프셋을 제공하는 데 사용된다. 이 예제에서 usc.edu와 ucla.edu가 edu 레이블을 공유한다.

그림 11-5에서는 어떻게 공통 레이블 edu가 2개의 도메인 네임에 의해 공유되는지를 보여준다. 도메인 네임들이 오프셋 0에서 시작한다고 가정하면 앞서 설명했듯이 데이터 레이블이 usc.edu를 부호화하기 위해 사용된다. 다음 이름은 ucla.edu이고, 레이블 ucla가 데이터 레이블을 이용해 부호화된다. 그러나 레이블 edu는 usc.edu의 부호화로부터 재사용될 수 있다. 이것은 레이블의 유형<sup>Type</sup> 바이트의 상위 2개 비트를 1로 설정하고 남은 14에 edu의 오프셋을 부호화하는 방법으로 이뤄진다. edu가 처음 나타나는 위치가 오프셋

4이므로, 우리는 첫 번째 바이트를 192(0이 6개)로, 그다음 바이트를 4로 설정하기만 하면 된다. 그림 11-5의 예제는 겨우 4바이트만 절약되고 있지만, 대규모의 공통 레이블을 압축하면 절약 효과가 커질 것임을 분명히 알 수 있다.

## 11.5.2 DNS 확장 형식(EDNS0)

지금까지 설명한 DNS 기본 메시지 형식은 여러 면에서 제한적이다. 고정 길이 필드를 가지고, UDP와 함께 사용 시에 (UDP 또는 IP 헤더를 제외하고) 총 길이가 512바이트로 제한되며, 오류 유형을 나타내는 공간이 제한된다(RCODE 필드는 4비트). 그래서 EDNS0라는 이름의 확장 메커니즘이 [RFC2671]에 정의됐다(끝에 0이 붙은 것은 향후의 확장 가능성 때문). 아직 보편적으로 사용되고 있지는 않지만, DNSSEC(DNS 보안. 18장 참조)을 지원하려면 확장 형식이 필요하기 때문에 앞으로 사용이 확대될 가능성이 높다.EDNS0은 특정 RR 유형(OPT 유사 RR 또는 메타 RR이라고 부름)을 정의하는데, 이 RR은 요청 또는 응답 메시지의 추가 데이터 섹션에 추가돼 EDNS0이 사용되고 있음을 나타낸다. 이러한 레코드는 DNS 메시지 내에 최대 1개만 존재할 수 있다. 11.5.6절에서 기타 RR 유형을 논의할 때 이 OPT 유사 RR의 형식을 논의할 것이다. 일단 지금은 OPT RR을 포함하는 UDP DNS 메시지는 512바이트를 초과할 수 있으며 확장 오류 코드를 포함할 수 있다는 점을 기억하자.

EDNS0 (앞서 설명한 데이터 레이블과 압축 레이블 이상의) 확장 레이블 유형을 정의한다. 확장된 레이블은 레이블의 유형/길이 바이트의 처음 2비트가 01로 설정되고, 이것은 64~128 범위의 값에 해당한다. 실험적 2진 레이블 (유형 65)이 한 번 사용된 적이 있으나 현재는 권장하지 않는다. 값 127은 미래의 사용을 위해 유보돼 있고, 127을 초과하는 값은 할당되지 않는다.

## 11.5.3 UDP와 TCP

DNS용으로 주로 쓰이는 포트 번호는 UDP와 TCP 둘 다 53이다. 가장 일반적인 형식은 그림 11-6과 같은 UDP/IPv4 데이터그램 구조를 사용한다.

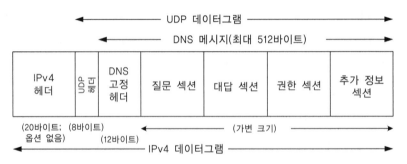

**그림 11-6** DNS 메시지는 보통 UDP/IPv4 데이터그램 내에 캡슐화되며, TCP와 EDNS0가 사용되는 경우가 아니라면 크기가 512바이트로 제한된다. 각 섹션은(질문 섹션을 제외) 자원 레코드들을 포함한다.

변환기가 조회 요청을 보내고 응답 메시지가 TC 비트가 설정된 채로(즉 '절단됐음') 돌아오면, 응답 메시지의 진짜 크기는 512바이트를 초과하며 그중에서 앞부분 512바이트만 서버가 반환했음을 의미한다. 그러면 변환기는 TCP를 사용해서 요청을 다시 보낼 수 있는데, TCP는 대형 메시지를 여러 세그먼트로 분할할 수 있기 때문에 512바이트를 초과하는 메시지의 반환이 가능하다.

어떤 영역의 2차 네임 서버가 처음 실행될 때, 일반적으로 1차 네임 서버로부터 영역 전송을 수행한다. 영역 전송은 타이머 또는 DNS 통지 메시지(11.5.8.3절 참조)에 의해서 시작될 수도 있다. 완전 영역 전송은 크기가 크기 때문에 TCP를 사용한다. 반면에 증분 incremental 영역 전송은 갱신된 항목만 전송되기 때문에 일단은 UDP로 시작했다가 만일 응답 크기가 너무 크면 TCP로 전환될 수 있다.

UDP가 사용되는 경우, 변환기 소프트웨어와 서버 소프트웨어 모두 자체적으로 타임아웃과 재전송을 수행해야 한다. 구체적인 권고안을 [RFC1536]에서 읽을 수 있는데, 처음에 타임아웃 값을 최소 4초로 설정하고 타임아웃이 발생할 때마다 타임아웃 값을 지수적으로 증가시키도록 권장하고 있다(TCP 알고리즘과 비슷하다. 14장 참조). 리눅스와 유닉스 계열 시스템에서는 /etc/resolv.conf 파일의 내용(timeout과 attempts 옵션)을 수정해서 재전송 타임아웃 매개변수를 변경할 수 있다.

### 11.5.4 질문(조회) 섹션과 영역 섹션의 형식

DNS 메시지의 질문question 혹은 조회query 참조 대상 질문을 열거한다. 질문 영역 내의 각 질문의 형식은 그림 11-7과 같다. 질문의 개수는 일반적으로 1개뿐이지만, 프로토콜은 2개 이상의 질문도 지원한다. 이와 동일한 구조가 동적 갱신(11.5.7절 참조)의 영역 섹션에도 사용되지만 이름은 다르다.

**그림 11-7** DNS 메시지의 조회(혹은 질문) 영역은 저장되지 않기 때문에 TTL을 포함하지 않는다.

조회 이름query name은 조회 대상 도메인 네임이며, 앞서 설명한 레이블 부호화를 사용한다. 각 질문은 하나의 조회 유형query type과 조회 클래스Query Class를 가진다. 클래스 값은 1, 254, 255가 가능한데 각각 인터넷 클래스, 클래스 없음, 모든 클래스를 의미한다(다른 값들은 TCP/IP 네트워크에서는 일반적으로 사용되지 않는다). 조회 유형 필드는 표 수행되는 조회의 유형을 의미하는 값을 포함하는데, 표 11-2에 열거된 값을 가질 수 있다. 가장 일반적인 조회 유형은 A(IPv6 변환이 활성화된 경우는 AAAA)로서, 조회 이름에 대한 IP 주소를 알고 싶다는 뜻이다. ANY 유형의 조회를 생성하는 것도 가능한데, 이 경우 동일 클래스 내의 임의의 유형의 RR 중에서 조회 이름과 매칭되는 것을 모두 반환한다.

## 11.5.5 대답, 권한, 추가 정보 섹션의 형식

DNS 메시지의 마지막 3개의 섹션인 대답, 권한, 추가 정보 섹션은 다수의 RR을 포함한다. 이 섹션들은 대부분 소유명으로서 와일드카드 도메인 네임을 가질 수 있다. 와일드카드 도메인 네임은 애스터리스크 레이블(애스터리스크 문자만 포함하는 데이터 레이블[RFC4529])이 가장 먼저(즉 가장 왼쪽에) 나타난다. 각 자원 레코드는 그림 11-8에서 보여준 형식을 가진다.

```
0                8               15
```

| 이름(가변) |
|---|
| 유형(16비트) |
| 클래스(16비트) |
| TTL(32비트) |
| 자원 데이터 길이(16비트) |
| 자원 데이터(가변) |

**그림 11-8** DNS 자원 레코드 형식. 인터넷 DNS에서 클래스 필드는 항상 값 1을 포함한다. TTL 필드는 RR이 캐시에 저장되는 최대 시간(초 단위)이다.

이름 필드('소유명', '소유자', '레코드 소유자의 이름'이라고도 함)는 뒤따르는 자원 데이터에 해당하는 도메인 네임이다. 앞서 설명했던 이름과 레이블의 형식과 동일하다. 유형 필드는 RR 유형 코드 중 하나다(11.5.6절 참조). 이것은 앞서 설명했던 조회 유형 값과 같다. 클래스class는 인터넷 데이터의 경우 1이다. TTL 필드는 RR이 클라이언트의 캐시에 저장되는 시간을 초 단위로 나타낸다. 자원 데이터 길이(RDLENGTH) 필드는 자원 데이터(RDATA) 필드에 포함된 바이트의 수를 지정한다. 이 데이터 형식은 유형에 따라 다르다. 예를 들어 레코드 A(유형 1)는 RDATA 영역에 32비트 IPv4 주소를 가진다. 다른 RR 유형은 뒤에서 다룬다.

[RFC2181]은 동일한 이름, 클래스, 유형을 공유하지만 동일한 데이터가 아닌 자원 레코드의 집합인 자원 레코드 집합RRSet 이라는 용어를 정의한다. 예를 들면 이것은 호스트가 자신의 이름에 대해 (IP 주소가 2개 이상이라서) 2개 이상의 주소 레코드를 가질 때 발생한다. 동일한 RRSet 내의 RR들의 TTL 값은 반드시 같아야 한다.

## 11.5.6 자원 레코드 유형

DNS의 주목적은 특정 이름에 해당하는 IP 주소를 알아내는 것이지만, 그 밖에도 많은 용도로도 사용될 수 있다. IPv4와 IPv6에서 모두 사용 가능하며, 인터넷 데이터가 아닌 데이터(DNS 용어로는 다른 클래스[RFC6195])를 위한 분산 데이터베이스 기능도 제공할 수 있다. 이처럼 DNS가 광범위한 기능을 제공할 수 있는 것은 대체로 여러 유형의 자원 레코드를 가질 수 있기 때문이다.

자원 레코드의 유형은 꽤 많으며(전체 목록은 [DNSPARAMS]을 참조), 1개의 이름이 다수의 RR과 대응될 수 있다. 표 11-3은 통상적인 DNS(즉, DNSSEC 보안 확장을 사용하지 않는 DNS)에서 널리 사용되는 RR 유형들의 목록이다.

**표 11-3** DNS 프로토콜 메시지에 널리 사용되는 자원 레코드와 조회 유형. DNSSEC가 사용되는 경우에 쓰이는 레코드들은 이 표에 보이지 않는다.

| 값 | 이름 | 참고 자료 | 실명과 목적 |
|---|---|---|---|
| 1 | A | [RFC1035] | IPv4를 위한 주소 레코드(32비트 IPv4 주소) |
| 2 | NS | [RFC1035] | 네임 서버. 영역에 대한 권한 네임 서버의 이름을 제공 |
| 5 | CNAME | [RFC1035] | 정식(canonical) 이름. 한 이름을 다른 이름으로 변환(이름 앨리어싱을 제공하기 위해) |
| 6 | SOA | [RFC1035] | 권한 부여 시작. 영역에 대한 권한 정보의 제공(네임 서버, 연락할 이메일 주소, 일련 번호, 영역 전송 타이머) |
| 12 | PTR | [RFC1035] | 포인터. 주소-(기준)이름 변환을 제공. IPv4와 IPv6 역조회를 위해 in-addr.arpa와 ip6.arpa 도메인과 함께 사용 |
| 15 | MX | [RFC1035] | 메일 교환기. 도메인을 위한 이메일 처리 호스트의 이름을 제공 |
| 16 | TXT | [RFC1035] [RFC1464] | 텍스트. 다양한 정보를 제공(예를 들어 믿을 수 있는 이메일 서버를 식별하기 위해 SPF 안티스팸 체계와 함께 사용) |
| 28 | AAAA | [RFC3596] | IPv6를 위한 주소 레코드(128비트 IPv6 주소) |
| 33 | SRV | [RFC2782] | 서버 선택. 일반 서비스의 종단점을 전송 |
| 35 | NAPTR | [RFC3403] | 이름 권한 포인터. 다른 네임스페이스를 지원 |
| 41 | OPT | [RFC2671] | 유사(pseudo) RR. ENDS0에서 좀 더 큰 데이터그램, 레이블, 반환 코드를 지원 |
| 251 | IXFR | [RFC1995] | 증분(incremental) 영역 전송 |
| 252 | AXFR | [RFC1035] [RFC5936] | 완전 영역 전송. TCP로 운반됨. |
| 255 | (ANY) | [RFC1035] | 모든(임의의) 레코드를 요청 |

자원 레코드는 다양한 목적으로 사용되지만, 데이터 유형, 조회 유형, 메타 유형의 3가지로 크게 분류할 수 있다. 데이터 유형은 IP주소나 권한 네임 서버의 이름과 같이 DNS에 저장된 정보를 운반하는 데 사용된다. 조회 유형은 데이터 유형과 같은 값을 사용하지만, 몇 가지 추가적인 값(예를 들어 AXFR, IFXCR, *)을 갖고 있다. 조회 유형은 앞서 설명한 질문 섹션에서 사용될 수 있다. 메타 유형은 특정한 개별 DNS 메시지와 관련있는 일시적 데이터를 지정한다. OPT RR은 11장에서 다루는 유일한 메타 유형이다(다른 것은 18장에서 다룬다). 가장 일반적인 데이터 유형 RR은 A, NS, SOA, MX, CNAME, PTR, TXT, AAAA, SRV, NAPTR이다.

NS 레코드는 DNS 네임스페이스와 이름 변환을 수행하는 서버 간의 관계를 나타내는 데 사용되며, 영역에 대한 권한 네임 서버의 이름을 포함한다. A와 AAAA 레코드는 특정 이름이 주어졌을 때 이에 해당하는 IPv4 주소와 IPv6 주소를 각각 제공한다. CNAME 레코드는 다른 도메인 네임에 대해 앨리어스를 만드는 데 사용된다. SRV와 NAPTR 레코드는 애플리케이션이 특정 서비스를 제공하는 서버의 위치를 발견하고 그러한 서비스에 접근하기 위해 (DNS가 아닌) 다른 이름 체계를 사용할 수 있도록 한다. 이 레코드 유형들은 다음 절부터 자세히 살펴보자.

### 11.5.6.1 주소(A, AAAA)와 네임 서버(NS) 레코드

아마도 DNS 내에서 가장 중요한 레코드는 주소(A, AAAA)와 네임 서버(NS) 레코드일 것이다. A 레코드는 32비트 IPv4 주소를 포함하고, AAAA(쿼드A라고 읽음) 레코드는 IPv6 주소를 포함한다. NS 레코드는 특정 영역에 대한 정보를 갖고 있는 권한 DNS 네임 서버의 이름을 포함한다. DNS 서버의 이름만으로는 조회 수행에 충분하지 않기 때문에, 서버의 IP 주소도 DNS 응답 메시지의 추가 정보 섹션에서 이른바 접착제glue 레코드로서 제공되는 것이 일반적이다. 사실, 이러한 접착제 레코드는 권한 네임 서버들의 이름이 동일한 네임 서버를 사용할 때 루프loop가 발생하는 것을 막기 위한 것이다. (example.com에 대한 네임 서버가 ns1.example.com일 때 ns1.example.com이 어떻게 변환될지 생각해보라.) 대부분의 리눅스/유닉스 계열 시스템에서 제공되는 dig 도구를 이용해 A, AAAA, NS 레코드의 구조를 살펴보자. 다음은 도메인 네임 rfc-editor.org와 연관된 임의의 유형의 레코드를 요청한다.

```
Linux% dig +nostats -t ANY rfc-editor.org

; <<>> DIG 9.6.0-p1 <<>> +nostats -t ANY rfc-editor.org
;; 전역 옵션: +cmd
;; 대답을 받았음:
;; ->>HEADER<<- opcode: QUERY, status:NOERROR, id: 53052
;; flags: qr rd ra; QUERY: 1, ANSWER: 12, AUTHORITY: 0, ADDITIONAL: 2

;; 질문 섹션:
;rfc-editor.org.   IN ANY

;; 대답 섹션:
...
rfc-editor.org.    1654 IN AAAA 2001:1890:1112:1::2f
rfc-editor.org.    1654 IN A 64.170.98.47
rfc-editor.org.    1654 IN NS ns0.ietf.org.
rfc-editor.org.    1654 IN NS ns1.afilias-nst.info.
...
;; 추가 정보 섹션:
ns0.ietf.org.        756   IN     A      64.170.98.2
ns0.ietf.org.        756   IN     AAAA   2001:1890:1112:1::14
```

명령의 출력에서 처음 두 줄은 사용된 dig 프로그램의 버전과 프로그램 실행 시에 지정한 옵션 그리고 암묵적으로 사용된 옵션(+cmd는 이 정보 자체가 출력돼야 함을 의미)을 보여준다. 그다음 부분은 DNS 응답 메시지 내의 데이터인데 QUERY opcode, 오류가 없었음을 의미하는 NOERROR 상태와 트랜잭션 ID 53052다. OpCode 필드의 QUERY는 조회와 응답에서 모두 사용된다. 그다음에 flags 줄에서는 메시지가 조회 응답(qr 플래그)이지 조회가 아니고, 재귀 조회를 원하므로(rd 플래그) 응답 서버가 재귀 조회를 제공한다(ra 플래그)는 것을 알 수 있다. 메시지는 질문 섹션에 1개의 조회, 대답 섹션에 12개(예제 출력에서는 그 중 4개만 보임)의 자원 레코드를 갖고 있다. 권한 섹션에는 RR이 없는데, 이 응답 메시지가 캐시 서버에서 반환됐음(즉 권한있는 RR이 없음)을 의미한다. 만일 다른 서버와 통신했다면 결과는 달랐을 수 있다. 추가 정보 섹션은 권한 서버 중 하나의 IPv4 주소와 IPv6 주소를 포함한다. 질문 섹션은 원래 조회, 즉 rf-editor.org 도메인의 ANY 유형에 대한 복사본을 포함하고 있다.

예제 출력의 대답 섹션에서 보여주는 4개의 RR을 보면, 1개의 A, 1개의 AAAA 유형, 2개의 NS 유형을 볼 수 있다. 이 정보로부터 우리는 rfc-editor.org 도메인 네임이 IPv4 주소가 64.170.98.47이고 IPv6 주소가 2001:1890:1112:1::2f인 호스트임을 알 수 있다. 또, NS 레코드가 존재하므로 하위도메인이라는 것도 알 수 있다. 따라서 아래 명령을 통해서 하위도메인 내에 적어도 1개의 호스트가 있는지 확인할 수 있다.

```
Linux% host ftp.rfc-editor.org
ftp.rfc-editor.org has address 64.170.98.47
```

이 예제는 A, AAAA, NS 레코드의 몇 가지 흥미로운 특징을 보여준다. 우선, 1개의 도메인 네임이 각 유형별로 다수의 레코드를 가질 수 있다. 이것은 특정 조직에서 "잘 알려진" 서버인 IPv6 지원 서버에서는 매우 흔한 일이다. 각 레코드는 TTL 값을 갖고 있는데, 동일한 RRSet에 포함된 것이 아닐 경우 값의 편차가 매우 크다. 추가 정보 섹션 내의 레코드들은 TTL 값이 756초(약 12분)인 반면, 대답 섹션 내의 레코드들은 TTL 값이 1654초(약 30분)인 것을 볼 수 있다. 캐시에 들어있는 레코드의 TTL 값이 권한 서버로부터 검색되는 동일 레코드의 TTL 값을 결코 초과할 수 없다는 점에 주의하자. 캐시에 들어있는 레코드의 TTL 값은 권한 서버로부터 해당 레코드가 다시 검색될 때까지 계속 줄어든다. 따라서 캐시에 들어있는 레코드를 동일 서버로부터 여러 번 검색하면 일반적으로 TTL 값은 감소한다.

### 11.5.6.2 예제

지금까지 DNS 메시지 형식, 전송 프로토콜 옵션, 기본 조회와 응답을 위한 RR 유형에 대해 배웠으니, 이제 예제를 살펴보자. 우선 클라이언트의 변환기, 로컬 네임 서버 그리고 ISP가 관리하는 원격 네임 서버 간의 통신을 살펴보기 위한 간단한 예제부터 시작한다. 이 시나리오는 DNS에서 캐시 저장이 얼마나 중요한지 보여준다. 토폴로지는 그림 11-9와 같다.

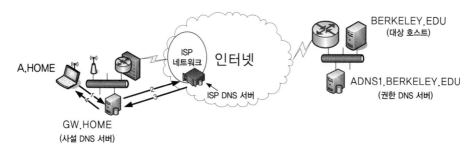

**그림 11-9** 단순한 DNS 조회/응답 예제. 로컬 DNS 서버(GW.HOME)는 클라이언트(A.HOME)를 위해 재귀 조회를 수행하고, 캐시에서 요청 데이터를 찾을 수 없으면 ISP가 제공하는 DNS 서버를 사용한다.

윈도우 클라이언트(A.HOME)에서 변환기 라이브러리가 저장하고 있는 DNS 데이터를 모두 지우는 명령을 실행한 다음, 도메인 네임 berkeley.edu의 주소(A 레코드 유형)를 위한 조회를 수행한다.

```
C:\> ipconfig /flushdns
Windows IP Configuration

Successfully flushed the DNS Resolver Cache

C:\> nslookup
Default Server:   gw
Address:  10.0.0.1

> set type=a
> berkeley.edu
Server:  gw
Address:  10.0.0.1

Non-authoritative answer:
Name:    berkeley.edu
Address:  169.229.131.81
```

첫 번째 명령은 윈도우 시스템에서만 실행 가능한 명령으로서 클라이언트의 변환기 소프트웨어가 저장 중인 데이터를 지운다. 그다음 nslookup은 윈도우와 리눅스/유닉스 기반 시스템에서 모두 가능하며, 특정 데이터에 대한 DNS를 조회할 수 있는 기본적인 방법을 제공한다. 이 명령을 실행하면 이름 변환을 위해 어느 네임 서버를 사용 중인지 보여준다(예제에서는 주소가 **10.0.0.1**인 gw 서버를 사용 중). **set** 명령을 사용해서 A 레코드를 조회하도록 설정하고, 그다음에 berkeley.edu라는 이름에 대해서 조회한다. 이번에도 nslookup은 어느 서버를 사용해서 이름 변환을 하는지 보여준다. 그다음에 그 결과가 권한 서버로부터 얻은 것이 아니며(즉, 캐시 서버에서 얻은 것) 주소는 169.229.131.8이라고 표시한다.

패킷 수준에서 DNS 프로토콜에 무슨 일이 발생하는지를 보기 위해 와이어샤크를 사용하고, 그림 11-10에 나타난 첫 번째 패킷을 자세히 살펴보자.

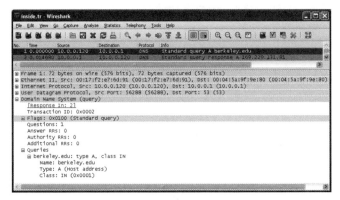

**그림 11-10** berkeley.edu와 연관된 IPv4 주소를 얻기 위한 DNS 표준 조회를 포함하는 UDP/IPv4 데이터그램

패킷 추적 내역을 보면, 표준 조회standard와 표준 조회 응답standard query respone의 2개 메시지를 볼 수 있다. 첫 번째 메시지(조회 메시지)에서 발신지 IP주소는 **10.0.0.120**(DHCP가 클라이언트에 할당한 주소. 6장 참조)이고 목적지 IP 주소는 **10.0.0.1**(DNS 서버)이다. 이 조회 메시지는 발신지 포트가 56288(임시 포트)이고 목적지 포트가 53(DNS가 일반적으로 사용하는 포트)인 UDP/IPv4 데이터그램이다. 캡슐화를 모두 고려하면 72바이트 이더넷 프레임이라고 볼 수 있다. 72바이트는 다음 항목들의 합계에 해당한다. 이더넷 헤더(14바이트), IPv4 헤더(20바이트), UDP 헤더(8바이트), DNS 고정 헤더(12바이트), 조회 유형(2바이트), 조회 클래스(2바이트), berkeley 데이터 레이블(9바이트), edu(4바이트), 트레일링 0바이트.

DNS 헤더를 자세히 살펴보면, 트랜잭션 ID는 0x0002이고 DNS 헤더의 처음 2바이트를 구성하며 UDP 페이로드의 시작에 위치한다. 1개의 플래그(재귀 요청. 기본값)만 설정됐으므로 이 메시지는 조회 메시지로서 1개의 질문을 포함하는 표준 조회 메시지다. 다른 섹션은 공백이다. 이 질문은 도메인 네임 berkeley.edu에 대한 것으로서 IN(인터넷) 클래스이고 유형 A(주소 레코드)인 정보를 찾고 있다. 이 메시지를 수신한 네임 서버 **10.0.0.1**에서 실행 중인 네임 서버 프로세스는 질문이 찾고 있는 주소를 알지 못하므로 곧바로 응답할 수 없고, 따라서 사전에 설정된 다른 (업스트림$^{upstream}$) 네임 서버로 조회 메시지를 전달한다. 이번 예제에서 이 네임 서버의 주소는 **206.13.28.12**(그림 11-11 참조)다.

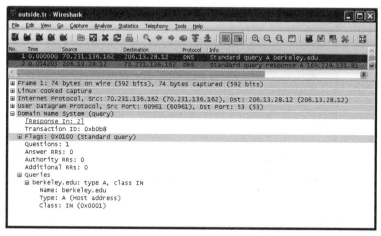

**그림 11-11** GW.HOME에서 생성된 DNS 요청이 (재귀가 수행돼서) ISP의 네임 서버로 전달됐다

그림 11-11에서는 클라이언트가 보냈던 것과 비슷한 조회 메시지를 볼 수 있는데, 이번에는 발신지 IP 주소가 **70.231.136.162**(GW.HOME의 ISP 측 IPv4 주소)다. 목적지 주소는 ISP가 제공한 DNS 서버의 IPv4 주소인 **206.13.28.12**이고, 발신지 포트는 로컬 DNS 서버의 임시 포트(60961)다. 트랜잭션 ID가 새롭게 생성돼 0xb0b8로 설정됐다. 이 조회에 대한 응답은 패킷 #2에 들어있음을 와이어샤크 화면 상단에서 확인할 수 있다.

**그림 11-12** ISP의 DNS 서버로부터 GW.HOME으로 전송된 표준 DNS 응답

그림 11-12의 패킷 2는 우리가 처음으로 접하는 DNS 응답 메시지다. 우선, UDP 발신지 포트 번호는 53이고, 목적지 포트는 임시 포트 번호 60961이다. 트랜잭션 ID는 조회 메시지에서와 같지만(0xb0b8), 플래그Flags 필드의 값은 0x8180(응답, 재귀 요청, 재귀 가능이 모두 설정된 값)으로 달라졌다. 질문 섹션은 대답이 어떤 질문에 대해 제공되는지 그 사본을 포함하고 있으며, 일반적으로 클라이언트가 보낸 원본 조회와 정확히 일치한다. 대답 섹션에는 1개의 RR이 있는데, 유형은 A(주소), TTL은 10분, 데이터 길이는 4바이트(IPv4 주소의 길이), 값은 169.229.131.81인 것을 알 수 있다. 이 값은 berkeley.edu의 IP 주소다. 권한 플래그가 설정되지 않았으며 권한 섹션은 비어 있음에 주목하자. 이 응답 메시지가 캐시에 들어있는 데이터에 기반하기 때문이다. 즉, 도메인에 대한 권한 데이터가 아니다. 이제 로컬 네임 서버도 이 값을 캐시에 저장하고(하지만 RR에 지정된 TTL값에 따라서 최대 10분만 저장), 클라이언트에게 응답 메시지를 보낸다(그림 11-13).

그림 11-13의 응답 메시지인 패킷 2는 206.13.28.12가 보냈던 응답 메시지와 거의 비슷하지만, 클라이언트 10.0,.0.120으로 보내지며 트랜잭션 ID가 원래의 DNS 요청에 들어있던 값과 일치하는 점이 다르다. 또, 클라이언트의 관점에서 트랜잭션 처리에 걸린 총 왕복 시간이 약 14.7ms지만, 이 중에서 대부분의 시간(14.2ms)이 로컬 네임 서버(GW.

HOME)와 ISP의 네임 서버(206,13,28.12) 간의 트랜잭션에 소비됐다는 점을 기억하자.

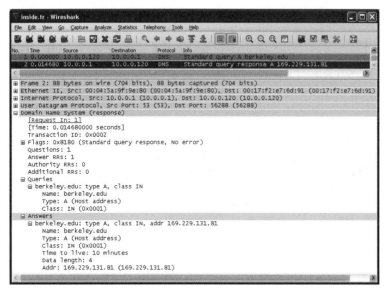

**그림 11-13** GW.HOME이 생성해서 클라이언트로 보낸 응답 메시지. 이로써 재귀 DNS 트랜잭션이 완료된다.

## 11.5.6.3 정식 이름(CNAME) 레코드

CNAME 레코드는 정식 이름canonical name이라는 뜻으로 DNS 이름 체계에서 어떤 도메인 네임의 별칭alias를 도입하기 위해 사용된다. 예를 들어 www.berkeley.edu는 다른 기계(예를 들어 www.w3.berkeley.edu)로 매핑되는 CNAME 레코드를 가질 수 있는데, 웹서버가 다른 컴퓨터에서 실행 중일 경우 상대적으로 간단한 작업인 DNS 데이터베이스 변경만 하면 인터넷 사용자들이 해당 시스템을 찾을 수 있기 때문이다. 요새는 널리 쓰이는 서비스에 대한 별칭을 설정하기 위해 CNAME 레코드를 사용하는 것이 일반화됐다. 따라서 www.berkeley.edu, ftp.sun.com, mail.berkeley.edu, 그리고 www.ucsd.edu와 같은 이름들은 모두 다른 RR을 참조하는 CNAME 항목이다.

CNAME RR 내의 RDATA 섹션은 도메인 네임의 '정식 이름'을 포함한다. 정식 이름은 다른 이름들(예를 들어 데이터 레이블과 압축 레이블)과 동일한 부호화 방식을 사용한다. 특정 이름에 대해서 CNAME RR이 존재할 경우 다른 데이터는 허용되지 않는다[RFC1912]. (단, DNSSEC이 사용된다면 그렇지 않다. 18장 참조) CNAME RR의 도메인 네임은 통상적인 도메인 네임이 사용되는 모든 경우에 (예를 들어 NS RR의 대상으로서) 사용되지는 못할 수도 있다. 또, 정식 이름 자체가 CNAME일 수도 있다. 이를 CNAME 체인chain이라고 부르는데, 일반적으로는 그다지 권장되지 않는다. DNS 변환기가 필요 이상으로 조회를 수행하게 만들기 때문이다. 그렇지만 CNAME 체인을 활용하는 서비스들도 있는데, 예를 들어 www.whitehouse.gov 사이트는 아카마이Akamai사가 제공하는 CDNContent Delivery Network를 사용 중이어서 이 사이트를 조회해 보면 아래와 같은 출력을 볼 수 있다.

```
Linux% host -t any www.whitehouse.gov
www.whitehouse.gov is an alias for www.whitehouse.gov.edgesuite.net.
Linux% host -t any www.whitehouse.gov.edgesuite.net
www.whitehouse.gov.edgesuite.net is an alias for all28.h.akami.net.
Linux% host -t any all28.h.akami.net
all28.h.akami.net has address 92.123.65.42
all28.h.akami.net has address 92.123.65.51
```

이처럼 CNAME 체인을 DNS와 함께 사용할 수 있다. 하지만 CNAME 체인이 성능에 미치는 영향 때문에 변환기들은 링크의 수를 (예를 들면 5개로) 제한하는 경우가 많다. 체인이 길어지면 실행 오류나 착오가 발생하기 쉬운데, 정상적인 상황에서 왜 체인이 필요한지 생각하기 어렵기 때문이다.

> **주의**
>
> DNAME(유형 39)라는 이름의 표준 자원 레코드가 있다[RFC2672][IDDN]. DNAME 레코드는 CNAME 레코드와 똑같이 동작하되, 영역 전체에 걸쳐 적용된다. 예를 들어 1개의 DNAME 자원 레코드를 사용해서 NAME.example.com 형태의 모든 이름을 NAME.newezample.com으로 매핑할 수 있다. 하지만 DNAME 레코드는 최상위 수준의 레코드(이 경우는 example.com)에는 적용될 수 없다.

### 11.5.6.4 역방향 DNS 조회: PTR(포인터) 레코드

DNS의 가장 중요한 기능이 이름을 IP주소로 변환하는 것이지만, 반대 방향의 변환이 필요한 상황도 많이 있다. 예를 들어 TCP/IP 연결 요청을 받은 서버는 수신한 IP 데이터그램을 통해서 연결 요청을 한 발신지의 IP 주소를 알 수 있지만, 그 주소에 해당하는 도메인 네임은 직접 알아낼 수 없다. 따라서 도메인 네임을 알기 위한 다른 방법이 필요한데, 다행히 DNS를 영리하게 사용함으로써 이 기능을 제공할 수 있다.

PTR RR IP 주소를 도메인 네임으로 변환할 때 요구되는 역방향$^{reverse}$ DNS 조회에 대한 응답 메시지에서 사용된다. 이 유형은 특수 도메인 in-addr.arpa(IPv6에서는 ip6.arpa)을 특수한 방법으로 사용한다. 128.32.112.208이라는 IP 주소가 있다고 하자. 클래스 기반$^{classful}$ 주소 체계(2장 참조)에서 이 주소는 128.32 클래스 B 주소 공간에 속한다. 이 주소에 대응하는 이름을 알아내기 위해서는 먼저 이 주소를 역변환하고, 그다음에 특수 도메인이 추가된다. 이번 예제의 경우 208.112.32.128.in-addr.arpa라는 이름을 사용하는 PTR 레코드에 대한 조회가 사용될 것이다. 이것은 실질적으로 '도메인' 112.32.128.in-addr.arpa 내의 '호스트' 208에 대한 조회라고 할 수 있다. 이번 절의 후반부에 더 많은 역방향 DNS 조회의 예를 살펴볼 것이다.

---

**주의**

NS, A, AAAA 레코드를 사용하는 통상의 DNS 네임스페이스는 PTR 레코드가 지원하는 '역' 네임스페이스와 자동으로 연결되지 않는다. 따라서 기존의 정방향(forward) 변환에 대응하는 역방향 변환이 존재하지 않도록(혹은 다른 것과 대응하도록) 설정하는 것이 가능하다(심지어 그런 설정이 자주 사용된다). 일부 서비스는 양방향으로 동등한 변환이 설정돼 있는지 확인하며, 그러한 환경에서 서비스를 거부하기도 한다.

---

IPv4 주소는 일반적으로 '점 10진수$^{dotted-decimal}$' 형식으로 표기되며 IPv6 주소는 16진수로 표기된다는 것을 배운 바 있다(예를 들면 169.229.131.81과 2001:503:a83e::2:30). 이러한 주소들은 왼쪽에서 오른쪽으로 향하는 체계 내에 존재하는 이름이라고 간주할 수 있다. 예를 들면 주소 169.229.131.81은 (왼쪽에서 오른쪽으로 읽어서) 톱다운$^{top-down}$ 체계 169, 229, 131, 81을 가진다. 점 10진 IPv4 주소를 역으로 한 것을 DNS 이름으로 취급함으로써 DNS가 IP주소에서 도메인 네임으로의 변환을 수행하도록 할 수 있다. 따라서 이름 81.131.229.169가 IPv4 주소 169.229.131.81의 역에 해당된다. IPv6도 비슷하지만, 압축됐던 0이 확장되고 각각의 16진 자릿수가 문자가 된다. 예를 들면 2001:503:a83::2:30의 역은 `0.3.0.0.2.0.0.0.0.0.0.0.0.0.0.0.0.0.0.e.3.8.a.3.0.5.0.1.0.0.2`가 된다. 다행히도 사용자가 이런 이름을 직접 입력해야 하는 경우는 거의 없다.

앞서 언급했듯이 특수 도메인 .in-addr.arpa(IPv4용)과 .ip6.arpa(IPv6용)은 이런 유형의 이름과 역DNS 탐색을 지원하기 위해서 PTR('포인터') RR 유형과 함께 사용된다. 예를 들어 아래 명령들을 보자.

```
C:\> nslookup
Default Server: gw
Address: 10.0.0.1
> server c.in-addr-servers.arpa
Default Server: c.in-addr-servers.arpa
Address: 196.216.169.10
> set type=ptr
> 81.131.229.169.in-addr.arpa.
Server: c.in-addr-servers.arpa
Address: 196.216.169.10

169.in-addr.arpa    nameserver = w.arin.net
169.in-addr.arpa    nameserver = t.arin.net
169.in-addr.arpa    nameserver = dill.arin.net
169.in-addr.arpa    nameserver = x.arin.net
169.in-addr.arpa    nameserver = z.arin.net
169.in-addr.arpa    nameserver = y.arin.net
169.in-addr.arpa    nameserver = u.arin.net
169.in-addr.arpa    nameserver = v.arin.net
```

이 예제는 어떻게 .in-addr.arpa 도메인이 설정되는지 보여준다. [RFC5855]에 따르면 in-addr-servers.arpa와 ip6-servers.arpa 도메인은 IPv4와 IPv6를 위한 역DNS 변환을 제공하는 서버와 연관된 도메인 네임을 구성하는 데 사용된다. 2011년 현재, 각 IP버전마다 이런 서버가 5대 존재한다. 각각 X.in-addr-servers.arpa와 X.ip6-servers.arpa로서, X는 a부터 f까지의 문자다.

이 10대의 서버가 역변환을 위한 권한 데이터를 갖고 있지만, 우리가 찾고 있는 정보를 갖고 있지는 않다. 이번 예제의 경우, 최초로 접촉했던 서버는 자신 대신에 ARIN <sup>American Registry for Internet Numbers</sup>이 관리하는 8대의 네임 서버 중 하나에 접촉하라고 지시하고 있는데, 이 서버는 169로 시작하는 IP 주소에 대해 권한 데이터를 갖고 있다. 이 서버들 중 하나를 차례로 하나씩 접촉하면 우리는 81.131.229.169.in-addr.arpa에 대한 PTR 조회가 아래와 같은 응답을 받는 것을 볼 수 있다.

```
> server w.arin.net
Default Server: w.arin.net
Address: 72.52.71. 2
Default Server: w.arin.net
Address: 2001:470:1a::2
```

```
> 81.131.229.169.in-addr.arpa.
Server: w.arin.net
Address: 72.52.71.2

229.169.in-addr.arpa nameserver = adns1.berkeley.edu.
229.169.in-addr.arpa nameserver = phloem.uoregon.edu.
229.169.in-addr.arpa nameserver = aodns1.berkeley.edu.
229.169.in-addr.arpa nameserver = adns2.berkeley.edu.
```

여기서 네트워크 프리픽스 169.229/16은 버클리 교육기관의 소유이고, 캠퍼스가 자신의
in-addr.arpa를 포괄하는 3개의 네임 서버를 유지하고 있으며, 오레곤 대학 역시 사본을
제공한다는 것을 알 수 있다. 이렇게 서버들 중 하나와 접촉하는 것을 계속 하다 보면 답
을 얻게 된다(아래 명령은 리눅스 버전의 nslookup이기 때문에 출력 양식이 약간 다르다).

```
Linux% nslookup
> set type=ptr
> server adns1.berkeley.edu
Default Server: adns1.berkeley.edu
Address: 128.32.136.3#53
Default Server: adns1.berkeley.edu
Address: 2607:f140:ffff:fffe::3#53
> 81.131.229.169.in-addr.arpa.
Server: adns1.berkeley.edu
Address: 128.32.136.3#53

81.131.229.169.in-addr.arpa        name = webfarm.Berkeley.EDU
```

IPv4 주소 169.229.131.81이 이름 webfarm.Berkeley.EDU를 갖는다는 것을 볼 수 있다.
바로 우리가 찾던 결과다. DNS 서버는 포트 53을 사용하고 있는데, IP 주소 뒤에 #53이
있기 때문이다. 이 출력을 보면, (UDP/IPv6가 아니라) UDP/IPv4를 통한 DNS에 접근이
'쿼드A'(즉 AAAA) DNS 레코드를 사용해 IPv6에 대한 변환을 제공할 수 있음을 알 수 있
는데, 이 서버의 IPv6 주소가 이 출력은 UDP/IPv4(UDP/IPv6와는 대조적으로)를 갖고 DNS
에 접근하는 것은 IPv6 주소를 위해 이 서버의 IPv6 주소가 2607:f140:ffff:fffe::3인 것
을 볼 수 있기 때문이다.

주소-이름 변환을 처리할 수 있는 별도의 DNS 트리 가지branch가 없다면, 트리의 루트에
서 시작해서 모든 최상위 도메인을 시도하는 것밖에는 역방향 변환할 수 있는 방법이 없

을 것이다. 하지만 인터넷의 크기를 생각하면 명백히 이것은 적절한 방법이 아니다. 그래서 비록 IPv4/IPv6 주소의 역방향 바이트와 특수 도메인이 다소 길어서 헷갈리지만 in-addr.arpa를 사용하는 방법은 효과적이며 매우 효율적이다. 다행인 것은 앞서도 언급했듯이 사용자가 직접 입력하거나 참조하지 않아도 된다는 점이다. 심지어 애플리케이션 개발자들도 역방향 조회를 수행하기 위해서 주소를 조작할 필요가 없다. 라이브러리 함수(예를 들어 C 언어의 getnameinfo() 함수)를 사용하면 되기 때문이다.

PTR 조회가 전역 DNS 서버들에게 주요 관심사가 됐다는 점을 여기서 짚고 넘어가자. 10.0.0.08(IPv4) 또는 fc00::/7(IPv6)와 같은 사설 주소 프리픽스를 사용하는 홈 네트워크가 있다고 하자. 동일한 사설 주소 서브넷상의 다른 시스템으로부터 연결 요청을 받은 시스템은 발신지 주소를 이름으로 변환하기 위해서 PTR 조회를 수행한다. 로컬 DNS 서버에서 답을 얻지 못하면, 이 PTR 조회는 전역 인터넷으로 전파된다. 이런 이유로(그리고 몇가지 다른 이유로) [RFC6303]은 (특히 사설 IP 주소를 사용해서 인터넷에 연결된 네트워크에서 동작하는) 로컬 네임 서버가 사설 주소 공간에 대한 PTR 변환을 제공하도록 규정하고 있다. 이 PTR 변환은 IPv4의 경우는 [RFC1918]에, IPv6의 경우는 [RFC4193]에 정의돼 있다 (즉, 각각 IN-ADDR.ARPA와 D.F.IP6.ARPA).

### 11.5.6.5 무클래스(classless) in-addr.arpa 위임

인터넷에 가입해서 DNS 네임스페이스의 일부분을 채울 권한을 얻은 기관은 자신들의 인터넷 IPv4 주소에 대응하는 in-addr.arpa 네임스페이스의 일부분에 대한 권한도 얻을 때가 많다. UC 버클리는 네트워크 프리픽스 169.229/16에 대한 권한을 갖는데, 이것은 과거의 용어를 사용하면 클래스 B 네트워크 번호 169.226이다. 그렇다면 우리는 UC 버클리가 229.169.in-addr.arpa로 끝나는 이름을 사용해서 PTR 레코드로 DNS 트리의 일부분을 채울 것으로 예상할 수 있다. 이런 방식은 기관에 할당된 주소 프리픽스가 비트의 개수가 8의 배수인 클래스 A, B, C 중 하나일 경우에는 문제없이 동작한다. 하지만 오늘날 많은 기관들은 길이가 24비트 이상 혹은 16비트에서 24비트 사이인 주소 프리픽스를 할당받는데, 이 경우 단순히 IP 주소를 역으로 쓰는 것으로는 주소 범위를 나타낼 수 없으며 네트워크 프리픽스의 길이를 나타내는 방법도 포함돼야 한다.

이것을 구현하기 위한 표준 방법은 [RFC2317]에 정의된 대로 역방향 옥텟에 프리픽스의 길이를 첨부해서 도메인 네임의 첫 번째 레이블로 사용하는 것이다. 예를 들어 프리픽스 12.17.136.128/25가 할당된 어떤 사이트가 있다고 하자. 이 프리픽스는 128개의 주소를 포함한다. [RFC2317]에 따르면 2종류의 레코드가 제공돼야 한다. 먼저, X.136.17.12. in-addr.arpa 형태의 이름 각각에 대해서(X는 128에서 255 사이) CNAME RR이 ISP가 관리하는 것과 비슷하게 아래의 패턴을 따라서 생성된다.

```
128.136.17.12.in-addr.arpa.    canonical name =
                               128.128/25.136.17.12.in-addr.arpa
129.136.17.12.in-addr.arpa.    canonical name =
                               29.128/25.136.17.12.in-addr.arpa
...
255.136.17.12.in-addr.arpa.    canonical name =
                               55.128/25.136.17.12.in-addr.arpa
```

네트워크 프리픽스가 도메인 네임 내의 두 번째 레이블과 연관된 / 표기법을 사용해서 어떻게 부호화되는지 볼 수 있다. ISP가 배치하는 이러한 항목들 덕분에 바이트 정렬이 아닌 주소 범위에 대한 위임이 가능하다. 이번 예제의 경우, 고객은 이제 128.128/25.136.17.12.in-addr.arpa 영역에 대한 변환을 제공할 수 있게 됐다. 다음과 같이 위임 내역을 확인할 수 있다.

```
C:\> nslookup
Default Server: gw
Address: 10.0.0.1
> server f.in-addr-servers.arpa
Default Server: f.in-addr-servers.arpa
Addresses: 193.0.9.1
> set type=ptr
> 129.128/25.136.17.12.in-addr.arpa.
Server: f.in-addr-servers.arpa
Address: 193.0.9.1
12.in-addr.arpa nameserver = dbru.br.ns.els-gms.att.net
12.in-addr.arpa nameserver = cbru.br.ns.els-gms.att.net
12.in-addr.arpa nameserver = cmtu.mt.ns.els-gms.att.net
12.in-addr.arpa nameserver = dmtu.mt.ns.els-gms.att.net
> server dbru.br.ns.els-gms.att.net.
Default Server: dbru.br.ns.els-gms.att.net
Address: 199.191.128.106

> 129.128/25.136.17.12.in-addr.arpa.
128/25.136.17.12.in-addr.arpa    nameserver = ns2.intel-research.net
```

```
128/25.136.17.12.in-addr.arpa    nameserver= ns1.intel-research.net

> server ns1.intel-research.net.
Server: ns1.intel-research.net
Address: 12.155.161.131
> 129.128/25.136.17.12.in-addr.arpa.

129.128/25.136.17.12.in-addr.arpa
                  name = dmz.slouter.seattle.intel-research.net
128/25.136.17.12.in-addr.arpa
          nameserver = bldmzsvr.berkeley.intel-research.net
128/25.136.17.12.in-addr.arpa
          nameserver = sldmzsvr.intel-research.net
bldmzsvr.berkeley.intel-research.net internet address = 12.155.161.131
sldmzsvr.intel-research.net internet address = 12.17.136.131
```

이 예제에서 우리는 IPv4 주소가 **12.17.136.129**인 호스트의 이름을 찾으려고 한다. 우리는 이미 이 호스트가 정식 이름 129.128/25.136.17.12.in-addr.arpa을 가리키는 CNAME RR을 갖고 있음을 보았다. 그래서 변환기에게 루트 서버 중 하나를 사용하고 조회 유형은 PTR RR로 설정하도록 지시한다. 그리고 129.128/25.136.17.12.in-addr.arpa을 변환하도록 요청한다. 루트 네임 서버는 이 정보를 갖고 있지 않고 재귀를 수행하지 않으므로, 도메인 12.in-addr.arpa에 대한 권한 서버들의 이름을 반환한다. 그중에서 하나 (DBRU)를 선택한 뒤 우리는 다시 변환을 시도한다. 이번에는 2개의 네임 서버(ns1과 ns2)를 찾는데 성공한다. 이 중에서 하나를 선택해서 우리는 PTR 요청을 변환할 수 있다. 변환 결과는 dmz.slouter.seattle.intel-research.net이다.

### 11.5.6.6 권한(SOA) 레코드

DNS에서 각 영역은 SOA[Start of Authority]라고 불리는 RR 유형을 이용해 권한 레코드를 가진다. 이 레코드는 DNS 네임스페이스의 일부분과 영역 정보를 제공하는 서버 간의 권한 연결을 제공해서 주소 및 기타 정보에 대한 다양한 조회를 가능케 한다. SOA RR은 공식적인 영속 데이터베이스를 제공하는 호스트의 이름, 담당자의 이메일 주소(@ 대신에 . 이 사용됨), 영역 갱신 매개변수, TTL 기본값을 식별하는 데 사용된다. TTL 기본값은 RR별로 명시적인 TTL값이 할당되지 않은 영역의 RR에 적용된다.

영역 갱신 매개변수에는 일련 번호[serial number], 리프레시 시간[refresh time], 재시도 시간[retry

672

time, 만료 시간expire time이 있다. 일련 번호는 영역 내용에 변경이 있을 때마다 일반적으로 네트워크 관리자에 의해서 (적어도 1 이상) 증가한다. 이 매개변수를 사용해서 2차 서버는 영역 전송을 시작해야 할지 여부를 알 수 있다(자신이 갖고 있는 영역 내용의 복사본이 최대 일련 번호를 갖고 있지 않을 경우 영역 전송을 시작한다). 리프레시 시간은 2차 서버가 1차 서버의 SOA와 버전 번호를 검사해서 영역 전송이 필요한지 알아내기까지 얼마나 오래 대기하는지를 의미한다. 재시도 시간과 만료 시간은 영역 전송이 실패한 경우에 사용된다. 재시도 시간은 2차 서버가 영역 전송을 다시 시도하기까지의 대기 시간을 (초 단위로) 나타내며, 만료 시간은 2차 서버가 영역 전송을 포기하기까지 재시도를 반복하는 시간의 상한 값을 (초 단위로) 나타낸다. 포기할 경우 2차 서버는 영역에 대한 조회 요청에 대해서 응답을 중단한다. 일반적으로 영역은 IPv4와 IPv6 데이터가 섞여 있으며, 어느 IP 버전을 사용하든 접근할 수 있다. 이번 예제에서 우리는 IPv6을 사용한다(IPv6 전용 윈도우 호스트에서 nslookup을 사용).

```
C:\> nslookup
Default Server: gw
Address: fe80::204:5aff:fe9f:9e80

> set type=soa
> berkeley.edu.
Server: gw
Address: fe80::204:5aff:fe9f:9e80

Non-authoritative answer:
berkeley.edu
        primary name server = ns-master1.berkeley.edu
        responsible mail addr = hostmaster.berkeley.edu
        serial  = 2009050116
        refresh = 10800 (3 hours)
        retry   = 1800 (30 mins)
        expire  = 3600000 (41 days 16 hours)
        default TTL = 300 (5 mins)

> server adns1.berkeley.edu.
Default Server: adns1.berkeley.edu
Addresses: 2607:f140:ffff:fffe::3
          128.32.136.3

> berkeley.edu.
```

```
Server: adns1.berkeley.edu
Addresses: 2607:f140:ffff:fffe::3
          128.32.136.3

berkeley.edu
        primary name server = ns-master1.berkeley.edu
        responsible mail addr = hostmaster.berkeley.edu
        serial = 2009050116
        refresh = 10800 (3 hours)
        retry = 1800 (30 mins)
        expire = 3600000 (41 days 16 hours)
        default TTL = 300 (5 mins)
berkeley.edu      nameserver = ns.v6.berkeley.edu
berkeley.edu      nameserver = aodns1.berkeley.edu
berkeley.edu      nameserver = adns2.berkeley.edu
berkeley.edu      nameserver = phloem.uoregon.edu
berkeley.edu      nameserver = adns1.berkeley.edu
berkeley.edu      nameserver = ucb-ns.NYU.edu
ns.v6.berkeley.edu        internet address = 128.32.136.6
ns.v6.berkeley.edu        AAAA IPv6 address = 2607:f140:ffff:fffe::6
adns1.berkeley.edu        internet address = 128.32.136.3
adns1.berkeley.edu        AAAA IPv6 address = 2607:f140:ffff:fffe::3
adns2.berkeley.edu        internet address = 128.32.136.14
adns2.berkeley.edu        AAAA IPv6 address = 2607:f140:ffff:fffe::e
aodns1.berkeley.edu       internet address = 192.35.225.133
aodns1.berkeley.edu       AAAA IPv6 address =
                                 2607:f010:3f8:8000:214:4fff:fe45:e6a2
phloem.uoregon.edu        internet address = 128.223.32.35
phloem.uoregon.edu        AAAA IPv6 address = 2001:468:d01:20::80df:2023
```

SOA 레코드뿐 아니라 6대의 권한 네임 서버 목록, 그리고 그중 5대의 IPv4/IPv6 주소 (접착제 레코드)도 수신한 것을 볼 수 있다(NYU 서버의 주소는 수신되지 않았는데, NYU.edu의 접착제 레코드는 다른 서버가 지원하는 다른 영역에 있기 때문이다). 이 응답 결과는 매우 흥미롭기 때문에 권한 네임 서버 adns1.berkeley.edu로 보내진 요청에 해당하는 패킷 내용을 자세히 살펴보자(그림 11-14).

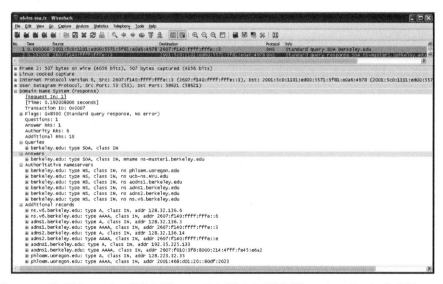

**그림 11-14** IPv6을 사용해 SOA 레코드를 찾기 위한 DNS 조회에 대한 응답. 영역에 대한 IPv4와 IPv6 주소가 포함돼 있다.

그림 11-14는 2개의 패킷 중에 좀 더 흥미로운 응답 패킷을 선택한 화면이다. SOA RR에 대한 조회 메시지가 로컬 시스템의 전역 범위 IPv6 주소 2001:5c0:1101:ed00:5571:5f81:e0a6:4978로부터 호스트 2607:f140:ffff:fffe::3(adns1.Berkeley.EDU)로 보내졌다. 응답 메시지는 총 길이가 491바이트인 IPv6 데이터그램에 포함돼 운반됐다(페이로드 길이<sup>Payload Length</sup> 필드의 값은 451). 이 패킷은 IPv6 헤더(40바이트), UDP 헤더(8바이트), DNS 메시지(443바이트)를 포함한다. DNS 메시지는 1개의 질문, 1개의 응답, 6개의 권한 RR 10개의 추가 RR을 포함한다.

질문 섹션은 berkeley와 edu 레이블을 포함하고 18바이트 길이다. 대답 섹션은 앞서 설명했던 berkeley.edu 도메인에 대한 정보를 포함하고, 질문 섹션의 내용 덕분에 압축 레이블을 활용할 수 있다. 이 섹션의 전체 길이는 58바이트다. 권한 섹션은 네임 서버를 식별하는 6개의 NS 레코드를 포함한다. 이 정보는 추가로 135바이트를 차지한다. 추가 정보 섹션은 총 길이 220바이트로서 5개의 A 레코드와 5개의 AAAA 레코드를 포함한다. 각 AAAA 레코드를 위한 RDATA 필드의 크기는 16바이트로, 공간을 절약하기 위해 :: 표기를 사용해서 IPv6 주소를 텍스트 형태로 나타낼 수 있지만, 패킷 내에서 이런 식으로 부호화되지는 않는다. 그 대신에 주소의 128비트가 전부 사용된다.

### 11.5.6.7 메일 교환(MX) 레코드

MX 레코드는 메일 교환기mail exchanger의 이름을 제공한다. 메일 교환기는 특정 도메인 네임과 관련있는 사용자를 대신해서 이메일을 수신하기 위해 SMTPSimple Mail Transfer Protocol[RFC5321]에 관여하는 호스트를 말한다. 인터넷 초창기에 일부 사이트들은 자체적으로는 상시 인터넷에 연결돼 있지 않고, 전화 접속을 통해서 상시 인터넷 연결이 돼 있는 호스트에 연결하는 방법을 사용했다. 이 경우 이메일이 전달되는 중에 이메일의 목적지가 네트워크에서 끊길 수가 있으므로, 그 목적지가 다시 인터넷에 연결될 때까지 다른 호스트가 이메일을 보관해야 한다. 이것이 DNS에 MX 레코드가 생긴 중요한 이유의 하나다. 이메일의 목적지에 도달할 수 없더라도 중간 지점(중계 서버relay server)에 이메일을 전달하는 것이다. 오늘날 MX 레코드는 여전히 사용되고, 메일 에이전트는 이메일을 특정 도메인 네임과 연관된 MX 레코드 내의 호스트에게 전달하는 것을 선호한다.

MX 레코드는 특정 도메인 네임에 대해서 2개 이상의 MX 레코드가 존재할 수 있도록 우선순위preference 값을 포함한다. 메일을 보내는 에이전트는 어느 호스트를 이메일 목적지로 할지 결정할 때 이 값을 사용해서 호스트들을 우선순위 순서대로 정렬할 수 있다 (값이 작을수록 우선순위가 높음). 예를 들어 아래와 같이 host 명령을 사용해서 도메인 네임 cs.ucla.edu와 연관된 MX 레코드를 DNS에 조회할 수 있다.

```
Linux% host -t MX cs.ucla.edu ns3.dns.ucla.edu
Using domain server:
Name: ns3.dns.ucla.edu
Address: 2607:f600:8001:1::ff:fe01:35#53
Alias:

cs.ucla.eduu mail is handled by 13 Perican.cs.ucla.edu.
cs.ucla.eduu mail is handled by 3 Moa.cs.ucla.edu.
cs.ucla.eduu mail is handled by 13 Mailman.cs.ucla.edu.
```

person@cs.ucla.edu으로 보내지는 이메일이 DNS에 설정된 3개의 메일 서버 중 하나에 의해 처리되는 것을 볼 수 있다. 이 메일 서버는 모두 cs.ucla.edu 도메인에 속하지만, 일반적으로 이메일 서버는 자신이 처리하는 이메일과 동일한 도메인에 속할 필요는 없다. 이 3개의 서버는 2개의 그룹으로 나눌 수 있다. 하나는 우선순위가 3이고, 다른 하나는 우선순위가 13이다. 우선순위 값이 낮은 서버가 선호되므로, 발신자는 먼저 Moa.cs.ucla.

edu를 시도한다. 이것이 실패하면 Pelican과 Mailman 중 하나를 임의로 선택해서 다시 시도한다.

MX 레코드의 호스트들 중 어느 것과도 통신이 되지 않는 경우가 일어날 수 있다. 이 것은 오류 조건이다. 또 MX 레코드는 존재하지 않는데 해당 도메인에 대한 CNAME, A, AAAA 레코드는 존재하는 경우도 있다. CNAME 레코드가 존재한다면 CNAME의 대상이 원래 도메인 네임 대신에 사용된다. A 또는 AAAA 레코드가 존재한다면 메일 에이전트는 이 주 소들에 연결하며, 우선순위가 0인 것으로 간주된다(이를 암묵적 MX라고 부른다). MX 레코 드의 대상은 반드시 A 또는 AAAA 레코드로 변환되는 도메인 네임이어야 한다. CNAME을 가리킬 수는 없다[EFC5321].

## 11.5.6.8 스팸과의 전쟁 : SPF 프레임워크와 TXT 레코드

이메일을 보낼 때 MX 레코드를 사용하면 DNS는 도메인의 메일 중계 서버 및 메일 발 신 서버의 이름을 알아낼 수 있다. 최근 들어 메일 수신 에이전트들은 DNS를 이용해서 특정 도메인에서 메일 발신 권한이 있는 서버를 확인한다. 이 기능은 마치 권한있는 발 송자인 것처럼 위장해서 스팸 메일을 보내는 가짜 에이전트와의 전투에 도움이 된다. 메 일 서버가 수신한 이메일은 거절되거나 저장되거나 다른 메일 서버로 전달된다. 거절 사 유는 다양한데, 프로토콜 오류 또는 수신 서버의 저장 공간 부족 등이 있다. 또, 메일을 보낸 클라이언트가 메일을 보내기에 적합하지 않다고 판단될 경우도 메일이 거절될 수 있는데, 이 기능은 SPF[Sender Policy Framework]에 의해서 지원되며, 실험적[experimental] RFC인 [RFC4408]에 문서화돼 있다. SPF의 기능들을 통합하는 발신자 Sender ID[RFC4406]라는 프레임워크도 있다. 이것 역시 실험 단계지만 그리 많이 보급되지 않았다.

SPF의 버전 1은 DNS TXT 혹은 SPF(유형 99) 자원 레코드를 사용한다. 이 레코드들은 도메인 소유자가 DNS에 설정 및 공개하는 것으로서 도메인에서 발송되는 메일을 보낼 권한이 있는 서버를 명시한다. SPF 관련 정보를 담기에 SPF 레코드가 더 적합하지만, 일 부 DNS 클라이언트 구현들은 SPF 레코드를 적절히 처리하지 못해서 대신에 TXT 레코 드를 사용한다. TXT 레코드는 도메인 네임과 연관된 단순 문자열을 포함한다. 예전부터 TXT 레코드는 디버깅이나 소유자 혹은 도메인 위치 식별 등에 도움이 되는 문자열을 포 함해왔다. 그리고 오늘날은 SPF 애플리케이션과 같은 프로그램에 의해 처리되는 것이 일반적이다.

SPF는 수신된 메일 메시지 및 그 메시지가 들어있는 연결 상태에 관한 세부 정보의 판단 기준을 나타내는 다양한 구문을 지원한다. 예를 들면 UC 버클리는 다음과 같은 SPF 항목을 사용한다(일부 라인은 명료성을 위해 제거했다).

```
Linux% host -t txt berkeley.edu
berkeley.edu described text
    "v=spf1 ip4:169.229.218/25 ip6:2607:f140:0:1000::/64
    include:outboundmail.con-io.net -all"
```

이 정보는 SPF 버전 1( v=spf1 문자열로 알 수 있음)이고 TXT RR을 사용한다는 뜻이다. 수신 메일 에이전트는 도메인 berkeley.edu로부터 이메일을 수신하면 berkeley.edu 도메인에 유형 TXT인 레코드를 찾는 DNS 조회를 수행한다. 텍스트 레코드의 값은 판단 기준(메커니즘이라 부름)과 다른 정보(수정자$^{modifier}$라 부름)를 포함한다. 메커니즘의 앞에 있는 것은 한정자$^{qualifier}$로서 메커니즘의 결과를 확인한다. SPF 레코드의 처리는 check_host() 라는 함수가 사용되는데, 이 함수는 메커니즘들을 평가하며, 일치하는 메커니즘과 만나면 바로 종료된다. check_host()는 None, Neutral, Pass, Fail, SoftFail, TempError, PermError 가운데 하나를 반환 값으로 제공한다. None과 Neutral 반환 아무 정보도 얻을 수 없거나 정보는 있지만 결과를 확증할 수 없다는 뜻이다. None과 Neutral 반환 값은 동일하게 다뤄진다. Pass는 기준과 일치한다는 뜻이며, 다음 문단에서 자세히 다뤄진다. Fail은 메일을 보낸 호스트가 해당 도메인에서 메일을 보낼 권한이 없는 호스트라는 뜻이다. softfail 은 의미가 다소 모호한데, [RFC4408]에 따르면 'Fail'과 'Neutal' 사이의 어떤 것으로 취급된다. TempError 반환 값은 곧 사라질 일시적인 실패(예를 들면 통신 실패)를 나타낸다. PermError 반환 값은 SPF 설정에 문제가 있다는 뜻으로서 일반적으로 TXT 혹은 SPF 레코드가 잘못 만들어진 경우다.

예제의 출력을 왼쪽에서 오른쪽으로 읽으면, 문자열 v=spf1은 SPF 버전이 1임을 나타내는 수정자다. ip4 메커니즘은 SMTP 발신자가 프리픽스 169.229.218.128/25인 IPv4 주소를 갖고 있다고 말하고 있다. ip6 메커니즘은 IPv6 주소 프리픽스 2607:f140:0:1000::/64 인 발신 호스트라고 말한다. 마지막으로 include 메커니즘은 outboundmail.convio.net를 가진 TXT 레코드를 포함한다.

```
Linux% host -t txt outboundmail.convio.net
```

```
outboundmail.convio.net descriptive text
        "v=spf1 ip4:66.45.103.0/25 +ipv4:69.48.252.128/25
        +ip4:209.163.168.192/26 ~all"
outboundmail.convio.net descriptive text
        "v=spf2.0/pra
        +ip4:66.45.103.0/25 +ipv4:69.48.252.128/25
        +ip4:209.163.168.192/26 ~all"
```

이 TXT 레코드들이 SPF와 발신자 ID(spf2.0/pra이라고 된 부분) 둘 다에 사용되고 있음에 주목하자. 첫 번째 레코드는 SPF가 사용하는 것이다. + 한정자qualifier는 기준에 맞을 경우 Pass를 의미한다. 한정자가 생략돼 있으면 + 한정자를 갖고 있다고 가정한다. 다른 가능한 한정자는 -(Fail), ~(Soft Fail), ?(Neutral)이 있다. Pass 결과를 내는 메커니즘이 존재하지 않을 경우, 마지막 메커니즘(all)이 적용된다. all 앞의 물결 문자(~)는 all이 유일하게 일치하는 메커니즘이면 SoftFail 반환이 생성돼야 함을 의미한다. SoftFail의 정확한 처리 방법은 이메일 수신 소프트웨어에 달려 있다. 주의할 것은 SPF를 이용하더라도 발신 도메인과 시스템만 검증할 수 있을 뿐 발신 사용자는 검증할 수 없다는 점이다. 18장에서 살펴볼 DKIM은 SPF와 비슷한 기능을 제공하면서 인증을 위한 암호화를 제공한다.

### 11.5.6.9 옵션(OPT) 유사 레코드

앞서 설명했던 EDNS0와 함께 사용되는 특수한 OPT 유사pseudo RR이 [RFC2671]에 정의돼 있다. '유사' RR이라고 부르는 이유는 1개의 DNS 메시지 내용에만 적용되고 통상적인 DNS RR 데이터가 아니기 때문이다. 따라서 OPT RR은 캐시에 일시 저장되지 않고, 전달되지 않으며, 영구 저장도 되지 않는다. 1개의 DNS 메시지에서 1번만 나타날 수 있으며(혹은 아예 없거나), DNS 메시지에 존재할 경우 추가 정보 섹션에 위치한다.

OPT RR은 10바이트 고정 부분 뒤에 가변 부분이 위치한다(그림 11-8 참조). 고정 부분은 RR 유형(41)을 나타내는 16비트, UDP 페이로드 크기를 나타내는 16비트, 확장 RCODE 필드와 플래그로 구성되는 32비트, 그리고 가변 영역의 바이트 크기를 표시하는 16비트를 포함한다. 이 필드들은 통상적인 RR)의 Name, Type, Class, TTL, RDLEN 필드와 동일한 상대 위치에 위치한다(그림 11-8 참조). OPT RR은 Name 필드에 널 도메인 값을 사용한다(0바이트). 확장 RCODE와 플래그 영역(32비트. 그림 11-8의 TTL 필드에 해당)은 그림 11-3의 RCODE 필드를 보완하는 추가 8비트를 포함하는 8비트 영역과 8비트 Version

필드(EDNS0임을 나타내기 위해 값이 0)로 구분된다. 나머지 16비트는 아직 정의되지 않았으며 반드시 0이어야 한다. 추가 8비트는 가능한 DNS 오류 유형의 확장된 집합을 제공하고, 이 값들이 표 11-4에 주어졌다(2개의 서로 다른 RFC가 값 16을 정의했음에 주의하자).

표 11-4 확장된 RCODE 값. 대부분이 보안 확장을 지원하기 위해 사용된다.

| 값 | 이름 | 참고 자료 | 설명과 목적 |
|---|---|---|---|
| 16 | BADVERS | [RFC2671] | 잘못된 EDNS 버전 |
| 16 | BADSIG | [RFC2845] | 잘못된 TSIG 서명(18장 참조) |
| 17 | BADKEY | [RFC2845] | 잘못된 TSIG 키(18장 참조) |
| 18 | BADTIME | [RFC2845] | 잘못된 TSIG 서명(시간 문제, 18장 참조) |
| 19 | BADMODE | [RFC2930] | 잘못된 TKEY 모드(18장 참조) |
| 20 | BADNAME | [RFC2930] | 중복 키 이름(18장 참조) |
| 21 | BADALG | [RFC2930] | 알고리즘이 지원되지 않음(18장 참조) |

이미 말했듯이 OPT RR은 가변 길이 RDATA를 포함한다. 이 필드는 속성/값 쌍의 확장 가능한 목록을 유지하기 위해 사용된다. 현재 속성의 집합, 의미, 그리고 RFC 정의는 IANA[DNSPARAMS]에 의해 관리된다. NSID라는 옵션(EDNS 옵션 코드 3) [RFC5001]은 응답 DNS 서버에 대한 특수한 식별값을 나타낸다. 이 값의 형식은 표준에 정의돼 있지 않으며, DNS 서버의 시스템 관리자가 설정할 수 있다. 이런 특징은 서버 그룹을 식별하는 애니캐스트 주소가 사용되는 상황에 유용하게 쓰일 수 있다. NSID는 발신 IP 주소가 아닌 값을 사용해서 특정 응답 서버를 식별할 수 있기 때문이다. 18장에서 DNSSEC을 배울 때 OPT RR과 EDSN0의 사용 예제를 좀 더 자세히 살펴볼 것이다.

## 11.5.6.10 서비스(SRV) 레코드

[RFC2782]는 서비스(SRV) 자원 레코드를 정의한다. SRV RR은 특정 서비스에 접촉하는 데 사용되는 호스트, 프로토콜, 포트 번호를 기술하기 위해 MX 레코드 형식을 일반화한다. SRV RR은 일반적으로 아래와 같은 구조를 갖는다.

```
_Service._Proto.Name TTL IN SRV Prio Weight Port Target
```

Service 식별자는 서비스의 공식적인 이름이다. Proto 식별자는 서비스에 접근하기 위해 사용되는 전송 프로토콜로, 일반적으로 TCP 혹은 UDP다. TTL 값은 통상적인 RR TTL 이고, IN과 SRV는 인터넷 클래스와 SRV RR 유형을 나타낸다. Prio 값은 16비트 부호 없는 값으로서 MX 레코드의 우선순위 값처럼 동작한다(낮은 번호가 높은 우선순위를 나타낸다). Weight 값은 우선순위 값이 동일한 RR들 중에서 하나를 선택하는 데 사용된다. 이 값은 부하 분산을 위해 특정 항목을 선택하기 위한 가중$^{weighted}$ 확률로서 사용되므로 Weight가 클수록 선택될 확률이 높다. Port는 TCP 혹은 UDP의(혹은 다른 전송 프로토콜의) 포트 번호다. Target은 서비스 제공 대상인 호스트의 도메인 네임이다. Name 식별자는 찾고자 하는 서비스의 도메인이다. SRV 레코드의 목적 가운데 하나는 도메인 내의 다수의 개별 서버가 언제 동일한 서비스를 제공할지 식별하는 것이다.

예를 들면 클라이언트가 도메인 example.com에서 TCP 프로토콜을 사용해 ldap 서비스를 사용할 수 있는 호스트와 포트를 알아내고 싶다면 도메인 네임 _ldap._tcp.example.com을 이용해 SRV 레코드를 찾는 조회를 수행한다. 다음은 실제 예를 보여준다.

```
Linux% host -t srv _ldap._tcp.openldap.org
_ldap._tcp.openldap.org has SRV record 0 0 389 www. openldap.org.
```

이 예제에서는 도메인 openldap.org 내에서 TCP를 사용해 LDAP$^{Lightweight Directory Access}$ $^{Protocol[RFC4510]}$ 서비스를 제공하는 서버를 찾고 있다. 그리고 서버 www.openldap.org에 TCP 포트 389를 이용해 접근할 수 있다는 것을 발견했다. Prio와 Weight 값은 0이다. 다른 서버가 없기 때문이다.

[RFC2782]는 SRV Service와 Proto 값을 위한 새로운 IANA 레지스트리$^{registry}$를 정의하지 않았다. 따라서 기본적으로 IANA의 '서비스 이름과 전송 프로토콜 포트 번호' 레지스트리$^{[ISPR]}$에 관리되는 이름에 대응하며, Proto 값은 _tcp 혹은 _udp다. 그러나 일부 예외가 있다. [RFC5509]는 SRV Service와 Proto 이름 _im._sip 및 _pres._sip를 사용해서 SIP 기반 프레즌스$^{Presence}$와 인스턴트 메시징을 위한 규칙들을 수립한다. [RFC6186]은 이메일 사용자 에이전트가 IMAPS, SMTP, IMAP, POP3 서버에 대한 연락처 정보를 쉽게 찾을 수 있도록 SRV Service 이름 _submission, _imap, _imaps, _pop3, _pop3s 을 정의한다(이메일 클라이언트를 설정할 때 IMAPS와 SMTP가 우선적으로 설정). [RFC6186]이

Proto 값으로서 꼭 TCP를 사용해야 한다고 요구하지는 않지만, 실질적으로 TCP가 유일한 선택지다. 예를 들면 메일 사용자 에이전트(MUA, 즉 이메일 프로그램)를 새로 설정하는 사용자가 도메인 example.com만 지정하면, MUA 구현은 적어도 _submission._tcp.example.com과 _imaps._tcp.example.com를 찾는 DNS 조회를 수행할 것이다.

### 11.5.6.11 이름 권한 포인터(NAPTR) 레코드

이름 권한 포인터(NAPTR) RR 유형은 DNS가 DDDS[Dynamic Delegation Discovery System[RFC3401]]을 지원할 때 사용된다. DDDS는 동적으로 조회된 문자열 변환 규칙을 애플리케이션이 제공하는 문자열에 적용해서 그 결과를 사용해 자원의 위치를 찾는 일반적이고 추상적인 알고리즘이다. 각 DDDS 애플리케이션은 이러한 일반적 DDDS 규칙의 운영을 자신의 용도에 맞게 커스터마이즈한다. DDDS는 규칙 데이터베이스 및 이 데이터베이스와 함께 출력 문자열 생성에 사용되는 문자열을 만드는 알고리즘들을 포함한다. DNS는 그러한 데이터베이스 중 하나이며[RFC3403], NAPTR 자원 레코드 유형은 DNS에서 변환 규칙을 저장하는 데 사용된다. DDDS 애플리케이션의 하나는 ENUM을 사용해서 국제전화 번호를 표준 URI[Uniform Resource Identifier[RFC3986]]로 변환하기 위해 DNS와 함께 사용되도록 정의됐다(11.5.6.12절 참조).

DDDS에서 알고리즘[RFC3402]은 AUS[Application-Unique String, 애플리케이션 고유 문자열]를 데이터베이스에 포함된 규칙이 처리하는 방법을 지시한다. 그 결과는 종단 문자열[terminal string](완전한 출력)이거나, AUS에 적용되는 다른 규칙을 찾는 데 사용되는 다른 (종단이 아닌) 문자열이다. 이렇게 만들어진 문자열들은 충분히 정규적인 문법을 갖는 거의 모든 것을 부호화할 수 있는 강력한 문자열 재작성[rewriting] 시스템을 구성한다. 이 알고리즘의 핵심은 그림 11-15에 있다.

그림 11-15에서 보여주는 프로세스는 첫 번째 잘 알려진 규칙을 AUS에 적용하는 것으로 시작한다. AUS는 애플리케이션마다 유일하게 식별되는 문자열이다. 적용 결과는 데이터베이스의 다른 규칙을 찾는 데 사용되는 키[key]를 형성한다. 규칙은 AUS에 적용되는 문자열 재작성 패턴과 플래그인데, 재작성된 문자열에는 결코 적용되지 않는다. 구체적인 동작 방법은 애플리케이션마다 다를 수 있지만, 일반적으로 규칙은 유닉스의 sed 프로그램[DR97]과 비슷하게 정규 표현식으로 대체된다. DDDS[RFC3403]를 지원하기 위한 데이터베이스로서 DNS를 사용할 때 키는 도메인 네임이고 규칙은 NAPTR 자원 레코드에

저장된다. 각 NAPTR RR은 Order, Preference, Flags, Service, Regular Expression(줄여서 Regexp라고도 씀), 그리고 Replacement 필드를 포함한다.

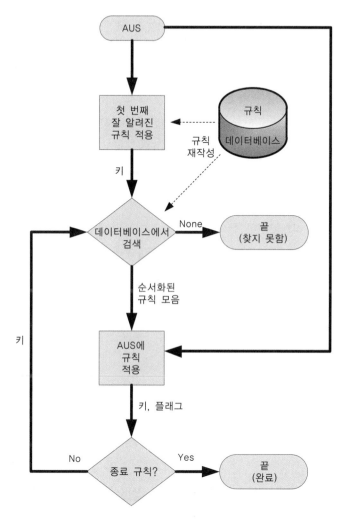

**그림 11-15** DDDS 알고리즘의 동작을 추상적으로 나타낸 그림. 종단이 아닌 레코드는 루프를 형성할 수 있다. 루프가 반복될 때마다 AUS에 대해 문자열 재작성 연산이 수행된다.

Order 필드는 16비트 부호 없는 정수로 어느 NAPTR 레코드를 다른 것들보다 먼저 사용할지 지정하는데(번호가 낮을 수록 우선순위 높음), DNS 아키텍처는 특정 레코드 자원의 순서를 보장해 주지 못하기 때문이다. Preference 필드는 순서 번호가 동일한 레코드들의 순서에 영향을 미친다. Order 필드는 참고용으로 쓰이는 우선순위와 달리, RR들에게 의무적인 순서를 부여한다. Flags 필드는 A–Z와 0–9(대소문자 구분없음)에 속하는 1개의 문자들로 이뤄진 순서 없는 목록을 포함한다. NAPTR 레코드를 이용하는 애플리케이션(예를 들면 ENUM. 다음 절에서 설명)이 Flags 필드의 해석 방법을 정의한다. Services 필드는 어떤 유형의 서비스가 기술돼 있는지를 표시하기 위해 애플리케이션에 의해 정의된다. Regular Expression 필드는 다른 NAPTR 조회에 사용될 서버의 신원을 형성하는 AUS(종단이 아닐 경우) 또는 출력 문자열(종단일 경우)에 적용되는 대체 표현식을 포함한다. Replacement 필드는(Regular Expression필드가 없을 때만 존재) NAPTR 레코드를 찾기 위해 조회할 다음 서버를 나타낸다. 이것은 별도의 FQDN으로서 부호화된다(DNS 메시지 내에서 이름 압축이 사용되지 않음). 상호 배타적인 Regular Expression 필드와 Replacement 필드의 사용법은 NAPTR의 발전 과정 상의 이유로 매우 비슷하다.

NAPTR 처리가 애플리케이션과 함께 어떻게 동작하는지 잘 이해하기 위해서 ENUM과 SIP DDDS 애플리케이션, URI/URN DDDS 애플리케이션, S-NAPTR 및 U-NAPTR 이라 불리는 정규 NAPTR의 대체 기능에 대해서 간단하게 살펴보자. DDDS를 설정하는 것은 애플리케이션의 AUS, 첫 번째 잘 알려진 규칙, 예상되는 출력, 유효한 데이터베이스, 플래그, 그리고 서비스 매개변수들을 설정하는 작업을 수반한다.

### 11.5.6.12 ENUM과 SIP

전화번호를 URI 정보로 변환하는 데 사용되는 ENUM DDDS[R06][RFC6116][RFC6117] [RFC5483]에서 AUS는 E.164 형식 전화번호(+ 문자로 시작하는 최대 15개 숫자)다. 맨 앞의 + 문자는 ENUM DDS에서 허용되는 E.164 번호를 다른 네임스페이스의 번호와 구별한다. 첫 번째 잘 알려진 규칙Well-Known Rules은 AUS에서 대시(-) 혹은 그 밖의 숫자가 아닌 문자를 제거하는 것으로 시작한다. DDDS 데이터베이스는 DNS이고, 키key는 다음과 같이 AUS(이제 숫자로만 이뤄져 있음)로부터 생성되는 도메인 네임이다. 즉, 점(.) 문자가 각 숫자 사이에 삽입되고 순서가 반전된 뒤 접미사 .e164.arpa가 추가되는 것이다. 예를 들면 E.164 번호 +1-415-555-1212는 키 2.1.2.1.5.5.5.5.1.4.1.e164.arpa로 변환된다. 이렇게 얻어진 도메인 네임은 NAPTR 레코드를 조회하기 위해 사용된다.

그림 11-15와 같이 DDDS 알고리즘이 여러 번 루프를 반복한 뒤 얻어지는 최종 결과는 (상대가 아니라) 절대 URI다. 유일하게 정의된 플래그는 U 플래그로서 URI를 생성

하는 종단 규칙을 의미한다. 아무 플래그도 없다면 종단이 아닌 규칙을 의미하며 이를 NTN(Non-Terminal NAPTR)이라고도 부른다. NAPTR 레코드의 Service 필드에 부호화되는 서비스 매개변수들은 E2U+Service 형태를 갖는데, 문자열 E2U(E.164에서 URI를 나타내는 말)에 특정 서비스에 관한 정보를 제공하는 Service 이름 하위필드를 붙인 것이다. 이들은 enumservice 식별자를 이루며, 이런 서비스들은 IANA에 등록돼 있다[ENUM][RFC6117]. 팩스, 인스턴트 메시징, 프레즌스 표시자 등 다양한 enumservice가 생성돼 있다.

이것들이 어떻게 동작하는지 보기 위해 체코 공화국의 오스트라바 대학의 전화 번호인 +420738511111을 찾는 조회를 설정해보자.

```
Linux% host -t naptr 1.1.1.1.1.5.8.3.7.0.2.4.e164.arpa
1.1.1.1.1.5.8.3.7.0.2.4.e164.arpa has NAPTR record
        50 50 "u" "E2U+sip" "!^\\+(.*)$!sip:\\1@osu.cz!".
1.1.1.1.1.5.8.3.7.0.2.4.e164.arpa has NAPTR record
        100 50 "u" "E2U+sip" "!^\\+(.*)$!sip:\\1@cesnet.cz!".
1.1.1.1.1.5.8.3.7.0.2.4.e164.arpa has NAPTR record
        200 50 "u" "E2U+sip" "!^\\+(.*)$!sip:\\1@k1ext.cesnet.cz!".
```

ENUM DDDS 애플리케이션에서 3개의 NAPTR 레코드의 내용을 볼 수 있는데, 2개는 SIP 서비스이고 1개는 H.323 서비스로서 인터넷 전화에 사용된다. 순서 번호 50과 100은 SIP 엔트리를 위한 것이고, 200은 H.323 엔트리를 위한 것으로, ENUM과 NAPTR 레코드를 사용해서 1개의 전화번호에 여러 개의 서비스를 연결하는 방법 그리고 NAPTR 레코드의 제공자가 동일한 서비스를 제공하는 2개의 이상의 게이트웨이에 우선순위 순서를 표시하는 방법을 볼 수 있다.

> **주의**
>
> SIP는 IETF가 정의한 통신 제어 프로토콜로 특히 멀티미디어 클라이언트와 서버의 연결에 많이 사용된다. H.323은 ITU가 정의한 프로토콜로서 멀티미디어 영상회의와 통신에 사용되는데, 하위 프로토콜과의 신호 교환에도 사용된다. 이것은 원격 영상회의 장비에 많이 구현됐다. 이번 예제와 이후의 예제들에서 host 프로그램이 BIND와 같은 DNS 서버를 위한 영역 파일에 대한 입력으로 사용될 수 있는 것을 출력한다. 그래서 이 출력은 존재하지 않는 여분의 이스케이프 '\' 문자를('\\'로 나타냄) 보여준다.

NAPTR 레코드의 규칙이 어떻게 AUS에 적용되는지를 좀 더 잘 이해하기 위해 조금 전 예제의 두 번째 SIP 레코드를 살펴보자. DNS 조회가 수행되고 NAPTR RR이 수신된 후에 첫 번째와 두 번째 ! 문자 사이에 나타난 문자열이 정규 표현식의 매치$^{match}$ 및 대체 문자열로서 사용된다. 따라서 문자열 +420738511111은 정규 표현식 ^\+(.*)$에 매치된다. 정규 표현식의 매치 규칙에 따르면 매치에 성공하므로, 문자열 재작성 규칙은 sip:\1@cesnet.cz가 된다. 특수 변수 \1은 괄호 ( ) 안에 들어있는 첫 번째 정규 표현식과 매치되는 하위문자열로 대체되는데, 이번 예제의 경우 최초의 + 문자를 제외한 AUS 내의 모든 문자가 해당된다. 따라서 AUS +420738511111은 URI sip:420738511111@cesnet.cz로 변환된다.

URI가 설정되면 다음 단계는 애플리케이션이 SIP 서버와 접촉하는 것이 자연스럽다. 그러나 SIP는 다른 전송 프로토콜로 운반될 수 있으므로, 다음 단계는 SIP용으로 만들어진 다른 DDDS를 사용하는 것이다[RFC3263]. 이 애플리케이션에서 NAPTR 레코드는 SRV 레코드 조회에 사용되는 도메인을 나타내는 대상을 포함한다. 예제를 계속 진행하자.

```
Linux% host -t naptr cesnet.cz
cesnet.cz has NAPTR record 200 50 "s" "SIP+D2T" "" _sip._tcp.cesnet.cz.
cesnet.cz has NAPTR record 200 50 "s" "SIP+D2T" "" _sip._udp.cesnet.cz.
```

NAPTR 레코드에 s 플래그가 사용됐는데, SRV 레코드가 결과임을 의미한다. Regexp 필드는 사용되지 않았고, 따라서 결과는 v 필드의 문자열로 주어지는 단순한 도메인 네임 대체 문자열이다. Service 필드는 SIP+D2x 혹은 SIPS+D2x 형태인데, 여기서 SIP와 SIPS는 각각 SIP와 보안 SIP 프로토콜을 의미한다. x는 전송 프로토콜을 나타내는 1문자 식별자로서 U는 UDP를, T는 TCP를, 그리고 S는 SCTP[RFC4960]를 나타낸다. 이 예에서 애플리케이션은 먼저 SIP/IDP에 해당하는 SRV 레코드 검색 및 사용을 시도하고, 이것이 실패할 경우 SIP/TCP를 사용한다. UDP 항목의 우선순위 값이 더 작기 때문이다.

### 11.5.6.13 URI/URN 변환

ENUM이 DNS에서 NAPTR을 이용하는 가장 안정적인 방법일 수 있지만, URI 변환[RFC3404] 그리고 URN$^{Uniform Resource Name[RFC2141]}$이라 불리는 영구적이고 위치 독립적인 URI 용으로 정의된 DDDS 애플리케이션도 있다. URI(URN도 포함)는 스킴$^{scheme}$ 이름과 그 뒤에 오는 하위문자열로 이뤄지며, 하위문자열은 스킴 특유의 문법에 호환된다. 스킴들의 공식 목록은 IANA가 관리한다[URI]. URI와 URN 애플리케이션은 매우 비슷하므로, 함께 묶어서 생각해도 무방하다. 따라서 URI/URN DDDS 애플리케이션에게 AUS는 권한있는 '변환' 서버가 위치하는 URI 또는 URN이 된다. URI 애플리케이션에게 첫 번째 잘 알려진 규칙은 단순히 스킴 이름이고, URN 애플리케이션에게는 네임스페이스 식별자(urn: 스킴 식별자와 콜론 문자 사이에 오는 하위문자열)다. 예를 들어 http://www.pesrson.com은 방법(키) http를 사용하는 URI이고, URN urn:foo:foospace는 첫 번째 키로 foo를 사용한다. 4개의 가능한 플래그가 현재 정의돼 있다. S, A , U, P 플래그다. 처음 3개는 종단 플래그로서, 결과값이 각각 SRV 레코드, IP주소, URI를 가져오는 데 사용되는 도메인 네임이라는 뜻이다. P 플래그는 DDDS 알고리즘 처리가 중지되고 (다른 곳에서 정의된) 애플리케이션 특유의 처리가 시작됨을 의미한다. 이 플래그들은 모두 상호 배타적이다. ENUM과 마찬가지로 이 플래그들이 하나도 없다면 NTN임을 의미한다.

URI/URN DDDS를 위한 지원은 아직도 진화 중이다. 2011년 현재 일부 스킴이 어떻게 uri.arpa TLD에 들어왔는지 확인할 수 있다.

```
Linux% host -t naptr http.uri.arpa
http.uri.arpa has NAPTR record 0 0 "" "" "!^http://([^:/?#]*).*$!\\1!i".
Linux% host -t naptr ftp.uri.arpa
ftp.uri.arpa has NAPTR record 0 0 "" "" "!^ftp://([^:/?#]*).*$!\\1!i".

Linux% host -t naptr mailto.uri.arpa
mailto.uri.arpa has NAPTR record 0 0 "" "" "!^mailto://([^:/?#]*).*$!\\1!i".
Linux% host -t naptr urn.uri.arpa
urn.uri.arpa has NAPTR record 0 0 "" "" "!^urn://([^:/?#]*).*$!\\1!i".
```

이 NAPTR들의 처음 3개는 재작성 규칙을 포함하고 플래그는 없다. 따라서 이 레코드들은 애플리케이션이 대응 URI로부터 도메인 네임을 추출하고 DDDS 알고리즘을 계속해야 한다는 것을 나타낸다. 마지막 ! 문자 다음의 i 플래그는 대소문자가 구분되지 않는다는 것을 나타낸다. 예를 들면 mAiLto:pearson@example.com은 example.com으로 재작성된다. 4번째 레코드는 URN 네임스페이스 ID를 추출하고 처리를 계속하기 위해 사용된다. URN의 경우, 소수(현재 2개)의 NAPTR 레코드가 urn.arpa에 설정돼 있다.

```
Linux% host -t naptr pin.urn.arpa
pin.urn.arpa has NAPTR record 100 100 "" "" "" pin.verisignalabs.com.
```

```
Linux% host -t naptr uci.urn.arpa
uci.urn.arpa has NAPTR record 100 100 "" "" "" uci.or.kr.
```

이런 URN 네임스페이스는 현재 별로 주목을 받지 못하고 있으며 현재 지속 식별자(예를 들면 [P10] 참조)를 사용해서 객체를 나타내고 찾는 여러 방법이 경쟁 중이기 때문에 URN 이 얼마나 보급될지는 아직 분명치 않다. 그렇지만 40개를 넘는 URN 네임스페이스가 정의됐고[URN], URN 네임스페이스를 생성하는 데 관심이 꾸준히 이어지고 있다. 다만 그 중에서 전역적이고 활성화된 NAPTR 레코드가 있는 것은 몇 개 되지 않는다.

## 11.5.6.14 S-NAPTR과 U-NAPTR

애플리케이션이 도메인 내의 어떤 서비스와 통신하기 위해서 어떤 호스트, 프로토콜, 포트 번호를 사용해야 할지 알고 싶을 때 어떤 방법을 써야 할지 문제가 될 수 있다. 예를 들면 example.com 도메인 내의 사용자 컴퓨터에서 실행 중인 메일 읽기 프로그램이 IMAP 서비스를 제공하는 서버를 찾고 싶을 수 있다. 관습적으로는 단순히 서비스 이름을 도메인에 첨부해 만든다(예를 들면 imap.example.com). CNAME, A, AAAA 레코드는 유연성이 다소 부족한데, 어떤 전송 프로토콜 또는 포트 번호를 사용하는지 전혀 나타내지 않기 때문이다. SRV 레코드는 다른 간접 계층을 제공해서 좀 낫지만, A 또는 AAAA 레코드가 후속으로 조회되는 도메인 네임만을 포함하는 한계가 있다. 그래서 NAPTR 레코드를 사용하면 추가적인 간접 계층을 통해 더 나은 유연성을 제공할 수 있고 (SRV 레코드와 같은) 다른 레코드 유형도 사용할 수 있다.

NAPTR의 구조와 재작성 기능은 일부 개발자와 운영자에게 정규 표현식의 복잡성으로 인한 우려를 불러왔다. 그래서 기본적인 SRV 레코드가 아닌 방법으로 서비스를 찾을 수 있는 단순화된 방법으로서 S-NAPTR[Straightforward NAPTR][RFC3958] 이 제안됐는데, NAPTR 레코드의 내용을 단순화하도록 제한함으로써 서비스 이름을 포함하는 도메인 '레이블'을 변환할 수 있는 DDDS 애플리케이션을 정의한다.

S-NAPTR에서 AUS는 특정 서비스를 찾을 수 있는 권한 서버에 대한 도메인 레이블이다. 첫 번째 잘 알려진 규칙은 신원 함수로서, 도메인 내의 특정 애플리케이션 서비스에 접촉하는 데 필요한 정보(프로토콜, 호스트, 포트 등)가 출력된다. S와 A 종단 플래그만 허용되므로, 각각 SRV RR 혹은 도메인 네임(A 또는 AAAA RR에 대한 후속 요청을 형성하는 데 사

용)임을 나타낸다. 서비스 매개변수들은 IANA 레지스트리[SNP]에서 관리 중인 것들이며, Regexp 필드는 사용되지 않고 Replacement 필드만 사용된다. S-NAPTR은 IRIS[Internet Registry Information Service[RFC3981]와 함께 사용되는데, IRIS는 데이터베이스가 DNS 네임스페이스의 iris.arpa 부분에 들어있는 XML 기반 텍스트 애플리케이션 프로토콜로서 도메인 네임 관련 정보 및 기타 등록 정보를 교환하는 데 사용된다. 예를 들면 다음과 같다.

```
Linux% host -t naptr areg.iris.arpa
reg.iris.arpa NAPTR
        100 10 "" "AREG1:iris.xpc:iris.lwz" "" areg.nro.net.
```

이 예는 AREG1 유형 데이터([RFC4698] 참조)를 찾기 위한 IRIS 조회를 수행하려면 후속 NAPTR 조회가 areg.nro.net로 시작돼야 한다는 것을 표시하기 위해 S-NAPTR(정규 표현식 아님)을 사용한다.

S-NAPTR의 경험과 운영 경험과 추가 사항들을 고려해 U-NAPTR[URI-enabled NAPTR [RFC4848]이 개발됐다. 이것은 S-NAPTR의 제한을 일부 완화했지만, 다른 기능과 등록은 전부 그대로 유지한다. 가장 중요한 차이점은 U 플래그가 추가된 것인데, NAPTR 레코드의 대상이 URI가 될 수 있고 따라서 정규 표현식을 사용할 수 있다. 이것은 U-NAPTR 정규 표현식이 (!.*!<URI>!) 형태로 제한된다는 점을 제외하면 NAPTR의 완전한 일반 버전과 비슷하다. 즉, AUS 전부가 URI로 대체된다. U-NAPTR은 LoST[Location-to-Service Translation protocol[RFC5222]와 함께 사용되고 있는데, LoST는 네트워크 연결 지점과 지리적 위치가 주어졌을 때 정확한 서비스를 알아내는 용도로 사용될 수 있다. 이런 정보는 공공 안전 애플리케이션에서 유용한데, 응급 서비스를 제공할 의무가 있는 관할 지자체를 알 수 있기 때문이다.

## 11.5.7 동적 갱신(DNS UPDATE)

[RFC2136]에 정의된 프로토콜을 이용해 DNS 영역[zone]을 동적으로 갱신하는 것이 가능하며, 이 기능을 DNS UPDATE라고 부른다. 이때 전제조건[prerequisite]을 지정할 수 있으며, 서버가 전제조건을 평가한 결과가 참이 아니면 갱신은 수행되지 않고 오류 메시지를 반환한다.

DNS UPDATE는 영역의 권한 DNS 서버에 동적 갱신<sup>dynamic update</sup> DNS 메시지를 보냄으로써 수행된다. 이 메시지의 구조는 헤더 필드와 섹션이 다른 이름(그림 11-3 참조)을 갖는 점을 제외하면 통상의 기존 DNS 메시지와 동일하다. 섹션은 갱신 영역, 갱신이 일어나기 위해 RR들을 요구하는 전제조건, 그리고 갱신 정보를 나타낸다. 갱신이 일어날 때 헤더는 조회 메시지의 형식을 그대로 사용하되 Opcode 필드는 갱신을 의미하는 5로 설정된다. 헤더 필드 ZOCOUNT, PRCOUNT, UPCOUNT, ADCOUNT는 각각 갱신 영역(값이 1), 고려해야 할 전제조건, 생성될 갱신 갱신, 추가 정보 레코드의 개수를 포함한다. [RFC2136]는 DNS 서버에 포함돼 전제조건 또는 서버의 문제점과 관련된 조건을 나타내는 RCODE 값(테이블 11-12의 6부터 10)들도 정의한다.

갱신 메시지(그림 11-7 참조)의 영역<sup>zone</sup> 섹션은 영역의 이름, 유형, 클래스를 나타낸다. 유형 값은 6이 되는데, 영역을 식별하는 SOA 레코드가 존재함을 의미한다. 클래스 값은 우리가 다루는 모든 갱신 메시지에서 1(인터넷)이 된다. 갱신되는 모든 레코드는 동일 영역 내에 있어야 한다.

갱신 메시지의 전제조건 섹션은 11.5.5절에서 다뤘던 RR 형식을 사용해 표현되며 하나 이상의 전제조건을 포함하고 있다. 전제조건에는 RRSet이 존재함<sup>RRSet exists</sup>(값에 독립적인 것과 값에 종속적인 것), RRSet이 존재하지 않음<sup>RRSet does not exist</sup>, 이름이 사용 중임<sup>Name is in use</sup>, 이름이 사용 중이지 않음<sup>Name is not in use</sup>, 이렇게 5가지 유형이 있다. 앞서 배웠지만 RRSet은 동일 영역에 속하는 RR들의 집합으로서 공통의 이름, 클래스, 유형을 공유한다. 전제조건의 의미를 표현하기 위해서 RR의 클래스, 유형, RDATA 값의 조합이 표 11-5에 따라 설정된다.

**표 11-5** 전제조건 유형을 표현하기 위해 전제조건 섹션에 사용되는 RR 클래스와 유형 필드

| 전제조건 유형(의미) | 클래스 설정 | 유형 설정 | RDATA 설정 |
|---|---|---|---|
| RRSet 존재(값 독립) | 임의 | 영역의 유형과 동일 | 없음 |
| RRSet 존재(값 종속) | 영역의 클래스와 동일 | 검사 대상 유형 | 검사 대상 RRSet |
| RRSet 존재하지 않음 | 없음 | 검사 대상 유형 | 없음 |
| 이름 사용 중 | 임의 | 임의 | 없음 |
| 이름 미사용 중 | 없음 | 임의 | 없음 |
| 3 | 5 | 발신지 경로 설정 실패 | 중간 홉에 도달할 수 없음 |

RRSet이 존재함 유형은 영역 섹션에서 지정된 영역 내에 전제조건 섹션 내의 해당 RR의 이름 및 유형과 일치하는 RR이 적어도 1개 있음을 의미한다. 값에 종속적인 경우는 이 일치하는 RR에 포함된 RDATA 값도 일치하는 경우만 참$^{rue}$이 된다. RRSet이 존재하지 않음 유형은 영역 섹션에서 지정된 영역 내에 전제조건 섹션 내의 해당 RR의 이름 및 유형과 일치하는 RR이 존재하지 않음을 의미한다. 마지막 두 경우(이름 사용 중 및 이름 미사용 중)는 도메인 네임만을 참조하며, 유형 값은 사용되지 않는다. DNS 클래스 설정이 없음$^{NONE}$과 임의$^{ANY}$일 경우에 해당하는 값은 각각 254와 255이다.

전제조건 섹션 다음에 오는 갱신 섹션은 영역 섹션에서 지정된 영역에 추가 혹은 삭제할 RR을 포함한다. 표 11-6에 나타난 것처럼 클래스, 유형, RDATA 필드의 값을 다양하게 조합해서 RR로서 부호화되는 4가지 유형의 갱신이 있다.

**표 11-6** 갱신 유형을 나타내기 위해 갱신 영역에 사용되는 RR 클래스와 유형 필드

| 용도 | 클래스 설정 | 유형 설정 | RDATA 설정 |
|---|---|---|---|
| RR을 RRSet에 추가 | 영역의 클래스와 동일 | 추가되는 RR의 유형 | 추가되는 RR의 RDATA |
| RRSet 삭제 | 임의 | 삭제되는 RR의 유형 | 없음(TTL과 RDLENGTH 역시 제로) |
| 이름에 속한 모든 RRSet 삭제 | 임의 | 임의 | 없음(TTL과 RDLENGTH 역시 제로) |
| RRSet로부터 RR 삭제 | 없음 | 삭제되는 RR의 유형 | 삭제될 해당 RDATA |

갱신 섹션은 전제조건이나 서버 문제로 인해 아무 오류도 발생하지 않은 경우에 처리되는 RR들을 포함한다. 각 RR은 추가 혹은 삭제 동작을 부호화한다. 수정은 삭제가 먼저 되고 그다음에 추가가 수행될 수 있다. DNS UPDATE의 예제를 보기 위해 다음 명령을 이용해 동적 DNS 갱신을 수행하는 윈도우 PC가 있다고 하자.

```
C:\> ipconfig /registerdns
```

윈도우 클라이언트는 기본적으로 컴퓨터 이름과 도메인 네임에 대해서 갱신을 시작한다. 하지만 이 동작은 IPv4에서 DNS 접미사 단위로 실행될 수도 있는데, TCP/IP가 활성화된 인터페이스의 인터넷 프로토콜(TCP/IP) **속성** 메뉴에 있는 일반 탭에서 고급 TCP/IP 설정의 DNS 영역에서 'DNS 등록에 이 연결의 DNS 접미사 사용' 체크박스를 켜면 된다. IPv6의 경우도 **IPV6 속성** 메뉴라는 점을 제외하면 동일한 방법으로 하면 된다. 그림 11-6의 예제를 통해서 우리는 vista라는 이름의 PC가 DNS 갱신 메세지를 시작해서 어떻게 로컬 영역 dyn.home을 갱신하는지 볼 수 있다.

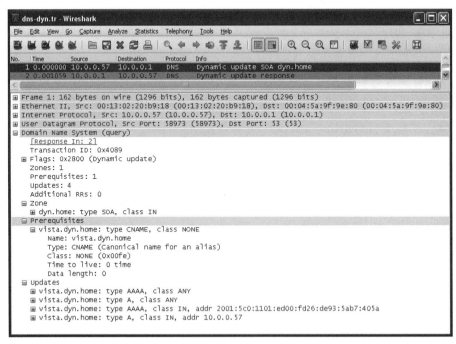

**그림 11-16** DNS 동적 갱신은 영역 섹션의 SOA 레코드와 갱신 영역의 RR을 포함한다. 이 그림의 경우, 호스트 vista.dyn.home을 위한 새로운 IPv4와 IPv6 주소를 포함한다.

그림 11-16은 동적 갱신이 어떻게 부호화되는지 보여준다. DNS 서버 **10.0.0.1**(이 예제에서는 BIND[AL06]를 실행 중)이 동적 갱신이 가능하도록 설정돼 있다. 영역 섹션은 갱신될 (vista.dyn.home) 영역을 식별하는 SOA 레코드를 포함한다. 전제조건 섹션은 0 길이 RDATA 섹션과 TTL 값이 0인 RR을 포함한다. RR은 표 11-5의 세 번째 행에 있는 전제조건(RRSet이 존재하지 않음)에 해당하는데, RR의 유형이 ANY(이것은 CNAME이다)이고, 클래스는 NONE(254)로 설정돼 있기 때문이다.

이번 예제의 경우, 주소 **10.0.0.57**과 **2001:5c0:1101:ed00:fd26:de93:5ab7:405a**가 이름 vista.dyn.home과 연관된다. 이를 위해서 먼저 **AAAA**와 **A RRSets**(표 11-6에서 행 2에 대응)를 삭제한 뒤, 원하는 주소에 대해 **AAAA**와 **A RRSets**(표 11-6에서 행 1에 대응)를 추가한다.

DNS 갱신에 대한 응답 메시지는 단순하고 압축적이다. 그림 11-16의 갱신 메시지에 대한 응답 메시지를 그림 11-17에서 볼 수 있다.

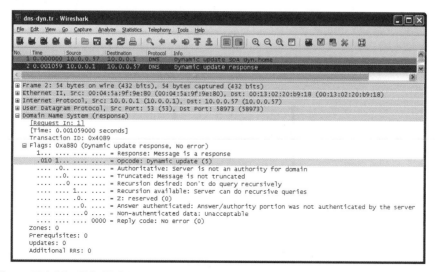

**그림 11-17** 동적 갱신 요청에 대한 응답 메시지는 트랜잭션 ID와 상태 플래그들을 포함한다. Flags 필드는 성공적인 갱신(오류 없는) 임을 나타낸다. 트랜잭션 ID(0x4089)는 갱신 응답이 어느 갱신 요청에 대한 것인지 확인하는 데 쓰인다. 리눅스에서 nsupdate 프로그램은 협업 DNS 서버의 갱신에 사용될 수 있음에 주목하자. 인증 및 접근 제어 절차에 따라 허용 가능한 요청임이 확인된 경우에만 DNS 서버들은 갱신 요청에 협조한다. 이 절차가 아무것도 검사하지 않거나 혹은 단순히 서버가 보유 중인 클라이언트의 IP 주소를 검사하는 보안상 안전하지 않은 것일 수도 있고, 트랜잭션 인증 기능을 제공하는 좀 더 복잡하고 보안성이 좋은 방법일 수도 있다(18장의 TSIG과 SIG(0) 참조).

## 11.5.8 영역 전달과 DNS 통보

영역 전송$^{zone\ transfer}$은 어떤 영역의 RR들을 한 서버에서 다른 서버로 복사하는 데 사용된다(일반적으로 마스터 서버에서 슬레이브$^{slave}$ 서버로). 이렇게 하는 목적은 영역의 내용을 다수의 서버에 동기화해서 유지하기 위한 것이다. 다중 서버는 서버가 다운되는 경우와 같은 장애 발생 시 융통성을 제공한다. 또, 조회 요청의 처리 부하를 나눠 가짐으로써 성능도 향상될 수 있다. 추가로, DNS 조회/응답의 지연은 서버가 클라이언트에 가까운 곳에 위치하면 감소될 수 있다(즉, 변환기와 서버 사이의 네트워크 지연이 작다).

초기 명세에서 영역 전달은 슬레이브가 주기적으로 영역의 버전 번호를 비교해 영역 전달이 필요한지를 알아보기 위해 마스터와 접촉하는 폴링$^{polling}$ 후에 시작됐다. 하지만 이후에 영역 내용이 변경될 때 비동기 갱신 메커니즘을 사용해 영역 전송을 시작해야 할 필요가 생겼다. 이것을 DNS NOTIFY라 부른다. 영역 전달이 시작되면 전체 영역이 전송되거나(DNS AXER 메시지를 사용-)[RFC5936], 증분$^{incremental}$ 영역 전송 옵션(DNS IXER 메시지를 사용-)[RFC1995]이 사용될 수도 있다. 일반적인 절차는 그림 11-18과 같다.

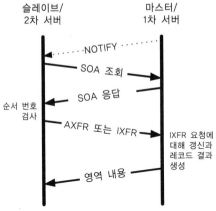

**그림 11-18** DNS 영역 전송은 서버 간에 영역 정보를 복사한다. 통보를 받은 슬레이브 서버는 전체 혹은 증분 영역 전송을 요청한다.

여기서는 전부 혹은 증가된 영역 전달에 DNS 통보를 더한 각 옵션을 자세히 살펴본다.

## 11.5.8.1 전체 영역 전달(AXER 메시지)

전체 영역 전달은 영역의 SOA 레코드에 들어있는 영역 전송 매개변수들인 1차 네임 서버, 순서 번호, 리프레시, 재시도, 만료 간격에 의해 제어된다. 영역 전송을 하도록 설정된 슬레이브 서버는 영역 전달이 필요한지 알아보기 위해 1차 서버에 접촉을 시도한다. 접촉은 리프레시 간격에 따라 주기적으로 시도된다. 또, 서버가 처음 시작할 때 역시 시도된다. 접촉이 성공적이지 못하면(서버로부터 응답이 없으면) 재시도가 재시도 간격(일반적으로 리프레시 간격보다 짧음)에 따라 주기적으로 시도된다. 만료 간격 이내에 리프레시되지 않으면 전체 영역 내용이 쏟아져 나와 영역을 위한 서버가 효과적으로 처리하지 못한다.

전체 영역 전달AXFR DNS 메시지(질문 영역에 유형 AXFR을 포함하는 표준 조회)는 TCP를 이용해 완전한 영역 전달을 요청하는 데 사용된다. 이 메시지를 보기 위해서 아래와 같이 로컬 네트워크에서 host 프로그램을 이용해 영역 전송을 요청할 수 있다.

```
Linux% host -1 home
Using domain server:
Name: 10.0.0.1
Address: 10.0.0.1#53
Alias:

home name server gw.home.
ap.home has address 10.0.0.6
gw.home has address 10.0.0.1
...
```

-1 플래그는 host 프로그램에 로컬 DNS 서버로부터 전체 영역 전달을 수행하도록 요청한다. host 프로그램은 그림 11-19와 같이 TCP 기반 조회/응답 대화를 시작한다.

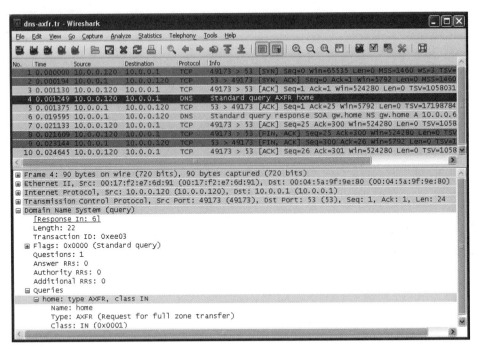

**그림 11-19** 전체 영역 전달을 위한 DNS 요청은 AXFR 레코드 유형과 전송 프로토콜로 TCP를 사용한다.

그림 11-19에서는 영역 전달이 TCP를 이용해 어떻게 시작되는지 볼 수 있다. 처음 3개 TCP 세그먼트는 표준 TCP 연결 설정 과정의 일부다(13장 참조). 4번째 패킷이 바로 영역 전송 요청이다. 이것은 유형 AXFR과 클래스 IN(인터넷)을 가진 평범한 DNS 메시지다. 조회는 도메인 네임 home에 대한 것이고, 이 조회에 대한 응답은 TCP ACK(그림 11-20 참조) 다음의 메시지 6에 포함된다.

696

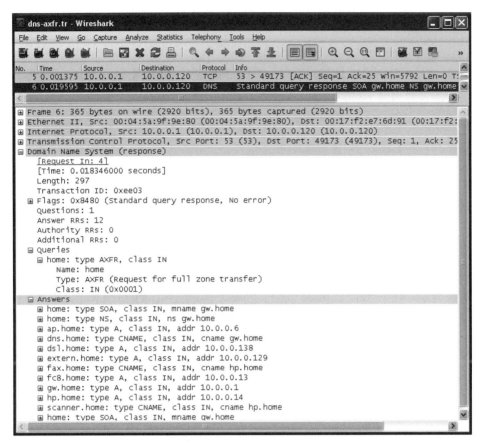

**그림 11-20** 전체 영역 전송에 대한 성공적인 응답에는 영역의 모든 레코드가 포함된다. 영역 내용의 용량이 크고 신뢰성 있는 복사가 요구되기 때문에 트랜잭션은 TCP를 이용한다.

그림 11-20에서는 전체 영역이 응답 메시지 내에서 어떻게 운반되는지 볼 수 있다. 응답을 수신한 후에 클라이언트의 TCP가 데이터를 받았음을 확인하고 TCP 연결 종료를 시작한다. 연결은 FIN-ACK 핸드셰이크(패킷 8 - 10)를 이용해 정상적으로 종료된다. 좀더 자세한 표준 TCP 연결 설정과 종료에 대해서는 13장을 참조하라.

과거에는 거의 모든 DNS 서버로 영역 전송을 할 수 있었지만, 현재는 일반적으로 영역내의 권한 서버(예를 들어 영역의 NS 레코드에 열거된 서버)만 가능하다. 이런 제한의 이유는 프라이버시와 보안 때문이다. 영역 내의 호스트에 관한 정보는 외부 공격자가 특정 서비스 또는 호스트를 공격하는 데 쓰일 수 있다.

### 11.5.8.2 증가 영역 전달(IXFR 메시지)

영역 전달의 효율성을 향상시키기 위해 [RFC1995]는 증가 영역 전달의 사용법을 정의한다. 증가 영역 전달과 IXFR 메시지 유형을 이용함으로써 영역에서 변경된 내용만 제공한다. 증가 영역 전달을 실행하기 위해 클라이언트(예를 들면 슬레이브 서버)는 영역에 대한자신의 현재 일련번호를 제공해야 한다. 다음 예제는 일련번호를 제공하고 dig 프로그램을 사용해서 요청 서버를 모방한다.

```
Linux% dig +short @10.0.0.1 -t ixfr=1997022700 home.
gw.home. hostmaster.gw.home. 1997022700 10800 15 604800 10800
```

명령 라인 옵션들은 실행 결과 출력이 짧아야 하고, **10.0.0.1**은 사용할 DNS 서버의 주소이며, 일련번호 1997022700으로 시작하는 증분 영역 전송이 수행돼야 함을 의미한다. 이번 예제는 앞서 그림 11-19와 그림 11-20에서 보여줬던 AFXR의 경우와 거의 똑같은 패킷 교환을 보여주지만, 요청의 일련번호가 현재의 일련번호와 일치한다는 점이 다르다 (그림 11-21).

**그림 11-21** TCP로 운반되는 증분 영역 전송 요청. 일련번호는 직전의 영역 전송 이후 어느 레코드가 변경됐는지 알아내는 데 사용된다.

그림 11-22는 IXFR 요청이 권한 섹션에 거의 빈 SOA RR을 포함하고 있는 것을 보여준다. SOA 레코드는 지정된 일련번호(1997022700)를 포함하고 있다. 응답(패킷 6)은 실제 정보를 아무것도 포함하지 않는데, 이 일련번호가 서버에 있는 현재 일련번호와 일치하기 때문이다.

**그림 11-22** 일련번호가 서버의 현재 일련번호와 일치할 경우, IXFR 요청에 대한 응답은 단지 SOA 레코드만 포함하고 다른 부가 정보를 포함하지 않는다.

그림 11-22에서 응답은 대답<sup>answer</sup> 섹션에 **SOA RR**만 포함한다. 조회 메시지와는 달리 이 것은 완전한 **SOA** 필드로 채워진다(예를 들면 영역 전달 매개변수). 그러나 영역의 현재 일련 번호가 요청 메시지의 일련번호와 일치하기 때문에 추가 정보는 포함되지 않는다. 따라 서 요청 클라이언트는 현재 최신 상태이며, 추가 정보나 영역 전송이 필요하지 않다고 간 주된다.

### 11.5.8.3 DNS 통보

앞서 언급했듯이 폴링<sup>polling</sup>은 전통적으로 영역 전송이 필요한지 결정하기 위해 사용됐 다. 이때 슬레이브 서버는 영역이 갱신됐는지 알아내기 위해(일련번호를 비교) 주기적으로

('리프레시' 간격으로) 마스터 서버를 검사해야 한다. 갱신이 있었음이 확인되면 영역 전송이 시작되는데, 불필요한 폴링이 자주 일어나기 때문에 다소 낭비가 심한 과정이다. 이 상황을 개선하기 위해 [RFC1996]은 DNS 통보<sup>NOTIFY</sup> 메커니즘을 정의했다. DNS 통보 메커니즘을 사용하면 서버는 영역 내용이 갱신됐으므로 영역 전송이 시작돼야 한다고 슬레이브 서버에게 알릴 수 있다. 보다 구체적으로 말하면, 영역의 SOA RR이 변경되면(예를 들면 일련변호가 증가) 관심을 갖고 있는 서버들에게 통보 메시지가 보내진다. 덕분에 필요시 영역 전송이 쉽게 시작될 수 있다. 우리는 로컬(홈) 네임 서버를 사용해서 이 과정을 확인할 수 있다(그림 11-23).

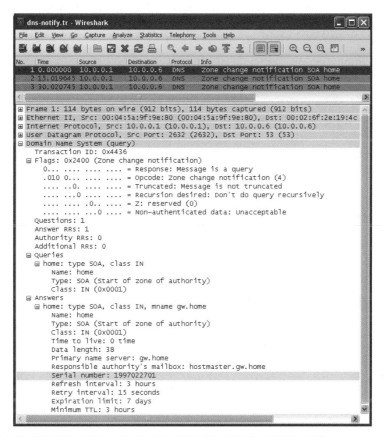

**그림 11-23** 영역 파일의 갱신을 나타내는 DNS 통보. 15초 간격으로 2개의 재전송(표준 방법과는 다름)

이 예제는 영역 내용의 변경이 있었음을 통보받아야 하는 통보 대상<sup>notify set</sup>에 속한 서버 호스트로 보내진 단순 DNS 통보 메시지를 보여준다. 이 메시지는 영역 변경 통보임을 나타내는 Flags 필드가 설정된 UDP/IPv4 DNS 조회 메시지다. 조회 섹션은 SOA 레코드의 유형과 클래스를 포함하고, 대답 섹션은 일련번호를 포함해서 영역의 현재 (TTL값이 0인) SOA RR을 포함한다. 이것은 통보를 받은 서버가 영역 전송이 필요하다고 결정하기에 충분한 정보다. 주목할 점은 1대의 서버가 영억 정보를 갱신한 여러 대의 서버로부터 DNS 통보를 받을 수도 있다는 점이다. 이것이 프로토콜의 동작에 문제를 일으키지는 않는다.

DNS 통보 메커니즘은 신뢰성 없는 프로토콜인 DNS를 기본으로 사용한다. 이번 예제의 경우, 통보 대상 서버는 모두 주소 10.0.0.11을 포함하고 있는데 이 주소에서는 DNS 서버가 실행되고 있지 않다. 따라서 메시지는 결코 도착하지 않을 응답을 기다리며 15초마다 재전송된다.

> **주의**
>
> 재전송 간격과 재전송 총 시도 횟수를 [RFC1996]은 60초와 5번으로 제안하고 있다. 또, 타이머 백오프 기법(가법적(additive) 또는 지수적(exponential))을 사용할 것을 권고한다. 하지만 이번 예제의 BIND9 구현은 두 번의 재전송이 15초 간격이므로 이런 권고를 따르지 않는다는 것을 알 수 있다.

응답은 트랜잭션 ID를 제외하고 다른 유용한 정보를 갖지 않는 단순한 DNS 응답 메시지다. 단지 프로토콜을 완료하고 송신 서버에서 재전송을 취소하는 데 사용된다.

## 11.6 정렬 목록, 라운드로빈, 분할 DNS

지금까지 우리는 도메인 네임이 설정되는 방법, DNS가 지원하는 자원 헤코드의 유형, 영역을 가져오고 갱신하는 데 사용되는 DNS 프로토콜을 배웠다. 한 가지 미묘한 부분은 DNS 조회에 대한 응답 메시지 내에 어떤 데이터가 어떤 순서로 반환되는가 하는 것이다. DNS 서버는 자신에게 가장 편한 순서로 모든 일치 데이터를 임의의 클라이언트에 반환할 수도 있다. 하지만 대부분의 DNS 소프트웨어는 운영, 보안, 성능 목표를 달성하기 위해 특수한 설정 옵션과 동작을 지원한다. 그림 11-24에서 보여주는 토폴로지를 생각해 보자.

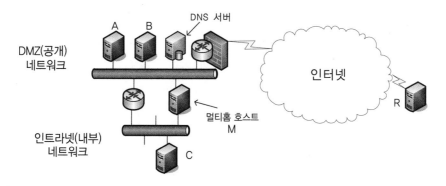

**그림 11-24** 요청을 보낸 IP 주소에 따라서 서로 다른 주소를 반환하도록 DNS가 설정된 소규모 기업의 토폴로지

그림 11-24는 소규모 기업에서 전형적으로 볼 수 있는 유형의 토폴로지다. 하나의 사설 네트워크와 DNS 서버를 포함하는 하나의 공개 네트워크가 있다. 그리고 DMZ에 2개의 호스트(A와 B), 내부 네트워크에 1개의 호스트(C), 인터넷에 1개의 호스트(R)가 있다. 멀티홈 호스트(M)는 DMZ와 내부 네트워크에 걸쳐있다. 따라서 M은 2개의 다른 네트워크 프리픽스로부터 가져온 2개의 IP 주소를 가진다.

M과 접촉하고자 DNS 검색을 수행하는 호스트는 2개의 주소를 얻는다. 하나는 내부 네트워크에서의 주소고, 다른 하나는 DMZ에서의 주소다. 당연히 A, B, R은 DMZ를 통해서 M과 통신하는 것이 효율적이고, C는 내부 네트워크를 통하는 것이 효율적일 것이다. 이런 상황은 DNS 서버가 DNS 조회 요청을 보낸 발신지 IP 주소를 기반으로 주소 레코드를 정렬하는 경우 일반적으로 일어난다(M이 동일 네트워크 인터페이스 상의 서로 다른 서브넷에 속하는 다수의 IP 주소를 사용하는 경우는 목적지 IP 주소를 사용할 수도 있다). DNS 요청을 보낸 시스템이 DNS 서버가 반환하는 주소 레코드의 발신지와 동일한 네트워크 프리픽스를 갖는 발신지 IP 주소를 사용할 경우, DNS 서버는 응답 메시지를 반환할 때 이러한 레코드들을 먼저 배치한다. 이런 이유로 클라이언트는 자신이 접촉하고자 하는 서버와 가장 가까운 IP 주소를 찾고자 하는데, 대부분의 단순한 애플리케이션들은 반환된 주소 레코드들 중에서 가장 먼저 발견되는 주소에 접촉하려 하기 때문이다. 세부적인 동작은 **sortlist** 또는 **rrset-order** 지시자(변환기와 서버의 설정 파일에서 사용되는 옵션)로 제어된다. DNS 소프트웨어가 이러한 정렬 동작을 기본으로 수행하도록 설정됐을 경우 정렬이 자동으로 일어날 수도 있다.

이와 비슷한 상황이 부하 분산(즉, 서버들이 부하를 분담) 을 위해 2대 이상의 서버로 하나의 서비스가 제공될 때 일어난다. 조금 전 예에서 어떤 서비스가 A와 B에서 제공된다고 가정하자. 이 서비스는 URL http://www.example.com에 의해 식별될 수 있다. 요청을 하는 클라이언트(예를 들면 R)는 도메인 네임 www.example.com에 DNS 조회를 수행하고, DNS 서버는 주소 레코드의 집합을 반환한다. 부하 분산을 구현하기 위해 DNS 서버는 DNS 라운드로빈[round-robin]을 사용하도록 설정될 수 있는데, 이것은 서버가 반환 주소 레코드들을 순서대로 사용하는 것을 의미한다. 따라서 서비스에 새로 접근하는 클라이언트는 앞서 접근했던 클라이언트와는 다른 서버에서 서비스에 접근하게 된다. 이 방법은 부하 분산에 도움은 되지만 완벽한 부하 분산과는 거리가 멀다. 레코드가 캐시에 저장될 때 원하는 효과가 나타나지 않을 수 있는데, 기존에 캐시에 들어있던 주소 레코드가 재사용될 수 있기 때문이다. 게다가 연결의 수를 서버들 간에 분산시키는 것이지 부하를 분산시키는 것은 아니다. 연결들마다 요구되는 처리 능력이 크게 다를 수 있기 때문에, 특정 서비스에 요구되는 처리 능력이 언제나 동일하지 않은 한 진정한 부하 처리는 여전히 균형 있게 분담되지 않을 가능성이 높다.

DNS 서버가 반환하는 데이터 관련해서 마지막으로 고려할 사항은 프라이버시 지원이다. 이번 예제의 경우, 회사 내의 호스트들이 네트워크 내의 모든 컴퓨터에 대한 자원 레코드를 조회할 수 있도록 하면서 R에 접근할 수 있는 시스템의 수는 제한하고 싶다고 하자. 이런 목적을 구현하기 위한 방법이 분할 DNS[split DNS]다. 분할 DNS에서는 조회에 대한 응답 메시지 내에 반환되는 자원 레코드들이 클라이언트의 신원 및 조회 목적이 주소에 따라 다르다. 클라이언트는 IP 주소나 주소 프리픽스에 의해 식별되는 경우가 많다. 분할 DNS를 사용하면, 회사 내의 임의의 호스트(즉, 동일 프리픽스를 사용하는 호스트)에게 전체 DNS 데이터베이스를 제공하면서 외부 호스트들은 메인 웹서비스가 운영 중인 A와 B만 보이도록 할 수 있다.

## 11.7 개방형 DNS 서버와 DynDNS

많은 가정 사용자는 ISP에 의해 1개의 IPv4 주소가 할당되고, 이 주소는 사용자의 컴퓨터 혹은 홈 게이트웨이가 인터넷에 연결, 연결 해제, 재연결할 때마다 변경될 수 있다. 따라서 사용자는 인터넷으로부터 접근 가능한 서비스를 실행하기 위한 DNS 항목을 설정하기 어렵다. 그래서 DNS 갱신 API[DYNDNS]라는 특수한 갱신 프로토콜을 지원하는 다수의 DDNS(동적 DNS) 서버가 존재한다. 이 기능을 사용하면 사용자는 사전등록 혹은 계정이 주어지면 ISP의 DNS 서버 내의 항목을 갱신할 수 있다. 이 방법은 앞서 설명했던 DNS UPDATE 프로토콜[RFC2136]을 사용하지 않으며, 별개의 애플리케이션 계층 프로토콜이다.

이 서비스를 사용하기 위해 DDNS 클라이언트 프로그램(예를 들면 리눅스의 inadyn 혹은 ddclient와 윈도우용 DynDNS Updater)은 사용자의 홈 라우터 역할도 할 수 있는 클라이언트 시스템에서 실행된다. 대체로 이런 프로그램들은 원격 DDNS 서비스에 접근할 수 있는 로그인 정보가 설정돼 있다. 서비스 요청이 있으면클라이언트 프로그램은 서버와 접촉하고, 호스트의 현재의 전역 IP 주소(ISP가 할당한 주소. NAT 변환 주소일 때가 많음)를 제공한다. 이후 주기적으로 서버 정보를 갱신한다. 따라서 서버는 일정 시간 간격 내로 갱신이 수신되지 않으면 정보를 제거한다. 2011년 현재 이 서비스를 제공하는 웹사이트들은 다음과 같다.

http://www.dyndns.com/services/dns/dyndns
http://freedns.afraid.org
http://www.no-ip.com/services/managed_dns/free_dynmic_dns.html

## 11.8 투명성과 확장성

DNS는 인터넷에서 가장 널리 쓰이는 서비스 가운데 하나기 때문에, 확장을 통해 새로운 기능을 추가하기 위한 기초로서 오랫동안 선호됐다. 예를 들면 TXT, SRV, 심지어 A (예를 들면 [RFC5782] 참조)와 같은 다양한 레코드 유형이 향후의 서비스에서 유용한 데이터를 부호화하는 데 사용될 수 있다. [RFC5507]은 DNS를 확장하기 위해 다양한 방법을 검토했는데, 궁극적으로 새로운 RR 유형의 창조와 구현이 가장 매력적인 방법이라는 결론을 내렸다. [RFC3597] 덕분에 미지의 RR 유형을 불투명opaque 데이터로서 취급하는 표준적인 방법이 정의돼 있다. 불투명하다는 말은 인식되지 않는 한 해석되지 않는다는 뜻이다. 그래서 처리가 투명transparent하다. 따라서 새로운 RR 유형이 기존 RR 유형의 처리에 부정적인 영향을 주는 일 없이 추가될 수 있다.

투명성 유지를 복잡하게 만드는 것 중 하나가 임베디드 도메인 네임과 압축의 부호화 문제다. 이미 알려진 RR의 경우, 임베디드 도메인 네임은 압축 레이블을 갖는 압축을 할 수 있도록 대소문자가 바뀔 수 있다. 소유자 도메인 네임(조회의 키)은 언제나 압축될 수 있다. 반면에 미지의 RR일 경우, 임베디드 도메인 네임은 압축 레이블을 사용할 수 없다. 또, 임베디드 도메인 네임을 포함할 미래의 RR 유형들도 마찬가지로 압축 레이블이 금지된다([RFC3597]의 4절 참조). 미지의 RR 유형들은 여전히 비트 단위로 (예를 들면 동적 갱신을 위해) 비교될 수 있으므로, 이는 대부분의 다른 DNS 동작과 달리 대소문자가 구분돼[RFC4343] 비교된다는 것을 의미한다. TXT 레코드와 함께 임베디드 도메인을 사용할 때도 동일한 상황이 발생한다. DNS 트래픽을 처리하기 위해 새로운 형태의 서버와 프록시proxy가 도입될 때도 투명성과 관련된 문제가 발생할 수 있다. 최근에는 홈 게이트웨이 혹은 방화벽 내에 DNS 프록시를 두는 경우가 늘어나고 있다. 전형적인 프록시는 사용자의 홈 네트워크로부터 들어오는 DNS 요청을 ISP측의 네임 서버로 전달한다. 그리고 반환받은 정보를 캐시에 저장할 수도 혹은 저장하지 않을 수 있다. 역사적으로 일부 프록시는 요청과 응답을 단순 전달하는 것 이상의 일을 하려고 시도했으며, 이로 인해 DNS와의 상호운용성에 문제를 일으켜 왔다. [RFC5625]는 DNS 프록시의 적절한 동작을 정의했는데, 핵심은 DNS RR을 해석하지 않고 단순히 중계만 해야 한다는 것이다. 패킷 절단을 피할 수 없을 경우, 프록시는 어떤 DNS 데이터가 제거됐다는 것을 나타내기 위해 TC 비트 필드를 설정해야 하며, 프록시는 TCP 요청을 처리할 수 있어야 한다고도 정의하고 있다. UDP 기반 요청이 절단됐을 때 TCP를 사용하도록 [RFC5966]이 요구하기 때문이다.

## 11.9 IPv4에서 IPv6로 DNS 변환(DNS64)

7장에서는 IPv4와 IPv6 간에 IP 데이터그램을 변환하기 위한 프레임워크를 기술했다. 이 기능을 지원하는 변환기는 DNS A와 AAAA 레코드[RFC6147] 간의 변환 기능과 함께 설치되면 좋은데, IPv6 전용 클라이언트가 (예를 들면 IPv4 인터넷에서) A 레코드 내의 DNS 정보에 접근할 수 있기 때문이다. 이 기능을 DNS64라고 부르며 DNS64의 설치 시나리오 중하나('DNS 재귀-변환기 모드에서 DNS64'라고 부름)가 그림 11-25에 나타나 있다.

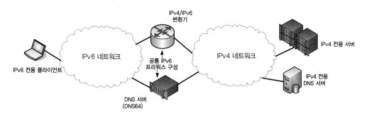

**그림 11-25** DNS64는 A 레코드를 AAAA 레코드로 변환하고 IPv4 네트워크에서 IPv6–전용 클라이언트가 서비스에 접근할 수 있도록 IPv4/IPv6 변환기와 함께 동작한다.

그림 11-25에서 볼 수 있듯이 DNS64는 IPv4/IPv6 변환기(7장 참조)와 함께 사용된다. 각 장치는 IPv4 임베디드 주소를 만드는 데 사용된 한 개 이상의 공통 IPv6 프리픽스가 설정된다. 각 프리픽스는 네트워크 지정 프리픽스(예를 들면 운영자가 소유 중인 것) 혹은 잘 알려진 프리픽스(64:ff9b::/96)일 수 있다. DNS64 장치는 캐시에 저장하는 DNS 서버로 동작한다. IPv6 전용 클라이언트는 DNS64 장치를 1차 DNS 서버로 사용해서 도메인 네임에 대한 AAAA 레코드를 요청할 수 있다. 그러면 DNS64는 이 요청을 A와 AAAA 레코드에 대한 요청으로 변환한다. 어떠한 AAAA 레코드도 반환되지 않으면 DNS64는 앞서 설정된 프리픽스와 A 레코드의 내용을 갖고 IPv4 임베디드 주소를 형성함으로써 합성$^{synthetic}$ AAAA 레코드를 제공한다. DNS64는 AAAA RR 합성에 사용된 IPv6 프리픽스에 대한 PTR 조회에도 응답한다.

DNS64 장치에 AAA RR 합성을 구현하기 위해서는 DNS 메시지의 대답 섹션만 변경하면 된다. 다른 섹션들은 IPv4에서 조회될 때와 같다. CNAME 또는 DNAME 체인의 경우, A 또는 AAAA 레코드가 발견될 때까지 체인이 재귀적으로 이어지며 체인의 요소들은 응답 메시지에 포함된다. 또 DNS64는 특정 IPv6 혹은 IPv4 주소 영역을 제외하고 합성하도록 설정될 수 있다. 덕분에 이례적인 동작을 방지할 수 있다 (예를 들면 특수 용도 IPv4 주소를 기반으로 IPv4 임베디드 주소를 형성하는 것). DNS64는 DNSSEC와 약간의 상호 동작을 하는데, 이 주제는 18장에서 다룬다.

## 11.10 LLMNR과 mDNS

통상적으로 DNS 시스템은 이름-주소 변환과 기타 정보를 제공하는 DNS 서버들이 설정돼야 한다. 하지만 로컬 호스트의 수가 몇 개 되지 않을 경우 이것은 지나친 오버헤드가 될 수 있다. DNS 서버를 사용할 수 없는 경우 (예를 들어 상호 간에만 통신하는 호스트들로 이뤄진 단순한 애드혹 네트워크), LLMNR[Link-Local Multicast Name Resolution[RFC4795]]라 부르는 특수한 로컬 버전 DNS를 사용할 수 있다. 이것은 마이크로소프트에 의해 개발된 DNS 기반의 (비표준) 프로토콜로, 근거리 통신망에서 프린터나 파일 서버와 같은 장치의 발견을 돕기 위해 사용된다. Windows 비스타, Windows 서버 2008 Windows 7에서 지원되며, IPv4 멀티캐스트 주소 224.0.0.252와 IPv6 주소 ff01::1:3을 가진 UDP 포트 5355를 사용한다. 유니캐스트 주소에 응답할 때 TCP 포트 5355도 사용한다.

멀티캐스트 DNS[mDNS[IDMDNS]]는 애플에 의해 개발된 것으로 로컬 환경에서 사용되는 또 다른 형태의 DNS와 비슷한 프로토콜이다. 애플은 이것을 DNS 서비스 발견 프로토콜과 합친 프레임워크를 봉쥬르[Bonjour]라고 부른다. mDNS는 로컬 멀티캐스트 주소로 운반되는 DNS 메시지를 UDP 포트 5353로 사용한다. .local TLD가 특수한 의미로 취급돼야 한다고 정의하는데, .local TLD는 링크 로컬 범위다. 이 TLD 내의 도메인 네임에 대한 DNS 조회는 mDNS IPv4 주소 224.0.0.251 혹은 IPv6 주소 ff02::fb로 전송된다. 다른 도메인을 위한 조회도 선택적으로 이 멀티캐스트 주소들로 전송될 수 있다. 전역 도메인 네임에 대한 변환을 링크 로컬 서버에게 허용하는 것은 심각한 보안 문제를 일으킬 수 있는데, DNSSEC을 채택하면 이 문제에 대처할 수 있다 (18장 참조). mDNS는 .local 유사[pseudo] TLD 내의 도메인 네임에 자율 할당 기능을 지원하는데, 다만 이 유사 TLD는 이런 목적으로 공식 예약된 것은 아니다[RFC2606]. 따라서 가정용 LAN과 같은 소규모 네트워크의 호스트는 printer.local, fileserver.local, camera1.local, kevinlaptop.local과 같은 편한 이름을 할당받을 수 있다. mDNS에는 충돌을 탐지하고 해결하는 메커니즘이 있다.

## 11.11 LDAP

지금까지 우리는 DNS 및 DNS와 유사한 로컬 이름 서비스를 배웠다. 보다 폭넓은 조회와 데이터 조작을 지원하기 위해서 앞서 언급했던 LDAP[RFC4510]이라는 이름의 일반적인 디렉토리 서비스가 있다. LDAP(현재는 LDAPv3)는 X.500(1993)[X500] 데이터와 서비스 모델을 따라서 일반 디렉토리(예를 들면 '인명별 전화번호부')에 대한 접근을 제공하는 인터넷용 애플리케이션 프로토콜로서 사용자가 선택한 패턴에 기반한 탐색, 수정, 첨가, 비교, 제거 기능을 제공한다. LDAP 디렉토리는 디렉터리 항목들의 트리[tree] 구조로서 각 항목은 여러 속성으로 이뤄져 있다. TCP/IP가 대중화되면서 LDAP은 DNS와 함께 동작할 수 있도록 발전했다. 예를 들면 MIT 총장의 사무실과 일치하는 디렉토리 항목에 대한 조회는 LDAP 탐색 도구 ldapsearch(마이크로소프트는 자사 웹사이트에서 이와 비슷한 도구인 ldp 프로그램을 제공 중이다)를 이용해 다음과 같이 생성될 수 있다.

```
Linux% ldapsearch -x -h ldap.mit.edu -b "dc=mit, dc=edu" \
" (ou=*chancellor*)"
# extended LDIF
#
# LDAPv3
# base <dc=mit, dc=edu> with scope sub
# filter: (ou=*Chancellor*)
# requesting: ALL
#
.....
```

-x 옵션은 서버 ldap.mit.edu에 접촉할 때 특수 인증 프로토콜을 사용해서는 안 된다는 것을 의미한다. LDAP에 대한 완전한 설명은 이번 장(심지어 이 책!)의 범위를 넘어선 것이기 때문에 dc(도메인 구성요소) 속성이 어떻게 DNS와 LDAP 데이터를 연결하는 지만 보여주고 있다. 각 DC 구성 요소는 하나의 DNS 레이블을 보유하고, dc 들을 묶어서 전체 도메인 네임을 부호화할 수 있는데 이 도메인 네임이 LDAP 조회의 '기본' 부분으로서 사용될 수 있다. 이런 규칙을 사용하면 유효한 LDAP 조회를 설정하는 데 특별한 어려움이 없다. 이번 예제의 경우 'Chancellor' 단어를 포함하는 조직 단위(ou)에 대한 조회이다. 와일드카드를 사용할 수 있음에 주목하자.

LDAP 서버는 기업 내에서 위치, 전화번호, 조직 단위 같은 디렉토리 정보를 유지하기 위해 가장 많이 사용된다. 마이크로소프트의 액티브 디렉토리Active Directory 제품은 LDAP 기능을 포함하고, 윈도우 운영체제를 사용하는 기업체에서 사용자 계정, 서비스, 그리고 접근 권한을 관리하기 위해 광범위하게 사용된다. 일부 LDAP 서버(MIT와 다른 많은 대학의 서버)는 공개 인터넷을 통해서도 이용할 수 있다.

## 11.12 DNS에 대한 공격

DNS는 인터넷의 핵심 구성요소로서 오랫동안 공격 및 방어의 대상이 돼 왔다. 최근에

DNS 보안<sup>DNSSEC</sup> 기술이 나오면서 DNS 동작에 강력한 인증을 추가하는 데 큰 진전이 있었다. DNSSEC의 자세한 동작에 대해서는 18장에서 논의할 것이다. 18장은 암호화와 관련된 배경지식도 설명할 것이다. 이번 절에서는 지금까지 DNS에 가해졌던 공격들에 대해서 살펴보자. DNS에 대한 공격은 크게 2가지 종류가 있다. 첫 번째는 루트 혹은 TLD 서버와 같은 중요 DNS 서버에 과부하를 가해서 DNS를 동작 불가능하게 만드는 DoS 공격이다. 두 번째는 자원 레코드의 내용을 변경하거나 공식적 DNS 서버처럼 위장해서 위조 레코드로 응답함으로써 호스트가 다른 기계(예를 들면 은행 사이트)에 접속하려고 할 때 부정확한 IP 주소로 유도하는 유형이다.

DNS에 대한 첫 번째 본격적인 DoS 공격은 2001년 초반에 일어났다. 이 공격은 AOL. COM의 MX 레코드에 대한 다수의 요청을 생성시키는 방법을 사용했는데, 공격자는 위조된 발신지 IP 주소를 사용해서 MX 레코드에 대한 DNS 요청을 생성했다. 요청 패킷의 크기는 그리 크지 않았지만 응답 패킷은 (대략 20배 정도로) 더 컸기 때문에 이런 유형의 공격을 증폭<sup>amplification</sup> 공격이라고 부른다. 공격의 결과로 인한 소비 대역폭이 공격 생성에 사용되는 대역폭보다 유의미하게 크기 때문이다. 응답 패킷은 요청 패킷에 들어있는 IP 주소로 보내지기 때문에 공격자는 응답 트래픽을 자기가 원하는 어디로든 유도할 수 있었다. 이 공격은 CERT 사건 노트[CIN]에 자세히 문서화돼 있다.

DNS 내부의 데이터를 변경하는 형태의 공격은 2008년 후반에 보고됐고[CKB] 지금은 카민스키<sup>Kaminsky</sup> 공격이라고 부른다. 이 공격은 캐시 오염<sup>cache poisoning</sup>을 포함하는데, DNS 서버의 캐시에 저장된 내용이 오류 혹은 위조 데이터로 바뀌어서 종단 호스트에게 서비스된다. 이 공격의 변형으로서, DNS 캐시 서버의 A 레코드 조회에 대해서 공격자가 특정 호스트 도메인 네임을 사용해서 NS 레코드로 응답하는 공격 방법이 있다. 호스트의 IP 주소(공격자가 선택한 주소)는 DNS 응답의 추가 정보 섹션에도 제공된다. 호스트 도메인 네임은 원래 DNS 요청과 하위도메인이 같을 수도 있고 그렇지 않을 수도 있다. 이런 형태의 공격과 연관된 주된 위험은 DNS 이름-주소 변환에 의존하는 클라이언트가 위조 서버로 향할 수 있는 것이다. 위조 서버가 의도적으로 원래 호스트를 모방(예를 들면 은행의 웹 서버처럼 가장)하게 설정돼 있으면 사용자는 자신도 모르게 위조 서버에 민감한 정보를 유출할 수 있다. 이런 류의 공격을 막기 위한 기법들을 [RFC5452]에서 읽을 수 있다. [RFC5452]에 기술되지 않은 DNS-0x20[D08]이라 부르는 방법은 질문 섹션의 조회 이름

Query Name 부분에 들어있는 각 문자의 0x20 비트 위치에 임시어nonce를 부호화하는 것이다. 이 임시어는 응답 메시지의 해당 영역에 그대로 포함돼 돌아온다. 그 이유는 도메인 네임은 대소문자 구분 없이 비교되지만, 서버들은 응답 메시지를 생성할 때 일반적으로 조회 이름을 그대로 복사해서 반환하는 경향이 있기 때문이다. 소유자 이름이 의도적으로 대소문자가 혼합돼 있으면, 정상적인 요청에 대한 응답이 아닌 응답 메시지는 임시어를 재현하기 어려울 것이므로 이런 메시지는 무시하면 된다.

## 11.13 정리

DNS는 인터넷의 핵심 부분이며 DNS 기술은 사설 네트워크에서도 널리 사용된다. DNS 네임스페이스는 범위가 전세계적이며, TLD에서 시작하는 계층구조로 나뉘어 있다. 도메인 네임은 국제화된 도메인 이름IDN을 사용해서 여러 언어 및 스크립트로 표현될 수 있다. 애플리케이션은 변환기resolver를 사용해 하나 이상의 DNS 서버에 접촉하고 영역 데이터베이스에 대한 검색 작업(예를 들면 호스트 이름과 IP 주소 간의 상호 변환)을 수행한다. 그 다음에 변환기는 로컬 네임 서버에 접촉하고, 이 서버는 재귀적으로 루트 서버 중 하나 혹은 다른 서버들에 접촉해 요청을 완수한다. 대부분의 DNS 서버 및 일부 변환기는 학습된 정보를 캐시에 저장해서 TTL이라고 불리는 일정 기간 동안 후속 요청들에게 제공한다. 조회 및 응답 메시지는 TCP 혹은 UDP로 동작하는 특수한 DNS 프로토콜을 사용한다. 이 프로토콜은 IPv4 혹은 IPv6, 아니면 둘의 혼합 환경에서도 동작한다.

모든 DNS 조회와 응답은 동일한 기본 메시지 포맷(질문, 대답, 권한 정보, 추가 정보)를 갖는다. 자원 레코드는 대부분의 DNS 정보를 갖고 있으며, 주소, 메일 교환 지점, 이름에 대한 포인터 등 다양한 유형이 있다. 인터넷에서 대부분의 DNS 메시지는 UDP/IPv4를 통해서 운반되며 길이가 512바이트로 제한되지만, 특수 확장 옵션(EDNS0)을 사용하면 메시지 최대 길이가 늘어나며 DNS 보안DNSSEC을 지원할 수 있다. DNSSEC은 18장에서 자세히 설명된다.

DNS는 영역 전송과 동적 갱신 같은 특별한 기능을 지원한다. 영역 전송(전체 혹은 증분)은 슬레이브 서버들이 영역 내용을 마스터 서버와 동기화하는 데 사용되며, 다중화를 통한 장애대처가 주목적이다. 동적 갱신을 사용하면 애플리케이션이 온라인 프로토콜을 사용해 영역 내용을 수정할 수 있다. 이 기능은 실제로는 2가지 형태가 있는데, 하나는 [RFC2136]에 표준화돼 대기업에서 사용되는 것이고, 다른 하나는 비표준이지만 널리 사용되는 동적 DNS로서 임시 IP 주소를 할당받은 사용자(예:케이블이나 DSL)는 동적 DNS를 통해서 자신이 제공 중인 서비스를 전세계의 사용자가 이름으로 찾을 수 있게 설정할 수 있다.

DNS의 기능을 제한하는 DoS 공격에서 악의적인 서버를 정상 서버처럼 위장하는 캐시 오염 공격까지 다양한 공격이 DNS에 대해 가해져 왔다. 이런 공격들에 대항하기 위해서 암호화 기법(18장 참조), 그리고 정상 요청에 대한 응답이 아닌 DNS 응답을 수신하지 않도록 DNS 서버를 설정하는 기법들이 고안됐다.

## 11.14 참고 자료

- **[AL06]** P. Albitz and C. Liu, DNS and BIND, Fifth Edition (O'Reilly Media, Inc., 2006).

- **[CIN]** http://www.cert.org/incident_notes/IN-2000-04.html

- **[CKB]** http://www.kb.cert.org/vuls/id/800113

- **[D08]** D. Dagon et al., "Increased DNS Forgery Resistance Through 0x20-bit Encoding," Proc. ACM CCS, Oct. 2008.

- **[DNSPARAM]** http://www.iana.org/assignments/dns-parameters

- **[DR97]** D. Dougherty and A. Robbins, sed & awk, Second Edition (O'Reilly Media, 1997).

- **[DYNDNS]** http://www.dyndns.com/about/technology

- **[ENUM]** http://www.iana.org/assignments/enum-services

- **[GTLD]** http://www.iana.org/domains/root/db

- **[ICANN]** http://www.icann.org/en/tlds

- **[IDDN]** S. Rose and W. Wijngaards, "Update to DNAME Redirection in the DNS," Internet draft-ietf-dnsext-rfc2672bis-dname, work in progress, July 2011.

- **[IDMDNS]** S. Cheshire and M. Krochmal, "Multicast DNS," Internet draftcheshire- dnsext-multicastdns, work in progress, Feb. 2011.

- **[IIDN]** http://www.icann.org/en/topics/idn

- **[ISO3166]** International Organization for Standardization, "International Standard for Country Codes," ISO 3166-1, 2006.

- **[ISPR]** http://www.iana.org/assignments/service-names-port-numbers

- **[J02]** J. Jung et al., "DNS Performance and the Effectiveness of Caching," IEEE/ ACM Transactions on Networking, 10(5), Oct. 2002.

- **[MD88]** P. Mockapetris and K. Dunlap, "Development of the Domain Name System," Proc. ACM SIGCOMM, Aug. 1988.

- **[P10]** N. Paskin, "Digital Object Identifier (DOI©) System," Encyclopedia of Library and Information Sciences, Third Edition (Taylor and Francis, 2010).

- **[R06]** H. Rice, "ENUM-The Mapping of Telephone Numbers to the Internet," The Telecommunications Review, 17, Aug. 2006.

- **[RFC1035]** P. Mockapetris, "Domain Names-Implementation and Specification," Internet RFC 1035/STD 0013, Nov. 1987.

- **[RFC1464]** R. Rosenbaum, "Using the Domain Name System to Store Arbitrary String Attributes," Internet RFC 1464 (experimental), May 1993.

- **[RFC1536]** A. Kumar et al., "Common DNS Implementation Errors and Suggested Fixes," Internet RFC 1536 (informational), Oct. 1993.

- **[RFC1912]** D. Barr, "Common DNS Operational and Configuration Errors," Internet RFC 1912 (informational), Feb. 1996.

- **[RFC1918]** Y. Rekhter, B. Moskowitz, D. Karrenberg, G. J. de Groot, and E. Lear, "Address Allocation for Private Internets," RFC 1918/BCP 0005, Feb. 1996.

- **[RFC1995]** M. Ohta, "Incremental Zone Transfer in DNS," Internet RFC 1995, Aug. 1996.

- **[RFC1996]** P. Vixie, "A Mechanism for Prompt Notification of Zone Changes (DNS NOTIFY)," Internet RFC 1996, Aug. 1996.

- **[RFC2136]** P. Vixie, ed., S. Thomson, Y. Rekhter, and J. Bound, "Dynamic Updates in the Domain Name System (DNS UPDATE)," Internet RFC 2136, Apr. 1997.

- **[RFC2141]** R. Moats, "URN Syntax," Internet RFC 2141, May 1997.

- **[RFC2181]** R. Elz and R. Bush, "Clarifications to the DNS Specification," Internet RFC 2181, July 1997.

- **[RFC2308]** M. Andrews, "Negative Caching of DNS Queries (DNS NCACHE)," Internet RFC 2308, Mar. 1998.

- **[RFC2317]** H. Eidnes, G. de Groot, and P. Vixie, "Classless IN-ADDR.ARPA Delegation," Internet RFC 2317/BCP 0020, Mar. 1998.

- **[RFC2606]** D. Eastlake 3rd and A. Panitz, "Reserved Top Level DNS Names," Internet RFC 2606/BCP 0032, June 1999.

- **[RFC2671]** P. Vixie, "Extension Mechanisms for DNS (EDNS0)," Internet RFC 2671, Aug. 1999.

- **[RFC2672]** M. Crawford, "Non-Terminal DNS Name Redirection," Internet RFC 2672, Aug. 1999.

- **[RFC2782]** A. Gulbrandsen, P. Vixie, and L. Esibov, "A DNS RR for Specifying the Location of Services (DNS SRV)," Internet RFC 2782, Feb. 2000.

- **[RFC2845]** P. Vixie, O. Gudmundsson, D. Eastlake 3rd, and B. Wellington, "Secret Key Transaction Authentication for DNS (TSIG)," Internet RFC 2845, May 2000.

- **[RFC2930]** D. Eastlake 3rd, "Secret Key Establishment for DNS (TKEY RR)," Internet RFC 2930, Sept. 2000.

- **[RFC3172]** G. Huston, ed., "Management Guidelines and Operational Requirements for the Address and Routing Parameter Area Domain (arpa)," Internet RFC 3172/BCP 0052, Sept. 2001.

- **[RFC3263]** J. Rosenberg and H. Schulzrinne, "Session Initiation Protocol (SIP): Locating SIP Servers," Internet RFC 3263, June 2002.

- **[RFC3401]** M. Mealling, "Dynamic Delegation Discovery System (DDDS)-Part One: The Comprehensive DDDS," Internet RFC 3401 (informational), Oct. 2002.

- **[RFC3402]** M. Mealling, "Dynamic Delegation Discovery System (DDDS)-Part Two: The Algorithm," Internet RFC 3402, Oct. 2002.

- **[RFC3403]** M. Mealling, "Dynamic Delegation Discovery System (DDDS)-Part Three: The Domain Name System (DNS) Database," Internet RFC 3403, Oct. 2002.

- **[RFC3404]** M. Mealling, "Dynamic Delegation Discovery System (DDDS)-Part Four: The Uniform Resource Identifiers (URI) Resolution Application," Internet RFC 3404, Oct. 2002.

- **[RFC3492]** A. Costello, "Punycode: A Bootstring Encoding of Unicode for Internationalized Domain Names in Applications (IDNA)," Internet RFC 3492, Mar. 2003.

- **[RFC3596]** S. Thomson, C. Huitema, V. Ksinant, and M. Souissi, "DNS Extensions to Support IP Version 6," Internet RFC 3596, Oct. 2003.

- **[RFC3597]** A. Gustafsson, "Handling of Unknown DNS Resource Record (RR) Types," Internet RFC 3597, Sept. 2003.

- **[RFC3833]** D. Atkins and R. Austein, "Threat Analysis of the Domain Name System (DNS)," Internet RFC 3833 (informational), Aug. 2004.

- **[RFC3958]** L. Daigle and A. Newton, "Domain-Based Application Service Location Using SRV RRs and the Dynamic Delegation Discovery Service (DDDS)," Internet RFC 3958, Jan. 2005.

- **[RFC3981]** A. Newton and M. Sanz, "IRIS: The Internet Registry Information Service (IRIS) Core Protocol," Internet RFC 3981, Jan. 2005.

- **[RFC3986]** T. Berners-Lee, R. Fielding, and L. Masinter, "Uniform Resource Identifier (URI): Generic Syntax," Internet RFC 3986/STD 0066, Jan. 2005.

- **[RFC4193]** R. Hinden and B. Haberman, "Unique Local IPv6 Unicast Addresses," Internet RFC 4193, Oct.

2005.

- **[RFC4343]** D. Eastlake 3rd, "Domain Name System (DNS) Case Insensitivity Clarification," Internet RFC 4343, Jan. 2006.

- **[RFC4406]** J. Lyon and M. Wong, "Sender ID: Authenticating E-Mail," Internet RFC 4406 (experimental), Apr. 2006.

- **[RFC4592]** E. Lewis, "The Role of Wildcards in the Domain Name System," Internet RFC 4592, July 2006.

- **[RFC4408]** M. Wong and W. Schlitt, "Sender Policy Framework (SPF) for Authorizing Use of Domains in E-Mail, Version 1," Internet RFC 4408 (experimental), Apr. 2006.

- **[RFC4510]** K. Zeilenga, ed., "Lightweight Directory Access Protocol (LDAP): Technical Specification Road Map," Internet RFC 4510, June 2006.

- **[RFC4690]** J. Klensin, P. Falstrom, and C. Karp, "Review and Recommendations for Internationalized Domain Names (IDNs)," Internet RFC 4690 (informational), Sept. 2006.

- **[RFC4698]** E. Gunduz, A. Newton, and S. Kerr, "IRIS: An Address Registry (areg) Type for the Internet Registry Information Service," Internet RFC 4698, Oct. 2006.

- **[RFC4795]** B . Aboba, D. Thaler, and L. Esibov, "Link-Local Multicast Name Resolution (LLMNR)," Internet RFC 4795 (informational), Jan. 2007.

- **[RFC4848]** L. Daigle, "Domain-Based Application Service Location Using URIs and the Dynamic Delegation Discovery Service (DDDS)," Internet RFC 4848, Apr. 2007.

- **[RFC4960]** R. Stewart, ed., "Stream Control Transmission Protocol," Internet RFC 4960, Sept. 2007.

- **[RFC5001]** R. Austein, "DNS Name Server Identifier (NSID) Option," Internet RFC 5001, Aug. 2007.

- **[RFC5222]** T. Hardie et al., "LoST: A Location-to-Service Translation Protocol," Internet RFC 5222, Aug. 2008.

- **[RFC5321]** J. Klensin, "Simple Mail Transfer Protocol," Internet RFC 5321, Oct. 2008.

- **[RFC5452]** A. Hubert and R. van Mook, "Measures for Making DNS More Resilient against Forged Answers," Internet RFC 5452, Jan. 2009.

- **[RFC5483]** L. Conroy and K. Fujiwara, "ENUM Implementation Issues and Experiences," Internet RFC 5483 (informational), Mar. 2009.

- **[RFC5507]** P. Falstrom, R. Austein, and P. Koch, eds., "Design Choices When Expanding the DNS," Internet RFC 5507 (informational), Apr. 2009.

- **[RFC5509]** S. Loreto, "Internet Assigned Numbers Authority (IANA) Registration of Instant Messaging and Presence DNS SRV RRs for the Session Initiation Protocol (SIP)," Internet RFC 5509, Apr. 2009.

- **[RFC5625]** R. Bellis, "DNS Proxy Implementation Guidelines," Internet RFC 5625/BCP 0152, Aug. 2009.

- **[RFC5782]** J. Levine, "DNS Blacklists and Whitelists," Internet RFC 5782 (informational), Feb. 2010.

- **[RFC5855]** J. Abley and T. Manderson, "Nameservers for IPv4 and IPv6 Reverse Zones," Internet RFC 5855/BCP 0155, May 2010.

- **[RFC5890]** J. Klensin, "Internationalized Domain Names for Applications (IDNA): Definitions and Document Framework," Internet RFC 5890, Aug. 2010.

- **[RFC5891]** J. Klensin, "Internationalized Domain Names in Applications (IDNA): Protocol," Internet RFC 5891, Aug. 2010.

- **[RFC5936]** E. Lewis and A. Hoenes, ed., "DNS Zone Transfer Protocol (AXFR)," Internet RFC 5936, June 2010.

- **[RFC5966]** R. Bellis, "DNS Transport over TCP-Implementation Requirements," Internet RFC 5966, Aug. 2010.

- **[RFC6116]** S. Bradner, L. Conroy, and K. Fujiwara, "The E.164 to Uniform Resource Identifiers (URI) Dynamic Delegation Discovery System (DDDS) Application (ENUM)," Internet RFC 6116, Mar. 2011.

- **[RFC6117]** B. Hoeneisen, A. Mayrhofer, and J. Livingood, "IANA Registration of Enumservices: Guide, Template, and IANA Considerations," Internet RFC 6117, Mar. 2011.

- **[RFC6147]** M. Bagnulo, A. Sullivan, P. Matthews, and I. van Beijnum, "DNS64: DNS Extensions for Network Address Translation from IPv6 Clients to IPv4 Servers," Internet RFC 6147, Apr. 2011.

- **[RFC6168]** W. Hardaker, "Requirements for Management of Name Servers for the DNS," Internet RFC 6168 (informational), May 2011.

- **[RFC6186]** C. Daboo, "Use of SRV Records for Locating Email Submission/Access Services," Internet RFC 6186, Mar. 2011.

- **[RFC6195]** D. Eastlake 3rd, "Domain Name System (DNS) IANA Considerations," Internet RFC 6195/BCP 0042, Mar. 2011.

- **[RFC6303]** M. Andrews, "Locally Served DNS Zones," Internet RFC 6303/BCP 0163, July 2011.

- **[ROOTS]** http://www.root-servers.org

- **[RSYNC]** http://rsync.samba.org

- **[SNP]** http://www.iana.org/assignments/s-naptr-parameters

- **[U11]** The Unicode Consortium, The Unicode Standard, Version 6.0.0 (The Unicode Consortium, 2011).

- **[URI]** http://www.iana.org/assignments/uri-schemes

- **[URN]** http://www.iana.org/assignments/urn-namespaces

- **[X500]** International Telecommunication Union-Telecommunication Standardization Sector, "The Directory-Overview of Concepts, Models and Services," ITU-T X.500, 1993.

# 12

—

# TCP: 전송 제어 프로토콜

## 12.1 개요

지금까지 신뢰성 있게 데이터를 전달하기 위한 자체 메커니즘을 갖고 있지 않은 프로토콜에 대해 살펴봤다. 이들은 검사합이나 CRC 같은 수학적 함수를 사용해 수신 데이터의 오류를 검출하지만, 오류를 정정하기 위해서는 노력하지 않는다. IP와 UDP에서 오류 정정은 전혀 수행되지 않는다. 이더넷을 비롯해서 이에 기반하는 프로토콜들은 몇 번 재전송을 시도하고 그래도 안 되면 그냥 포기한다.

통신 매체가 전달 메시지의 손실이나 변경을 발생시키는 환경에서의 문제점은 오랫동안 연구돼 왔다. 이 주제와 관련해서 가장 중요한 이론적 업적은 1948년 클라우드 샤논[S48]에 의해 개발됐다. 비트라는 용어를 대중화하고 정보 이론<sup>information theory</sup> 분야의 기초가 된 이 작업은, 손실 가능성이 있는(비트가 삭제 혹은 변경될 수 있는) 정보 채널을 통해 이동하는 정보의 총량에 근본적인 한계가 있음을 보여줬다. 정보 이론은 통신 채널의 오류에 가급적 영향을 덜 받도록 정보의 부호화 방법을 제공하는 부호 이론<sup>coding theory</sup> 분야와 매우 밀접한 관계가 있다. 통신 문제를 정정하기 위해 오류 정정 코드<sup>error-correcting codes</sup>(기본적으로 일부 비트에 피해가 발생하더라도 실제 정보를 추출할 수 있도록 여분의 비트를 추가)를 사용하는 것은 오류를 처리하는 데 있어 매우 중요한 방법이다. 다른 방법은 정보가 마지막으로 수신될 때까지 단순하게 '전송을 반복 시도<sup>try sending again</sup>'하는 것이다. 자동 반복 요청<sup>ARQ,</sup>

Automatic Repeat Request이라고 부르는 이 방법은 TCP를 포함해 많은 통신 프로토콜의 기본 이론을 형성한다.

## 12.1.1 ARQ와 전송

통신 채널이 하나가 아니라 여러 개가 중첩된 멀티홉multihop 경우까지 고려하면, 지금까지 다뤘던 오류(패킷 비트의 오류)뿐 아니라 다른 유형의 오류들도 발생할 수 있음을 깨닫게 된다. 이런 오류들은 패킷이 중간에 거쳐가는 라우터에서 발생하며, 앞서 IP를 배울 때 논의했던 패킷 순서 변경, 패킷 중복, 패킷 폐기 등과 같은 종류의 오류다. (IP와 같은) 멀티홉 통신 채널용으로 설계된 오류 정정 프로토콜은 이런 종류의 문제에 모두 대처해야 한다. 이제 이런 문제점들을 감내할 수 있는 프로토콜 메커니즘들을 자세히 알아보자. 먼저 개념적 측면을 설명한 뒤, 인터넷에서 실제로 TCP가 어떻게 사용되는지 살펴볼 것이다.

패킷 폐기(및 비트 오류)를 다루기 위한 직접적인 방법은 패킷이 적절하게 수신될 때까지 재전송을 하는 것이다. 이것은 (1) 수신자가 패킷을 수신했는지 여부와 (2) 수신된 패킷이 발신자가 전송한 것과 동일한지 여부를 확인하기 위한 방법이 필요하다. 패킷을 수신했음을 수신자가 발신자에게 알리는 방법을 확인 응답acknowledgement, 혹은 ACK라 부른다. 가장 기본적인 형태는 발신자가 패킷을 보낸 후 ACK가 오기를 기다리는 것이다. 수신기는 패킷을 수신하면 ACK를 전송한다. ACK를 받은 발신자는 다른 패킷을 보내고, 이 과정은 계속된다. 이와 관련해 흥미로운 질문은 다음과 같다. (1) 송신기가 ACK를 얼마나 오래 기다려야 하는가? (2) ACK가 분실되면 어떻게 되는가? (3) 패킷을 수신했으나 오류가 있으면 어떻게 해야 하는가?

앞으로 배우겠지만, 첫 번째 질문은 쉽지 않다. 얼마나 오래 기다릴 것인지 정하는 것은 발신자가 ACK가 오기를 기다리는 시간의 기댓값과 관련이 있는데, 이 값을 정하는 것이 어렵기 때문이다. 이 주제에 대한 본격적인 논의는 TCP를 배운 뒤에 하기로 하자(14장). 두 번째 질문에 대한 대답은 좀 더 쉽다. ACK가 폐기되면 발신자는 원본 패킷이 폐기된 경우와 이 경우를 구별할 수 없기 때문에 그냥 패킷을 다시 전송한다. 물론 수신기는 이 경우 2개 이상의 사본을 수신할 수 있으므로 이런 상황을 처리하기 위한 준비가 필요하다(다음 문단 참조). 세 번째 질문의 경우는 12.1절에서 언급했던 부호를 사용할 수 있다. 일반적으로 몇 개의 비트를 사용해서 대규모 패킷 내의 오류를 (높은 확률로) 검출하는 것은 오류를 정정하는 것보다 훨씬 쉽다. 대체로 단순한 부호는 오류를 정정할 수 없지만 검출할 수는 있다. 이것이 검사합이나 CRC가 많이 사용되는 이유다. 그래서 패킷 내의 오류를 검출하기 위해서 우리는 일종의 검사합을 사용한다. 수신자는 오류가 포함된 패킷을 수신한 경우 ACK를 보내지 않는다. 발신자는 패킷을 재전송하고, 이 패킷은 특별히 문제가 발생하지 않는다면 오류 없이 수신자에게 도착할 것이다.

지금까지 기술한 단순한 시나리오에서도 수신자가 패킷의 사본을 중복$^{duplicate}$ 수신할 가능성이 있다. 이 문제는 순서 번호$^{sequence\ number}$를 이용해 해결한다. 기본적으로 모든 고유한 패킷은 발신지에서 전송될 때 새로운 순서 번호를 부여받으며, 이 순서 번호는 패킷 자체에 포함돼 운반된다. 수신자는 이 번호를 사용해서 이미 수신된 패킷인지 여부를 확인하고, 이미 수신된 패킷일 경우 폐기한다.

지금까지 설명한 프로토콜은 신뢰성은 높지만 효율성은 좋지 않다. 발신자에서 수신자로 작은 패킷을 전달하는데 오랜 시간이 걸리고(즉, 지연 시간$^{latency}$이 길고) 보내야 할 패킷은 여러 개인 경우를 생각해 보자(위성 통신에서는 이런 경우가 흔히 있다). 발신자는 통신 경로에 1개의 패킷을 넣은 뒤 ACK가 올 때까지 동작을 중지해야 한다. 그래서 이런 프로토콜을 '중지 후 대기$^{stop\ and\ wait}$'라 부른다. 이것의 처리량 성능(단위 시간에 네트워크에서 전송되는 데이터)은 M/R에 비례하는데, M은 패킷 크기이고 R은 왕복 시간$^{RTT}$이며 어떠한 패킷도 전송 중에 분실되거나 훼손되지 않았다고 가정한다. 고정 크기의 패킷일 경우 R이 증가하면 처리량은 감소한다. 패킷이 손실되거나 훼손되면 상황은 더욱 악화된다. 실제 데이터 전송량$^{goodput}$(시간당 전송된 유용한 데이터의 총량)은 처리량보다 훨씬 작아질 수 있다.

훼손되거나 폐기되는 패킷이 많지 않은데도 네트워크의 처리량이 낮다면, 네트워크가 너무 한가한 것이 원인일 때가 많다. 이 상황은 완제품이 나올 때까지 신규 작업이 투입될 수 없는 조립 라인과 비슷하다. 이런 경우에 라인의 대부분은 쉬어야 한다. 만일 2개 이상의 작업 단위가 동시에 조립 라인에서 처리될 수 있다면 작업 효율은 훨씬 높아질 것이다. 네트워크 통신도 마찬가지다. 네트워크 내에 2개 이상의 패킷이 흐르도록 하면 즉 네트워크를 좀 더 바쁘게 만들면 처리량을 높일 수 있다.

네트워크에 동시에 2개 이상의 패킷을 허용하면 상황이 훨씬 복잡해진다. 발신자는 패킷을 언제 네트워크에 넣어야 할지뿐만 아니라 얼마나 많이 넣어야 할지도 결정해야 한다. 또 ACK를 기다릴 때 타이머를 어떻게 유지해야 할지도 알아야 하고, 재전송이 필요한 경우 아직 ACK를 받지 못한 패킷의 복사본도 유지해야 한다. 수신자는 보다 정교한 ACK 메커니즘이 필요하다. 수신된 패킷과 수신되지 않은 패킷을 구별할 수 있어야 하기 때문이다. 또, 보다 정교한 버퍼링(패킷 저장) 메커니즘도 필요하다. '순서에서 벗어난' 패킷(분실이나 재정렬로 인해 예상보다 먼저 도착한 패킷)도 보관할 수 있어야 하기 때문이다. 물론 그런 패킷을 단순히 폐기하는 방법도 있지만 효율성은 매우 낮아질 것이다. 그 밖에도 몇 가지 질문들이 있다. 수신자가 발신자보다 처리 속도가 느리면 어떻게 될까? 발신자가 매우 빠른 속도로 패킷을 네트워크에 주입한다면, 수신자는 처리 능력 혹은 메모리 제약으로 인해 패킷을 폐기할 수밖에 없을 것이다. 네트워크 경로 중간의 라우터에도 동일한 질문을 할 수 있다. 네트워크 인프라가 발신자와 수신자가 원하는 수준의 데이터 처리 속도를 지원하지 못하면 어떻게 될까?

### 12.1.2 패킷의 윈도우와 슬라이딩 윈도우

이 모든 문제를 취급할 수 있도록 먼저 각각의 고유한 패킷이 앞서 설명한 대로 순서 번호를 갖는다고 가정하자. 그리고 발신자가 네트워크에 주입했지만 아직 확인 응답이 완료되지 않은(즉 발신자가 ACK를 받지 못한) 패킷(혹은 패킷의 순서 번호)들의 모음을 패킷의 윈도우window라고 정의하자. 윈도우에 포함된 패킷의 수는 윈도우 크기window size라고 부른다. 윈도우라는 용어는 통신 세션이 진행되는 동안에 보내지는 모든 패킷을 일렬로 세웠는데 이들을 볼 수 있는 작은 구멍만 주어졌다면, (마치 창문을 통해서 보는 것처럼) 전체의 일부분만을 볼 수 있다는 개념에서 비롯된 것이다. 발신자의 윈도우(및 다른 패킷들의 줄)을 그림 12-1과 같이 묘사할 수 있다.

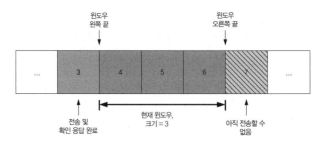

**그림 12-1** 발신자의 윈도우. 전송될 수 있는(혹은 이미 전송된) 패킷, 전송될 수 없는 패킷, 이미 전송돼 확인 응답을 받은 패킷이 표시돼 있다. 이 그림에서 윈도우 크기는 3으로 고정돼 있다.

이 그림은 현재 3개의 패킷으로 이뤄진 윈도우를 보여주며, 따라서 윈도우 크기는 3이다. 패킷 3은 이미 전송돼 확인 응답을 받았으므로 발신자가 보관 중이던 패킷 3의 복사본은 해제될 수 있다. 패킷 7은 발신자에서 준비는 돼 있지만 윈도우에 들어가지 못했기 때문에 아직 전송할 수 없다. 데이터가 발신자에서 수신자로 흐르기 시작하고 ACK가 반대 방향으로 흐르기 시작하면 발신자가 다음으로 수신하는 것은 패킷 4에 대한 ACK일 것이다. 패킷 4에 대한 ACK가 수신되면 윈도우는 패킷 1개만큼 오른쪽으로 '미끄러지는데', 패킷 4의 사본이 해제되고 패킷 7이 전송될 수 있음을 의미한다. 이처럼 윈도우가 이동하기 때문에 이런 유형의 프로토콜을 가리켜 슬라이딩 윈도우 프로토콜이라 한다.

슬라이딩 윈도우 방법은 지금까지 언급된 많은 문제를 해결하는 데 사용됐다. 대체로 슬라이딩 윈도우는 발신자와 수신자 양측에서 유지된다. 발신자 측에서 슬라이딩 윈도우는 어떤 패킷이 해제될 수 있는지, 어떤 패킷이 ACK를 기다리고 있는지, 어떤 패킷이 아직 전송될 수 없는지를 추적한다. 수신자 측에서는 어떤 패킷이 이미 수신돼 확인 응답됐는지, 어떤 패킷이 예상되는지(그리고 그 패킷용으로 얼마나 메모리가 할당됐는지), 그리고 어느 패킷이 수신됐음에도 불구하고 메모리 제약으로 인해 유지되지 않을 것인지를 추적한다. 슬라이딩 윈도우 구조가 발신자와 수신자 간을 흐르는 데이터를 추적하는 데 편리한 것은 사실이지만, 윈도우의 크기가 얼마나 돼야 할지, 수신자 혹은 네트워크가 발신자의 데이터 전송 속도를 따라가지 못할 때 무슨 일이 일어날지에 대한 지침을 제공하지는 않는다. 이런 문제들이 어떤 관계를 갖는지 지금부터 알아보자.

### 12.1.3 가변 윈도우: 흐름 제어와 혼잡 제어

수신자가 발신자에 비해서 훨씬 느릴 때 발생하는 문제를 해결하기 위해서, 수신자가 발신자의 속도에 미치지 못할 때 발신자의 속도를 강제로 느리게 만드는 방법이 도입됐다. 이를 가리켜 흐름 제어flow control라고 부르며, 2가지 방법 중 하나가 사용된다. 첫 번째 방법은 속도 기반rate-based 흐름 제어라고 부르며, 발신자에 특정 데이터 속도 할당값을 부여하고 이 할당값을 초과하는 속도로 데이터가 전송되지 않도록 보장하는 방법이다. 이런 유형의 흐름 제어는 스트리밍 애플리케이션에 가장 적합하며 브로드캐스트 및 멀티캐스트와 함께 사용될 수 있다(9장 참조).

또 다른 형태의 흐름 제어는 윈도우 기반window-based 흐름 제어라고 부르며, 슬라이딩 윈도우가 사용될 때 가장 많이 사용된다. 이 방법에서는 윈도우 크기가 고정되지 않고 시간의 흐름에 따라서 바뀔 수 있다. 이 기법을 사용한 흐름 제어를 수행하기 위해서는 수신자가 발신자에게 어떤 크기의 윈도우를 사용할지 알릴 수 있는 방법이 있어야 한다. 이를 가리켜 윈도우 광고window advertisement 혹은 윈도우 갱신window update이라고 부른다. 발신자(즉 윈도우 광고의 수신자)는 이 값을 사용해서 윈도우 크기를 조정한다. 논리적으로 윈도우 갱신은 앞서 논의했던 ACK와 별개의 것이지만 실질적으로 윈도우 갱신과 ACK는 동일한 패킷 내에서 운반되므로 발신자는 윈도우를 우측으로 슬라이드하는 것과 동시에 윈도우 크기를 조정하는 경향이 있다.

윈도우 크기 변경의 효과를 발신자 측에서 생각해 보면 흐름 제어가 어떻게 달성되는지 분명히 이해할 수 있다. 발신자는 ACK를 수신하기 전까지 W개의 패킷을 네트워크로 주입하는 것이 허용된다고 하자. 발신자와 수신자가 충분히 속도가 빠르고 네트워크에서 패킷이 분실되지 않으며 네트워크의 용량이 무한하다고 가정하면, 전송 속도는 (SW/R) 비트/초에 비례하는데 W는 윈도우 크기, S는 패킷 크기(비트 단위), R은 RTT다. 수신자가 보낸 윈도우 광고가 발신자의 W값을 고정하면, 발신자의 전송 속도는 수신자의 능력을 초과하지 못하도록 제한될 수 있다. 이런 접근법은 수신자를 보호하는 데는 효과적이지만 발신자와 수신자 사이의 네트워크에게는 어떨까? 발신자와 수신자 사이에는 제한된 메모리를 갖는 라우터들이 속도가 느린 네트워크 링크를 두고 경쟁을 해야 할 수도 있다. 이럴 경우 발신자의 전송 속도가 라우터의 능력을 초과해서 패킷 분실이 일어날 수 있다. 이 문제는 흐름 제어의 특수한 형태인 혼잡 제어congestion control를 통해 해결될 수 있다.

혼잡 제어는 발신자와 수신자 사이의 네트워크의 능력을 초과하지 않도록 발신자의 속도를 떨어뜨리는 것도 포함한다. 앞서 흐름 제어를 논의할 때 윈도우 광고를 사용해서 발신자의 속도를 느리게 한다고 배운 적이 있다. 이를 명시적explicit 신호라고 부르는데 무슨 일이 일어나고 있는지 발신자에게 알리기 위한 용도의 프로토콜 필드가 존재하기 때문이다. 반면에 속도를 늦출 필요가 있다고 발신자가 추측하는 방법이 있는데 이런 방법을 가리켜 암묵적implicit 신호라고 부른다. 뭔가 다른 증거를 바탕으로 속도를 늦추기로 결정하기 때문이다.

데이터그램 스타일의 네트워크에서 혼잡 제어의 문제, 더 일반적으로는 큐잉 이론queuing theroy은 오랫 동안 주요 연구 과제로 남아 있으며 모든 상황에 대한 완전한 해결책은 존재하지 않는 것 같다. 여기서 흐름 제어의 모든 옵션과 방법에 대해 설명하는 것은 현실적이지 않다. 관심 있는 독자는 [J90], [K97], [K75]를 참조하라. 16장에서는 TCP와 함께 사용되는 혼잡 제어 기법과 더불어 최근 알려진 몇 가지 변형 기법을 자세히 살펴볼 것이다.

## 12.1.4 재전송 타임아웃 설정

재전송 기반의 신뢰할 만한 프로토콜을 설계할 때 가장 중요한 성능 이슈의 하나는 패킷이 분실돼 재전송을 해야 한다는 결론을 내리기까지 얼마나 오래 동안 기다려야 할 것인가다. 다른 말로 하면, 재전송 타임아웃을 얼마로 해야 하는가이다. 직관적으로 송신기가 패킷을 재전송하기 전에 기다려야 할 시간의 총량은 패킷을 전송하는 시간, 수신기가 패킷을 처리하고 ACK를 보내는 시간, ACK가 송신기로 돌아오는 데 걸리는 시간, 그리고 송신기가 ACK를 처리하는 시간의 합이다. 불행히도 이 중에서 어느 것도 확실히 알 수 없다. 설상가상으로 종단 호스트 또는 라우터에 걸리는 부하가 달라지면 이 시간들은 바뀌기도 한다.

모든 상황에 대해서 이 시간들의 값이 얼마인지 사용자가 프로토콜 구현에 알리는 것(혹은 최신 상태로 유지하는 것)은 현실적이지 않기 때문에, 프로토콜 구현이 이 값을 추정하게 하는 것이 더 나은 전략이다. 이는 통계적 과정으로 왕복 시간 추정round-trip-time estimation이라 부른다. 기본적으로 실제 RTT는 RTT 표본 집합의 표본 평균에 가깝다. 이 평균값은 시간에 따라 변화한다는 점에 주의하자. 네트워크를 통과하는 경로가 바뀔 수 있기 때문이다.

RTT값이 추정되고 나면, 재전송을 일으키는 데 사용되는 실제 타임아웃 값을 어떻게 설정하느냐는 문제가 남는다. 평균의 정의를 생각하면, 표본 집합의 극값extreme value이 평균이 될 수는 없다(모든 표본의 값이 같지만 않다면) 따라서 재전송 타이머의 값을 평균 추정값과 완전히 똑같게 설정하는 것은 바람직하지 않다. 다수의 실제 RTT는 평균보다 크기 때문에 불필요한 재전송이 자주 발생할 것이기 때문이다. 타임아웃 값이 평균보다 약간 커야 한다는 것은 분명하지만 타임아웃과 평균값 간의 관계가 정확히 어떻게 되는지는(심지어 관계가 있는지조차) 아직 분명하지 않다. 타임아웃을 너무 크게 설정하는 것도 바람직하지 않은데, 네트워크가 지나치게 한가해져서 처리량을 감소시키기 때문이다. 이 주제에 대해서는 14장에서 TCP가 이 문제에 어떻게 접근하는지 배울 때 좀 더 깊이 들어가기로 하자.

## 12.2 TCP 소개

지금까지 일반적으로 신뢰할 만한 데이터 전달에 영향을 미치는 주제들에 대한 배경지식을 배웠다. 이제 이런 주제들이 TCP에서 어떤 역할을 하는지 그리고 TCP가 인터넷 애플리케이션에 어떤 서비스를 제공하는지 알아보자. 또 TCP 헤더 내의 필드들을 살펴보면서 지금까지 배운 개념들(예를 들면 ACK, 윈도우 광고 등)이 헤더 정의에 얼마나 많이 반영돼 있는지도 알아볼 것이다. 12장 이후의 장에서는 이러한 헤더 필드들을 더 자세히 알아본다.

TCP에 대한 논의는 이번 장에서 시작해서 5개 장에 걸쳐 계속된다. 13장은 TCP 연결이 성립되고 종료되는 방법을 설명한다. 14장은 TCP가 RTT를 어떻게 추정하고 이 추정값에 기초해서 재전송 타임아웃이 어떻게 설정되는지 자세히 논의한다. 15장은 정상적인 데이터 전송을 살펴보는데, 우선 (채팅과 같은) "대화식" 애플리케이션부터 논의한다. 그리고 나서 윈도우 관리와 흐름 제어를 다루는데, 이 기법들은 대화식 애플리케이션과 (파일 전송과 같은) "대량bulk" 데이터 흐름 애플리케이션에 모두 적용된다. 또 발신자가 데이터 스트림 내의 특정 데이터를 특별한 것이라고 표시할 수 있는 TCP의 긴급 메커니즘 urgent mechanism도 다뤄진다. 16장은 네트워크가 매우 바쁜 상황에서 패킷 손실을 줄여주는 TCP의 혼잡 제어 알고리즘을 살펴본다. 또 속도가 빠른 네트워크에서 처리량을 증가시키거나 손실이 발생하기 쉬운 네트워크(예를 들면 무선 네트워크)에서 데이터 복원성을 향상시키기 위해 제안된 몇 가지 개선안도 논의한다. 마지막으로 17장은 데이터가 전혀 흐르지 않고 있을 때도 TCP가 어떻게 연결을 유지하는지 보여준다.

TCP에 대한 최초의 명세는 [RFC0793]이고, 이 RFC의 일부 오류는 호스트 요구사항 RFC[RFC1122]에서 수정됐다. 이후 명확하고 향상된 혼잡 제어 동작[RFC5681][RFC3782][RFC3517][RFC3390][RFC3168], 재전송 타임아웃[RFC6298][RFC5682][RFC4015], NAT 환경에서의 운영[RFC5382], 확인 응답 동작[RFC2883], 보안[RFC6056][RFC5927][RFC5926], 연결 관리[RFC5482], 그리고 긴급 메커니즘 구현 가이드라인[RFC6093]을 포함하도록 개정되고 확장됐다. 또한 재전송 동작[RFC5827][RFC3708], 혼잡 검출과 제어[RFC5690][RFC5562][RFC4782][RFC3649][RFC2861] 등의 다양한 실험적 개선안이 있다. 마지막으로 TCP가 어떻게 다중 동시 네트워크 계층 경로의 장점을 취할 수 있는지에 대한 연구가 있다[RFC6182].

## 12.2.1 TCP 서비스 모델

TCP와 UDP는 같은 네트워크 계층(IPv4 혹은 IPv6)을 이용하지만, TCP는 UDP와는 완전히 서비스를 응용 계층에 제공한다. TCP는 연결 지향의 신뢰성 있는 바이트 스트림 서비스를 제공한다. 연결 지향connection-oriented이라는 말은 TCP를 이용하는 2개의 애플리케이션이 데이터를 교환하기 전에 서로 TCP 연결을 확립해야 함을 의미한다. 전형적인 예가 전화를 거는 것이다. 먼저 전화번호를 누르고, 상대편이 전화를 받기를 기다리고, 이어서 '여보세요'라고 말한 후에 '누구시죠?'라고 말하는 것과 같다. TCP 연결에는 서로 통신하는 정확히 2개의 종단점이 존재한다. 브로드캐스팅이나 멀티캐스팅(9장 참조) 같은 개념은 TCP에 적용되지 않는다.

TCP는 애플리케이션에 바이트 스트림 추상화를 제공한다. 따라서 TCP는 레코드 마커record marker나 메시지 경계를 자동으로 삽입하지 않는다(1장 참조). 레코드 마커는 애플리케이션이 어느 정도로 쓰기write 동작을 했는지를 표시한다. 애플리케이션의 한 종단에서 10바이트를 쓰고 그다음은 20바이트를 쓰고, 또 그다음은 50바이트를 썼다면 연결의 다른 종단에 있는 애플리케이션은 개별 쓰기 동작의 크기가 얼마였는지 알 수 없다. 예를 들면 다른 종단의 애플리케이션은 80바이트를 한 번에 20바이트씩 4번에 걸쳐 읽거나 아니면 다른 방법으로 읽을 수 있다. 한쪽 종단이 바이트 스트림을 TCP에 넣으면 상대편에 똑같은 바이트 스트림이 나타난다. 각 종단점은 개별적으로 읽기와 쓰기의 크기를 선택한다.

TCP는 바이트 스트림 내의 바이트의 내용을 전혀 해석하지 않는다. TCP는 주고 받고 있는 데이터 바이트가 2진 데이터, ASCII 문자, EBCDIC 문자, 혹은 다른 어떤 것인지 전혀 알지 못한다. 이 바이트 스트림의 해석은 연결의 각 종단에 있는 애플리케이션에서 맡는다. TCP가 앞서 언급한 긴급 메커니즘을 지원하기는 하지만, 이 기능은 사용이 권고되지 않는다.

## 12.2.2 TCP의 신뢰성

TCP는 지금까지 설명한 기법들을 변형해서 신뢰성을 제공한다. TCP는 바이트 스트림 인터페이스를 제공하므로 발신 애플리케이션의 바이트 스트림을 IP가 운반할 수 있도록 패킷으로 변환해야 한다. 이를 가리켜 패킷화packetization라고 부른다. 패킷은 순서 번호를 포함하는데, TCP에서 패킷의 순서 번호는 패킷 번호를 나타내는 게 아니라 전체 데이터 스트림 내에서 각 패킷의 첫 번째 바이트의 바이트 오프셋을 나타낸다. 덕분에 패킷은 전송 중에 크기가 가변적일 수 있다. 또 패킷들이 결합될 수도 있는데 이를 가리켜 재패킷화<sup>repacketization</sup>라고 부른다. 애플리케이션의 데이터는 TCP가 생각하기에 가장 적합한 크기의 덩어리로 쪼개져서 분리되는데, 단편화가 일어나지 않도록 각 세그먼트가 1개의 IP 계층 데이터그램에 들어가는 것이 일반적이다. 이것은 UDP와는 다른데, UDP는 애플리케이션이 쓰기 동작을 할 때마다 그 크기만큼 (그리고 헤더를 추가해서) UDP 데이터그램을 생성한다. TCP에 의해 IP로 전달되는 데이터 덩어리를 세그먼트<sup>segment</sup>라고 부른다(그림 12-2 참조). 15장에서 TCP가 어떻게 세그먼트 크기를 결정하는지 설명한다.

TCP는 헤더, 관련있는 애플리케이션 데이터, IP 헤더의 필드에 대한 검사합을 반드시 유지한다. 이것은 종단간의 유사<sup>pseudo</sup> 헤더 검사합으로서, 전송 중에 발생하는 비트 오류를 검출하기 위한 것이다. 유효하지 않은 검사합을 갖고 도착한 세그먼트를 TCP는 확인 응답을 보내지 않고 그냥 폐기한다. 하지만 그 전의 (이미 확인 응답을 보낸) 세그먼트에 대해서는 확인 응답을 보냈기 때문에 발신자는 혼잡 제어를 위한 계산을 할 수 있다(16장 참조). TCP 검사합은 다른 인터넷 프로토콜(UDP, ICMP 등)과 동일한 수학 함수를 사용한다. 대규모 데이터 전송의 경우 이 검사합으로는 충분치 않다는 우려가 있어서[SP00] 일부 신중한 애플리케이션은 자체적인 오류 방지 기법을 적용하거나 미들웨어 계층을 사용하기도 한다[RFC5044].

TCP가 세그먼트의 그룹을 전송할 때 보통 하나의 재전송 타이머를 설정하고 다른 종단의 수신 확인 응답을 기다린다. TCP는 세그먼트마다 서로 다른 재전송 타이머를 설정하지 않는다. 그리고 데이터의 윈도우를 보낼 때나 ACK 도착으로 타임아웃 값을 갱신할 때 타이머를 설정한다. 시간 내에 확인 응답이 되돌아오지 않으면 세그먼트는 재전송된다. 14장에서 TCP의 적응적<sup>adaptive</sup> 타임아웃과 재전송 전략에 대해 자세히 설명한다.

TCP는 연결의 상대편으로부터 데이터를 받으면 확인 응답을 보낸다. 이 확인 응답은 즉시 보내지는 것이 아니라 일반적으로 몇 분의 일 초 정도 지연 전송된다. TCP에서 바이트 번호 N을 나타내는 ACK는 번호 N직전까지 모든 바이트가 이미 성공적으로 수신됐다는 것을 의미한다. 그래서 TCP의 ACK를 누적<sup>cumulative</sup> ACK라고도 부른다. 덕분에 ACK가 손실돼도 어느 정도의 견고성이 보장된다. ACK가 손실돼도, 후속 ACK가 도착한다면 그 전의 세그먼트도 정상 수신됐을 가능성이 매우 높기 때문이다.

TCP는 응용 계층에 전이중$^{full-duplex}$ 서비스를 제공한다. 이것은 데이터가 다른 방향에 독립적으로 각 방향으로 흐를 수 있다는 것을 의미한다. 따라서 연결의 종단은 각 방향마다 데이터 흐름의 순서 번호를 유지해야 하다. 연결이 성립되면 연결의 한쪽 방향으로 흐르는 데이터를 포함하는 모든 TCP 세그먼트는 반대 방향으로 흐르는 세그먼트에 대한 ACK도 포함한다. 또 반대 방향의 흐름 제어를 구현하기 위한 윈도우 광고도 포함한다. 따라서 TCP 세그먼트가 도착하면 윈도우가 앞으로 미끄러질 수 있고 윈도우 크기가 변경될 수 있으며 새로운 데이터가 도착했을 수 있다. 13장에서 보겠지만 완전히 활성화된 TCP 연결은 양방향이고 대칭적이다. 즉 데이터는 양방향으로 똑같이 잘 흐를 수 있다.

수신 측의 TCP는 순서 번호를 사용해서 중복 세그먼트를 폐기하고 순서에 벗어나 도착한 세그먼트들의 순서를 바로잡는다. 이런 문제들이 발생할 수 있는 이유는 TCP가 IP를 사용해서 세그먼트를 전달하는데 IP는 중복 방지 혹은 정확한 순서 보장을 제공하지 않기 때문이다. TCP는 바이트 스트림 프로토콜이기 때문에 수신 애플리케이션에 절대로 순서에 벗어난 데이터를 전달하지 않는다. 따라서 수신 TCP는 분실된 낮은 순서 번호의 세그먼트('구멍$^{hole}$')가 채워지기까지 애플리케이션에 전달하지 않고 높은 순서 번호의 데이터를 계속 갖고 있어야 할 수도 있다.

지금부터 TCP를 자세히 알아보자. 12장에서는 TCP의 캡슐화와 헤더 구조만 소개한다. 다른 자세한 내용은 13장 이후의 5개 장에서 다룬다. TCP는 IPv4나 IPv6와 함께 사용되고, 의사 헤더 검사합(UDP와 유사)은 IPv4 혹은 IPv6 와 함께 사용되기 위해서 반드시 필요하다.

## 12.3 TCP 헤더와 캡슐화

TCP는 그림 12-2와 같이 IP 데이터그램 내에 캡슐화된다.

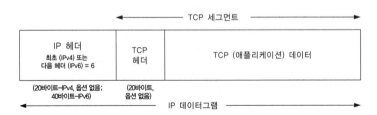

**그림 12-2** TCP 헤더는 IP 헤더 혹은 IPv6 확장 헤더 다음에 즉시 나타나고 20바이트 길이다(어떠한 TCP 옵션도 갖지 않을 때) 옵션을 가지면 TCP 헤더는 60바이트까지 커질 수 있다. 주요 옵션은 최대 세그먼트 크기, 타임스탬프, 윈도우 스케일링, 선택적 ACK 등이다.

헤더 자체는 10장에서 살펴본 UDP에 비해 상당히 복잡하다. 이것은 크게 놀랄 일은 아닌데, TCP가 연결의 각 종단이 현재 상태를 알 수 있도록 동기화를 유지하는 상당히 복잡한 프로토콜이기 때문이다. 그림 12-3에서 이것을 보여준다.

각 TCP 헤더는 발신지와 목적지 포트 번호를 포함하고 있다. 이 두 값은 IP 헤더에서 발신지와 목적지 IP 주소와 함께 각 연결을 유일하게 식별한다. IP 주소와 포트 번호의 조합을 TCP 문서에서 종단점<sup>endpoint</sup> 혹은 소켓<sup>socket</sup>이라고 부른다. 소켓이라는 용어는 [RFC0793]에 처음 나타났으며, 버클리 대학에서 개발한 네트워크 통신용 프로그래밍 인터페이스의 이름으로 채택됐다(현재는 버클리 소켓으로 부른다). 각 TCP 연결을 유일하게 식별하는 것은 소켓 혹은 종단점의 쌍(클라이언트 IP 주소, 클라이언트 포트 번호, 서버 IP 주소, 서버 포트 번호의 4개)이다. 나중에 TCP 서버가 다수의 클라이언트와 통신하는 방법을 배울 때 이 사실은 매우 중요하다(13장 참조).

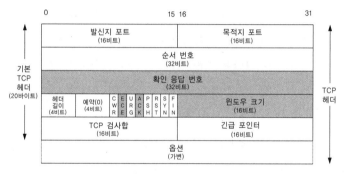

| 0 | 15 16 | 31 |
|---|---|---|
| 발신지 포트<br>(16비트) | 목적지 포트<br>(16비트) | |
| 순서 번호<br>(32비트) | | |
| 확인 응답 번호<br>(32비트) | | |
| 헤더 길이 (4비트) / 예약(0) (4비트) / C W R / E C E / U R G / A C K / P S H / R S T / S Y N / F I N | 윈도우 크기<br>(16비트) | |
| TCP 검사합<br>(16비트) | 긴급 포인터<br>(16비트) | |
| 옵션<br>(가변) | | |

**그림 12-3** TCP 헤더. 옵션이 없다면 정상 크기는 20바이트다. 헤더 길이 필드는 헤더의 크기를 32비트 워드(최솟값은 5)로 나타 낸다. 진한 부분(확인 응답 번호, 윈도우 크기, ECE와 ACK 비트)은 이 세그먼트의 발신자에 대해서 반대 방향으로 흐르는 데이터를 참조한다.

순서 번호$^{Sequence\ Number}$ 필드는 송신 측의 TCP로부터 수신 측의 TCP로 가는 데이터 스트림의 바이트를 식별하는데, 데이터를 포함하는 세그먼트의 첫 번째 바이트가 해당된다. 바이트 스트림이 2개의 애플리케이션 사이에서 한쪽 방향으로 흐르는 경우 TCP는 각 바이트마다 순서 번호를 정한다. 이 순서 번호는 32비트 부호 없는 번호로, $2^{32}-1$을 초과하면 다시 0으로 돌아간다. 교환되는 모든 바이트에 순서 번호가 부여되기 때문에 확인 응답 번호$^{Acknowledgement\ Number}$ 필드(ACK 번호 혹은 ACK 필드라고 줄여서 부르기도 함)는 확인 응답의 송신기가 다음에 수신할 것이라고 예상 중인 다음 순서 번호가 들어 있다. 그러므로 이 값은 성공적으로 수신한 가장 최근의 바이트 순서 번호 + 1이다. 이 필드는 ACK 플래그(이 절의 후반에 설명한다)가 설정돼 있을 때만 유효한데, 일반적으로 최초 세그먼트와 마지막 세그먼트를 제외하고 모두 설정돼 있다. ACK 발신의 비용은 다른 TCP 세그먼트 발신과 다를 것이 없다. 32비트 ACK 번호 필드는 ACK 비트 필드와 마찬가지로 언제나 헤더의 일부이기 때문이다.

신규 연결이 성립되는 과정에서 클라이언트에서 서버로 보내지는 첫 번째 세그먼트의 SYN 비트 필드가 설정된다. 이런 세그먼트를 SYN 세그먼트$^{SYN\ segment}$ 혹은 단순히 SYN이라 부른다. 순서 번호 필드는 해당 방향의 후속 순서 번호들을 위해서 그리고 반환될 ACK 번호에서 사용될 첫 번째 순서 번호를 포함하게 된다(연결은 언제나 양방향이라는 점을 잊지 말자). 이 번호는 0 혹은 1이 아니라 무작위로 선택되는데 초기 순서 번호$^{ISN,}$ $_{Initial\ Sequence\ Number}$라고 부른다. ISN이 0이나 1을 포함하지 않는 것은 보안 때문이며 13

장에서 자세히 설명한다. SYN 플래그가 순서 번호를 1만큼 소비하기 때문에 이 방향으로 보내지는 데이터의 첫 번째 바이트의 순서 번호는 ISN + 1이 된다. 다음에 설명하겠지만 순서 번호를 1만큼 소비한다는 것은 재전송을 통해서 신뢰성 있게 전달이 가능함을 의미한다. 따라서 SYN과 애플리케이션 바이트(그리고 FIN, 다음에 설명함)는 신뢰성 있게 전달된다. 순서 번호를 사용하지 않는 ACK는 그렇지 않다.

TCP는 '긍정적 확인 응답이 누적되는 슬라이딩 윈도우 프로토콜'이라고 말할 수 있다. ACK 번호<sup>ACK Number</sup> 필드는 수신자 측에서 순서대로 수신된 가장 큰 바이트(에 1만큼 더한 값)를 갖도록 설정된다. 예를 들면 바이트 1-1024가 정상적으로 수신되고, 다음 세그먼트가 바이트 2049-3072를 포함하고 있으면 수신기는 통상적인 ACK 번호 필드를 사용해서 발신자에게 이 신규 세그먼트를 수신했음을 알릴 수 없다. 하지만 최근의 TCP는 SACK<sup>Selective ACK, 선택적 확인 응답</sup>를 사용할 수 있는데, 이것은 순서에 어긋난 데이터를 정확히 수신했음을 수신자가 발신자에게 알리는 데 사용되며 선택적 반복<sup>selective repeat</sup> 기능을 지원하는 TCP 발신자와 함께 사용되면 유의미한 성능 향상을 얻을 수 있다[FF96]. 14장에서는 TCP가 혼잡 제어와 오류 제어 절차를 지원하기 위해 어떻게 중복 확인 응답<sup>duplicate acknowledgement</sup>(다수의 세그먼트가 동일한 ACK 필드값을 갖는 것)을 사용하는지 살펴본다.

헤더 길이<sup>Header Length</sup> 필드는 32비트 워드 단위로 헤더의 길이를 지정한다. 이것이 필요한 것은 옵션<sup>Options</sup> 필드가 가변 길이이기 때문이다. 4비트 필드로서 TCP 헤더의 길이는 60바이트로 제한된다. 하지만 옵션이 없을 경우는 20바이트다.

TCP 헤더에는 8개의 플래그 비트가 현재 정의돼 있지만, 일부 구식 구현은 그중 6개만 지원하기도 한다. 하나 이상의 비트를 동시에 설정할 수 있다. 여기서는 플래그 비트의 사용법을 간단히 소개하고, 자세한 내용은 후속 장에서 설명할 것이다.

1. **CWR**  혼잡 윈도우 축소(송신기가 전송 속도를 줄였다). 16장 참조

2. **ECE**  ECN 에코(송신기가 조기 혼잡 통보를 수신했다). 16장 참조

3. **URG**  긴급(긴급 포인터 필드가 유효하다. 거의 사용되지 않는다.). 15장 참조

4. **ACK**  확인 응답(확인 응답 번호 필드가 유효하다. 연결이 성립된 후에 언제나 설정된다). 13장과 15장 참조

5. **PSH**  푸시(수신자는 데이터를 가능한 빨리 애플리케이션으로 보내야 한다.

신뢰성이 높지 않다). 15장 참조

6. **RST** 연결 재설정(오류로 인한 연결 끊어짐). 13장 참조

7. **SYN** 연결을 시작하기 위해 순서 번호를 동기화. 13장 참조

8. **FIN** 발신자가 데이터 전송을 종료함. 13장 참조

TCP의 흐름 제어는 각 종단이 윈도우 크기Window Size 필드를 이용해 윈도우 크기를 광고하는 방법을 사용한다. 이 필드는 수신자가 받고자 하는 바이트 개수로서 ACK 번호가 지정하는 바이트부터 시작한다. 16비트 필드이기 때문에 윈도우는 65,535바이트로 크기가 제한되고 따라서 TCP의 처리량도 제한된다. 15장에서 윈도우 스케일Window Scale 옵션을 배우는데, 이 옵션을 사용하면 윈도우 크기 필드의 값을 증가시켜서 보다 큰 윈도우를 사용할 수 있으며 고속 네트워크 및 지연 과다 네트워크에서 성능 향상을 얻을 수 있다.

TCP 검사합Checksum 필드는 TCP 헤더, 데이터, IP 헤더의 일부 필드를 포괄하며, 8장과 10장에서 설명했던 ICMPv6와 UDP 검사합과 유사한 유사pseudo 헤더 계산이 사용된다. 발신자는 반드시 이 필드를 계산 및 저장해야 하고, 수신자는 검사해야 한다. TCP 검사합은 IP, ICMP, UDP 검사합과 동일한 알고리즘을 이용해 계산된다.

긴급 포인터Urgent Point 필드는 URG 플래그가 설정돼 있을 때만 유효하다. 이 '포인터'는 세그먼트의 순서 번호 필드에 추가돼야 하는 양의 오프셋 값으로서, 긴급 데이터의 마지막 바이트의 순서 번호를 얻기 위한 것이다. 특수하게 표시된 데이터를 발신자가 상대방에게 제공하는 데 사용된다.

가장 널리 쓰이는 옵션Option 필드는 MSSMaximum Segment Size라고 하는 최대 세그먼트 크기 옵션이다. 연결의 각 종단은 자신이 보내는 첫 번째 세그먼트(연결을 확립하기 위해 SYN 비트 필드가 설정된 세그먼트)에 이 옵션을 지정한다. MSS 옵션에 대해서는 13장에서 자세히 다루며 그 밖의 TCP 옵션에 대해서는 14장과 15장에서 자세하게 설명한다. 이때 살펴볼 주요 옵션에는 SACK, 타임스탬프, 윈도우 스케일 등이 있다.

그림 12-2에서 TCP 세그먼트의 데이터 부분이 선택적이라고 표시됐음에 주목하자. 연결이 성립될 때와 종료될 때 TCP 헤더만(옵션은 있을 수도, 없을 수도 있음) 포함하고 데이터는 포함하지 않는 세그먼트가 교환된다. 데이터가 없는 헤더는 그 방향으로 전송될 데이

터가 없는 경우 수신된 데이터를 확인 응답하거나(순수$^{pure}$ ACK라고 함), 윈도우 크기의 변경을 통신 상대방에게 알리는(윈도우 갱신$^{update}$이라고 함) 용도로도 사용된다. 또 데이터 없이 세그먼트를 보낼 수 있을 때 타임아웃이 발생한 경우에도 가능하다.

## 12.4 정리

데이터 손실이 발생할 수 있는 통신 채널로 신뢰성 있는 통신을 제공하는 문제는 오랫동안 연구돼 왔다. 오류에 대처하는 2가지 주요 방법은 오류 정정 코드와 데이터 재전송이다. 재전송을 사용하는 프로토콜은 (일반적으로 타이머를 설정함으로써) 데이터 손실도 처리해야 하고, 수신자가 발신자에게 자신이 수신했음을 알릴 수 있는 방법도 마련해야 한다. ACK를 얼마나 오래 기다려야 할지 결정하는 것은 쉽지 않은 문제다. 네트워크 라우팅 혹은 종단 시스템의 부하에 따라서 적절한 대기 시간은 달라질 수 있기 때문이다. 최근의 프로토콜들은 왕복 시간을 추정하고 이 추정값에 근거해서 재전송 시간을 설정한다.

재전송 타이머를 설정하는 부분을 제외하면 재전송 프로토콜은 네트워크 내에 한 번에 1개의 패킷만 존재하기 때문에 별로 복잡할 것이 없다. 하지만 지연 시간이 긴 네트워크에서 성능이 좋지 않다. 속도를 높이기 위해서는 ACK가 수신되기 전에 패킷들이 네트워크로 주입돼야 한다. 이렇게 하면 효율성은 높아지지만 구현이 복잡해 진다. 이러한 복잡성을 관리하는 전형적인 방법이 슬라이딩 윈도우로서, 패킷마다 순서 번호가 부여되고 윈도우 크기는 패킷의 개수를 제한한다. 수신자로부터의 피드백 혹은 다른 신호(예를 들면 폐기된 패킷)에 따라서 윈도우 크기를 조정함으로써 흐름 제어 및 혼잡 제어의 목표를 달성할 수 있다.

TCP는 이러한 기법들을 사용해서 신뢰성 있고 연결 지향적인 바이트 스트림 전송 계층 서비스를 제공한다. 이번 장에서 TCP 헤더 내의 필드들을 간단히 살펴보고 이 필드들 대부분이 신뢰성 있는 전달의 추상적 개념들과 직접적으로 관련 있음을 살펴봤다. 이후의 장들에서 이 필드를 자세히 조사할 것이다. TCP는 애플리케이션 데이터를 패킷으로 쪼개고, 데이터를 보낼 때 타임아웃을 설정하며, 수신자가 데이터를 수신했음을 확인하고 순서가 바뀐 데이터의 순서를 정렬하며, 중복 데이터를 버리고 종단간 흐름 제어를 제공하며, 필수적인 종단간 검사합을 계산 및 검증한다. TCP는 인터넷에서 가장 널리 사용되는 프로토콜이다. HTTP, SSH/TLS, NetBIOS(NBT – TCP 상의 NetBIOS), 텔넷, FTP, 이메일(SMTP) 등 수많은 대중적 애플리케이션들이 TCP를 사용한다. 또 비트토렌트[BitTorrenet] 등의 분산 파일 공유 애플리케이션도 TCP를 사용한다.

# 12.5 참고 자료

- **[FF96]** K. Fall and S. Floyd, "Simulation-Based Comparisons of Tahoe, Reno and SACK TCP," ACM Computer Communications Review, July 1996.

- **[J90]** R. Jain, "Congestion Control in Computer Networks: Issues and Trends," IEEE Network Magazine, May 1990.

- **[K75]** L. Kleinrock, Queuing Systems, Volume 1: Theory (Wiley-Interscience, 1975).

- **[K97]** S. Keshav, An Engineering Approach to Computer Networking (Addison- Wesley, 1997). (Note: A second edition is being developed.)

- **[RFC0793]** J. Postel, "Transmission Control Protocol," Internet RFC 0793/STD 0007, Sept. 1981.

- **[RFC1122]** R. Braden, ed., "Requirements for Internet Hosts-Communication Layers," Internet RFC 1122/STD 0003, Oct. 1989.

- **[RFC2861]** M. Handley, J. Padhye, and S. Floyd, "TCP Congestion Window Validation," Internet RFC 2861 (experimental), June 2000.

- **[RFC2883]** S. Floyd, J. Mahdavi, M. Mathis, and M. Podolsky, "An Extension to the Selective Acknowledgement (SACK) Option for TCP," Internet RFC 2883, July 2000.

- **[RFC3168]** K. Ramakrishnan, S. Floyd, and D. Black, "The Addition of Explicit Congestion Notification (ECN) to IP," Internet RFC 3168, Sept. 2001.

- **[RFC3390]** M. Allman, S. Floyd, and C. Partridge, "Increasing TCP's Initial Window," Internet RFC 3390, Oct. 2002.

- **[RFC3517]** E. Blanton, M. Allman, K. Fall, and L. Wang, "A Conservative Selective Acknowledgment (SACK)-Based Loss Recovery Algorithm for TCP," Internet RFC 3517, Apr. 2003.

- **[RFC3540]** N. Spring, D. Wetherall, and D. Ely, "Robust Explicit Congestion Notification (ECN) Signaling with Nonces," Internet RFC 3540 (experimental), June 2003.

- **[RFC3649]** S. Floyd, "HighSpeed TCP for Large Congestion Windows," Internet RFC 3649 (experimental), Dec. 2003.

- **[RFC3708]** E. Blanton and M. Allman, "Using TCP Duplicate Selective Acknowledgement (DSACKs) and Stream Control Transmission Protocol (SCTP) Duplicate Transmission Sequence Numbers (TSNs) to Detect Spurious Retransmissions," Internet RFC 3708 (experimental), Feb. 2004.

- **[RFC3782]** S. Floyd, T. Henderson, and A. Gurtov, "The NewReno Modification to TCP's Fast Recovery Algorithm," Internet RFC 3782, Apr. 2004.

- **[RFC4015]** R. Ludwig and A. Gurtov, "The Eifel Response Algorithm for TCP," Internet RFC 4015, Feb. 2005.

- **[RFC4782]** S. Floyd, M. Allman, A. Jain, and P. Sarolahti, "Quick-Start for TCP and IP," Internet RFC 4782 (experimental), Jan. 2007.

- **[RFC5044]** P. Culley, U. Elzur, R. Recio, S. Bailey, and J. Carrier, "Marker PDU Aligned Framing for TCP Specification," Internet RFC 5044, Oct. 2007.

- **[RFC5382]** S. Guha, ed., K. Biswas, B. Ford, S. Sivakumar, and P. Srisuresh, "NAT Behavioral Requirements for TCP," Internet RFC 5382/BCP 0142, Oct. 2008.

- **[RFC5482]** L. Eggert and F. Gont, "TCP User Timeout Option," Internet RFC 5482, Mar. 2009.

- **[RFC5562]** A. Kuzmanovic, A. Mondal, S. Floyd, and K. Ramakrishnan, "Adding Explicit Congestion Notification (ECN) Capability to TCP's SYN/ACK Packets," Internet RFC 5562 (experimental), June 2009.

- **[RFC5681]** M. Allman, V. Paxson, and E. Blanton, "TCP Congestion Control," Internet RFC 5681, Sept. 2009.

- **[RFC5682]** P. Sarolahti, M. Kojo, K. Yamamoto, and M. Hata, "Forward RTORecovery (F-RTO): An Algorithm for Detecting Spurious Retransmission Timeouts with TCP," Internet RFC 5682, Sept. 2009.

- **[RFC5690]** S. Floyd, A. Arcia, D. Ros, and J. Iyengar, "Adding Acknowledgement Congestion Control to TCP," Internet RFC 5690 (informational), Feb. 2010.

- **[RFC5827]** M. Allman, K. Avrachenkov, U. Ayesta, J. Blanton, and P. Hurtig, "Early Retransmit for TCP and Stream Control Transmission Protocol (SCTP)," Internet RFC 5827 (experimental), May 2010.

- **[RFC5926]** G. Lebovitz and E. Rescorla, "Cryptographic Algorithms for the TCP Authentication Option (TCP-AO)," Internet RFC 5926, June 2010.

- **[RFC5927]** F. Gont, "ICMP Attacks against TCP," Internet RFC 5927 (experimental), July 2010.

- **[RFC6056]** M. Larsen and F. Gont, "Recommendations for Transport-Protocol Port Randomization," Internet RFC 6056/BCP 0156, Jan. 2011.

- **[RFC6093]** F. Gont and A. Yourtchenko, "On the Implementation of the TCP Urgent Mechanism," Internet RFC 6093, Jan. 2011.

- **[RFC6182]** A. Ford, C. Raiciu, M. Handley, S. Barre, and J. Iyengar, "Architectural Guidelines for Multipath TCP Development," Internet RFC 6182 (informational), Mar. 2011.

- **[RFC6298]** V. Paxson, M. Allman, J. Chu, and M. Sargent, "Computing TCP's Retransmission Timer," Internet RFC 6298, June 2011.

- **[S48]** C. Shannon, "A Mathematical Theory of Communication," Bell System Technical Journal, July/Oct. 1948.

- **[SP00]** J. Stone and C. Partridge, "When the CRC and TCP Checksum Disagree," Proc. ACM SIGCOMM, Aug./Sept. 2000.

# 13

## TCP 연결 관리

## 13.1 개요

TCP는 유니캐스트 연결 지향<sup>connection-oriented</sup> 프로토콜이다. 한 종단이 다른 종단으로 데이터를 전송하기 전에 이들 사이에 연결이 성립돼야만 한다. 13장에서는 TCP 연결이 무엇인지, 연결이 어떻게 성립되고 어떻게 종료되는지에 대해 자세히 살펴본다. TCP의 서비스 모델은 바이트 스트림임을 명심하자. TCP는 기본적으로 IP 계층(혹은 아래 계층)에서의 패킷 손실, 중복 혹은 오류에 의해 발생될 수 있는 모든 데이터 전송 문제를 검출하고 복구한다.

TCP는 연결 상태(통신의 양쪽 종단점이 유지하는 연결에 관한 정보)를 관리하기 때문에 UDP(10장 참조)보다 훨씬 복잡한 프로토콜이다. UDP는 비연결형<sup>connectionless</sup> 프로토콜로서 연결 성립이나 종료가 없다. 앞으로 살펴볼 TCP와 UDP의 주요 차이점은 다양한 TCP 상태들을 적절히 처리하기 위해 요구되는 수많은 세부정보들이다. TCP는 연결을 언제 생성하고, 정상적으로 종료하며 경고 없이 재설정할지 해결해야 한다. 다른 장들에서는 연결이 성립돼 데이터 전송이 시작된 이후에 어떤 일이 일어나는지 살펴볼 것이다.

연결이 성립되는 과정에서 연결의 매개변수와 관련된 몇 개의 옵션들이 종단점들 간에 교환된다. 연결이 성립될 때만 보내지는 옵션도 있고 그 이후에 보내지는 옵션도 있다. 앞서 12장에서 우리는 TCP 헤더가 옵션 용으로 제한된 공간(40바이트)만 갖고 있음을 배웠다.

## 13.2 TCP 연결 성립과 종료

TCP 연결은 2개의 IP 주소와 2개의 포트 번호로 구성된 4-튜플로 정의된다. 보다 정확히는 종단점 혹은 소켓의 쌍pair으로서, 종단점은 〈IP 주소, 포트 번호〉쌍으로서 식별된다.

TCP 연결은 일반적으로 준비setup, 데이터 전송(이 상태를 연결이 성립됐다established라고 부른다), 해제teardown(연결을 닫음)의 3단계를 거친다. 앞으로 보게 되겠지만 TCP 구현의 어려운 점이 바로 이 3단계 간의 전환을 정확하게 처리하는 것이다. 전형적인 TCP 연결 성립 및 종료(데이터 전송은 없음) 과정이 그림 13-1에 보인다.

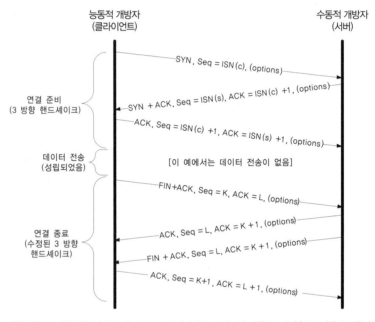

**그림 13-1** 정상적인 TCP 연결 성립과 종료. 클라이언트와 서버의 SYN 세그먼트들(각각 ISN(c)와 ISN(s))에 포함돼 운반되는 초기 순서 번호를 교환하기 위해 클라이언트가 3 방향 핸드셰이크를 시작한다. 양측이 FIN을 보내고 이에 대한 확인 응답을 수신한 후 연결이 종료된다.

이 그림은 연결이 성립되는 동안에 일어나는 일의 타임라인이다. TCP 연결이 성립되기 위해서는 아래의 이벤트들이 일어난다.

1. 능동적 개방자Active Opener(보통 클라이언트라 부름)는 연결하기 원하는 상대방의 포트 번호를 지정하는 SYN 세그먼트(즉, TCP 헤더 내의 SYN 비트 필드가 설정된 TCP/IP 패킷)와

클라이언트의 초기 순서 번호 또는 ISN(c)를 보낸다(13.2.3절 참조). 이때 1개 이상의 옵션을 보내는 것이 보통이다(13.3절 참조). 이것이 세그먼트 1이다.

2. 서버는 자신의 초기 순서 번호(ISN(s))를 포함한 자신의 SYN 세그먼트로 응답한다. 이것이 세그먼트 2다. 또 서버는 클라이언트에 ISN(c)+1로 ACK함으로써 클라이언트의 SYN에 확인 응답한다. SYN은 순서 번호 하나를 소비하며, 손실이 발생한 경우 재전송된다.

3. 클라이언트는 서버가 보내온 SYN에 대해 ISN(s)+1의 ACK로 확인 응답을 보내야 한다. 이것은 세그먼트 3이다.

이렇게 3개의 세그먼트로 연결이 성립되며, 3 방향 핸드셰이크three-way handshake라고 한다. 3 방향 핸드셰이크의 주목적은 연결의 각 종단이 연결이 시작됐음과 옵션으로 운반되는 세부 정보를 알게 하는 것과 ISN를 교환하는 것이다.

첫 번째 SYN을 보내는 쪽을 능동 개방active open을 실행한다고 말한다. 언급했듯이 이것은 일반적으로 클라이언트다. 이 SYN을 받고 다음 SYN을 보내는 다른 쪽은 수동 개방passive open을 수행한다. 이것은 대부분 서버라 부른다(13.2.2절에서 양쪽이 동시에 능동적 개방을 행하는 동시 개방simultaneous open에 대해 설명한다).

> **주의**
> TCP는 애플리케이션 데이터를 SYN 세그먼트에서 운반하는 기능을 지원한다. 하지만 버클리 소켓 API가 이 기능을 지원하지 않기 때문에 거의 사용되지 않는다.

그림 13-1은 TCP 연결이 어떻게 폐쇄(해제 혹은 종료)되는지도 보여준다. 어느 쪽에서든 종료 동작을 시작할 수 있고 드물지만 동시에 폐쇄하는 기능도 지원된다. 전통적으로 클라이언트가 종료(그림 13-1에서 보여줬듯이)를 시작하는 것이 일반적이었다. 하지만 일부 서버(예, 웹 서버)는 요청 처리를 완료한 후에 종료 동작을 먼저 시작한다. 일반적으로 종료 동작은 애플리케이션이 (예를 들면 close() 시스템 호출을 사용해서) 연결 종료를 희망한다고 표시하는 것과 함께 시작된다. TCP는 FIN 세그먼트(FIN 비트가 설정된 TCP 세그먼트)를 전송함으로써 폐쇄 동작을 시작한다. 완전한 폐쇄 동작은 양측에서 폐쇄가 완료된 후에 발생한다.

1. 능동적 폐쇄자<sup>active closer</sup>는 수신기가 예상하는 현재 순서 번호(그림 13-1에서 K)를 지정하는 FIN 세그먼트를 전송한다. FIN도 다른 방향에서 전송된 마지막 데이터를 위한 ACK를 포함한다(그림 13-1에서 L).

2. 수동적 폐쇄자<sup>passive closer</sup>는 능동 폐쇄자의 FIN을 성공적으로 수신했음을 표시하기 위해 K+1 값의 ACK로 응답한다. 이 시점에서 애플리케이션은 연결의 다른 종단이 폐쇄 동작을 수행했음을 통보 받는다. 이로 인해 애플리케이션은 자체적인 폐쇄 동작을 시작하며 따라서 수동적 폐쇄자는 실질적으로 다른 능동적 폐쇄자가 돼 자신의 FIN을 전송한다. 순서 번호는 L이다.

3. 폐쇄를 완료하기 위해서 마지막 세그먼트는 마지막 FIN에 대한 ACK를 포함한다. FIN이 손실되면 이에 대한 ACK를 수신할 때까지 계속 재전송된다는 것을 기억하자.

연결 성립에 3개의 세그먼트가 필요한 반면 연결 종료에는 4개의 세그먼트가 필요하다. 흔하지는 않지만 절반 개방<sup>half-open</sup> 상태(13.6.3절 참조)의 연결도 존재할 수 있다. 이는 TCP의 데이터통신 모델이 양방향이기 때문인데, 양방향 중에 한 방향만 동작할 수도 있기 때문이다. TCP에서 절반 폐쇄<sup>half-close</sup> 동작은 데이터 흐름의 한 방향만 폐쇄한다. 2개의 절반 폐쇄 동작은 함께 연결 전체를 폐쇄한다. 어느 종단이든 데이터 전송이 완료되면 FIN을 전송할 수 있기 때문이다. FIN을 수신한 TCP는 상대방 종단이 데이터 흐름을 종료했음을 애플리케이션에게 통보해야 한다. FIN을 보내는 것은 일반적으로 애플리케이션이 종료 동작을 시작한 결과인데 이로 인해 양방향이 모두 종료되는 것이 보통이다.

앞서 살펴본 7개의 세그먼트는 '우아하게<sup>gracefully</sup>' 성립되고 종료되는 TCP 연결에 기본으로 요구되는 오버헤드다.(특별한 재설정 세그먼트를 이용해 TCP 연결을 해제시키는 방법들은 뒤에서 다룬다). 교환할 데이터의 양이 적을 때 일부 애플리케이션들이 연결 성립 없이도 데이터를 주고받을 수 있는 UDP를 선호하는 이유는 명백하다. 그러나 이런 애플리케이션은 스스로 오류 복구 기능, 혼잡 관리, 흐름 제어를 처리하는 기능을 가져야 한다.

## 13.2.1 TCP 절반 폐쇄

이미 언급했듯이 TCP는 절반 폐쇄 동작을 지원한다. 일부 애플리케이션이 이 기능을 요구하지만 일반적이지는 않다. 이 기능을 이용하려면 API는 애플리케이션이 "나는 데이터 다 보냈으니 상대방에게 FIN을 보낼게. 하지만 상대방이 나에게 FIN을 보낼 때까지 데이터는 계속 받고 싶어"라고 말할 수 있는 방법을 제공해야 한다. 애플리케이션이 close() 함수가 아니라 shutdown() 함수를 호출한다면 버클리 소켓 API는 절반 폐쇄를 지원한다. 하지만 대부분의 애플리케이션은 close()를 호출해서 연결의 양방향을 모두 닫는다. 그림 13-2는 절반 폐쇄의 예를 보여주고 있다. 이 그림에서는 좌측의 클라이언트가 절반 폐쇄를 시작하고 있지만 어느 쪽에서든 시작할 수 있다.

처음 두 세그먼트는 통상적인 폐쇄와 같다. 먼저 FIN이 보내지고, 수신자는 이 FIN에 대한 ACK를 보낸다. 하지만 그다음부터는 그림 13-1과 다른데, 절반 폐쇄를 받은 수신자가 여전히 데이터를 보낼 수 있기 때문이다. 그림에서는 1개의 세그먼트와 ACK만 보여주고 있지만 임의의 개수의 데이터 세그먼트가 보내질 수 있다. (15장에서 데이터 세그먼트와 확인 응답의 교환에 대해 좀 더 자세히 설명한다). 절반 폐쇄를 받은 종단은 데이터 전송을 완료하면 자신의 연결 종단을 폐쇄하고, 이로 인해 FIN이 전송돼 절반 폐쇄를 시작한 애플리케이션에 EOF$^{End-Of-File}$ 표시가 전달된다. 이 두 번째 FIN이 확인 응답되면 연결은 완전하게 폐쇄된다.

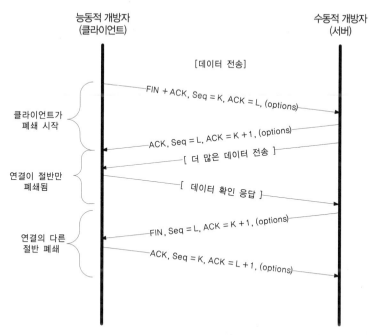

**그림 13-2** TCP 절반 폐쇄 동작에서는 연결의 한 방향은 종료되고 다른 방향은 계속 동작할 수 있다. 이 기능을 사용하는 애플리케이션은 많지 않다.

## 13.2.2 동시 개방과 폐쇄

특별히 지정하지 않는 한 거의 보기는 힘들지만 두 개의 애플리케이션이 동시에 능동 개방을 수행할 수도 있다. 각 종단은 다른 종단으로부터 SYN를 수신하기 전에 이미 SYN을 보냈어야 한다. 2개의 SYN이 네트워크 상에서 서로 지나쳐야 하는 것이다. 또, 각 종단은 상대편 종단에 알려진 IP 주소와 포트 번호를 갖고 있어야 한다(7장에서 배운 방화벽 "홀 펀칭hole-punching" 기법을 제외하면 이런 경우는 거의 없다). 이런 상황을 가리켜서 동시 개방 simultaneous open이라고 한다.

예를 들면 동시 개방은 로컬 포트 7777을 사용하는 호스트 A의 애플리케이션이 호스트 B의 포트 8888에 능동 개방을 수행하고 이와 동시에 로컬 포트 8888을 사용하는 호스트 B의 애플리케이션이 호스트 A의 포트 7777에 능동 개방을 수행하는 경우에 일어난다. 이것은 호스트 A의 클라이언트가 호스트 B의 서버에 연결하고 이와 동시에 호스트 B의 클라이언트가 호스트 A의 서버에 연결하는 것과는 다르다. 이 경우에는 두 서버가 모두 능동 개방이 아니라 수동 개방을 수행하며 클라이언트들은 서로 다른 임시 포트 번호를 자신에게 할당한다. 이것은 2개의 다른 TCP 연결에 해당한다. 그림 13-3은 동시 개방 중에 교환되는 세그먼트들을 보여준다.

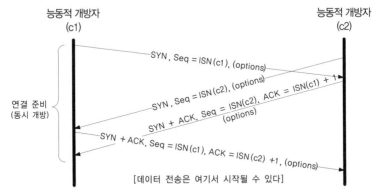

**그림 13-3** 동시 개방 중에 교환되는 세그먼트들. 보통의 연결 성립 과정보다 1개의 세그먼트가 더 필요하다. 각 세그먼트 내의 SYN 비트 필드는 세그먼트에 대한 ACK가 수신될 때까지 1로 설정돼 있다.

동시 개방에서는 일반적인 3 방향 핸드셰이크보다 하나 더 많은 4개의 세그먼트 교환을 요구한다. 또한 양 종단은 클라이언트 및 서버로서 동작하기 때문에 각 종단을 클라이언트 또는 서버로 부르지 않는다는 점에 주의하자. 동시 폐쇄simultaneous close도 별로 다르지 않다. 앞서 한쪽 종단(대체로 클라이언트. 다만 꼭 그런 것은 아니다)에서 능동 폐쇄를 수행해서 최초의 FIN이 전송된다는 것을 배웠다. 그런데 동시 폐쇄에서는 양쪽의 종단이 모두 능동 폐쇄를 수행한다. 그림 13-4는 동시 폐쇄 중에 교환되는 세그먼트들을 보여준다.

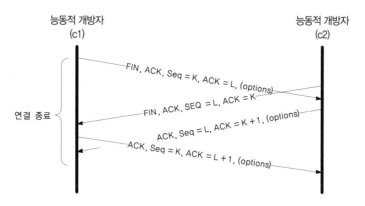

**그림 13-4** 동시 폐쇄 중에 교환되는 세그먼트는 통상적인 폐쇄와 비슷하게 동작한다. 하지만 세그먼트들이 교차하는 부분이 있다.

동시 폐쇄는 통상적인 폐쇄와 동일한 수의 세그먼트가 교환된다. 유일한 차이점은 세그먼트들의 순서가 순차적이지 않고 교차된다는 점이다. 나중에 동시 개방과 폐쇄가 TCP 구현 내에서 자주 쓰이지 않는 특정 상태를 사용한다는 것을 배우게 된다.

### 13.2.3 초기 순서 번호(ISN)

연결이 개방되면, 순서 번호가 유효하고(즉 윈도우 내에 있고) 검사합이 OK이기만 하면 2개의 IP 주소와 포트 번호를 갖고 있는 어떤 세그먼트든 유효한 것으로 인정된다. 이 경우 TCP 세그먼트가 나중에 나타난 네트워크를 거치게 돼 연결에 지장을 주는 일이 발생할 수 있지 않을까 하는 의문이 생길 수 있다. 이런 우려는 ISN을 신중하게 선택함으로써 해소할 수 있다. 지금부터 자세히 알아보자.

양 종단은 연결을 확립하기 위해 SYN을 전송하기 전에 해당 연결에 대한 ISN을 선택한다. ISN은 시간에 따라 변경되고, 따라서 각 연결은 서로 다른 ISN을 가진다. [RFC0793]은 ISN을 4μs마다 1씩 증가하는 32비트 카운터로 간주하도록 정해 놓았다. 이렇게 하는 목적은 한 연결 상의 세그먼트에 대한 순서 번호가 다른 (새로운) 동일 연결 상의 순서 번호와 겹치지 않도록 하기 위한 것이다. 순서 번호는 동일한 연결의 다른 인스턴스(또는 발현incarnation) 간에 중복돼서는 안 된다.

동일한 연결의 다른 인스턴스라는 개념은 TCP 연결이 2개 주소/포트 쌍으로 이뤄진 4-튜플인 종단점의 쌍에 의해 식별된다는 것을 상기해보면 분명해진다. 오랫동안 지연돼 종료된 연결이 다시 동일한 4-튜플로 개방된 경우 지연됐던 세그먼트가 새로운 연결의 데이터 스트림에 유효한 데이터로서 다시 들어가는 일이 일어날 수 있다. 이것은 상당한 골칫거리다. 연결 인스턴스들 간의 순서 번호 중복을 막는 절차를 통해서 이러한 위험을 최소화할 수 있다. 다만 데이터 무결성이 매우 중요한 애플리케이션은 응용 계층에서 자체적인 CRC 또는 검사합을 사용해야 자신의 데이터가 오류 없이 전송됐음을 보장받을 수 있다. 이렇게 하는 것은 일반적으로 좋은 관행이며 대용량 파일 전송에서는 흔히 볼 수 있다.

앞으로 보겠지만, 연결의 4-튜플과 현재 동작 중인 순서 번호들의 윈도우만 알면 TCP 종단점과의 통신에 유효한 것으로 간주되는 TCP 세그먼트를 만들 수 있다. 이것은 TCP 의 취약점을 대표한다. 누구나 TCP 세그먼트를 위조할 수 있으며, 순서 번호, IP 주소, 포트 번호가 적절히 선택되면 TCP 연결을 가로챌 수도 있기 때문이다[RFC5961]. 이 문제를 해결하는 한 가지 방법은 초기 순서 번호(혹은 임시 포트 번호[RFC6056])를 상대적으로 추측하기 어렵게 만드는 것이다. 또 다른 방법은 암호화다(18장 참조).

최근의 시스템에서 ISN은 일반적으로 준 무작위적semi-random으로 선택된다. 이에 관련해 재미있는 논의 내용이 CERT Advoisory CA-2001-09[CERTISN]에 포함돼 있다. 리눅스는 매우 정교한 과정을 거쳐서 ISN을 선택한다. 클락clock 기반의 방법을 사용하되, 각 연결마다 무작위 오프셋에서 클락을 시작한다. 무작위 오프셋은 연결 식별자(4-튜플)에 대해 암호화 해시 함수로 선택된다. 해시 함수의 비밀 키 입력은 5분마다 변경된다. ISN의 32 비트 가운데 최상위 8비트는 비밀 키의 순서 번호이고 나머지 비트는 해시에 의해 생성된다. 이렇게 하면 추측하기 어렵고 시간에 따라 값이 증가하는 ISN이 생성된다. 윈도우 운영체제는 알려진 바에 따르면 RC4[S96]에 기반을 둔 유사한 방법을 사용한다.

### 13.2.4 예제

지금부터 어떻게 TCP 연결이 성립되고 종료되는지에 대한 기본 개념을 배웠으니 이제 패킷 수준에서 상세하게 살펴보자. 이를 위해 IPv4 주소 10.0.0.2만 컴퓨터상에서 동작하는 웹 서버에 대한 TCP 연결을 만들자. 클라이언트는 윈도우 운영체제에서 동작 중인 텔넷Telnet 애플리케이션이다.

```
c:\> telnet 10.0.0.2 80
welcome to Microsoft Telnet* Client
Escape Character is 'CTRL+]'
... wait about 4.4 seconds ...
Microsoft Telnet> quit
```

telnet 명령은 http 또는 웹서비스에 해당하는 포트(포트 80)에서 IP 주소가 10.0.0.2인 호스트와 TCP 연결을 확립한다. 23(텔넷 프로토콜을 위해 잘 알려진 포트[RFC0854])이 아닌 다른 포트에 연결된 텔넷 프로그램은 애플리케이션 프로토콜에 관여하지 않는다. 대신 입력받은 바이트를 TCP 연결에 복사만 하고, 그 반대 방향도 마찬가지다. 웹 서버가 연결 요청을 받게 되면 맨 처음 하는 일은 웹 페이지에 대한 요청을 기다리는 것이다. 이 예제에서는 어떤 것도 제공하지 않고 따라서 서버는 어떠한 데이터도 생성하지 않는다. 지금 우리는 연결 성립과 종료 패킷 교환에만 관심이 있으므로 예제에 적합한 상황이다. 그림 13-5는 이 명령에 의해 생성되는 세그먼트에 대한 와이어샤크Wireshark 출력을 보여준다.

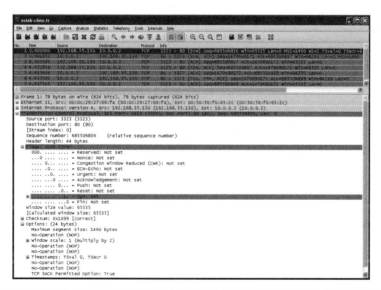

**그림 13-5** 192.168.35.130과 10.0.0.2 사이의 TCP 연결이 데이터 전송 없이 성립 및 종료된다. PSH(푸시) 비트는 세그먼트 6이 모든 데이터를 버퍼로부터 보내고 있음을 가리킨다.

이 그림에서 우리는 클라이언트가 ISN이 685506836이고 윈도우 광고가 65535인 SYN 세그먼트로 통신을 시작하는 것을 볼 수 있다. 이 세그먼트는 13.3절에서 설명한 다수의 옵션도 포함하고 있다. 두 번째 세그먼트는 서버로 부터의 SYN과 클라이언트에 대한 ACK다. 순서 번호(서버의 ISN)는 1479690171이고, ACK 번호는 클라이언트의 ISN보다 1이 더 큰 685506837이다. 이것은 클라이언트 ISN을 성공적으로 수신했음을 나타낸다. 이 세그먼트는 또한 서버가 64,240바이트까지 수신할 수 있다는 것을 나타내는 윈도우 광고를 포함하고 있다. 3 방향 핸드셰이크는 ACK 번호 1479690172를 포함하고 있는 세그먼트 3에서 완료된다. ACK 번호는 누적되며, ACK의 발신자가 (가장 마지막으로 수신한 것이 아니라) 다음 번에 볼 것이라고 예상하는 순서 번호를 나타낸다는 점에 주의하자.

약 4.4초가 지난 후에 텔넷 애플리케이션은 연결 종료 명령을 입력받는다. 그 결과 클라이언트 TCP는 세그먼트 4에 FIN을 전송한다. FIN의 순서 번호는 685506837이고, 이것은 세그먼트 5(ACK 번호 685506838을 가진)에서 ACK된다. 잠시 후 서버는 순서 번호 1479690172로 자신의 FIN을 전송한다. 이 세그먼트는 클라이언트의 FIN을 (중복해서) 다시 한 번 ACK한다. PSH 비트 필드가 설정돼 있음에 주목하자. 이것은 연결 폐쇄에 실질적 영향은 없지만 서버에 더 이상 전송할 데이터가 없다는 것을 표시한다. 마지막 세그먼트는 ACK 번호 1479690173을 가지고 서버의 FIN을 ACK한다.

> **주의**
>
> [RFC1025]는 플래그와 옵션 기능이 전부 설정된 세그먼트를 가리켜 카미카제(Kamimaze) 패킷이라고 부른다. "내스티그램", "크리스마스 트리 패킷", "램프 테스트 세그먼트"라고 부르기도 한다.

그림 13-5에서 우리는 SYN 세그먼트가 하나 이상의 옵션을 포함하고 있음을 볼 수 있다. 이 옵션들은 TCP 헤더 내에서 추가적인 공간을 차지한다. 예를 들어 첫 번째 TCP 헤더의 길이는 44바이트로서, 최소 길이보다 24바이트 더 크다. TCP는 다수의 옵션을 지원하는데 연결이 성립될 수 없을 때 무슨 일이 일어나는지 살펴본 뒤 TCP 옵션들을 자세히 알아보기로 하자.

## 13.2.5 연결 성립의 타임아웃

연결이 성립될 수 없는 몇 가지 경우가 있다. 한 가지 분명한 경우는 서버 호스트가 다운
됐을 때다. 이러한 시나리오를 모의 실험하기 위해 동일한 서브넷 내에 존재하지 않는 호
스트로 telnet 명령을 실행시켜보자. ARP 테이블의 수정 없이 telnet 명령을 실행하면
클라이언트는 ARP 요청에 대해 어떠한 ARP 응답도 돌아오지 않았기 때문에(4장 참조)
생성되는 '호스트로 경로 없음$^{No\ route\ to\ host}$' 오류 메시지와 함께 종료된다. 그러나 ARP
테이블의 첫 번째에 존재하지 않는 호스트에 대한 ARP 항목을 두면 ARP 요청은 전송
되지 않고, 시스템은 즉시 TCP/IP로 존재하지 않는 호스트와 접촉을 시도한다. 먼저 명
령은 다음과 같다.

```
Linux% arp -s 192.168.10.180 00:00:1a:1b:1c:1d
Linux% date; telnet 192.168.10.180 80; date
Thu June 7 21:16:34 PDT 2009
Trying 192.168.10.180...
telnet: connect to address 192.168.10.180: connection timed out
Tue June 7 21:19:43 PDT 2009
Linux%
```

여기서 MAC 주소 00:00:1a:1b:1c:1d은 LAN에 사용되지 않는 MAC 주소로 단순하게
선택했다. 즉 특별한 의미는 없다. 타임아웃은 처음 명령 후 3.2분경에 발생한다. 응답할
호스트가 없으므로, 세그먼트들은 모두 클라이언트로부터 생성된다. 리스트 13-1은 와
이어샤크의 패킷 요약(텍스트) 모드에서의 출력을 보여 준다.

리스트 13-1 타임아웃되는 연결 성립에 대한 와이어샤크 출력

| No. | Time | Source | Destination | Protocol | Info |
|-----|------|--------|-------------|----------|------|
| 1 | 0.000000 | 192.168.10.144 | 192.168.10.180 | TCP | 32787 > http |
| 2 | 2.997928 | 192.168.10.144 | 192.168.10.180 | TCP | 32787 > http |
| 3 | 8.997962 | 192.168.10.144 | 192.168.10.180 | TCP | 32787 > http |
| 4 | 20.997942 | 192.168.10.144 | 192.168.10.180 | TCP | 32787 > http |
| 5 | 44.997936 | 192.168.10.144 | 192.168.10.180 | TCP | 32787 > http |
| 6 | 92.997937 | 192.168.10.144 | 192.168.10.180 | TCP | 32787 > http |

이 출력에서 흥미 있는 점은 클라이언트의 TCP가 연결 성립을 시도하기 위해 얼마나 자
주 SYN을 보내느냐는 것이다. 두 번째 세그먼트는 첫 번째 것을 보내고 나서 3초 후에

보내고, 세 번째 세그먼트는 두 번째 세그먼트를 보내고 나서 6초 후에 보내고, 네 번째 것은 세 번째 것의 12초 후에 보내고 있다. 이런 간격으로 동작하는 것을 지수형 백오프 exponential backoff라 부르며, 이와 유사한 것을 이전에 이더넷 CSMA/CD 매체 액세스 제어 프로토콜(3장 참조)의 동작을 설명할 때 살펴봤다. 여기서는 각 백오프가 이전 백오프의 2배로 항상 일정한 반면, 이더넷에서는 최대 백오프가 2배이고 실제 백오프는 무작위로 선택된다는 점이 약간 다르다.

일부 시스템에서는 초기 SYN을 재시도하는 횟수를 설정할 수 있는데, 일반적으로 5와 같이 매우 작은 값이 설정된다. 리눅스에서는 시스템 설정 변수 net.ipv4.tcp_syn_retries가 능동적 개방 동안에 SYN 세그먼트의 재전송을 시도하는 최대 횟수를 나타낸다. 그리고 net.ipv4.tcp_syn_retries는 상대방의 능동적 개방 요청에 응답할 때 SYN + ACK 세그먼트를 재전송하기 위해 시도하는 최대 횟수를 나타낸다. 리눅스 전용의 TCP-SYNCNT 소켓 옵션을 설정하면 개별 연결 단위로 설정할 수도 있다. 기본값은 역시 5번이다. 이와 같은 재전송 사이의 지수형 백오프 타이밍은 TCP의 혼잡 관리 응답의 일부분이다. 이것은 칸Karn의 알고리즘(16장 참조)을 설명할 때 자세히 살펴본다.

## 13.2.6 연결과 변환기

7장에서는 NAT가 TCP나 UDP와 같은 프로토콜이 사용하는 주소와 포트 번호를 어떻게 변환하는지 살펴봤다. 또한 IP 패킷이 IPv6와 IPv4 사이에 어떻게 변환되는지도 조사했다. NAT가 TCP와 사용되면 일반적으로 유사 헤더 검사합을 조정해야 한다(검사합에 중립적인 주소 수정자가 사용되는 경우를 제외하고). 유사 헤더 검사합을 사용하는 다른 프로토콜도 마찬가진데 검사합을 계산할 때 전송 계층뿐 아니라 네트워크 계층의 정보도 필요하기 때문이다.

TCP 연결이 처음 연결될 때 NAT(혹은 NAT64)는 세그먼트에 있는 SYN 비트 필드의 존재 때문에 이런 사실을 알 수 있다. 또 연결이 언제 완전히 성립됐는지는 적절한 순서 번호를 포함하는 후속 SYN+ACK와 ACK 세그먼트를 찾음으로써 확인할 수 있다. NAT에 TCP 상태 기계state machine의 일부를 구현함으로써(예를 들면 [RFC6146]의 3.5.2.1절과 3.5.2.2절 참조) 현재 상태, 각 방향의 순서 번호, 해당 ACK 번호 등의 연결 정보를 추적할 수 있다. 이러한 상태 추적은 NAT 구현에 일반적으로 필요하다.

NAT가 편집기로 동작하고 전송 프로토콜의 데이터 페이로드 내의 내용에 쓰기 동작을 하면 문제가 복잡해진다. TCP의 경우 데이터 스트림 내에서 바이트 제거나 추가가 일어날 수 있고 결과적으로 순서 번호(및 세그먼트) 길이에 영향을 미칠 수 있다. 또 검사합뿐 아니라 데이터 순서에도 영향을 미칠 수 있다. NAT에 의해 데이터가 데이터 스트림에 삽입되거나 제거되면 이런 값들은 적절히 조정될 수 있다. 하지만 이런 동작은 다소 취약할 수 있는데, NAT의 상태가 종단 호스트의 상태와 동기화되지 않으면 연결이 적절히 동작하지 않을 것이기 때문이다.

## 13.3 TCP 옵션

TCP 헤더는 옵션을 포함할 수 있다(그림 12-3). 최초의 TCP 명세에는 EOL[End of Option List], NOP[No Operation], MSS[Maximum Segment Size] 옵션만 정의됐지만 이후에 몇 개의 옵션이 추가로 정의됐다. 옵션들의 완전한 목록은 IANA[TPARAMS]가 관리하고 있다. 표 13-1은 현재 관심 대상인(즉, 표준 RFC 문서에 기술된) 옵션들의 목록을 보여준다.

**표 13-1** TCP 옵션 값들. 최대 40바이트까지 옵션을 저장할 수 있다.

| 유형 | 코드 | 공식 이름 | 참조 문서 | 설명과 목적 |
|------|------|-----------|-----------|-------------|
| 0 | 1 | EOL | [RFC0793] | 옵션 목록의 끝 |
| 1 | 1 | NOP | [RFC0793] | 동작 없음(패딩을 위해 사용) |
| 2 | 4 | MSS | [RFC0793] | 최대 세그먼트 크기 |
| 3 | 3 | WSOPT | [RFC1323] | 윈도우 스케일링 팩터(윈도우에서 왼쪽 이동량) |
| 4 | 2 | SACK-허용 | [RFC2018] | 발신자가 SACK 옵션을 지원 |
| 5 | 가변 | SACK | [RFC2018] | SACK 블록(순서에 벗어나 수신된 데이터) |
| 8 | 10 | TSOPT | [RFC1323] | 타임스탬프 옵션 |
| 28 | 4 | UTO | [RFC5482] | 사용자 타임아웃(유휴 시간 지난 후에 연결 종료) |
| 29 | 가변 | TCP-AO | [RFC5925] | 인증 옵션(다양한 알고리즘 사용) |
| 253 | 가변 | 실험적 | [RFC4727] | 실험적 용도로 예약됨 |
| 254 | 가변 | 실험적 | [RFC4727] | 실험적 사용을 위한 유보 |

모든 옵션은 옵션의 유형을 지정하는 1바이트 kind로 시작한다. 옵션의 유형을 알 수 없을 경우, [RFC1122]에 따라 해당 옵션은 그냥 무시된다. 0과 1의 kind 값을 갖는 옵션들은 1바이트를 차지한다. 다른 옵션들은 len 바이트를 가지며, kind 바이트 다음에 위치한다. 길이는 kind와 len 바이트를 포함한 전체 길이다. NOP[No Operation, 동작 없음] 옵션은 필요할 경우 필드의 길이가 4바이트의 배수가 되도록 발신자가 비트를 채울 때 사용된다. TCP 헤더의 길이는 TCP 헤더 길이 필드 때문에 항상 32비트의 배수가 돼야 한다는 점을 기억하라. EOL 옵션은 목록의 끝임을 나타내며, 더 이상 옵션 목록의 처리가 수행되면 안 된다. 지금부터 다른 옵션들에 대해 살펴보자.

### 13.3.1 최대 세그먼트 크기 옵션

최대 세그먼트 크기[MSS, Maximum Segment Size]는 TCP가 상대편으로부터 수신할 수 있는 가장 큰 세그먼트로서 바꿔 말하면 상대편에서 전송할 때 사용할 수 있는 가장 큰 크기다. MSS 값은 TCP 데이터 바이트만 계산하고 TCP나 IP 헤더의 크기는 포함하지 않는다[RFC0879]. 연결이 설정되면 각 종단은 자신의 SYN 세그먼트와 함께 운반되는 MSS 옵션으로 자신의 MSS를 알려 준다. 이 옵션은 16비트를 사용해서 MSS 값을 지정한다. MSS 옵션값이 제공되지 않으면 536바이트의 기본값이 사용된다. 모든 호스트는 최소 576바이트의 IPv4 데이터그램을 처리할 수 있어야 한다는 규칙을 상기하자. 따라서 IPv4와 TCP 헤더가 최소 크기일 때 536바이트의 발신 MSS 크기를 사용하는 TCP는 20 + 20 + 536 = 576바이트 크기의 IPv4 데이터그램을 생성한다.

그림 13-5의 MSS 값은 모두 IPv4에서의 전형적인 값인 1460이다. 그 결과 생성되는 IPv4 데이터그램은 일반적으로 40바이트 더 크다(총 1500바이트로서 이더넷의 MTU 크기와 인터넷의 경로 MTU 크기로 가장 일반적인 값). 40바이트는 TCP 헤더를 위한 20바이트와 IPv4 헤더를 위한 20바이트다. IPv6일 경우의 MSS는 일반적으로 1440인데 IPv6 헤더가 더 크기 때문이다. 특수한 MSS 값 65535는 실질적으로 MSS가 무한임을 나타내며 IPv6 점보그램에 사용될 수 있다[RFC2675]. 이 경우 SMSS은 PMTU에서 60바이트를 뺀 것으로 결정될 것이다(IPv6 헤더를 위한 40바이트와 TCP 헤더를 위한 20바이트). MSS 옵션은 상대방과의 협상 결과가 아니고 한계값이라는 점에 주의하자. 한쪽 TCP가 자신의 MSS 옵션을 상대방에게 알리는 것은 연결이 지속되는 동안에 그 값보다 큰 세그먼트를 받지 않겠다

는 자신의 의지를 나타내는 것이다.

## 13.3.2 선택적 확인 응답(SACK) 옵션

12장에서는 슬라이딩 윈도우 개념을 소개했고, TCP가 어떻게 자신의 순서 번호와 확인 응답을 처리하는지 설명했다. TCP의 ACK는 누적되기 때문에, 정확히 수신이 됐지만 순서 번호 측면에서 그 전에 수신된 데이터와 연속되지 않는 데이터를 TCP는 결코 확인 응답할 수 없다. 이런 경우를 가리켜 TCP 수신자의 수신 데이터 대기열에 홀[hole]이 있다고 말한다. 수신 TCP는 바이트 스트림 때문에 애플리케이션이 홀 건너편의 데이터를 소비하지 않도록 방지한다.

TCP 송신기가 수신자에 홀(그리고 홀 건너편의 순서에 벗어난 데이터)이 있음을 알 수 있다면 세그먼트가 손실됐거나 수신자 측에서 사라졌을 때 어느 TCP 세그먼트를 재전송하면 좋을지 선택하기 쉬울 것이다. TCP 선택적 확인 응답SACK 옵션[RFC2018][RFC2883]이 이런 능력을 제공한다. 하지만 이 기능은 TCP 발신자가 SACK를 지원하는 수신자로부터 받은 SACK 정보를 유효하게 사용할 수 있을 때만 동작한다.

TCP는 SYN 세그먼트(혹은 SYN + ACK)내의 SACK 허용SACK-Permittted 옵션을 수신함으로써 상대방이 SACK 정보를 광고할 수 있음을 학습한다. 그러면 순서에 벗어난 데이터를 TCP는 상대방이 재전송을 보다 효과적으로 수행하는 데 도움이 되도록 순서를 벗어난 데이터를 기술하는 SACK 옵션을 제공할 수 있다. SACK 옵션에 포함되는 SACK 정보는 수신자가 성공적으로 수신한 데이터 블록을 나타내는 순서 번호들의 영역으로 설정된다. 각 영역을 SACK 블록이라고 부르며, 32비트 순서 번호의 쌍으로 표현된다. 따라서 n개의 SACK 블록을 포함하는 SACK 옵션의 길이는 $(8n + 2)$바이트다. 2바이트는 SACK 옵션의 종류와 길이를 저장하는 데 사용된다.

TCP 헤더의 옵션 공간은 제한돼 있기 때문에 1개의 세그먼트로 보낼 수 있는 SACK 블록의 최대 수는 3이다(13.3.4절에서 설명한 타임스탬프 옵션이 사용된다는 가정 하에서. 최근의 TCP 구현은 대부분 타임스탬프 옵션을 사용한다). SACK 허용 옵션은 SYN 세그먼트 내에서만 전송될 수 있지만, SACK 블록은 일단 발신자가 SACK 허용 옵션을 보낸 뒤라면 어떠한 세그먼트에서도 전송될 수 있다. SACK의 동작은 TCP의 오류 및 혼잡 제어와 깊은 관련을 갖고 있으므로 14장과 16장에서 이 주제들을 다룰 때 더 자세히 논의할 것이다.

### 13.3.3 윈도우 스케일(WSCALE 혹은 WSOPT) 옵션

윈도우 스케일Window Scale 옵션(WSCALE 혹은 WSOPT로 표기)[RFC1323]은 TCP 윈도우 광고 Window Advertisement 필드의 용량을 16비트에서 약 30비트로 증가시킨다. 하지만 필드의 크기가 바뀌는 것이 아니라 헤더는 여전히 16비트값을 갖고 있고, 이 16비트값에 스케일링 인자scaling factor를 적용하는 옵션이 정의된다. 이 인자는 스케일링 인자만큼 윈도우 필드 값을 왼쪽으로 시프트한다. 이것은 실질적으로 윈도우 값을 $2^s$ 만큼 곱한 것과 같은 효과를 가지며, 여기서 s는 스케일 인자다. 이 1바이트 시프트 카운트의 값은 0부터 14까지다. 시프트 카운트 0은 스케일링이 적용되지 않음을 나타낸다. 최대 스케일 값 14는 1,073,725,440(65,535×214), 바이트를 의미하는데, 이 값은 1,073,741,823($2^{30}$-1)에 비슷하므로 실질적으로 1GB가 된다. TCP는 내부적으로 32비트값의 실제 윈도우 크기를 유지한다.

이 옵션은 SYN 세그먼트에서만 나타나므로 스케일 인자는 연결이 성립되면 각 방향으로 고정된다. 윈도우 스케일을 사용하기 위해 양 종단은 자신의 SYN 세그먼트 내에 이 옵션을 전송해야만 한다. 능동 개시를 하는 종단은 자신의 SYN에 이 옵션을 전송하지만, 수동 개시를 하는 종단은 수신된 SYN이 이 옵션을 지정했을 때만 전송할 수 있다. 스케일 값은 연결 방향마다 다를 수 있다. 능동 개방을 하는 종단은 0이 아닌 스케일 인자를 보냈는데 상대방으로부터 윈도우 스케일 옵션을 받지 못하면 자신의 발신 스케일과 수신 스케일 값을 0으로 설정한다. 이것은 이 옵션을 지원하는 시스템과 그렇지 않은 시스템 간의 호환성을 보장하기 위한 것이다.

발신용 시프트 카운트 S, 수신용 시프트 카운트 R을 갖는 윈도우 스케일 옵션을 사용한다고 가정하자. 상대방으로부터 수신한 16비트 윈도우 값은 왼쪽으로 R 비트만큼 시프트돼야 실제 윈도우 크기가 얻어질 것이다. 그리고 상대방에게 윈도우 홍보를 보낼 때는 실제의 32비트 윈도우 크기값을 취한 다음에 S 비트만큼 오른쪽으로 시프트한 값을 TCP 헤더 내의 16비트값에 저장해서 보낸다.

시프트 카운트의 값은 수신 버퍼의 크기를 바탕으로 TCP에 의해 자동으로 선택된다. 이 버퍼의 크기는 시스템에 의해 설정되지만, 애플리케이션이 이 값을 변경할 수 있는 것이 일반적이다. 윈도우 스케일 옵션은 대역폭-지연시간의 곱이 큰 네트워크를 통해서 대용량 데이터가 전송되는 환경에서 TCP가 사용될 때 가장 적절하다. 따라서 이 옵션의 사용법과 중요성에 대해서 16장에서 더 깊이 설명한다.

### 13.3.4 타임스탬프 옵션과 PAWS

타임스탬프$^{Timestamps}$ 옵션(타임스탬프 옵션이라고 부르고 TSOPT 혹은 TSopt로 표기된다)은 발신자가 모든 세그먼트에 4바이트 타임스탬프 값을 유지하게 한다. 확인 응답에 이 값을 반영하고, 따라서 발신자는 ACK를 수신할 때마다 연결의 RTT 추정치를 계산할 수 있다('ACK를 수신할 때마다'이지 '세그먼트를 수신할 때마다'가 아니다. TCP는 1개의 ACK로 다수의 세그먼트를 확인 응답할 때가 있기 때문이다. 자세한 설명은 15장을 참조하자). 타임스탬프 옵션을 사용할 때 송신기는 TSOPT의 첫 번째 부분의 타임스탬프 값$^{Timestamp\ Value}$ 필드(TSV 혹은 TSval이라 부른다)에 32비트값을 두고, 수신기는 이 값을 두 번째 타임스탬프 에코 재시도$^{Timestamp\ Echo\ Retry}$ 필드(TSER 혹은 TSecr이라 부른다)에 그대로 돌려준다. 이 옵션을 갖는 TCP 헤더는 10바이트씩 증가한다(8바이트는 2개의 타임스탬프 값이고, 2바이트는 옵션 값과 길이를 나타낸다).

타임스탬프는 단조 증가하는 값이다. 수신자는 자신이 수신한 값을 그대로 돌려주므로 타임스탬프의 실제 단위 또는 값이 무엇인지 상관하지 않는다. 이 옵션은 두 호스트 사이에 어떤 형태의 시간 동기화도 요구하지 않는다. [RFC 1323]은 발신자가 타임스탬프 값을 1초마다 최소한 1씩 증가시키도록 권고한다. 그림 13-6은 와이어샤크에 표시된 타임스탬프 옵션을 보여준다.

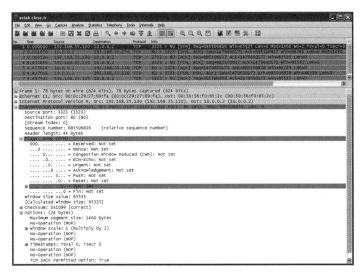

**그림 13-6** 타임스탬프, 윈도우 스케일링, MSS 옵션이 사용되는 TCP 연결. TCP 헤더는 44바이트 길이다. 초기 SYN(패킷 1)은 81813090으로 설정된 TSV를 가지고 시작한다. 두 번째 패킷(음영 표시된 부분)은 이 값을 능동 개방자에게 그대로 돌려주고 자신은 349742014 값을 갖는다.

여기서 양 종단은 상대방의 타임스탬프를 생성하고 그대로 돌려주며 참여한다. 첫 번째 세그먼트(클라이언트의 SYN)는 81813090의 초기 스탬프 값을 사용한다. 이 값은 TSV에 놓인다. 두 번째 부분 TSER은 클라이언트가 아직 서버의 타임스탬프의 값을 알지 못하기 때문에 첫 번째 세그먼트에 0의 값을 가진다.

연결 RTT의 좋은 추정치를 계산하기 원하는 가장 큰 이유는 손실됐을 가능성이 높은 세그먼트를 언제 재전송해야 할지 TCP에게 알려주는 재전송 타임아웃 값을 설정하기 위한 것이다. 12장에서 우리는 RTT 함수를 바탕으로 이 타임아웃을 설정해야 할 필요성을 살펴봤다. 타임스탬프 옵션을 사용하면 상대적으로 정밀도가 높은 RTT 측정값을 얻을 수 있다. 타임스탬프 옵션이 생기기 전에는 대부분의 TCP는 데이터 윈도우당 1개의 RTT 표본만 수행했다. 하지만 타임스탬프 옵션을 사용하면 더 많은 표본을 얻을 수 있고 이는 더 나은 RTT 추정치가 얻어질 가능성을 높인다([RFC1323]과 [RFC6298] 참조).

타임스탬프 옵션이 재전송 타이머의 설정과 가장 밀접한 관계를 갖기 때문에 14장에서 재전송을 다룰 때 이런 목적의 사용법을 자세하게 다룬다. '이런 목적'이라고 표현한 것은 타임스탬프 옵션이 더 빈번한 RTT 표본을 가능케 하지만 수신자가 오래된 세그먼트를 유효한 것으로 잘못 생각하지 않도록 막아주는 방법도 제공하기 때문이다. 이것을 PAWS^Protection Against Wrapped sequence Number라 부르며 [RFC1323]에 타임스탬프 옵션과 함께 기술돼 있다. 지금부터 이것이 어떻게 동작하는지 살펴보자.

가급적 큰 윈도우 크기인 1GB($2^{30}$)를 갖는 윈도우 스케일 옵션을 사용하는 TCP 연결이 있다고 하자. 또 타임스탬프 옵션이 사용되고 있고 발신자가 할당하는 타임스탬프 값이 윈도우 전송시마다 1씩 증가한다고 가정하자(이것은 보수적인 가정으로서, 통상적으로 타임스탬프는 이보다 빨리 증가한다). 표 13-2는 6GB가 전송될 때 두 호스트 간의 가능한 데이터 흐름을 보여준다. 10자리 숫자가 많아지는 것을 피하기 위해 1,073,741,824의 배수를 G로 표기했다. 또한 J:K가 바이트 J부터 바이트 K - 1까지를 의미하는 tcpdump의 표기법을 사용한다.

**표 13-2** TCP 타임스탬프 옵션은 32비트의 유효 순서 번호 공간을 추가로 제공함으로써 동일한 순서 번호의 세그먼트들을 구별할 수 있다

| 시간 | 송신된 바이트 | 송신 순서 번호# | 송신 타임스탬프 | 수신 |
|------|--------------|----------------|----------------|------|
| A | 0G:1G | 0G:1G | 1 | OK |
| B | 1G:2G | 1G:2G | 2 | OK이지만, 세그먼트 한 개의 손실과 재전송 |
| C | 2G:3G | 2G:3G | 3 | OK |
| D | 3G:4G | 3G:4G | 4 | OK |
| E | 4G:5G | 0G:1G | 5 | OK |
| F | 5G:6G | 1G:2G | 6 | OK이지만, 재전송된 세그먼트가 다시 나타남 |

32비트 순서 번호 필드는 시간 D번과 E번 사이를 포함하고 있다. 한 개의 세그먼트가 시간 B에서 손실돼 재전송된다고 가정한다. 또한 시간 F에 잃어버린 세그먼트가 다시 나타난다고 가정한다. 이것은 세그먼트가 손실되고 다시 나타나는 사이의 시간 차이가 세그먼트가 네트워크에 생존할 수 있는 시간(MSL이라 부른다. 13.5.2절 참조)보다 적다고 가정한다. 그렇지 않으면 세그먼트는 자신의 TTL이 만료될 때 어떤 라우터에 의해 폐기됐을 것이다. 앞서 언급했듯이 이런 문제는 상대적으로 고속인 연결에서만 발생한다. 오래된 세그먼트가 다시 나타났는데 이 세그먼트가 현재 전송 중인 순서 번호를 포함하고 있을 수

있기 때문이다.

또한 표 13-2에서 타임스탬프의 사용은 이 문제를 예방해준다는 것을 알 수 있다. 수신자는 타임스탬프를 순서 번호의 32비트 확장으로 간주한다. 시간 F에 나타나는 분실 세그먼트는 2의 타임스탬프를 가지며, 이것은 가장 최근의 유효한 타임스탬프(5 혹은 6)보다 작으므로 PAWS 알고리즘에 의해 폐기된다. PAWS 알고리즘은 발신자와 수신자 간에 어떤 형태의 시간 동기화도 요구하지 않는다. 수신자 입장에서는 타임스탬프 값이 단조 증가하고 데이터 윈도우마다 적어도 1씩 증가하기만 하면 된다.

## 13.3.5 사용자 타임아웃(UTO) 옵션

사용자 타임아웃User Timeout 옵션은 [RFC5482]에 소개된 상대적으로 새로운 TCP 기능이다. UTO 값(또한 USER_TIMEOUT이라고도 부른다)은 발신자가 원격 종단이 동작하지 않는다고 결론을 내리기 전에 데이터의 ACK가 도착하기를 기다리는 시간을 가리킨다. USER_ TIMEOUT은 전통적으로 TCP[RFC0793]를 위한 로컬 설정 매개변수였다. UTO 옵션은 하나의 TCP가 자신의 USER-TIMEOUT 값을 연결 상대자에게 알리도록 허용한다. 따라서 수신 TCP는 자신의 동작을 조정할 수 있다(예를 들어 연결을 끊기 전에 더 오래 기다리도록 한다든가). NAT 장치 역시 이런 정보를 해석해서 연결 동작의 타이머 설정에 활용할 수 있다.

UTO 옵션 값은 권고일 뿐이다. 연결의 한쪽 종단이 더 크거나 작은 UTO 값을 사용하고 싶다고 해서 다른 쪽 종단이 이를 지켜야 하는 것은 아니다. [RFC1122]는 USET-TIMEOUT의 정의를 개선해서 3회(R1) 재전송의 임계값에 도달한 TCP는 요청 애플리케이션에 이를 통보하고 100초(R2) 후에 연결을 닫으라고 제안한다. 일부 구현은 R1과 R2를 변경하는 API를 제공한다. UTO가 길면 자원 고갈의 염려가 있고 UTO가 짧으면 연결이 조기에 끊어질 수 있기 때문에(일종의 DoS 공격) 상한과 하한은 UTO로서 가능한 값에 위치한다. 따라서 USER_TIMEOUT을 설정하는 방법은 다음과 같다.

```
USER_TIMEOUT = min(U_LIMIT, max(ADV_UTO, REMOTE_UTO, L_LIMIT))
```

ADV_UTO는 원격 TCP에 광고되는 UTO 옵션이고, REMOTE_UTO는 상대방의 광고되는 UTO 옵션 값이며 U_LIMIT는 지역 시스템의 UTO 상한 값이고, L_LIMIT는 로컬 시스템의 UTO

하한 값이다. 이 식이 동일한 연결의 각 종단에서 USER_TIMEOUT 값이 같아지도록 보장하지 않는다는 점에 주목하자. 모든 경우에 L_LIMIT 값은 연관된 연결의 재전송 타임아웃RTO) 값(14장 참조)보다는 반드시 커야 하고, [RFC1122]과 호환성을 유지하기 위해 100s로 설정할 것이 권고된다.

UTO들은 연결이 성립될 때의 SYN 세그먼트 및 최초의 비[non]SYN 세그먼트에 포함되며, USER_TIMEOUT 값이 바뀔 때도 항상 포함된다. 옵션의 값은 분 혹은 초 단위의 15비트 값으로 표현되며 그 뒤에 1개의 비트 필드('정밀도')가 오는데 이 값이 1이면 분 단위, 0이면 초 단위 값임을 의미한다. 상대적으로 새로운 옵션이므로 아직 널리 채택되지는 않았다.

### 13.3.6 인증 옵션(TCP-AO)

TCP 연결의 보안을 향상시키기 위해 사용하는 옵션이 있다. 이것은 TCP-MD5[RFC2385]라는 이름의 초기 방법을 개선하고 대체하기 위해 설계됐다. TCP 인증 옵션[TCP-AO, TCP Authentication Option[RFC5925]이라 부르는 이것은 각 세그먼트를 인증하기 위해 TCP 연결의 각 종단에 알려진 비밀 값과 더불어 암호 해시 알고리즘(18장 참조)을 사용한다. TCP-AO는 다양한 암호화 알고리즘을 지원할 뿐 아니라 대역 내[in-band] 신호를 통한 키 변경을 식별함으로써 TCP-MD5를 개선한다. 하지만 종합적인 키 관리 방법을 제공하지는 않는다. 즉, 각 종단은 여전히 공유 키 집합을 확립하는 방법을 사전에 갖고 있어야 한다.

전송을 수행할 때, TCP는 공유 비밀 키로부터 트래픽 키를 유도해서 특정 암호 알고리즘[RFC5926]에 따른 해시 값을 계산한다. 동일한 비밀 키를 가진 수신자도 마찬가지로 트래픽 키를 유도하고 이를 사용해서 자신이 수신한 세그먼트가 전송 도중에 변조되지 않았음을 검증한다. 이 옵션은 다양한 TCP 스푸핑 공격(13.8절 참조)에 강력한 대책으로서 고안된 것이다. 하지만 공유 키의 생성과 배포가 요구되기 때문에 (그리고 상대적으로 새로운 옵션이기 때문에) 아직 널리 사용되지는 않는다.

## 13.4 TCP의 경로 MTU 탐색

3장에서는 경로 MTU 개념에 대해 설명했다. 경로 MTU는 현재 두 호스트 간의 경로 내에 있는 임의의 네트워크 세그먼트에서 최소의 MTU를 의미한다. 경로 MTU를 알면

TCP 등의 프로토콜이 단편화를 예방하는 데 도움이 된다. 10장에서는 ICMP 메시지를 기반으로 경로 MTU 탐색PMTUD이 어떻게 가능한지 살펴봤다. 그러나 이 경우 UDP는 일반적으로 데이터그램의 크기를 조절할 수 없는데, (전송 프로토콜이 아니라) 애플리케이션이 크기를 지정하기 때문이다. 바이트 스트림 개념을 제공하는 TCP는 사용할 세그먼트의 크기를 결정할 수 있고 따라서 최종적으로 생성될 IP 데이터그램의 크기를 훨씬 더 제어할 수 있다.

이 절에서는 TCP가 PMTUD를 어떻게 사용하는지 살펴본다. 여기서의 설명은 TCP/IPv4와 TCP/IPv6 둘 다에 적용된다. 더 자세한 설명은 [RFC1191]과 [RFC1981]에서 읽을 수 있다. ICMP를 사용하지 않는 방법인 패킷화 계층 경로 MTU 탐색PLPMTUD, Packetization Layer Path MTU Discovery도 TCP[RFC4821]나 다른 전송 프로토콜에 의해 사용될 수 있다. 이번 절에서 ICMPV6 PTBPacket Too Big라는 용어는 ICMPv4 목적지 도달 불가(단편화 필요) 메시지 또는 ICMPv6 PTB 메시지를 가리킨다.

TCP의 통상적인 PMTUD 처리는 다음과 같이 동작한다. 연결이 설정되면 TCP는 외부 송신 인터페이스의 MTU 최솟값 또는 상대방이 공개한 MSS 값을 자신의 SMSS(송신 최대 세그먼트 크기) 값을 선택하기 위한 기초로 삼는다. PMTUD는 TCP가 다른 종단이 공개한 MSS를 초과하는 것을 허용하지 않는다. 다른 종단에서 MSS를 지정하지 않았다면 발신자는 기본값 536바이트를 가정하지만 이런 상황은 자주 일어나지 않는다. 또, TCP 구현은 목적지 별로 경로 MTU 정보를 저장해서 세그먼트 크기 선택에 이용할 수 있다. 연결의 각 방향 경로 MTU는 서로 다를 수 있다는 점을 기억하라.

일단 초기 SMSS가 선택되면 그 연결의 TCP에 의해 전송되는 모든 IPv4 데이터그램은 IPv4 DF 비트 필드가 설정돼 있다. TCP/IPv6에서는 DF 비트 필드가 없기 때문에 이것이 필요 없다. 모든 데이터그램에 설정돼 있다고 암묵적으로 가정하는 것이다. PTB가 수신되면 TCP는 세그먼트 크기를 줄이고 다른 세그먼트 크기를 이용해 재전송한다. PTB가 다음 홉next-hop MTU의 값을 포함하고 있으면 세그먼트 크기는 다음 홉 MTU에서 IPv4(혹은 IPv6)와 TCP 헤더의 크기를 뺀 값으로 설정된다. 다음 홉 MTU 값이 존재하지 않으면(예를 들어 이 정보를 갖지 않는 구 버전의 ICMP 오류가 반환된 경우) 송신기는 다양한 값으로 시도한다(예를 들어 사용 가능한 값을 찾기 이진 탐색을 한다). 이것 역시 TCP 혼잡 제어 관리(16장 참조)에 영향을 미친다. PLPMTUD의 경우 PTB 메시지를 사용하지 않는 것을 빼면 비슷하다. 대신 PMTUD를 수행하는 프로토콜은 메시지 폐기를 신속히 탐지해서 자신의 데이터그램 크기 조정을 수행할 수 있어야 한다.

경로가 동적으로 바뀔 수 있기 때문에 세그먼트 크기가 가장 마지막으로 감소한 이후 일정 시간이 지나면 좀 더 큰 값(초기 SMSS 이하)이 시도될 수 있다. [RFC1191]과 [RFC1981]에서는 이러한 시간 간격을 10분 정도로 권장하고 있다.

PMTUD가 PTB 메시지[RFC2923]를 막는 방화벽이 있는 인터넷 환경에서 동작할 때 여러 문제가 발생할 수 있다. PMTUD가 가진 다양한 동작 문제 중에서도 상황이 개선되고 있긴 하지만 블랙 홀black holes이 가장 문제다([LS10]에서 연구 대상 시스템의 80%가 PTB 메시지를 적절하게 처리할 수 있었다). PMTUD 블랙 홀은 ICMP 메시지를 사용해 세그먼트 크기를 조정하는 TCP 구현이 ICMP 메시지를 수신하지 못할 때 발생한다. 원인은 여러 가지인데, 이런 ICMP 메시지의 전달을 금지하는 방화벽이나 NAT 설정이 대표적이다. 그래서 일단 큰 패킷을 사용하기 시작한 TCP 연결은 더 이상 진행을 하지 못한다. 이 문제는 큰 패킷만이 전달되지 않기 때문에 원인을 찾기 어려울 때가 많다. 작은 패킷(예를 들면 연결 성립에 사용되는 SYN과 SYN-ACK 패킷)은 일반적으로 성공하기 때문이다. 일부 TCP 구현은 '블랙 홀 탐지' 기능을 갖고 있는데, 세그먼트가 여러 번 재전송되는 경우 세그먼트 크기를 줄여서 시도하는 것을 말한다.

### 13.4.1 예제

중간 라우터가 두 종단점의 MSS보다 더 작은 MTU를 가질 때 PMTUD의 정확한 동작을 살펴보자. 이런 상황을 만들기 위해 DSL 서비스 제공자에게 PPPoE 인터페이스로 접속되는 라우터(로컬 주소 10.0.0.1인 리눅스 호스트)를 가지고 시작한다. PPPoE 링크는 1,492 바이트(이더넷을 위한 1,500바이트에서 PPPoE 오버헤드 6바이트를 빼고, 다른 PPP 오버헤드 2바이트를 뺀 것이다. 3장 참조)의 MTU를 사용한다. 그림 13-7은 이러한 토폴로지를 보여준다.

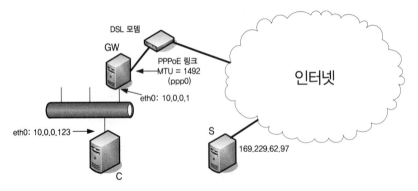

DSL 모뎀

GW

PPPoE 링크
MTU = 1492
(ppp0)

인터넷

eth0: 10.0.0.1

eth0: 10.0.0.123

S

169.229.62.97

C

**그림 13-7** PPPoE 캡슐화는 대부분 TCP 연결의 경로 MTU를 (이더넷의 일반적인 값인) 1,500바이트에서 1,492바이트로 떨어뜨린다. TCP의 PMTUD 사용을 보여주기 위해 이 예제는 MTU를 더 작은 값(288바이트)으로 설정한다.

특별히 이 동작을 유발하기 위해 PPPoE 링크상의 MTU 크기를 1,492바이트에서 288바이트로 줄이기로 하자. GW 컴퓨터에서 아래 명령을 수행하면 된다.

```
Linux(GW)# ifconfig ppp0 mtu 288
```

게다가 클라이언트 시스템(C)에게 작은 세그먼트가 허용된다고 알릴 필요가 있다.

```
Linux(C)# sysct1 -w net.ipv4.route.min_pmtu=68
```

두 번째 동작을 수행하지 않으면 리눅스는 경로 MTU의 최솟값을 기본값인 552바이트로 고정한다. 이렇게 하는 것은 일부 MTU 공격을 막기 위한 것이다(13.8절 참조). 하지만 이번 예제에서는 이렇게 하면 288바이트보다 큰 패킷은 무조건 단편화되기 때문에 이를 방지하고 PMTUD의 동작을 효율적으로 보여주기 위해서 이 최솟값을 제거한 것이다. 이제 컴퓨터 C(주소 10.0.0.123)로부터 인터넷상에 있는 서버 S(주소 169.229.62.97)에 파일 전송을 시작한다. 리스트 13-2가 파일 전송 중의 tcpdump 패킷 추적을 보여준다. 예제의 목적에 필요하지 않은 라인과 필드들은 생략됐다.

**리스트 13-2** 경로 MTU 탐색 메커니즘은 중간 링크가 종단점에 비해 작은 MTU를 가지는 네트워크를 통과할 때 사용하기에 적절한 세그먼트 크기를 찾는다.

```
1 20:20:21.992721 IP (tos 0x0, ttl 45, id 43565, offset 0, flags [DF],
            proto 6, length: 588)
```

```
                    169.229.62.97.22 > 10.0.0.123.1027: P [tcp sum ok]
                    41:577(536) ack 23


2 20:20:21.993727 IP (tos 0x0, ttl 64, id 57659, offset 0, flags [DF],
                    proto 6, length: 588)
                    10.0.0.123.1027 > 169.229.62.97.22: P [tcp sum ok]
                    23:559(536) ack 577


3 20:20:21.994093 IP (tos 0xc0, ttl 64, id 57547, offset 0, flags
                    [none], proto 1, length: 576)
                    10.0.0.1 > 10.0.0.123: icmp 556:
                    169.229.62.97 unreachable - need to frag (mtu 288) for
                        IP (tos 0x0, ttl 63, id 57659, offset 0, flags [DF],
                        proto 6, length: 588)
                           10.0.0.123.1027 > 169.229.62.97.22:
                           P 23:559(536) ack 577


4 20:20:21.994884 IP (tos 0x0, ttl 64, id 57660, offset 0, flags [DF],
                    proto 6, length: 288)
                    10.0.0.123.1027 > 169.229.62.97.22: . [tcp sum ok]
                    23:259(236) ack 577


...


5 20:20:22.488856 IP (tos 0x0, ttl 45, id 6712, offset 0, flags [DF],
                    proto 6, length: 836)
                    169.229.62.97.22 > 10.0.0.123.1027: P [tcp sum ok]
                    857:1641(784)ack 855
...
6 20:20:29.672947 IP (tos 0x8, ttl 64, id 57679, offset 0, flags [DF],
                    proto 6, length: 1452)
                    10.0.0.123.1027 > 169.229.62.97.22: . [tcp sum ok]
                    1431:2831(1400) ack 2105


7 20:20:29.674123 IP (tos 0xc8, ttl 64, id 57548, offset 0, flags
                    [none], proto 1, length: 576)
                    10.0.0.1 > 10.0.0.123: icmp 556:
                    169.229.62.97 unreachable - need to frag (mtu 288) for
                        IP (tos 0x8, ttl 63, id 57679, offset 0, flags [DF],
                        proto 6, length: 1452)
                           10.0.0.123.1027 > 169.229.62.97.22: .
                           1431:2831(1400) ack 2105


8 20:20:29.673751 IP (tos 0x8, ttl 64, id 57680, offset 0, flags [DF],
                    proto 6, length: 1452)
```

```
                       10.0.0.123.1027 > 169.229.62.97.22: . [tcp sum ok]
                       2831:4231(1400) ack 2105

    9  20:20:29.675180 IP (tos 0xc8, ttl 64, id 57549, offset 0, flags
                       [none], proto 1, length: 576)
                       10.0.0.1 > 10.0.0.123: icmp 556:
                       169.229.62.97 unreachable - need to frag (mtu 288) for
                         IP (tos 0x8, ttl 63, id 57680, offset 0, flags [DF],
                         proto 6, length: 1452)
                         10.0.0.123.1027 > 169.229.62.97.22: .
                         2831:4231(1400) ack 2105

    10  20:20:29.674932 IP (tos 0x8, ttl 64, id 57681, offset 0, flags
                       [DF], proto 6, length: 288)
                       10.0.0.123.1027 > 169.229.62.97.22: . [tcp sum ok]
                       1431:1667(236) ack 2105

    11  20:20:29.675143 IP (tos 0x8, ttl 64, id 57682, offset 0, flags
                       [DF], proto 6, length: 288)
                       10.0.0.123.1027 > 169.229.62.97.22: . [tcp sum ok]
                       1667:1903(236) ack 2105
```

이 tcpdump 출력을 보면 연결은 이미 설정돼 있고 MSS 옵션들도 교환돼 있다. 연결상의 모든 패킷은 DF 비트 필드가 설정돼 있고 따라서 양 종단은 PMTUD를 수행한다. 원격 측의 첫 번째 패킷은 588바이트 길이로, PPPoE 링크의 MTU 설정이 288바이트지만 라우터는 제대로 동작한다. 이것은 MTU 설정이 비대칭적이기 때문이다. PPPOE 링크의 로컬 종단은 288바이트의 최대 전송 단위를 사용하지만, 상대편 종단은 1492바이트로 추정되는 더 큰 SMSS를 사용한다. 따라서 외부로 나가는 패킷은 작아야 하지만(288바이트 이하), 반대 방향의 패킷은 더 커도 된다.

DF 비트 필드가 켜진 상태에서 로컬 종단이 588바이트 크기의 패킷을 보내려고 시도하면, 다음 홉 링크를 위한 적절한 MTU는 288바이트임을 나타내는 PTB 메시지가 라우터(10.0.0.1)에 의해 생성된다. 그러면 TCP는 이 메시지가 지시한 대로 그다음 패킷을 288바이트 길이로 보낸다. 그리고 원래 588바이트 길이의 패킷으로 보내려고 했던 것이므로 288바이트와 116바이트 길이의 패킷 2개를 추가로 보낸다. 그래서 우리는 파일 전송 과정에서 패킷 길이가 이런 패턴으로 반복되는 것을 관찰할 수 있다.

PMTU 탐색 과정은 적어도 대용량 데이터 전송 시에 TCP가 연결 시작 이후에 세그먼트 크기를 조절하고자 명시적으로 시도하는 방법 중 하나다. 세그먼트의 크기는 윈도우 크기와 마찬가지로 전반적인 처리량에 영향을 미친다. 이들이 어떻게 전체 성능에 영향을 미치는지는 15장에서 다룬다.

## 13.5 TCP 상태 전이

지금까지 TCP 연결의 시작과 종료에 관한 많은 규칙을 설명했고, 연결의 여러 단계에서 어떤 유형의 세그먼트가 전송되는지 살펴봤다. TCP가 무엇을 해야 할지 정하는 규칙은 TCP가 놓여 있는 상태에 의해 결정된다. 현재 상태는 전송 혹은 수신되는 세그먼트, 종료된 타이머, 애플리케이션의 읽기/쓰기, 다른 계층으로부터 받은 정보 등 다양한 원인에 따라서 변화한다. 이러한 규칙들을 TCP의 상태 전이도로 요약할 수 있다.

### 13.5.1 TCP 상태 전이도

TCP의 상태 전이도를 그림 13-8에서 보여준다. 상태는 타원으로 표시되고, 상태 사이의 전이는 화살표로 표시된다. 연결의 종단점들은 상태를 통해 전이한다. 일부 전이는 제어 비트 필드(예를 들면 SYN, ACK, FIN)가 설정된 세그먼트의 수신에 의해 촉발된다. 또, 전이가 특정 제어 비트가 설정된 세그먼트의 전송을 일으키기도 한다. 애플리케이션의 동작이나 타이머 만료에 의해서 전이가 일어나기도 한다. 전이도는 이런 경우들을 전이 화살표 근처에 텍스트 주석으로 표기하고 있다. 최초에 TCP는 CLOSED 상태에서 출발한다. 그리고 능동 개방인지 수동 개방인지에 따라서 TCP는 즉시 SYN_SENT 혹은 LISTEN 중 하나로 전이되는 것이 일반적이다.

이 전이도에서 상태 전이 중 일부분만이 '대표적'인 것이라는 점에 주의하자. 통상적인 클라이언트 전이는 진한 실선 화살표고, 통상적인 서버 전이는 점선 화살표다. ESTABLISHED 상태로 향하는 두 개의 전이는 연결 개방에 해당하고, ESTABLISHED 상태에서 나오는 두 개의 전이는 연결 종료에 해당한다. ESTABLISHED 상태는 두 종단 간에 양방향 데이터 전송이 가능한 상태다. 14~17장에서는 이 상태에서 무슨 일이 일어나는지 설명한다.

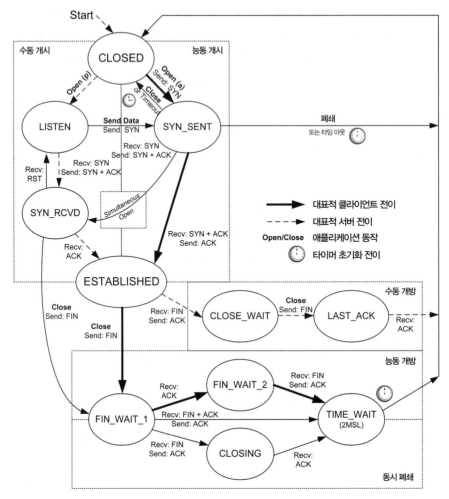

**그림 13-8** TCP 상태 전이도(유한 상태 기계라고도 부름). 화살표는 세그먼트 전송, 세그먼트 수신, 혹은 타이머 종료로 인한 상태 사이의 전이를 표현한다. 진한 화살표는 클라이언트의 동작을 나타내고, 점 화살표는 서버 동작을 나타낸다. 굵은 지시어(예를 들면 open, close)는 애플리케이션에 의해 수행되는 동작이다.

FIN_WAIT_1, FIN_WAIT_2, TIME_WAIT 상태는 (최소한 일부분은) '능동 폐쇄'라는 이름의 상자에 들어있다. 이 상태들은 로컬 애플리케이션이 폐쇄 요청을 시작할 때 진입된다. 다른 2개의 상태 CLOSE_WAIT와 LAST_ACK는 '수동 폐쇄' 상자에 들어있는데, 상대방이 FIN 세그먼트를 확인 응답하고 폐쇄를 수행할 것을 기다리는 상태다. 이중 능동 폐쇄의 한 형태인 동시 폐쇄는 CLOSING 상태를 사용한다.

이 그림에서 사용한 11가지 상태의 이름들(CLOSED, LISTEN, SYN_SENT 등)은 유닉스, 리눅스, 그리고 윈도우에서 netstat 명령을 사용했을 때 화면에 출력되는 이름을 기본으로 했다. 이 이름들도 원래 [RFC0793]의 용어를 바탕으로 한 것이다. CLOSED 상태는 실제 상태가 아니라 이 전이도의 논리적인 시작과 끝을 나타낸다.

LISTEN에서 SYN_SENT로의 상태 전이는 TCP 프로토콜에서 허용되지만 버클리 소켓에서 지원되지 않기 때문에 별로 사용되지 않는다. SYN_RCVD에서 LISTEN으로의 전이는 SYN_RCVD 상태가 SYN_SENT 상태(동시 개방)가 아닌 LISTEN 상태(보통의 경우)로부터 진입된 경우만 유효하다. 이것은 능동 개방을 수행하고(LISTEN 상태 진입), SYN을 받고, ACK와 함께 SYN을 보내고(SYN_RCVD 상태 진입), ACK 대신에 재설정을 받으면 종단점은 LISTEN 상태로 돌아가서 다른 연결 요청이 오기를 기다린다는 것을 의미한다.

그림 13-9는 일반적인 TCP 연결의 성립과 종료 시에 클라이언트와 서버가 어떤 상태들을 거치는지 자세히 보여준다. 이것은 그림 13-1에서 옵션과 ISN 세부정보는 빼고 상태만 표시한 것이다. 그림 13-9에서 왼쪽 클라이언트는 능동적 개방을 실행하고, 오른쪽 서버는 수동적 개방을 실행한다고 가정한다. 이 그림에서는 클라이언트가 능동적 폐쇄를 실행하고 있지만, 앞에서도 언급했듯이 서버도 능동적 폐쇄를 실행할 수 있다.

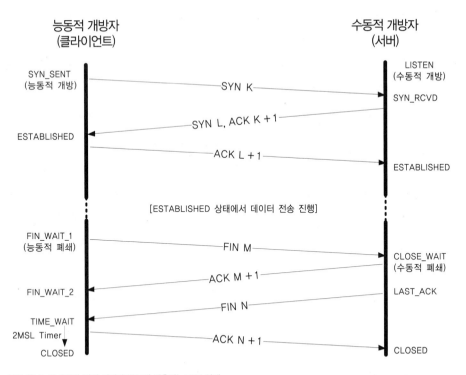

능동적 개방자
(클라이언트)

수동적 개방자
(서버)

SYN_SENT
(능동적 개방)

LISTEN
(수동적 개방)

SYN K

SYN_RCVD

SYN L, ACK K + 1

ESTABLISHED

ACK L + 1

ESTABLISHED

[ESTABLISHED 상태에서 데이터 전송 진행]

FIN_WAIT_1
(능동적 폐쇄)

FIN M

CLOSE_WAIT
(수동적 폐쇄)

ACK M + 1

FIN_WAIT_2

LAST_ACK

FIN N

TIME_WAIT
2MSL Timer

ACK N + 1

CLOSED

CLOSED

**그림 13-9** 통상적인 연결 성립과 종료에 대응하는 TCP 상태

## 13.5.2 TIME_WAIT(2MSL 대기) 상태

TIME_WAIT 상태는 2MSL 대기 상태라고도 부른다. 이것은 TCP가 시간 대기[timed wait] 라고도 불리는 최대 세그먼트 생존 시간[MSL, Maximum Segment Lifetime]의 2배 만큼의 시간을 대기하는 상태다. 모든 구현은 반드시 MSL 값을 선택해야만 한다. 이것은 네트워크에서 어떤 세그먼트가 폐기되기 전까지 존재할 수 있는 최대 시간이다. TCP 세그먼트는 IP 데이터그램으로서 전송되는데, IP 데이터그램은 생존 시간을 제한하는 TTL 필드 혹은 홉 제한[Hop Limit] 필드를 갖고 있으므로, TCP 세그먼트의 생존 시간은 제한된다는 점을 알 수 있다 (5장 참조). [RFC 0793]은 MSL을 2분으로 정의하고 있다. 하지만 일반적인 구현 값은 30초, 1분, 2분 등이 쓰인다. 대부분의 경우 이 값은 수정될 수 있다. 리눅스에서 `net.ipv4.tcp_fin_timeout`이 2MSL 대기 타임아웃 값(초)을 갖고 있다. 윈도우에서는 다음 레지스트리 키에 타임아웃 값이 들어있다.

```
HKLM\SYSTEM\CurrentControlSet\Services\Tcpip\Parameters\TcpTimedWaitDelay
```

이것은 30초에서 300초 범위의 값을 허용한다. IPv6에서는 Tcpip 대신 Tcpip6로 대체하면 된다.

MSL 값이 일단 지정되고 나면 다음의 규칙이 적용된다. TCP가 능동적 폐쇄를 수행하고 마지막 ACK를 전송하면 이 연결은 MSL의 2배 동안 TIME_WAIT 상태에서 대기해야 한다. 마지막 ACK가 손실된 경우 TCP는 마지막 ACK를 재전송해야 한다. 마지막 ACK가 재전송되는 것은 TCP가 ACK를 재전송하기 때문이 아니라(ACK는 순서 번호를 소비하지 않으므로 TCP에 의해 재전송되지 않는다), 상대 측이 자신의 FIN(순서 번호를 소비하지 않는)을 재전송하기 때문이다. 사실 TCP는 마지막 ACK를 수신할 때까지 FIN을 재전송한다.

이러한 2MSL 대기 상태의 다른 효과는 TCP 구현이 대기 중일 동안그 연결을 정의하는 종단점(클라이언트 IP 주소, 클라이언트 포트 번호, 서버 IP 주소, 서버 포트 번호)이 재사용될 수 없다는 점이다.그 연결은 2MSL 대기가 끝났을 때나 혹은 새로운 연결이 그 전의 인스턴스에서 사용된 최상위 순서 번호를 초과하는 ISN을 사용할 때나[RFC1122], 혹은 타임스탬프 옵션 덕분에 그 전의 연결 인스턴스와 세그먼트 구분이 분명할 경우에만[RFC6191] 재사용될 수 있다. 불행히도 일부 구현은 좀 더 엄격한 제약 사항을 부과하고 있다. 이런 시스템에서는 로컬 포트 번호가 시스템상의 2MSL 대기 상태에 있는 임의의 종단점의 로컬 포트 번호이기만 하면 재사용될 수 없다. 이런 제한의 예를 리스트 13-3과 13-4에서 볼 수 있다.

대부분의 구현과 API는 이 제한을 우회하는 방법을 제공한다. 버클리 소켓 API에서 SO_REUSEADDR 소켓 옵션이 이러한 우회를 가능하게 한다. 이 옵션을 사용하면 호출자는 2MSL 대기 상태에 있는 연결의 일부인 로트 번호도 자신의 로컬 포트 번호로 할당할 수 있다. 하지만 설령 하나의 소켓(주소와 포트 번호의 쌍)에 이러한 우회 방식이 적용됐어도 TCP 규칙은 여전히 이 포트 번호가 2ML 대기 상태인 동일 연결의 다른 실체화에 의해 재사용되는 것을 허용하지 않음을 나중에 살펴볼 것이다. 2MSL 대기 상태인 연결에 지연 도착한 세그먼트는 버려진다. 2MSL 대기 상태에서 주소/포트 번호 4튜플로 정의된 연결은 대기 시간 중에 재사용될 수 없기 때문에, 유효 연결이 마침내 성립되고 나면 이전 인스턴스에서 생성된 지연 세그먼트가 이번 연결에 속한다고 잘못 해석될 여지가 없음을 알 수 있다.

대화식 애플리케이션에서는 일반적으로 클라이언트가 능동 폐쇄를 수행해서 TIME_WAIT 상태로 진입한다. 서버는 보통 수동적 폐쇄를 행하고 TIME_WAIT 상태를 거치지 않는다. 이것은 어떤 클라이언트를 종료하고 즉시 그 클라이언트를 재시작할 경우 새로운 클라이언트는 동일한 포트 번호를 재사용할 수 없다는 것을 의미한다. 그러나 클라이언트는 일반적으로 운영체제가 할당한 임시 포트를 사용하며, 할당받은 포트 번호가 무엇이든 상관하지 않기 때문에 별 문제가 되지 않는다(오히려 이렇게 하는 것이 보안상 권장된다[RFC6056]). (특히 동일한 서버에) 다수의 연결을 신속히 생성하는 클라이언트는 임시 포트가 부족할 경우 다른 연결이 종료될 때까지 기다려야 할 수도 있다는 것을 기억하자.

그러나 서버의 경우는 상황이 다르다. 서버는 거의 언제나 잘 알려진 포트 번호를 사용한다. 연결이 성립된 서버 프로세스를 종료하고 바로 재시작을 시도하는 경우 서버는 포트 번호를 자신의 종단점에 할당할 수 없다("이미 사용 중인 주소"라는 오류 메시지를 받는다). 해당 포트 번호가 2MSL 대기 상태에 있는 연결의 일부이기 때문이다. 따라서 서버를 재시작할 수 있으려면 MSL 값 설정에 따라 1분에서 4분의 시간이 필요하다. 이 시나리오를 sock 프로그램을 실행해서 확인할 수 있다. 리스트 13-3에서는 서버를 가동시키고 클라이언트에서 이 서버에 연결한 후 서버를 종료한다.

**리스트 13-3** TCP 연결은 포트 번호가 다른 프로세스에 의해 재사용되기 전에 TIME-WAIT 상태에서 2MSL 지연을 완료해야 한다.

```
Linux% sock  v  -s  6666
(지금 다른 컴퓨터상에 있는 클라이언트가 이 서버에 연결한다)
connection on 192.168.10.144 6666 from 192.168.10.140.2623
(서버를 종료하기 위해 인터럽트 키를 누른다)
(서버가 재시작된다)
Linux% sock  -s  6666
Can't bind local address : Address already in use

Linux% netstat -n -t
Active Internet connections (w/o servers)
Proto Resv-Q Send-Q  Local Address        Foreign Address      state
Tcp     0      0     192.168.10.144:6666  192.168.10.140:2623  TIME_WAIT

(1분 대기한 후 서버를 재시작한다)
Linux% sock  -v  -s  6666
```

서버를 재시작하려고 하면 프로그램은 주소가 이미 사용 중이기 때문에 자신의 포트 번호를 바인딩할 수 없다는 오류 메시지를 출력한다. 이것은 실제로 주소와 포트 번호 조합이 이미 사용 중이라는 것을 의미한다. 그 전의 연결 때문에 2MSL 대기 상태에 있기 때문이다. 이것이 바로 앞서 언급했던 더 엄격한 포트 번호 재사용 제한이다. netstat 명령을 실행해 보면 실제로 연결 상태가 TIME_WAIT 상태임을 확인할 수 있다. 클라이언트는 서버 만큼 2MSL 대기 상태로 인한 문제가 일어나지는 않지만, 클라이언트가 자신의 포트 번호를 지정하게 하면 동일한 문제가 일어남을 리스트 13-4에서 볼 수 있다.

**리스트 13-4** 클라이언트는 2MSL 대기 상태의 다른 연결에 의해 사용 중인 포트 번호를 재사용할 수 없다.

```
(한 윈도우에서 서버 시작)
Linux% sock -s -v 6666

(다른 윈도우로부터 연결)
Linux% sock -v 127.0.0.1 6666

(서버가 들어오는 연결을 식별한다)
connection on 127.0.0.1.6666 from 127.0.0.1.2091

(클라이언트가 연결 성립을 식별하고, 인터럽트된다)
connected on 127.0.0.1.2091 to 127.0.0.1.6666

^C

(연결이 끝났음을 서버가 식별하고 종료된다.)
connection closed by peer
Linux%

(클라이언트가 이전과 동일한 포트 번호를 지정하면서 재시작한다)
Linux% sock -b 2091 -v 127.0.0.1 6666
bind() error: Address already in use

(30초 대기 후 재시도한다)
Linux% sock -b 2091 -v 192.168.10.144 6666
connect() error: Connection refused
```

처음 클라이언트를 실행할 때 클라이언트에 할당된 로컬(임시) 포트 번호(2091)가 무엇인지 보기 위해서 -v 옵션을 지정했다. 두 번째로 클라이언트를 실행할 때는 -b 옵션을 이용해 운영체제가 부여하는 임시 포트 번호 대신에 자신의 로컬 포트 번호로 2091을 할당하도록 지시한다. 예상한 대로 포트 2091은 2MSL 대기 상태에 있는 연결의 일부이기 때문에 클라이언트는 이것을 실행할 수 없다. 대기가 종료되면(이 리눅스 컴퓨터에서는 1분) 클라이언트는 다시 연결을 시도하지만, 서버는 연결이 처음 인터럽트됐을 때 이미 연결을 끊었으므로 거부된다. 13.6절에서 TCP 재설정 세그먼트가 이런 연결 거부 조건을 알려주기 위해 어떻게 사용되는지를 살펴본다.

앞서 언급했듯이 대부분의 시스템은 2MSL 대기 상태인 연결에 속하는 포트에도 프로세스가 바인딩할 수 있는 방법을 제공한다. 지금부터 sock 프로그램에 우회 메커니즘을 활성화시키는 -A 옵션을 사용해 동일한 시나리오를 시도해보자.

```
Linux% sock  -A  -v  -s  6666
Linux% sock  -A  -v  -s  6666
```

이번에는 전에 언급했던 SO_REUSEADDR 소켓 옵션을 활성화시키는 -A 옵션을 갖고 서버를 시작한다. 따라서 서버는 자신의 포트가 2MSL 대기 상대인 연결의 일부더라도 바인딩할 수 있다. 하지만 바로 이 포트를 갖고 클라이언트를 사용하려고 하면 아래 메시지가 나타난다.

```
Linux% sock  -A  -b 32840  -v  127.0.0.1  6666
bind( ) error: Address already in use
```

이번에도 종단점 127.0.0.1.32840은 사용 중이므로 클라이언트는 실패한다. 하지만 -A 옵션을 함께 사용하면 연결이 동작하도록 강제할 수 있다.

```
Linux% sock  -A  -b  32840  -v  127.0.0.1  6666
connection on 127.0.0.1.32840 to 127.0.0.1.6666
TCP_MAXSEG = 16383
```

2MSL 대기 상태가 종료되기 전에 동일한 연결(4 튜플)이 재사용되고 있음에도 불구하고 -A 옵션 덕분에 연결이 허용됨을 볼 수 있다. 물론 이 모든 것은 하나의 컴퓨터에서 일어나고 있으므로 운영체제는 프로세스가 2ML 대기 상태의 연결의 어느 종단을 나타내고 있는지 확실히 알 수 있으며 (적어도 잠재적으로는) 프로세스들을 구분할 수도 있다. 그렇다면 동일한 작업을 하되 이번에는 다른 호스트로부터 연결을 확립하면 어떻게 될까? 아래

와 같이 시험할 수 있다.

```
(첫 번째 컴퓨터에서 서버 시작)
Linux% sock -v -s 6666

(두 번째 컴퓨터(윈도우 PC)에서 서버에 연결)
C:\> sock -A -v 10.0.0.1 6666

(연결이 들어온 것을 서버가 식별한다)
connection on 10.0.0.1.6666 from 10.0.0.3.2172
(클라이언트가 연결 설립을 식별하고, 인터럽트된다)
connected on 10.0.0.3.2172 to 10.0.0.1.6666
^C
C:\>

(서버가 연결이 끝났음을 식별하고 나간다)

connection closed by peer
Linux%

(클라이언트가 그 전과 동일한 포트 번호를 지정하면서 재시작한다)

C:\> sock -A -b 2091 -v 10.0.0.1 6666
connect() error: Address already in use
C:\> sock -A -b 2091 -v 10.0.0.1 6666
connect() error: Address already in use

(30초 대기 후 재시도한다)

C:\> sock -A -b 2091 -v 10.0.0.1 6666
connect() error: Connection refused
```

이 예제는 클라이언트와 서버가 다른 컴퓨터라는 것을 제외하고는 이전 것과 유사하다. 클라이언트의 -A 옵션을 무시하고 2MSL 대기 시간이 적용됨을 관찰할 수 있다. 이번 예제에서 2MSL 대기는 30초간 지속된다. 30초 후 클라이언트는 서버와 접촉을 시도하지만 서버는 이미 나간 뒤다.

클라이언트와 서버 컴퓨터를 서로 바꾸면 재미있는 일이 일어난다. 지금부터는 서버로 윈도우를, 그리고 클라이언트로 리눅스를 사용해 다시 실험해 보자.

```
(윈도우 컴퓨터에서 서버 시작)
C:\> sock -v -s 6666

(두 번째 컴퓨터(리눅스 PC)에서 서버에 연결)
Linux% sock -A -v 192.168.10.145 6666

(연결이 들어온 것을 서버가 식별한다)
connection on 192.168.10.145.6666 from 192.168.10.145.32843

(클라이언트가 연결 성립을 식별하고, 인터럽트된다)
connected on 192.168.10.144.32843 to 192.168.10.145.6666
^C
Linux%

(서버가 연결이 끝났음을 식별하고 나간다)

connection closed by peer
C:\>

(클라이언트가 그 전과 동일한 포트 번호를 지정하면서 재시작한다)

Linux% sock -A -b 32843 -v 192.168.10.144 6666
bind() error: Connection refused
```

로컬 포트 32843을 사용할 수 없을 것이라고 예상할 수 있지만 리눅스상의 -A 옵션 때문에 실제로는 사용할 수 있다. 이것은 원래 TCP 사양을 위반하는 것이지만, 이전에 언급한 [RFC1122]와 [RFC6191]에 의해 허용된다. 이 RFC들은 순서 번호와 타임스탬프의 조합을 바탕으로 신규 연결의 세그먼트와 이전 연결 인스턴스의 세그먼트가 혼동되지 않는다고 믿을 만한 강력한 근거가 있다면, TIME_WAIT 상태의 연결에 대해 신규 연결 요청을 받아들이도록 허용한다. [RFC1337]과 [RFC1323]의 부록에서 이 규칙과 관련된 위험 요소들을 볼 수 있다.

### 13.5.3 침묵 시간 개념

2MSL 대기는 그 전의 연결 인스턴스 중에 생성된 세그먼트가 동일한 로컬 IP 및 외부 IP 주소와 포트 번호를 사용하는 새로운 연결의 일부로 해석되지 않도록 방지한다. 그러나 이것은 2MSL 대기 상태로 연결 중인 호스트가 정상 동작 중일 경우에만 동작한다.

TIME_WAIT 상태의 연결을 갖고 있는 호스트에 장애가 발생해 MSL 시간 내에 재부팅되고, 장애 발생 이전에 TIME_WAIT 상태였던 로컬 연결과 동일한 로컬 및 외부 IP주소와 포트 번호를 사용하는 신규 연결이 즉시 성립되면 어떻게 될까? 이 경우 장애 발생 전에 존재했던 연결 인스턴스에서 생성됐던 지연 세그먼트가 재부팅 이후에 신규 생성된 연결의 일부로 잘못 해석될 수가 있다. 이것은 재부팅 이후에 어떻게 초기 순서 번호를 선택했느냐에 관계없이 일어날 수 있다.

이런 일이 일어나지 않도록 [RFC0793]은 TCP는 재부팅이나 장애 발생 이후 신규 연결을 생성하기 전에 MSL과 같은 시간만큼 대기하는 것이 바람직하다고 서술하고 있다. 이를 침묵 시간quiet time이라 부른다. 대부분의 호스트는 충돌 후 재부팅하는 데 MSL보다 오래 걸리므로, 이를 지키는 구현은 거의 없다. 또한 애플리케이션이 자체적으로 검사합이나 암호화를 사용한다면 이런 오류는 쉽게 검출된다.

## 13.5.4 FIN_WAIT_2 상태

FIN_WAIT_2 상태는 TCP는 FIN을 전송했고, 상대편 종단은 이에 대해 확인 응답을 이미 한 상태다. 절반 폐쇄를 수행하는 것이 아닌 한, 상대편 종단의 애플리케이션이 EOFEnd-Of-File 통보를 수신했음을 인식하고 연결을 닫아서 FIN을 보내기까지 TCP는 대기해야 한다. 애플리케이션이 이 연결 폐쇄를 수행할(그리고 그 FIN이 수신될) 때만 능동 폐쇄 TCP는 FIN_WAIT_2에서 TIME_WAIT 상태로 이동한다. 이것은 연결의 한쪽 종단은 FIN_WAIT_2 상태에 영원히 머무를 수도 있음을 의미한다. 다른 쪽 종단은 애플리케이션이 연결을 폐쇄하기로 결정할 때까지 CLOSE_WAIT 상태로 남고 그 상태가 무한히 계속될 수 있다.

대부분의 구현은 다음과 같은 방법으로 FIN_WAIT_2에서의 이러한 무한 대기를 방지하고 있다. 능동적 폐쇄를 수행하는 애플리케이션이 데이터 수신을 기대하는 절반 폐쇄가 아니라 완전 폐쇄를 수행한다면 타이머가 설정된다. 그리고 타이머가 만료됐을 때 연결이 유휴 상태라면 TCP는 그 연결을 CLOSED 상태로 이동시킨다. 리눅스에서는 net.ipv4.tcp_fin_timeout 변수를 사용해서 타이머 설정값을 초 단위로 조정할 수 있다. 기본값은 60초이다.

### 13.5.5 동시 개방과 폐쇄 전이

우리는 각각 발신과 수신 SYN 세그먼트에 대응하는 SYN_SENT와 SYN_RCVD 상태의 통상적인 용도를 앞서 살펴봤다. 그림 13-3에서 볼 수 있듯이 TCP는 1개의 연결을 확립하는 동시 개방을 다룰 수 있도록 설계됐다. 동시 개방이 시작되면 상태 전이는 그림 13-9와는 다르게 일어난다. 양 종단이 거의 동시에 SYN을 전송하고 SYN_SENT 상태로 들어간다. 각 종단이 상대방의 SYN 세그먼트를 수신하면 상태는 SYN_RCVD로 바뀌고, 각 종단은 SYN을 다시 보내고 수신된 SYN에 대한 확인 응답을 보낸다. 각 종단이 SYN+ACK를 수신하면 상태는 ESTABLISHED로 변경된다.

동시 폐쇄에서는 그림 13-6에서 볼 수 있듯이 애플리케이션이 폐쇄를 실행하면 양 종단의 상태는 ESTABLISHED에서 FIN_WAIT_1로 들어간다. 그러면 둘 다 FIN을 보내게 되고, 이 FIN 메시지들은 네트워크 내의 어딘가에서 교차할 것이다. 상대방이 보낸 FIN이 도착하면 각 종단은 FIN_WAIT_1에서 CLOSING 상태로 전이하고, 각 종단은 자신의 마지막 ACK를 전송한다. 마지막 ACK를 수신하면 각 종단점의 상태는 TIME_WAIT로 변경되고 2MSL 대기가 시작된다.

## 13.6  재설정 세그먼트

12장에서 TCP 헤더의 RST 비트 필드에 대해 언급했다. 이 비트가 'on'으로 설정된 세그먼트를 '재설정 세그먼트reset segment' 혹은 단순하게 '재설정reset'이라 부른다. 일반적으로 재설정은 참조 대상 연결에 대해서 정확하지 않은 것 같은 세그먼트가 도착할 때 TCP에 의해 보내진다. 여기서 참조 대상 연결referenced connection이라는 용어는 재설정의 TCP와 IP 헤더 내의 4-튜플로 정의되는 연결을 의미한다. 재설정은 TCP 연결의 빠른 해제teardown라는 결과로 이어진다. 재설정 세그먼트의 사용 예를 보여주는 시나리오를 구성해 보자.

### 13.6.1 존재하지 않는 포트에 대한 연결 요청

재설정 세그먼트가 생성되는 가장 흔한 경우는 연결 요청이 도착했는데 목적지 포트에서 수신 대기 중인 프로세스가 존재하지 않을 때이다. 우리는 앞서 '연결 거절connection refuse' 오류 메시지를 배울 때 이런 상황을 본 적이 있다. 이 메시지는 TCP에서 흔히 볼 수 있다. UDP의 경우는 10장에서 본 것처럼 사용 중이지 않은 목적지 포트에 데이터그램이 도착하면 ICMP 목적지 접근 불가(포트 접근불가)메시지가 생성된다. TCP는 대신에 재설정 세그먼트를 사용한다.

이번 예제를 구성하는 것은 어렵지 않다. 텔넷 클라이언트를 사용해 목적지에서 사용 중이지 않은 포트 번호를 지정하자. 이 목적지는 로컬 컴퓨터도 가능하다.

```
Linux% telnet localhost 9999
Trying 127.0.0.1 ...
telnet: connect to address 127.0.0.1: Connection refused
```

이 오류 메시지는 텔넷 클라이언트에 의해 즉시 출력된다. 리스트 13-5는 이 명령이 실행됐을 때의 패킷 교환을 나타내고 있다.

**리스트 13-5** 존재하지 않는 포트에 대한 연결을 개시하고자 할 때 생성되는 재설정

```
1 22:15:16.348064 127.0.0.1.32803 > 127.0.0.1.9999:
    S [tcp sum ok] 3357881819:3357881819(0) win 32767
    <mss 16396,sackOK,timestamp 16945235 0,nop,wscale 0>
    (DF) [tos 0x10] (ttl 64, id 42376, len 60)
2 22:15:16.348105 127.0.0.1.9999 > 127.0.0.1.32803:
    R [tcp sum ok] 0:0(0) ack 3357881820 win 0
    (DF) [tos 0x10] (ttl 64, id 0, len 40)
```

리스트 13-5에서 우리가 주목할 값은 재설정(두 번째) 세그먼트 내의 순서 번호 필드와 ACK 번호 필드다. 수신 세그먼트의 ACK 비트가 설정돼 있지 않기 때문에 재설정의 순서 번호는 0으로 설정되고, 확인 응답 번호는 수신 ISN에 세그먼트의 데이터 바이트 수를 더한 값으로 설정된다. 수신 세그먼트에 실제 데이터는 없지만, SYN 비트는 논리적으로 1바이트의 순서 번호 공간을 차지한다. 따라서 이번 예제에서 재설정 세그먼트의 ACK 번호는 ISN에 데이터 길이(0)를 더하고 다시 SYN 비트에 해당하는 1을 더한 값이다.

TCP가 재설정 세그먼트를 받아들이려면 ACK 비트 필드가 반드시 설정돼야 하고 ACK 번호 필드는 유효 윈도우(12장 참조) 내에 있어야 한다. 이것은 어떤 연결(4-튜플)과 일치하는 재설정 세그먼트를 생성할 수만 있으면 그 연결을 방해할 수 있는 공격을 예방하는데 도움이 된다[RFC5691].

## 13.6.2 연결 중단

그림 13-1에서 봤듯이 연결을 종료하는 일반적인 방법은 상대편에 FIN을 보내는 것이다. 대기 중이던 데이터가 모두 전송된 후에 FIN이 전송돼 데이터 손실이 발생하지 않기 때문에 이를 가리켜 질서 있는 해제<sup>orderly release</sup>라고 부른다. 그러나 FIN이 아니라 아무때든 재설정(RST)을 보냄으로써 연결을 중단하는 것도 가능하다. 이를 가리켜 중단 해제<sup>abortive release</sup>라고 부른다.

연결 중단은 애플리케이션에 두 가지 기능을 제공한다. (1) 대기 중인 모든 데이터가 폐기되고 재설정 세그먼트가 즉시 전송된다. (2) 재설정 세그먼트를 수신한 측은 상대방이 통상적인 폐쇄가 아니라 연결 중단을 수행했음을 알 수 있다. 애플리케이션이 사용하는 API는 통상 폐쇄가 아닌 연결 중단을 생성할 수 있는 수단을 제공해야 한다.

소켓 API는 이 기능을 링거<sup>linger</sup> 값이 0인 SO_LINGER 소켓 옵션을 통해서 제공한다. 이것은 "상대방에 데이터가 전달됐음을 확인하는 데 조금도 시간을 들이지 않고 연결을 중단"함을 의미한다. 아래 예제는 대용량의 출력을 생성하는 원격 명령을 사용자가 취소했을 때 무슨 일이 일어나는지 보여준다.

```
Linux% ssh linux cat /user/share/dict/words
Aarhus
Aaron
Abada
Aback
Abaft
Abandon
Abandoning
Abandoment
Abadons
... continus ...
^C
Killed by signal 2.
```

여기서 사용자는 이 명령의 출력 중단을 결정했다. words 파일이 45,427 단어나 포함하고 있으므로 이 명령을 실행한 것은 아마도 실수였을 것이다. 사용자가 인터럽트 문자를 입력했고, 시스템은 프로세스(여기서는 ssh 프로그램)가 신호 번호 2에 의해 종료됐다고 표시한다. 이 신호는 SIGINT로 부르며 보통 이 신호가 전송되면 프로그램을 종료한다. 리스트 13-6은 이번 예제의 tcpdump 출력을 나타내고 있다(이번 절의 주제와 관계없는 상당수의 패킷은 생략했다).

**리스트 13-6** FIN 대신에 재설정(RST)을 사용하는 연결 중단

```
Linux# tcpdump -vvv -s 1500 tcp


1 22:33:06.386747 192.168.10.140.2788 > 192.168.10.144.ssh:
         S [tcp sum ok] 1520364313:1520364313(0) win 65535
         <mss 1460,nop,nop,sackOK>
         (DF) (ttl 128, id 43922, len 48)

2 22:33:06.386855 192.168.10.144.ssh > 192.168.10.140.2788:
         S [tcp sum ok] 181637276:181637276(0) ack 1520364314
         win 5840
         <mss 1460,nop,nop,sackOK>
         (DF) (ttl 64, id 0, len 48)

3 22:33:06.387676 192.168.10.140.2788 > 192.168.10.144.ssh:
         . [tcp sum ok] 1:1(0) ack 1 win 65535
         (DF) (ttl 128, id 43923, len 40)

(... ssh 인증 교환을 암호화하고 벌크 데이터를 전송한다 ...)

4 22:33:13.648247 192.168.10.140.2788 > 192.168.10.144.ssh:
         R [tcp sum ok] 1343:1343(0) ack 132929 win 0
         (DF) (ttl 128, id 44004, len 40)
```

세그먼트 1-3번은 일반적인 연결 성립을 보여준다. 인터럽트 문자가 입력되면 연결은 중단된다. 재설정 세그먼트는 순서 번호와 확인 응답 번호를 포함하고 있다. 재설정 세그먼트가 다른 종단으로부터 어떠한 응답도 얻지 못한다는 점에 주목하자. 전혀 확인 응답을 받지 못하는 것이다. 재설정의 수신기는 연결을 중단하고 애플리케이션에게 연결이 재설정됐다는 것을 통보한다. 이때 '상대방에 의한 연결 재설정Connection reset by peer' 오류 표시나 이와 비슷한 메시지가 생성된다.

### 13.6.3 절반 개방 연결

TCP 연결에서 한쪽 종단이 상대방이 알지 못하게 연결을 폐쇄 또는 중단한 경우를 가리켜 절반 개방half-open이라고 한다. 이것은 두 호스트 중 하나에 장애가 발생한 경우 언제든 일어날 수 있다. 절반 개방 연결을 통해서 데이터 전송이 시도되지 않는 한, 한쪽 종단은 다른 쪽 종단에 장애가 발생했음을 탐지할 수 없다.

절반 개방 연결은 적절한 시스템 종료 절차를 따르지 않고 호스트의 전원이 꺼졌을 때도 자주 발생한다. 예를 들어 원격 로그인 클라이언트를 실행 중이던 PC를 퇴실하면서 끄고 나갔다고 하자. 전원이 꺼질 때 데이터가 전송 중이지 않았다면 서버는 클라이언트가 없어진 사실을 전혀 알지 못한다(서버는 여전히 연결이 ESTABLISHED 상태라고 생각한다). 다음날 아침 사용자가 출근해서 PC에 전원을 넣고, 새로운 텔넷 클라이언트를 실행하면 서버 호스트에는 새로운 서버가 실행된다. 이렇게 되면 서버 호스트에는 다수의 절반 개방 TCP 연결이 생기게 된다. 17장에서 TCP 연결 중인 하나의 종단이 다른 쪽 종단이 없어진 것을 발견하기 위한 TCP의 생존 유지keepalive 옵션을 설명한다.

절반 개방 연결은 쉽게 생성할 수 있다. 이번 예제에서는 서버가 아니라 클라이언트에서 작업을 하자. 10.0.0.1에서 텔넷 클라이언트를 실행하고, 10.0.0.7의 선Sun RPC 서버 (sunrpc, 포트 111)에 접속한다(리스트 13-7 참조). 한 줄의 문자열을 입력한 후 tcpdump를 통해 어떻게 네트워크를 지나가는지 살펴본 다음 서버 호스트에 연결된 이더넷 케이블을 뽑고 나서 서버 호스트를 재부팅한다. 이것은 서버 호스트에 장애가 발생한 상황을 시뮬레이션하는 것이다(서버를 재부팅하기 전에 이더넷 케이블을 끊는 것은 일부 TCP 구현이 종료 시에 열려 있는 연결로부터 FIN을 보내는 것을 막기 위해서다). 서버가 재부팅된 후 케이블을 다시 꽂고 클라이언트에서 서버로 또 다른 문자열을 전송해본다. 재부팅 후에 서버의 TCP는 그전에 존재했던 연결에 대한 기억을 모두 잃었기 때문에 데이터 세그먼트가 참조하는 연결에 대해 아무것도 알지 못한다. TCP의 규칙은 수신자가 재설정으로 응답하는 것이다.

**리스트 13-7** 서버 호스트가 연결이 끊기고 재부팅되면 클라이언트에 절반 개방 연결이 남아있다. 이 연결을 통해서 데이터가 수신되면 서버는 연결 정보를 알지 못하므로 재설정 세그먼트로 응답하고, 양 종단에서 연결이 폐쇄된다.

```
Linux% telnet 10.0.0.7 sunrpc
Trying 10.0.0.7...
Connected to 10.0.0.7.
Escape character is '^]'.
```

```
foo
(이더넷 케이블이 뽑히고 서버가 재부팅된다)
bar
Connection closed by remote host
```

리스트 13-8은 이번 예제의 tcpdump 출력을 보여준다.

**리스트 13-8** 절반 개방 연결의 데이터 세그먼트에 대한 응답으로서 보내지는 재설정 세그먼트

```
1 23:15:48.804142 IP (tos 0x10, ttl 64, id 20095, offset 0,
    flags [DF], proto 6, length: 60)
    10.0.0.1.1310 > 10.0.0.7.sunrpc:
    S [tcp sum ok] 2365970104:2365970104(0) win 5840
    <mss 1460,sackOK,timestamp 3849492679 0,nop,wscale 2>

2 23:15:48.804742 IP (tos 0x0, ttl 64, id 0, offset 0, flags [DF],
    proto 6, length: 60)
    10.0.0.7.sunrpc > 10.0.0.1.1310:
    S [tcp sum ok] 2093796387:2093796387(0) ack 2365970105 win 5792
    <mss 1460,sackOK,timestamp 654784 3849492679,nop,wscale 0>

3 23:15:48.805028 IP (tos 0x10, ttl 64, id 20097, offset 0,
    flags [DF], proto 6, length: 52)
    10.0.0.1.1310 > 10.0.0.7.sunrpc:
    . [tcp sum ok] 1:1(0) ack 1 win 1460
    <nop,nop,timestamp 3849492680 654784>

4 23:15:51.999394 IP (tos 0x10, ttl 64, id 20099, offset 0,
    flags [DF], proto 6, length: 57)
        10.0.0.1.1310 > 10.0.0.7.sunrpc:
    P [tcp sum ok] 1:6(5) ack 1 win 1460
    <nop,nop,timestamp 3849495875 654784>

5 23:15:51.999874 IP (tos 0x0, ttl 64, id 12773, offset 0,
    flags [DF], proto 6, length: 52)
        10.0.0.7.sunrpc > 10.0.0.1.1310:
    . [tcp sum ok] 1:1(0) ack 6 win 5792
    <nop,nop,timestamp 656421 3849495875>

6 23:17:19.419611 arp who-has 10.0.0.7 (Broadcast) tell 0.0.0.0
7 23:17:20.419142 arp who-has 10.0.0.7 (Broadcast) tell 0.0.0.0
8 23:17:21.427458 arp reply 10.0.0.7 is-at 00:e0:00:88:ad:d6

9 23:17:21.921745 arp who-has 10.0.0.1 tell 10.0.0.7
```

```
10 23:17:21.921892 arp reply 10.0.0.1 is-at 00:04:5a:9f:9e:80
11 23:17:23.437114 arp who-has 10.0.0.7 (Broadcast) tell 10.0.0.7

12 23:17:34.804196 arp who-has 10.0.0.7 tell 10.0.0.1
13 23:17:34.804650 arp reply 10.0.0.7 is-at 00:e0:00:88:ad:d6

14 23:17:43.684786 IP (tos 0x10, ttl 64, id 20101, offset 0,
      flags [DF], proto 6, length: 57)
      10.0.0.1.1310 > 10.0.0.7.sunrpc:
      P [tcp sum ok] 6:11(5) ack 1 win 1460
      <nop,nop,timestamp 3849607577 656421>

15 23:17:43.685277 IP (tos 0x10, ttl 64, id 0, offset 0,
      flags [DF], proto 6, length: 40)
      10.0.0.7.sunrpc > 10.0.0.1.1310:
      R [tcp sum ok] 2093796388:2093796388(0) win 0
```

세그먼트 1-3은 통상적인 연결 성립이다. 세그먼트 4는 sunrpc 서버에 'foo'라는 메시지를 보내고(CR^Carriage Return과 NL^New Line 문자를 포함하므로 5바이트가 필요하다), 세그먼트 5는 확인 응답이다.

이 시점에서 서버(주소 10.0.0.7)에 연결된 이더넷 케이블을 끊고, 재부팅한 후 다시 케이블을 접속한다. 이 과정에 걸린 시간은 약 90초다. 그리고 나서 클라이언트에게 보낼 다음 데이터('bar')를 입력한다. 입력한 데이터는 리턴 키를 치면 서버에 전달된다(리스트 13-9에서 ARP 트래픽 뒤의 첫 번째 TCP 세그먼트). 그러면 서버는 재설정 세그먼트 응답을 보내온다. 서버는 이 연결의 존재를 알지 못하기 때문이다.

호스트가 재부팅될 때 자신의 IPv4 주소가 세그먼트에서 이미 사용 중인지 확인하고 다른 사용자에게 제공하기 위해 무상^gratuitous ARP(4장 참조)를 사용한다는 점에 주의하자. 또 IPv4 주소 10.0.0.1에 대한 MAC 주소도 요청하는데, 이 주소가 자신의 기본 인터넷 라우터이기 때문이다.

### 13.6.4 시간_대기 감소(TWA)

이전에 언급했듯이 TIME_WAIT 상태는 폐쇄된 연결로부터 남겨진 데이터그램을 폐기하기 위한 것이다. 이 대기 시간 동안에 TCP는 통상적으로 별로 할 일이 없다. 2MSL 타이머가 만료될 때까지 상태를 유지할 뿐이다. 하지만 만일 이 시간 동안에 특정 세그먼트, 구체적으로는 RST 세그먼트를 수신하면, 동기화에서 벗어날 수 있다. 이것을 TIME_WAIT 암살Assassination, TWA[RFC1337]이라 부른다. 패킷의 교환은 그림 13-10과 같다고 하자.

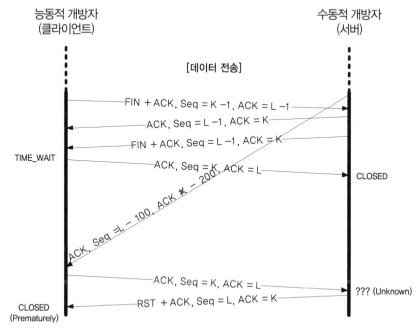

**그림 13-10** RST 세그먼트는 TIME-WAIT 상태를 '암살'해 연결을 조기 종료할 수 있다. TIME-WAIT 상태에서 RST 세그먼트를 무시하는 방법 등 이 문제에 대응하기 위한 다양한 방법이 있다.

그림 13-10의 예에서 서버는 자신의 역할을 끝낸 뒤 모든 상태를 없앤 반면 클라이언트는 TIME_WAIT 상태에 남아 있다. FIN 교환이 완료되면 클라이언트의 다음 순서 번호는 K이고, 서버의 순서 번호는 L이다. 지연 도착 세그먼트는 서버로부터 클라이언트로 순서 번호 L-100과 ACK 번호 K-200으로 전송된다. 이 세그먼트를 수신한 클라이언트는 순서 번호와 ACK 값 모두가 '오래된old' 것이라고 판단한다. 이렇게 오래된 세그먼트를 수신한 TCP는 가장 최신의 순서 번호와 ACK 값(K와 L)을 가진 ACK를 전송함으로써 응답한다. 그러나 이 세그먼트를 수신한 서버는 연결과 관련된 어떠한 정보도 갖고 있지 않기 때문에 RST 세그먼트로 응답한다. 이것은 서버에는 문제가 없지만 클라이언트는 TIME_WAIT에서 CLOSED로 미리 전이하게 만든다. 대부분의 시스템은 단순히 TIME_WAIT 상태에서는 재설정 세그먼트에 반응하지 않는 방법으로 이 문제를 회피한다.

## 13.7 CP 서버 동작

1장에서는 대부분의 TCP 서버는 병행 처리가 가능하다고 설명했다. 서버에 새로운 연결 요청이 도착하면 서버는 그 연결을 받아들이고 새로운 클라이언트를 처리하기 위해 새로운 프로세스 또는 스레드를 실행한다. 운영체제에 따라 다양한 자원이 신규 서버 실행에 할당될 수도 있다. 이번 절에서 우리가 살펴볼 주제는 병행 서버와 TCP의 상호 작용이다. 특히 TCP 서버가 어떻게 포트 번호를 사용하고 어떻게 다중 병행 클라이언트를 다루는지 알아보자.

### 13.7.1 TCP 포트 번호

임의의 TCP 서버를 관찰함으로써 TCP가 어떻게 포트 번호를 처리하는지 알 수 있다. 이 중 스택 IPv4/IPv6 지원 호스트에서 netstat 명령을 사용해 보안 셸 서버sshd를 관찰해 보자. sshd 애플리케이션은 암호화와 인증을 지원하는 원격 터미널 기능을 제공하는 보안 셸 프로토콜[RFC4254]을 구현한다. 아래 출력은 보안 셸이 사용되지 않는 시스템에서의 실행 결과다(서버와 연관이 없는 출력은 모두 삭제했다).

```
Linux% netstate -a -n -t
Active Internet connections (servers and established)
Proto  Recv-Q    Send-Q    Local Address    Foreign Address    state
tcp       0         0          ::: 22              :::*          LISTEN
```

-a 옵션은 청취 수신 대기 중인 것과 그렇지 않은 것을 포함해 네트워크 내의 모든 종단점에 대해서 표시하도록 지시한다. -n 플래그는 도메인 네임이 아니라 IP 주소를 점10진(혹은 16진) 형태로 출력하고 서비스 이름(예, ssh)이 아니라 숫자로 된 포트 번호(예, 22)를 출력한다. -t 옵션은 TCP 종단점만을 선택한다.

로컬 주소Local Address(실제 로컬 종단점을 의미)는 :::22로 출력되는데, 모두 0인 주소를 IPv6 방식으로 표시한 것에 포트 번호 22를 의미하며 이런 주소를 와일드카드wildcard 주소라 부른다. 이것은 포트 22로 들어오는 연결 요청(즉, SYN)을 임의의 로컬 인터페이스에서 받아들인다는 것을 의미한다. 다중홈multihomed 호스트일 경우 로컬 IP 주소로서 하나의 IP 주소(호스트의 IP 주소 중 하나)를 지정하면 그 인터페이스로 수신된 연결 요청만 받아들인다(이런 예를 이 절의 후반에서 설명한다). 로컬 포트 번호는 22로, 보안 셸 프로토콜의 잘 알려진 포트 번호다. 포트 번호들은 IANA[ITP]에 의해 관리된다.

외부 주소Foreign Address는 :::*로 출력되는데, 주소와 포트 번호가 모두 와일드카드임을 의미한다(즉, 와일드카드 종단점을 나타낸다). 외부 IP 주소와 외부 포트 번호를 아직 알지 못하며, 로컬 종단점은 LISTEN 상태에서 연결 요청이 오기를 기다리고 있다. 호스트 10.0.0.3에서 이 서버에 접속하는 보안 셸 클라이언트를 이제 시작하자. 다음은 netstat 출력 중에서 관련이 있는 줄만 나타낸 것이다(Recv-Q와 Send-Q 열은 0 값만 포함하므로 가독성을 위해 제거했다).

```
Linux% netstate -a -n -t
Active Internet connections  (servers and established)
Proto          Local Address        Foreign Address      state
tcp                   :::22                    :::*      LISTEN
tcp         ::ffff:10.0.0.1:22  ::ffff:10.0.0.3:16137   ESTABLISHED
```

포트 번호 22의 두 번째 줄이 ESTABLISHED 연결이다. 이 연결은 로컬 종단점과 외부 종단점의 4개 요소(로컬 IP 주소와 로컬 포트 번호, 외부 주소와 외부 포트 번호)가 모두 채워져 있다. 로컬 IP 주소는 연결 요청이 도착한 인터페이스(이더넷 인터페이스. IPv4 매핑 IPv6 주소는 ::ffff:10.0.0.1)에 해당한다.

LISTEN 상태의 로컬 종단점은 그대로 남아있다. 이것은 병행 서버가 나중에 연결 요구를 받아들이기 위해 이용하는 종단점이다. 연결 요구가 도착해서 이를 받아들일 때 ESTABLISHED 상태의 종단점을 새로 생성하는 것은 운영체제 내의 TCP 모듈이다. 또한 ESTABLISHED 연결을 위한 포트 번호는 변하지 않고 LISTEN 종단점과 같은 22라는 점에 주의하자.

이제 같은 시스템(10.0.0.3)에서 이 서버로 또 다른 클라이언트 요청을 시작하자. 아래는 이때의 netstat 출력이다.

```
Linux% netstate -a -n -t
Active Internet connections (servers and established)
Proto          Local Address        Foreign Address      state
tcp                   :::22                    :::*      LISTEN
tcp         ::ffff:10.0.0.1:22  ::ffff:10.0.0.3:16140   ESTABLISHED
tcp         ::ffff:10.0.0.1:22  ::ffff:10.0.0.3:16137   ESTABLISHED
```

이번에는 같은 호스트에서 같은 서버로 2개의 ESTABLISHED 연결을 갖게 된다. 둘 다 서버에서 로컬 포트 번호는 22다. 외부 포트 번호는 다르기 때문에 TCP에서 문제가 되지 않는다. 외부 포트 번호는 반드시 서로 다른 이유는 각 보안 셸 클라이언트가 임시 포트를 사용하는데 임시 포트의 정의가 호스트(10.0.0.3)에서 현재 사용 중이지 않은 포트이기 때문이다.

이번 예에서도 TCP는 로컬 종단점과 외부 종단점을 구성하는 4개의 값(목적지 IP 주소, 목적지 포트 번호, 발신지 IP 주소, 발신지 포트 번호)를 모두 사용해 수신 세그먼트를 역다중화한다. TCP는 목적지 포트 번호만 조사해서는 어떤 프로세스가 수신 세그먼트를 받아야 할지를 판단할 수 없다. 또한 연결 요구를 받는 것은 포트 22번에 있는 3개의 종단점 중에서 LISTEN 상태에 있는 하나만이다. ESTABLISHED 상태에 있는 종단점은 SYN 세그먼트를 받을 수 없고, LISTEN 상태에 있는 종단점은 데이터 세그먼트를 받을 수 없다. 호스트 운영체제가 이를 보장한다(운영체제가 확인하지 않는다면 TCP는 아주 혼란스럽게 되고 잘 동작하지 못한다).

다음으로 서버 10.0.0.1로부터 이더넷이 아닌 DSL PPPoE 링크를 통해 연결돼있는 IP 주소 169.229.62.97로부터 세 번째 클라이언트 연결을 시작하자(아래의 출력은 가독성을 높이기 위해 tcp 값만을 포함하는 Proto 열을 제거한 것이다.).

```
Linux% netstate -a -n -t
Active Internet connections (servers and established)
Send-Q            Local Address            Foreign Address      state
    0                    :::22                       :::*      LISTEN
    0        ::ffff:10.0.0.1:22        ::ffff:10.0.0.3:16140    ESTABLISHED
    0        ::ffff:10.0.0.1:22        ::ffff:10.0.0.3:16137    ESTABLISHED
  928 ::ffff:67.125.227.195:22 ::ffff:169.229.62.97:1473       ESTABLISHED
```

세 번째 ESTABLISHED 연결의 로컬 IP 주소는 다중홈 호스트에서 PPPoE 링크의 인터페이스 주소(62.125.227.195)에 해당한다. Send-Q 상태는 0이 아니고 928바이트라는 점에 주목하자. 서버 호스트가 928바이트를 보냈지만 아직 확인 응답을 받지 못했음을 의미한다.

## 13.7.2 로컬 IP 주소의 제한

서버가 와일드카드 주소가 아닌 특정 로컬 IP 주소를 설정하면 무슨 일이 일어나는지 살

782

펴보자. sock 프로그램을 서버로서 실행하면서 특정 IP 주소를 지정하면 이 IP 주소는 수신 대기 중인 종단점의 로컬 IP 주소가 된다. 예를 들면

```
Linux% sock -s 10.0.0.1 8888
```

이 명령은 서버가 로컬 IPv4 주소 10.0.0.1에서 수신된 연결만 사용하도록 제한한다. netstat 출력에서 이를 확인할 수 있다.

```
Linux% netstate -a -n -t
Active Internet connections (servers and established)
Proto Recv-Q Send-Q   LocalAddres    Foreign Address      state
tcp       0      0     10.0.0.1:8888        0.0.0.0:*        LISTEN
```

이 예에서 특히 흥미로운 점은 sock 프로그램이 로컬 IPv4 주소 10.0.0.1과만 바인딩하므로 netstat 출력이 매우 달라 보인다는 점이다. 앞서의 예에서는 와일드카드 주소와 포트 번호 표시가 두 IP 버전에 걸쳐 존재했지만, 이번 예에서는 특정한 주소, 포트 그리고 주소 패밀리(IPv4)로 바인딩된다. 로컬 네트워크의 호스트 10.0.0.3으로부터 이 서버에 연결해 보면 잘 동작한다.

```
Linux% netstate -a -n -t
Active Internet connections (servers and established)
Proto Recv-Q Send-Q   LocalAddress   Foreign Address      state
tcp       0      0     10.0.0.1:8888        0.0.0.0:*        LISTEN
tcp       0      0     10.0.0.1:8888    10.0.0.3:16153      LISTEN
```

그러나 이 서버에 10.0.0.1이 아닌 목적지 주소(심지어 로컬 주소 127.0.0.1도 포함)를 사용해 연결을 시도하면 TCP 모듈은 연결 요청을 받아들이지 않는다. 이것을 tcpdump로 관찰해 보면 SYN이 RST 세그먼트를 유도한다는 것을 알 수 있다(리스트 13-9).

**리스트 13-9** 서버의 로컬 IP 주소를 사용하는 연결 요구의 거부

```
1 22:29:19.905593 IP 127.0.0.1.1292 > 127.0.0.1.8888:
    S 591843787:591843787(0) win 32767
    <mss 16396,sackOK,timestamp 3587463952 0,nop,wscale 2>
2 22:29:19.906095 IP 127.0.0.1.8888 > 127.0.0.1.1292:
    R 0:0(0) ack 591843788 win 0
```

서버 애플리케이션은 연결 요청을 결코 보지 못한다. 애플리케이션이 지정한 로컬 IP 주소와 SYN 세그먼트 내의 목적지 주소를 바탕으로 운영체제의 TCP 모듈이 거부를 수행하기 때문이다. 여기서는 로컬 IP 주소 제한 기능은 매우 엄격함을 알 수 있다.

### 13.7.3 외부 종단점의 제한

10장에서 UDP 서버는 일반적으로 외부 IP 주소와 외부 포트 및 로컬 주소와 로컬 포트도 지정할 수 있다는 것을 배웠다. RFC 793에 정의된 TCP의 추상 인터페이스 함수 덕분에 수동 개방을 수행하는 서버는 완전하게 지정된 외부 종단점(특정 클라이언트가 능동 개방을 시작하기를 기다린다)을 가질 수도 있고, 미지정 외부 소켓(임의의 클라이언트를 기다린다)을 가질 수도 있다.

불행하게도 대부분의 버클리 소켓 API는 이것을 수행할 수 있는 방법을 제공하지 않는다. 서버는 클라이언트의 종단점을 미지정으로 남겨두고, 연결 도착을 기다린 후 클라이언트의 IP 주소와 포트 번호를 확인한다. 표 13-3은 TCP 서버가 확립할 수 있는 3개의 주소 바인딩을 요약한 것이다.

**표 13-3** TCP 서버에서 사용할 수 있는 주소와 포트 번호 바인딩 선택지

| 로컬 주소 | 외부 주소 | 제한 | 설명 |
|---|---|---|---|
| local_IP. lport | foraddr.foreignIP.fport | 1개 클라이언트 | 보통은 지원되지 않음 |
| local_IP. lport | *.* | 1개의 지역 종단점 | 별로 쓰이지 않음. (DNS 서버에 의해 사용됨) |
| *. ocal_port | *.* | 1개의 지역 포트 | 가장 일반적; 다중 주소 패밀리 (IPv4/IPv6)가 지원된다. |

local_port는 서버에 할당된 포트이고, local_IP는 로컬 시스템이 사용하는 유니캐스트 IP 주소이어야 한다. 이 표에서 3개의 행 순서는 TCP 모듈이 어느 로컬 종단점이 연결 요청을 수신할지 정할 때 적용하는 순서다. 가장 구체적인 바인딩(첫 번째 행)이 먼저 시도되고, 가장 덜 구체적인 바인딩 양쪽 IP 주소가 모두 와일드카드인 마지막 행)이 마지막에 시도된다. IPv4와 IPv6('이중 스택')를 지원하는 시스템의 경우 포트 공간이 합쳐질 수 있다. 즉, IPv6 주소를 사용해서 포트에 바인딩하는 서버는 IPv4에서도 동일한 포트에

바인딩된다.

## 13.7.4 수신 연결 큐

병행 서버는 클라이언트마다 새로운 프로세스 혹은 스레드를 실행하므로, 수신 대기 중인 서버는 항상 다음의 연결 요구를 처리할 수 있게 준비돼 있어야 한다. 이것이 병행 서버를 사용하는 중요한 이유다. 그러나 수신 대기 중인 서버가 새로운 프로세스를 생성하고 있는 동안 또는 운영체제가 더 높은 우선순위를 갖는 프로세스를 실행하느라 바쁠 때 다수의 연결 요청이 도착할 수 있으며 심지어 결코 확립될 수 없을 만큼 많은 수의 연결 요청으로 서버가 공격을 받을 가능성도 있다. 이러한 상황을 TCP는 어떻게 다뤄야 할까?

이 질문을 완전하게 설명하기 위해서는 먼저 새로운 연결이 애플리케이션에 제공되기 전에 2개의 상태 중 하나에 있을 수 있다는 점을 이해해야 한다. 첫 번째 경우는 연결이 아직 완료되지 않았지만 SYN이 수신된 경우다(SYN_RCVD 상태). 두 번째 경우는 연결이 3 방향 핸드셰이크가 이미 완료돼 ESTABLISHED 상태에 있지만 아직 애플리케이션이 받지 못한 경우다. 내부적으로 운영체제는 이 경우들을 구분해서 통상적으로 2개의 연결 큐를 관리한다.

애플리케이션은 이 큐들의 크기를 제한적으로만 제어할 수 있다. 전통적으로 버클리 소켓 API를 사용하는 애플리케이션은 이 2개의 큐의 크기를 합한 값을 간접적으로만 제어했다. 현대 리눅스 커널에서는 이 동작이 두 번째 경우(ESTABLISHED 상태)에 연결의 수를 제어할 수 있도록 변경됐다. 따라서 애플리케이션은 자신이 다룰 수 있는 연결의 수를 제한할 수 있다. 리눅스의 경우 아래의 규칙이 적용된다.

1. 연결 요구(즉 SYN 세그먼트)가 도착하면 시스템 전체에 적용되는 매개변수 net.ipv4.tcp_max_syn_backlog가 검사된다(기본값 1000). SYN_RCVD 상태에서 연결의 수가 이 임계값을 초과하면 연결 요청은 거부된다.

2. 수신 대기 중인 종단점은 TCP는 완전히 허용(3 방향 핸드셰이크가 완료)했지만 애플리케이션이 아직 받아들이지 않은 연결들이 들어있는 고정 길이 큐를 가진다. 애플리케이션이 이 큐의 최대 크기를 지정하는데 보통 백로그<sup>backlog</sup>라 부른다. 이 백로그는 0과 net.core.somaxconn라는 이름의 시스템별로 지정되는 시스템 지정 최댓값(기본값 128) 사이의 값을

가져야 한다. 이 백로그 값은 '1개의' 수신 대기 중인 종단점에 대해서 TCP는 이미 받아들였고 애플리케이션이 받아들이기를 기다리고 있는 연결의 최대 개수를 지정하고 있음을 꼭 기억하자. 따라서 시스템이 허용하는 최대 성립 가능 연결의 수 또는 병행 서버가 동시에 처리할 수 있는 클라이언트의 수에는 전혀 영향을 미치지 못한다.

3. 수신 대기 중인 종단점의 큐에 신규 연결이 들어갈 공간이 남아 있다면, TCP 모듈은 SYN에 대해 ACK를 보내고 연결을 완성한다. 수신 대기 중인 종단점을 갖고 있는 서버 애플리케이션은 3 방향 핸드셰이크의 세 번째 세그먼트가 수신될 때까지 신규 연결을 보지 못한다. 또한 클라이언트는 클라이언트의 능동적 개방이 성공적으로 완료됐지만 서버 애플리케이션은 아직 신규 연결을 통보받지 못한 상황에서도 서버가 데이터를 수신할 준비가 돼 있다고 생각할 수도 있다. 이 경우 서버의 TCP는 들어오는 데이터를 큐에 넣는다.

4. 새로운 연결을 위한 큐의 공간이 없으면, TCP는 SYN에 대한 응답을 보류하고 애플리케이션이 보조를 맞추도록 기다려준다. 리눅스는 이 동작이 다소 특이하다. net.ipv4.tcp_abort_on_overflow 시스템 제어 변수가 설정돼 있으면 재설정 세그먼트로 신규 연결 요청을 재설정한다.

오버플로우 시에 재설정 세그먼트를 보내는 것은 일반적으로 권장되지 않으므로 기본 설정에서는 비활성화돼 있다. 클라이언트는 서버에 접촉을 이미 시도했으므로 만일 SYN 교환 동안에 재설정 세그먼트를 받는다면 서버가 존재하지 않는다는 잘못된 결론을 내릴 수도 있기 때문이다 (서버가 존재하지만 매우 바쁘다는 결론 대신). 매우 바쁜·것은 경성hard 오류가 아니라 연성soft 오류 또는 일시적 오류에 해당한다. 일반적으로 큐가 꽉 찼을 때 애플리케이션 또는 운영체제는 바쁘기 때문에 애플리케이션은 연결 요청을 서비스할 수 없다. 이런 상황은 시간이 좀 지나면 해소될 수 있다. 하지만 서버의 TCP가 재설정 세그먼트로 응답을 하면 클라이언트의 능동 개방은 중단될 것이다(서버가 시작되지 않았을 경우에 능동 개방이 중단되는 것을 앞서 살펴본 바 있다). 재설정 세그먼트를 보내지 않았는데 수신 대기 중인 서버가 큐의 최대 한계까지 채우고 있는 연결들을 처리하지 못하면, 클라이언트의 능동 개방은 통상적인 TCP 메커니즘에 따라 결국 타임아웃된다. 다만 리눅스의 경우 클라이언트는 상당 기간 지연이 될 뿐, 타임아웃이나 재성되지 않는다.

수신 연결 큐가 가득 찰 때 무슨 일이 발생하는지 sock 프로그램으로 확인할 수 있다. 수신 대기하는 종단점을 생성한 후 연결 요청을 수신하기 전에 일시 중단되도록 새로운 옵션(-O)을 사용해서 sock을 실행하자. 이 일시 중단 동안에 다수의 클라이언트를 실행하면, 서버의 수신 연결 큐는 금세 가득 찰 것이고 이때의 상황을 tcpdump에서 확인할 수 있다.

```
Linux% sock -s -v -q1 -030000 6666
```

-q1 옵션은 수신 대기하는 종단점의 백로그를 1로 설정한다. -030000 옵션은 첫 번째 클라이언트 연결을 받아들이기 전에 30,000초(8시간에 해당하는 긴 시간) 동안 프로그램을 일시 정지시킨다. 이제 이 서버에 연속으로 연결을 시도하면 처음 4개의 연결은 즉시 완료된다. 그 이후 2개 연결이 9초마다 완료된다. 운영체제마다 이것을 다루는 방식이 상당히 다르다. 예를 들어 솔라리스 8과 FreeBSD 4.7에서는 2개의 연결이 즉시 처리되고 세 번째 연결은 타임아웃된다. 후속 연결들도 마찬가지로 타임아웃된다.

리스트 13-10은 앞서 설명한 매개변수로 sock을 실행한 FreeBSD 서버에 연결한 리눅스 클라이언트의 tcpdump 출력이다(TCP 연결이 성립될 때, 즉 3 방향 핸드셰이크가 완료될 때 클라이언트의 포트 번호를 진한 글씨로 표시했다).

**리스트 13-10** FreeBSD 서버는 2개의 연결을 즉시 수용한다. 하지만 후속 연결들은 응답을 받지 못하고 결국 클라이언트에서 타임아웃된다.

```
1 21:28:47.399872 IP (tos 0x0, ttl 64, id 46646, offset 0,
     flags [DF], proto 6, length: 60)
     63.203.76.212.2461 > 169.229.62.97.6666:
     S [tcp sum ok] 2998137201:2998137201(0) win 5808
     <mss 1452,sackOK,timestamp 4102309703 0,nop,wscale 2>

2 21:28:47.413770 IP (tos 0x0, ttl 47, id 6876, offset 0,
     flags [DF], proto 6, length: 60)
     169.229.62.97.6666 > 63.203.76.212.2461:
     S [tcp sum ok] 5583769:5583769(0) ack 2998137202 win 1460
     <mss 1412,nop,wscale 0,nop,nop,timestamp 219082980 4102309703>

3 21:28:47.414058 IP (tos 0x0, ttl 64, id 46648, offset 0,
     flags [DF], proto 6, length: 52)
     63.203.76.212.2461 > 169.229.62.97.6666:
     . [tcp sum ok] 1:1(0) ack 1 win 1452
     <nop,nop,timestamp 4102309717 219082980>
```

```
4 21:28:47.423673 IP (tos 0x0, ttl 64, id 19651, offset 0,
     flags [DF], proto 6, length: 60)
     63.203.76.212.2462 > 169.229.62.97.6666:
     S [tcp sum ok] 2996964252:2996964252(0) win 5808
     <mss 1452,sackOK,timestamp 4102309727 0,nop,wscale 2>

5 21:28:47.436897 IP (tos 0x0, ttl 47, id 26581, offset 0,
     flags [DF], proto 6, length: 60)
     169.229.62.97.6666 > 63.203.76.212.2462:
     S [tcp sum ok] 3761536245:3761536245(0) ack 2996964253 win 1460
     <mss 1412,nop,wscale 0,nop,nop,timestamp 219082983 4102309727>

6 21:28:47.437186 IP (tos 0x0, ttl 64, id 19653, offset 0,
     flags [DF], proto 6, length: 52)
     63.203.76.212.2462 > 169.229.62.97.6666:
     . [tcp sum ok] 1:1(0) ack 1 win 1452
     <nop,nop,timestamp 4102309741 219082983>

7 21:28:47.446198 IP (tos 0x0, ttl 64, id 24292, offset 0,
     flags [DF], proto 6, length: 60)
     63.203.76.212.2463 > 169.229.62.97.6666:
     S [tcp sum ok] 2991331729:2991331729(0) win 5808
     <mss 1452,sackOK,timestamp 4102309749 0,nop,wscale 2>

8 21:28:50.445771 IP (tos 0x0, ttl 64, id 24294, offset 0,
     flags [DF], proto 6, length: 60)
     63.203.76.212.2463 > 169.229.62.97.6666:
     S [tcp sum ok] 2991331729:2991331729(0) win 5808
     <mss 1452,sackOK,timestamp 4102312750 0,nop,wscale 2>

9 21:28:56.444900 IP (tos 0x0, ttl 64, id 24296, offset 0,
     flags [DF], proto 6, length: 60)
     63.203.76.212.2463 > 169.229.62.97.6666:
     S [tcp sum ok] 2991331729:2991331729(0) win 5808
     <mss 1452,sackOK,timestamp 4102318750 0,nop,wscale 2>

10 21:29:08.443031 IP (tos 0x0, ttl 64, id 24298, offset 0,
     flags [DF], proto 6, length: 60) 6
     3.203.76.212.2463 > 169.229.62.97.6666:
     S [tcp sum ok] 2991331729:2991331729(0) win 5808
     <mss 1452,sackOK,timestamp 4102330750 0,nop,wscale 2>

11 21:29:32.439406 IP (tos 0x0, ttl 64, id 24300, offset 0,
     flags [DF], proto 6, length: 60)
     63.203.76.212.2463 > 169.229.62.97.6666:
```

```
          S [tcp sum ok] 2991331729:2991331729(0) win 5808
          <mss 1452,sackOK,timestamp 4102354750 0,nop,wscale 2>

  12 21:30:20.432118 IP (tos 0x0, ttl 64, id 24302, offset 0,
       flags [DF], proto 6, length: 60)
       63.203.76.212.2463 > 169.229.62.97.6666:
       S [tcp sum ok] 2991331729:2991331729(0) win 5808
       <mss 1452,sackOK,timestamp 4102402750 0,nop,wscale 2>
```

포트 2461에서 나온 첫 번째 클라이언트의 연결 요구는 TCP에 의해 받아들여졌다(세그먼트 1부터 3). 포트 2462에서 나온 두 번째 클라이언트의 연결 요구도 TCP에 의해 받아들여졌다(세그먼트 4에서 6). 서버 애플리케이션은 아직 일시 정지 중이므로 두 연결을 받아들이지 않았다. 연결을 받아들인 것은 운영체제 내의 TCP 모듈이다. 또 2대의 클라이언트는 3 방향 핸드셰이크가 완료됐으므로 능동 개방으로부터 성공적으로 응답을 받았다.

SYN이 나타나는 세그먼트 7(포트 2463)로 세 번째 연결을 시도하지만 서버측 TCP는 수신 대기 중인 종단점의 큐가 가득 찼기 때문에 SYN을 무시한다. 클라이언트는 세그먼트 8-12에 이진 지수형 백오프를 사용해 SYN을 재전송한다. FreeBSD와 솔라리스에서 TCP는 큐가 가득 차 있을 경우 수신된 SYN을 무시한다.

TCP는 큐에 공간이 생기면, 어디서 온 것인지(발신자의 IP주소와 포트 번호) 애플리케이션이 살펴볼 기회를 주지 않고 바로 연결 요청(SYN)을 받아들인다. 이것은 TCP 사양이 이렇게 하도록 요구하는 것이 아니고 단지 공통적인 구현 기법이다(즉 버클리 소켓이 동작하는 방법). 버클리 소켓 API가 아닌 다른 대안(예를 들면 TLI/XTI)이 사용될 경우는 연결 요청이 도착했을 때 애플리케이션이 이를 알고 그 요청을 받아들일지 선택하는 방법이 제공되기도 한다. TLI가 이론적으로는 이 기능을 제공하지만 완전하지 않기 때문에 우리는 버클리 소켓이 제공하는 TCP 인터페이스를 사용할 수밖에 없다.

따라서 버클리 소켓을 사용할 때 주의할 점은 연결이 막 도착했음을 애플리케이션이 알게 될 때 TCP의 3 방향 핸드셰이크는 이미 끝났다는 점이다. 또 이것은 TCP 서버는 클라이언트의 능동 개방을 실패하게 만들 방법이 없음을 의미한다. 신규 클라이언트 연결이 애플리케이션이 전달될 때 TCP의 3 방향 핸드셰이크는 이미 끝났고 클라이언트의 능동 개방은 성공적으로 완료됐기 때문이다. 그 후에 서버가 클라이언트의 IP 주소와 포트 번호를 조사하고 이 클라이언트에 서비스를 제공하지 않기로 결정하더라도, 서버가 할 수 있는 일은 연결을 닫거나(FIN이 전송된다) 연결을 재설정하는(RST가 전송된다) 것뿐이다. 어느 경우든 클라이언트는 능동 개방이 완료됐을 때 이미 모든 것이 OK라고 생각하고 서버에 요청을 보냈을 수 있다. 다른 전송 계층 프로토콜(즉 OSI 전송 계층) 중에는 연결의 도착과 수용 중간에 애플리케이션에 이러한 구분을 제공하도록 구현된 것도 있지만, TCP는 그렇지 않다.

## 13.8 TCP 연결 관리와 관련된 공격

SYN 범람flood은 한 대 이상의 악의적인 클라이언트가 일련의 TCP 연결 시도(SYN 세그먼트)를 생성하고 이를 "속임수spoofed"(예를 들면 임의의) 발신지 IP 주소와 함께 서버로 보내는 TCP DoS 공격이다. 서버는 연결마다 자원을 할당하는데 실제로는 연결이 성립되지 않으므로, 절반 개방 상태의 연결 정보를 저장하느라 메모리가 모두 고갈돼서 서버는 이후의 정상적인 요청에 대한 서비스를 거부하기 시작한다.

이 공격은 해결하기가 어려운데, 정상적인 연결 시도와 SYN 범람을 구별하기가 쉽지 않을 수 있기 때문이다. 이 문제를 해결하기 위해 고안된 메커니즘 중 하나가 SYN 쿠키cookies[RFC4987]다. SYN 쿠키의 개념은 SYN이 수신될 때 저장되는 대부분의 정보를 SYN+ACK와 함께 제공되는 순서 번호 필드 내에 부호화할 수 있다는 것이다. SYN 쿠키를 사용하는 서버는 연결 요청에 대해서 저장 공간을 할당할 필요가 없다. SYN+ACK 세그먼트가 확인 응답된(그리고 최초의 순서 번호가 반환된) 다음에만 실제 메모리를 할당하면 되기 때문이다. 이 경우 핵심적인 연결 매개변수들은 모두 복원될 수 있고 연결은 ESTABLISHED 상태로 들어갈 수 있다.

SYN 쿠키를 생성하기 위해서는 서버에서 TCP ISN을 신중하게 선택해야 한다. 서버는 정상적 클라이언트로부터 반환된 ACK 번호 필드 내의 SYN+ACK에 들어있는 순서 번호 필드에 핵심 상태 정보를 부호화해야 한다. 몇 가지 부호화 방법이 있지만, 그중에서 리눅스가 채택한 기법은 다음과 같다.

SYN을 수신한 서버는 자신의 ISN(SYN +ACK 세그먼트에서 클라이언트에게 제공된다)을 다음 방법에 의해 만들어진 값으로 설정한다. 상위 5비트는 (t mod 32)인데, 여기서 t는 64초마다 1씩 증가하는 32비트 카운터다. 다음 3비트는 서버의 MSS(8개 값 중에 하나)의 부호화이고, 나머지 24비트는 연결 4 튜플과 t 값의 서버 선택 암호화 해시다(암호화 해시에 대한 자세한 설명은 18장 참조).

SYN 쿠키가 사용되면 서버는 (전형적인 TCP 연결 성립과 마찬가지로) 언제나 SYN + ACK 로 응답하고, 서버는 t의 값이 여전히 암호화 해시로부터 동일한 출력을 만들어내는 정당한 ACK를 수신할 때 자신의 수신 SYN 큐를 재구성할 수 있다. 이 방법에는 최소한 두 가지 위험이 있다. 우선 이 방법은 MSS의 부호화 때문에 임의 크기 세그먼트 사용을 금지한다. 두 번째는 조금 덜 심각하지만 매우 긴(64초 이상) 연결 성립 주기는 제대로 동작하지 않는다. 카운터 값이 다음으로 넘어갈 수 있기 때문이다. 이런 이유로 이 기능은 기본적으로 활성화되지 않는다.

TCP에 가해지는 또 다른 유형의 성능 저하 공격으로 PMTUD를 사용하는 것이 있다. 공격자는 아주 작은 MTU 값(예를 들면 68바이트)을 포함하는 ICMP PTB 메시지를 생성한다. 이렇게 하면 TCP는 아주 작은 패킷에 데이터를 끼워 넣으려 하기 때문에 성능이 크게 저하된다. 이 문제는 몇 가지 방법으로 해결 가능하다. 가장 단순 무식한 방법은 호스트에서 PMTUD를 비활성화하는 것이다. 또 다른 방법은 다음 홉 MTU가 576 바이트 이하인 ICMP PTB 메시지가 수신될 때 PMTUD를 비활성화하는 것이다. 또 리눅스에 구현됐고 앞서도 간단히 언급했던 방법은 (TCP가 사용하는 대규모 패킷의) 최소 패킷 크기를 언제나 특정 값으로 고정하고, 이보다 큰 패킷은 IPv4 DF 비트 필드를 0으로 만드는 것이다. 이것은 완전히 PMTUD를 비활성화하는 것보다는 좀 더 매력적인 접근 방법이다.

또, 기존 TCP 연결을 방해하고 심지어 가로채는 유형의 공격도 있다(하이재킹hijacking이라고 부른다). 이런 형태의 공격은 우선 2개의 TCP 종단점을 "비동기화"시켜서, 상호 간에 통신을 하려고 할 때 유효하지 않은 순서 번호를 사용하도록 만든다. 이것은 순서 번호 공격[RFC1948]의 특별한 예로서 적어도 2가지 방법으로 이뤄질 수 있다. 하나는 연결 확립이 진행되는 동안에 유효하지 않은 상태 전이를 유도하는 것이고(TWA와 비슷하다. 13.6.4절 참조), 다른 하나는 ESTABLISHED 상태일 때 여분의 데이터를 생성하는 것이다. 2개의 종단점이 서로 통신할 수 없게 되면(그러나 서로 통신 가능하다고 믿으면), 공격자는 (적어도 TCP에게는) 유효하다고 간주되는 트래픽을 연결 내로 집어넣는 것이다.

스푸핑spoofing 공격이라고 불리는 것들은 기존 TCP 연결의 동작을 방해 혹은 변경하도록 공격자에 의해 특별하게 수정된 TCP 세그먼트를 사용한다. 이런 유형의 공격 및 대처 기법들이 [RFC4953]에 정리돼 있다. 공격자는 가짜 재설정 세그먼트를 생성하고 이를 기존 TCP 종단점으로 보낸다. 연결 4-튜플과 검사합이 정확하고 순서 번호가 범위 내에 있다면, 이 재설정 세그먼트 때문에 종단점에서 연결이 중단된다. 이 공격에 대한 우려가 늘어나는 이유는 네트워크의 속도 향상을 위해서 "윈도우 내에" 있는 것으로 간주되는 순서 번호의 범위가 점점 넓어지고 있기 때문이다(15장 참조). 다른 유형의 세그먼트(SYN, 심지어 ACK도)들도 스푸핑 공격의 대상이 돼(그리고 범람 공격과 결합돼) 무수히 많은 문제를 유발할 수 있다. 대처 방법으로는 세그먼트마다 인증하기(예를 들면 TCP-AO 옵션을 사용), 재설정 세그먼트의 순서 번호를 범위 내의 하나가 아니라 특정 값만 갖도록 하기, 타임스탬프 옵션에 특정값을 필수로 요구하기, 데이터 값이 연결에 대한 보다 정확한 정보 혹은 비밀 값에 따라서 정렬되도록 쿠키를 사용하기 등이 있다.

TCP 프로토콜의 일부가 아니지만 TCP의 동작에 영향을 미칠 수 있는 스푸핑 공격들도 있다. 예를 들어 ICMP는 PMTUD의 동작을 변경하는 데 사용될 수 있다. 또 포트 혹은 호스트가 사용 불가능하다는 표시를 할 수도 있는데, 이를 악용해서 TCP 연결이 종료되게 만들 수 있다. 이러한 공격의 상당수를 [RFC5927]이 기술하고 있는데, 이 문서는 스푸핑된 ICMP 메시지에 대한 견고성을 높이기 위한 방법들도 제안하고 있다. ICMP 메시지뿐 아니라 가급적 많은 TCP 세그먼트의 유효성을 검증하라는 것인데, 예를 들어 세그먼트는 반드시 적절한 4-튜플 및 순서 번호를 가져야 한다.

## 13.9 정리

2개의 프로세스는 TCP를 사용해 데이터를 교환하기 전에 서로 간에 연결이 성립돼야 한다. 작업을 마친 프로세스들은 연결을 종료한다. 13장에서는 3 방향 핸드셰이크를 사용해 어떻게 연결을 확립하고, 4개의 세그먼트에 의해 연결을 종료하는지에 대해 자세히 살펴봤다. 그리고 TCP가 어떻게 동시 개방과 폐쇄 동작을 처리하는지와 선택적 ACK, 타임스탬프, MSS, TCP-AO, UTO 옵션을 포함하는 다양한 옵션들을 어떻게 처리하는지 살펴봤다.

tcpdump와 와이어샤크를 사용해서 TCP의 동작 및 TCP 헤더 내의 필드 사용도 보았다. 또 연결 성립이 어떻게 타임아웃되는지, 재설정 세그먼트가 어떻게 보내지고 해석되는지, 절반 개방 연결 시에 무슨 일이 일어나는지, TCP가 절반 폐쇄를 어떻게 제공하는지도 살펴봤다. TCP는 능동 개방을 수행할 때는 연결 시도를 하는 횟수를 제한하고, 수동 개방을 수행한 뒤에는 서비스할 연결 시도의 수를 제한한다.

TCP 동작의 이해에 기본이 되는 것은 상태 전이도다. 연결 확립과 폐쇄 그리고 상태 전이를 단계별로 따라가 봤다. 또 병행 TCP 서버의 설계에 TCP 연결 성립이 어떤 의미를 갖는지도 살펴봤다.

TCP 연결은 4개의 요소(로컬 IP 주소, 로컬 포트 번호, 외부 IP 주소, 외부 포트 번호)에 의해 정의된다. 연결이 종료될 때마다 한쪽 종단은 연결에 대한 정보를 유지해야 하며 우리는 TIME_WAIT 상태가 이것을 처리하는 것을 살펴봤다. 이 능동 폐쇄를 하는 종단은 MSL의 2배 시간만큼 이 상태로 들어가야 하며, 이렇게 함으로써 동일 연결의 이전 인스턴스에서의 세그먼트를 TCP가 처리하지 않도록 방지하는 데 도움이 된다. 타임스탬프 옵션의 사용은 동일한 4 튜플을 사용해 새로운 연결을 시도할 때 대기 기간을 단축할 수 있을 뿐 아니라 순서 번호를 탐지하고 더 나은 RTT 측정을 수행하는 데도 장점이 있다.

TCP는 자원 고갈과 스푸핑 공격에 모두 취약할 수 있으므로 이에 대처하기 위해 많은 방법이 개발됐다. 게다가 TCP는 ICMP와 같은 다른 프로토콜에 의해 영향을 받을 수 있다. ICMP 메시지가 반환하는 원본 데이터그램을 신중하게 처리함으로써 보안성을 더 높일 수 있다. 마지막으로 TCP는 다른 계층에서 보안을 제공하는 프로토콜(예를 들면 IPsec과 TLS/SSL. 18장 참조)과 함께 사용될 수 있다. 현재는 이러한 보안 프로토콜과의 병용이 표준적인 관행으로 자리잡았다.

# 13.10 참고 자료

- **[CERTISN]** http://www.cert.org/advisories/CA-2001-09.html

- **[ITP]** http://www.iana.org/assignments/service-names-port-numbers

- **[LS10]** M. Luckie and B. Stasiewicz, "Measuring Path MTU Discovery Behavior," Proc. ACM IMC, Nov. 2010.

- **[RFC0793]** J. Postel, "Transmission Control Protocol," Internet RFC 0793/STD 0007, Sept. 1981.

- **[RFC0854]** J. Postel and J. K. Reynolds, "Telnet Protocol Specification," Internet RFC 0854/STD 0008, May 1983.

- **[RFC0879]** J. Postel, "The TCP Maximum Segment Size and Related Topics," Internet RFC 0879, Nov.

1983.

- **[RFC1025]** J. Postel, "TCP and IP Bake Off," Internet RFC 1025, Sept. 1987.

- **[RFC1122]** R. Braden, ed., "Requirements for Internet Hosts-Communication Layers," Internet RFC 1122/STD 0003, Oct. 1989.

- **[RFC1191]** J. C. Mogul and S. E. Deering, "Path MTU Discovery," Internet RFC 1191, Nov. 1990.

- **[RFC1323]** V. Jacobson, R. Braden, and D. Borman, "TCP Extensions for High Performance," Internet RFC 1323, May 1992.

- **[RFC1337]** R. Braden, "TIME-WAIT Assassination Hazards in TCP," Internet RFC 1337 (informational), May 1992.

- **[RFC1948]** S. Bellovin, "Defending against Sequence Number Attacks," Internet RFC 1948 (informational), May 1996.

- **[RFC1981]** J. McCann, S. Deering, and J. Mogul, "Path MTU Discovery for IP Version 6," Internet RFC 1981, Aug. 1996.

- **[RFC2018]** M. Mathis, J. Mahdavi, S. Floyd, and A. Romanow, "TCP Selective Acknowledgment Options," Internet RFC 2018, Oct. 1996.

- **[RFC2385]** A. Heffernan, "Protection of BGP Sessions via the TCP MD5 Signature Option," Internet RFC 2385 (obsolete), Aug. 1998.

- **[RFC2675]** D. Borman, S. Deering, and R. Hinden, "IPv6 Jumbograms," Internet RFC 2675, Aug. 1999.

- **[RFC2883]** S. Floyd, J. Mahdavi, M. Mathis, and M. Podolsky, "An Extension to the Selective Acknowledgement (SACK) Option for TCP," Internet RFC 2883, July 2000.

- **[RFC2923]** K. Lahey, "TCP Problems with Path MTU Discovery," Internet RFC 2923 (informational), Sept. 2000.

- **[RFC4254]** T. Ylonen and C. Lonvick, ed., "The Secure Shell (SSH) Connection Protocol," Internet RFC 4254, Jan. 2006.

- **[RFC4727]** B. Fenner, "Experimental Values in IPv4, IPv6, ICMPv4, ICMPv6, UDP, and TCP Headers," Internet RFC 4727, Nov. 2006.

- **[RFC4821]** M. Mathis and J. Heffner, "Packetization Layer Path MTU Discovery," Internet RFC 4821, Mar. 2007.

- **[RFC4953]** J. Touch, "Defending TCP against Spoofing Attacks," Internet RFC 4953 (informational), July 2007.

- **[RFC4987]** W. Eddy, "TCP SYN Flooding Attacks and Common Mitigations," Internet RFC 4987 (informational), Aug. 2007.

- **[RFC5482]** L. Eggert and F. Gont, "TCP User Timeout Option," Internet RFC 5482, Mar. 2009.

- **[RFC5925]** J. Touch, A. Mankin, and R. Bonica, "The TCP Authentication Option," Internet RFC 5925, June 2010.

- **[RFC5926]** G. Lebovitz and E. Rescorla, "Cryptographic Algorithms for the TCP Authentication Option (TCP-AO)," Internet RFC 5926, June 2010.

- **[RFC5927]** F. Gont, "ICMP Attacks against TCP," Internet RFC 5927 (informational), July 2010.

- **[RFC5961]** A. Ramaiah, R. Stewart, and M. Dalal, "Improving TCP's Robustness to Blind In-Window Attacks," Internet RFC 5961, Aug. 2010.

- **[RFC6056]** M. Larsen and F. Gont, "Recommendations for Transport-Protocol Port Randomization," Internet RFC 6056/BCP 0156, Jan. 2011.

- **[RFC6146]** M. Bagnulo, P. Matthews, and I. van Beijnum, "Stateful NAT64: Network Address and Protocol Translation from IPv6 Clients to IPv4 Servers," Internet RFC 6146, Apr. 2011.

- **[RFC6191]** F. Gont, "Reducing the TIME-WAIT State Using TCP Timestamps," Internet RFC 6191/BCP 0159, Apr. 2011.

- **[RFC6298]** V. Paxson, M. Allman, J. Chu, and M. Sargent, "Computing TCP's Retransmission Timer," Internet RFC 6298, June 2011.

- **[S96]** B. Schneier, Applied Cryptography (Wiley, 1996).

- **[TPARAMS]** http://www.iana.org/tcp-parameters

# 14

## TCP 타임아웃과 재전송

## 14.1 개요

지금까지 우리는 효율성과 성능에 대해서는 논의하지 않고, 동작의 정확성에만 관심을 기울여 왔다. 하지만 14장과 15, 16장에서는 TCP가 수행하는 기본 동작뿐 아니라 얼마나 잘 수행되느냐에 대해서도 초점을 맞출 것이다. TCP 프로토콜은 패킷의 손실, 중복, 순서변경이 일어날 수 있는 네트워크 계층 프로토콜(IP)보다 상위 계층에서 2개의 애플리케이션 간에 신뢰성 있는 데이터 전달 서비스를 제공한다. 오류 없이 데이터 교환 서비스를 제공하기 위해서 TCP는 손실된 것으로 추정되는 데이터를 재전송한다. 어떤 데이터를 재전송해야 할지 결정하기 위해서 TCP는 수신자에서 발신자에게 보내지는 연속적인 확인 응답의 흐름을 사용한다. 데이터 세그먼트 혹은 확인 응답이 손실됐을 때 TCP는 확인 응답을 받지 못한 데이터의 재전송retransmission을 시작한다. TCP는 재전송을 위한 2개의 메커니즘을 갖고 있는데, 하나는 시간에 기반한 것이고 다른 하나는 확인 응답의 구조에 기반한 것이다. 두 번째 방법이 일반적으로 첫 번째 방법보다 훨씬 효율적이다.

TCP는 데이터를 보낼 때 타이머를 설정하며 타이머가 만료됐음에도 확인 응답을 받지 못하는 경우 타임아웃 혹은 타이머 기반 재전송timer-based retransmission이 발생한다. 타임아웃은 RTOretransmission timeout,재전송 타임아웃라고 불리는 시간이 지나면 발생한다. 이와 달리, 빠른 재전송fast retransmission의 경우에는 지연시간 없이 즉시 타임아웃이 발생하는데, 이것은 수신된 ACK 메시지들 내의 다음 패킷의 순서 번호가 계속 그대로일 경우 혹은 선택적 확인응답 정보(SACK)를 운반하는 ACK가 수신 측에 순서가 맞지 않은 세그먼트들이 있음을 알려주는 경우에 패킷 손실이 발생한 것으로 추정함으로써 이뤄진다. 일반적으로, 수신자가 일부 데이터를 받지 못했다고 추정될 때 발신자는 새로운(아직 보내지지 않은) 데이터를 전송하거나 기존 데이터를 재전송하는 것 중에 하나를 선택해야 한다. 14장에서는 TCP가 세그먼트가 누락됐는지 어떻게 알아내고 그에 대한 응답으로서 무엇을 보내는지 자세히 살펴본다. '얼마나 많이' 보내야 하는지에 대해서는 패킷 손실이 의심될 때 실행되는 TCP의 혼잡 제어 절차를 논의하는 16장에서 자세히 알아볼 것이다. 이번 장에서는 TCP 연결의 왕복 시간(RTT) 측정값에 기반해서 RTO가 어떻게 설정되는지, 타이머 기반 재전송의 원리 그리고 TCP의 빠른 재전송 메커니즘의 동작 방법을 주로 조사한다. 또 SACK를 사용해 TCP 발신자가 어떤 데이터가 수신자에게 전달되지 못했는지 알아내는 방법, IP 패킷의 재정렬과 중복이 TCP의 동작에 미치는 영향, 재전송 시에 TCP가 패킷 크기를 변경하는 방법에 대해서도 다룰 것이다. 그리고 어리숙한 TCP를 공격적 혹은 방어적으로 만드는 공격 기법들에 대해서도 간단히 살펴본다.

## 14.2 간단한 타임아웃과 재전송 예제

우리는 타임아웃과 재전송의 몇 가지 예제를 이미 살펴본 바 있다. (1) 8장의 ICMP 목적지 도달 불가(포트 도달 불가) 예제에서는 단순한(및 빈약한) 타임아웃과 재전송 전략을 채택하면서 UDP를 이용하는 TFTP 클라이언트를 살펴봤다. 5초가 적절한 타임아웃 주기라고 가정하고 5초마다 재전송을 했었다. (2) 13장에서는 존재하지 않는 호스트에 연결을 시도할 때 TCP가 연결 성립을 시도하면서 재전송 간의 간격을 점점 늘리며 SYN세그먼트를 재전송하는 것을 보았다. (3) 3장에서는 이더넷이 충돌을 만나면 어떻게 하는지 살펴봤다. 이 메커니즘은 모두 타이머의 종료에 의해 시작된다.

14장에서는 먼저 TCP에 의해 사용되는 타이머 기반 재전송 전략에 대해 살펴본다. 연결을 확립하고, 문제가 없는지 확인하기 위해 데이터를 전송하고, 연결의 한 종단을 분리하고, 좀 더 많은 데이터를 전송하면서 TCP가 무슨 일을 하는지 관찰할 것이다. 그리고 연결이 어떻게 진행되는지 관찰하기 위해 와이어샤크를 이용할 것이다(그림 14-1 참조).

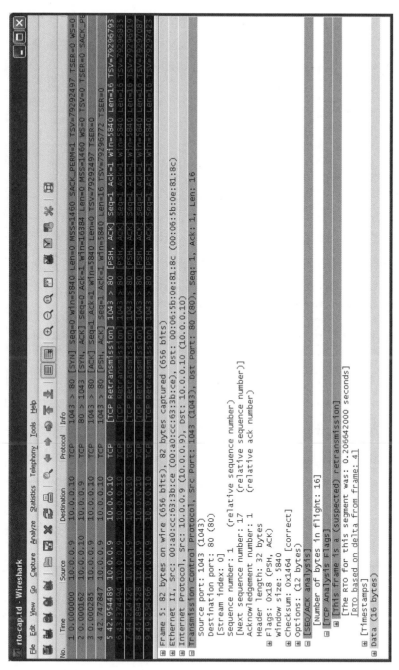

**그림 14-1** TCP의 타임아웃과 재전송 메커니즘의 간단한 예제. 처음 재전송은 시간 42954에서 일어나고 후속 재전송들은 43,374, 44,215, 45,895, 49,225에서 발생한다. 연속적인 재전송 사이의 시간은 206ms, 420ms, 1.68s, 그리고 3.36s이다. 재전송 사이의 간격이 계속 2배씩 증가함을 알 수 있다.

세그먼트 1, 2, 3은 정상적인 TCP 연결 성립 핸드셰이크에 해당한다. 연결이 성립되면 웹 서버는 웹 요청이 오기를 기다린다. 요청을 보내기 전에 서버 호스트를 네트워크에서 분리하자. 그리고 클라이언트에서 아래와 같이 입력한다.

```
Linux% telnet 10.0.0.10 80
Trying 10.0.0.10...
Connected to 10.0.0.10.
Escape character is '^]'.
GET / HTTP/1.0
Connection closed by foreign host.
```

이 요청은 서버에 전달될 수 없으므로 일정 시간 동안 클라이언트의 TCP 큐에 들어있다. 이때 클라이언트에서 netstat을 실행하면 큐가 비어 있지 않음을 볼 수 있다.

```
Active Internet connections (servers and established)
Proto Recv-Q Send-Q  LocalAddress     Foreign Address   state
tcp      0      18    10.0.0.1:1043    10.0.0.10:www     ESTABLISHED
```

전송 큐에 18바이트가 남아서 웹 서버에 전송되기를 기다리고 있음을 알 수 있다. 18바이트는 그 전의 요청에서 표시된 문자에 CR문자와 NL문자가 추가된 것이다. 주소와 상태 정보를 포함하는 출력의 나머지에 대한 자세한 내용은 조금 뒤에 설명한다.

세그먼트 4는 42.784초에 클라이언트의 웹 요구를 전송하기 위한 첫 번째 시도다. 다음 시도는 42.495초로 0.206초 뒤다. 그리고 0.402초 뒤인 43.374초에 다른 시도를 한다. 추가적인 재시도(재전송)가 44.215초, 45.895초, 49.255초에 발생한다. 이것들은 0.841초, 1.680초, 3.360초의 시간 간격을 나타낸다.

이와 같이 연속적인 재전송 사이의 시간이 배로 증가하는 것을 이진 지수 백오프binary exponential backoff라고 부르며 13장에서 실패한 TCP 연결 설정 시도에서 본 적이 있다. 나중에 더 자세히 살펴볼 기회가 있을 것이다. 최초 요청이 보내진 시점과 최종적으로 연결이 중단된 시점 간의 시간을 측정하면 전체 시간은 약 15.5분이다. 이후에 다음과 같은 오류 메시지가 클라이언트에 표시된다.

```
Connection closed by foreign host.
```

논리적으로 TCP는 동일한 세그먼트의 재전송 시도를 얼마나 지속적으로 할지 결정하기 위해 2개의 임계값을 가진다. 이 임계값은 호스트 요구사항 RFC[RFC1122]에 기술돼 있고, 13장에서 간단하게 언급했다. 임계값 R1은 TCP가 IP 계층에 '부정적 권고negative advice'를 통보하기 전에 (예를 들면 사용 중인 IP 경로를 재검토하도록 권고) 세그먼트 재전송을 시도하는 횟수다. 임계값 R2(R1보다 큼)는 TCP가 연결을 포기하는 시점을 나타낸다. 이 임계값들은 적어도 3회 재전송과 100초가 각각 권고되며, 연결 성립(SYN 세그먼트 전송) 시에는 데이터 세그먼트의 경우와 값이 다를 수 있다. SYN 세그먼트를 위한 R2 값은 최소한 3분이 요구된다.

리눅스에서는 정상적인 데이터 세그먼트를 위한 R1과 R2 값을 애플리케이션이 변경할 수도 있고, 시스템 전역 설정 변수 net.ipv4.tcp_retries1과 net.ipv4.tcp_retries2를 이용해 각각 변경할 수도 있다. 이 값은 시간 단위가 아니라 재전송 횟수다. tcp_retries2의 기본값은 15로서 연결의 RTO에 따라 다르지만 대략 13분에서 30분 정도에 해당한다. net.ipv4.tcp_retries1의 기본값은 3이다. SYN 세그먼트의 경우 net.ipv4.tcp__syn_retries와 net.ipv4.tcp_synack_retries는 SYN 세그먼트의 재전송 횟수를 제한한다. 기본값은 5(대략 180초)다. 윈도우 운영체제도 R1과 R2를 포함해 TCP의 전체적인 동작에 영향을 주는 다수의 변수를 가진다. 아래의 레지스트리 키에 있는 값을 변경하면 된다[WINREG].

```
HKLM\System\CurrentControlSet\Services\Tcpip\Parameters
HKLM\System\CurrentControlSet\Services\Tcpip6\Parameters
```

재미있는 것은 TcpMaxDataRetransmissions라 부르는 값이다. 이것은 리눅스의 tcp_retries2의 값에 해당된다. 이것은 기본값으로 5를 가진다. 지금까지 우리가 살펴본 단순한 재전송 예제에서도 TCP는 자신이 보낸 데이터에 대한 ACK를 얼마나 오래 기다려야 할지 정하기 위해 재전송 타이머에 타임아웃 값을 반드시 설정해야 한다. 만일 TCP가 단일한 정적 환경에서만 사용된다면 타임아웃에 적합한 1개의 값을 정할 수 있을 것이다. 하지만 TCP는 매우 다양한 환경에서 동작해야 하고 환경 자체가 시간에 따라 변할 수 있기 때문에 현재의 상황에 맞춰서 타임아웃 값을 정할 필요가 있다. 예를 들어 네트워크에 장애가 발생해서 트래픽의 경로가 변경되면 RTT도 바뀔 것이다. 다시 말해서, TCP는 '동적으로' RTO를 정할 필요가 있다. 이 문제에 대해서 나중에 자세히 알아볼 것이다.

## 14.3 재전송 타임아웃의 설정

TCP의 타임아웃과 재전송 절차의 핵심은 특정 연결에서 경험되는 RTT 측정값에 기초해서 RTO를 설정하는 방법이다. TCP가 RTT보다 일찍 세그먼트를 재전송하면 네트워크에 불필요하게 중복 트래픽을 삽입할 수 있다. 역으로 TCP가 RTT보다 너무 늦게 재전송을 하면 트래픽 손실이 일어날 때 전체적인 네트워크 이용도(그리고 단일 연결이 처리율)가 크게 떨어진다. RTT 값 파악을 더욱 어렵게 하는 것은 경로와 네트워크 사용량의 변화에 따라 RTT 값이 변화하기 때문이다. 좋은 성능을 유지하기 위해 TCP는 이러한 변화를 추적하고 이에 맞춰서 타임아웃 값을 수정해야 한다.

TCP는 데이터를 수신할 때 확인 응답을 전송하기 때문에 특별한 순서 번호를 가진 바이트를 전송하고 이 순서 번호를 갖고 있는 확인 응답을 수신하는 데 필요한 시간을 측정하는 것이 가능하다. 이렇게 측정된 값을 RTT 표본이라고 부른다. TCP의 어려운 점은 시간에 따라 달라지는 표본값이 주어졌을 때 RTT 값의 좋은 추정치를 얻는 것이다. 그리고 두 번째 단계는 이 값을 바탕으로 어떻게 RTO를 설정하느냐 하는 것이다. '올바른' RTO 값을 설정하는 것은 TCP의 성능을 위해 매우 중요하다.

RTT는 TCP 연결마다 별도로 추정되고 순서 번호를 사용하는 어떠한 데이터의 전송에도 한 개의 재전송 타이머가 달려있다(SYN과 FIN 세그먼트도 포함). 이 타이머의 적절한 설정법은 오랜 기간 연구 대상이었으며 간혹 개선이 이뤄졌다. 이번 절에서는 RTO 계산 방법의 발전에서 주요 이정표를 살펴볼 것이다. 먼저 [RFC0793]에 소개된 최초의('고전적') 방법부터 시작하자.

### 14.3.1 고전적인 방법

최초의 TCP 명세[RFC0793]는 아래 공식을 사용해서 평탄화된smoothed RTT 추정자(SRTT라고 부름)를 갱신하도록 했다.

$$SRTT \leftarrow \alpha(SRTT) + (1 - \alpha)\, RTT_s$$

여기서 SRTT는 기존의 값과 신규 표본, RTTs를 둘 다 사용해서 갱신된다. 상수 $\alpha$는 0.8과 0.9 사이의 권고값을 가진 평탄화 혹은 비례 인자다. SRTT는 새로 측정이 이뤄질 때마다 갱신된다. α의 권고값을 사용한다면 기존 추정치로부터 80~90%, 신규 측정값으로부터 10~20%를 취해서 새로운 추정치를 얻는 것이다. 이런 유형의 평균을 가리켜 지수 가중 이동 평균EWMA, Exponentially weighted moving average 혹은 저역 통과 필터low pass filter라고 부른다. 이 방식은 기존의 SRTT 값을 1개만 저장하면 되기 때문에 구현이 간편하다.

RTT가 변화함에 따라 달라지는 SRTT가 주어질 때 [RFC0793]은 다음과 같이 RTO 설정을 권고했다.

$$RTO = \min(ubound, \max(lbound,(SRTT)\beta))$$

여기서 β는 1.3에서 2.0 사이의 권고값을 가진 지연 변이 인자이고, ubound는 RTO의 상한값(1분 정도로 권고되는)이고, lbound는 (1초 정도로 권고되는) RTO의 하한값이다. 우리는 이러한 할당 방법을 고전적인 방법class method이라 부를 것이다. 이렇게 하면 RTO는 일반적으로 1초 혹은 SRTT의 약 2배로 설정된다. RTT의 분포가 상대적으로 안정적일 경우는 이 방식이 적합하다. 하지만 RTT가 매우 가변적인 네트워크(예를 들면 초기 패킷 라디오 네트워크)에서 TCP가 동작할 경우는 성능이 그리 좋지 않다.

## 14.3.2 표준 방법

[J88]에서 제이콥슨Jacobson은 고전적인 방법이 가진 문제점을 상세히 열거했다. 기본적으로 [RFC0793]에 의해 규정된 타이머는 RTT의 넓은 변동에 대응할 수 없다. 특히 실제 RTT가 예상보다 훨씬 클 때 불필요한 재전송을 유발한다. 네트워크에 이미 부하가 걸린 상태에서 불필요한 재전송은 부하를 더욱 가중시키고 이는 표본 RTT 값의 증가로 나타난다.

이 문제를 해결하기 위해서 RTT의 큰 변동폭을 수용할 수 있도록 RTO 할당 방법이 개선됐다. RTT 평균의 추정값뿐 아니라 RTT 측정의 변동폭 추정값도 관리하는 것이다. 평균 추정과 변동폭 추정을 함께 사용하면, 단순히 평균의 상수배로 RTO를 설정하는 것보다 왕복 시간의 변동에 대해서 더 나은 타임아웃 값을 얻을 수 있다.

[J88]에서 그림 5와 6은 몇 개의 실제 왕복 시간에 대해서 [RFC0793]의 RTO 값과 아래에 보여줄 계산식에 의한 RTO 값을 비교해서 보여준다. 아래 계산식은 왕복 시간의 변

동성을 고려한 것이다. TCP에 의한 RTT 측정이 통계 처리의 표본이라고 본다면 평균과 분산(또는 표준편차)을 둘 다 추정함으로써 미래의 값에 대한 더 나은 예측을 할 수 있다. RTT 값의 가능한 범위를 더 잘 예측하면, 대부분의 경우에 TCP가 너무 크지도 작지도 않은 RTT를 정하는 데 도움이 된다.

제이콥슨의 설명에 의하면 평균 편차는 표준 편차와 비슷하지만 계산은 더 쉽고 빠르다. 표준 편차를 계산하려면 분산에 제곱근을 해야 하는데, 이것은 속도가 빠른 TCP를 구현하는 데 많은 연산 비용을 요구한다(사실은 이게 전부가 아니다. [G04]의 '논쟁' 절에서 흥미로운 역사를 읽을 수 있다). 따라서 우리는 평균뿐 아니라 평균 편차의 추정도 필요하다. 그래서 아래의 식이 RTT 측정값 M(앞에서는 $RTT_s$ 로 표기)에 적용된다.

$$srtt \leftarrow (1 - g)(srtt) + (g)M$$
$$rttvar \leftarrow (1 - h)(rttvar) + (h)(|M - srtt|)$$
$$RTO = srtt + 4(rttvar)$$

여기서 srtt 값은 앞에서의 SRTT를 대체하고, rttvar 값은 β 대신에 RTO 결정에 사용되며 평균 편차의 EMWA가 된다. 이 식들은 통상적인 컴퓨터에서 구현될 때 아래와 같이 더 적은 수의 연산을 요구하는 형태로 다시 쓸 수 있다.

$$Err = M - srtt$$
$$srtt \leftarrow srtt + g(Err)$$
$$rttvar \leftarrow rttvar + h(|Err| - rttvar)$$
$$RTO = srtt + 4(rttvar)$$

srtt는 평균에 대한 EWMA이고, rttvar은 오류의 절대값, |Err|에 대한 EWMA다. Err은 실제의 측정값 M과 현재의 RTT 추정값 srtt 간의 차이다. srtt와 rttvar은 시간에 따라 변화하는 RTO를 계산하기 위해 사용된다. 이득 g는 평균 srtt에서 새로운 RTT 표본 M에 주어지는 가중치로서 1/8로 설정된다. 이득 h는 분산 추정 rttvar을 위한 새로운 평균 편차의 샘플에 주어진 가중치로서 1/4로 설정된다. 편차의 이득이 클수록 RTT가 변화할 때 RTO가 더 빨리 증가한다. g와 h의 값은 2의 (음의) 제곱값으로 선택되므로, 곱셈과 나

늦셈 대신에 시프트와 덧셈 연산을 사용하는 고정 소숫점 산술로 모든 계산을 구현할 수 있다.

> **주의**
> [J88]는 RTO 계산에 2*rttvar을 사용했지만 나중에 [J90]에서 4*rttvar로 변경됐으며, 이 바뀐 식이 BSD Net/1 구현에서도 쓰이고 결국 표준이 됐다[RFC6298].

고전적인 방법과 제이콥슨의 방법을 비교하면 RTT 평균의 계산(α는 1에서 이득 g를 뺀 값)은 비슷하지만, 서로 다른 이득이 사용되고 있다. 또한 제이콥슨의 RTO 계산은 평탄화 RTT와 평탄화 편차를 둘 다 사용하지만, 고전적인 방법은 평탄화 RTT의 단순 배수를 이용한다. 제이콥슨의 방법은 오늘날 다수의 TCP 구현이 RTO 계산 시에 기본으로 사용하고 있으며, [RFC6298]에서 기본으로 채택됐으므로 앞으로 이 방법을 표준 방법standard method라고 부르기로 한다. 다만 [RFC6298]에서 약간의 개선이 있었으므로 아래 절에서 살펴보자.

### 14.3.2.1 클럭 정밀도와 RTO 한계

TCP는 RTT 측정 때 사용되는 연속적으로 동작하는 '클럭(시계)clock'을 갖고 있다. 초기 순서 번호와 마찬가지로 실제의 TCP 연결은 클럭을 0에서 시작하지 않으며, 클럭은 무한히 정밀하지는 않다. 오히려 TCP 클럭은 일반적으로 시스템 클럭이 증가함에 따라 갱신되는 변수의 값이며, 이 값은 1씩 증가하는 것이 아니다. TCP 클럭이 '째깍'하는 시간의 길이를 가리켜 클럭의 정밀도granularity라고 한다. 과거에는 이 값이 상대적으로 큰 값이었으나(약 500ms), 최근의 구현에서는 더 세밀한 정밀도의 클럭을 사용한다(예를 들어 리눅스는 1ms).

클럭 정밀도는 RTT 측정 및 RTO 설정 방법에도 영향을 미칠 수 있다. [RFC6298]에서는 클럭 정밀도가 RTO 갱신을 개선하는 데 사용됐다. 또 RTO에 하한값도 부여한다. 사용되는 식은 다음과 같다.

$$RTO = \max(srtt + \max(G, 4(rttvar)), 1000)$$

여기서 G는 타이머 정밀도이고, 1000ms는 전체 RTO의 하한값을 나타낸다([RFC6298]의 규칙 2.4에서 권고). 따라서 RTO의 값은 언제나 적어도 1초다. 선택적으로 상한값도 허용되는데, 상한값은 적어도 60초다.

## 14.3.2.2 초기값

지금까지 우리는 시간이 지남에 따라 추정값이 어떻게 갱신되는지 살펴봤다. 하지만 초기 값을 어떻게 설정해야 하는지도 알 필요가 있다. 최초로 SYN을 교환하기 전에 TCP는 초기 RTO로 어떤 값을 설정하는 게 좋을지 아무것도 알지 못한다. 또 시스템이 정보를 제공하지 않으면 추정의 초기값으로 무엇을 사용할지도 모른다(일부 시스템은 이 정보를 포워딩 테이블에 저장해 둔다. 14.9절 참조). [RFC6298]에 따르면 RTO의 초기값 설정은 1초가 바람직하지만, 최초 SYN 세그먼트의 타임아웃에는 3초가 사용된다. 최초의 RTT 측정값 M이 수신됐을 때 추정값은 다음처럼 초기화된다.

$$srtt \leftarrow M$$
$$rttvar \leftarrow M/2$$

이제 우리는 추정값이 어떻게 초기화되고 관리되는지를 이해하기 위한 세부 지식을 충분히 배웠다. 이때 RTT 표본을 얻는 것이 중요한데, 겉보기에는 단순해 보이는 이 일이 어째서 꼭 그렇지는 않은지 지금부터 알아보자.

### 14.3.2.3 재전송 모호성과 칸의 알고리즘

RTT 샘플 측정의 문제는 패킷이 재전송될 때 발생한다. 예를 들어 패킷이 전송되고 타임아웃이 일어나고, 패킷이 재전송되고 이에 대한 확인 응답을 수신했다. 그러면 이 ACK는 첫 번째 전송에 대한 것인가, 두 번째 전송에 대한 것인가? 이것은 재전송 모호성 문제retransmission ambiguity problem의 예다. 이 문제는 타임스탬프 옵션이 사용되지 않으면 ACK는 순서 번호의 어느 사본(첫 번째인지 두 번째인지)을 표시하지 않고 ACK 번호만을 제공하기 때문이다.

[KP87]은 타임아웃과 재전송이 발생할 때 재전송된 데이터의 확인 응답이 최종적으로 되돌아와도 RTT 추정값을 갱신할 수 없다고 규정하고 있다. 이것이 칸의 알고리즘에서

'첫 번째 부분'이다. 이것은 RTT 계산 목적의 모호성을 제거함으로써 확인 응답 모호성 문제를 제거하며 [RFC6298]에서 필수적으로 요구된다.

하지만 RTO 설정 시에 그냥 재전송된 세그먼트를 전적으로 무시한다면, 네트워크가 제공하는 유용한 정보를 활용할 수 없게 된다(즉, 패킷을 신속히 전달하지 못하게 된다). 이런 경우 최소한 패킷이 더 이상 손실되지 않을 때까지 재전송율을 낮춰서 네트워크의 부하를 줄이는 것이 이득이다. 이런 추론이 그림 14-1에서 살펴봤던 지수형 백오프<sup>exponential backoff</sup> 동작을 위한 기반이 된다.

TCP는 RTO에 후속 재전송 타이머가 만료될 때마다 두 배가 되는 백오프 인자<sup>backoff factor</sup>를 적용한다. 2배 증가는 재전송되지 않는 세그먼트에 대한 확인 응답이 수신될 때까지 계속된다. 이때 백오프 인자는 1로 다시 1로 설정되고(즉, 이진 지수형 백오프가 취소된다), 재전송 타이머는 통상적인 값으로 돌아간다. 후속 재전송에서 백오프 인자가 2배로 증가하는 것은 칸의 알고리즘에서 두 번째 부분이다. TCP가 만료될 때 발신 속도를 변경하는 혼잡 제어 절차도 시작한다는 점에 주목하자(혼잡 제어는 16장에서 자세하게 다룬다). 따라서 칸의 알고리즘은 실제로는 두 부분으로 구성된다. 1987년의 논문[KP87]으로부터 직접 인용하면 다음과 같다.

> 2번 이상 전송된 (즉, 적어도 한번 재전송된) 패킷에 대한 확인 응답이 도착할 때, 이 패킷에 근거한 왕복 시간 측정을 모두 무시하라. 그럼으로써 재전송 모호성 문제를 피할 수 있다. 또, 이 패킷에 대한 백오프 RTO를 다음 패킷을 위해 보존하라. 이 패킷(또는 다음 패킷)이 중간에 재전송 없이 확인 응답될 때만 SRTT로부터 RTO를 재계산하라.

이 알고리즘은 한동안 ([RFC1122] 이후) TCP 구현에 필수적으로 요구됐다. 그러나 TCP 타임스탬프 옵션이 사용되면(13장 참조) 예외다. 이 경우 확인 응답 모호성 문제는 회피할 수 있고, 칸 알고리즘의 첫 번째 부분은 적용되지 않는다.

### 14.3.2.4 타임스탬프 옵션을 가진 RTT 측정(RTTM)

TCP 타임스탬프 옵션<sup>TSOPT</sup>은 13장에서 배운 PAWS 알고리즘의 기반을 제공하는 것뿐 아니라 왕복 시간 측정<sup>RTTM, round-trip time measurement</sup>[RFC1323]에도 사용될 수 있다. TSOPT의 기본 형식은 13장에서 기술했다. 발신자는 TCP 세그먼트에 32비트 번호를 포함시켜 보낼 수 있고, 이 번호는 확인 응답에 포함돼 돌아온다.

타임스탬프 값$^{TSV}$은 최초 SYN의 TSOPT에 포함돼 운반되고, SYN+ACK의 TSOPT의 TSER 부분에 포함돼 돌아온다. srtt, rttval, RTO의 초기값은 이때 정해진다. 최초 SYN 은 데이터로 '간주'되므로(즉, 손실되면 재전송돼 순서 번호를 소비한다) RTT가 측정된다. TSOPT는 다른 세그먼트에도 포함돼 운반되므로 연결의 RTT는 꾸준히 추정될 수 있다. 이런 과정이 별로 복잡하지 않다고 생각할지 모르지만, TCP가 수신된 세그먼트마다 ACK를 항상 제공하는 것이 아니기 때문에 문제가 복잡해진다. 예를 들어 TCP는 대용량 데이터가 전송될 때 세그먼트 2개마다 1개의 ACK를 제공하는 경우가 많다(15장 참조). 또 데이터가 분실, 순서 변경 혹은 성공적으로 재전송될 때, TCP의 누적 ACK 방식은 세그먼트와 그 ACK 간에 대응관계의 수정이 반드시 있지는 않다는 것을 의미한다. 이러한 문제점을 처리하기 위해서 이 옵션을 사용하는 TCP(리눅스와 윈도우를 포함해서 최근에는 거의 대부분)는 아래의 알고리즘으로 RTT 표본을 얻는다.

1. 송신 TCP는 자신이 전송하는 각 TCP 세그먼트에서 TSOPT의 TSV 부분에 32비트 타임스탬프 값을 포함한다. 이 필드는 세그먼트가 전송될 때 발신자의 TCP '클럭$^{clock}$' 값을 포함한다.

2. 수신 TCP는 수신된 TSV 값을 자신이 생성하는 다음 ACK에 포함시키기 위해서 (일반적으로 TsRecent라는 이름의 변수에) 관리한다. 또 자신이 보냈던 가장 최근의 ACK에 들어있던 ACK 번호도 (일반적으로 LastACK라는 이름의 변수에) 관리한다. ACK 번호는 수신자(즉, ACK의 발신자)가 예상하는 다음 순서 번호를 나타낸다는 점에 주의하자.

3. 새로운 세그먼트가 도착했고 LastACK 값과 일치하는 순서 번호를 포함하고 있다면(즉, 이것이 예상하고 있던 세그먼트라면) 세그먼트의 TSV는 TsRecent에 저장된다.

4. 수신자가 ACK를 전송할 때마다 TsRecent에 포함된 타임스탬프 값이 ACK 내의 TSOPT의 TSER 부분에 들어간다.

5. 자신의 윈도우를 전진시키는 ACK를 수신한 발신자는 자신의 현재 TCP 클럭에서 TSER을 빼고, 이 차이를 RTT 추정을 갱신하기 위한 표본값으로 사용한다.

타임스탬프는 FreeBSD, 리눅스, 그리고 최신 버전의 윈도우에서 기본적으로 활성화돼 있다. 리눅스에서는 시스템 설정 변수 net.ipv4.tcp_timestamps가 타임스탬프의 사용 여부를 지시한다(값 0은 사용하지 않음, 값 1은 사용). 윈도우에서는 앞서 언급한 레지스트리 영역의 Tcp1323Opts에 의해 제어된다. 이 값이 0을 가지면 타임스탬프는 비활성화된다. 이 값이 2이면 타임스탬프는 활성화된다. 이 키는 기본값을 갖지 않는다(레지스트리에 키가 기본적으로 들어 있지 않다). 기본 동작은 연결을 시작한 상대방이 타임스탬프를 사용하면 자신도 타임스탬프를 사용한다.

### 14.3.3 리눅스 방식

리눅스 RTT 측정 절차는 표준 방법과는 약간 다르게 동작한다. 리눅스는 (다른 구현들보다 정밀한 값인) 1ms의 시간 정확도를 TSOPT와 함께 사용한다. 빈번한 RTT 측정과 더 정밀한 시간 정확도가 결합돼 더 정확한 RTT 추정값이 얻어지지만, 시간이 흐르면서 rttvar 값을 최소화하는 경향이 있다[LS00]. 이것은 충분히 많은 수의 평균 분산 샘플이 서로 간에 상쇄되기 때문으로, 표준 방법과 다소 다르게 RTO를 설정할 때 고려해야 할 사항이다. 또 다른 고려사항은 표준 방법이 RTT 표본이 기존 RTT 추정값보다 '현저히' 낮을 때 rttvar을 증가시키는 방법과 관련이 있다.

이 두 번째 문제를 더 잘 이해하기 위해 RTO가 보통 srtt + 4(rttvar) 값으로 설정되는 것을 상기하자. 따라서 rttvar의 큰 변화는 가장 최근의 RTT 샘플이 srtt에 비해 크든 작든 RTO를 증가시키는 원인이 된다. 이것은 직관과는 반대다. 실제 RTT가 현저히 감소한다면 그 결과로 RTO가 증가하는 것은 바람직하지 않기 때문이다. 리눅스는 RTT 표본값들의 현저한 저하가 rttvar 값에 미치는 영향을 제한함으로써 이 문제에 대처한다. 지금부터 리눅스가 RTO 설정에 사용하는 절차를 자세히 살펴보자. 조금 전에 소개한 2가지 문제를 모두 해결할 수 있다.

리눅스는 표준 방법과 마찬가지로 변수 srtt와 rttvar를 유지할 뿐 아니라 mdev와 mdev_max로 부르는 2개의 새로운 변수도 유지한다. 값 mdev는 앞서 설명한 rttvar을 위한 표준 알고리즘을 사용해서 평균 편차의 추정값을 유지한다. 값 mdev_max는 가장 최근에 측정된 RTT에서 관찰된 mdev의 최댓값을 유지하는데, 50ms보다 적은 값은 결코 허용되지 않는다. 게다가 rttvar은 최소한 mdev_max보다 큰 값을 갖도록 주기적으로 갱신된다. 따라서 RTO는 결코 200ms 밑으로 떨어지지 않는다.

> **주의**
>
> 최소 RTO는 변경될 수 있다. 커널 설정 상수인 TCP_RTO_MIN은 커널을 재컴파일하고 설치하기 전에 변경될 수 있다. 일부 리눅스 버전은 ip route 명령을 통한 변경도 허용한다. RTT가 마이크로초 단위로 작은 데이터 센터 네트워크에 TCP가 사용될 때 200ms 최소 RTO는 로컬 스위치에서의 패킷 손실 이후 느린 TCP 복구로 인해 심각한 성능 저하를 가져오게 된다. 이것은 소위 TCP '인캐스트(incast)' 문제다. 이 문제에 대한 다양한 해결책이 존재하는데, TCP 타이머 정밀도의 변경과 최소 RTO의 마이크로초 수준 설정도 포함된다 [V09]. 이처럼 작은 최소 RTO 값은 인터넷 환경에서는 권장되지 않는다.

리눅스는 최댓값이 증가할 때마다 mdev_max 값으로 rttvar을 갱신한다. 항상 RTO가 srtt와 4(rttvar)의 합이 되게 설정하고 RTO가 120초가 기본인 TCP_RTO_MAX를 초과하지 않게 보장한다. 자세한 것은 [SK02]를 참조하라. 자세한 동작을 그림 14-2에서 볼 수 있다. 이 그림은 타임스탬프 옵션이 어떻게 동작하는지도 보여준다.

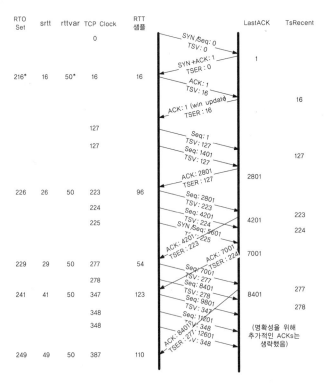

**그림 14-2** TCP 타임스탬프 옵션은 발신자의 TCP 시계의 사본을 운반한다. ACK가 이 값을 발신자에 반환하는데, 이것은 자신의 srtt와 rttvar 추정치를 갱신하기 위한 채(현재 시간 − 반환 타임스탬프)로 사용한다. 가독성을 위해 타임스탬프의 한 집합만을 보여줬다. 리눅스 시스템에서 rttvar 값은 최소한 50(밀리초) 단위로 제한되고, RTO는 200ms의 하한 값을 가진다.

810

그림 14-2에서는 처음 시작할 때 타임스탬프 옵션을 사용하는 TCP 연결을 볼 수 있다. 발신자는 리눅스 2.6 시스템이고 수신자는 FreeBSD 5.4 시스템이다. 순서 번호와 타임스탬프 값은 가독성을 위해 상대적인 값으로 표현했다. 또, 발신자의 타임스탬프만 보여준다. 이 그림은 이해하기 쉬운 수치값을 만들기 위해 시간 스케일로 정확하게 그려진 것이 아니다. 이 예제에서 초기 RTT 측정을 기반으로 리눅스는 아래의 갱신 작업을 수행한다.

- srtt = 16ms
- mdev = (16/2)ms = 8 ms
- rttvar = mdev_max = max(mdev, TCP_RTO_MIN) = max(8, 50) = 50ms
- RTO = srtt + 4(rttvar) = 16 + 4(50) = 216ms

최초의 SYN이 교환된 후에 발신자는 수신자의 SYN에 대한 ACK를 제공하고 수신자는 이에 윈도우 갱신으로 응답한다. 이 패킷은 둘 다 데이터를 포함하지 않으므로(데이터로 간주되는 SYN과 SIN 비트 필드도 포함하지 않음) 시간과 무관하며, 따라서 윈도우 갱신이 발신자에 도착할 때 RTT 추정이 갱신되지 않는다. 데이터를 포함하지 않는 세그먼트는 TCP에 의해 신뢰성 있는 전송이 되지 않는데, 이것의 의미는 손실돼도 재전송되지 않는다는 것이다. 이런 유형의 세그먼트는 결코 재전송되지 않기 때문에 재전송 타이머의 설정을 요구하지 않는다.

> **주의**
> TCP 옵션은 자체로는 재전송되지 않거나 신뢰성 있는 전송이 되지 않는다는 점을 기억하자. 데이터 세그먼트(SYN과 FIN 세그먼트를 포함) 내에 값이 지정돼 존재할 경우에만 손실되면 재전송된다.

애플리케이션이 첫 번째 쓰기를 수행하면 송신 TCP는 각각 127의 TSV 값을 가진 2개의 세그먼트를 보낸다. TSV 값이 동일한 것은 첫 번째 전송과 두 번째 전송 사이에 TCP 클럭이 1ms(발신 TCP 클럭의 정밀도) 미만으로 진행됐기 때문이다. 이 예제처럼 발신자가 다수의 세그먼트를 연속적으로 전송할 때 클럭이 진행하지 않거나 아주 조금 진행하는 일은 흔히 볼 수 있다.

수신자에서 LastACK 변수는 수신자에 의해 전송된 마지막 ACK 번호를 유지한다. 이 예에서 LastACK은 값 1을 가지고 시작하는데, 전송된 마지막 ACK가 연결 성립 중에 전송됐던 SYN + ACK 패킷이기 때문이다. 처음으로 전체 크기의 세그먼트가 도착하면 이것의 순서 번호는 LastACK 값과 일치하므로, TsRecent 변수는 도착 세그먼트의 TSV 값인 127으로 갱신된다. 두 번째 세그먼트의 도착은 이것의 순서 번호 필드가 LastACK 의 값과 일치하지 않기 때문에 Tsrecent 변수를 갱신하지 않는다. 도착 세그먼트에 대한 응답으로서 전송되는 ACK는 TSER에 TsRecent의 값을 포함하며, 이때 수신자는 LastACK 변수를 ACK 번호 2801로 갱신한다.

이 ACK가 도착하면 TCP는 두 번째 RTT 측정을 할 수 있다. 현재 TCP 시계의 값에서 도착 패킷 내의 TSER 값을 빼서 측정치 m(m = 223-127=96)을 얻으며, 이 측정치를 가지고 리눅스 TCP는 다음처럼 연결 변수를 갱신한다.

- mdev = mdev(3/4) + |m-srtt|(1/4) = 8(3/4) + |80|(1/4) = 26ms
- mdev_max = max(mdev_max, mdev) = max(50,26)=50ms
- srtt = srtt(7/8) + m(1/8) = 16(7/8) + 96(1/8) = 14+12 = 26ms
- rttvar = mdev_max = 50ms
- RTO = srtt + 4(rttvar) = 26 + 4(50) = 226ms

앞서 언급했듯이 리눅스 TCP는 고전적 RTT 추정 알고리즘을 몇 가지 특별하게 수정했다. 고전 알고리즘이 개발될 때에는 TCP 클럭의 일반적인 정밀도가 500ms이고 타임스탬프 옵션이 광범위하게 사용되지 않았다. 그래서 윈도우마다 한 개의 RTT 샘플만을 가지고 추정값을 갱신했다. 타임스탬프 옵션이 사용 불가능하거나 비활성화됐을 때는 여전히 예전 방식이 사용된다.

윈도우마다 1개의 RTT 표본만 얻어지면 rttvar 항목은 상대적으로 천천히 변경된다. 패킷마다 타임스탬프가 측정되면 많은 수의 측정이 일어날 수 있다. 동일한 데이터 윈도우 내에서 연속된 패킷 간에는 RTT 값이 아주 조금 변화하는 것이 일반적이기 때문에, 단시간에 너무 많은 측정이 일어나면(예를 들면 윈도우가 매우 클 때) 평균 편차의 값이 작아진다 (대수의 법칙law of large numbers 때문에 거의 0에 가까운 값이 된다)[F68]. 이런 점을 해결하기 위해 리눅스는 mdev 변수를 현재 평균 분산 추정치로 유지하지만 RTO는 rttvar 기반으로 설정하는데, rttvar은 1개의 데이터 윈도우 중에는 최대 mdev까지 증가하며 최소한 50ms

이상으로 고정된다. 그리고 윈도우가 바뀔 때 1번만 값이 감소할 수 있다.

표준 방법은 rttvar 항목에 큰 가중치(인자값 4)를 사용하기 때문에 RTO는 RTT가 감소할 때도 증가하는 경향이 있다. 클럭의 정밀도가 떨어지는 경우(예를 들면 500ms)에는 이로 인한 영향이 크지 않다. RTO가 취할 수 있는 값이 많지 않기 때문이다. 하지만 리눅스가 사용하는 1ms처럼 클럭의 정밀도가 높으면 이것이 문제가 될 수 있다. 이 문제를 해결하기 위해 리눅스는 신규 표본이 추정 RTT 범위(srtt-mdev)의 '하단'보다 낮은 값이면 가중치를 낮게 부여함으로써 RTT가 감소하는 경우에 대처한다. 따라서 관계식은 아래와 같다.

$$
\begin{aligned}
&\text{if } (m < (srtt - mdev)) \\
&\quad mdev = (31/32) * mdev + (1/32) * |srtt - m| \\
&\text{else} \\
&\quad mdev = (3/4) * mdev + (1/4) * |srtt - m|
\end{aligned}
$$

이 조건문은 신규 RTT 표본이 RTT 측정값이 예상 범위의 하단보다 낮은지 확인한다. 만일 그렇다면 RTT가 크게 감소하고 있음을 의미한다. 이런 경우 mdev(결과적으로 rttvar과 RTO) 증가를 회피하기 위해 새로운 평균 분산 샘플 |srtt-m|에는 평소보다 8배 작은 가중치가 주어진다. 이를 통해서 RTT가 감소하는 경우에 RTO가 증가하는 문제를 피하게 된다. 이 주제에 대한 자세한 토론은 [LS00]과 [SK02]를 참조하라. [RKS07]에는 저자가 다양한 운영체제에서 280만 건의 TCP 흐름을 갖고 TCP RTT 추정 알고리즘을 평가한 결과가 실려있다. 저자들은 리눅스가 연구 대상 운영체제들 중에서 가장 효과적이라는 결론을 내렸는데, 수렴 속도가 상대적으로 빠를뿐 아니라 RTT값의 변동이 RTO 설정에 미치는 영향을 줄이도록 미세 조정을 할 수 있기 때문이라고 한다.

이제 그림 14-2로 돌아가면 수신자에서 ACK 7001이 생성될 때 TSER 부분에 들어있는 TSV 값이 최근에 도착한 세그먼트가 아니라 아직 ACK되지 않은 가장 오래된 세그먼트의 값이라는 것을 알 수 있다. 따라서 이 ACK가 발신자로 돌아가면, 가장 최근에 전송된 것이 아니라 두 세그먼트 중 첫 번째 것으로부터 RTT 표본이 측정된다. 이것은 지연 또는 오류 ACK가 발생했을 때 타임스탬프 옵션이 어떻게 동작하는지 보여준다. 가장 오래된 패킷으로부터 측정된 RTT 표본은 실제의 네트워크 RTT가 아니라 발신자가 ACK를 기다리는 시간으로 측정된다. 이것이 중요한 이유는 발신자는 수신자로부터 ACK가 돌아올 것으로 예상하는 속도(패킷 전송 속도보다 낮을 수도 있다)를 바탕으로 RTO 값을 취해야 하기 때문이다.

### 14.3.4 RTT 추정기 동작

이제까지 살펴봤듯이 상당한 혁신과 공학기술이 TCP의 RTO 설정 방법과 RTT 추정 방법에 투입됐다. 그림 14-3은 가공의 데이터 집합에 표준 알고리즘과 리눅스 알고리즘을 적용했을 때 일반적인 RTT 추정이 어떻게 동작하는지를 보여준다. [RFC6298]은 RTO 최솟값으로 1초를 권장하지만 이 예제의 표준 방법에서는 이 값이 제거됐다. 오늘날 대부분의 현실에 존재하는 TCP 구현은 이 지시를 위반한다[RKS07].

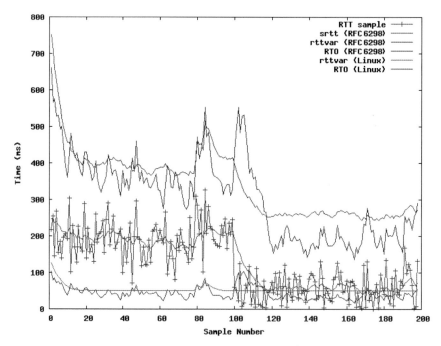

**그림 14-3** 가공의 표본들에 적용된 리눅스 및 표준 RTO 할당과 RTT 추정 알고리즘. 처음 100개의 점은 N(200,50) 분포로부터 그려졌고, 그다음 100개의 점은 N(50,50) 분포로부터 그려지면서 음수가 양수로 변환됐다. 리눅스는 표본 100 이후 평균값이 떨어질 때 RTO를 증가시키지 않는다. 리눅스의 경우 RTO 최솟값은 실질적으로 200ms로 설정되므로 표본 120 이후에는 표준 방식이 더 조밀하다. 이 예제에서 리눅스는 모든 경우에 RTO를 너무 낮게 설정하지 않는다. 표준 방법은 표본 78과 191에서 잠재적인 문제에 부딪힌다.

그래프는 2개의 가우시안 확률 분포 N(200,50)과 N(50,50)으로부터 그려진 200개 값의 시계열 플롯을 보여준다. 첫 번째 분포는 처음 100개의 점에 대해 사용되고 두 번째는 그다음 100개의 점에 대해 사용된다. 음수 값은 부호 변환으로 양수로 바뀌어 있다(두 번째 분포에만 적용). +기호는 특수한 표본값을 의미한다. 표본 100 이후로 표번값이 크게 감소하는데, 리눅스 방법은 거의 즉시 RTO 값을 줄이는 데 반해 표준 방법은 20개의 표본 이후에야 줄이는 것을 볼 수 있다.

리눅스 rttvar를 보면 상대적으로 안정적으로 유지되는 것을 알 수 있다. 이것은 mdev_max 값(결과적으로 rttvar 값)의 최솟값이 50ms이기 때문이다. 이것은 리눅스 RTO 값이 항상 최소한 200ms가 되게 만드는 효과를 가지며, 모든 불필요한 재전송을 피하게 한다(다만 타이머가 신속히 만료되지 않으므로 패킷 손실시 성능 감소가 일어날 수 있다). 표준 방법은 표본 78 과 191에서 가짜 재전송으로 인한 문제가 일어날 가능성이 있다. 이 문제는 나중에 다룬다.

## 14.3.5 손실과 순서 변경에 대한 RTTM 견고성

TSOPT는 패킷이 손실되지 않았을 경우 수신자가 ACK를 지연시키든 아니든 상관없이 잘 동작한다. 알고리즘은 다음 경우에도 역시 정확하게 동작한다.

- **순서가 바뀐 세그먼트** 일반적으로 수신자가 순서가 바뀐 세그먼트를 수신한 경우, 대체로 그 전 세그먼트가 손실됐기 때문에 즉시 ACK를 생성해서 재전송 알고리즘이 신속히 동작하도록 해야 한다(14.5절 참조). 이 ACK는 가장 최근에 수신자에 도착한 정상 순서의 세그먼트(즉 윈도우를 진행시킨 가장 최근의 세그먼트. 순서가 바뀐 도착 세그먼트와 일반적으로 다르다)에 들어있던 TSV 값을 TSER 부분에 포함한다. 이것은 발신자의 RTT 샘플 값을 증가시켜서 이에 대응하는 RTO 값의 증가로 이어지는 경향이 있다. 이것은 패킷 순서 변경에 유리한데, 재전송을 시작하기 전에 패킷이 손실된 게 아니라 순서가 바뀐 것임을 발신자가 알 수 있는 시간적 여유가 늘어나기 때문이다.
- **성공적인 재전송** 수신자가 자신의 수신 버퍼 내의 구멍hole을 채우는 세그먼트를 수신했을 때(예를 들면 재전송의 성공적인 도착) 일반적으로 윈도우는 앞으로 점프한다. 이 경우 이에 대응하는 ACK의 TSER 부분에 들어가는 값은 가장 최근에 도착한 세그먼트의 값이다. 이것이 유용한 이유는 오래된 세그먼트의 값이 사용된다면 1개의 RTO만큼 더 오래된 것이므로 발신자의 RTT 추정값에 원치 않는 편향이 크게 일어나기 때문이다.

그림 14-4의 예에서 이런 점을 보여준다. 각기 1,024 바이트를 포함하고 있는 3개의 세그먼트가 다음 순서로 수신된다고 가정한다. 세그먼트 1은 바이트 1~1024, 세그먼트 3은 바이트 2049~3072, 세그먼트 2는 바이트 1025~2048이다.

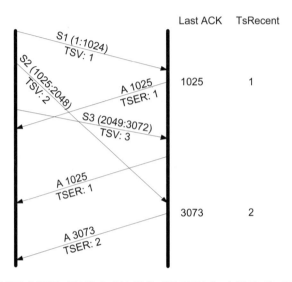

**그림 14-4** 세그먼트가 재순서화될 때 반환된 타임스탬프는 수신자의 윈도우를 전진시키는 마지막 세그먼트의 것이다(수신자에 도착하는 가장 큰 타임스탬프가 아님). 이로 인해 패킷 재순서화가 일어나는 동안 발신자의 RTO는 RTT를 과대평가하는 방향으로 유도하고, 발신자를 덜 적극적으로 만든다.

그림 14-4에서 되돌아온 ACK는 세그먼트 1의 타임스탬프를 가진 ACK 1025(데이터에 대한 정상적인 ACK), 세그먼트 1의 타임스탬프를 가진 ACK 1025(윈도우 내에 속하지만 순서가 바뀐 세그먼트에 대한 응답인 중복 ACK), 세그먼트 2(세그먼트 3이 아님)의 타임스탬프를 가진 ACK 3073이다. 이것은 세그먼트가 재순서화(혹은 손실)될 때 RTT를 과다하게 추정하는 효과를 갖고 있다. 큰 RTT 추정은 큰 RTO를 유도하고, 발신자는 덜 적극적으로 재전송을 한다. 이런 동작은 패킷 재순서화가 일어날 때 특히 바람직하다. 공격적인 재전송은 가짜일 가능성이 높기 때문이다.

따라서 우리는 타임스탬프 옵션을 사용하면 패킷의 지연, 손실, 재순서화가 일어나도 발신자가 RTT를 추정할 수 있음을 알 수 있다. 발신자는 옵션 내의 어떤 값을 사용해서든 RTT를 측정할 수 있다. 하지만 적어도 실제 시간에 비례하고, TCP 순서 번호 및 링크 속도와 호환되는 합리적인 정밀도를 갖는 값이어야 한다. 특히 발신자에게 유용하기 위해서는 TCP 클럭이 어떤 RTT에 대해서도 적어도 1번은 '째깍'해야 한다는 점이다. 반면에 59ns에 1번보다 자주 바뀌어서는 안 된다. 그럴 경우에는 TCP 클럭 값을 포함하고 있는 32비트 TSV 값이 IP 계층이 1개의 패킷 존재에 대해 허용하는 최대 시간(255ns) 이내에서 중복될 수 있기 때문이다[ID1323b]. 이 모든 것이 정확하다면 이 RTO 값은 재전송을 일으키는 데 사용될 수 있다.

## 14.4 타이머 기반 재전송

발신측 TCP는 RTT의 시간에 따라 변화하는 값을 바탕으로 RTO를 확립하고 나면, 세그먼트를 보낼 때마다 재전송 타이머의 적절한 설정을 보장한다. 재전송 타이머가 설정될 때 세그먼트의 순서 번호가 기록되고, ACK가 제시간에 수신되면 재전송 타이머는 취소된다. 그다음에 발신자가 데이터를 포함하는 패킷을 보내면 새로운 재전송 타이머가 설정되고 기존 타이머는 취소되며 새로운 순서 번호가 기록된다. 따라서 발신측 TCP는 연결당 하나의 재전송 타이머를 연속적으로 설정하고 취소한다. 즉, 데이터가 손실되지 않으면 재전송 타이머는 결코 만료되지 않는다.

> **주의**
>
> 이러한 사실은 호스트 운영체제의 설계자에게는 다소 놀라운 일이었다. 전형적인 운영체제에서 타이머는 다양한 이벤트를 알리는 데 사용되므로, 타이머 기능의 구현 시에는 효율적으로 타이머를 설정하고 종료하는(그리고 시스템 함수를 호출하는) 데 신경을 많이 써야 한다. 하지만 TCP에서는 타이머의 설정 및 재설정 혹은 취소가 중요하다. TCP가 잘 동작한다면 타이머가 결코 만료되지 않기 때문이다.

RTO 이내로 시간이 제한된 세그먼트에 대한 ACK를 수신하지 못한 TCP는 타이머 기반 재전송을 수행한다. 우리는 이미 그림 14-1에서 이것을 살펴봤다. TCP는 타이머 기반 재전송을 매우 중요한 이벤트로 간주한다. 그래서 네트워크로 데이터를 보내는 속도를 신속히 감소시키며 매우 신중하게 반응한다. 수행 방법은 2가지가 있다. 첫 번째 방법은 혼잡 제어 절차(16장 참조)를 바탕으로 발신 윈도우의 크기를 줄이는 것이다. 두 번째 방법은 재전송 세그먼트가 다시 재전송될 때마다 백오프 인자의 값을 증가시키는 것이다. 이것은 앞서 설명한 칸의 알고리즘의 '두 번째 부분'에서 구현된다. 특히 RTO 값을 (임시로) γ만큼 곱해서 동일 세그먼트에 다수의 재전송이 발생할 때의 백오프 타임아웃 값을 구한다.

$$RTO = \gamma RTO$$

정상적인 환경에서 $\gamma$값은 1이며, 재전송될 때마다 2배로 늘어난다(2, 4, 8 등등). 일반적으로 $\gamma$이 초과할 수 없는 최대 백오프 인자값이 존재한다(리눅스는 RTO가 기본값 120초인 TCP_RTO_MAX 값을 결코 초과하지 않게 보장한다). 허용 가능한 ACK가 수신되면 $\gamma$는 1로 재설정된다.

## 14.4.1 예제

그림 14-1과 14-2과 유사한 연결을 사용해 재전송 타이머의 동작을 살펴보자. 다만 이 번에는 순서 번호 1401을 가진 세그먼트를 의도적으로 2번 폐기한다(그림 14-5).

이 예제에서는 TCP 세그먼트를 TCP 순서 번호를 바탕으로 특정 횟수만큼 폐기할 수 있 는 특수한 함수를 통해 전송한다. 이로 인해 그림 14-2보다 약간의 추가 지연이 발생한 다. 앞서와 마찬가지로 연결이 시작되지만, 순서 번호 1과 1401인 세그먼트가 전송될 때 두 번째 패킷이 폐기된다는 점이 다르다. 이 중에서 첫 번째 세그먼트가 수신자에 도착 하지만, 수신자는 ACK를 지연시키고 즉시 응답하지 않는다. 219ms 동안 응답이 없으 면 발신자의 재전송 타이머가 종료되고, 순서 번호 1을 가진 패킷은 재전송된다(이번에는 TSV 값 577). 이 패킷이 도착하면 수신자는 ACK를 보내고 ACK는 발신자로 돌아간다. 이 ACK가 데이터를 확인 응답하고 발신자의 윈도우를 진행시키므로, TSER 값은 각각 srtt와 RTO 값을 34와 234로 갱신하는 데 사용된다.

다음 3개의 ACK가 수신자에 도착하는 패킷의 응답으로 생성된다. 별표(*)를 가진 ACK 는 모두 중복 ACK이고 SACK 정보를 포함하고 있다. 중복 ACK와 SACK의 효과는 14.5절과 14.6절에서 다룬다. 일단 지금은 이 ACK들이 발신자의 윈도우를 진행시키지 않으므로 TSER 값이 사용되지 않는다는 점만 기억하자.

세그먼트 1401이 최종적으로 재전송되고 도착하면(TCP 클럭 911에서) 복구 기간이 완료 되고, 수신자는 모든 데이터가 수신됐다는 표시로 ACK 번호 7001으로 응답한다.

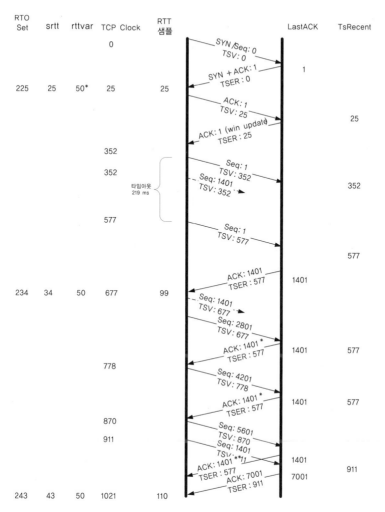

| RTO Set | srtt | rttvar | TCP Clock | RTT 샘플 | | LastACK | TsRecent |
|---|---|---|---|---|---|---|---|
| | | | 0 | | SYN /Seq: 0 TSV: 0 | | |
| | | | | | SYN + ACK: 1 TSER: 0 | 1 | |
| 225 | 25 | 50* | 25 | 25 | ACK: 1 TSV: 25 | | 25 |
| | | | | | ACK: 1 (win update) TSER: 25 | | |
| | | | 352 | | Seq: 1 TSV: 352 | | |
| | | | 352 | 타임아웃 219 ms | Seq: 1401 TSV: 352 | | 352 |
| | | | 577 | | Seq: 1 TSV: 577 | | |
| | | | | | | | 577 |
| | | | | | ACK: 1401 TSER: 577 | 1401 | |
| 234 | 34 | 50 | 677 | 99 | Seq: 1401 TSV: 677 | | |
| | | | | | Seq: 2801 TSV: 677 | | |
| | | | | | ACK: 1401 * TSER: 577 | 1401 | 577 |
| | | | 778 | | Seq: 4201 TSV: 778 | | |
| | | | | | ACK: 1401 * TSER: 577 | 1401 | 577 |
| | | | 870 | | Seq: 5601 TSV: 870 | | |
| | | | 911 | | Seq: 1401 TSV: **11 | 1401 | 911 |
| | | | | | ACK: 1401 * TSER: 577 | | |
| | | | | | ACK: 7001 TSER: 911 | 7001 | |
| 243 | 43 | 50 | 1021 | 110 | | | |

**그림 14-5** 세그먼트 1401이 강제로 2번 폐기되고, 이로 인해 발신자에서 타이머 기반 재전송이 일어난다. srtt, rttzar, RTO 값은 발신자의 윈도우를 진행시키는 ACK가 돌아온 경우에만 갱신된다. * 가 붙은 ACK는 SACK 정보를 포함한다.

재전송 타이머는 정상적인 네트워크를 통한 데이터 이동이 중지된 TCP 연결을 위해 일종의 '마지막 수단으로서의 재시작last-resort restart'을 제공한다. 대부분의 경우 일반적으로 RTO는 전형적인 RTT보다 (2의 배수만큼 혹은 그 이상) 크기 때문에 재전송을 일으키는 재전송 타이머를 사용하는 것은 불필요하다(그리고 바람직하지도 않다). 따라서 타이머 기반 재전송은 네트워크 용량의 이용률을 떨어뜨리는 경우가 많다. 다행히 TCP는 손실 패킷의 탐지와 복구를 다른 방법으로 할 수 있으며, 이 방법은 거의 언제나 타이머 기반 재전송보다 효율적이다. 이 방법은 재전송 타이머의 만료가 일어나지 않으므로 빠른 재전송이라 부른다.

## 14.5 빠른 재전송

빠른 재전송Fast Retransmit[RFC5681]은 재전송 타이머의 만료가 없어도 수신자로부터 받은 피드백을 바탕으로 패킷 재전송을 시작할 수 있는 TCP 절차다. 그래서 타이머 기반의 재전송보다 패킷 손실이 더 빠르고 효율적으로 복구된다. 일반적인 TCP는 빠른 재전송과 타이머 기반 재전송을 둘 다 구현한다. 빠른 재전송을 좀 더 자세히 설명하기 전에, 순서가 바뀐 세그먼트가 수신됐을 때 TCP는 즉각적인 확인 응답('중복ACK')을 생성해야 하며 세그먼트의 손실이 있으면 후속 데이터의 도착은 순서가 바뀐 도착이라는 점을 기억해야 한다. 이런 일이 일어나면 수신자에 구멍이 생긴 것이며, 발신자는 가급적 빠르고 효율적으로 수신자의 구멍을 채워야 한다.

비순서 데이터가 도착할 때 즉시 전송되는 중복 ACK는 지연되지 않는다. 그 이유는 비순서 세그먼트가 수신됐음을 발신자에게 알리고 예상 순서 번호가 무엇인지(즉 구멍이 어디에 있는지) 나타내기 위한 것이다. SACK가 사용되는 경우에는 이러한 중복 ACK는 SACK 블록도 포함하는 것이 일반적이며 덕분에 2개 이상의 구멍에 대한 정보를 제공할 수 있다.

발신자에 도착한 중복 ACK(SACK 블록이 있든 없든)는 앞서 보내진 패킷이 손실됐음을 잠재적으로 나타낸다. 14.8절에서 자세히 설명하겠지만, 중복 ACK는 네트워크 내에서 패킷 재순서화가 일어난 경우에도 나타날 수 있다. 즉 다음 번에 받을 것으로 예상하고 있던 순서 번호보다 더 큰 순서 번호의 패킷이 수신됐다면, 원래 예상했던 패킷은 손실됐을 수도 있고 단순히 지연 중일 수도 있다. 일반적으로는 어느 경우인지 알 수가 없기 때문에 TCP는 몇 개의 중복 ACK를 기다린 후에야(이 중복 ACK의 수를 dupthresh라고 한다) 비로소 패킷이 손실됐다고 결론을 내리고 빠른 재전송을 시작한다. 전통적으로 dupthresh는 상수(값 3)이지만, 일부 비표준 구현(리눅스를 포함)은 현재 측정된 재순서화의 순서를 바탕으로 이 값을 변경한다(14.8절 참조).

적어도 dupthresh개의 중복 ACK를 관찰한 TCP 발신자는 재전송 타이머의 만료를 기다리지 않고 손실된 것으로 보이는 1개 이상의 패킷을 재전송한다. 또한 아직 전송되지 않은 추가 데이터를 전송할 수 있다. 이것이 빠른 재전송 알고리즘의 핵심이다. 중복 ACK 의 존재에 의해 추론된 패킷의 손실은 네트워크 혼잡과 관련된 것으로 가정하고 빠른 재 전송과 함께 혼잡 제어 절차(16장 참조)가 동작된다. SACK가 없으면 허용되는 ACK가 수신되기까지 1개의 세그먼트만이 재전송되고 SACK가 있으면 ACK는 수신사 내의 구 멍을 RTT마다 2개 이상 채울 수 있도록 추가 정보를 포함한다. 기초적인 빠른 재전송 알 고리즘의 예를 설명한 후 빠른 재전송과 함께 SACK를 사용하는 방법을 살펴보자.

## 14.5.1 예제

다음 예제에서는 그림 14-4와 비슷한 TCP 연결을 생성하되 이번에는 세그먼트 23801 과 26601을 폐기하고 SACK은 비활성화한다. 이때 TCP가 이러한 구멍을 복구하기 위 해서 어떻게 기초적인 재전송 알고리즘을 사용하는지 알아보자. 발신자는 리눅스 2.6 시 스템이고 수신자는 FreeBSD 5.4 시스템이다. 와이어샤크$^{Wireshark}$의 통계 TCP 스트림 그 래프 시간 순서 그래프$^{tcptrace}$ 화면인 그림 14-6은 빠른 재전송의 실제 동작하는 모습을 보여준다.

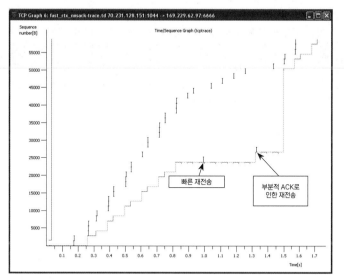

**그림 14-6** TCP 순서 번호는 y축이고 시간은 x축이다. 외부로 보내지는 세그먼트는 검은 줄로 나타나있고, 내부로 도착하는 ACK 번호는 옅은 회색으로 나타난다. 빠른 재전송은 시간 0.993초에서 세 번째 중복 ACK의 도착에 의해 유발된다. 이 연결은 SACK를 사용하지 않고, 따라서 기껏해야 RTT당 한 개의 홀만 복구가 가능하다. 세 번째 이후 중복 ACK의 도착은 발신자로 하여금 (재전송 이 아니라) 새로운 세그먼트를 보내도록 한다. 시간 1.32에 도착한 '부분적 ACK'는 다음 재전송을 일으킨다.

이 그림에서 y축은 상대$^{relative}$ 발신 순서 번호를, x축은 경과 시간을 표시한다. 검은 수직 I 모양의 영역은 전송 세그먼트에 존재하는 순서 번호의 범위를 표시한다. 와이어샤크의 푸른 선(그림 14-6에서 회색 줄)은 돌아온 패킷의 ACK 번호를 나타낸다. 대략 시간 1.0에서 순서 번호 23801이 빠른 재전송 알고리즘 때문에 재전송된다(최초의 전송은 보이지 않는다. TCP 프로토콜 계층보다 아래 계층에서 폐기됐기 때문이다). 재전송은 세 번째 중복 ACK의 도착으로 시작되며, 하단의 반복되는 줄로 표시된다. 또 와이어샤크의 기본 분석 화면을 통해서도 재전송을 볼 수 있다(그림 14-7 참조).

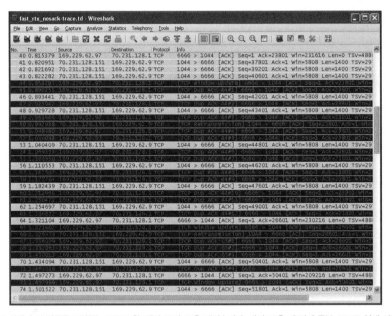

**그림 14-7** 상대 순서 번호를 보여주는 TCP 교환. 패킷 50과 66은 재전송이다. 패킷 50은 세 번째 중복 ACK로 인해 시작되는 빠른 재전송 알고리즘 때문에 재전송된다. 재전송 타이머가 필요하지 않아 복구가 상대적으로 빠르다.

그림 14-7의 첫 번째 라인줄(번호 40)은 첫 번째 ACK23801이 수신됐음을 나타낸다. 와이어샤크는 다른 '흥미로운' TCP 패킷을 강조 표시한다(빨간색으로. 그림 14-7에서는 검은색으로 보인다). 이러한 패킷은 손실이나 다른 문제가 없는 TCP 전송 시에 예상되는 것과 다르며 윈도우 갱신, 중복 ACK, 재전송이 보인다. 시간 0.853의 윈도우 갱신은 중복 순서 번호를 갖는 ACK이지만(데이터 전송이 없으므로), TCP 흐름 제어 윈도우의 변경을 포함한다. 이 윈도우는 231616바이트에서 233016바이트로 변경된다. 따라서 빠른 재전송 시작

에 필요한 3-중복-ACK 임계값에 반영되지 않는다. 윈도우 갱신은 단지 윈도우 광고의 복사본을 제공할 뿐이기 때문이다. 자세한 설명은 15장에서 다룬다.

시간 0.890, 0.926, 0.964에 도착하는 패킷은 모두 순서 번호 23801에 대한 중복 ACK다. 이 중복 ACK의 세 번째 도착은 시간 0.993에서 세그먼트 23801의 빠른 재전송을 유발한다. 이것 역시 와이어샤크의 통계 흐름 그래프 모양(그림 14-8 참조)을 이용해 볼 수 있다.

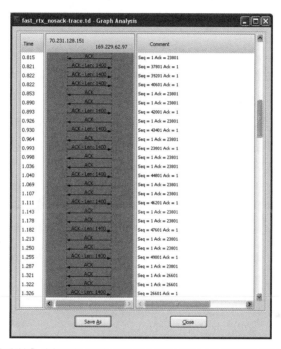

**그림 14-8** 시간 0.993의 재전송은 시간 0.890, 0.926, 0.964에서 중복 ACK의 수신 후에 빠른 재전송 알고리즘에 의해 유발된다. 시간 0.853의 ACK는 윈도우 갱신을 포함하고 있기 때문에 중복 ACK로는 고려되지 않는다.

여기서 우리는 시간 0.993에서의 빠른 재전송을 약간 다르게 볼 수 있다. 또한 시간 1.326에서 발생하는 두 번째 재전송을 볼 수 있다. 이 두 번째 재전송은 시간 1.322에서 ACK가 도착했기 때문에 발생한다.

두 번째 재전송은 첫 번째와는 조금 다르다. 첫 번째 재전송이 발생하면 송신 TCP는 재전송을 수행하기 직전에 전송했던 가장 큰 순서 번호를 기록한다(43401+ 1400 = 44801). 이 순서 번호를 가리켜 복구점recovery point이라 부른다. TCP는 복구점의 순서 번호와 일치하거나 초과하는 ACK를 수신할 때까지 재전송 후 손실로부터 복구 중인 것으로 간주된다. 이 예제에서 시간 1.322와 1.321의 ACK는 44801에 대한 것이 아니라 26601에 대한 것이다. 이 번호가 그 전의 가장 높은 ACK 값(23801)보다는 크지만, 복구점(44801)과 같거나 초과할 만큼 크지는 않다. 이러한 이유로 이런 유형의 ACK를 부분 ACK[partial ACK]라 부른다. 부분 ACK가 도착하면 송신 TCP는 손실된 것으로 보이는 세그먼트(이 경우 26601)를 즉시 보내고, 도착하는 ACK들이 복구점과 같거나 복구점보다 클 때까지 이를 계속한다. 혼잡 제어 절차(16장 참조)가 허용한다면 아직 보내지 않은 신규 데이터를 보낼 수도 있다.

이 예제는 빠른 재전송을 사용하고 New Reno 전송 알고리즘을 기반으로 복구 중에 추가 재전송을 수행할 경우 SACK를 사용하지 않는 TCP의 동작을 보여준다. SACK가 사용되지 않기 때문에 발신자는 왕복 시간당 최대 1개의 수신자 구멍을 학습할 수 있다. 이것은 돌아오는 패킷의 ACK 번호 증가로 표시되며, 수신자의 가장 낮은 번호의 구멍을 채우는 재전송이 수신 및 ACK될 때만 일어날 수 있다.

복구 중의 세부 동작은 TCP 발신자 및 수신자의 유형과 설정에 따라 다르다. 이번 예제에서 보여준 것은 NewReno 알고리즘을 사용하며 SACK을 사용하지 않는 발신자로서 꽤 많이 사용되는 구성이다. NewReno 알고리즘에서 부분 ACK는 앞서 설명한 대로 발신자를 복구 상태로 유지한다. 반면에 과거 방식(구 Reno 알고리즘)에서는 이런 개념이 없어서 임의의 허용 가능한 ACK가 TCP를 복구시킨다. 이때 TCP에 약간의 성능 문제가 발생할 수 있는데 자세한 설명은 16장에서 논의하자. 다음 절에서 설명할 NewReno 알고리즘과 SACK의 공용을 과거의 방법과 구별하기 위해서 '고급 손실 복구'라고도 부른다.

## 14.6 선택적 확인 응답을 사용하는 재전송

[RFC2018]에서 선택적 확인 응답(SACK)이 표준화됨에 따라 SACK를 지원하는 TCP 수신자는 자신이 수신한 데이터를 TCP 헤더의 주요 부분에 포함시켜 보내는 누적 ACK 번호 필드를 초과하는 순서 번호로 기술할 수 있게 됐다. 앞서 언급했듯이 수신자에 저장된 다른 윈도우 내부 데이터와 ACK 번호와의 차이를 구멍[hole]이라고 부른다. 구멍을 초과하는 순서 번호를 갖는 데이터를 비순차[put-of-sequence] 데이터라고 부르는데, 이 데이터는 순서 번호의 관점에서는 이미 수신된 다른 데이터와 연속적이지 않기 때문이다.

발신 TCP이 할 일은 수신자가 놓친 데이터를 재전송함으로써 수신자의 구멍을 채우면서 동시에 수신자가 이미 갖고 있는 데이터를 재전송하지 않음으로써 가급적 효율적으로 동작하는 것이다. 많은 경우에 적절히 동작하는 SACK 발신자는 SACK를 사용하지 않는 경우보다 더 신속하게 그리고 불필요한 재전송을 피하면서 구멍을 채울 수 있다. 추가 구멍들을 학습하기 위해서 RTT 시간을 끝까지 기다릴 필요가 없기 때문이다. SACK 옵션이 사용되면, ACK는 수신자의 비순차 데이터에 대한 정보를 포함하는 최대 3개 혹은 4개의 SACK 블록의 도움을 받을 수 있다. 각 SACK 블록은 수신자에 들어있는 비순차 데이터의 연속적 블록의 첫 번째와 마지막(+1) 순서 번호를 나타내는 2개의 32비트 순서 번호를 포함한다.

n개의 블록을 지정하는 SACK 옵션의 길이는 8n+2 바이트이므로, TCP 옵션 저장에 40 바이트를 사용할 수 있다면 최대 4개 블록을 지정할 수 있다. SACK는 TSOPT와 함께 사용될 때가 많은데, TSOPT가 추가로 10바이트(및 채우기 용으로 2바이트)가 든다. 이는 SACK가 일반적으로 ACK당 단지 3개의 블록만을 포함할 수 있다는 것을 의미한다.

3개의 블록이 있다면 최대 3개의 구멍이 발신자에게 알려질 수 있다. 혼잡 제어(16장 참조)에 의해 제한되지 않는다면 3개의 구멍 모두 SACK 지원 발신자일 경우 1번의 왕복 시간 내에 채워질 수 있다. 1개 이상의 SACK 블록을 포함하는 ACK 패킷을 그냥 'SACK'라고 부르기도 한다.

## 14.6.1 SACK 수신자 동작

SACK를 지원하는 수신자는 TCP 연결 성립 중에 SACK-허용[Permitted] 옵션을 수신했다면 SACK를 생성할 수 있다(13장 참조). 일반적으로 수신자는 버퍼에 순서에 벗어난 데이터가 존재할 때마다 SACK를 생성한다. 이것은 전송 중에 데이터가 손실됐기 때문에 또는 데이터가 재순서화돼서 과거 데이터보다 신규 데이터가 먼저 수신자에 도착했기 때문에 일어난다. 여기서는 첫 번째 경우를 살펴보고, 두 번째 경우는 다음에 다룬다.

수신자는 가장 최근에 수신된 세그먼트에 들어있던 순서 번호 범위를 첫 번째 SACK 블록에 둔다. SACK 옵션 내의 공간이 제한적이므로, 가급적 가장 최신의 정보를 발신 TCP에 제공하는 것이 가장 좋다. 다른 SACK 블록들은 그 전의 SACK 옵션에서 첫 번째 블록으로서 나타났던 순서로 나열된다. 다시 말해서 (다른 세그먼트 내에서) 가장 최근에 전송된 SACK 블록들을 반복함으로써 채워지는데, 이 블록은 현재 생성 중인 옵션에 위치할 다른 블록의 부분집합이 아니다.

SACK 옵션에 2개 이상의 SACK 블록을 포함하고 이 블록들을 다수의 SACK에 걸쳐 반복하는 것은 손실되는 경우에 대비하기 위해서다. SACK가 결코 손실되지 않는다면, SACK당 1개의 SACK 블록만 있으면 된다고 [RFC2018]은 지적한다. 하지만 불행히도 SACK와 정규 ACK는 가끔 손실되며, 데이터를 포함하지 않는다면(또는 SYN 혹은 FIN 제어 비트 필드가 설정되지 않았다면) TCP에 의해 재전송되지도 않는다.

## 14.6.2 SACK 발신자 동작

SACK를 완벽히 이용하기 위해서는 SACK를 지원하는 수신자가 적절한 SACK 정보를 생성하는 것이 필요하지만, 그것만으로는 TCP 연결이 SACK의 혜택을 보기에 충분치 않다. SACK 블록을 제대로 다룰 수 있고 수신자에 손실 세그먼트만을 전송하는 선택적 재전송selective retransmission(선택적 반복selective repeat라고도 한다)을 수행하는 SACK 지원 발신자도 사용돼야 한다. SACK 발신자는 (보통의 TCP 발신자처럼) 자신이 수신한 누적 ACK 정보를 관리하며, 여기에 더해서 SACK 정보도 관리한다. 수신자에서 생성된 SACK 정보를 사용함으로써 이미 갖고 있다고 수신자가 보고한 데이터의 재전송을 피할 수 있는 것이다. 이렇게 하는 한 가지 방법은 재전송 버퍼 내의 각 세그먼트마다 'SACK됐음'을 표시하는 것이다. 이 표시는 해당 범위의 순서 번호가 SACK 내에 도착할 때마다 설정된다.

SACK 지원 발신자가 재전송을 수행할 기회가 됐을 때, 일반적으로 SACK를 수신했거나 다수의 중복 ACK를 관찰했으므로 신규 데이터를 보낼지, 오래된 데이터를 재전송할지를 선택할 수 있다. SACK 정보는 수신자에 존재하는 순서 번호 범위를 제공하므로, 수신자의 구멍을 채우기 위해서는 어느 세그먼트를 재전송해야 할지 추론할 수 있다. 가장 단순한 방법은 혼잡 제어 절차가 허용한다면 수신자의 구멍을 먼저 채우고 그다음에 신규 데이터를 보내는 것이다[RFC3517]. 이것이 가장 일반적인 접근 방법이다.

이 동작에는 한 가지 예외가 있다. 현재의 SACK 옵션을 정의하는 [RFC2018]에서 SACK 블록은 권장 사항으로 간주된다. 이것은 수신자는 일부 순서 번호가 성공적으로 수신됐음을 나타내며 SACK을 발신자에게 보낸 뒤에 마음을 바꿀 수도(즉, '약속을 어길 수도') 있다는 뜻이다. 이때문에 SACK 발신자는 SACK만을 수신한 데이터의 재전송 버퍼를 해제할 수 없다. 수신자의 정규 TCP ACK 번호가 이 데이터의 가장 높은 순서 번호를 지나간 뒤에야 비로소 데이터 블록을 해제하는 것이 허용되기 때문이다. 이 규칙은 재전송 타이머가 만료될 때 TCP가 해야 할 일에도 영향을 미친다. 발신 TCP가 타이머 기반 재전송을 시작할 때 수신자에서의 비순차 데이터에 관한 모든 정보는 잊혀져야 한다. 만일 비순차 데이터가 수신자에 남아 있으면 재전송 세그먼트에 대한 ACK는 추가 SACK 블록을 포함하며 발신자가 이를 사용할 수 있기 때문이다. 다행히 이러한 약속 위반은 드물며 권장되지 않는다.

### 14.6.3 예제

어떻게 SACK의 사용이 발신자와 수신자의 동작을 변화시키는지 이해하기 위해 동일한 설정(순서 번호 23601과 28801의 폐기)을 가지고 빠른 재전송 실험을 반복해보자. 그러나 이번에는 발신자와 수신자가 SACK을 사용한다. 어떤 일이 발생하는지 금세 감을 잡기 위해서 와이어샤크의 TCP 순서 번호 플롯 기능<sup>tcptrace</sup>을 사용한다(그림 14-9 참조).

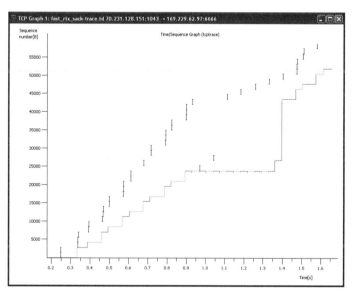

**그림 14-9** 빠른 재전송은 SACK 정보를 포함하고 있는 첫 번째 중복 ACK의 도착에 의해 유발된다. 다음 ACK의 도착은 발신자가 두 번째 손실 세그먼트에 대해 알게 하고 동일 RTT 내에서 재전송하게 만든다.

그림 14-9는 그림 14-6과 유사하지만 SACK 발신자가 세그먼트 23601을 재전송한 후에 손실 세그먼트 28801을 재전송하기 위해 RTT를 기다리지 않는다. 이것은 도착 ACK에 포함된 SACK 정보의 결과다. 이에 대해서는 나중에 자세히 살펴보고, 여기서는 먼저 연결 설정 동안 SACK 허용 옵션의 협상을 확인하자. 이것은 그림 14-10에서 볼 수 있다.

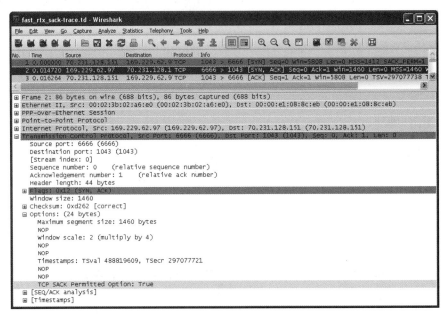

**그림 14-10** SYN 세그먼트 내에서 교환되는 SACK 허용 옵션은 SACK 정보를 생성 및 처리할 수 있음을 표시한다. 최근의 TCP는 대부분 연결 성립 중에 MSS, 타임스탬프, 윈도우 스케일, SACK 허용 옵션을 지원한다.

예상대로 수신자는 SACK 허용 옵션으로 자신이 SACK를 사용할 수 있음을 표시한다. 발신자가 보낸 SYN 패킷(화면에서 첫 번째 패킷) 역시 같은 옵션을 포함한다. 이런 옵션들은 연결 설정 시에만 존재하므로, SYN 비트 필드가 설정된 세그먼트에만 나타난다.

SACK 사용이 허용된 연결에서 패킷 손실은 일반적으로 수신자가 SACK 생성을 시작하게 한다. 예를 들면 와이어샤크는 첫 번째 SACK가 선택될 때 SACK 옵션의 내용을 보여준다(그림 14-11).

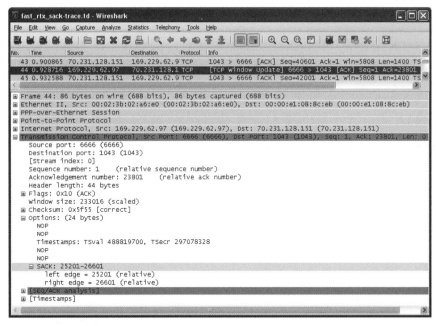

**그림 14-11** SACK 정보를 포함하고 있는 첫 번째 ACK은 순서 번호 범위 25201에서 26601인 순서에 벗어난 블록을 표시한다.

그림 14-11은 첫 번째 SACK가 수신된 후에 일련의 이벤트를 보여준다. 와이어샤크는 SACK 범위의 왼쪽 끝과 오른쪽 끝을 표시함으로써 SACK 정보를 표시한다. 여기서는 23801에 대한 ACK가 수신자의 구멍을 표시하는 [25201, 26601]의 SACK 블록을 포함하는 것을 알 수 있다. 수신자는 순서 번호 범위 [23801, 25200]을 갖고 있지 않은데, 이것은 순서 번호 23801로 시작하는 1개의 1400바이트 패킷에 대응한다. 이 SACK은 윈도우 갱신이므로 중복 ACK로 간주되지 않는다는 점을 앞서 설명한 바 있다. 따라서 빠른 재전송을 일으키지 않는다.

시간 0.967에 도착하는 SACK는 2개의 SACK 블록 [28001, 29401]과 [25201,26601]을 포함한다. 이전 SACK의 첫 번째 SACK 블록이 ACK 손실에 대비하기 위해서 후속 SACK의 나중 위치에서 반복된다는 점을 기억하자. 이 SACK은 순서 번호 23801에 대한 중복 ACK이고, 지금 수신자가 순서 번호 23801과 26601으로 시작하는 2개의 전체 크기 세그먼트를 필요로 한다는 것을 암시한다. 발신자는 즉시 빠른 재전송을 시작함으로써 반응하지만, 혼잡 제어 절차 때문에(16장 참조) 발신자는 세그먼트 23801에 대한 1개의 재전송만을 보낸다. 2개의 추가적인 ACK가 도착하면 발신자는 세그먼트 26601에 대한 두 번째 재전송을 보낼 수 있다.

TCP SACK 발신자는 NewReno 알고리즘과 함께 소개했던 복구점 아이디어를 사용한다. 이 예제에서 재전송 이전에 전송된 가장 높은 순서 번호는 그림 14-5의 NewReno 예제보다 낮은 43400이다. 이러한 SACK 빠른 재전송의 구현에는 3개의 중복 ACK가 요구되지 않는다. TCP가 재전송을 더 먼저 시작하지만, 복구의 출구는 동일하다. 순서 번호 43402에 대한 ACK는 시간 1.3958에 수신되고, 복구는 종료된다.

SACK를 사용해 발신자를 더 잘 제어할 수 있다고 해서 반드시 전반적인 처리량 성능이 증가하지는 않는다는 점은 흥미롭다. 지금까지 살펴본 2개의 예제를 통해서 이 사실을 유추할 수 있다. NewReno(SACK 사용 안 함) 발신자는 3,592초에 131,074바이트의 데이터 전송을 완료하는 반면 SACK 발신자는 3,674초에 완료한다. 하지만 이 2개의 측정을 직접 비교할 수는 없는데 비록 비슷하기는 했지만 완전히 동일한 네트워크 조건은 아니기 때문이다(시뮬레이션이 아니라 실제 환경에서의 테스트였다). SACK의 장점은 RTT가 크고 패킷 손실이 심각할 때 더 명확하다. 이런 환경에서 RTT당 2개 이상의 구멍을 채울 수 있다는 장점이 더 중요해 보인다.

## 14.7 유사 타임아웃과 재전송

많은 상황에서 TCP는 데이터를 손실하지 않은 경우에도 재전송을 시작할 수도 있다. 이런 원하지 않는 재전송은 유사 재전송spurious retransmission이라 부르며 의사 타임아웃(너무 일찍 종료된 타임아웃)이나 패킷 재순서화, 패킷 중복 혹은 ACK 손실과 같은 이유에 의해 발생한다. 의사 타임아웃은 실제 RTT가 최근에 RTO를 초과하는 값으로 큰 폭 증가할 때 일어난다. 주로 하위 계층 프로토콜의 성능 변동폭이 클 때(예를 들면 무선 환경) 자주 발생하며 [KP87]의 주요 관심사였다. 여기서는 의사 타임아웃에 의해 유발되는 가짜 재전송에 초점을 맞춘다. TCP의 재순서와 중복의 효과는 다음 절로 연기한다.

의사 타이아웃을 다루기 위해 많은 방법이 제안됐는데 일반적으로 검출detection 알고리즘과 응답response 알고리즘을 포함한다. 검출 알고리즘은 타임아웃 혹은 타이머 기반 재전송이 불필요한 것이었는지 확인하려고 시도한다. 응답 알고리즘은 타임아웃이나 재전송이 불필요했다고 판정된 후에 실행된다. 응답 알고리즘의 목적은 재전송 타이머가 만료될 때 TCP가 통상적으로 수행하는 동작을 취소 혹은 완화하는 것이다. 14장에서는 세그먼트 재전송만 논의한다. 응답 알고리즘은 대체로 혼잡 제어 변화도 포함하므로 16장에서 다룬다.

그림 14-12는 세그먼트 8이 전송된 후에 ACK 경로의 지연 스파이크 때문에 가짜 재전송이 발생할 때 기초적인 TCP에 무슨 일이 일어나는지 보여주는 매우 단순화된 세그먼트 교환을 보여준다. 타임아웃 때문에 세그먼트 5의 재전송이 발생한 후 원래 세그먼트 5-8로 인한 ACK가 여전히 전송되고 있다. 이 그림에서 순서 번호와 ACK 번호는 바이트 대신 패킷에 기반을 두는데, 단순화를 위해 ACK는 다음에 도착한다고 예상되는 것이 아니라 이미 도착한 것을 표시한다. ACK가 도착하면 TCP는 이미 수신된 추가 세그먼트들을 재전송하기 시작하는데 ACK된 세그먼트의 다음 세그먼트부터 재전송한다. 이로 인해 TCP는 바람직하지 않은 'go-back-N' 패턴으로 동작하게 되고, 중복 ACK들이 생성돼 발신자에게 보내지며 빠른 재전송도 일어날 수 있다. 이런 문제를 완화하기 위해 다수의 기술이 개발됐다. 여기서는 그중에서 널리 쓰이는 방법 몇 가지를 살펴보자.

## 14.7.1 중복 SACK(DSACK) 확장

SACK을 사용하지 않는 TCP에서 ACK는 발신자에 반환된 가장 높은 순차 세그먼트만 표시할 수 있는 반면, SACK에서는 다른(순서에 벗어난) 세그먼트도 알릴 수 있다. 앞서 설명했던 기초적인 SACK 메커니즘은 수신자가 중복 데이터 세그먼트를 수신할 때 어떤 일이 일어나는지에 대해 언급하지 않았다. 중복 데이터 세그먼트는 가짜 재전송, 네트워크 내의 중복 혹은 다른 이유의 결과일 수 있다.

중복 SACK[RFC2883]을 의미하는 DSAK 혹은 D-SACK은 SACK 수신자에 적용되는 규칙이며 기존의 SACK 발신자와 상호 동작할 수 있으므로, 최초의 SACK 블록은 수신자에 이미 도착한 중복 세그먼트의 순서 번호를 표시한다. DSACK의 주된 목적은 재전송이 불필요할 때를 결정하거나 네트워크에 대한 부가적인 사실을 학습하는 것이다. DSACK을 사용하면 발신자는 패킷 재순서화, ACK의 손실, 패킷 복제 그리고/또는 유사 재전송이 일어나고 있는지 최소한 추론을 할 수 있다.

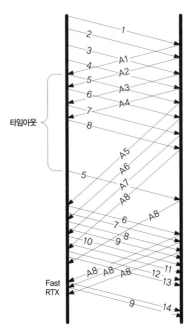

**그림 14-12** 세그먼트 8이 전송된 후에 지연 스파이크가 발생하며, 이로 인해 패킷 5의 유사 타임아웃과 재전송이 일어난다. 재전송 후에 패킷 5의 첫 번째 사본에 대한 ACK가 도착한다. 패킷 5에 대한 재전송은 수신자에 중복 패킷을 발생시켜서 바람직하지 않은 'go-back-N' 동작이 이어진다. 즉, 수신자에 이미 수신됐음에도 불구하고 패킷 6, 7, 8이 재전송된다.

DSACK의 별도 협상이 없어도 사용할 수 있다는 점에서 기존 SACK와 호환성을 가진다. DSACK이 제대로 동작하도록 수신자가 보내는 SACK의 내용이 변경되고 이에 대응해서 발신자 측의 논리도 변경된다. DSACK을 사용하지 않는 TCP가 DSACK TCP와 연결을 공유해도 상호 동작은 되지만, DSACK의 장점은 전혀 누릴 수 없다.

SACK 수신자의 변경되는 점은 누적 ACK 번호 필드 '이하의' 순서 번호를 포괄하는 SACK 블록도 포함되도록 허용하는 것이다. 이것은 SACK의 원래 의도와 다르지만 그 기능은 이 목적과 잘 부합한다(DSACK 정보가 누적 ACK 번호 필드보다 큰 경우에도 마찬가지로 적용된다. 이것은 순서에서 벗어난 중복 세그먼트에 대해 일어난다). DSACK 정보는 1개의 ACK에만 포함되며 이러한 ACK를 DSACK라고 부른다. DSACK 정보는 통상적인 SACK 정보와 달리 다수의 SACK에 걸쳐 반복되지 않는다. 따라서 DSACK는 통상의 SACK보다 장애에 대한 내성이 약하다.

DSAK 정보를 받은 발신자가 정확히 어떻게 해야 하는지에 대해서 [RFC2882]는 정의하고 있지 않다. DSACK를 사용해서 유사 재전송을 검출하는 실험적 알고리즘이 [RFC3708]에 실려있으나 이 문서는 응답 알고리즘은 제공하지 않는다. 다만 아이펠 응답 알고리즘을 사용할 것을 언급하고 있는데 먼저 몇 가지 검출 알고리즘을 살펴본 뒤 14.7.4절에서 아이펠 응답 알고리즘을 논의하기로 하자.

## 14.7.2 아이펠 검출 알고리즘

이번 장의 앞부분에서 우리는 재전송 모호성 문제를 논의했다. 실험적인 아이펠 검출 알고리즘[RFC3522]은 TCP TSOPT를 사용해 유사 재전송을 검출함으로써 이 문제에 접근한다. 재전송 타임아웃이 일어난 후 아이펠은 허용 가능한 그다음 ACK를 기다린다. 그 ACK가 재전송된 패킷의 첫 번째 사본(이를 원본 전송이라 부름)이 ACK의 원인이었다고 표시하면, 이 재전송은 유사 재전송이었던 것으로 간주된다.

아이펠 검출 알고리즘은 DSACK만 사용할 때보다 유사 재전송을 더 빨리 검출할 수 있다. 손실 복구가 시작되기 '전에' 도착한 패킷의 결과로서 생성된 ACK를 이용하기 때문이다. 역으로 DSACK는 수신자에 중복 세그먼트가 도착한 직후에 전송될 수 있으며 DSACK이 발신자에 돌아온 직후에 동작할 수 있다. 유사 재전송을 조기에 검출하면 발신자는 대부분의 g-back-N 동작을 피할 수 있다는 장점이 있다.

아이펠 검출 알고리즘의 원리는 간단하다. TCP TSOPT의 사용을 필요로 한다. 재전송이 보내질 때(타이머 기반 재전송이든 빠른 재전송이든) TSV 값이 저장된다. 자신의 순서 번호를 포괄하는 첫 번째 허용 가능한 ACK가 수신되면 이 ACK의 TSER 부분이 조사된다. 이 값이 저장된 TSV 값보다 작으면 ACK는 재전송이 아니라 패킷의 원본 전송에 해당하며, 따라서 유사 재전송이었음을 시사한다. 이 방법은 ACK 손실에 대한 내성도 강하다. ACK 하나가 손실되더라도, 후속 ACK들 역시 저장된 TSV 값보다 작은 TSER 값을 갖고 있을 것이다. 따라서 윈도우에 속하는 어떤 ACK가 도착해도 유사 재전송으로 판정될 것이므로 ACK 1개의 손실이 문제가 될 가능성은 높지 않다.

아이펠 검출 알고리즘은 DSACK과 조합될 수 있다. 이러한 조합은 윈도우의 전체 ACK가 손실됐으나 원본 전송과 재전송이 둘 다 수신자에 도착한 상황에서 장점이 있다. 이러한 상황에서 재전송이 도착하면 DSACK이 생성된다. 아이펠 검출 알고리즘은 기본적으로 유사 재전송이었다고 결론내린다. 하지만 너무 많은 ACK가 손실되면, TCP로 하여금 유사 재전송이 아니었다고 믿게 만드는 것이 더 나을 것이다(예를 들어 더 천천히 보내도록 유도할 수 있다. 이것은 16장에서 논의할 혼잡 제어 절차의 결과이다). 이처럼 DSACK의 도착은 그 전의 재전송이 유사 재전송이 아니었다는 결론을 아이펠 검출 알고리즘이 내리도록 만든다.

### 14.7.3 전진 RTO 복구(F-RTO)

전진 RTO 복구Forward-RTO Recovery[RFC5682]는 가짜 재전송을 검출하는 표준 알고리즘이다. 이것은 어떠한 TCP 옵션도 요구하지 않으므로, 발신자에 이 기능을 구현하면 TCP TSOPT를 지원하지 않는 오래된 수신자와도 문제없이 사용될 수 있다. 이것은 재전송 타이머의 종료에 의해 발생하는 가짜 재전송만을 검출하려고 시도한다. 즉, 유사 재전송이나 중복 등의 다른 원인에 의한 것은 다루지 않는다.

F-RTO는 타이머 기반 재전송 후에 TCP가 통상적으로 수행하는 동작을 약간 변경한다. 타이머 기반 재전송은 ACK가 아직 수신되지 않은 가장 작은 순서 번호에 대한 것이다. 통상적으로 TCP는 추가 ACK들이 도착하면 추가 인접 패킷들을 계속 보낸다. 이것이 앞서 설명한 go-back-N 동작이다. 이것이 이전에 기술된 go-back-N 동작이다.

반면에 F-RTO는 타이머 기반 재전송 후 첫 번째 ACK가 도착할 때 TCP에게 새로운(즉, 아직 보낸 적 없는) 데이터를 전송하도록 TCP의 동작을 변경한다. 그리고 나서 두 번째로 도착한 ACK를 검사한다. 그래서 재전송이 보내진 후 도착한 처음 2개의 ACK 중 하나라도 중복 ACK라면 재전송은 OK였다고 판단한다. 반면에 둘 다 발신자의 윈도우를 전진시키는 허용 가능 ACK라면 앞서의 재전송은 유사 재전송이었다고 간주한다. 이 방법은 꽤 직관적이다. 새로운 데이터의 전송으로 허용 가능 ACK가 도착했다면, 그 새로운 데이터의 도착은 수신자의 윈도우를 앞으로 이동시킨다. 반면에 새로운 데이터가 중복 ACK를 만들 뿐이라면 수신자에는 1개 이상의 구멍이 있을 것이 분명하다. 어느 경우든 수신자에서 새로운 데이터의 수신은 전반적인 데이터 전송 성능에 나쁜 영향을 미치지 않는다(단, 수신자에 충분한 버퍼가 존재한다는 전제 하에).

### 14.7.4 아이펠 응답 알고리즘

아이펠 응답 알고리즘Eifel Response Algorithm[RFC4015]은 유사 재전송이었음이 판명된 후에 TCP가 실행하는 표준적인 동작들의 집합이다. 이 응답 알고리즘은 논리적으로 아이펠 검출 알고리즘과 분리돼 있기 때문에 다른 어떤 검출 알고리즘과도 사용할 수 있다. 아이펠 응답 알고리즘은 원래 타이머 기반 재전송에서의 유사 재전송과 빠른 재전송에서의 유사 재전송 모두에 대해 동작하도록 개발됐지만, 현재는 타이머 기반 재전송의 경우에만 사용되고 있다.

아이펠 응답 알고리즘이 어떤 검출 알고리즘과도 함께 사용될 수 있지만, 유사 타임아웃이 조기에 검출되는지(예를 들면 아이펠 또는 F-RTO 검출 알고리즘에 의해) 아니면 나중에 검출되는지에(예를 들면 DSACK에 의해서) 따라서 동작 양상이 약간 다르다. 전자의 경우, 그냥 유사 타임아웃이라 부르며 원본 전송에 대한 ACK를 검사하는 방법이 사용된다. 반면에 후자의 경우는 지연late 유사 타임아웃이라 부르며 (유사) 타임아웃의 결과로서 일어난 재전송에 대한 ACK를 바탕으로 한다.

이 응답 알고리즘은 첫 번째 재전송 타이머 이벤트 시에만 동작한다. 복구가 완료되기 전에 후속 타임아웃이 발생해도 실행되지 않는다. 재전송 타이머의 만료 후 srtt와 rttvar의 값을 취하고, 새로운 변수 srtt_prev와 rttvar_prev에 아래와 같이 기록한다.

$$srtt\_prev = srtt + 2(G)$$
$$rttvar\_prev = rttvar$$

이 변수들은 타이머 만료 시에 할당되지만, 유사 타임아웃이었다고 판정될 때만 사용된다. 이 경우 새로운 RTO 값 설정을 위한 기초를 형성하는 데 도움이 된다. 위 공식에서 변수 G는 TCP 클럭의 정밀도를 나타낸다. srtt_prev는 srtt에 타이머 정밀도의 2배를 더한 값으로 설정되는데, 그 근거는 다음과 같다. 유사 타임아웃이 일어난 것은 srtt의 값이 너무 작아서 그랬을 수 있다. 조금 더 컸다면 타임아웃은 일어나지 않았을 것이다. srtt에 2(G)를 더하는 것은 srtt_prev에 약간 증가된 값을 저장함으로써 이런 상황에 대처하기 위한 것이다. srtt_prev 값은 나중에 RTO 설정에 사용된다.

srtt_prev와 rttvar_prev 값이 저장된 후에 검출 알고리즘 가운데 하나가 실행된다. 검출 알고리즘을 실행한 결과, SpuriousRecovery라는 이름의 변수에 값이 할당된다. 검출 알고리즘이 유사 타임아웃을 검출하면 이 변수의 값은 SPUR_TO로 설정되고, 지연 유사 타임아웃을 검출하면 LATE_SPUR_TO로 설정된다. 둘 다 아니라면 유사 타임아웃이 아니므로 통상적인 TCP 타임아웃 절차가 계속된다.

SpuriousRecovery의 값이 SPUR_TO이면 TCP는 복구가 완료되기 전에 동작을 취할 수 있다. 보내고자 하는 다음 세그먼트의 순서 번호(SND.NXT라고 함)를 첫 번째 신규 미전송 세그먼트의 순서번호(SND.MAX라고 함)로 조정하는 것이다. 이렇게 하면 첫 번째 재전송 이후에 바람직하지 않은 go-back-N 동작을 예방할 수 있다. 검출 알고리즘이 지연 유사 타임아웃을 검출하면 최초 재전송에 대한 ACK가 이미 발생했으므로 SND.NXT는 변경되지 않는다. 하지만 어느 경우든 혼잡 제어 상태는 재설정된다(16장 참조). 또 재전송 타이머가 만료된 후에 전송된 세그먼트에 대해서 허용 가능한 ACK가 수신되면 srtt, rttvar, RTO의 값은 다음과 같이 갱신된다.

$$srtt \leftarrow max(srtt\_prev, m)$$
$$rttvar \leftarrow max(rttvar\_prev, m/2)$$
$$RTO = srtt + max(G, 4(rttvar))$$

여기서 m은 타임아웃 후에 전송된 데이터에 대한 최초의 허용 가능한 ACK의 수신에 기초하는 연결의 RTT 표본값이다. 이처럼 식이 수정된 이유는 실제의 RTT가 크게 변경돼서 현재의 RTT 추정 내역이 더 이상 RTO 설정을 위한 기반이 될 수 없을 수 있기 때문이다. 실제 경로의 RTT가 급격히 증가했을 경우(예를 들면 신규 스테이션으로 무선 핸드오프가 있어서) 현재의 srtt와 rttvar 값은 너무 작을 가능성이 높으며 따라서 다시 초기화돼야 한다. 반면에 경로 RTT값의 증가가 일시적일 수도 있으며 이때는 srtt와 rttvar 값의 초기화는 좋은 생각이 아닐 수 있다. 이미 근사적으로 정확한 값일 가능성이 높기 때문이다.

위 식들은 이러한 2가지 상황 간에 균형을 맞추기 위해서 신규 RTT 표본이 더 클 경우에만 srtt와 rttvar을 다시 할당한다. 이렇게 하는 것은 실질적으로 이전의 RTT 내역(그리고 RTT 분산)을 버리는 것과 같다. srtt와 rttvar의 값은 응답 알고리즘의 결과로서만 증가할 수 있다. RTT가 증가하는 것 같지 않으면 추정값은 변경되지 않으며 타임아웃이 발생했다는 사실을 무시한다. RTO는 통상적인 방법으로 재할당되고 이 타임아웃 값에 대해 새로운 재전송 타이머가 설정된다.

## 14.8 패킷 재순서화와 중복

지금까지 설명한 대부분의 주제들은 TCP가 어떻게 패킷 손실을 처리하는지와 관계가 있었다. 이것은 상대적으로 흔한 주제로서 TCP가 패킷 폐기에 내성을 갖도록 많은 연구가 이뤄졌다. 하지만 이번 절에서 살펴볼 중복이나 재순서화 등의 이상 현상도 TCP의 동작에 영향을 미칠 수 있다. 우리는 TCP가 재순서화 또는 중복된 패킷과 손실된 패킷을 구별할 수 있기를 원한다. 지금부터 살펴보겠지만 이 문제는 그리 간단하지 않다.

### 14.8.1 재순서화

패킷 재순서화가 발생할 수 있는 이유는 패킷이 전달되는 중에 패킷들의 상대적인 순서가 유지되도록 IP가 보장하지 않기 때문이다. (적어도 IP 입장에서는) 이것이 장점일 수도 있는데 네트워크에 새로 주입된 트래픽이 더 오래된 트래픽보다 먼저 도착함으로써 일어날 수 있는 결과(즉, 수신자에서 수신된 순서가 발신자에서 전송된 순서와 일치하지 않음)에 대해 걱정할 필요없이 IP가 트래픽에 대해 다른(예를 들면, 더 빠른) 경로를 선택할 수 있기 때문이다. 다른 이유로 패킷 재순서화가 일어나기도 한다. 예를 들어 일부 고성능 라우터는 하드웨어 내에 다중 병렬 데이터 경로를 채택하고 있으며[BPS99] 패킷 간에 처리 시간이 달라서 출발 순서와 도착 순서가 달라질 수 있다.

재순서화는 TCP 연결의 순방향 경로 혹은 역방향 경로에서 일어날 수 있다(양방향 경로 모두에서 일어날 때도 있다). 데이터 세그먼트의 재순서화는 ACK 패킷의 재순서화는 약간 다르게 TCP에 영향을 미친다. 비대칭 라우팅 때문에 ACK가 순방향 경로에서 데이터 패킷이 지났던 것과 다른 네트워크 링크(그리고 다른 라우터)를 지나는 경우가 자주 있음을 상기하자.

트래픽이 재순서화되면 TCP는 여러 가지로 영향을 받을 수 있다. 재순서화가 역방향에서(ACK) 일어나면, 발신측 TCP는 윈도우를 크게 전진시키는 ACK를 먼저 수신하고 그 뒤에 이제 불필요한 것임이 분명한(그래서 버려지는) 예전 ACK를 수신한다. 이로 인해서 원치 않는 폭주<sup>burstiness</sup> (순간적인 고속 전송)가 TCP의 전송 패턴에 나타날 수 있으며 TCP의 혼잡 제어 동작으로 인해서 가용 네트워크 대역폭의 활용에도 어려움이 따를 수 있다.

재순서화가 순방향에서 발생하면 TCP는 이 상황을 손실과 구별하는 데 어려움을 겪을 수도 있다. 손실과 재순서화는 둘 다 수신자로 하여금 순서에서 벗어난 패킷을 수신하게 만든다. 이로 인해 수신자에는 다음에 올 것으로 예상되는 패킷과 지금까지 수신된 패킷들 간에 구멍이 생성된다. 재순서화의 정도가 심하지 않을 때는(예를 들면 2개의 인접 패킷이 순서를 바꾼 경우) 꽤 신속하게 상황에 대처할 수 있다. 하지만 재순서화의 정도가 심할 경우는 데이터가 실제로는 손실되지 않았음에도 TCP는 데이터가 손실됐다고 잘못 믿게 될 수도 있다. 이로 인해 유사 재전송이 일어날 수 있으며 주로 빠른 재전송 알고리즘에서 볼 수 있다.

빠른 재전송 알고리즘은 TCP 수신자가 보낸 중복 ACK을 사용해서 패킷 손실을 추론하고 재전송 타이머 만료를 기다릴 필요 없이 재전송을 시작한다고 앞서 배웠다. 패킷 손실 시에 빠른 재전송을 유도하기 위해 수신자는 자신이 수신한 비순차 데이터에 대해 즉시 ACK를 보내야 하므로, 네트워크 내에서 재순서화된 패킷이 있으면 수신자는 중복 ACK를 생성하게 된다. 발신자가 중복 ACK를 받을 때마다 빠른 재전송이 실행된다면 약간의 재순서화가 일상적으로 일어나는 네트워크 경로에서 대량의 불필요한 재전송이 일어날 것이다. 이러한 상황을 막기 위해서 빠른 재전송은 중복 임계값<sup>dupthresh</sup>에 도달한 후에만 시작된다.

효과는 그림 14-13에서 보여준다. 그림의 왼쪽 부분은 TCP가 가벼운 재순서화에 어떻게 동작하는지를 나타내는데, dupthresh는 3으로 설정돼 있다. 이 경우 1개의 중복 ACK는 TCP에 영향을 미치지 않는다. 그냥 무시되고 TCP에는 재순서화의 영향이 없다. 오른쪽 그림은 패킷들이 더 심하게 재순서화된 경우다. 3개의 위치만큼 비순차적이므로 3개의 중복 ACK가 생성된다. 이로 인해 발신측 TCP는 빠른 재전송을 실행하고 그 결과 수신자에는 중복 세그먼트가 생긴다.

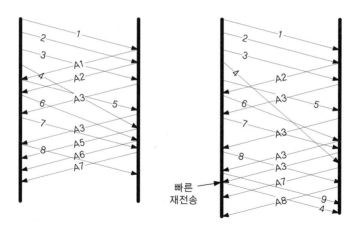

**그림 14-13** 가벼운 재순서화(왼쪽)는 적은 수의 중복 ACK를 그냥 무시하면 된다. 재순서화가 좀 더 심각해지면(오른쪽), 이 경우 패킷 4가 3개의 위치만큼 순서에서 벗어나므로 의사 빠른 재전송이 유발된다.

재순서화와 손실을 구별하는 문제는 사소하지 않다. 이 문제는 발신자가 수신자의 분명한 홀을 채우기 위해 충분히 긴 시간동안 대기할 때를 결정하기 위한 노력과 관련이 있다. 다행히도 인터넷에서 심각한 정도의 재순서화는 자주 일어나지 않기 때문에 [J03] dupthresh를 상대적으로 작은 값(예를 들면 기본값인 3)으로 설정함으로써 대부분의 경우를 처리할 수 있다. 그럼에도 불구하고 심각한 재순서화를 다루기 위해 TCP를 수정하는 수많은 연구가 이뤄지고 있다[LLY07]. 이런 연구의 일부는 리눅스 TCP 구현처럼 dupthresh를 동적으로 조정한다.

## 14.8.2 중복

드물기는 하지만 IP 프로토콜이 하나의 패킷을 두 번 이상 전달할 수 있다. 예를 들어 링크 계층 네트워크 프로토콜이 재전송을 수행해서 동일한 패킷의 2개의 사본을 생성할 때 이런 일이 발생한다. 중복 사본이 생성되면 TCP는 지금까지 보았듯이 여러 가지로 혼란에 빠질 수 있다. 패킷 번호 3이 3번 중복 생성되는 그림 14-4의 경우를 보자.

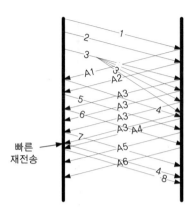

**그림 14-14** 네트워크 내에 패킷 중복 생성은 중복 ACK의 존재로 인해 불필요하게 빠른 재전송을 유발한다.

이 그림에서 볼 수 있듯이 중복 생성된 패킷 3으로 인해서 수신자는 일련의 중복 ACK들을 만든다. 이것은 불필요하게 빠른 재전송을 일으키기에 충분하다. SACK을 사용하지 않는 발신자는 패킷 5와 6이 먼저 도착했다고 잘못 믿을 수 있기 때문이다. SACK(특히 DSACK)이 사용된다면 발신자는 더 쉽게 상황을 진단할 수 있다. DSACK이 사용된다면 A3에 대한 중복 ACK들은 모두 세그먼트 3이 이미 수신됐다는 DSACK 정보를 포함한다. 게다가 그중 어느 것도 순서에서 벗어난 데이터의 표시를 포함하지 않는데, 이는 도착하는 패킷(혹은 그 ACK)들이 중복 생성된 것임이 틀림없음을 의미한다. TCP는 이런 경우에 가짜 재전송을 억제할 수 있다.

## 14.9 목적지 지표

지금까지 보았듯이 TCP는 발신자와 수신자 간 네트워크 경로의 특성을 오랜 시간에 걸쳐서 '학습한다'. 학습한 내용은 srtt와 rttvar 같은 발신자 측의 상태 변수에 보관된다. 일부 TCP 구현은 경로상에서 최근 일어난 패킷 재순서화에 대한 추정값도 유지한다. 이러한 학습 내용은 연결이 일단 닫히면 없어진다. 다시 말해서 동일한 수신자에 대해서 연결이 새로 시작되면, 상태 변수의 값을 정하는 과정을 처음부터 시작해야 한다.

최근의 TCP 구현들은 이번 장에서 우리가 살펴본 수많은 지표<sup>metric</sup>를 연결이 폐쇄된 후에도 존재하는 라우팅 혹은 포워딩 테이블 항목이나 기타 시스템 범위의 자료 구조에 유지한다. 그리고 새로 연결이 생성될 때 TCP는 이 수치들을 참조해 자신이 앞으로 통신하고자 하는 목적지 호스트로의 경로에 관한 사전 정보를 알아내려 한다. 만일 사전 정보가 존재하면, srtt, rttvar 등의 초기값은 상대적으로 최근의 경험에 바탕한 값으로 설정될 수 있다. TCP 연결이 폐쇄될 때 TCP에는 통계값을 갱신할 기회가 주어지는데, 이때 기존 통계값이 갱신되거나 변경될 수 있다. 리눅스 2.6의 경우, 기존의 값과 가장 최근에 TCP가 측정된 값 중에 최댓값으로 갱신된다. iproute2 도구 집합에 들어 있는 ip 프로그램을 사용해서 이 값들을 검사할 수 있다[IPR2].

```
Linux% ip route show cache 132.239.50.184
132.239.50.184 from 10.0.0.9 tos 0x10 via 10.0.0.1 dev eth0
     cache mtu 1500 rtt 29ms rttvar 29ms cwnd 2 advmas 1460 hoplimit 64
```

이 명령은 저장돼 있던 예전 연결 정보를 보여주는데, 이 연결은 로컬 시스템과 132.239.50.184 간에 IPv4 다음 홉 10.0.0.1 및 네트워크 장치 eth0을 사용했다. DSCP 값(CS2를 의미하는 16이지만, 여기서는 ToS 용어를 사용해서 0x10으로 표시됐다)을 확인할 수 있으며, 그 밖에도 패킷 크기 정보(PMTUD로 학습된 경로 MTU, 원격지에 의해 광고된 MSS), 사용하는 홉의 최대 수(IPv6의 경우. 여기서는 적용 불가), srtt와 rttvar의 값, 그리고 16장에서 배울 cwnd 등의 혼잡 제어 정보를 볼 수 있다.

## 14.10 재패킷화

타임아웃이 일어나 재전송을 해야 할 때 TCP는 반드시 동일한 세그먼트를 재전송하지 않아도 된다. 대신에 재패킷화repacketization를 수행할 수 있는데 이때 더 큰 세그먼트를 보냄으로써 성능을 높일 수 있다(당연히 이 세그먼트는 수신자의 MSS를 초과할 수 없고, 경로 MTU도 초과해서는 안 된다). 이 기법이 허용되는 것은 TCP가 전송 및 확인 응답되는 데이터를 세그먼트(혹은 패킷) 번호가 아니라 바이트 번호로 식별하기 때문이다.

원래 세그먼트와 다른 크기를 가진 세그먼트를 재전송하는 TCP의 능력은 재전송 모호성 문제를 해결하는 다른 방법을 제공한다. 이것은 재패킷화를 사용해서 유사 타임아웃을 검출하는 STODER[TZZ05]라는 아이디어의 기초가 됐다.

우리는 재패킷화가 실제로 동작하는 것을 쉽게 관찰할 수 있다. 서버로서 sock 프로그램을 실행하고 텔넷으로 이 서버에 연결한다. 먼저 hello there 라인을 입력한다. 엔터키가 눌려질 때 생성된 CR과 NL 문자를 포함해 13 데이터 바이트의 세그먼트가 생성된다. 그 다음에 네트워크 연결을 끊고 line number 2(새 줄을 포함해 14바이트)를 입력한다. 그리고 약 45초 기다린 후 and 3라고 입력한 뒤 연결을 종료한다.

```
Linux% telnet 169.229.82.97 6666
hello there              (첫 번째 줄은 잘 전송된다)
                         (그러고 나서 이더넷 케이블을 뽑는다)
line number 2            (이 줄은 재전송된다)
and 3                    (이더넷 케이블을 다시 연결한다)
^] telnet> quit
```

tcpdump:t를 이용해 결과를 볼 수 있다.

```
1 19:51:47.674418 IP 10.0.0.7.1029 > 169.229.62.97.6666:
    P 1:14(13) ack 1 win 5840          ←  "hello there\r\n"
    <nop,nop,timestamp 2343578137 596377728>

2 19:51:47.788992 IP 169.229.62.97.6666 > 10.0.0.7.1029:
    . ack 14 win 58254 <nop,nop,timestamp 596378252 2343578137>

3 19:52:35.130837 IP 10.0.0.7.1029 > 169.229.62.97.6666:
    FP 29:36(7) ack 1 win 5840         ←  "and 3\r\n"
    <nop,nop,timestamp 2343602439 596378252>

4 19:52:35.146358 IP 169.229.62.97.6666 > 10.0.0.7.1029:
    . ack 14 win 58254
    <nop,nop,timestamp 596382987 2343578137,nop,nop,
    sack sack 1 {29:36}>

5 19:52:39.414253 IP 10.0.0.7.1029 > 169.229.62.97.6666:
    FP 14:36(22) ack 1 win 5840        ←  "line number2\r\n
                                           and 3\r\n"
    <nop,nop,timestamp 2343604633 596382987>

6 19:52:39.429228 IP 169.229.62.97.6666 > 10.0.0.7.1029:
    . ack 37 win 58248 <nop,nop,timestamp 596383416 2343604633>

7 19:52:39.429696 IP 169.229.62.97.6666 > 10.0.0.7.1029:
    F 1:1(0) ack 37 win 58254
    <nop,nop,timestamp 596383416 2343604633>

8 19:52:39.430119 IP 10.0.0.7.1029 > 169.229.62.97.6666:
```

```
. ack 2 win 5840 <nop,nop,timestamp 2343604641 596383416>
```

이 출력 결과에서 초기 SYN 교환은 생략돼 있다 처음 두 세그먼트는 데이터 문자열 hello there와 그 확인 응답이다. 다음 패킷은 순차적이 아니다. 순서 번호 29로 시작하는데 문자열 and 3(7바이트)를 포함하고 있다. 이것의 응답 ACK는 ACK 번호 14를 포함하지만 SACK 블록의 상대 순서 번호는 {29, 36}이다. 문자들의 중간 순서가 손실된 것이다. 그래서 TCP는 재전송을 수행하지만, 순서 번호 14:36인 더 큰 패킷을 사용한다. 이처럼 우리는 순서 번호 14에 대한 재전송이 재패킷화를 통해서 크기가 22바이트인 더 큰 패킷 생성으로 이어진 것을 볼 수 있다. 흥미로운 점은 이 패킷이 SACK 블록 내에 존재하는 데이터와 겹치고 FIN 비트 필드를 포함한다는 점이다. 즉, 이 패킷은 연결의 마지막 데이터임을 알 수 있다.

## 14.11 TCP 패킷 재전송과 관련된 공격

저속[low-rate] DoS 공격이라 부르는 DoS 공격의 유형이 있다[KK03]. 이것은 공격자가 대량의 트래픽을 게이트웨이 혹은 호스트로 보냄으로써 공격 대상 시스템이 재전송 타임아웃을 당하도록 유도하는 공격이다. 공격 대상 TCP가 언제 재전송을 시도할지 예측 가능한 공격자는 재전송 시도가 있을 때마다 대량의 트래픽을 발생시킨다. 따라서 TCP는 네트워크 혼잡을 감지하고 발신 속도를 거의 0에 가깝게 줄이며 칸의 알고리즘에 따라서 RTO를 계속 뒤로 미루게 되고, 그 결과 매우 적은 네트워크 처리량만 수신하게 된다. 이 공격에 대처하기 위해 제안된 방법은 RTO를 난수화해서 공격자가 재전송이 발생할 정확한 시간을 추측하기 어렵게 만드는 것이다.

DoS 공격과 관련은 있지만 별도의 유형으로 분류되는 공격으로서 공격 대상 TCP의 세그먼트를 느리게 해서 RTT 추정값을 매우 높게 만드는 것이 있다. 이렇게 하면 TCP는 패킷이 누락됐음에도 재전송을 덜 적극적으로 시도하게 된다. 이와 반대 형태의 공격도 가능하다. 즉 데이터가 전송됐으나 아직 수신자에 도착하지 않았을 때 공격자가 ACK를 위조하는 것이다. 이 경우 공격자는 TCP로 하여금 RTT가 실제보다 너무 작다고 믿게 만들며, TCP는 지나치게 공격적으로 과도한 재전송을 생성하게 될 것이다.

## 14.12 정리

이번 장에서는 TCP의 타임아웃 및 재전송 전략을 자세히 살펴봤다. 첫 번째 예제는 TCP가 전송해야 할 패킷이 있는 상황에서 네트워크를 껐을 때 어떤 일이 일어나는지 보여줬다. 재전송 타이머가 타임아웃 기반 재전송을 시작했으며, 이후의 재전송들은 이전의 재전송보다 2배 간격으로 발생했다. 이것은 2진 지수형 백오프를 통합하는 칸의 알고리즘의 두 번째 부분의 결과이다.

TCP는 RTT를 측정하고 이 측정치를 평탄화 RTT 추정과 평탄화 평균 편차 추정을 관리하는 데 사용한다. 이 추정값들은 그다음 재전송 타임아웃 값을 계산하는 데 사용된다. 타임스탬프 옵션이 없으면 TCP는 데이터 윈도우당 1개의 RTT만 측정한다. 칸의 알고리즘은 손실된 패킷에 대해 RTT 측정값을 사용하지 않음으로써 재전송 모호성 문제를 제거한다. 오늘날 대부분의 TCP는 타임스탬프 옵션을 사용하므로 세그먼트마다 개별적으로 시간을 측정할 수 있다. 타임스탬프 옵션은 패킷 재순서화나 패킷 중복의 경우에도 정확하게 동작한다.

또 타이머 만료 없이 실행될 수 있는 빠른 재전송 알고리즘을 살펴봤다. 이것은 패킷 손실로 인한 수신자 쪽의 구멍을 메울 수 있는 가장 효율적인(그리고 가장 자주 사용되는) 방법이다. 빠른 재전송은 선택적 ACK(SACK)와 함께 사용하면 더 효과를 볼 수 있다. ACK에 추가적인 정보를 포함시킴으로써 SACK를 인식 가능한 TCP 발신자는 한 번의 RTT에서 둘 이상의 구멍을 메울 수 있다. 이 방법은 일부 환경에서 성능을 개선한다.

RTT 추정값이 연결의 실제 RTT보다 작으면 유사 재전송이 발생할 수 있다. 이때 TCP가 좀 더 기다렸다면 (불필요한) 재전송이 일어나지 않았을 수도 있다. TCP가 유사 타임아웃을 언제 경험했는지 검출하기 위해 많은 알고리즘들이 개발됐다. DSACK를 사용하는 방법은 수신자에 중복 세그먼트가 도착해야 한다. 아이펠 검출 알고리즘은 TCP 타임스탬프에 의존하지만 DSACK보다 빨리 반응할 수 있는데, 타임아웃 이전에 보내진 세그먼트로부터 돌아오는 ACK를 바탕으로 유사 타임아웃을 검출하기 때문이다. F-RTO는 아이펠 검출 알고리즘과 비슷하게 동작하지만 타임스탬프를 요구하지 않는다는 점이 다르다. 또 유사 타임아웃이었던 것으로 판정된 타임아웃 이후에 발신자가 새로운 데이터를 보내도록 한다. 이러한 검출 알고리즘들은 응답 알고리즘과 조합될 수 있다. 지금까지 주로 설명한 응답 알고리즘은 아이펠 응답 알고리즘으로서, 지연 시간이 현저히 증가한 경우 RTT와 RTT 분산 추정값을 재설정할 수 있다(그렇지 않은 경우에는 TCP가 타임아웃 시에 수행하는 변경들을 '취소'한다).

또, 어떻게 TCP 상태가 여러 연결에 걸쳐서 캐시에 저장되는지, 어떻게 TCP가 데이터를 재패킷화하는지, 그리고 지나치게 공격적 혹은 방어적으로 동작하도록 TCP를 속이는 몇 가지 공격 방법들에 대해서도 살펴봤다. 이러한 공격들의 결과는 16장에서 TCP의 혼잡 제어 절차를 다룰 때 더 자세히 보게 될 것이다.

# 14.13 참고 자료

- **[G04]** S. Gorard, "Revisiting a 90-Year-Old Debate: The Advantages of the Mean Deviation," Department of Educational Studies, University of York, paper presented at the British Educational Research Association Annual Conference, University of Manchester, September 16-18, 2004.

- **[BPS99]** J. Bennett, C. Partridge, and N. Shectman, "Packet Re-ordering Is Not Pathological Network Behavior," IEEE/ACM Transactions on Networking, 7(6), Dec. 1999.

- **[F68]** W. Feller, An Introduction to Probability Theory and Its Applications, Volume 1 (Wiley, 1968).

- **[ID1323b]** V. Jacobson, B. Braden, and D. Borman, "TCP Extensions for High Performance" (expired), Internet draft-jacobson-tsvwg-1323bis-01, work in progress, Mar. 2009.

- **[IPR2]** http://www.linuxfoundation.org/collaborate/workgroups/networking/iproute2

- **[J88]** V. Jacobson, "Congestion Avoidance and Control," Proc. ACM SIGCOMM, Aug. 1988.

- **[J90]** V. Jacobson, "Berkeley TCP Evolution from 4.3-Tahoe to 4.3 Reno," Proc. 18th IETF, Sept. 1990.

- **[J03]** S. Jaiswal et al., "Measurement and Classification of Out-of-Sequence Packets in a Tier-1 IP Backbone," Proc. IEEE INFOCOM, Apr. 2003.

- **[KK03]** A. Kuzmanovic and E. Knightly, "Low-Rate TCP-Targeted Denial of Service Attacks," Proc. ACM SIGCOMM, Aug. 2003.

- **[KP87]** P. Karn and C. Partridge, "Improving Round-Trip Time Estimates in Reliable Transport Protocols," Proc. ACM SIGCOMM, Aug. 1987.

- **[LLY07]** K. Leung, V. Li, and D. Yang, "An Overview of Packet Reordering in Transmission Control Protocol (TCP): Problems, Solutions and Challenges," IEEE Trans. Parallel and Distributed Systems, 18(4), Apr. 2007.

- **[LS00]** R. Ludwig and K. Sklower, "The Eifel Retransmission Timer," ACM Computer Communication Review, 30(3), July 2000.

- **[RFC0793]** J. Postel, "Transmission Control Protocol," Internet RFC 0793/STD0007, Sept. 1981.

- **[RFC1122]** R. Braden, ed., "Requirements for Internet Hosts," Internet RFC 1122/STD 0003, Oct. 1989.

- **[RFC1323]** V. Jacobson, R. Braden, and D. Borman, "TCP Extensions for High Performance," Internet RFC 1323, May 1992.

- **[RFC2018]** M. Mathis, J. Mahdavi, S. Floyd, and A. Romanow, "TCP Selective Acknowledgment Options," Internet RFC 2018, Oct. 1996.

- **[RFC2883]** S. Floyd, J. Mahdavi, M. Mathis, and M. Podolsky, "An Extension to the Selective Acknowledgement (SACK) Option for TCP," Internet RFC 2883, July 2000.

- **[RFC3517]** E. Blanton, M. Allman, K. Fall, and L. Wang, "A Conservative Selective Acknowledgment (SACK)-Based Loss Recovery Algorithm for TCP," Internet RFC 3517, Apr. 2003.

- **[RFC3522]** R. Ludwig and M. Meyer, "The Eifel Detection Algorithm for TCP," Internet RFC 3522 (experimental), Apr. 2003.

- **[RFC3708]** E. Blanton and M. Allman, "Using TCP Duplicate Selective Acknowledgement (DSACKs) and Stream Control Transmission Protocol (SCTP) Duplicate Transmission Sequence Numbers (TSNs) to Detect Spurious Retransmissions," Internet RFC 3708 (experimental), Feb. 2004.

- **[RFC3782]** S. Floyd, T. Henderson, and A. Gurtov, "The NewReno Modification to TCP's Fast Recovery Algorithm," Internet RFC 3782, Apr. 2004.

- **[RFC4015]** R. Ludwig and A. Gurtov, "The Eifel Response Algorithm for TCP," Internet RFC 4015, Feb. 2005.

- **[RFC5681]** M. Allman, V. Paxson, and E. Blanton, "TCP Congestion Control," Internet RFC 5681, Sept. 2009.

- **[RFC5682]** P. Sarolahti, M. Kojo, K. Yamamoto, and M. Hata, "Forward RTORecovery (F-RTO): An Algorithm for Detecting Spurious Retransmission Timeouts with TCP," Internet RFC 5682, Sept. 2009.

- **[RFC6298]** V. Paxson, M. Allman, and J. Chu, "Computing TCP's Retransmission Timer," Internet RFC 6298, June 2011.

- **[RKS07]** S. Rewaskar, J. Kaur, and F. D. Smith, "Performance Study of Loss Detection/Recovery in Real-World TCP Implementations," Proc. IEEE ICNP, Oct. 2007.

- **[SK02]** P. Sarolahti and A. Kuznetsov, "Congestion Control in Linux TCP," Proc. Usenix Freenix Track, June 2002.

- **[TZZ05]** K. Tan and Q. Zhang, "STODER: A Robust and Efficient Algorithm for Handling Spurious Timeouts in TCP," Proc. IEEE Globecomm, Dec. 2005.

- **[V09]** V. Vasudevan et al., "Safe and Fine-Grained TCP Retransmissions for Datacenter Communication," Proc. ACM SIGCOMM, Aug. 2009.

- **[WINREG]** TCP/IP Registry Values for Microsoft Windows Vista and Windows Server 2008, Jan. 2008. See http://www.microsoft.com/download/en/details. aspx?id=9152

# 15

---

# TCP 데이터 흐름과 윈도우 관리

## 15.1 개요

13장에서 TCP 성립과 종료에 대해서 설명했다. 그리고 14장에서는 손실된 데이터를 재전송함으로써 TCP가 신뢰성 있는 전달을 보장하는 방법을 논의했다. 이번 장에서는 동적인 TCP 데이터 전송을 살펴본다. 처음에 대화형 연결에 초점을 맞추고 난 후 흐름 제어를 소개하고, 대용량 데이터 전송을 위해 혼잡 제어와 함께 사용되는 윈도우 관리 절차에 대해 알아본다.

'대화형' TCP 연결은 키보드 눌림, 짧은 문장, 조이스틱/마우스 이동 등의 사용자 입력이 클라이언트와 서버 간에 전달돼야 하는 TCP 연결을 말한다. 이러한 사용자 입력을 작은 세그먼트에 실어서 보내면, 1개의 패킷에 넣을 수 있는 유용한 페이로드 바이트가 줄어들기 때문에 프로토콜은 더 많은 부담을 부과한다. 그렇다고 너무 많은 데이터를 패킷에 넣으면 그만큼 전송이 지연되기 때문에 온라인 게임이나 협업 도구처럼 지연 시간에 민감한 애플리케이션에 부정적인 영향을 미칠 수 있다. 이번 장에서는 애플리케이션이 이러한 2개의 문제에서 균형을 찾기 위한 기법을 조사할 것이다. 대화형 통신에 대한 논의를 마친 후에는, 발신자가 수신자에게 과도하게 데이터를 보내지 않도록 윈도우 크기를 동적으로 조절함으로써 TCP가 흐름 제어를 수행하는 방법들을 설명할 것이다. 이 문제는 주로 대용량 데이터 전송(즉, 대화형이 아닌 통신)에 영향을 미치지만 대화형 애플리케이션에도 영향을 미칠 수 있다. 16장에서는 흐름 제어의 개념이 수신자뿐 아니라 발신자와 수신자 간의 네트워크를 보호하기 위해서 어떻게 확장될 수 있는지 알아볼 것이다.

## 15.2 대화형 통신

일정 시간 동안 인터넷의 특정 부분에서 운반되는 네트워크 트래픽의 양은 일반적으로 바이트 혹은 패킷 단위로 측정된다. 네트워크 트래픽은 상당히 편차가 크다. 예를 들어 LAN 트래픽과 WAN 트래픽이 다르고, 서로 다른 사이트들 간의 트래픽도 변동폭이 넓은 경향이 있다. TCP 트래픽에 관한 연구[P05][F03]에 따르면, 전체 TCP 세그먼트의 90% 이상이 대용량bulk 데이터(예를 들면 웹, 파일 공유, 이메일, 백업 등)이고 나머지가 대화형 데이터(예를 들면 원격 로그인, 네트워크 게임)다. 대용량 데이터 세그먼트는 상대적으로 크기가 크고(1500 바이트 이상), 반면에 대화형 데이터 세그먼트는 그보다 훨씬 작은 편이다(수십 바이트 수준).

TCP는 이 2가지 데이터를 동일한 프로토콜과 패킷 포맷을 사용해서 처리하지만, 알고리즘은 서로 다른 것을 사용한다. 이번 절에서는 SSH(보안 셸) 애플리케이션을 예제로 사용해서 TCP가 대화형 데이터를 어떻게 전송하는지 보여줄 것이다. 보안 셸[RFC4521]은 강력한 보안성(암호화에 기반한 개인정보보호 및 인증)을 제공하는 원격 로그인 프로토콜로서, 과거에 보안성 없이 원격 로그인 서비스를 제공했던 유닉스의 rlogin과 텔넷telnet 프로그램을 거의 대체하고 있다.

SSH를 조사하면서 지연 확인응답이 어떻게 동작하는지와 네이글Nagle 알고리즘이 WAN 네트워크에서 작은 패킷의 수를 어떻게 줄이는지 살펴본다. 텔넷, rlogin, 윈도우 터미널 서비스 등의 원격 로그인 기능을 지원하는 애플리케이션들에도 동일한 알고리즘들이 적용된다.

SSH 연결에서 대화식 명령을 키보드로 입력할 때 데이터의 흐름을 살펴보자. 클라이언트는 사용자가 입력한 내용을 받아서 서버로 보내고, 서버는 그 내용을 해석한 뒤 클라이언트에 응답을 보낸다. 클라이언트는 데이터를 보낼 때 암호화하는데, 사용자가 입력한 문자를 전송하기 전에 부호화한다는 뜻이다(18장 참조). 따라서 데이터를 중간에 가로채더라도 사용자가 무슨 키를 입력했는지 알아내기 어렵다. 클라이언트는 몇 가지의 암호화 알고리즘 및 인증 방법을 지원한다. 또 터널링 프로토콜과 같은 고급 기능도 지원한다 (3장 및 [RFC4254] 참조).

TCP/IP를 처음 접하는 사람들은 대화식 키 입력이 있을 때마다 별도의 데이터 패킷을 생성하는 것을 알고 놀라곤 한다. 즉, 키 입력은 개별적으로(1줄씩이 아니라 1개의 문자씩) 클라이언트에서 서버로 보내진다. 또 SSH는 원격 시스템(서버)의 셸(명령 인터프리터)을 호출하는데, 셸은 클라이언트에서 입력된 문자를 그대로 보여준다. 이 과정에서 1개의 입력 문자로 인해서 클라이언트에서 서버로 보내지는 대화형 키 입력, 서버로부터 클라이언트로 보내지는 키 입력 확인응답, 서버로부터 클라이언트로 보내지는 키 입력 에코 echo, 클라이언트에서 서버로 보내지는 에코 확인응답, 이렇게 4개의 TCP 세그먼트가 생성된다(그림 15-1(a)).

하지만 통상적으로 세그먼트 2와 세그먼트 3은 결합된다. 그림 15-1(b)을 보면, 키 입력의 확인응답은 입력된 문자의 에코와 함께 보내진다. 이처럼 세그먼트들을 결합하는 기법(편승 지연 확인응답delayed acknowledgement with piggybacking이라고 함)을 다음 절에서 설명할 것이다.

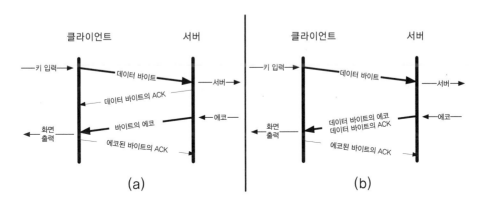

**그림 15-1** 원격으로 대화형 키 입력을 에코하는 한 가지 방법은 ACK와 에코 패킷을 별도로 보내는 것이다(a). 하지만 전형적인 TCP는 데이터 바이트에 대한 ACK와 바이트의 에코를 1개의 패킷으로 합친다(b).

이번 예제에서 ssh를 사용하는 것은 클라이언트에서 서버로 전송되는 각각의 문자마다 패킷이 생성되기 때문이다. 하지만 사용자가 아주 빠르게 입력을 하면 1개의 패킷에 2개 이상의 문자가 들어갈 수도 있다. 그림 15-2에서는 와이어샤크를 사용해 리눅스에서 실행 중인 SSH 연결을 통해 date 명령을 입력할 때의 데이터 흐름을 볼 수 있다.

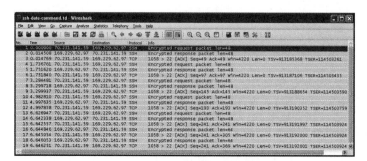

그림 15-2 이미 설정된 SSH 연결에서 'date' 명령이 입력될 때 전송되는 TCP 세그먼트.

그림 15-2에서 패킷 1은 클라이언트에서 서버로 문자 d를 운반한다. 패킷 2는 이 문자의 확인 응답과 에코다(그림 15-1(b)처럼 2개의 세그먼트가 결합된 것이다). 패킷 3은 에코된 문자의 확인 응답이다. 패킷 4-6은 a 문자에 해당하고, 패킷 7-9는 문자 t, 패킷 10-12는 문자 e에 해당한다. 패킷 13-15는 엔터 키에 해당한다.

패킷 3-4, 6-7, 9-10, 12-13 사이의 지연은 예제를 위해서 문자 입력을 의도적으로 천천히(약 1.5초 간격) 했기 때문이다.

패킷 16-19는 48바이트에서 64바이트로 크기가 증가했다는 점에 주목하자. 패킷16은 서버에서 date 명령의 출력을 포함한다. 64바이트는 아래의 28개 평문(암호화되지 않은) 문자의 암호화된 버전이다.

```
Wed Dec 28 22:47:16 PST 2005
```

여기에 캐리지 리턴carriage-return과 줄 바꿈line-feed 문자가 추가된다. 서버에서 클라이언트로 보내지는 그다음 패킷(패킷18)은 서버 호스트에서 클라이언트의 프롬프트인 Linux%를 포함한다. 패킷 19는 이 데이터를 확인 응답한다.

그림 15-3은 그림 15-2와 동일한 추적 정보지만, TCP 계층의 정보를 더 많이 볼 수 있다. 특히 TCP 확인응답이 어떻게 동작하는지와 ssh가 사용하는 패킷 크기가 표시돼 있다.

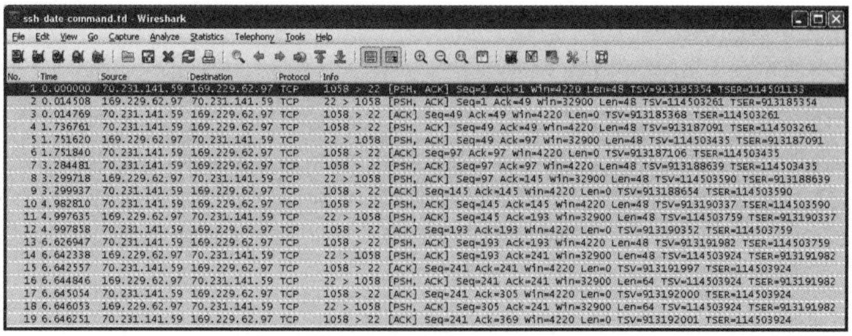

**그림 15-3** 그림 15-2와 동일한 추적 정보지만, ssh에 대한 프로토콜 해독이 비활성화돼서 TCP 순서 번호 정보를 볼 수 있다. 모든 패킷은 마지막 두 개를 제외하고는 48바이트다. 48바이트의 크기는 SSH에서 사용된 암호와 관련 있다(18장 참고).

패킷 1(d 문자를 포함)은 상대 순서 번호 0으로 시작한다. 패킷 2는 마지막으로 최근에 성공적으로 수신된 바이트의 순서 번호에 1을 더한 값인 48로 ACK 번호를 설정함으로써 첫 번째 줄의 패킷에 대해 확인 응답을 한다. 패킷 2는 서버에서 클라이언트로 순서 번호 0인 데이터 바이트도 보내고, d 문자의 에코를 포함한다. 에코된 d는 ACK 번호를 48로 설정함으로써 패킷3에서 클라이언트에 의해 확인 응답된다. 2개의 서로 다른 순서 번호 흐름을 볼 수 있는데, 하나는 클라이언트에서 서버로 향하며, 다른 하나는 반대 방향으로 진행된다. 이 부분에 대해서는 윈도우 광고<sup>Window advertisement</sup>를 설명할 때 더 자세히 다룬다.

이 추적 정보를 통해 알 수 있는 다른 정보는 길이가 0이 아닌 데이터를 포함하는 패킷은 PSH 비트 필드가 설정된다는 점이다. 앞서 언급된 것처럼 이 플래그는 일반적으로 패킷을 보내는 쪽의 버퍼가 패킷 전송과 함께 비워진다는 것을 의미한다. 다시 말해서 PSH 비트 필드가 설정된 패킷이 발신자를 떠나면 발신자는 더 이상 보낼 데이터가 없다.

## 15.3 지연된 확인 응답

TCP는 수신된 패킷 전부에 대해서 확인 응답을 제공하지는 않는 경우가 많다. 이것은 TCP의 누적 ACK 필드 덕분에 가능하다(12장 참조). 누적 ACK를 사용함으로써 TCP는 의도적으로 일정 시간 ACK 전송을 지연할 수 있는데, 전송해야 할 ACK와 로컬 애플리케이션이 역방향으로 보내고자 하는 데이터를 결합하기 위한 시간을 벌기 위한 것이다. 이것은 대용량 데이터 전송 시에 자주 사용되는 편승<sup>piggybacking</sup>의 한 형태다. 물론, TCP는 무기한 응답을 지연할 수는 없다. 그랬다간 상대방은 데이터가 손실됐다고 생각하고 불필요한 재전송을 시작할 것이기 때문이다.

**주의**

호스트 요구사항 RFC [RFC1122]에 따르면 TCP는 지연 ACK를 구현하되 지연은 500ms 미만이어야 한다. 많은 구현이 최대 200ms를 사용한다.

ACK를 지연시키면 ACK가 덜 사용되기 때문에 ACK가 지연되지 않을 때에 비해서 네트워크를 흐르는 트래픽의 양이 줄어든다. 대용량 전송의 경우는 1/2로 줄어드는 경우도 흔하다. 지연 ACK의 사용 및 ACK 전송 전 TCP의 대기 시간은 호스트 운영체제에 따라서는 설정 가능할 수 있다. 리눅스는 동적 조정 알고리즘을 사용하므로, 모든 세그먼트에 대해서 확인 응답을 보낼지(이를 quickack 모드라고 부른다) 아니면 통상적인 지연 ACK 모드를 사용할지를 설정할 수 있다. 맥 OS X에서는 시스템 변수인 net.inet.tcp.delayed_ack가 지연 ACK의 사용법을 결정한다. 이 변수에 가능한 값은 지연 비활성화(0), 항상 지연(1), 패킷 2개마다 ACK(2), 언제 응답할지 자동탐지(3)로서 기본값은 3이다. 최근 버전의 윈도우 운영체제에서는 각각의 인터페이스 GUID마다 아래의 레지스트리 항목에 설정되는데 약간 다르게 동작한다(IG는 참조 대상 네트워크 인터페이스의 GUID).

```
HKLM\SYSTEM\CurrentControlSet\Services\Tcpip\Parameters\Interfaces\IG
```

TcpAckFrequency 값의 범위는 0부터 255까지이고, 기본값은 2이다. 이 값은 지연된 ACK 타이머가 무시되기 전에 해결하지 못한 ACK의 수를 결정한다. 1로 값을 설정할 경우 수신된 모든 세그먼트에 대해 ACK가 생성된다. ACK 타이머가 사용된다면 TcpDelAckTicks 레지스트리 항목으로 제어할 수 있는데 이 값은 2에서 6 사이의 값이며 기본값은 2이다. 지연된 ACK를 보내기 전의 대기 시간을 백 밀리초 단위로 지정한다.

지금까지 설명한 여러 이유로 인해 TCP는 특정 상황에서 ACK를 지연시키되 너무 오래 지연시키지는 않도록 설정된다. 16장에서 큰 패킷으로 대용량 전송을 할 때 TCP가 혼잡 제어를 하는 방법을 배울 때 지연 ACK의 사용을 폭넓게 살펴볼 것이다. 대화형 애플리케이션 등에서 작은 패킷이 사용될 때는 다른 알고리즘이 적용된다. 지연된 ACK와 이 알고리즘의 결합은 성능 저하를 유발할 수 있기 때문에 주의 깊게 사용해야 한다. 다음 절의 상세 설명을 통해 이러한 내용을 확인할 수 있다.

## 15.4 네이글 알고리즘

앞 절에서 한 번에 겨우 1개의 키 입력이 SSH 연결을 통해 클라이언트에서 서버로 전송된다는 것을 설명했다. IPv4를 사용할 때 1개의 키 입력은 약 88바이트 크기(예로 암호화와 인증을 사용할 때)의 TCP/IPv4 패킷을 생성한다. 20바이트 IP 헤더, 20바이트 TCP 헤더(옵션은 없다고 가정) 그리고 48바이트 데이터다. 이처럼 작은 패킷(타이니그램tinygram이라고 부름)은 네트워크에 비교적 높은 오버헤드를 가한다. 즉, 패킷 내용의 나머지에 비해서 유용한 애플리케이션 데이터를 별로 갖고 있지 않다. LAN에서는 이러한 높은 오버헤드의 패킷이 별 문제가 되지 않는데, 대부분의 LAN은 별로 혼잡하지 않고 이러한 패킷은 그리 멀리까지 운반될 필요가 없기 때문이다. 하지만 WAN에서 타이니그램은 혼잡을 가중할 수 있으며 비효율적 네트워크 사용으로 이어질 수 있다. 존 네이글John Nagle은 [RFC0896]에서 소위 네이글Nagle 알고리즘이라고 불리는 간단하고 적절한 해결책을 제안했다. 먼저 그 알고리즘이 어떻게 작동하는지 설명하고, 지연 ACK와 함께 사용할 때의 문제점들을 알아보자.

네이글 알고리즘은 TCP 연결에 아직 확인 응답되지 않고 있는 데이터가 있을 때 작은 세그먼트(SMSS보다 작은 것)는 그 데이터가 확인 응답을 받기 전까지 전송될 수 없다고 말한다. 그리고 TCP는 작은 데이터들을 모아놓은 후 확인 응답이 도착한 후에 1개의 세그먼트로 보낸다. 이런 절차는 실질적으로 TCP가 '정지 후 대기stop-and-wait' 동작을 하게 만든다. 즉, ACK가 수신되기까지 전송을 멈추는 것이다. 이 알고리즘의 장점은 자체 시간 조절이 가능하다는 점이다. ACK가 빨리 돌아오면 데이터도 빨리 전송되기 때문이다. 상대적으로 지연이 긴 WAN 환경에서는 타이니그램의 수를 줄이는 것이 바람직한데, 이 알고리즘을 사용하면 단위 시간당 적은 수의 세그먼트가 전송된다. 다른 방법으로 말하자면 RTT가 패킷 발신 속도를 제어한다.

앞서 우리는 그림 15-3에서 1개의 바이트가 보내지고, 확인 응답되고, 에코되는 데 걸리는 왕복 시간이 작을 수 있음(15ms 미만)을 보았다. 이보다 빨리 데이터를 생성하려면 우리는 1초에 60개를 넘는 문자를 입력해야 한다. 이것이 의미하는 바는 동일 LAN에 두 호스트가 위치할 때처럼 RTT값이 작은 경우에 호스트 간에 데이터를 전송하면 이 알고리즘은 별로 효과를 볼 수 없다는 것이다.

네이글 알고리즘의 효과를 설명하기 위해 네이글 알고리즘을 사용하는 경우와 사용하지 않는 경우에 TCP를 사용하는 애플리케이션의 동작을 비교해 보자. 이를 위해서 SSH 클라이언트의 버전을 변경한다. 약 190ms의 상대적으로 큰 RTT를 가진 연결을 사용함으로써 차이를 볼 수 있다. 먼저 그림 15-4와 같이 네이글 알고리즘을 사용하지 않는 경우부터 보자.

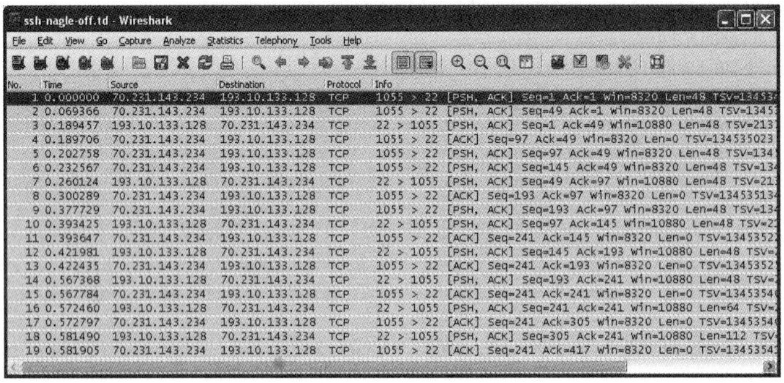

**그림 15-4** 약 190ms RTT를 갖는 TCP 연결의 추적 정보. 네이글 알고리즘이 사용되지 않고 있다. 전송과 ACK가 섞여 있으며 19개의 패킷 교환에 0.58초가 걸린다. 많은 패킷이 크기가 작다(사용자 데이터 48바이트). 순수한 ACK(데이터가 없는 세그먼트)는 서버에서의 명령 출력이 클라이언트에 의해 처리됐음을 의미한다.

그림 15-4의 추적 정보는 초기 인증 프로토콜이 완료되고 로그인 세션이 시작된 후부터 시작한다. 그러고 나서 date 명령이 입력된다. 19개의 패킷이 포착됐고, 교환에 걸린 시간은 총 0.58초다. 5개의 SSH 요청 패킷, 7개의 SSH 응답 패킷, 그리고 데이터가 없는 7개의 TCP 계층의 순수한 ACK가 있다. 이 측정을 금세 다시 하되(즉, 비슷한 네트워크 조건 하에서) 네이글 알고리즘을 사용했을 때의 추적 정보는 그림 15-5에서 볼 수 있다.

그림 15-5에서 패킷의 수는 그림 15-4보다 8개만큼 적은 것을 볼 수 있다. 다른 큰 차이점은 요청과 응답의 순서 및 간격의 패턴이다. 네이글 알고리즘이 TCP를 정지 후 대기 방식으로 동작하게 한다는 점을 기억하자. 따라서 TCP 발신자는 ACK를 받을 때까지 진행할 수 없다. 각 요청/응답의 시간(0.0, 0.19, 0.38, 0.57)을 보면 일관된 패턴을 따르고 있음을 볼 수 있다. 각 값은 거의 정확히 190ms 간격이며 이 값은 연결의 RTT값과 거의 같다. 각 요청/응답에 대해 하나의 RTT만큼 기다려야 하기 때문에 교환에 걸리는 시간이

늘어난다(네이글을 사용하지 않을 때의 0.58초가 아니라 0.80초). 이것은 네이글 알고리즘의 사용으로 인한 상충관계^trade-off^다. 적은 수의 큰 패킷이 사용되지만 지연 시간은 더 길어지는 것이다. 그림 15-6에서는 동작 상의 차이점을 더 분명히 볼 수 있다.

네이글 알고리즘의 정지 후 대기 동작의 효과는 그림 15-6에서 분명히 확인할 수 있다. 왼쪽에서는 연결의 양방향이 모두 바쁜 상태를 유지하지만, 네이글 알고리즘이 사용되는 오른쪽에서는 언제나 한쪽 방향만 바쁘다.

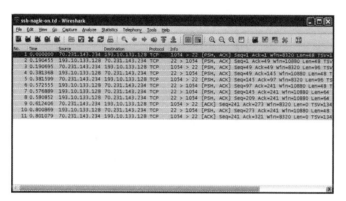

**그림 15-5** SSH는 190ms RTT와 네이글 알고리즘을 가진 TCP 연결을 추적한다. 요청은 응답과 같은 방식을 따르고, 교환은 11개의 패킷을 보내면서 0.80s의 시간을 소요한다.

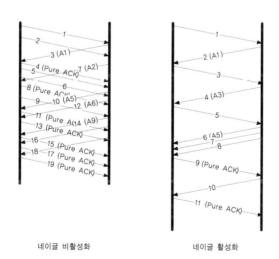

네이글 비활성화                네이글 활성화

**그림 15-6** 비슷한 환경에서 TCP 연결에 네이글 알고리즘을 사용할 때의 비교. 네이글 알고리즘이 사용되면 특정 시점에 최대 1개의 페킷만 전송이 허용된다. 작은 패킷의 개수는 줄어들지만 지연 시간은 증가한다.

### 15.4.1 지연된 ACK와 네이글 알고리즘 상호작용

지연된 ACK와 네이글 알고리즘이 같이 사용될 때 무슨 일이 일어날지 생각해 보면, 바람직하지 않은 시나리오를 만들 수 있다. 지연된 ACK를 사용해서 서버로 요청을 보내는 클라이언트가 있고, 서버는 1개의 패킷에 다 들어가지 않는 양의 데이터로 응답해야 한다고 하자(그림 15-7).

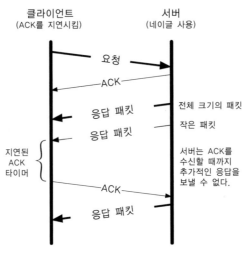

**그림 15-7** 네이글 알고리즘과 지연된 ACK 사이의 상호동작. 지연 ACK 타이머가 만료될 때까지 일시적인 교착 상태가 발생할 수 있다.

이 그림에서 우리는 클라이언트가 서버로부터 2개의 패킷을 수신한 후에 추가 데이터를 얹어서 보내기(편승시키기) 위해서 ACK 전송을 보류하는 것을 볼 수 있다. 일반적으로 TCP는 2개의 수신된 패킷이 전체 크기 패킷인 경우에만 ACK를 반드시 제공해야 하는데, 이 패킷들은 전체 크기 패킷이 아니기 때문이다. 또 서버 측에서는 네이글 알고리즘이 동작 중이므로 ACK가 반환될 때까지는 클라이언트에 추가적인 패킷을 보내는 것이 허용되지 않는다. 전송 진행 가능한 '작은' 패킷의 수는 최대 1개뿐이기 때문이다. 그래서 지연 ACK와 네이글 알고리즘의 결합은 일종의 교착상태$^{deadloc}$(서로 상대방의 행동을 기다리는 상황)로 이어질 수 있다$^{[MMSV99][MM01]}$. 다행히 교착 상태는 영구적이지 않으며, 지연 타이머가 만료될 때 교착상태도 깨진다. 추가로 보낼 데이터가 없더라도 클라이언트가 ACK를 보내야 하기 때문이다. 하지만 교착상태가 계속되는 동안에는 모든 데이터 전송

856

이 유휴 상태가 되므로 일반적으로 바람직하지 않다. 그래서 네이글 알고리즘은 앞서 ssh 예제에서 봤듯이 상황에 따라서 비활성화될 수 있다.

## 15.4.2 네이글 알고리즘 비활성화

조금 전 예제에서 보았듯이 네이글 알고리즘을 사용하지 말아야 할 때가 있다. 일반적인 예로 약간의 지연이 요구되는 경우를 들 수 있다. 전형적인 예로서 원격에서 화면을 조작하는 사용자에게 실시간 피드백을 제공하기 위해 마우스 이동과 키 입력의 지연이 최소화돼야 하는 경우를 들 수 있다. 또 다른 예는 캐릭터 움직임이 게임 내의 인과관계를 방해하지 않도록 가급적 빠르게 전달돼야 하는 다중 온라인 게임이 있다(그리고 다른 플레이어에게 지장을 주지 않기 위해서).

네이글 알고리즘은 다양한 방법으로 비활성화할 수 있다. 호스트 요구 사항 RFC[RFC1122]는 이 알고리즘의 비활성화 기능을 필수로 요구한다. 버클리 소켓Berkeley Socket API을 사용하면 애플리케이션은 TCP_NODELAY 옵션을 지정할 수 있다. 또, 시스템 차원에서 네이글 알고리즘을 비활성화할 수도 있다. 윈도우 운영체제에서는 아래의 레지스트리 키를 사용하면 된다.

```
HKLM\SOFTWARE\Microsoft\MSMQ\Parameters\TCPNoDelay
```

사용자가 추가해야 하는 이 DWORD 값은 네이글 알고리즘을 비활성화하려면 1로 설정돼야 한다. 이 설정이 유효하려면 메시지 큐잉Message Queuing 기능의 설치가 요구될 수도 있다.[MMQ]

# 15.5 흐름 제어와 윈도우 관리

12장에서 가변 슬라이딩 윈도우sliding window가 흐름 제어에 사용될 수 있음을 배웠다. 그림 15-8에서 TCP 클라이언트와 서버는 서로에게 세그먼트 순서 번호, ACK 번호, 윈도우 크기(즉, 수신자 측의 가용 공간) 등의 데이터 흐름에 대한 정보를 제공하며 상호작용하고 있다.

그림 15-8에서 두 개의 큰 화살표는 데이터의 흐름(TCP 세그먼트가 보내진 방향)을 나타낸

다. 모든 TCP 연결이 양방향으로 데이터를 보내기 때문에 하나의 화살표는 클라이언트에서 서버 방향이고, 다른 방향은 서버에서 클라이언트로의 방향이다. 모든 세그먼트는 ACK와 윈도우 정보를 포함하고, 사용자 데이터를 포함할 수도 있다. TCP 헤더에서 사용되는 필드는 데이터 흐름의 방향을 기준으로 음영 처리돼 있다. 예를 들어 클라이언트에서 서버로 가는 방향의 데이터 흐름은 아래 화살표를 따라 흐르는 세그먼트에 포함되지만, 이 데이터에 대한 ACK 번호와 윈도우 알림은 위쪽 화살표를 따라 흐르는 세그먼트에서 반환된다. 모든 TCP 세그먼트(연결 성립 과정에서 교환되는 것을 제외)는 유효한 순서 번호Sequence Number 필드, ACK 번호 혹은 ACKAcknowledgment 필드, 그리고 윈도우 크기 Window Size 필드(윈도우 광고를 포함)를 포함한다.

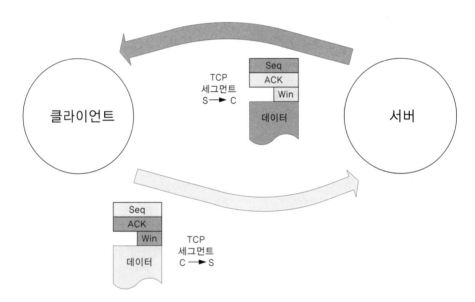

**그림 15-8** TCP 연결은 양방향성이다. 한 방향으로 데이터가 보내지면 그것을 수신한 상대방은 ACK와 윈도우 광고로 응답한다. 반대 방향도 마찬가지다.

지금까지 살펴봤던 ssh 예제에서 우리는 TCP 연결의 한쪽에서 상대 쪽으로 보내지는 윈도우 광고가 바뀌지 않는 것을 보았다. 각 예제에서 윈도우 광고의 크기는 8,320바이트, 4,220바이트, 32,900바이트였다. 이러한 크기는 상대방이 보내는 데이터를 저장하기 위해 세그먼트의 발신자가 예약해 놓는 공간의 크기를 나타낸다. TCP 기반 애플리케이션은 다른 작업으로 바쁘지 않다면 TCP가 수신해서 큐에 넣어둔 모든 데이터를 소비할 수 있다. 그래서 연결이 계속되는 동안에 윈도우 크기Window Size 필드의 값은 변하지 않는다. 시스템의 속도가 느리거나 애플리케이션이 다른 일로 바쁠 경우, 데이터가 수신돼 TCP 가 확인 응답도 보냈지만 애플리케이션이 이를 읽을 때 혹은 '소비할' 때까지 큐에서 기다리고 있을 수 있다. TCP가 이러한 방법으로 데이터를 큐에 넣기 시작하면, 새로 수신된 데이터를 저장할 수 있는 저장 공간의 양이 줄어들고, 이 변화는 윈도우 크기 필드값의 감소로 반영된다. 결국 애플리케이션이 데이터를 읽지 않거나 전혀 소비하지 않게 되면, 발신자가 데이터 전송을 완전히 중지하도록 조치를 취해야 한다. 수신된 데이터를 저장할 공간이 부족하기 때문이다. 그래서 값이 0(공간이 없음)인 윈도우 광고를 보낸다.

TCP 헤더 내의 윈도우 크기 필드는 수신 버퍼에 남아있는 빈 공간의 크기를 바이트 단위로 나타낸다. 이 필드는 TCP에서 16비트이지만, 윈도우 크기 옵션과 함께 사용되면 65,535보다 큰 값이 사용될 수 있다(13장 참고). 세그먼트의 발신자가 역방향에서 수신을 허용하는 가장 큰 순서 번호는 TCP 헤더 내의 ACK 번호Acknowledgement Number 필드와 윈도우 크기 필드의 합과 같다.

## 15.5.1 슬라이딩 윈도우

TCP 연결의 각 종단점은 데이터를 보내고 받을 수 있다. 하나의 연결에서 보내고 받은 데이터의 양은 윈도우 구조들에 의해 관리된다. 종단점은 각각의 연결에 대해서 발신 윈도우 구조send window structure와 수신 윈도우 구조receive window structure를 유지한다. 이 구조들은 12장에서 설명했던 개념적인 윈도우 구조와 비슷하지만, 이번 장에서는 좀 더 자세히 다룰 것이다. 그림 15-9는 가상의 윈도우 구조를 보여준다.

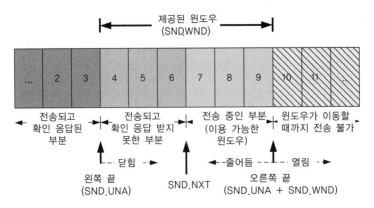

**그림 15-9** TCP 발신자 측 슬라이딩 윈도우 확인 응답을 이미 받은 순서 번호, 전송이 진행 중인 순서 번호, 미전송된 순서 번호를 관리한다. 제공된 윈도우의 크기는 수신자가 ACK에 포함시켜서 보낸 윈도우 크기 필드에 의해 제어된다.

TCP는 바이트 기준(패킷이 아닌)으로 윈도우 구조를 관리하는데, 그림 15-9에서는 바이트 2에서 11까지 번호를 붙였다. 수신자가 광고한 윈도우를 제공된 윈도우offered window라 부르며, 바이트 4에서 9까지를 차지하고 있다. 이것은 수신자가 3번 바이트까지 확인 응답했고 6바이트의 윈도우 크기를 광고했음을 의미한다. 12장에서 윈도우 크기 필드가 ACK 번호에 상대적인 바이트 오프셋을 포함한다고 배운 것을 상기하자. 발신자는 이용 가능한 윈도우usable window를 계산하는데, 이것은 즉시 보낼 수 있는 데이터의 양을 나타낸다. 이용 가능한 윈도우는 제공된 윈도우에서 이미 보냈지만 확인 응답을 받지 않은 데이터의 양을 뺀 값이다. 변수 SND.UNA와 SND.WND는 왼쪽 윈도우 가장자리의 값과 제공된 윈도우의 값을 갖고 있고 SND.NXT는 보내질 다음 순서 번호를 갖고 있으므로 이용 가능한 윈도우는 (SND.UNA + SND.WND − SND.NXT)와 같다.

시간이 경과해 수신자가 데이터를 확인 응답하면 슬라이딩 윈도우는 오른쪽으로 이동한다. 윈도우의 양쪽 끝의 상대적인 이동에 따라 윈도우 크기는 증가하거나 감소된다. 윈도우의 양쪽 끝이 이동하는 것은 다음 3가지 용어로 표현된다.

1. 윈도우의 왼쪽 끝이 오른쪽으로 이동하는 것을 닫힌다(close)라고 한다. 이미 보냈던 데이터에 대한 확인 응답이 돌아올 때 발생하며 윈도우 크기가 작아진다.

2. 윈도우의 오른쪽 끝이 오른쪽으로 이동하는 것을 열린다(open)라고 한다. 더 많은 데이터를 보낼 수 있게 되며, 상대방 종단의 수신 프로세스가 확인 응답된 데이터를 읽어서 TCP 수신

버퍼의 공간이 확보될 때 발생한다.

3. 윈도우의 오른쪽 끝이 왼쪽으로 이동하는 것을 줄어든다(shrink)라고 한다. 호스트 요구 사항 RFC[RFC1122]는 이것을 쓰지 말 것을 강하게 주장하고 있지만, TCP는 이에 대처할 수 있어야 한다. 바보 윈도우 증후군을 설명하는 15.5.3절은 오른쪽 끝을 왼쪽으로 이동시킴으로써 윈도우 크기를 줄이고자 하지만 그렇게 할 수 없는 예제를 보여준다.

모든 TCP 세그먼트는 ACK 번호와 윈도우 광고를 포함하고 있기 때문에 TCP 발신자는 세그먼트가 수신될 때마다 이 값들을 바탕으로 윈도우 구조를 조정한다. 윈도우의 왼쪽 가장자리는 왼쪽으로 이동할 수 없다. 이 왼쪽 끝은 다른 종단으로부터 수신된 ACK 번호에 의해 제어되는데, 이 번호는 누적값이므로 결코 줄어들 수 없기 때문이다. ACK 번호가 윈도우를 전진시키지만 윈도우 크기가 변하지 않을 때 그 윈도우는 전진 혹은 앞 방향으로 '슬라이드slide' 됐다고 한다. ACK 번호가 전진하지만 윈도우 광고는 다른 ACK 들이 도착함에 따라 그보다 작게 증가할 때 윈도우의 왼쪽 끝은 오른쪽 끝 쪽으로 이동한다. 왼쪽 끝이 오른쪽 끝에 도달하면 제로 윈도우zero window라고 부른다. 이렇게 되면 발신자는 데이터를 보낼 수 없다. 이 상황이 발생하면 발신자의 TCP는 제공된 윈도우를 증가시키기 위해 상대방의 윈도우를 탐침probe하기 시작한다(15.5.2절 참고).

수신자도 윈도우 구조를 관리하지만, 발신자의 것보다는 약간 단순하다. 수신자 윈도우 구조는 이미 수신돼 확인 응답된 데이터뿐 아니라 수신자가 수신하고자 하는 최대 순서 번호를 관리한다. TCP 수신자는 이 구조를 사용해 자신이 수신하는 데이터의 정확성을 보장한다. 특히 이미 수신되고 확인 응답된 바이트의 중복 저장을 피하고자 하며, 그리고 수신되지 말아야 할 바이트(발신자 윈도우의 오른쪽 끝 너머에 있는 바이트)를 저장하는 것을 피하고자 한다. 수신자의 윈도우 구조는 그림 15-10에서 볼 수 있다.

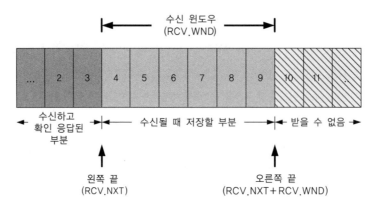

**그림 15-10** TCP 수신자 측 슬라이딩 윈도우 구조는 수신자로 하여금 다음에 수신될 것으로 예상되는 순서 번호를 알게 해준다. 수신자 윈도우에 있는 순서 번호는 수신될 때 저장된다. 윈도우 밖에 있는 것들은 폐기된다.

이 구조도 발신자의 윈도우처럼 양쪽 끝이 존재하지만, 윈도우 내부 바이트(그림 15-10에서 4번부터 9번)들은 발신자 윈도우에서와 달리 구분될 필요가 없다. 수신자 입장에서 윈도우의 왼쪽 끝(RCV.NXT)보다 작은 순서 번호를 가지고 수신된 바이트는 중복이므로 폐기하면 되고, 윈도우의 가장 오른쪽 끝(RCV.TXT+RCV.WND)보다 큰 순서 번호를 갖고 수신된 바이트는 범위 밖이므로 폐기하면 된다.

수신자 윈도우 범위 내의 순서 번호를 갖고 도착하는 바이트들은 받아들여진다. 수신자에서 생성되는 ACK 번호는 세그먼트들이 윈도우 왼쪽 끝에서 직접 채워질 때만 앞으로 전진한다는 점에 주의하자. 이것은 TCP의 누적 ACK 구조 때문이다. 선택적 ACK가 사용되는 경우는 TCP SACK 옵션을 사용해서 윈도우 내부의 다른 세그먼트들이 확인 응답될 수 있지만, ACK 번호 자체는 윈도우 왼쪽 끝과 인접한 데이터가 수신될 때만 전진할 수 있다(SACK에 관한 자세한 설명은 14장을 참조).

## 15.5.2 제로 윈도우와 TCP 지속 타이머

우리는 지금까지 수신자가 발신자로부터 받고자 하는 데이터의 양을 밝히도록 함으로써, 즉 수신자의 윈도우 광고를 통해서 TCP가 흐름 제어를 구현하는 것을 보았다. 수신자가 광고하는 윈도우가 0이 되면 그 값이 0이 아니게 될 때까지 발신자는 데이터 전송을 중단할 수밖에 없다. 다시 공간을 확보한 수신자는 윈도우 갱신을 발신자에게 보내서 데이터 전송을 재개할 수 있음을 알린다. 윈도우 갱신은 일반적으로 데이터를 포함하지 않으므로(즉, '순수한pure ACK' 형태) TCP가 신뢰성 있게 전달하지 않는다. 따라서 TCP는 전송 재개를 알리는 윈도우 갱신이 손실되는 경우에 대처할 수 있어야 한다.

(윈도우 갱신을 포함하는) 확인 응답이 손실되면, 발신자와 수신자는 서로 상대방을 기다리게 된다. 수신자는 데이터가 수신되기를 기다리고(0이 아닌 윈도우를 발신자에게 보냈으므로), 발신자는 윈도우 갱신이 도착해서 데이터 전송을 재개할 수 있기를 기다린다. 이런 형태의 교착 상태가 발생되는 것을 피하기 위해 발신자는 수신자의 윈도우 크기가 증가했는지 여부를 주기적으로 수신자에게 물어보기 위해 지속 타이머persist timer를 사용한다. 지속 타이머로 인해서 윈도우 탐침window probe이 보내지는데, 윈도우 탐침은 수신자에게 ACK를 제공하도록 강제하는 세그먼트로서 이 ACK는 반드시 윈도우 크기 필드를 포함해야 한다. 호스트 요구 사항 RFC[RFC1122]에서는 첫 번째 탐침은 한번의 RTO 후에 보내고, 후속 탐침들은 지수형 간격으로 보내도록 권장한다(즉, 14장에서 설명할 칸 알고리즘의 두 번째 파트와 비슷하다).

윈도우 탐침은 1바이트만 포함하므로 설령 손실되더라도 TCP에 의해 신뢰성 있게 전달(재전송)된다. 따라서 윈도우 갱신의 손실로 인한 교착상태 조건을 제거해준다. TCP 지속 타이머가 만료될 때마다 탐침이 보내지면, 그 안에 포함된 바이트를 수신자가 받아들일 수도 있고 아닐 수도 있는데 수신자 내부의 버퍼 공간의 양에 달려 있다. TCP 재전송 타이머(14장 참고)와 마찬가지로 지속 타이머의 타임아웃을 계산할 때는 통상적인 지수형 백오프 방식이 사용된다. 그러나 중요한 차이점은 TCP는 일반적으로 윈도우 탐침의 전송은 결코 포기하지 않지만 재전송 시도는 포기할 수도 있다는 점이다. 이것은 15.7절에서 설명하는 자원 고갈 취약점의 원인이 될 수 있다.

### 15.5.2.1 예제

TCP에서 동적 윈도우 크기 조절의 사용과 흐름 제어를 설명하기 위해 TCP 연결을 생성하고, 네트워크로부터 온 데이터를 처리하기 전까지 수신 측 프로세스가 동작을 중지하도록 하자. 이 실험을 위해 맥 OS X 10.6 발신자와 윈도우 7 수신자를 사용한다. 수신자는 -P 플래그와 함께 다음과 같은 sock 프로그램을 실행한다.

```
c:\> sock -i -s -p 20 6666
```

이것은 수신자가 네트워크로부터의 데이터를 처리하기 이전에 20초 동안 동작을 멈추도록 한다. 그 결과 그림 15-11에서 패킷 125번처럼 결국 수신자의 광고된 윈도우가 닫히기 시작한다.

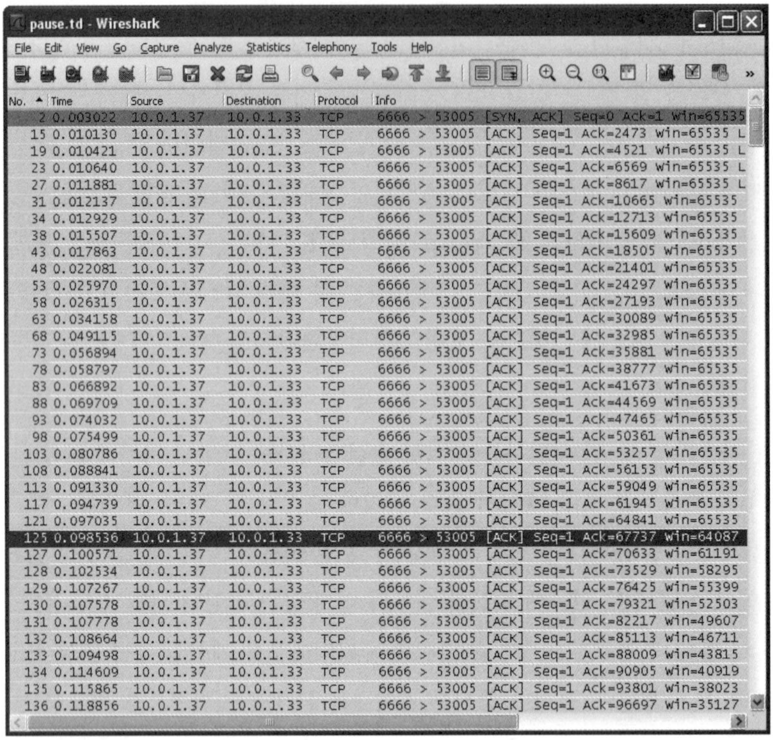


| No. | Time | Source | Destination | Protocol | Info |
|---|---|---|---|---|---|
| 2 | 0.003022 | 10.0.1.37 | 10.0.1.33 | TCP | 6666 > 53005 [SYN, ACK] Seq=0 Ack=1 Win=65535 |
| 15 | 0.010130 | 10.0.1.37 | 10.0.1.33 | TCP | 6666 > 53005 [ACK] Seq=1 Ack=2473 Win=65535 L |
| 19 | 0.010421 | 10.0.1.37 | 10.0.1.33 | TCP | 6666 > 53005 [ACK] Seq=1 Ack=4521 Win=65535 L |
| 23 | 0.010640 | 10.0.1.37 | 10.0.1.33 | TCP | 6666 > 53005 [ACK] Seq=1 Ack=6569 Win=65535 L |
| 27 | 0.011881 | 10.0.1.37 | 10.0.1.33 | TCP | 6666 > 53005 [ACK] Seq=1 Ack=8617 Win=65535 L |
| 31 | 0.012137 | 10.0.1.37 | 10.0.1.33 | TCP | 6666 > 53005 [ACK] Seq=1 Ack=10665 Win=65535 |
| 34 | 0.012929 | 10.0.1.37 | 10.0.1.33 | TCP | 6666 > 53005 [ACK] Seq=1 Ack=12713 Win=65535 |
| 38 | 0.015507 | 10.0.1.37 | 10.0.1.33 | TCP | 6666 > 53005 [ACK] Seq=1 Ack=15609 Win=65535 |
| 43 | 0.017863 | 10.0.1.37 | 10.0.1.33 | TCP | 6666 > 53005 [ACK] Seq=1 Ack=18505 Win=65535 |
| 48 | 0.022081 | 10.0.1.37 | 10.0.1.33 | TCP | 6666 > 53005 [ACK] Seq=1 Ack=21401 Win=65535 |
| 53 | 0.025970 | 10.0.1.37 | 10.0.1.33 | TCP | 6666 > 53005 [ACK] Seq=1 Ack=24297 Win=65535 |
| 58 | 0.026315 | 10.0.1.37 | 10.0.1.33 | TCP | 6666 > 53005 [ACK] Seq=1 Ack=27193 Win=65535 |
| 63 | 0.034158 | 10.0.1.37 | 10.0.1.33 | TCP | 6666 > 53005 [ACK] Seq=1 Ack=30089 Win=65535 |
| 68 | 0.049115 | 10.0.1.37 | 10.0.1.33 | TCP | 6666 > 53005 [ACK] Seq=1 Ack=32985 Win=65535 |
| 73 | 0.056894 | 10.0.1.37 | 10.0.1.33 | TCP | 6666 > 53005 [ACK] Seq=1 Ack=35881 Win=65535 |
| 78 | 0.058797 | 10.0.1.37 | 10.0.1.33 | TCP | 6666 > 53005 [ACK] Seq=1 Ack=38777 Win=65535 |
| 83 | 0.066892 | 10.0.1.37 | 10.0.1.33 | TCP | 6666 > 53005 [ACK] Seq=1 Ack=41673 Win=65535 |
| 88 | 0.069709 | 10.0.1.37 | 10.0.1.33 | TCP | 6666 > 53005 [ACK] Seq=1 Ack=44569 Win=65535 |
| 93 | 0.074032 | 10.0.1.37 | 10.0.1.33 | TCP | 6666 > 53005 [ACK] Seq=1 Ack=47465 Win=65535 |
| 98 | 0.075499 | 10.0.1.37 | 10.0.1.33 | TCP | 6666 > 53005 [ACK] Seq=1 Ack=50361 Win=65535 |
| 103 | 0.080786 | 10.0.1.37 | 10.0.1.33 | TCP | 6666 > 53005 [ACK] Seq=1 Ack=53257 Win=65535 |
| 108 | 0.088841 | 10.0.1.37 | 10.0.1.33 | TCP | 6666 > 53005 [ACK] Seq=1 Ack=56153 Win=65535 |
| 113 | 0.091330 | 10.0.1.37 | 10.0.1.33 | TCP | 6666 > 53005 [ACK] Seq=1 Ack=59049 Win=65535 |
| 117 | 0.094739 | 10.0.1.37 | 10.0.1.33 | TCP | 6666 > 53005 [ACK] Seq=1 Ack=61945 Win=65535 |
| 121 | 0.097035 | 10.0.1.37 | 10.0.1.33 | TCP | 6666 > 53005 [ACK] Seq=1 Ack=64841 Win=65535 |
| 125 | 0.098536 | 10.0.1.37 | 10.0.1.33 | TCP | 6666 > 53005 [ACK] Seq=1 Ack=67737 Win=64087 |
| 127 | 0.100571 | 10.0.1.37 | 10.0.1.33 | TCP | 6666 > 53005 [ACK] Seq=1 Ack=70633 Win=61191 |
| 128 | 0.102534 | 10.0.1.37 | 10.0.1.33 | TCP | 6666 > 53005 [ACK] Seq=1 Ack=73529 Win=58295 |
| 129 | 0.107267 | 10.0.1.37 | 10.0.1.33 | TCP | 6666 > 53005 [ACK] Seq=1 Ack=76425 Win=55399 |
| 130 | 0.107578 | 10.0.1.37 | 10.0.1.33 | TCP | 6666 > 53005 [ACK] Seq=1 Ack=79321 Win=52503 |
| 131 | 0.107778 | 10.0.1.37 | 10.0.1.33 | TCP | 6666 > 53005 [ACK] Seq=1 Ack=82217 Win=49607 |
| 132 | 0.108664 | 10.0.1.37 | 10.0.1.33 | TCP | 6666 > 53005 [ACK] Seq=1 Ack=85113 Win=46711 |
| 133 | 0.109498 | 10.0.1.37 | 10.0.1.33 | TCP | 6666 > 53005 [ACK] Seq=1 Ack=88009 Win=43815 |
| 134 | 0.114609 | 10.0.1.37 | 10.0.1.33 | TCP | 6666 > 53005 [ACK] Seq=1 Ack=90905 Win=40919 |
| 135 | 0.115865 | 10.0.1.37 | 10.0.1.33 | TCP | 6666 > 53005 [ACK] Seq=1 Ack=93801 Win=38023 |
| 136 | 0.118856 | 10.0.1.37 | 10.0.1.33 | TCP | 6666 > 53005 [ACK] Seq=1 Ack=96697 Win=35127 |

**그림 15-11** 일정 기간 광고된 윈도우가 바뀌지 않은 후, 확인 응답은 계속되지만 수신자의 버퍼가 채워짐에 따라 윈도우 크기는 계속 작아진다. 수신 애플리케이션은 데이터를 소비하지 못하는데 발신자는 계속 데이터를 보내면 윈도우 크기는 결국 0이 된다

이 추적 정보에서 우리는 100개 이상의 패킷에 대해서 수신자의 윈도우가 64KB에 고정돼 있는 것을 볼 수 있다. 이것은 애플리케이션이 요청하지 않아도 수신 TCP에 메모리를 할당하는 자동 윈도우 조절 알고리즘(15-5.4절 참고) 때문이다. 하지만 이 현상은 곧 끝나고 125번째 패킷부터 윈도우가 감소하기 시작하는 것을 볼 수 있다.

그 뒤에 이어지는 많은 수의 ACK들은 윈도우를 더욱 줄이며 ACK 번호는 ACK 하나당 2986바이트만큼 증가한다. 이것은 수신 TCP가 데이터를 저장하고 있지만, 애플리케이션이 이를 소비하지 않고 있음을 의미한다. 추적 정보를 더 자세히 조사하면, 수신자에 데이터를 저장할 공간이 결국 없어졌음을 알 수 있다(그림 15-12 참조).

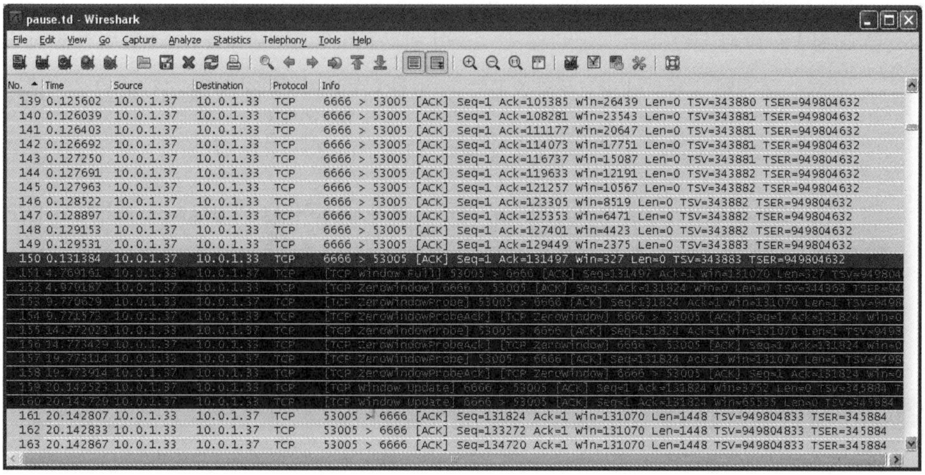

**그림 15-12** 수신자 버퍼가 가득 찼다. 수신 애플리케이션이 읽기를 다시 시작하면 윈도우 갱신이 발신자에게 보내져서 이제 데이터를 다시 보내도 된다고 알려준다.

그림 15-12를 보면 패킷 151이 327바이트 크기의 윈도우를 채운 것을 볼 수 있다(TCP Window Full로 표시돼 있음). 약 200ms 후 시간 4.979에서 제로 윈도우 광고가 생성되는데, 더 이상 데이터를 받을 수 없다고 나타내고 있다. 이것은 놀랄 일이 아닌데, 가장 마지막의 알려진 가용 윈도우를 발신자가 채웠는데 수신자는 시간 20.143까지 데이터를 전혀 소비하지 않기 때문이다.

제로 윈도우 광고를 받은 후에 발신 TCP는 윈도우가 열렸는지 확인하기 위해 5초 간격으로 수신자에게 탐침을 3번 전송한다. 시간 20에서 수신자는 TCP 큐에 있는 데이터를 처리하기 시작한다. 2개의 윈도우 갱신이 발신자에게 보내져서 이제 데이터 전송이 (최대 64KB까지) 가능하다고 알린다. 이 세그먼트를 윈도우 갱신이라고 부르는 것은 새로운 데이터를 확인 응답하는 것이 아니기 때문이다. 단지 윈도우의 오른쪽 끝을 전진시킬 뿐이다. 이 시점에서 발신자는 정상적인 데이터 전송을 재개해서 전송을 완료할 수 있다.

그림 15-11과 15-12를 요약하면 아래와 같다.

1. 발신자는 전체 윈도우 크기만큼의 데이터를 보내지 않아도 된다.

2. 수신자가 보낸 1개의 세그먼트가 데이터를 확인 응답하고, 동시에 윈도우를 오른쪽으로 옮긴다. 이것은 윈도우 광고가 동일 세그먼트 내의 ACK 번호에 상대적이기 때문이다.

3. 그림 15-11의 일련의 ACK들로 알 수 있듯이 윈도우의 크기는 줄어들 수 있다. 하지만 윈도우 축소를 피하기 위해서 윈도우의 오른쪽 끝이 왼쪽으로 이동하지는 않는다.

4. 수신자는 ACK를 보내기 전에 윈도우가 채워지기를 기다릴 필요는 없다.

추가로, 이 연결의 처리량을 시간의 함수로 파악해 보자. 와이어샤크의 **Statics** 메뉴에서 TCP Stream Graph의 Throughput Graph 기능을 사용해 그림 15-13에 나타난 것처럼 시계열<sup>time series</sup>을 볼 수 있다.

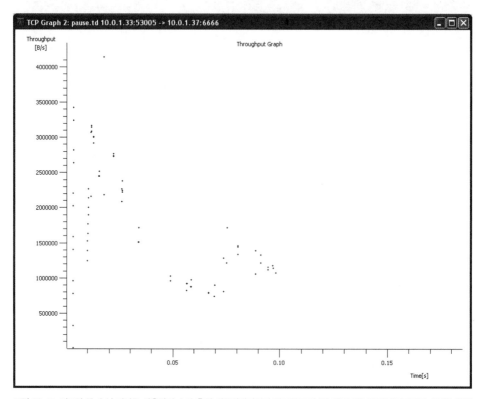

**그림 15-13** 비교적 큰 수신 버퍼를 사용하면 수신 측의 애플리케이션이 네트워크로부터 데이터를 읽기 전이더라도 상당한 양의 데이터를 전송할 수 있다.

여기에서 흥미로운 사실을 알 수 있다. 수신 측의 애플리케이션이 소비하기 전에도 해당 연결의 대역폭은 대략 1.3MB/S에 이른다. 이는 대략 시간 0.10까지 지속된다. 그 뒤 수신자가 데이터 소비를 시작하기까지(시간 20 이후) 대역폭은 실질적으로 0이다.

### 15.5.3 바보 윈도우 증후군(SWS)

윈도우에 기반을 두는 흐름 제어 방식, 특히 TCP처럼 고정 크기의 세그먼트를 사용하지 않는 방식은 바보 윈도우 증후군SWS, Silly Window Syndrome이라는 상황에 빠질 수 있다. SWS 가 발생하면 전체 크기의 세그먼트가 아니라 작은 데이터 세그먼트가 교환된다[RFC0813]. 이것은 바람직하지 않은 비효율성으로 이어진다. 각각의 세그먼트는 상대적으로 높은 오버헤드를 갖기 때문이다. 즉, 헤더의 바이트 수에 비해서 데이터의 바이트 수가 상대적으로 적다.

SWS는 TCP 연결의 어느 쪽 종단에 의해서도 일어날 수 있다. 수신자가 (더 큰 윈도우가 광고될 때까지 기다리지 않고) 작은 윈도우를 광고해서 일어날 수도 있고, 발신자가 (더 큰 세그먼트를 보내기 위해 추가 데이터를 기다리지 않고) 작은 데이터 세그먼트를 보내서 일어날 수도 있다. 바보 윈도우 증후군을 막기 위해서는 이를 위해서 정해진 규칙을 TCP가 발신자로서 혹은 수신자로서 구현해야 한다. TCP는 상대방 TCP가 어떻게 동작할지 결코 미리 알 수 없다. 아래의 규칙이 적용된다.

1. 수신자로서 동작할 때 작은 윈도우는 광고되지 않는다. [RFC1122]에 명시된 수신 알고리즘은 윈도우가 1개의 전체 크기 세그먼트(즉 MSS) 혹은 수신자의 버퍼 공간의 절반 크기만큼 증가할 때까지 현재 광고 중인 크기(0도 가능)보다 더 큰 윈도우를 광고하는 세그먼트를 보내지 않는 것이다. 이 규칙이 적용될 수 있는 경우가 2개라는 점에 주의하자. 하나는 애플리케이션이 네트워크로부터 받은 데이터를 소비해서 가용 버퍼 공간이 생겼을 때고, 다른 하나는 TCP가 윈도우 탐침에 응답해야 할 때다.

2. 발신을 할 때 작은 세그먼트는 보내지 않으며, 언제 보낼지는 네이글 알고리즘이 결정한다. 발신자는 아래의 조건들 중 적어도 1개를 만족하지 않으면 세그먼트를 전송하지 않음으로써 SWS를 피할 수 있다.

    a. 전체 크기(송신 MSS 바이트)의 세그먼트가 보내질 수 있다.

b. TCP는 다른 종단이 이 연결에서 광고한 적 있는 최대 크기 윈도우의 최소한 절반을 보낼 수 있다.

c. TCP는 보내야 할 것을 전부 보낼 수 있고, (i) 현재 ACK가 올 것으로 예상되지 않거나 (즉, 확인 응답되지 않은 데이터가 전송 중이지 않다) (ii) 이 연결에서 네이글 알고리즘이 비활성화돼 있다.

조건 (a)는 가장 단순하며, 높은 오버헤드 세그먼트 문제를 방지한다. 조건 (b)는 세그먼트 크기보다 작은 윈도우를 항상 광고하는 호스트를 다루기 위한 것이다. 조건 (c)는 확인 응답되기를 기다리면서 아직 확인 응답되지 않은 데이터가 있고, 네이글 알고리즘을 사용할 수 있을 때 TCP가 작은 세그먼트를 보내는 것을 막는다. 발신 애플리케이션이 작게 쓰기 동작을 할 때(예를 들어 세그먼트 크기보다 작게) 조건 (c)는 바보 윈도우 증후군을 예방해준다.

이 3개의 조건은 다음의 질문에 대한 답도 제공한다. 네이글 알고리즘이 아직 확인 응답되지 않은 데이터가 전송 진행 중일 때 '작은' 세그먼트를 보내지 않도록 막아준다면, 구체적으로 얼마나 작은 세그먼트의 전송을 막는 걸까? 조건 (a)로부터 우리는 '작은'의 의미가 바이트 수가 SMSS보다 작다는 뜻임을 알 수 있다(즉 PMTU나 수신자의 MSS를 초과하지 않는 가장 큰 패킷 크기). 조건 (b)는 수신 버퍼의 크기 제한이 있기 때문에 구형 호스트 또는 작은 윈도우 광고가 사용될 때만 적용된다.

조건 (b)를 지키려면 발신자는 상대방 종단이 광고하는 최대 윈도우 크기를 계속 추적해야 한다. 이것은 상대방 종단의 수신 버퍼의 크기를 발신자가 추측하려는 시도다. 연결 성립이 유지되는 동안에 수신자 버퍼의 크기는 이론상 줄어들 수 있지만 실제로 줄어드는 일은 드물다. 게다가 TCP는 윈도우 축소를 예방한다.

### 15.5.3.1 예제

지금부터 바보 윈도우 증후군을 실제로 예방하는 방법을 보여주는 자세한 예제를 살펴보자. 또한 이 예제는 지속 타이머를 포함한다. 발신 호스트는 윈도우XP, 수신 호스트는 FreeBSD이며 sock 프로그램을 사용해서 네트워크에 3번 2048바이트의 쓰기 동작을 한다. 발신자에서 명령은 다음과 같다.

```
c:\> sock -i -n 3 -w 2048 10.0.0.8 6666
```

수신자 측의 대응 명령은 다음과 같다.

```
FreeBSD% sock -i -s -p 15 -p 2 -r 256 -R 3000 6666
```

이것은 3,000바이트로 수신 버퍼를 고정하고, 네트워크 읽기를 수행하기 전에 초기 지연 시간으로 15초를 지정하며, 읽기 동작 간에 2초의 지연 시간을 넣으며, 읽기 동작에서 읽어들이는 양은 256바이트로 설정한다. 처음에 초기 지연 시간을 주는 이유는 수신자의 버퍼가 채워져서 전송이 중단되게 하기 위함이다. 그리고 나서 수신자가 조금씩 읽기 동작을 하도록 함으로써 수신자가 바보 윈도우 증후군을 피하는 모습을 보려고 한다. 그림 15-14는 와이어샤크에서 보여주는 추적trace 정보다.

연결의 전체 내용이 그림에 표시돼 있다. 패킷 길이는 각 세그먼트에 얼마나 많은 TCP 페이로드 바이트가 포함되는지를 기준으로 기술된다. 연결이 성립되는 동안에 수신자는 MSS가 1460바이트인 3,000바이트의 윈도우를 광고한다. 발신자는 시간 0.052에 1,460바이트(패킷4), 시간 0.053에 588바이트(패킷 5)의 패킷을 보낸다. 이 두 수의 합은 애플리케이션이 쓰기 동작을 하는 단위인 2048바이트와 일치한다. 패킷 6은 발신자가 보낸 이 두 패킷을 확인 응답하고, 952바이트(3000-1460-588=952)의 윈도우 광고를 제공한다.

952바이트의 윈도우(패킷 6)는 전체 MSS보다 작으므로, 발신자 측의 네이글 알고리즘은 패킷이 즉시 채워지지 못하게 막는다. 그 대신에 5초의 지연 시간이 발생하는 것을 그림에서 볼 수 있다. 발신자는 윈도우 탐침을 보내기 전에 지속 타이머가 만료되기까지 5초를 기다리기 때문이다. 발신자가 결국 패킷을 보낸다면, 발신 측 TCP는 가용 윈도우를 채우기 위해 952바이트를 추가한다. 이것은 패킷 8에 포함된 제로 윈도우 광고로 확인되듯이 윈도우를 채운다.

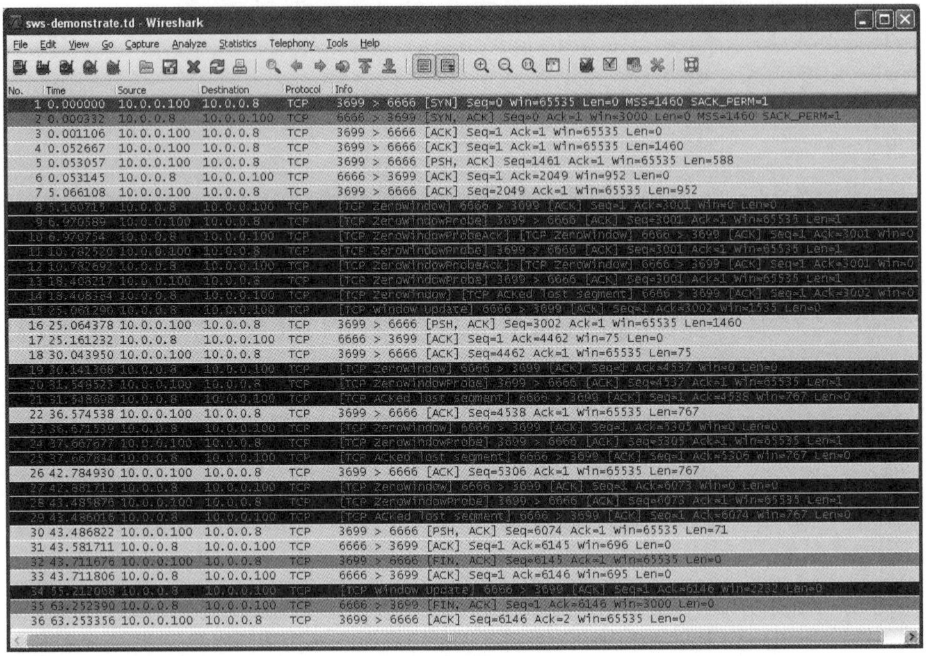

**그림 15-14** 비보 윈도우 증후군(SWS) 예방을 보여주는 TCP 전송의 추적 정보. 시간 0.053에서 발신자는 SWS 방지 때문에 제공된 윈도우를 채우지 않는다. 그 대신에 시간 5.066까지 기다리면서 실질적으로 윈도우 탐침으로서 동작한다. 수신자 측에서의 SWS 예방은 패킷 14를 보면 알 수 있다. 수신자가 일부 데이터를 소비했음에도 불구하고 제로 윈도우를 광고하고 있다.

그 다음 이벤트는 처음 제로 윈도우 광고를 수신한지 약 2초 후인 시간 6.970에서 TCP가 윈도우 탐침을 보내는 시점이다. 이 탐침은 1개의 데이터 바이트만 포함할 뿐이며 와이어샤크는 'TCP ZeroWindowProbe'라는 이름을 붙였다. 하지만 이 탐침에 대한 ACK(와이어샤크는 'TCP ZeroWindowProbeAck'라고 부른다)가 돌아와도 ACK 번호는 앞으로 전진하지 않는다. 따라서 이 바이트는 수신자에서 보존되지 않았다. 다른 1바이트 탐침은 (약 4초 후인) 시간 10.782에 생성되고, 또 그 다음 것은 (약 8초 후인) 시간 18.408에 생성되는데 이는 지수적 타임아웃 백오프 특성을 보여주고 있다. 이 마지막 윈도우 탐침에 대해서는 수신자가 1바이트를 확인 응답했음에 주의하자.

애플리케이션이 (약 2초 간격으로) 6번의 256바이트 읽기를 수행한 뒤인 시간 25.061에서 윈도우 갱신을 보면, 수신자 버퍼에서 1,535바이트(ACK번호+1)가 비어 있음을 알 수 있다. 이 크기는 수신자 측 SWS 회피에 따르면 '충분히 크다'. 발신자는 시간 25.064에서 1460바이트 패킷으로 시작해서 윈도우를 채우기 시작하고, 시간 25.161에 바이트 4462

870

에 대한 ACK를 얻는데 이때 윈도우 광고의 크기는 겨우 75바이트다(패킷 17). 이것은 광고 크기가 적어도 MSS 또는 (FreeBSD의 경우) 총 버퍼의 1/4 이상이어야 한다는 규칙을 위반하는 것처럼 보인다. 규칙을 위반하는 이유는 윈도우 수축을 막기 위한 것이다. 마지막 윈도우 갱신(패킷 15)의 경우, 바이트 (3002+1535)=4537의 오른쪽 윈도우 끝을 광고한다. 현재의 ACK(패킷 17)가 수신자 측 SWS 회피가 요구하는 대로 75바이트 미만을 광고한다면, 오른쪽 윈도우 끝은 왼쪽으로 이동해야 하는데 이는 TCP가 허용하지 않는 상황이다. 따라서 75바이트 광고는 오버라이드 형태를 나타낸다. SWS 회피보다 윈도우 축소 회피가 더 우선순위가 높기 때문이다.

패킷 17과 패킷 18 사이에 5초간 지연으로 다시 한 번 발신자 측 SWS 회피의 효과를 확인할 수 있다. 발신자는 75바이트 패킷을 보내게 강요되고, 수신자는 또 다른 제로 윈도우 광고로 응답한다. 1초 후에 나타나는 패킷 20은 또 다른 윈도우 탐침이며 그 결과 윈도우 크기는 767바이트가 된다. 그 다음 발신자 측 SWS 회피는 5초 뒤에 일어난다. 발신자는 윈도우를 채우고, 또다시 제로 윈도우의 결과를 낳는 패턴을 반복한다. 발신자가 더 이상 보낼 데이터를 갖고 있지 않을 때 이 패턴은 결국 중지된다. 패킷 30은 마지막에 보내진 데이터임을 나타내고, 연결은 약 20초 후에 종료된다(수신 애플리케이션에서 각각의 읽기 사이의 2초 지연 때문에).

애플리케이션의 동작, 광고된 윈도우, SWS 회피 사이의 관계를 이해하기 위해 표 15-1에서 연결의 역학 관계를 볼 수 있다. 표 15-1은 발신자와 수신자의 행동을 보여줄 뿐만 아니라 수신하는 애플리케이션이 읽기 작업을 수행하는 동안 추측한 시간도 보여준다.

**표 15-1** 바보 윈도우 증후군을 방지하기 위한 윈도우 광고와 애플리케이션의 변화

| 시간 | 패킷 | 동작 | | | 수신 버퍼 | |
|---|---|---|---|---|---|---|
| | | TCP 발신자 | TCP 수신자 | 애플리케이션 | 데이터 | 이용 가능 |
| 0.000 | 1 | SYN | | | 0 | 3000 |
| 0.000 | 2 | | SYN + ACK 1 win 3000 | | 0 | 3000 |
| 0.001 | 3 | ACK | | | 0 | 3000 |
| 0.052 | 4 | 1:1460(1460) | | | 1460 | 1539 |

| 시간 | 패킷 | 동작 | | | 수신 버퍼 | |
|---|---|---|---|---|---|---|
| | | TCP 발신자 | TCP 수신자 | 애플리케이션 | 데이터 | 이용 가능 |
| 0.053 | 5 | 1461:2049(588) | | | 2048 | 952 |
| 0.053 | 6 | | ACK 2049<br>win 952 | | 2048 | 952 |
| 5.066 | 7 | 2049:3000(952) | | | 3000 | 0 |
| 5.160 | 8 | | ACK 3001<br>win 0 | | 3000 | 0 |
| 6.970 | 9 | 3001:3001(1) | | | 3000 | 0 |
| 6.970 | 10 | | ACK 3001<br>win 0 | | 3000 | 0 |
| 10.782 | 11 | 3001:3001(1) | | | 3000 | 0 |
| 10.782 | 12 | | ACK 3001<br>win 0 | | 3000 | 0 |
| 15 | | | | 256바이트 읽기 | 2744 | 256 |
| 17 | | | | 256바이트 읽기 | 2488 | 512 |
| 18.408 | 13 | 3001:3001(1) | ACK 3002<br>win 0 | | 2489 | 511 |
| 18.408 | 14 | | | | 2489 | 511 |
| 19 | | | | 256바이트 읽기 | 2233 | 767 |
| 21 | | | | 256바이트 읽기 | 1977 | 1023 |
| 23 | | | | 256바이트 읽기 | 1721 | 1279 |
| 25 | | | | 256바이트 읽기 | 1465 | 1535 |
| 25.061 | 15 | | ACK 3002<br>win 1535 | | 1465 | 1535 |
| 25.064 | 16 | 3002:4461<br>(1460) | | | 2925 | 75 |
| 25.161 | 17 | | ACK 4462<br>win 75 | | 2925 | 75 |
| 27 | | | | 256바이트 읽기 | 2669 | 331 |

| 시간 | 패킷 | 동작 | | | 수신 버퍼 | |
|---|---|---|---|---|---|---|
| | | TCP 발신자 | TCP 수신자 | 애플리케이션 | 데이터 | 이용 가능 |
| 29 | | | | 256바이트 읽기 | 2413 | 587 |
| 30.043 | 18 | | | | 2488 | 512 |
| 30.141 | 19 | ACK 4537 win 0 | | | 2488 | 512 |
| 31 | | | | 256바이트 읽기 | 2232 | 768 |
| 31.548 | 20 | ACK 4538 win 767 | | | 2233 | 767 |
| 31.548 | 21 | | | | 2233 | 767 |
| 33 | | | | 256바이트 읽기 | 1977 | 1023 |
| 35 | | | | 256바이트 읽기 | 1721 | 1279 |
| 36.574 | 22 | | | | 2488 | 512 |
| 36.671 | 23 | ACK 5305 win 0 | | | 2488 | 512 |
| 37 | | | | 256바이트 읽기 | 2232 | 768 |
| 37.667 | 24 | | | | 2233 | 767 |
| 37.667 | 25 | ACK 5306 win 767 | | | 2233 | 767 |
| 39 | | | | 256바이트 읽기 | 1977 | 1023 |
| 41 | | | | 256바이트 읽기 | 1721 | 1279 |
| 42.784 | 26 | | | | 2488 | 512 |
| 42.881 | 27 | ACK 6074 win 0 | | | 2488 | 512 |
| 43 | | | | 256바이트 읽기 | 2232 | 768 |
| 43.485 | 28 | | | | 2233 | 767 |
| 43.485 | 29 | ACK 6074 win 767 | | 2233 | 767 | |
| 43.486 | 30 | | | | 2304 | 696 |

| 시간 | 패킷 | 동작 | | | 수신 버퍼 | |
|---|---|---|---|---|---|---|
| | | TCP 발신자 | TCP 수신자 | 애플리케이션 | 데이터 | 이용 가능 |
| 43.581 | 31 | ACK 6145<br>win 696 | | | 2304 | 696 |
| 43.711 | 32 | | | | | |
| 43.711 | 33 | ACK 6146<br>win 695 | | | 2305 | 695 |
| 45,47,49,<br>51 53,55 | | | | 6x256<br>바이트 읽기 | 769 | 2231 |
| 55.212 | 34 | ACK 6146<br>win 2232 | | | 768 | 2232 |
| 57,59,61 | | | | 3x256<br>바이트 읽기 | 0 | 3000 |
| 63 | | | | 0바이트 읽기 | 0 | 3000 |
| 63.252 | 35 | FIN | | | 0 | 3000 |

표 15-1에서 첫 번째 열은 추적 정보 내에서 각각의 동작이 일어난 상대적인 시간이다. 소수 셋째 자리로 표현된 시간은 와이어샤크 화면에서 가져온 것이다(그림 15-16 참조). 소수점이 없는 시간은 추적 정보에서 가져온 것이 아니라 수신 호스트의 동작을 추정한 시간이다.

수신자의 버퍼에 있는 데이터의 양(표에서 '데이터'라고 이름 붙여진 것)은 데이터가 발신자로부터 도착할 때 증가하고, 애플리케이션이 버퍼에 있는 데이터를 읽을 때(소비할 때) 감소한다. 이제 수신자에서 발신자로 보내지는 윈도우 광고 및 윈도우 광고가 포함하는 내용을 살펴보자. 이를 통해서 수신자가 SWS 회피하는 방법을 알 수 있다.

이전에 설명했듯이 SWS 회피의 첫 번째 증거는 발신자가 952바이트의 윈도우를 보내지 않으려고 시도하는 세그먼트 6과 세그먼트 7 사이의 5초 지연이다. 이때 수신자 버퍼가 가득 차 있으므로 일련의 제로 윈도우 광고와 윈도우 탐침이 교환되는 것을 볼 수 있다. 지속 타이머의 동작에서 지수적 백오프 동작을 볼 수 있다. 탐침이 시간 6.970, 10.782와 18.408에 보내지기 때문이다. 이것은 발신자가 시간 5.160에 제로 윈도우 광고를 처음 받은 때로부터 대략 2초, 4초, 8초 이후의 시간이다.

시간 15와 시간 17에 애플리케이션이 데이터를 읽어도 시간 18.408까지 겨우 512바이트를 읽었을 뿐이다. 수신자 측 SWS 회피 규칙에 따라 가용 버퍼 크기인 512바이트가 전체 버퍼(3,000바이트)의 절반도 아니고, 적어도 하나의 MSS(1,460바이트)도 아니기 때문에 발신자에게 윈도우 갱신을 보내서는 안 된다. 윈도우 갱신이 없으므로 발신자는 시간 18.408에 윈도우 탐침(세그먼트 13)을 송신한다. 이 탐침은 수신돼 바이트가 수신자 측에서 유지되는데, 세그먼트 12와 14 사이의 ACK 번호로 알 수 있듯이 일부 버퍼 공간을 사용할 수 있기 때문이다.

수신자 버퍼에서 511바이트가 사용 가능하지만 수신자 측 SWS 회피가 다시 시작된다. FreeBSD의 수신자 SWS 회피 구현은 언제 윈도우 갱신을 보낼 지와 어떻게 윈도우 탐침에 응답할 지를 구별한다. [RFC1122]의 규칙을 따라서 적어도 전체 수신 버퍼의 절반(또는 MSS) 만큼 광고 가능할 때만 윈도우 갱신을 보내지만, 윈도우 탐침에 응답할 때는 윈도우가 적어도 MSS 크기거나 총 수신 버퍼 크기의 적어도 1/4이 광고될 수 있을 때 더 큰 윈도우를 광고한다. 어느 경우든 511바이트는 전체 MSS보다 작고, 3000/4 = 750보다도 역시 작으므로, 수신자 SWS 회피 규칙에 따라서 세그먼트 13에 대한 ACK에 포함되는 윈도우 광고는 0 값을 포함해야 한다.

시간 25에 애플리케이션이 여섯 번째 읽기 작업을 완료하면 수신 버퍼는 1,535바이트의 유휴 공간(전체 3,000바이트의 절반 이상)을 갖게 되므로 1개의 윈도우 갱신이 보내진다(세그먼트 15). 이어서 발신자는 완전한 크기의 세그먼트(세그먼트 16)를 보내고 이에 대한 ACK를 수신하지만 윈도우 광고의 크기는 75바이트뿐이다. 다음 5초 후에 발신자와 수신자 측 둘 다 SWS 회피가 발생한다. 발신자는 더 큰 윈도우 광고를 기다리고, 애플리케이션은 시간 27과 시간 29에 읽기 작업을 수행하지만 수신 버퍼의 유휴 공간 587바이트는 윈도우 갱신이 보내질 만큼 충분하지 않다. 따라서 발신자는 5초를 전부 기다려야 하고, 결국은 75바이트를 보내며 수신자는 다시 SWS 회피를 할 수밖에 없다.

수신자가 윈도우 갱신을 제공하지 않으므로, 발신자의 지속 타이머로 인해 시간 31.548에 윈도우 탐침이 보내진다. 이러한 경우에 FreeBSD 수신자는 767바이트(총 수신 버퍼의 1/4보다 크다)의 윈도우로 응답한다. 그러나 이 윈도우는 발신자의 SWS 회피 절차에 충분하지 않다. 따라서 발신자는 5초를 더 기다리고, 이 과정을 반복한다. 마침내 시간 43.486에서 마지막 71바이트가 보내지고 확인 응답된다. 확인 응답은 696바이트의 윈도우 광고를 포함한다. 696은 총 버퍼 크기의 1.4보다 작지만, 윈도우 수축을 막아야 하기 때문에 수신자 SWS 회피가 윈도우 광고를 0으로 만드는 일은 일어나지 않는다.

연결 종료는 데이터를 포함하지 않은 세그먼트 32로 시작한다. 이 세그먼트는 695바이트의 윈도우 광고로 즉시 확인 응답된다(FIN이 수신자 측에서 순서 번호를 소비했다). 애플리케이션이 또 다른 여섯 번의 읽기 작업을 마친 뒤에 수신자가 윈도우 갱신을 제공하지만, 발신자는 발신을 모두 마쳤으므로 가만히 있는다. 애플리케이션은 또 다시 4번의 읽기를 수행하는데, 그 중에서 3번은 256바이트를 반환하며 마지막 1번은 아무것도 반환하지 않는다. 이것은 데이터 도착이 끝났음을 의미한다. 이 시점에서 수신자는 연결을 닫고, 발신자에게 FIN이 전송된다. 발신자는 마지막 ACK로 응답하고, 이로써 연결이 양방향 모두 닫힌다.

송신 애플리케이션은 세 번의 2,048바이트 쓰기 작업을 수행한 후 종료 명령을 내리기 때문에 발신자의 연결 종단은 세그먼트 32를 보낸 뒤 ESTABLISHED 상태에서 FIN_WAIT_1 상태로 간다(13장 참고). 그리고 나서 세그먼트 33을 수신한 후 FIN_WAIT_2 상태로 간다. 이 상태에 있는 동안 윈도우 갱신을 수신할지라도 아무런 동작이 발생하지 않는다. 이미 확인 응답된 FIN를 보냈기 때문이다(이 상태에서 타이머는 없다). 상대방 종단으로부터 FIN을 수신할 때까지 발신자를 이 상태를 유지하는데, FIN(세그먼트 35)이 수신될 때까지 발신자는 더 이상 전송을 하지 않는다,

## 15.5.4 대용량 버퍼와 자동 조정

이번 장에서 우리는 작은 크기의 수신 버퍼를 사용하는 애플리케이션은 비슷한 조건에서 TCP를 사용하는 다른 애플리케이션에 비해 심각한 성능 저하를 겪을 수도 있음을 보았다. 수신자가 충분히 큰 버퍼를 지정해도 발신자가 너무 작은 버퍼를 지정하면 역시 성능이 떨어질 수 있다. 이 문제가 너무 중요해져서 최근의 TCP 스택들은 수신 버퍼의 할당을 애플리케이션이 지정한 크기와 분리하고 있다. 대부분의 경우 애플리케이션이 지정한 크기는 그냥 무시되고, 운영체제가 큰 고정값이나 동적으로 계산된 값을 사용한다.

윈도우(비스타/7)와 리눅스의 최근 버전들은 수신 윈도우의 자동조정auto-tuning[S98]을 지원한다. 자동 조정이 활성화되면, 연결 내에서 전송 진행 중인 데이터의 양(대역폭과 지연의 곱. 16장에서 배울 중요한 개념임)이 지속적으로 추정되며, 광고된 윈도우는 언제나 적어도

이만큼 큰 값으로 설정된다(충분한 버퍼 공간이 남아 있다는 전제 하에). 이렇게 하면 TCP는 발신자나 수신자에 미리 과도하게 큰 버퍼를 할당할 필요 없이 최대 가용 처리율을 얻을 수 있다(다만 가용 네트워크 용량에 따라 달라짐)는 장점이 있다. 윈도우 운영체제에서는 기본적으로 수신자의 버퍼 크기가 자동 조정된다. 하지만 netsh 명령어를 사용해서 설정을 바꿀 수 있다.

```
C:\> netsh interface tcp set heuristics disabled

C:\> netsh interface tcp set global autotuninglevel=X
```

X는 disabled, highlyrestricted, restricted, normal, experimental 중 하나다. 이 설정은 수신자가 광고한 윈도우을 자동으로 선택하는 데 영향을 미친다. disabled일 경우는 자동 조정이 지원되지 않고 윈도우 크기는 기본값을 사용한다. restricted일 때는 윈도우 크기가 느리게 증가하며, normal이면 비교적 빠르게 증가한다. experimental일 경우, 윈도우 크기가 매우 공격적으로 증가하지만 통상적인 용도로는 권장되지 않는다. 다수의 인터넷 사이트와 일부 방화벽이 TCP 윈도우 스케일<sup>Window Scale</sup> 옵션을 제대로 구현할 수 없기 때문이다.

리눅스는 버전 2.4 이후로 발신자 측 자동 조정이 지원된다. 버전 2.6.7 이후로는 수신자 측과 발신자 측 자동 조정이 지원된다. 하지만 자동 조정은 버퍼 크기에 부과된 제한값에 종속된다. 다음의 리눅스 sysctl 변수는 발신자와 수신자의 최대 버퍼 크기를 조절한다. 등호 뒤의 값은 시스템이 높은 대역폭 지연 제품 환경에서 사용된다면 증가해야 하는 기본값(특정 리눅스 배포판에 따라 달라질 수 있는)이다.

```
net.core.rmem_max = 131071
net.core.wmem_max = 131071
net.core.rmem_default = 110592
net.core.wmem_default = 110592
```

아울러 자동 조정 매개변수는 다음 변수에 의해 주어진다.

```
net.ipv4.tcp_rmem = 4096 87380 174760
net.ipv4.tcp_wmem = 4096 16384 131072
```

이러한 각 변수는 자동 조정에 의해 사용된 최소, 기본, 최대 버퍼 크기의 세 가지 값을 포함한다.

### 15.5.4.1 예제

수신자에서 자동 조정이 어떻게 동작하는지 보기 위해서 윈도우 XP 발신자(대용량 윈도우와 윈도우 스케일링을 사용하도록 설정)와 자동 조정 기능을 포함하는 리눅스 2.6.11 버전의 수신자를 사용한다. 발신자 측에서 다음의 명령을 실행한다.

```
C:\> sock -n 512 -i 10.0.0.1 6666
```

수신자 측에서는 수신 버퍼에 대해 특별한 설정을 하지 않는다. 다만 애플리케이션이 읽기를 수행하기 전에 20초의 지연 시간을 갖도록 초기값을 설정한다.

```
Linux% sock -i -s -v -P 20 6666
```

수신자가 광고하는 윈도우 크기가 어떻게 증가하는지 보여주기 위해서 와이어샤크에서 패킷을 수신자의 주소를 기준으로 정렬할 수 있다(그림 15-15). 연결이 처음 성립될 때 수신자의 초기 윈도우 크기는 1460바이트고 초기 MSS 값은 1412바이트다. 그리고 윈도우 스케일링을 사용하는 데 2만큼 이동하므로(그림 15-15에는 보이지 않음) 최대 사용 가능 윈도우 크기는 256KB가 된다. 초기의 패킷들 이후에 윈도우 크기가 증가하는 것을 볼 수 있으며 이는 발신자의 데이터 전송률 증가와 일치한다. 발신자의 데이터 전송률 제어에 관해서는 16장에서 TCP 혼잡 제어를 다룰 때 자세히 살펴볼 것이다. 일단 지금은 발신자가 처음에 1개의 패킷을 보낸 후 ACK를 받을 때마다 미완료 데이터의 크기를 1개의 MSS 패킷만큼 증가시킨다는 것만 알면 된다. 따라서 발신자는 ACK를 받을 때마다 2개의 MSS 크기의 세그먼트를 보낸다.

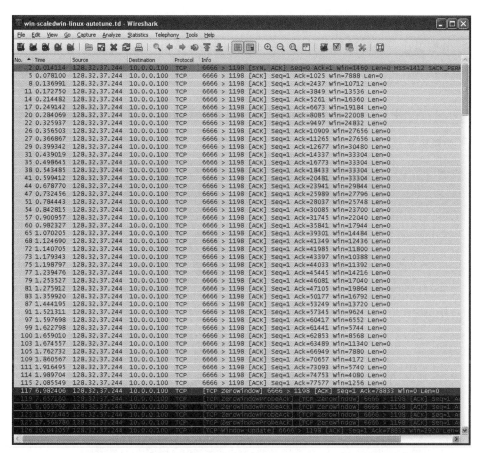

```
win-scaledwin-linux-autotune.td - Wireshark
File  Edit  View  Go  Capture  Analyze  Statistics  Telephony  Tools  Help

No. ▲ Time        Source          Destination   Protocol  Info
    2 0.014114    128.32.37.244   10.0.0.100    TCP       6666 > 1198 [SYN, ACK] Seq=0 Ack=1 Win=1460 Len=0 MSS=1412 SACK_PERM
    5 0.078100    128.32.37.244   10.0.0.100    TCP       6666 > 1198 [ACK] Seq=1 Ack=1025 Win=7888 Len=0
    8 0.136991    128.32.37.244   10.0.0.100    TCP       6666 > 1198 [ACK] Seq=1 Ack=2437 Win=10712 Len=0
   11 0.172750    128.32.37.244   10.0.0.100    TCP       6666 > 1198 [ACK] Seq=1 Ack=3849 Win=13536 Len=0
   14 0.214482    128.32.37.244   10.0.0.100    TCP       6666 > 1198 [ACK] Seq=1 Ack=5261 Win=16360 Len=0
   17 0.249142    128.32.37.244   10.0.0.100    TCP       6666 > 1198 [ACK] Seq=1 Ack=6673 Win=19184 Len=0
   20 0.284069    128.32.37.244   10.0.0.100    TCP       6666 > 1198 [ACK] Seq=1 Ack=8085 Win=22008 Len=0
   22 0.325937    128.32.37.244   10.0.0.100    TCP       6666 > 1198 [ACK] Seq=1 Ack=9497 Win=24832 Len=0
   26 0.356503    128.32.37.244   10.0.0.100    TCP       6666 > 1198 [ACK] Seq=1 Ack=10909 Win=27656 Len=0
   27 0.366867    128.32.37.244   10.0.0.100    TCP       6666 > 1198 [ACK] Seq=1 Ack=11265 Win=27656 Len=0
   29 0.399342    128.32.37.244   10.0.0.100    TCP       6666 > 1198 [ACK] Seq=1 Ack=12677 Win=30480 Len=0
   31 0.439019    128.32.37.244   10.0.0.100    TCP       6666 > 1198 [ACK] Seq=1 Ack=14337 Win=33304 Len=0
   35 0.498645    128.32.37.244   10.0.0.100    TCP       6666 > 1198 [ACK] Seq=1 Ack=16773 Win=33304 Len=0
   38 0.543485    128.32.37.244   10.0.0.100    TCP       6666 > 1198 [ACK] Seq=1 Ack=18433 Win=33304 Len=0
   41 0.599412    128.32.37.244   10.0.0.100    TCP       6666 > 1198 [ACK] Seq=1 Ack=20481 Win=33304 Len=0
   44 0.678770    128.32.37.244   10.0.0.100    TCP       6666 > 1198 [ACK] Seq=1 Ack=23941 Win=29844 Len=0
   47 0.732456    128.32.37.244   10.0.0.100    TCP       6666 > 1198 [ACK] Seq=1 Ack=25989 Win=27796 Len=0
   51 0.784443    128.32.37.244   10.0.0.100    TCP       6666 > 1198 [ACK] Seq=1 Ack=28037 Win=25748 Len=0
   54 0.842815    128.32.37.244   10.0.0.100    TCP       6666 > 1198 [ACK] Seq=1 Ack=30085 Win=23700 Len=0
   57 0.900957    128.32.37.244   10.0.0.100    TCP       6666 > 1198 [ACK] Seq=1 Ack=31745 Win=22040 Len=0
   60 0.982327    128.32.37.244   10.0.0.100    TCP       6666 > 1198 [ACK] Seq=1 Ack=35841 Win=17944 Len=0
   65 1.070205    128.32.37.244   10.0.0.100    TCP       6666 > 1198 [ACK] Seq=1 Ack=39301 Win=14484 Len=0
   68 1.124690    128.32.37.244   10.0.0.100    TCP       6666 > 1198 [ACK] Seq=1 Ack=41349 Win=12436 Len=0
   72 1.140705    128.32.37.244   10.0.0.100    TCP       6666 > 1198 [ACK] Seq=1 Ack=41985 Win=11800 Len=0
   73 1.179343    128.32.37.244   10.0.0.100    TCP       6666 > 1198 [ACK] Seq=1 Ack=43397 Win=10388 Len=0
   75 1.198797    128.32.37.244   10.0.0.100    TCP       6666 > 1198 [ACK] Seq=1 Ack=44033 Win=11392 Len=0
   77 1.239476    128.32.37.244   10.0.0.100    TCP       6666 > 1198 [ACK] Seq=1 Ack=45445 Win=14216 Len=0
   79 1.253527    128.32.37.244   10.0.0.100    TCP       6666 > 1198 [ACK] Seq=1 Ack=46081 Win=17040 Len=0
   81 1.275912    128.32.37.244   10.0.0.100    TCP       6666 > 1198 [ACK] Seq=1 Ack=47105 Win=19864 Len=0
   83 1.359920    128.32.37.244   10.0.0.100    TCP       6666 > 1198 [ACK] Seq=1 Ack=50177 Win=16792 Len=0
   87 1.444195    128.32.37.244   10.0.0.100    TCP       6666 > 1198 [ACK] Seq=1 Ack=53249 Win=13720 Len=0
   91 1.521311    128.32.37.244   10.0.0.100    TCP       6666 > 1198 [ACK] Seq=1 Ack=57345 Win=9624 Len=0
   97 1.597698    128.32.37.244   10.0.0.100    TCP       6666 > 1198 [ACK] Seq=1 Ack=60417 Win=6552 Len=0
   99 1.622798    128.32.37.244   10.0.0.100    TCP       6666 > 1198 [ACK] Seq=1 Ack=61441 Win=5744 Len=0
  100 1.659010    128.32.37.244   10.0.0.100    TCP       6666 > 1198 [ACK] Seq=1 Ack=62853 Win=8568 Len=0
  103 1.674557    128.32.37.244   10.0.0.100    TCP       6666 > 1198 [ACK] Seq=1 Ack=63489 Win=11340 Len=0
  105 1.762732    128.32.37.244   10.0.0.100    TCP       6666 > 1198 [ACK] Seq=1 Ack=66949 Win=7880 Len=0
  109 1.860567    128.32.37.244   10.0.0.100    TCP       6666 > 1198 [ACK] Seq=1 Ack=70657 Win=4172 Len=0
  111 1.916495    128.32.37.244   10.0.0.100    TCP       6666 > 1198 [ACK] Seq=1 Ack=73093 Win=5740 Len=0
  114 1.989704    128.32.37.244   10.0.0.100    TCP       6666 > 1198 [ACK] Seq=1 Ack=74753 Win=4080 Len=0
  115 2.085549    128.32.37.244   10.0.0.100    TCP       6666 > 1198 [ACK] Seq=1 Ack=77577 Win=1256 Len=0
  117 6.982406    128.32.37.244   10.0.0.100    TCP       [TCP ZeroWindow] 6666 > 1198 [ACK] Seq=1 Ack=78833 Win=0 Len=0
  119 7.857160    128.32.37.244   10.0.0.100    TCP       [TCP ZeroWindowProbeAck] [TCP ZeroWindow] 6666 > 1198 [ACK] Seq=1 A
  121 9.053792    128.32.37.244   10.0.0.100    TCP       [TCP ZeroWindowProbeAck] [TCP ZeroWindow] 6666 > 1198 [ACK] Seq=1 A
  123 11.971445   128.32.37.244   10.0.0.100    TCP       [TCP ZeroWindowProbeAck] [TCP ZeroWindow] 6666 > 1198 [ACK] Seq=1 A
  125 17.568786   128.32.37.244   10.0.0.100    TCP       [TCP ZeroWindowProbeAck] [TCP ZeroWindow] 6666 > 1198 [ACK] Seq=1 A
  126 20.043057   128.32.37.244   10.0.0.100    TCP       [TCP Window Update] 6666 > 1198 [ACK] Seq=1 Ack=78833 Win=2920 Len=0
```

**그림 15-15** 리눅스 수신자는 더 많은 데이터가 수신되면 윈도우 크기를 증가시킴으로써 수신자 측 자동 조정을 한다. 애플리케이션이 20초 동안 읽기 작업을 하지 않기 때문에 윈도우는 결국 종료한다.

윈도우 광고의 패턴을 살펴보면(10712, 13536, 16360, 19184,…) 우리는 광고된 윈도우가 ACK마다 MSS의 2배만큼 증가한다는 것을 알 수 있다. 이는 16장에서 배우게 될 발신자의 혼잡 제어 방식과 비슷하다. 수신자 측에 메모리가 충분히 있다면, 광고되는 윈도우는 언제나 발신자가 혼잡 제어 제한을 따르며 전송하는 양보다 더 크다. 이것은 최선의 경우에 해당한다. 수신자가 최소한의 버퍼 공간을 사용하고 광고하면서 발신자는 가급적 빠르게 데이터를 보낼 수 있기 때문이다.

수신자가 버퍼를 다 소모하면 자동 조정이 수행된다. 이 예제에서 시간 0.678에 윈도우 증가 패턴은 방향을 바꾸고, 최대 33,304바이트를 얻는다. 윈도우 크기는 더 이상 증가하지 않지만, 대신 애플리케이션이 정지해 있는 동안 버퍼가 채워진다. 애플리케이션이 시간 20에 읽기 작업을 시작할 때 윈도우 크기는 또다시 증가하고, 이전에 있었던 지점으로 간다(그림 15-16 참고).

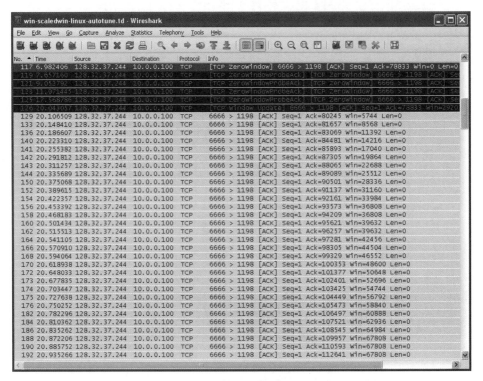

**그림 15-16** 수신 버퍼가 꽉 차기 때문에 읽기 작업을 하기 전에 애플리케이션이 멈추면서 자동 조정이 수행된다. 애플리케이션이 읽기 작업을 시작할 때 광고된 윈도우는 증가하고, 이전의 값을 늘린다.

제로 윈도우 광고(패킷 117)는 발신자가 윈도우 탐침을 동작하게 하고, 제로 윈도우 광고의 결과를 낳는다. 애플리케이션이 시간 20.043에 읽기 작업을 시작한 이후에 윈도우 갱신은 발신자로 보내진다. 윈도우는 다시 한 번 각각의 ACK를 위한 두 개의 MSS로 증가한다. 발신자가 계속 추가적인 데이터를 송신하고, 수신자가 그것을 처리할 때 수신자는 이 연결에서 수신자가 광고한 것 중 가장 큰 값인 67808에 이를 때까지 계속 광고된 윈도우가 증가하게 한다.

이 리눅스 버전은 또한 인접한 애플리케이션이 읽기 작업을 완료할 때 사이의 시간을 측정하고, 이 값과 예측된 연결 왕복 시간을 비교한다. RTT 추정치가 증가하면 버퍼 크기또한 증가된다(RTT가 작아지면 감소되지는 않는다). 이것은 연결의 대역폭 지연 곱이 증가하고 있을 때에도 자동 조정이 발신자 윈도우의 앞에 있는 수신자의 광고된 윈도우를 유지하는 것을 돕는다.

너무 작은 버퍼를 사용하는 TCP 애플리케이션의 문제는 고속 광대역 인터넷 연결이보급됨에 따라 중요한 문제가 됐다. 미국의 경우 전국에 걸친 패킷의 왕복 시간이 약100ms인데, 1GB/s 네트워크에서 64KB 윈도우를 사용하면 약 130MB/s의 최대 계산속도가 아니라 약 640KB/s로 TCP 처리량이 제한된다. 이런 네트워크에서 TCP의 버퍼크기를 늘리면 100배 이상의 속도 증가도 드문 일이 아니다. 이와 관련해서 Web100 프로젝트[W100]가 큰 일을 했다. 다양한 TCP 구현에서 애플리케이션이 얻을 수 있는 가용처리량을 극대화할 수 있는 도구와 소프트웨어 패치를 작성했다.

## 15.6 긴급 메커니즘

우리는 12장에서 TCP 헤더가 '긴급 데이터'임을 나타내는 특별한 URG 비트 필드를 갖고 있음을 살펴봤다. 긴급 데이터의 사용은 더 이상 권장되지 않지만[RFC6093] 애플리케이션이 쓰기 작업을 수행할 때 버클리 소켓Berkeley Socket API에 특수한 옵션(MSG_OOB)을지정함으로써 긴급 데이터라고 표시할 수 있다. 발신자의 TCP는 이러한 쓰기 요청을 받으면, 긴급 모드라고 부르는 특수 상태로 들어간다. 긴급 모드urgent mode로 들어갈 때 발신자 TCP는 애플리게이션에서 긴급 데이디로 지정한 마지막 바이트를 기록한다. 이것은애플리케이션이 긴급 데이터 쓰기를 중지하고 긴급 포인터까지의 모든 순서 번호를 확인 응답하기까지 발신자가 생성하는 후속 TCP 헤더 내에 긴급 포인터Urgent Pointer 필드를설정하기 위해 사용된다. [RFC6093]에 의하면 긴급 포인터는 긴급 데이터의 마지막 바이트 다음의 데이터 바이트의 순서 번호를 가리킨다. 이것은 긴급 포인터 필드의 의미에관해 모순되는 서술들을 포함했던 여러 RFC에서 오랫동안 지속됐던 모호성을 해결한다.IPv6 점보그램이 사용될 때 긴급 포인터 값 65535는 긴급 데이터의 끝을 (통상적인 16비트긴급 포인터 필드로 표현 가능한 64K 바이트 오프셋을 넘어서) TCP 데이터 영역의 끝에서 찾을수 있음을 의미한다[RFC2675].

수신 TCP는 URG 비트 필드 설정을 갖고 있는 세그먼트를 수신할 때 긴급 모드로 들어간다. 수신 TCP가 표준 소켓 API 호출 함수(select ())를 사용하는 긴급 모드로 변경할지의 여부를 수신하는 애플리케이션은 알아낼 수 있다. 사실상 TCP는 진정한 OOB[out-of-band] 성능을 구현하지 못함에도 불구하고, 버클리 소켓 API와 문서가 OOB 데이터를 사용하기 때문에 이 긴급 모드의 작동은 혼란을 가중시킨다. 대신 사실상 모든 TCP 구현은 수신자에서 독특한 API 호출 매개변수를 사용하는 애플리케이션에 긴급 데이터의 마지막 바이트를 전달한다.

수신자는 특별한 바이트를 회수하는 MSG_OOB 옵션인지, 또는 정규적인 데이터 스트림의 특별한 바이트를 갖고 있는 MSG_OOBINLINE인지를 지정해야 한다(이것은 긴급 모드를 사용하기 위해 필요한 방법이다).

### 15.6.1 예제

긴급 모드를 잘 이해하기 위해서 맥 OS X 발신자와 리눅스 수신자를 사용해 제로 윈도우 이벤트 동안 일어나는 일을 포함해서 긴급 모드가 어떻게 동작하는지 알아보자. 이를 위해 우선 리눅스 수신자에서 수신 윈도우 자동 조정을 제한한다.

```
Linux# sysctl -w net.ipv4.tcp_rmem='4096 4096 174760'

Linux% sock -1 -v -s -p 1 -p 10 5555
```

첫 번째 명령은 어떠한 수신 윈도우 자동 조정도 4KB가 넘지 않음을 보장한다. 이것은 윈도우가 닫힐 때 일어나는 일들을 보는 데 유용할 것이다. 두 번째 명령은 서버를 작동시키고, 읽기 작업을 시작하기 전에 10초를 기다리고 각 읽기 작업 사이에 1초의 간격을 가지라고 지시한다. 클라이언트에서 다음 명령어를 실행한다.

```
Mac% sock -1 -n 7 -U 7 p 1 -S 8192 10.0.1.1 5555
SO_SNDBUF = 8192
connected on 10.0.1.33.51101 to 10.0.1.1 5555
TCP_MAXSEG = 1448
wrote 1024 bytes
wrote 1024 bytes
wrote 1024 bytes
```

```
wrote 1024 bytes
wrote 1024 bytes
wrote 1024 bytes
wrote 1 bytes of urgent data
wrote 1024 bytes
```

이 명령은 1초 간격으로 7개의 1024바이트 쓰기 작업을 수행하고, 또 마지막 쓰기 작업 전에 1바이트의 긴급 데이터 쓰기 작업을 수행하는 클라이언트를 생성한다. 클라이언트 버퍼는 충분히 크기 때문이다(8,192바이트로 설정). 그리고 애플리케이션은 즉시 실행을 완료한다. 애플리케이션이 보내는 모든 데이터가 발신 TCP의 버퍼에 들어가기 때문이다.

그림 15-17에서 수신자에 의해서 광고된 초기 오른쪽 윈도우 끝이 어떻게 2,800이고, 5,121까지 어떻게 빠르게 증가했는지를 볼 수 있다. 시간이 1.0에 애플리케이션은 쓰기 작업을 만들고, 오른쪽 윈도우 끝은 거의 6,145까지 증가했다. 그 이후로 자동 조정은 4,192바이트 위로 효율적인 사용을 할 수 없게 됐고, 수신 애플리케이션은 어떠한 읽기 작업도 수행하지 않았기 때문에 수신자의 윈도우는 더 이상 증가하지 않았다.

시간 10.0까지 발신자는 수신자를 조사하지만 추가적인 윈도우 증가는 일어나지 않는다. 결국에는 시간 10.0 이후에 발신자가 읽기 동작을 시작할 때 윈도우를 열고, 발신자는 전송을 완료한다. 교환된 패킷들은 그림 15-18에서 보여준다.

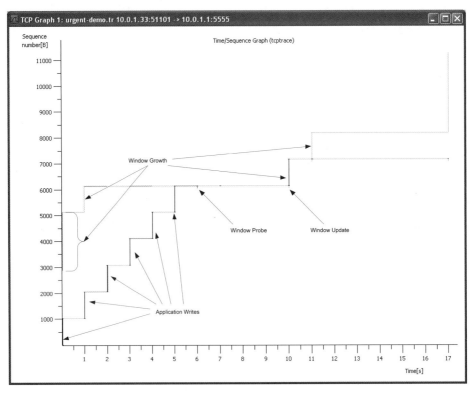

**그림 15-17** 여섯 번의 쓰기 작업 후에 수신자의 윈도우는 증가하지 않는다. 송신 TCP는 시간 10에 윈도우를 열 때까지 전송하는 것을 중단한다.

긴급 모드를 위한 'exit point'는 TCP 세그먼트에 있는 순서 번호<sup>Sequence Number</sup> 필드와 긴급 포인터<sup>Urgent Pointer</sup> 필드의 합으로 정의한다. 하나의 긴급 '포인트'(순서 번호 오프셋)가 TCP 연결마다 유지된다. 따라서 유효한 긴급 포인터 필드에 도착하는 패킷은 이전에 잃었던 긴급 포인터에 포함된 정보를 유발한다. 세그먼트 16은 유용한 긴급 포인터를 포함한 첫 번째 세그먼트다. 그리고 종료 지점의 상대적인 순서 번호 6146(출구 포인트의 상대적인 순서 번호)은 결과를 나타낸다. 이 순서 번호가 명령을 제공하는 세그먼트를 포함하지 않을 수도 있지만, 순서 번호가 그 뒤에 세그먼트를 대신했다는 점에 주목하자. 예를 들어 이것은 데이터를 포함하지 않지만 값이 1인 긴급 포인터를 포함하는 세그먼트 17을 갖는 경우다.

이전에 언급했듯이 종료 포인터는 긴급 데이터에 마지막 바이트를 나타내는지, 긴급하지 않은 데이터를 나타내는지 또는 다음 첫 번째 바이트를 나타내는지에 대한 문제점이 있다.

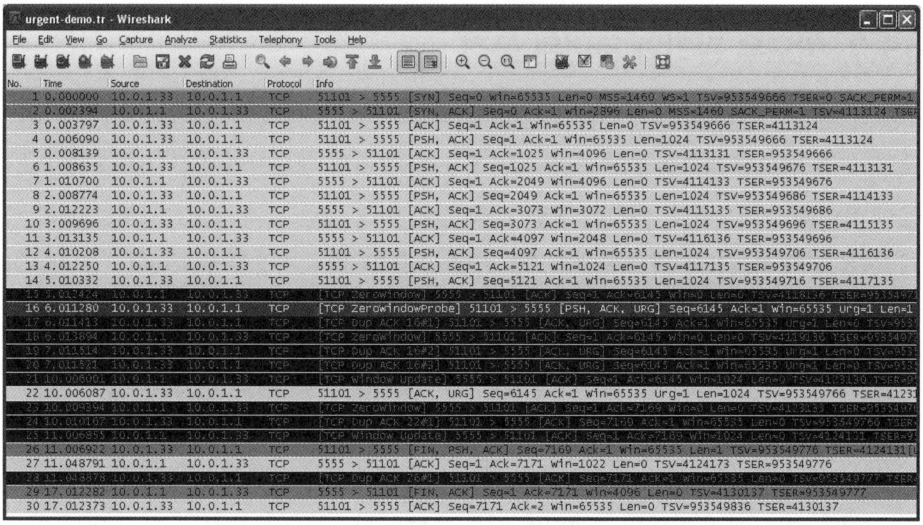

**그림 15-18** 시간 5.012에 수신자로부터 제로 윈도우 광고를 보여주는 전체 데이터 전송. 애플리케이션이 다음의 읽기 작업을 수행할 때 송신 TCP는 긴급 모드 상태로 들어가고, 하나의 순서 번호를 포함하는 윈도우 탐침 세그먼트에서 시간 6.0113에 시작하기 위한 설정인 URG의 결과를 가진다. 시간 7에 애플리케이션은 마지막 쓰기 작업을 하고 종료한다. 그리고 두 개의 빈 세그먼트를 생성한다. 시간 10.006에 윈도우 갱신은 데이터 전달을 다시 시작한다. 시간 10.009에 제로 윈도우 광고는 다시 전송을 멈추고, 긴급 포인터가 확인 응답됐기 때문에 긴급 모드가 지금 종료된다는 것을 나타낸다. 시간 11.007에서 FIN은 마지막 데이터 바이트를 포함한다.

[RFC1122]에서 포인터는 긴급 데이터의 마지막 바이트로 지정하는 것으로 선언된다. 그러나 특별하게 모든 TCP 구현은 이 명세서를 따르지 않는다. 따라서 [RFC6093]은 이런 사실을 인정하고, 긴급하지 않은 데이터에 첫 번째 바이트를 나타내는 포인터를 만들기 위한 다양한 명세서들로 수정했다. 예를 들어 순서 번호 6145를 갖고 있는 바이트는 sock 클라이언트에 의해 만들어진 긴급 데이터 1바이트를 포함한다. 그러나 순서 번호 필드가 6145를 가질 때 모든 세그먼트에서 1의 값을 가진 긴급 포인터를 볼 수 있다. 따라서 TCP에 이런 실행을 가진 종료 포인터는 긴급하지 않은 데이터의 첫 번째 바이트의 순서 번호다. 예제에서 설명한 것처럼 TCP는 대역폭 안쪽의 데이터 스트림을 가진 긴급 데이터를 전송한다. 애플리케이션이 실제로 분리된 대역 외의 채널을 원한다면 두 번째 TCP 연결은 이것을 완성시키기 위한 가장 쉬운 방법일 것이다. 어떤 전송 계층 프로

토콜은 일반적인 데이터 경로의 연결을 사용해 논리적으로 분산된 데이터 경로를 갖는 OOB 데이터를 제공한다. 이것은 TCP가 제공하는 것이 아니다.

## 15.7 윈도우 관리와 관련된 공격

TCP의 윈도우 관리는 주로 자원 고갈의 형태로 다양한 공격의 대상이 돼 왔다. 본질적으로, 작은 윈도우 광고는 TCP 전송 속도를 느리게 하고 메모리와 같은 자원을 긴 시간 동안 묶어두기 때문이다. 이것은 불량 트래픽(즉, 웜)에 대한 공격 방법으로서 사용돼 왔다. 예를 들어 라브레아 타르갱<sup>LaBrea tarpit</sup> 기법[L01]은 TCP의 3-방향 핸드셰이크를 완료한 다음 아무것도 하지 않거나 최소한의 응답만 생성함으로써 발신 TCP의 속도를 지속적으로 떨어뜨린다. 이렇게 되면 발신 TCP의 바쁜 상태가 유지돼서 웜의 전파 속도를 늦출 수 있다. 타르갱은 이처럼 공격성 트래픽에 대한 공격이다.

이보다 최근인 2009년에는 지속 타이머의 취약성을 활용하는 공격 방법이 공개됐다[109]. 이 공격은 SYN 쿠키 기법의 클라이언트 측 변형을 사용한다(13장 참조). 필요한 연결 상태가 모두 공격 대상 호스트로 떠넘겨지기 때문에, 공격자의 호스트에서 소비되는 자원은 최소화된다. 이 공격은 라브레아와 비슷하지만, 지속 타이머에 초점을 맞춘다는 점이 다르다. 동일한 서버에 다수의 이런 공격이 가해짐으로써 자원 고갈(예를 들면 시스템 메모리 소진)을 유발할 수 있다. 이 공격에 대한 해결책은 [C723308]에 제시됐는데, 자원 고갈이 발생할 것으로 예상될 때 다른 프로세스가 TCP 연결을 종료할 수 있도록 허용하는 것이다.

## 15.8 정리

대화형 데이터는 일반적으로 SMSS보다 작은 세그먼트 단위로 전송된다. 이렇게 작은 세그먼트를 받은 수신자는 지연 확인응답을 사용해서 발신자로 보내는 데이터에 확인응답을 편승시켜 보내려고 한다. 이것은 특히 클라이언트에서 입력된 문자를 서버가 화면에 그대로 표시하는 대화형 트래픽의 경우에 세그먼트 개수를 감소시킬 수 있다. 하지만 이로 인해 추가 지연이 발생할 수도 있다.

WAN처럼 왕복 시간이 긴 연결에서는 네이글 알고리즘을 사용해서 작은 세그먼트의 개수를 줄이는 경우가 많다. 이 알고리즘은 확인 응답되지 않은 데이터의 작은 패킷을 보내지 않도록 제한한다. 네트워크 내에서 오버헤드가 높은 작은 패킷의 수를 줄여서 연결이 지속되는 동안 운반되는 패킷의 총량을 줄일 수 있지만, 지연 시간이 추가되기 때문에 애플리케이션에 오히려 나쁜 영향을 미칠 수도 있다. 또, 지연 ACK와 네이글 알고리즘 간의 상호작용은 일시적인 교착상태로 이어질 수 있다. 이런 문제 때문에 애플리케이션에서 네이글 알고리즘을 비활성화할 수 있으며, 대부분의 대화형 애플리케이션은 이 알고리즘을 비활성화한다.

TCP는 자신이 보내는 모든 ACK에 윈도우 광고를 포함시켜서 흐름 제어를 수행한다. 윈도우 광고는 윈도우 광고를 보낸 종단점에 버퍼 공간이 얼마나 남았는지 상대방에게 알려준다. 윈도우 스케일 옵션이 사용되지 않을 경우 최대 윈도우 광고는 65536바이트이고, 윈도우 스케일 옵션이 사용되면 최대 윈도우 광고는 훨씬 커진다(약 1GB).

윈도우 광고는 0일 수도 있는데, 수신자 버퍼가 완전히 꽉 찼음을 의미한다. 이 경우에 발신자는 데이터 보내는 것을 중단하고, 타이머 기반 재전송(14장 참조)과 비슷한 백오프 방식의 재전송 간격으로 윈도우를 조사<sup>probe</sup>하기 시작한다. 닫힌 윈도우를 이처럼 조사하는 동작은 더 큰 윈도우를 나타내는 ACK가 돌아오거나 버퍼 공간을 사용할 수 있게 돼 수신자가 윈도우 갱신<sup>window update</sup>을 보낼 때까지 무한히 계속된다. 이러한 무한 동작은 TCP에 대한 자원 고갈 공격에 사용돼 왔다.

TCP가 발전하는 과정에서 이상한 현상이 관찰됐다. 작은 윈도우가 광고됐을 때 발신자가 이를 즉시 채우는 것이다. 이런 동작은 높은 오버헤드의 작은 패킷들이 대량으로 사용되게 만들며 연결이 한가해질 때까지 계속되므로 이런 현상을 '바보 윈도우 증후군'이라고 불렀다. 이 현상을 막기 위한 기법들이 개발됐는데 TCP 발신 논리와 수신 논리에 모두 적용된다. 발신자는 작은 윈도우가 광고될 때 작은 세그먼트를 보내지 않고, 수신자는 작은 윈도우 광고를 보내지 않으려고 노력한다.

수신자 윈도우의 크기는 수산자의 버퍼 크기로 제한된다. 과거에 수신 버퍼의 크기를 지정하지 않은 애플리케이션에는 작은 크기의 버퍼가 할당됐으며, 이로 인해서 높은 대역폭과 지연시간을 갖는 네트워크 경로상에서 처리량이 좋지 않았다. 하지만 최근의 운영체제들은 버퍼 크기를 자동으로 효율적으로 할당하는 자동 조정 기능을 갖고 있기 때문에 이러한 걱정은 과거의 일이 되고 있다.

# 15.9 참고 자료

- **[C723308]** US-CERT Vulnerability Note VU#723308, Nov. 2009.

- **[F03]** C. Fraleigh et al., "Packet-Level Traffic Measurements from the Sprint IP Backbone," IEEE Network Magazine, Nov./Dec. 2003.

- **[I09]** F. Hantzis (ithilgore), "Exploiting TCP and the Persist Timer Infiniteness," Phrack, 66(9), June 2009.

- **[L01]** T. Liston, "LaBrea: 'Sticky' Honeypot and IDS," http://labrea.sourceforge.net

- **[MM01]** J. Mogul and G. Minshall, "Rethinking the TCP Nagle Algorithm," ACM Computer Communication Review, 31(6), Jan. 2001.

- **[MMQ]** http://technet.microsoft.com/en-us/library/cc730960.aspx

- **[MMSV99]** G. Minshall, J. Mogul, Y. Saito, and B. Verghese, "Application Performance Pitfalls and TCP's Nagle Algorithm," Proc. Workshop on Internet Server Performance, May 1999.

- **[P05]** R. Pang, M. Allman, M. Bennett, J. Lee, V. Paxson, and B. Tierney, "A First Look at Modern Enterprise Traffic," Proc. Internet Measurement Conference, Oct. 2005.

- **[RFC0813]** D. Clark, "Window and Acknowledgment Strategy in TCP," Internet RFC 0813, July 1982.

- **[RFC0896]** J. Nagle, "Congestion Control in IP/TCP Internetworks," Internet RFC 0896, Jan. 1984.

- **[RFC1122]** R. Braden, ed., "Requirements for Internet Hosts-Communication Layers," Internet RFC 1122/STD 0003, Oct. 1989.

- **[RFC2675]** D. Borman, S. Deering, and R. Hinden, "IPv6 Jumbograms," Internet RFC 2675, Aug. 1999.

- **[RFC4251]** T. Ylonen and C. Lonvick, "The Secure Shell (SSH) Protocol Architecture," Internet RFC 4251, Jan. 2006.

- **[RFC4254]** T. Ylonen and C. Lonvick, ed., "The Secure Shell (SSH) Connection Protocol," Internet RFC 4254, Jan. 2006.

- **[RFC6093]** F. Gont and A. Yourtchenko, "On the Implementation of the TCP Urgent Mechanism," Internet RFC 6093, Jan. 2011.

- **[S98]** J. Semke, J. Mahdavi, and M. Mathis, "Automatic TCP Buffer Tuning," Proc. ACM SIGCOMM, Oct. 1998.

- **[W100]** http://www.web100.org

# 16

―

# TCP 혼잡 제어

## 16.1 개요

이번 장에서는 대용량 데이터 전송 시에 매우 중요한 혼잡 제어<sup>congestion control</sup> 문제를
TCP가 어떻게 접근하는지 알아본다. 혼잡 제어는 한꺼번에 몰리는 트래픽으로 네트워
크가 뒤덮이지 않도록 TCP가 구현하는 알고리즘들이 정하는 동작들의 집합이다. 기본적
인 접근 방식은 네트워크가 혼잡해질 것으로 예상될 때(혹은 이미 혼잡해서 라우터가 패킷들
을 폐기하고 있을 때) TCP의 속도를 늦추는 것이다. 이때 어려운 점은 정확히 언제 어떻게
TCP 속도를 늦출지, 그리고 언제 다시 속도를 높일지를 결정하는 것이다.

TCP는 한 시스템에서 다른 시스템으로 데이터를 신뢰성 있게 전달하도록 설계된 프로
토콜이다. 우리는 이미 15장에서 상대편(수신 측) TCP가 보조를 맞추지 못할 경우 송신
측 TCP 속도를 늦추게 하는 방법을 보았다. 수신자가 ACK에 포함시켜 광고하는 윈도우
크기 필드를 사용해서 발신자가 발신 속도를 조절하는 흐름 제어<sup>flow control</sup> 기법이었다. 이
것은 수신자의 상태에 관한 정확한 정보가 발신자에게 보내짐으로써 수신자 버퍼가 가
득 차는 것을 피하는 방법이다.

발신자와 수신자 사이의 네트워크가 실제 처리할 수 있는 것보다 더 많은 트래픽을 운
반하도록 요구될 때 어떤 일이 일어날지 생각해 보자. 발신자가 속도를 늦추거나 네트워
크가 일부 데이터를 포기해야만 한다(혹은 둘 다). 이러한 사실은 라우터에 적용되는 큐잉

queueing 이론의 가장 기본적인 관찰로부터 비롯된다. 즉 라우터가 일부 데이터를 저장할 수 있더라도, 장기적으로 데이터 도착 속도가 데이터 출발 속도보다 높으면 중간 저장 데이터는 무제한으로 증가한다. 더 간단히 서술하자면, 만일 단위 시간에 라우터가 송신할 수 있는 것보다 더 많이 데이터를 수신한다면, 라우터는 반드시 그만큼의 데이터를 저장해야 한다. 이런 상황이 지속되면 결국 저장 공간은 꽉 찰 것이고, 라우터는 어쩔 수 없이 일부 데이터를 폐기해야 한다.

이처럼 라우터가 트래픽 수신 속도를 따라가지 못해서 데이터를 버려야만 하는 상황을 '혼잡congestion'이라고 부른다. 그리고 라우터가 이런 상태에 있을 때 라우터가 '혼잡하다congested'라고 말하며, 단 1개의 연결이 1대 이상의 라우터를 혼잡 상태로 만들 수 있다. 혼잡 상태를 내버려두면 네트워크의 성능이 급격히 나빠져서 결국 사용이 불가능해진다. 최악의 상황에 이르면 혼잡 붕괴congestion collapse 상태에 있다고 말한다. 이런 상황을 예방 혹은 적어도 완화하기 위해서 TCP는 혼잡 제어 절차를 구현하고 있다. TCP의 여러 버전 혹은 변형(그리고 TCP/IP 스택을 포함하는 운영체제)들은 저마다 약간씩 다른 혼잡 제어 절차를 제공한다. 이번 장에서는 이 중에서 널리 알려진 것들 위주로 논의한다.

## 16.1.1 TCP에서의 혼잡 검출

지금까지 배웠듯이 TCP가 패킷 손실에 대처하는 기본적인 방법은 재전송 타이머 만료 혹은 빠른 재전송 알고리즘에 의해서 일어나는 패킷 재전송이다(14장 참조). 여기서 1개의 인터넷 경로를 공유하는 다수의 TCP 연결이 혼잡 붕괴 상태의 네트워크에 더 많은 패킷을 재전송할 경우 어떻게 될지 잠시 생각해 보자. 쉽게 상상할 수 있듯이, 상황은 악화일로를 걸을 것이다. 현실에서는 이런 상황을 가리켜 불난 집에 기름 붓기라고 부르며, 당연히 피해야만 하는 상황이다.

혼잡에 대처하기 위해서 우리는 혼잡이 존재할 때(혹은 혼잡이 막 시작하려고 할 때) 송신 측 TCP의 속도를 일단 늦추고, 혼잡 상태가 어느 정도 완화되면 적절한 크기의 대역폭을 탐지해서 사용하고 싶다. 하지만 인터넷상에서 이것은 상당히 어려운 과제이다. 왜냐하면 전통적으로 송신 측 TCP가 중간 단계의 라우터들의 상태에 대해서 알아낼 명시적인 방법이 없기 때문이다. 다시 말해서, 혼잡에 관한 명시적인 신호전송explicit signaling 방법이 없다. TCP가 혼잡에 대한 대응에 나서려면 먼저 혼잡이 발생 중이라는 판단을 스스로 내려야만 한다. 이것은 하나 이상의 패킷이 손실됐음을 탐지함으로써 가능하다. TCP는 손실 패킷은 혼잡을 알리는 표시이며 따라서 어떤 식으로든 대응(즉, 속도 늦추기)이 필요하다고 가정한다. 우리는 TCP가 1980년대 후반부터 이렇게 대응해 왔음을 살펴볼 것이다. 혼잡을 탐지하는 또 다른 방법으로서 지연 시간을 측정하는 것과 네트워크 차원에서 지원하는 명시적 혼잡 통지ECN, Explicit Congestion Notification가 있는데 16.11에서 자세히 설명할 이 방법들은 패킷 폐기가 일어나기 전에 TCP가 혼잡 상황을 알 수 있도록 한다. 먼저 '고전적인' 알고리즘을 공부한 후에 이 방법들을 논의한다.

> **주의**
>
> 오늘날의 유선 네트워크 환경에서 패킷 손실은 주로 라우터 혹은 스위치 내의 혼잡으로 인해 일어난다. 반면에 무선 네트워크의 경우에는 전송 및 수신 오류가 패킷 손실의 주요 원인이다. 패킷 손실이 혼잡 때문인지 아니면 전송 오류 때문인지 알아내는 것은 무선 네트워크가 널리 사용되기 시작한 1990년대 중반 이후 활발히 연구되는 주제이다.

14장에서 우리는 TCP가 타이머, 확인 응답, 선택적 확인 응답을 사용해서 패킷 손실을 탐지하고 복구하는 방법을 살펴본 바 있다. 패킷 손실이 탐지되면 TCP는 패킷을 재전송할 책임이 있다. 이번에 다룰 내용은 패킷 손실이 관찰됐을 때 TCP가 취하는 그 밖의 동작들이다. 특히 TCP가 패킷 손실을 혼잡 발생의 신호로서 어떻게 해석하는지, 그리고 속도를 낮춰야 하는지 살펴볼 것이다. '어떻게' 그리고 '언제' 속도를 낮추는 지가(또, 어떻게 다시 높이는 지도) 지금부터 살펴볼 핵심 주제다. 먼저, 신규 연결에서 기초적인 데이터 전송률을 설정하는 고전 알고리즘을 알아보고, 이어서 대용량 데이터 전송을 수행할 때 안정 상태로 동작하는 동안 TCP가 사용하는 다른 고전 알고리즘을 살펴본다. 또, 이 알고리즘들에 그동안 이뤄진 개선 사항들을 논의한다. 그리고 혼잡 제어와 관련된 패킷 추적 정보를 자세히 살펴본 뒤, TCP 혼잡 제어와 관련된 보안 이슈를 다루고 마지막으로 중요 내용을 요약한다. 혼잡 제어는 많은 네트워크 연구자들의 관심 대상이며[RFC6077] 다수의 논문들이 매년 발표되고 있다.

## 16.1.2 TCP 발신자의 전송 속도를 낮추기

우리가 가장 먼저 해결해야 할 문제는 일단 TCP 발신자의 속도를 낮추는 방법이다. 우리는 15장에서 TCP 헤더 내의 윈도우 크기 필드가 수신자 측의 버퍼 공간을 바탕으로 윈도우 크기를 조절하도록 발신자에게 사용된다고 배웠다. 여기서 한 걸음 더 나아가면 수신자 혹은 네트워크 속도가 너무 느릴 경우 발신자에게 속도를 낮추도록 지시할 수 있다. 이것은 네트워크 용량의 추정치에 근거하는 윈도우 제어 변수를 발신자에 도입하고 발신자의 윈도우 크기가 이 둘 중에 큰 값보다 초과하지 않도록 보장함으로써 가능하다. 그러면 그러면 발신 측 TCP는 수신자가 처리할 수 있는 속도와 네트워크가 처리할 수 있는 속도 중에서 작은 값으로 데이터를 보낼 수 있다.

이처럼 네트워크의 가용 용량을 추정하는 데 사용되는 새로운 변수를 혼잡 윈도우congestion window라고 하며, 간단히 cwnd라고 쓴다. 그러면 발신자의 실제 (가용) 윈도우 W는 수신자가 광고하는 윈도우 awnd와 혼잡 윈도우 중에서 작은 값으로 나타낼 수 있다.

$$W = min(cwnd, awnd)$$

이러한 관계가 성립하면 TCP 발신자는 네트워크 내에서 전송 진행 중이라 아직 확인 응답되지 않은 패킷 혹은 바이트를 W개 이상 가질 수 없다. 발신자가 네트워크로 보냈지만 아직 확인 응답을 받지 못한 데이터의 양을 미응답 크기flight size라고 부르며, 이 값은 언제나 W보다 작거나 같다. 일반적으로 W는 패킷 또는 바이트 단위로 관리된다.

> **주의**
>
> TCP가 선택적 응답(SACK)을 사용하지 않을 때 W 값에 대한 제한은 확인 응답된 가장 높은 순서 번호와 W 값의 합보다 큰 순서 번호를 갖는 세그먼트를 발신자가 보낼 수 없음을 의미한다. SACK가 사용되는 경우는 W가 약간 다르게 취급되는데, 미응답 크기에 대한 전반적 제한으로서 W를 사용한다.

이런 논의가 논리적인 것처럼 보이지만, 사실은 부족한 부분이 많다. 네트워크의 상태와 수신자의 상태는 모두 시간에 따라 변화하기 때문에 awnd의 값과 cwnd의 값은 시간에 따라 변화한다. 게다가 명시적인 신호가 없기 때문에 cwnd의 정확한 값을 발신 TCP는 직접 사용할 수 없다. 따라서 모든 W, cwnd, awnd의 값은 모두 경험적으로 결정해야 하고 동적으로 업데이트해야 한다. 또, 앞서 언급했듯이 우리는 W가 너무 큰 것도, 너무 작은 것도 피하고 싶다. 우리가 원하는 것은 네트워크 경로의 BDP$^{Bandwidth-Delay\ Poduct}$ 값과 비슷하게 W를 설정하는 것인데, 이 값을 최적$^{optimal}$ 윈도우 크기라고도 부른다. 이 것은 수신자에게 전송되는 동안에 네트워크 내에 저장될 수 있는 데이터의 양으로서 발신자에서 수신자로 가는 경로상의 최저 용량 링크('병목지점')의 용량에 RTT를 곱한 값과 같다. 일반적으로 적어도 네트워크의 BDP만큼의 데이터를 보냄으로써 네트워크를 바쁜 상태로 유지하는 것이 바람직한 전략이다. 하지만 BDP를 크게 초과하는 제한값을 사용하는 것은 바람직하지 않은데, 원치 않는 지연 시간이 발생할 수 있기 때문이다(16.10절 참조). 인터넷상의 연결에 대한 BDP를 정하는 것은 쉬운 일이 아닌데, 경로, 지연 시간, 통계적 다중화의 수준(즉, 용량 공유)이 시간의 함수로 변화하기 때문이다.

> **주의**
>
> 우리의 주된 관심사는 발신자 측에서 혼잡을 제어하는 것이지만, ACK로 인해서 역방향에서 발생하는 혼잡을 다루는 방법도 많이 연구되고 있다. [RFC5690]에서는 TCP 수신 측에게 ACK 비율을 얼마로 해야 할지를 알려주는 방법(즉 ACK를 전송하기 전에 몇 개의 패킷을 수신해야 하는지)을 소개한다.

## 16.2 고전적인 알고리즘

새로 시작되는 TCP 연결은 데이터 전송을 위해 얼마나 많은 네트워크 용량을 사용할 수 있는지 모르기 때문에 cwnd의 초기값을 어떤 값으로 설정해야 할지 알지 못한다(다만 과거에 사용됐던 설정값을 저장하고 있는 시스템의 경우는 예외다. 14장의 '목적지 지표' 절에서 설명한 바 있다). TCP는 수신자와 한번 패킷을 교환해서 awnd 값을 학습하지만, 명시적인 신호가 없다면 cwnd 값을 학습하는 방법은 패킷 폐기(혹은 다른 혼잡 표시)를 경험할 때까지 계속 전송 속도를 높이는 것뿐이다. 이때 처음부터 (awnd 값에 따르는) 최대 속도로 전송할 수도 있고, 느린 속도부터 시작할 수도 있다. 처음부터 최대 속도로 시작할 때 네트워크 경로를 공유하는 다른 TCP 연결에 미칠 수 있는 부정적 영향 때문에 TCP는 안정적 상태에 도달하기까지는 너무 빠른 속도로 시작하지 않는 알고리즘을 사용한다. 그리고 일단 안정적 상태에 도달하면 TCP는 다른 알고리즘을 사용한다.

발신자의 TCP 혼잡 제어 동작은 ACK의 수신에 의해 구동된다(다른 말로 표현하면 '동기화된다$^{clocked}$'). TCP가 (적절한 cwnd 값을 사용해서) 안정적 상태에서 동작하고 있다면, ACK

의 수신은 하나 이상의 패킷이 네트워크에서 빠져나갔으며 따라서 데이터를 추가로 보낼 기회가 생겼음을 의미한다. 이러한 추론에 따르면, 안정 상태에서 TCP의 혼잡 동작은 네트워크 내에서 패킷 보존conservcation of packet을 시도한다고 말할 수 있다. 여기서 보존이라는 단어는 물리학에서의 의미와 같다. 즉, 계system에 유입된 어떤 양(예를 들면 모멘텀, 에너지 등)은 그냥 사라지거나 나타나지 않으며, 제대로 추적만 할 수 있다면 항상 어딘가에 존재한다.

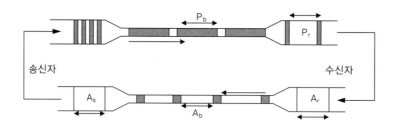

**그림 16-1** TCP 혼잡 제어는 패킷 보존의 법칙을 바탕으로 동작한다. 패킷들($P_b$)은 제한된 용량의 링크를 통해 발신자에서 수신자로 보내질 때 시간적으로 '늘어난다(stretched out)'. 이 패킷들은 수신자에서는 나뉘어 수신되고($P_r$) ACK도 이에 맞춰서 생성돼($A_r$) 발신자에게 보내진다. 수신자에서 발신자로 향하는 ACK는 나뉘어 지고($A_b$), 이 ACK는 발신자에게 도달하면($A_s$) 신호 혹은 ACK 클럭 역할을 해서 발신자에게 패킷을 더 보내야 한다고 알려준다. 안정 상태에서 이렇게 동작하는 시스템을 가리켜 '자체 동기화된 (self-clocked)' 시스템이라고 부른다. 그림은 [J88]의 그림을 수정한 S. Seshan의 2005년 3월 22일 CMU 강의 자료를 인용했다.

그림 16-1은 이 개념을 보여주고 있다. 상단과 하단의 물체들을 깔때기funnel라고 부르기로 하자. 상단 깔때기는 발신자에서 수신자로 향하는 경로를 따라 이동하는 (용량이 큰) 데이터 패킷을 갖고 있다. 깔때기의 폭이 좁은 것은 패킷이 속도가 느린 링크를 통해 이동할 때 어떻게 시간적으로 '늘어나는지stretched out' 보여주고 있다. 깔때기의 양 끝(발신자와 수신자)은 패킷이 경로를 따라 이동하기 전 또는 후에 일시적으로 보관되는 큐queue를 보여준다. 하단 깔때기는 상단 깔대기 내의 데이터 패킷에 대응해 수신자가 발신자로 보내는 ACK를 갖고 있다. 안정 상태에서 효율적으로 동작하고 있을 때 상단과 하단 깔때기에는 패킷들이 몰리지 않는다. 또 상단 깔때기에서 패킷 사이의 공간이 지나치게 크게 존재하지도 않는다. 발신자에 ACK가 도착하면 상단 깔때기로 보내질 다른 데이터 패킷이 '풀려 나며' 이는 적절한 시점(즉, 네트워크가 새로 패킷을 받아들일 수 있을 때)에 발생한다. 이런 관계를 가리켜 자체 동기화self-clocking라고도 부르는데, ACK의 도착(이를 ACK 클럭이라고 부름)으로 인해 시스템은 새로운 패킷을 보내는 작업을 수행하기 때문이다.

이제 TCP의 두 가지 주요 알고리즘인 저속 시작과 혼잡 회피를 알아보기로 하자. 이 알고리즘은 패킷 보존과 ACK 클럭의 원리에 기초하며 제이콥슨[Jacobson[J88]]이 발표한 고전 논문에서 처음으로 공식적으로 기술됐다. 제이콥슨은 2년 후 혼잡 회피 알고리즘을 업데이트했다[J90]. 이 알고리즘들은 동시에 동작하지 않는다. 즉, TCP는 특정 시점에 하나만 실행하지만, 상호 간에 전환은 가능하다. 이제 이 알고리즘을 자세히 살펴보고 둘 중에 어느 것을 사용해야 할지 결정하는 요인이 무엇인지 알아보자. 또 이 알고리즘들이 처음 구현된 이후 어떻게 수정되고 확장됐는지 살펴본다. 각 TCP 연결마다 이 알고리즘을 개별적으로 실행할 수 있다.

## 16.2.1 저속 시작

저속 시작[slow start] 알고리즘은 새로운 TCP 연결이 생성되거나 재전송 시간 초과[RTO, Retransmission Timeout]에 의해 패킷 손실이 발생할 경우 실행된다. 또, 발신 TCP가 일정 시간 동안 유휴 상태가 된 후에 실행되기도 한다. 저속 시작의 목적은 혼잡 회피를 사용해서 더 많은 가용 대역폭을 찾기 전에 TCP가 cwnd의 값을 찾는 것을 돕고 ACK 클럭을 설정하는 것이다. 일반적으로 TCP는 저속 시작을 이용해 새로운 연결을 시작하며, 결국 패킷 손실이 일어나면 혼잡 회피 알고리즘을 사용해서 안정적 상태로 들어간다(16.2.2절). [RFC5681]에서 인용하면 다음과 같다.

> 상태를 잘 모르는 네트워크로 전송을 시작하면 TCP는 가용 용량을 알아내기 위해서 네트워크를 조사해야 한다. 이것은 부적절하게 많은 데이터를 쏟아냄으로써 네트워크를 혼잡시키지 않기 위함이다. 저속 시작 알고리즘은 전송 시작 시, 또는 재전송 타이머에 의해 탐지된 손실 복구 후에 이런 목적으로 사용된다.

저속 시작에서 TCP는 (SYN 교환 후) IW[Initial Window]라 불리는 일정 개수의 세그먼트를 보내면서 시작한다. IW의 값은 원래 하나의 SMSS였지만 [RFC5681]에서는 더 큰 값이 허용된다. 식은 다음과 같다.

IW = 2*(SMSS)이고 2개 이하의 세그먼트 (SMSS > 2190바이트일 때)
IW = 3*(SMSS)이고 3개 이하의 세그먼트 (2190 ≥ SMSS > 1095바이트일 때)
IW = 4*(SMSS)이고 4개 이하의 세그먼트 (그 밖의 경우)

IW의 값을 이렇게 할당하면 초기 윈도우에 여러 개의(3개 혹은 4개) 패킷도 가능하지만, 조금 뒤에 볼 예제에서는 논의를 단순화하기 위해 IW = 1 SMSS로 할 것이다. TCP는 처음에 cwnd = 1 SMSS로 연결을 시작하므로, 초기 가용 윈도우 W도 SMSS와 같다. 대부분의 경우 SMSS는 수신자의 MSS와 경로 MTU 중 작은 값과 같다는 점에 주의하자(헤더 크기보다 작다).

패킷 손실이 없고 각각의 모든 패킷에 대해서 ACK 응답이 돌아온다고 가정하면 첫 번째 세그먼트에 대한 ACK가 돌아오면 TCP는 다른 세그먼트를 보낼 수 있다. 하지만 저속 시작이므로, ACK가 수신될 때마다 cwnd는 min(N, SMSS)만큼 증가하는데 여기서 N은 그전에 확인 응답되지 않은 바이트가 '정상$^{good}$ ACK'의 수신에 의해 확인 응답된 개수이다. 정상 ACK란 그 전까지보다 높은 ACK 번호를 반환한 ACK를 말한다.

> **주의**
>
> ACK되는 바이트의 수는 [RFC5681]에서 권장하는 실험적 명세인 ABC(Appropriate Byte Counting) [RFC3465]를 지원하는 데 사용된다. 이것은 16.12절에서 설명한 'ACK 분할(division)' 공격에 대항하는 데 사용될 수 있는데, 이 공격은 많은 수의 작은 ACK를 사용해 TCP 발신자가 정상보다 빠르게 패킷을 보내도록 한다. 리눅스에서는 시스템 설정 변수 net.ipv4.tcp_abc를 사용해 ABC가 활성화됐는지 확인한다(기본값은 no). 최근 버전의 윈도우 운영체제에서는 ABC가 기본적으로 on으로 설정돼 있다.

이렇게 하나의 세그먼트가 응답된 후 cwnd 값은 2로 증가하고, 2개의 세그먼트가 전송된다. 각 세그먼트로 인해서 새로운 정상 ACK들이 반환되면 2에서 4로, 4에서 8로, 이런 식으로 증가한다. 일반적으로 패킷 손실이 없고, 각 패킷에 대해 ACK를 반환한다고 가정하면 k 왕복 후의 W 값은 $W = 2^k$로 변한다. 다시 말해 크기 W의 윈도우가 되기까지 $k = \log_2 W$ RTT번의 왕복이 필요하다고 할 수 있다. 지수 함수를 사용하기 때문에 꽤 빠르게 증가하는 것처럼 생각할 수 있지만, 그래도 수신자가 광고한 윈도우와 동일 크기의 패킷 윈도우를 즉시 보낼 수 있을 경우와 비교하면 여전히 "더 느리다"(W는 여전히 awnd를 초과할 수 없다는 점을 상기하라). 수신자가 광고하는 윈도우가 매우 큰(예를 들면 무한히 큰) TCP 연결이 있다고 가정하면, cwnd가 발신 속도를 좌우하는 핵심 요인이다. 지금까지 보았듯이 이 값은 연결의 RTT에 대해서 지수적으로 증가한다. 그래서 결국 cwnd(따라서 W)가 너무 커져서 이에 대응하는 패킷의 윈도우가 네트워크를 압도하는 상황이 일어날 수 있다(TCP의 처리 속도는 W/RTT에 비례한다는 것을 기억하자). 이런 일이 일어나면 cwnd는 크게 감소한다(그 전 값의 절반으로). 게다가 이 시점에서 TCP는 저속 시작에서 혼잡 회피로 동작 방식을 바꾼다. 이 전환 시점은 cwnd와 ssthresh<sup>Slow Start Threshold, 저속 시작 임계값</sup> 사이의 관계에 따라 결정된다.

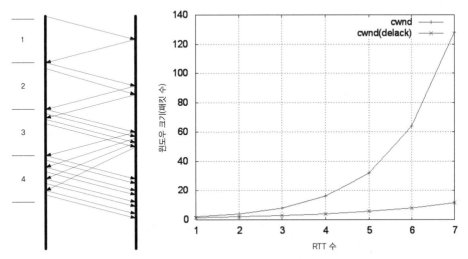

**그림 16-2** 고전적인 저속 시작 알고리즘의 동작. 왼쪽 그림에서처럼 ACK가 지연되지 않는 간단한 경우에는 좋은 ACK가 도착할 때마다 발신자는 2개의 신규 패킷을 네트워크로 보낼 수 있다. 그러면 오른쪽 그림의 우측 상단에서 볼 수 있듯이 시간이 지나면서 발신자 윈도우 크기의 급격한 증가를 부른다. 패킷 2개당 1개의 ACK가 생성될 때처럼 ACK가 지연되면 오른쪽 그림 아래 선처럼 윈도우 크기는 여전히 지수적으로 증가하지만 증가 속도는 더 느리다.

그림 16-2(왼쪽)는 저속 시작의 동작을 보여준다. 숫자들은 RTT 단위다. 하나의 패킷(상단)으로 연결이 시작된다고 가정하면, 하나의 ACK가 반환되며 두 번째 RTT 동안에는 2개의 패킷을 보낼 수 있다. 이 패킷으로 인해 2개의 ACK가 반환된다. TCP 발신자는 ACK가 하나 반환될 때마다 1개 세그먼트만큼 cwnd가 증가시키며 이 과정이 계속된다. 시간의 함수로서 cwnd의 지수적 증가가 그림 오른쪽에 나타나 있다. 두 번째 줄은 패킷이 둘 중 하나가 승인될 때 cwnd가 증가하는 모습을 보여준다. 이것은 지연 ACK가 사용되는 경우 흔히 볼 수 있다. 이 경우도 여전히 지수적으로 증가하지만 그다지 빠르지는 않다. 이러한 이유로 일부 TCP는 연결이 자속 시작을 완료한 후에만 ACK를 지연시킨다. 리눅스에서는 이를 가리켜 신속 확인응답 모드'라고 부르며 커널 버전 2.4.4부터 기본 TCP/IP 스택에 포함됐다.

## 16.2.2 혼잡 회피

조금 전에 설명했듯이 저속 시작은 데이터 흐름을 시작할 때나 시간 초과로 인해 패킷 손실loss이 발생한 후에 사용된다. 이것은 cwnd를 상당히 빠른 속도로 증가시키고, ssthresh 값의 설정에 도움이 된다. 일단 이 값이 설정되고 나면, 더 많은 네트워크 용량을 사용할 수 있을 가능성이 항상 존재한다. 이러한 네트워크 용량에 곧바로 대규모 트래픽이 쏟아지면 라우터 내의 동일한 큐를 공유하는 다른 TCP 연결들은 심각한 패킷 감소를 겪을 가능성이 높고, 다수의 연결들이 동시에 패킷 감소를 경험하고 이에 재전송으로 대응하면 네트워크 전반적으로 불안정해질 수 있다.

이처럼 사용 가능한 네트워크 용량을 추가로 찾으려고 시도하되 너무 공격적으로 하지 않도록 하려고 TCP는 혼잡 회피congestion avoidance 알고리즘을 구현한다. ssthresh가 수립돼 cwnd가 적어도 이 수준에 도달하면 TCP는 혼잡 회피 알고리즘을 실행하는데, 이 알고리즘은 발신자에서 수신자로 성공적으로 이동하는 각 윈도우의 데이터에 대해서 대략 1개의 세그먼트만큼 cwnd를 증가시키는 방법으로 추가 용량을 찾는다. 이것은 저속 시작보다 훨씬 느린 증가율을 제공한다. 저속 시작이 시간에 대해서 지수적으로 증가하는 것과는 달리 대략 선형으로 증가하기 때문이다. 더 정확히 말하면, cwnd는 중복이 아닌 ACK가 수신될 때마다 다음과 같이 갱신된다.

$$cwnd_{t+1} = cwnd_t + SMSS * SMSS/cwnd_t$$

이 관계식을 간단히 살펴보자. $cwnd_0$ = k*SMSS 바이트가 k개의 세그먼트로 나뉘어 네트워크로 들어갔다고 가정하자. 첫 번째 ACK가 수신되면 cwnd는 1/k배만큼 갱신된다.

$$cwnd_1 = cwnd_0 + SMSS * SMSS/cwnd_0 = k*SMSS + SMSS * (SMSS/(k*SMSS)) =$$
$$k*SMSS + (1/k) * SMSS = (k + (1/k))*SMSS = cwnd_0 + (1/k)*SMSS$$

cwnd의 값이 새로운 ACK가 수신될 때마다 조금씩 증가하고 이 값은 위의 첫 번째 방정식에서 분모에 있기 때문에 cwnd의 전체적인 증가율은 선형에 약간 못 미친다. 그렇지만 혼잡 회피는 일반적으로 시간에 대해서 선형적으로 증가한다고 간주되며(그림 16-3), 이것은 저속 시작이 시간에 대해서 지수적으로 증가하는 것과 대조적이다(그림 16-2). 이 함수는 가산 증가addictive increase한다고 불리기도 하는데, 이는 윈도우의 데이터가 성공적으로 수신될 때마다 특정한 값(이 경우는 약 1개의 패킷)이 cwnd에 더해지기 때문이다.

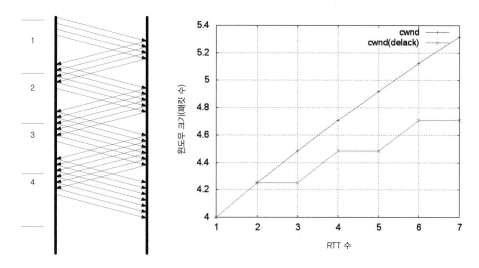

**그림 16-3** 혼잡 회피 알고리즘의 동작. ACK가 지연되지 않은 간단한 상황에서 정 ACK가 도착할 때마다 발신자는 새로운 패킷의 약 1/W 부분을 네트워크로 보낸다. 이것은 오른쪽 그림의 위쪽 그래프에서처럼 시간에 따라 발신자의 윈도우 크기가 선형으로 증가하게 만든다. 2개의 패킷당 1개의 ACK가 생성될 때처럼 ACK가 지연되는 경우는 오른쪽 그림 하단의 선과 같이 선형으로 증가하다가 중간에 느려지는 구간이 나타나게 된다.

그림 16-3(왼쪽)은 혼잡 회피의 동작을 보여준다. 이번에도 숫자들은 RTT 단위다. 이 연결이 4개의 패킷(위쪽)을 보낸다고 가정하면 4개의 ACK가 반환되고 cwnd가 약간 증가할 것이다. 두 번째 RTT 기간까지의 증가 폭은 정수 반올림을 극복하고 1개의 SMSS가 cwnd가 더해질 만큼은 되므로 1개의 패킷을 추가로 전송할 수 있게 된다. 시간에 대해서 거의 선형 함수로서의 cwnd의 증가가 오른쪽의 선형-선형 그래프에 보인다. 오른쪽 그래프의 두 번째 줄은 패킷 2개 중 1개가 확인 응답될 때 cwnd가 어떻게 증가하는지 보여주며, 지연 ACK가 사용되는 경우를 시뮬레이션한 것이다. 이 경우도 증가량은 여전히 선형에 가깝지만 그렇게 빠르지는 않다.

이 알고리즘은 비트 오류에 의한 패킷 손실이 매우 작으므로(1%보다 훨씬 작음) 패킷 손실은 발신지와 목적지 간의 네트워크 어딘가에서 혼잡이 발생했음을 시사한다고 가정한다. 하지만 이 가정이 맞지 않다면(무선 네트워크에서 자주 그렇다) 혼잡이 없는 경우에도 TCP는 느려진다. 게다가 cwnd의 값이 커지려면 많은 RTT가 요구되는데, 대용량으로 네트워크를 효율적으로 사용하려면 cwnd의 값이 커야 한다. TCP에서 이 문제를 해결하는 것은 인기 있는 연구 주제였으며, 우리는 몇 가지 접근 방식들을 나중에 논의할 것이다.

## 16.2.3 저속 시작과 혼잡 회피 사이의 선택

정상적인 동작에서 TCP 연결은 항상 저속 시작이나 혼잡 회피 과정을 수행하지만, 둘을 동시에 수행하지는 않는다. 특정 시점에 TCP가 어느 방법을 사용할지 결정하는 요인은 무엇일까? 우리는 이미 저속 시작은 새로운 연결이 생성됐거나 시간초과로 인한 재전송이 발생할 경우에 사용된다고 설명했다. 이제 무엇이 저속 시작과 혼잡 회피 알고리즘 간의 선택을 좌우하는지 알아보자.

우리는 앞서 ssthresh을 본 적이 있다. 이 임계값은 cwnd 값에 대한 제한으로서 저속 시작과 혼잡 회피 중에서 어느 알고리즘이 동작 중인지 결정한다. cwnd 〈 sstresh면 저속 시작이 사용되고 cwnd 〉ssthresh면 혼잡 회피가 사용된다. 두 값이 동일하면 둘 중 아무거나 사용해도 된다. 앞서 배웠듯이 저속 시작과 혼잡 방지 사이의 가장 중요한 차이는 새로운 ACK가 도착했을 때 각각 cwnd 값을 수정하는 방법이다. TCP가 다소 까다로운 점은 ssthresh의 값이 고정된 것이 아니라 시간이 지남에 따라 변한다는 것이다. 이 값의 주요 목적은 손실이 없을 때 현재 동작 중인 윈도우의 가장 최근의 '최상의' 추정치를 기억하는 것이다. 달리 표현하면, 최적 윈도우 크기에 대한 TCP의 최선의 추정치의 하한값을 갖고 있다.

ssthresh의 초기 값은 임의로 높게 설정될 수 있으며(예를 들면 awnd 이상으로) 그러면 TCP는 항상 저속 시작으로 시작한다. 재전송 타임아웃 또는 빠른 재전송의 실행으로 인해 재전송이 발생할 경우 sstresh는 아래와 같이 갱신된다.

$$ssthresh = \max(\text{flight size}/2, 2*SMSS) \qquad [1]$$

> **주의**
> 마이크로소프트의 최신 (차세대) TCP/IP 스택에서는 이 방정식이 다음과 같이 다소 보수적인 관계식으로 변경된다고 한다. ssthresh = max(min(cwnd, awnd)/2, 2*SMSS) [NB08].

여기서 우리는 재전송이 요구되는 경우, 네트워크가 처리할 수 없을 만큼 윈도우가 컸던 것이라고 TCP가 가정한다는 것을 알 수 있다. 최적 윈도우 크기에 대한 추정치를 줄이는 것은 sstresh의 값을 현재 윈도우 크기의 절반 수준으로(하지만 SMSS의 2배 이상으로) 변경하는 것과 함께 일어난다. 이 경우에 대체로 sstresh의 값이 작아지지만 때로는 더 커지기도 한다. TCP의 혼잡 회피 절차를 자세히 들여다 보면, 윈도우의 전체 데이터만큼 성공적으로 교환이 되면 cwnd 값은 약 1 SMSS만큼 증가할 수 있음을 기억하자. 따라서 cwnd가 상당 시간 동안 증가했다면, sstresh를 미전송 크기의 절반으로 설정하면 sstresh의 값은 증가할 수 있다. 이 현상은 TCP가 가용 대역폭을 더 많이 발견한 경우에 발생한다. 이러한 ssthresh와 cwnd 사이의 상호 작용은 저속 시작 및 혼잡 회피와 결합돼 혼잡발생 시에 TCP가 보이는 독특한 동작을 제공한다. 이제 완전하게 결합된 알고리즘을 알아보자.

### 16.2.4 타호, 리노, 그리고 빠른 복구

지금까지 살펴본 저속 시작과 혼잡 회피 알고리즘은 TCP에 적용된 첫 번째 혼잡 제어 알고리즘으로서 1980년대 후반 버클리 소프트웨어 배포본<sup>Berkeley Software Distribution</sup> 또는 BSD 유닉스라 불리는 UC 버클리 유닉스 버전 4.2 릴리스와 함께 소개됐다. 이후 미국의 도시 이름을 TCP 버전에 붙이는 명명규칙이 시작됐는데 특히 도박이 허용되는 도시명이 많이 사용됐다.

타호<sup>Tahoe</sup>라 불리는 BSD의 4.2 릴리스는 저속 시작으로 연결을 시작하는 TCP의 버전을 포함했으며, 타임아웃 또는 빠른 재전송에 의해 패킷 손실이 검출되면 저속 시작 알고리즘은 다시 시작됐다. 타호는 단순히 어떤 손실에 대해서도 cwnd 값을 시작값(당시에는 1 SMSS)으로 감소했으며, 따라서 cwnd 값이 ssthresh에 도달할 때까지 저속 시작이 적용됐다.

이러한 접근 방법의 문제점은 큰 BDP 경로의 경우 발신 TCP가 저속 시작을 거쳐서 패킷 손실 이전의 지점으로 돌아가기까지 가용 대역폭의 활용도가 심각하게 떨어진다는 점이다. 이 문제를 해결하기 위해서, 어떤 패킷 손실에 대해서도 저속 시작을 다시 시작하는 방법은 재고돼야 했다. 결국 중복 ACK로 인해 패킷 손실이 검출된 (그래서 빠른 재전송이 실행된) 경우에 cwnd는 1 SMSS가 아니라 ssthresh의 가장 마지막 값으로 재설정된다(타임아웃 시에는 여전히 저속 시작이 초기화된다). 이러한 접근 방법은 저속 시작으로 되돌아가지 않고도 이전 속도의 절반으로 TCP의 속도를 낮출 수 있다.

큰 BDP 경로 문제를 더 깊이 연구하고 앞서 언급된 패킷 보존의 원리를 재검토하는 과정에서 다음의 사실이 관찰됐는데, 수신된 모든 ACK는 손실 후 복구 중일 때조차도 네트워크에 새로 패킷을 투입할 기회를 의미한다는 것이었다. 이것은 BSD 유닉스의 4.3 버전인 리노<sup>Reno</sup>와 함께 발표된 빠른 복구<sup>fast recovery</sup> 절차의 기초가 됐다.

빠른 복구에서는 복구 중에 ACK가 수신될 때마다 cwnd가 1 SMSS만큼 (일시적으로) 증가한다. 그래서 혼잡 윈도우는 일정 기간 팽창되며, 따라서 정상 ACK가 보일 때까지 ACK가 수신될 때마다 추가로 새 패킷을 전송할 수 있다. 그러다가 중복이 아닌('정상') ACK가 수신되면 TCP는 복구를 그만 두고 팽창 이전의 값으로 혼잡을 감소시킨다. TCP 리노는 매우 널리 쓰이게 됐고 결국 '표준 TCP'라고 부르는 것의 기초가 됐다.

### 16.2.5 표준 TCP

'표준' TCP를 구성하는 요소가 무엇인지는 논쟁의 여지가 있지만, 적어도 지금까지 설명한 알고리즘은 표준적인 TCP 동작으로 인정되는 주요 절차를 구성한다. 저속 시작과 혼잡 회피 알고리즘은 일반적으로 함께 구현되며, 전반적인 동작의 기준선이 [RFC5691]에 기술돼 있다. 이 RFC는 꼭 이 알고리즘을 사용해야 한다고 요구하지는 않지만, 이 알고리즘보다 더 공격적이지는 않도록 요구한다.

[RFC5681]에 설명된 통합 알고리즘을 요약하면, TCP는 sstresh 값을 크게(일반적으로 awnd 이상으로) 설정하고 저속 시작(cwnd = IW) 모드로 연결을 시작한다. 정상 ACK(새로운 데이터를 확인 응답하는 ACK)를 수신하면 TCP는 다음과 같이 cwnd 값을 갱신한다.

$$\text{cwnd} \mathrel{+}= \text{SMSS} \qquad (\text{cwnd} < \text{ssthresh}) \qquad \text{저속 시작}$$
$$\text{cwnd} \mathrel{+}= \text{SMSS*SMSS/cwnd} \qquad (\text{cwnd} > \text{ssthresh}) \qquad \text{혼잡 회피}$$

세 번째 중복 ACK(통상적인 빠른 재전송 초기화가 사용되자 않을 경우는 다른 신호)의 수신으로 인해 빠른 재전송이 실행될 때 다음과 같은 동작들이 수행된다.

1. ssthresh는 방정식 [1]에 주어진 값 이하로 갱신된다.

2. 빠른 재전송 알고리즘이 수행되고 cwnd는 (ssthresh + 3*SMSS)로 설정된다.

3. 중복 ACK가 수신될 때마다 cwnd는 일시적으로 SMSS만큼 증가한다.

4. 정상 ACK가 수신되면 cwnd는 ssthresh 값으로 재설정된다.

2단계와 3단계 동작이 빠른 복구에 해당한다. 먼저 2단계에서는 cwnd를 조절하는데, 대체로 그전 값의 절반으로 감소시킨다. 그다음에는 임시로 팽창$^{inflation}$시키는데, 중복 ACK의 수신은 일부 패킷이 네트워크를 떠났음을(그래서 다른 패킷을 네트워크로 넣을 수 있음을) 의미하기 때문이다. 이 단계에서는 승산 감소$^{multiplicative\ decrease}$가 일어나는데, cwnd에 어떤 값(여기서는 0.5)을 곱해서 새로운 값이 얻어지기 때문이다. 3단계는 이러한 팽창 과정을 계속하므로 발신자는 추가 패킷을 보낼 수 있다(awnd를 초과하지 않았다는 가정 하에서). 4단계에서 TCP는 복구된 것으로 가정되고, 따라서 임시 팽창은 제거된다(그래서 이 단계를 수축$^{deflation}$ 단계라고도 부른다).

저속 시작은 새로운 연결이 시작되거나 재전송 타임아웃이 발생할 때는 언제나 사용된다. 또, 발신자가 비교적 오랜 시간 동안 유휴 상태였거나 cwnd가 현재 네트워크 혼잡 상태를 정확하게 반영하지 않는다고 의심할 만한 이유가 있을 때도 저속 시작을 실행할 수 있다(16.3.5절 참조). 이 경우 cwnd의 초기값은 RW$^{Restart\ Window}$로 설정된다. [RFC5681]에서는 RW =min(IW, cwnd)의 값을 권장한다. 이 경우 외에 저속 시작이 적용될 때 cwnd는 IW로 설정된다.

# 16.3 표준 알고리즘들의 발전

고전적인 표준 TCP 알고리즘들은 TCP의 동작에 커다란 기여를 했다. 특히 인터넷 혼잡 붕괴 문제를 실질적으로 해결했다.

> **주의**
>
> 인터넷 혼잡 붕괴 문제는 1986-1988년 동안 심각한 걱정거리였다. 1986년 10월에 초창기 인터넷의 중요한 컴포넌트였던 NSFNET 백본은 필요 용량보다 1,000배 적은 유효 용량으로 동작 중임이 관찰됐다(이를 'NSFNET 멜트다운(meltdown)'이라고 부름) 이 문제의 주요 원인은 손실이 발생했을 때 아무 통제도 없이 재전송이 공격적으로 일어나기 때문이었다. 이로 인해 패킷 손실이 대량으로 일어나고(그래서 더 많은 재전송이 일어나고)처리량이 낮아져서 네트워크는 지속적으로 혼잡한 상태로 들어갔다. 고전적인 혼잡 제어 알고리즘들의 채택은 이 문제를 효과적으로 해결했다.

하지만 여전히 몇 가지 개선할 부분이 남아있다. TCP의 사용이 늘어남에 따라 더욱 광범위한 조건 하에서 TCP가 잘 동작하도록 보장하기 위해 다양한 노력이 있어왔다. 이 중에서 오늘날의 TCP 구현에서 찾을 수 있는 몇 가지를 언급하면 다음과 같다.

### 16.3.1 뉴리노

빠른 복구$^{\text{fast recovery}}$의 한 가지 문제점은 하나의 데이터 윈도우 내에서 다수의 패킷이 손실될 때 일단 1개의 패킷이 복구되면(즉 성공적으로 전달돼 확인 응답을 받으면), 좋은 ACK가 발신자에서 수신되므로 손실 패킷 전부가 재전송되기도 전에 빠른 복구 내의 일시적 윈도우 증가가 지워진다는 점이다. 이런 동작을 유발하는 ACK를 부분$^{\text{partial}}$ ACK라고 한다. 증가된 혼잡 윈도우를 감소시킴으로써 부분 ACK에 반응하는 리노 TCP는 재전송 타이머가 만료될 때까지 유휴 상태가 될 수 있다. 왜 그런지 이해하려면 (SACK을 사용하지 않는) TCP가 3개의 중복 ACK의 신호에 의존해 빠른 재전송 절차를 시작한다는 점을 상기하자. 네트워크 내에 충분한 패킷이 없으면 패킷 손실 시에 이 절차를 일으키는 것이 불가능하며, 결국 재전송 타이머는 만료되고 저속 시작이 실행되므로 TCP 처리성능에 커다란 영향을 미치게 된다.

리노의 이런 문제를 해결하기 위해 [RFC3782]에 뉴리노$^{\text{NewReno}}$라 불리는 수정 버전이 제안됐다.

이 방법은 가장 최근에 전송된 데이터 윈도우(14장에서 배웠던 복구 지점$^{\text{recovery point}}$)의 가장 높은 순서 번호를 추적함으로써 빠른 복구를 개선한다. ACK 번호가 적어도 복구 지점 이상인 ACK가 수신될 때만 빠른 복구의 팽창 과정이 제거되기 때문이다. 따라서 TCP는 복구 중에 ACK가 수신될 때마다 1개의 세그먼트를 계속 전송할 수 있으며 덕분에 재전송 타임아웃의 발생이 줄어드는데 특히 하나의 데이터 윈도우에서 다수의 패킷이 손실된 경우에 효과적이다. 뉴리노는 최근의 TCP에서 널리 사용되고 있다. 빠른 복구가 원래 갖고 있던 문제를 겪지 않으며 SACK보다 구현이 훨씬 덜 복잡하기 때문이다. 하지만 SACK를 사용하면 하나의 데이터 윈도우에서 다수의 패킷이 손실됐을 때 뉴리노보다 더 나은 성능을 얻을 수 있다. 다만 혼잡 제어에 대한 더 세심한 주의가 필요한데, 다음 절에서 이를 알아보자.

## 16.3.2 SACK을 이용한 TCP 혼잡 제어

TCP에 SACK와 선택적 반복 기능이 도입됨에 따라 발신자는 수신자 측의 구멍을 메우기 위해 어떤 세그먼트를 보내는게 좋을지에 대해 더 나은 의사결정을 내릴 수 있게 됐다(14장 참조). 수신자의 구멍을 채울 때, 발신자는 일반적으로 손실된 세그먼트에 대한 재전송이 모두 성공적으로 수신될 때까지 손실 세그먼트 각각을 순서대로 전송한다. 이 절차는 앞서 배운 기본적인 빠른 재전송/복구 절차와는 미묘하게 다르다.

빠른 재전송/복구의 경우, 패킷이 손실됐을 때 발신측 TCP는 손실됐다고 여겨지는 세그먼트만을 전송하며 윈도우 W가 허용하면 새로운 데이터를 전송할 수 있다. 빠른 복구 중에 ACK가 수신될 때마다 윈도우가 팽창하기 때문에, 일반적으로 윈도우가 클수록 TCP는 재전송 수행 후에 데이터를 더 많이 전송할 수 있다. SACK TCP의 경우 발신자는 손실된 세그먼트들에 대해 통보를 받으므로 이론상 즉시 손실 세그먼트 전부를 보낼 수 있다. 손실 세그먼트들은 모두 유효한 윈도우에 속할 것이기 때문이다. 하지만 이로 인해 한 번에 너무 많은 데이터가 네트워크로 들어가게 돼 혼잡 제어에 방해가 될 수 있다. SACK TCP에서는 다음과 같은 문제들이 발생한다. 복구 기간 동안 얼마나 많은 (그리고 어느) 패킷을 보내야 할지를 나타내기 위해서 발신자의 슬라이딩 윈도우의 크기 제한값으로 cwnd만을 사용하는 것으로는 충분하지 않다. '어느' 패킷을 보내느냐는 문제는 '언제' 패킷을 보내느냐는 문제와 구분돼야 한다. 다시 말하면, SACK TCP는 혼잡 관리를 패킷 재전송의 선택 및 메커니즘과 구분할 필요성을 강조한다. 통상적인 (SACK을 사용하지 않는) TCP는 이 두 문제를 구분하지 않는다.

이러한 구분을 할 수 있는 한 가지 방법은 TCP가 윈도우 관리와는 별도로 얼마나 많은 데이터를 네트워크에 투입했는지 추적하도록 하는 것이다. [RFC3517]에서는 이를 가리켜 파이프$^{pipe}$ 변수라고 부르며, 미완료$^{flight}$ 크기에 대한 추정치라고 말할 수 있다. 중요한 것은 파이프 변수는 손실됐음이 확정되지 않는 한 전송 바이트 및 재전송의 바이트(일부 구현에서는 패킷)를 센다는 것이다.

awnd의 값이 크다고 가정하면, SACK TCP는 cwnd − pipe ≥ SMSS의 관계가 성립하기만 하면 언제나 세그먼트를 보낼 수 있다. 즉, 여전히 네트워크 내의 미완료 데이터 양에 제한을 두는 용도로 cwnd가 사용되지만, 네트워크에 존재하는 것으로 추정되는 데이터의 양은 윈도우 그 자체와는 별개로 계산되는 것이다. 이런 방식으로 SACK TCP가 혼잡 제어를 할 때와 통상적인 TCP가 혼잡 제어를 할 때 어떻게 다른지 비교하는 연구가 [FF96]에서 일련의 시뮬레이션을 통해 이뤄졌다.

### 16.3.3 FACK와 속도 반감

리노를 기반으로 하는 TCP 버전(NewReno 포함)에서는 빠른 재전송 후에 cwnd가 감소했을 때, 현재 윈도우의 미완료 데이터 중 적어도 절반에 대한 ACK가 수신돼야 발신 TCP는 전송을 계속할 수 있다. 이것은 손실이 검출됐을 때 혼잡 윈도우를 즉시 절반으로 줄이는 데 따르는 당연한 결과다. 그래서 발신 TCP는 RTT의 절반만큼 기다린 후 그 RTT의 후반부에 새로운 데이터를 보내는데, 이로 인해서 필요 이상으로 집중적인 전송이 일어나게 된다.

손실 발생 이후 초기의 전송 일시 중지가 일어나지 않도록 방지하고 동시에 혼잡 윈도우의 크기를 절반으로 줄이면서 복구로부터 벗어나는 동작을 유지하기 위해, FACK[Forward Acknowledgement]가 [MM96]에 소개됐다. FACK는 오버댐핑[overdamping]과 램프다운[rampdown]이라는 2개의 알고리즘으로 구성돼 있다. [MM96]을 발표한 이후 저자들은 Hoe[H96]의 연구에 기초해 개선된 통합 알고리즘을 내놓았는데 이 알고리즘을 속도 반감[rate halving]이라고 불렀다. 그리고 효율성을 더욱 높이기 위해 여기에 제한 매개변수를 추가한 전체 알고리즘을 가리켜 RHBP[Rate-Halving with Bounding Parameters]라고 부른다[PSCRH].

RHBP의 기본 동작은 TCP 발신자가 하나의 RTT 동안에 2개의 중복 ACK가 수신될 때마다 1개의 패킷을 보낼 수 있도록 허용하는 것이다. 이렇게 하면 복구 TCP는 복구 기간이 끝날 때까지 적절한 양의 데이터를 전송하되 RTT 기간의 후반부에 집중하는 것이 아니고 전송 간격을 고르게 할 수 있다. 집중 전송(버스트[burst])은 가급적 피하는 것이 좋은데, 다수의 RTT에 걸쳐서 지속되기 쉽기 때문에 라우터 버퍼에 필요 이상으로 부담을 지우기 때문이다.

RHBP는 미완료 크기를 정확하게 추정하기 위해 SACK으로부터 얻은 정보를 사용해서 FACK를 결정한다. 수신자에 도달한 가장 높은 순서 번호에 1을 더한 값으로 하는 것이다. 발신자가 보내려고 하는 가장 높은 순서 번호(그림 15-9의 SND.NXT)와 FACK 간의 차이를 계산하면 재전송을 포함하지 않으면서 미완료 크기의 추정치를 얻을 수 있다.

RHBP에서는 조정 간격(cwnd가 수정되는 기간)과 수리 간격(일부 세그먼트가 재전송되는 때)을 구분한다. 손실 또는 혼잡 표시자가 있으면 즉시 조정 간격에 들어간다. 조정 간격이 완료될 때 cwnd의 최종 값은 네트워크에서 제대로 전달된 데이터 윈도우 부분의 절반이다. 다음 식이 만족되면 RHBP 발신자는 전송을 할 수 있다.

$$(SND.NXT - fack + retran\_data + len) < cwnd$$

이 식은 재전송을 포함해서 미완료 크기를 추정하며, 길이가 len인 패킷을 네트워크에 투입해도 cwnd를 넘지 않도록 보장한다. FACK 이전의 데이터가 모두 더 이상 네트워크에 없다고 가정하면(즉, 손실됐거나 수신자에 저장됐음), SACK 발신자는 cwnd에 의해 적절하게 제어된다. 그러나 네트워크 내에서 패킷들의 재순서가 일어나면 지나치게 공격적일 수 있다. SACK가 표시한 구멍이 손실되지 않았기 때문이다.

리눅스에서는 FACK와 속도 반감이 기본적으로 구현 및 사용 가능하다. FACK은 SACK가 사용 중이고 불리언 설정 변수인 net.ipv4.tcp_fack이 1로 설정된 경우에만 활성화된다. 네트워크 내에서 재순서가 감지되면 FACK의 보다 공격적인 동작은 비활성화된다.

속도 반감은 버스트를 방지 혹은 제한하는 여러 방법 중 하나이다. 여러 이점이 있지만 몇 가지 문제점도 안고 있다. [ASA00]에서 저자들은 시뮬레이션을 사용해 TCP의 동작을 자세히 분석했는데, 많은 경우에 TCP 리노보다 성능이 낮았다. 또, 속도 반감 TCP는 수신자의 광고 윈도우에 의해 제한되는 연결에서 저조한 성능을 보이는 것으로 알려져 있다[MM05].

### 16.3.4 제한 전송

[RFC3042]의 저자들은 제한 전송limited transmit을 제안했는데, 이것은 가용 윈도우가 작을 때 더 나은 성능을 얻기 위해 TCP를 약간 수정한 것이다. 앞서 리노 TCP를 논의할 때, 윈도우의 크기가 작으면 손실 발생 시 네트워크에는 빠른 재전송/복구 알고리즘들의 실행에 충분치 않은 수의 패킷이 있을 수 있다고 배웠다. 이 알고리즘들이 시작되려면 그 전에 3개의 중복 ACK가 관찰돼야 하기 때문이다.

제한 전송에서는 아직 보내지 않은 데이터를 갖고 있는 TCP는 연속된 중복 ACK의 쌍이 수신될 때마다 새 패킷을 전송할 수 있다. 이렇게 하면 네트워크 내에 최소한의 패킷 수를 유지하는 데 도움이 된다. 패킷 손실 시 빠른 재전송이 일어날 수 있을 정도로 말이다. 이 방법의 이점은 RTO(수백 밀리초 수준으로 꽤 큰 값)만큼 기다리느라 처리량 성능이 크게 저하되는 것을 피할 수 있다는 점이다. [RFC5681]가 나온 시점에서 제한 전송은 권장되는 TCP 동작이다. 속도 반감도 일종의 제한 전송이라는 점에 주의하자.

## 16.3.5 혼잡 윈도우 검증(CWV)

TCP의 혼잡 관리 문제 중 하나는 전송할 데이터가 더 이상 없거나 다른 이유로 인해 전송이 금지돼서 TCP 발신자가 일정 기간 동안 전송을 중지할 때 발생한다. 모든 것이 잘되면, 발신자는 일시 중지되지 않고 데이터를 계속 보내고 상대방으로부터 ACK를 계속 수신한다. 이러한 지속적인 피드백을 통해 cwnd와 ssthresh의 현재(한 번의 RTT 이내)의 추정치를 합리적으로 유지할 수 있다.

TCP 발신자가 일정 시간 동안 전송을 계속했으면 cwnd는 상당히 커졌을 수 있다. 이 상황에서 일정 시간 전송이 실패한 뒤 다시 재개되면 cwnd의 값이 크기 때문에 발신자는 네트워크에 바람직하지 않을 만큼 많은 수의 패킷(즉, 고속 버스트)을 지연 없이 투입할 수도 있다. 또, 일시 중지가 충분히 길었다면 가장 최근의 cwnd 값은 더 이상 경로 및 혼잡 상태에 적절하지 않을 수 있다.

[RFC2861]에서 저자들은 실험적 방법인 CWV<sup>Congestion Window Verification, 혼잡 윈도우 검증</sup> 메커니즘을 제안한다. 이 방법에서 발신자의 현재 cwnd 값은 사용되지 않는 기간에는 감쇠<sup>decay</sup>하고, ssthresh는 감쇠가 시작되기 전의 값을 '기억'한다. 이 메커니즘을 이해하려면 유휴<sup>idle</sup> 발신자와 애플리케이션-제한<sup>application-limited</sup> 발신자를 구분해야 한다. 유휴 발신자는 네트워크로 전송하려는 데이터 생성을 중단한 발산자로서 지금까지 전송한 데이터에 대한 ACK는 모두 수신됐다. 따라서 연결은 정말로 잠잠하다. 데이터는 흐르지 않으며 ACK도 마찬가지다. 다만 가끔 윈도우 갱신(15장 참조)이 있을 뿐이다. 애플리케이션 제한 발신자는 보낼 데이터가 더 있지만 어떤 이유로 보낼 수 없었던 발신자다. 발신 컴퓨터가 다른 작업을 수행하느라 바쁘거나 일부 메커니즘 혹은 TCP 아래의 프로토콜 계층이 데이터 전송을 방해하기 때문일 수 있다. 이 경우 허용된 혼잡 윈도우의 활용도가 떨어지지만 연결이 완전히 잠잠한 것은 아니다. 특히 이전에 보낸 데이터에 대한 ACK는

여전히 돌아오고 있을 수 있다.

CWV 알고리즘은 다음과 같이 동작한다. 새로운 패킷을 보내야 할 때, 가장 최근의 전송 이후의 시간을 측정해 그 값이 1 RTO를 초과하는지 확인한다. 만일 그렇다면

- ssthresh는 변경되지만 감소하지는 않는다. 즉 max(ssthresh, (3/4)*cwnd)로 설정된다.
- cwnd는 각 RTT의 유휴 시간에 대해 절반으로 감소하지만 언제나 적어도 1 SMSS 이상이다.

유휴가 아닌 애플리케이션 제한 기간에도 아래와 같이 유사하게 동작한다.

- 실제로 사용된 윈도우양은 W_used에 저장된다.
- ssthresh는 변경되지만 감소하지는 않는다. 즉 max(ssthresh, (3/4)*cwnd)로 설정된다.
- cwnd는 cwnd와 W_used의 평균값으로 설정된다.

두 경우 모두 cwnd 값을 감쇠시키면서 그 값을 ssthresh에 '기억'한다. 첫 번째 경우는 애플리케이션이 오랫동안 유휴 상태일 경우 한 번의 동작으로 cwnd을 크게 변경할 수 있다. 이러한 방식으로 혼잡 윈도우를 처리하면 경우에 따라 성능이 향상될 수 있다. 저자들의 보고에 따르면 유휴 기간 후에 발생할 수 있는 버스트를 줄이는 것은 라우터의 제한된 버퍼 공간에 대한 압력을 완화시켜서 결과적으로 패킷 손실량이 줄어든다. 주의할 점은 cwnd는 감쇠되고 ssthresh는 그렇지 않기 때문에 이 알고리즘을 적용하면 발신자는 충분히 긴 일시 중지 후에 저속 시작 모드가 된다는 점이다. CWV는 리눅스 TCP 구현에서 기본적으로 사용하도록 설정된다.


# 16.4 유사 RTO 처리 – 아이펠 응답 알고리즘

15장에서 배웠듯이 TCP는 장시간의 지연이 발생하면 패킷 손실이 없었음에도 재전송 타임아웃을 경험할 수 있다. 이러한 유사 재전송은 링크 계층에서의 변화(예를 들면 무선 네트워크에서의 핸드오프handoff) 또는 심각한 혼잡의 갑작스런 시작으로 인한 RTT의 대폭 증가와 같은 상황에서 일어난다. 이때 TCP는 ssthresh를 조정하고 cwnd를 IW로 설정해서 저속 시작으로 들어간다. 손실된 패킷이 없다면 RTO 이후에 도착하는 ACK로 인해 cwnd는 비교적 빠르게 증가하지만 TCP는 여전히 불필요한 재전송을 보내므로 cwnd와 ssthresh가 다시 안정화될 때까지 네트워크 용량을 충분히 활용하지 못한다. 유사 재전송

으로 인한 성능 문제를 피하기 위해 이를 검출하는 방법들이 제안됐다. 그중 일부는 이미 14장에서 배운 바 있다(예: DSACK, Eifel, F-RTO). 이들 중 하나 또는 앞으로 개발될 수 있는 방법들은 타임아웃 후에 TCP가 혼잡 제어 변수에 가한 변경을 '실행 취소undo'하는데 사용되는 응답 알고리즘response algorithm과 결합될 수 있다. 널리 쓰이는(즉, IETF 표준 트랙에 속하는) 응답 알고리즘이 아이펠 응답 알고리즘Eifel Response Algorithm[RFC4015]이다.

아이펠 응답 알고리즘은 검출 알고리즘과 반응 알고리즘으로 구성되며, 이 둘은 논리적으로 공통되는 부분을 갖지 않는다. 아이펠 응답 알고리즘을 사용하는 TCP 구현은 반드시 표준 트랙 또는 실험적 RFC(즉, 문서화된 것)에 명세된 검출 알고리즘을 사용해야 한다.

아이펠 응답 알고리즘은 재전송 타이머가 만료된 후 재전송 타이머 및 혼잡 제어 상태를 처리하는 것을 목표로 한다. 여기서는 이 응답 알고리즘의 혼잡 제어 관련 부분만 논의한다. 아이펠 응답 알고리즘은 타임아웃 기반의 재전송이 처음으로 전송된 후 시작된다. 목적은 재전송이 유사 재전송이었던 것으로 판정되면 ssthresh의 변경 내역을 취소하는 것이다. RTO로 인해 값이 수정되기 전에 ssthresh는 다음과 같이 특수한 변수에 저장된다.

$$pipe\_prev=min(flight\ size, ssthresh)$$

이렇게 저장이 되고 나면 앞서 언급한 검출 알고리즘 중 하나가 호출돼 RTO가 유사 RTO였는지 확인한다. 유사 RTO였다고 판정되면 재전송 후 ACK가 도착할 때 아래의 단계들이 실행된다.

1. 수신된 정상 ACK가 ECN-Echo 플래그를 포함하고 있으면 실행이 중단된다(16.11절 참조).

2. cwnd = flight size + min (bytes_acked, IW) (cwnd는 바이트 단위로 측정된다고 가정).

3. ssthresh = pipe_prev

pipe_prev 변수는 ssthresh가 변경되기 전에 설정된다. 이 변수는 ssthresh의 과거 값을 기억하는 용도이기 때문에 필요할 경우 3단계에서 복원된다. 1단계에서는 ACK가 ECN 플래그를 포함해서 도착한 경우를 처리한다(ECN에 대해서는 16.11절에서 자세히 설명한다). 이 경우 ssthresh의 감소를 취소하지 않는 것은 안전하지 않다고 간주되므로 알고리즘은 종료된다. 2단계와 3단계는 (cwnd와 관련해) 알고리즘의 중요한 부분을 구성한다. 2단계에서는 추가 트래픽을 네트워크에 투입할 수 있는 지점으로 cwnd를 복원하되 IW개의 신규 데이터보다는 크지 않은 지점까지만 복원한다. IW는 혼잡 상태를 알 수 없는 네트워크 경로에 투입하기에 안전한 데이터 양으로 간주된다. 3단계에서는 RTO가 발생하기 전의 값으로 sstresh 값을 복원해 실행 취소 작업을 완료한다.

# 16.5 확장 예제

지금까지 설명한 내용을 보여주는 확장 예제를 살펴보자. sock 프로그램을 사용해 2.5MB의 데이터 패킷을 리눅스(2.6) 발신자에서 FreeBSD(5.4) 수신자로 DLS 회선을 이용해 전달하게 설정했다. DLS 회선은 300kb/s로 속도가 제한돼 있다. FreeBSD 수신자는 높은 대역폭을 사용하는 연결에 부착돼 있다. 발신자와 수신자 간의 최소 RTT는 15.9ms이고 경로에는 17개의 홉이 존재한다. 시스템은 대부분의 동작에서 저속 시작과 혼잡 회피 같은 기본적인 알고리즘을 사용하게 구성돼 있다. 이것은 운영체제 고유의 동작을 막기 위한 것이다(이에 대해서는 나중에 설명한다). 이 실험을 설정하기 위해 수신자 측에서 다음과 같은 명령을 수행했다.

```
FreeBSD% sock -i -r 32768 -R 233016 -s 6666
```

이 명령은 sock 프로그램이 상당히 큰 소켓 수신 버퍼(228KB)를 사용하고 상당히 큰 애플리케이션 읽기(32KB)를 수행하도록 한다. 이 실험에서 사용되는 경로에서 이것은 수신자에 적합한 버퍼 크기이다. 발신자에서는 다음과 같이 sock 프로그램을 발신 모드로 실행한다.

```
Linux% sock -n20 -i -w 131072 -S 262144 128.32.37.219 6666
```

이것은 대용량 발신 버퍼를 선택하고 20*131,072바이트(2.5MB)의 데이터를 보낸다. 패킷의 추적 정보는 발신자에서 tcpdump를 사용해 저장한다. 이 정보를 저장하는 데 사용되는 명령은 다음과 같다.

```
Linux# tcpdump -s 128 -w sack-to-free-12.td port 6666
```

이 명령은 각 패킷의 최소 128바이트를 저장하는데, 우리가 보고 싶은 TCP와 IP 헤더 정보를 저장하기에 충분한 크기다. 추적 정보가 수집된 후에는 tcptrace 도구[TCPTRACE]를 사용해 연결에 관한 유용한 통계 요약들을 얻을 수 있다.

```
Linux% tcptrace -Wl sack-to-free-12.td
```

이 명령은 혼잡 윈도우에 관한 정보와 출력 결과를 자세히 보여주도록 프로그램에 요청한다. 출력 결과는 다음과 같다.

```
1 arg remaining, starting with 'sack-to-free-12.td'
Ostermann's tcptrace -- version 6.6.7 -- Thu Nov 4, 2004

3175 packets seen, 3175 TCP packets traced
elapsed wallclock time: 0:00:00.167213, 18987 pkts/sec analyzed
trace file elapsed time: 0:01:40.475872
TCP connection info:
1 TCP connection traced:
TCP connection 1:
        host a:        adsl-63-203-72-138.dsl.snfc21.pacbell.net:1059
        host b:        dwight.CS.Berkeley.EDU:6666
        complete conn: yes
        first packet:  Wed Sep 28 22:15:29.956897 2005
        last packet:   Wed Sep 28 22:17:10.432769 2005
        elapsed time:  0:01:40.475872
        total packets: 3175
        filename:      sack-to-free-12.td
  a->b:                              b->a:
  total packets:      1903           total packets:      1272
  ack pkts sent:      1902           ack pkts sent:      1272
  pure acks sent:        2           pure acks sent:     1270
  sack pkts sent:        0           sack pkts sent:       79
  dsack pkts sent:       0           dsack pkts sent:       0
  max sack blks/ack:     0           max sack blks/ack:     2
  unique bytes sent: 2621440         unique bytes sent:     0
  actual data pkts:   1900           actual data pkts:      0
  actual data bytes: 2659240         actual data bytes:     0
  rexmt data pkts:      27           rexmt data pkts:       0
  rexmt data bytes:  37800           rexmt data bytes:      0
  zwnd probe pkts:       0           zwnd probe pkts:       0
  zwnd probe bytes:      0           zwnd probe bytes:      0
  outoforder pkts:       0           outoforder pkts:       0
```

| | | | | | | |
|---|---:|---|---|---:|---|
| pushed data pkts: | 44 | | pushed data pkts: | 0 | |
| SYN/FIN pkts sent: | 1/1 | | SYN/FIN pkts sent: | 1/1 | |
| req 1323 ws/ts: | Y/Y | | req 1323 ws/ts: | Y/Y | |
| adv wind scale: | 2 | | adv wind scale: | 2 | |
| req sack: | Y | | req sack: | Y | |
| sacks sent: | 0 | | sacks sent: | 79 | |
| urgent data pkts: | 0 | pkts | urgent data pkts: | 0 | pkts |
| urgent data bytes: | 0 | bytes | urgent data bytes: | 0 | bytes |
| mss requested: | 1412 | bytes | mss requested: | 1460 | bytes |
| max segm size: | 1400 | bytes | max segm size: | 0 | bytes |
| min segm size: | 640 | bytes | min segm size: | 0 | bytes |
| avg segm size: | 1399 | bytes | avg segm size: | 0 | bytes |
| max win adv: | 5808 | bytes | max win adv: | 233016 | bytes |
| min win adv: | 5808 | bytes | min win adv: | 170016 | bytes |
| zero win adv: | 0 | times | zero win adv: | 0 | times |
| avg win adv: | 5808 | bytes | avg win adv: | 232268 | bytes |
| max owin: | 137201 | bytes | max owin: | 1 | bytes |
| min non-zero owin: | 1 | bytes | min non-zero owin: | 1 | bytes |
| avg owin: | 37594 | bytes | avg owin: | 1 | bytes |
| wavg owin: | 33285 | bytes | wavg owin: | 0 | bytes |
| initial window: | 2800 | bytes | initial window: | 0 | bytes |
| initial window: | 2 | pkts | initial window: | 0 | pkts |
| ttl stream length: | 2621440 | bytes | ttl stream length: | 0 | bytes |
| missed data: | 0 | bytes | missed data: | 0 | bytes |
| truncated data: | 2556640 | bytes | truncated data: | 0 | bytes |
| truncated packets: | 1900 | pkts | truncated packets: | 0 | pkts |
| data xmit time: | 99.631 | secs | data xmit time: | 0.000 | secs |
| idletime max: | 7778.8 | ms | idletime max: | 7930.4 | ms |
| throughput: | 26090 | Bps | throughput: | 0 | Bps |

이 유용한 도구로부터 TCP 연결에 대해 많은 것을 알 수 있다. 우리가 관심있는 부분은 왼쪽의 a->b 부분이다. 우선, 1,903개의 패킷이 a->b 방향으로 전달됐고 그중에서 1,902개가 ACK를 받았음을 알 수 있다. 이것은 예상대로인데, 첫 번째 패킷은 일반적으로 SYN이기 때문이다. SYN은 ACK 플래그가 설정되지 않는 유일한 패킷이다. 순수한 ACK는 데이터를 포함하지 않는 패킷을 의미한다. 발신자는 연결 초기에 상대방의 SYN+ACK에 대한 ACK를 제공할 때와 연결 종료 시에 마지막 ACK를 생성할 때 순수한 ACK를 생성하므로 이것 역시 예상대로다. 오른쪽 열(b->a)을 보면 수신자가 1,272개의 패킷을 보냈고 이것들 전부가 ACK인 것을 알 수 있다. 이 중에서 1,270개는 순수한 ACK고 79개의 SACK 패킷(즉, SACK 옵션을 포함하는 ACK)이 보내졌다. 2개의 '순수하지 않은' ACK

는 각각 연결 시작 시와 종료 시에 보내지는 SYN+ACK와 FIN+ACK다.

그다음 5개 값은 재전송된 데이터의 비율을 나타낸다. 2,621,240바이트의 고유 바이트가 전송됐지만(즉, 재전송되지 않음) 총 2,659,240바이트가 전송됐음을 볼 수 있다. 즉, 약 2,659,240 − 2,621,280 = 37,800바이트가 두 번 이상 전송됐을 것이다. 그다음 2개의 필드는 이를 확인하고 재전송된 바이트들이 27개의 재전송된 패킷에 포함됐음을 나타낸다. 즉 재전송된 세그먼트 크기의 평균은 1,399바이트다. 이 연결은 100.476초에 2,659,240바이트를 전송했기 때문에 평균 처리량은 26,466바이트/초(약 212Kb/s)다. 그리고 단위시간당 전송된 재전송이 아닌 데이터의 양은 2,621,440/100.476 = 26,090B/s, 약 209Kb/s이다. 지금부터 보겠지만 이 연결은 다수의 심각한 장애를 경험하게 된다. 우리는 이러한 사건들이 발생할 때 TCP의 동작을 추적하기 위해 와이어샤크의 분석 기능과 자체적인 분석을 사용할 것이다.

추적 정보를 시각적으로 보기 위해 와이어샤크의 **Statistics** 메뉴에 있는 **Statistics ➤ Graph ➤ Time-Sequence Graph(tcptrace)** 기능을 사용해 그림 16-4와 같은 이미지를 얻을 수 있다(이후의 설명을 위해서 화살표가 추가됐음).

그림 16-4의 y축은 상대 TCP 순서 번호를 나타낸다. 작은 눈금은 100,000개의 순서 번호를 나타낸다. x축은 시간(초)이다. 검은 실선은 다수의 작은 I자형 선으로 이뤄지는데, 각각의 선은 하나의 TCP 세그먼트에 포함된 순서 번호의 범위를 나타낸다. I의 높이는 사용자 데이터의 페이로드 크기(바이트 단위)를 나타낸다. 이러한 I자형 문자들로 형성된 '선'의 기울기는 연결에 의해 달성된 데이터 속도를 의미한다. 여기서 우측 아래로의 이동은 재전송을 뜻한다. 특정한 시간 범위에서 선의 기울기는 해당 시간에서의 평균처리량과 같다. 그림에서 볼 수 있듯이, 전송된 가장 높은 순서 번호는 시간 100에서 약 2600000이므로 대략적인 속도는 26,000바이트/초다. 이 값은 앞서 tcptrace 출력에서보여준 수치와 매우 가깝다.

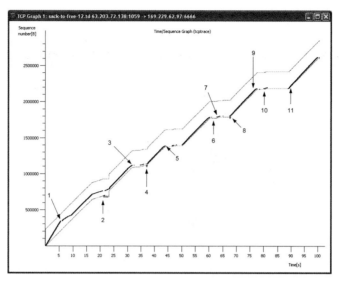

**그림 16-4** 속도가 약 300Kb/s로 제한된 DSL 회선 상에서 리눅스 2.6.10 발신자가 실행한 2.5MB 파일 업로드의 와이어샤크 추적 정보. 검은 선은 전송된 순서 번호를 나타낸다. 상단의 선은 수신자가 광고한 최대 순서 번호(오른쪽 윈도우 끝)이고 하단의 선은 지금까지 수신자가 확인 응답한 것 중에서 발신자에 수신된 최대 순서 번호이다. 11개의 이벤트는 혼잡 윈도우가 수정된 경우를 나타낸다.

상단의 선은 수신자가 지금까지 받아들이려 하는 가장 큰 순서 번호(가장 높은 광고 윈도우)다. 시계열의 시작 부분에서는 약 250,000인데 tcptrace 출력의 b->a 열을 보면 실제 값은 233,016인 것을 볼 수 있다. 하단의 선은 지금까지 발신인에게 수신된 가장 높은 ACK 번호를 나타낸다. 앞서 설명한 것처럼 TCP는 동작 중에 혼잡 윈도우를 증가시키면서 추가 대역폭을 모색한다. 그리고 수신자의 광고 윈도우를 넘어서지 않는다. 이 그래프에서 실선이 시간이 지나면서 아래쪽의 선에서 위쪽의 선으로 이동하는 모습을 관찰하면 이를 실제로 확인할 수 있다. 위쪽의 선에 도달하지 못하는 경우는 발신자 또는 가용 네트워크 용량이 연결 처리량을 제한하는 것이다. 반면에 언제나 위쪽의 선에 도달하는 경우는 수신자의 윈도우가 제한 요인이다.

## 16.5.1 저속 시작의 동작

앞서 설명한 저속 시작 알고리즘의 동작을 관찰하는 것으로 분석을 시작해보자. 와이어샤크에서 추적 정보의 첫 번째 패킷을 선택하고 **Statistics ▶ Flow graph** 기능을 사용해서 연결 시작 시에 교환되는 패킷들을 볼 수 있다(그림 16-5).

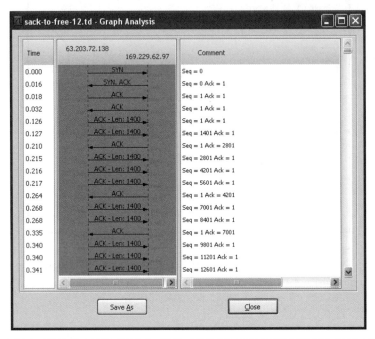

**그림 16-5** 와이어샤크 분석은 연결이 처음 성립될 때 교환되는 순서 번호와 ACK를 보여준다. 발신자에 ACK가 수신될 때마다 2개 혹은 3개의 패킷이 보내진다. 이런 특성은 저속 시작에서 발신자의 전형적인 동작이다.

여기서 우리는 초기의 SYN과 SYN+ACK 교환을 볼 수 있다. 시간 0.032의 ACK는 윈도우 갱신(15장 참조)이다. 처음 2개의 데이터 패킷은 시간 0.126과 0.127에 전송된다. 시간 0.210의 ACK는 하나의 패킷에 대한 것이 아니다. 이 ACK의 번호는 2801이며, 그 전에 전송된 데이터 패킷 둘 다에 대한 확인 응답이다. TCP ACK는 누적되기 때문이다. 이것은 지연delayed ACK의 예로서, 데이터 패킷 2개당 하나씩 생성될 때가 많다([RFC5681]의 권고대로 더 자주 생성되기도 한다). 이번 예제의 수신자(FreeBSD 5.4)에서는 1개의 패킷에 대한 확인 응답과 2개의 패킷에 대한 확인 응답이 번갈아 일어나고 있음을 볼 수 있다. 즉, 평균적으로 3개의 데이터 패킷에 대해 2개의 ACK가 반환된다(오류 또는 재전송이 없다고 가정할 경우). 지연 ACK와 윈도우 갱신에 대해서는 앞서 15장에서 논의한 바 있다.

2개의 패킷에 걸치는 ACK가 도착하면 발신자의 슬라이딩 윈도우는 2개의 패킷만큼 전진할 수 있고, 따라서 2개의 패킷이 네트워크에 추가로 투입될 수 있다. 하지만 이 연결은 시작된 지 얼마되지 않아서 여전히 저속 시작을 실행 중이므로 정상 ACK의 도착으로 발신자는 혼잡 윈도우를 1개의 패킷만큼 증가시킨다(이 리눅스 TCP는 혼잡 윈도우를 패킷 단위로 관리한다). 이 예제의 경우 cwnd는 2에서 3으로 증가한다. 따라서 ACK가 도착하면 전반적으로 3개의 패킷이 전송되는 효과가 있다. 이 패킷들은 시간 0.215, 0.216, 0.217에 보내진다.

시간 0.264에 도달하는 ACK는 1개의 패킷을 확인 응답하며 수신자는 그다음에 순서 번호 4201을 예상한다고 나타낸다. 하지만 이 패킷과 그다음 패킷(순서 번호 5601)은 이미 전송됐고 여전히 네트워크를 지나고 있다. 따라서 ACK 도착으로 cwnd가 3에서 4로 증가하지만, 2개의 패킷이 미결 상태이므로 2개만 추가 전송이 허용된다(1개는 ACK가 윈도우을 전진시켰기 때문이고 다른 1개는 수신된 정상 ACK가 cwnd를 1개의 패킷만큼 증가시켰기 때문). 이 패킷들은 시간 0.268과 0.268(1/1000초 미만 간격)에 전송된다.

이렇게 시작하는 것은 발신자가 저속 시작을 실행하고 수신자가 지연 ACK를 사용할 경우의 전형적인 모습이다. 이런 과정(ACK 도착으로 2개 혹은 3개의 패킷이 전송)은 시간 5.6에서 흥미로운 이벤트가 발생할 때까지 계속된다. 이 사건을 자세히 살펴보자.

## 16.5.2 발신자 일시 정지와 로컬 혼잡(이벤트 1)

그림 16-4를 보면, 시간 5.512에 1개의 세그먼트가 전송된 후 그다음 데이터 세그먼트가 시간 6.162에 설정될 때까지 일시 중지된 것을 알 수 있다. 와이어샤크의 그래픽 확대 기능을 사용하면 더 잘 볼 수 있다(그림 16-6).

이 그림에서 우리는 발신자가 전송을 중지했고, 새전송된 패킷은 없는 것으로 보이지만, 일시 중지 후에 데이터 속도가 감소한 것처럼 보이는 것을 알 수 있다. 왜 그럴까? 흐름 추적 기능을 사용해 더욱 자세히 조사할 수 있다(그림 16-7).

발신 TCP는 시간 5.559에 분명히 발신 요구를 중단했다. 일시 중지 전에 마지막으로 전송된 데이터 세그먼트에 PSH 플래그가 켜져 있다는 사실로 이를 알 수 있다. 이 플래그는 일반적으로 발신 버퍼가 비어 있음을 나타내기 때문이다. 여기에는 여러 가지 이유가 있을 수 있는데, 호스트 시스템이 다른 작업을 수행하느라 바빠서 발신 애플리케이션이 네트워크에 데이터 쓰기를 하지 못하는 경우 등을 생각할 수 있다.

우리는 이 일시 중지가 재전송 복구 기간의 시작은 아니지만, 그럼에도 일시 정지 후에 선의 기울기가 감소하는 것을 관찰할 수 있는데, 이것은 발신 속도의 감소를 의미한다. 그 이유를 알기 위해 더 자세히 살펴보자.

일시 중지 전에 보내진 마지막 순서 번호는 343001+1400 − 1 = 344400이며, 이 번호는 전송된 적이 없으므로 재전송이 아니다. 세그먼트가 시간 5.486에 전송된 후(강조 표시돼 있음), 이 연결은 최대의 미결 데이터 양인 341,601+1400 − 205,801 = 137,200바이트(98개의 패킷)를 갖게 된다. 이것은 cwnd의 값이 98 패킷이라는 것을 알려준다. 시간 5.556에 ACK가 도착하면, 수신자에서 2개의 패킷이 추가로 수신됐음을 나타낸다. 일시 중지 전에 보내졌어야 할 마지막 패킷은 순서 번호 344400를 포함하므로 97개의 패킷이 미결 상태임을 알 수 있다.

애플리케이션이 일시 중지 중인 동안 11개의 ACK가 도착한다(앞서 설명했듯이 각 ACK는 1개 또는 2개의 전체 크기 세그먼트를 번갈아 가며 확인 응답한다). 마지막 ACK는 순서 번호 233800이 수신됐음을 나타내며, 이는 현재 110,600바이트(79개의 패킷)가 미결 상태로 남아 있음을 의미한다. 이때 발신자는 일시 정지를 벗어나 전송을 재개한다. 시간 6.204에 이 ACK를 수신한 결과, 98 − 79 = 19개의 패킷을 더 투입할 수 있어야 하지만 실제로는 8개만 보낼 수 있다. 전송 가능한 마지막 순서 번호는 시간 6.128의 354201+1400 − 1 = 355600이다.

이 시점에서 TCP에 무슨 일이 일어났는지 추적 정보에서 바로 알아내기는 어렵다. 우리는 19개의 패킷이 전송될 것으로 예상했지만, 실제로는 8개만 전송됐다. 그 이유는 발신자의 로컬(하위 계층) 큐에 패킷 버스트가 가득 차서 이후의 패킷들을 보낼 수 없었기 때문이다. 리눅스에서 아래의 명령을 사용해(ppp0 네트워크 인터페이스를 통해 전송이 수행된다) 일부 하위 계층으로 인해 TCP에 문제가 발생했는지 확인할 수 있다.

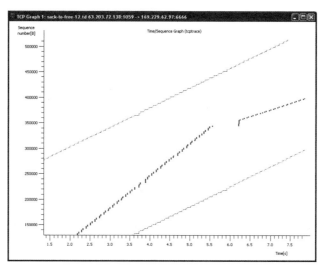

**그림 16-6** 저속 시작 절차를 사용해 시작한 후 시간 5.512에서 약 512ms 동안 일시 정지된다. 그러고 나서 대량 전송을 시작한다.

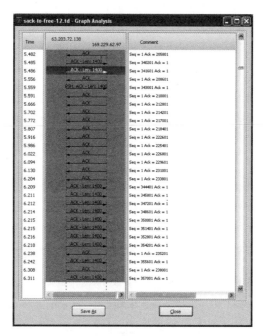

**그림 16-7** 발신자는 시간 5.559에서 일시 정지한다. 또 지역 혼잡 때문에 시간 6.209에서의 패킷 대량 전송은 8로 제한됐다. 이와 같은 TCP 구현은 발신 속도를 제한해서 발신 호스트에서의 큐 혼잡을 피한다.

```
Linux% tc -s -d qdisc show dev ppp0
qdisc pfifo_fast 0: bands 3 priomap 1 2 2 2 1 2 0 0 1 1 1 1 1 1 1 1
Sent 122569547 bytes 348574 pkts (dropped 2, overlimits 0 requeues 0)
```

tc 프로그램은 리눅스에서 패킷 스케줄링과 트래픽 제어 서브시스템을 관리하는 데 사용된다[LARTC]. -s와 -d 옵션은 상세한 통계 정보를 제공한다. 지시어 qdisc show dev pp0 는 장치 pp0의 큐잉 규칙queing discipline을 표시하라는 뜻인데, 큐잉 규칙은 패킷이 전송되는 순서를 저장하고 우선순위를 정하는 데 사용되는 방법이다. 2개의 패킷이 제거된 것에 주목하자. 이 패킷들은 네트워크 내에서 제거된 것이 아니고, 발신자 컴퓨터에서 TCP 아래의 프로토콜 계층에서 제거됐다. 또 TCP보다는 아래 계층이지만 패킷 저장 기능이 동작하는 계층보다는 위의 계층에서 제거됐기 때문에 추적 정보를 통해 확인을 할 수 없다. 이처럼 전송된 TCP 패킷이 발신 시스템 측에서 제거되는 것을 가리켜 로컬 혼잡local congestion이라고 부르며, TCP가 그보다 아래 계층의 로컬 대기열이 비워지기 전에 더 빨리 데이터를 생성하는 경우에 일어난다.

> **주의**
>
> 리눅스 트래픽 제어 서브시스템과 라우터와 운영체제가 지원하는 기타 우선순위 또는 QoS 기능(예를 들면 마이크로소프트의 qWave API[WQOS])들은 패킷 내의 기능(예를 들면 IP DSCP나 TCP 포트 번호)에 기반해 다르게 패킷을 정렬할 수 있다. 일부 패킷(예를 들면 멀티미디어 데이터 패킷이나 TCP의 순수 ACK)에 우선순위를 두는 것은 우선순위를 지원하는 대화형 애플리케이션을 위한 사용자 경험을 개선할 수 있다. 인터넷의 대부분은 우선순위를 지원하지 않지만 LAN과 일부 사내 IP 네트워크는 우선순위를 지원한다.

로컬 혼잡은 리눅스 TCP 구현이 CWRCongestion Window Reducing 상태에 놓일 수 있는 이유 중 하나다[SK02]. 우선 ssthresh를 cwnd/2로 설정하고 cwnd를 $min$(cwnd, flight size+1)으로 설정한다. CWR 상태에서 발신자는 cwnd가 새로운 sstresh 값에 도달하거나 손실 발생 등의 이유로 CWR 상태에서 벗어날 때까지 2개의 ACK가 수신될 때마다 cwnd를 1개의 패킷만큼 감소시킨다. 이것은 본질적으로 앞서 배웠던 속도 반감 알고리즘이다. 또 발신 TCP가 수신된 TCP 헤더를 통해서 ECN-Echo 표시자를 수신한 경우에도 호출된다 (16.1.1절 참조).

이러한 지식을 바탕으로 우리는 이제 무슨 일이 일어났는지 이해할 수 있다. TCP는 일시 중지 후 재개될 때 8개의 패킷만 전송할 수 있다. 로컬 혼잡 때문에 추가 패킷을 보낼 수 없어서 TCP가 CWR 상태로 됐기 때문이다. sstresh는 98/2 =49 패킷으로 줄어들고 cwnd는 79 +8 =87 패킷으로 설정된다. 그런 다음 CWR 상태를 유지하며, 2개의 ACK가 수신될 때마다 cwnd는 1 감소해서 cwnd가 시간 8.364에 66 패킷이 될 때까지 전송 속도가 감소된다.

전송 속도의 감소는 다음과 같이 관찰할 수도 있다. 그림 16-6을 보면, 시간 5.5 이전에 선의 기울기는 유효 데이터 속도가 약 500Kb/s임을 알려준다. 이 값은 데이터 전송 방향의 링크 용량보다 높기 때문에, 이 차이로 인해 경로상에서 1개 이상의 큐가 가득 차게 되고 이로 인한 지연이 발생해서 RTT가 증가한다. **Statistics ▶ TCP Stream Graph ▶ Round Trip Graph**를 통해서 이 효과를 시각적으로 확인할 수 있다(그림 16-8).

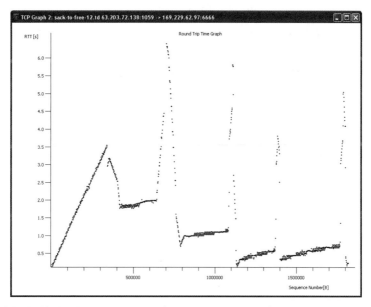

**그림 16-8** 발신자의 예상 연결 왕복 시간. RTT 증가 구간(증가하는 값들이 밀집된 그룹)은 전송 속도가 포워딩 속도보다 커서 버퍼가 채워지는 것에 해당한다. RTT 감소는 반대 효과를 나타내며 발신자가 속도를 낮춰서 큐가 비워지기 때문이다.

이 그림에서 y축은 추정 RTT를 초 단위로 나타내고 x축은 순서 번호를 나타낸다. 대략 순서 번호 340000에서 RTT가 감소하기 시작한다는 것을 알 수 있다. 이 순서 번호는 앞서 설명한 일시 중지 전에 보낸 마지막 순서 번호(344400)와 가깝다. RTT 감소는 발신자의 속도가 느려질수록 네트워크 부하가 감소한다는 사실에 해당한다(즉, 네트워크로부터 데이터가 나가는 속도가 새로 트래픽이 들어오는 속도보다 큼). 이로 인해 네트워크 라우터 내의 큐는 비게 되고 대기 시간이 줄어서 RTT가 낮아진다.

전송 속도 감소는 TCP가 CWR 상태를 유지하는 동안 계속된다. 이 상태가 지속되면 RTT는 최저한의 값인 약 17ms로 감소할 것이다. 하지만 일반적으로 TCP는 이렇게까지 감소하는 것을 허용하지 않는데, 현재 사용 가능한 네트워크 용량을 최대로 사용하기 위해서 '파이프를 가득 채우려고' 하기 때문이다.

### 16.5.3 확장 ACK와 지역 혼합 복구

CWR 상태로 들어가면 cwnd 값이 점진적으로 감소하다가 시간 8.364에서 감소폭이 커지기 시작한다. 이것은 시간 8.362에서 ACK가 나타내는 미결 데이터의 양과 cwnd 간의 관계 간에 변화가 있기 때문이다(그림 16-9의 강조 표시).

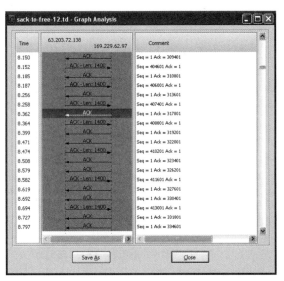

**그림 16-9** '확장 ACK'는 패킷 3개만큼의 순서 번호를 확인 응답한다. 이 ACK는 발신자가 대량 전송 모드로 동작하게 하며, 다른 ACK가 전송 중 손실됐을 때 발생할 수 있다.

시간 8.362의 ACK는 순서 번호 317801에 대한 것이지만, 이전에 수신된 ACK는 순서

922

번호 313601에 대한 것이다. 즉, 이 새로운 ACK는 317,801 − 313,601 = 4200바이트(3개의 패킷)에 대한 것이다. 이런 APK를 가리켜 확장stretch ACK라고 하며, 지금까지 전송된 가장 큰 세그먼트의 2배 이상을 확인 응답함을 의미한다. 이런 ACK가 생기는 이유는 여러 가지지만 그중 가장 간단한 것은 손실된 ACK 때문이다. 일반적으로 확장 ACK의 원인을 특정하기는 어렵지만, 정확한 이유는 대체로 중요하지 않다. 이번 예제의 경우 우리는 이전의 ACK가 손실됐다고 가정하고 발신자의 동작을 계속 조사해도 무방하다. ACK의 도착으로 cwnd는 68에서 66으로 감소한다.

리눅스 TCP 구현은 ACK를 수신할 때마다 미결 패킷 수에 대한 자신의 추정치를 수정하려고 시도한다. (또 앞서 설명한 CWV 알고리즘을 사용해서 세그먼트 전송 시마다 혼잡 윈도우를 검증하려고 시도한다. 다만 이번 예제에서는 별 영향이 없다.) CWR 상태에서 어떤 이유로 인해 미결 패킷 수 추정치가 감소하면(이번 예제에서 확장 ACK를 수신한 후 그런 것처럼) cwnd는 추정치 +1로 조정된다. 이러한 동작이 ACK 쌍이 수신될 때마다 cwnd를 1씩 감소시키는 CWR의 통상적인 동작에 추가적으로 일어난다는 점에 주의하자. 일반적으로 cwnd는 각 ACK에 대해 1 또는 0만큼 감소된 다음 $\min$(flight size+1, [감소된] cwnd)으로 설정된다. CWR 상태는 cwnd가 sstresh값에 도달하거나 손실 또는 재전송 등의 이벤트가 발생할 때까지 계속된다.

확장 ACK를 수신하기 전에 시간 8.258에서 407,401 + 1400 − 313,601 = 95,200바이트(68개 패킷)가 미결 상태다. 확장 ACK가 수신된 후 미결 패킷 수는 65개로 줄어들고 cwnd는 66으로 설정된다.

미확인 크기 추정치와 cwnd는 CWR 상태에서 밀접한 관계가 있으며 이 예제에서 TCP 수신자는 ACK를 지연시키기 때문에, 한 쌍의 ACK가 도착하면 그 결과 cwnd는 2만큼 감소하고 1개의 패킷이 네트워크로 들어간다. 그 이유는 다음과 같다. 임의의 ACK가 도착하기 전에 cwnd는 $c_0$이고 미확인 크기 추정치는 $f_0 = c_0$라고 가정하자. 첫 번째 ACK가 도착하면(즉, 1개의 패킷에 대해), $f_1 = f_0 - 1$이고 cwnd는 $c_1 = \min(c_0 - 1, f_1 + 1) = c_0 - 1$로 갱신된다. 두 번째 ACK가 도착하면(2개의 패킷에 대해. 지연 ACK 때문), $f_2 = f_1 - 2 = c_0 - 3$이고 cwnd는 $c_2 = \min(c_1, f_2 + 1) = \min(c_0 - 1, c_0 - 2) = c_0 - 2$로 설정된다. 혼잡 윈도우가 2개의 패킷만큼 줄어들었지만 이 기간 동안 3개의 패킷이 확인 응답됐으므로, 두 번째 ACK 수신 이후 1개의 패킷이 네트워크로 들어간다.

발신자는 시간 9.37에서 cwnd가 sstresh가 49 패킷에 도달할 때 CWR 상태를 벗어난다. TCP는 이제 정상 동작으로 되돌아가고, 혼잡 회피를 계속한다(그림 16-10과 16-11).

그림 16-10에서 원으로 둘러싸인 패킷들은 발신자의 상태가 CWR에서 정상으로 변경됐고 혼잡 회피 알고리즘이 시작되는 위치를 가리킨다. 그림 16-11은 이러한 동작을 보다 자세히 보여준다.

발신자는 혼잡 회피를 계속해 시간 17.232까지 비교적 안정적인 처리량을 달성한다. 그런데 이 시점에서 심각한 네트워크 혼잡이 시작되어 RTT가 크게 증가한다. 그림 16-8에서 이는 순서 번호 720000에서 발생했으며, RTT는 약 6.5초로 증가하는데 이는 그 때까지 안정적이었던 약 2초와 비교하면 3배 이상 증가한 수치다. 이러한 현상은 심각한 혼잡이 시작될 때 흔히 볼 수 있다. 결국, 네트워크 혼잡은 패킷 제거를 일으키기에 충분히 심각해져서 발신 TCP는 첫 번째 재전송을 시작한다.

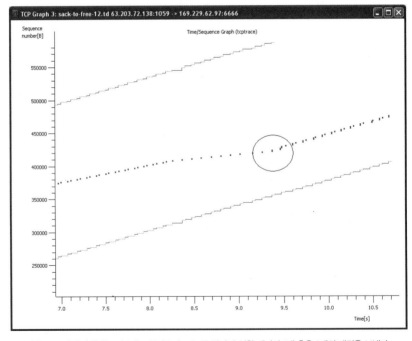

**그림 16-10** 시간 9.369에서 발신자는 평소대로 돌아오며, ACK를 하나 수신할 때마다 1개 혹은 2개의 패킷을 보낸다.

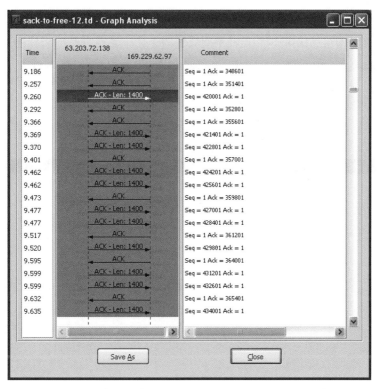

**그림 16-11** TCP는 복구를 완료했고 정상(혼잡 회피) 상태로 돌아온다. ACK가 하나 수신될 때마다 1개 혹은 2개의 패킷을 보낸다.

## 16.5.4 빠른 재전송과 SACK 복구(이벤트 2)

시간 21.209에서 측정된 RTT 값이 크게 증가한 후 첫 번째 재전송을 관찰할 수 있다. 그림 16-12와 같이 확대한 그림으로 더 자세히 볼 수 있다. 첫 번째 재전송(원으로 둘러싼 부분)은 순서 번호 690201부터 시작하는 패킷에 대한 것이고 지금까지 수신된 가장 높은 ACK(690201)와 일치한다. SAC 블록[698601,700001]을 운반하는 1개의 중복 ACK 수신으로 시작되는데, 이 숫자들은 수신자에서 이미 수신한 순서 번호 범위를 나타낸다는 점을 기억하자. 이번 예제의 경우 이것은 1개의 패킷에 해당한다.

시간 21.209에서 재전송이 이루어질 때 지금까지 전송된 가장 큰 순서 번호는 761601 + 1400 − 1 = 763000이고, cwnd는 52이다. 이 빠른 재전송과 함께, ssthresh는 49에서 26으로 줄어들고, TCP는 복구Recovery 상태로 전환된다. 이 TCP는 복구 지점(순서 번호 763000

이상)에 대한 누적 ACK를 수신할 때까지 복구 상태를 유지한다. 또 cwnd는 (flight size+1) 패킷으로 감소한다. 그러나 데이터가 손실됐을 가능성이 높기 때문에 미확인 크기를 결정하는 것은 그리 간단하지 않다. 이것은 아래의 관계식을 사용해 얻어진다.

$$미확인\ 크기 = 미결\ 패킷 + 재전송된\ 패킷 - 제거된\ 패킷$$

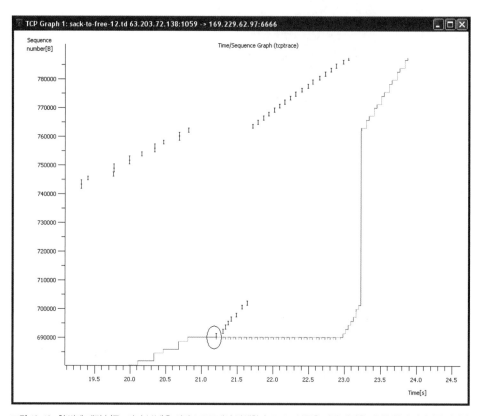

**그림 16-12** 첫 번째 재전송(동그라미 부분)은 시간 21.209에서 발생한다. SACK 블록은 어떤 패킷을 재전송할지 발신자를 안내하기 위해 사용된다. 총 8번의 재전송이 시간 21.0부터 22.0 사이에서 발생한다.

우변의 첫 번째 항은 발신자가 보냈지만 아직 TCP의 누적 ACK 필드로 확인 응답되지 않은 패킷이다. 두 번째 항은 재전송된(그리고 확인 응답되지 않은) 패킷을 나타내며, 마지막 항은 네트워크 내에 더 이상 존재하지 않지만 TCP의 누적 ACK에 의해 확인 응답되지 않은 패킷을 나타낸다. packet_removed의 값은 추정돼야만 하는데, TCP에서 이 값을 직접적으로 학습할 수 있는 신뢰할 만한 수단이 없기 때문이다. 이 값은 수신자 캐시에 저장된 (순서가 벗어난) 패킷과 네트워크 내에서 손실된 패킷의 합을 나타낸다. SACK를 사용하면 수신자 캐시에 저장된 패킷의 수는 학습할 수 있지만, 손실된 패킷의 수는 여전히 추정해야만 한다.

여기서 packets_outstanding의 값은 $(763{,}001 - 690{,}201)/1400 = 72{,}800/1400 = 52$이고 수신자 캐시에 저장된 패킷 수는 $(700{,}001 - 698{,}601)/1400 = 1400/1400 = 1$이다(SAC 블록에 들어있는 순서 번호로부터 유도). FACK 기능이 사용 중이라면(이번 예제에서는 기본적으로 활성화돼 있음) SACK 정보로 추론 가능한 수신자 내의 구멍은 손실된 것으로 간주된다. 따라서 TCP는 $698{,}601 - 690{,}201 = 8400$(6개의 패킷)이 손실된 것으로 추정한다. 그러므로 미확인 크기는 $52 + 1 - (1+6) = 46$ 패킷이며 cwnd는 47로 설정된다. 복구 상태에 있는 동안 TCP는 CWR 상태에서와 마찬가지로 패킷이 2개 수신될 때마다 cwnd를 한 패킷씩 감소시킨다. 최초의 재전송 이후 7번의 재전송이 이루어지며, 그 이후 새로운 데이터가 시간 21.2와 21.7번 사이에 도착하는 ACK에 포함돼 운반되는 SACK 옵션 데이터를 기반으로 전송된다(그림 16-13).

그림 16-13은 각 ACK의 SACK 옵션을 보기 쉽도록 와이어샤크가 보여주는 정보의 상당수를 제거한 그림이다. SACK 순서 번호(SLE와 SRE)를 통해서 우리는 수신자 측에 대부분의 경우에 2개의 활성 블록이 있음을 알 수 있다. 하나는 [698601,700001]으로서 1개의 패킷을 갖고 있고 다른 하나는 43개의 패킷으로 증가한다. 복구 기간 동안 CWR과 복구 상태에 적용되는 일반적인 속도 반감 알고리즘은 ACK 쌍이 수신될 때마다 cwnd를 최소한 패킷 1개만큼 감소시킨다. 이 경우에 (SACK 블록 크기를 패킷 1개만큼 증가시킴으로써) ACK가 수신될 때마다 1개의 패킷을 확인 응답하므로, 미확인 크기는 1만큼 감소하며 따라서 다른 패킷이 전송될 수 있다. 그러나 cwnd 역시 ACK 2개마다 1씩 감소하기 때문에, 새로운 패킷을 네트워크에 투입하는 데는 2개의 ACK가 필요하다. 이것이 CWR 경우와 어떻게 다른지 주목하자. CWR 경우에는 일부 ACK들이 2개의 패킷에 대한 확인 응답을 제공했지만, 여기서는 수신되는 ACK마다 1개의 패킷만 (SACK로) 확인 응답된다. 따라서 그림에 표시된 전송 및 재전송마다 cwnd는 각 ACK 쌍이 수신된 후 1만큼 감소한다. 이 복구 기간 전체적으로 cwnd는 47에서 20으로 감소한다.

SACK 옵션을 포함하는 ACK의 대부분은 와이어샤크가 보여주고 있듯이 순서 번호 690201의 중복 ACK이다(전체 중에 44개). SAC 블록 [702801,763001]과 [698601,700001]을 포함하는 5개의 정상 ACK가 있다. 그리고 SAC 블록 [702801,763001]만 포함하는 정상 ACK가 2개 더 있다. 이러한 정상 ACK들은 발신자를 복구 상태에서 꺼내주지 않는다. ACK 번호들이 모두 복구 지점의 순서 번호 763000 미만이기 때문이다. 이 ACK들은 앞서 설명한 바 있는 부분partial ACK들이다.

TCP는 복구 지점보다 큰 순서 번호(765801)를 갖는 정상 ACK가 도착하는 시간 23.301에서 빠른 재전송으로부터 복구된다. 이 시점에서 cwnd는 20이고 sshresh는 26이다. 이는 TCP가 저속 시작 중임을 의미한다. 시간 23.659이 되기까지 몇 번의 왕복 후에 cwnd는 값 27에 도달하고, TCP는 정상 상태에서 동작하며, 혼잡 회피 알고리즘이 실행된다. 이렇게 발신자의 첫 번째 빠른 재전송 복구 기간이 완료된다.

## 16.5.5 추가적인 로컬 혼잡과 빠른 재전송 이벤트

그다음 4개의 이벤트는 로컬 혼잡, 빠른 재전송, 그리고 2번의 추가 로컬 혼잡 에피소드로 구성된다. 지금까지 살펴본 이벤트들과 거의 비슷하므로 이번 절에서는 간단히만 요약한다.

```
ACK 869#2]  6666 > 1059 [ACK]  Seq=1 Ack=690201 Win=233016 Len=0 TSV=147586919 TSER=17109161 SLE=702801 SRE=704201
ACK 869#3]  6666 > 1059 [ACK]  Seq=1 Ack=690201 Win=233016 Len=0 TSV=147586922 TSER=17109161 SLE=702801 SRE=705601
ACK 869#4]  6666 > 1059 [ACK]  Seq=1 Ack=690201 Win=233016 Len=0 TSV=147586926 TSER=17109161 SLE=702801 SRE=707001
ACK 869#5]  6666 > 1059 [ACK]  Seq=1 Ack=690201 Win=233016 Len=0 TSV=147586930 TSER=17109161 SLE=702801 SRE=708401
ACK 869#6]  6666 > 1059 [ACK]  Seq=1 Ack=690201 Win=233016 Len=0 TSV=147586933 TSER=17109161 SLE=702801 SRE=709801
ACK 869#7]  6666 > 1059 [ACK]  Seq=1 Ack=690201 Win=233016 Len=0 TSV=147586937 TSER=17109161 SLE=702801 SRE=711201
ACK 869#8]  6666 > 1059 [ACK]  Seq=1 Ack=690201 Win=233016 Len=0 TSV=147586941 TSER=17109161 SLE=702801 SRE=712601
ACK 869#9]  6666 > 1059 [ACK]  Seq=1 Ack=690201 Win=233016 Len=0 TSV=147586945 TSER=17109161 SLE=702801 SRE=714001
ACK 869#10] 6666 > 1059 [ACK]  Seq=1 Ack=690201 Win=233016 Len=0 TSV=147586948 TSER=17109161 SLE=702801 SRE=715401
ACK 869#11] 6666 > 1059 [ACK]  Seq=1 Ack=690201 Win=233016 Len=0 TSV=147586952 TSER=17109161 SLE=702801 SRE=716801
ACK 869#12] 6666 > 1059 [ACK]  Seq=1 Ack=690201 Win=233016 Len=0 TSV=147586956 TSER=17109161 SLE=702801 SRE=718201
ACK 869#13] 6666 > 1059 [ACK]  Seq=1 Ack=690201 Win=233016 Len=0 TSV=147586960 TSER=17109161 SLE=702801 SRE=719601
ACK 869#14] 6666 > 1059 [ACK]  Seq=1 Ack=690201 Win=233016 Len=0 TSV=147586964 TSER=17109161 SLE=702801 SRE=721001
ACK 869#15] 6666 > 1059 [ACK]  Seq=1 Ack=690201 Win=233016 Len=0 TSV=147586967 TSER=17109161 SLE=702801 SRE=722401
ACK 869#16] 6666 > 1059 [ACK]  Seq=1 Ack=690201 Win=233016 Len=0 TSV=147586971 TSER=17109161 SLE=702801 SRE=723801
ACK 869#17] 6666 > 1059 [ACK]  Seq=1 Ack=690201 Win=233016 Len=0 TSV=147586975 TSER=17109161 SLE=702801 SRE=725201
ACK 869#18] 6666 > 1059 [ACK]  Seq=1 Ack=690201 Win=233016 Len=0 TSV=147586978 TSER=17109161 SLE=702801 SRE=726601
ACK 869#19] 6666 > 1059 [ACK]  Seq=1 Ack=690201 Win=233016 Len=0 TSV=147586982 TSER=17109161 SLE=702801 SRE=728001
ACK 869#20] 6666 > 1059 [ACK]  Seq=1 Ack=690201 Win=233016 Len=0 TSV=147586986 TSER=17109161 SLE=702801 SRE=729401
ACK 869#21] 6666 > 1059 [ACK]  Seq=1 Ack=690201 Win=233016 Len=0 TSV=147586990 TSER=17109161 SLE=702801 SRE=730801
ACK 869#22] 6666 > 1059 [ACK]  Seq=1 Ack=690201 Win=233016 Len=0 TSV=147586993 TSER=17109161 SLE=702801 SRE=732201
ACK 869#23] 6666 > 1059 [ACK]  Seq=1 Ack=690201 Win=233016 Len=0 TSV=147586997 TSER=17109161 SLE=702801 SRE=733601
ACK 869#24] 6666 > 1059 [ACK]  Seq=1 Ack=690201 Win=233016 Len=0 TSV=147587001 TSER=17109161 SLE=702801 SRE=735001
ACK 869#25] 6666 > 1059 [ACK]  Seq=1 Ack=690201 Win=233016 Len=0 TSV=147587005 TSER=17109161 SLE=702801 SRE=736401
ACK 869#26] 6666 > 1059 [ACK]  Seq=1 Ack=690201 Win=233016 Len=0 TSV=147587008 TSER=17109161 SLE=702801 SRE=737801
ACK 869#27] 6666 > 1059 [ACK]  Seq=1 Ack=690201 Win=233016 Len=0 TSV=147587012 TSER=17109161 SLE=702801 SRE=739201
ACK 869#28] 6666 > 1059 [ACK]  Seq=1 Ack=690201 Win=233016 Len=0 TSV=147587016 TSER=17109161 SLE=702801 SRE=740601
ACK 869#29] 6666 > 1059 [ACK]  Seq=1 Ack=690201 Win=233016 Len=0 TSV=147587020 TSER=17109161 SLE=702801 SRE=742001
ACK 869#30] 6666 > 1059 [ACK]  Seq=1 Ack=690201 Win=233016 Len=0 TSV=147587025 TSER=17109161 SLE=702801 SRE=743401
ACK 869#31] 6666 > 1059 [ACK]  Seq=1 Ack=690201 Win=233016 Len=0 TSV=147587029 TSER=17109161 SLE=702801 SRE=744801
ACK 869#32] 6666 > 1059 [ACK]  Seq=1 Ack=690201 Win=233016 Len=0 TSV=147587033 TSER=17109161 SLE=702801 SRE=746201
ACK 869#33] 6666 > 1059 [ACK]  Seq=1 Ack=690201 Win=233016 Len=0 TSV=147587037 TSER=17109161 SLE=702801 SRE=747601
ACK 869#34] 6666 > 1059 [ACK]  Seq=1 Ack=690201 Win=233016 Len=0 TSV=147587041 TSER=17109161 SLE=702801 SRE=749001
ACK 869#35] 6666 > 1059 [ACK]  Seq=1 Ack=690201 Win=233016 Len=0 TSV=147587044 TSER=17109161 SLE=702801 SRE=750401
ACK 869#36] 6666 > 1059 [ACK]  Seq=1 Ack=690201 Win=233016 Len=0 TSV=147587050 TSER=17109161 SLE=702801 SRE=751801
ACK 869#37] 6666 > 1059 [ACK]  Seq=1 Ack=690201 Win=233016 Len=0 TSV=147587054 TSER=17109161 SLE=702801 SRE=753201
ACK 869#38] 6666 > 1059 [ACK]  Seq=1 Ack=690201 Win=233016 Len=0 TSV=147587057 TSER=17109161 SLE=702801 SRE=754601
ACK 869#39] 6666 > 1059 [ACK]  Seq=1 Ack=690201 Win=233016 Len=0 TSV=147587062 TSER=17109161 SLE=702801 SRE=756001
ACK 869#40] 6666 > 1059 [ACK]  Seq=1 Ack=690201 Win=233016 Len=0 TSV=147587065 TSER=17109161 SLE=702801 SRE=757401
ACK 869#41] 6666 > 1059 [ACK]  Seq=1 Ack=690201 Win=233016 Len=0 TSV=147587069 TSER=17109161 SLE=702801 SRE=758801
ACK 869#42] 6666 > 1059 [ACK]  Seq=1 Ack=690201 Win=233016 Len=0 TSV=147587073 TSER=17109161 SLE=702801 SRE=760201
ACK 869#43] 6666 > 1059 [ACK]  Seq=1 Ack=690201 Win=233016 Len=0 TSV=147587077 TSER=17109161 SLE=702801 SRE=761601
ACK 869#44] 6666 > 1059 [ACK]  Seq=1 Ack=690201 Win=233016 Len=0 TSV=147587083 TSER=17109161 SLE=702801 SRE=763001
59 [ACK] Seq=1 Ack=691601 Win=231616 Len=0 TSV=147587087 TSER=17113990 SLE=702801 SRE=763001 SLE=698601 SRE=700001
59 [ACK] Seq=1 Ack=691601 Win=231616 Len=0 TSV=147587087 TSER=17114003 SLE=702801 SRE=763001 SLE=698601 SRE=700001
```

그림 16-13 빠른 재전송 후 SACK 복구. 패킷 871은 연결에 사용되는 첫 번째 SACK 옵션을 포함한다. 후속 ACK들은 패킷 950까지 SACK 정보를 포함한다.

### 16.5.5.1 CWR 반복(이벤트 3)

로컬 혼잡으로 인한 CWR 이벤트가 시간 30.745에서 일어난다. 이 시점에서 1,090,601 + 1400 − 1,051,401 = 40,600(29개 패킷)이 미결 상태이며, cwnd는 31이다. 따라서 2개의 패킷이 추가로 투입될 수 있지만 실제로는 투입되지 않는다. 로컬 혼잡 때문이다. 이번 이벤트의 경우 cwnd는 미확인 크기+1 = 30으로 설정되며 sssthresh는 15로 감소한다. cwnd가 ssthresh에 도달하면 TCP는 CWR 상태를 종료한다. 이것은 연결의 RTT가 또다시 크게 증가한 후 시간 34.759에서 일어난다.

### 16.5.5.2 두 번째 빠른 재전송(이벤트 4)

시간 36.914에서 cwnd = 16일 때 또 다른 빠른 재전송이 일어난다. 와이어샤크의 기본 표시 화면을 통해서 이 재전송을 쉽게 확인할 수 있다(그림 16-14 참조).

**그림 16-14** 리눅스 TCP 발신자는 중복 ACK나 SACK 정보를 포함하는 ACK를 전달받으면 무질서(Disorder) 상태에 들어간다. 이 상태일 때 패킷이 도착하면 새로운 데이터의 전송이 일어난다. 이후에 중복 ACK(또는 SACK 정보의 존재)가 도착하면 TCP 발신자는 재전송이 일어나는 복구 상태로 들어간다.

시간 36.878에 도착하는 ACK(패킷 1366)는 SACK 블록[1117201,1118601]과 ACK 번호 1110201을 운반한다. 이로 인해 리눅스 TCP는 무질서Disorder 상태가 되며, 이 상태에서는 패킷이 수신될 때마다 새로운 데이터의 패킷이 1개씩 네트워크에 투입된다(제한 전송과 유사). 여기서는 패킷 1367이 네트워크에 투입된 패킷이다.

SACK 블록[1117201,1120001]과 중복 ACK를 포함하는 ACK(패킷 1368)가 시간 36.912에 도착하면 TCP는 복구Recovery 상태로 들어가고 시간 36.914에서 빠른 재전송(패킷 1369)을 실행한다. 지금까지 전송된 최고 순서 번호는 1132601 + 1400 − 1 = 113400이다. 순서 번호 1134001을 포함하는 ACK(패킷 1391)가 도착하면서 복구는 시간 37.455에서 완료된다. 이 ACK 직후에 윈도우 갱신이 있다는 것에 주목하자. 이번 예제와 같이 수신자의 윈도우가 네트워크의 대역폭-지연 곱에 비해서 큰 대량bulk 데이터 전송의 경우, 이러한 윈도우 갱신은 대체로 그리 중요하지 않다. 반면에 대화식 트래픽, 작은 윈도우, 네트워크에서 가끔만 읽는 서버의 경우에는 15장에서 보았듯이 윈도우 갱신은 매우 중요할 수 있다. 첫 번째 재전송이 일어날 때 ssthresh는 16에서 8로 줄어든다. 복구가 완료될 때 결국 cwnd = 4이고 sssthresh = 8이 된다. 이로 인해 발신자는 저속 모드에 남겨진다. cwnd가 sssthresh보다 작기 때문이다.

### 16.5.5.3 CWR 반복(이벤트 5, 이벤트 6)

시간 43.356에 순서 번호 1359401에 대한 ACK가 도착한 후, TCP는 후속 패킷들의 전송을 시도할 때 로컬 혼잡으로 인해 다시 CWR 상태로 들어간다. 그래서 ssthresh는 8로 줄어들고 cwnd는 15가 된다. CWR 상태 중의 두 번째 재전송 실패로 인해 sstresh는 12로 내려간다. CWR 상태는 cwnd=7이고 sstresh=8일 때 종료된다.

또, 시간 59.652에서도 로컬 혼잡으로 인해 cwnd=19이고 sstresh=10일 때 TCP는 CWR 상태가 된다. 이번의 CWR 상태는 TCP를 손실 상태가 되게 하는 타임아웃으로 인해 중단된다. 이것은 앞으로 우리가 알아볼 새로운 유형의 이벤트다.

### 16.5.6 시간 초과, 재전송, cwnd 변경 취소

빠른 재전송이 손실을 복구하지 못하는 경우에 TCP는 재전송 타이머를 유지하지만, 우리는 실제로 이렇게 동작하는 것을 본 적은 없다. 이것은 다행스런 일인데, 타임아웃이 발생할 때는 일반적으로 심각한 혼잡과 성능 저하가 일어나고 있기 때문이다. 그림 16-15의 추적 정보에서 우리는 재전송 타이머가 만료될 때 발신 TCP가 이런 상황을 어떻게 처리하는지 볼 수 있다.

### 16.5.6.1 첫 번째 시간 초과(이벤트 7)

시간 62.486에서 순서 번호 1773801에 대해 재전송(패킷 2157)이 일어난다(그림 16-15의 강조 표시 부분). 재전송이 일어나기 직전에 중복 ACK나 SACK가 있었다는 증거는 없다.

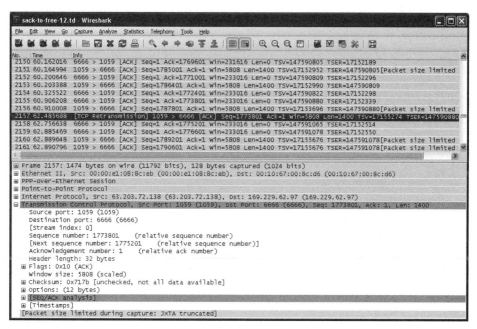

**그림 16-15** 발신자는 RTO = 1.57초에서 첫 번째 타임아웃을 겪는다. 이 경우 발신자는 이 타임아웃이 유사 타임아웃이라고 선언하고, 혼잡 제어 상태에 가했던 변경을 취소한다.

그림 16-15을 보면 시간 62.486은 가장 최근의 ACK가 수신된 후 약 1.58초가 경과한 시점이지만, 그림 16-8에 따르면 이 시점에서 추정 RTT는 약 800ms에 불과하다. 따라서 우리는 이 재전송이 재전송 타이머 만료의 결과라고 결론을 내릴 수 있다. 이로 인해 TCP는 손실 상태가 되며, 이 상태에서는 일반적으로 cwnd를 크게 줄임으로써 실질적으로 TCP를 저속 시작모드로 재시작한다. 이 예제의 경우 TCP는 cwnd=1과 sssthresh=5로 설정함으로써 TCP를 저속 시작하고 있다. 이 타임아웃으로 인해 저장돼 있던 SAC

정보도 모두 삭제된다. 그러나 수신자는 계속해서 SAC 정보를 보내므로, 발신자는 여전히 수신되는 새로운 SAC 정보를 활용할 수 있다.

매우 흥미롭게도 이 혼잡 조치는 취소된다[undone]. 앞서 설명한 것처럼, TCP가 재전송 타임아웃이 오류였다고 판단하면 아이펠 응답 알고리즘이 호출될 수 있다. 이 이벤트의 경우는 타임스탬프에 남은 증거로 인해 오류로 선언된다. 시간 62.757에 수신된 순서 번호 1775201에 대한 ACK(패킷 2158)는 TSV가 17152514인 TSOPT를 운반한다. 하지만 재전송의 TSV는 17155274이다. 재전송된 세그먼트를 맡은 ACK 내의 TSER 필드가 재전송보다 먼저이기 때문에, 재전송이 채우려 했던 구멍은 실제로는 구멍이 아니었던 것이다. 재전송 타이머의 만료는 오류였음이 분명하다.

재전송 타이머의 만료가 잘못이었다고 선언하고 아이펠 응답 알고리즘을 호출함으로써 TCP는 cwnd와 ssthresh를 이전의 값인 10으로 복원하고 즉시 정상 동작 상태로 전환한다. 혼잡 회피 알고리즘이 활성화되고, TCP는 별 문제없이 동작을 계속한다.

> **주의**
>
> 타임아웃을 경험할 때 TCP는 수신된 SACK 정보에 대한 지식을 '잊어야' 한다. 수신자가 이전에 제공했던 SACK 정보를 취소할 가능성 때문이다. [RFC2018]는 그 이유로서 수신자가 축적했던 비순서(out-of-data) 데이터를 지우기 위해서 버퍼링을 조정하고 싶을 수도 있다는 (이해하기 힘든) 이유를 제시하고 있다. 다만 이것이 흔하지는 않지만 허용은 된다. 수신자는 과거의 SACK 정보를 취소하기 위해서는 가장 최근에 수신된 ACK 데이터를 생성된 ACK의 첫 번째 SACK 블록에 (설령 폐기되더라도) 포함해야 한다. 이 블록을 제외하고, 추가 블록들은 수신자에 더 이상 존재하지 않는 데이터에 대한 보고를 중지해야 한다.

### 16.5.6.2 빠른 재전송(이벤트 8)

시간 67,510에 순서 번호 1789201에 대한 중복 ACK(패킷 2179. SACK 블록을 운반)의 도착은 TCP를 다시 무질서 상태로 만든다. 이 상태로 들어갈 때 지금까지 전송된 가장 큰 순서 번호는 1806000이다. 추가로 도착하는 SACK들은 TCP를 복구 상태로 만들고 순서 번호 1789201에 대한 또 다른 재전송(패킷 2182)을 시간 67.550 시간에 일으킨다. sstresh는 5로 감소하고 cwnd도 5가 될 때까지 줄어들기 시작한다. 시간 67.916에 순서 번호 1806001을 포함하는 ACK(패킷 2197)가 도착하면 복구가 완료된다.

### 16.5.6.3 CWR 반복(이벤트 9)

시간 77.121에서 cwnd=18일 때 또 다른 로컬 혼잡 이벤트가 발생한다. 이로 인해 sstresh=9로 설정되고 TCP는 다시 CWR 상태가 된다. 그러나 이번의 CWR 상태에서 cwnd의 감소는 cwnd가 1만큼 줄어서 8이 될 때 조기에 중단된다.

### 16.5.6.4 두 번째 시간 초과(이벤트 10)

또 다른 재전송 타임아웃이 시간 78.515에서 순서 번호 2175601에 대해 재전송을 일으킨다. 이로 인해 cwnd=1로 설정된다. ssthresh는 여전히 9이며, 재전송된 세그먼트는 TSOPT TSV 값 17171306을 운반한다. 이벤트 7과 마찬가지로 이 혼잡 조치 역시 시간 80.093에서 TSOPT TSER 값 17169948을 포함하는 순서 번호 2179801에 대한 ACK(패킷 2641)가 도착할 때 취소된다. 이 경우, 미확인 크기 추정치는 2,190,001 + 1400 − 2,190,801 = 5600바이트(4개의 패킷)이다. cwnd가 즉시 타임아웃 전의 값(8)으로 복원된다면 4개의 패킷을 네트워크에 즉시 투입할 수 있다. 하지만 이것은 바람직하지 않은 것으로 간주되는데, 버스트로 인해 패킷 손실이 증가할 수 있기 때문이다.

이러한 버스트를 방지하기 위해 예제의 리눅스 TCP 구현은 1개의 ACK에 대한 응답으로서 생성되는 패킷의 최대 개수를 maxburst로 제한하는 혼잡 윈도우 완화moderation 절차가 있다. 이번 경우에 그 값은 3 패킷이다. 따라서 cwnd는 (미확인 크기 + 최대 버스트)=4+3=7로 설정된다. 이것은 TCP에 대해 제안됐으며 NS-2 네트워크 시뮬레이터를 사용해서 평가되는 동일한 이름의 매개변수와 관련이 있다. 이 시뮬레이터는 새로운 TCP 알고리즘의 탐색과 개발에 광범위하게 사용돼 왔다[NS2].

### 16.5.6.5 시간 초과와 마지막 복구(이벤트 11)

시간 88.929에서 재전송 타이머는 만료되고 순서 번호 2185401에 대한 재전송이 발생한다(그림 16-16).

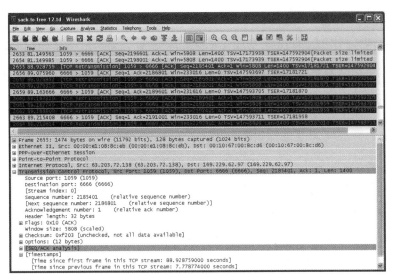

**그림 16-16** 재전송 타이머가 만료되면 취소 불가능한 타임아웃 기반 재전송이 시작된다. TCP는 저속 시작을 계속한다.

타이머가 만료되면 발신자는 sstresh=5인 저속 시작 모드가 된다. 이번에는 TCP가 타임 아웃을 취소할 수 없으므로 cwnd가 1로 설정되고 저속 시작이 진행된다. 흐름 추적 정보 를 통해 이를 확인할 수 있다(그림 16-17).

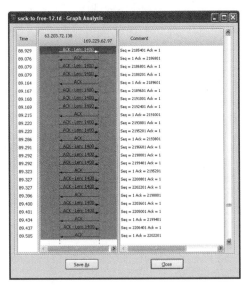

**그림 16-17** 재전송 타임아웃 이후 저속 시작을 분명히 확인할 수 있는 와이어샤크 화면. ACK가 도착할 때마다 2개 또는 3개의 패 킷이 네트워크로 보내진다.

순서 번호 2185401에 대한 재전송이 강조 표시돼 있다. 재전송 후, 연결 시작 시에 볼 수 있는 전형적인 저속 시작 동작을 확인할 수 있다. ACK가 수신될 때마다 2개 혹은 3개의 패킷이 네트워크로 투입되는데, ACK가 몇 개의 패킷에 대한 것이냐에 따라 다르다. cwnd가 ssthresh와 같이 5에 도달하는 시간 89.434까지 TCP는 혼잡 회피를 계속한다.

### 16.5.7 연결 완료

패킷의 최종 교환은 발신자가 시간 99.757에 FIN을 전송하면서 시작된다. 이 전송에 이어서 13개의 ACK가 도착하고, 이어서 수신자의 FIN이 도착한다. 마지막 패킷(최종 ACK)은 시간 100.476에 전송된다. 이 교환이 그림 16-18에 묘사돼 있다.

전송된 가장 큰 순서 번호는 2620801+640 − 1=2621440으로, 총 전송 크기(2.5MB)와 동일하다. 시간 99.757에는 (2,619,401+1400 − 2,594,201)/1400+1 =20개의 패킷이 미결 상태다. 13개의 ACK(이 중 7개는 각각 2개의 패킷을 확인 응답한다) 수신은 (2*7)+(13-7)=20개 패킷의 전체 윈도우에 대한 것이다. 시간 100.474에 도착한 ACK가 크기가 각각 1400과 600바이트인 최종 2개의 패킷을 확인 응답한다는 점에 주목하자. 2,621,442 − 2,619,401 =1400+640 이다.

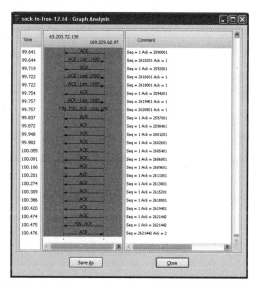

**그림 16-18** 연결 종료 과정 동안 수신자는 발신자가 생성한 데이터를 모두 수신했음을 나타내기 위해 13개의 순수 ACK를 생성한다. 마지막 FIN-ACK 교환은 연결의 나머지 절반을 완료한다. FIN 세그먼트는 유효 ACK를 포함한다는 것을 기억하자.

이 확장 예제는 지금까지 설명한 알고리즘의 동작을 대부분 기술하고 있으며, 기초적인 TCP 알고리즘의 특성(저속 시작, 혼잡 회피), 선택적 확인 응답, 속도 반감을 포함할 뿐 아니라 유사 RTO 탐지와 같은 최근의 기능도 설명하고 있다. 지금부터는 아직 덜 보급됐거나 더 최근에 발표된 기능들을 알아보자. 리눅스 TCP 스택은 이런 기능들의 상당 부분을 구현하고 있지만, 기본 설정에 모두 활성화돼 있지는 않다. sysctl 프로그램을 사용해서 약간의 변경을 수행하는 것만으로도 이런 신규 기능들을 실험하기에는 충분하다. 윈도우 운영체제의 최근 버전(즉 윈도우 비스타 이후) 역시 지금까지 설명한 기능을 넘어서는 고급 기능들을 구현하고 있다.

## 16.6 혼잡 상태 공유

지금까지 살펴본 논의와 예제들은 하나의 TCP 연결이 경로상의 혼잡에 어떻게 적응하는지에 초점을 맞췄다. 동일한 호스트 간에 추가로 다른 연결이 성립된 경우, 이러한 후속 연결은 일반적으로 앞서 설명한 것처럼 자체적으로 ssthresh 및 cwnd 값을 설정해야 한다. 후속 연결은 동일한 호스트에 대한 이전의 연결 또는 동일한 호스트에 대한 현재 활성화된 다른 연결로부터 이 값들을 학습할 수 있다. 이를 위해서는 동일한 컴퓨터 상의 다수 연결들 간에 혼잡 상태를 공유할 필요가 있다. 제목이 'TCP 제어 블록 상호의존성Control Block Interdependence'인 [RFC2140]은 이것을 어떻게 구현할 수 있는지 설명한다. 이 연구는 임시 공유temporal sharing(신규 연결이 지금은 폐쇄된 다른 연결과 정보를 공유)와 합주 공유ensemble sharing(신규 연결이 다른 활성 연결과 상태를 공유)를 구분한다.

이 개념을 일반화해서 TCP 이외의 프로토콜과 애플리케이션으로 확장하기 위해서 [RFC3124]는 혼잡 관리자Congestion Manager의 개념을 설명하는데, 이것은 로컬 운영체제의 서비스로서 프로토콜 구현은 목적지 호스트까지의 경로 손실율, 혼잡 추정치, RR 등의 정보를 학습하기 위해서 이 서비스를 이용할 수 있다.

리눅스에서는 라우팅 정보를 포함하는 서브시스템에서 이 개념을 이용할 수 있다. 앞서 15장에서 설명했던 목적지 지표destination metric를 사용하면 되며, 이 지표들은 활성화돼 있다(다만 앞에서는 확장 예제에서는 sysctl 변수 net.ipv4.tcp_no_metrics_save를 1로 설정해 비활성화했다). TCP 연결이 폐쇄CLOSED 상태로 들어가면, RTT 측정치(srtt와 rttvar), 재순서 추정치, 혼잡 제어 변수 cwnd와 ssthresh가 저장된다. 이 정보들은 동일한 목적지에 대해서 새로운 연결이 시작될 때 해당 값들을 초기화하는 데 사용된다.

## 16.7 TCP 친화성

TCP가 인터넷 공간의 지배적인 프로토콜이기 때문에 다수의 TCP 연결이 전달 경로상의 라우터를 하나 이상 공유하는 것은 일상적인 일이다. 이러한 상황에서 TCP 연결들은 대역폭을 균등하게 공유하지는 않지만, 최소한 다른 TCP 연결이 추가되고 사라질 때의 변화에는 반응한다. 하지만 다른 (TCP가 아닌) 프로토콜과 대역폭을 놓고 경쟁할 때나 혼잡 윈도우를 다른 방식으로 제어하는 TCP와 경쟁할 때는 그럴 거란 보장이 없다.

인터넷상에서 TCP 트래픽과의 불공정 경쟁을 피하기 위한 지침을 프로토콜 설계자들에게 제공하기 위해, 통상적인 TCP 연결이 사용하는 대역폭에 제한을 두는 상황 기반의 속도 제어equation-based rate control가 개발됐다. 그리고 이 기법을 TFRC<sup>TCP Friendly Rate Control</sup>이라고 부른다[RFC5348][FHPW00]. 이 기법은 연결 매개변수들과 RTT, 패킷 손실율 등의 환경적 요소들을 조합해서 전송 속도를 제한한다. 또한 통상적인 TCP보다 안정적인 대역폭 활용 프로파일을 제공하므로, 적당히 큰 패킷을 사용하는 스트리밍 애플리케이션(예를 들어 동영상 전송)에 적합할 것으로 예상된다. TFRC는 아래 식을 사용해서 전송 속도를 결정한다.

$$X = s \Big/ \left( R\sqrt{2bp/3} \right) + 3pt_{RTO}\left(1 + 32p^2\right)\sqrt{3bp/8} \qquad [2]$$

여기서 X는 처리량 속도 제한(바이트/초), s는 헤더를 제외한 패킷 크기(바이트), R은 RTT(초), p는 손실 이벤트의 횟수로서 패킷의 수에 대한 비율[0, 1.0], tRTO는 재전송 타임아웃(초), b는 1개의 ACK가 확인 응답하는 패킷의 최대 수를 말한다. tRTO의 권장값은 4R이고 b의 권장 값은 1이다.

TCP 전송 속도는 혼잡 회피 중의 정상 ACK가 수신되면 이에 대응하기 위해 윈도우를 어떻게 조정하느냐에 따라 다른 방식으로 표현될 수 있다. 앞서 우리는 표준 TCP가 혼잡 회피 알고리즘을 사용할 때 정상 ACK가 도착할 때마다 cwnd를 1/cwnd씩 더해서 증가시키고 손실 발생 시마다 절반으로(1/2을 곱해서) 감소시킨다고 배웠다. 이를 AIMD<sup>Additive Increase/Multiplicative Decrease</sup> 혼잡 제어라고 부르며, 1/cwnd와 1/2를 변수 a와 b로 대체하면 다음과 같은 일반화된 AIMD 혼잡 회피 방정식을 쓸 수 있다.

$$cwnd_{t+1} = cwnd_t + a / cwnd_t$$
$$cwnd_{t+1} = cwnd_t - b* cwnd_t$$

[FHPW00]의 결과를 이용하면 이 방정식을 통해 TCP의 전송 속도를 다음과 같이 구할 수 있다(패킷/RTT 단위).

$$T = \frac{\sqrt{\dfrac{a(2-b)}{2b}}}{\sqrt{P}}$$ [3]

일반적인 상황에서 TCP는 a=1과 b=0.5이므로 이 식은 $T = 1.2/\sqrt{p}$로 단순화되며 이 값을 단순화된 표준 TCP 응답 함수라고 부른다. 이 식은 재전송 타임아웃은 고려하지 않으면서 TCP의 속도와 TCP가 경험하는 패킷 손실률을 연관시킨다. TCP가 다른 요인(발신자 또는 수신자의 버퍼, 윈도우 확장 등)에 의한 제한을 받지 않을 때, 이 관계식은 정상적인 운영 환경에서 TCP의 성능을 지배한다.

TCP 응답 함수를 변경하면 분명히 표준 TCP(또는 유사한 혼잡 제어 체계를 구현하는 다른 프로토콜)와의 경쟁 방식에 명백히 영향을 미친다. 따라서 새롭게 제안되는 혼잡 제어 체계들은 상대적 공정성relative fairness을 측정해 분석되는 것이 일반적이다. 상대적 공정성은 수정된 혼잡 제어 체계를 사용하는 프로토콜의 속도와 표준 TCP의 속도 비율을 패킷 손실율의 함수로써 제공하며, 수정된 체계가 일반적인 인터넷 경로상에서 대역폭을 공유하는데 얼마나 공정한지 보여주는 강력한 지표이다.

이러한 식을 이해하는 것은 표준 TCP와 공정하게 경쟁하는 속도 조절 체계를 만드는 첫 번째 단계일 뿐이다. 특정 프로토콜에 대해 TFRC를 구현하기 위한 세부 사항들은 복잡해서 RTT, 손실 이벤트 속도, 패킷 크기 등의 정확한 측정 방법이 요구된다. [RFC5348]에서 자세히 설명돼 있다.

# 16.8 고속 환경에서의 TCP

BDP가 큰 고속 네트워크(예를 들면 1Gb/s 이상의 WAN)의 경우, 윈도우 증가 알고리즘(특히 혼잡 회피 알고리즘)이 네트워크 경로를 포화시킬 만큼 윈도우 크기를 증가시키는 데 오랜 시간이 걸리기 때문에 TCP의 성능이 잘 나오지 않을 수 있다. 다른 식으로 말하면 TCP 는 혼잡이 없을 때조차 고속 네트워크의 이득을 보지 못할 수 있다. 이 문제의 원인은 혼잡 회피 알고리즘의 고정 가산 증가 방식 때문이다. 10Gb/s 속도의 장거리 링크 상에서 동작하며 1500바이트 패킷을 사용하는 TCP가 있을 때, 가용 대역폭을 100% 활용하기 위해서는 50억 개의 패킷 중에 패킷 손실이나 오류가 없다고 가정할 때 약 83,000개의 세그먼트가 네트워크를 흐르고 있어야 한다. 이것은 RTT가 100ms라면 약 1.5시간이 걸린다. 이 단점을 해결하기 위해서 많은 연구자와 개발자들이 (특히 보다 일반적인 저속 환경에서) 표준 TCP에 대한 공정성을 유지하면서 고속 환경에서 성능이 더 잘 나오도록 TCP 를 수정하는 방법을 연구해왔다.

## 16.8.1 고속 TCP(HSTCP)와 제한된 저속 시작

실험적인 고속 TCP (HSTCP) 명세[RFC3649][RFC3742]는 혼잡 윈도우가 기본이 되는 값인 Low_Window(권장값은 38MSS 크기의 세그먼트)보다 클 때 표준 TCP의 동작을 변경할 것 을 제안한다. 이 값은 앞서 배운 단순화된 TCP 응답 함수에서 10-3의 패킷 손실률에 해 당한다. 이 함수는 전송 속도와 패킷 손실률의 로그-로그 그래프에서 선형이므로 실제로 는 멱함수power law function다.

> **주의**
>
> 로그-로그 플롯에 선형으로 그려지는 함수를 멱함수라고 한다. $y=ax^k$ 형태를 취하는데, 이것은 $\log y = \log a + k \log x$ (a와 k는 상수)로도 쓸 수 있다. 이 식은 로그-로그 플롯에서 기울기가 k인 직선으로 그려진다.

멱함수를 구성하기 위해서 2개의 점을 선택한 뒤, 둘 사이를 지나가는 직선을 나타내는 식을 만들어보자. $W_1 > W_0 > 0$ 이고 $0 < p_1 < p_0$인 2개의 점 $(p_1, w_1)$과 $(P_0, W_0)$가 있다고 하자. 선형 플롯에서 이것은 기울기가 $(W_1 - W_0)/(P_1-P_0)$인 직선을 이루지만, 로그 플롯 에서는 기울기 $S=(\log w_1 - \log W_0)/(\log p_1 - \log P_0)$인 직선을 이룬다. 그리고 조금 전

의 '주의' 박스에서 설명한 개념을 사용하면 $w=Cp^s$를 얻고 C를 결정하는 $(P_0, W_0)$을 필요로 한다. 약간의 계산을 거쳐 $C=P_0^{-s}W_0$를 얻을 수 있으며 이것은 $w=p^sP_0^{-s}W_0$임을 의미한다.

그림 16-19에서 $(P_0, W_0)=(.0015, 31)$이고 $S=-0.82$일 때 기존 TCP 응답 함수와 HSTCP가 제안하는 응답 함수를 비교해서 확인할 수 있다. 패킷 손실율이 클 때는(0.001 이상) 응답 함수가 같기 때문에 이 식들은 p의 어떤 최댓값에 대해서만 적용된다는 점에 주의하자. 2개의 선을 비교하면 패킷 손실률이 충분히 작을 때 HSTCP는 더 적극적으로 전송하는 것을 허용한다.

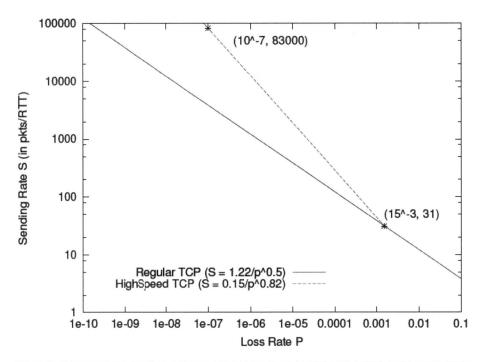

**그림 16-19** 고속 TCP에서 TCP 응답 함수는 낮은 패킷 손실률과 더 큰 윈도우에 공격적이도록 수정된다. 그러면 고BDP 네트워크에서 높은 처리량이 얻어진다. 2003년 3월에 개최된 IEFT WWG에서 발표된 샐리 플로이드(Sally Floyd)의 발표에서 발췌

TCP가 이 응답 함수를 얻을 수 있도록 윈도우의 현재 크기를 고려하도록 혼잡 회피 절차가 수정된다. 이것은 기존 TCP와 마찬가지로 정상 ACK가 도착할 때 일어난다. 정상 ACK 도착에 대한 응답은 다음과 같이 일반화된다.

$$cwnd_{t+1} = cwnd_t + \mathbf{a}(cwnd_t)/cwnd_t$$

혼잡 이벤트(패킷 손실이나 ECN 표시)에 대한 응답은 다음과 같다.

$$cwnd_{t+1} = cwnd_t - \mathbf{b}(cwnd_t)* cwnd_t$$

여기서 $\mathbf{a}()$는 덧셈 증가 함수이고 $\mathbf{b}()$는 곱셈 감소 함수이다. 이렇게 표준 TCP를 일반화하면 현재 윈도우 크기의 함수가 된다. 원하는 반응 함수를 얻기 위해 방정식 [3]으로부터 일반화를 시작하자.

$$W_0 = \frac{\sqrt{\dfrac{\mathbf{a}(w)(2 - \mathbf{b}(w))}{2\mathbf{b}(w)}}}{\sqrt{P_0}}$$

그럼 아래 식을 얻게 된다.

$$\mathbf{a}(w) = 2P_0 W_0^2\, \mathbf{b}(w)/(2 - \mathbf{b}(w))$$

이 관계식은 유일한 해결책을 제시하지 않는다. 즉, 관계식을 만족하는 $\mathbf{a}()$와 $\mathbf{b}()$의 조합은 1개가 아니다. 그중에는 실용적이지 않거나 바람직하지 않은 것도 있지만 말이다.

HSTCP가 제안하는 TCP에서의 혼잡 회피 절차 변경에 대한 자세한 내용을 [RFC3649]에서 확인할 수 있다. 그리고 [RFC3742]는 이러한 환경에서 TCP가 혼잡 윈도우를 얻는 데 도움이 되도록 저속 시작을 수정하는 방법을 설명한다. 이것을 제한된 저속 시작limited slow start이라고 부르며, 윈도우 크기가 클 때(수천 또는 수만 패킷) TCP가 한 번의 RTT에 윈도우를 2배로 늘리지 않도록 함으로써 저속 시작 속도를 늦추게 설계됐다.

제한된 저속 시작과 더불어 max_ssthresh라는 새로운 매개변수도 도입됐다. 이 값은 ssthresh의 최댓값이 아니라 cwnd의 임계값으로서 다음과 같이 동작한다. cwnd = max_ssthresh이면 저속 시작이 정상적으로 진행되고, max_ssthresh = ssthresh이면 cwnd는 RTT당 최대 (max_ssthresh/2) SMSS만큼 증가한다. 이를 위해서 저속 시작 동안에 cwnd의 관리가 아래와 같이 수정된다.

```
if (cwnd <= max_ssthresh) {
    cwnd = cwnd + SMSS              (일반적인 저속 시작)
} else {
    K = int(cwnd / (0.5 * max_ssthresh))
    cwnd = cwnd + int((1/K)*SMSS)           (제한된 저속 시작)
}
```

max_ssthresh의 초기 값은 100 패킷이나 100*SMSS 바이트가 권장된다.

## 16.8.2 이진 증가 혼잡 제어(BIC와 CUBIC)

HSTCP는 대규모 BDP 네트워크에 더 높은 처리량을 제공하도록 TCP를 수정하기 위한
여러 제안 중 하나다. 유사한 환경의 기존 TCP에 대해서 처리량과 공정성을 고려하고 특
정 상황에서는 표준 TCP보다 공격적으로 동작하지만, RTT가 서로 다른 HSTCP 연결들
간의 경쟁에 대해서는 직접적인 제어를 시도하지 않는다(이를 'RTT 공정성'이라고 함). 이
주제를 놓고 몇 년 전에 연구된 바에 따르면, 패킷 크기와 ACK 전략이 동일할 때, RTT
가 더 짧은 TCP가 공유 링크에서 대역폭을 더 많이 얻는다는 것이 드러났다[F91]. cwnd를
크기의 함수로서 증가시키는 TCP(대역폭 확장가능bandwidth-scalable TCP라고 부름)에서 이러한
불공정은 훨씬 더 심각해진다. RTT 공정성이 바람직한 것인지 여부도 논란의 대상이다.
RTT 공정성이 매력적으로 보일지 몰라도, RTT가 더 큰 연결은 더 많은 네트워크 자원
을 사용할 가능성이 높으므로(예를 들어 더 많은 라우터를 통과) 다소 적은 처리량을 받는 것
이 합리적일 수 있다. 어쨌든, RTT (불)공정성의 동작을 정확히 아는 것은 지금부터 우리
가 살펴볼 TCP 변형들이 개발된 주요 이유다.

### 16.8.2.1 BIC-TCP

확장 가능한 TCP를 만들고 RTT 공정성 문제를 다루기 위한 노력으로서 BIC TCP(과거
에는 BI-TCP라고 불렸음)[XHR04]가 개발돼 리눅스 커널 버전 2.6.8부터 포함됐다. BIC TCP
의 주요 목표는 혼잡 윈도우가 아주 큰 상황에서도 선형의linear RTT 공정성을 제공하는
것이다(고대역폭 링크를 사용하려면 혼잡 윈도우가 커야 함). 선형 RTT 공정성은 RTT에 반비례
해서 대역폭이 연결에 주어진다는 것을 의미한다(복잡하거나 알려지지 않은 함수를 사용하지
않음).

이 방식은 표준 TCP 발신자를 이진 탐색 증가binary search increase와 가산 증가additive increase

라는 2개의 알고리즘으로 수정한다. 이 알고리즘들은 혼잡 표시(예: 패킷 손실) 후에 호출되지만, 특정 시점에는 둘 중 하나만 동작한다. 이진 탐색 증가 알고리즘은 다음과 같이 동작한다. 현재 최소 윈도우$^{current\ minimum\ window}$는 전체 RTT 동안 패킷 손실이 발생하지 않은 가장 최근의 지점이다. 최대 윈도우$^{maximum\ window}$는 가장 최근에 손실이 발생했던 지점에서의 윈도우 크기다. 바람직한 윈도우는 둘 사이의 어딘가에 있다. 이진 탐색 기법을 사용해 BIC-TCP는 이 두 값의 중간점에서 시험적 윈도우$^{trial\ window}$를 선택하고 이런 작업을 재귀적으로 시도한다. 이 점이 지속적 패킷 손실을 나타내면 새로운 최대값이 되고 이 과정이 반복된다. 만일 그렇지 않다면 새로운 최소값이 되고 이 과정이 반복된다. 이 과정은 최소 윈도우와 최대 윈도우 간의 차이가 사전에 정의된 임계값인 최소 증분$^{minimum\ increment}$ 또는 $S_{min}$보다 작을 때 종료된다.

이 알고리즘이 바람직한 윈도우(포화점$^{saturation\ point}$라고도 함)를 찾는 데 걸리는 횟수는 로그 함수인 반면, 표준 TCP는 1차 함수가 필요하다(평균적으로 윈도우 크기 차이의 절반). 따라서, 특정한 동작 기간 동안 BIC-TCP는 표준 TCP보다 더 공격적이 되지만, 원치 않는 지연 없이 고속 환경을 이용하는 데는 좋다. 이 프로토콜은 다른 제안들에 비해서 특이한데, 증가 함수는 특정 지점에서 오목하기 때문이다. 즉, 포화점에 가까워질수록 증가폭이 작아진다. 대부분의 다른 알고리즘은 포화점에 가까울수록 증가폭이 커진다.

가산 증가 알고리즘은 다음과 같이 동작한다. 이진 탐색 증가를 사용할 때는 현재 윈도우 크기에서 (이진 탐색에서 말하는) 중간점까지의 차이가 큰 상황이 발생할 수 있다. 한 번의 RTT만으로 윈도우를 중간점까지 증가시키는 것은 좋지 않은데, 네트워크에 대량의 패킷이 한꺼번에 투입될 수 있기 때문이다. 가산 증가 알고리즘을 사용함으로써 이를 막을 수 있는데, 이 알고리즘은 현재 윈도우에서 중간점까지의 거리가 $S_{max}$보다 클 때 호출된다. 이 경우 증가폭은 RTT당 $S_{max}$로 제한되는데 이를 윈도우 클램핑$^{window\ clamping}$이라고 한다. 중간점이 $S_{max}$보다 시험용 윈도우에 가까우면 이진 탐색 증가가 적용된다. 전체적으로 손실 탐지 시 윈도우는 곱셈 인자 β에 의해 감소하며, 바람직한 증가량이 $S_{max}$보다 작아지면 가산 증가와 함께 다시 증가하기 시작해서 이진 탐색으로 전환된다. 알고리즘 저자들은 이렇게 결합된 알고리즘을 이진 증가$^{BI,\ Binary\ Increase}$라고 부르고 있다.

윈도우가 현재의 최대값을 초과하거나 손실 이벤트가 발생하지 않아 최대값을 알 수 없는 경우 최댓값이 설정돼야 한다. 이 작업을 가리켜 최댓값 조사$^{max\ probing}$라고 부른다. 최댓값 조사의 목적은 사용 가능해진 대역폭을 사용하는 것이다. 가산 증가 및 이진 증가 알고리즘과는 대칭되는 방식으로 진행된다. 초기에는 작은 증가폭으로 시작하며, 혼잡 표시가 없으면 증가폭이 커진다. 이 방식은 안정성이 우수한데, 포화점 근처에서 변화가 적게 이루어지기 때문이다. 포화점은 네트워크가 최대 용량에 가깝게 동작한다고 여겨지는 지점이다.

리눅스(커널 2.6.8부터 2.6.17까지)는 기본적으로 활성화돼 있는 BIC-TCP 구현을 포함한다. net.ipv4.tcp_bic, net.ipv4.tcp_bic_beta, net.ipv4.tcp_bic_low_window과 net.ipv4.tcp_bic_fast_convergence라는 4개의 매개변수가 BIC-TCP의 동작을 제어한다. 첫 번째(불리언 타입) 매개변수는 (통상적인 빠른 재전송/복구 절차와 달리) BIC를 사용할지 제어한다. 두 번째 매개변수는 $S_{max}$를 결정하기 위한 cwnd 크기 조정 계수로서 기본값은 819다. 세 번째 매개변수는 BIC-TCP 알고리즘이 사용되기 시작하기 전의 혼잡 윈도우 최소 크기를 제어한다. 이 매개변수의 기본값은 14인데, 작은 윈도우에 대해서는 표준 TCP 혼잡 제어가 사용된다는 것을 의미한다. 네 번째 매개변수는 플래그 값으로서 기본적으로 설정돼 있다. 이 플래그가 설정돼 있으면, 이진 증가 알고리즘이 하향 추세일 때 윈도우의 새로운 최댓값과 목표값이 선택되는 방식에 영향을 미친다. 윈도우 크기가 감소되는 동안에 새로운 최댓값과 최솟값은 각각 cwnd의 현재값과 (베타만큼 줄어든) 조정된 값으로 설정된다. 만일 빠른 수렴fast convergence이 활성화되어 있고 새로운 최댓값이 cend로 설정되기 전의 값보다 작으면, 최대 윈도우의 크기는 평균값과 최솟값 사이의 값으로 더욱 줄어든다. 덕분에 여러 개의 BIC-TCP 트래픽 흐름이 동일한 라우터를 공유 중일 때 대역폭 공유가 더 빨리 이뤄질 수 있다.

## 16.8.2.2 CUBIC

BIC-TCP의 저자들은 자신들의 기본적인 알고리즘을 개선해서 CUBIC[HRX08]이라는 이름의 새로운 제어 알고리즘을 발표했다. 이 알고리즘은 커널 버전 2.6.18 이후 리눅스 TCP에서 기본으로 사용되는 혼잡 제어 알고리즘이다. BIC-TCP가 일부 상황에서 너무 공격적이라는 우려를 해소하며, 윈도우 증가 절차도 단순화한다. 이진 탐색 증가와 가산 증가의 호출 시기를 결정하는 데 임계값($S_{max}$)을 사용하는 대신에 홀수 차수의 다항식 함수, 특히 3차 함수가 윈도우 증가 함수를 제어하는 데 사용된다. 3차 함수는 볼록한 부분과 오목한 부분을 둘 다 가질 수 있으며, 이는 오목한 부분에서는 느리게 증가하고 볼록

한 부분에서는 빠르게 증가할 수 있음을 의미한다. BIC와 CUBIC 이전까지는 거의 모든 TCP 문헌들이 볼록 윈도우 증가 함수만 지지했었다. CUBIC에서 cwnd 설정에 사용하는 윈도우 증가 함수는 다음과 같다.

$$W(t) = C(t - K)^3 + W_{max}$$

이 식에서 W(t)는 시간 t에서의 윈도우다. C는 상수 매개변수(기본값 0.4)이고, t는 가장 최근의 윈도우 감소 이후 경과된 시간(초)이며, K는 추가적인 손실 이벤트가 없을 때 W를 $W_{max}$로 증가시키는 데 함수가 소비하는 시간이다. $W_{max}$는 가장 최근의 윈도우 조정 전의 윈도우 크기다. K는 다음과 같이 계산할 수 있다.

$$K = \sqrt[3]{\frac{\beta W_{max}}{C}}$$

β는 곱셈 감소 상수(기본값 0.2)다. 간격 t=[0, 5]에서 K = 2.71, $W_{max}$ = 10, C = 0.4일 때 CUBIC 윈도우 증가 함수는 그림 16-20과 같다. 그림 16-20은 CUBIC 윈도우 증가 함수가 어떻게 오목한 부분과 볼록한 부분을 모두 포함하는지 보여준다. 빠른 재전송이 발생하면

 $W_{max}$는 cwnd로 설정되고, 새로운 cwnd와 ssthresh은 β*cwnd로 설정된다. CUBIC은 β의 초기 값을 0.8로 사용한다. W(t + RTT)의 값은 W(t + RTT) 값은 혼잡 윈도우의 다음 목표값을 제공한다. 혼잡 회피 중에 추가로 ACK가 도착하면 cwnd는 (W(t + RTT) - cwnd)/cwnd 만큼 증가한다.

가장 최근의 윈도우 감소 이벤트 이후 경과된 시간을 t로 하는 것은 RTT 공정성 확보에 유리하다는 점을 주목할 필요가 있다. ACK가 도착했을 때 윈도우를 어떤 고정된 값만큼 변경하는 것이 아니라, 가장 최근의 윈도우 변경 이후 경과된 시간의 함수로서 윈도우 크기가 변화한다. 이렇게 함으로써 윈도우 변경이 ACK 도착 패턴과 분리될 수 있다.

CUBIC은 CUBIC 운영 영역 이외에도 'TCP 친화적' 영역을 갖는데, 이 영역은 윈도우 크기가 작아서 CUBIC이 일반 TCP에 비해 불이익을 받지 않는 영역이다.

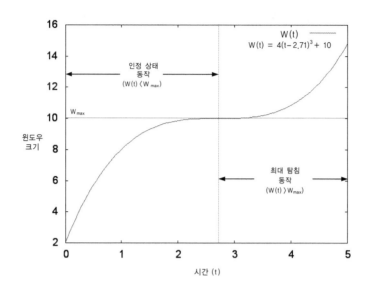

**그림 16-20** CUBIC 윈도우 증가 함수는 t의 3차 함수다. 이 함수는 W(t) < W_max 영역에서 오목한 부분을 가진다. 이 영역에서 CUBIC은 cwnd를 점점 완만히 증가시키면서 포화점을 찾는다. V_max 도달한 후에 증가 함수는 볼록해지며 cwnd를 점점 급격히 증가시킨다.

경과 시간 t에 관해 표준 TCP의 윈도우 크기 $W_{tcp}(t)$는 다음과 같이 주어진다.

$$W_{tcp}(t) = 3\frac{t}{RTT}\frac{(1-\beta)}{(1+\beta)} + W_{max}\beta$$

혼잡 회피 동안에 ACK가 도착했을 때 cwnd가 $W_{tcp}(t)$보다 작으면 CUBIC은 $W_{tcp}(t)$로 설정하며, 이것은 일반적인 중저속 네트워크에서 TCP 친화성을 보장한다.

앞서 언급했듯이 CUBIC은 리눅스 커널 2.6.18버전부터 리눅스의 기본 혼잡 제어 알고리즘이다. 하지만 2.6.13버전부터 리눅스는 사용자가 직접 혼잡 제어 알고리즘을 선택할 수 있도록 지원한다. net.ipv4.tcp_congestion_control 변수는 현재의 기본 혼잡 제어 알고리즘을 나타낸다(기본값은 cubic). net.ipv4.tcp_available_congestion_control 변수는 시스템에 로드된 혼잡 제어 알고리즘들을 나타낸다(일반적으로 혼잡 제어 알고리즘이 추가적으로 커널 모듈로서 로드될 수 있다). net.ipv4.tcp_allowed_congestion_control 변수는 애플리케이션에게 사용이 허가된 알고리즘들을 나타낸다(구체적으로 지정됐든 아니면 기본값이든). 기본값은 CUBIC과 Reno다.

## 16.9 지연 기반의 혼잡 제어

지금까지 우리가 살펴본 혼잡 제어 방식들은 대체로 패킷 손실에 의해 시작되며, 패킷 손실은 ACK 또는 SACK, ECN(사용 가능한 경우), 재전송 타이머의 만료 등을 조합해서 탐지된다. ECN(16.11절 참조)을 사용하면 발신 TCP는 네트워크가 패킷을 제거할 필요가 생기기 전에 혼잡 발생을 알 수 있지만, 이를 위해서는 네트워크 내의 라우터들의 참여가 필요한데 이것이 여의치 않을 수 있다. 그러나 ECN이 없어도 네트워크에서 혼잡이 발생할지 여부를 호스트가 알아낼 수 있는 방법이 있다. 혼잡이 생길 것 같다는 한 가지 단서는 발신자가 네트워크에 패킷을 더 투입할 때 RTT 측정치가 증가하는 것이다. 앞서 이러한 상황을 그림 16-8에서 보았는데, 추가적인 패킷들이 전달되지 않고 큐에 쌓이면서 (결국 패킷이 폐기될 때까지) RTT 측정치가 증가했었다. 몇 개의 혼잡 제어 기법들이 이러한 관찰을 바탕으로 하고 있다. 이러한 알고리즘들은 지금까지 살펴본 손실 기반loss-based 혼잡 제어 알고리즘과 달리 지연 기반delay-based 혼잡 제어 알고리즘이라고 불린다.

### 16.9.1 베가스

베가스Vegas는 1994년[BP950]에 소개 됐다. 이는 TCP 개발자 커뮤니티가 개발하고 테스트한 TCP를 위한 첫 번째 지연 기반 혼잡 제어 방법이다. 베가스는 특정 시간 동안에 전송할 것으로 예상되는 데이터의 양을 추정한 뒤, 이 값을 실제로 전송할 수 있는 데이터의 양과 비교한다. 요구 수준만큼 데이터가 전송되지 않았다면, 데이터가 경로상의 라우터 큐에 쌓여 있을 가능성이 높다. 이런 상태가 지속되면 베가스 발신자는 속도를 늦춘다. 이것은 TCP의 표준 방식과 대조적인데, TCP 표준 방식은 네트워크 혼잡이 발생한 위치를 알아내기 위해 패킷 폐기가 일어나게 하기 때문이다.

혼잡 회피 단계에서 한 번의 RTT가 일어나는 동안에 베가스는 전송된 데이터 양을 측정한 뒤, 이 값을 연결 전체에 걸쳐서 관찰된 최소 지연 시간 값으로 나눈다. 베가스는 2개의 임계값 α와 β(α<β)를 유지한다. 예상 처리량(윈도우 크기를 최소 RTT 관찰값으로 나눈 값)과 실제 처리량의 차이가 α보다 작은 경우 혼잡 윈도우 크기가 증가하며, β보다 큰 경우

에는 혼잡 윈도우 크기가 감소한다. 이 밖의 경우에는 원래 크기를 유지한다. 혼잡 윈도우의 크기 변화는 선형이며, 이것은 이 방법이 가산 증가/가산 감소$^{AIAD}$ 방식의 혼잡 제어 방법임을 의미한다.

여기서는 병목 링크에서의 버퍼 활용도 측면에서 α와 β를 설명한다. α의 최솟값은 1이며, β의 최솟값은 3이다. 이렇게 값이 정해지는 이유는 다음과 같다. 네트워크 경로 안에(즉, 경로상의 최소 대역폭 링크에 인접한 라우터의 큐에) 적어도 1개의 패킷 버퍼는 있어야 네트워크가 바쁘게 유지될 수 있다. 추가로 대역폭을 사용할 수 있게 됐을 때 2개의 추가 버퍼가 이미 있으면 패킷을 추가로 네트워크에 삽입하기 위해 추가로 RTT만큼 기다릴 필요가 없다(베가스가 1개의 버퍼만 관리한다면 추가 대기 시간이 필요하다). 게다가 (β-α) 영역을 운영 범위로 하기 때문에 윈도우 크기의 즉각적인 변경을 유발하지 않고도 약간의 처리향 변화를 위한 여지가 남아 있다.

조금만 수정하면 베가스는 저속 시작이 일어나는 동안에도 적용할 수 있다. 이때는 2번의 RTT마다 ACK 수신시에 cwnd 값을 1 증가시키는 것이 허용된다. cwnd 값이 1 증가하지 않는 RTT에서는 처리량이 증가 중인지 확인하기 위한 측정이 이뤄진다. 처리량이 증가 중이지 않다면 발신자는 베가 혼잡 회피 방식으로 전환한다.

특정 상황에서 베가스는 전방 지연이 실제보다 높아고 "속을" 수 있다. 이런 경우는 역방향으로 혼잡이 심각할 때 일어날 수 있다(TCP 연결의 양방향은 혼잡 수준이 서로 다를 수 있다는 점을 잊지 말자). 이런 경우에는 발신자가 역방향 경로의 혼잡 원인이 아님에도 불구하고 발신자에게 돌아오는 ACK 패킷이 지연된다. 그러면 베가스는 그럴 필요가 없는데도 혼잡 윈도우 크기를 줄인다. 이것은 RTT 측정을 혼잡 제어 의사결정의 기반으로 삼는 방법들이 대부분이 갖고 있는 단점이다. 실제로 역방향 트래픽이 너무 많으면 ACK 클락(그림 16-1)이 심하게 흔들리게 된다.

베가스는 동일 경로를 공유하는 다른 베가스 TCP에 대해서 공정하게 실행되는데, 네트워크에 최소한의 데이터만 밀어넣기 때문이다. 하지만 베가스와 표준 TCP 흐름은 경로를 공정하게 공유하지 않는다. 표준 TCP 발신자는 네트워크 내의 큐를 꽉 채우는 경향이 있는 반면, 베가스는 가급적 거의 빈 채로 두는 경향이 있기 때문이다. 따라서 표준 TCP가 패킷을 보낼 수록 베가스는 지연 시간의 증가를 관찰하고 전송 속도를 늦춘다. 그리고 결국은 극단적으로 표준 TCP에게 유리한 상태가 된다. 리눅스는 베가스를 지원하지만 기본값으로 설정하지는 않는다. 2.6.13 이전 버전까지 불리언 sysctl 변수 net.ipv4.tcp_vegas_cong_avoid는 베가스의 사용 여부를 결정한다(기본값 0). 변수 net.ipv4.tcp_vegas_alpha(기본값 2)와 net.ipv4.tcp_vegas_beta(기본값 6)은 이전에 설명한 α와 β를 표현하며, 반 패킷 단위로 표현된다(즉, 6은 3패킷을 표현). 변수 net.ipv4.tcp_vegas_gamma(기본값 2)는 저속 시작 동안 얼마나 많은 반 패킷 베가스가 미결 상태를 유지해야 하는지 설정한다. 커널 2.6.13 이후에는 베가스는 별도의 모듈로서 로드돼야 하며, net.ipv4.tcp_congestion_control를 vegas로 설정함으로서 활성화된다.

## 16.9.2 패스트

패스트[FAST] TCP는 대규모 대역폭 지연 제품[WJLH06]과 함께 고속 환경에서의 작업에 대한 세심한 주의를 기울여 개발됐다. 베가스와 마찬가지로 예상 처리률과 실제 처리률의 차이에 따라 윈도우 크기를 조정한다. 베가스와 다른 점은 윈도우 크기뿐만 아니라 현재와 예상 성능의 사이 차이에 기반을 두고 윈도우 크기를 조정한다는 점이다.

이는 비율 조정[rate-pacing] 기술을 사용한 다른 모든 RTT의 전송률을 업데이트한다. 측정된 지연이 임계값 이하이면 윈도우는 덜 적극적으로 증가하는 기간에 적극적으로 업데이트한다. 지연이 증가하면 그 반대다. 패스트는 여러 특허의 대상이며, 독립적으로 상용화되고 있기 때문에 이전에 거론한 다른 접근 방법들과 다르다. 이는 연구 커뮤니티들이 관심을 덜 가졌지만 독립적인 평가[S09]는 안정성과 공정한 속성을 갖고 있음을 증명했다.

## 16.9.3 TCP 웨스트우드와 웨스트우드+

TCP 웨스트우드[Westwood, TCPW]와 TCP 웨스트우드+[TCPW+]는 기존 TCP NewReno 발신자를 수정해 대규모 대역폭 지연 제품 경로를 제어하는 것을 목표로 한다. TCPW+는 원래 TCPW를 수정한 것이기 때문에 여기서는 TCPW만 설명한다. TCPW에서 발신자 자격 속도 추정치[ERE, Eligible Rate Estimate]는 연결에서 사용할 수 있는 대역폭의 추정치다. 이는 베가스(예상과 실제 성취율의 차이에 기반)와 유사한 방식으로 지속적으로 계산되지만, ACK 도착의 역학을 기반으로 한 속도에 대한 변수 측정 간격이 있다. 혼잡이 낮은 경우 측정 간격은 좁으며, 그 반대의 경우도 같다. 패킷 손실이 감지됐을 때 TCPW는 예상 BDP(최소 RTT가 관찰한 ERE 시간)를 계산하고, 이 값을 새로운 ssthresh 값으로 사용한다. 기민한 프로빙[Agile probing[WYSG05]]은 통신이 이뤄질 때 반복적으로 ssthresh를 설정하며, 그렇지 않으면 저속 시작에서 동작한다. 이는 ssthresh가 증가하는 경우 cwnd가 기하급수적으로 성장하는 원인이 된다. 웨스트우드는 TCPW 모듈을 사용하고 net.ipv4.tcp_congestion_control을 westwood로 설정해 리눅스 커널 2.6.13 이후 커널에 사용할 수 있다.

## 16.9.4 복합 TCP

윈도우 비스타의 등장으로 TCP가 리눅스의 플러그 혼잡 회피 모델과 비슷한 혼잡 제어 절차(공급자) 방법을 선택하는 게 가능해졌다. 옵션들(윈도우 서버 2008을 제외하고는 기본값은 아니다) 중 하나로 혼잡 TCPCTCP[TSZS06]가 있다. CTCP는 패킷 손실뿐만 아니라 지연 측정을 기반으로 윈도우를 조절한다. 어떤 의미에서 표준 TCP와 베가스의 결합이지만 HSTCP의 확장된 기능 또한 지원한다.

저자들은 먼저 지연 기반 혼잡 제어가 더 나은 활용률, 더 적은 패킷 손실, 더 빠른 수렴, 그리고 더 나은 RTT 공정성 및 안정성을 보여준다는 것을 시사하는 베가스와 FAST 연구 결과들을 재확인했다. 그러나 앞에서 언급했듯이 지연 기반 접근 방식은 손실 기반 혼잡 제어 방식과 비교했을 때 대역폭을 잃는 경향이 있다. CTCP는 지연 기반 방식과 손실 기반 방식의 결합을 통해 이러한 문제를 해결한다.

이를 위해서 CTCP는 dwnd(지연 윈도우)라는 새로운 윈도우 제어 변수를 도입했다. 이때 가용 윈도우 W는 다음과 같이 정의된다.

$$W = \min(cwnd + dwnd, awnd)$$

cwnd의 처리는 표준 TCP와 유사하지만 dwnd가 추가됨에 따라 지연 조건이 적합하면 패킷이 더 많이 전송될 수 있다. 혼잡 회피 동안에 ACK가 도착하면 cwnd는 다음과 같이 갱신된다.

$$cwnd = cwnd + 1/(cwnd + dwnd)$$

dwnd의 관리는 베가스를 기반으로 하고 혼잡 회피 동안에만 0이 아니다(CTCP는 통상적인 저속 시작을 사용한다). 최소 RTT 측정값은 변수 baseRTT에 유지된다. 그렇다면 실제 데이터양과 예상 데이터양의 차이는 다음과 같이 계산된다. diff = $W^*(1 - (baseRTT/RTT))$, 이 식에서 RTT는 추정된(평탄화된) RTT 값이며 diff는 네트워크 내의 큐에 들어있는 패킷(혹은 바이트) 수를 추정한 값이다. CTCP는 대부분의 지연 기반 방법처럼 혼잡이 없는 상태를 유지하기 위해 diff 값을 특정 임계값 γ에 유지하려 한다. 이런 목표를 달성하기 위해서 dwnd를 위한 제어 프로세스는 다음과 같이 표현된다.

$$dwnd(t + 1) = \begin{cases} dwnd(t) + (\alpha * win(t)^k - 1)^+, & \text{if } diff < \gamma \\ (dwnd(t) - \zeta * diff)^+, & \text{if } diff \geq \gamma \\ (win(t) * (1 - \beta) - cwnd/2)^+, & \text{if loss detected} \end{cases}$$

$(x)+$는 $\max(x,0)$를 의미한다. dwnd는 음수가 될 수 없다. CTCP가 표준 TCP처럼 수행될 때 값이 0가 될 수 있다.

네트워크가 충분히 이용되지 않은 경우 CTCP는 다항식 $\alpha * win(t)^k$에 따라 dwnd을 증가시킬 수 있다. 이는 버퍼 점유가 γ보다 작은 것으로 추정되는 경우 CTCP를 더 활발하게(HSTCP와 유사) 만들 수 있는 방법에 대한 이항 증가와 기술의 형태다. 버퍼 점유가 임계값 γ 이상으로 증가한 경우 상수 ζ는 지연 기반의 구성 요소가 얼마나 빨리 감소하는지 구술한다(하지만 dwnd는 항상 cwnd에 추가된다). 이는 CTCP의 RTT와 TCP의 공정성에 기여한다. 손실이 감지되면 dwnd는 자신의 증가하는 감소 계수 β를 가진다.

CTCP는 매개변수 k, α, β, γ, ζ를 이용해 조정할 수 있다. k의 값은 활동성의 수준에 영향을 미친다. 0.8의 가치는 HSTCP와 유사하지만, 0.75는 구현상의 이유로 결정된 것이다. α와 β의 값은 평이함과 응답에 영향을 미친다. 기본값은 각각 0.125와 0.5다. γ는 나의 경험적 평가를 기반으로 30 패킷을 기본값으로 권장한다. 값이 너무 적으면 지연 측정을 얻을 수 있을 만큼의 뛰어난 패킷이 없을 수 있다. 반대로 너무 큰 값은 원하지 않는 영구적인 혼잡이 발생할 수 있다.

CTCP는 비교적 새롭기 때문에 앞선 실험과 평가는 표준 TCP와 비교해 얼마나 공평한지를 알아보고, 사용 가능한 대역폭의 큰 변화에 얼마나 적응할 수 있을지를 알아보는 수행을 할 수 없다. 시뮬레이션에서 [W08]의 제안자는 네트워크 버퍼가 작을 때(γ보다 작을 때) CTCP의 성능이 저조할 수 있다는 점을 지적했다. 또한 CTCP는 재루팅(다른 지연을 가진 새로운 경로로 이동)과 지속적인 혼잡과 같은 베가스의 일부 문제에 의해 피해를 입을 수 있다. 마지막으로 같은 병목 링크를 공유하는 많은 CTP 흐름이 각각 $\gamma$ 패킷을 유지하려고 노력하는 경우 성능이 좋지 않을 수 있다는 점을 알 수 있다.

이전에 언급했듯이 CTCP는 윈도우의 대부분 버전에서 기본값으로 활성화되지 않는다. 하지만 다음과 같은 명령을 이용해 혼잡 공급자로 CTCP를 선택할 수 있다.

```
C:\> netsh interface tcp set global congestionprovider=ctcp
```

위 명령은 다른 공급자를 선택해 비활성화시킬 수 있다. 또한 CTCP는 리눅스에 플러그 혼잡 회피 모듈로 사용될 수 있지만, 기본값으로 포함되지는 않는다.

## 16.10 버퍼 블로트

메모리는 전통적으로 가격이 비쌌지만(고가 라우터에서는 지금도 그렇다) 최근에는 상당한 양의 메모리를 내장해서 패킷 버퍼가 수 MB에 이르는 보급형 네트워킹 장비를 찾기 어렵지 않다. 하지만 아이러니하게도 (과거의 네트워킹 장비와 비교할 때) 대용량의 메모리는 TCP와 같은 프로토콜에서 성능 하락으로 이어질 수 있다. 이 문제를 버퍼 블로트[buffer bloat]라고 부른다[G11][DHGS07]. 이것은 주로 가정과 소규모 오피스 내의 게이트와 액세스 포인트의 업링크 쪽에서 큐잉 지연으로 인한 높은 지연 시간과 관련이 있다. 병목 링크에서 버퍼를 꽉 채우는 경향이 있는 표준 TCP 혼잡 제어 알고리즘은 발신자와 수신자 간에 대량의 버퍼링이 일어날 때는 잘 동작하지 않는다. 혼잡 표시자(패킷 손실률)가 발신자에게 전달되는 데 많은 시간이 걸리기 때문이다.

[KWNP10]의 저자들은 미국에서 케이블과 DSL 회선의 업로드 대역폭이 약 256Kb/s에서 4Mb/s 사이라는 것을 발견했다. 또, 보급형 라우터의 버퍼 크기는 약 16KB에서 256KB 범위라고 추론했다. 그림 16-21은 이러한 발견에 대한 관점을 얻을 수 있는 몇 가지 버퍼 크기별 데이터 속도와 지연 시간의 관계를 보여준다.

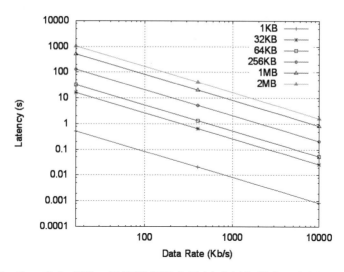

**그림 16-21** 이 로그-로그 그래프는 다양한 크기의 완전히 혼잡한 대기열에서 데이터가 경험하는 큐잉 지연으로 인한 지연 시간을 보여준다. 대형 버퍼가 가득 차 있으면(버퍼 블로트) 대화형 애플리케이션은 허용 범위를 초과하는 수 초 수준의 대기 시간을 경험할 수 있다.

이 그림의 로그-로그 그래프는 다양한 버퍼 크기(1KB ~ 2MB)에서 큐에 들어가야 하는 데이터가 경험하는 지연 시간을 표시한다. 가정용 인터넷의 업로드 대역폭 속도(일반적으로 250Kb/s~10Mb/s)는 버퍼 크기가 수백 킬로바이트 이상일 경우 대기 시간이 몇 초 정도에 이른다. 대화형 애플리케이션은 일반적으로 단방향 지연이 150ms 미만이어야 사용자에게 고품질의 경험을 제공할 수 있다[G114]. 따라서 하나 이상의 대규모 업로드가 경쟁 중이어서(예를 들면 비트토렌트BitTorrent 파일 공유) 버퍼가 가득 찬 상태가 유지되면 대화형 애플리케이션에 부정적인 영향을 미칠 수 있다.

버퍼 블로트는 모든 네트워킹 장비에서 문제가 되는 것은 아니다. 주로 문제가 되는 것은 과부하가 걸린 최종 사용자의 접근 장치들이다. 이 문제를 해결하는 방법은 여러 가지가 있는데, 프로토콜 수정(예를 들면 베가스 등의 지연 기반 혼잡 제어, 하지만 높은 지터jitter로 인해 부정적 영향을 받을 수 있다[DHGS07]), 접근 장치에서 동적인 버퍼 크기 조정([KWNP10]에서 제안), 또는 이 두 가지의 조합이 가능하다. 지금부터 버퍼 블로트 문제 해결뿐 아니라 다른 이점들을 갖는 조합 방식을 알아보자.

## 16.11 능동적 큐 관리와 ECN

지금까지 우리는 TCP의 혼잡에 대한 대응을 논의할 때, 혼잡이 일어나고 있다고 TCP가 추론하는 유일한 방법은 패킷 손실을 관찰하는 것이라고 가정해왔다. 특히 라우터(혼잡해질 가능성이 가장 높다)는 일반적으로 혼잡이 임박했다고 호스트 측의 TCP에 알리는 데 별 도움이 되지 않는다. 라우터는 단순히 더 이상 버퍼 공간을 사용할 수 없을 때 수신된 패킷을 제거하고('드롭테일drop tail'이라고 함) 이미 수신했던 패킷을 FIFOFirst-In-First-Out 방식으로 보낸다. 인터넷 라우터가 이처럼 수동적passive일 때(즉, 과부하가 걸리면 패킷을 폐기할 뿐 혼잡 상태에 대한 피드백을 제공하지 않을 때), TCP는 사후에 대응하는 것 외에는 방법이 없다. 그러나 라우터가 큐를 능동적으로 관리할 수 있는 방법이 있다면(즉, FIFO/드롭 테일보다 정교한 스케줄링 및 버퍼 관리 정책을 사용) 상황을 개선할 수 있다. 혼잡 상태를 TCP 종단점에 알릴 수 있다면 더욱 좋을 것이다.

FIFO/드롭테일 이외의 스케줄링 및 버퍼 관리 정책을 적용하는 라우터를 일반적으로 능동적인active 라우터라고 부르며, 이때 큐를 관리하는데 사용하는 방법을 AQMActive Queue Management 메커니즘이라고 한다. [RFC2309]의 저자들은 AQM의 잠재적 이점들을 논의한다. AQM은 그 자체로도 유용할 수 있지만, AQM을 구현하는 라우터와 스위치가 자신들의 상태를 종단 시스템으로 전달할 수 있는 공통의 방법이 있을 때 더욱 유용하다. TCP에서 사용 가능한 방법이 [RFC3168]에 기술돼 있으며, 실험적 명세인 [RFC3540]에서는 보안 기능이 추가됐다. 이 RFC들은 ECNExplicit Congestion Notification을 기술하는데, 이것은 라우터가 혼잡이 시작됐음을 나타내기 위해서 (IP 헤더의 두 ECN 비트들을 설정함으로써) 패킷에 표시mark를 하는 방법이다.

REDRandom Early Detection 게이트웨이[FJ93]는 혼잡 시작을 탐지하고 패킷 표시를 제어할 수 있다고 제시되는 메커니즘 중 하나이다. 이 게이트웨이는 시간 경과에 따른 평균 큐 점유율을 측정하는 큐 관리 규칙을 구현한다. 점유율이 최소값(minthresh라고 함) 이상이고 최대값(maxthresh라고 함) 미만이면 패킷에는 최대 확률(MaxP라고 함)이 표시되는데 이 값은 설정 가능하며 1.0일 수도 있다. 또 패킷에 표시를 하는 대신에 패킷을 제거하도록 RED를 설정할 수도 있다.

주의

RED 알고리즘은 다수의 라우터와 스위치에서 지원되는 다양한 변형(예를 들면 시스코의 WRED. 이것은 IP DSCP 또는 우선순위 값을 바탕으로 서로 다른 RED 인스턴스들을 사용한다)들의 기초다.

TCP가 혼잡 표시를 수신했으면 패킷이 혼잡한 라우터를 통과했음을 의미한다. 물론, 속도를 늦춤으로써 이에 대응하기 위해서 이 정보를 꼭 필요로 하는 것은 (수신자가 아니라) 발신자다. 따라서 수신자는 이 표시를 일련의 ACK 패킷들에 포함시켜서 발신자에게 그대로 보낸다.

ECN 메커니즘은 부분적으로 IP 계층에서 동작하므로, TCP가 아닌 전송 프로토콜 전송에 적용 가능하지만, ECN은 대부분의 경우 TCP와 함께 사용되며 이 책이 다루는 내용도 TCP와의 사용을 다룬다. 지속적인 혼잡을 경험 중인 ECN 지원 라우터는 IP 패킷을 수신할 때 IP 헤더에서 ECT$^{ECN-Capable\ Transoport}$ 표시를 찾는다(이 표시는 IP 헤더 내의 ECN 비트 2개 중에서 하나만 설정되면 된다). 설정이 돼 있다면 패킷 전송을 맡고 있는 전송 프로토콜은 ECN을 이해하고 있는 것이다. 이 시점에서 라우터는 IP 헤더 내에 (ECN 비트를 둘 다 1로 설정해서) 혼잡 경험$^{CE,\ Congestion\ Experienced}$ 표시를 설정하고 그 데이터그램을 보낸다. 라우터는 혼잡이 지속적이지 않은 것 같을 때(예를 들어, 큐 오버런$^{overrun}$으로 인해서 1개의 최근 패킷이 손실된 경우)는 CE 표시를 설정하지 않는다. 전송 프로토콜은 1개의 CE 표시만 있어도 대응해야 하기 때문이다.

CE가 설정된 수신 데이터 패킷을 관찰하는 TCP 수신자는 발신자에게 이 표시를 보내야 한다(SYN + ACK 세그먼트에도 ECN을 추가할 수 있는 실험적 확장 기능이 있다$^{[RFC5562]}$). 수신자는 일반적으로 (신뢰성이 떨어지는) ACK 패킷을 사용해서 발신자에게 정보를 반환하기 때문에 혼잡 표시가 손실될 가능성이 꽤 크다. 이런 이유로 TCP는 발신자에게 이 표시를 전달하기 위한 소규모의 신뢰성 향상 프로토콜을 구현한다. CE가 설정된 수신 패킷을 수신하면 TCP 수신자는 (TCP 발신자로부터 후속 데이터 패킷 내에 1로 설정된 CWR 비트 필드를 수신할 때까지) 자신이 보내는 각 ACK 패킷 내의 ECN-Echo 비트 필드를 설정한다. 설정된 CWR 비트 필드는 혼잡 윈도우(즉, 전송 속도)이 감소했음을 의미한다.

**주의**

RED와 ECN은 20년 가까이 알려져 왔지만, 인터넷에 광범위하게 보급되지 못했다. 그 이유에 대해 다양한 의견이 제시됐다(예를 들면 RED 매개변수 설정의 어려움, 이점이 제한적이라는 인식 등). 2005년에 ECN 의 '재검토'[K05]는 데이터 패킷에만 ECN을 사용하면 그 이점이 상당히 제한된다고 지적했다. 실험적 확장 [RFC5562]은 특정 워크로드(예: 웹 트래픽)에 대해서 ECN의 효용을 크게 증가시킬 수 있는 SYN + ACK 패킷 내의 ECN 사용을 정의하고 있다.

ACK에 들어있는 ECN-Echo 표시를 수신한 발신 TCP는 cwnd를 조정함으로써 1개의 패킷 손실이 탐지됐을 때와 같은 방식으로 반응한다. 또, 후속 데이터 패킷에 CWR 비트 필드도 설정한다. 빠른 재전송/복구 알고리즘의 혼잡 대응이 (물론, 패킷 재전송 없이) 호출 되고, 패킷 손실을 겪기 전에 TCP는 속도를 늦춘다. 이때 TCP가 과도하게 반응하면 안 된다는 점에 주의하자. 특히, 동일한 데이터 윈도우에 대해 2번 이상 반응해서는 안 된다. 이렇게 하면 ECN TCP는 다른 것에 비해 지나친 불이익을 받게 된다.

윈도우 비스타 이후 버전에서는 ECN을 사용하려면 설정을 해야 한다.

```
C:\> netsh int tcp set global ecncapability=enabled
```

리눅스에서는 불리언 sysctl 변수인 net.ipv4.tcp_ecn이 0이 아니면 ECN이 활성화된다. 기본값은 리눅스 배포판마다 다르지만 꺼져 있는 경우가 많다. 맥 OS 10.5 이상에서는

ecn_initiate_out과 net.inet.tcp.ecn_negotiate_in 변수가 ECN 플래그가 설정된 발신 트래픽 및 수신 트래픽에 대해 ECN을 사용할지 여부를 제어한다. 물론 라우터나 스위치 의 협조 없이는 ECN의 효용은 어떤 경우든 제한된다. AQM의 비전이 인터넷에서 완전 히 실현될 수 있을지는 시간만이 말해줄 것이다.

**주의**

RED와 ECN은 원래 설계됐던 것과 크게 다른 운영 환경에서 성공적으로 사용돼 왔다. 마이크로소프트와 스 탠포드는 DCTCP(Data Center TCP) [A10]을 개발했는데, 이 기술은 매개 변수를 단순화해서 2계층 스위 치에 구현된 RED를 사용해 순간적인 혼잡이 발생했을 때 패킷에 표시한다. 또 가장 최근에 수신된 패킷에 CE 표시가 포함된 경우에만 ACK에 ECN-Echo를 설정하도록 TCP 수신자의 동작을 수정한다. 마이크로소 프트와 스탠포드에 따르면, 상당량의 TCP 처리량에 대해서 버퍼 점유율이 90% 감소해 백그라운드 트래픽 이 10배 이상 증가한다고 한다.

## 16.12 TCP 혼잡 제어와 관련된 공격

우리는 이미 TCP의 연결 상태 기계가 연결을 종료하도록 만드는 패킷을 생성함으로써 TCP를 공격하는 방법을 배운 바 있다. 또 TCP는 ESTABLISHED 상태에서 동작 중일 때도 공격(혹은 적어도 이상하게 동작하도록 유도)받을 수 있다. TCP 혼잡 제어에 대한 대부분의 공격은 정상적인 상황보다 TCP가 더 빨리 혹은 느리게 패킷을 보내도록 유도한다.

아마도 최초의 공격은 ICMPv4의 발신지 억제Source Quench 메시지를 위조하는 공격이었을 것이다. 이 메시지가 TCP를 실행 중인 호스트로 배달되면, ICMP 메시지 내부의 위조 데이터그램에 포함된 IP주소와의 연결은 속도가 느려진다. 다만 1995년 이후에는 라우터가 혼잡 제어를 위해서 발신지 억제 메시지를 사용하는 빈도가 줄어들었다([RFC1812], 5.3.6절 참조). 반면에 종단 호스트의 경우에는 [RFC1122]는 TCP가 발신지 억제 메시지에 대응해서 반드시 속도를 늦춰야 한다고 서술하고 있다. 이 2가지 사실을 조합하면, 가장 간단한 해결책은 라우터 혹은 호스트에서 ICMP 발신지 억제 트래픽을 차단하는 것이며, 실제로 현재 대부분 이렇게 하고 있다.

최근에는 오동작 수신자misbehaving receivers[SCWA99]를 통한 보다 정교한 공격들이 연구돼 왔다. 이 문서의 저자들은 TCP 발신자가 데이터를 원래 의도했던 것보다 더 빠른 속도로 삽입하게 유도하는 3가지 유형의 공격을 기술했다. 이러한 공격은 예를 들면 웹 클라이언트가 다른 클라이언트들에 비해서 불공정하게 우위를 갖도록 유도하는 데 사용될 수 있다. 이 공격들은 각각 ACK 분할division, DupACK 스푸핑spoofing, 낙관적 확인응답하기 Optimistic ACKing이라고 불리며, 저자들이 농담조로 'TCP 데이토나'라고 부르는 TCP 변형 내에 구현돼 있다.

ACK 분할은 확인 응답되는 바이트들에 대해서 하나 이상의 ACK를 생성하는 방식을 사용한다. TCP 혼잡 제어가 일반적으로 (ACK 내에 포함된 ACK 필드가 아니라) ACK 패킷의 도착에 기반해서 동작하므로, 송신 측 TCP는 cwnd를 지나치게 증가시키도록 유도될 수 있다. 이 문제는 ABC에서처럼 혼잡 제어를 패킷의 도착이 아니라 확인 응답된 데이터의 양을 기반으로 계산함으로써 완화될 수 있다.

DucACK 스푸핑은 발신자가 신속 복구가 진행되는 동안에 혼잡 윈도우를 증가시키도록 유도한다. 앞서 우리는 표준적인 신속 회복이 일어나는 동안에 중복 ACK가 수신될 때마다 cwnd가 증가된다는 것을 설명했다. DucACK 스푸핑 공격은 정상적인 경우보다 더 빠르게 추가적인 중복 ACK를 생성하는 것이다. 이 공격은 방어하기가 까다로운데, 수신된 중복 ACK를 이들이 확인 응답하는 세그먼트에 대응시킬 수 있는 명확한 방법이 없기 때문이다(시간에 따라서 변하는 임시값nonce을 사용해서 이 문제를 해결할 수 있다. 18장 참조). 타임스탬프 옵션을 사용해서 이 문제를 해결할 수도 있지만, 이것은 옵션이므로 연결에 따라서는 비활성화될 수도 있다는 단점이 있다. 현재로서 이 문제를 해결하는 가장 좋은 방법은 복구 중에 두드러지는 데이터 양을 제한하도록 송신 측을 수정하는 방법인 것 같다.

Optimistic ACKing은 아직 도착하지 않은 세그먼트에 대해 ACK를 생성하는 것이다. TCP의 혼잡 제어 계산은 종단 간의 RTT 값에 기반하기 때문에 아직 도착하지 않은 데이터를 확인 응답하는 것은 발신자가 더 빨리 반응하게 만들 수 있다. 발신자는 실제 RTT가 더 작은 값이라고 속기 때문이다. 게다가 이렇게 해도 불이익이 거의 없는데, 발신자는 대체로 자신이 아직 보내지 않은 데이터에 대한 ACK를 무시하기 때문이다. 이 공격 방법이 다른 공격 방법과 달리 TCP 계층에서 데이터 신뢰성을 유지하지 않지만(즉, 확인 응답된 데이터도 손실될 수 있음), 애플리케이션 계층 프로토콜(예를 들면 HTTP/1.1) 혹은 세션 계층 프로토콜이 손실된 데이터를 재구축할 수 있는 경우가 많다. 저자들은 이 문제를 해결할 수 있는 누적 임시값cumulative nonce의 개념 및 전송된 세그먼트와 ACK를 더 잘 대조하기 위해서 전송 세그먼트의 크기를 시간의 변화에 따라 바꿀 수 있는 방법을 설명한다. ACK가 일치하지 않으면 발신자는 조치를 취할 수 있다.

오작동 수신자의 문제 역시 ECN과 관련해 일부 연구자의 주목을 받고 있다. ECN을 이용한 AQM에서 TCP 수신자는 발신자에게 보내는 ACK에 ECN 표시를 포함시켜 보낸다. 그러면 발신자는 속도를 늦춰서 이에 응답해야 한다. 수신자가 발신자(또는 네트워크의 라우터)에게 ECN 표시를 보내지 못하면 발신자는 혼잡 통보를 받지 못하므로 속도를 늦추지 않는다. [RFC3540]에서 저자는 IP 패킷에서 ECN 필드(2비트)의 ECT 비트 필드를 임시값으로 사용하는 실험적 방법을 설명했다. 발신자는 임의의 이진 값을 필드에 배치하고, 수신자는 시간별로 이 필드의 시간에 따른 값들의 1비트 합계(XOR 연산)를 반환한다. ACK를 생성할 때 수신자는 TCP 헤더의 비트 7에 이 합계를 배치한다(현재 0으로 예약). 오작동 수신기는 50%의 확률로 합계를 추측할 수 있다. 각 패킷이 독립 시행을 나타내며 성공적인 오작동 수신기는 정확한 합계를 가져야만 하므로, 확률 k개의 패킷에 대해 1/2K이다(합리적인 기간 동안 지속되는 연결에서 아주 작은 값임).

# 16.13 정리

TCP는 인터넷을 위한 신뢰할 만한 핵심적인 전송 계층 프로토콜로서 설계됐다. 초기에는 수신자의 속도에 맞춰서 발신자가 속도를 늦출 수 있는 흐름 제어 기능은 포함했지만, 발신자가 네트워크로 과도한 트래픽을 보내지 못하도록 예방하는 기능은 제공하지 않았다. 1980년대 후반 저속 시작 및 혼잡 회피 알고리즘이 개발되면서 TCP 발신자의 공격성을 조절할 수 있게 돼 네트워크 내의 혼잡으로 인한 패킷 손실을 예방할 수 있었다. 이러한 알고리즘들은 암묵적 신호, 패킷 손실, 그리고 혼잡 표시자를 사용한다. 그리고 패킷 손실이 탐지됐을 때 빠른 재전송 알고리즘 혹은 재전송 타임아웃에 의해서 실행된다.

저속 시작과 혼잡 회피 기능은 발신자 측에 혼잡 윈도우을 도입해서 발신자의 동작을 조절한다. 이 기능들은 통상적인 윈도우과 함께 사용된다(수신자가 제공하는 윈도우 광고를 기반으로 함). 표준 TCP는 윈도우를 둘 중 작은 것으로 제한한다. 시간의 경과에 따라 저속 시작은 혼잡 윈도우의 값을 지수적으로 증가시키고 혼잡 회피는 선형적으로 증가시킨다. 두 알고리즘은 한 번에 하나만 동작하며, 어느 것을 사용할지는 혼잡 윈도우의 현재 값을 저속 시작 임계값과 비교해서 이루어진다. 혼잡 윈도우가 임계값을 초과하면 혼잡 회피가 사용되고 그렇지 않으면 저속 시작이 사용된다. 저속 시작은 TCP가 연결을 처음 수립할 때와 타임아웃으로 인한 재시작 후에 사용된다. 또한 연결이 상당 시간 동안 유휴 상태였을 때도 사용될 수 있다. 저속 시작 임계값은 연결 과정 중에 동적으로 조정된다.

오랜 기간동안 혼잡 제어는 네트워킹 연구 커뮤니티에서 집중적인 논의 대상이었다. TCP, 저속 시작, 혼잡 회피 절차에 관한 많은 경험들이 수집된 끝에 다양한 개선안들이 제안, 구현, 표준화됐다.

TCP의 뉴리노$^{NewReno}$ 변형은 패킷 손실들로부터 언제 복구되는지 추적함으로써, 다수의 패킷이 1개의 데이터 윈도우에서 손실된 경우 리노 변형에서 일어날 수 있는 멈춤 현상을 방지한다. SACK TCP는 발신자가 RTT당 2개 이상의 패킷 손실을 지능적으로 복구하도록 허용함으로써 뉴리노의 단점을 개선한다. SACK TCP에서는 발신자가 인터넷 경로를 공유하는 다른 TCP에 지나치게 공격적이지 않도록 신중한 계산이 있어야 한다.

TCP 혼잡 관리에 대한 최근의 변경으로는 속도 반감, 혼잡 윈도우 검증 및 조정, 그리고 '취소$^{undo}$' 절차가 있다. 속도 반감 알고리즘은 혼잡 윈도우를 즉시 줄이지 않고, 손실 이벤트 탐지 이후 점진적으로 감소시킨다. 혼잡 윈도우 검증은 발신 애플리케이션이 유휴 상태이거나 일정 시간 동안 패킷을 보낼 수 없는 경우 혼잡 윈도우이 지나치게 커지지 않도록 한다. 혼잡 윈도우 조정은 1개의 ACK 수신에 대한 대응으로서 버스트의 크기를 제한한다. 아이펠 응답 알고리즘과 같은 '취소' 절차는 패킷 손실 신호가 가짜였다고 판정될 경우 혼잡 윈도우 수정을 취소한다. 이 경우 혼잡 윈도우 감소 이전의 조건으로 혼잡 상태를 복구함으로써 혼잡윈도우 감소로 인한 성능 상의 부정적 영향을 최소화한다.

TCP 사용 경험이 누적됨에 따라, 혼잡 회피 절차는 가용 추가 대역폭을 찾고 이용하는 데 오랜 시간이 걸린다는 것이 밝혀졌다. 그래서 '대역폭 확장 가능한' TCP 변형에 대한 수많은 제안이 이루어졌다. IETF 내에서 널리 알려진 버전 중 하나가 HSTCP로서 기존 TCP와 비교했을 때 패킷이 거의 손실되지 않고 윈도우가 큰 운영 영역에서 혼잡 윈도우가 훨씬 더 공격적으로 증가할 수 있다. 이후 FAST와 CTCP가 제안됐는데, 이들은 패킷 손실과 지연 시간 측정에 기반한 윈도우 증가 절차를 사용한다. 리눅스에서 널리 사용되는 BIC-TCP와 CUBIC 알고리즘은 볼록한 부분과 오목한 부분을 갖는 증가 함수를 사용한다. 포화점에서 윈도우가 소폭으로 변화하기 때문에 새로운 가용 대역폭에 대한 대응이 다소 느릴 수 있지만 안정성은 개선된다(그래도 여전히 표준 TCP보다는 빠르다).

ECN 명세가 제안되면서 TCP와 인터넷 라우터의 동작에 대한 커다란 변화가 있었다. ECN을 사용하면 TCP는 패킷 손실이 발생하기 전에 혼잡 시작을 탐지할 수 있다. 여러 시뮬레이션과 연구 결과는 ECN이 바람직하다는 것을 보여주었지만, TCP 구현에 약간의 변화,그리고 인터넷 라우터의 동작 방식에 커다란 변화를 필요로 한다. 이 기능이 얼마나 보급될지는 아직 미지수다.

TCP는 인터넷에서 데이터를 신뢰성 있게 옮기는 데 가장 널리 사용되는 방법을 제공하지만, 보안 측면에서는 구현된 기능이 별로 없다. 일반적으로 연결 중단을 유발할 수 있는 패킷 위조 공격에 취약하다. 공격자는 (윈도우 내부) 순서 번호를 잘 추측할 수만 있으면 공격을 시작할 수 있다. 또 ACK 스트림(또는 ECN 비트)의 수정은 발신자가 다른 TCP

연결에 불공정하게 대하도록 유도할 수 있다. 게다가, 물리적으로 어떤 방법도 지나치게 공격적인 발신자가 모든 혼잡 제어 규칙을 위반하는 것을 막지 못한다.

TCP를 위해 개발된 다양한 알고리즘과 기법들을 하나의 TCP 구현에 통합하는 것은 쉬운 일이 아니며(리눅스 2.6.38 버전에서 TCP/IPv4는 거의 20,000줄의 C 코드로 구현돼 있다), 실제 동작 중인 TCP의 로그를 분석하는 것은 많은 시간을 필요로 한다. 다만 tcpdump, 와이어샤크, tcptrace 등의 도구를 사용하면 이런 작업이 훨씬 쉬워진다. TCP는 네트워크의 성능에 동적으로 대응하기 때문에, 이번 장에서 사용된 시계열 플롯에 기반한 시각화를 사용하는 것이 TCP의 동작을 가장 쉽게 이해할 수 있는 방법이다.

# 16.14 참고 자료

- **[A10]** M. Alizadeh et al., "Data Center TCP (DCTCP)," Proc. ACM SIGCOMM, Aug./Sept. 2010.

- **[ASA00]** A. Aggarwal, S. Savage, and T. Anderson, "Understanding the Performance of TCP Pacing," Proc. INFOCOM, Mar. 2004.

- **[BP95]** L. Brakmo and L. Peterson, "TCP Vegas: End to End Congestion Avoidance on a Global Internet," IEEE JSAC, 13(8), Oct. 1995.

- **[DHGS07]** M. Dischinger, A. Haeberlen, K. Gummadi, and S. Saroiu, "Characterizing Residential Broadband Networks," Proc. ACM IMC, Oct. 2007.

- **[F91]** S. Floyd, "Connections with Multiple Congested Gateways in Packet- Switched Networks, Part 1: One-Way Traffic," ACM Computer Communication Review, 21, 1991.

- **[FF96]** S. Floyd and K. Fall, "Simulation-Based Comparisons of Tahoe, Reno, and SACK TCP," ACM Computer Communications Review, July 1996.

- **[FHPW00]** S. Floyd, M. Handley, J. Padhye, and J. Widmer, "Equation-Based Congestion Control for Unicast Applications," Proc. ACM SIGCOMM, Aug. 2000.

- **[FJ93]** S. Floyd and V. Jacobson, "Random Early Detection Gateways for Congestion Avoidance," IEEE/ACM Transactions on Networking, 1(4), Aug. 1993.

- **[G11]** J. Gettys, "Bufferbloat: Dark Buffers in the Internet," Internet Computing, May/June 2011.

- **[G114]** International Telecommunication Union Recommendation G.114, "One-Way Transmission Time," May 2003.

- **[H96]** J. Hoe, "Improving the Start-up Behavior of a Congestion Control Scheme for TCP," Proc. ACM SIGCOMM, Aug. 1996.

- **[HRX08]** S. Ha, I. Rhee, and L. Xu, "CUBIC: A New TCP-Friendly High-Speed TCP Variant," http://netsrv.csc.ncsu.edu/export/cubic_a_new_tcp_2008.pdf

- **[J88]** V. Jacobson, "Congestion Avoidance and Control," Proc. ACM SIGCOMM, Aug. 1988. This paper was later updated in 1992 to include M. Karels as coauthor. The update is available at http://www-nrg.ee.lbl.gov/papers/congavoid.pdf

- **[J90]** V. Jacobson, "Modified TCP Congestion Avoidance Algorithm," posting to the end2end-interest group mailing list, Apr. 1990, available at ftp://ftp.ee.lbl.gov/email/vanj.90apr30.txt

- **[K05]** A. Kuzmanovic, "The Power of Explicit Congestion Notification," Proc. ACM SIGCOMM, Aug. 2005.

- **[KWNP10]** C. Kreibich, N. Weaver, B. Nechaev, and V. Paxson, "Netalyzr: Illuminating Edge Network Neutrality, Security and Performance," Proc. ACM IMC, Nov. 2010.

- **[LARTC]** http://lartc.org

- **[M92]** J. Mogul, "Observing TCP Dynamics in Real Networks," Proc. ACM SIGCOMM, Aug. 1992.

- **[MM05]** M. Mathis, personal communication, Sept. 2005.

- **[MM96]** M. Mathis and J. Mahdavi, "Forward Acknowledgment: Refining TCP Congestion Control," Proc. ACM SIGCOMM, Aug. 1996.

- **[NB08]** J. Nievelt and V. Bhanu, "Developing TCP Chimney Drivers for Windows 7," presentation at Microsoft Windows Drivers Developer Conference, 2008.

- **[NS2]** http://www.isi.edu/nsnam/ns (also see NS3 at http://www.nsnam.org)

- **[P07]** http://lwn.net/Articles/128681

- **[PSCRH]** M. Mathis, J. Mahdavi, and J. Semke, "TCP Rate Halving," http://www.psc.edu/networking/projects/rate-halving

- **[RFC1122]** R. Braden, ed., "Requirements for Internet Hosts-Communication Layers," Internet RFC 1122/STD 0003, Oct. 1989.

- **[RFC1812]** F. Baker, ed., "Requirements for IP Version 4 Routers," Internet RFC 1812, June 1995.

- **[RFC2018]** M. Mathis, J. Mahdavi, S. Floyd, and A. Romanow, "TCP Selective Acknowledgment Options," Internet RFC 2018, Oct. 1996.

- **[RFC2140]** J. Touch, "TCP Control Block Interdependence," Internet RFC 2140, Apr. 1997.

- **[RFC2309]** B. Braden et al., "Recommendations on Queue Management and Congestion Avoidance in the Internet," Internet RFC 2309 (informational), Apr. 1998.

- **[RFC2861]** M. Handley, J. Padhye, and S. Floyd, "TCP Congestion Window Validation,"Internet RFC 2861 (experimental), June 2000.

- **[RFC3042]** M. Allman, H. Balakrishnan, and S. Floyd, "Enhancing TCP's Loss Recovery Using Limited Transmit," Internet RFC 3042, Jan. 2001.

- **[RFC3124]** H. Balakrishnan and S. Seshan, "The Congestion Manager," Internet RFC 3124, June 2001.

- **[RFC3168]** K. Ramakrishnan, S. Floyd, and D. Black, "The Addition of Explicit Congestion Notification (ECN) to IP," Internet RFC 3168, Sept. 2001.

- **[RFC3465]** M. Allman, "TCP Congestion Control with Appropriate Byte Counting (ABC)," Internet RFC 3465 (experimental), Feb. 2003.

- **[RFC3517]** E. Blanton, M. Allman, K. Fall, and L. Wang, "A Conservative Selective Acknowledgment (SACK)-Based Loss Recovery Algorithm for TCP," Internet RFC 3517, Apr. 2003.

- **[RFC3540]** N. Spring, D. Wetherall, and D. Ely, "Robust Explicit Congestion Notification (ECN) Signaling with Nonces," Internet RFC 3540 (experimental), June 2003.

- **[RFC3649]** S. Floyd, "HighSpeed TCP for Large Congestion Windows," Internet RFC 3649 (experimental), Dec. 2003.

- **[RFC3742]** S. Floyd, "Limited Slow-Start for TCP with Large Congestion Windows,"Internet RFC 3742 (experimental), Mar. 2004.

- **[RFC3782]** S. Floyd, T. Henderson, and A. Gurtov, "The NewReno Modification to TCP's Fast Recovery Algorithm," Internet RFC 3782, Apr. 2004.

- **[RFC4015]** R. Ludwig and A. Gurtov, "The Eifel Response Algorithm for TCP,"Internet RFC 4015, Feb. 2005.

- **[RFC5348]** S. Floyd, M. Handley, J. Padhye, and J. Widmer, "TCP Friendly Rate Control (TFRC): Protocol Specification," Internet RFC 5348, Sept. 2008.

- **[RFC5562]** A. Kuzmanovic, A. Mondal, S. Floyd, and K. Ramakrishnan, "Adding Explicit Congestion Notification (ECN) Capability to TCP's SYN/ACK Packets,"Internet RFC 5562 (experimental), June 2009.

- **[RFC5681]** M. Allman, V. Paxson, and E. Blanton, "TCP Congestion Control,"Internet RFC 5681, Sept. 2009.

- **[RFC5690]** S. Floyd, A. Arcia, D. Ros, and J. Iyengar, "Adding Acknowledgement Congestion Control to TCP," Internet RFC 5690 (informational), Feb. 2010.

- **[RFC6077]** D. Papadimitriou, ed., M. Welzl, M. Sharf, and B. Briscoe, "Open Research Issues in Internet Congestion Control," Internet RFC 6077 (informational), Feb. 2011.

- **[S09]** B. Sonkoly, Fairness and Stability Analysis of High Speed Transport Protocols, Ph.D. Thesis, Budapest University of Technology and Economics, 2009.

- **[SCWA99]** S. Savage, N. Cardwell, D. Wetherall, and T. Anderson, "TCP Congestion Control with a Misbehaving Receiver," ACM Computer Communication Review, Apr. 1999.

- **[SK02]** P. Sarolahti and A. Kuznetsov, "Congestion Control in Linux TCP," Proc. Usenix Freenix Track,

June 2002.

- **[TCPTRACE]** http://jarok.cs.ohiou.edu/software/tcptrace/index.html

- **[TSZS06]** K. Tan, J. Song, Q. Zhang, and M. Sridharan, "A Compound TCP Approach for High-Speed and Long-Distance Networks," Proc. INFOCOM, Apr. 2006.

- **[W08]** X. Wu, "A Simulation Study of Compound TCP," http://www.comp.nus. edu.sg/~wuxiucha/ research/reactive/publication/ctcp_study.pdf

- **[WJLH06]** D. Wei, C. Jin, S. Low, and S. Hegde, "FAST TCP: Motivation, Architecture, Algorithms, Performance," IEEE/ACM Trans. on Networking, Mar. 2006.

- **[WQOS]** http://technet.microsoft.com/en-us/network/bb530836.aspx

- **[WYSG05]** R. Wang, K. Yamada, M. Sanadidi, and M. Gerla, "TCP with Sender-Side Intelligence to Handle Dynamic, Large, Leaky Pipes," IEEE JSAC, 23(2), Feb. 2005.

- **[XHR04]** L. Xu, K. Harfoush, and I. Rhee, "Binary Increase Congestion Control for Fast Long-Distance Networks," Proc. INFOCOM, Mar. 2004.

# 17

---

# TCP 세션 유지

## 17.1 개요

TCP/IP를 처음 공부하는 사람들은 유휴 상태의 TCP 연결을 통해 전달되는 데이터가 없다는 것을 알고 놀라워한다. 즉, TCP 연결의 양쪽 종단의 프로세들이 상대방에게 데이터를 보내고 있지 않으면 두 TCP 종단점 간에는 아무것도 교환되지 않는다. 예를 들어 다른 네트워킹 프로토콜에서 볼 수 있는 폴링polling이 없다. 이것은 서버와 TCP 연결이 성립된 클라이언트 프로세스를 시작한 뒤, 몇 시간, 몇 일, 몇 주, 심지어 몇 달간 내버려 둬도 여전히 연결이 유지된다는 뜻이다. 이론상 중간 라우터는 고장나고 리부팅되고 데이터 회선이 다운 후 복구될 수 있지만, 적어도 연결 양쪽의 호스트가 재부팅되지(혹은 IP 주소가 변경되지) 않는 한 연결은 계속 성립된 채로 유지된다. 이것이 TCP/IP가 설계된 방식이다.

> **주의**
>
> 윗 단락의 설명은 클라이언트와 서버 애플리케이션의 어느 쪽도 비활성 상태를 탐지해 연결을 종료하기 위한 타이머를 갖고 있지 않다고 가정한 것이다. 또, 중간 라우터가 적절히 동작하기 위해 필수적인 연결 상태 정보를 유지하면서 비활성 상태나 시스템 고장 시에도 이정보를 삭제하지 않는다고 가정하고 있다. 이러한 가정들은 오늘날의 인터넷에서 대전제로서 간주된다.

어떤 상황에서는 클라이언트 혹은 서버가 상대방과의 연결 종료 혹은 손실을 인식하는 것이 낫다. 반면에 애플리케이션 간에 교환할 데이터가 아무것도 없더라도 최소한의 데이터가 흐르는 것이 바람직한 상황도 있다. TCP 킵얼라이브keepalive 메시지는 이 두 가지 상황 모두에서 유용하게 쓰일 수 있다. 이것은 TCP가 데이터 스트림의 내용에 영향을 미치지 않으면서 상대방을 조사할 수 있는 방법이다 킵얼라이브 타이머keepalive timer에 의해 구동되는데, 이 타이머가 만료되면 킵얼라이브 탐침keepalive probe(줄여서 그냥 킵얼라이브라고 도 부름)이 보내지고, 이 탐침 메시지를 받은 상대방은 ACK로 응답한다.

주의

TCP 킵얼라이브는 TCP 명세의 일부분이 아니다. 호스트 요구사항 RFC[RFC1122]는 그 이유를 TCP 킵얼라이브가 전혀 문제없는 연결을 일시적인 인터넷 장애가 일어났을 때 종료시킬 위험이 있고 (2) 불필요한 대역폭을 소비하며 (3) 패킷당 과금하는 경우에 비용이 청구될 수 있기 때문이라고 설명하고 있다. 하지만 그럼에도 대부분의 TCP 구현은 TCP 킵얼라이브 기능을 제공한다.

TCP 킵얼라이브는 논쟁의 여지가 있는 기능이다. 많은 사람들은 TCP에서 폴링은 필요 없으며, 필요하다면 애플리케이션이 하면 된다고 생각한다. 반면에 다수의 애플리케이션이 이 기능을 필요로 한다면 TCP 구현에 포함해서 애플리케이션이 이용하도록 하는 편이 낫다는 반론도 있다. 킵얼라이브는 선택적으로 활성화되는 기능으로서, 두 종단 간의 네트워크에 일시적인 장애가 발생했을 뿐인데도 멀쩡한 연결을 종료시킬 위험성도 있다. 예를 들어 중간 라우터가 다운돼 재부팅 중일 때 킵얼라이브 탐침 메시지가 보내지면 TCP는 클라이언트 호스트가 다운됐다고 잘못 생각한다.

킵얼라이브 기능은 원래 클라이언트 쪽의 자원을 관리하는 서버 애플리케이션이 클라이언트 호스트가 다운 또는 없어진 것을 알기 위한 기능으로 제공됐다. 다운된 클라이언트를 감지하는 데 TCP 킵얼라이브를 사용하는 것은 비대화식 클라이언트와 상대적으로 짧은 기간 동안 대화를 하는 서버에 가장 유용하다(예를 들어 웹 서버, POP와 IMAP 이메일 서버). 계속해서 오랫동안 대화하는 스타일의 서버(예를 들어 ssh 같은 원격 로그인, 윈도우 원격 데스크톱Windows Remote Desktop)는 이 기능을 사용하지 않는 편이 좋다.

오늘날 킵얼라이브 기능의 유용성을 보여주는 예는 개인 컴퓨터 사용자가 ssh 원격 로그인 프로그램을 사용해 NAT 라우터를 거쳐 원격 호스트에 로그인하는 경우다. 사용자가 연결을 성립시키고 작업을 마친 후 로그오프하지 않은 채 컴퓨터를 끄고 퇴근하면 절반 개방 연결half-open connection이 남아있을 것이다. 우리는 13장에서 절반 연결 개방을 통해 데이터를 보내면 재설정reset 세그먼트가 돌아오는 것을 보았지만, 이 세그먼트는 서버가 보낸 것이었다. 만일 서버 측에 절반 연결 개방이 남아있는 채로 클라이언트가 사라지고 서버는 클라이언트로부터 데이터가 오기를 기다린다면, 서버는 영원히 기다려야 할 것이다. 킵얼라이브 기능은 이처럼 서버 측에서 절반 개방 연결을 검출하기 위한 것이다.

다소 반대의 경우에도 킵얼라이브 기능이 유용하게 쓰일 수 있다. 사용자가 컴퓨터를 끄지 않고 퇴근해서(아마도 다음날 계속 사용하기 위해) 밤새 연결이 지속될 경우 연결은 몇 시간 동안 유휴 상태가 된다. 우리는 7장에서 대부분의 NAT 라우터들이 일정한 비활성화 기간 이후 연결 상태를 비우는 타임아웃 메커니즘을 갖고 있음을 보았다. NAT 타임아웃이 사용자가 로그인 세션으로 돌아오기까지의 시간보다 짧거나 종단 호스트가 활성화 상태인지 조사할 만큼 NAT가 똑똑하지 않거나 NAT에 장애가 발생해서 다운됐다면 연결은 종료돼 버릴 것이다. 이렇게 자주 발생하는 문제를 예방하기 위해서 킵얼라이브를 사용하도록 ssh를 설정할 수 있다. 또 ssh는 애플리케이션이 관리하는application-managed 킵얼라이브를 사용할 수도 있는데, 두 킵얼라이브는 다르게 동작하며 특히 보안 속성 부분이 다르다(17.3절 참조).

## 17.2 설명

TCP 연결의 어느 종단이든 각자의 연결 방향에 대해서 킵얼라이브를 요청할 수 있다. 킵얼라이브 기능은 기본적으로 꺼져 있으며, 한쪽 혹은 양쪽 모두에 설정될 수 있고 양쪽 모두에 설정되지 않을 수도 있다. 킵얼라이브의 동작을 제어하는 몇 개의 설정 가능한 매개변수가 있다. 일정 시간(킵얼라이브 시간keepalive time 이라고 함) 동안 TCP 연결 상에 아무 활동도 없으면, 킵얼라이브 기능이 켜져 있는 종단에서는 상대방에게 킵얼라이브 탐침을 보낸다. 응답이 돌아오지 않으면 몇 번에 걸쳐 반복해서 보내는데, 킵얼라이브 탐침을 보내는 간격은 킵얼라이브 간격keepalive interval 매개변수로 설정할 수 있다. 킵얼라이브 탐침keepalive probes 매개변수에 지정된 횟수만큼 보내도 응답을 받지 못하면 상대방 시스템이 다운된 것으로 간주되고 연결은 종료된다.

킵얼라이브 탐침은 지금까지 상대방에서 본 최대 ACK 번호보다 1만큼 작은 순서 번호를 갖는 비어 있는(또는 1바이트) 세그먼트다. 이 순서 번호는 이미 수신 측 TCP가 확인 응답을 했기 때문에, 이 세그먼트가 도착한다고 문제될 것은 없지만 연결이 여전히 동작 중인지 확인하기 위한 ACK를 유발한다. 탐침 메시지와 이에 대한 ACK 메시지 모두 새로운 데이터를 포함하지 않으며(즉 '쓰레기garbage' 데이터를 포함), 손실되더라도 TCP는 재전송을 수행하지 않는다. [RFC1122]는 그래서 1개의 킵얼라이브 탐침에 대한 응답이 없다고 해서 연결이 중단됐다는 충분한 근거로 간주해서는 안 된다고 설명하고 있다. 이것이 앞서 언급한 킵얼라이브 탐침 매개변수를 설정하는 이유다. 일부 (대체로 오래된) TCP 구현은 데이터의 '쓰레기' 바이트를 포함하지 않는 킵얼라이브에 응답하지 않는다는 점을 주의하자.

킵얼라이브를 사용하는 상대방을 다음 4개의 상태 중 하나로 간주한다.

1. 상대방 호스트는 여전히 동작 중이며 통신 가능하다. 상대방의 TCP는 정상적으로 응답하고, 요청자는 상대방이 아직 동작하고 있다는 것을 알게 된다. 나중을 위해 요청자의 TCP는 킵얼라이브 타이머를 재설정한다(keepalive time 값과 같게). 다음 타이머가 만료되기 전 연결 상에 애플리케이션 트래픽이 있으면 타이머가 keepalive time 값으로 재설정된다.

2. 상대방 호스트에 장애가 발생해 다운됐거나 혹은 재부팅 중에 있다, 어느 경우든 TCP는 응답하지 않는다. 요청자는 탐침에 대한 응답을 받지 못하며, keepalive interval에 지정된 시간 후에 타임아웃된다. 요청자는 keepalive interval 간격으로 keepalive probes 횟수만큼 탐침을 보낸다. 끝까지 응답을 받지 못하면 요청자는 상대방 호스트가 다운됐다고 판단하고 연결을 종료한다.

3. 클라이언트의 호스트는 장애가 발생해서 재부팅됐다. 이 경우 서버는 킵얼라이브 탐침에 대한 응답을 받지만, 그 응답은 재설정 세그먼트이며 따라서 요청자는 연결을 종료한다.

4. 상대방 호스트가 동작 중이지만 어떤 이유로 인해 요청자와 통신이 불가능하다(예를 들면 네트워크가 트래픽을 전달할 수 없는데 ICMP를 사용해 이 사실을 상대방에게 알리거나 알리지 못할 수 있다). 이것은 실질적으로 2번 경우와 동일하다. TCP는 양자를 구별할 수 없기 때문이다. TCP가 알 수 있는 것은 탐침에 대한 응답이 돌아오지 않았다는 것뿐이다.

요청자는 (장애가 아니라) 상대방 호스트가 정상 종료돼 재부팅되는 경우는 걱정할 필요가 없다. 시스템이 운영자에 의해 정상 종료될 때 모든 애플리케이션도 종료되고, 상대방

TCP는 FIN을 보낸다. FIN을 수신한 요청자의 TCP는 요청자의 프로세스에 EOF[End-Of-File]를 보고하므로 요청자는 상황을 파악하고 연결을 빠져나간다.

1번 상태에서 요청자의 애플리케이션은 킵얼라이브 탐침이 진행 중임을 알지 못한다(최초에 킵얼라이브 활성화를 위해 선택한 경우는 제외). 모든 것은 TCP 계층에서 처리되며, 2,3,4번 상태 중 하나가 정해질 때까지 애플리케이션에는 투명하다. 이 3가지 상태에서는 요청자의 TCP가 요청자의 애플리케이션으로 오류를 반환한다(일반적으로 요청자는 네트워크로부터 읽기 동작을 실행해서 상대방으로부터 데이터를 기다리고 있다. 킵얼라이브 기능이 반환하는 오류는 이 읽기 동작의 반환값으로서 요청자에게 반환된다). 시나리오 2의 오류는 '연결 시간 초과[Connection timed out]'와 비슷하며 시나리오 3에서는 '상대방에 의한 연결 재설정[Connection reset by peer]'을 예상할 수 있다. 시나리오 4는 연결 시간처럼 보일 수도 있고 또 다른 오류의 반환을 유발할 수도 있는데, 연결과 관련된 ICMP 오류가 수신되는지, 그리고 어떻게 처리되느냐에 따라 달라진다(8장 참조). 다음 절에서 이 4개의 시나리오를 모두 살펴볼 것이다.

keepalive time, keepalive interval, keepalive probes 변수들의 값은 일반적으로 변경 가능하다. 각 연결마다 이 변수값들을 변경할 수 있는 시스템도 있고, 시스템 전체에 걸쳐서만 변경을 허용하는 시스템도 있다(혹은 둘 다 가능한 시스템도 있다). 리눅스에서는 sysctl 변수들인 net.ipv4.tcp_keepalive_time, net.ipv4.tcp_keepalive_intvl, net.ipv4.tcp_ keepalive_probes을 통해서 변경 가능하며, 기본값은 각각 7200(초, 즉 2시간), 75(초), 9(탐침 수)다.

FreeBSD와 맥 OS X에서도 처음 2개의 값은 sysctl 변수인 net.inet.tcp.keepidle과 net.inet.tcp.keepintvl을 통해서 변경 가능하며 기본값은 7,200,000(밀리초, 즉 2시간)과 75,000(밀리초, 즉 75초)이다. 또 net.inet.tcp. always_keepalive라는 불리언[boolean] 변수를 사용하는데, 이 값이 활성화되면 설령 애플리케이션이 요청하지 않았더라도 모든 TCP 연결에서 킵얼라이브 기능이 켜진다. 그리고 FreeBSD와 맥 OS X 시스템에서 탐침의 수는 고정된다. 기본값은 8(FreeBSD) 또는 9(맥 OS X)다.

윈도우 운영체제에서는 아래의 시스템 키에 있는 레지스트리 항목을 통해서 변경 가능하다.

HKLM\SYSTEM\CurrentControlSet\Services\Tcpip\Parameters

변수 KeepAliveTime의 기본값은 7,200,000ms(2시간), KeepAliveInterval의 기본값은

1000ms(1s)이다. 10개의 킵얼라이브 탐침에 대한 응답이 없다면 윈도우는 연결을 종료한다.

[RFC1122]가 킵얼라이브의 사용에 몇 가지 제한을 두고 있음에 주의하자. 특히 keepalive time은 설정 가능해야만 하며, 2시간 이하로 설정해서는 안 된다. 또한 애플리케이션이 요구하지 않았다면 킵얼라이브는 활성화되면 안 된다(다만 net.inet.tcp.always_keepalive 변수가 설정되면 그렇지 않다). 리눅스는 킵얼라이브를 요청하지 않은 애플리케이션에 킵얼라이브를 추가하는 기능을 자체적으로는 제공하지 않지만, 특별한 라이브러리를 사전에 읽어서(즉, 통상적인 공유 라이브러리보다 먼저 읽어서) 이런 효과를 얻을 수 있다 [LKA].

## 17.2.1 킵얼라이브 예제

이제 상태 2, 3, 4에서 킵얼라이브 메커니즘을 이용한 패킷의 교환에 대해 살펴보자. 상태 1에서의 동작은 다른 상태를 보는 과정에서 설명될 것이다.

### 17.2.1.1 상대편 종단이 고장 난 경우

서버 호스트가 다운되고 재부팅되지 않을 때 어떻게 되는지 살펴보자. 이것을 시뮬레이션하기 위해 아래 단계를 따르자.

1. 윈도우 클라이언트에서 regedit 프로그램을 사용해 레지스트리 키를 수정하고 KeepAlive Time을 7000ms(7s)로 설정한다. 새로운 값이 적용되려면 재부팅이 필요할 수도 있다.

2. TCP 킵얼라이브를 활성화하는 옵션을 사용해 윈도우 클라이언트와 리눅스 서버 간의 ssh 연결을 수립한다.

3. 데이터가 연결을 통해 이상 없이 전달되는 가를 확인한다.

4. 클라이언트의 TCP가 7초마다 킵얼라이브 패킷을 보내는지 관찰하고, 서버의 TCP가 확인 응답을 보내는지 확인한다.

5. 서버로부터 이더넷 케이블의 연결을 끊고, 예제가 끝날 때까지 그대로 둔다. 그러면 클라이언트는 서버 호스트가 다운됐다고 판단한다.

6. 클라이언트가 연결이 끊겼다고 선언할 때까지 10개의 킵얼라이브 탐침을 1초마다 보낼 것

이라고 예상할 수 있다.

다음은 클라이언트에서의 대화식 출력이다.

```
C:\> ssh -o TCPKeepAlive=yes 10.0.1.1
(패스워드 프롬프트가 나타나고 로그인이 계속된다)
Write failed: Connection reset by peer (연결 해제 후 약 15초)
```

그림 17-1은 와이어샤크를 사용한 결과를 보여준다. 이 예제에서는 서버와 클라이언트는 이미 연결돼 있다. 와이어샤크의 출력은 아직 킵얼라이브라고 식별되지 않은 킵얼라이브(패킷 1)로 시작한다. 이 시점에서, 와이어샤크는 패킷 1의 순서 번호가 수신기의 윈도우 왼쪽 끝보다 낮으므로 킵얼라이브라는 것을 알 수 있을 만큼 충분한 패킷을 처리하지 못했다. 패킷 2에 포함된 순서 번호 덕분에 와이어샤크는 후속 패킷들 내의 순서 번호를 적절하게 처리할 수 있다.

이 연결의 대부분은 킵얼라이브와 이에 대응하는 ACK들로 이뤄져있다. 패킷 1, 3, 5, 7, 14, 16, 18, 20, 22 – 31은 모두 킵얼라이브다. 패킷 2, 4, 6, 8, 15, 17, 19, 21은 이에 대응하는 ACK다. 킵얼라이브는 확인 응답되면 7초마다 주기적으로 보내진다. 킵얼라이브에 대한 ACK가 반환되지 않으면, 발신자는 keepAliveInterval의 기본값을 따라서 킵얼라이브 전송 간격을 1초로 전환한다. 이것은 시간 62.120의 패킷 23부터 시작한다. 발신자는 총 10개의 확인 응답되지 않은 킵얼라이브(패킷 22~31)를 생성한다. 그 뒤 연결을 종료하고, 이로 인해 최종 재설정 세그먼트(패킷 32)가 생성되지만, 연결이 끊긴 수신자가 이 세그먼트를 수신하는 일은 없다. 연결이 종료될 때 사용자는 아래의 출력을 보게 된다.

**그림 17-1** 연결이 유휴 상태가 된 뒤 7초마다 TCP 킵얼라이브가 생성된다. 킵얼라이브는 상대방이 확인 응답한 순서 번호 이하의 윈도우를 포함한다. 1분 뒤의 케이블 연결 해제로 인해서 후속 킵얼라이브들이 확인 응답되지 않는다. 클라이언트는 10번 시도한 후 포기하고 연결을 종료한다. 연결을 종료했다는 것은 마지막 재설정 세그먼트로 서버에 통보된다(서버는 이 세그먼트를 수신할 수 없다). 또 서버가 DSACK을 사용하고 있으며, 클라이언트가 유사 재전송을 일으킨 것도 알 수 있다.

```
Write failed: Connection reset by peer
```

이것은 연결이 종료됐음을 분명히 나타내고 있지만 완전히 정확한 표현은 아니다. 실제로 연결을 종료한 것은 발신자이기 때문이다. 다만 발신자는 수신자로부터 응답이 없기 때문에 연결을 종료한 것이다.

킵얼라이브 세그먼트를 사용하는 것 외에도, 이 연결은 다른 흥미로운 특징들을 갖고 있다. 먼저, 서버는 DSACK(14장 참조)를 사용하고 있다. 각 ACK는 이전에 수신된 윈도우 내부 세그먼트의 순서 번호 범위를 포함한다. 또, 시간 26.09에서 적은 양의 데이터가 교환되고 있는데, 이 데이터는 한 번의 키눌림을 나타낸다. 이 키눌림은 서버로 보내지고, 서버에 의해 확인 응답된 후, 다시 에코echo된다. 이 데이터는 암호화돼 있으므로, 이 데이터를 포함하는 패킷의 사용자 데이터 크기로 48바이트가 된다(18장 참조).

흥미롭게도 에코되는 문자는 2번 보내진다. 에코되는 문자를 포함하는 패킷 11이 즉시 확인 응답되지 않음을 볼 수 있는데, 앞서 14장에서 리눅스의 RTO는 최소 200ms라고 배웠던 점을 상기하자. 여기서 우리는 리눅스 서버가 에코되는 문자를 200ms 후에 재전송하는 것을 볼 수 있으며, 이때는 클라이언트는 즉각적으로 응답한다. 이 테스트는 혼잡하지 않은 LAN에서 수행됐기 때문에 세그먼트 11이 손실됐을 가능성은 거의 없다. 그보다는 클라이언트가 확인 응답을 지연시켜서 리눅스가 유사 재전송을 한 것으로 보인다. 이것은 앞서 우리가 15장에서 네이글<sup>Nagle</sup> 알고리즘과 지연 ACK 사이의 바람직하지 않은 상호작용을 배울 때 봤던 것과 유사한 위험성이다. 이번 예제의 경우 이로 인해 약 200ms의 불필요한 지연이 초래됐다.

## 17.2.1.2 상대방 종단이 고장으로 재부팅된 경우

이번 예제에서는 상대방에 장애가 발생해서 재부팅되면 어떻게 되는지 알아보자. 최초 시나리오는 앞서의 예제와 같지만, 이번에는 KeepAliveTime이 120000ms(2분)로 설정돼 있다. 연결이 성립된 후, 킵얼라이브 메시지가 보내져서 확인 응답을 받기까지 2분 이상 기다리자. 그다음 서버를 네트워크에서 분리하고 재부팅한 후 다시 연결한다. 서버는 이제 이 연결에 대해서 아무것도 모르므로, 그다음 킵얼라이브 탐침으로 인해 서버에서 재설정 세그먼트가 생성될 것이라고 예상할 수 있다. 그림 17-2는 와이어샤크에 표시된 추적 정보다.

이번 예제에서 연결은 이미 수립됐으며 0.00초와 3.46초에 소량의 데이터가 교환된다. 그리고 나서 연결은 유휴 상태가 된다. 2분(keepalive time)이 경과한 후, 클라이언트는 첫 번째 킵얼라이브 탐침을 보내는데 이것은 수신자의 윈도우 왼쪽 끝보다 낮은 '가비지' 바이트를 포함한다. 이것은 확인 응답되고, 서버는 연결이 끊기고 재부팅한 후 다시 연결된다. 120초 후인 시간 243.47에 클라이언트는 두 번째 킵얼라이브 탐침을 보낸다. 이것은 서버에 도달하지만 서버는 이제는 연결에 대한 정보를 갖고 있지 않으므로 재설정 세그먼트(패킷 18)로 응답한다. 그러면 클라이언트는 이렇게 하면 연결이 더 이상 살아있지 않음을 알게 되고, 사용자는 앞서 본 것처럼 '상대방에 의한 연결 재설정' 오류 메시지를 보게 된다.

**그림 17-2** 서버는 클라이언트가 킵얼라이브들을 보내는 사이에 재부팅됐다. 서버는 연결에 대한 정보를 갖고 있지 않으므로 재설정 세그먼트로 응답한다.

## 17.2.1.3 상대방 종단과 통신 불가능한 경우

이번 예제는 서버에 장애가 발생하지 않았지만 킵얼라이브 탐침이 전송되는 간격 내에서 통신 불가능하게 된 경우다. 중간 라우터에 장애가 발생했거나 전화 회선이 고장났다는 등의 이유일 것이다. 웹서버에 연결을 만들기 위해서 킵얼라이브 옵션을 설정해서 sock 프로그램을 사용하자. 맥 OS X의 클라이언트와 ldap.mit.edu에서 실행되는 LDAP 서버(포트 389)를 사용할 것이다. 클라이언트의 keepalive time을 줄이고(편의상) 연결을 연 후에 네트워크 연결을 끊어서 그 결과를 확인하자. 클라이언트에서의 명령 라인과 출력은 아래와 같다.

```
Mac# sysctl -w net.inet.tcp.keepidle=75000
Mac% sock -K ldap.mit.edu 389
recv error: Operation timed out        (약 14분 후에)
```

와이어샤크가 보여주는 추적 정보는 그림 17-3과 같다.

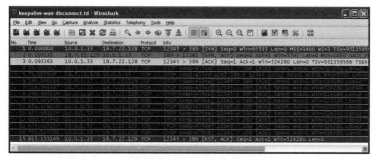

**그림 17-3** 첫 번째 킵얼라이브 탐침이 확인 응답된 뒤 WAN 연결이 끊어졌다. 그리고 75초마다 탐침이 보내진다. 9개의 킵얼라이브가 응답을 받지 못한 뒤, 연결은 종료되고 클라이언트는 상대방에 재설정을 보낸다. 클라이언트에게 이 상황은 (그림 17-1과 같이) 서버가 다운된 경우와 매우 비슷하다.

이 그림에서 우리는 연결 전체를 볼 수 있다. 처음에 3-방향 핸드셰이크가 있은 뒤 연결은 유휴 상태로 있고 킵얼라이브가 보내져 시간 약 75초에 확인 응답된다(패킷 4). 이 첫 번째 킵얼라이브는 net.inet.tcp.keepidle 변수의 값으로 인한 것이다. 조금 뒤에 네트워크 연결이 끊어진다. 연결의 어느 쪽도 데이터를 생성하지 않으므로 시간 150(75초 후, net.inet.tcp.keepintvl 변수의 값)에 클라이언트는 킵얼라이브를 다시 보낸다. 이러한 패턴은 패킷 7-14에서 반복되며, 이때 서버가 가동 중임에도 불구하고 ACK는 존재하지 않는다. 클라이언트는 9번째의 킵얼라이브도 확인 응답을 받지 못하자 75초 후 마침내 포기한다. 재설정 세그먼트(패킷 15)에 의해 연결 종료 의사가 서버로 보내진다. 물론 네트워크가 동작 중이지 않으므로 서버는 이 패킷을 수신할 수 없다.

킵얼라이브를 사용하는 클라이언트 TCP는 상대방과 네트워크를 통해 통신할 수 없을 때 이번 예제에서 알 수 있듯이 몇 차례 재시도를 한 뒤에 비로소 포기한다. 이것은 다른 쪽 종단이 다운됐을 때와 기본적으로 동일한 동작이다. 대부분의 경우 발신측 TCP는 차이를 구별할 수 없다. 네트워크 문제로 인해 목적지와 통신할 수 없음을 ICMP가 알려줄 때처럼 예외적인 경우도 있지만, 이런 경우는 흔하지 않은데 ICMP는 차단될 때가 많기 때문이다. 따라서 TCP 킵얼라이브와 같은 메커니즘(또는 애플리케이션이 구현한 유사 메커니즘)은 연결이 끊긴 기간을 탐지하는 데 사용된다.

## 17.3 TCP 킵얼라이브와 관련된 공격

앞서 언급했듯이 ssh(버전2)는 서버 얼라이브 메시지server alive messages와 클라이언트 얼라이브 메시지client alive message라는 애플리케이션 수준의 킵얼라이브 기능을 갖고 있다. 이 기능들은 TCP 킵얼라이브와는 다른데, 애플리케이션 계층에서 암호화된 채널을 통해 데이터를 전송하기 때문이다. TCP 킵얼라이브는 사용자 수준의 데이터를 포함하지 않으므로 암호화가 사용되지 않으며 따라서 스푸핑 공격에 노출될 수 있다. TCP 킵얼라이브 패킷이 스푸핑되면 공격 대상은 정상 상황보다 더 오래 자원을 붙잡고 있게 된다.

이것은 그리 큰 문제는 아니지만, TCP 킵얼라이브는 데이터를 포함하는 세그먼트 재전송에 사용되며 동적으로 값이 조절되는 재전송 타이머가 아니라 사전에 값이 정해진 매개변수에 기반하는 타이머에 의해서 구동한다. 따라서 관찰자는 유지 패킷과 그 전송 간격을 관찰함으로써 설정 매개변수 값을 알아내거나(전송 시스템의 유형을 식별할 수도 있다. 이를 핑거프린팅fingerprinting이라고 부른다) 혹은 네트워크 토폴로지에 관한 정보를 알아낼 수 있다. 일부 환경에서는 이것이 큰 문제가 될 수 있다.

## 17.4 정리

앞서도 말했듯이 TCP 킵얼라이브 기능은 논쟁의 대상이 돼 왔다. 프로토콜 전문가들은 이 기능이 전송 계층에 속해야 하는지 아니면 애플리케이션이 전적으로 통제해야 하는지를 놓고 논쟁을 계속하고 있다. 현재의 인기 있는 TCP 구현들은 TCP 킵얼라이브 기능을 포함하고 있으며, 애플리케이션은 선택적으로 이 기능을 사용해서 TCP 연결을 오고가는 트래픽의 '심장 고동'을 확립할 수 있다. 이를 통해서 서버는 응답이 없는 클라이언트를 탐지할 수 있고, 클라이언트는 애플리케이션 계층 데이터가 흐르지 않는 상황에서도 (예를 들면 NAT 상태 활성화를 유지하기 위해서) 연결을 활성화된 상태로 유지할 수 있다.

TCP 킵얼라이브는 어느 정도 긴 시간 동안(주로 2시간) 연결 내에 흐르는 데이터가 없을 때, 탐침 패킷(일반적으로 쓰레기garbage 바이트를 포함한다. 다만 길이가 0인 탐침 패킷도 가능하다)을 보내는 방법으로 동작한다. 이때 4가지 시나리오가 가능하다. 상대편이 여전히 동작 중이거나, 상대편이 다운되거나, 상대편이 다운돼서 재부팅됐거나, 상대편과 통신 불가능한 경우다. 이번 장에서는 예제를 통해서 이 시나리오들을 하나씩 살펴봤다.

처음 2개의 예제에서는 TCP 킵얼라이브 패킷이 사용되지 않고 애플리케이션 수준의 타이머도 없다면 TCP는 상대편이 다운됐음을(혹은 다운된 뒤 재부팅됐음을) 결코 알 수 없다. 하지만 마지막 예제에서는 상대편은 아무 문제가 없고 연결만 일시적으로 다운된 상태였다. 우리는 TCP 킵얼라이브 기능의 이러한 한계를 알고 있어야 하며, 이러한 동작이 바람직한지 여부를 고려해야 한다.

TCP 킵얼라이브 기능에 대한 공격에는 시스템이 정상보다 더 오래 자원 할당을 유지하도록 유도하는 것과 (비록 공격자에게 별 쓸모가 없더라도) 종단 시스템에 관한 숨겨진 정보를 공격자가 학습하는 것이 있다. 또 TCP는 기본적으로 암호화를 사용하지 않기 때문에 킵얼라이브 패킷과 이에 대한 ACK 패킷은 스푸핑될 수 있다. 반면에 애플리케이션 수준의 킵얼라이브 기능은 암호화를 사용하므로(예를 들면 ssh) 스푸핑에 더 안전하다.

## 17.5 참고 자료

- **[LKA]** http://libkeepalive.sourceforge.net

- **[RFC1122]** R. Braden, ed., "Requirements for Internet Hosts," Internet RFC 1122, Oct. 1989.

# 18

## 보안: EAP, IPSec, TLS, DNSSEC, DKIM

## 18.1 개요

18장에서는 TCP/IP와 함께 사용되는 몇 가지 형태의 보안 기능에 대해 알아본다. 보안은 매우 광범위하며 흥미로운 주제이지만 종합적으로 다루는 것은 이 책의 범위를 벗어난다. 따라서 인터넷에서의 다양한 유형의 보안 위협에 대해 설명하고, IP, TCP, 이메일과 DNS 애플리케이션 프로토콜과 같이 다양한 프로토콜에 적용되는 몇 가지 보안 메커니즘에 대해 구체적으로 설명한다.

비록 공식적인 구분법은 아니지만, 구현의 문제점을 공격 목표로 삼는 보안 위협은 원래 의도와는 다른 코드를 실행하도록 프로세스를 유도하는 공격, 사용자가 잘못된 행위를 하는 프로그램을 실행하도록 유도하는 공격, 규정에는 맞지만 허가받지 않은 방법으로 네트워크 프로토콜을 사용하는 공격으로 나눌 수 있다. 이전의 여러 장들에서 우리는 이미 이런 공격들의 몇 가지 형태를 살펴본 적이 있다. 예를 들어 초창기의 웜(스스로 전파되는 소프트웨어) 중에는 버퍼 오버플로우를 이용해서 서버 프로세스의 메모리를 덮어씀으로써 클라이언트 프로그램이 서버에 어떤 소프트웨어를 삽입해서 그 코드를 서버가 실행하도록 만드는 것이 있었다. 당연히 이러한 코드는 단순한 자기 전파보다 악의적인 행위를 수행하곤 했다.

다양한 유형의 공격들과 기술들은 융합될 수 있으며, 인터넷상의 정보의 가치가 올라가면서 복잡한 소프트웨어와 보안 분석 도구들이 개발됐다. 도구와 기술에 대한 자세한 설명은 [MSK09]을 포함해서 수많은 문서에서 읽을 수 있다. 기본적으로 사용자 또는 사용자의 의도에 상관없이 실행되는 모든 소프트웨어를 멀웨어malware(malicious software의 약어)라 부르며 멀웨어의 효과를 내기 위해서, 또 그 효과를 줄이기 위해서 모든 산업들이 발전했다. 멀웨어는 이메일 메시지와 첨부 파일에 포함돼 전달될 수도 있고(예를 들면 스팸 메일), 웹사이트 방문 시에 선택될 수도 있으며(드라이브 바이drive-by 공격), 이동식 USB 드라이브와 같은 이동식 매체를 사용할 때 감염될 수도 있다.

인터넷에서 대량의 컴퓨터들(봇넷botnet)의 제어권을 얻는 데 사용되는 멀웨어도 있다. 봇넷을 제어하는 개인 또는 조직을 봇허더bot herder라고 부르며 스팸 발송, 다른 컴퓨터 감염, 감염시킨 시스템에서 정보 유출(예를 들면 신용카드나 은행계좌 정보, 로그인 키입력 등), 대규모 인터넷 트래픽을 보내서 DoS 공격 시작하기 등 다양한 목적으로 대규모로 사용될 수 있다. 봇넷은 일반적으로 임대 기반으로 서비스로서 제공될 수 있다. 봇 허더를 고용한 고객은 하나 이상의 악의적 작업을 수행할 수 있다. 가장 일반적인 것은 특정 웹사이트를 방문하거나 특정 제품을 구매하도록 유도하는 이메일을 생성하는 것이다(피싱phishing이라고 함). 이런 식으로 공격 대상이 특정된 경우 이를 스피어 피싱spear phishing이라고 한다.

이번 장의 목적은 인터넷상의 보안 통신 프로토콜들이 어떻게 동작하는지 이해하는 것이다. 아이러니하게도 많은 웜이나 바이러스들이 보안 통신 프로토콜을 구현하고 있다. 이번 장에서는 IP, TCP, 이메일, DNS 등 우리가 이미 배웠던 프로토콜에 보안성 향상을 위해서 어떤 보안 확장 기능들이(가끔은 별도의 프로토콜 형태로) 추가됐는지 살펴볼 것이다. 특정 기술이 우리가 원하는 수준의 보호 기능을 제공하고 있는지 이해하기 위해서는 통신 프로토콜에서 '보안성'의 의미를 정확히 정의할 필요가 있다. 따라서 정보 보호 분야에서 바람직하다고 간주되는 정보 보호의 특성들을 학습하는 것부터 시작하자.

## 18.2 정보 보안의 기본 원리

다음은 컴퓨터 네트워크든 아니든 정보 보안의 관점에서 바람직한 정보의 세 가지 주요 속성이다. 기밀성, 무결성, 가용성(CIA 삼각형triad)[L01]의 요약은 다음과 같다.

- **기밀성**은 정보가 오직 그 대상 사용자(처리 시스템을 포함)만이 알 수 있게 하는 것이다.
- **무결성**은 정보가 전달되기 전에 무단으로 변경되지 않는 것을 의미한다.
- **가용성**은 필요할 때 정보를 사용할 수 있어야 한다는 것을 의미한다.

이들은 정보의 핵심 속성이지만 이 밖에도 인증, 부인 방지, 감사 가능성auditability도 있다. 인증은 식별된 특정 당사자 또는 주체principal가 다른 주체를 가장할 수 없음을 의미한다. 부인 방지는 주체가 어떤 행위(예를 들어 계약의 조건에 동의)를 하면 나중에 이 사실이 증명될 수 있음(즉 계약에 대해 부정할 수 없다)을 의미한다. 감사 가능성은 정보가 어떻게 사용됐는지 설명하는 신뢰성 있는 로그log가 있음을 의미한다. 이러한 로그는 포렌식(예를 들면 법원이나 검찰에서) 목적으로 중요할 때가 많다.

이러한 원칙은 공유, 저장, 전달 등을 제어하기 위해 금고, 보안 시설, 경비 등의 메커니즘이 오랜 기간 활용돼 온 물리적(예를 들면 인쇄지) 형태에도 적용 가능하다. 안전하지 않은 환경을 통해 정보가 이동될 때는 추가적인 보안 기법들이 요구된다. 그 이유를 알기 위해서 보안성이 없는 통신 채널을 통해서 정보가 전달될 때 어떤 종류의 위협에 노출되는지 알아보자.

# 18.3 네트워크 통신에서의 위협

네트워크 프로토콜의 설계와 운영을 고려할 때, 인터넷처럼 통제되지 않는 네트워크에서는 광범위한 공격이 일어날 수 있기 때문에 정보의 무결성, 가용성, 기밀성을 보장하는 것은 상당히 어려운 일이다. 공격은 일반적으로 수동적 공격과 능동적 공격으로 분류될 수 있다[VK83]. 어떤 범주에 속하는지 식별하는 것은 공격 범주별로 적합한 기술이 서로 다르기 때문에 필요하다. 수동적 공격은 네트워크 트래픽의 내용을 모니터링하거나 수신하는 것으로서 적절히 처리되지 않으면 정보의 무단 공개로 이어질 수 있다(기밀성 손실). 능동적 공격은 정보의 수정(무결성 손실 가능) 또는 서비스 거부(가용성 손실)를 유발할 수 있다. 공격을 수행하는 자를 침입자intruder 또는 적이라고 부르며 그림 18-1의 시나리오를 사용해서 나타낼 수 있다.

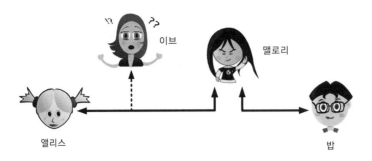

**그림 18-1** 통신의 주체인 앨리스와 밥은 안전한 통신을 시도하지만 이브는 도청을 할 수 있으며, 맬로리는 전송 중인 메시지를 수정할 수 있다.

이 그림은 앨리스와 밥이라는 2명의 주체가 통신을 시도 중인 모습을 묘사하고 있다. 하지만 2명의 공격자 이브와 말로리가 있다. 이브(도청자)는 앨리스와 밥 사이에 교환되는 트래픽을 모니터링만 할 수 있으며 따라서 수동 공격만 가능하다. 멜로리(악의적 공격자)는 앨리스와 밥 사이의 트래픽을 저장, 수정, 재현할 수 있으므로 능동 공격과 수동 공격을 모두 할 수 있다. 표 18-1은 앨리스와 밥이 마주칠 수 있는 수동 공격과 능동 공격들을 요약한 것이다.

**표 18-1** 통신 채널에 대한 공격은 크게 능동 공격과 수동 공격으로 분류된다. 일반적으로 수동적 공격은 검출이 어려우며 능동적 공격은 예방이 어렵다.

| 수동적 | | 능동적 | |
| --- | --- | --- | --- |
| 유형 | 위협 | 유형 | 위협 |
| 도청 | 기밀성 | 메시지 스트림 수정 | 인증, 무결성 |
| 트래픽 분석 | 기밀성 | 서비스 거부(DoS) | 가용성 |
| | | 유사 연관 | 인증 |

공격자의 관점에서 표 18-1은 이브가 사용할 수 있는 수동 공격과 맬로리가 사용할 수 있는 능동(및 수동) 공격에 대한 빠른 요약을 제공한다. 이브는 앨리스와 밥 사이에 전달되는 트래픽에 대해 도청(capture 또는 sniff라고도 함)과 트래픽 분석을 수행할 수 있다. 앨리스나 밥이 모르게 중요한 데이터를 이브에게 제공할 수 있기 때문에 트래픽을 캡처하면 기밀성이 손상될 수 있다. 또한 트래픽 분석은 트래픽의 크기, 전송 시기 등 트래픽의 특

징을 결정할 수 있으며 통신의 당사자를 식별할 수 있다. 이 정보는 정확한 통신 내용은 밝히지 않지만 민감한 정보의 공개로 이어질 수 있으며 향후 더 강력한 공격력을 갖추는 데 사용될 수 있다.

수동 공격은 앨리스나 밥이 탐지하는 것이 본질적으로 불가능한 반면, 맬로리는 더 쉽게 발각되는 능동 공격을 수행할 수 있다. 능동 공격에는 메시지 스트림 수정$^{MSM}$, 서비스 거부$^{DoS}$, 유사 연관 공격 등이 있다. MSM 공격(중간자$^{MITM, man-in-the-middle}$ 공격을 포함)은 넓은 범주의 개념으로서 삭제, 재정렬, 내용 수정 등 전송 중에 트래픽이 어떤 식으로든 수정되는 것을 의미한다. DoS는 앨리스, 밥, 또는 둘 간의 통신 채널을 위협하기 위한 트래픽 제거 또는 대량의 트래픽을 생성을 포함한다. 유사 연관$^{spurious association}$은 위장$^{masquerading}$(맬로리가 밥 또는 앨리스인 척함)과 재현$^{replay}$을 포함하는데, 재현은 앨리스와 밥의 통신 내역이 나중에 맬로리의 메모리에서 재생되는 것을 의미한다.

방금 설명한 수동 및 능동 공격을 방지하기 위해 주로 두 가지 방법을 사용할 수 있다. 하나는 물리적 보안을 통해서 신뢰할 수 있는 당사자만이 앨리스와 밥을 연결하는 통신 인프라에 접근할 수 있도록 하는 것이다. 이 방식은 제한된 환경에서 사용되지만, 지리적으로 멀리 떨어진 지역에 걸쳐 있는 네트워크에서는 실질적으로 실용성이 거의 없다. 통신 채널이 무선일 경우에는 물리적인 방법만으로 보안을 유지하는 것은 불가능하다. 이러한 점을 고려하면 이브와 맬로리와 같은 적들이 좌절하도록 정보를 안전하지 않은 통신 채널을 통해 보낼 수 있는 메커니즘이 필요하다. 이 메커니즘이 바로 암호화다. 효과적이고 세심하게 암호화를 사용하면 수동 공격은 무효화되고 능동 공격은 탐지 가능해진다(그리고 어느 정도 예방도 할 수 있다).

## 18.4 기초적인 암호화와 보안 메커니즘

암호화는 안전하지 않은 통신 채널을 통해 전달되는 정보의 기밀성, 무결성, 진정성을 보호하기 위해 개발됐다. 이러한 특징은 군사 명령, 첩보, 매우 위험하거나 귀중한 재료의 제작법 등과 같은 기밀 정보의 보호에 매우 중요하다. 원시적인 형태의 암호화 사용은 기원전 3500년까지 올라간다. 초기의 암호화 시스템은 일반적인 코드였다. 코드는 단어, 구절, 문장을 코드북$^{codebook}$에 수록된 문자 또는 숫자들로 치환하는 방식으로 사용됐다. 코드북은 통신 비밀을 유지하기 위해 기밀로 관리돼야 했으며, 코드북 배포는 극도의 신중을 요구했다.

더 발전된 시스템은 치환과 재배열이 모두 사용되는 암호cipher를 사용했다. 일부 코드는 중세 시대에 사용됐으며, 1800년대 후반에 외교 및 군사 통신을 위해 대규모 코드와 암호 시스템이 사용됐다. 20세기 초반 암호학이 확립됐지만 2차 세계대전까지 큰 도약을 이루지는 못했다. 2차 세계대전 중 독일군의 에니그마ENIGMA와 로렌츠Lorenz 와 같은 전자 기계식 암호화 기계는 연합군의 암호 분석가(코드 해독가)들에게 커다란 과제를 안겨줬다. 최초의 디지털 컴퓨터 중 하나인 콜로서스Colossus는 영국이 로렌츠 암호화 메시지를 해독하기 위해 개발을 추진했으며, 실제로 동작하는 콜로서스 마크Colossus Mark 2 기계는 14년간의 노력 끝에 영국[TNMOC] 블레처리Bletchley 공원의 국립 컴퓨팅 박물관에 근무하는 토니 세일Tony Sale에 의해 2007년에 만들어졌다.

## 18.4.1 암호체계

암호화의 역사적 기반은 주로 기밀성 보존에 있지만 무결성 및 인증과 같은 특성들 또한 암호학 및 관련 수학 기법을 사용해 얻을 수 있다. 그림 18-2는 기본적인 이해를 돕기 위해 암호 알고리즘 중 가장 중요한 두 종류의 암호화 방법인 대칭 키와 공개(비대칭) 키 암호화를 보여준다.

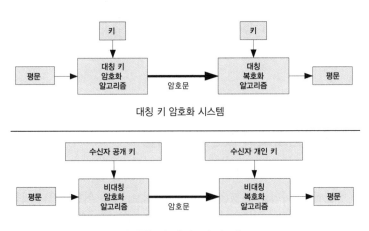

**그림 18-2** 암호화되지 않은(평문) 메시지로 암호화 메시지가 암호화 알고리즘을 거쳐서 암호화 메시지가 생성된다. 대칭 키 암호화는 암호화와 복호화에 같은(비밀)키를 사용한다. 비대칭 또는 공개 키 암호화는 발신자는 수신자의 공개 키를 이용해 암호화하며 수신자는 자신의 개인(비밀)키를 이용해 복호화한다.

이 그림은 고수준에서 대칭 및 비대칭 키 암호화의 동작을 보여준다. 평문이 암호화 알고리즘에 의해 처리돼 암호문ciphertext, 스크램블 텍스트이 생성된다. 키key는 암호화 알고리즘 또는 암호 구동에 사용되는 특정한 비트 순서열이다. 키가 다르면 입력이 같아도 출력이 달라진다. 알고리즘과 이를 지원하는 프로토콜과 운영 방법의 조합을 암호 체계cryptosystem라고 부른다. 대칭 암호 체계에서는 암호화와 복호화 키가 일반적으로 동일하며, 암호화와 복호화 알고리즘 역시 그렇다. 반면에 비대칭 암호 체계에서는 각 주체에는 일반적으로 1개의 공개 키와 1개의 개인 키로 구성된 한 쌍의 키가 제공된다. 공개 키는 키 쌍의 소유자에게 메시지를 보내고자 하는 모든 당사자에게 공개된다. 공개 키와 개인 키는 수학적으로 관련돼 있으며, 키 생성 알고리즘의 실행 결과로 얻어진다. 비대칭 키 암호 시스템의 큰 장점은 통신을 원하는 모든 당사자에게 비밀 키가 안전하게 배포될 필요가 없다는 것이다.

대칭 키(대칭 암호 체계의 경우)나 공개 키(공개 키 암호 체계의 경우)를 알지 못하면 암호문을 가로챈 제3자가 평문을 생성하는 것은 사실상 불가능하다. 이것이 기밀성의 기초를 제공한다. 대칭 키 암호 체계의 경우, 키를 갖고 있는 당사자만이 유용한 암호문을 만들 수 있기 때문에 어느 정도의 인증도 제공한다. 수신자는 암호문을 해독하고, 그 결과 얻어진 평문에서 사전 합의된 특정 값을 찾을 수 있으면 발신자가 적절한 키를 보유하고 있으며 따라서 진짜가 맞다고 결론을 내릴 수 있다. 또한 대부분의 암호화 알고리즘은 메시지가 전송 중에 수정되면 암호를 복호화할 때 유용한 평문이 생성될 수 없도록 동작한다. 따라서 대칭 암호 체계는 메시지에 대한 인증과 무결성 보호를 어느 정도 제공하지만 이것만으로는 부족하다. 그래서 특별한 형태의 검사합checksum이 대칭 암호와 결합돼 무결성을 보호하는 것이 일반적이다. 이에 대해서는 나중에 자세히 논의한다.

대칭 암호화 알고리즘은 일반적으로 블록 암호block cipher 또는 스트림 암호stream cipher 중 하나로 분류된다. 블록 암호는 한 번에 고정된 비트 수(예를 드면 64 또는 128)에 대해 작업을 수행하며, 스트림 암호는 입력으로 제공되는 다수의 비트 또는 바이트에 대해 연속적으로 동작한다. 최근 수년간 가장 인기 있는 대칭 암호화 알고리즘은 64비트 블록과 56비트 키를 사용하는 블록 암호인 DESData Encryption Standard였다. 하지만 56비트만으로는 부족하다고 알려져서 많은 애플리케이션이 트리플 DES(3DES 또는 TDES로 표기하며, 각 데이터 블록에 2개 혹은 3개의 키를 사용해서 DES를 3번 적용)로 전환했다. 오늘날 DES와 3DES

는 AES에 밀려나고 있다. AES<sup>Advanced Encryption Algorithm[FIPS197]</sup>는 벨기에의 암호학 발명가 빈센트 리즈먼과 조안 데멘의 이름을 따서 레인달<sup>Rijndael</sup> 알고리즘이라고도 불린다. 128, 192, 256 비트의 키 길이를 제공하는 AES 변형들도 있으며 일반적으로 키 길이를 사용해서 표기된다(즉, AES-128, AES-192, AES-256).

비대칭 암호 시스템은 대칭 키 암호 시스템에는 없는 흥미로운 특성을 추가로 갖고 있다. 앨리스가 발신인이고 밥이 수신인이라고 가정하면, 밥의 공개 키를 알고 있는 제3자는 그에게 비밀 메시지를 보낼 수 있다. 밥의 공개 키에 대응하는 개인 키를 알고 있는 사람은 밥뿐이므로 밥만이 그것을 해독할 수 있다. 그러나 밥의 공개 키를 아는 사람은 누구나 암호화된 메시지를 만들어 밥에게 보낼 수 있기 때문에 밥은 메시지가 진짜라는 확신을 가질 수 없다. 하지만 다행히도 공개 키 암호 체계는 역순으로 사용될 때 발신자 인증이라는 또 다른 기능을 제공한다. 이 경우 앨리스는 자신의 개인 키를 사용해 메시지를 암호화해서 밥(또는 다른 사용자)에게 보낼 수 있다. (누구나 알 수 있는) 앨리스의 공개 키를 사용하면 그 메시지가 앨리스에 의해 작성됐으며 수정되지 않았음을 누구나 확인할 수 있다. 하지만 모든 사람이 앨리스의 공개 키에 액세스할 수 있기 때문에 기밀성이 없다. 진정성, 무결성 '및' 기밀성을 확보하기 위해서 앨리스는 자신의 개인 키를 사용해 메시지를 암호화한 뒤 밥의 공개 키를 사용해서 그 결과를 암호화할 수 있다. 그러면 앨리스가 작성했음을 믿을 수 있고 동시에 밥에게는 기밀인 메시지를 얻을 수 있다. 이 프로세스는 그림 18-3에 설명돼 있다.

이렇게 '역으로' 사용되는 공개 키 암호화는 디지털 서명<sup>digital signature</sup>을 제공한다. 디지털 서명은 공개 키 암호화의 중요한 결과이며, 진정성과 부인방지를 보장하는 데 사용될 수 있다. 앨리스의 개인 키를 가진 당사자만이 메시지를 작성하거나 앨리스로서 트랜잭션을 수행할 수 있기 때문이다.

하이브리드<sup>hybrid</sup> 암호 체계에서는 공개 키와 대칭 키 암호의 요소가 모두 사용된다. 공개 키 연산은 무작위로 생성된 기밀(대칭) 세션 키를 교환하는 데 사용되며, 이 세션 키는 대칭 알고리즘을 사용해 단일 트랜잭션의 트래픽을 암호화하는 데 사용된다. 하이브리드 방식이 사용되는 이유는 성능 때문이다. 대칭 키 연산은 공개 키 연산보다 계산 집약도가 낮다. 오늘날 대부분의 시스템은 하이브리드 유형이다. 즉, 공개 키 암호화는 개별 세션의 대칭 암호화에 사용되는 키를 생성하는 데 사용된다.

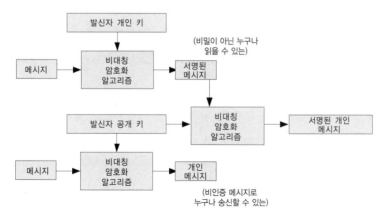

비대칭(공개 키) 암호화 시스템

**그림 18-3** 비대칭 키 암호화 시스템은 기밀성(암호화)이나 인증(디지털 서명 또는 서명) 또는 두 가지 모두에 사용될 수 있다. 두 가지 모두에 사용하면 발신자와 수신자에게 기밀성을 제공할 서명된 결과물을 생성한다. 이름에서 알 수 있듯 공개 키는 모든 사용자가 알 수 있다.

## 18.4.2 RSA 공개 키 암호화

공개 키 암호화가 디지털 서명과 기밀성에 모두 사용될 수 있음을 지금까지 살펴봤다. 가장 널리 쓰이는 방식은 저자들의 이름인 Rivest, Shamir, Adleman을 따서 명명된 RSA인데[RSA78], 이 암호체계는 큰 수를 소인수 분해하기 어렵다는 점을 이용한다. RSA를 초기화할 때 2개의 큰 소수 p와 q가 생성돼야 하는데, 이를 위해서 무작위로 2개의 홀수를 생성한 뒤에 2개의 소수를 찾을 때까지 검사하는 방법이 사용된다. 이렇게 얻은 소수들의 곱 n = pq를 모듈러스$^{modulus}$라고 한다. n, p, q의 길이는 일반적으로 비트 단위로 주어지며, n은 보통 1,024비트이고 p와 q는 512비트지만 최근에는 2,048비트가 권장된다. 2,048과 같이 더 큰 값이 권장된다. 값 $\phi(v)$는 수론에서 정수 v의 오일러 피$^{Euler\ totient}$라고 부르는 값으로서, v보다 작으면서 v와 서로소(즉 최대공약수가 1인) 양의 정수의 수를 의미한다. RSA에서 n이 생성되는 방식 때문에 $\phi(n) = (q - 1)(p - 1)$이다.

$\phi(n)$의 정의를 이용해 RSA 공개 지수$^{exponent}$('암호화$^{encryption}$'의 첫글자를 따서 e라고 표기) 선택하고 $d = e^{-1}(mod\ \phi(n))$의 관계식을 이용해서 개인 지수$^{private\ exponent}$('복호화$^{decryption}$'의 첫글자를 따서 d라고 표기)를 얻을 수 있다. e는 빠른 계산을 위해 65537(2진수

10000000000000001)처럼 1인 비트의 수가 적은 값이 사용될 때가 많다. 평문 m에서 암호문을 얻으려면 $c=m^e(\bmod\ n)$ 을 계산하고, c에서 m을 얻기 위해서는 $m=c^d(\bmod\ n)$을 수행한다. RSA 공개 키는 공개 지수 e와 모듈러스 n으로 구성된다. 이에 대응하는 개인 키는 개인 지수 d와 모듈러스 n으로 구성된다.

앞서 설명했듯이 RSA와 같은 공개 키 알고리즘은 역방향으로 실행함으로써 디지털 서명을 제공할 수도 있다. 메시지 m의 RSA 서명을 생성하려면 $s=m^d(\bmod\ n)$ 으로 계산된 s를 m의 서명된 버전으로 사용할 수 있다. s를 수신한 사람은 누구나 공개 지수 e를 적용해서 $m=s^e(\bmod\ n)$를 계산함으로써 s를 생성한 사람이 개인 키 d의 소유자인지 검증할 수 있다(만일 아니라면 m의 값은 무의미하다).

RSA의 보안은 큰 수의 소인수분해가 어렵다는 것에 기반을 둔다. RSA의 맥락과 그림 18-1의 시나리오에서의 이브는 n과 e는 얻을 수 있지만, p, q 또는 $\phi(n)$은 알 수 없다. 이브가 이 3개의 값 중 하나라도 얻을 수 있다면 지금까지 설명한 관계식들을 이용해 d를 얻을 수 있다. 하지만 그렇게 하려면 n을 인수분해해야 하는데, 1000비트 이상의 큰 수를 인수분해하는 것은 현재 가장 우수한 인수분해 알고리즘을 사용해도 불가능하다. 반소수<sup>semiprime, 두 소수의 곱</sup>의 인수분해는 알고리즘에게 가장 어려운 문제다.

## 18.4.3 디피 헬만 키 교환 프로토콜(Diffie-Hellman 또는 DH)

보안 프로토콜들은 일반적으로 키로 사용될 수 있는 공통의 비밀 비트를 두 당사자가 동의해야 한다. 도청자(예를 들면 이브)를 포함하는 네트워크에서 이것은 쉬운 일이 아니다. 왜냐하면 어떻게 두 명의 주체(예를 들면 앨리스와 밥)가 이브 몰래 공통의 비밀 숫자를 동의할 수 있을지 분명하지 않기 때문이다. 디피-헬만 키 교환 프로토콜<sup>Diffie-Hellman-Merkle Key Agreement</sup> 프로토콜(일반적으로 DH라고 표기)은 유한 필드 산술[DH76][1]을 사용함으로써 이 작업을 수행하는 방법을 제공한다. 많은 인터넷 관련 보안 프로토콜에서 DH 기술이 사용되고 있으며[RFC2631] DH 기술은 공개 암호에 대한 RSA 접근 방식과 밀접한 관련이 있다. 어떻게 동작하는지 간략히 살펴보자.

앞선 예제와 이름이 같은 당사자들이 2개의 정수 p와 q를 알고 있다고 하자. p는 큰 소수

---

1   1973년 C.Cock의 "A Note on Non- Secret Encryption" 참고 사항에 설명된 기법이다.
    http://www.cesg.gov.uk/publications/media/notense.pdf 참조

이고, p보다 작은 수 q는 p에 대한 원시근primitive root mod p이다. 이렇게 가정했을 때 그룹 $Z_p$ = {1, ..., p-1}에 속하는 모든 정수는 g를 제곱해서 얻어진다. 다르게 표현하면, 모든 n에 대해서 $g^k$ = n(mod p)인 k가 존재한다. g, n, p가 주어졌을 때 k의 값을 찾는 것은 어려운 문제(이산 로그discrete log 문제라고 부름)로 간주되므로 DH의 보안성을 신뢰할 수 있다. 반면에 g, k, p가 주어졌을 때 n의 값을 찾는 것은 쉽기 때문에 실용성을 갖추고 있다.

앨리스와 밥은 공유 비밀 키를 생성하기 위해서 다음의 프로토콜을 사용할 수 있다. 앨리스는 비밀 난수 a를 선택하고 밥에게 보낼 A = $g^a$(mod p)를 계산한다. 밥도 비밀 난수 b를 선택하고 앨리스에게 보낼 B = $g^b$(mod p)를 계산한다. 그러면 앨리스와 밥은 동일한 공유 키 K = $g^{ab}$(mod p)를 얻게 되는데, 앨리스는 이 값을 다음과 같이 계산해서 얻는다.

$$K = B^a \pmod{p} = g^{ba} \pmod{p}$$

그리고 밥은 다음과 같이 계산해서 얻는다.

$$K = A^b \pmod{p} = g^{ab} \pmod{p}$$

$g^{ba}$가 $g^{ab}$와 동일하므로(왜냐하면 $Z_p$는 멱 결합법칙power associativity이 성립하고, 모든 당사자가 $Z_p$가 사용 중임을 알고 있다고 가정하므로), 앨리스와 밥은 둘 다 K를 알고 있다. 하지만 이브는 g, p, A, B만 접근할 수 있으므로 이산 로그 문제를 풀지 않고는 K를 알아낼 수 없다[MW99]. 하지만 이 기초적인 프로토콜은 맬로리의 공격에는 취약하다. 맬로리는 자신의 A와 B 값을 제공해서 앨리스와 통신할 때 밥인 척할 수 있고, 밥과 통신할 때는 앨리스인 척할 수 있기 때문이다.

그러나 A와 B의 공개값이 인증된다면, 이러한 중간자 공격을 막을 수 있도록 기초적인 DH 프로토콜을 확장할 수 있다[DOW92]. 고전적인 프로토콜인 STSStation-To-Station 프로토콜은 앨리스와 밥이 자신들의 공개 값에 서명을 하도록 한다.

### 18.4.4 사인크립션과 타원 곡선 암호(ECC)

RSA를 사용할 경우 큰 수를 사용할수록 보안성이 강화된다. 하지만 RSA의 수학 연산(예를 들면 지수화exponentiation)은 계산 집약적이며 숫자가 증가함에 따라 그 정도가 더욱 커진다. 디지털 서명과 기밀성을 위한 암호화를 결합하는 노력을 줄여주는 사인크립션 signcryption 기법들[Z97](인증된 암호화authenticated encryption라고도 함)은 이 두 기능을 별도로 계산했을 때의 합보다 적은 비용으로 제공할 수 있다. 그러나 공개 키 암호화를 위한 수학적 기반을 변경하면 훨씬 더 효율성을 높일 수 있다.

더욱 향상된 효율성과 성능을 제공하는 보안을 지속적으로 찾는 과정에서 연구자들은 RSA 이외의 다른 공개 키 암호 시스템을 조사했다. 타원 곡선elliptic curve 요소의 이산 로그 찾기의 어려움에 기초한 대안이 등장했는데, 이를 타원 곡선 암호화(ECC, 오류 수정 코드와 혼동되지 말자)라고 한다[M85][K87][K87][RFC 5753]. 동일 수준의 보안에 대해서 ECC는 RSA 보다 상당히 작은 키(1024비트 RSA 모듈에 비해서 약 6배 정도)를 사용할 수 있는 이점을 제공한다. 따라서 구현이 더 단순하고 빨라지므로 실용성이 좋아진다. ECC는 RSA가 여전히 많이 쓰이고 있는 애플리케이션에서 사용 가능하도록 표준화됐지만, 써티콤사Certicom Corporation가 보유한 ECC 기술에 대한 특허 때문에 보급이 다소 부진하다(RSA 알고리즘도 특허가 있었지만 2000년에 특허 보호가 폐지됐다).

## 18.4.5 키 파생과 완전 순방향 비밀성(PFS)

다수의 메시지가 교환돼야 하는 통신 시나리오에서는 단기 세션 키를 생성해서 대칭 암호화를 수행하는 것이 일반적이다. 세션 키는 일반적으로 키 파생 함수KDF, Key Derivation Function라는 함수에 의해 생성된 무작위 숫자이다. KDF는 마스터 키나 이전의 세션 키를 입력값으로 사용하며, 세션 키가 외부로 유출된 경우 이 키로 암호화된 데이터 모두 유출될 수 있다. 하지만 확장 통신 세션 중에 키를 여러 번 변경하는 것이 일반적이다. 하나의 세션 키 유출이 미래의 통신을 안전하게 유지하는 체계를 가리켜 완전 순방향 기밀성PFS, Perfect Forward Secrecy를 갖는 체계라고 부른다. 일반적으로 PFS를 제공하기 위해서는 추가적인 키 교환 또는 검증이 필요하므로 오버헤드가 추가된다. PFS를 제공하는 프로토콜의 예는 앞서 배운 DH에 대한 STS 프로토콜이다.

## 18.4.6 유사 난수, 생성기, 함수군

암호학에서 난수는 암호화 함수의 초기 입력 값으로 사용되거나 추측하기 어려운 키를 생성하는 데 사용된다. 컴퓨터가 본질적으로 그다지 무작위적이지 않다는 점을 고려하면 진정한 난수를 얻기는 쉽지 않다. 무작위성을 시뮬레이션하기 위해서 대부분의 컴퓨터에 사용되는 숫자를 유사 난수$^{Pseudorandom}$라고 한다. 유사 난수는 진정으로 무작위하지는 않지만, 그래도 통계적으로는 무작위성을 암시하는 특성을 보여준다(예를 들어, 많은 숫자가 생성되면 특정 범위에서 균일하게 분포되는 경향이 있다).

유사 난수들은 유사 난수 생성기(PRNG, 저자에 따라서는 PRG)로 알려진 알고리즘 또는 장치에 의해 생성된다. 단순 PRNG는 결정론적이다. 즉 시드 값으로 초기화되는 내부 상태를 갖고 있다. 따라서 내부 상태가 알려지면 유사 난수의 순서열을 알아낼 수 있다. 예를 들어, 널리 쓰이는 선형 결합 생성기(LCG) 알고리즘이 생성하는 난수처럼 보이는 값은 입력 매개 변수가 알려지거나 추측되는 경우 완전히 예측 가능하다. 따라서 LCG는 특정 프로그램(예를 들면 무작위 이벤트를 시뮬레이션하는 게임)에서 사용하기에는 괜찮지만 암호화 목적으로는 불충분하다.

유사 난수 함수군$^{PRF,\ Prseudorandom\ Function\ Family}$은 다항식 시간 알고리즘에 의해서는 진정한 무작위 함수와 구별 불가능한 함수군이다$^{[GGM86]}$. PRF는 PRG보다 더 강력한 개념이다. PRG는 PRF에서 생성될 수 있기 때문이다. PRF는 암호학적으로 강한(즉 안전한) 유사 난수 생성기(CSPRNG라고 함)의 기초이다. CSPRNG는 충분한 무작위성이 보장돼야 하는 세션 키 생성 등 여러 목적의 암호화 애플리케이션에 필요하다$^{[RFC4086]}$.

### 18.4.7 일회용 숫자와 솔트

임시값$^{nonce}$은 암호 프로토콜에서 한 번 (또는 하나의 트랜잭션에 대해) 사용되는 숫자를 의미한다. 가장 일반적인 용도는 신규성$^{freshness}$을 보장하기 위해 인증 프로토콜에서 난수 또는 유사 난수로 사용되는 것이다. 신규성은 메시지 또는 작업이 매우 최근에 수행됐음을 나타내는 (바람직한) 속성이다. 예를 들어, 질문–응답$^{challenge-response}$ 방식의 프로토콜에서 서버는 클라이언트에게 임시값을 제공할 수 있으며 클라이언트는 일정 시간 내에 임시값의 복사본 (혹은 임시값의 암호화된 복사본)과 함께 인증 입증 자료로 응답해야 할 수 있다. 이렇게 하면 재현$^{reply}$ 공격을 예방할 수 있다. 예전의 인증 교환이 서버에서 재현되더라도 올바른 임시값을 포함하지 않을 것이기 때문이다.

암호화의 맥락에서 솔트$^{salt}$ 값이란 무차별 공격$^{bruteforce\ attack}$을 좌절시키는 데 사용되는 난수 또는 유사 난수다. 무차별 공격은 일반적으로 패스워드, 패스워드 구절, 키, 그 밖의 비밀 값을 반복적으로 추측하고 그 추측이 정확한지 검사하는 방법이다. 솔트는 이 중에서 검사하는 부분을 방해한다. 가장 잘 알려진 예는 과거에 UNIX 시스템에서 패스워드를 처리하던 방법이다. 사용자의 패스워드는 암호화돼 패스워드 파일에 저장되는데, 이 파일은 모든 사용자가 읽을 수 있다. 사용자가 로그인할 때 입력하는 패스워드는 고정 값을 이중으로 암호화하는 데 사용되며, 그 결과는 패스워드 파일에 들어 있는 해당 사용자의 항목과 비교된다. 만일 일치하는 것이 발견되면 사용자가 올바른 패스워드를 입력했음을 의미한다.

이때 사용되는 암호화 방법(DES)이 알려져 있었기 때문에 하드웨어 기반의 딕셔너리 공격dictionary attack이 가능할 것이라는 우려가 있었다. 딕셔너리 공격은 딕셔너리(사전)에 들어있는 단어들을 사전에 DES로 암호화시켜 놓은 뒤에 패스워드 파일과 대조하는 방법이다. 이 공격을 방해하기 위해 12비트 유사난수 솔트 값이 각 패스워드에 대해 4096개의 (비표준) 방법 중 한 가지로 추가됐다. 결국 12비트로는 최근의 고성능 컴퓨터에 충분치 않은 것으로 드러났기 때문에 비트 수가 더욱 확장됐다.

### 18.4.8 암호화 해시 함수와 메시지 다이제스트

이더넷, IP, ICMP, UDP, TCP 등 지금까지 우리가 살펴본 대부분의 프로토콜들은 PDU가 비트 오류 없이 전달됐는지 여부를 알아내기 위해 프레임 검사 시퀀스(FCS, 검사합 또는 CRC)를 사용한다. 이때 사용되는 수학 함수들은 FCS 값 전달에 드는 오버헤드와 무작위 오류의 검출 가능성 간에 상충관계trade-off가 있다. 그러나 보안을 고려하면, 무작위적이고 간헐적인 오류뿐만 아니라 의도적인 메시지 스트림 수정 공격에 대해서도 메시지 무결성을 보장하는 것이 중요하다. 우리는 메시지가 네트워크를 통해 이동할 때 맬로리가 이 메시지를 수정할까봐 걱정하기 때문이다. 일반적인 FCS 함수는 이 목적에 충분하지 않다.

검사합 또는 FCS는 특수한 함수를 사용해 적절하게 구성된 경우 맬로리와 같은 악의적 공격자에 대해 메시지 무결성을 보장하는 데 사용될 수 있다. 이러한 함수를 암호화 해시 함수hash function라고 하며 암호화 알고리즘의 일부와 유사할 때가 많다. 메시지 M이 제공될 때 암호화 해시함수 H의 출력을 메시지의 다이제스트digest 또는 지문fingerprint라고 부른다. 메시지 다이제스트는 강력한 유형의 FCS로서 계산하기 쉽고 다음과 같은 중요한 속성을 갖고 있다.

- **역상(preimage) 내성** H(M)이 주어졌을 때 아직 알려지지 않은 M을 알아내기 어렵다.
- **제2 역상(preimage) 저항** H(M1)이 주어졌을 때 H(M1) = H(M2)라고 M2 ≠ M1를 확인하기 어렵다.
- **충돌 저항** M2 ≠ M1일 때 H(M1) = H(M2)인 M1과 M2 쌍을 찾기 어렵다.

해시 함수가 이러한 모든 속성을 가지고 있다면, 2개의 메시지가 동일한 암호화 해시 값을 가지고 있을 경우 거의 틀림 없이 2개는 동일한 메시다. 현재 가장 일반적인 2개의 암호화 해시 알고리즘은 128비트(16바이트) 다이제스트를 생성하는 MD5[RFC1321]와 160 비트(20바이트) 다이제스트를 생성하는 SHA-1이다. 최근에는 SHA-2[RFC6234]라는 이름의 SHA 기반한 함수군이 길이가 224, 256, 384, 512비트(각각 28, 32, 48, 64바이트)인 다이제스트를 생성한다. 다른 것들은 현재 개발 중이다.

> **주의**
>
> 암호화 해시 함수는 길이 L의 입력값을 받아서 충돌 가능성은 낮지만 L보다 작은 크기의 출력을 확정적으로 생성하는 압축 함수 f를 기반으로 할 때가 많다. Merkle–Damgård 구조는 임의의 긴 입력값을 길이 L인 블록들로 분할한 뒤 값을 채우고 이를 f에 넣어서 그 결과를 결합해 암호화 해시 함수를 생성하는 방법을 사용함으로써 긴 값을 입력받으면서 충돌에 내성이 있는 출력값을 생성할 수 있다.
> MD5는 2005년에 암호화가 깨지기 전까지 인터넷 프로토콜과 함께 널리 사용돼 왔다(2개의 서로 다른 128 바이트 시퀀스가 동일한 MD5 값을 가질 수 있음이 밝혀졌다)[WY05]. SHA-1이 대안으로 사용됐지만, 이것 역시 약점이 있다고 생각돼 SHA-2 알고리즘 제품군이 개발됐다. 그러나 SHA-2와 SHA-1의 유사성을 고려할 때 여전히 SHA-2에도 약점이 있다는 우려가 있다. 2010년 12월, 미국 국립표준기술연구소(NIST)는 5 개의 알고리즘이 새로운 SHA-3 암호화 해시 알고리즘의 최종 후보로 선정됐다고 발표했다[CHP]. 최종 선택은 2012년 봄 이후로 예정돼 있다.

## 18.4.9 메시지 인증 코드(MAC, HMAC, CMAC, GMAC)

메시지 인증 코드(불행히도 MAC 또는 MIC로 줄여 표기하지만, 3장에서 설명한 링크 계층 MAC 주소와는 관련이 없다)는 메시지 무결성과 인증을 보장하는 데 사용될 수 있다. MAC는 일반적으로 키 기반$^{keyed}$ 암호화 해시 함수를 사용하는데, 이 함수는 메시지 다이제스트 알고리즘(18.4.8절)과 비슷하지만 메시지 무결성을 생성하거나 확인하기 위해 개인 키가 필요하며, 메시지의 발신자를 확인(인증)하는 데도 사용될 수 있다.

MAC는 다양한 형태의 위조forgery에 대한 내성을 필요로 한다. 입력 메시지 M과 키 K를 취하는 키 기반 해시 함수 H(M,K)가 주어졌을 때, 특정 M 값이 주어진 공격자가 K를 모르면 H(M,K)를 알아내기 어렵다면 선택적 위조selective forgery에 대한 내성이 있다고 말한다. 반면에 K를 모르는 공격자가 이전에 알려지지 않은 M과 H(M,K)의 조합을 찾기 어렵다면 이를 본질적 위조에 대한 내성이 있다고 한다. MAC가 디지털 서명과 똑같은 기능을 제공하는 것이 아니라는 점에 주의하자. 예를 들어, MAC는 부인방지의 좋은 기반이 될 수 없다. 둘 이상의 당사자에게 비밀 키가 알려져 있기 때문이다.

특정한 방식으로 암호화 해시 함수를 사용하는 표준 MAC를 키 해시 메시지 인증 코드 HMAC, keyed-Hash Message Authentication Code[FIPS198][RF2104]라 한다. HMAC '알고리즘'은 포괄적인 암호화 해시 알고리즘을 사용하며, 이를 H(M)이라고 하자. H(HMAC-H라고 부른다)를 사용해 키 K를 갖는 메시지 M에 대해 t바이트 HMAC를 만들기 위해서 우리는 아래의 정의를 사용한다.

$$HMAC\text{-}H\,(K,M)^t = \Lambda_t\,(H((K \oplus opad)\,||\,H((K \oplus ipad)\,||\,M)))$$

위의 정의에서 opad외부 패드는 0x5C 값이 |K|번 반복되는 배열이며, ipad내부 패드는 0x36 값이 |K|번 반복되는 배열이다. ⊕는 XOR 연산자이며, ||는 결합 연산자다. 일반적으로 HMAC의 결과물은 길이가 t바이트가 되도록 의도된 것이므로 $\Lambda_t(M)$는 M의 가장 왼쪽 t바이트를 선택한다.

신중한 독자라면 HMAC의 정의가 해시를 둘러싼 해시로서 키 K1과 K2를 이용한 H(K1 || H(K2 || M))의 형태임을 알 수 있다. 이 구조는 선택된 패드 값이 (예를 들면 맬로리에 의해서) 가로채기된 메시지 및 다이제스트 값과 결합해 (앨리스가 보내지 않은) 새로운 유효 메시지 및 다이제스트 값을 생성하는 확장 공격extension attack에 내성이 있다. ipad와 opad의 값은 중요하지 않지만, 공통 비트가 거의 없는 K1과 K2 값을 생성하는 경향이 있다(즉, 해밍 거리hamming distance가 큼). 어떤 확장 공격들은 단순하게 구성된 H(K || M) 또는 H(M || K) 형태의 MAC 구조에는 효과적이지만 HMAC 구조(또는 HMAC에서 파생된 NMAC 구조[BCK96])[B06]에서는 효과적이지 않다.

최근에는 암호화 기반 MACCMAC, cipher based MAC[FIPS800-38B]와 GMAC[NIST800-38D]라 불리는

다른 형태의 MAC이 표준화됐다. 이것들은 HMAC과 같은 암호화 해시 함수를 이용하는 대신 AES 또는 3DES와 같은 블록 암호화를 사용한다. CMAC는 해시함수 대신 블록 암호를 사용하는 것이 더 편리하거나 효율적인 환경에서 사용하도록 설계됐다. AES-128을 사용하는 CMAC인 AES-CMAC의 세부 사항은 [RFC4493]에 나와 있다. 핵심만 요약하면 키 K를 갖고 AES-128을 사용해서 메시지 블록을 암호화하고, 그 결과를 후속 블록과 XOR 연산한 뒤, 그 결과를 암호화하고, 이런 과정을 더 이상 메시지 블록이 남아 있지 않을 때까지 반복해서 최종 암호화 연산의 결과값이 출력된다. 최종 메시지 블록의 길이가 알고리즘의 블록 크기의 짝수배일 경우, 특수한 하위키 생성 알고리즘[IK03]을 사용해 K로부터 파생된 1개의 하위키subkey가 최종 암호화 시에 사용된다. 짝수배가 아닐 경우 먼저 최종 메시지 블록이 패딩된 후 역시 K로부터 파생되는 두 번째 하위키가 최종 암호화 수행에 사용된다. GMAC는 GCMGalois/Counter Mode이라는 특수한 AES를 사용한다. 또 키 기반 해시 함수(GHASH라고 부르며 암호 해시 함수가 아님)를 사용한다. 다음 절에서는 암호화 동작 모드들에 대해 더 자세히 알아보자.

## 18.4.10 암호화 스위트와 암호 스위트

지금까지 우리는 보안되지 않은 통신 네트워크를 통해 전송되는 정보의 기밀성, 진정성, 무결성을 보장하기 위한 메커니즘을 살펴봤다. 또한 적절한 암호화 또는 수학적 기법을 선택함으로써 다른 기능(예를 들어 부인 방지)도 얻을 수 있다. 특정 암호 체계에 사용되는 기술의 조합 특히 인터넷 프로토콜과 함께 사용되는 것을 가리켜 암호화cryptographic 스위트suite 혹은 암호Cipher 스위트(첫 번째 용어가 더 정확하지만)로 부른다. 암호화 스위트는 암호화 알고리즘을 정의할 뿐 아니라 특정한 MAC 알고리즘, PRF, 키 교환 알고리즘, 서명 알고리즘 그리고 이와 관련된 키의 길이와 매개변수도 포함한다.

많은 암호화 스위트가 앞으로 설명할 보안 프로토콜과 함께 사용되기 위해 정의돼 있다. 암호화 알고리즘은 일반적으로 알고리즘 명칭과 설명, 키의 길이(대체로 128비트의 배수), 그리고 동작 모드에 의해 정의된다. 인터넷 프로토콜에 사용하기 위해 표준화된 암호화 알고리즘은 AES, 3DES, NULL[RFC2410]과 CAMELLIA[RFC3713]를 포함한다. NULL 암호화 알고리즘은 입력 값을 수정하지 않으며 기밀성이 필요하지 않는 특정 상황에 사용된다.

암호화 알고리즘, 특히 블록 암호의 동작 모드는 1개의 키로 전체 메시지를 암호화 혹은 복호화하기 위해 하나의 블록에 대해 암호화 함수를 반복 사용하는 방법을 의미한다. 현재 널리 쓰이는 동작 모드는 암호 블록 체인 모드(CBC)와 카운터(CTR) 모드지만 다른 모드들도 많이 정의돼 있다. CBC 모드를 사용해서 암호화를 수행할 때, 암호화할 평문 텍스트 블록은 먼저 그 전의 암호 텍스트 블록과 XOR된다(첫 번째 블록이 무작위 초기화 벡터 initializtion vector 또는 IV와 XOR된다). CTR 모드에서 암호화를 하려면 먼저 임시값 nonce(또는 IV)과 암호화 대상 블록이 나올 때마다 값이 증가하는 카운터를 결합하는 값을 생성해야 한다. 그런 다음 이 조합을 암호화하고, 그 출력값과 평문 블록을 XOR해서 암호 텍스트 블록을 생성하며, 이 과정을 모든 블록에 대해 계속한다. 실질적으로 이 방식은 블록 암호를 사용해 키 스트림을 생성하는 것이다. 키 스트림 keystream은 암호문을 생성하기 위해 평문의 비트들과 조합되는(예를 들어 XOR되는) 일련의 (겉보기에는 무작위같은) 비트들이다. 입력값을 명시적으로 패딩할 필요가 없기 때문에 블록 암호를 스트림 암호로 변환하는 것이라고 볼 수 있다.

CBC는 암호화 시에 직렬 프로세스가 필요하고 복호화 시에도 부분적인 직렬 프로세스를 필요로 하는 반면, 카운터 모드 알고리즘은 보다 효율적인 완전 병렬 암호화와 복호화 구현이 가능하기 때문에 카운터 모드의 인기가 더 높다. 게다가 CTR 모드의 변형(예를 들면 CCM 모드(CBC-MAC를 사용하는 카운터 모드)나 GCM Galois Counter Mode 모드)이 인증 암호화에 사용될 수 있고[RFC4309], (암호화는 불가능하지만) 추가로 데이터를 인증하는 데도 사용될 수 있다(이를 AEAD Authenticated Encryption with Associated Data라고 한다[RFC5116]). 인증 암호화 알고리즘을 사용할 경우 일반적으로 별도의 MAC는 필요하지 않다. 기밀성이 요구되지 않는 데이터에 대해 동작하는 AEAD 알고리즘이 사용되는 경우 실질적으로 일종의 MAC가 생성된다(예를 들어 GMAC). 암호화 스위트의 일부로서 명세되는 암호화 알고리즘의 이름에는 대체로 모드가 포함되며, 키 길이가 암시되는 경우도 많다. 예를 들어 ENCR_AES_CTR은 CTR 모드에서 사용되는 AES0128를 가리킨다.

PRF가 암호화 스위트 cryptographic suite의 정의에 포함되면 일반적으로 SHA-2[RFC6234] 같은 암호화 해시 알고리즘 집합 또는 CMAC[RFC4434][RFC4615] 같은 암호화 MAC을 기반으로 한다. 이 유형의 구조는 일반적으로 기본이 되는 함수의 이름을 가리킨다. 예를 들어 알고리즘 AES-CMAC-PRF-128은 AES-128에 기반을 둔 CMAC을 사용해 만든 PRF

를 표현한다. 이것은 PRF-AES128-CMAC으로도 쓸 수 있다. 알고리즘 PRF-HMAC-SHA1은 HMAC-SHA-1을 기반으로 한 PRF를 가리킨다.

키 교환 매개변수는 인터넷 암호화 집합 정의에 포함될 경우 DH 그룹 정의를 참조한다. 다른 키 교환 프로토콜이 널리 사용되고 있지 않기 때문이다. 특정 암호화 알고리즘을 위한 키 생성에 DH 키 교환이 사용될 경우, 생성된 키의 길이(강도)가 충분해서 암호화 알고리즘의 보안이 침해되지 않도록 세심한 주의가 요구된다. 그래서 여러 맥락에서 DH와 함께 사용될 수 있도록 16개 이상의 그룹이 표준화됐다[RFC5114]. 이 중 처음 5개는 오클리 그룹Oakley Groups이라고 불리는데, IPsec의 초기 구성요소로서 지금은 사용되지 않는 오클리Oakley 프로토콜[RFC2409]에서 명세됐기 때문이다. 모듈러 지수 그룹 또는 MODP 그룹은 지수화 및 모듈러 산술에 기초한다. 타원 곡선 그룹 모듈로 소수 그룹 또는 ECP 그룹[RFC5903]은 소수 P에 대한 갈로이스 필드 GF(P)상의 곡선에 기초하며, 타원 곡선 그룹 모듈로 2의 멱수 그룹 또는 EC2N 그룹은 어떤 N에 대한 필드 GF(2N)상의 곡선에 기초한다.

서명 알고리즘이 암호화 스위트의 정의에 포함되기도 한다. 데이터, MAC, DH 값 등 다양한 값에 대한 서명에 사용될 수 있다. 데이터 블록에 대해서 해시 함수를 서명하기 위해 RSA를 사용하는 방법이 가장 널리 쓰이지만, 디지털 서명 표준(DSS로 표기하며, 디지털 서명 알고리즘을 의미하는 DSA로 표기되기도 함)[FIPS186-3]이 사용되는 경우도 있다. ECC의 등장으로 타원 곡선에 기반한 서명(예: ECDSA[X9.62-2005])도 많은 시스템에서 지원되고 있다.

암호화 스위트의 개념은 모듈화와 분리 발전의 필요성 때문에 인터넷 보안 프로토콜의 맥락에서 발전했다. 컴퓨팅 능력이 향상됨에 따라 구식 암호화 알고리즘과 길이가 짧은 키는 다양한 형태의 무차별 공격의 희생양이 됐다. 보다 정교한 공격들이 보안 기능의 근간이 되는 수학적 기법 및 암호화 기법의 결함을 드러내서 일부 대체가 불가피했지만, 기초적인 프로토콜 체계는 여전히 건전하다. 그래서 암호화 스위트의 선택은 이제 통신 프로토콜의 세부 기능과 분리될 수 있으며 편의성, 성능, 보안 등의 요소에 따라 달라진다. 프로토콜들은 암호화 스위트의 구성 요소를 표준적인 방법으로 사용하는 경향이 있으므로, 적절하다고 판단되는 암호화 스위트를 프로토콜 설계에 '끼워넣을(스냅인)' 수 있다. 지금은 암호학 및 수학적 전문성을 갖춘 대규모 커뮤니티에 의해 분석된 별도 정의된 암호화 스위트에 보안 처리를 아웃소싱하는 것이 프로토콜 설계의 일반적 관행이다. 이처럼 새로운 암호 스위트를 스냅인하는 기능은 매력적이지만, 허용 가능한 스위트를 표준화해서 배포하는 데는 몇 년이 걸릴 수 있다. 상호운용성을 위해 통신 교환의 각 참가자는 일반적으로 동일한 스위트를 채택해야 한다. 이것은 암호화 스위트가 다양한 소프트웨어 및 하드웨어 시스템에서 구현되는데 큰 장애가 될 수 있다.

## 18.5 인증서, 인증기관(CA), PKI

디지털 서명과 암호화 알고리즘 등 암호학과 수학이 제공하는 도구들은 안전한 시스템을 구축하기 위한 건전한 기반을 제공하지만, 이런 부품들을 사용해서 전체적인 시스템을 만들기 위해서는 훨씬 더 많은 추가 작업이 요구된다. 그중에서도 특히 관심이 대상이 되는 것은 암호화 기법들을 안전하게 사용하는 보안 프로토콜의 구축과 키를 생성, 교환, 폐기하는(즉, 키 관리<sup>key management</sup>) 방법이다. 키 관리는 다수의 관리 도메인에 걸쳐서 광범위하게 암호 체계를 배포하는 데 가장 큰 과제 중의 하나로 남아 있다.

공개 키 암호 체계의 과제 중 하나는 주체 혹은 신원을 확인할 수 있는 정확한 공개 키를 결정하는 것이다. 앞서 든 예에서 앨리스가 밥에게 공개 키를 보내면 맬로리가 해당키가 전송되는 중에 자신의 공개 키로 수정해 밥이 맬로리의 공개 키임을 알아차리지 못하고 앨리스의 공개 키라고 오해하면서 사용하게 할 수 있다. 이는 맬로리가 앨리스로 위장하는 데 효과적이다. 이 문제를 해결하기 위해 디지털 서명을 사용한 공개 키 인증서를 특정 공개 키와 신원을 연계하는 데 사용한다. 그러나 이것은 '닭과 달걀'의 문제를 발생시킬 수 있다. 디지털 서명 자체가 신뢰할 수 있는 공개 키를 요구하면 어떻게 공개 키가 서명될 것인가? 다음과 같은 두 가지 해결 방법이 있다.

신뢰망<sup>Web Of Trust, WOT</sup>라고 불리는 모델은 기존 사용자들(서명인<sup>endorser</sup>라고 함)이 인증서(신원/키 바인딩)를 보증하도록 하는 방법이다. 서명인은 인증서에 서명하고 서명된 인증서를 배포한다. 시간이 지나면서 인증서에 대한 서명인이 늘어날수록 더 신뢰할 만한 인증서라고 본다. 인증서를 확인하는 개체는 인증서 신뢰에 일정 숫자 이상의 서명인 또는 특정 서명인을 요구할 수 있다. 신뢰망 모델은 중앙집권식 기관이 없기 때문에 분권형이며 본질적으로 '풀뿌리' 모델이다. 이로 인한 결과는 복합적이다. 중앙 기관이 없다는 것은 단일 장애 지점으로 인한 붕괴가 없음을 의미하지만, 신규 진입자는 상당수의 서명인이 자신의 인증서를 서명해서 신뢰를 얻기까지 오랜 시간이 걸릴 수 있음도 의미한다. 일부 단체는 이 기간을 줄이기 위해 '키 서명 모임'을 갖기도 한다. 신뢰망 모델은 처음에 이

메일을 위한 PGP<sup>Pretty Good Privacy</sup> 암호화 알고리즘의 일부로서 기술됐는데<sup>[NAZ00]</sup>, 지금은 [RFC4880]에 정의된 OpenPGP라는 표준 인코딩 형식을 지원하도록 발전했다.

중앙집권적 기관에 의존해야 하는 대가로 이론적으로 더 안전할 수도 있는 보다 공식적인 방법은 공개 키 기반구조(PKI)를 사용한다. PKI는 키 쌍과 인증서의 생성, 취소, 배포, 갱신을 책임지는 서비스다. PKI는 인증 기관(CA)들과 함께 운영되는데, CA는 신원과 그에 대응하는 공개 키 사이의 바인딩을 관리하고 증명하기 위해 설립된 개체 및 서비스다. 수백 개의 상업용 CA가 존재한다. CA는 일반적으로 계층적 서명 방식을 사용한다. 이것은 공개 키는 부모 키로 서명되고, 부모 키는 조부모 키로 서명되고, 이런 식으로 계속되는 체계를 말한다. 궁극적으로 CA는 하위 인증서들이 신뢰를 위해 의존하는 하나 이상의 루트 인증서를 가진다. 인증서와 키의 관리 권한이 있는 개체(예를 들면 CA)를 신뢰 앵커<sup>trust anchor</sup>라고 부르는데, 이 용어는 이러한 개체와 관련된 인증서 또는 기타 암호화 자료를 의미하기도 한다. 이에 대해서는 다음 절에서 논의한다.

## 18.5.1 공개 키 인증서, 인증기관, X.509

과거에 여러 종류의 인증서들이 사용됐지만 지금 가장 우리에게 흥미로운 것 중 하나는 ITU-T X.5-9 표준<sup>[RFC5280]</sup>의 인터넷 프로파일 중 하나를 기반으로 한다. 또, 어떤 인증서든 다수의 파일이나 인코딩 형식으로 저장되거나 교환될 수 있다. 널리 쓰이는 방법으로는 DER, PEM(DER의 Base64 버전), PKCS#7(P7B), PKCS#12(PFX) 등이 있다 또 8장에서 PKCS#1<sup>[RFC3447]</sup>도 있다. 오늘날 인터넷 PKI 관련 표준은 PKCS#7 1.5 버전을 기반으로 하는 암호화 메시지 문법<sup>cryptographic message syntax[RFC5652]</sup>을 사용하는 경향이 있다. 이후의 예제에서 우리는 많은 인터넷 애플리케이션의 기본 형식이며 ASCII로 쉽게 표시 가능하다는 이점도 있는 PEM 형식의 X.509 인증서를 사용할 것이다.

인증서는 인터넷상의 4가지 개체, 즉 개인, 서버, 소프트웨어 게시자, CA를 식별하는 데 사용됩니다. 인기 있는 민간 CA인 베리사인<sup>Verisign</sup>은 인증서에 1부터 5까지의 '클래스'를 할당한다. 클래스 1 인증서는 개인, 클래스 2는 단체, 클래스 3은 서버 및 소프트웨어 서명, 클래스 4는 기업 간의 온라인 거래, 클래스 5는 민간 단체와 정부다. 인증서의 클래스는 인증서 유형을 묶어서 이름을 지정하고 인증서와 연관된 보안 정책을 정의하는 데 유용하다. 일반적으로 클래스가 높으면 인증서 발급 전에 신원을 확인하는데(신원 증명) 더 엄격한 절차를 거쳐야 한다.

이것이 앞서 언급한 닭과 달걀 PKI 부트스트랩 문제를 완전히 해결하지는 못한다. 실제로 공개 키 작업을 필요로 하는 시스템들은 초기 설정 시에 주요 CA들의 루트 인증서가 설치된다(예를 들어 마이크로소프트 인터넷 익스플로러, 모질라 파이어폭스, 구글 크롬 등은 모두 미리 설정된 루트 인증서 데이터베이스에 접근할 수 있다). 구체적으로 어떻게 동작하는지 보고 싶으면 인증서에 대한 정보를 표시하는 명령을 사용할 수 있다. 리눅스와 윈도우 등 대부분의 플랫폼에서 사용할 수 있는 openssl 명령을 사용하면 웹사이트의 인증서를 볼 수 있다(일부 출력은 가독성을 위해 생략).

```
Linux% CDIR=`openssl version -d | awk '{print $2}'`
Linux% openssl s_client -CApath $CDIR \
            -connect www.digicert.com:443 > digicert.out 2>1
^C (인터럽트)
```

첫 번째 명령은 사전 설정된 CA 인증서가 저장된 로컬 시스템의 위치를 알아낸다. 디렉터리는 보통 시스템에 따라 다르다. 이 예제에서 디렉터리의 이름은 셸 변수 CDIR에 저장된다. 다음으로 www.digicent.com 서버의 HTTPS 포트(443)에 연결하고 출력을 digicert.out 파일로 리다이렉트한다. openssl 명령[2]은 인증서들이 식별하는 개체가 무엇인지, 그리고 인증서들이 인증서 계층 내에서 루트 인증서에 상대적으로 어느 깊이 depth에 있는지 보여준다(깊이가 0이면 서버의 인증서를 의미하며, 아래에서 위로 센다). 또 저장돼 있는 CA 인증서와 대조하고 문제가 없는지 검사한다. 이번 예제의 경우 문제가 없어서 verify return code의 값이 0 (ok)로 표시된다.

```
Linux% grep "return code" digicert.out
    Verify return code: 0 (ok)
```

digicert.out 파일은 서버 연결의 추적 정보뿐 아니라 서버 인증서의 사본도 포함한다. 이 인증서를 더 사용할 만한 형태로 만들기 위해서 인증서 데이터를 추출하고 변환한 후 결과를 PEM 인코딩 인증서 파일에 넣는다.

---

2  윈도우 고유의 비슷한 명령인 certutil은 윈도우 2003 서버와 윈도우 서버 2003 관리 도구 팩에 포함돼 있다.

```
Linux% openssl x509 -in digicert.out -out digicert.pem
```

PEM 형식의 인증서가 주어지면 openssl 함수를 다양하게 사용해서 인증서를 조작 및
검사할 수 있다. 인증서는 서명돼야 하는 일부 데이터(TBSCertificate라고 함)에 이어서 서
명 알고리즘 식별저와 서명 값을 포함한다. 다음 명령을 사용해서 서버 인증서를 볼 수
있다(일부 출력은 가독성을 위해 생략).

```
Linux% openssl x509 -in digicert.pem -text
Certificate:
   Data:
      Version: 3 (0x2)
      Serial Number:
         02:c7:1f:e0:1d:70:41:4b:8b:a7:e2:9e:5e:58:42:b9
      Signature Algorithm: sha1WithRSAEncryption
      Issuer: C=US, O=DigiCert Inc, OU=www.digicert.com,
              CN=DigiCert High Assurance EV CA-1
      Validity
         Not Before: Oct 6 00:00:00 2010 GMT
         Not After : Oct 9 23:59:59 2012 GMT
      Subject: 2.5.4.15=V1.0, Clause 5.(b)/
               1.3.6.1.4.1.311.60.2.1.3=us/
               1.3.6.1.4.1.311.60.2.1.2=Utah/
               serialNumber=5299537-0142,
               C=US, ST=Utah, L=Lindon, O=DigiCert, Inc.,
               CN=www.digicert.com
      Subject Public Key Info:
         Public Key Algorithm: rsaEncryption
         RSA Public Key: (2048 bit)
            Modulus (2048 bit):
               00:d1:76:0b:1e:4e:96:d2:08:c1:b8:75:bd:20:9c:
               66:7f:42:6b:54:8b:7f:7a:4a:f8:3e:df:70:68:1f:
               ...
               25:7b:40:e9:e3:cc:a2:0d:95:29:f4:08:ed:50:16:
               52:11:6f:de:a0:bb:34:bc:8b:b5:60:c1:ab:e4:78:
               75:9f
            Exponent: 65537 (0x10001)
      X509v3 extensions:
         X509v3 Authority Key Identifier:
            keyid:4C:58:CB:25:F0:41:4F:52:F4:
            28:C8:81:43:9B:A6:A8:A0:E6:92:E5
         X509v3 Subject Key Identifier:
            4F:E0:97:FF:C1:AE:06:53:03:19:F7:
```

```
                    0A:37:4B:9F:F0:13:E2:88:D8
            X509v3 Subject Alternative Name:
                DNS:www.digicert.com, DNS:content.digicert.com
            Authority Information Access:
                OCSP - URI:http://ocsp.digicert.com
                CA Issuers - URI:
                    http://www.digicert.com/CACerts/
                    DigiCertHighAssuranceEVCA-1.crt
            Netscape Cert Type:
                SSL Client, SSL Server
            X509v3 Key Usage: critical
                Digital Signature, Key Encipherment
            X509v3 Basic Constraints: critical
                CA:FALSE
            X509v3 CRL Distribution Points:
                URI:http://crl3.digicert.com/ev2009a.crl
                URI:http://crl4.digicert.com/ev2009a.crl
            X509v3 Certificate Policies:
                Policy: 2.16.840.1.114412.2.1
                    CPS: http://www.digicert.com/ssl-cps-repository.htm
                    User Notice:
                        Explicit Text:

            X509v3 Extended Key Usage:
                TLS Web Server Authentication,
                TLS Web Client Authentication
    Signature Algorithm: sha1WithRSAEncryption
        e1:e6:dd:0e:23:5f:08:9a:63:63:c7:a1:f3:95:f0:ca:7e:3c:
        57:81:2c:2a:19:2b:24:fe:e4:26:bd:91:27:7c:11:50:35:e7:
        ...
        fd:64:6f:97:8b:15:fb:d1:7a:f7:67:80:da:da:41:d8:e3:f9:
        e4:bd:92:97
-----BEGIN CERTIFICATE-----
MIIHLTCCBhWgAwIBAgIQAscf4B1wQUuLp+KeXlhCuTANBgkqhkiG9w0BAQUFADBp
MQswCQYDVQQGEwJVUzEVMBMGA1UEChMMRGlnaUNlcnQgSW5jMRkwFwYDVQQLExB3
...
8+qQ0wF/xY9rHM0+eIqy3da4AFhfW4sAmyafs7hcEMjUAkS6Yb0qIw8ud/1kb5eL
FfvRevdngNraQdjj+eS9kpc=
-----END CERTIFICATE-----
```

디코딩된 버전의 인증서 뒤에 (BEGIN CERTICATE와 END CERTICATE 표시자 사이에) 인증
서의 ASCII(PEM) 표현이 보인다. 디코딩된 인증서는 데이터 부분과 서명 부분이 있다.
데이터 부분에는 메타데이터가 있는데, X.509 인증서 유형을 나타내는 버전<sup>Version</sup> 필드

(이 예제에서는 16진수 값 0x02를 사용해 3이 인코딩됨), 각 인증서에 고유한 CA가 할당한 번호인 인증서의 일련 번호<sup>Serial Number</sup>, 인증서의 유효 기간을 나타내는 유효기간<sup>Vaildity</sup> 필드 등이 있다. 유효기간은 Not Before 하위 필드부터 Not After 하위 필드까지의 기간으로 지정된다. 인증서 메타데이터는 어느 서명 알고리즘을 사용해서 데이터 부분을 서명할지도 나타낸다. 이 예제의 경우 SHA-1을 사용해 해시를 계산하고 RSA를 사용해 결과를 서명한다. 서명 자체는 인증서의 끝에 보인다.

디코딩된 버전의 인증서 뒤에 (BEGIN CERTICATE와 END CERTICATE 표시자 사이에) 인증서의 ASCII(PEM) 표현이 보인다. 디코딩된 인증서는 데이터 부분과 서명 부분이 있다. 데이터 부분에는 메타데이터가 있는데, X.509 인증서 유형을 나타내는 버전<sup>Version</sup> 필드 (이 예제에서는 16진수 값 0x02를 사용해서 3이 인코딩됨), 각 인증서에 고유한 CA가 할당한 번호인 인증서의 일련 번호<sup>Serial Number</sup>, 인증서의 유효 기간을 나타내는 유효기간<sup>Vaildity</sup> 필드 등이 있다. 유효기간은 Not Before 하위 필드부터 Not After 하위 필드까지의 기간으로 지정된다. 인증서 메타데이터는 어느 서명 알고리즘을 사용해서 데이터 부분을 서명할지도 나타낸다. 이 예제의 경우 SHA-1을 사용해서 해시를 계산하고 RSA를 사용해 결과를 서명한다. 서명 자체는 인증서의 끝에 보인다.

인증서의 유효성을 검사해야 하는 경우, 한 인증서의 발급자 고유 이름과 다른 인증서의 주체 이름과 대조하면서 루트 CA 인증서까지 인증서 계층을 올라가는 방법으로 재귀적 프로세스가 동작한다. 이번 예제의 경우 인증서는 DigiCert High Assurance EV CA-1(발급자의 CN 하위필드)에 의해 발급됐다. 현재 모든 인증서가 유효 기간이 지나지 않았고 적절한 방법으로 사용되고 있다고 가정하면, 검사 대상 인증서의 주체 필드에 대한 일부 상위 인증서(부모 인증서나 조부모 인증서 등. 일반적으로는 루트 CA 인증서)가 신뢰돼야 유효성 검사가 성공할 수 있다.

주체 공개 키 정보<sup>Subject Public Key Info</sup> 필드는 주체 필드에 지정된 개체에 속하는 알고리즘과 공개 키를 나타낸다. 이번 예제의 경우 공개 키는 2048비트 모듈러스와 65537의 공개 지수를 가진 RSA 공개 키다. 제목은 이 공개 키와 쌍을 이루는 일치하는 RSA 개인 키(모듈러 + 개인 지수)를 소유하고 있다. 개인 키가 손상됐거나 다른 이유로 공개 키를 변경해야 하는 경우, 공개 키와 개인 키를 재생성하고 새 인증서를 발급해야 한다. 그런 다음 이전 인증서는 취소된다(18.5.2절 참조).

버전 3 X.509 인증서는 0개 이상의 확장<sup>extension</sup>을 포함할 수 있다. 확장 기능은 중요한 것과 그렇지 않은 것이 있으며, [RFC5280]의 인터넷 프로필에서 필수로 요구되는 것도 있다. 중요한 것일 경우 신뢰 당사자<sup>relying party</sup>(CPS 용어) 정책에 따라 처리 및 허용 가능한 것으로 확인돼야 한다. 중요하지 않은 확장은 지원된다면 처리되지만, 처리되지 않는다고 해서 오류가 발생하지는 않는다. 이번 예제에서는 10개의 X.509v3 확장이 있다. 많은 확장들이 정의됐지만, 우리가 논의할 대상은 크게 2가지의 비공식적 범주로 분류할 수 있다. 첫 번째 범주는 제목에 대한 정보와 해당 인증서를 사용하는 방법을 포함하고, 두 번째 범주는 발급자를 나타내는 항목들과 관련이 있는데 발행 CA와 관련된 추가 정보의 위치를 표시하는 키 식별과 URI를 포함할 수 있다. 이번 예제의 인증서는 (CA가 아니라) 최종 개체 인증서다. CA 인증서는 다른 확장을 사용하거나 확장에 사용되는 값이 약간 다를 때가 많다.

기초 제약<sup>basic constraint</sup> 확장은 중요한 확장으로서 인증서가 CA 인증서인지 여부를 나타냅니다. 이번 예제의 경우는 CA 인증서가 아니므로 다른 인증서를 서명하는 데 사용될 수 없다. CA 인증서임을 나타내는 인증서는 단말<sup>leaf</sup> 위치가 아닌 다른 위치에서의 인증서 유효성 검사 체인<sup>chain</sup>에 사용될 수 있다. 루트 CA 인증서 또는 인증서가 서명한 인증서('중간 인증서'. 예를 들면 이번 예제에서 참조된 DigiCert High Assurance EV CA-1 인증서)는 이렇게 사용되는 것이 일반적이다.

주체 키 식별자<sup>Subject Key Identifier</sup> 확장은 인증서 내의 공개 키를 식별한다. 이 확장 덕분에 동일한 주체가 소유하는 여러 키를 구별할 수 있다. 키 용도<sup>Key Usage</sup> 확장은 중요 확장으로서 키의 유효 용도를 확인한다. 가능한 용도로는 디지털 서명, 부인방지(내용 확정), 키 암호화, 데이터 암호화, 키 교환, 인증서 서명, CRL 서명(18.5.2절 참조), 암호화 전용, 복호화 전용 등이 있다. 이러한 유형의 서버 인증서는 주로 연결의 두 종단점을 식별하고 세션 키(18.9절 참조)를 암호화하는 데 사용되기 때문에 이번 예제처럼 가능한 용도가 다소 제한적일 수 있다. 확장 키 용도<sup>Extended Key Usage</sup> 확장은 중요할 수도 그렇지 않을 수도 있는데 키 용도에 대해 추가로 제한을 걸 수 있다. 인터넷 프로필에서 사용할 때 이 확장이 가질 수 있는 값은 TLS 클라이언트 및 서버 인증, 다운로드 가능한 코드의 서명, 전자 메일 보호(부인방지와 키 교환 또는 암호화), 다양한 IPsec 동작 모드(18.8절 참조), 타임스탬프 등이 있다. SAN 확장을 사용하면 1개의 인증서를 여러 목적으로 사용할 수 있다(예를 들면

DNS 이름이 다른 다수의 웹사이트 용으로). 이렇게 하면 웹사이트마다 별도의 인증서를 보유할 필요가 없기 때문에 비용과 관리 부담을 크게 줄일 수 있다. 이번 예제의 경우 인증서는 DNS 이름 www.digicert.com와 content.digicert.com 어느 쪽에든 사용될 수 있다(하지만 앞서 말했듯이 digicert.com은 사용할 수 없다). 넷스케이프 인증 유형Netscape Cert Type 확장은 이제 더 이상 사용되지 않지만 넷스케이프 소프트웨어에 대한 키 용도를 나타내는 데 사용됐다.

이번 예제의 인증서에서 나머지 확장자들은 인증서 및 그 발급 CA의 관리와 상태 정보와 관련이 있다. CRL 배포 지점CDP 확장은 CA의 인증서 취소 목록CRL을 찾을 수 있는 URL 목록을 포함한다. CRL은 취소된 인증서들의 목록으로서 유효성 검사 체인 내의 인증서가 취소됐는지 확인하는 데 사용된다(18.5.2 참조). 인증서 정책CP 확장은 인증서에 적용할 수 있는 인증서 정책을 포함한다[RFC5280]. 이번 예제에서 CP 확장은 2개의 한정자qualifier를 갖는 정책을 포함하고 있다. 정책Policy 값이 2.16.840.1.114412.2.1인 것은 인증서가 EV 정책을 준수함을 나타낸다. CPS 한정자는 정책에 적용 가능한 CPS를 찾을 수 있는 URI에 대한 포인터를 제공한다. 사용자 통지User Notice 한정자는 신뢰 당사자에게 표시돼야 할 텍스트를 포함할 수 있다. 이번 예제의 경우는 아래의 문자열을 포함한다.

본 인증서의 모든 사용은 책임을 제한하고 참조에 의해 이 문서에 통합된 DigiCert EV CPS 및 신뢰 당사자 동의를 수용하는 것으로 간주된다.

권한 키 식별자Authority Key Identifier는 인증서 서명에 사용된 개인 키에 대응하는 공개 키를 식별한다. 발급자가 서명 생성에 사용된 개인 키를 여러 개 가지고 있을 경우 유용하다. 권한 정보 접근AIA, Authority Information Access 확장자는 CA로부터 어디서 정보를 찾을 수 있는지 나타낸다. 이번 예제의 경우 온라인 쿼리 프로토콜(18.5.2절 참조)을 사용해 인증서가 취소됐는지 확인하는 데 사용되는 URI를 나타낸다. 또한 예제의 서버 인증서를 서명할 책임이 있는 CA 인증서를 포함하는 URL가 들어있는 CA 발급자 목록도 표시한다.

확장 정보가 모두 끝나면 그다음에는 서명 부분이 온다. 이 부분은 서명 알고리즘(이번 예제의 경우 RSA를 사용하는 SHA-1)의 식별 정보를 포함하는데, 앞서 언급했던 서명 알고리즘Signature Algorithm 필드와 일치해야 한다. 이번 예제의 경우 서명 자체는 256바이트 값으로서 이런 용도로 RSA를 사용할 때 사용되는 2048비트 모듈러스에 해당한다.

## 18.5.2 인증서의 검증과 취소

우리는 이미 인증서가 취소되고 새로 발급된 인증서로 대체될 수도 있음을 배웠다. IETF 의 [RFC5280]는 인터넷에 대해서 X.509v2의 CPL과 함께 X.509v3 인증서를 사용할 것 을 정의하고 있다. 그러면 인증서는 어떻게 취소되는지, 그리고 인증서를 더 이상 신뢰할 수 없음을 당사자들이 어떻게 알 수 있도록 하는 의문이 생길 것이다.

인증서의 유효성을 검사하려면 일반적으로 신뢰 당사자들이 이미 알고 있는 어떤 신뢰 앵커(예를 들면 루트 인증서)까지의 검증된 인증서들을 포함하는 유효성 검사 경로 또는 인 증 경로가 설정돼야 한다. 이 과정의 핵심은 체인 내의 하나 이상의 인증서가 취소됐는지 확인하는 것이다. 취소된 것이 있다면 유효성 검사는 실패한다. 우리는 앞서 8.5.5절에서 일부 내용을 본 적이 있다.

인증서가 취소돼야 하는 몇 가지 이유가 있다. 예를 들면 인증서의 주체(또는 발급자)가 제 휴 관계 또는 이름을 변경하는 경우가 그렇다. 인증서가 취소되면 더 이상 사용할 수 없 다. 문제는 인증서를 사용하려는 개체가 인증서의 취소 사실을 알게 하는 것이다. 인터넷 에서는 CRL과 온라인 인증 상태 프로토콜OCSP, Online Certificate Status Protocol[RFC2560]이라는 두 가지 방법이 주로 사용된다. 앞의 예제에서처럼 CRL 배포 지점 확장에 HTTP 또는 FTP URI 스키마가 포함된 경우, 전체 URL은 X.509 CRL을 포함하는 DER 형식의 파일 이 름을 제공한다. 이번 예제에서는 다음 명령을 사용해 인증서에 대응하는 CRL을 조회할 수 있다.

```
Linux% wget http://crl3.digicert.com/ev2009a.crl
```

다음과 같은 출력이 나온다.

```
Linux% openssl crl -inform der -in ev2009a.crl -text
Certificate Revocation List (CRL):
        Version 2 (0x1)
        Signature Algorithm: sha1WithRSAEncryption
        Issuer: /C=US/O=DigiCert Inc/OU=www.digicert.com/
                CN=DigiCert High Assurance EV CA-1
        Last Update: Jan  2 06:20:13 2011 GMT
        Next Update: Jan  9 06:20:00 2011 GMT
        CRL extensions:
```

```
            X509v3 Authority Key Identifier:
                keyid:4C:58:CB:25:F0:41:4F:52:F4:
                28:C8:81:43:9B:A6:A8:A0:E6:92:E5

            X509v3 CRL Number:
                732Revoked Certificates:
    Serial Number: 0119BF8D1A24460EBE59355A11AD7B1C
        Revocation Date: Jul 29 19:25:40 2009 GMT
        CRL entry extensions:
            X509v3 CRL Reason Code:
                Unspecified

    ...
    Serial Number: 0D2ED685A9A828A21067D1826C5015A9
        Revocation Date: Dec 17 17:18:40 2010 GMT
        CRL entry extensions:
            X509v3 CRL Reason Code:
                Superseded
    Signature Algorithm: sha1WithRSAEncryption
        d4:a3:50:07:1b:b8:17:ff:e2:83:3d:b9:6a:3e:22:8d:e4:22:
        40:12:0b:cf:26:d9:16:99:b1:96:5a:86:ea:3e:8a:3f:f9:39:
        ...
        c7:e0:92:f6:66:72:7e:a4:f0:fd:16:d4:ec:2f:10:35:ea:2d:
        45:06:19:4b
-----BEGIN X509 CRL-----
MIIHeDCCBmACAQEwDQYJKoZIhvcNAQEFBQAwaTELMAkGA1UEBhMCVVMxFTATBgNV
BAoTDERpZ2lDZXJ0IEIuYzEZMBcGA1UECxMQd3d3LmRpZ2ljZXJ0LmNvbTEoMCYG
...
hzcRf+ITVZ76LtHdzWDDPFujPyqPzMnkbGqGVsve9Gd4NcQiozOyoCDvaLezgO69
EYmMayk9zXFSaBVdEZ5Tgekrj0fFnsfgkvZmcn6k8P0W1OwvEDXqLUUGGUs=
-----END X509 CRL-----
```

여기서 X.509 v2 CRL의 형식을 확인할 수 있다. 인증서의 형식과 매우 유사하며, 인증
서와 마찬가지로 전체 메시지가 CA에 의해 서명돼 있기 때문에 CRL은 인증서처럼 배
포될 수 있다. 서명이 돼 있지 않으면 신뢰할 수 없는 통신 채널 및 서버를 사용해야 한
다. 인증서와 다른 점은 유효 기간이 이전 및 다음 CRL 갱신 목록으로 대체돼 있다는 점
이다. 또, 주체도 없고 공개 키도 없으며, 그 대신에 취소된 인증서들의 일련 번호 목록과
해지 시점 및 사유가 있다. 그리고 CRL 고유의 확장도 있다. 이번 예제의 권한 키 식별자
Authority Key Identifier 확장자는 CA가 CRL 서명 시에 사용한 키를 식별하는 번호를 니타낸다.
CRL 번호Number 확장은 CRL의 순서 번호를 나타낸다. 그 밖의 값들은 [RFC5280]에서

볼 수 있다.

인증서가 취소됐는지 확인할 수 있는 또 다른 주요 방법은 OCSP다. OCSP는 일반적으로 HTTP를 통해 동작하는 애플리케이션 수준의 요청/응답 프로토콜이다(즉, TCP 포트 80에서 TCP/IP와 함께 HTTP 프로토콜을 사용한다). OCSP 요청은 특정 인증서를 식별하는 정보와 일부 선택적 확장을 포함하고, OCSP 응답은 인증서가 해지되지 않았는지, 알 수 없는지, 해지됐는지 여부를 나타낸다. 요청을 분석할 수 없거나 다른 방법으로 처리할 수 없는 경우 오류가 반환된다. OCSP 응답을 서명하는 데 사용된 키가 원래 인증서 서명에 사용된 키와 반드시 일치할 필요는 없다. 대체 OCSP 제공자를 나타내는 키 용도<sup>Key Usage</sup> 확장을 발급자가 포함하면 된다.

OCSP 요청/응답 교환의 실제 동작 모습을 보기 위해서 DigiCertHighAssuranceEVCA-1.pem 파일 내의 클래스 1 인증서를 얻은 뒤 다음 명령을 실행하자. 가독성을 위해 일부 출력은 생략됐다.

```
Linux% CERT=DigiCertHighAssuranceEVCA-1.pem
Linux% openssl ocsp -issuer $CERT -cert digicert.pem \
-url http://ocsp.digicert.com -VAfile $CERT -no_nonce -text
OCSP Request Data:
    Version: 1 (0x0)
    Requestor List:
        Certificate ID:
            Hash Algorithm: sha1
            Issuer Name Hash: B8A299F09D061DD5C1588F76CC89FF57092B94DD
            Issuer Key Hash: 4C58CB25F0414F52F428C881439BA6A8A0E692E5
            Serial Number: 02C71FE01D70414B8BA7E29E5E5842B9
OCSP Response Data:
    OCSP Response Status: successful (0x0)
    Response Type: Basic OCSP Response
    Version: 1 (0x0)
    Responder Id: 4C58CB25F0414F52F428C881439BA6A8A0E692E5
    Produced At: Jan  2 08:03:24 2011 GMT
    Responses:
    Certificate ID:
      Hash Algorithm: sha1
      Issuer Name Hash: B8A299F09D061DD5C1588F76CC89FF57092B94DD
      Issuer Key Hash: 4C58CB25F0414F52F428C881439BA6A8A0E692E5
      Serial Number: 02C71FE01D70414B8BA7E29E5E5842B9
    Cert Status: good
```

```
        This Update: Jan  2 08:03:24 2011 GMT
        Next Update: Jan  9 08:18:24 2011 GMT

Response verify OK
digicert.pem: good
        This Update: Jan  2 08:03:24 2011 GMT
        Next Update: Jan  9 08:18:24 2011 GMT
```

출력 결과에서 볼 수 있듯이 이 OCSP 트랜잭션은 인증서에 문제가 없다고 말하고 있다. 요청 메시지는 해시 알고리즘(SHA-1), 발급자 이름의 해시, 발급자 키를 식별하는 번호 (인증서의 키 ID 확장과 동일), 그리고 인증서의 일련번호를 포함한다. 응답자 ID로 식별되는 응답자는 자신을 식별한 뒤 응답 메시지에 서명한다. 응답 메시지는 요청 메시지에 들어 있던 해시 및 숫자뿐 아니라 인증서가 '양호한' 상태(즉, 취소되지 않았음)라는 것도 포함한다. OCSP 프로토콜에서 클라이언트는 최신 CRL을 다운로드할 필요는 없지만 그래도 전체 인증 경로를 형성하고 확인해야 한다. 경우에 따라서는 이것이 클라이언트에게 상당한 부담이 될 수 있다.

클라이언트 시스템에 지워지는 인증서 체인 형성 및 검증 부담을 해결하기 위해 [RFC5055]에 서버 기반 인증서 검증 프로토콜<sup>SCVP, Server-Based Certificate Validation Protocol</sup>이 정의됐지만 아직 널리 사용되지 않고 있다. SCVP를 사용하면 인증 경로의 형성(위임 경로 발견 또는 DPD라고 부름) 및 (선택적으로) 검증(위임 경로 검증 또는 DPV라고 부름) 책임이 서버로 넘어간다. 검증은 신뢰되는 서버로만 넘어간다. 이는 클라이언트의 부하를 줄일 수 있으며 기업 전체에 공통의 검증 정책이 일관되게 적용될 수 있도록 보장할 수 있다.

### 18.5.3 인증서 속성

이름과 공개 키를 묶는 공개 키 인증서<sup>PKC</sup> 이외에도 X.509는 속성 인증서<sup>AC, Attribute Certificate</sup>라고 불리는 다른 형태의 인증서를 정의한다. AC는 PKC와 구조적으로 유사하지만 공개 키가 없다. AC는 PKC[RFC5755]와 수명이 다른(예를 들면 더 짧은) 인증 정보 등을 표시하는 데 사용된다. AC는 확장과 AC 정책 등 PKC와 비슷한 구조를 포함한다.

## 18.6 TCP/IP 보안 프로토콜과 계층 구조

지금까지 우리는 암호화가 바람직한 보안 속성을 갖는 통신 시스템 구축의 기반을 제공한다는 것을 배웠다. 암호화 관련 프로토콜들은 여러 계층의 프로토콜에서 존재할 수 있다(실제로 그렇다). 1장에서 배웠던 OSI 참조 모델의 관점에서 보면, 암호화를 통한 강력한 보안 기능은 거의 모든 계층에서 지원된다.

링크 계층의 보안은 하나의 통신 홉$^{hop}$을 통해 흐르는 정보를 보호하고, 네트워크 계층의 보안은 호스트 간에 흐르는 정보를 보호하며, 전송 계층의 보안은 프로세스 간의 통신을 보호하고, 애플리케이션 계층의 보안은 애플리케이션이 조작하는 정보를 보호한다. 또 통신 계층과는 독립적으로 애플리케이션이 조작하는 데이터를 보호할 수도 있다(예를 들어 파일을 암호화한 뒤 전자 메일의 첨부 파일로 보낼 수 있다). 그림 18-4는 TCP/IP와 함께 사용되는 가장 일반적인 보안 프로토콜들을 보여준다.

| 계층<br>번호 | 계층명 | 예 |
|:---:|:---:|:---:|
| 7 | 응용 | DNSSEC , DKIM , EAP , Diameter , RADIUS , SSH , Kerberos, IPsec (IKE ) |
| 4 | 전송 | TLS , DTLS , PANA |
| 3 | 네트워크 | IPsec (ESP) |
| 2 | 링크 | 802.1X(EAPoL ), 802.1AE(MACSec ), 802.11i/WPA 2, EAP |

**그림 18-4** 보안 프로토콜은 기본적으로 모든 OSI 스택 계층과 일부 중간 계층에 존재한다. 해결하고자 하는 위협에 적합한 프로토콜을 선택하려면 세심한 주의가 요구된다.

그림 18-4를 보면 수많은 보안 프로토콜이 있음을 알 수 있으며, 특정 시점에 우리가 어떤 프로토콜에 관심을 갖느냐는 우리에게 필요한 기능의 범주가 무엇이냐에 달려 있다. 이 그림에 소개된 프로토콜 대부분을 지금부터 살펴볼 것인데, 그중에서도 IPsec(3계층에서 기계 간의 보안), TLS(애플리케이션을 지원하기 위해 설계된 전송 계층 보안$^{Transport\ Layer\ Security}$), 그리고 DNSSEC에 특히 중점을 둔다. TLS는 모든 보안 웹 통신(HTTPS)과 함께 사용되

고 IPsec는 VPN을 포함한 대부분의 네트워크 계층 보안과 함께 사용되기 때문에 TLS 와 IPsec은 매우 널리 사용되고 있다. DNS 보안은 클라이언트 시스템이 잘못된 정보를 제공하는 가짜 DNS 서버로 유도되는 DNS 가로채기<sup>hijacking</sup> 공격을 막는 데 도움이 된 다. 널리 사용됨에도 불구하고 자세히 다루지 않을 2개의 프로토콜은 (윈도우 기업 환경에 서 사용되는 제3자<sup>third party</sup> 인증 체계인) 커버로스<sup>Kerberos[RFC4120]</sup>와 UNIX 계열 시스템에서 많 이 사용되는 (보안 셀 원격 로그인 및 터널링 프로토콜인) SSH<sup>[RFC4251]</sup>다. 이 프로토콜들은 특 정 운영체제를 실행 중인 컴퓨터에서 많이 사용되고 있지만 결코 필수적인 것은 아니다. 이 장의 자세한 프로토콜 설명은 시간이 갈수록 훨씬 더 광범위한 인터넷 사용자에게 적 용될 것이라고 예상되는 프로토콜들에 집중한다.

최근의 거의 모든 네트워킹 기술이 보안과 관련된 접근 방식을 갖고 있지만, 우리는 링크 계층부터 시작해서 OSI 스택의 계층들을 아래에서 위 순서로 이동할 것이다. 우리는 이 미 (3장 참조) 일부 링크 계층 프로토콜이 자체적인 보안 메커니즘을 가지고 있음을 보았 다(예를 들어 802.11-2007은 그 전의 802.11i 사양을 기반으로 WPA2가 명세에 포함돼 있다). 우리는 둘 이상의 링크 계층 네트워크 유형에 적용되는 프로토콜에 특히 관심을 가질 것이다.

## 18.7 네트워크 접근 제어: 802.1X, 802.1AE, EAP, PANA

네트워크 접근 제어<sup>NAC, Network Access Control</sup>는 특정 시스템이나 사용자에게 네트워크 통신 을 허락 또는 거부하는데 사용되는 방법들을 가리킨다. IEEE가 정의한 802.1X 포트 기 반 네트워크 접근 제어<sup>PNAC, Port-based Network Access Control</sup> 표준이 기업의 유무선 LAN 보안 을 지원하기 위해 TCP/IP와 함께 널리 사용되고 있다. PNAC의 목적은 시스템 혹은 사 용자가 네트워크에 접속한 지점을 기반으로 인증됐을 경우에만 네트워크(예를 들면 인트 라넷이나 인터넷) 접근을 제공하는 것이다. IETF 표준인 확장 가능한 인증 프로토콜<sup>EAP,</sup> <sup>Extensible Authentication Protocol[RFC3748]</sup>과 함께 사용되는 802.1X를 EAPoL<sup>EAP over LAN</sup>이라고 부 르기도 한다. 다만 802.1X 표준은 EAPoL 패킷 형식보다 더 넓은 범위를 포괄한다.

802.1X의 가장 일반적인 변형은 2004년에 발표된 표준에 기반을 두고 있지만, [802.1X-2010]은 802.1AE(IEEE 표준 LAN 암호화로서 MACSec라고 불림) 및 802.1AR(보안 기기 신원 을 위한 X.509 인증서)과 호환된다. 또한 MKA라고 불리는 MACec 키 교환<sup>Key Agreement</sup> 프 로토콜도 포함돼 있지만 이 책에서는 자세히 논의하지 않는다. 802.1X에서 인증 대상

시스템은 신청자supplicant라고 불리는 기능을 구현해야 한다. 신청자는 인증자authenticator 및 백엔드 인증 서버와 상호 작용해서 인증을 수행하고 네트워크 접근 권한을 얻는다. 802.1X의 접근 제어 결정을 강제하는 데 VLAN(3장 참조)이 자주 사용된다.

EAP는 여러 링크 계층 기술과 함께 사용될 수 있으며 인증authentication, 권한 부여 authorization, 계정 관리accounting(AAA)를 구현하기 위한 여러 방법을 지원한다. EAP는 암호화 자체는 하지 않으므로 보안을 위해 다른 강력한 암호화 프로토콜들과 함께 사용되야 한다. 무선 네트워크에서는 WPA2, 유선 네트워크에서는 802.1과 같은 링크 계층 암호화와 함께 사용할 경우 802.1X는 비교적 안전하다. EAP는 802.1X와 동일한 신청자와 인증 서버 개념을 사용하지만 용어가 다르다(EAP는 피어peer, 인증자authenticator, AAA 서버라는 용어를 사용한다. 다만 간혹 EAP 관련 문서에서도 백엔드 인증 서버라는 용어가 사용된다). 예제 설정을 그림 18-5에서 볼 수 있다.

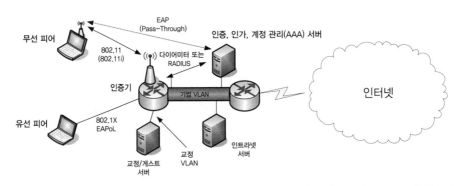

**그림 18-5** 802.11i 및 802.1X가 지원하는 EAP는 AAA 서버와는 별개의 인증자가 피어(신청자)를 인증할 수 있도록 허용한다. 인증자는 EAP 패킷을 단순히 포워딩할 뿐인 통과(pass-through) 모드에서 동작할 수 있다. 또 EAP 프로토콜에 더 직접적으로 참여할 수도 있다. 통과 모드에서 인증자는 많은 수의 인증 방법을 구현할 필요가 없다.

이 그림에서는 유선 및 무선 피어를 포함한 가상의 기업 사내망, 특정 VLAN에서 AAA 서버와 다른 인트라넷 서버를 포함하는 보호 대상 네트워크, 인증되지 않은 또는 복원remediation VLAN을 볼 수 있다. 인증자가 할 일은 (RADIUS[RFC2865][RFC3162]나 DIAMETER[RFC3588] 같은 AAA 프로토콜을 통해) 인증되지 않은 피어 및 AAA 서버와 상호 작용해서 피어에 보호 대상 네트워크에 대한 접근을 허용해야 할지 결정하는 것이다. 접근을 허용한다면 그 방법은 여러 가지가 있다.

가장 일반적인 접근 방식은 인증된 피어가 보호 대상 VLAN 또는 라우터(3계층)를 통해서 보호 대상 VLAN에 대한 연결을 제공하는 다른 VLAN에 할당되도록 VLAN 매핑을 조정하는 것이다. 인증자는 VLAN 트렁킹(IEEE 802.1AX 링크 통합link aggregation, 3장 참조)을 사용할 수도 있고, 포트 번호에 따라 VLAN 태그를 할당하거나 피어가 보낸 VLAN 태그 포함 프레임을 포워딩할 수도 있다.

> **주의**
>
> 일부 EAP 배포에서는 AAA 서버 없이 인증자가 사용되며 인증자는 피어의 인증 정보를 자체적으로 평가해야 한다. 인증이 확인되는 위치를 가리켜서 EAP 문서들은 EAP 서버라는 용어를 사용한다. 일반적으로 EAP 서버는 인증자가 통과 모드에서 작동할 때는 AAA 서버(백엔드 인증 서버)이고 그렇지 않을 때는 인증자가 된다.

802.1X에서 신청자와 인증자 사이의 프로토콜은 하단의 하위계층과 상단의 하위계층으로 나뉜다. 하단의 계층을 포트 액세스 제어 프로토콜PACP이라고 하며, 상단의 계층은 일반적으로 EAP의 일부 변형이다. 802.1AR과 함께 사용할 경우 EAP-TLS[RFC5216]라고 부른다. PACP는 EAP 인증이 사용되지 않아도(예를 들어 MKA를 사용) EAPoL 프레임을 사용해서 통신을 한다.

EAPoL 프레임은 0x888E의 이더넷 유형Ethertype 필드 값을 사용한다(3장 참조). IETF 표준 관점에서 보면 EAP는 단일 프로토콜이 아니라 여러 프로토콜의 조합을 통해서 인증을 수행하기 위한 프레임워크에 가깝다. 이때 사용되는 프로토콜에는 우리가 이번 장 내내 논의할 TLS와 IKEv2가 포함된다. 기준 EAP 패킷 형식은 그림 18-6에 나와 있다.

**그림 18-6** EAP 헤더는 패킷 종류(요청, 응답, 성공, 실패, 초기화, 종료)를 역다중화하기 위한 Code 필드를 포함하고 있다. 식별자는 요청과 응답을 대응시켜 준다. 요청과 응답 메시지의 경우, 첫 번째 데이터 바이트는 Type 필드다.

EAP 패킷 형식은 간단하다. 그림 18-6에서 코드Code 필드는 요청(1), 응답(2), 성공(3),

실패(4), 초기화(5), 종료(6)의 6가지 EAP 패킷 유형 중 하나를 포함한다. 마지막 2개는 EAP 재인증 프로토콜(18.7.2 참조)에 의해 정의되며, 공식적인 필드 값은 IANA[IEAP]가 관리한다. 식별자Identifier 필드에는 발신자가 선택한 번호가 들어 있으며 응답과 요청을 대조하는 데 사용된다. 길이Length 필드는 EAP 메시지 내의 바이트 수로서 코드, 식별자, 길이 필드의 길이도 포함된다. 요청 및 응답은 피어와의 식별 및 인증을 수행하는 데 사용되며, 그 결과 성공 또는 실패 표시자가 생성된다. 이 프로토콜은 시스템이 인증을 할 수 없을 때 어떻게 해야 할지 사용자에게 지침을 제공할 수 있도록 정보성 메시지를 운반할 수 있다. 순서를 유지한다고 가정되는 하단 계층 프로토콜 위에서 실행되지만, 신뢰성을 제공한다고 가정할 수는 없다. EAP 자체는 혼잡이나 흐름 제어와 같은 기능을 구현하지 않기 때문이다. 다만 그런 기능을 제공하는 프로토콜을 사용할 수 있다.

일반적인 EAP 교환은 인증자가 피어에 요청 메시지를 보내는 것으로 시작된다. 피어는 응답 메시지로 응답한다. 두 메시지 모두 그림 18-6과 같은 형식을 사용한다. 교환의 개략적인 과정이 그림 18-7에 나와 있다.

요청 및 응답 메시지의 주 목적은 인증 메서드method가 성공할 수 있도록 필요한 정보를 교환하는 것이다. [RFC3748]에 많은 메서드들이 정의돼 있으며 다른 표준에 정의된 것도 있다. 현재 사용 중인 메서드는 4 이상의 값으로 요청 및 응답 메시지의 유형Type 필드에 인코딩된다. 그 밖의 특수한 유형 필드 값으로는 신원Identity(1), 알림Notification (2), Nak(레거시 Nak)(3), 확장 유형Extended Type 확장(254)이 있다. 신원 유형은 인증자가 피어에게 식별 정보를 물어보고 피어가 응답할 수 있는 메서드를 제공하는 데 사용된다. 알림 유형은 사용자 또는 로그 파일에 메시지 또는 알림을 표시하는 데 사용된다(오류가 아니라 알림). 피어는 인증자가 요청한 메서드를 지원하지 않을 경우 음의 ACK(레거시 Nak 또는 확장 Nak)값으로 응답한다. 확장 Nak는 레거시 Nak에는 없는 구현된 인증 방식들의 벡터를 포함한다.

EAP는 자체적인 다중화multiplexing와 역다중화demultiplexing를 지원하는 계층형 아키텍처이다. 개념적으로는 하단 계층(여러 프로토콜이 있는 경우), EAP 계층, EAP 피어/인증자 계층, EAP 메서드 계층(여러 방식이 있는 경우)의 4계층으로 구성된다. 하단 계층은 EAP 프레임들을 순서대로 전송할 책임이 있다. 그런데 아이러니하게도 EAP를 전송하는 데 사용되는 프로토콜 중 일부는 실제로는 지금까지 논의돼 온 상단 계층의 프로토콜들이다.

EAP 하단 계층 프로토콜의 예로는 802.1X, 802.11i(802.11i) (3장 참조), L2TP를 사용하는 UDP(3장 참조), IKEv2를 사용하는 UDP(18.8.1절 참조), TCP(12-17장 참조) 등이 있다. 그림 18-8은 통과 모드의 인증자와 함께 계층이 구현되는 방법을 보여준다. 통과 모드 서버는 이와 반대겠지만 RADIUS 또는 Diameter에서 지원되지 않는다.

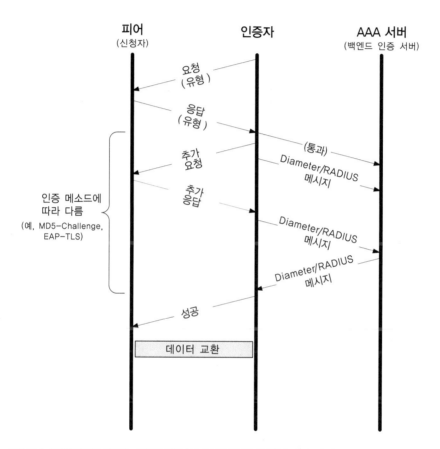

**그림 18-7** 기본적인 EAP 메시지는 피어와 인증자 간에 인증 정보를 운반한다. 대부분의 배포에서 인증자는 '통과' 모드로 동작하는 비교적 단순한 장치다. 이 모드에서 대부분의 프로토콜 처리는 피어 및 AAA 서버에서 수행된다. RADIUS 또는 Diameter와 같은 IETF 표준 AAA 프로토콜은 AAA 서버와 인증자 사이에 운반되는 EAP 메시지를 캡슐화하는 데 사용될 수 있다.

그림 18-8에 묘사된 EAP 스택에서 EAP 계층은 신뢰성과 중복 제거를 구현한다. 또 EAP 패킷 내의 코드 값을 바탕으로 역다중화를 수행한다. 피어/인증자 계층은 코드 필드의 다중화를 바탕으로 피어 및/또는 인증자 프로토콜 메시지를 구현할 책임이 있다.

EAP 메서드 계층은 인증에 사용되는 모든 메서드들로 구성되는데, 대용량 메시지 처리에 필요한 프로토콜 동작을 포함한다. 이것이 필요한 이유는 EAP 프로토콜의 다른 부분에서 단편화를 구현하지 않는데 일부 메서드는 대용량 메시지(예: 인증서 또는 인증서 체인을 포함하는 메시디)를 필요로 하기 때문이다.

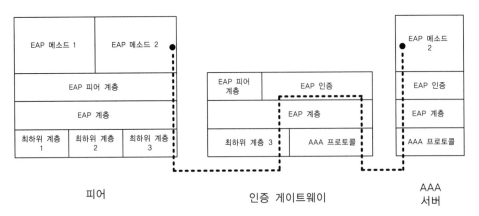

**그림 18-8** EAP 스택과 구현 모델. 전달 모드에서 통과 모드에서는 피어 및 AAA 서버가 EAP 인증 메서드의 구현을 담당한다. 인증자는 EAP 메시지 처리, 인증자 처리, AAA 서버와 정보를 교환하기에 충분한 AAA 프로토콜(예: RADIUS, Diameter)만 구현하면 된다.

## 18.7.1 EAP 메서드와 키 유도

아키텍처가 주어지면 많은 EAP 인증 및 캡슐화 메서드를 사용할 수 있다(50개 이상). IETF 표준으로 명세된 것도 있고 별도로 발전한 것도 있다(예를 들면 시스코와 마이크로스트). 널리 쓰이는 메서드로는 TLS[RFC5281], TLS[RFC5216], FAST[RFC4851], REAP(Cisco 독점), PEAP(TLS 기반 EAP, Cisco 독점), IKEv2[RFC5106], MD5 등이 있다. 이 중에서 MD5만 [RFC3748]에 명세돼 있지만 더 이상 사용이 권장되지 않는다. 불행히도 이러한 메서드 중 하나를 지정한다고 끝나는 것이 아니다. 각 메서드마다 암호화 스위트나 신원 확인을 위한 선택지가 다를 수 있다. 예를 들어 PEAP의 경우 윈도우 운영체제의 일부 버전은 MSCHAPv2와 TLS를 지원한다.

선택지가 그렇게 많은 것은 부분적으로 역사적인 이유 때문이다. 보안 및 운영 경험이 점차 발전함에 따라 일부 메서드는 보안성이나 유연성이 부족한 것으로 나타났다. 어떤 인증 메서드는 클라이언트 인증서를 제공할 수 있는 PKI 운영을 요구하는 반면(예: EAP-TLS), 이러한 인프라를 요구하지 않는 메서드도 있다(예: PEAP, TTLS). 구형 프로토콜(예: REAP)은 802.11(802.11i 통합)과 같은 다른 표준이 아직 완성되지 않은 시기에 설계됐다. 따라서 환경별로 EAP를 사용하려면 다양한 스마트 카드 또는 토큰, 암호, 인증서의 조합이 필요할 수 있다.

EAP 메서드의 목적은 인증을 설정하고 네트워크 접근 권한을 부여하는 것이다. 어떤 경우에는(예: EAP-TLS) 메서드가 양방향 인증을 제공하므로 각 종단이 인증자와 피어 역할을 모두 할 수 있다. 메서드가 제공하는 인증 유형은 그 메서드가 채택한 암호화 요소의 결과일 때가 많다.

일부 메서드는 인증 이상의 기능을 제공합니다. 키 유도<sup>key derivation</sup> 기능을 제공하는 메서드는 키 계층[RFC5247] 내의 키를 동의하고 내보낼 수 있으며 EAP 피어 및 EAP 서버 간의 상호 인증을 제공해야 한다. 마스터 세션 키(MSK. AAA-key라고도 함)는 EAP 피어 또는 인증자에서 KDF를 사용해서 다른 키를 유도하는 데 사용된다. MSK는 길이가 적어도 64바이트이고, 일반적으로 피어와 인증자 사이의 액세스 제어를 강화하는 데 사용되는 단기 세션 키<sup>TSK, Transient Session Key</sup>를 주로 하단 계층에서 유도하는 데 사용된다. 확장 MSK(EmSK)도 MSK와 함께 제공될 수 있지만, EAP 서버와 피어만 사용할 수 있고 통과 모드 인증자는 사용할 수 없으며 루트 키[RFC5295]를 유도하는 데 사용된다. 루트 키는 특정한 용도 또는 도메인과 관련된 키다. 용도별 루트 키<sup>USRK, usage-specific root key</sup>는 특정한 용도의 맥락에서 EMSK로부터 유도된 키고, 도메인별 루트 키<sup>DSRK, Domain-specific root key</sup>는 특정 도메인(즉, 시스템들의 집합)에서 사용하기 위해 EMSK로부터 파생된 키다. DSRK에서 파생된 자식 키들은 도메인별 용도별 루트 키<sup>DSUSRK</sup>라고 부른다.

EAP 교환이 일어나는 중에 다수의 피어 및 서버 신원이 사용될 수 있으며 세션 식별자가 할당된다. 키 유도가 지원되는 EAP 기반 인증이 완료되면 MSK, EMSK, 피어 식별자, 서버 식별자, 세션 ID를 하단 계층들이 사용할 수 있게 된다(지금은 사용되지 않고 있는 초기화 벡터가 제공될 수도 있다). 키는 일반적으로 수명<sup>lifetime</sup>을 갖고 있으며(권장값은 8시간), 그 후에는 EAP 재인증이 필요하다. EAP의 키 관리 프레임워크와 그에 따른 세부 보안 분석에 대한 자세한 내용은 [RFC5247]을 참조하자.

## 18.7.2 EAP 재인증 프로토콜(ERP)

EAP 인증이 성공적으로 완료된 경우, 후속 인증 교환이 필요할 경우(예를 들어 모바일 노드가 한 AP에서 다른 AP로 이동) 지연 시간을 줄이는 것이 바람직하다. EAP 재인증 프로토콜 ERP[RFC5296]은 EAP 메서드와 무관하게 이를 가능하게 한다. ERP를 지원하는 EAP 피어와 서버를 각각 ER 피어와 서버라고 한다. ERP는 DSRK(또는 EMSK. 하지만 [RFC5295]는 EMSK 사용을 권장하지 않는다)로부터 유도된 재인증 루트 키$^{rRK}$를 알고 있음을 입증하는 데 사용되며 rRK로부터 유도되는 재인증 무결성 키$^{rIK}$와 함께 사용한다.

ERP는 단일한 왕복 시간 내에서 동작하며, 이는 ERP가 재인증 지연 시간을 단축한다는 목표와도 일치한다. ERP는 처음에 '홈$^{home}$' 도메인에 있는 것으로 가정하고 통상적인 EAP 교환으로 시작한다. 생성된 MSK는 평소대로 인증자와 피어에 배포된다. 그러나 rIK 및 rRK 값도 이때 정해지며 피어와 EAP 서버 간에만 공유된다. 이 값들은 인증자마다 생성되는 rMSK와 함께 홈 도메인에서 사용될 수 있다. ER 피어가 다른 도메인으로 이동하면 다른 값(DS-RIK와 DS-RK. 이 값들은 DSUSRK이다)이 사용된다. ER 서버의 도메인은 ERP 메시지 내의 TLV 영역에 들어 있으므로, 피어가 자신이 통신 중인 서버의 도메인을 알아낼 수 있다. 이 프로토콜에 대한 자세한 내용은 [RFC5296]에 나와 있다.

## 18.7.3 네트워크 접근 인증 정보를 운반하는 프로토콜(PANA)

EAP, 802.1X, PPP의 조합들이 클라이언트(그리고 경우에 따라서는 네트워크)의 인증을 지원하는 데 사용됐지만, 이 프로토콜들은 완전히 링크에 독립적이지는 않다. EAP는 특정 링크에 대해 구현되는 경향이 있으며 802.1X는 IEEE 802 네트워크에 적용되고 PPP는 점대점$^{point-to-point}$ 네트워크 모델을 사용한다. 이 문제를 해결하기 위해, PANA$^{Protocol\ for\ Carrying\ Authentication\ for\ Network\ Access}$가 [RFC4058]과 [RFC4016]에 명시된 요구사항을 바탕으로 [RFC5191], [RFC5193], [RFC6345]에 정의됐다. 이 프로토콜은 EAP 하단 계층으로서 동작한다. 이 말은 EAP 정보의 운반자$^{carrier}$ 역할을 한다는 것을 의미한다. UDP/IP(포트 716)를 사용하며, 따라서 2가지 이상의 링크 유형에 적용 가능하고 점대점 네트워크 모델로 한정되지 않는다. 사실상 PANA는 네트워크 접근을 결정하는 어떤 링크 계층 기술에도 EAP 인증 메서드를 사용할 수 있게 한다.

PANA 프레임워크는 PANA 클라이언트$^{PaC}$, PANA 인증 에이전트$^{PAA}$, PANA 중계 요소

<sup>PRE</sup>, 이렇게 3개의 개체를 포함한다. 통상적인 용도에서는 인증 서버<sup>AS</sup>와 시행 지점<sup>EP</sup>도 포함된다. AS는 RADIUS 또는 Diameter와 같은 접근 프로토콜로 접근되는 통상적인 AAA 서버일 수 있다. PAA는 PaC에서 AS로 인증 자료를 전달하고 네트워크 접근이 승인 혹은 취소될 때 EP를 설정할 책임이 있다. 이러한 개체 중 일부는 함께 배치될 수 있다. PaC 및 이와 관련된 EAP 피어는 항상 함께 배치되며, EAP 인증자와 PAA도 마찬가지다. PRE는 PaC와 PAA 간에 직접 통신이 불가능할 경우 통신을 중계하는 데 사용된다.

PANA 프로토콜은 IANA가 관리하는 확장 가능한 속성-값 쌍의 집합<sup>[IPANA]</sup>을 포함하는 요청/응답 메시지들로 구성된다. 주 페이로드는 EAP 메시지로서 PANA 세션의 일부로 UDP/IP 데이터그램에 포함돼 전송된다. PANA 세션은 인증/권한 부여, 접근, 재인증, 종료의 4단계가 있다. 재인증 단계는 EAP 기반 인증을 다시 실행해서 세션 수명을 연장하는 것이므로 실제로는 접근 단계의 일부다. 종료 단계는 명시적으로 또는 세션 타임아웃 (수명이 다했거나 생존 탐지 실패로 인해)의 결과로서 시작된다. PANA 세션은 PANA 메시지에 포함된 32비트 세션 식별자로 식별된다.

PANA는 신뢰할 수 있는 전송 프로토콜도 제공한다. 각 메시지에는 32비트 순서 번호가 포함되는데, 발신자는 전송할 다음 순서 번호를 기억하고 수신자는 다음 예상 순서 번호를 기억한다. 그리고 응답에는 그에 대응하는 요청과 동일한 순서 번호가 들어 있다. 초기 순서 번호는 메시지의 발신자(즉, PaC 또는 PAA)에 의해 무작위로 선택된다. PANA는 시간 기반 재전송도 구현한다. PANA는 약한 전송 프로토콜이다. 정지 후 대기<sup>Stop-and-wait</sup> 방식으로 동작하고, 적응형 재전송 타이머를 사용하지 않으며, 재패킷화를 수행할 수 없기 때문이다. 그러나 다수의 패킷 손실에 직면했을 때 재전송 타이머에 대해 지수형 백오프<sup>exponential backoff</sup>를 수행한다.

# 18.8 3계층 IP 보안(IPSec)

IPsec은 IPv4와 IPv6<sup>[RFC4301]</sup>, 모바일 IPv6<sup>[RFC4877]</sup>를 위한 네트워크 계층에서 데이터 발신지 인증, 무결성, 기밀성, 접근 제어를 제공하는 표준들의 아키텍처 및 모음이다. 또 두 통신 당사자 간의 암호화 키 교환 방법, 권장 암호화 스위트, 압축 사용을 알리기 위한 방법을 제공한다. 통신 당사자는 개별 호스트일 수도 있고, 네트워크의 보호되는 부분과 보호되지 않는 부분 간의 경계를 제공하는 보안 게이트웨이<sup>SG, Security Gateway</sup>일 수도 있다. 따라서 IPsec은 공개 인터넷을 통해서 기업 내부망에 (VPN을 형성하며) 원격 접근하는 애플리케이션이 기업의 여러 부분들을 안전하게 상호 연결할 때나 호스트 혹은 라우팅 정보를 교환할 때 호스트로서 동작하는 라우터의 통신을 보호하기 위해 사용될 수 있다. 새로 개발된 프로토콜에 대한 보안 접근 방식을 선택할 때 IPSec이 선택되기도 한다[RFC5406].

그림 18-9는 IPsec를 사용할 때 가능한 배포 유형을 나타낸다. IPsec의 호스트 구현은 IP 스택 내에 통합될 수도 있고, 나머지 네트워크 스택의 '아래'에 있는 드라이버로서 동작할 수도 있다(이런 방식을 BITS^Bump in the Stack 구현이라고 함). 이와 달리 인라인 SG 내부에 위치할 수도 있는데 이를 가리켜 BITW^Bump in the Wire 구현 접근법이라고도 한다. BITW 구현의 경우, 일반적으로 디바이스를 원격으로 관리해야 하므로 호스트와 SG 기능이 둘 다 필요하다. 이것은 기본적으로 3계층 장비인 라우터에서 애플리케이션과 전송 프로토콜이 구현되는 경우가 많은 이유와 비슷하다(1장 참조). IPsec은 멀티캐스트 통신을 지원할 수 있지만, 일단 더 간단하고 일반적인 유니캐스트 사례에 초점을 맞추자.

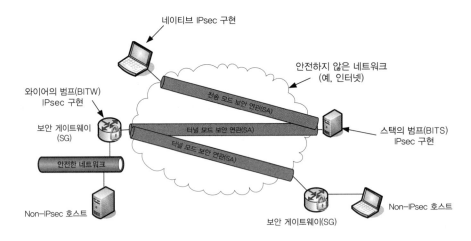

**그림 18-9** IPsec은 호스트 대 호스트 통신, 호스트 대 게이트웨이 통신, 게이트웨이 대 게이트웨이 통신을 보호하는 데 적용할 수 있다. 또한 멀티캐스트 배포와 이동성을 지원한다.

IPsec의 동작은 수립 단계와 데이터 교환 단계로 나뉘는데, 수립 단계는 핵심 정보가 교환되고 보안 연관^SA, Security Association이 구축되는 단계이고 데이터 교환 단계는 인증 헤더^AH, Authentication Header와 캡슐화 보안 페이로드^ESP, Encapsulating Security Payload라고 불리는 서로 다른 유형의 캡슐화 체계가 터널 모드 또는 전송 모드에서 IP 데이터그램의 흐름을 보호하기 위해 사용되는 단계다. 이러한 IPsec의 구성 요소들은 암호화 스위트를 사용하며, IPsec는 광범위한 암호화 스위트를 지원하도록 설계됐다. 완전한 IPsec 구현은 SA 수립 프로토콜, AH(선택사항), ESP, 적절한 암호화 스위트, 설정 정보, 준비 도구를 포함한다. [RFC6071]에서 모든 IPsec 구성요소의 발전 및 현재 명세를 요약한 개요를 읽을 수 있다.

IPsec 구현이 시스템 내에 존재할 수도 있지만(IPv6 구현에서는 필수), 관리자가 설정한 정책에 따라 특정 패킷에 대해서만 IPsec은 선택적으로 동작한다. 정책은 보안 정책 데이터베이스SPD, Security Policy Database에 들어 있으며, SPD는 논리적으로 모든 IPsec 구현에 존재한다. IPsec는 또 보안 연관 데이터베이스SAD, Security Association Database와 피어 인증 데이터베이스PAD, Peer Authorization Database라는 두 개의 데이터베이스를 추가로 필요로 한다. 이 데이터베이스들은 그림 18-10에 표시된 것처럼 패킷 처리 방법을 결정할 때 참조된다.

그림 18-10의 (약간 단순화된) SG를 예로 들면, 도착 패킷의 특정 필드(트래픽 선택자)를 검사해 도착 패킷이 IPsec을 사용하고 있고 기존의 SA를 가지고 있는지 여부를 확인한다. 만일 그렇다면 처리는 비교적 간단하며, 일반적으로 18.8.2 및 18.8.3절에서 설명한 대로 ESP 또는 AH를 적용한다. 만일 그렇지 않다면, 어떤 유형의 SA가 수립돼야 하는지 알아내기 위해 SPD가 사용되며, 새로운 SA에 대한 정보가 SAD에 저장된다. 새로운 SA를 수립해야 할 때 가장 간단한 방법은 자동화된 키 수립 프로토콜을 사용하는 것이다. IPsec은 키를 손으로 직접 입력하는 수동 키입력을 지원해야 한다고 강제하지만, 수동 입력은 확장성이 좋지 않고 오류가 발생하기 쉽다. 따라서 일반적으로 SA를 수립할 때 키 수립 프로토콜이 사용될 것으로 예상된다. IPsec의 경우, 다음 절의 주제가 이 프로토콜의 최신 버전이다.

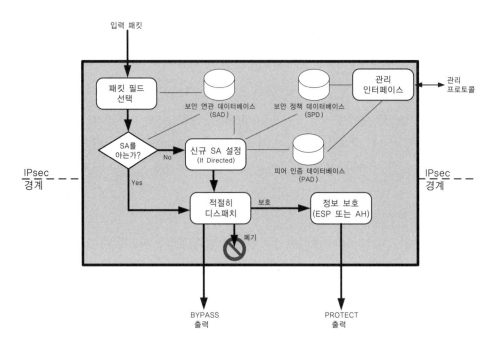

**그림 18-10** 보안 게이트웨이에서 IPsec 패킷 처리는 보호되는 네트워크와 보호되지 않는 네트워크를 구분하는 3계층의 논리적 개체에서 일어난다. 보안 정책 데이터베이스는 패킷의 처리 방법을 지정하는데, 우회(bypass), 폐기, 보호의 3가지가 있다. 보호일 경우 일반적으로 무결성 보호 또는 암호화를 적용 및 검증한다. 관리자는 원하는 보안 목표를 달성하도록 SPD를 설정한다.

## 18.8.1 인터넷 키 교환(IKEv2) 프로토콜

IPsec을 사용하는 첫 번째 단계는 SA를 수립하는 것이다. SA는 두 통신 당사자 사이에 또는 IPsec가 멀티캐스트를 지원하는 경우에는 하나의 발신자와 다수의 수신자 사이에 수립되는 심플렉스(일방향) 인증 연관이다. 대부분의 경우 통신은 두 당사자 간에 양방향으로 일어나기 때문에 IPsec를 효과적으로 사용하기 위해서는 한 쌍의 SA가 필요하다. 인터넷 키 교환IKE, Internet Key Exchange이라는 특수한 프로토콜을 사용하면 이 작업을 자동으로 수행할 수 있다. 이 프로토콜의 현재 버전은 IKEv2[RFC5996]다. 우리는 지금부터 이 버전을 단순히 IKE라고 부를 것이다. IKE는 IPsec 중에서 꽤 복잡한 부분이기 때문에 IKE를 이해하면 나머지는 비교적 간단하다. 이 책에서 설명하는 내용은 IKE가 프로토콜로서 동작하는 방법의 주요 사항뿐이라는 점에 주의하자. 지원되는 수많은 암호화 스위트나 설정 매개 변수 등의 자세한 내용은 [RFC5996]을 참조하자.

SA를 수립하기 위해 IKE는 우선 매개변수 수립 요청을 포함하는 요청/응답 메시지 쌍을 주고 받는데, 이 매개변수에는 암호화 알고리즘, 무결성 보호 알고리즘, 디피-헬만 그룹, 비트 문자열이 입력될 때 무작위처럼 보이는 출력값을 제공하는 PRF 등이 포함된다. IKE에서 PRF는 세션 키를 생성하는 데 사용된다. IKE는 먼저 자체적으로 SA를 수립하고(이 SA를 IKE_SA라고 함), 이후 AH 또는 ESP에 대한 SA를 수립할 수 있다(이 SA를 Child_SA라고 함). IKE는 또한 각 CHILD_SA와 IP 페이로드 압축<sup>IPComp[RFC3173]</sup>의 사용을 협상할 수 있는데, 암호화를 수행한 후 다른 계층에서 압축을 적용하는 것이 비효율적이기 때문이다. 18.8.2절과 18.8.3절에서 AH와 ESP의 세부사항을 논의한다.

IKE는 개시자<sup>initiator</sup>와 응답자 간에 전송되는 메시지 쌍(교환<sup>exchange</sup>이라고 함)을 사용해 동작한다. 처음 2개의 교환(IKE_SA_INIT와 IKE_AUTH)은 IKE_SA와 1개의 CHILD_SA를 수립한다. 이후, CREATE_CHILD_SA 교환(추가 CHILD_SA를 수립하는 데 사용)과 INFORMATIONAL 교환(SA에 변경을 시작하거나 SA에 대한 상태 정보를 수집하는데 사용)이 발생할 수 있다. 대부분의 경우 하나의 IKE_SA_INIT와 IKE_AUTH 교환(총 4개의 메시지)이면 충분하다. 교환에 사용되는 메시지는 유형 번호로 식별되는 페이로드를 포함하는데, 이 유형 번호는 페이로드 내에 포함돼 운반되는 정보의 유형을 나타낸다. 메시지당 다수의 페이로드인 것이 일반적이며, 일부 긴 메시지는 IP 단편화를 필요로 할 수 있다.

IKE 메시지는 포트 번호 500 또는 4500을 사용해 UDP에 캡슐화된 상태로 전송된다. 하지만 포트 번호를 재작성하는 NAT을 IKE 트래픽이 통과할 수도 있으므로 IKE 수신자는 트래픽의 원래 포트가 무엇이든 수신할 수 있어야 한다. 포트 4500은 UDP 캡슐화 ESP 및 IKE<sup>[RFC3948]</sup>용으로 예약돼 있다. 포트 4500에서 나타나는 IKE 메시지는 다른 메시지(즉, ESP 또는 WESP)와의 구별을 위해 처음 4개의 데이터 바이트가 0으로 설정돼야 한다(ESP가 아님을 표시).

IKE 개시자는 IKE 메시지가 손실된 것 같을 때 타이머 기반 재전송을 수행한다. 응답자는 요청을 받았을 때만 재전송을 수행한다. 재전송 타이머의 값은 지수적으로 증가하지만, 총 재전송 횟수는 명세돼 있지 않다.

개시자와 응답자 둘 다 마지막으로 전송된 메시지와 해당 순서 번호를 기억한다. 순서 번호는 요청과 응답을 대조하고 메시지 재전송을 식별하는 데 사용된다. 그래서 IKE는 응답자가 최대 윈도우 크기를 지정하는 윈도우 기반 프로토콜이라고 볼 수 있으며, 이 최대 윈도우 크기는 SA가 처음 설정될 때 초기화되지만 나중에 증가할 수 있다. 최대 윈도우는 크기는 미결 요청의 총 수를 제한한다.

### 18.8.1.1 IKEv2 메시지 형식

IKE 메시지는 헤더 뒤에 0개 이상의 IKE 페이로드를 포함한다. 그림 18-11은 헤더의 구조를 보여준다.

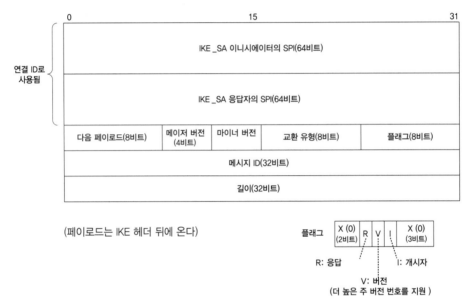

**그림 18-11** IKEv2 헤더다. 모든 IKE 메시지는 헤더 뒤에 0개 이상의 IKE페이로드를 포함한다. IKE는 64비트 SPI 값을 사용한다. 교환 유형 필드는 교환의 목적과 메시지에서 예상되는 페이로드를 제공한다. 플래그 필드는 메시지가 개시자가 보낸 것인지 응답자가 보낸 것인지를 나타낸다. 메시지 ID는 요청과 응답을 연계하며 reply 공격을 탐지하는 데 사용한다.

IKE 메시지 헤더의 구조는 그림 18-11과 같다. 보안 매개변수 인덱스$^{SPI, \text{ Security Parameter}}$ $^{Index}$는 특정 IKE_SA를 식별하는 64비트 번호다(다른 IPsec 프로토콜들은 32비트 SPI 값을 사용한다). 개시자와 응답자 모두 피어에 대한 SA를 가지고 있으므로 각각 자신이 사용 중인 SPI를 제공하고, 이 값들은 종단점의 IP 주소와 결합돼 유효 연결 식별자를 형성하는 데 사용된다. 다음 페이로드$^{\text{Next Payload}}$ 필드는 나중에 설명하기로 한다. 주 버전$^{\text{Major Version}}$ 필드와 부 버전$^{\text{Minor Version}}$ 필드는 IKEv2에서 각각 2와 0으로 설정된다. 버전 간에 상호운용성을 유지될 수 없는 경우는 주 버전 번호가 변경된다. 교환 유형$^{\text{Exchange Type}}$ 필드는 메시지가 속한 교환의 유형을 나타내는데, IKE_SA_INIT(34), IKE_AUTH(35), CREATE_CHILD_SA(36), INFORMATIONAL(37), IKE_Session_RESUME(38; [RFC5723] 참조)가 가능한 값이다. 다른 값들은 예약돼 있으며, 240 – 255 범위의 값들은 개인용으로 예약돼 있다. 플래그Flags 필드에는 3개의 비트 필드가 정의돼 있는데(비트의 순서는 오른쪽에서 왼쪽 순이며 0부터 시작함), I(개시자, 비트 3), V(버전, 비트 4), R(응답, 비트 5)이다. I 비트 필드는 원래의 개시자가 설정하고 수신자가 메시지 반환 시에 초기화한다. V 비트 필드는 현재 사용 중인 것보다 높은 주 버전 번호를 발신자가 지원함을 나타낸다. R 비트 필드는 동일한 메시지 ID를 사용하는 이전 메시지에 대한 응답 메시지임을 나타낸다.

IKE의 메시지Message ID 필드는 TCP의 순서 번호 필드와 비슷하지만(12장의 그림 12-3 참조), 개시자의 경우는 0, 응답자의 경우는 1로 시작한다는 점이 다르다. 이 필드는 후속 전송 시마다 1씩 증가하며, 응답은 요청과 동일한 메시지 ID를 사용한다. I와 R 비트 필드는 요청과 응답을 구별한다. 메시지 ID는 발신 또는 수신 시에 기억된다. 따라서 각 종단은 재생 공격을 탐지할 수 있다. 오래된 메시지 ID는 처리되지 않기 때문이다. 메시지 ID 필드의 자릿수 초과(이론상 가능하다. 다만 40억까지 허용된다는 걸 감안하면 현실성은 별로 없다)은 SA_INIT_IKE 교환을 재시작해서 처리된다.

다른 필드들(다음 페이로드 필드와 길이 필드)은 IKE 메시지에 포함된 내용을 나타내는데 쓰인다. 각 메시지는 0개 이상의 페이로드를 포함하며 각 페이로드는 자신만의 구조를 갖고 있다. 길이 필드는 헤더 및 메시지 내의 모든 페이로드를 (바이트 단위로) 나타낸다. 다음 페이로드 필드는 그 뒤에 오는 페이로드의 유형을 나타내는데, 현재 표 18-2처럼 16개의 주요 유형이 정의됐다(0 값은 다음 페이로드가 없음을 의미). 공식 목록은 [IKEPARAMS]에서 확인할 수 있으며, IKEv2에 대한 모든 표준화된 필드 값이 수록돼 있다.

표 18-2 IKEv2 페이로드 유형. 0은 다음 페이로드가 없음을 의미

| 값 | 표기법 | 목적 | 값 | 표기법 | 목적 |
|---|---|---|---|---|---|
| 33 | SA | 보안 연관 | 41 | N | 알림 |
| 34 | KE | 키 교환 | 42 | D | 제거 |
| 35 | IDi | 식별(개시자) | 43 | V | 벤더 ID |
| 36 | IDr | 식별(응답자) | 44 | TSi | 트래픽 선택자(개시자) |

| 값 | 표기법 | 목적 | 값 | 표기법 | 목적 |
|---|---|---|---|---|---|
| 37 | CERT | 인증서 | 45 | TSr | 트래픽 선택자(응답자) |
| 38 | CERTREQ | 인증서 요청(신뢰 앵커) | 46 | SK{} | 암호화 및 인증(다른 페이로드에 포함된) |
| 39 | AUTH | 암호화 | 47 | CP | 구성 |
| 40 | Ni, Nr | 일회용 숫자(개시자, 응답자) | 48 | EAP | 확장 가능한 인증(EAP) |

1~32 그리고 49~255의 범위는 예약돼 있으며, 128~255는 개인적 사용을 위한 것이다. 각 IKE 페이로드는 그림 18-12에 표시된 IKE 제네릭 페이로드 헤더<sup>generic payload header</sup>로 시작한다.

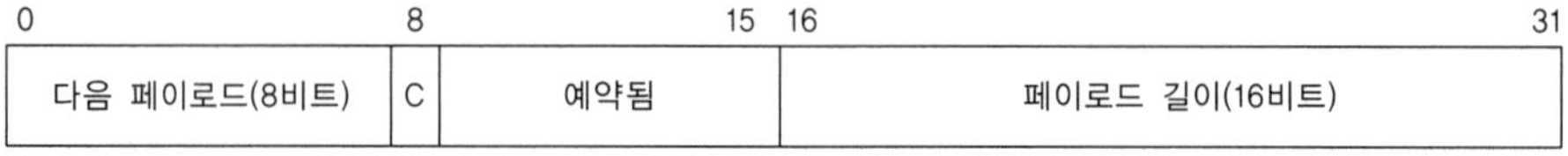

| 0 | 8 | 15 | 16 | 31 |
|---|---|---|---|---|
| 다음 페이로드(8비트) | C | 예약됨 | 페이로드 길이(16비트) | |

**그림 18-12** 제네릭(포괄적) IKEv2 페이로드 헤더. 각 페이로드는 이러한 양식의 헤더로 시작한다.

제네릭 페이로드 헤더는 32비트로 고정되며, 다음 페이로드<sup>Next Payload</sup> 필드와 페이로드 길이<sup>Payload Length</sup> 필드는 1개의 IKE 메시지 내에 가변 크기 페이로드의 '체인'을 가능하게 한다(4바이트 헤더를 포함해 각각 최대 65,535바이트). 페이로드 유형마다 고유한 특수 헤더들이 있다. C(중요<sup>Critical</sup>) 비트 필드는 현재의 페이로드(다음 페이로드 필드가 나타내는 페이로드가 아닌 것)가 성공적인 IKE 교환에 '중요'하다는 것으로 간주됨을 의미한다. (그 전 페이로드의 다음 페이로드 필드나 IKE 헤더의 다음 페이로드 필드에 들어 있는) 유형 코드를 이해하지 못하는 중요 페이로드의 수신자는 IKE 교환을 중단해야 한다. 이 기능으로 새로운 페이로드 유형을 생성할 수 있지만 모든 구현이 그 유형을 이해할 수는 없을 수 있다는 점에 주의하자.

## 18.8.1.2 IKE_SA_INIT 교환

IKE가 어떻게 동작하는지 더 잘 이해하기 위해 먼저 IKE_SA_INIT 교환에 대해 알아보자. 이것은 IKE의 초기 교환을 구성하는 IKE_SA_INIT와 IKE_AUTH 중 첫 번째 교환이며 그림 18-13에 나와 있다. 초기 교환은 IKE의 과거 버전에서는 페이즈[phase] 1이라고 불렸었다. 다른 교환(CREATE_CHILD_SA와 INFORMATIONAL)은 초기 교환이 완료된 후에만 시작될 수 있으며, 언제나 처음 두 교환으로 수립된 매개변수를 기반으로 보호된다(암호화와 무결성 보호).

그림 18-13과 같이 IKE_SA_INIT는 암호화 스위트의 선택을 협상하고, 일회용 값을 교환하며, DH 키 교환을 수행한다. 또 구현 및 배치 시나리오에 따라서 추가적인 정보를 포함하기도 한다. 이 교환은 지원되는 암호화 제품군, DH 정보, 일회용 값을 포함하는 IKE 메시지를 3개의 페이로드(SA, KE, Ni)를 사용해서 개시자가 전송할 때 시작된다. 각 페이로드 유형의 세부 정보는 [RFC5996]의 3절에서 볼 수 있으며, 그중 일부를 18.8.1.3 절에서 설명할 것이다. 일부 구현에서는 추가 페이로드도 있음에 주의하자. 이 메시지에 대해서 응답이 돌아오지 않으면 이니시에이터는 재전송을 실행한다.

첫 번째 메시지를 받으면 응답자는 개시자가 IKE 트랜잭션을 요청했다는 사실과 개시자가 지원하는 암호화 스위트, 그리고 설정 매개변수를 알게 된다. 응답자는 허용 가능한 암호화 스위트를 선택하고 이를 SAr1 페이로드 내에 표현한다(18.8.1.3절 참조). 또 DH 키 교환 매개변수 부분을 KEr에, 임시값을 Nr에, 개시자의 인증서에 대한 선택적 요청을 CERTREQ 페이로드에 제공한다. CERTREQ 페이로드는 후속 교환에서 사용될 수 있는 인증서를 검증할 때 허용 가능한 CA 표시를 포함한다(즉, 응답자의 신뢰 앵커를 표시한다). 그리고 나서 응답자의 IKE 헤더와 이 페이로드들 전부를 포함하는 메시지가 개시자에 대한 응답으로서 전송되면서 IKE_SA_INIT 교환이 완료된다. 일부 구현에서는 추가적인 페이로드(예를 들어 알림[Notify]와 설정[Configuration] 페이로드. 18.8.1.5절 참조)들이 포함되기도 한다. IKE_SA_INIT의 작동 방식을 더 잘 이해하기 위해서 중요한 페이로드인 SA, KE, Ni, Nr에 대한 논의를 시작하자.

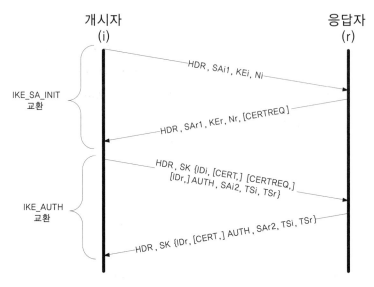

**그림 18-13** IKE_SA_INIT와 IKE_AUTH 교환은 처음 2개의 보안 연관(IKE_SA와 1개의 CHILD_SA)을 수립하는 데 사용되는 페이로드를 포함한다. 인증서와 인증서 요청 페이로드(신뢰 앵커)도 포함될 수 있으며, (이 그림에서는 볼 수 없지만) 알림과 설정 페이로드 역시 포함될 수 있다.

### 18.8.1.3 보안 연관(SA) 페이로드와 제안

SA 페이로드는 1개의 SPI 값과 1개 이상의(1개일 경우가 많은) 제안proposal들을 포함한다. 제안은 다소 복잡한 제안 구조를 사용해 만들어진다. 제안 구조는 번호를 부여받으며 IPsec 프로토콜 ID를 포함한다. 프로토콜 ID는 IPSec 프로토콜인 IKE, AH, ESP 중 하나를 나타낸다(18.8.2절 및 18.8.3절 참조). 동일한 제안 번호를 사용하는 제안 구조들은 모두 동일한 제안의 일부로 간주된다(지정된 프로토콜들의 AND). 제안 번호가 다른 제안 구조는 다른 제안으로 간주된다(지정된 프로토콜들의 OR).

제안/프로토콜 구조는 지정된 프로토콜과 함께 사용될 알고리즘을 나타내는 1개 이상의 변환transform 구조를 포함한다. 일반적으로 AH는 1개의 변환(무결성 검사 알고리즘), ESP는 2개의 변환(무결성 검사 및 암호화 알고리즘), IKE는 4개의 변환(DH 그룹 번호, PRF, 무결성 검사 및 암호화 알고리즘)을 갖는다. 암호화/무결성 알고리즘의 조합(예를 들면 인증된 암호화 알고리즘)은 별도의 무결성 보호 명세가 없는 암호화 알고리즘으로만 표현된다. 특수한 확장 순서 번호 변환은 실제로는 부울 값으로서 SA와 함께 사용되는 순서 번호(즉, AH 또는 ESP의 경우)를 32비트로 계산할지 64비트로 계산할지 여부를 나타낸다.

동일한 유형의 변환이 둘 이상 있을 경우, 제안은 변환들의 합집합이다(즉, 모두 허용됨). 유형이 다른 변환들이 둘 이상 있을 경우, 제안은 교집합이다. 각각의 변환은 0개 이상의 속성attribute을 가질 수 있다. 속상이 필요한 것은 하나의 변환이 둘 이상의 방법으로 사용될 수 있기 때문이다(예를 들어 길이가 다른 여러 키를 처리할 수 있는 변환은 제안에 사용될 특정 키 길이와 관련된 속성을 가질 수 있음). 대부분의 변환에는 속성이 필요하지 않지만, 비교적 널리 쓰이는 AES 암호화 변환이 속성을 필요로 한다.

### 18.8.1.4 키 교환(KE)과 임시값(Ni, Nr) 페이로드

IKE_SA_INIT 메시지는 SA 페이로드 외에도 키 교환KE, KeyExchange 페이로드와 임시값 Nonce 페이로드(Ni, Nr 또는 No로 표기)를 포함한다. KE 페이로드에는 임시 디피-헬만Diffie-Hellman 키(초기 공유 비밀 키) 형성에 사용되는 공개 번호를 나타내는 DH 그룹 번호와 키 교환 데이터를 포함한다. DH 그룹 번호는 공개 값이 계산되는 그룹을 의미하며, 임시값 페이로드는 16~256바이트 길이의 최근 생성된 일회용 숫자를 포함한다. 이것은 새로 만들어졌음이 보장되는 키를 생성함으로써 재생 공격을 막는 데 사용된다.

DH 교환이 완료되면 양측은 자신의 SKEYSEED 값을 계산할 수 있다. 이 값은 IKE_SA 와 관련된 후속 키 생성에 사용된다(이 목적으로 키 생성 EAP 메서드가 사용되지 않을 경우에. 18.8.1.9절 참조). 또 총 7개의 비밀 값 SK_d, SK_ai, SK_ar, SK_ei, SK_er, SK_pi, SK_pr도 계산한다. 이 값들의 계산식은 다음과 같다.

$$SKEYSEED = prf(Ni \mid Nr, g\text{^}ir)$$
$$\{SK\_d|SK\_ai|SK\_ar|SK\_ei|SK\_er|SK\_pi|SK\_pr\} =$$
$$prf+ (SKEYSEED, Ni|Nr|SPIi|SPIr)$$

여기서 |는 연결 연산자다. 중첩 PRF 함수 prf + (K,S) = T1 | T2 | ...일 때 T1 = prf(K, S|0x01), T2 = prf(K, T1|S|0x03), T3 = prf(K, T2|S|0x03), T4 = prf(K, T3|S|0x04), ...이다. 값 g^ir은 DH 교환 중 수립된 공유 비밀이며, Ni와 Nr은 일회용 숫자다(페이로드 헤더는 모두 제거됐음). 모든 SA는 각 방향마다 서로 다른 키를 사용하기 때문에 매우 많은 수의 키가 사용돼야 한다. SK_d 키는 CHILD_SA의 키 유도에 사용되며, SK_a와 SK_e 키는 각각 인증과 암호화를 위한 것이다. SK_p 키는 IKE_AUTH 교환 중 AUTH 페이로드를 생성할 때 사용된다.

### 18.8.1.5 알림(N) 페이로드와 구성(CP) 페이로드

N 페이로드는 알림<sup>Notification</sup> 또는 Notify 페이로드다. 이 페이로드는 그림 18-13에 나타나 있지 않지만, 나중에 예제에서 사용되는 것을 확인할 수 있다. 대부분의 IKE 교환 유형에서 사용되는 오류 메시지 및 처리 기능 표시를 전달하는 데 사용되며, 가변 길이 SPI 필드와 알림 유형을 나타내는 16비트 필드를 포함한다[IKEPARAMS]. 8192 미만의 값이 표준 오류에 사용되고, 16383를 초과하는 값이 상태 표시기에 사용된다. 예를 들어, 기본 터널 모드가 아니라 전송 모드의 SA 생성을 요청할 때, USE_TRANCH_MODE 값(16391)을 포함하는 알림 페이로드가 사용된다. IP 압축[RFC3173]이 지원되는 경우, 이 사실을 IPCOMP_SUPPED 값(16387)으로 표시된다. 또 ROHC<sup>Robust Header Compression[RFC5857]</sup>이 지원되는 경우 ROHC_SUPPED 값(16416)을 사용해서 이를 표시할 수 있다. 이때 소위 ROHCoIPsec SA를 수립하는 데 사용되는 ROHC 매개 변수도 포함된다. 자릿수 초과 ESP 모드(18.8.3.2절 참조)를 사용하고 싶다는 의사는 USE_WESP_MODE 값(16415)을 사용해서 표시된다. 알림 페이로드는 알림 유형에 따라 내용이 다른 가변 길이의 데이터 부분을 포함할 수도 있다.

CP 또는 설정 페이로드 역시 알림 페이로드처럼 추가 정보를 포함하지만, 주로 초기 시스템 설정에 사용된다. 예를 들어 통상적으로 DHCP(6장 참조)로 전달되는 정보가 IKE에서 CP를 사용해서 전달될 수 있다. 설정 페이로드의 주요 유형은 CFG_REQUEST, CFG_REPLY, CFG_SET, CFG_ACK이다. CP는 가변 길이의 관련 데이터 영역을 포함하는 속성-값<sup>ATV, Attribute-value</sup> 쌍을 사용한다. 약 20개의 ATV 쌍이 [IKEPARAMS]에 정의돼 있다. 대부분은 IPv4 또는 IPv6 주소, 서브넷 마스크, DNS 서버 주소를 학습하는 메서드들을 포함한다. IPv6 설정 시에는 특별한 주의가 요구되는데, IPv6가 무상태 자동설정과 이웃 탐색<sup>Neighbor Discovery</sup>에 대해서 ICMPv6을 사용하는 방법 때문이다(8장 참조). 실험적 명세[RFC5739]은 VPN 환경에서 IPsec 연결을 통해 IPv6 노드를 구성하는 데 IKEv2를 사용할 수 있는 방법을 논의한다.

### 18.8.1.6 알고리즘 선택과 적용

IKE는 암호화 스위트를 형성하는 변환들을 암호화(유형 1. IKE 및 ESP와 함께 사용), PRF(유형 2. IKE와 함께 사용), 무결성 보호(유형 3. IKE 및 AH와 함께 사용되며 ESP에서는 선택적), DH 그룹(유형 4. IKE와 함께 사용되며 AH 및 ESP에서는 선택적)의 4가지 유형으로 나눈다. IKE

는 SA의 각 방향별로 어느 암호화 스위트를 사용할지 협상할 수 있지만, 기준이 되는 알고리즘(변환)들에 대한 지원은 모든 구현에서 필수로 간주된다. 또 권장 알고리즘들도 다수 있는데 이 알고리즘들은 향후에 필수가 될 가능성이 크다. 이러한 알고리즘들은 [RFC4307]에서 읽을 수 있다(표 18-3 참조).

IANA는 이 값들의 공식 목록을 유지하고 있으며[IKEPARAMS], 이 목록에서 이 글을 쓰는 현재 필수 알고리즘들을 확인할 수 있지만 그 밖에도 ECC 기반의 디지털 서명을 위한 옵션[RFC4754] 등 많은 알고리즘, 그룹, 기법들이 제안 및 공개돼 있다.

**표 18-3** IKEv2와 함께 사용되는 필수 구현 알고리즘. 유형 번호로 구분돼 있다.

| 목적 | 이름 | 번호 | 상태 | RFC 번호 |
|---|---|---|---|---|
| IKE 변환<br>유형 1(암호화) | ENCR_3DES ENCR_NULL | 3 | 목적지로의 경로 없음 | [RFC2451] |
| | ENCR_AES_CBC | 11 | 알고 있지만 도달할 수 없는 호스트 | [RFC2410] |
| | ENCR_AES_CTR | 12 | 모르는 (전달) 프로토콜 | [RFC3602] |
| | | 13 | | [RFC3686] |
| IKE 변환<br>유형 2(PRFs용) | PRF_HMAC_MD5 | 1 | 모르는/사용되지 않는 (전달) 포트 | [RFC2104] |
| | PRF_HMAC_SHA1 | 2 | 단편화가 필요하지만 DF 비트로 금지된다. PMTUD(RFC1191)에서 사용된다. | [RFC2104] |
| | PRF_AES128_CBC | 4 | 중간 홉에 도달할 수 없음 | [RFC4434] |
| IKE 변환<br>유형 3(무결성) | AUTH_HMAC_MD5_96 | 1 | 소멸됨(RFC1812) | [RFC2403] |
| | AUTH_HMAC_SHA1_96 | 2 | 목적지가 존재하지 않음 | [RFC2404] |
| | AUTH_AES_XCBC_96 | 5 | 소멸됨(RFC1812) | [RFC3566] |
| IKE 변환<br>유형 4(DH 그룹) | 1024 MODP (Group 2) | 2 | 소멸됨(RFC1812) | [RFC2409] |
| | 2048 MODP (Group 14) | 14 | 소멸됨(RFC1812) | [RFC3526] |

## 18.8.1.7 IKE_AUTH 교환

앞서 언급한 SKEYSEED 값은 암호화 및 인증키를 유도하는 데 사용된다. 이 키들은

IKE_AUTH 교환 중에 페이로드를 보호하는 데 사용되며. 각각 SK_e와 SK_a라고 한다. SK{P1, P2, ..., PN}는 페이로드 P1, ..., PN이 이 키들을 사용해서 암호화 및 무결성 보호됨을 의미한다. IKE_AUTH의 주목적은 상대방을 위해서 신원 검증을 제공하는 것이다. 또 최초 CHILD_SA를 확립하는 데 충분한 정보를 교환한다.

IKE_AUTH 교환을 시작하는 노드는 페이로드 SK{IDi, AUTH, SAi2, TSi, TSr}을 보낸다. 즉 적절한 복호화 키가 주어졌다면 이 페이로드는 교환 시작 노드의 신원, 신원을 검증하는 인증 정보, 최초 CHILD_SA에 대한 또 다른 SA(SAi2라고 부름), 트래픽 선택자 쌍(TSi와 TSr 페이로드. 18.8.1.8절에서 자세히 설명)을 제공한다. 교환 시작 노드는 CERT 페이로드에 인증서, 신뢰 앵커들을 식별하는 CERTREQ 페이로드에 인증서 요청, 그리고 IDr 페이로드에 응답자의 식별자도 포함한다. 응답자 식별자를 보내는 것은 동일한 IP 주소에 다수의 식별자를 갖고 있을 때 유용하며, SA가 적절히 설정됐음을 보장하는 데 필요하다. ID 페이로드에는 다수의 신원 유형이 지원되는데, IP 주소, FQDN, 이메일 주소, 구별 이름(X.509와 함께 사용됨) 등이 있다. 지원되는 유형은 IKEv2 식별 페이로드 ID 유형[IKEPARAMS] 레지스트리에서 관리되고 있다.

교환의 마지막 메시지에는 응답자의 신원(IDr), 응답자의 신원을 입증하는 인증 자료(AUTH), CHILD_SA를 구성하는 다른 SA(SAr2), 그리고 트래픽 선택자들(TSi와 TSr)이 포함된다. 이 트래픽 선택자들은 원래의 트래픽 선택자의 부분집합일 수 있다. IKE_AUTH 교환에서 모든 페이로드는 암호와 및 무결성 보호된다. 이때 1개 이상의 인증서를 포함하는 인증서 페이로드(CERT) 역시 전송될 수 있다. 이 경우 AUTH 페이로드 검증에 필요한 공개 키가 인증서 목록의 첫 번째에 위치한다. 구체적인 값은 어떤 암호화 스위트가 선택됐느냐에 따라 달라진다. 교환 수행 중에 양측은 적용 가능한 서명을 반드시 모두 검사해야 한다. MITM 공격 등을 방어해야 하기 때문이다.

### 18.8.1.8 트래픽 선택자와 TS 페이로드

트래픽 선택자selector는 필드 및 그 필드가 IPSec 처리 시에 선택되도록 하는 IP 데이터그램의 대응 값을 나타낸다. IPsec으로 보호돼야 하는 데이터그램인지 알아내기 위해 IPsec SPD와 함께 사용된다. 앞서 언급했듯이 보호되지 않는 데이터그램은 IPsec 처리 시에 우회 또는 폐기된다.

TS 페이로드의 내용에는 IPv4 또는 IPv6 주소 범위, 포트 번호 범위, IPv4 프로토콜 ID 또는 IPv6 헤더 값이 포함된다. 범위 표기 시에 와일드카드가 사용될 때가 많다. 예를 들어, 192.0.2.* 또는 192.0.2.0/24는 192.0.2.0부터 192.0.2.55의 범위를 나타낸다. 트래픽 선택자는 특정 호스트 또는 포트 범위에 SA를 수립할 때 어느 암호화 제품군이 필요한지와 같은 정책을 구현할 때 사용된다. 대부분의 세부 처리는 SPD에 대한 관리 인터페이스에서 이뤄진다. IKE_AUTH 교환 중에 각 당사자는 TS 값을 포함하는 TSi 및 TSr 페이로드를 지정한다. 한 범위가 다른 범위보다 작을 경우 작은 범위가 선택되는데, 이를 가리켜 수축<sup>narrowing</sup>이라고 한다.

### 18.8.1.9 EAP와 IKE

IKE는 자체 인증 방법을 사용할 수 있지만([RFC5996]의 2.15절 참조), EAP를 사용할 수도 있다([RFC5996]의 2.16절과 3.16절 참조). EAP를 사용하면 IKE가 비교적 적은 수의 사전 공유 키 또는 공개 키 인증서만 쓸 수 있는데 비해 다양한 인증 메서드를 사용할 수 있다. 실제로, 제한된 수의 선택지만 제공하는 것이 IPsec이 제한된 성공만 거둔 한 가지 이유다.

EAP를 사용하겠다는 의사는 메시지 3의 IKE_AUTH 교환에서 첫 번째 AUTH 페이로드를 생략함으로써 나타낼 수 있다(그림 18-1). IDi 페이로드만 포함하고 AUTH 페이로드는 포함하지 않음으로써 개시자는 자신의 신원을 주장하지만 입증하지는 않는다. EAP를 허용하는 응답자는 EAP 페이로드를 반환하고, EAP 기반의 인증이 완료될 때까지 SAr2, TSi, TSr 페이로드의 전송을 보류한다. EAP 기반 인증은 하나 이상의 EAP 페이로드들이 교환된 후, 개시자가 EAP 허용 AUTH 페이로드를 최종적으로 전송하고 응답자가 이를 승인했을 때 완료된다.

IKE와 EAP를 함께 사용할 때의 한 가지 문제는 이중 인증으로 인한 비효율성이 일어날 가능성이다. 특히 구형 EAP 메서드들은 한 방향으로만(피어에서 인증자로) 인증을 제공했기 때문에 다른 방향의 인증을 위해서 IKE는 인증서 기반의 인증을 필요로 한다. 필요한 키 인프라를 구축하는 것이 쉽지 않고 새로운 EAP 메서드들은 상호 인증 및 키 유도를 지원한다는 사실을 근거로 [RFC5998]은 인증에 EAP만 사용하는 방법을 제공한다. 개시자가 보낸 EAP_ONLY_AUTHENTICATION 알림 페이로드를 사용해서 응답자는 메시지 4(그림 18-1)에 포함돼 운반되는 AUTH와 CERT 페이로드의 전송을 억제할 수 있다. 이 경우 후속 AUTH 페이로드들은 SK_pi와 SK_pr 대신에 EAP가 생성한 키를 사용한다.

EAP 전용 인증은 IKE 인증의 필요성을 없애기 위해 충분히 안전한 EAP 메서드를 사용해야 한다. 이러한 메서드들을 안전$^{safe}$ EAP 메서드라고 한다. 안전 EAP 메서드는 상호 인증을 제공하고, 키를 생성할 수 있어야 하며, 딕셔너리 공격에 대한 내성을 가져야 한다. [RFC5998]에 소개된 EAP-TLS, EAP-FAST, EAP-TTL 등의 13개 메서드는 안전한 EAP 메서드로 여겨진다.

### 18.8.1.10 Better-than-Nothing Security(BTNS)

IKE와 IPsec의 비교적 최근의 개발을 BTNS$^{Better-than-Nothing\ Security,\ '버튼'이라고\ 발음}$라고 한다. BTNS는 IPsec과 관련된 사용성과 및 배포 용이성 문제의 일부를 해결하는 것을 목표로 하는데, 특히 인증서를 사용하기 위해 PKI 또는 기타 인증 체계[RFC5387]를 수립해야만 하는 문제를 목표로 한다. 엄밀히 말해 BTNS는 인증되지 않는 IPsec[RFC5386]이며, SA 수립을 위해 IKE가 사용될 때 지원 가능하다. BTNS에서 공개 키는 사용되지만, 키를 포함하는 인증서를 체인 또는 루트 인증서에 대해서 검사하지 않는다. 따라서 SA는 동일 개체가 계속해서 통신 중임은 보장할 수 있지만, 어떤 특정한 검증된 개체가 SA를 수립했음은 보장할 수 없다. 이러한 형태의 인증을 가리켜 연관 지속성$^{continuity\ of\ association}$이라고 하며, 통상의 IPsec에서 사용되는 데이터 근원 인증$^{data\ origin\ authentication}$보다 약한 보안을 제공한다. BTNS는 그 밖에는 IPsec에 실질적인 변경을 하지 않는다. IKE, AH, ESP 메시지의 형식 모두 그대로다.

### 18.8.1.11 CREATE_CHILD_SA 교환

CREATE_CHILD_SA 교환은 ESP 또는 AH에 대한 CHILD_SA를 생성하거나 초기 교환이 끝난 후 기존의 SA(IKE_SA 또는 CHILD_SA)의 키를 재발급하는 데 사용된다. 1개의 패킷 교환을 사용하며 초기 교환 중에 수립된 어느 쪽 IKE_SA에서든 시작할 수 있다. CHILD_SA 또는 IKE_SA가 수정되는지 여부에 따라서 2가지 변형이 있으며 그림 18-14에서 볼 수 있다. 여기서 개시자는 CREATE_CHILD_SA 교환을 시작하는 개체로서 반드시 IKE_SA의 원래 개시자일 필요는 없다.

그림 18-14에서 첫 번째 교환은 새로운 CHILD_SA를 생성하거나 기존 것의 키를 재발급하는 데 사용되는 CREATE_CHILD_SA를 보여준다. 키 재발급은 개시자가 보낸 N(REKEY_SA) 알림 페이로드로 명시된다. 키 재발급을 완료하기 위해서는 먼저 새 SA가

생성되고 이전 것은 삭제된다(다음 절 참조). 새로운 SA와 트래픽 선택자(TS) 정보 덕분에 대부분의 연결 매개 변수를 변경할 수 있다. 원한다면 이 시점에서 KE 페이로드를 사용해 새로운 DH 값을 교환할 수도 있다. 이렇게 하면 새로운 SA에 더 나은 비밀 키를 제공할 수 있다. IKE_SA의 키 재발급도 거의 비슷하지만, KE 페이로드가 필수고 TS 페이로드는 사용되지 않는다는 점이 다르다(그림 18-14의 두 번째 부분 참조).

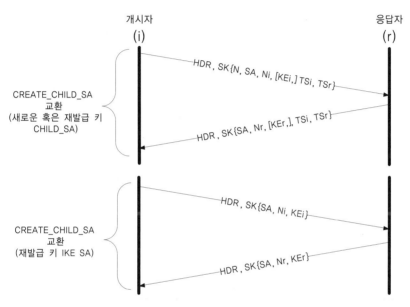

**그림 18-14** CREATE_CHILD_SA 교환은 CHILD_SA를 생성 또는 키 재발급하거나, IKE_SA를 키 재발급할 때 사용될 수 있다. 알림 페이로드는 CHILD_SA 변경 시에 수정할 SA의 SPI를 표시하기 위해 사용된다.

### 18.8.1.12 INFORMATIONAL 교환

INFORMATIONAL 교환은 주로 알림(N) 페이로드를 사용해 상태와 오류 정보를 전달하는 데 사용된다. INFORMATIONAL 교환은 일반적으로 Notify(N) 페이로드를 사용해 상태 및 오류 정보를 전달하는 데 사용된다. 또 삭제(D) 페이로드를 사용해서 SA를 삭제하는 데도 사용되므로, SA 키 재발급 절차의 한 부분을 구성한다. 이 교환은 그림 18-15에서 볼 수 있다.

INFORMATIONAL 정보 교환은 초기 교환이 성공적으로 완료된 후에만 가능하다. SPI 값으로 삭제할 SP를 지정하는 삭제(D) 페이로드와 설정 페이로드CP를 포함한다. 개시자로부터 받은 메시지에 대해서는 설령 빈 메시지라 할지라도(즉, 헤더만 포함 반드시 응답이 있어야 한다. 그렇지 않으면 개시자는 불필요하게 메시지를 재전송할 것이다. 예외적으로 INFORMATIONAL 교환이 사용되는 맥락이 아닌 상황에서 사용되는 경우가 있는데, 인식 불가능한 SPI 값 또는 지원되지 않는 IKE 주 버전 번호를 포함하는 IPsec 메시지가 수신됐음을 알리는 경우에 INFORMATION 메시지가 전송되기도 한다.

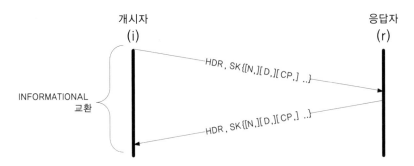

그림 18-15 INFORMATIONAL 교환은 상태 정보를 전달하고 SA를 삭제하는 데 사용되며, 알림(N), 삭제(D), 구성(CP) 페이로드를 이용한다.

### 18.8.1.13 모바일 IKE(MOBIKE)

한 번 수립된 IKE_SA는 일반적으로 더 이상 필요없을 때까지 사용된다. 그러나 이동성 또는 인터페이스 장애로 인해 IP 주소가 변경될 수 있는 환경에서 IPsec이 동작할 때에 사용되는 IKE의 변형이 [RFC4555]에 정의됐으며 이를 MOBIKE라고 부른다. MOBIKE는 INFORMATIONAL 교환 시에 사용 가능한 '주소 변경' 옵션을 추가로 포함하도록 IKEv2 프로토콜을 강화한 것이다. MOBIKE는 주소 변경이 확인됐을 때 무엇을 해야할지 지정한다. 변경된 주소를 어떻게 알아내느냐는 문제를 해결하는 것은 아니다.

### 18.8.2 인증 헤더(AH)

[RFC4302]에 정의된 IPsec의 3대 구성 요소 중 하나인 IP 인증 헤더 AH, Authentication Header 는 IPsec 프로토콜 스위트의 선택적인 부분으로서 IP 데이터그램의 원본 인증 및 무결성을 달성하는 방법을 제공한다(하지만 기밀성은 아니다). 무결성만 제공하고 기밀성은 제공하지 않기 때문에(그리고 NAT과 함께 동작할 수 없다. 이번 절의 뒷부분을 참조) AH는 2개의

IPsec 데이터 보안 프로토콜 중에서 인기가 (훨씬) 떨어진다. 전송 모드에서 AH는 3계층 (IPv4, IPv6 기초, IPv6 확장) 헤더와 그다음의 프로토콜(예: UDP, TCP, ICMP) 헤더 사이에 배치되는 헤더를 사용한다. IPv6일 경우, AH가 목적지 옵션Destination Options 확장 헤더 바로 앞에 나타난다. 터널 모드에서는 '내부' IP 헤더가 최종 IP 발신지와 목적지 정보를 포함하는 원래의 IP 데이터그램을 운반하며, 새로 생성된 '외부' IP 헤더는 IPsec 피어를 설명하는 정보를 포함한다. 이 모드에서 AH는 내부 IP 데이터그램 전체를 보호한다. 대체로 전송 모드는 직접 연결된 종단 호스트 간에 사용되며, 터널 모드는 SG들 간에 또는 호스트와 SG 간에 사용된다(예를 들어 VPN을 지원하기 위해). TCP를 예로 든 전송 모드 AH의 IPv4 및 IPv6 캡슐화를 그림 18-16에서 볼 수 있다.

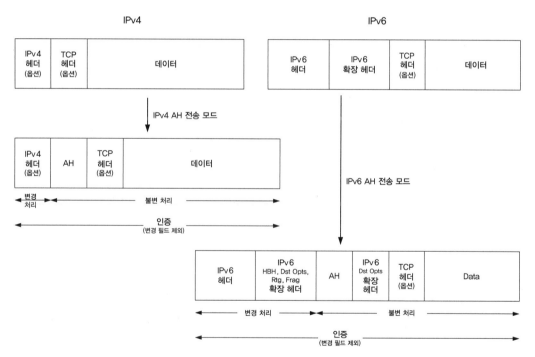

**그림 18-16** IPsec 인증 헤더는 IPv4와 IPv6에서 인증과 무결성 보호를 제공하기 위해 사용된다. 전송 모드(이 그림에서는 TCP와 함께 사용됨)에서 통상적인 IP 데이터그램은 AH를 포함하도록 변경된다.

이 그림에서 IPv4 캡슐화는 특수한 IPv4 프로토콜 번호(51)를 사용한다. 반면에 IPv6일 경우 AH는 목적지 옵션과 다른 옵션들 사이에 배치된다. 어느 경우든 결과 데이터그램은 헤더 내에 변경 가능한mutable 부분과 변경 불가능immutable한 부분을 가진다. 변경 가능한 부분은 데이터그램이 네트워크를 통해 이동할 때 변경된다. 변경되는 내용은 IPv4 TTL 또는 IPv6 홉 제한$^{\text{Hop Limit}}$ 필드, IPv6 흐름 레이블$^{\text{Flow Label}}$ 필드, DS 필드, ECN 비트 등이 포함된다. 반면에 변경 불가능한 부분은 발신지 IP 주소와 목적지 IP 주소 등을 포함하며 네트워크에 의해 변경되지 않고 AH 내의 필드를 통해서 무결성이 보호된다. 따라서 전송 모드 AH 데이터그램은 NAT에 의해 재작성되지 않으며, 이는 많은 환경에서 잠재적인 문제의 소지가 된다. 전송 모드는 단편화와 함께 사용될 수 없다(IPv4든 IPv6든).

전송 모드의 대신 사용될 수 있는 것이 그림 18-17에 보이는 터널 모드다. 이 모드에서는 원본 데이터그램은 변경되지 않고 대신에 무결성을 보호하는 새로운 IP 데이터그램 안에 삽입된다.

터널 모드에서는 원본 IP 데이터그램 전체가 캡슐화돼 AH로 보호된다. '내부' 헤더는 수정되지 않고 '외부' 헤더는 SG 또는 호스트와 연관된 발신지 및 목적지 IP 주소를 사용해서 생성된다. 이 경우 AH는 모든 원본 데이터그램뿐 아니라 새로운 헤더의 일부도 보호한다(그래서 NAT에 의해 수정되는 것을 방지함).

두 가지 AH 모드는 모두 그림 18-18과 같이 동일한 AH를 사용한다. AH는 데이터그램 길이와 관련 SA를 식별하고 무결성 검사 정보를 포함한다. 페이로드 길이는 AH의 길이를 32비트 워드에서 2를 뺀 값으로 지정한다. 보안 매개변수 인덱스$^{\text{SPI, Security Parameters Index}}$ 필드는 수신자에서 SA 32비트 식별자를 포함하며 이 식별자는 SA에서 유도된 정보를 갖고 있다. 멀티캐스트 SA의 경우 SPI 값은 특별한 방법으로 처리된다(18.8.4절 참조). 순서 번호는 SA에 보내진 패킷마다 1씩 증가하는 32비트 필드다. 이 필드가 수신자에서 활성화되면 재생 공격을 막을 수 있다(하지만 수신자가 검사되지 않더라도 발신인은 항상 포함시킨다). 확장 순서 번호$^{\text{ESN, Extended Sequence Number}}$ 동작 모드 역시 정의돼 권장되고 있으며 IKE_SA_INIT 교환 과정에 협상된다. 순서 번호가 사용될 경우 64비트로 계산되지만, 그중 하위 32비트만 순서 번호 필드에 포함된다. 무결성 검사값$^{\text{ICV, Integrity Check Value}}$ 필드의 길이는 가변적이며 어느 암호화 제품군이 사용되느냐에 따라 다르다. 이 필드의 길이는 언제나 32비트의 정수배다.

무결성 보호에 사용되는 알고리즘은 SA 내에 유형 3 변환으로서 지정되며, 수동으로 또는 IKE와 같은 일부 자동 메서드를 사용해 수립될 수 있다. AH(및 ESP)에 대한 선택, 권장, 필수 알고리즘들의 목록을 [RFC4835]에서 볼 수 있으며, HMACMD5-96(선택),

AES-XCBC-MAC-96(권장), HMAC-SHA1-96(필수) 등이 이에 포함된다. 무결성 검사는 데이터그램의 다음 부분들을 이용해 계산된다. AH 앞의 헤더 필드로서 전송 중에 변경되지 않거나 AH SA 종단점 도착 시에 값을 예측할 수 있는 것, AH, AH 이후의 모든 것, ESN의 상위 비트들(ESN이 사용되는 경우) 그리고 임의의 채우기<sup>padding</sup> 값이다.

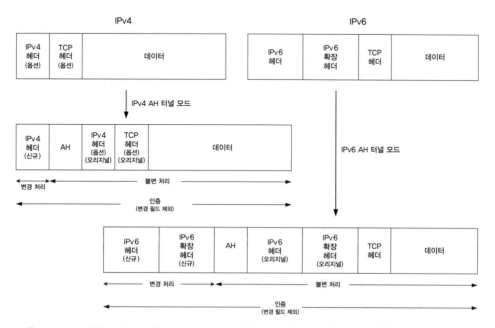

**그림 18-17** IPSec 터널 모드 AH의 캡슐화는 IPv4와 IPv6 데이터그램에 대한 인증 및 무결성 보호 기능을 제공한다. 터널 모드(이 그림에서는 TCP를 운반)에서 IP 데이터그램은 원래의 데이터그램을 운반하는 새로운 '외부' IP 데이터그램 내에 캡슐화된다.

| 0 | 15 | | 31 |
|---|---|---|---|
| 다음 헤더(8비트) | 페이로드 길이(8비트) | 예약(16비트) | |
| 보안 매개변수 인덱스(SPI, 32비트) | | | |
| 순서 번호(32비트) | | | |
| 무결성 검사 값(ICV, 가변 길이) | | | |

**그림 18-18** IPSec AH는 전송 또는 터널 모드 중 하나에서 IPv4와 IPv6 데이터그램에 대한 인증 및 무결성 보호 기능을 제공한다. SPI 값은 AH가 속해 있는 SA를 나타낸다. 순서 번호 필드는 재생 공격을 방지하기 위해 사용된다. ICV는 페이로드의 정적인 부분을 통해 MAC의 양식을 제공한다.

터널 모드가 사용될 때, 초기 혼잡(5장 및 16장 참조)을 알리기 위해서 ECN 비트와 같은 변경 가능 필드가 사용되는 것에 대해 일부 논란이 있었다. [RFC4301]에서 이러한 필드들은 새로 생성된 '외부' IP 헤더 내에 존재하는 해당 필드에 단순 복사된다. 그러나 [RFC6040]에서 터널 캡슐화 시에 정상 모드<sup>normal mode</sup>와 호환성 모드<sup>compatibility mode</sup>가 정의됐는데, 일반 모드에서는 CE와 ECT 비트 필드가 새 헤더로 복사되고 호환성 모드에서는 비트값이 비워져서 ECN 비지원 전송임을 나타내는 '외부' 패킷이 생성된다. 캡슐화가 벗겨지는 동안에 외부 또는 내부 헤더가 CE 표시를 포함하고 있다면, 원래의 패킷이 ECT를 나타내지 않는 한(이 경우 패킷은 폐기된다) 이 CE 표시는 캡슐화가 벗겨진 후에 생성된 패킷으로 복사된다. 외부 또는 내부 헤더가 ECT를 표시한다면 캡슐화가 벗겨진 후의 패킷에서 ECT는 TRUE로 설정된다.

### 18.8.3 캡슐 보안 페이로드(ESP)

[RFC4303]에 정의된 IPsec의 ESP 프로토콜([RFC4304]에서는 ESP(v3)이라고 부름)은 IP 데이터그램에 대한 기밀성, 무결성, 출처 인증, 재생 공격 방지를 선택해서 조합할 수 있다. 무결성만 필요하다면 필수 지원 대상인 NULL 암호화 메서드<sup>[RFC2410]</sup>을 사용할 수 있다. 반대로, 무결성 보호 없이 기밀성만 필요하다면 암호화를 사용할 수 있다. 다만 이러한 조합은 수동 공격에 대해서만 효과적이기 때문에 바람직하지 않다. ESP의 맥락에서 무결성은 데이터 원본 인증을 포함한다. 유연성과 다양한 기능을 제공하기 때문에 ESP는 AH보다 훨씬 더 널리 쓰인다.

#### 18.8.3.1 전송 모드와 터널 모드

AH와 마찬가지로 ESP에는 전송 모드와 터널 모드가 있다.

터널 모드에서는 '외부' IP 패킷이 완전히 암호화될 수 있는 '내부' IP 패킷을 포함한다 . 이것은 제한된 형태의 트래픽 흐름 기밀성(TFC)을 제공한다. 내부 데이터그램의 크기와 내용을 암호화를 사용해 숨길 수 있기 때문이다. ESP는 원한다면 AH와 함께 사용할 수 있으며 IPv4 와 IPv6을 모두 지원한다. 어떤 경우에는 성능 상의 이유로(ESP가 파이프라이닝에 더 적합할 수 있다) 무결성 전용 모드에서 ESP를 사용하는 것이 AH보다 더 나을 수 있으며, IPsec 구현의 필수 옵션이다. ESP 전송 모드에서의 캡슐화는 그림 18-19에 나와 있다.

전송 모드 구조는 AH 전송 모드와 유사하지만, ESP의 암호화와 무결성 보호 메서드를 지원하기 위해 ESP 트레일러 구조가 사용된다는 점이 다르다(18.8.3절 참조). AH와 마찬가지로 ESP 전송 모드는 단편화와 함께 사용될 수 없다. ESP에 대한 터널 모드 캡슐화는 AH의 경우와 유사하며 그림 18-20에 나타나 있다.

ESP는 AH처럼 엄격하게 헤더를 사용하지 않는다. 그 대신에, 헤더와 트레일러 부분을 포함하는 전반적인 ESP 구조가 존재한다. 추가적인 검사 비트(ESP ICV라고 함)를 위한 공간을 필요로 하는 무결성 보호 메커니즘과 ESP가 함께 사용되는 경우, 선택적으로 사용되는 (두 번째) 트레일러 구조가 존재한다. 이 ESP 구조는 그림 18-21에 나타나 있다.

ESP로 캡슐화된 IP 데이터그램은 프로토콜(IPv4의 경우) 또는 다음 헤더(IPv6의 경우) 필드에 값 50을 사용한다. 그림 18-21에 보이는 ESP 페이로드 구조는 AH에서와 동일한 방식으로 사용되는 SPI와 순서 번호를 포함한다. 주요 차이점은 페이로드 영역 내에 있다. 이 영역은 기밀성이 보호(암호화)될 수 있으며, 일부 암호화 알고리즘에 필요한 가변 길이의 패드 부분을 포함할 수 있다.

페이로드는 32비트(IPv6의 경우는 64) 경계에서 끝나야 하고, 마지막 두 개의 8비트 필드는 패드 길이$^{Pad Length}$와 다음 헤더$^{Next Header}$(또는 Protocol) 필드 값을 식별한다. 패드, 패드 길이, 다음 헤더 필드는 그림 18-19와 18-20에 보이는 ESP 트레일러를 구성한다. 어떤 암호화 알고리즘은 IV를 사용할 수 있는데, IV는 페이로드 영역의 시작 부분에 나타난다(이 그림에는 보이지 않음). TFC 목적을 위한 추가 패딩(TFC 패딩이라고 함)은 ESP 트레일러보다 앞의 페이로드 영역 내에 나타날 수 있다(자세한 내용은 [RFC4303]의 그림 2 참조). 이 기능은 트래픽 분석 공격에 대한 내성을 높이기 위해 데이터그램의 길이를 위장하는 데 사용되지만, 그리 널리 사용되는 것 같지는 않다. 다음 헤더 필드에는 IPv4 프로토콜 필드 또는 IPv6 다음 헤더 필드에서 사용된 동일 공간의 값이 포함돼 있다(예를 들면 IPv4의 경우는 4, IPv6의 경우는 41). 59 값을 포함할 수도 있는데, 이것은 폐기될 더미 패킷을 전달할 때 '다음 헤더 없음'을 의미한다. 더미 패킷은 트래픽 분석 공격을 막기 위해 사용되는 또 다른 방법이다.

ESP ICV는 무결성 검사 알고리즘에 의해 활성화 및 요구될 경우 사용되는 가변 길이 트레일러다. ESP 헤더, 페이로드, ESP 트레일러를 통해 계산된다. 암묵적 값(예를 들면 상위 ESN 비트)도 포함된다. ICV의 길이는 특정 무결성 검사 메서드를 선택한 결과로서 알려진다. 따라서 SA가 처음 준비될 때 수립되며, SA가 존재하는 한 변경되지 않는다.

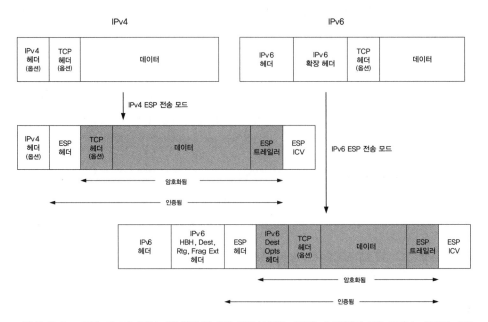

**그림 18-19** IPsec ESP는 IPv6에 대해서 기밀성(암호화), 인증, 무결성 보호를 제공하는데 사용된다. 전송 모드(이 그림에서는 TCP 와 함께 사용)에서 IP 데이터그램은 ESP 헤더를 포함하도록 변경된다. 전송 모드의 ESP는 전송 페이로드가 암호화, 인증, 무결성 보호되도록 한다.

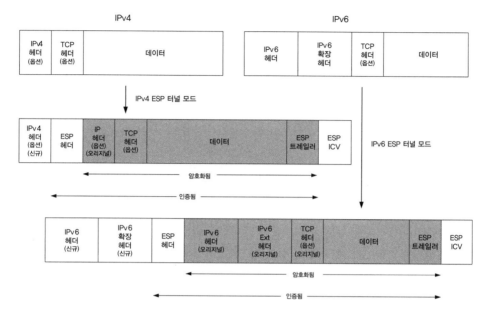

**그림 18-20** 터널 모드의 ESP(이 그림에서는 TCP와 함께 사용)는 새로운 '외부' 데이터그램 내에 IP 데이터그램을 캡슐화한다. ESP 덕분에 내부 데이터그램은 그대로 있고 외부 데이터그램만 (예를 들면 NAT 통과 시에) 변경될 수 있다. 대부분의 애플리케이션에서 ESP가 AH보다 주로 쓰인다.

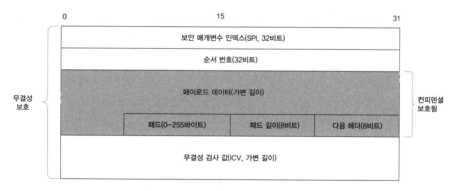

**그림 18-21** ESP 메시지 구조는 중앙에 암호화된 페이로드를 포함한다. SPI와 순서 번호는 ESP 헤더를 구성하고 패드, 패드 길이와 다음 헤더 필드는 ESP 트레일러를 구성한다. 무결성 보호가 사용되는 경우, 선택적 ESP ICV 트레일러도 사용된다.

무결성 보호가 활성화된 경우는 재생 공격에 대한 대비책이 지원된다. 이를 위해서 실행 중인 카운터로부터 순서 번호를 유도하는 방법이 사용된다. 카운터는 SA가 처음 준비될 때 0으로 초기화되고, 데이터그램으로 복사될 때 값이 증가한다. 재생 공격 방지가 활성화되면(일반적으로 기본 설정됨), 발신자는 카운터의 값이 범위를 초과하지 않았는지 검사하고 곧 초과할 것 같으면 새로 SA를 생성한다. 재생 공격 방지를 구현하는 수신자는 유효한 순서 번호 윈도우를 유지한다(TCP 수신자의 윈도우와 비슷한 측면이 있음). 윈도우 외부의 순서 번호를 포함하는 데이터그램은 폐기된다.

감사auditing를 구현하는 시스템의 경우, ESP 처리로 인해 하나 이상의 감사가 가능한 이벤트auditable event가 발생할 수 있다. 이러한 이벤트에는 다음과 같은 것들이 있다. 세션에 유효한 SA가 존재하지 않음, 처리를 위해 ESP에 전달된 데이터그램이 단편임, 재생 방지 카운터가 곧 범위를 초과하려 함, 수신된 패킷이 유효한 재생 방지 윈도우 외부에 있음, 무결성 검사가 실패했음 등이다. 감사 가능한 이벤트는 로깅 시스템에 기록된다. 이러한 이벤트들은 SPI 값, 현재 날짜 및 시간, 발신지 및 목적지 IP 주소, 순서 번호, IPv6 흐름 ID 등의 메타데이터를 포함한다.

### 18.8.3.2 ESP-NULL, WESP, 트래픽 가시성

앞서 언급했듯이 ESP는 보통 암호화를 사용해서 정보를 보호하지만, NULL 암호화 알고리즘을 사용해 무결성 전용 모드에서 동작할 수도 있다. 어떤 상황에서는 무결성 전용 모드(ESP-NULL이라고 부르기도 함)가 바람직할 수 있으며, 특히 네트워크 내에서 정교한 패킷 검사가 수행돼 기밀성이 다른 방법으로 처리되고 있는 기업 환경에서 그렇다. 예를 들어 일부 네트워크 인프라 장치는 패킷에 원치 않는 컨텐츠(예를 들어 멀웨어 서명)가 있는지 검사하고 정책 위반이 발견되면 경고를 보내거나 네트워크 접근을 끊을 수 있다. 이러한 장치는 ESP가 종단 간에 암호화와 함께(즉, 설계된 대로) 사용될 경우 실질적으로는 비활성화된다. 달리 표현하면, 이 장치들은 트래픽 가시성traffic visibility이 없으면 자기 할 일을 할 수 없다.

패킷 검사 장치는 ESP 트래픽을 받으면 트래픽이 암호화됐는지 여부(즉, NULL 암호화 사용 여부)에 대한 결정을 내려야 한다. IPsec 암호화 스위트 협상이 ESP 외부에서 일어난다고 가정하면(예를 들어 수동으로 또는 IKE와 같은 프로토콜을 사용해) 두 가지 방법이 가능하다. 첫 번째는 단순히 비표준 휴리스틱을 사용해서 추측하는 것이다[RFC5879]. 이 방법은 트래픽 가시성을 지원하기 위해 ESP를 수정할 필요가 없다는 이점이 있다. 다른 방법은 특수 설명을 ESP에 추가해 암호화 사용 여부를 표시하는 것이다. WESPWrappedESP[RFC5840]

는 ESP 패킷 구조 앞에 위치하는 헤더를 정의한다. WESP는 ESP와 다른 프로토콜 번호 (141)를 사용하며 USE_WESP_MODE (값 16415) 알림 페이로드를 사용해서 IKE와 협상 될 수 있다. 가변 길이의 WESP 헤더는 페이로드 정보의 위치를 나타내는 필드들과 더불 어 ESP-NULL 사용 여부를 나타내는 비트들을 포함하는 Flags플래그 필드(IANA[IWESP] 에서 관리)를 포함한다. WESP 덕분에 ESP-NULL이 네트워크 인프라에서 사용 중인지 쉽게 알아낼 수 있지만, WESP의 효용성은 WESP 헤더 계층을 제대로 사용하는 종단 호 스트에도 달려있다. WESP는 상대적으로 새로운 기능이기 때문에 아직 이를 지원하는 호스트가 많지 않다. 하지만 WESP 형식은 확장 가능하므로, 일단 구현되면 향후 다른 용도로도 사용될 수 있을 것이다.

### 18.8.4 멀티캐스트

IPsec은 선택적으로 멀티캐스트 연산[RFC5374]을 지원한다. 가장 기본적인 형태는 수동 키 구성을 사용하지만, 그룹 컨트롤러/키 서버(GCKS)에 의해 관리되는 그룹 키 관리(GKM) 프로토콜이라고 하는 멀티캐스트 그룹 키 설정 방법도 있다. 이들은 하나 이상의 IPsec SA와 하나 이상의 GKM SA를 포함하는 그룹 보안 연결Group Security Association, GSA을 생 성하는 데 사용되며, IPsec SAs[RFC3740]를 설정하는 데 사용되는 하나 이상의 GKM SA 는 다음과 같다. 구성원이 동적으로 그룹에 가입하거나 탈퇴할 수 있다는 점을 고려할 때, GKM 프로토콜은 일반적인 2자 키 설정 프로토콜보다 더 빈번하고 신중하게 키링을 처리해야 하며, 이러한 프로토콜은 보안 연구자들이 선호하는 주제였다[AKNT04]. 우리는 GKM의 작동 방법에 대한 세부사항을 탐구하지 않을 것이다(그런 설명은 길어질 것이다). 그러나 관심 있는 독자는 GDOI[RFC3547] 또는 GSAKMP[RFC4535]에 대한 문서를 참조할 수 있다.

현재 멀티캐스트 IPsec이 동작하기 위해서는 그룹 내의 모든 멤버들이 동질적인 알고리 즘과 프로토콜 처리 기능을 사용해야 한다. 임의 발신지와 단일 발신지 멀티캐스트(ASM 과 SSM)가 모두 지원되며(9장 참조), IPv4 로컬 브로드캐스트 주소와 IPv6 애니캐스트 주 소에 동일한 절차가 사용된다. 호스트 IPsec 구현은 터널 모드와 전송 모드를 임의로 조 합해서 사용할 수 있지만, SG는 터널 목적지 주소가 멀티캐스트 주소인 터널 모드를 사 용해야 한다.

멀티캐스트 IP 데이터그램은 터널 모드가 사용될 때 IPsec 관련해서 해결해야 할 문제가 있다. 멀티캐스트를 지원하는 네트워크 인프라를 사용해서 효율적으로 라우팅되기 위해서는 외부 IP 데이터그램의 주소가 멀티캐스트 목적지 주소여야 하기 때문이다. 이를 위해서는 AH 또는 ESP 터널에 데이터그램을 넣을 때 '주소를 보존하는 터널 모드tunnel mode with address preservation'라고 하는 특별한 절차가 필요하다. 이 절차를 간단히 요약하면, 내부 주소와 일치하도록 외부 IP 발신지와 목적지 주소를 선택하는 것이다(동일한 버전의 IP가 사용된다고 가정). 이렇게 하는 목적은 (1)멀티캐스트 라우팅이 데이터그램에서 일어나도록 하고 (2)멀티캐스트 경로를 계산하는 데 사용되는 역경로 포워딩RPF, Reverse Path Forwarding 검사가 제대로 동작하도록 하는 것이다(9장 참조).

멀티캐스트를 도입하기 위해서는 그림 18-10에서 본 저수준 IPsec 기계의 일부를 수정해야 한다. 예를 들어, SPD와 SAD는 주소 보존 터널 모드를 구현하는 데 사용되는 '주소 보존' 플래그를 포함하도록 수정된다. 또한 SPD의 방향성 플래그를 사용해 어떤 상황에서 SA가 자동으로 생성돼야 하는지 결정한다. 이는 (유니캐스트 SA에서와 마찬가지로) 발신지와 목적지 IP 주소를 단순히 반대로 적용한 멀티캐스트 발신지 주소를 사용하는 SA가 생성되지 않도록 보장한다. SPD는 (예를 들어 그룹 키를 얻기 위해) 언제 GKM 프로토콜이 호출돼야 하는지에 관한 상태 정보를 포함해야 할 수 있으며, 그룹 PAD(GPAD)는 GCKS마다 고유한 정보를 갖고 있는데 이런 정보에는 각 GCKS가 어떤 트래픽 선택자에 대해서 SA와 인증 정보를 생성할 수 있는지가 포함된다. 이 정보는 GKM 프로토콜과 GCKS를 연계하는 데 필요하다. IKE처럼 GKM 프로토콜이 아닌 프로토콜은 GPAD 정보를 참조하지 않지만, PAD와 GPAD 구조가 함께 구현될 수도 있다.

## 18.8.5 L2TP/IPsec

L2TPLayer 2 Tunneling Protocol(3장 참조)는 IP 네트워크 또는 IP를 사용하지 않는 네트워크를 통해서 PPP와 같은 2계층 트래픽의 터널링을 지원한다. 연결이 시작될 때는 약간의 인증을 제공하는 인증 메서드를 사용하지만, 그 이후에는 패킷별 인증, 무결성 보호, 기밀성을 제공하지 않는다. 이 문제를 해결하기 위해 L2TP를 IPsec[RFC3193]와 함께 사용할 수 있다. L2TP/IPsec라고 하는 이 조합은 원격 2계층 VPN이 기업(또는 가정) 네트워크에 접근할 수 있는 권장 방법을 제공한다. L2TP는 직접 L2TP-over-IP 캡슐화(프로토콜 번호

115) 또는 NAT 통과를 돕는 UDP/IP 캡슐화를 사용해 IPsec로 보호될 수 있다.

L2TP/IPsec은 기본적으로 IKE를 사용하지만 다른 키 발급 메서드도 사용 가능하다. 전송 모드(필수 지원) 또는 터널 모드(선택 지원)에서 ESP SA를 사용한다. 이 SA는 L2TP 트래픽을 보호하는 데 사용되며, L2TP 트래픽은 2계층 터널을 수립하는 데 사용된다. L2TP/IPsec은 실제로는 2개의 프로로콜의 조합인데 두 프로토콜이 모두 인증을 포함하기 때문에 2개의 서로 다른 인증 절차가 필요할 때가 많다. 하나는 기계용(사전 공유 키 또는 인증서와 함께 IPsec 사용)이고, 다른 하나는 사용자용(예를 들면 이름과 패스워드 또는 접근 토큰을 사용)이다.

L2TP/IPsec는 대부분의 최신 플랫폼에서 지원한다. 윈도우상에서 새로운 연결을 설정할 때 'Connect to a workplace' 옵션을 사용해 L2TP와 L2TP/IPsec를 활성화할 수 있다. 일부 스마트폰(예를 들어 안드로이드나 아이폰)도 네트워크 설정 창에서 L2TP를 지원한다. 맥 OS X는 시스템 설정을 사용해 추가 가능한 L2TP/IPsec 네트워크 어댑터 유형을 갖고 있다. 리눅스상에서는 IPsec와 L2TP가 함께 동작하기 위해 필수적으로 둘 다 설정을 해야 한다. 이런 시스템에 L2TP가 필요 없다면 직접 IPsec를 사용하는 것이 좋다.

### 18.8.6 IPsec NAT 통과

IPsec과 함께 NAT을 사용하면 약간의 문제가 일어날 수 있는데, 전통적으로 IP 주소는 통신의 종단점을 식별하는 데 사용됐으며 그 값이 바뀌지 않는다고 가정됐기 때문이다. IPsec가 처음 설계됐을 때 이러한 가정을 배제하지 않았기 때문에 NAT로 인해서 문제가 생겼다. 이것은 IPsec의 보급이 상대적으로 느린 한 가지 요인이다. 그러나 최근의 IPsec은 (MOBIKE를 통해) 주소 변경과 NAT 통과를 모두 지원한다.

완전한 NAT 통과 솔루션이 되기 위해서는 전송 모드와 터널 모드 모두에서 IKE, AH, ESP를 고려해야 한다. NAT를 사용할 수 있으려면 모든 애플리케이션에서 IPsec의 모든 조합을 사용할 수 있는 것은 아니다. 솔루션의 요구 사항에 대한 안내가 [RFC3715]에 제시돼 있다. 우리는 먼저 NAT과 IPsec 간의 근본적인 비호환성을 강조하는 다양한 문제를 논의하고, 그다음에 이 문제를 처리하기 위해 채택돼 온 방법들을 설명할 것이다.

AH 그리고 NAT가 데이터그램의 주소를 갱신하는 방법과 관련해서 근본적인 문제가 있다. AH는 데이터그램의 IP 주소를 포괄하는 MAC 계산을 포함하기 때문에 NAT은 AH 를 무효화하지 않고는 주소를 재작성할 수 없다. ESP는 이런 문제가 일어나지 않는 점에 주의하자. ESP의 무결성 보호 메커니즘은 MAC의 IP 주소를 포함하지 않기 때문이다.

UDP와 TCP 전송 프로토콜에서는 또 다른 문제가 발생하는데, IP 주소를 계산 시에 통합하는 유사 헤더 검사합 때문이다. 전송 계층의 검사합이 무결성 보호 또는 암호화돼 있는 경우 NAT은 유효하지 않은 패킷을 형성하지 않고는 검사합을 갱신할 수 없다. NAPT 가 포트 번호를 변경할 때 또는 다른 프로토콜이 계층화를 위반하는 경우에도 유사한 상황이 발생할 수 있다.

세 번째 문제는 IKE의 ID 페이로드와 관련이 있다. IKE 피어를 식별하는 데는 몇 가지 방법이 있는데 그중 하나가 IP 주소를 사용하는 것이다. 이때 IP 주소는 암호화된 IKE 페이로드 내에 포함돼 있으므로 통상적으로 NAT에서 수정할 수 없으며 따라서 장애 가 발생한다. 하지만 다른 방법으로 피어를 식별하는 것도 가능하다(예를 들면 FQDN 또는 X.509 인증서의 구별 이름).

네 번째 문제는 NAT 또는 NAPT가 수신한 트래픽을 적절한 호스트로 역다중화하는 방법이다. TCP나 UDP와 같은 프로토콜에서는 이 용도로 포트 번호가 사용된다. 그러나 IPsec AH와 ESP는 포트 번호를 운반하지 않는 전송 프로토콜처럼 동작하며 그 대신에 SPI 값을 사용한다. 일부 NAT은 SPI 값을 사용해서 역다중화를 할 수 있지만, 이 값들은 IPsec 응답자가 로컬 값으로서 선택하기 때문에 다수의 호스트가 동일한 값을 선택할 가능성이 있다. NAT는 이러한 값들을 쉽게 수정할 수 없기 때문에 NAT가 수신 트래픽을 부적절하게 역다중화해 전달이 잘못될 가능성이 있다.

IPsec이 사용될 때 더 심각해지는 NAT의 문제점도 있다. 예를 들어, IP 주소를 운반하는 애플리케이션 프로토콜(예: SIP)은 무결성 보호 또는 암호화되는 경우 통상의 NAT에서 수정할 수 없다. 게다가 설정 및 분석도 더 어려운데 암호화 때문에 복호화가 방해를 받기 때문이다. 다행히도 일부 네트워크 분석 도구(예: 와이어샤크)는 필요한 정보만 제공되면 암호화된 트래픽을 처리할 수 있다.

대부분의 NAT 통과 문제에 대한 주요 접근 방식은 UDP/IP를 사용해서 IPsec ESP 및 IKE 트래픽을 캡슐화하고, 필요 시 NAT가 이를 수정하는 것이다(AH의 NAT 통과에 관해서 는 특별히 지원되는 솔루션이 없다). IKE 개시자는 NAT의 존재 여부에 관계없이 UDP 포트

500 또는 4500을 사용해 IKE를 전송한 다음, UDP 캡슐화된 ESP 및 IKE를 사용하기 위해 포트 4500으로 전환한다. [RFC5996]에 따르면 포트 500에서의 UDP ESP 캡슐화는 금지된다. 포트 4500을 사용하는 목적은 포트 500에서 IPsec 트래픽을 부적절하게 처리하는 일부 NAT를 피하기 위한 것이다.

IKE에서의 NAT 통과는 IKE 구현의 선택 기능이다. 다음 두 개의 알림 페이로드가 IKE_SA_INIT 교환에 포함될 수 있는데, NAT_Detection_DESTINATION_IP와 NAT_DECTION_SOURCE_IP다. 이 페이로드들은 Ni 및 Nr 페이로드 뒤, 그리고 CERTREQ 페이로드 앞에 올 수 있다. 이 페이로드들과 관련된 데이터로는 SA에 대한 SPI의 SHA-1 해시, 발신지 또는 목적지 IP 주소, 발신지 또는 목적지 포트 번호 등이 있다. 이러한 정보들은 IKE 메시지로서 보존되므로 NAT를 통과한다. NAT가 존재한다고 알리는 IKE 메시지를 수신하면 IKE는 포트 4500에서 UDP/IP 캡슐화를 계속 사용하며, 이것은 NAT을 그대로 통과하는 경향이 있다.

하나 이상의 NAT을 순회한 후, 전송 모드 SA를 설정하는 데 사용된 IKE 수신 트래픽에 포함된 트래픽 선택자(TS 페이로드)의 IP 주소는 별 의미가 없고(즉, NAT 안쪽의 개인 IP 주소임), 응답자에 도착한 IKE 데이터그램의 주소 필드에 들어있는 IP 주소와 일치하지 않는다. 이문제는 먼저 이 주소들을 TSi 및 TSr IKE 페이로드에 저장한 뒤, 수신된 데이터그램 내의 발신지와 목적지 IP 주소로 나중에 바꾸는 방법이 사용된다. 본질적으로 TS 페이로드에 수신자가 수행하는 지연 NAT의 한 형태이다. 그 결과 생성된 데이터그램과 TS 페이로드는 요청 대상 SA의 보안 정책을 알아내기 위해 SPD에 질의하는 데 사용된다. 전송 모드가 사용되는 경우 응답자는 교환을 완료하며 개시자는 유사한 TS 페이로드 대체 처리를 수행한다(자세한 내용은 [RFC5996]의 2.23.1절 참조).

## 18.8.7 예제

다수의 오픈소스 및 독점 IPsec 구현이 있다. 윈도우 7은 마이크로소프트의 애자일 VPN 하위 시스템에서 IKEv2와 MOBIKE를 지원한다. 리눅스는 커널 버전 2.6부터 커널 수준의 IPsec 지원을 포함하며, OpenSwan과 StrongSwan 패키지를 사용해서 완전한 VPN 솔루션을 구현할 수 있다. 이후의 예제에서는 StrongSwan을 실행하는 리눅스 서버(IPv4 주소 10.0.0.3)와 윈도우-7 클라이언트(IPv4 주소 10.0.1.48) 환경에서 인증용으로 생성된 RSA

기반의 인증서를 사용해 IKE의 동작을 살펴본다. IKE 초기 교환은 그림 18-22에 나와 있다.

이 그림을 보면 와이어샤크가 ISAKMP를 프로토콜 이름으로 사용해 IKE 교환을 복호화하는 것을 알 수 있다. 이것은 지금은 사용되지 않는 이름인 인터넷 보안 연관과 키 관리 프로토콜Association and Key Management Protocol로서 IKE의 과거 명칭이다. IKE 헤더에는 개시자의 SPI("개시자 쿠키")와 응답자의 SPI가 포함돼 있으며, 응답자의 SPI는 아직 수립되지 않았다. 버전 번호 2는 이 패킷이 IKEv2를 포함하며 교환 유형이 IKE_SA_INIT임을 나타낸다.

자세히 살펴보면 이것이 IKE_SA_INIT 메시지로서 SA 1개, KE 1개, 임시값 1개 그리고 알림 2개 이렇게 총 5개의 페이로드를 포함하고 있음을 알 수 있다. SA 페이로드에는 6개의 제안을 포함하는데, 각 제안은 변환 목록을 갖고 있다. 제안은 개시자가 사용하고자 하는 알고리즘들의 집합을 나타낸다. 제안 6(가장 마지막 것)은 펼쳐져 있으므로 세부 정보를 볼 수 있다. 암호화용으로 키 길이가 256비트인 CBC 모드의 AES, 무결성 보호용으로 SHA-256과 함께 HMAC, DH 키 교환을 위해 SHA-384 기반의 PRF와 1024비트 MODP 그룹을 제안하고 있다. 다른 제안(세부 정보는 표시되지 않음)들은 3DES 암호화, 키 길이가 다른 AES 암호화, 무결성 보호용 SHA-1, PRF용의 다른 SHA 변형 등을 제안한다. SA 페이로드에 이어서 나오는 키 교환 페이로드는 '대체 1024비트 MODP 그룹'을 사용해 DH 교환을 수행하는 데 필요한 공개 정보를 포함한다. 다른 페이로드들에서는 48바이트 길이의 무작위 비트 문자열을 포함하는 임시값과 NAT 통과에 사용되는 2개의 알림 페이로드를 볼 수 있다. 첫 번째 알림 페이로드는 NAT_DETection_SOURCE_IP 유형이며 두 번째 페이로드는 NAT_DETECTION_DESTINATION_IP 유형이다. 첫 번째 페이로드에 들어있는 값은 개시자의 SPI 8바이트, 응답자의 SPI 8바이트(이 예제에서는 0), 발신지 IPv4 주소 4바이트, UDP 발신지 포트 번호 2바이트 값들을 갖고 계산된 20바이트 SHA-1 해시값을 포함한다. 두 번째 페이로드는 첫 번째 페이로드와 같지만 발신지 포트가 아니라 목적지 포트가 사용되는 것만 다르다. 그림 18-23은 첫 번째 IKE_SA_INIT 메시지에 대한 응답을 보여준다.

이 그림에서 IKE는SA_INIT 메시지는 SA, KE, 임시값, 알림 3개 그리고 인증서 요청 페이로드를 포함하고 있다. SA 페이로드는 1개의 제안만 포함하고 있는데, 이 제안은 암호화용으로 3DES, 무결성 보호용으로 HMAC_SHA1_96, PRF용으로 HMAC_SHA1, DH 교환용으로 그룹 2 변환들로 구성된다. KE 페이로드에는 1024비트 MODP 그룹의 128 바이트 값이 포함돼 있다. 임시값 페이로드에는 32바이트 무작위 값이 포함돼 있다. 다음 2개의 알림 페이로드에는 앞서 설명했던 NAT_DETECTION_SOURCE_IP와 NAT_DETECTION_DESTINATION_IP가 포함된다. 그다음에 오는 페이로드 CERTREQ와 MULTIPLE_AUTH_SUPPORTED는 지금까지 설명한 적이 없는 페이로드다.

CERTREQ(인증서 요청) 페이로드는 응답자가 선호하는 인증서를 나타낸다. 이번 예제의 경우 응답자는 나중에 개시자가 제공하는 인증서는 반드시 특정 인증 기관 CA의 것이어야 함을 명시하고 있다. CA 표현에 사용되는 인코딩은 [RFC5996]의 3.6절에 정의된 것 중 하나여야 하는데, 현재 4, 12, 13 값만 표준화돼 있다. 이번 예제에서 사용된 4는 인증 기관 데이터<sup>Certificate Authority Data</sup> 하위 필드가 신뢰받는 CA의 공개 키의 SHA-1 해시값들이 연결된 값(X.509의 주체 공개 키 정보<sup>Subject Public Key Info</sup> 요소)을 포함하고 있음을 의미한다. 이번 예제에서 이 하위 필드의 길이가 20바이트에 불과한 것을 보면 1개의 CA만 나열됐음을 알 수 있다. 이 값은 이번 예제를 위해 생성된 'Test CA'에 대한 루트 인증서의 공개 키의 DER 인코딩의 SHA-1 해시값이다.

```
ikew7cli.1d                                                          [_][□][X]
File  Edit  View  Go  Capture  Analyze  Statistics  Telephony  Tools  Internals  Help

No.   Time        Source        Destination    Protocol   Info
  1 0.000000     10.0.1.48     10.0.0.3       ISAKMP    IKE_SA_INIT
  2 0.041798     10.0.0.3      10.0.1.48      ISAKMP    IKE_SA_INIT
  3 0.144137     10.0.1.48     10.0.0.3       IPv4      Fragmented IP protocol (proto=UDP 0x11, off=0, ID=026e)
  4 0.144175     10.0.1.48     10.0.0.3       ISAKMP    IKE_AUTH
  5 0.202014     10.0.0.3      10.0.1.48      ISAKMP    IKE_AUTH
  6 26.420009    10.0.1.48     10.0.0.3       ISAKMP    INFORMATIONAL
  7 26.422427    10.0.0.3      10.0.1.48      ISAKMP    INFORMATIONAL
  8 26.431483    10.0.1.48     10.0.0.3       ISAKMP    INFORMATIONAL
  9 26.452638    10.0.0.3      10.0.1.48      ISAKMP    INFORMATIONAL

⊞ Frame 1: 570 bytes on wire (4560 bits), 570 bytes captured (4560 bits)
⊞ Ethernet II, Src: 00:27:10:8e:a2:14 (00:27:10:8e:a2:14), Dst: 00:0b:db:bb:f3:64 (00:0b:db:bb:f3:6
⊞ Internet Protocol Version 4, Src: 10.0.1.48 (10.0.1.48), Dst: 10.0.0.3 (10.0.0.3)
⊞ User Datagram Protocol, Src Port: 500 (500), Dst Port: 500 (500)
⊟ Internet Security Association and Key Management Protocol
     Initiator cookie: e9f321ebe19efa4e
     Responder cookie: 0000000000000000
     Next payload: Security Association (33)
     version: 2.0
     Exchange type: IKE_SA_INIT (34)
   ⊞ Flags: 0x08
     Message ID: 0x00000000
     Length: 528
   ⊟ Type Payload: Security Association (33)
        Next payload: Key Exchange (34)
        0... .... = Critical Bit: Not Critical
        Payload length: 256
      ⊞ Type Payload: Proposal (2) # 1
      ⊞ Type Payload: Proposal (2) # 2
      ⊞ Type Payload: Proposal (2) # 3
      ⊞ Type Payload: Proposal (2) # 4
      ⊞ Type Payload: Proposal (2) # 5
      ⊟ Type Payload: Proposal (2) # 6
           Next payload: NONE / No Next Payload  (0)
           0... .... = Critical Bit: Not Critical
           Payload length: 44
           Proposal number: 6
           Protocol ID: IKE (1)
           SPI Size: 0
           Proposal transforms: 4
         ⊟ Type Payload: Transform (3)
              Next payload: Transform (3)
              0... .... = Critical Bit: Not Critical
              Payload length: 12
              Transform Type: Encryption Algorithm (ENCR) (1)
              Transform ID (ENCR): ENCR_AES_CBC (12)
            ⊞ Type IKE2 Attribute Type (t=14,l=2) Key-Length : 256
         ⊟ Type Payload: Transform (3)
              Next payload: Transform (3)
              0... .... = Critical Bit: Not Critical
              Payload length: 8
              Transform Type: Integrity Algorithm (INTEG) (3)
              Transform ID (INTEG): AUTH_HMAC_SHA2_384_192 (13)
         ⊟ Type Payload: Transform (3)
              Next payload: Transform (3)
              0... .... = Critical Bit: Not Critical
              Payload length: 8
              Transform Type: Pseudo-random Function (PRF) (2)
              Transform ID (PRF): PRF_HMAC_SHA2_384 (6)
         ⊟ Type Payload: Transform (3)
              Next payload: NONE / No Next Payload  (0)
              0... .... = Critical Bit: Not Critical
              Payload length: 8
              Transform Type: Diffie-Hellman Group (D-H) (4)
              Transform ID (D-H): Alternate 1024-bit MODP group (2)
   ⊞ Type Payload: Key Exchange (34)
   ⊞ Type Payload: Nonce (40)
   ⊞ Type Payload: Notify (41)
   ⊟ Type Payload: Notify (41)
        Next payload: NONE / No Next Payload  (0)
        0... .... = Critical Bit: Not Critical
        Payload length: 28
        Protocol ID: RESERVED (0)
        SPI Size: 0
        Notify Message Type: NAT_DETECTION_DESTINATION_IP (16389)
        Notification DATA: a81396b16f14b2a9c660731efa2ca19911e805bf
```

**그림 18-22** 초기 IKE 교환의 추적 정보로서 첫 번째 패킷을 강조 표시하고 있다. IKE_SA_INIT 교환은 UDP 포트 500에서 운반되며, 개시자의 SPI, 암호화 스위트 알고리즘 제안, DH 키 교환 자료, 임시값, NAT 통과용 주소 표시에 사용되는 알림 페이로드를 포함한다. SA 페이로드 내의 각 제안은 암호화용 변환을 사용한 IKE_SA의 수립, 무결성 보호, 난수 생성에 사용되는 PRF, 키 합의에 사용되는 DH 그룹 매개 변수를 요청한다.

**그림 18-23** IKE_SA_INIT 교환의 완료 메시지에는 응답자의 SPI(쿠키), 변환들을 포함하는 1개의 제안, DH 매개 변수, 임시값, NAT 통과 주소 매개 변수가 포함된다. 또 허용 가능한 인증서를 나타내거나 요청하는 CERTREQ 페이로드와 여러 인증 메서드들이 (연달아) 지원됨을 나타내는 알림도 포함된다.

**주의**

2진 DER(Distinguished Encoding Rules) 형식은 ASN.1 표준인 BER(Basic Encoding Rules)의 부분 집합이다. DER은 값을 모호하지 않은 단일 방식으로만 인코딩되도록 한다. DER은 X.509 인증서를 인코딩하는 두 가지 주요 방법 중 하나이다. 다른 하나는 앞서 본 적 있는 (ASCII 형식인) PEM이다. openssl 등 다양한 유틸리티가 두 형식 간의 변환에 사용될 수 있다.

그림 18-23의 마지막 페이로드는 MULTIPLE_AUTH_SUPPORTED 표시를 포함하고 데이터S는 알림 페이로드다. [RFC4739]에 IKE의 실험적 확장으로 정의된 이 페이로드는 둘 이상의 인증 메서드를 사용할 수 있음을 나타낸다. 서비스 제공자에게 IKE SA를 수립하기 위해 인증서 기반의 IKE_AUTH 교환을 사용한 후 개별 사용자에게 EAP 기반의 인증 형태를 사용하는 경우가 이런 예로 들 수 있다.

그림 18-23에 보이는 나머지 패킷들은 암호화된 IKE_AUTH 메시지를 포함한다. 발신지 및 목적지 포트 번호로 500이 아닌 4500을 사용하며, 캡슐화는 0을 4바이트만큼 포함하는 특수한 '비-ESP 표시자'[RFC3947]를 사용해서 트래픽이 IKE이며 ESP가 아님을 나타낸다. 표시자와 포트 번호는 앞서 논의한 INFORMATIONAL 교환에서도 사용된다.

와이어샤크는 적절한 키와 SPI 값만 제공되면 암호화된 IKE 트래픽을 복호화하는 기능이 있다. IKE 서버에서 와이어샤크로 로그 추적 파일의 복사본을 제공하면(**Edit ▶ Preferences ▶ Protocols ▶ ISAKMP** 메뉴에 위치) 복호화된 IKE 페이로드 정보를 볼 수 있다(와이어샤크 개발자는 IKE와 TLS 대신에 ISAKMP와 SSL처럼 프로토콜의 원래 이름을 선호하는 경향이 있으므로, 와이어샤크 출력을 볼 때 주의해야 한다).

그림 18-22의 세 번째 패킷은 UDP/IP 데이터그램의 첫 번째 조각으로서 와이어샤크가 두 번째 조각(패킷 4)을 수신할 때 재조립한 것이다. 복호화 및 재조립된 결과는 그림 18-24에 나와 있다.

이 그림에서 우리는 IKE_AUTH 교환의 첫 번째 패킷을 구성하는 재조립 및 복호화된 UDP/IPv4 단편의 내용을 볼 수 있다. 클라이언트는 다음의 IKE 페이로드들을 제공한다. IDi, CERT, CERTREQ, AUTH, N(MOBIKE_SUP), CP, SA, TSi. TSr. IDi 페이로드에는 개시자의 이름과, 테스트 클라이언트가 포함된다. CERT 페이로드는 Test CA 인증 기관에서 서명한 테스트 클라이언트용 클라이언트 인증서를 포함하며, 우리는 서버가 이 인증서를 받아들일 것임을 알고 있다(그렇게 설정돼 있으므로). CERTREQ 페이로드에는 테스트 CA에 대한 요청과 윈도우 7 클라이언트가 알고 있는 21개의 다른 CA도 포함돼 있다(이 그림에서 보이지는 않음). AUTH 페이로드에는 개시자의 RSA 개인 키를 사용해 서명된 데이터 블록이 포함돼 있다([RFC5996]의 2.15절 참조). N(MOBIKE_SUPPORTED)은 클라이언트가 MOBIKE 프로토콜을 따르겠다는 의사를 나타낸다. CP(CFG_REQUEST) 페이로드는 다음 속성들을 포함한다. INTERNAL_IP4_ADDRESS, INTERNAL_IP4_DNS, INTERNAL_IP4_NBNS, PRIVATE_USE 유형(23456). 이 속성들은 VPN 접근 설정에 사용되며, DHCP가 로컬로 제공하는 설정 정보와 유사하다(6장 참조). NBNS는 NetBIOS 네임 서버를 나타낸다. NetBIOS는 여러 네트워킹 프로토콜에서 구현될 수 있는 API며 마이크로소프트 윈도우 환경에서 널리 사용된다.

그림 18-24의 SA 페이로드는 CHILD_SA를 형성하는 데 필요한 정보를 나타낸다. 2개의 제안이 있는데, 하나는 32비트 SPI 값을 사용하며 (IKE는 64비트 SPI 값을 사용함에 주의하자) 무결성 알고리즘은 AUTH_HMAC_SHA1_96를 사용하겠다는 것이고 다른 하나는 확장 순서 번호를 사용하지 않겠다는 것이다. 첫 번째 제안은 암호화용으로 ENCR_AES_CBC(256비트 키)를 제안하고 두 번째 제안은 ENCR_3DES를 제안한다. N(USE_TRANSPORT_MODE) 페이로드가 없기 때문에, 우리는 두 제안이 기본 터널 모드에서 ESP를 사용하려 한다는 결론을 내릴 수 있다.

그림 18-24의 트래픽 선택자(TSi와 TSr) 페이로드는 SA 형성 시에 사용 가능한 IPv4와 IPv6 주소 범위를 나타낸다. TSi는 전체 주소 범위와 포트 번호 범위를 포함하는 TS_IPv6_ADDR_RANGE와 TS_IPv4_ADDR_RANGE를 갖고 있다. TSr(그림에 보이지 않음)도 동일한 값을 포함한다.

지금 막 설명한 첫 번째 IKE_AUTH 메시지는 상당히 복잡하므로 1500바이트 UDP/IPv4 데이터그램이 2개 이상 필요하다. 응답자에 의한 처리가 끝난 후 교환의 최종 메시지가 생성된다. 그 내용이 그림 18-25에 나와 있다.

이 그림에서 서버는 다음의 페이로드들을 갖는 응답을 보낸다. IDr, CERT, AUTH, CP(CFG_REPPY), SA, TSi, TSr, N(AUTH_LIFELIFE), N(MOBIKE_SUPPORTED), N(NO_ADDITIONAL_ADDRESSES). IDr 페이로드에는 서버의 DER로 인코딩된 이름이 포함돼 있고, CERT 페이로드에는 대응하는 (서버) 인증서가 포함돼 있으며, AUTH 페이로드

에는 해당 개인 키의 정보가 들어있다. CP(CFG_REPLY) 페이로드는 INTERNAL_IP4_ADDRESS 속성을 포함하는데, 이 속성은 VPN 설정에 유용하다. SA 페이로드는 그림 18-24에서 본 클라이언트의 SA 페이로드와 유사하며, ENCR_AES_CBC(256비트 키), AUTH_HMAC_SHA1_96 변환을 갖고 ESN은 없는 1개의 제안을 포함한다.

이 패킷 내의 TSi와 TSr 값은 클라이언트의 IKE_AUTH 메시지에서보다 훨씬 작은 범위로 수축됐다. 이번 예제의 경우 TSi는 IPv4 주소 10.100.0.1로 수축됐고, TSr은 10.0.0.0/16으로 수축됐다. 둘 다 포트 번호 범위는 0-65535를 모두 사용한다. 이것은 비교적 간단한 수축의 예다. 개시자가 지정한 2개 이상의 불연속 부분 집합이 허용되는 경우 N(ADDITIONAL_TS_POSSIBLE) 페이로드가 생성될 수 있다. 이러한 수축은 하나의 SA에 대해 상호 동의하는 주소 범위를 얻기 위해 사용된다.

N(AUTH_LIFETIME) 페이로드는 인증이 최대 2.8시간(10154초. 추적 정보에서는 000027aa로 표현됨)만 지속됨을 나타낸다. N(MOBIKE_SUPPORTED) 페이로드는 MOBIKE에 대한 응답자가 MOBIKE를 지원함을 나타낸다. N(NO_ADDITIONAL_ADDRESSES) 페이로드(그림에 보이지 않음)는 MOBIKE와 함께 사용되며, 교환에 사용된 IP 주소 이외에 추가 IP 주소가 사용되고 있지 않음을 나타낸다.

이 시점에서 터널 모드 ESP CHILD_SA 설정이 끝나며 이제 트래픽이 흐를 수 있다. ESP 패킷을 포함하는 트래픽 흐름은 비교적 간단하므로 자세히 더루지 않고 SA가 분해되는 시점으로 넘어가자. 이것은 삭제 페이로드를 포함하는 2개의 INFORMATIONAL 교환들을 사용해서 수행된다. 하나는 ESP SA에 대한 것이고, 다른 하나는 IKE SA에 대한 것이다. 그림 18-26은 ESP SA를 폐쇄하기 위한 요청을 보여준다.

우리는 이 그림에서 클라이언트에서의 폐쇄 요청에 따라 SA가 삭제되는 것을 볼 수 있다. 다른 IKE 트래픽과 마찬가지로 암호화 및 인증된 페이로드를 포함한다. 암호화된 페이로드는 다시 하나의 삭제 페이로드를 포함한다. 삭제 페이로드는 둘 이상의 SPI가 삭제돼야 함을 나타낼 수 있지만, 이번 예제의 경우 SPI 값이 0x6cfca5ef인 것만 표시하고 있다. 응답자가 보낸 패킷 7은 기본적으로 동일하지만 플래그Flags 필드의 값이 다르고(요청이 아니라 응답. 개시자가 아니라 응답자), 암호화 IV 및 무결성 검사합 데이터가 다르며, 삭제 페이로드 내의 SPI(c348faf2)가 다르다.

IKE_SA를 닫으려면 또 다른 INFORMATIONAL 메시지 교환이 필요하다. 개시자는 먼저 그림 18-27에 표시된 패킷으로 시작한다. 여기서 IK ESA 폐쇄 요청을 확인할 수 있다. 다른 트래픽처럼 암호화된 삭제 페이로드는 SPI 값을 포함할 필요가 없다. 삭제 요청을 운반하는 IKE SA임이 암시돼 있기 때문이다. IKE SA 삭제를 완료하기 위해 응답자는 패킷 9에서 비어 있는 암호화/인증 페이로드 유형만 포함하는 IKE 메시지로 응답한다. 다음 페이로드Next Payload 유형 필드는 NONE(0)이다. 즉 IKE SA 삭제가 완료됐음을 나타낸다.

**그림 18-24** IKE_AUTH 교환은 암호화된 정보를 포함하며 UDP 포트 4500에서 동작한다. 두 단편의 재조립은 암호화/인증 데이터 페이로드를 갖는 IKE 메시지를 생성하며, 다음 페이로드들이 포함된다. 식별 개시자(IDi), 인증서(CERT), 인증서 요청(CERTREQ), 인증(AUTH), 알림(N), 설정(CP), 보안 연관(SA), 트래픽 선택자 개시자(TSi), 트래픽 선택자 응답자(TSr).

여기서는 재조립 및 IKE_AUTH 교환의 첫 번째 패킷을 구성하는 복호화된 UDP/IPv4 조각의 내용을 볼 수 있다. 클라이언트는 IDi, CERT, CERTREQ, AUTH, N(MOBIKE-SUPP), CP, SA, TSi, TSr의 IKE 페이로드를 제공한다. IDi 페이로드는 협상을 시작하는 노드, 테스트 클라이언트의 이름을 포함한다. CERT 페이로드는 해당 서버가 동의해야 하는 것을 아는(구성됐기 때문에) 테스트 CA 인증기관에 의해 서명된 테스트 클라이언트를 위한 클라이언트 인증서를 포함한다. CERTREQ 페이로드는 윈도우 7 클라이언트에 의해 알려진 21개의 다른 CA(보이지 않은)뿐만 아니라 테스트 CA에 대한 요청을 포함한다. AUTH 페이로드는 출처 인증을 제공하는 협상을 시작하는 노드의 RSA 개인 키([RFC5996]의 2.15절 참조)를 사용해 서명된 데이터 블록을 포함한다. N(MOBIKE_SUPPORTED)은 클라이언트의 MOBIKE 프로토콜을 따르려는 의지를 나타낸다. CP(CFG_REQUEST) 페이로드(자세하지 않은)는 INTERNAL_IP4_ADDRESS, INTERNAL_IP4_DNS, INTERNAL_IP4_NBNS, PRIVATE_USE 유형(23456) 속성을 포함한다. 이것은 VPN 접근 구성을 돕는 데 사용되고 DHCP에 의해 지역적으로 제공된 전형적으로 정보를 구성하기 위한 비슷한 목적을 제공한다(6장 참조). NBNS는 NetBIOS 네임 서버를 말한다. NetBIOS는 많은 네트워킹 프로토콜에 구현될 수 있는 API이고, 마이크로소프트 윈도우 환경에서 일반적이다.

그림 18-24에서 SA 페이로드는 CHILD_SA를 형성하는 데 필요한 정보를 나타낸다. 무결성 알고리즘으로 AUTH_HAMC_SHA1_96과 확장된 순서 번호(제안 변환을 사용해 나타내는)를 사용하지 않는 32비트 SIP 값(IKE는 64비트 SPI 값을 사용한다는 점에 유의)을 사용하는 각 ESP에 대한 두 가지 제안(자세하지 않은)이 있다. 첫 번째 제안은 암호화를 위해 ENCR_AES_CBC(256비트 키)의 사용을 제안하고, 두 번째 제안은 ENCR_3DES다. N(USE_TRANSPORT_MODE) 페이로드가 현재 없기 때문에 각각의 제안은 기본 터널 모드로 ESP를 사용하는 것과 관련돼 있다는 결론을 내린다.

그림 18-24에서 트래픽 선택기(TSi와 TSr) 페이로드는 SA 형성과 관련된 허용되는 IPv4와 IPv6 주소 범위를 나타낸다. TSi는 그들 전체의 주소와 포트 번호 범위를 포함하는 TS_IPv6_ADDR_RANGE와 TS_IPv4_ADDR_RANGE 둘 다를 가진다. TSr(자세하지 않은)은 같은 값들을 포함한다.

방금 언급한 첫 번째 IKE_AUTH 메시지는 상당히 복잡하고 보유하는 데 1,500바이트

UDP/IPv4 데이터그램 이상을 요구한다. 응답자로 처리한 후에 교환에서 마지막 메시지는 생성된다. 이것은 그림 18-25에서 보여준다.

**그림 18-25** IKE_AUTH 교환을 완료하면 응답자는 암호화/인증 데이터 페이로드를 생성하며 다음의 페이로드들이 포함된다. 식별 응답자(IDr), CERT, AUTH, CP(CFG_REPLY), SA, 수축된 TSi와 TSr, N(AUTH_LIFELIFE), N(MOBIKE_SUPPORTED), N(NO_ADDITIONAL_ADDRESSES). 이제 첫 번째 CHILD_SA이 시작될 수 있다.

이 그림에서 서버는 IDr, CERT, AUTH, CP(CFG_REPLY), SA, TSi, TSr, N(AUTH_

LIFETIME), N(MOBIKE_SUPPORTED), N(NO_ADDITIONAL_ADDRESSES)의 페이로드로 응답을 보낸다. IDr 페이로드는 서버의 DER 인코딩된 이름을 포함한다. CERT 페이로드는 매칭(서버) 인증서를 포함하고, AUTH 페이로드는 개인 키에 대한 지식을 나타낸다. CP(CFG_REPLY) 페이로드는 VPN 구성에 유용한 INTERNAL_IP4_ADDRESS 속성을 포함한다. SA 페이로드는 그림 18-24에서 클라이언트의 SA 페이로드와 비슷하고 변환 ENCR_AES_CBC(256비트 키), AUTH_HMAC_ SHA1_96 및 ESN 아닌 단일$^{Proposal}$을 포함한다.

이 패킷에서 TSi와 TSr 값은 클라이언트의 IKE_AUTH 메시지에서보다 훨씬 작은 범위로 '좁게' 됐다. 이 경우 TSi는 단일 IPv4 주소 10.100.0.1로 좁혀지게 된다. TSr은 10.0.0.0/16으로 좁혀져왔다. 각각은 전체 포트 범위 0-65,535를 사용한다. 이것은 좁아지는 비교적 간단한 경우다. 협상을 시작하는 노드에 의해 지정된 범위의 하나 이상의 불연속적인 하위 집합을 수용하는 경우에 N(ADDITIONAL_TS_POSSIBLE) 페이로드는 생성될지도 모른다. 축소는 SA를 위해 상호 간에 받아들일 수 있는 주소 범위를 달성하는 데 사용된다.

N(AUTH_LIFETIME) 페이로드는 인증이 길어야 2.8 시간(10,154초, 추적에서 000027aa로 표현된) 계속될 것을 나타낸다. N(MOBIKE_SUPPORTED) 페이로드는 MOBIKE를 위한 응답자의 지원을 나타낸다. N(NO_ADDITIONAL_ADDRESSES) 페이로드(자세하지 않은)는 교환에 사용되는 이외의 추가적인 다른 IP 주소가 없는 것을 나타내기 위해 MOBIKE와 함께 사용된다.

이 시점에서 터널 모드 ESP CHILD_SA는 설치돼 왔고 트래픽은 흐를 수 있다. ESP 패킷을 포함하는 트래픽 흐름(그들은 비교적 간단하다)을 자세히 알지는 못하지만, 대신 SA가 해체되는 지점으로 이동한다. 이것은 삭제 페이로드를 포함하는 정보 교환의 두 집합(하나는 ESP SA이고 하나는 IKE SA)을 사용해 수행된다. 그림 18-26은 ESP SA 종료를 위한 요청을 보여준다.

이 그림에서 클라이언트에 가까운 요청에 기반을 두고 삭제되는 SA를 볼 수 있다. 다른 IKE 트래픽처럼 SA는 암호화되고 인증된 페이로드를 포함한다. 차례로 암호화된 페이로드는 단일 삭제 페이로드를 포함한다. 삭제 페이로드는 하나 이상의 SPI가 삭제되는 것을 나타낼 수 있지만, 이 경우 오직 SPI 값 0x6cfca5ef 하나만을 나타낸다. 응답자로부터 패킷 7은 기본적으로 동일하지만 플래그 필드(협상을 시작하는 노드 대신 응답자와 요청 대신 응답)에서 다른 설정, 다른 암호화 IV와 무결성 검사합 데이터와 삭제 페이로드에서 다른 SPI (c348faf2)의 사양을 포함한다.

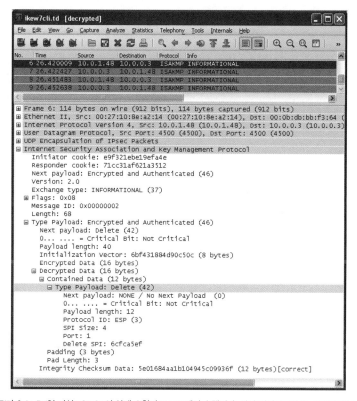

**그림 18-26** SPI가 6cfca5ef인 자식 ESP SA의 삭제 요청이 IKE SA에서 수행된다. 삭제 페이로드에 Port:1라고 표시돼 있는데, 이것은 와이어샤크가 잘못 나타낸 것이다. (Number of SPIs:1이어야 한다.)

IKE_SA를 종료하기 위해 다른 INFORMATIONAL 메시지의 교환이 필요하다. 협상을 시작하는 노드는 그림 18-27에 보여준 패킷을 시작한다. 여기서 IKE SA를 종료하기 위한 요청을 볼 수 있다. 삭제 요청을 들고 IKE SA로 포함돼 있기 때문에 다른 트래픽처럼 암호화된 삭제 페이로드는 SPI 값을 포함할 필요가 없다. IKE SA 삭제를 완료하기 위해 패킷 9에서 응답자는 단지 빈 암호화/인증된 페이로드 유형을 포함하는 IKE 메시지를 응답한다. 그것의 다음 페이로드 유형은 NONE(0)이다. 이것은 IKE SA 삭제의 완료를 나타낸다.

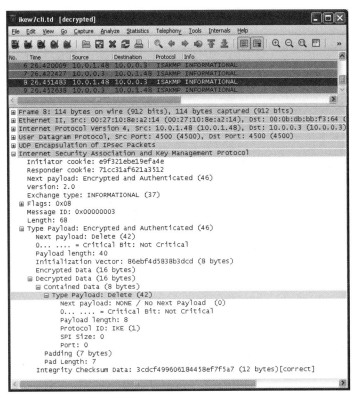

```
ikew7cli.td [decrypted]                                                      _ □ X
File  Edit  View  Go  Capture  Analyze  Statistics  Telephony  Tools  Internals  Help

No.   Time        Source        Destination   Protocol   Info
   6 26.420009  10.0.1.48     10.0.0.3      ISAKMP    INFORMATIONAL
   7 26.422427  10.0.0.3      10.0.1.48     ISAKMP    INFORMATIONAL
   8 26.451483  10.0.1.48     10.0.0.3      ISAKMP    INFORMATIONAL
   9 26.452638  10.0.0.3      10.0.1.48     ISAKMP    INFORMATIONAL

⊞ Frame 8: 114 bytes on wire (912 bits), 114 bytes captured (912 bits)
⊞ Ethernet II, Src: 00:27:10:8e:a2:14 (00:27:10:8e:a2:14), Dst: 00:0b:db:bb:f3:64 (
⊞ Internet Protocol Version 4, Src: 10.0.1.48 (10.0.1.48), Dst: 10.0.0.3 (10.0.0.3)
⊞ User Datagram Protocol, Src Port: 4500 (4500), Dst Port: 4500 (4500)
⊞ UDP Encapsulation of IPsec Packets
⊟ Internet Security Association and Key Management Protocol
    Initiator cookie: e9f321ebe19efa4e
    Responder cookie: 71cc31af621a3512
    Next payload: Encrypted and Authenticated (46)
    Version: 2.0
    Exchange type: INFORMATIONAL (37)
  ⊞ Flags: 0x08
    Message ID: 0x00000003
    Length: 68
  ⊟ Type Payload: Encrypted and Authenticated (46)
      Next payload: Delete (42)
      0... .... = Critical Bit: Not Critical
      Payload length: 40
      Initialization Vector: 86ebf4d5838b3dcd (8 bytes)
      Encrypted Data (16 bytes)
    ⊟ Decrypted Data (16 bytes)
      ⊟ Contained Data (8 bytes)
        ⊟ Type Payload: Delete (42)
            Next payload: NONE / No Next Payload  (0)
            0... .... = Critical Bit: Not Critical
            Payload length: 8
            Protocol ID: IKE (1)
            SPI Size: 0
            Port: 0
        Padding (7 bytes)
        Pad Length: 7
      Integrity Checksum Data: 3cdcf499606184458ef7f5a7 (12 bytes)[correct]
```

그림 18-27 IKE SA를 삭제하기 위한 요청. SPI 값은 필요하지 않은데, 전체 메시지가 IKE SA에 들어 있어서 모호성이 없기 때문이다.

# 18.9 전송 계층 보안(TLS와 DTLS)

우리는 지금까지 2계층과 3계층의 보안 프로토콜에 대해 논의했다. 보안 목적으로 가장 널리 사용되는 프로토콜은 전송 계층 바로 위에서 동작하며 TLS^Transport Layer Security라고 불린다. TLS는 웹 통신, 그리고 POP와 IMAP(TLS로 보호될 때 각각 POP3S와 IMAPS라고 함) 등의 여러 주요 프로토콜의 보안을 위해 사용된다. TLS가 인기 있는 이유 중 하나는 하위 계층의 위에서 실행되는 애플리케이션의 내부 또는 하부에 구현될 수 있다는 점이다, 반면에 EAP와 IPsec 프로토콜들은 운영체제에서 지원돼야 하며 호스트와 임베디드 장치에 프로토콜이 구현돼 있어야 한다.

TLS 및 TLS의 전신이었던 SSL<sup>Secure Sockets Layer[RFC6101]</sup>에는 여러 버전이 존재한다. 이 책에서는 TLS 버전 1.2<sup>[RFC5246]</sup>에 초점을 맞출 것이며, 이 글을 쓰는 현재 가장 최신 버전이다. TLS 1.2는 대부분의 TLS 및 SSL 구버전(예: TLS 1.0, 1.1 및 SSL 3.0)과 하위 호환성을 제공한다. 다만 SSL 2.0은 보안성이 약해서 상호 운용이 가능은 하지만, 현재는 사용이 금지돼 있다<sup>[RFC6176]</sup>. 스트림 지향 프로토콜(일반적으로 TCP) 위에서 동작하는 TLS 1.2에 대해 논의한 후, 우리는 데이터그램 전송 계층 보안<sup>DTLS, Datagram Transport Layer Security[RFC4347]</sup>이라고 불리는 데이터그램 지향 프로토콜을 살펴볼 것이다. DTLS는 IPsec를 사용하지 않는 VPN 구현과 같은 일부 애플리케이션에서 서서히 인기를 얻고 있다. 현재 사양은 TLS 1.1<sup>[RFC4346]</sup>을 기반으로 하지만 개선 작업이 진행 중이다<sup>[IDDTLS]</sup>.

## 18.9.1 TLS 1.2

TLS의 보안 목표는 IPsec과 다르지 않지만 TLS는 더 상위의 계층에서 동작한다. 기밀성 및 데이터 무결성은 PKI가 제공하는 인증서를 사용하는 다양한 암호화 스위트를 기반으로 한다. TLS는 (인증서를 사용하지 않고) 두 익명 당사자 간에도 보안 연결을 수립할 수 있다. 다만, 이런 애플리케이션은 MITM 공격에 취약하다(놀랄 만한 일은 아니다. 연결의 각 종단이 확실히 식별되지 않으니 당연하다). TLS 프로토콜은 자체적으로 레코드 계층<sup>record layer</sup>과 상위 계층<sup>upper layer</sup>이라고 하는 두 개의 계층을 가지고 있다. 레코드 프로토콜은 레코드 (하위) 계층을 구현하며, 신뢰할 만한 프로토콜(예: TCP) 위에서 동작한다고 가정한다. 그림 18-28은 기본 구성을 보여준다.

**그림 18-28** TLS 프로토콜 스택은 아래에 레코드 계층이 있고 그 위에 핸드셰이킹 프로토콜이라고 불리는 3개의 프로토콜들이 있다. 4번째 상위 프로토콜은 TLS를 사용하는 애플리케이션 프로토콜이다. 레코드 계층은 단편화, 무결성 보호, 압축, 암호화를 제공한다. 핸드셰이킹 프로토콜들은 IKE가 IPSec에 제공하는 것과 같은 작업을 TLS에 대해 수행한다.

TLS는 두 애플리케이션 간의 연결에 대해 보안을 지원하도록 설계된 클라이언트/서버 프로토콜이다. 레코드 프로토콜은 클라이언트와 서버 간에 교환되는 데이터 객체에 대해 단편화, 압축, 무결성 보호, 암호화를 제공하며, 핸드셰이킹을 하는 프로토콜들은 신원을 수립하고, 인증을 수행하며, 경고를 표시하고, 레코드 프로토콜을 위해 연결에 사용될 고유 핵심 정보를 제공한다. 핸드셰이킹을 하는 프로토콜들은 핸드셰이크 프로토콜, 경고 프로토콜, 암호 명세 변경Change Cipher Spec 프로토콜, 애플리케이션 데이터 프로토콜의 네 가지 프로토콜로 구성된다. IPsec과 마찬가지로 TLS는 확장 가능하므로 기존 또는 미래의 암호화 스위트를 수용할 수 있는데 TLS는 이를 암호 스위트CS, Cipher Suite라고 부른다. 많은 수의 프로토콜 조합이 정의됐으며 IANA가 최신 정보를 관리하고 있다[TLSPARAMS]. 최근의 TLS는 원래 넷스케이프Netscape에서 개발했던 SSL 3.0을 기반으로 한다. TLS와 SSL은 직접적으로 상호 작용하지는 않지만, 클라이언트와 서버 간에 연결이 처음 수립될 때 어느 프로토콜을 사용할지 동적으로 검색할 수 있는 협상 메커니즘이 존재한다.

암호 명세 변경 프로토콜은 현재 동작 중인 매개 변수를 변경하는 데 사용된다. 먼저 핸드셰이크 프로토콜을 사용해 '보류pending' 상태를 설정한 다음, 현재 상태에서 이 보류 상태로 전환하도록 알리는 방법이 사용된다(보류 상태가 현재 상태로 바뀜). 이러한 전환은 보류 중인 상태가 마련된 후에만 허용된다. TLS는 디지털 서명, 스트림 암호 암호화, 블록 암호 암호화, AEAD, 공개 키 암호화라는 다섯 가지 암호화 동작에 의존한다. 무결성 보호를 위해 TLS 레코드 계층은 HMAC를 사용하고, 키 생성을 위해 TLS 1.2는 SHA-256의 HMAC를 기반으로 하는 PRF를 사용한다. TLS는 연결이 처음 수립될 때 선택적으로 압축 알고리즘을 협상하기도 한다.

### 18.9.1.1 TLS 레코드 프로토콜

레코드Record 프로토콜은 확장 가능한 레코드 내용 유형 값들을 사용해서 어떤 메시지 유형(즉, 어느 상위 계층 프로토콜)이 다중화되고 있는지 식별한다. 레코드 프로토콜은 언제나 활성화된 현재 연결 상태current connection state와 보류 연결 상태pending connection state라고 불리는 또 다른 상태 매개 변수들을 갖고 있다. 각 연결 상태는 다시 읽기 상태와 쓰기 상태로 구분된다. 이러한 상태들은 통신에 사용될 압축 알고리즘, 암호화 알고리즘, MAC 알고리즘뿐 아니라 필요한 키와 매개변수들도 지정한다. 키가 변경되면 먼저 핸드셰이크 Handshake 프로토콜을 통해 보류 상태가 설정되고 그다음 동기화 작업(일반적으로 암호 변경

<sup>Cipher Change</sup> 프로토콜이 수행)이 현재 상태를 보류 상태와 동일하게 설정한다. 처음 초기화할 때 모든 상태는 NULL 암호화, 압축 없음, MAC 처리 없음으로 설정된다.

레코드 프로토콜의 처리 흐름은 그림 18-29와 같다. 상위 계층 정보 블록을 TLSPlaintext 레코드라는 레코드들로 나누는데(단편화), 이 레코드는 길이가 최대 $2^{14}$ 바이트다(하지만 대부분의 경우 이보다 훨씬 작음). 레코드 크기 선택은 TLS 내에 있다. 즉, 상위 계층 메시지 경계는 보존되지 않는다. 만들어진 TLSPlaintext 레코드는 현재의 연결 상태에서 식별되는 압축 알고리즘[RFC3749]을 사용해 압축된다. 언제나 1개의 압출 프로토콜은 활성화돼 있지만, 그것이 NULL 압축 프로토콜일 수도 있다(그리고 대체로 그렇다. NULL 압축 프로토콜은 이름에서 알 수 있듯이 실질적으로 압축을 제공하지 않는다). 압축 알고리즘은 TLSPlaintext 레코드를 TLSCompressed 구조로 변환한다. 압축 알고리즘은 무손실이어야 하며, 입력값보다 1KB 이상 큰 출력값을 생성할 수 없다. 페이로드를 노출 및 수정으로부터 보호하기 위해 암호화와 무결성 보호 알고리즘은 TLSCompressed 구조를 TLSCiphertext 구조로 변환하고, 이 구조가 전송 계층의 연결 상에서 보내진다.

그림 18-29를 보면 TLSCipher 텍스트 구조를 생성할 때는 먼저 순서 번호가 계산되고(메시지 내에 들어가지는 않음) 그다음 필요하다면 MAC가 계산되며 마지막으로 대칭 암호화가 수행된다. 암호화를 하기 전에 암호화 알고리즘(예를 들면 블록 암호)이 요구하는 블록 길이를 만족하기 위해 메시지가 패딩될 수 있다(최대 255바이트). 무결성과 암호화를 모두 제공하는 AEAD 알고리즘(예: CCM, GCM)은 MAC를 요구하지 않지만 이런 경우에는 임시값<sup>nonce</sup>이 사용된다.

레코드 프로토콜의 키는 레코드 프로토콜의 외부, 주로 핸드셰이크<sup>Handshake</sup> 프로토콜이 제공하는 마스터 비밀<sup>master sectret</sup>에서 유도된다. 연결 시작 시에 클라이언트와 서버 애플리케이션이 제공하는 무작위 값과 함께 마스터 비밀을 사용해 아래의 키들이 생성된다.

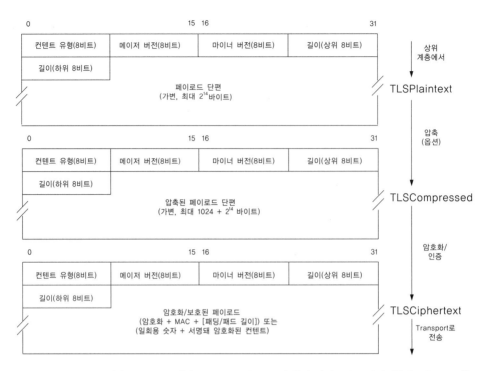

**그림 18-29** TLS 레코드 계층은 TLS 레코드 계층은 TLSPlaintext 레코드로 시작한다. 이 레코드는 무손실 압축 알고리즘으로 압축 돼 TLSCompressed 레코드를 형성한다. TLSCompressed 레코드는 암호화돼(그리고 MAC이 적용돼) TLSCipherText 레코드를 형 성하고 이 레코드가 전송에 사용된다. 통상적인 스트림과 블록 암호는 MAC를 필요로 하며, 블록 암호는 패딩을 포함할 수 있다. AEAD 암호를 사용하는 경우 암호화 및 무결성 보호되는 콘텐츠에 임시값이 포함되지만, 별도의 MAC는 사용되지 않는다.

$$M_c \mid M_s \mid D_c \mid D_s \mid IV_c \mid IV_s = PRF(master\_secret, \text{"key expansion"},$$
$$server\_random + client\_random)$$

여기서 |는 분할 연산자이며, +는 결합 연산자다. $M_c$는 클라이언트용 MAC 쓰기 키[write key]이고, $M_s$는 서버용 MAC 쓰기 키, $D_c$는 클라이언트의 데이터 쓰기 키, $D_s$는 서버의 데이터 쓰기 키, $IV_c$는 클라이언트의 IV, $IV_s$는 서버의 IV를 의미한다.

| 연산자가 사용되므로 각 키는 PRF 함수가 요구하는 만큼의 바이트를 사용한다. MAC, 암호화와 IV 키는 선택된 암호 스위트를 바탕으로 고정 길이를 갖는다. 마지막 2개의 값은 암묵적인 임시값이 AEAD 암호화로 생성되는 경우에만 사용된다([RFC5116]의 3.2.1절 참조). [RFC5246]에 따르면 가장 많은 값을 필요로 하는 암호 스위트는 AES_256_CBC_

SHA256이다. 4개의 32바이트 키를 요구하므로 총 128바이트가 필요하다.

## 18.9.1.2 TLS 핸드셰이킹 프로토콜

TLS은 3개의 하위 프로토콜을 포함하는데 이 프로토콜들은 IPsec에서 IKE가 수행하는 것과 거의 비슷한 작업을 한다. 보다 구체적으로, 이 프로토콜들은 번호로 식별되며 레코드 계층에 의한 다중화와 역다중화에 사용되는데 핸드셰이크<sup>Handshake</sup> 프로토콜 (22), 경고<sup>Alert</sup> 프로토콜 (21), 암호 변경<sup>Cipher Change</sup> 프로토콜 (20)이라고 불린다. 암호 변경 프로토콜은 매우 단순하다. 값이 1인 바이트 1개를 포함하는 1개의 메시지로 구성된다. 이 메시지의 목적은 현재 상태에서 보류 중인 상태로 변경하겠다는 의사를 피어에게 나타내는 것이다. 이 메시지를 받으면 읽기 보류 상태에서 현재 상태로 바뀌고, 레코드 계층에게 가급적 빨리 보류 쓰기 상태로 전환하도록 한다. 이 메시지는 클라이언트와 서버에서 모두 사용된다.

경고<sup>Alert</sup> 프로토콜은 TLS 연결의 한쪽 종단에서 다른쪽 종단으로 상태 정보를 전달하는 데 사용된다. 종료 조건(치명적인 오류든 정상 제어된 종료든) 또는 비치명적인 오류 조건이 포함될 수 있다. [RFC5246]이 발표될 당시 24개의 경고 메시지가 정의됐다. 그중 절반 이상이 언제나 치명적인 경고 메시다(예를 들면 불량 MAC, 누락 혹은 알려지지 않은 메시지, 알고리즘 오류 등).

핸드셰이크<sup>Handshake</sup> 프로토콜은 연결 동작 매개변수를 설정한다. 이를 통해 TLS 종단점은 다음 6개의 목표를 달성할 수 있다. 알고리즘을 합의해서 대칭 암호화 키 형성에 사용되는 무작위 값을 교환하고, 알고리즘 동작 매개변수들을 설정하며, 인증서를 교환해 상호 인증을 수행하고, 세션별로 비밀을 생성하고, 레코드 계층에 보안 매개변수를 제공하고, 이 모든 동작이 제대로 실행됐는지 검증하는 것이다. 그림 18-30은 이에 필요한 메시지들을 보여준다.

그림 18-30에 표시된 핸드셰이크는 먼저 Hello 메시지로 시작한다. ClientHello 메시지는 일반적으로 클라이언트에서 서버로 보내는 첫 번째 메시다. 세션 ID, 암호화 스위트 번호 제안(그림 18-30의 CS), 허용 가능한 압축 알고리즘 집합(대체로 NULL이지만 [RFC3749]는 DEFLATE도 정의하고 있다)을 포함한다. TLS는 250개 이상의 암호 스위트 옵션을 지원한다<sup>[TLSPARAMS]</sup>.

ClientHello 메시지는 TLS 버전 번호와 ClientHello.random이라는 무작위 숫자도 포함한다. ClientHello 메시지를 받으면 서버는 세션 ID가 캐시에 들어있는지 확인한다. 들어있는 것이 확인되면 서버는 단축[abbreviated] 핸드셰이크를 수행해서 기존에 존재하는 연결을 계속할 것을 동의할 수 있다(이를 '재개[resume]'라고 함). 단축 핸드셰이크는 TLS 성능의 핵심이며 각 종단점의 신뢰성을 반복 확인할 필요를 없애주지만 암호 명세와 관련된 동기화가 필요하다. ServerHello 메시지는 서버의 무작위 숫자(ServerHello.random)를 클라이언트에 전달해 교환의 첫 번째 부분을 완료한다. 이 메시지에는 세션 ID 값도 포함된다. 이 값이 클라이언트가 제공한 값과 동일하면 이는 서버가 연결을 재개하겠다는 의사를 나타낸다. 반면에 그럴 의사가 없으면 이 값은 0이고 핸드셰이크 과정을 전부 거쳐야 한다.

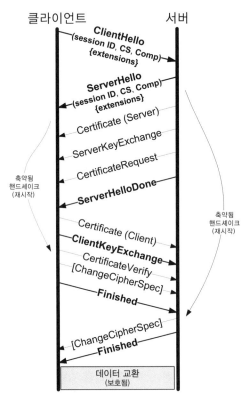

**그림 18-30** 정상적인 TLS 연결 초기 교환은 파이프라인으로 연결되는 다수의 메시지로 구성된다. 필수 메시지는 굵은 화살표가 있으며 굵은 글꼴로 표시된다. 기존 연결을 재시작할 수 있는 경우 단축 교환이 수행된다. 단축 교환은 처리 능력이 제한된 시스템에서 비용이 많이 드는 종단간 인증을 안 해도 된다는 장점이 있다.

전체 핸드셰이크(단축 핸드셰이크가 아니라)가 실행되면, Hello 메시지의 교환 결과 각 종단은 상대방의 암호 스위트, 압축 알고리즘, 무작위 값을 알게 된다. 서버는 클라이언트가 지정한 암호화 스위트 중에서 하나를 선택하며, 인증이 필요할 경우(보안 웹 트래픽 또는 HTTPS에서는 일반적) 인증서 체인을 인증서<sup>Certificate</sup> 메시지로 제공해야 할 수도 있다. 또 인증서가 서명에 유효하지 않거나 인증서가 없거나 임시 키를 사용해 세션 키를 생성해야 할 경우 서버는 ServerKeyExchange 메시지를 보낼 수도 있다.

> **주의**
>
> ServerKeyExchange 메시지는 Certificate(서버) 메시지가 사전마스터 비밀을 수립하기에 충분한 정보를 갖고 있지 않을 경우에만 사용된다. 이런 경우로는 익명 또는 임시 DH 키 교환이 있다(즉 암호 스위트가 TLS_DHE_anon, TLS_DHE_DSS, TLS_ DHE_RSA로 시작). ServerKeyExchange 메시지는 TLS_RSA, TLS_DH_DSS, TLS_DH_RSA로 시작하는 다른 스위트용으로는 사용되지 않는다.

이때 서버는 클라이언트 인증이 필요할 수 있다. 그럴 경우 서버는 CertificateRequest 메시지를 생성한다. 이 메시지가 전송되면 서버는 ServerHelloDone 필수 메시지를 보내서 교환의 두 번째 부분을 완료한다. 서버로부터 이 메시지를 받은 클라이언트는 자신의 신원(즉, 인증서에 대응하는 개인 키를 알고 있음)을 증명해야 한다. 이를 위해서 먼저 서버에서 사용하는 것과 동일한 형식의 인증서<sup>Certificate</sup> 메시지를 사용해서 인증서를 보낸다. 그런 다음 ClientKey Exchange 필수 키를 보낸다. 이 메시지의 내용은 어느 암호화 스위트가 사용되느냐에 따라 다르지만, 일반적으로 RSA 암호화 키 또는 디피-헬만 매개변수를 포함하며, 이 값들은 새로운 키를 생성하기 위한 시드를 생성하는 데 사용된다(이를 사전 마스터 비밀<sup>premaster secret</sup>이라고 함). 마지막으로 CertificateVerify 메시지를 보내 자신이 이전에 제공된 인증서에 대응하는 개인 키를 소유하고 있음을 증명한다. 이 메시지는 클라이언트가 이 시점까지 주고 받은 모든 핸드셰이크 메시지의 해시에 대한 서명을 포함한다.

교환 메시지의 마지막 부분에는 독립적인 TLS 프로토콜 내용 유형인(즉, 기술적으로 핸드셰이크 프로토콜 메시지가 아닌) ChangeCipherSpec 메시지가 포함된다. 그러나 핸드셰이크 프로토콜의 Finished 필수 메시지는 ChangeCipherSpec 메시지를가 성공적으로 교환된 후에만 교환될 수 있습니다. Finished 메시지는 이 시점까지 교환된 매개변수들을 사용해 보호될 첫 번째 메시지다. Finished 메시지는 'verify data(데이터 검증)' 값을 포함하며,

이 값은 다음과 같이 얻어진다.

verify_data = PRF(master_secret, finished_label, Hash(handshake_messages))

finished_label은 클라이언트에서는 'client finished'고 서버에서는 'server finished'다. 특별한 해시 함수인 Hash는 초기의 Hello 교환 시 만들어진 PRF의 선택과 연결된다. TLS 1.2는 가변 길이 verify_data 를 지원하지만 그보다 앞선 버전들과 현재의 암호 스위트는 12바이트로 생성한다. 48바이트의 master_secret 값은 다음과 같이 계산된다.

master_secret = PRF(premaster secret, "master secret",
        ClientHello.random + ServerHello.random)

여기서 +는 결합 연산자다. Finished 메시지는 핸드셰이크 프로토콜이 성공적으로 완료됐으며 후속 데이터 교환이 가능할 것이라고 높은 확률로 알려주기 때문에 중요한 메시지다.

### 18.9.1.3 TLS 확장

지금까지 논의한 IKE와 TLS의 기능을 비교해보면, IKE는 기초적인 SA 수립에 필요한 것 이상의 정보를 운반할 수 있음을 알 수 있다. 이것은 IKE 알림 페이로드와 설정 페이로드를 통해서 이뤄진다. TLS에도 이와 비슷한 확장 가능한 메커니즘을 제공하기 위해 다양한 확장extension 이 TLS 1.2 메시지에 표준적인 방법으로 포함될 수 있다. TLS 1.2의 기준 명세[RFC5246]에는 클라이언트가 자신이 지원하는 해시와 서명 알고리즘 유형(해시의 경우는 MD5, SHA-1, SHA-224, SHA-2256, SHA-384, SHA-5124, 디지털 서명의 경우는 RSA, DSA, ECDSA가 정의돼 있음)을 서버에 알리는 데 사용하는 '서명 알고리즘' 확장이 포함돼 있다. 우선순위의 내림차순으로 표시되는데 일부 시스템은 특정 조합만 허용하기 때문이다. 현재의 확장 목록은 [TLSEXT]에서 볼 수 있다.

TLS의 과거 버전에는 6개의 확장이 있었으며 [RFC6066]은 이 확장들을 TLS 1.2용으로 갱신한다. 이 문서에서 정의한 확장들은 다음과 같다. server_name(접촉 중인 서버의 DNS 스타일 이름), max_fragment_length(메시지의 최대 길이로서 9-12 범위의 n값에 대해 2n바이트), client_certificate_url(인증서 전체가 아니라 인증서의 URL을 보내는 데 사용되는 CertificatURL 핸드셰이크 메시지를 지원함을 의미), trusted_ca_keys(신뢰받는 CA 공개 키 및/또는 인증서의 해시 또는 이름), truncated_hmac(HMAC 계산의 처음 80비트만 사용), status_request(서버애
개 OCSP를 실행해 CertificateStatus 핸드셰이크 메시지 내에 DER 인코딩 응답을 제공하도록 요청).
이 확장들은 (확장된) ClientHello 메시지 내에 있을 수도 있고, ServerHello 메시지 내
에서 합의를 나타낼 수도 있다. 이러한 확장들과 이미 언급된 2개의 핸드셰이크 메시
지 외에도 [RFC6066]은 4개의 경고 메시지를 정의하는데 certificate_unobtainable,
unrecognized_name, bad_certificate_status_response, bad_certificate_hash_value이
다. 이 메시지들은 따로 설명이 필요없으며 상대방이 확장된 ClientHello 유형 메시지를
알고 있음을 밝히지 않으면 전송되지 않는다.

그 밖에도 몇 가지 다른 확장명이 정의 혹은 예약돼 있다. user_mapping 확장자
[RFC4681]는 사용자 식별자에 대한 맥락을 제공하는 방법을 제공한다(예를 들면 윈도우
운영체제의 도메인). 또 cert_type 확장은 X.509 인증서뿐만 아니라 OpenPGP 인증서도
포함한다[RFC6091]. 타원 곡선 암호 스위트는 정보성 문서 [RFC4492]에 기술돼 있다. 보안
원격 패스워드 프로토콜SRP, Secure Remote Password Protocol은 정보성 문서 [RFC5054]에 정의
된 방법들에 따라 TLS와 통합될 수 있다. DTLS 기반의 보안 실시간 프로토콜SRTP, Secure
Real-Time Protocol 한 버전을 생성하도록 설계된 use_srtp 확장이 [RFC5764]에 정의돼 있
다(18.9.절2 참조). 서버가 세션 재개를 수행하기 위해 반드시 저장해야 하는 상태를 제거
하는 방법은 SessionTicket TLS 확장[RFC5077]에서 주어진다. 이것은 필요한 상태를 클라
이언트에 암호화된 형태로 저장하는 방법을 포함한다. 마지막으로, 중요한 negotiation_
info 확장은 재협상 취약성과 싸우는 데 사용된다. 이 문제는 다음 절에서 자세히 알아
보자.

### 18.9.1.4 재협상

TLS는 동일한 연결을 유지하면서 암호화 연결 매개 변수를 재협상하는 기능을 지원한
다. 재협상은 서버에서 시작할 수도 있고 클라이언트에서 시작할도 수 있다. 연결 매개
변수 재협상을 원하는 서버는 HelloRequest 메시지를 생성하고 클라이언트는 새로운
ClientHello 메시지로 응답하면서 재협상 절차가 시작된다. 클라이언트는 서버의 요청없
이 자발적으로 ClientHello 메시지를 생성할 수도 있다.

재협상 기능 지원은 선택사항이지만 '강력히 권장'되며, 예를 들어 순서 번호가 범위를
초과하려 할 때 사용된다. "no_renegotiation"(유형 100) 경고 알림을 생성함으로써 재협

상을 거부할 수 있다. 이러한 유형의 알림이 꼭 최종 메시지가 되는 것은 아니지만 로컬 정책에 따라 연결이 종료될 수 있다.

2009년, 재협상 기능을 사용해 TLS를 성공적으로 공격할 수 있음이 시연됐다. 이에 대해서는 18.12절에서 더 자세히 설명한다. 이 취약성을 통해 공격자는 서버와 악의적인 TLS 세션을 수립할 수 있으며, 이 세션은 나중에 MITM 공격을 사용하는 클라이언트에 의해 후속 정상 세션들로 분할될 수 있다. 서버는 표준을 지키는 재협상만 이뤄졌다고 잘못 믿는다. [RFC5746]에서 제시한 이 문제의 해결책은 renegotiation_info(유형 0xff01)이라는 TLS 확장을 사용해 기존 세션과 재협상을 더 밀접하게 결합하는 방법을 사용한다. 새로운 연결을 만들 때 renegotiation_info는 비어 있다. 클라이언트 재협상이 이루어지면 "client_verify_data"를 포함하며, 서버 재협상이 이루어지면 "client_verify_data"와 "server_verify_data"의 결합을 포함한다. client_verify_data는 가장 최근의 핸드셰이크가 완료될 때 클라이언트가 보낸 Finished 메시지와 함께 사용되는 동일한 verify_data로 정의된다. 이 값은 TLS에서 12바이트 값이다(SSLv3에서는 36바이트). server_verify_data는 가장 최근의 핸드셰이크가 완료될 때 서버가 보낸 Finished 메시지와 함께 사용되는 동일한 verify_data로 정의된다.

일부 TLS(및 SSL) 서버는 알 수 없는 확장이 있을 때 연결을 중단한다. (비교적 최근에 정의된) renegotiation_info 확장을 배포할 때 이 문제를 처리하기 위해 다른 대안을 사용할 수 있다. TLS 암호 스위트 TLS_EMPTY_RENEGOTIATION_INFO_SCSV를 연결 수립 중에 사용해서 비어 있는 renegotiation_info 확장과 같은 효과를 얻을 수 있다. 이것은 실제 암호 스위트를 인코딩하기 위해서가 아니라 특정한 함수들을 나타내기 위해 SCSV<sup>signaling cipher suite value</sup>를 사용하는 것이다(NSEC3 레코드에 대한 DNSSEC에서 이와 유사한 편법이 사용된다. 18.10.1.3절 참조).

### 18.9.1.5 예제

그림 18-31을 보면 로컬 루프백 인터페이스에서 TCP/IP를 사용해 TLS 1.2로 연결이 설정되는 과정에 교환되는 메시지들을 볼 수 있다. 클라이언트와 서버에는 서로 상대방에게 제공하는 RSA 인증서가 있다. 초기 TCP 핸드셰이크, 윈도우 갱신, 127.0.0.1 발신지 및 목적지 IPv4 주소는 그림에 표시돼 있지 않다. 명확하게 표시하기 위해서 오른쪽 및 왼쪽 화살표가 달려 있다. 오른쪽 화살표는 클라이언트가 서버로 보낸 TLS 메시지를

적어도 하나 포함하는 TCP 세그먼트를 나타내고, 왼쪽 화살표는 서버가 클라이언트로 보낸 메시지를 나타낸다. 이러한 출력 화면을 보려면 와이어샤크 메뉴에서 **Analyze ❯ Decode As...**에서 **SSL**을 선택해서 추적 정보를 디코딩해야 한다.

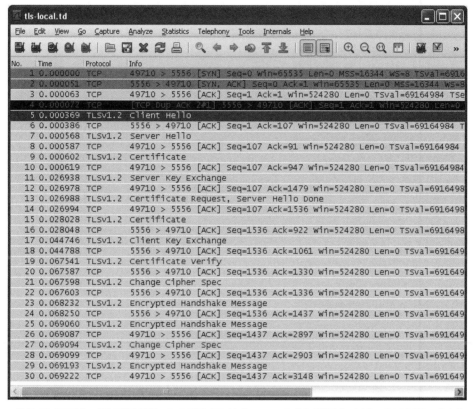

**그림 18-31** 와이어샤크에서 표시된 정상 TLS 1.2 연결 수립. 서버는 포트 55666에서 실행된다. 서버에 보낸 클라이언트 메시지는 오른쪽을 가리키는 화살표로 강조된다. TCP ACK는 TLS 메시지와 함께 산재한다. 암호 변경 사양(Change Cipher Spec) 메시지(세그먼트 21) 후에 다른 메시지들은 암호화되고 인증된다. 세그먼트 13은 또한 ServerHelloDone 메시지를 포함한다.

그림 18-31을 보면 초기 TCP 핸드셰이크 후에 ClientHello 메시지로 TLS 교환이 시작된다. TCP 순수 ACK들이 TLS 메시지들과 섞여 있는 것이 보인다. ChangeCipherSpec 메시지가 처리된 후 후속 정보가 암호화된다. 어떤 일이 일어나고 있는지 더 자세히 보려면 처음 몇 개의 TLS 메시지들을 펼쳐보자. 그림 18-32는 ClientHello 메시지의 자세한 내용을 보여준다.

**그림 18-32** TLS 1.2에서 ClientHello 메시지는 버전 정보, 지원되는 암호 스위트와 압축 알고리즘, 무작위 데이터, 그리고 다수의 확장을 포함한다. 이 그림에서 클라이언트는 디피-헬만 키 합의뿐 아니라 RSA를 사용하는 키 교환도 지원함을 볼 수 있다. 암호화용으로 CBC 모드의 AES-256을 사용하고 무결성 보호용으로 SHA-256을 사용한다.

그림 18-32에 보이는 ClientHello 메시지는 ClientHello 핸드셰이크 메시지를 운반하는 Record 프로토콜 메시지다. 32비트 유닉스 타임스탬프 값을 포함하는데, 1970년 1월 1일 자정 이후의 시간(초 단위)에 키 형성에 사용되는 무작위 28바이트 값(ClientHello. random)을 더한 값이다. 이것은 새로운 연결이므로 세션 ID가 0이다. 6바이트는 클라이언트가 지원하는 3개의 암호 스위트를 우선순위 순서로 운반하는 데 사용된다(우선순위가 높은 것이 먼저 옴). 각 스위트는 [TLSPARAMS]에서 관리되는 TLS Cipher Suite Registry

에 지정된 16비트값을 사용해서 인코딩된다. 1개의 압축 메서드, 즉 압축 이득이 없는 NULL 메서드만 지원된다. 또 확장에 50바이트가 포함돼 있다. cert_type 확장은 X.509 또는 OpenPGP 인증서가 허용됨을 나타내고, server_name 확장은 클라이언트 애플리케이션에 제공된 서버의 이름인 127.0.0.1을 포함하고 있다. renegotiation_info는 비어 있는데 이것이 첫 번째 핸드셰이크이기 때문이며 SessionTicketTLS 확장도 마찬가지다. signature_algorithms 확장은 클라이언트가 sha1-rsa, sha1-dsa, sha256-rsa, sha384-rsa, sha512-rsa의 조합을 처리할 수 있음을 나타낸다.

이번 예제의 교환 메시지에서 서버는 하나의 암호 스위트 TLS_DHE_RSA_WITH_AES_256_CBC_SHA256(0x006b)만 설정돼 있다. 서버는 ClientHello에 응답할 때 그림 18-33에 표시된 ServerHello 메시지를 사용함으로써 이 사실을 나타낸다.

이 그림에서 서버는 클라이언트의 ClientHello에 ServerHello 메시지로 응답한다. 서버는 현재 시간과 28바이트 무작위 값의 복사본을 제공한다. 또 무작위 32바이트 세션 ID도 포함한다. 서버는 1개의 암호 스위트만 지원한다(암호화용으로는 CBC 모드에서 AES-256 암호화의 RSA 인증서를 사용하는 DH 키 합의, 무결성 보호용으로는 SHA-256). 클라이언트와 마찬가지로 서버 역시 어떤 압축 메서드도 지원하지 않는다. 따라서 비어 있는 renegotiation_info 확장과 비어 있는 SessionTicketTLS 확장을 포함한다. 이 첫 번째 메시지에 이어서 서버는 그림 18-34에 보이는 Certificate 메시지를 보낸다.

그림 18-34의 메시지는 서버의 841바이트 길이 X.509v3 인증서를 클라이언트로 운반한다. 이 인증서는 발급자<sup>issuer</sup> 필드에 표시된 Test CA라는 예제 인증 기관이 서명한 것이다. SubjectPublickeyInfo라는 이름의 필드는 서버의 270바이트 길이 공개 RSA 키를 갖고 있으며, 이 키는 클라이언트가 서버를 인증할 때 사용한다. 인증서에는 6개의 확장이 있다. basicConstraints(중요), subjectAltName(인증서를 사용하는 서버의 DNS 이름을 포함), extKeyUsage(키의 용도가 서버 인증임을 나타냄), keyUsage(중요. 포함된 키가 키 암호화 또는 디지털 서명 생성에 사용될 수 있음을 나타냄), subjectKeyIdentifier(서명된 공개 키를 식별하는 20바이트 숫자), authorityKeyIdentifier(인증 기관이 이 인증서를 생성하는 데 사용하는 키를 식별하는 20바이트 숫자)이다.

ClientKeyExchange 메시지는 대부분 DH 교환을 형성하는 데 사용되는 2진 정보를 포함하므로 자세히 보여주지 않는다. 그다음 우리의 관심 대상은 세그먼트 13으로

CertificateRequest 메시지와 ServerHelloDone 메시지를 모두 포함하는 1개의 TCP 세그먼트다. 그림 18-35에서 내용을 볼 수 있다.

그림 18-35는 CertificateRequest 메시지와 ServerHelloDone 메시지를 모두 포함하는 TCP 세그먼트를 보여준다. CertificateRequest는 인증서를 제공하고 후속 CertificateVerify 메시지를 사용해 확인하도록 클라이언트에게 요청하는 것이다. 요청된 인증서의 유형은 Test CA 인증 기관에서 발급한 RSA 또는 DSS를 사용해 서명돼야 한다. 이 그림에 열거된 서명 알고리즘은 sha1-rsa, sha1-dsa, sha256-rsa, sha384-rsa, sha512-rsa이다.

패킷 15(상세 정보는 보이지 않음)는 클라이언트와 그 공개 키에 대한 인증서 체인을 갖는 Certificate 메시지를 포함한다. 이 그림에서 주체subject 필드는 "test client"를 포함하고 발급자는 Test CA다. 따라서 클라이언트와 서버의 인증서는 동일한 CA가 서명한 것이고 인증서 체인은 1개의 인증서이다. 클라이언트는 이에 대응하는 개인 키를 소유하고 있음을 증명하기 위해 CertificateVerify 메시지(패킷 19)를 생성한다. CertificateVerify 메시지에는 지금까지 주고 받은 모든 세션의 핸드셰이크 메시지의 해시값에 대한 서명이 들어 있으며 이 서명은 클라이언트의 개인 키를 사용해서 서명된다. 이 서명은 클라이언트가 진짜일 뿐만 아니라, 지금까지 TLS 교환에 적절하게 참여했으며 메시지를 분실했거나 재정렬하지 않았음을 증명한다. CertificateVerify 메시지 다음에 Change Cipher 메시지가 후속 (암호화된) 통신을 시작한다.

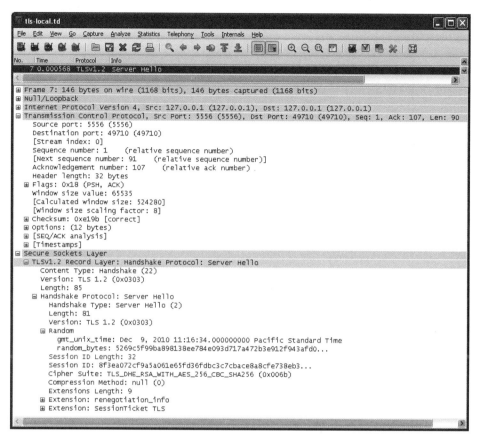

```
tls-local.td
File  Edit  View  Go  Capture  Analyze  Statistics  Telephony  Tools  Internals  Help

No.  |Time       |Protocol   |Info
  7 0.000568 TLSv1.2 Server Hello

⊞ Frame 7: 146 bytes on wire (1168 bits), 146 bytes captured (1168 bits)
⊞ Null/Loopback
⊞ Internet Protocol Version 4, Src: 127.0.0.1 (127.0.0.1), Dst: 127.0.0.1 (127.0.0.1)
⊟ Transmission Control Protocol, Src Port: 5556 (5556), Dst Port: 49710 (49710), Seq: 1, Ack: 107, Len: 90
     Source port: 5556 (5556)
     Destination port: 49710 (49710)
     [Stream index: 0]
     Sequence number: 1    (relative sequence number)
     [Next sequence number: 91    (relative sequence number)]
     Acknowledgement number: 107    (relative ack number)
     Header length: 32 bytes
  ⊞ Flags: 0x18 (PSH, ACK)
     Window size value: 65535
     [Calculated window size: 524280]
     [Window size scaling factor: 8]
  ⊞ Checksum: 0xe19b [correct]
  ⊞ Options: (12 bytes)
  ⊞ [SEQ/ACK analysis]
  ⊞ [Timestamps]
⊟ Secure Sockets Layer
  ⊟ TLSv1.2 Record Layer: Handshake Protocol: Server Hello
        Content Type: Handshake (22)
        Version: TLS 1.2 (0x0303)
        Length: 85
     ⊟ Handshake Protocol: Server Hello
        Handshake Type: Server Hello (2)
        Length: 81
        Version: TLS 1.2 (0x0303)
     ⊟ Random
           gmt_unix_time: Dec  9, 2010 11:16:34.000000000 Pacific Standard Time
           random_bytes: 5269c5f99ba898138ee784e093d717a472b3e912f943afd0...
        Session ID Length: 32
        Session ID: 8f3ea072cf9a5a061e65fd36fdbc3c7cbace8a8cfe738eb3...
        Cipher Suite: TLS_DHE_RSA_WITH_AES_256_CBC_SHA256 (0x006b)
        Compression Method: null (0)
        Extensions Length: 9
     ⊞ Extension: renegotiation_info
     ⊞ Extension: SessionTicket TLS
```

**그림 18-33** TLS 1.2에서 ServerHello 메시지는 버전 정보, 지원되는 암호 스위트와 압축 알고리즘, 그리고 다수의 확장을 포함한다. 이 그림에서 클라이언트는 디피-헬만 키 합의를 지원함을 볼 수 있다. 암호화용으로 CBC 모드의 AES-256을 사용하고 무결성 보호용으로 SHA-256을 사용한다.

```
tls-local.td                                                                    _ □ X
File  Edit  View  Go  Capture  Analyze  Statistics  Telephony  Tools  Internals  Help

No.   Time        Protocol    Info
   9 0.000602    TLSv1.2    Certificate

⊞ Frame 9: 912 bytes on wire (7296 bits), 912 bytes captured (7296 bits)
⊞ Null/Loopback
⊞ Internet Protocol Version 4, Src: 127.0.0.1 (127.0.0.1), Dst: 127.0.0.1 (127.0.0.1)
⊟ Transmission Control Protocol, Src Port: 5556 (5556), Dst Port: 49710 (49710), Seq: 91, Ack: 107, Len: 856
     Source port: 5556 (5556)
     Destination port: 49710 (49710)
     [Stream index: 0]
     Sequence number: 91    (relative sequence number)
     [Next sequence number: 947    (relative sequence number)]
     Acknowledgement number: 107    (relative ack number)
     Header length: 32 bytes
  ⊞ Flags: 0x18 (PSH, ACK)
     Window size value: 65535
     [calculated window size: 524280]
     [window size scaling factor: 8]
  ⊞ Checksum: 0xd6fa [correct]
  ⊞ Options: (12 bytes)
  ⊞ [SEQ/ACK analysis]
  ⊞ [Timestamps]
⊟ Secure Sockets Layer
  ⊟ TLSv1.2 Record Layer: Handshake Protocol: Certificate
     Content Type: Handshake (22)
     Version: TLS 1.2 (0x0303)
     Length: 851
  ⊟ Handshake Protocol: Certificate
     Handshake Type: Certificate (11)
     Length: 847
     Certificates Length: 844
    ⊟ Certificates (844 bytes)
       Certificate Length: 841
      ⊟ Certificate (id-at-commonName=localhost,id-at-organizationName=test org)
        ⊟ signedCertificate
           version: v3 (2)
           serialNumber: 1291919218
          ⊟ signature (shawithRSAEncryption)
             Algorithm Id: 1.2.840.113549.1.1.5 (shawithRSAEncryption)
          ⊟ issuer: rdnSequence (0)
            ⊟ rdnSequence: 1 item (id-at-commonName=Test CA)
              ⊟ RDNSequence item: 1 item (id-at-commonName=Test CA)
                ⊟ RelativeDistinguishedName item (id-at-commonName=Test CA)
                   Id: 2.5.4.3 (id-at-commonName)
                  ⊟ DirectoryString: printableString (1)
                     printableString: Test CA
          ⊟ validity
            ⊟ notBefore: utcTime (0)
               utcTime: 10-12-09 18:26:58 (UTC)
            ⊟ notAfter: utcTime (0)
               utcTime: 11-12-09 18:26:59 (UTC)
          ⊟ subject: rdnSequence (0)
            ⊟ rdnSequence: 2 items (id-at-commonName=localhost,id-at-organizationName=test org)
              ⊞ RDNSequence item: 1 item (id-at-organizationName=test org)
              ⊞ RDNSequence item: 1 item (id-at-commonName=localhost)
          ⊟ subjectPublicKeyInfo
            ⊟ algorithm (rsaEncryption)
               Algorithm Id: 1.2.840.113549.1.1.1 (rsaEncryption)
               Padding: 0
               subjectPublicKey: 3082010a0282010100def6ef0a37a7742e66286cb58c4317...
          ⊟ extensions: 6 items
            ⊟ Extension (id-ce-basicConstraints)
               Extension Id: 2.5.29.19 (id-ce-basicConstraints)
               critical: True
               BasicConstraintsSyntax
            ⊟ Extension (id-ce-subjectAltName)
               Extension Id: 2.5.29.17 (id-ce-subjectAltName)
              ⊟ GeneralNames: 1 item
                ⊟ GeneralName: dNSName (2)
                   dNSName: localhost
            ⊟ Extension (id-ce-extKeyUsage)
               Extension Id: 2.5.29.37 (id-ce-extKeyUsage)
              ⊟ KeyPurposeIDs: 1 item
                 KeyPurposeId: 1.3.6.1.5.5.7.3.1 (id-kp-serverAuth)
            ⊟ Extension (id-ce-keyUsage)
               Extension Id: 2.5.29.15 (id-ce-keyUsage)
               critical: True
               Padding: 7
              ⊞ KeyUsage: a000 (digitalSignature, keyEncipherment)
            ⊟ Extension (id-ce-subjectKeyIdentifier)
               Extension Id: 2.5.29.14 (id-ce-subjectKeyIdentifier)
               SubjectKeyIdentifier: a5e38f916a4bfbbe3096908fae61d59ff35e8419
            ⊟ Extension (id-ce-authorityKeyIdentifier)
               Extension Id: 2.5.29.35 (id-ce-authorityKeyIdentifier)
              ⊟ AuthorityKeyIdentifier
                 keyIdentifier: 420796cd2ebb0e5e89aaafb9b17d946a3d197146
        ⊟ algorithmIdentifier (shawithRSAEncryption)
           Algorithm Id: 1.2.840.113549.1.1.5 (shawithRSAEncryption)
           Padding: 0
           encrypted: 138012e5d76d666f00d85583251c71ff70c53c5653200b84...
```

**그림 18-34** 서버는 ServerHello 다음에 자신의 인증서를 운반하는 Certificate 메시지를 생성한다. 클라이언트는 이 인증서를 사용해서 서버를 인증한다. 서버가 클라이언트를 인증할 때와 메시지 형식이 같다.

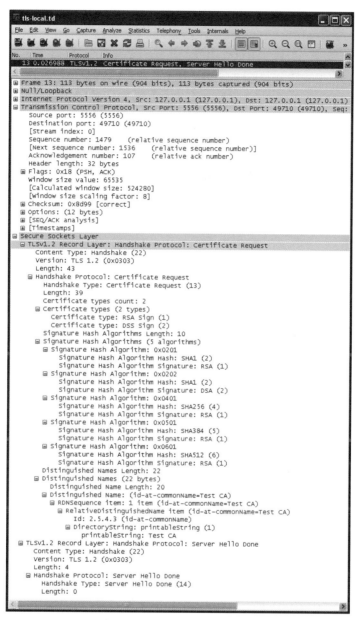

**그림 18-35** 서버의 CertificateRequest와 ServerHelloDone 메시지는 같은 TCP 세그먼트에 포함된다. 클라이언트는 서버를 인증하기 위해 인증서를 사용할 수 있다. 서버가 클라이언트를 인증할 때와 메시지 형식이 같다.

## 18.9.2 TLS with Datagrams(DTLS)

TLS 프로토콜은 메시지를 전달하기 위해 스트림 기반의 전송 프로토콜을 가정한다. 데이터그램 버전(DTLS)은 이 가정을 완화시키지만 기본적으로 모든 동일한 메시지 형식을 사용해서 TLS와 동일한 보안 목표를 달성하는 것을 목표로 한다. 원래는 UDP상에서 실행되는 SIP와 같은 프로토콜에서 사용되기 위한 것이었지만 IPsec를 사용해도 된다[RFC5406]. DTLS는 DCCP[RFC5238] 및 SCTP[RFC6083]와 함께 사용될 수도 있다. 이 글을 쓰는 현재 최신 버전은 TLS 1.1 기반의 DTLS 1.0 [RFC4347]이다. TLS 1.2 기반의 버전업 작업이 현재 진행 중이다[IDDTLS]. 그림 18-28과 동일한 프로토콜 계층화 및 거의 같은 메시지 교환을 사용한다.

신뢰할 수 있는 전송 계층 없이 TLS와 유사한 서비스를 제공할 때의 주요 과제는 데이터그램이 분실, 재정렬, 중복될 수 있다는 점이다. 이런 일이 일어나면 암호화와 핸드셰이크 프로토콜에 영향을 줄 수 있는데, 둘 다 TLS 내의 순서에 종속되기 때문이다. 이 문제를 처리하기 위해 DTLS는 레코드 계층이 운반하는 각 레코드마다 명시적인 순서 번호(통상의 TLS에서는 암묵적임) 및 핸드셰이크 프로토콜이 사용한 것과 다른 순서 번호의 타임아웃 기반 재전송 체계를 추가한다.

### 18.9.2.1 DTLS 레코드 계층

TLS에서는 레코드의 순서가 중요하다. 한 레코드의 MAC 계산이 이전 레코드에 따라 달라지기 때문이다. MAC 계산은 데이터그램의 재배열 또는 손실이 있을 때는 정확하지 않은 암묵적 64비트 순서 번호에 의존한다. 이 문제를 해결하기 위해 DTLS는 레코드 계층에서 명시적인 순서 번호를 사용한다. 이러한 순서 번호는 ChangeCipherSpec 메시지가 전송된 후 0 값으로 재설정된다. 추가적으로 16비트 에포크 번호epoch number와 함께 사용돼 각 레코드의 헤더에 통합된다. 에포크 번호는 암호 상태가 변경될 때마다 1씩 증가하며, 짧은 시간 내에 다수의 핸드셰이크들이 있었을 때 그 결과로 생성된 동일한 순서 번호를 포함하는 메시지들이 동시에 네트워크를 이동하는 경우에 대처하기 위한 것이다.

DTLS에서의 MAC 계산은 TLS에서와 달리 이 2개의 새로운 필드들이 이어진 64비트값을 포함한다.(에포크 번호가 먼저 오고 그다음에 순서 번호). 이렇게 하면 각 레코드를 개별적으로 처리할 수 있다. TLS의 경우 MAC가 잘못되면 연결이 종료되는데 반해, DTLS의 경우 전체 연결을 중단하지 않아도 되며 수신자는 잘못된 MAC가 포함된 레코드를 폐기하거나 경고 메시지를 보내는 것 중에 선택할 수 있다.

중복 메시지가 수신되면 그냥 폐기하거나 아니면 선택적으로 재생 공격으로 간주한다. 재생 공격 탐지는 수신자에서 현재 순서 번호의 윈도우를 관리하는 방법이 사용된다. 윈도우은 최소 32개 이상의 메시지여야 하고 64개 이상이 권장된다. 동작 체계는 AH 및 ESP용 IPsec에서와 유사하다. 윈도우의 왼쪽 끝보다 순서 번호가 작은 레코드는 오래된 레코드 또는 중복 레코드로 간주돼 그냥 폐기된다. 반면에 윈도우에 포함되는 것은 중복 레코드로 확인된다. 유효 MAC를 운반하는 윈도우 내부 메시지는 순서에서 벗어났더라도 보관된다. 유효하지 않은 MAC를 갖는 메시지는 폐기된다. 유효 MAC를 포함하면서 순서 번호가 윈도우 오른쪽 끝을 초과하는 메시지가 수신되면, 윈도우 오른쪽 끝의 번호가 증가한다. 따라서 윈도우 오른쪽 끝은 순서 번호가 가장 높은 유효 메시지를 나타낸다.

1개의 데이터그램이 다수의 DTLS 레코드를 포함할 수 있지만, 1개의 레코드는 다수의 데이터그램에 걸쳐서 존재할 수는 없다. 레코드 계층 덕분에 애플리케이션은 TCP와 유사한 PMTUD 프로세스(15장 참조)를 구현할 수 있으며, 단편화 가능성이 높아 보이는 데이터그램을 보내지 않을 수 있다. 실제로, 애플리케이션은 PMTU 또는 최대 애플리케이션 데이터그램 크기(PMTU에서 DTLS 오버헤드를 뺀 값)를 초과하는 애플리케이션 메시지를 전송하려고 할 경우 오류 표시를 수신하게 된다. 이 규칙의 예외는 DTLS가 핸드셰이크 프로토콜을 처리하는 경우다. 비교적 큰 메시지가 사용되기 때문이다.

### 18.9.2.2 DTLS Handshake Protocol

핸드셰이크 프로토콜 메시지의 최대 크기는 $2^{24}$ – 1바이트지만 실제로는 대부분 몇 KB 수준이다. 이 크기는 최대 UDP 데이터그램 크기인 1.5KB를 초과할 수 있기 때문에, 이 상황을 처리하기 위해 핸드셰이크 프로토콜 메시지는 단편화를 통해서 다수의 DTLS 레코드에 걸쳐 존재할 수 있다. 각 단편은 레코드에 포함되고, 레코드는 데이터그램에 포함된다다. 단편화를 구현하기 위해 각 핸드셰이크 메시지는 16비트 순서 번호 필드, 24비트 단편 오프셋 필드, 24비트 단편 길이 필드를 포함한다.

단편화를 수행하기 위해 원본 메시지의 내용은 다수의 연속된 데이터 범위로 나눈다. 각 범위는 최대 단편 크기보다 작아야 한다. 각 범위는 메시지 단편 내에 들어간다. 각 단편은 원본 메시지와 동일한 순서 번호를 포함한다. 단편 오프셋과 단편 길이 필드는 바이트 단위로 표시된다. 발신자는 데이터 범위가 겹치지 않으려고 하지만 설령 그런 일이 일어나도 수신자는 처리할 수 있어야 한다. 시간이 지남에 따라 발신자가 레코드 크기를 조정하거나 재전송이 필요할 수도 있기 때문이다.

메시지 손실에 대처하기 위해 DTLS는 메시지들의 그룹에 대해 동작하는 간단한 타임아웃 및 재전송 기능을 구현하는데 이 메시지 그룹을 가리켜 플라이트<sup>flight</sup>라고 한다. 그림 18-36은 전체 수립 교환(왼쪽)과 단축 수립 교환을 보여주면서 DTLS 핸드셰이크 프로토콜 상태 기계도 함께 나타냈다.

그림 18-36에서 전체 교환과 단축 교환 사이의 지역에 플라이츠 번호가 주어져 있다. 전체 교환은 그림 18-30에 표시된 전체 TLS 교환과 매우 유사하며, HelloVerifyRequest 메시지 및 두 번째 ClientHello 메시지(현재 쿠키를 포함)가 있다는 점만 다르다. 그러나 단축 교환은 다르다. DTLS에서는 서버가 첫 번째 Finished 메시지를 보내는 반면, TLS에서는 클라이언트가 첫 번째 Finished 메시지를 보낸다.

그림 18-36의 오른쪽 하단 부분은 DTLS 구현들이 핸드셰이크 프로토콜을 수행할 때 사용하는 상태 기계를 보여준다. Preparing(준비), Sending(전송), Waiting(대기)의 세 가지 기본 상태가 있다. 클라이언트는 ClientHello 메시지를 생성할 때 Preparing 상태에서 시작한다. 서버는 버퍼링된 메시지 또는 활성화된 재전송 타이머 없이 Waiting 상태에서 시작한다. 전송을 할 때 재전송 타이머가 설정되고 전송 완료 시 Waiting 상태로 들어간다. RTX(재전송 만료) 타이머는 재전송 수행을 위해 프로토콜을 다시 Sending 상태로 되돌리며, 상대방으로부터 재전송된 플라이트 메시지를 받을 때도 마찬가지다. 후자의 경우에 로컬 시스템은 자신이 앞서 보냈던 메시지가 부분적으로 또는 완전히 손실됐다고 생각하고 자신의 플라이트를 재전송한다. 모든 것이 잘 되면, 플라이트 메시지가 수신되고, 로컬 시스템은 완료되거나 Preparing 상태로 돌아와 다음에 보낼 플라이트 메시지를 만든다.

상태 기계는 재전송 타이머에 의해 권장 기본값 1초로 구동된다. 타임아웃 기간 내에 플라이트에 대한 응답이 수신되지 않으면 플라이트는 동일한 핸드셰이크 프로토콜 순서 번호를 사용해서 재전송된다. 레코드 계층의 순서 번호는 여전히 증가한다. 후속 재전송에도 응답이 없으면 RTX 타임아웃 값은 최소한 60초까지 2배로 증가한다. 이 값은 전송이 성공하거나 유휴 기간이 길면(현재 타이머 값의 10배 이상) 재설정될 수 있다.

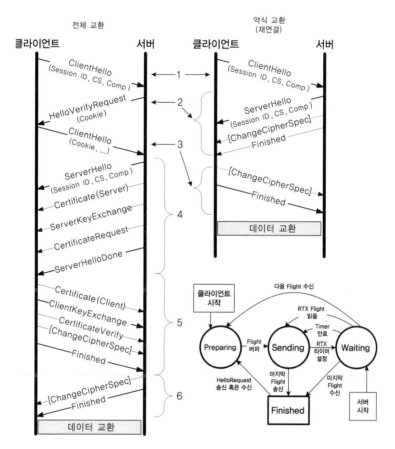

**그림 18-36** DTLS는 데이터그램의 손실을 처리해야 한다. 초기 전체 교환(왼쪽)은 각각 재전송될 수 있는 6개의 정보 'flights'로 구성돼 있다. DTLS 약식 교환(오른쪽 상단)은 오직 3개만 사용하고 이는 TLS와 조금 다르다. DTLS는 프로토콜을 수행할 때 유한 상태 머신의 3개의 상태를 유지한다.

### 18.9.2.3 DTLS DoS 보호

신뢰할 수 있는 바이트 스트림 프로토콜 대신에 데이터그램을 사용할 경우는 보안 관련해서 추가로 고려할 사항들이 있다. 특히 두 가지 DoS 공격을 조심해야 한다. 공격자가 `ClientHello` 메시지를 보낼 때 발신지 IP 주소를 비교적 쉽게 위조할 수 있다. 이러한 메시지들을 대량으로 보내면 응답 메시지를 만들 때 처리 자원이 소진되므로 DTLS 서버에 대한 DoS 공격이 가능하다. 이 공격을 변형하면 다수의 공격 시스템들이 동일한 위조 발신지(공격 대상자) IP 주소를 포함하도록 할 수 있다. 그러면 응답 서버는 공격 대상자의 IP 주소로 응답을 보내므로 공격 대상자의 컴퓨터는 DoS 공격을 받게 한다.

Hello 교환에 통합된 무상태 비저장 쿠키 유효성 검사는 이 두 가지 DoS 공격에 대한 내성을 높이는 데 도움이 된다. 서버는 ClientHello 메시지가 수신되면 32비트 쿠키(비밀값, 클라이언트의 IP 주소, 연결 매개변수의 함수)를 포함하는 새로운 HelloVerifyRequest 메시지를 생성한다. 후속 ClientHello 메시지에는 해당 쿠키의 복사본을 반드시 포함해야 한다. 그렇지 않으면 서버는 메시지 교환을 거부한다. 이렇게 함으로써 서버는 유효한 쿠키를 제공하지 않는 요청을 신속하게 처리할 수 있다. 다만, 쿠키 교환을 완료할 수 있는 다수의 정상적 IP 주소들의 협업 공격에 대해서는 보호하지 못한다.

## **18.10** DNS 보안(DNSSEC)

지금까지 링크, 네트워크, 전송 계층에서의 주요 보안 프로토콜을 논의했으니 이제 애플리케이션 계층으로 가 보자. 이 글을 쓰는 현재 아직 널리 보급되지는 않았지만, DNS에 강화된 보안을 제공하는 방법에 초점을 맞출 것이다. DNS 보안은 DNS 내의 데이터(자원 레코드 또는 RR)에 대한 보안과 DNS 서버의 내용을 동기화 또는 갱신하는 트랜잭션의 보안을 모두 포함한다. DNS가 인터넷의 동작에 중요한 역할을 하고 있기 때문에 이러한 보안 메커니즘을 보급하기 위한 다양한 노력이 있었다. 이 메커니즘을 DNSSEC<sup>Domain Name System Security Extensions</sup>라고 부르며 다수의 RFC[RFC4033][RFC4034][RFC4035]에서 논의하고 있다. 이 RFC들은 DNSSEC의 과거 명세를 대체하기 때문에 DNSSECbis라고 부르기도 한다. DNSSEC를 자세히 알아보기 전에 DNS의 기초를 복습하면 좋을 것이다(11장 참조).

DNSSEC의 확장 기능은 DNS 데이터에 대한 원본 인증과 무결성 보증을 제공할 뿐 아니라 (제한된) 키 배포 기능도 제공한다. 즉, 어떤 개체가 DNS 정보를 작성했으며 그 정보가 변조되지 않은 상태로 수신됐는지 여부를 확인할 수 있는 암호학적으로 안전한 방법을 제공한다. DNSSEC는 인증된 무존재<sup>authenticated nonexistence</sup> 기능을 제공한다. 특정 도메인 이름이 존재하지 않음을 나타내는 DNS 응답은 존재하는 도메인 이름에 대한 응답과 유사한 수준의 보호를 제공한다. DNSSEC는 DNS 정보의 기밀성, DoS 보호, 접근 제어를 제공하지 않는다. DNSSEC와 함께 사용되는 트랜잭션 보안은 별도로 정의되며, 핵심

DNSSEC 데이터 보안 기능에 대해 논의한 후 간단히 살펴보기로 한다.

DNSSEC는 다양한 수준의 보안 인식을 갖는 변환자resolver를 포함한다. 검증 보안 인식 변환자validating security-aware resolver(또는 검증 변환자validating resolver라고도 함)는 암호화 서명을 검사해서 자신이 처리 중인 DNS 데이터가 안전한지 확인한다. 호스트에서 동작하는 스텁 변환자와 재귀적 네임 서버의 변환자측 등의 다른 변환자는 보안을 인식하지만 암호화 검증을 수행하지 못할 수 있다. 그래서 이 변환자들은 검증 변환자와 보안 연결을 수립해야 한다. 이 절에서는 검증 변환자를 중점적으로 살펴볼 것이다. 가장 정교하고 흥미로운 방법이기 때문이다. 검증 변환자는 DNS 정보가 안전secure한지(모든 서명을 확인해서 유효), 안전하지 않은지insecure(있으면 안 되는 것이 있음을 유효 서명이 나타냄), 가짜bogus인지(적절한 데이터가 있는 것 같지만 어떤 이유로 인해 검증 불가능), 불확실indeterminate한지(진실성을 확인할 수 없음. 일반적으로 서명이 없는 것이 원인) 확인할 수 있다. 별도로 정보가 없다면 불확실이 기본이다.

DNSSEC는 도메인 관리자가 영역을 서명하고 신뢰 기반이 있으며 서버와 변환자 소프트웨어가 모두 참여할 때만 안전하게 동작한다. 변환자의 유효성 검사는 서명을 검사해 DNS 정보가 안전한지 확인하는 것이며, PKI의 루트 인증서와 비슷한 하나 이상의 초기 신뢰 앵커로 설정돼야 한다. 그러나 DNSSEC는 PKI가 아니라는 점에 주의하자. 특히 서명과 키 취소가 제한된다. 인증서 취소 목록[RFC5011]에 해당하는 기능을 구현하지 않기 때문이다.

DNSSEC으로 DNS 쿼리를 수행할 때 보안 인식 변환자는 EDNS0을 사용하고, 요청 메시지 내의 OPT 메타 RR에 들어있는 DO(DNSSEC OK) 비트를 활성화한다. 이 비트는 클라이언트가 EDNS0을 지원하며 DNSSEC 관련 정보를 처리할 수 있음을 나타낸다. DO 비트는 EDNS0 메타-RR의 '확장 RCODE와 플래그' 부분에 들어있는 두 번째 16비트 필드의 첫 번째(상위) 비트다([RFC3225]의 3절과 [RFC2671]의 4절 참조). DO 비트가 설정되지 않은(또는 존재하는) 요청을 수신한 서버는 요청 메시지에서 명시적으로 요청하지 않는 메시지가 아닌 한 18.10.1절에서 논의된 대부분의 RR을 반환할 수 없다. 이것은 DNS의 성능에 도움이 되는데, 보안을 인식하지 않는 변환자가 결코 처리할 일이 없는 보안 관련 RR을 운반할 필요가 없기 때문이다. 이것은 DNS가 크기가 작은 UDP 패킷을 사용하다가 응답 메시지가 크면 3방향 핸드셰이크를 사용하는(그래서 지연 시간이 큰) TCP를 사용하기 때문에 특히 효과적이다.

DNSSEC가 활성화된 변환자가 보낸 요청을 처리하는 서버는 DNS 요청 메시지 내의 CD 비트를 검사한다(11장 참조). 이 비트가 설정돼 있다는 것은 응답 메시지 내의 검증되지 않은 데이터를 클라이언트가 받아들일 의사가 있음을 나타낸다. 응답을 준비할 때 서버는 일반적으로 자신이 반환하는 데이터를 암호화로 검사한다. 유효성 검사에 성공하면 [RFC4035] 응답 메시지 내의 AD 비트가 설정된다. 보안을 인식하지만 검증 변환자가 아닌 변환자는 서버에 대한 보안 경로가 있는 경우 원칙적으로 이 정보를 신뢰할 수 있다. 하지만 더 바람직한 경우는 암호화 검증을 수행하고 그 결과로 쿼리에 CD 비트를 설정하는 검증 스텁 변환자를 사용하는 것이다. 이것은 DNS의 종단간 보안을 제공하며(즉, 신뢰받는 중간 변환자가 필요없음), 암호화 검증을 수행할 필요가 없어지므로 중간 서버의 계산 부하가 감소하는 장점이 있다.

## 18.10.1 DNSSEC 자원 레코드

[RFC4034]에 명세된 대로 DNSSEC는 4개의 새로운 자원 레코드(RR)와 2개의 메시지 헤더 비트(CD와 AD)를 사용한다. 또 EDNS0 지원을 필요로 하며, 앞서 언급한 DO 비트 필드를 사용한다. 4개의 RR 중 2개는 DNS 이름 공간의 여러 부분에 서명을 포함시키는 데 사용되고, 나머지 2개는 키를 배포하고 검증하는 데 사용된다. [RFC5155]에서의 변경으로 2개의 RR이 새로 추가됐는데, 원래의 4개 중 하나를 대체하기 위한 것이다.

### 18.10.1.1 DNS 보안(DNSKEY) 자원 레코드

먼저 DNSSEC가 키를 저장하고 배포하는 방법을 살펴보자. DNSSEC는 DNSKEY 자원 레코드를 사용해 공개 키를 보관한다. 이 키는 DNSSEC에서만 사용되기 위한 것이다. 다른 RR(예: CERT RR [RFC4398])가 다른 목적으로 키 또는 인증서를 보관하는 데 쓰일 수 있다. DNSKEY RR의 RDATA 부분의 형식은 그림 18-37과 같다.

| 0 | | 15 16 | | 31 |
|---|---|---|---|---|
| 플래그<br>(16비트) | | 프로토콜<br>(8비트) | 알고리즘<br>(8비트) | |
| 공개 키<br>(가변) | | | | |

**그림 18-37** DNSKEY RR의 RDATA 부분은 오직 DNSSEC를 위해서만 사용되는 공개 키를 가진다.

플래그<sup>Flags</sup> 필드는 영역 키<sup>Zone Key</sup> 표시자(비트 7), 보안 항목 지점<sup>Secure Entry Point</sup> 표시자(bit 15), 취소<sup>Revoked</sup> 표시자(비트 8)를 포함한다. 일반적으로 영역 키는 모든 DNSSEC 키에 대해서 설정된다. SEP 비트도 설정되면 이런 키를 키를 서명하는 키라고 부르며, 자식 영역으로의 위임을 검증하는 데 사용된다. SEP 비트가 설정되지 않으면 영역을 서명하는 키로서 유효 기간이 더 짧다. 그리고 영역의 내용을 서명하는 데 쓰이며 위임은 해당되지 않는다. 포함된 키는 알고리즘<sup>Algorithm</sup> 필드에 명세된 알고리즘과 함께 사용된다.

그림 18-37의 플래그<sup>Flags</sup> 필드에는 현재 3비트가 정의돼 있다. 비트 7은 영역 키<sup>Zone Key</sup> 비트 필드로서 이 필드가 설정되면 DNSKEY RR 소유자의 이름은 영역 이름이어야 하고, 포함된 키는 ZSK<sup>Zone Signing Key</sup> 또는 KSK<sup>Key Signing Key</sup>라고 불린다. 설정되지 않은 경우에는 레코드는 영역 서명을 확인하는 데는 사용될 수 없는 다른 종류의 DNS 키를 보관한다. 비트 15는 SEP<sup>Secure Entry Point</sup> 비트라고 부르며, 소프트웨어를 디버깅 또는 서명할 때 키의 목적에 대해 추측할 수 있도록 돕는 힌트이다. 서명 검증은 SEP 비트를 해석하지 않지만, 이 비트가 설정된 키는 대개 KSK며 자식 영역의 키를 검증함으로써 DNS 계층을 보호하는 데 사용된다(DS 레코드를 통해서. 18.10.1.2절 참조). 비트 8은 취소<sup>Revoked</sup> 비트[RFC5011]로서 이 비트가 설정되면 키를 검증에 사용할 수 없다. 프로토콜<sup>Protocol</sup> 필드에는 DNSSEC의 버전인 3이 들어있다. 알고리즘<sup>Algorithm</sup> 필드는 서명 알고리즘을 나타낸다. [RFC4034]에 따라 SHA-1을 사용하는 DSA와 RSA(각각 3과 5)만 DNSKEY RR과 함께 사용할 수 있지만, 추가 명세들은 다른 알고리즘을 지원한다(예: ECC-GOST(값 12)는 [RFC5933]을, SHA-256(값 8)은 [RFC5702]를 참조). 이러한 값들은 다른 여러 DNSSECR에서도 사용된다. 공개 키<sup>Public Key</sup> 필드에는 알고리즘 필드에 따라 형식이 달라지는 공개 키가 들어 있다.

### 18.10.1.2 DS(Delegation Signer) 자원 레코드

DS[Delegation Signer]자원 레코드는 일반적으로 부모 영역에서 자식 영역으로 DNSKEY RR 을 참조할 때 사용된다. 이 레코드는 일반적으로 인증 프로세스 중에 공개 키를 검증하는 데 사용된다(18.10.2절 참조). DS RR의 형식은 그림 18-38에 나와 있다.

**그림 18-38** DS RR의 RDATA 부분은 DNSKEY RR에 대한 유일하지 않은 참조를 키 태그(Key Tag) 필드에 포함한다. 또 DNSKEY 의 메시지 다이제스트 및 그 소유자 그리고 다이제스트와 알고리즘의 유형 표시자도 포함한다.

그림 18-38의 키 태그[Key Tag] 필드는 DNSKEY RR에 대한 참조이다. 하지만, 이것은 고 유한 값이 아니다. 다수의 DNSKEY RR들이 동일한 태그 값을 가질 수 있으므로 이 필 드는 검색 힌트로만 사용된다(여전히 검증이 필요함을 의미). 이 필드의 값은 그림 18-37과 같이 참조 대상 DNSKEY RR DATA 영역(자리올림은 무시)을 구성하는 데이터의 합계로 서 16비트 부호 없는 값이다. 알고리즘[Algorithm] 필드는 DNSKEY RR의 알고리즘 필드와 동일한 값을 사용한다. 다이제스트 유형[Digest Type] 필드는 사용된 서명의 유형을 나타낸다. [RFC4034]에서는 값 1(SHA-1)만 정의됐지만, [RFC4509]에서 SHA-256(값 2)이 추가 됐다. 현재 목록은 DS RR Type Digest Algorithms Registry[DSRTYPEs]에서 관리되고 있다. 요약[Digest] 필드에는 참조 중인 DNSKEY RR의 다이제스트가 포함돼 있다. 다이제스트는 다음과 같이 계산된다.

```
digest = digest_algorithm(DNSKEY owner name | DNSKEY RDATA)
```

|는 연결 연산자이고, DNSKEY RDATA 값은 다음과 같이 참조된 DNSKEY RR로부터 계산 된다.

```
DNSKEY RDATA = Flags | Protocol | Algorithm | Public Key
```

SHA-1에서 다이제스트의 길이는 20바이트이고, SHA-256에서는 32바이트다. DSRR 은 영역 경계에 걸쳐 인증 체인에 하향 링크를 제공하는 데 사용되므로, 참조되는

DNSKEY RR은 반드시 영역 키여야 한다(즉, DNSKEY RR의 플래그 필드의 비트 7이 반드시 설정돼야 한다).

**주의**

이 글을 쓰는 현재 DS2라고 하는 DSR의 변형이 검토되고 있다[IDDS2]. 이것은 DS RR에 표준 서명자 이름 (Canonical Signer Name)을 도입해 동일한 내용을 가진 여러 영역들의 이름을 다르게 지정하고 서로 다른 서명자가 서명할 수 있다. 또 DLV RR [RFC4431]은 부모 영역이 서명되지 않았거나 DS RR를 공개하지 않은 경우 위임을 제공하는 용도로 사용돼 왔다. DLV RR의 형식은 DS RR의 형식과 동일하다. 다만 해석이 다를 뿐이다.

### 18.10.1.3 NextSECure(NSEC와 NSEC3) 자원 레코드

지금까지 키를 보관하고 안전하게 참조하는 데 필요한 PR을 보았으니 이제 영역의 구조 및 영역에 포함된 자원 레코드의 검증에 사용되는 레코드를 알아보자. NSEC[NextSECure] RR는 표준 이름 순서 (18.10.2.1절 참조) 또는 위임 지점의 NS 유형 RRset에서 '다음' RRset 소유자의 도메인 이름을 보관한다(RRset는 소유자, 클래스, TTL, 유형이 동일하지만 데이터가 다른 RR 집합이다). 또한 NSEC RR 소유자 이름에 존재하는 RR 유형들의 목록도 갖고 있다. 이것은 영역 구조에 대해서 인증과 무결성 검증을 제공한다. NSEC RR의 형식은 그림 18-39와 같다.

**그림 18-39** NSEC RR의 RDATA 부분은 영역에 대한 다음 RRSet 소유자의 이름을 표준 순서로 포함한다. 또 NSEC RR 소유자의 도메인 이름에 존재하는 RR 유형의 표시자도 포함한다.

NSEC RR은 영역 내의 RRset에 해당하는 이름들의 체인을 형성하는 데 사용된다. 따라서 체인 내에 존재하지 않는 RRset는 존재하지 않는 것으로 보일 수 있다. 이것은 앞서 설명한 존재 부정의 인증 기능이라고 말할 수 있다. 다음 도메인 이름[Next Domain Name] 필드는 11장에 설명된 도메인 이름 압축 기술을 사용하지 않고 표준 정렬된 도메인 이름 체인 내의 다음 항목을 나타낸다. 체인의 마지막 NSEC 레코드에 대한 이 필드의 값은 영역 정점(영역 SOA RR의 소유자 이름)이다.

NSEC RR의 유형 비트 맵^Type Bit Maps 필드에는 NSEC RR 소유자의 도메인 이름에 존재하는 RR 유형들의 비트맵이 들어있다. 가능한 유형의 수는 최대 64K이고, 그중 약 100개가 현재까지 정의됐다. 이들 중 일부만이 널리 사용되고 있다. 예를 들어, 2010년 7월 15일 DNSSEC에서 쓸 수 있게 된 인터넷의 루트 영역(도메인 이름 ".")에는 ac(accTLD)의 다음 도메인 필드와 NS, SOA, RRSIG, NSEC, DNSKEY 유형의 레코드들이 존재함을 나타내는 비트맵이 포함돼 있다.

어떤 유형이 존재함을 인코딩하기 위해 RR 유형의 전체 공간은 256개의 '윈도우 블록'으로 나뉘며 번호는 0부터 255까지다. 각 블록 번호에 대해 최대 256개의 RR 유형의 존재가 비트 마스크를 사용해서 인코딩될 수 있다. 블록 번호 N과 비트 위치 P가 주어졌을 때, 해당 RR 유형의 번호는 (N*256 + P)이다. 예를 들어 블록 1에서 비트 위치 2는 RR 유형 258(현재 정의되지 않은 유형)에 해당한다. 이 필드는 다음과 같이 인코딩된다.

```
Type Bit Maps = (window block number | bitmap length | bitmap)*
```

여기서 |는 연결 연산자이며 *는 클레이니^Kleene 스타(즉, 0 이상)를 나타낸다. 윈도우 블록 번호의 각 인스턴스에는 0-255 범위의 값이 들어 있으며, 비트맵 길이는 해당 비트맵의 길이(바이트 단위)를 포함한다(최대값 32). 윈도우 블록 번호와 비트맵 길이는 각각 1바이트 며 비트맵은 32바이트(256비트, 윈도우 내의 RR 유형마다 1비트씩) 길이다. RR 유형이 존재하지 않는 블록은 포함되지 않는다. 인코딩은 여러 블록에 걸치는 유형이 희소하게 존재하는 경우에 최적화돼 있다. 예를 들어 RR 유형 1(A)과 15(MX)만 존재한다면, 이 필드의 인코딩은 0x00024001 = (0x00 | 0x02 | 0x4001)이 된다.

[RFC4034]에 정의된 NSEC 레코드의 원래 구조는 NSEC 체인 내를 순회하면 누구나 영역 내의 권한 레코드를 열거할 수 있다. 이를 가리켜 영역 열거^zone enumeration라고 한다. 이로 인해서 원치 않는 정보 유출의 가능성이 발생한다. 그래서 NSEC를 대체하기 위한 한 쌍의 RR이 [RFC5155]에 정의됐다. 첫 번째 것을 NSEC3라고 하는데, 인코딩되지 않은 도메인 이름이 아니라 RR 소유자 도메인 이름의 암호화 해시값을 사용한다. 형식은 그림 18-40과 같다.

**그림 18-40** NSEC3 RR의 RDATA 부분은 정규 순서의 영역에 대한 다음 RRset 소유자 이름의 해시를 가진다. 해시 함수는 반복(Iterations) 필드가 지정하는 횟수만큼 적용됐다. 가변 길이인 솔트(Salt) 값은 해시 함수를 적용하기 전에 이름에 첨부되는데, 딕셔너리 공격에 대한 내성을 높이기 위한 것이다. 유형 비트 맵(Type Bit Maps) 필드는 NSEC RR과 같은 구조를 사용한다. NSEC3PARAM 레코드들도 유사하지만 단지 해시 매개변수들만 포함하고 있다(다음 해시 소유자(Next Hashed Owner) 필드나 유형 비트 맵(Type Bit Maps) 필드는 포함하지 않는다).

NSEC3 레코드에서 해시 알고리즘$^{Hash\ Algorithm}$ 필드는 다음 해시 소유자$^{Next\ Hash\ Owner}$ 필드를 생성하기 위해 다음 소유자 이름에 적용되는 해시 함수를 나타낸다. SHA-1(값 1)만이 현재까지 정의돼 있다$^{[NSEC3PARAMS]}$. 플래그 필드의 하위 비트는 옵트 아웃$^{opt-out}$ 플래그를 포함한다. 이 플래그가 설정되면 NSEC3 레코드가 서명되지 않은 위임을 포괄할 수 있음을 나타낸다. 이것은 위임(NS RRset)이 서명될 필요가 없거나 서명이 바람직하지 않은 자식 영역을 참조하는 경우에 사용된다. 반복$^{Iterations}$ 필드는 해시 함수가 적용된 횟수를 나타낸다. 반복 횟수가 많을수록 NSEC3 레코드에서 발견된 해시 값에 해당하는 소유자 이름을 찾는 공격(딕셔너리 공격)을 방지하는 데 도움이 된다. 솔트 길이$^{Salt\ Length}$ 필드는 솔트$^{Salt}$ 필드의 길이를 바이트 단위로 제공한다. 솔트 필드에는 해시 함수를 계산하기 전에 원래 소유자 이름에 추가되는 값이 포함된다. 이 필드의 목적은 딕셔너리 공격을 막는 것이다.

[RFC5155]가 명세하는 두 번째 RR은 NSEC3PARAM RR이라고 한다(별도 그림으로 나타내지 않음). 해시 길이, 다음 해시 소유자, 유형 비트 맵 필드가 없는 것을 제외하면 NSEC3 RR과 동일한 형식을 사용한다. 권한 네임 서버에서 부정적 응답에 사용할 NSEC3 레코드를 선택할 때 사용된다. NSEC3PARAM RR은 해시된 소유자 이름을 계산하는 데 필요한 매개변수를 제공한다.

다음 해시 소유자Next Hashed Owner 필드의 해시값을 얻기 위해 다음과 같은 계산이 수행된다.

$$IH(0) = H(owner\ name\ |\ Salt)$$
$$IH(k) = H(IH(k-1)\ |\ Salt)\ if\ k > 0$$
$$Next\ Hashed\ Owner = H(IH(Iterations)\ |\ Salt)$$

여기서 H는 해시 알고리즘 필드에 지정된 해시 함수이고, 소유자 이름은 표준 형태다. 반복과 솔트 값은 NSEC3 RR의 해당 필드에서 가져온다. NSEC RR와 NSEC3 RR 유형 간의 혼동을 피하기 위해 [RFC5155]는 특수 보안 알고리즘 번호 6과 7을 NSEC3 RR을 채택한 영역에서 식별자 3(DSA)과 5(SHA-1)에 대한 별칭alias으로 사용하도록 요구한다. NSEC3 레코드 유형을 알지 못하는 변환자가 이 값들을 수신하면 레코드가 안전하지 않은 것으로 취급한다. 이로 인해서 제한된 형태의 하위 호환성(즉, 실패는 하지만 RR 데이터를 잘못 해석하지 않고 실패함)이 제공된다.

### 18.10.1.4 RRSIG(Resource Record Signature) 자원 레코드

DNS 내용에 대한 보안을 위해서는 RR에 대해서 원본 인증과 무결성 보호를 제공할 방법이 필요하다. DNSSEC는 RRSIGResource Record Signature RR를 사용해 RRset 서명의 유효성을 검사하며, 영역 내의 모든 권한 RR은 반드시 서명돼야 한다(접착glue 레코드와 부모 영역 내에 존재하는 위임 NS 레코드는 그렇지 않다). RRSIG RR는 특정 RRset에 대한 디지털 서명과 더불어 서명 검증에 사용할 수 있는 공개 키를 식별하기 위한 정보를 포함한다(그림 18-41).

대상 유형Type Covered 필드는 서명이 적용되는 RRset의 유형을 나타낸다. [DNSPARAMS]에 수록된 표준 RR 유형 집합에 속한 값이 사용된다. 알고리즘Algorithm 필드는 서명 알고리즘을 나타낸다. [RFC4034]에서 RRSIG RR와 함께 사용될 수 있는 것은 SHA-1을 가진 DSA와 RSA(각각 값 3과 5)만 정의됐지만, [RFC5702]에서 SHA-2 알고리즘, [RFC5933]에서 (러시아의) GOST 알고리즘이 추가 정의됐다. 레이블Labels 필드는 원래 RRSIG RR의 소유자 이름에 들어있던 레이블 수를 나타낸다. 원본Original TTL 필드는 권한 영역에 나타날 때 RRset의 TTL 복사본을 보관한다(캐시 네임 서버는 TTL 값을 줄일 수 있음). 서명 만료Signature Expiration와 서명 개시Signature Inception 필드는 1970년 1월 1일 00:00

UTC 이후 초 단위로 서명에 대한 시작 및 종료 유효 시간을 나타낸다. 키 태그Key Tag 필드는 서명 필드에 포함된 서명의 검증에 필요한 공개 키 획득에 사용되는 DNSKEY RR을 식별하는 데 도움이 된다. 이때 앞서 설명한 DS RR의 형식이 사용된다.

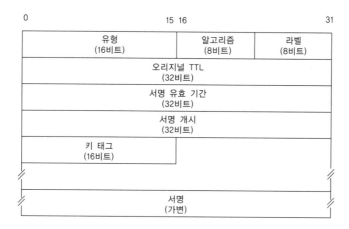

**그림 18-41** RRSIG RR의 RDATA 부분은 RRset의 서명을 가진다. 권한 영역에 나타난 RRset의 TTL은 알고리즘 표시자와 인증 유효 기간과 함께 포함돼 있다. Key Tag 필드는 서명 인증에 사용될 수 있는 공개 키를 포함한 DNSKEY RR을 참조한다. Labels 필드는 RR의 원래 소유자 이름을 구성하는 레이블이 얼마나 많은지를 나타낸다.

## 18.10.2 DNSSEC 동작

DNSSEC에 필요한 RR들을 모두 다뤘으니 이제 DNSSEC를 사용해서 영역을 보호하는 방법을 알아보자. 먼저 앞서 NSEC와 NSEC3 레코드 유형을 정의할 때 언급했던 표준 징령canonical ordering의 정의를 알아야 한다. 영역에 대해 정의되는 표준 정렬의 목적은 영역의 내용을 서명 가능하고 재현 가능한 방식으로 열거하는 것이다(동일한 내용이 다른 순서로 정렬되면 임의의 좋은 해시 함수에 대해 다른 값을 생성한다). 먼저 표준 정렬의 개념에 익숙해진 다음, 영역이 어떻게 서명되고 영역을 나타내는 서명된 레코드가 어떻게 검증되는지 알아보자.

### 18.10.2.1 정규 순서 정렬과 형식

우리가 관심 있게 볼 3개의 표준 정렬은 영역 내의 표준 이름 순서, 단일 RR에 대한 표준 형식, RRset의 표준 정렬이다[RFC4034]. 11장에서 우리는 RR이 레이블들로 이뤄지는 소유자 이름(소유자의 도메인 이름)이 있다고 배웠다. 이름 내의 레이블을 왼쪽 맞춤 바이트 문자열로 취급하고 대문자 US-ASC 문자를 소문자로 취급해 이름 목록을 만들 수 있다. 먼저 가장 중요한(가장 오른쪽) 레이블로 이름을 정렬한 뒤, 그다음 중요한 레이블로 정렬하는 식으로 반복한다. 유효한 표준 정렬은 com, company.com, *.company.com, UK.company.COM, usa.company.com 등이다. 와일드카드를 사용할 수 있다.

특정 RR에 대해서 잘 정의된 표준 형태가 존재한다. 이 형태는 RR이 다음 규칙을 지킬 것을 요구한다.

1. 모든 도메인 이름은 FQDN으로서 완전 확장돼 있을 것(압축 레이블 금지)

2. 소유자 이름 내의 모든 대문자는 소문자로 대체

3 유형 번호가 2 - 9, 12, 14, 15, 17, 18, 21, 24, 26, 33, 35, 36, 39, 38인 레코드의 RDATA 부분에 들어있는 도메인 이름에서 대문자를 소문자로 대체

4. 와일드카드(*)는 대체되지 않는다.

5. TTL은 원래의 권한 영역 또는 RRSIG RR의 원본<sup>Original</sup> TTL 필드에서 사용됐던 원래 값으로 설정

> **주의**
>
> DNSSECbis 문서들에 다수의 개념을 명확화하고 주요 변경사항을 꾸준히 적용하고 있다. 따라서 더 자세한 내용은 [IDDCIN]의 최신 버전을 참조하는 것이 바람직하다.

RRset에서 RR들의 표준 순서는 기본적으로 소유자 이름과 동일한 규칙을 따르지만, 왼쪽 정렬 바이트 문자열로 취급돼 표준 형태로 RR의 RDATA 내용에 적용된다.

### 18.10.2.2 서명 영역과 영역 절단

DNSSEC는 서명된 영역에 따라 다르다. 이러한 영역에는 RRSIG, DNSKEY, NSEC(또는 NSEC3) RR 등이 있으며, 서명된 위임 지점이 있는 경우 DS RR도 포함될 수 있다. 서명을 할 때는 공개 키 암호화가 사용되는데, 이때 공개 키는 DNS에 의해 저장 및 배포된다. 그림 18-42는 부모 영역과 자식 영역 사이의 추상적 위임 지점을 보여준다.

이 그림에서 부모 영역은 자체적인 DNSKEY RR을 갖고 있으며 이것은 RRSIG RR을 사용해 영역 내의 모든 권한 RRset을 서명하는 데 사용되는 개인 키에 대응하는 공개 키를 제공한다(다수의 DNSKEY가 가능). 부모 영역 내의 DSRR은 자식 영역의 정점에 있는 DNSKEY RR 중 하나의 해시값을 제공한다. 이를 통해 부모 영역에서 자식 영역으로 신뢰의 사슬이 수립된다. 부모 영역의 DS RR을 신뢰하는 검증 변환자는 자식 영역의 DNSKEY RR을 검증할 수 있고 최종적으로 자식 영역 내의 RRSIG와 서명된 RRset을 검증할 수 있다. 이것은 검증 변환자가 부모 영역의 DNSKEY RR에 연결될 수 있는 신뢰 루트를 갖고 있을 경우에만 일어난다.

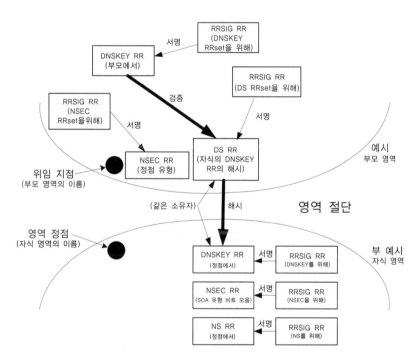

그림 18-42 인증된 위임 영역에 대한 영역 절단(zone cut)은 자식 영역에 있는 DNSKEY RR의 해시를 포함하는 부모 영역의 DS RR을 포함한다. 모든 RRSet는 해당하는 RRSIG RR로 서명되지만, 부모 영역 내의 위임 NS RR(및 접착 레코드)는 제외다. NSEC RR은 영역 내에 존재하는 유형을 검증하는 데 사용되며, 자식 영역 내의 정점에 SOA RR 유형 표시자를 포함한다.

### 18.10.2.3 변환자 예제

서명된 영역의 체인과 보안 인식 검증 변환자가 주어지면 DNS 응답의 내용을 어떻게 검증할 수 있는지 볼 수 있다. 최상의 경우에 루트 영역에서부터 신뢰 체인을 통해 해당 영역에 도달할 수 있다. ICANN은 DS 레코드를 루트 영역과 서명된 DNSKEY RR에 둠으로써 어느 영역이 DNSSEC에 대해 활성화돼 있는지 알려주는 목록을 관리하고 있다 [TLD-REPORT].

지금 우리가 도메인 이름 www.icann.org에 대한 A RR 유형을 변환 및 검증하고 싶다고 하자. 루트에서 시작해서 아래쪽 방향으로 먼저 루트의 신뢰 앵커(즉, DNSKEY RR)가 필요하고, 루트 네임 서버 중 하나에 포함된 .org에 대한 DS 레코드가 필요하며, RRSIG와 NSEC(NSEC3) 레코드도 아마 필요할 것이다. 그런 다음 org. 및 icann.org. 도메인 이름과 이에 대응하는 DNS 서버를 사용해서 이 과정을 반복해야 한다. 먼저 루트 영역부터 시작하자.

```
Linux% dig @a.root-servers.net. . dnskey +noquestion +nocomments \
+nostats +multiline
;; 메시지 잘림, TCP 모드에서 재시도
; <<>> DiG 9.7.2-P3 <<>> @a.root-servers.net. . dnskey
    +noquestion +nocomments +nostats +multiline
; (1 server found)
;; global options: +cmd
.   86400 IN    DNSKEY 257 3 8 ( AwEAAagAIKl ... ) ; key id = 19036
.   86400 IN    DNSKEY 256 3 8 ( AwEAAb5gVAz ... ) ; key id = 21639
.   86400 IN    DNSKEY 256 3 8 ( AwEAAcAPhPM ... ) ; key id = 40288
```

여기서 우리는 루트 영역에 대한 신뢰 앵커를 볼 수 있다. 이것은 인터넷에서 모든 DNSSEC에 대한 신뢰의 루트를 구성한다. 첫 번째 키는 KSK로서 257(SEP 비트는 1)값으로 표시된다. 이 값은 신뢰 체인 형성 시에 선호되는 값이다. 나머지들은 ZSK로 표시돼 있다. 다음으로 우리는 지금까지 본 모든 레코드가 존재하고 있으며 적절한 서명이 있음을 확인하고 싶다. 루트의 RRSIG 기록은 다음과 같이 볼 수 있다.

```
Linux% dig @a.root-servers.net. . rrsig +noquestion +nocomments \
+nostats +noauthority +noadditional
;; 메시지 잘림, TCP 모드에서 재시도

; <<>> DiG 9.7.2-P3 <<>> @a.root-servers.net. . rrsig +noquestion
    +nocomments +nostats +noauthority +noadditional
; (1 server found)
;; global options: +cmd
.  86400 IN RRSIG NSEC 8 0 86400 20101228000000 20101220230000
```

```
                40288 . RyoGB1dxxX...
    . 86400 IN  RRSIG DNSKEY 8 0 86400 20110105235959 20101221000000
                 19036 . f8bzNvPmHR...
    ...
```

DNSKEY 레코드를 담당하는 RRSIG는 키 태그 19036을 사용하는데 이 값은 루트 영역
의 DNSKEY PR에 포함된 KSK와 일치한다. 루트는 다른 RRSIG 레코드(SOA 및 NS 레
코드)들도 포함하지만, 우리는 DNSKEY 및 NSEC RR에 대한 RRSIG에 더 관심이 있다.
DNSKEY RR이 존재하는지 다시 한 번 확인하기 위해 루트의 NSEC RR을 다음과 같
이 검사할 수 있다.

```
Linux% dig @a.root-servers.net. . nsec +noquestion +nocomments \
+nostats +noauthority +noadditional
; <<>> DiG 9.7.2-P3 <<>> @a.root-servers.net. . nsec +noquestion
    +nocomments +nostats +noauthority +noadditional
; (1 서버 발견)
;; 전역 옵션: +cmd
.            86400 IN    NSEC ac. NS SOA RRSIG NSEC DNSKEY
```

루트 영역이 RRset 유형 NS, SOA, RRSIG, NSEC, DNSKEY를 포함하고 있음을 공식
적으로 볼 수 있다. 따라서 지금까지 상황은 매우 좋다(ac. 이 루트 영역의 표준 정렬에서 첫
번째 TLD임에 주목하자). 다음으로 루트에서 .org까지의 위임에 대한 서명을 확인해야 한
다. 이 작업은 다음과 같이 수행할 수 있다.

```
Linux% dig @a.root-servers.net. org. rrsig +noquestion +nocomments \
+nostats +noadditional +dnssec
; <<>> DiG 9.7.2-P3 <<>> @a.root-servers.net. org. rrsig +noquestion
    +nocomments +nostats +noadditional +dnssec
; (1 서버 발견)
;; 전역 옵션: +cmd
org. 172800        IN    NS    d0.org.afilias-nst.org.
org. 172800        IN    NS    b2.org.afilias-nst.org.
org. 172800        IN    NS    a0.org.afilias-nst.info.
org. 172800        IN    NS    b0.org.afilias-nst.org.
org. 172800        IN    NS    a2.org.afilias-nst.info.
org. 172800        IN    NS    c0.org.afilias-nst.info.
org. 86400         IN    DS    21366 7 2 96EEB2FFD9 ...
org. 86400         IN    DS    21366 7 1 E6C1716CFB ...
```

```
org. 86400 IN        RRSIG DS 8 1 86400 20101228000000 20101220230000
                     40288 . jpcJOGclvvlnx9Kvz5 ...
```

DS RRset 및 이와 관련있는 RRSIG가 존재한다는 것은 DNSSEC 보안 위임이 있음을 시사한다. RRSIG RR은 키 태그 40288을 포함하고 있는데, 이것은 앞서 루트 영역에 대해 봤던 세 번째 DNSKEY RR을 가리킨다. NS 레코드는 질의의 다음 단계에서 사용될 다음 서버들의 이름을 알려준다. 루트에 대해 수행했던 질의를 반복할 수 있지만, 이번에는 org를 사용한다. 루트 내의 org.에 대한 NS RR에 지정된 서버들 중 하나에서 이러한 질의를 지시하자.

```
Linux% dig @d0.org.afilias-nst.org. org. dnskey +dnssec +nostats \
+noquestion +multiline
; <<>> DiG 9.7.2-P3 <<>> @d0.org.afilias-nst.org. org. dnskey +dnssec
        +nostats +noquestion +multiline
; (1 server found)
;; global options: +cmd
;; 대답 수신:
;; ->>HEADER<<- opcode: QUERY, status: NOERROR, id: 8061
;; flags: qr aa rd; QUERY: 1, ANSWER: 6, AUTHORITY: 0, ADDITIONAL: 1
;; 경고: 재귀 요청이 있었으나 불가능

;; OPT PSEUDOSECTION:
; EDNS: version: 0, flags: do; udp: 4096
;; ANSWER SECTION:
org. 900 IN  DNSKEY   256 3 7 ( AwEAAZTErUF ... ) ; key id = 1743
org. 900 IN  DNSKEY   256 3 7 ( AwEAAazTpnm ... ) ; key id = 43172
org. 900 IN  DNSKEY   257 3 7 ( AwEAAYpYfj3 ... ) ; key id = 21366
org. 900 IN  DNSKEY   257 3 7 ( AwEAAZTjbIO ... ) ; key id = 9795
org. 900 IN  RRSIG DNSKEY 7 1 900 20101231154644
                     20101217144644 21366 org.
                     aIZgEsoJO+Q8ZXM ...
org. 900 IN  RRSIG DNSKEY 7 1 900 20101231154644
             20101217144644 43172 org. MWWosWBdEmM8CiM ...
```

여기서 우리는 4개의 DNSKEY RR이 존재하며, 그중 2개는 KSK(값 257)이고 2개는 ZSK(값 256)임을 볼 수 있다. 세 번째 것(21366)은 루트 영역 내의 DS RR에 해당한다. RRSIG RR은 이 키와 함께 ID 43172의 ZSK를 사용한다. 이들의 존재가 정당한지 확인하기 위해 org.에 대해 존재하는 NSEC 또는 NSEC3 레코드를 다음과 같이 검색할 수 있다.

```
Linux% dig @d0.org.afilias-nst.org. org. nsec +dnssec +nostats \
+noquestion
; <<>> DiG 9.7.2-P3 <<>> @d0.org.afilias-nst.org. nsec org. +dnssec
     +nostats +noquestion
; (1 server found)
;; global options: +cmd
;; 대답 수신:
;; ->>HEADER<<- opcode: QUERY, status: NOERROR, id: 61632
;; flags: qr aa rd; QUERY: 1, ANSWER: 0, AUTHORITY: 4, ADDITIONAL: 1
;; 경고: 재귀 요청이 있었으나 불가능

;; OPT 유사 섹션:
; EDNS: version: 0, flags: do; udp: 4096
;; 권한 섹션:
h9p7u7tr2u91d0v0ljs9l1gidnp90u3h.org. 86400 IN NSEC3 1 1 1
                                      D399EAAB
                                      H9RSFB7FPF2L8HG35CMPC765TDK23RP6
                                      NS SOA RRSIG DNSKEY NSEC3PARAM
h9p7u7tr2u91d0v0ljs9l1gidnp90u3h.org. 86400 IN RRSIG NSEC3 7 2
                                      86400 20110105003654
                                      20101221233654
                                      43172 org. eBtna4fok ...
```

여기서 우리는 소유자 이름이 org.의 해시 버전과 동일한 NSEC3 레코드를 볼 수 있다. 이것은 NS 및 NSEC3PARAM 레코드뿐만 아니라 DNSKEY와 RRSIG 레코드의 존재도 나타낸다. 이 마지막 유형 다음에 우리는 NSEC3 정보를 확인할 수 있다.

```
Linux% ./dig @a0.org.afilias-nst.info. org. nsec3param +dnssec \
+nostats +noadditional +noauthority +noquestion
; <<>> DiG 9.7.2-P3 <<>> @a0.org.afilias-nst.info. org. nsec3param
     +dnssec +nostats +noadditional +noauthority +noquestion
; (1 server found)
;; global options: +cmd
;; 대답 수신:
;; ->>HEADER<<- opcode: QUERY, status: NOERROR, id: 38602
;; flags: qr aa rd; QUERY: 1, ANSWER: 2, AUTHORITY: 7, ADDITIONAL: 13
;; 경고: 재귀 요청이 있었으나 불가능

;; OPT PSEUDOSECTION:
```

```
; EDNS: version: 0, flags: do; udp: 4096
;; 대답 섹션:


org.        900     IN      NSEC3PARAM 1 0 1 D399EAAB
org.        900     IN      RRSIG NSEC3PARAM 7 1 900 20101231154644
                            20101217144644 43172 org. fS2kFw53e1Y ...
```

이 NSEC3PARAM RR이 NSEC3 RR과 일치하는 것을 볼 수 있다. 이것은 D399EAAB 값
(서명)이 일치하기 때문이다. 또 RRSIG RR 내의 서명은 ID 43172인 DNSKEY와 관련된
개인 키에서 온 것임을 알 수 있다. 모든 서명이 일치하면 유효한 신뢰 체인이다. 신뢰 체
인을 완료하려면 우리는 icann.org에 대한 정보가 필요하다.

```
Linux% dig @a0.org.afilias-nst.info. icann.org. any +dnssec +nostats \
+noadditional
; <<>> DiG 9.7.2-P3 <<>> @a0.org.afilias-nst.info. icann.org. any
      +dnssec +nostats +noadditional
; (1 server found)
;; global options: +cmd
;; 대답 수신:
;; ->>HEADER<<- opcode: QUERY, status: NOERROR, id: 61234
;; flags: qr rd; QUERY: 1, ANSWER: 0, AUTHORITY: 8, ADDITIONAL: 3
;; 경고: 재귀 요청이 있었으나 불가능

;; OPT 유사 섹션:
; EDNS: version: 0, flags:; udp: 4096
;; 질문 섹션:
;icann.org.                  IN          ANY

;; 권한 섹션:
icann.org.          86400  IN    NS     a.iana-servers.net.
icann.org.          86400  IN    NS     b.iana-servers.org.
icann.org.          86400  IN    NS     c.iana-servers.net.
icann.org.          86400  IN    NS     d.iana-servers.net.
icann.org.          86400  IN    NS     ns.icann.org.
icann.org.          86400  IN    DS     41643 7 1 93358DB ...
icann.org.          86400  IN    DS     41643 7 2 B8AB67D ...
icann.org.          86400  IN    RRSIG DS 7 2 86400 20101231154644
                                        20101217144644 43172 org. cZ1Z30w// ...
```

icann.org.에 대해서 org.로부터 서명이 위임됐음을 나타내는 DS RR을 볼 수 있다. DS

RRset에 대한 RRSIG는 ID 43172인 ZSK를 기반으로 서명된다. NS 레코드 내의 서버 중 하나를 사용해서 최종 서버를 살펴볼 수 있다.

```
Linux% dig @a.iana-servers.net. icann.org. dnskey +dnssec +nostats \
+noquestion +multiline
; <<>> DiG 9.7.2-P3 <<>> @a.iana-servers.net. icann.org. dnskey +dnssec
        +nostats +noquestion +multiline
; (1 server found)
;; global options: +cmd
;; 대답 수신:
;; ->>HEADER<<- opcode: QUERY, status: NOERROR, id: 22065
;; flags: qr aa rd; QUERY: 1, ANSWER: 5, AUTHORITY: 0, ADDITIONAL: 1
;; 경고: 재귀 요청이 있었으나 불가능

;; OPT 유사 섹션:
; EDNS: version: 0, flags:; udp: 4096
;; 대답 섹션:
icann.org. 3600 IN DNSKEY 256 3 7 ( AwEAAbDmrVc ... ) ; key id = 41295
icann.org. 3600 IN DNSKEY 256 3 7 ( AwEAAbgrYZd ... ) ; key id = 55469
icann.org. 3600 IN DNSKEY 257 3 7 ( AwEAAZuSdr4 ... ) ; key id = 7455
icann.org. 3600 IN DNSKEY 257 3 7 ( AwEAAcyguBH ... ) ; key id = 41643
icann.org. 3600 IN RRSIG DNSKEY 7 2 3600 20101229153632
                     20101222042536 41643 icann.org.
                     UxR/5vyOIS ...
```

여기서 4개의 DNSKEY RR이 존재함을 알 수 있다. 2개는 KSK이고 2개는 ZSK이다. 4번째 것(41643)은 org. 영역에 위치한 DS RR에 해당한다. RRSIG RR은 이 키를 사용한다. 우리의 최종 쿼리에 대한 대답을 찾기 위해 A 레코드를 요청하자.

```
Linux% dig @a.iana-servers.net. www.icann.org. a +dnssec +nostats \
+noquestion +noauthority +noadditional
; <<>> DiG 9.7.2-P3 <<>> @a.iana-servers.net. www.icann.org. a +dnssec
        +nostats +noquestion +noauthority +noadditional
; (1 server found)
;; global options: +cmd
;; 대답 수신:
;; ->>HEADER<<- opcode: QUERY, status: NOERROR, id: 56258
;; flags: qr aa rd; QUERY: 1, ANSWER: 2, AUTHORITY: 6, ADDITIONAL: 3
;; 경고: 재귀 요청이 있었으나 불가능

;; OPT 유사 섹션:
```

```
; EDNS: version: 0, flags:; udp: 4096
;; 대답 섹션:
www.icann.org.          600    IN      A 192.0.32.7
www.icann.org.          600    IN      RRSIG A 7 3 600 20101229143630
                                        20101222042536 55469 icann.org.
                                        YRhlL/RA ...
```

마침내 우리는 www.icann.org의 A RR에 대한 추적의 마지막 단계에 도달했다. 이것은 키 ID 55469인 RRSIG RR에 의해 서명된 IP 주소 192.0.32.7을 포함하며, icann.org. 영역의 정점에서 봤던 네 번째 DNSKEY RR의 키다. 그래서 이 시점에서 모든 순서가 옳은 것처럼 보인다. 그러나 모든 서명 값이 실제로 올바르다는 것을 증명하지는 못했다. 이 검증을 수행하기 위해 다음 명령을 실행할 수 있다.

```
Linux% dig @a.root-servers.net. www.icann.org. a +sigchase +topdown \
+trusted-key=trusted-keys
```

이 명령은 dig 프로그램이 –DDIG_SIGCHAESE=1 옵션으로 컴파일됐고 trusted-keys 파일이 루트의 DNSKEY RRset을 포함하고 있으면 동작한다. 많은 내용들이 화면에 표시되고, 성공했음을 알리는 메시지를 마침내 확인할 수 있다. 유효성 검사를 할 수 있는 더 간단한 방법은 http://dnsviz.net과 같은 DNS/DNSSEC 검사 웹 사이트를 사용하는 것이다. 이러한 쿼리를 보냈을 때의 출력을 그림 18-43에서 볼 수 있다.

여기서 도메인 이름 www.icann.org에 대한 A 및 AAAA RR 유형에 대한 성공적인 검증을 확인할 수 있다. 각 사각형은 영역을 나타내며 영역 이름과 분석 시간을 포함한다. 각 영역 내에는 신뢰 체인의 요소를 나타내는 타원이 있는데, DNSKEY 또는 DSR이다. 점선 타원은 키가 우리의 관심 대상인 서명에 사용되지 않음을 나타낸다. 타원 사이의 화살표는 RRSIG 또는 DS 다이제스트를 나타낸다. 두 가지 유형의 알고리즘이 제시되는데, 루트 영역에서 "alg=8"은 RSA/SHA-256[RFC5702] 서명이 사용 중임을 나타낸다. 다른 영역에서 "alg=7"은 NSEC3 레코드를 사용할 수 있는 RSA/SHA-1을 나타낸다[RFC5155]. 루트 영역 내의 DS RR의 경우 "digest algs=1,2"는 SHA-1[RFC4034]과 SHA-256[RFC4509]이 지원됨을 나타낸다.

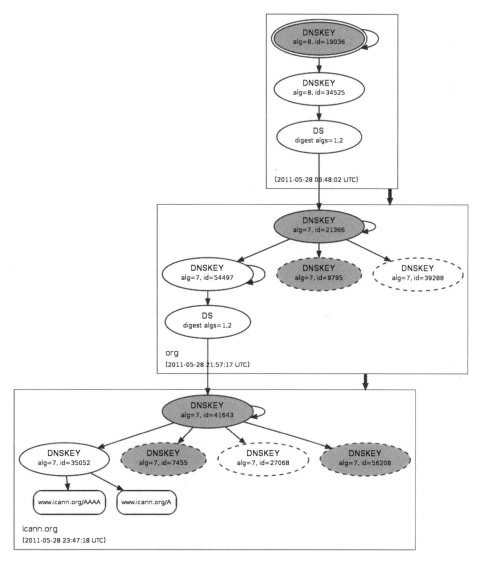

**그림 18-43** DNSSEC 신뢰 체인의 시각화. 사각형은 영역을 나타낸다. 타원은 체인 노드를 나타내고, 회색 타원은 SEP 비트가 설정된 것이다. 화살표는 유효 RRSIG 레코드 혹은 DS 다이제스트를 나타낸다. 이중 타원은 신뢰 앵커를 가리킨다.

## 18.10.3 트랜잭션 인증(TSIG, TKEY, SIG(0))

영역 전송이나 동적 갱신과 같은 DNS의 일부 트랜잭션은 잘못 사용될 경우 DNS 구조나 내용을 손상시킬 수 있다. 따라서 어떤 형태로든 인증을 필요로 한다. 통상적인 DNS

변환 시에도 변환자가 검증된 DNS 변환에 의존할 것으로 예상하는 경우 인증을 필요로 하지만, 전체 DNSSEC 처리를 구현하지는 않는다. 트랜잭션 인증을 사용함으로써 변환자와 서버 간(또는 서버들 간)의 교환이 보호된다. 그러나 트랜잭션 보안은 DNSSEC와 마찬가지로 DNS의 내용을 직접 보호하지는 않는다는 점에 주의하자. 따라서 DNSSEC와 트랜잭션 인증은 상호 보완적이며 함께 배포될 수 있다. DNSSEC는 데이터 원본 인증과 영역 데이터의 무결성을 제공하는 반면, 트랜잭션 인증은 교환되는 내용의 정확성은 검증하지 않고 클라이언트와 서버 간의 트랜잭션에 대한 무결성 및 인증을 제공한다.

DNS 트랜잭션을 인증하는 두 가지 기본 방법은 TSIG와 SIG(0)이다. TSIG는 공유 키를 사용하고 SIG(0)는 공개/개인 키 쌍을 사용한다. 배포 시의 부담을 완화하기 위해 TKEY RR 유형을 사용해서 TSIG 또는 SIG(0)에 대한 키를 (공개 DH 값을 통해서) 형성할 수 있다. 둘 중에서 더 널리 쓰이는 트랜잭션 보안 메커니즘인 TSIG를 먼저 알아보자.

### 18.10.3.1 TSIG

TSIG[RFC2845]는 공유 비밀 키 기반의 서명을 사용해 DNS 교환에 트랜잭션 인증을 추가한다. TSIG는 필요시 마다 계산되는 TSIG 유사pseudo RR을 사용하며 하나의 트랜잭션을 보호하는 데만 사용된다. TSIG 유사 RR의 RDATA 부분의 형식은 그림 18-44와 같다.

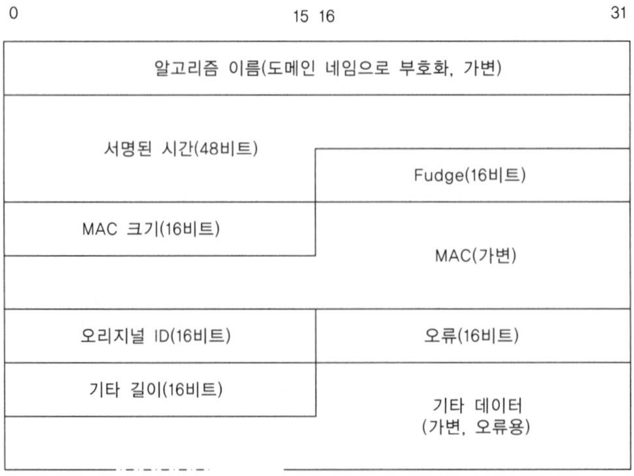

**그림 18-44** TSIG 의사 RR RDATA 영역은 서명 알고리즘 ID, 서명 시간, 시간 퍼지 요인과 MAC를 가진다. 원래 MD5 기반 서명이 사용됐지만 지금은 SHA-1과 SHA-2 기반 서명이 표준화됐다. TSIG 피어들은 Fudge 필드에 지정된 초 이내에 시간 동기화가 돼야만 한다. TSIG RR은 DNS 메시지의 추가 데이터 섹션에 포함돼 운반된다.

이 그림은 TSIG 유사 RR의 형식을 보여주고 있다. 이 RR은 DNS 요청 또는 응답의 추가 데이터 섹션 내에 포함돼 보내진다. [RFC2845]에 명세된 원래의 MAC 알고리즘은 HMAC-MD5에 기반을 뒀지만, 새로운 GSS-API(커버로스$^{Kerberos}$) [RFC3645]와 SHA-1 및 SHA-256 기반 알고리즘들은 [RFC4635]에 명세됐으며, 현재 목록은 [TIGALG]에서 볼 수 있다. 알고리즘 이름은 원래 도메인 이름에 포함될 계획이었지만(예: HMAC-MD5. SIG-ALG.REGINT) 현재 대부분은 서술형 문자열(예: hmac-sha1, hmac-sha256)을 사용하고 있다. 48비트의 서명된 시간$^{Signed\ Time}$ 필드는 유닉스 시간 형식이며(1970년 1월 1일 이후의 초), 메시지 내용이 서명된 시간을 나타낸다. 이 필드는 재생 공격을 탐지하고 방지할 수 있도록 설계됐다. 여기서 절대 시간을 사용하기 때문에 TSIG를 사용하는 상대방은 Fudge 필드가 지정하는 시간(초) 내의 시간으로 합의해야 한다. MAC 크기$^{Size}$ 필드는 MAC 필드에 MAC를 포함하는 데 필요한 바이트 수를 나타내며, MAC 알고리즘에 따라 값이 달라진다. 기타 길이$^{Other\ Length}$ 필드는 오류 메시지 운반 시에만 사용되는 기타 데이터$^{Other\ Data}$ 필드의 크기를 바이트 단위로 나타낸다.

TSIG가 실제 동작하는 모습을 보기 위해 dynzone.이라는 영역을 구성하고 서명된 동적 갱신을 수행해 보자. BIND9과 함께 제공되는 nsupdate 프로그램을 사용해 갱신을 수행하기로 한다.

```
Linux% nsupdate
> zone dynzone.
> server 127.0.0.1
> key tsigkey.dynzone. 1234567890abcdef
> update delete two.dynzone.
> send
```

이 명령들은 TSIG를 사용해 서명된 DNS 갱신 메시지를 형성한다. 이 메시지는 send 명령이 실행되면 서버로 보내진다. 이 요청은 그림 18-45에 나와 있다.

이 그림에서 동적 DNS 갱신 요청은 HMAC-MD5 서명 알고리즘을 사용해서 서명됐다. 서명 키의 이름은 tsigkey.dynzone.이다. 이 요청은 two.dynzone. 항목을 제거해서 zone dynzone.을 갱신하는 것이다. 서명 알고리즘의 이름은 HMAC-MD5.SIG-ALG.REG. INT이다. 이 소프트웨어 패키지는 오로지 이 서명 알고리즘만 지원한다. 원본$^{Original}$ ID 필드(10진수 15746)는 트랜잭션$^{Transactionm}$ ID 필드의 값(0x3d82)과 일치한다. 응답 메시지는 그림 18-46과 같이 갱신이 성공했음을 확인한다.

그림 18-46은 DNS 동적 갱신 요청에 대한 성공적인 응답이 TSIG를 사용해 서명된 것을 보여준다. 플래그Flags 필드는 동적 갱신 응답에 오류가 없음을 나타낸다. 이번에도 마찬가지로 TSIG 유사 RR은 추가 정보 섹션에 포함된다.

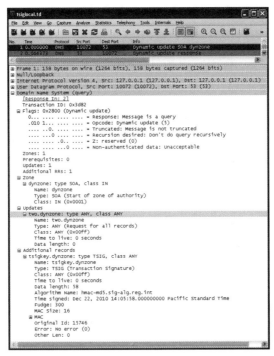

**그림 18-45** TSIG를 사용해 서명된 DNS 동적 갱신. 요청은 two.dynzone, 삭제 요청이며 tsigkey.dynzone이라는 이름의 키를 사용해 서명된다. 서명 알고리즘은 128비트 서명을 생성하는 HMAC-MD5다.

## 18.10.3.2 SIG(0)

DNSSEC의 초기 버전들은 앞서 설명한 RRSIG RR에 대응하는 SIG 자원 레코드를 포함했다. 그러나 SIG(0) [RFC2931]이라는 이름의 SIG RR은 DNS의 정적 레코드를 포함하지 않고 대신에 트랜잭션용으로 동적으로 생성된다. SIG(0)의 0은 서명이 포괄하는 RR 내부 데이터 길이를 의미한다. 따라서 원칙적으로 TSIG RR 대신에 SIG(0) 레코드를 사용해도 같은 결과를 얻을 수 있다. 그러나 구현 방법은 서로 다르다. 가장 중요한 차이점은 SIG(0)가 공유 키가 아니라 공개 키에 자신의 신뢰 기반을 저장한다는 점이다. SIG(0)는 TSIG에 밀려서 인기가 시들해지고 있기 때문에 더 이상 논의하지 않기로 한다.

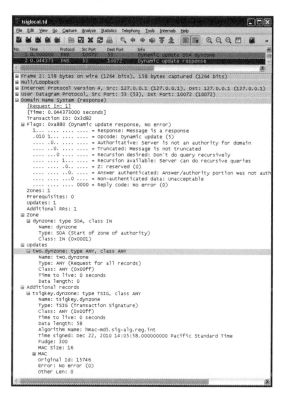

**그림 18-46** TSIG를 사용하는 DNS 동적 업데이트 응답이다. RRset two.dynzone은 동적 업데이트를 이용해 성공적으로 제거된다.

### 18.10.3.3 TKEY

TKEY 메타<sup>meta</sup> RR 유형은 TSIG나 SIG(0) 등의 DNS 트랜잭션 보안 배포를 단순화하기 위한 것이다[RFC2930]. 이를 위해 TKEY RR은 동적으로 생성되고 DNS 요청 및 응답 메시지의 추가 정보 섹션에 포함돼 보내진다. DH 공개 키 등의 키를 형성하는 데 사용되는 키 또는 자료를 포함할 수 있다. 로컬 배포에 유용할 수도 있지만 널리 사용되지는 않는다.

### 18.10.4 DNS64를 지닌 DNSSEC

11장에서 우리는 IPv6 DNS 요청을 IPv4 DNS 요청으로 변환하고 IPv4 DNS에서 발견된 A 레코드를 기반으로 AAAA 레코드를 합성할 수 있는 DNS64에 대해 설명했다. DNS64는 IPv6 전용 호스트가 IPv4 서버 및 서비스에 접근할 수 있도록 한다. DNS64는 AAAA 레코드를 합성하는데, DNSSEC의 경우 DNS RR은 서명 기관(일반적으로 도메인 이름 소유자 또는 영역 관리자)에 의해 서명돼야 하는 것이 문제가 된다. DNSSEC와 호환 되는 서명을 생성하는 키가 없을 경우 DNS64는 어떻게 RR을 합성할 수 있는가? 이 질문에 대한 대답은 합성하지 않는다는 것이다([RFC6147]의 5.5와 6.2절 참조).

DNS64가 DNSSEC와 함께 동작하려면 스텁 변환자와 재귀 네임 서버 역할을 하는 DNS64 간에 보안 채널이 존재한다는 가정 하에서 호스트(DNS64가 구현된) 내에서 또는 DNS64 장치에 의해서 검증 기능이 수행돼야 한다. 검증을 수행하는 DNS64를 가리켜 vDNS64라고 한다. vDNS64는 수신된 쿼리 내의 CD와 DO 비트를 해석한다. 둘 다 설정되지 않았다면 vDNS64는 합성 및 검증을 수행하지만 응답 메시지 내의 AD 비트를 설정하지 않는다. DO 비트가 설정돼 있고 CD 비트는 설정돼 있지 않은 경우에 vDNS64는 검증과 합성을 수행하고 AD 비트가 설정된 검증된 응답 메시지를 반환한다(클라이언트는 반환된 RR가 진짜임을 의미한다고 해석함). DNS64가 먼저 IPv4 측에서 AAAA 레코드를 요청하고 A 레코드를 합성하는 것은 소유자가 동일한 AAAA 레코드가 존재하지 않을 때만이라는 점에 유의하자. DO 비트와 CD 비트가 모두 설정된 경우 DNS64는 검증은 수행할 수 있지만 합성은 하지 않는다. 이 경우는 클라이언트가 검증을 수행할 것으로 추정된다. 이것은 문제가 될 수 있는데, 클라이언트가 보안은 인식하지만 변환은 인식하지 못한다면, 반환된 RR을 IPv6 주소 영역에서 사용할 수 없을 것이기 때문이다.

# 18.11 DomainKeys Identified Mail(DKIM)

DKIM<sup>Domainkeys Identified Mail[RFC5585]</sup>은 개체와 도메인 이름 간의 연관 관계를 제공하기 위한 것으로서 주로 이메일에서 메시지를 보낸 당사자를 확인하는 데 사용된다. 메시지 서명자(발신자와 꼭 일치하는 것은 아님)를 인증하는 방법을 제공하며, 이메일 배포 수준에서(즉, 메일 에이전트들 간에) 스팸 메일을 예방하는 데 도움이 된다. 기본 인터넷 메시지 형식 DKIM 서명<sup>Signture</sup> 필드를 추가하는 방법을 사용한다<sup>[RFC5322]</sup>. 이 필드에는 메시지 헤더와 본문의 디지털 서명이 들어있다. DKIM은 이전 표준이었던 Domainkeys를 대체한다.

## 18.11.1 DKIM 서명

메시지에 대한 디지털 서명을 생성하기 위해 SDID^Signing Domain Identifier는 RSA/SHA-1 또는 RSA/SHA-256과 개인 키를 사용한다. SDID는 DNS의 도메인 이름이며, TXT RR로서 저장된 공개 키를 검색하는 데 사용된다. DKIM 서명은 Base64를 사용해 메시지 헤더 내의 필드로 인코딩되는데, 명시적으로 나열된 메시지 필드들과 메시지 본문을 서명한다. 예를 들어, 메일 전송 에이전트는 이메일을 수신할 때 SDID를 사용해서 DNS 쿼리를 수행해 공개 키를 찾은 다음 이 키를 사용해서 서명을 검증한다. 이렇게 하면 PKI가 필요하지 않다. 소유 도메인 이름은 선택자^selector(공개 키 선택자)와 함께 도메인으로부터 만들어진다. 예를 들어 도메인 example.com 내의 선택자 key35에 대한 공개 키는 key 35._domainkey.example.com 소유의 TXT RR일 것이다.

DKIM 서명^Signature 필드[RFC6376]는 메시지 헤더에 추가되며 다수의 하위필드를 가질 수 있다(전체 목록은 [DKPARAMS] 참조). DKIM의 작동은 개념적으로 DNS의 SPF^Sender Policy Framework, 11장 참조와 비슷하지만, 암호화 디지털 서명 때문에 더 강력하다. DKIM과 SPF를 함께 사용할 수 있다.

DKIM을 사용하는 도메인은 ADSP^Author Domain Signing Practices[RFC5617] 참여를 선택할 수 있다. ADSP는 도메인에 대해 기계가 읽을 수 있는 서명 프랙티스 문^signing practices statement을 만든다. 이 레코드들은 소유자 이름이 _adsp._domainkey.domain.인 TXT RR을 사용해 DNS 내에 배치된다. 현재 ADSP 레코드는 단순하며 작성 도메인이 DKIM 서명을 사용하는 방법만 나타낸다. 가능한 값은 unknown, all, discardable이다. 이 값들은 수신 에이전트가 메시지를 수신했을 때 무엇을 해야 할지에 대한 힌트다. unknown 값은 문장이 없음을 의미하고, all은 작성자가 모든 메시지에 서명하지만 서명되지 않은 메시지는 여전히 가치가 있음을 의미하며, discardable은 서명되지 않은 메시지는 삭제 대상으로 간주해야 함을 의미한다. discardable이 가장 엄격한 수준이다.

## 18.11.2 예제

이메일에서 DKIM 서명이 어떻게 나타나는지 이해하기 위해서 구글의 지메일 같은 대형 이메일 공급자에서 작성된 이메일 메시지로부터 DKIM-서명 필드를 아래와 같이 쉽게 추출할 수 있다.

```
DKIM-Signature: v=1; a=rsa-sha256; c=relaxed/relaxed;
    d=gmail.com; s=gamma;
    h=domainkey-signature:mime-version:received:
      sender:received:date
      :x-google-sender-auth:message-id:subject:from:to:content-type;
    bh=PU2XIErWsXvhvt1W96ntPWZ2VImjVZ3vBY2T/A+wA3A=;
    b=WneQe6kpeu/BfMfa2RSlAl1TvYKfIKmoQRXNc
      IQJDIVoE38+fGDaj0uhNm8vXp/8kJ
      I8HqtkV4/P6/QVPMN+/5bS5dsnlhz0S/YoP
      bZx0Lt2bD67G4HPsvm6eLsaIC9rQECUSL
      MdaTBK3BgFhYo3nenq3+8GxTe9I+zBcqWAVPU=
```

RSA를 사용해 서명된 SHA-256의 버전 1 시그니처 및 다이제스트 알고리즘을 보여주고 있다. 헤더와 본문의 표준화 알고리즘canonicalization algorithm은 c= 필드에 표시된 것처럼 둘 다 '완화돼relaxed'있다. 표준화 알고리즘은 일관된 형식으로 메시지를 재작성하는데 사용된다. 가능한 선택지는 텍스트를 변경하지 않는 '단순simple'(기본값)과 공백문자를 변경하고 긴 헤더 줄을 줄바꿈하는 등의 일반적인 방법으로 입력을 재작성하는 '완화relaxed'이다. 선택자(s=)는 감마gamma며 도메인(d=)은 gmail.com이다. 이 값들은 나중에 공개 키를 조회하는 데 사용될 것이다. 서명 계산에 사용되는 헤더 필드(h=)에는 domainkey-signature(DKIM 이전에 사용되던 방식), MIME의 버전, received, 발신자 날짜, x-google-sender-auth, message-id, subject, from, content-type이 포함돼 있다. bh= 하위 필드는 메시지 본문에 대한 해시 값을 나타낸다. b= 값에는 h= 하위 필드에 나열된 헤더의 해시에 RSA 서명이 포함돼 있다.

서명을 검증하는 공개 키를 검색하려면 다음 쿼리를 작성할 수 있다.

```
Linux% dig gamma._domainkey.gmail.com. txt +nostats +noquestion
; <<>> DiG 9.7.2-P3 <<>> gamma._domainkey.gmail.com. txt
        +nostats +noquestion
;; global options: +cmd
;; 대답 섹션:
;; ->>HEADER<<- opcode: QUERY, status: NOERROR, id: 17372
;; flags: qr rd ra; QUERY: 1, ANSWER: 1, AUTHORITY: 0, ADDITIONAL: 0

;; 응답 부분:
gamma._domainkey.gmail.com. 296 IN TXT "k=rsa\; t=y\; p=MIGfMA0GCSqGSIb
3DQEBAQUAA4GNADCBiQKBgQDIhyR3oItOy22ZOaBrIVe9m/iME3RqOJeasANSpg2YTHTY+X
tp4xwf5gTjCmHQEMOs0qYu0FYiNQPQogJ2t0Mfx9zNu06rfRBDjiIU9tpx2T+NGlWZ8qhbi
```

```
Lo5By8apJavLyqTLavyPSrvsx0B3YzC63T4Age2CDqZYA+OwSMWQIDAQAB"
```

이 결과는 키가 RSA 공개 키임을 보여주고 있다. t=y는 도메인이 DKIM을 테스트하고 있음을 나타내며, 이는 DKIM 검증 결과가 궁극적으로 메시지 전달 프로세스에 영향을 미치지 않아야 함을 의미한다. ADSP의 예를 보려면 다음 명령을 실행하면 된다.

```
Linux% host -t txt _adsp._domainkey.paypal.com.
_adsp._domainkey.paypal.com descriptive text "dkim=discardable"
```

여기서 우리는 페이팔$^{PayPal}$이 가장 엄격한 DKIM 서명 정책을 사용하기로 선택했음을 알 수 있다. 이것은 DKIM 검증에 실패한 메시지는 폐기될 것임을 시사한다. 이메일 시스템과 메일 에이전트들의 메시지 재작성 방법이 다양하기 때문에 현재 ADSP 문장은 거의 사용되지 않는다.

## 18.12 보안 프로토콜에서의 공격

보안 프로토콜에 대한 공격은 지금까지 다른 장에서 살펴봤던 다른 프로토콜들에 대한 공격과는 약간 다르다. 다른 장에서 논의했던 공격들은 설계 혹은 구현상의 결함을 이용하면서 보안을 염두에 두지 않고 설계된 프로토콜을 위협했었다. 하지만 보안 프로토콜에 대한 공격들은 이런 형태뿐 아니라 보안의 수학적 기반을 뒤엎어 버리는 암호학적 공격도 있다. 문제있는 알고리즘, 너무 짧은 키, 혹은 여러 요소가 잘못된 조합에 대한 공격은 안전하던 시스템을 훨씬 취약하게 만들 수 있다(고전적이고 흥미로운 예를 VENONA 시스템의 암호 분석에서 볼 수 있다[VENONA]).

보안 프로토콜을 목표로 삼는 몇 가지 공격 유형을 이해하기 위해서 아래 계층부터 시작해서 위로 올라가보자. 802.11과 EAP에 대해 많은 공격이 있었다. 802.11의 초창기 보안(예를 들면 WEP와 WPA-TKIP)은 암호학적으로 쉽게 뚫린다고 밝혀졌고[TWP07][OM09], WPA2-AES는 훨씬 탄력적인 것으로 여겨지지만 사전 공유키(PSK)를 잘못 선택하면 딕셔너리 공격에 상당히 취약하다.

EAP는 자체적인 인증 방법을 갖고 있지 않지만, 사용하는 인증 방법의 취약성을 그대로 이어받을 수 있다. 사용자 패스워드로부터 유래한 키를 사용하는 EAP(EAP-GSS, EAP-

LEAP, EAP-SIM)는 딕셔너리 공격에 취약할 때가 많다. 802.1X/EAP는 터널링 인증 프로토콜을 이용하는 MITM 공격에 취약하다[ANN02]. 이 문제는 연결의 한쪽 당사자만 인증된 뒤에 세션 키를 얻는 것과 관련이 있다. 예를 들어 서버가 클라이언트를 인증하는데, 역방향으로 동작하는 다른 프로토콜이 내부에서 동작하는 세션 키로 보호되는 터널 형성의 기초로서 이 교환이 사용된다면 정당한 클라이언트로 가장하는 MITM 공격이 가능해진다.

IPSec에 대해 다수의 공격이 발표됐는데 그중에는 무결성 보호없는 암호화 사용의 빈틈을 노리는 공격들이 있다[PY06]. IPSec은 이것을 설정 가능한 옵션으로 지원하지만 사용을 권장하지 않는다. 본질적으로 비트 반전 공격bit flipping attack을 사용한 미탐지 암호문 변경은 암호화된 데이터그램이 예측 가능한 방법으로 훼손된 데이터그램으로 해독될 위험이 있다. 예를 들어 비트들이 반전된 터널 모드 ESP 데이터그램은 인위적으로 증가된 IHLInternet Header Length 필드를 갖는 데이터그램으로 해독될 수 있는데, 이 필드는 페이로드가 (유효하지 않은) IP 옵션으로 처리되게 만들고 결국 공격자가 이용할 수 있는 ICMP 메시지의 생성으로 이어진다.

전송 계층에서는 SSL 2.0이 암호 스위트 롤백 공격에 취약한 것으로 드러났다. 이 공격에서 MITM은 SSL 연결의 각 종단으로 하려금 상대방이 약한 암호화만 할 수 있다고 믿게 만든다. 그러면 안전하지 않은 암호 스위트를 채택하게 되므로 공격자가 이를 이용할수 있다. SSL/TLS에 대한 보다 정교한 공격은 수신자 측에서 복호화, 패딩 제거, MAC 검사의 순서로 동작하는 것을 이용한다. MAC 또는 패딩 길이가 정확하지 않으면 SSL 오류가 생성되는데, 이 오류 메시지의 타이밍을 관찰하면 OpenSSH로부터 평문을 복구하기 위한 패딩 오라클을 생성할 수 있다[CHVV03]. 패딩 오라클은 암호문 생성에 사용된 평문이 유효한 양의 패딩을 갖고 있는지 알려준다. 앞서 언급했듯이 TLS 1.2에 대한 최근의 공격은 임의 길이의 프리픽스가 TLS 연관에 삽입되는 MITM 공격을 포함하는데, 이것은 정당한 클라이언트가 도착할 때 재협상된다(하지만 지속된다). 이 문제의 해결책은 TLS 확장을 사용해서 예전의 채널 매개변수를 후속 채널 매개변수에 바인딩하는 것이다. 채널 바인딩과 보안에 관한 주제는 [RFC5056]에서 더 자세히 다룬다.

DNS 보안은 오랜 시간이 걸렸지만 그 중요성은 11장에서 설명했던 카민스키 캐시 포이즈닝 공격에 의해 강조됐다. 초기 문제점 중 하나는 NSEC 레코드 사용으로 인한 열거

enumeration 공격이었는데, NSEC3 레코드를 적절히 사용하면 해결할 수 있었다[BM09]. 2009년 말에 단 번스타인Dan Bernstein은 워크샵에서의 키노드 연설에서 DNSSEC 사용 시의 다양한 문제점을 언급했다[B09]. DoS 공격을 증폭시키는 기반으로서 사용될 수 있으며, NSEC3 레코드를 사용해도 영역 데이터를 누출하며, 구현 내에 버그가 존재하고, 서명이 취소될 수 있으며, 암호화가 암호 분석에 종속될 수 있고, 일부 NS와 A 레코드가 취약성을 가져온다는 것이었다. 이 글을 쓰는 현재 루트 영역은 최근에야 서명됐고 DNSSEC을 완벽히 채택한 조직은 거의 없다. 따라서 향후 몇 년간 많은 개선과 수정이 구현될 가능성이 높다.

## 18.13 정리

보안은 광범위하고 흥미로운 주제로서 이번 장에서 다룬 내용은 극히 일부분에 지나지 않는다. 통신 보안에서 요구되는 주요 특성에는 기밀성, 인증, 무결성, 부인 방지 등이 있다. 이러한 보안 특성을 달성하는 데 암호화는 가장 중요한 도구다. 암호화를 위해서는 알고리즘과 키가 사용되며, 크게 두 가지 형태가 있다. 첫 번째는 대칭적 혹은 '비밀 키' 암호화로서 계산 속도가 빠르지만 키가 반드시 비밀로 유지돼야 한다. 두 번째는 공개 키(비대칭) 암호화로서 통신 주체들은 키의 쌍을 갖고 있으며 그중 하나의 키는 공개된다. 공개 키 암호화는 인증과 기밀성을 지원하며, 더 나은 성능을 위해서 비밀 키 암호화와 함께 사용될 수 있다. 암호화에 수학이 깊이 활용되는 알고리즘으로 대칭 키 생성에 사용되는 디피-헬만 키 합의 알고리즘, 키를 구성하는 무작위 구성요소를 선택하기 위한 유사 난수 함수들, 그리고 메시지 무결성 검사에 사용되는 MAC 등이 있다. 무작위 임시값을 사용하는 프로토콜은 질의와 응답이 최근 생성된 공통값을 갖도록 요구함으로써 리플레이 공격을 방어하고자 한다. 솔트salt는 사전 공격dictionary attack을 막기 위해 알고리즘 혹은 알고리즘의 입력값을 교란시킨다.

공개 키 알고리즘을 사용할 때는 신뢰할 만한 개체 혹은 단체에서 서명 혹은 인증한 공개 키를 사용하는 것이 바람직하다. 하나 이상의 인증 기관을 포함하는 PKI가 이런 목적으로 사용된다. 하지만 신뢰의 웹web of trust 모형을 사용할 수도 있다. PKI 공개 키를 저장하는 가장 일반적인 형태는 ITU-T X.509 표준에 기초한다. 인증서들은 재귀적으로 서명돼 트리 구조를 형성하며, 최상위 루트 노드 혹은 신뢰 앵커에서 끝난다. 신뢰 체인이 유효함을 보장하려면, 인증서를 검증해서 신뢰 체인이 손상되지 않았고 체인의 각 요소들이 취소되지 않았음을 보장해야 한다. 인증서의 상태는 널리 배포된 CRL^Certificate Revoke List 혹은 OCSP 등의 온라인 프로토콜을 사용해서 평가할 수 있다. 인증서 검증 절차 전부를 SCVP를 사용해 다른 참여자에게 위임할 수도 있다. SCVP는 이 목적으로만 개발된 전용 프로토콜이다.

인증서와 키를 보관할 수 있는 파일 형식에는 다양한 종류가 있다. DER 또는 CER 형식은 ANS.1 기반의 이진 부호화이고, PEM 형식은 DER 부호화를 ASCII 형식으로 나타낸 것으로서 ASCII 형식이기 때문에 편집 및 조사하기 쉽다. PKCS#12(마이크로소프트의 PFX의 후계 형식)는 인증서와 개인 키를 모두 보관할 수 있으며, 통상적으로 개인 키 자료 보호를 위해 부호화된다. openssl 등의 다양한 프로그램들이 이러한 형식들을 상호 변환할 수 있다.

모든 프로토콜 계층에 보안 프로토콜이 있으며, 계층 사이에 위치하는 보안 프로토콜도 있다. 2계층 이상에서 동작하는 일부 링크 계층 기술은 자체적으로 암호화 및 인증 프로토콜을 포함하고 있지만, 이 프로토콜들은 TCP/IP 프로토콜로 간주되지는 않는다. TCP/IP에서는 기계 인증서, 사용자 인증서, 스마트 카드, 패스워드 등 다양한 메커니즘에서 인증을 확립하는 용도로 EAP가 사용된다. EAP는 백엔드 권한 부여 혹은 AAA 서버를 갖고 있는 대규모 조직에서 가장 많이 사용된다. 또 IPSec 등의 다른 프로토콜에서도 인증 용도로 사용될 수 있다.

IPSec는 3계층에서 보안을 제공하는 IKE, AH, ESP 등의 프로토콜들의 모음이다. IKE는 두 당사자 간에 보안 연관^security association을 확립 및 관리한다. 보안 연관은 인증^AH 또는 암호화^ESP를 포함할 수 있으며, 전송 모드 혹은 터널 모드에서 운영될 수 있다. 전송 모드에서는 인증 또는 암호화를 위해 IP 헤더가 수정되는 반면, 터널 모드에서는 IP 데이터그램 전체가 새로운 데이터그램 내로 들어간다. ESP는 가장 널리 쓰인다. 모든 IPSec 프로토콜들은 암호화, 무결성 보호, DH 키 합의, 인증용으로 서로 다른 알고리즘과 매개변수(암호화 스위트)를 사용할 수 있다.

전송 계층의 보안(현재 버전은 TLS 1.2)은 애플리케이션 간에 이동하는 정보를 보호한다. 내부적으로 계층적인 구조를 갖는데, 1개의 레코드 계층 프로토콜과 3개의 핸드셰이킹 프로토콜(암호 변경^Cipher Change 프로토콜, 경고^Alert 프로토콜, 핸드셰이크^Handshake 프로토콜)로 구성돼 있다. 추가로 레코드$^{Record}$ 프로토콜은 애플리케이션 데이터를 지원한다. 레코드 계층은 핸드셰이크 프로토콜이 제공하는 매개변수를 바탕으로 데이터의 암호화와 무결성 보호를 책임진다. 암호 변경 프로토콜은 이전에 설정된 프로토콜 상태에서 활성 프로토콜 상태로 바꾸기 위해 호출된다. 경고 프로토콜은 오류 혹은 연결 문제를 나타낸다. TCP/IP와 TLS 조합은 가장 널리 사용되는 보안 프로토콜로서 암호화된 웹브라우저 연결(HTTPS)을 지원한다. TLS의 변형인 DTLS는 UDP나 DCCP 등의 데이터그램 및 프로토콜에서 사용할 수 있도록 TLS를 조정한 것이다.

호스트 이름과 웹의 보안성을 높이기 위해 DNSSEC는 DNS을 위한 보안을 중점적으로 제공한다. 2010년 7월 15일 인터넷의 서명된 후트 영역이 운영되기 시작했으며, 덕분에 전세계적 배포를 위한 전제조건이 충족됐다. DNSSEC는 DNS에 몇 개의 새로운 자원 레코드를 추가한다. 이 레코드들은 DNSKEY, DS, NSEC/NSEC3/NSEC3PARAM, RRSIG로서, 처음 2개는 영역의 구조와 내용을 서명하는 데 사용되는 공개 키를 보관 및 참조한다. NSEC 또는 NSEC3/NSEC3PARAM은 표준적인 이름 순서 및 도메인 이름에 대한 유형 목록을 제공하는 역할을 한다. 이 레코드 덕분에, 도메인 이름이 존재하지 않음 혹은 특정 도메인 이름에 대해 특정 유형이 존재하는지의 여부를 DNS 질의가 신뢰성 있게 알아낼 수 있다. RRSIG 레코드는 다른 레코드들에 대한 서명을 보관하며, 어떤 영역에 서명이 되려면 그 영역 내의 모든 권한 RR들에 RRSIG RR이 연관돼 있어야 한다.

초기 설정이 되고 나면, DNS 질의의 보안은 신뢰 앵커를 요구하는 변환 서버 혹은 네임 서버에 의해 검사된다. 이 시스템들은 디지털 서명이 DNS가 제공하는 공개 키와 일치하는지 확인하는 검사를 수행한다. 따라서 레코드가 일관적이지 않을 때 오류가 발생하며, 외부 공격자가 정상적인 호스트인 것처럼 가장하는 도메인 이름 하이재킹 공격을 방어할 수 있다. 어떤 경우에는 DNS 트랜잭션도 보호된다. TSIG와 SIG(0) 프로토콜은 일종의 채널 인증을 제공한다. 다만 DNS 트랜잭션의 범위 내에서만 제공한다는 한계가 있다. 이 프로토콜들은 DNS 동적 갱신과 영역 전송 등의 트랜잭션을 위해서 사용된다.

보안 프로토콜에 대한 공격은 구현상의 버그와 설계 상의 안전하지 못한 속성을 파고드는 일반적 공격뿐 아니라 (키가 몇 비트인지와 같은) 비밀 정보를 발견하기 위해서 수학적 취약점을 공략하는 '측면' 공격도 포함한다. 시간이 흐름에 따라 통신 보안에 사용되는 암호화 수준에 유연성이 필요하다는 것이 분명해졌으며, 이에 따라 지금까지 논의된 대부분의 프로토콜들은 컴퓨팅 능력의 향상과 보안 경험의 습득과 함께 꾸준히 개선되는 암호화 기능 모음을 제공한다. 안전한 것으로 여겨졌던(심지어 전문가들의 철저한 조사를 받았던) 많은 보안 프로토콜이 집요하게 헛점을 찾는 분석가들의 먹잇감이 됐으며, 특히 MITM 등의 공격에 보안이 뚫리곤 했다. 새로운 보안 프로토콜을 설계하고 기존의 프로토콜을 안전하게 운영하기 위해서는 고도의 신중함이 요구된다.

# 18.14 참고 자료

- **[802.1X-2010]** "IEEE Standard for Port-Based Network Access Control," IEEE Std 802.1X-2010, Feb. 2010.

- **[AKNT04]** Y. Amir, Y. Kim, C. Nita-Rotaru, and G. Tsudik, "On the Performance of Group Key Agreement Protocols," ACM Transactions on Information and System Security, 7(3), Aug. 2004.

- **[ANN02]** N. Asokan, V. Niemi, and K. Nyberg, "Man-in-the-Middle in Tunneled Authentication Protocols (Extended Abstract)," Proc. 11th Security Protocols Workshop/LNCS 3364 (Springer, 2003).

- **[B06]** M. Bellare, "New Proofs for NMAC and HMAC: Security without Collision-Resistance" (preliminary version in CRYPTO 06), June 2006.

- **[B09]** D. Bernstein, "Breaking DNSSEC," keynote talk at Workshop on Offensive Technologies (WOOT), Aug. 2009.

- **[BCK96]** M. Bellare, R. Canetti, and H. Krawczyk, "Keying Hash Functions for Message Authentication" (abridged version in CRYPTO 96/LNCS 1109), June 1996.

- **[BM09]** J. Bau and J. Mitchell, "A Security Evaluation of DNSSEC with NSEC3," Network and Distributed System Security Symposium (NDSS), Feb. Mar. 2010.

- **[BOPSW09]** R. Biddle et al., "Browser Interfaces and Extended Validation SSL Certificates: An Empirical Study," Proc. ACM Cloud Security Workshop, Nov. 2009.

- **[CABF09]** CA/Browser Forum, "Guidelines for the Issuance and Management of Extended Validation Certificates (v1.2)," 2009, http://www.cabforum.org/ Guidelines_v1_2.pdf

- **[CHP]** National Institute of Standards and Technology, Cryptographic Hash Project, Computer Security Division-Computer Security Resource Center, http://csrc.nist. gov/groups/ST/hash

- **[CHVV03]** B. Canvel, A. Hiltgen, S. Vaudenay, and M. Vuagnoux, "Password Interception in a SSL/TLS Channel," CRYPTO 2003/LNCS 2729.

- **[DH76]** W. Diffie and M. Hellman, "New Directions in Cryptography," IEEE Transactions on Information Theory, IT-22, Nov. 1976.

- **[DKPARAMS]** http://www.iana.org/assignments/dkim-parameters

- **[DNSSECALG]** http://www.iana.org/assignments/dns-sec-alg-numbers

- **[DOW92]** W. Diffie, P. Oorschot, and M. Wiener, "Authentication and uthenticated Key Exchanges," Designs, Codes and Cryptography, 2, June 1992.

- **[DSRRTYPES]** http://www.iana.org/assignments/ds-rr-types

- **[FIPS186-3]** National Institute for Standards and Technology, "Digital Signature Standard (DSS)," FIPS PUB 186-3, June 2009.

- **[FIPS197]** National Institute for Standards and Technology, "Advanced Encryption Standard (AES)," FIPS PUB 197, Nov. 2001.

- **[FIPS198]** National Institute for Standards and Technology, "The Keyed-Hash Message Authentication Code (HMAC)," FIPS PUB 198, Mar. 2002.

- **[FIPS800-38B]** National Institute for Standards and Technology, "Recommendation for Block Cipher Modes of Operation: The CMAC Mode for Authentication," NIST Special Publication 800-38B, May 2005.

- **[GGM86]** O. Goldreich, S. Goldwasser, and S. Micali, "How to Construct Random Functions," Journal of the ACM, 33(4), Oct. 1986.

- **[IDDCIN]** S. Weiler and D. Blacka, "Clarifications and Implementation Notes for DNSSECbis," Internet draft-ietf-dnsext-dnssec-bis-updates, work in progress, July 2011.

- **[IDDS2]** B. Dickson, "DNSSEC Delegation Signature with Canonical Signer Name," Internet draft-dickson-dnsext-ds2 (expired), work in progress, Nov. 2010.

- **[IDDTLS]** E. Rescorla and N. Modadugu, "Datagram Transport Layer Security Version 1.2," Internet draft-ietf-tls-rfc4347-bis, work in progress, July 2011.

- **[IEAP]** http://www.iana.org/assignments/eap-numbers

- **[IK03]** T. Iwata and K. Kurosawa, "OMAC: One-Key CBC MAC," Proc. Fast Software Encryption, Mar. 2003.

- **[IKEPARAMS]** http://www.iana.org/assignments/ikev2-parameters

- **[IPANA]** http://www.iana.org/assignments/pana-parameters

- **[ITUOID]** http://www.itu.int/ITU-T/asn1

- **[IWESP]** http://www.iana.org/assignments/wesp-flags

- **[K87]** N. Koblitz, "Elliptic Curve Cryptosystems," Mathematics of Computation, 48, 1987.

- **[L01]** C. Landwehr, "Computer Security," Springer-Verlag Online, July 2001.

- **[M85]** V. Miller, "Uses of Elliptic Curves in Cryptography," Advances in Cryptology: CRYPTO '85, Lecture Notes in Computer Science, Volume 218 (Springer-Verlag, 1986).

- **[MSK09]** S. McClure, J. Scambray, and G. Kurtz, Hacking Exposed, Sixth Edition (McGraw-Hill, 2009).

- **[MW99]** U. Maurer and S. Wolf, "The Relationship between Breaking the Diffie- Hellman Protocol and Computing Discrete Logarithms," Siam Journal on Computing, 28(5), 1999.

- **[NAZ00]** Network Associates and P. Zimmermann, Introduction to Cryptography, Part of PGP 7.0 Documentation, available from http://www.pgpi.org/doc/guide/7.0/en

- **[NIST800-38B]** National Institute for Standards and Technology, "Recommendation for Block Cipher Modes of Operation: Galois/Counter Mode (GCM) and GMAC," NIST Special Publication 800-38D, Nov. 2005.

- **[NSEC3PARAMS]** http://www.iana.org/assignments/dnssec-nsec3-parameters

- **[OM09]** T. Ohigashi and M. Morii, "A Practical Message Falsification Attack on WPA," Joint Workshop on Information Security, Aug. 2009.

- **[PY06]** K. Paterson and A. Yau, "Cryptography in Theory and Practice: The Case of Encryption in IPsec," EUROCRYPT 2006/LNCS 4004.

- **[RD09]** M. Ray and S. Dispensa, "Renegotiating TLS," PhoneFactor Technical Report, Nov. 2009.

- **[RFC1321]** R. Rivest, "The MD5 Message-Digest Algorithm," Internet RFC 1321 (informational), Apr. 1992.

- **[RFC2104]** H. Krawczyk, M. Bellare, and R. Canetti, "HMAC: Keyed-Hashing for Message Authentication," Internet RFC 2104 (informational), Feb. 1997.

- **[RFC2403]** C. Madson and R. Glenn, "The Use of HMAC-MD5-96 within ESP and AH," Internet RFC 2403, Nov. 1998.

- **[RFC2404]** C. Madson and R. Glenn, "The Use of HMAC-SHA-1-96 within ESP and AH," Internet RFC 2404, Nov. 1998.

- **[RFC2409]** D. Harkins and D. Carrel, "The Internet Key Exchange (IKE)," Internet RFC 2409 (obsolete), Nov. 1998.

- **[RFC2410]** R. Glenn and S. Kent, "The NULL Encryption Algorithm and Its Use with IPsec," Internet RFC 2410, Nov. 1998.

- **[RFC2451]** R. Pereira and R. Adams, "The ESP CBC-Mode Cipher Algorithms," Internet RFC 2451, Nov. 1998.

- **[RFC2560]** M. Myers, R. Ankney, A. Malpani, S. Galperin, and C. Adams, "X.509 Internet Public Key Infrastructure Online Certificate Status Protocol-OCSP," Internet RFC 2560, June 1999.

- **[RFC2631]** E. Rescorla, "Diffie-Hellman Key Agreement Method," Internet RFC 2631, June 1999.

- **[RFC2671]** P. Vixie, "Extension Mechanisms for DNS (EDNS0)," Internet RFC 2671, Aug. 1999.

- **[RFC2845]** P. Vixie, O. Gudmundsson, D. Eastlake 3rd, and B. Wellington, "Secret Key Transaction Authentication for DNS (TSIG)," Internet RFC 2845, May 2000.

- **[RFC2865]** C. Rigney, S. Willens, A. Rubens, and W. Simpson, "Remote Authentication Dial In User Service (RADIUS)," Internet RFC 2865, June 2000.

- **[RFC2930]** D. Eastlake 3rd, "Secret Key Establishment for DNS (TKEY RR)," Internet RFC 2930, Sept. 2000.

- **[RFC2931]** D. Eastlake 3rd, "DNS Request and Transaction Signatures (SIG(0)s)," Internet RFC 2931, Sept. 2000.

- **[RFC3162]** B. Aboba, G. Zorn, and D. Mitton, "RADIUS and IPv6," Internet RFC 3162, Aug. 2001.

- **[RFC3173]** A. Shacham, B. Monsour, R. Pereira, and M. Thomas, "IP Payload Compression Protocol (IPComp)," Internet RFC 3173, Sept. 2001.

- **[RFC3193]** B. Patel, B. Aboba, W. Dixon, G. Zorn, and S. Booth, "Securing L2TP Using IPsec," Internet RFC 3193, Nov. 2001.

- **[RFC3225]** D. Conrad, "Indicating Resolver Support of DNSSEC," Internet RFC 3225, Dec. 2001.

- **[RFC3447]** J. Jonsson and B. Kaliski, "Public-Key Cryptography Standards (PKCS) #1: RSA Cryptography Specifications Version 2.1," Internet RFC 3447 (informational), Feb. 2003.

- **[RFC3526]** T. Kivinen and M. Kojo, "More Modular Exponential (MODP) Diffie- Hellman Groups for Internet Key Exchange (IKE)," Internet RFC 3526, May 2003.

- **[RFC3547]** M. Baugher, B. Weis, T. Hardjono, and H. Harney, "The Group Domain of Interpretation," Internet RFC 3547, July 2003.

- **[RFC3566]** S. Frankel and H. Herbert, "The AES-XCBC-MAC-96 Algorithm and Its Use with IPsec," Internet RFC 3566, Sept. 2003.

- **[RFC3588]** P. Calhoun, J. Loughney, E. Guttman, G. Zorn, and J. Arkko, "Diameter Base Protocol," Internet RFC 3588, Sept. 2003.

- **[RFC3602]** S. Frankel, R. Glenn, and S. Kelly, "The AES-CBC Cipher Algorithm and Its Use with IPsec," Internet RFC 3602, Sept. 2003.

- **[RFC3645]** S. Kwan, P. Garg, J. Gilroy, L. Esibov, J. Westhead, and R. Hall, "Generic Security Service Algorithm for Secret Key Transaction Authentication for DNS (GSS-TSIG)," Internet RFC 3645, Oct. 2003.

- **[RFC3686]** R. Housley, "Using Advanced Encryption Standard (AES) Counter Mode with IPsec Encapsulating Security Payload (ESP)," Internet RFC 3686, Jan. 2004.

- **[RFC3713]** M. Matsui, J. Nakajima, and S. Moriai, "A Description of the Camellia Encryption Algorithm," Internet RFC 3713 (informational), Apr. 2004.

- **[RFC3715]** B. Aboba and W. Dixon, "IPsec-Network Address Translation (NAT) Compatibility Requirements," Internet RFC 3715 (informational), Mar. 2001.

- **[RFC3740]** T. Hardjono and B. Weis, "The Multicast Group Security Architecture," Internet RFC 3740 (informational), Mar. 2004.

- [RFC3748] B. Aboba, L. Blunk, J. Vollbrecht, J. Carlson, and H. Levkowetz, ed., "Extensible Authentication Protocol (EAP)," June 2004.

- [RFC3749] S. Hollenbeck, "Transport Layer Security Protocol Compression Methods," Internet RFC 3749, May 2004.

- [RFC3947] T. Kivinen, B. Swander, A. Huttunen, and V. Volpe, "Negotiation of NAT-Traversal in the IKE," Internet RFC 3947, Jan. 2005.

- [RFC3948] A. Huttunen, B. Swander, V. Volpe, L. DiBurro, and M. Stenberg, "UDP Encapsulation of IPsec ESP Packets," Internet RFC 3948, Jan. 2005.

- [RFC4016] M. Parthasarathy, "Protocol for Carrying Authentication and Network Access (PANA) Threat Analysis and Security Requirements," Internet RFC 4016 (informational), Mar. 2005.

- [RFC4033] R. Arends, R. Austein, M. Larson, D. Massey, and S. Rose, "DNS Security Introduction and Requirements," Internet RFC 4033, Mar. 2005.

- [RFC4034] R. Arends, R. Austein, M. Larson, D. Massey, and S. Rose, "Resource Records for the DNS Security Extensions," Internet RFC 4034, Mar. 2005.

- [RFC4035] R. Arends, R. Austein, M. Larson, D. Massey, and S. Rose, "Protocol Modifications for the DNS Security Extensions," Internet RFC 4035, Mar. 2005.

- [RFC4058] A. Yegin, ed., Y. Ohba, R. Penno, G. Tsirtsis, and C. Wang, "Protocol for Carrying Authentication for Network Access (PANA) Requirements," Internet RFC 4058 (informational), May 2005.

- [RFC4086] D. Eastlake 3rd, J. Schiller, and S. Crocker, "Randomness Requirements for Security," Internet RFC 4086/BCP 0106, June 2005.

- [RFC4120] C. Neuman, T. Yu, S. Hartman, and K. Raeburn, "The Kerberos Network Authentication Service (V5)," Internet RFC 4120, July 2005.

- [RFC4251] T. Ylonen and C. Lonvick, ed., "The Secure Shell (SSH) Protocol Architecture," Internet RFC 4251, Jan. 2006. Internet RFC 4301, Dec. 2005.

- [RFC4302] S. Kent, "IP Authentication Header," Internet RFC 4302, Dec. 2005.

- [RFC4303] S. Kent, "IP Encapsulating Security Payload (ESP)," Internet RFC 4303, Dec. 2005.

- [RFC4307] J. Schiller, "Cryptographic Algorithms for Use in the Internet Key Exchange Version 2 (IKEv2)," Internet RFC 4307, Dec. 2005.

- [RFC4309] R. Housley, "Using Advanced Encryption Standard (AES) CCM Mode with IPsec Encapsulating Security Payload (ESP)," Internet RFC 4309, Dec. 2005.

- [RFC4346] T. Dierks and E. Rescorla, "The Transport Layer Security (TLS) Protocol Version 1.1," Internet RFC 4346 (obsolete), Apr. 2006.

1120

- **[RFC4347]** E. Rescorla and N. Modadugu, "Datagram Transport Layer Security," Internet RFC 4347, Apr. 2006.

- **[RFC4398]** S. Josefsson, "Storing Certificates in the Domain Name System (DNS)," Internet RFC 4398, Mar. 2006.

- **[RFC4431]** M. Andrews and S. Weiler, "The DNSSEC Lookaside Validation (DLV) DNS Resource Record," Internet RFC 4431 (informational), Feb. 2006.

- **[RFC4434]** P. Hoffman, "The AES-XCBC-PRF-128 Algorithm for the Internet Key Exchange Protocol (IKE)," Internet RFC 4434, Feb. 2006.

- **[RFC4492]** S. Blake-Wilson, N. Bolyard, V. Gupta, C. Hawk, and B. Moeller, "Elliptic Curve Cryptography (ECC) Cipher Suites for Transport Layer Security (TLS)," Internet RFC 4492 (informational), May 2006.

- **[RFC4493]** JH. Song, R. Poovendran, J. Lee, and T. Iwata, "The AES-CMAC Algorithm," Internet RFC 4493 (informational), June 2006.

- **[RFC4509]** W. Hardaker, "Use of SHA-256 in DNSSEC Delegation Signer (DS) Resource Records (RRs)," Internet RFC 4509, May 2006.

- **[RFC4535]** H. Harney, U. Meth, A. Colegrove, and G. Gross, "GSAKMP: Group Secure Association Key Management Protocol," Internet RFC 4535, June 2006.

- **[RFC4555]** P. Eronen, "IKEv2 Mobility and Multihoming Protocol (MOBIKE)," Internet RFC 4555, June 2006.

- **[RFC4615]** J. Song, R. Poovendran, J. Lee, and T. Iwata, "The Advanced Encryption Standard-Cipher-Based Message Authentication Code-Pseudo-Random Function-128 (AES-CMAC-PRF-128) Algorithm for the Internet Key Exchange Protocol (IKE)," Internet RFC 4615, Aug. 2006.

- **[RFC4635]** D. Eastlake 3rd, "HMAC SHA (Hashed Message Authentication Code, Secure Hash Algorithm) TSIG Algorithm Identifiers," Internet RFC 4635, Aug. 2006.

- **[RFC4681]** S. Santesson, A. Medvinsky, and J. Ball, "TLS User Mapping Extension," Internet RFC 4681, Oct. 2006.

- **[RFC4739]** P. Eronen and J. Korhonen, "Multiple Authentication Exchanges in the Internet Key Exchange (IKEv2) Protocol," Internet RFC 4739 (experimental), Nov. 2006.

- **[RFC4754]** D. Fu and J. Solinas, "IKE and IKEv2 Authentication Using the Elliptic Curve Digital Signature Algorithm (ECDSA)," Internet RFC 4754, Jan. 2007.

- **[RFC4835]** V. Manral, "Cryptographic Algorithm Implementation Requirements for Encapsulating Security Payload (ESP) and Authentication Header (AH)," Internet RFC 4835, Apr. 2007.

- **[RFC4851]** N. Cam-Winget, D. McGrew, J. Salowey, and H. Zhou, "The Flexible Authentication via Secure Tunneling Extensible Authentication Protocol Method (EAP-FAST)," Internet RFC 4851 (informational), May 2007.

- **[RFC4877]** V. Devarapalli and F. Dupont, "Mobile IPv6 Operation with IKEv2 and the Revised IPsec Architecture," Internet RFC 4877, Apr. 2007.

- **[RFC4880]** J. Callas, L. Donnerhacke, H. Finney, D. Shaw, and R. Thayer, "Open- PGP Message Format," Internet RFC 4880, Nov. 2007.

- **[RFC5011]** M. StJohns, "Automated Updates of DNS Security (DNSSEC) Trust Anchors," Internet RFC 5011, Sep. 2007.

- **[RFC5054]** D. Taylor, T. Wu, N. Mavrogiannopoulos, and T. Perrin, "Using the Secure Remote Password (SRP) Protocol for TLS Authentication," Internet RFC 5054 (informational), Nov. 2007.

- **[RFC5055]** T. Freeman, R. Housley, A. Malpani, D. Cooper, and W. Polk, "Server- Based Certificate Validation Protocol (SCVP)," Internet RFC 5055, Dec. 2007.

- **[RFC5056]** N. Williams, "On the Use of Channel Bindings to Secure Channels," Internet RFC 5056, Nov. 2007.

- **[RFC5077]** J. Salowey, H. Zhou, P. Eronen, and H. Tschofenig, "Transport Layer Security (TLS) Session Resumption without Server-Side State," Internet RFC 5077, Jan. 2008.

- **[RFC5106]** H. Tschofenig, D. Kroeselberg, A. Pashalidis, Y. Ohba, and F. Bersani, "The Extensible Authentication Protocol-Internet Key Exchange Protocol Version 2 (EAP-IKEv2) Method," Internet RFC 5106 (experimental), Feb. 2008.

- **[RFC5114]** M. Lepinski and S. Kent, "Additional Diffie-Hellman Groups for Use with IETF Standards," Internet RFC 5114 (informational), Jan. 2008.

- **[RFC5116]** D. McGrew, "An Interface and Algorithms for Authenticated Encryption," Internet RFC 5116, Jan. 2008.

- **[RFC5155]** B. Laurie, G. Sisson, R. Arends, and D. Blacka, "DNS Security (DNSSEC) Hashed Authenticated Denial of Existence," Internet RFC 5155, Mar. 2008.

- **[RFC5191]** D. Forsberg, Y. Ohba, ed., B. Patil, H. Tschofenig, and A. Yegin, "Protocol for Carrying Authentication for Network Access (PANA)," Internet RFC 5191, May 2008.

- **[RFC5193]** P. Jayaraman, R. Lopez, Y. Ohba, ed., M. Parthasarathy, and A. Yegin, "Protocol for Carrying Authentication for Network Access (PANA) Framework," Internet RFC 5193 (informational), May 2008.

- **[RFC5216]** D. Simon, B. Aboba, and R. Hurst, "The EAP-TLS Authentication Protocol," Internet RFC 5216, Mar. 2008.

- **[RFC5238]** T. Phelan, "Datagram Transport Layer Security (DTLS) over the Datagram Congestion Control Protocol (DCCP)," Internet RFC 5238, May 2008.

- **[RFC5246]** T. Dierks and E. Rescorla, "The Transport Layer Security (TLS) Protocol Version 1.2," Internet RFC 5246, Aug. 2008.

- **[RFC5247]** B. Aboba, D. Simon, and P. Eronen, "Extensible Authentication Protocol (EAP) Key Management Framework," Internet RFC 5247, Aug. 2008.

- **[RFC5280]** D. Cooper, S. Santesson, S. Farrell, S. Boeyen, R. Housley, and W. Polk, "Internet X.509 Public Key Infrastructure Certificate and Certificate Revocation List (CRL) Profile," Internet RFC 5280, May 2008.

- **[RFC5281]** P. Funk and S. Blake-Wilson, "Extensible Authentication Protocol Tunneled Transport Layer Security Authenticated Protocol Version 0 (EAP-TTLSv0)," Internet RFC 5281 (informational), Aug. 2008.

- **[RFC5295]** J. Salowey, L. Dondeti, V. Narayanan, and M. Nakhjiri, "Specification for the Derivation of Root Keys from an Extended Master Session Key (EMSK)," Internet RFC 5295, Aug. 2008.

- **[RFC5296]** V. Narayanan and L. Dondeti, "EAP Extensions for EAP Re-authentication Protocol (ERP)," Internet RFC 5296, Aug. 2008.

- **[RFC5322]** P. Resnick, ed., "Internet Message Format," Internet RFC 5322, Oct. 2008.

- **[RFC5374]** B. Weis, G. Gross, and D. Ignjatic, "Multicast Extensions to the Security Architecture for the Internet Protocol," Internet RFC 5374, Nov. 2008.

- **[RFC5386]** N. Williams and M. Richardson, "Better-than-Nothing Security: An Unauthenticated Mode of IPsec," Internet RFC 5386, Nov. 2008.

- **[RFC5387]** J. Touch, D. Black, and Y. Wang, "Problem and Applicability Statement for Better-than-Nothing Security (BTNS)," Internet RFC 5387 (informational), Nov. 2008.

- **[RFC5406]** S. Bellovin, "Guidelines for Specifying the Use of IPsec Version 2," Internet RFC 5406/BCP 0146, Feb. 2009.

- **[RFC5585]** T. Hansen, D. Crocker, and P. Hallam-Baker, "DomainKeys Identified Mail (DKIM) Service Overview," Internet RFC 5585 (informational), July 2009.

- **[RFC5617]** E. Allman, J. Fenton, M. Delany, and J. Levine, "DomainKeys Identified Mail (DKIM) Author Domain Signing Practices (ADSP)," Internet RFC 5617, Aug. 2009.

- **[RFC5652]** R. Housley, "Cryptographic Message Syntax (CMS)," Internet RFC 5652/STD 0070, Sept. 2009.

- **[RFC5702]** J. Jansen, "Use of SHA-2 Algorithms with RSA in DNSKEY and RRSIG Resource Records for DNSSEC," Internet RFC 5702, Oct. 2009.

- **[RFC5723]** Y. Sheffer and H. Tschofenig, "Internet Key Exchange Protocol Version 2 (IKEv2) Session Resumption," Internet RFC 5723, Jan. 2010.

- **[RFC5739]** P. Eronen, J. Laganier, and C. Madson, "IPv6 Configuration in Internet Key Exchange Protocol Version 2 (IKEv2)," Internet RFC 5739 (experimental), Feb. 2010.

- **[RFC5746]** E. Rescorla, M. Ray, S. Dispensa, and N. Oskov, "Transport Layer Security (TLS) Renegotiation Indication Extension," Internet RFC 5746, Feb. 2010.

- **[RFC5753]** S. Turner and D. Brown, "Use of Elliptic Curve Cryptography (ECC) Algorithms in Cryptographic Message Syntax (CMS)," Internet RFC 5753 (informational), Jan. 2010.

- **[RFC5755]** S. Farrell, R. Housley, and S. Turner, "An Internet Attribute Certificate Profile for Authorization," Internet RFC 5755, Jan. 2010.

- **[RFC5764]** D. McGrew and E. Rescorla, "Datagram Transport Layer Security (DTLS) Extension to Establish Keys for the Secure Real-Time Transport Protocol (SRTP)," Internet RFC 5764, May 2010.

- **[RFC5840]** K. Grewal, G. Montenegro, and M. Bhatia, "Wrapped Encapsulating Security Payload (ESP) for Traffic Visibility," Internet RFC 5840, Apr. 2010.

- **[RFC5857]** E. Ertekin, C. Christou, R. Jasani, T. Kivinen, and C. Bormann, "IKEv2 Extensions to Support Robust Header Compression over IPsec," Internet RFC 5857, May 2010.

- **[RFC5879]** T. Kivinen and D. McDonald, "Heuristics for Detecting ESP-NULL Packets," Internet RFC 5879 (informational), May 2010.

- **[RFC5903]** D. Fu and J. Solinas, "Elliptic Curve Groups Modulo a Prime (ECP Groups) for IKE and IKEv2," Internet RFC 5903 (informational), June 2010.

- **[RFC5933]** V. Dolmatov, ed., A. Chuprina, and I. Ustinov, "Use of GOST Signature Algorithms in DNSKEY and RRSIG Resource Records for DNSSEC," Internet RFC 5933, July 2010.

- **[RFC5996]** C. Kaufman, P. Hoffman, Y. Nir, and P. Eronen, "Internet Key Exchange Protocol Version 2 (IKEv2)," Internet RFC 5996, Sept. 2010.

- **[RFC5998]** P. Eronen, H. Tschofenig, and Y. Sheffer, "An Extension for EAP-Only Authentication in IKEv2," Sept. 2010.

- **[RFC6024]** R. Reddy and C. Wallace, "Trust Anchor Management Requirements," Internet RFC 6024 (informational), Oct. 2010.

- **[RFC6040]** B. Briscoe, "Tunnelling of Explicit Congestion Notification," Internet RFC 6040, Nov. 2010.

- **[RFC6066]** D. Eastlake 3rd, "Transport Layer Security (TLS) Extensions: Extension Definitions," Internet RFC 6066, Jan. 2011.

- **[RFC6071]** S. Frankel and S. Krishnan, "IP Security (IPsec) and Internet Key Exchange (IKE) Document Roadmap," Internet RFC 6071 (informational), Feb. 2011.

- **[RFC6083]** M. Tuexen, R. Seggelmann, and E. Rescorla, "Datagram Transport Layer Security (DTLS) for Stream Control Transmission Protocol (SCTP)," Internet RFC 6083, Jan. 2011.

- **[RFC6091]** N. Mavrogiannopoulos and D. Gillmor, "Using OpenPGP Keys for Transport Layer Security (TLS) Authentication," Internet RFC 6091 (informational), Feb. 2011.

- **[RFC6101]** A. Freier, P. Karlton, and P. Kocher, "The Secure Socket Layer (SSL) Protocol Version 3.0," Internet RFC 6101, Aug. 2011.

- **[RFC6147]** M. Bagnulo, A. Sullivan, P. Matthews, and I. van Beijnum, "DN64: DNS Extensions for Network Address Translation from IPv6 Clients to IPv4 Servers," Internet RFC 6147, Apr. 2011.

- **[RFC6176]** S. Turner and S. Polk, "Prohibiting Secure Sockets Layer (SSL) Version 2.0," Internet RFC

6176, Mar. 2011.

- **[RFC6234]** D. Eastlake 3rd and T. Hansen, "US Secure Hash Algorithms (SHA and SHA-based HMAC and HKDF)," Internet RFC 6234 (informational), May 2011.

- **[RFC6345]** P. Duffy, S. Chakrabarti, R. Cragie, Y. Ohba, ed., and A. Yegin, "Protocol for Carrying authentication for Network Access (PANA) Relay Element," Internet RFC 6345, Aug. 2011.

- **[RFC6376]** D. Crocker, ed., T. Hansen, ed., M. Kucherawy, ed., "DomainKeys Identified Mail (DKIM) Signatures," Internet RFC 6376, Sep. 2011.

- **[RSA78]** R. Rivest, A. Shamir, and L. Adleman, "A Method for Obtaining Digital Signatures and Public Key Cryptosystems," Communications of the ACM, 21(2), Feb. 1978.

- **[TLD-REPORT]** http://stats.research.icann.org/dns/tld_report

- **[TLSEXT]** http://www.iana.org/assignments/tls-extensiontype-values

- **[TLSPARAMS]** http://www.iana.org/assignments/tls-parameters

- **[TNMOC]** The National Museum of Computing, http://www.tnmoc.org

- **[TSIGALG]** http://www.iana.org/assignments/tsig-algorithm-names

- **[TWP07]** E. Tews, R. Weinmann, and A. Pyshkin, "Breaking 104 Bit WEP in Less than 60 Seconds," Proc. 8th International Workshop on Information Security Applications (Springer, 2007).

- **[VENONA]** R. L. Benson, National Security Agency Center for Cryptologic History, "The VENONA Story," http://www.nsa.gov/public_info/declass/venona

- **[VK83]** V. Voydock and S. Kent, "Security Mechanisms in High-Level Network Protocols," ACM Computing Surveys, 15, June 1983.

- **[WY05]** X. Wang and H. Yu, "How to Break MD5 and Other Hash Functions," EUROCRYPT, May 2005.

- **[X9.62-2005]** American National Standards Institute, "Public Key Cryptography for the Financial Services Industry: The Elliptic Curve Digital Signature Standard (ECDSA)," ANSI X9.62, 2005.

- **[Z97]** Y. Zheng, "Digital Signcryption or How to Achieve Cost(Signature & Encryption) << Cost(Signature) + Cost(Encryption)," Proc. CRYPTO, Lecture Notes in Computer Science, Volume 1294 (Springer-Verlag, 1997).

# | 약어 사전 |

**3GPP** 3rd Generation Partnership Project, 3세대 파트너십 프로젝트(GSM, W-CDMA, LTE 등을 책임 맡고 있는 셀룰러 표준 정의 기구$^{SDO}$ 등)

**3GPP2** 3rd Generation Partnership Project 2, 3세대 파트너십 프로젝트 2(CDMA2000, EV-DO 등을 책임 맡고 있는 셀룰러 표준 정의 기구 등)

**6rd** IPv6 Rapid Deployment(IPv6 트래픽을 IPv4 네트워크를 통해 전달하는 IPv6 전환 메커니즘으로, 6to4와 비슷하지만 유니캐스트 주소 할당을 기반으로 한 IPv6 프리픽스 할당을 사용한다)

**6to4** Six to Four(IPv4 터널 안으로 IPv6 트래픽을 전달하는 것으로, 일부 운영상의 문제가 발생한다)

**A** IPv4 주소로, IPv4 주소를 표기하는 DNS의 리소스 레코드$^{RR}$

**AAA** Authentication, Authorization and Accounting(인증, 권한, 회계)으로, RADIUS나 Diameter와 같은 특정의 접근 프로토콜과 연관된 관리 특성

**AAAA** IPv6 주소로, IPv6 주소를 표기하는 DNS의 리소스 레코드RR

**ABC** Appropriate Byte Counting(적합한 바이트 카운팅)으로, TCP 혼잡 제어에서 사용된다. CWND 계산을 수행할 때 일정한 상수 대신 지연된 ACK와 연관된 저속 윈도우 성장을 완화할 수 있게 ACK된 바이트의 수를 계산하는 방법

**AC** Attribute Certificate(속성 인증)의 약어. 권한과 같은 속성을 전달하는 데 사용되는 인증서 유형으로, 공개 키는 포함되지 않으므로 PKC와는 다르다.

**ACCM** Asynchronous Control Character Map(비동기 제어 문자 맵)으로, 점대점 프로토콜$^{PPP}$에서 사용된다. 원치 않는 효과를 얻지 않도록 하는 탈출 바이트를 가리킨다.

**ACD** Automatic Collision Detection(자동 충돌 탐지)으로, IP 주소 할당에서 충돌을 탐지하고 피하기 위한 처리 절차

**ACFC** Address and Control Field Compression(주소와 제어 필드 압축)으로, PPP에서 사용된다. 오버헤드를 줄이기 위해 주소와 제어 필드를 제거한다.

**ACK**  Acknowledgment(확인 응답)로, 데이터가 수신자가 성공적으로 도착했음을 표시하고, 프로토콜 스택의 다중 계층에 적용할 수 있다.

**ACL**  Access Control List(접근 제어 목록)로, 트래픽 허용 여부를 결정하는 필터링 규칙의 목록이다(예: 방화벽 통과).

**ADSP**  Author Domain Signing Practices(저자 도메인 서명 실례)로, DKIM에서 사용된다. 특정 도메인에서 DKIM이 어떻게 사용되고 채택되는지 부합시키는 정책 문장이다.

**AEAD**  Authenticated Encryption with Associated Data(데이터와 연관된 인증된 암호화)로, 입력의 일부분에 대해 암호화와 인증을 수행하고 다른 부분에 대해 인증을 수행하는 알고리즘이다.

**AES**  Advanced Encryption Standard(고급 암호 표준)로, 현재 미국 암호 표준이다.

**AF**  Assured Forwarding(보장된 포워딩)로, 클래스 우선순위와 클래스 내에서 우선순위 작업을 제공하는 홉별 행위$^{PHB}$다.

**AFTR**  Address Family Transition Router element(주소 계열 변환 라우터 요소)로, DL-Lite에서 사용된다. 작은 수의 IPv4 주소를 여러 고객과 공유하려고 사용되는 서비스 공급자$^{SPNAT}$다.

**AH**  Authentication Header(인증 헤더)로, 헤더 정보를 포함한 IP 트래픽의 인증을 제공하는 선택적 IPsec 프로토콜이며, NAT와 호환되지 않는다.

**AIA**  Authority Information Access(권한 허가 정보 접속)로, 인증서를 검증하기 위한 자원이 가용함을 표시하는 X.509 인증서 확장이다.

**AIAD**  Additive Increase Additive Decrease(가산 증가 가산 감소)로, TCP에서 사용된다. 혼잡이 낮게 나타나면 값을 더하고, 혼잡이 증가할 때는 값을 뺌으로서 CWND를 조절하는 방법이다. 표준 TCP 알고리즘은 아니다.

**AIMD**  Additive Increase Multiplicative Decrease(가산 증가 곱셈 감소)로, TCP에서 사용된다. 혼잡이 낮으면 값을 더하고 혼잡이 증가할 때 1보다 적은 분수를 곱해 CWND를 조절하는 방법이다.

**ALG**  Application Layer Gateway(응용 계층 게이트웨이)로, 응용 계층에서 프로토콜을 변환하는 대행자다. 대체로는 소프트웨어다.

**A-MPDU**  Aggregated MPDU(전체 MPDU)의 약어다, IEEE 802.11n의 한 부분으로 다중 MPDU를 포함하는 프레임이다.

**A-MSDU**  Aggregated MSDU(전체 MSDU)의 약어다. IEEE 802.11n의 한 부분으로 다중 MSDU를 포함하는 프레임이다.

**ANDSF**  Access Network Discovery and Selection Function(접근 네트워크 발견과 선택 기능)으로, 네트

워크 선택과 핸드오프에 영향을 미치는 데 사용할 수 있는 네트워크에 관한 정보를 가리키는 MoS의 일부분이다.

**AODV**  Ad-hoc On-Demand Distance Vector routing protocol(에드혹 요구 거리 벡터 라우팅 프로토콜)로, 거리 벡터를 이용하는 초창기의 에드혹 요구 라우팅 프로토콜이다.

**AP**  Access Point(접근점)으로, 무선과 유선 세그먼트를 상호 연결하는 데 사용되는 802.11 스테이션STA이다.

**API**  Application Programming Interface(애플리케이션 인터페이스)로, 네트워크 트래픽을 보내고 받는 효과를 얻기 위해 응용 계층에서 호출되는 함수다.

**APIA**  Automatic Private IP Addressing(자동 사설 IP 주소 지정)의 약어다. 특정 범위로부터 자신의 IP 주소를 구성하는 메커니즘으로 대체로 IPv4 노드에 적용한다.

**ASPD**  Automatic Power Save Delivery(자동 전원 절약 배달)로, 절전 모드PSM를 지원하는 802.11 프레임의 주기적인 일괄처리다.

**AQM**  Active Queue Management(액티브 큐 관리)로, FCFS/FIFO 큐 관리의 전형적인 'drop-tail'을 포함하지 않는, 트래픽을 동적으로 반응하는 큐 관리 방법이다.

**ARP**  Address Resolution Protocol(주소 변환 프로토콜)로, 링크 계층 위에 있는 프로토콜이며, IP 주소를 MAC 주소로 변환한다. 링크 계층의 브로드캐스트 주소를 사용한다.

**ARQ**  Automatic Repeat Request(자동 반복 요청)으로, 정보의 재전송이다. 대체로 손실됐다고 추측된 후에 실행된다.

**AS**  Authentication Server(인증 서버)로, PANA에서 사용된다. 인증 검사를 수행하는 서버다.

**AS**  Autonomous System(자율 시스템)으로, 네트워크 프리픽스와 네트워크 소유자의 모음을 식별하기 위해 ISP 간의 라우팅을 갖는 연결에 사용되는 16 또는 32비트 수다.

**ASM**  All-Source Multicast(모든 발신지 멀티캐스트)로, 어떤 당사자도 트래픽을 제공할 수 있는 멀티캐스트다.

**ASN.1**  Abstract Syntax Notation One(추상 구문 기법 1)으로, 정보에 대한 추상 구문을 정의하는 ISO 표준이지만 인코딩 형식은 아니다. ASN.1 정보에 대한 인코딩은 BER과 DER이다

**AUS**  Application Unique String(애플리케이션 고유 문자열)으로, DDDS 알고리즘의 입력 문자열이다.

**AUTH**  Authentication(인증)으로, IKE에서 사용된다. 발신자의 인증을 수행하는 데 필요한 정보를 포함하는 페이로드다.

**AXFR**   Zone Transfer(영역 전송)로, DNS 영역 정보의 완전한 교환이다. TCP를 사용한다.

**B4**   Bridging Broadband element(광대역 요소 브리지)로, DS-Lite에서 사용된다. AFTR에서 종료되는 IPv6 터널 안에서 IPv4 트래픽을 캡슐화하는 라우터다. B4는 NAT 기능을 수행하지 않는다.

**BACP**   Bandwidth Allocation Control Protocol(대역폭 할당 제어 프로토콜)로, PPP에서 사용된다. BoD를 구성하는 프로토콜이다.

**BAP**   Bandwidth Allocation Protocol(대역폭 할당 프로토콜)로, MPPP에 대한 번들 안에서 링크를 구성하는 데 사용되는 프로토콜이다.

**BCMCS**   Broadcast and Multicast Service Controller(방송과 멀티캐스트 서비스 컨트롤러)로, 셀룰러 네트워크에서 사용된다. 멀티캐스트를 관리한다.

**BER**   Basic Encoding Rules(기본 인코딩 규칙)로, ITU 표준 인코딩 구문이다. ASN.1의 부분 집합이다.

**BER**   Bit Error Rate(비트 에러율)로, 전송에서 비트의 개수당 예상되는 오류 비트의 수다.

**BGP**   Border Gateway Protocol(경계 게이트웨이 프로토콜)로, 도메인 간의 라우팅 프로토콜이며, 정책이 지원된다.

**BIND9**   Berkeley Internet Name Domain(버클리 인터넷 이름 도메인 버전 9)으로, 유닉스 계열 시스템에서 구현된 가장 인기 있는 네임 서버 소프트웨어다.

**BITS**   Bump In the Stack(스택 안의 범프)로, 호스트에 IPsec를 구현하기 위한 옵션이다.

**BITW**   Bump In the Wire(와이어 안의 범프)로, 네트워크에서 IPSec를 구현하기 위한 옵션이다.

**BL**   Bulk Leasequery(벌크 Leasequery)로, DHCP에서 사용된다. 현재 임대 정보를 운반하는 요청/응답 프로토콜이다.

**BoD**   Bandwidth on Demand(주문형 대역폭)의 약어다. 동적으로 사용 가능한 링크 대역폭을 조절하는 능력이다.

**BOOTP**   Bootstrap Protocol(부트스트랩 프로토콜)로, DHCP의 선행자이며, 호스트를 구성하는 데 사용한다.

**BPDU**   Bridge PDU(브리지 PDU)로, STP에서 사용되는 PDU들이다. 스위치와 브리지에서 교환된다.

**BPSK**   Binary Phase Shift Keying의 약어로, 두 신호의 위상을 사용한 이진 모듈레이팅이다.

**BSD**   Berkeley Software Distribution(버클리 소프트웨어 배포)으로, 유닉스의 UC 버클리의 버전이다. 널

리 사용되는 TCP/IP의 첫 번째 구현을 포함한다.

**BSDP** Boot Server Discovery Protocol(부트 서버 발견 프로토콜)로, 부트 이미지 서버를 발견하기 위해 애플에서 개발한 DHCP의 확장이다.

**BSS** Basic Service Set(기본 서비스 집합)으로, 액세스 포인트와 관련된 스테이션을 위한 IEEE 802.11 용어다.

**BTNS** Better Than Nothing Security의 약어로, IPsec에서 사용된다. 완전한 PKI가 없는 인증서를 사용하는 선택 사양으로, MITM 공격에 취약하다.

**BU** Binding Update(바인딩 업데이트)로, MIP에서 사용된다. MN's CoA와 HoA 사이의 매핑을 수립한다.

**CA** Certificate Authority(인증기관)으로, 공개/개인 키의 쌍을 생성하고, 발급하고, 서명하고, 공개 키와 CRL을 서명하고 배포하는 책임 조직이다.

**CALIPSO** Common Architecture Label IPv6 Security Option의 약어로, IP 패킷에 대한 보안 레이블이며, 널리 사용되지는 않는다.

**CBC** Cipher Block Chaining(암호화 블록 체인)로, 재정렬 공격에 저항하기 위해 암호화된 전체 블록을 체인하게 XOR 연산을 사용하는 암호화 모드다.

**CBCP** Callback Control Protocol(콜백 제어 프로토콜)로, PPP에서 사용된다. 콜백 번호를 설정한다.

**CCA** Clear Channel Assessment(클리어 채널 평가)로, 802.11 물리 계층 메커니즘이다. 채널 사용량을 감지한다.

**CCITT** Comite Consultatif International Telephonique et Telegraphique(국제 전화 및 전신 자문 위원회)로, 현재 ITU-T다.

**CCM** Counter mode with CBC Message Authentication Code(CBC 메시지 인증 코드를 갖는 카운터 모드)로, CTR 모드 암호화를 CBC-MAC와 결합한 인증된 암호화 모드다.

**CCMP** Counter Mode with CBC-MAC Protocol(CBC-MAC 프로토콜을 갖는 카운터 모드)로, WPA2가 사용된 암호화다. IEEE 802.11i에서 사용되며, WPA의 후속이다.

**CCP** Compression Control Protocol(압축 제어 프로토콜)로, PPP에서 사용된다. 할 수 있는 압축 방법을 설정한다.

**ccTLD** Country Code TLD(최상위 도메인의 국가 코드)로, ISO3661-2의 국가 코드 목록에 따르는 TLD다.

**CDP**　CRL Distribution Point(인증서 폐기 목록 배포점)로, 획득할 수 있는 CA의 현재 CRL이 될 수 있는 위치다.

**CERT**　Certificate(공인인증서)로, IKE에서 사용된다. 인증서를 포함하는 페이로드다.

**CERT**　Computer Emergency Response Team(컴퓨터 침해 사고 대응팀)으로, 컴퓨터 보안 사고를 처리하는 그룹이다. 카네기 멜론 대학의 최초 CERT와 미국 정부의 US-CERT를 포함한다.

**CERTREQ**　Certificate Request(인증서 요청)로, IKE에서 사용된다. 허용되는 인증서의 표지로 트러스트 앵커를 표시하는 페이로드다.

**CGA**　Cryptographically Generated Address(암호로 생성된 주소)로, 공개 키에 대한 해시를 기반으로 생성된 주소다.

**CHAP**　Challenge-Handshake Authentication Protocol(챌린지 핸드셰이크 인증 프로토콜)로, 일치하는 응답을 필요로 하는 프로토콜이다. MITM 공격에 취약하다.

**CIA**　confidentiality, integrity, and availability(기밀성, 무결성, 가용성)로, 정보 보안의 원칙이며, CIA 3가지 속성이다.

**CIDR**　Classless Inter-Domain Routing(클래스 없는 도메인 간 라우팅)으로, IP 주소 클래스 경계를 제거하지만, 인터 도메인 라우팅에 사용되는 관련 CIDR 마스크를 필요로 하는 ROAD 문제점을 해결하려는 움직임이다.

**CMAC**　Cipher-based Message Authentication Code(암호 기반 메시지 인증 코드)의 약어다. MAC으로 암호화 알고리즘을 사용하는 특별한 방식이다.

**CN**　Correspondent Node(상대 노드)로, MIP 시나리오에서 MN의 대화 실체다.

**CNAME**　Canonical Name(표준 이름)으로, 다른 도메인 네임에 대한 별칭을 제공하는 DNS RR이다.

**CoA**　Care-of Address(보조 주소)로, 비 홈 네트워크를 방문하는 동안 MN에 할당된 주소다.

**CoS**　Class of Service(서비스 등급)으로, 차별화된 서비스는 차별화된 클래스의 트래픽에 기반을 둔다는 일반적인 용어다. Diff 서버 아키텍처에서 지원하는 개념이다.

**CoT**　Care-of Test(관심 테스트)로, RR 검사에서 사용된다. CoA를 경유해 MN에게 보낸 메시지로 MN이 안전한 BU를 사용한 키의 일부를 취득한다.

**CoTI**　Care-of Test Init(관심 테스트 시작)로, RR 검사에서 사용된다. CoT 메시지를 보내게 수신기를 트리거한다.

**CP** Configuration Payload(구성 페이로드)로, IKE에서 사용된다. 전달 설정 매개변수를 적재하기 위해 확장 가능한 구조를 가진다.

**CPS** Certification Practice Statement(인증 업무 수칙)으로, 인증서를 발급하거나 관리하는 방법에 대한 CA의 정책 수칙이다.

**CRC** Cyclic Redundancy Check(순환 중복 검사)로, 비트 에러를 확인하는 데 사용되는 수학 함수다.

**CRL** Certificate Revocation List(인증 해지 목록)로, CA가 발급한 무효 인증서의 목록이다.

**CS** Cipher Suite(암호 스위트)로, TLS에서 사용된다. 암호화 알고리즘 제품의 선택이다.

**CS** Class Selector(클래스 선택자)로, IP에서 사용된다. 지금은 사용 중지된 '서비스 유형'과 '트래픽 클래스'의 IP 헤더 필드와 결합된 비트값이 호환되게 설계된 DSCP 값이다.

**CSMA/CA** Carrier-Sense Multiple Access/Collision Avoidance(반송파 감지 다중 액세스/충돌 회피)로, WiFi의 MAC 프로토콜이다. 링크가 유휴 상태일 때는 보내고, 아니면 backing off 한다.

**CSMA/CD** Carrier-Sense Multiple Access/Collision Detection(반송파 감지 다중 액세스/충돌 검출)로, 이더넷의 고전적인 MAC 프로토콜이다. 링크가 유휴 상태일 때는 보내고, 충돌이 감지되면 backing off 한다.

**CSPRNG** Cryptographycially Secure Preudo-Random Number Generator(암호화 보안 의사난수 생성기)로, 암호화를 사용하기에 적합한 의사난수 생성기(PRNG)다.

**CSRG** Computer Systems Research Group(컴퓨터 시스템 연구 그룹)으로, UC 버클리의 BSD 유닉스 개발자들이다.

**CTCP** Compound TCP(복합 TCP)로, '확장 가능한' TCP의 변형이다. 지연 기반과 패킷 손실 기반의 윈도우 조정을 모두 결합한 현대의 윈도우 시스템에 구현됐다.

**CTR** Counter(카운터)로, 여러 블록을 암호화하거나 복호화의 병렬 실행을 허용하는 동안 암호화된 블록에 필요한 질서를 부과하게 카운터 값을 사용하는 암호화 모드다.

**CTS** Clear To Send(송신 준비 완료)로, RTS의 발신자를 승인하게 보내는 메시지다.

**CW** Contention Window(충돌 윈도우)로, DCF하에서 전송되기 전에 802.11 스테이션이 대기해야 하는 시간 범위다.

**CWND** Congestion Window(혼잡 윈도우)로, TCP에서 사용된다. 혼잡을 피하거나 줄이기 위해 발신자의 윈도우 크기에 부과되는 제한이다.

**CWR** Congestion Window Reducing(혼잡 윈도우 감소)로, TCP에서 사용된다. 발신자의 사용 가능한 윈

도우의 크기를 감소한다.

**CWV** Congestion Window Verification(혼잡 윈도우 검증)로, TCP에서 사용된다. 필요하다고 판단되면 CWND의 현재 값을 확인하고 업데이트하는 방법이다.

**DAD** Duplicate Address Detection(복제 주소 감지)로, IPv6의 ND와 SLAAC에서 사용된다. 제안된 주소에 대해 NS 메시지를 전송해 후보 IPv6 주소가 이미 사용 중인지 결정하게 DAD가 도와준다.

**DCCP** Datagram Congestion Control Protocol(데이터그램 혼잡 제어 프로토콜)로, 애플리케이션에게 최선 노력 데이터그램 서비스를 제공하고, 혼잡 제어도 제공하는 프로토콜이다.

**DCF** Distributed Coordination Function(분산 조정 기능)으로, 802.11 네트워크를 위한 CSMA/CA MAC이다.

**DDDS** Dynamic Delegation Discovery System(동적 위임 발견 시스템)으로, 문자열을 데이터로 레이지 lazy 바인딩을 지원하는 방법이다. 일반적으로 다양한 애플리케이션 프로토콜에 대한 서버의 발견을 위해 DNS와 함께 사용한다.

**DDoS** Distributed DoS(분산 DOS)로, 흔히 봇넷에 의해 시작되는 네트워크 기반 공격이다.

**DER** Distinguished Encoding Rules(차별화된 인코딩 규칙)로, ITU 표준 인코딩 구문이다. 각 값에 대해 사용할 수 있는 고유의 표현을 필요로 하는 ASN.1에 대한 BER의 일부다.

**DES** Data Encryption Standard(데이터 암호화 표준)로, 56비트 키를 사용한 대칭 데이터 암호화를 위한 구식의 미국 표준이다.

**DF** Don't Fragment(단편화하지 못함)로, 단편화가 수행되지 않아야 함을 표시하는 IPv4 헤더 비트다. PMTUD에서 중요하다.

**DH** Diffie-Hellman(디피 헬먼)으로, 두 집단 사이의 비밀 값을 확립하기 위한 수학적인 프로토콜이다.

**DHCP** Dynamic Host Configuration Protocol(동적 호스트 구성 프로토콜)의 약어로, BOOTP에서 진화했다. 임대 IP 주소, 기본 라우터, DNS 서버의 IP 주소 등의 설정 정보 등으로 시스템을 설정한다.

**DIFS** DCF Inter-Frame Space(DCF 인터 프레임 공간)으로, 802.11 DCF 아래에서 프레임 사이의 시간이다.

**DIX** Digital, Intel, Xerox(디지털, 인텔, 제록스)의 약어로, 초기 이더넷 표준의 생성자와 이름이다.

**DKIM** Domain Keys Identified Mail(도메인 키 식별 메일)의 약어로, 원 발신 메일 서버와 관련된 메일의 발신 도메인을 암호적으로 바인딩하는 프로토콜이다.

**DLNA**   Digital Living Network Alliance(디지털 리빙 네트워크 얼라이언스)로, TV, DVD players, DVR 등의 소비자 미디어 장치의 상호운영성과 프로토콜에 초점을 둔 산업그룹이다.

**DMZ**   De-Militarized Zone(비무장 지대)로, 기업의 내부 네트워크와 외부 네트워크 사이에 일종의 중립 지역이 설치되는 네트워크 세그먼트다. 고객이나 외부 사용자에게 서비스를 제공하는 호스트들이 사용한다.

**DNA**   Detecting Network Attachment(네트워크 접속 인지)로, 연결 상태 변화를 감지하는 절차다.

**DNAME**   Non-Terminal Name Redirection(비단말기 이름 방향 재지정)으로, DNS 하위 트리 별칭 메커니 즘을 사용해 여러 CNAME 레코드의 생성을 지원하는 DNS RR이다.

**DNS**   Domain Name System(도메인 네임 시스템)으로, 이름을 IP 주소로 변환한다.

**DNS64**   DNS IPv4/IPv6 translation(DNS IPv4/IPv6 변환)으로, IPv6의 DNS를 사용하기 위해 IPv4 DNS 정보를 변환하는 IPv4/IPv6 공존을 위한 메커니즘이다.

**DNSKEY**   Key for DNS(DNS에 대한 키)로, 공개 키를 보유한 DNSSEC을 표시하는 DNS RR이다.

**DNSSEC**   DNS Security(DNS 보안)로, DNS 데이터의 원본 인증과 무결성 보장이다.

**DNSSL**   DNS Search List(DNS 검색 목록)로, RA와 함께 사용한다. 기본 도메인 확장의 목록을 나타낸다.

**DOI**   Digital Object Identifier(디지털 객체 식별자)로, 콘텐츠 객체를 명명하거나 정보 기록을 연결하는 방법이다.

**DoS**   Denial of Service(서비스 거부 공격)로, 자원 고갈 공격의 한 유형이다.

**DPD**   Delegated Path Discovery(위임 경로 발견)로, 인증서 경로의 유효성을 검사하는 데 필요한 모든 정보의 수집을 위임하는 방법이다.

**DPV**   Delegated Path Validation(위임 경로 검증)으로, 인증서의 전체 검증 절차를 위임하는 방법이다.

**DS**   Delegation Signer(위임 서명자)로, DNS에서 사용된다. 위임을 안전하게 하도록 DNSSEC을 표시하는 RR이다.

**DS**   Differentiated Services(차등화 서비스)로, IP 트래픽 관리에서 사용된다. 트래픽 전송을 위한 성능 차별을 제공하는 방법이다.

**DS**   Distribution Service(분배 서비스)로, 802.11 LAN에서 사용된다. APS를 서로 연결하는 데 사용되는 네트워크와 서비스, 대부분 유선 802.3/이더넷 네트워크를 사용한다.

**DSA**   Digital Signature Algorithm(전자 서명 알고리즘)으로, 이산 대수 문제를 기반으로 디지털 서명을 생성하는 알고리즘이다.

**DSACK**   Duplicate SACK(중복 선택 승인)로, TCP에서 사용된다. SACK의 변형으로 중복 세그먼트에 대해 받은 설명을 포함한다.

**DSCP**   DS Code Point(DS 코드 포인트)로, 패킷에서 특정 포워딩 행동이 필요하는 것을 나타내는 필드값이다.

**DSL**   Digital Subscriber Line(디지털 가입자 회선)으로, POTS 회선을 통한 전용 광대역 데이터 링크다.

**DS-Lite**   Dual Stack Lite(경량 이중 스택)로, IPv4-in-IPv6 터널링이나 NAT의 조합을 이용한 이중 스택 또는 단일 스택 클라이언트에 대한 액세스를 제공하기 위한 IPv6 기반의 서비스 제공자를 위한 프레임워크다.

**DSRK**   Domain-Specific Root Key(도메인 특정 루트 키)로, 하나의 관리 조직 시스템에 의해 사용하기 위한 EMSK에서 파생된 키다.

**DSS**   Digital Signature Standard(디지털 서명 표준)로, DSA를 기반으로 한 디지털 서명을 위한 미국 표준이다.

**DSUSRK**   Domain-Specific USRK(도메인 특정 USRK)로, USRK와 DSRK의 이용 정책을 결합한 키다.

**DTLS**   Datagram TLS(데이터그램 TLS)로, UDP 등과 같은 데이터그램 프로토콜과 함께 사용하는 TLS의 변형이다.

**DUID**   DHCP Unique Identifier(DHCP 고유 식별자)로, 응답을 매치할 수 있게 DHCP 요청안에 배치되는 값이다.

**DUP**   Duplicate(중복)로, 여러 문맥에서 사용한다(예: DUP ACK).

**EAP**   Extensible Authentication Protocol(확장 인증 프로토콜)로, 다양한 인증 방법을 지원하는 프레임워크다.

**EAP-FAST**   EAP-Flexible Authentication via Security Tunneling(EAP 유연 인증을 통한 터널링 보안)으로, 초창기 LEAP EAP 방식을 대체하는 TLS를 사용한 시스코의 EAP 방식이다.

**EAPOL**   EAP over LAN(LAN을 통한 EAP)의 약어다(예: IEEE 802.1X에서 사용되는 이더넷상의 EAP).

**EAP-TTLS**   EAP-Tunneled Transport Layer Security(EAP 터널링 전송 계층 보안)로, 초창기 TLS EAP 방식에 기반을 둔 EAP 방법이다. 하지만 인증서를 얻기 위해서 서버 측만 필요로 한다.

**EC2N**   Elliptic Curve groups modulo a power of 2로, 추상 대수를 의미한다. 갈로이스^Galois 필드 GF(2N)상의 타원 곡선에 관한 기반 그룹이다.

**ECC** Error Correcting Code(오류 정정 코드)로, 오류를 수정하기 위해 정보 비트에 추가되는 여유 비트다.

**ECDSA** Elliptic Curve Digital Signature Algorithm(타원 곡선 디지털 서명 알고리즘)으로, ECC를 사용하는 DSA의 변형이다.

**ECE** ECN Echo(ECN 에코)로, ECN의 TCP에서 사용된다. TCP 발신자에게 ECN 정보를 반영한다.

**ECN** Explicit Congestion Notification(명시적 혼잡 알림)으로, 혼잡을 나타내는 직접적인 방법이다(예: 라우터에서 호스트로).

**ECP** Elliptic Curve groups modulo a Prime로, 추상 대수를 의미한다. 소수 P에 대한 가로이스 필드 G(P) 상의 타원 곡선을 기반으로 한 그룹이다.

**ECT** ECN-Capable Transport(ECN 가능 전송)로, ECN 지표를 해석 가능한 전송 프로토콜이다.

**EDCA** Enhanced Distributed Channel Access(향상된 분산 채널 접근)로, 802.11e에서 QoS 보장을 지원하는 802.11을 조정하는 기능이다.

**EDNS0** Extension mechanisms for DNS(version 0)(DNS에 대한 확장 메커니즘(버전 0))로, DNS RR을 연장하는 방법(버전 0)이다. DNSSEC을 필요로 한다.

**EF** Expedited Forwarding(급송 전달)으로, 혼잡이 없는 것처럼 서비스 클래스를 제공하는 PHB다. 가장 높은 우선순위로, 초과 등록을 방지하게 입장 제어를 필요로 한다.

**EFO** Expanded Flags Option(확장 플래그 옵션)으로, DHCP에서 사용된다. 추가 옵션의 존재를 나타낸다.

**EIFS** Extended IFS(확장 IFS)로, 802.11 DCF 아래에서 인식되지 않은 프레임을 받을 때 사용되는 확장 IFS다.

**EMSK** Extended MSK(확장 MSK)로, 키 유도 이후의 EAP에 의해 MSK에 추가함으로써 생성된 두 번째 키다.

**ENUM** E.164 to URI DDDS Application(URI DDDS 애플리케이션에 E.164)으로, URI에 E.164의 전화 스타일 주소를 매핑하는 데 사용되는 특수한 DDDS다.

**EP** Enforcement Point(집행 포인트)로, PANA에서 사용된다. 액세스 제어 정책이 시행되는 곳을 가리키는 지점이다.

**EQM** Equal Modulation(평등 변조)으로, 동시의 서로 다른 데이터 스트림에 동일한 변조 방식을 사용한다.

**ERE** Eligible Rate Estimate(적격률 평가)로, TCP 웨스트우드+의 일부다. 연결에 사용될 수 있는 대역폭의 양을 추정한다.

**ERP**　EAP Re-authentication Protocol(EAP 재인증 프로토콜)로, 인증을 재설정할 때 대기 시간을 줄이기 위한 EAP 확장이다.

**ESN**　Extended Sequence Number(확장 순서 번호)로, IPsec에서 재생 공격을 방지하는 데 사용되는 64비트의 확장된 순서 번호다(일반적인 순서 번호는 32비트).

**ESP**　Encapsulating Security Payload(캡슐 보안 페이로드)로, 인증 및/또는 트래픽의 기밀성을 위해 제공하는 필수 IPSec 프로토콜이다.

**ESSID**　Extended Service Set Identifier(확장 서비스 집합 식별자)로, IEEE 802.11 네트워크 이름이다.

**EUI**　Extended Unique Identifier(확장 고유 식별자)로, IEEE에서 정의한 MAC 계층 주소 프리픽스 형식이다. OUI에서 확장한다.

**EV**　Extended Validation(확장 유효성 검사)으로, 발행 이전에 향상된 신원 검증이 수행된 인증서의 양식이다.

**EV-DO**　Evolution, Data Optimized(진화, 데이터 최적화(or Only))로, 3GPP2 무선 광대역 표준이다. CDMA2000의 진화다.

**FACK**　Forward Acknowledgment(순방향 응답)로, TCP에서 사용된다. 수신기에 도달한 알려진 가장 높은 순서 번호로, SACK를 사용해 결정한다.

**FCFS**　First Come, First Served(선 도착 선 처리)로, 도착순으로 서비스하는 방식이다. 우선순위가 없다.

**FCS**　Frame Check Sequence(프레임 검사 순서)로, 비트 에러를 확인하는 데 사용되는 비트에 대한 일반 용어다.

**FEC**　Forward Error Correction(전진 오류 수정)으로, 유휴 비트를 사용해 데이터 비트의 오류를 수정한다.

**FIFO**　First In, First Out(선입선출)으로, 먼저 도착한 순서로 처리하는 큐 처리 방식이다. 재배치 하지 않는다.

**FIN**　Finish의 약어로, TCP 연결에서 보낸 TCP 헤더의 비트와 마지막 세그먼트 유형이다.

**FMIP**　Mobile IP with Fast Handovers(빠른 Handovers의 모바일 IP)로, 초기 handovers의 MIPv6에 대한 보완이다.

**FQDN**　Fully Qualifies Domain Name(전체 주소 도메인 네임)으로, 전체 도메인 확장자가 포함된 도메인 네임이다.

**F-RTO**　Forward RTO(순방향 RTO)로, TCP에서 사용된다. 재전송이 비논리적인 것을 추측해 불필요한 재전송을 방지하는 방법이다.

**FTP**　File Transfer Protocol(파일 전송 프로토콜)로, 제어와 데이터 연결을 별도로 사용한 TCP 기반의 파일 전송 프로토콜이다.

**GCKS**　Group Controller/Key Server(그룹 제어기/키 서버)로, IPsec에서 GKM와 함께 사용된다. GSA를 위한 키를 보유하고 발행한다.

**GCM**　Galois/Counter Mode(갈로이스/카운터 모드)로, 갈로이스 모드 인증을 통해 CTR 모드 암호화를 결합하는 인증된 암호화 모드다.

**GDOI**　Group Domain of Interpretation의 약어로, IPsec에서 사용된다. ISAKMP 및 IKE 기반의 그룹 키 관리 프로토콜이다.

**GENA**　General Event Notification Architecture(일반 이벤트 통보 아키텍처)로, 멀티캐스트 UDP상에서 HTTP를 사용한 XML 기반의 통지 프레임워크다. UPnP에서 사용된다.

**GI**　Guard Interval(가드 간격)로, 통신 엔지니어링에서 사용된다. 심볼 간의 간섭을 피하기 위한 전송 사이의 최소 시간이다.

**GKM**　Group Key Management(그룹 키 관리)로, IPsec에서 사용된다. SA 형성 그룹을 지원하기 위해 그룹에 키 자료를 배포하는 방식이다.

**GMAC**　Galois Message Authentication Code(갈로이스 메시지 인증 코드)로, GCM의 변형으로 인증만 한다.

**GMI**　Group Membership Interval(그룹 회원 간격)로, IGMP와 MLD에서 사용된다. 멀티캐스트 라우터가 특별한 소스나 그룹 회원이 없음을 결정하기 전에 기다리는 시간의 총합이다. QRV * QI + QRI로 설정한다.

**GMRP**　Generic Multicast Registration Protocol(일반 멀티 캐스트 등록 프로토콜)로, MMRP으로 대체한다.

**GPAD**　Group PAD(그룹 PAD)로, IPSec에서 사용된다. 모든 GCKS 기관에 대해 인증 데이터를 포함하는 데이터베이스의 추상화다.

**GRE**　Generic Routing Encapsulation(일반 라우팅 캡슐화)로, IP 데이터 그램 내에 일반적인 캡슐화다.

**GSA**　Group Security Association(그룹 보안 연관)으로, IPsec에서 사용된다. 멀티캐스트 프로토콜을 사용하는 그룹 구성원 간에 구축된 SA다.

**GSAKMP**　Group Secure Association Key Management Protocol(그룹 보안 연관 키 관리 프로토콜)로, 공

통된 암호화 정보, 배포 정책, 접근 제어의 실행, 그룹 키의 생성, 그룹의 역동적인 변화에서 회복을 갖는 그룹을 만들기 위한 프레임워크다.

**GSPD**   Group SPD(그룹 구조화 프로그래밍 도표)로, IPsec에서 사용된다. SAS 및 GSA 둘 다의 정보를 유지할 수 있는 SPD다.

**GSS-API**   Generic Security Services API(일반 보안 서비스 API)로, 인증, 기밀성 등과 같은 무수히 많은 보안을 액세스하는 API다. 일반적으로 커버로스Kerberos 인증 시스템과 함께 사용한다.

**gTLD**   Generic TLD(일반 최상 도메인)로, 국가 코드를 기반으로 하지 않는 최상위 도메인이다. COM, EDU, MIL 등이 사용된다.

**GVRP**   Generic Attribute Registration Protocol(일반 속성 등록 프로토콜)로, MRP로 대체한다.

**HA**   Home Agent(홈 에이전트)로, MN에게 MIP 도우미 서비스를 제공하는 시스템이다.

**HAIO**   Home Agent Information Option(홈 에이전트 정보 옵션)으로, ICMPv6에서 사용된다. HA의 주소를 표시하기 위해 MIPv6를 지원하는 옵션이다.

**HCF**   Hybrid Coordination Function(하이브리드 조정 함수)으로, 우선순위와 경쟁 기반 802.11 채널 액세스를 모두 지원하는 조정 기능이다.

**HDLC**   High-level Data Link Control(하이 레벨 데이터 링크 제어)로, 대중적인 ISO 표준 데이터 링크 프로토콜이다. 가장 인기 있는 PPP 변형의 기반이다.

**HELD**   HTTP-Enabled Location Delivery(HTTP 기반 위치 딜리버리)로, HTTP/TCP/IP를 사용해 LCI를 전달하기 위한 프로토콜이다.

**HIP**   Host Identity Protocol(호스트 식별 프로토콜)로, 이동성 및 보안에 초점을 둔 연구 프로토콜 구조다.

**HMAC**   Hash-based Message Authentication Code(해시 기반의 메시지 인증 코드)로, MAC으로 해싱 알고리즘을 사용하는 특별한 방식이다.

**HoA**   Home Address(홈 주소)로, MIP에서 사용된다. 홈 네트워크에서의 MN 주소다.

**HOPOPT**   IPv6 Hop-by-Hop Option(IPv6 홉과 홉 옵션)으로, 경로의 각 홉hop에 적용되는 IPv6의 옵션 종류다.

**HoT**   Home Test(홈 테스트)로, RR 검사에서 사용된다. BU를 안전하게 하려고 MN이 획득한 키의 일부가 결과가 되는 HA를 경유해 MN에 보내는 메시지다.

**HoTI**   Home Test Init(홈 테스트 기동)으로, RR 검사에서 사용된다. 수신기가 Hot 메시지를 보내게 트리거한다.

**HSPA**  High-Speed Packet Access(고속 패킷 액세스)로, 3GPP 광대역 무선 표준이다. WCDMA의 진화다.

**HSTCP**  Highspeed TCP(고속 TCP)로, '확장 가능한' TCP의 변형으로, CWND는 현재 값의 일부를 기반으로 조절한다. 고용량 환경에서 좀 더 효과적으로 작동하게 설계됐다.

**HT**  High Throughput(높은 처리량)으로, IEEE 802.11n 표준과 연결된 빠른 속도다.

**HTML**  Hyper-Text Markup Language(하이퍼 텍스트 생성 언어)로, WWW의 기본 언어다.

**HTTP**  Hyper-Text Transfer Protocol(하이퍼텍스트 전송 프로토콜)로, WWW의 기본 프로토콜이다. HTML을 전달한다.

**HTTPMU**  UDP를 사용하는 HTTP로, 멀티캐스트 주소를 사용해 UDP로 HTTP 트래픽을 운반하는 방식이다. UPnP의 SSDP 메시지를 운반하는 데 사용한다.

**HTTPS**  SSL/TLS를 통한 HTTP로, 보안 WWW 교환 표준이다.

**HWRP**  Hybrid Wireless Routing Protocol(하이브리드 무선 라우팅 프로토콜)로, IEEE 802.11s를 위해 제안된 라우팅 프로토콜이다.

**IA**  Identity Association(신원 결합)으로, DHCP에서 사용된다. 주소들의 모음이다.

**IAB**  Internet Architecture Board(인터넷 아키텍처 위원회)로, IETF의 기관 중 하나다. 다른 SDO에 아키텍처 감독과 약속에 대한 책임을 진다.

**IAID**  IA Identifier(IA 식별자)로, DHCP에서 사용된다. 특정한 IA를 참조하는 ID다.

**IANA**  Internet Assigned Numbers Authority(인터넷 할당 번호 관리 기관)로, 프로토콜 번호와 필드값을 운영한다.

**IBSS**  Independent Basic Service Set(독립 기본 서비스 세트)로, 802.11 애드혹 네트워크다.

**ICANN**  Internet Corporation for Assigned Names and Numbers(국제 도메인 관리 기구)로, 도메인 네임 및 관련 정책을 관장하는 비영리 단체다.

**ICE**  Interactive Connectivity Establishment(대화형 연결 확립)로, NAT 통과, STUN, 마지막으로 TURN을 수행해 NAT의 존재와 통신을 가능하게 하는 프레임워크다.

**ICMP**  Internet Control Message Protocol(인터넷 제어 메시지 프로토콜)로, IP의 일부로 간주되는 정보 및 오류 보고 프로토콜이다.

**ICS** Internet Connection Sharing(인터넷 연결 공유)으로, NAT의 대체 이름이다. 마이크로소프트 윈도우에서 사용된다.

**ICV** Integrity Check Value(무결성 검사 값)로, 메시지의 무결성을 확인하는 데 사용되는 값이다(예: 암호화 해시).

**ID** Identification(신분증)으로, IKE에서 사용된다. 보낸 사람의 신원을 나타내는 페이로드다.

**IDN** Internationalized Domain Name(국제화된 도메인 네임)으로, 비ASCII 문자로 엔코딩된 도메인 네임이다.

**IEEE** Institute of Electrical and Electronics Engineers(미국전기전자학회)로, 링크 계층 프로토콜 등에 대한 표준 정의 기구SDO다.

**IESG** Internet Engineering Steering Group(인터넷 공학 운영 그룹)으로, RFC의 승인 권한을 가진 IETF의 지배 실체다.

**IETF** Internet Engineering Task Force(인터넷 엔지니어링 태스크 포스)로, 인터넷 표준 정의 기구다.

**IGD, IGDDC** Internet Gateway Device/Discovery and Control(인터넷 게이트웨이 장치/발견 및 제어)로, 홈 NAT 같은 게이트웨이 장치를 발견하거나 구성하기 위한 UPnP 프로토콜이다.

**IGMP** Internet Group Message Protocol(인터넷 그룹 관리 프로토콜)로, IPv4 멀티캐스트 그룹을 관리하는 프로토콜이다. 라우터 및 최종 호스트가 사용한다.

**IHL** Internet Header Length(인터넷 헤더 길이)로, 32비트 단어의 헤더 길이를 나타내는 IPv4 헤더 필드다.

**IID** Interface Identifier(인터페이스 식별자)로, 일반적으로 MAC 주소를 기반으로 하는 숫자 식별자다. IPv6 주소를 선택할 때 사용하지만, 프라이버시 확장 기능이 활성화되면 이러한 목적으로 사용되지 않는다.

**IKE** Internet Key Exchange(인터넷 키 교환)로, IPSec의 일부다. 키와 운영 매개변수를 포함해 보안 연결을 동적으로 설정하는 프로토콜이다.

**IMAP** Internet Message Access Protocol(인터넷 메시지 액세스 프로토콜)로, 서버에서 이메일 헤더 및 메시지를 가져오는 데 사용한다.

**IMAPS** IMAP over SSL/TLS(SSL/TLS를 통한 IMAP)로, 대부분의 이메일 프로그램에서 지원하는 이메일을 가져오기 위한 보안 프로토콜이다.

**IN** Internet(인터넷)으로, DNS에서 사용한다. 인터넷 정보를 나타내는 클래스 이름이다.

**IND** Inverse Neighbor Discovery(이웃 역탐색)로, IPv6을 위한 RARP 같은 기능을 한다.

**IP**    Internet Protocol(인터넷 프로토콜)로, 모든 링크 계층 네트워크에서 공통 추상 데이터 그램을 구현하는 최선 노력의 인터넷 패킷 프로토콜 표준이다.

**IPCP**    IP Control Protocol(IP 제어 프로토콜)로, PPP에서 사용된다. IPv4 네트워크 링크를 구성하는 데 사용하는 NCP다.

**IPG**    Inter-Packet Gap(패킷 간 간격)으로, MAC 프로토콜에서 프레임 사이의 최소 간격이다.

**IPsec**    IP Security(IP 보안 프로토콜)로, IKE, AH, ESP 프로토콜을 포함하는 IP 트래픽의 보안을 위한 프레임워크다.

**IPV6CP**    IPv6 Control Protocol(IPv6 제어 프로토콜)로, PPP에서 사용된다. IPv6의 네트워크 링크를 구성하는 데 사용되는 NCP다.

**IRIS**    Internet Registry Information Service(인터넷 레지스트리 정보 서비스)로, 주소 범위, 관련 AS 번호, 접촉 정보. 네임 서버 등 관련된 정보를 포함하는 데이터베이스다.

**IRTF**    Internet Research Task Force(인터넷 태스크 포스)로, IETF와 IAB의 제휴를 통한 연구 그룹이다.

**ISAKMP**    Internet Security Association and Key Management Protocol(인터넷 보안 연관과 키 관리 프로토콜)로, IPsec에서 사용된다. IKE를 미리 만나는 SA 설정 프로토콜이다.

**ISATAP**    Intra-Site Automatic Tunnel Addressing Protocol(사이트 내부 자동 터널 주소 프로토콜)로, 마이크로소프트에서 지원하는 IPv6를 IPv4로 자동 터널링하는 기술이다.

**ISDN**    Integrated Services Digital Network(종합 디지털 서비스망)로, 회로/패킷 교환이 결합된 데이터 서비스다.

**IS-IS**    Intermediate System to Intermediate System(중간 시스템 통신)으로, ISO 링크 상태 라우팅 프로토콜이다.

**ISL**    Cisco's Inter-Switch Protocol(시스코의 인터 스위치 프로토콜)로, 스위치 간에 VLAN 정보를 관리하기 위한 시스코의 프로토콜이다.

**ISM**    Industrial, Scientific, Medical의 약어로, 대부분 국가에서 라이선스가 없는 주파수 대역이다. 와이파이에서 사용한다.

**ISN**    Initial Sequence Number(초기 순서 번호)로, TCP에서 사용된다. 연결에 대한 최초의 순서 번호로, SYN에 할당한다.

**ISO**    International Organization for Standardization(국제표준화기구)으로, 다양한 프로토콜과 인코딩을 정의하는 책임 표준 정의 기구다.

**ISOC**  Internet Society(인터넷 소시어티)로, 비영리 인터넷 표준 기구다.

**ISP**  Internet Service Provider(인터넷 서비스 제공자)로, 개인이나 회사에서 주소를 할당하거나, DNS와 라우팅을 제공하는 개체다. 다른 ISP들과 함께 동작한다.

**ITU**  International Telecommunications Union(국제전기통신연합)으로, 무선 및 전화 표준 정의 기구다.

**ITU-T**  ITU Telecommunication Standardization Sector(국제 전기 통신 연합의 산하 기관)로, CCITT의 새 명칭이다. ITU의 3개의 분야 중 하나로, ASN.1, X.25, DSL 등의 표준 또는 권고에 대한 책임을 진다.

**IW**  Initial Window(초기 윈도우)로, TCP에서 사용된다. CWND의 초기 값이다.

**IXFR**  Incremental Zone Transfer(증가 영역 전송)로, DNS 영역 정보의 증가 교환, TCP를 사용한다.

**KE**  Key Exchange(키 교환)로, IKE에서 사용된다. 키 설정에 사용되는 페이로드다. 일반적으로 DH를 사용한다.

**KSK**  Key Signing Key(키 서명 키)로, 다른 키 서명을 위해 DNSSEC에서 사용하는 키다. 일반적으로 SEP 비트가 설정돼 있다.

**L2TP**  Layer 2 Tunneling Protocol(2계층 터널링 프로토콜)로, IETF 표준의 링크 계층 터널링 프로토콜 이다.

**LACP**  Link Aggregation Control Protocol(링크 집계 제어 프로토콜)로, 링크 집계를 관리하기 위한 IEEE 802.1AX의 일부다.

**LAG**  Link Aggregation Group(링크 집계 그룹)으로, 하나의 고성능 링크처럼 동작하는 링크의 집합이다.

**LAN**  Local Area Network(근거리통신망)로, 단일 사이트, 사무실, 집과 같이 작은 지역 내의 네트워크다.

**LCG**  Linear Congruential Generator(선형 혼합 생성기)으로, 유명한 PRNG의 결정 유형이다. CSPRNG가 아니다.

**LCI**  Location Configuration Information(위치 설정 정보)으로, 시스템의 위치를 대표하는 데이터다.

**LCI**  Logical Channel Identifier(논리 채널 식별자)로, 회로 스위칭에서 사용된다. 가상 채널 식별자다.

**LCN**  Logical Channel Number(논리 채널 번호)로, 회로 스위칭에서 사용된다. 가상 채널 번호다.

**LCP**  Link Control Protocol(링크 제어 프로토콜)로, PPP에서 사용된다. 링크를 설정할 때 사용한다.

**LDAP**  Lightweight Directory Access Protocol(경량 디렉토리 접속 프로토콜)로, ISO X.500 DAP 프로토콜

기반의 조회 프로토콜이다.

**LDRA** Lightweight DHCP Relay Agent(경량 DHCP 릴레이 에이전트)로, 2계층의 장비가 DHCP 릴레이 에이전트 역할을 하게 허용하는 메커니즘이다.

**LEAP** Lightweight Extensible Authentication Protocol(경량 확장 인증 프로토콜)로, WEP 또는 TKIP 키를 사용하는 시스코의 EAP 방식이다. 취약성을 가진 것으로 알려져 있다.

**LLA** Link Layer Address(링크 계층 주소)로, FMIPv6에서 사용된다. 링크 계층 주소를 나타내는 이동성 헤더 옵션이다.

**LLC** Logical Link Control(논리 링크 제어)로, 링크 제어와 관련된 MAC 계층의 하위 계층이다.

**LLMNR** Link Local Multicast Name Resolution(링크 로컬 멀티캐스트 이름 변환)으로, DNS의 멀티캐스트용의 변형이다. on-link용으로 설계됐고, DNS와는 다른 포트 번호에서 실행한다. 지역 서비스와 노드 검색에 사용한다.

**LMQI** Last Member Query Interval(최종 멤버 조회 간격)로, IGMP와 MLD에서 사용된다. 그룹용의 조회 메시지 간의 시간이다.

**LMQT** Last Member Query Time(마지막 멤버 조회 시간)으로, IGMP와 MLD에서 사용된다. 마지막 구성원 조회와 가능한 전송을 보낸 후 총 소비시간이다. '이탈 간격'을 표현한다.

**LNP** Local Network Protection(로컬 네트워크 보호)으로, NAT를 불필요하게 하는 IPv6 배포에 사용하기 위한 기술의 모음이다.

**LoST** Location-to-Service Translation(위치 서비스 교환)으로, 위치에 기반을 둔 서비스를 제공하는 프레임워크다(예: 가장 가까운 병원 표시).

**LQR** Link Quality Reports(링크 품질 보고서)로, PPP에서 사용된다. 받은/보낸/오류로 거절된 패킷 수를 포함한 링크 품질 측정 보고서다.

**LTE** Long-Term Evolution(장기간 진화)으로, 3GPP 광대역 무선 표준이다. HSPA의 진화다.

**LW-MLD** Lightweight MLD(경량 MLD)로, 단순 참가/이탈 시맨틱을 제공하는 MLD의 변형이다.

**MAC** Media Access Control(미디어 액세스 제어)로, 보통 공유 네트워크 매체에 접속을 중재하는 제어다. 링크 계층 프로토콜의 일부이다.

**MAC** Message Authentication Code(메시지 인증 코드)로, 메시지의 무결성을 확인하는 데 사용되는 수학 함수다.

**MAN** Metropolitan Area Network(대도시 영역 네트워크)로, 같은 도시나 지역 같은 규모의 지리적 범위로 확장된 네트워크다.

**MCS** Modulation and Coding Scheme(변조 및 코딩 방식)로, 변조 및 코딩의 결합이다. 802.11n에는 많은 조합이 가능하다.

**MD** Message Digest Algorithms(메시지 다이제스트 알고리즘)으로, 큰 메시지에 대해 짧은 숫자의 '지문'을 제공하는 수학적 함수다.

**mDNS** Multicast DNS(멀티캐스트 DNS)로, 애플에서 개발한 이름 서비스의 현지 변종이다.

**MIH** Media-Independent Handoff(미디어 독립적인 핸드오프)로, 이기종 네트워크 간의 네트워크 부착 지점의 변경을 지원하는 메커니즘이다. IEEE 802.21 표준은 802.3, 802.11, 802.15, 802.16, 3GPP, 3GPP2 네트워크 유형에 대한 MIH을 커버한다.

**MII** Media-Independent Interface(미디어 독립 인터페이스)로, 하드웨어에서 사용된다. MAC 구현과 PHY 프로토콜 구현 사이의 인터페이스다. 이것은 물리 계층에 독립적이다.

**MIME** Multipurpose Internet Mail Extensions(다목적 인터넷 메일 확장)으로, 이메일 안의 다양한 객체 유형에 레이블을 붙이거나 인코딩하는 방법이다.

**MIMO** Multiple Input, Multiple Output(다중 입력, 다중 출력)으로, 다중 무선 안테나 방식이다. 단일 안테나 시스템보다 뛰어난 성능을 제공하지만, 좀 더 정교한 신호 처리를 요구한다.

**MIP** Mobile IP(모바일 IP)로, IP 주소와 라우팅의 확장이다. 주소 변경 없이 네트워크 부착 지점의 이동성을 지원하기 위한 것이다.

**MITM** Man-in-the-Middle attack(중간자 공격)으로, MSM 공격의 전형적인 형태다. 중간자에 의한 공격을 수행한다.

**MLD** Multicast Listener Discovery(멀티캐스트 리스너 디스커버리)로, 링크상에서 멀티캐스트 수신자를 발견하기 위해 IPv6 라우터가 사용한다. IPv4에서 IGMP와 유사한 기능을 제공한다.

**MLPP** Multilevel Precedence and Preemption(다단계 우선순위 및 선점)으로, 우선순위 전화 방식 전화(예를 들어 군사용 전화)다.

**MMRP** Multiple MAC Registration Protocol(다중 MAC 등록 프로토콜)로, 멀티캐스트 관심을 등록하려고 사용된다. MRP의 일부다.

**MN** Mobile Node(모바일노드)로, MIP 시나리오에서 모바일 노드다.

**MOBIKE** Mobile version of IKE(IKE의 모바일 버전)로, 이동성을 지원하고 정보 처리를 변경하게 개선

1146

된 IKE다.

**MODP** Modulo-P groups의 약어로 모듈러 산술에 기반을 둔 그룹이다. 추상 대수 관점에서 키 설정 프로토콜에 사용된다.

**MOS** Mobility Services(이동성 서비스)로, IEEE 802.21 표준의 일부다. 미디어 독립의 핸드오프 서비스를 지원한다.

**MP** Mesh Point(메시 포인트)로, 메시 구성에서 IEEE 892.11s가 운영되는 곳에서 노드의 이름이다.

**MP, MPPP, MLP, MLPPP** Multi-link PPP(멀티링크 PPP)로, 동시에 여러 링크에서 PPP를 사용한다.

**MPDU** MAC Protocol Data Unit(MAC 프로토콜 데이터 단위)으로, 802.11 표준에서 사용되는 프레임의 이름이다.

**MPE** Manchester Phase Encoding(맨체스터 위상 인코딩)으로, 전압 전환이 하나의 비트로 나타내는 비트 인코딩 스키마다.

**MPLS** Multi-Protocol Label Switching(멀티프로토콜 레이블 스위칭)으로, IP 주소가 아니라 태그 값에 따라 프레임을 스위칭하는 아키텍처다.

**MPPC** Microsoft's Point-to-Point Compression(마이크로소프트의 지점 간 압축)으로, PPP에서 사용된다.

**MPPE** Microsoft's Point-to-Point Encryption(마이크로소프트의 지점 간 암호화)으로, PPP에서 사용된다.

**MPV** Maximum Pad Value(최대 패드 값)로, PPP에서 사용된다. 패드 바이트의 최대 개수다.

**MRD** Multicast Router Discovery(멀티캐스트 라우터 디스커버리)로, 온링크 멀티 캐스트 라우터 이웃을 발견하는 프로토콜다.

**MRP** Multiple Registration Protocol(복수 등록 프로토콜)로, 속성 등록을 위한 IEEE 802.1ak 표준이다.

**MRRU** Multilink Maximum Received Reconstructed Unit(멀티링크 최대 수신 재건 단위)으로, 다수의 MP 링크상의 부분을 재건축한 후의 MRU다.

**MRU** Maximum Receive Unit(최대 수신 단위)으로, 수신기가 수락하는 가장 큰 패킷/메시지 크기다.

**MS-CHAP** Microsoft's Challenge-Handshake Authentication Protocol(마이크로소프트 챌린지 핸드셰이크 인증 프로토콜)로, 요청/재생이나 검증 응답을 포함하는 인증 프로토콜이다. MS-CHAPv1와 MS-CHAPv2의 두 가지 버전이 있다.

**MSDU** MAC Services Data Unit(MAC 서비스 데이터 단위)으로, MAC 상위의 계층에 사용할 802.11 프레임 유형이다.

**MSK** Master Session Key(마스터 세션 키)로, 키 파생을 지원하는 방법을 사용해 EAP 세션 이후에 파생키다.

**MSL** Maximum Segment Lifetime(최대 세그먼트 수명)으로, TCP에서 사용된다. 네트워크에서 세그먼트가 존재할 수 있는 최대 시간이다. 이후에는 무효로 판정된다.

**MSM** Message Stream Modification(메시지 스트림 수정)으로, 메시지의 적극적인 수정이다. 대체로 공격의 한 유형이다.

**MSS** Maximum Segment Size(최대 세그먼트 크기)로, TCP에서 사용된다. 수신기가 받을 수 있는 가장 큰 세그먼트다. 보통 연결 설정 중에 옵션으로 제공한다.

**MTU** Maximum Transmission Unit(최대 전송 단위)으로, 최대 프레임 크기 네트워크가 전송할 수 있는 최대 프레임 크기다.

**MVRP** Multiple VLAN Registration Protocol(다중 VLAN 등록 프로토콜)로, VLAN 등록에 사용하는 MRP의 일부다.

**MX** Mail Exchanger(메일 교환기)로, 메일 교환에 SMTP를 사용하고자 하는 호스트의 우선순위 순서를 나타내는 DNS RR이다.

**NAC** Network Access Control(네트워크 접근 제어)로, 장치가 네트워크를 사용하게 접근 권한을 받을 것인지 여부를 결정하기 위한 프로세스다.

**NACK** Negative Acknowledgment(부정 응답)로, 수신하지 못했거나 수신할 수 없음을 표시한다.

**NAP** Network Access Protection(네트워크 접근 보호)으로, NAC의 마이크로소프트 변형이다. 윈도우 서버 2008에서 처음 수용됐다.

**NAPT** NAT with Port Translation(NAT와 포트 변환)으로, 포트를 다시 쓰기하는 NAT다. NAT의 가장 일반적인 양식이다.

**NAPTR** Name Authority Pointer의 약어로, 다시 쓰기 규칙을 수용하려는 DNS 기반 DDDS에 사용되는 DNS RR이다.

**NAR** New Access Router의 약어로, FMIPv6에서 사용된다. 곧 사용할 것으로 예상되는 라우터다.

**NAT** Network Address Translation(네트워크 주소 변환)으로, IP 데이터그램 내의 주소로 다시 쓰는 메커니즘이다. 보통 사설 IP 주소와 함께 사용한다. 전역적으로 라우팅할 수 있는 IP 주소의 사용을 줄이기 위해 주로 사용한다. 또한 방화벽 기능의 유형을 지원한다.

**NAT64**      IPv6/IPv6 NAT를 의미한다. IPv4/ICMPv4에서 IPv6/ICMPv6로, 그리고 그 반대로 변환하는 NAT다. IPv6/IPv4 상호운용성 및 공존을 위한 제안이다.

**NAT-PMP**      NAT Port Mapping Protocol(NAT 포트 매핑 프로토콜)로, 일부 NAT 장치를 구성하려는 애플에서 개발한 IGD의 대안이다. 원격 포트 포워딩을 설정하는 기능을 제공한다.

**NAT-PT**      NAT with Protocol Translation(프로토콜 변환 기능을 가진 NAT)으로, IPv4/IPv6 변환을 시도한다. 현재는 사용되지 않는다.

**NAV**      Network Allocation Vector(네트워크 할당 벡터)로, 다른 스테이션이 802.11 DCF를 사용하고 있어서 전송하기 전의 시간 지연이다.

**NBMA**      Non-Broadcast Multiple Access(비브로드캐스트 다중 접속)로, 브로드캐스트 기능이 없는 다중 접속이다.

**NCoA**      New Care-of Address(NCoA 새로운 보조 주소)로, FMIPv6에서 사용된다. NAR에서 획득하려는 COA다.

**NCP**      Network Control Protocol(네트워크 제어 프로토콜)로, PPP에서 사용된다. 네트워크 계층 프로토콜을 설정하는 데 사용한다.

**ND, NDP**      Neighbor Discovery(이웃 탐색)로, 온링크의 이웃을 발견하고 MAC주소를 획득하는 IPv6 방법이다. ARP처럼 동작한다. ICMPv6의 일부다.

**NEMO**      Network Mobility(망 이동성)로, 라우터나 네트워크가 접속 지점을 변경하는 이동성이다.

**NIC**      Network Interface Card(네트워크 인터페이스 카드)로, 컴퓨터가 네트워크와 접속하는 장치다.

**NONCE**      number used once(일회용 숫자)로, 암호화 프로토콜에서 재생 공격 방지를 위해서 사용하는 랜덤 값이다.

**NPT66**      IPv6-to-IPv6 NAPT의 약어로, 주소 및 포트 변환 알고리즘을 가진 NAT다.

**NRO**      Number Resource Organization(번호 자원 기구)으로, ICANN에 주소 지원 기구다.

**NS**      Name Server(네임 서버)로, 다른 네임 서버의 이름을 표시하는 DNS RR이다.

**NS**      Neighbor Solicitation(이웃 요청)으로, IPv6 ND의 일부다. IPv4 ARP 요청과 유사하지만 IPv6 멀티캐스트 주소를 사용한다. ICMPv6을 사용해 구현한다.

**NSCD**　Name Services Cache Daemon(네임 서비스 캐시 데몬)으로, 유닉스 시스템에서 대중적인 DNS와 다른 해결 방안 등에 대한 캐싱을 제공하는 프로세스다.

**NSEC**　Next Secure(차세대 보안)로, DNSSEC에서 사용되는 정렬 목록의 다음 RR을 표시하는 DNS RR 이다. 인증 거부에 사용된다.

**NSEC3**　Next Secure(version 3)(차세대 보안 버전 3)로, NSEC 같은 DNS RR이다. 하지만 DNS 이름 열거 공격에 저항하는 해시 함수를 포함한다.

**NSEC3PARAM**　NSEC Parameters(NSEC 매개변수)로, DNSSEC에서 NSEC3 해시 함수 매개변수를 보 유하는 DNS RR이다.

**NTN**　Non-Terminal NAPTR(넌터미널 NAPTR)로, DNS에서 사용된다. 레코드가 있는 다른 도메인을 가 리키는 NAPTR이다.

**NTP**　Network Time Protocol(네트워크 시간 프로토콜)로, 시간 동기를 위한 프로토콜이다.

**NUD**　Neighbor Unreachability Detection(이웃 도달 불능 탐지)으로, IPv6 ND에서 사용된다. 이웃이 여전 히 접근할 수 있는지 결정하는 데 사용된다.

**OCSP**　Online Certificate Status Protocol(온라인 인증서 상태 프로토콜)로, 인증서의 유효성을 확인하기 위한 프로토콜이다. CRL을 획득하기 위한 대안이다.

**OFDM**　Orthogonal Frequency Division Multiplexing(직교 주파수 분할 다중화)으로, 높은 처리량을 달 성하기 위해 여러 주파수의 부반송파에서 동시에 지정된 대역폭 안에 변조하는 복잡한 변조 방식이다. DSL, 802.11a/g/n, 802.16e, LTE를 포함한 첨단 셀룰러 데이터 기준에서 사용된다.

**OID**　Object Identifier(객체 식별자)로, 디지털 객체의 숫자 식별자, 인증서 인코딩에 사용한다.

**OLSR**　Optimized Link State Routing(최적화된 링크 상태 라우팅)으로, 애드혹^ad-hoc 네트워크에서 온디 맨드 라우팅을 위한 표준 프로토콜이다.

**OOB**　Out Of Band(대역 외 채널)로, 주요 통신 채널 외부에서 정보를 전달한다.

**ORO**　Option Request Option(옵션 요청 옵션)으로, DHCP에서 사용된다. 어떤 옵션이 지원되는지 시스템 이 알고 싶어 한다는 것을 표시하는 옵션이다.

**OSI**　Open System Interconnect(개방형 시스템 상호 연결)로, 프로토콜의 계층화된 설계의 기초를 형성하 는 데 도움이 오픈 시스템을 위한 ISO가 지정하는 추상적인 참조 모델이다.

**OUI**　Organizationally Unique Identifier(조직 고유 식별자)로, IEEE에 의해 정의된 원본 MAC 계층 주소 프 리픽스 형식이다.

**P2P** Peer-to-Peer의 약어로, 참여하는 시스템이 클라이언트이면서 서버다.

**PA** Provider-Aggregatable의 약어로, 고객의 프리픽스를 공급자가 제공하는 IP 주소 공간이다.

**PAA** PANA Authentication Agent(PANA 인증 에이전트)로, AAA 서버와 같은 인증을 수행하는 PANA 에이전트다.

**PaC** PANA Client(PANA 클라이언트)로, 인증을 요청하는 PANA 에이전트다.

**PAD** Peer Authentication Database(실체 인증 데이터베이스)로, IPSec에서 사용된다. IKE 또는 PSK와 관련 인증 데이터의 사용과 같은 각 실체에 대한 인증 정보를 포함하는 데이터베이스의 추상화다.

**PANA** Protocol for Carrying Authentication for Network Access(네트워크 접속에 대한 인증 운반 프로토콜)로, EAP을 위한 UDP/IP 운반자다.

**PAP** Password Authentication Protocol(비밀번호 인증 프로토콜)로, 평문 암호를 운반하는 프로토콜이다. MITM이나 중간 가로채기에 취약하다.

**PAWS** Protection Against Wrapped Sequence Numbers(랩드 순서 번호 보호)로, TCP에서 사용된다. 순서 번호를 알아낼 때 TSOPT 값을 사용하는 방법이다.

**PCF** Point Coordinating Function(포인트 조정 함수)으로, 802.11를 위한 경쟁 없는 MAC 프로토콜과 경쟁 기반 MAC 프로토콜이다. 널리 사용되지는 않는다.

**PCO** Phased Coexistence Operation의 약어로, 레거시 장비에 덜 부정적인 영향을 끼치게 802.11 AP가 채널 폭을 전환하는 방법이다.

**PCoA** Previous Care-of Address(이전 보조 주소)로, FMIPv6에서 사용된다. PAR부터 얻은 현재 또는 이전의 COA다.

**PCP** Port Control Protocol(포트 제어 프로토콜)로, SPNAT와 NAT64를 포함하는 NAT 를 구성하는 현재 사용되는 IETF 프로토콜의 초안이다.

**PDU** Protocol Data Unit(프로토콜 데이터 단위)으로, 프로토콜 계층에서의 메시지의 설명이다. 때로는 패킷, 프레임, 데이터그램, 세그먼트, 또는 메시지로 불리기도 한다.

**PEAP** Protected Extensible Authentication Protocol(보호 확장성 인증 프로토콜)로, TLS 안에 EAP를 캡슐화하는 일반적인 방법이다. EAP-TTLS와 비슷하다.

**PEN** Private Enterprise Number(민간 기업 번호)로, IANA에서 지정한 기업에서 사용할 수 있는 OID를 형성하는 숫자다.

**PFC** Protocol Field Compression(프로토콜 필드 압축)으로, PPP에서 사용된다. 오버헤드를 줄이기 위해 프로토콜 필드를 제거한다.

**PFS** Perfect Forward Secrecy(완전 순방향성 비밀성)로, 공개 키 암호화에 사용된다. 키가 노출되더라도 그 키로 암호화한 데이터만 노출되고 다른 키나 데이터에는 무관한 특성이다.

**PHB** Per-Hop Behavior(홉별 행위)로, DS를 구현하려고 사용되는 라우터에서의 추상적 행위다.

**PHY** Physical(물리)로, OSI에서의 한 계층이다. 보통 커넥터, 주파수, 코드 작성 및 변조에 대해 설명한다.

**PI** Provider-Independent(공급자 독립적)로, 고객이 소유한 IP 주소 공간이다. ISP의 주소 프리픽스에서 파생되지 않았다.

**PIM** Protocol Independent Multicast(프로토콜 독립 멀티캐스트)로, 비지역 멀티캐스트 라우팅 프로토콜이다. 유니캐스트 라우팅 프로토콜 데이터 및 운영에 영향력이 있다.

**PIO** Prefix Information Option(프리픽스 정보 옵션)으로, ICMPv6에서 사용된다. IP 주소 프리픽스를 전달하는 옵션이다.

**PKC** Public Key Certificate(공개 키 인증서)로, 인증기관에서 제공한 공개 키 및 서명을 포함하는 디지털 객체다. 다양한 이용 정책 및 매개변수를 준수한다.

**PKCS** Public Key Cryptography Standards(공개 키 암호화 표준)로, 공개 키와 관련 자료를 인코딩하거나 표현하는 방식이다.

**PKI** Public Key Infrastructure(공개 키 인프라)로, 공개 키의 관리 및 배포를 위한 시스템이다.

**PLCP** Physical Layer Convergence Procedure(물리 계층 수렴 절차)로, 프레임 유형 및 라디오 매개변수를 인코딩하거나 결정하는 802.11 방법이다.

**PMTU** Path MTU(경로 MTU)로, 발신자에서 수신자까지의 경로에서 링크에 대한 최소 MTU다.

**PMTUD** PMTU Discovery(PMTU 탐색)로, PMTU를 결정하는 과정이다. 일반적으로 ICMP PTB 메시지에 따라 다르다.

**PNAC** Port-Based NAC(포트 기반 NAC)로, 인증 결정이 수행되는 접속의 물리적 포트가 있는 NAC의 버전이다.

**PoE** Power over Ethernet(이더넷 전원 공급)으로, 이더넷 배선을 통해 장치에 전원을 공급한다.

**POTS** Plain Old Telephone Service(기존 전화 서비스)로, 전통적인 아날로그 전화 서비스다.

**PPP** Point-to-Point Protocol(점대점 프로토콜)로, 링크 계층 구성 및 데이터 캡슐화 프로토콜이다. 복수의 네트워크 계층 프로토콜을 운반할 수 있고, 다수의 하부 물리 링크를 사용한다.

**PPPoE** PPP over Ethernet(이더넷을 통한 PPP)으로, 이더넷 링크를 통해 PPP를 연결하는 방법이다.

**PPTP** Point-to-Point Tunneling Protocol(점대점 터널링 프로토콜)로, 마이크로소프트의 링크 계층 터널링 프로토콜이다.

**PRF** Pseudorandom Function Family(의사 난수 기능 계열)로, 다항식 시간 알고리즘을 사용해 진정한 난수 발생 함수와 구분할 수 없는 함수의 집합이다.

**PRNG, PRG** Pseudo-Random Generator(의사 난수 생성기)로, 일련의 난수처럼 보이는 값을 계산하는데 사용되는 수학 함수다.

**PSK** Pre-Shared Key(사전 공유 키)로, 사전 배치된 암호화 키다. 동적 키 교환 프로토콜은 사용하지 않는다.

**PSM** Power Save Mode(절전 모드)로, 802.11의 모드다. 휴식중이거나 바쁘지 않을 때 나중에 AP로부터 그들의 정보를 수신하게 대기한다.

**PSMP** Power-Save Multi-Poll(절전 다중 Poll)로, APSD의 양방향 버전이다. 802.11n의 일부다.

**PTB** Packet Too Big(너무 큰 패킷)으로, nexthop MTU 크기에 대해 너무 큰 패킷을 표시하는 ICMP 목적지 도달 불가 파편화 요구됨이거나 IPv6 패킷이 너무 큼 메시지다.

**QAM** Quadrature Amplitude Modulation(직교 진폭 변조)으로, 위상 진폭 변조의 조합이다.

**QBSS** QoS BSS의 약어로, 802.11e 또는 802.11n의 QoS 기능과 함께 향상된 802.11 BSS다.

**QI** Query Interval(조회 간격)로, IGMP 및 MLD에서 사용된다. 일반 조회 사이의 시간이다.

**QoS** Quality of Service(서비스 품질)로, 설정 매개변수를 기반으로 지연이나 폐기 우선순위를 사용해 트래픽이 다르게 처리되는 것을 설명하는 일반 용어다.

**QPSK** Quadrature Phase Shift Keying(4분 위상 편이 변조)으로, 심볼당 더 많은 비트를 사용하면 더 진보된 버전을 확보할 수 있지만, 심볼당 2비트를 변조하면 4개의 신호 위상을 사용할 수 있다.

**QQI** Querier's Query Interval(조회자의 조회 간격)로, IGMP 및 MLD에서 사용된다. 일반 조회 메시지를 보내는 사이의 시간이다. 현재의 비조회자 멀티캐스트 라우터는 QI 값으로 가장 최근에 받은 QQI 값을 채택한다.

**QQIC** Querier's Query Interval Code(조회자의 조회 간격 코드)로, IGMP 및 MLD 메시지에서 사용된다.

QQI 값으로 인코딩한다.

**QRI**   Query Response Interval(조회 응답 간격)로, IGMP 및 MLD에서 사용된다. 수신기가 조회에 대한 응답을 보내게 허용되는 시간의 최대량이다.

**QRV**   Querier Robustness Variable(조회자의 견고 변수)로, IGMP 및 MLD에서 사용된다. 재전송의 수를 설정한다.

**QS**   Quick Start(빠른 시작)로, TCP에서 사용된다. 장치가 경로에 동의할 때 빠른 시작 행위를 위한 실험적인 수정안이다.

**QSTA**   QoS STA의 약어로, QoS 기능을 지원하는 802.11 STA다.

**RA**   Router Advertisement(라우터 광고)로, 온링크on-link 라우터 이웃의 존재를 표시하는 메시지다. ICMP 사용한다.

**RADIUS**   Remote Authentication Dial-In User Service protocol(원격 인증 전화 접속 사용자 서비스 프로토콜)로, AAA 데이터를 운반하는 보편적인 프로토콜이다.

**RAIO**   Relay Agent Information Option(릴레이 에이전트 정보 옵션)으로, DHCPv6에서 사용된다. 다양한 비트의 정보를 삽입하려고 중계기가 사용하는 옵션이다.

**RARP**   Reverse ARP(역ARP)로, 네트워크 계층을 MAC 계층 주소로 매핑하는 프로토콜이다.

**RAS**   Remote Access Server(원격 접근 서버)로, 원격 사용자를 처리(인증, 접근 제어 등)하는 서버다.

**RC4**   Rivest Cipher #4(Rivest 암호화 #4)로, Ron Rivest에 의해 설계된 보편적인 대칭 키 암호화 방식이다.

**RD**   Router Discovery(라우터 탐색)로, 근접 라우터를 찾을 수 있는 절차다. ICMP를 사용한다.

**RDATA**   Returned Data(반환된 데이터)로, 반환된 데이터를 저장할 때 사용하는 DNS 프로토콜의 일부다.

**RDNSS**   Recursive DNS Server(재귀 DNS 서버)로, RA에서 사용된다. DNS 서버의 주소를 나타낸다.

**RED**   Random Early Detection(무작위 조기 탐지)으로, 영구적인 경쟁이 증가할 때 증가 확률을 가진 패킷을 표시하거나 폐기하는 AQM 방식이다.

**RFC**   Request for Comments(의견 요청)로, IETF가 발행한 문서다. 일부는 표준이다.

**RGMP**   Router-port Group Management Protocol(라우터 포트 그룹 관리 프로토콜)로, IGMP 스누핑이 가능한 시스코 프로토콜이다.

**RH**   Routing Header(라우팅 헤더)로, 변경하는 트래픽 전송 경로를 변경하는 IPv6의 확장 헤더다.

**RHBP**   Rate Halving with Bounded Pacing의 약어로, TCP에서 사용된다. 패킷 손실이라고 유추된 이후에 RTT 기간에 걸쳐 고르게 재전송을 하는 FACK 알고리즘의 진화된 버전이다.

**RIP**   Routing Information Protocol(라우팅 정보 프로토콜)로, 작은 조직의 라우팅 프로토콜이다. 원래 버전은 서브넷 마스크를 지원하지 않는다.

**RIR**   Regional Internet Registry(지역별 인터넷 레지스트리)로, 세계의 일부 영역에 대해 할당된 주소 공간이다.

**RO**   Route Optimization(경로 최적화)으로, 단순 MIP에서 사용되는 간접 'dogleg' 경로에서 라우트(노선)를 개선한다.

**ROAD**   Running Out of Address Space(주소 공간 부족)로, IPv6를 생성하게 한 동기다. 결과로 CIDR을 생성한다.

**ROHC**   Robust Header Compression(헤더 압축)으로, 프로토콜 헤더 압축에 대한 현재 세대의 표준이다.

**RP**   Rendezvous Point(랑데뷰 포인트)로, 그룹 정보를 교환하는 멀티캐스트 라우팅에 사용한다.

**RPC**   Remote Procedure Call(원격 프로시저 호출)로, 프로그램의 프로시저를 원격으로 실행하도록 지원하는 프레임워크다.

**RPF**   Reverse Path Forwarding(역경로 전송)으로, 루프를 피하기 위해 발신자에게 도달하는 데 사용되는 것과 동일한 인터페이스상에 멀티캐스트 데이터그램이 도착하도록 보장하기 위해 RPF 검사는 멀티캐스트 라우터에 의해 수행된다.

**RPSL**   Routing Policy Specification Language(라우팅 정책 명세 언어)로, 어떤 네트워크 프리픽스가 AS를 소유하는 것과 대등한지 라우팅 정책을 표현하는 데 사용되는 언어다.

**RR**   Resource Record(리소스 레코드)로, 도메인 네임이 소유한 DNS를 통해 배포되는 정보 블록의 유형이다.

**RRP, RR**   Return Routability/Procedure(복귀 라우팅 가능)로, 모바일 노드가 인증을 받았다는 것을 보장하기 위해 MIPv6에서 사용되는 검사다. HoA 체크와 COA 체크를 포함한다.

**RRset**   Resource Record Set(리소스 레코드 집합)로, 동일한 도메인 네임 소유자와 클래스를 갖는 DNS RR의 집합이다.

**RRSIG**   Resource Record Signature(리소스 레코드 서명)로, DNSSEC에서 DNS RR이다. RRset에 서명을 보유하고 있다.

**RS** Router Solicitation(라우터 요청)으로, 라우터에게 응답을 생성하게 유도하는 ICMP 메시지다.

**RSA** Rabin, Shamir, Adelman의 약어로, 가장 대중적인 공개 키 암호화 알고리즘이다.

**RSN** Robust Security Network(강력한 보안 네트워크)로, IEEE 802.11i/WPA에서 향상된 보안. 802.11 표준에 포함한다.

**RSNA** RSN Association(RSN 협회)으로, RSN을 활용, 구현한다.

**RST** Reset(재설정)으로, TCP 연결 중단을 초래하는 TCP 헤더 비트와 세그먼트 유형이다.

**RSTP** Rapid Spanning Tree Protocol(빠른 스패닝 트리 프로토콜)로, STP의 감소 지연 버전이다.

**RTO** Retransmission Timeout(재전송 시간 초과)으로, 분실한 것으로 생각되는 데이터에 대한 재전송하기 전의 시간이다.

**RTS** Request To Send(송신 요구)로, 다음 메시지를 보내게 요청하는 메시지다.

**RTT** Round Trip Time(왕복 시간)으로, 통신 실체로부터 응답을 기대하는 최소한의 시간이다.

**RTTM** RTT Measurement(RTT 측정)로, RTT의 순간 추정치다.

**RTTVAR** RTT Variance(RTT 분산)로, TCP에서 사용된다. 연결의 RTT 편차의 평균 시간 기댓값이다.

**RTX** Retransmission(재전송)으로, 데이터의 재발송이다.

**RW** Restart Window(재시작 윈도우)로, TCP에서 사용된다. TCP가 다시 시작할 때 유휴기간 이후에 보내는 CWND 값이다.

**SA** Security Association(보안 연관)으로, IPSec에서 사용되며, 피어 사이의 단방향 결합을 보유하는 상태다. 합의된 키, 알고리즘 등을 포함하고, SA는 유니캐스트 또는 멀티캐스트가 될 수 있다.

**SACK** Selective Acknowledgment(선택적 확인 응답)로, TCP에서 사용된다. 순서열 데이터 중 정확하게 수신된 것을 표시하는 옵션이다.

**SAD** Security Association Database(보안 연관 데이터베이스)로, IPSec에서 사용된다. 활성 SA에 관한 정보를 포함하는 데이터베이스의 추상화다. 논리적으로 SPI에 의해 색인된다.

**SAE** Simultaneous Authentication of Equals(동시에 같은 인증)로, 802.11s에서 사용되는 인증 양식이다.

**SAP** Session Announcement Protocol(세션 알림 프로토콜)로, 실험적인 멀티캐스트 세션 공지 사항을 운반한다(SDP를 참조).

**SCSV**  Signaling Cipher Suite Value(신호 암호 스위트 값)로, TLS에서 사용된다. CS가 아니라, 대체 기능이나 옵션의 특정 집합을 표시하는 CS 값이다.

**SCTP**  Stream Control Transport Protocol(스트림 제어 전송 프로토콜)로, 엄격한 순서를 준수하지 않고, 다수의 서브스트림substreams과 엔드포인트 주소 변경을 지원하는 TCP의 대안인 신뢰성 있는 전송 프로토콜이다.

**SCVP**  Server-Based Certificate Verification Protocol(서버 기반 인증서 검증 프로토콜)로, 인증을 위해 DPD과 DPV를 지원하는 프로토콜이다.

**SDID**  Signing Domain Identifier(신호 도메인 식별자)로, DKIM에서 사용된다. 서명자의 도메인 네임이다.

**SDLC**  Synchronous Data Link Control(동기식 데이터 연결 제어)로, HDLC의 이전 버전이다. SNA의 링크 계층을 담당한다.

**SDO**  Standards-Defining Organization(표준 정의 기구)으로, IEEE, IETF, ISO, ITU, 3GPP, 3GPP2 등이 포함된다.

**SDP**  Session Description Protocol(세션 기술 프로토콜)로, 멀티미디어 세션을 설명하는 프로토콜이다.

**SEND**  Secure Neighbor Discovery(보안 이웃 탐색)로, CGA를 사용하는 ND의 안전한 변형이다.

**SEP**  Secure Entry Point(보안 진입점)로, DNSSEC에서 사용된다. KSK를 포함하는 DNSKEY RR을 나타낸다.

**SFD**  Start Frame Delimiter(시작 프레임 구분자)로, 링크 PDU에서 프레임의 시작 부분을 나타내는 비트 패턴이다.

**SG**  Security Gateway(보안 게이트웨이)로, IPSec에서 사용된다. 흔히 네트워크 종단에서 IPSec 프로토콜을 종료시키는 시스템이다.

**SHA**  Secure Hash Algorithm(보안 해시 알고리즘)으로, 메시지 무결성을 보장하는 적합한 해시 알고리즘의 집합 중 하나다.

**SIFS**  Shorts Inter-Frame Space(근거리 인터 프레임 간격)로, 802.11 프레임과 ACK 사이 시간의 작은 양이다.

**SIIT**  Stateless IP/ICMP Translation(무상태 IP/ICMP 변환)으로, IPv4와 IPv6 사이의 번역을 위한 프레임워크다. ICMP 번역, NAT64, DNS64에 대한 특별한 규칙을 포함한다.

**SIP**  Session Initiation Protocol(세션 개시 프로토콜)로, 일반적인 시그널링 프로토콜이다. VoIP에서 사용된다.

**SLAAC**   Stateless Address Autoconfiguration(무상태 주소 자동 설정)으로, 노드가 자체적으로 IP 주소를 자동 설정하는 메커니즘이다. 일반적으로 IPv6 노드에 적용한다.

**SLLAO**   Source Link-Layer Address Option(발신지 링크 계층 주소 옵션)으로, ICMPv6에서 사용된다. 발신자의 링크 계층 주소를 운반하는 옵션이다.

**SMSS**   Sender's MSS(발신자의 MSS)로, 발신자에 의해 보이는 연결에 대한 MSS다.

**SMTP**   Simple Mail Transfer Protocol(단순 메일 전송 프로토콜)로, 메일 전송 에이전트 사이에 메일의 전송을 수행하는 프로토콜이다.

**SNA**   Systems Network Architecture(시스템 네트워크 아키텍처)로, IBM의 네트워크 아키텍처다.

SNAP Subnetwork Access Protocol(서브넷 접근 프로토콜)로, 802.2 캡슐화를 위한 IEEE 용어다. TCP/IP네트워크에서는 희귀하다.

**S-NAPTR**   Straightforward NAPTR(직관 NAPTR)로, AUS가 정규 표현식 치환을 사용하지 않고 직접 결과로 매핑하는 단순화된 NAPTR이다.

**SNMP**   Simple Network Management Protocol(단순 망 관리 프로토콜)로, 상태 보고 및 네트워크 장비에 대한 구성 설정이다. 일반적으로 UDP/IP에서 사용한다.

**SOA**   Start of Authority(권한 개시)로, 영역에 대해 메타데이터를 나타내는 DNS RR이다.

**SOAP**   (formerly) Simple Object Access Protocol((예전) 단순 객체 접근 프로토콜)로, RPC와 같은 기능을 제공하는, XML을 사용하는 웹 서비스 응용 프로토콜이다. SOAP은 더 이상 줄임말이 아니다.

**SPD**   Security Policy Database(보안 정책 데이터베이스)로, IPSec에서 사용된다. 트래픽이 처리되는 방식(폐기, 통과, 보호)에 적용되는 보안 정책을 포함하는 데이터베이스의 추상화다.

**SPI**   Security Parameter Index(보안 매개변수 인덱스)로, IPSec에서 사용된다. 보안 매개변수를 표시하는 SAD에의 논리 인덱스다. 32 또는 64비트를 사용한다.

**SPNAT, CGN, LSN**   서비스 공급자Service-Provider(규모가 큰 NAT)로, 주소 변환을 고객이 아니라 서비스 제공자가 수행하는 NAT 배포 배치다.

**SRP**   Secure Remote Password(보안 원격 패스워드)로, 암호 기반의 강력한 키 동의 프로토콜이다. TLS나 EAP 등과 같은 여러 가지 보안 프로토콜에 의해 지원된다.

**SRTP**   Secure Real-Time Protocol(실시간 보안 프로토콜)로, 실시간 프로토콜의 UDP/IP 기반의 보안 변종이다. 일반적으로 멀티미디어 정보를 운반하는 데 사용한다.

**SRTT**  스무드Smoothed RTT로 TCP에서 사용된다. 연결의 RTT에 대한 시간 평균 추정치다.

**SSDP**  Simple Service Discovery Protocol(단순 서비스 발견 프로토콜)로, LAN과 주거 네트워크를 위한 IETF가 지정한 분산 서비스 발견 프로토콜이다. UPnP에서 사용한다.

**SSH**  Secure Shell Protocol(보안 셸 프로토콜)로, 보안이 된 원격 로그인/실행 프로토콜이다. 다른 프로토콜의 터널링도 지원한다.

**SSID**  Service Set Identifier(서비스 집합 식별자)로, 802.11 네트워크 이름이다.

**SSL**  Secure Sockets Layer(보안 소켓 계층)로, TCP 위의 암호화 및 무결성 보호 계층이다. TLS의 전신이다.

**SSM**  Single-Source Multicast(단일 소스 멀티캐스트)로, 하나의 파티만 소스 트래픽을 특정 그룹에게 보내는 멀티캐스트다.

**STA**  Station(스테이션)으로, 액세스 포인트 또는 관련 무선 호스트에 대한 IEEE 802.11 용어다.

**STP**  Spanning Tree Protocol(스패닝 트리 프로토콜)로, 루프를 피하기 위해 브리지와 스위치 사이에서 사용되는 프로토콜이다.

**STUN**  Session Traversal Utilities for NAT(NAT을 위한 세션 순회 유틸리티)로, NAT 통과시 트래픽 흐름의 주소와 포트 번호를 수정하는 데 도움이 되는 클라이언트/서버 프로토콜이다.

**SWS**  Silly Window Syndrome(바보 윈도우 증후군)으로, 프로토콜적으로는 윈도우 기반 흐름 제어를 사용한다. 작은 윈도우크기의 사용으로 소량 데이터 교환에서 바람직하지 않은 현상이다.

**SYN**  Synchronize(동기화)로, TCP 연결에서 보낸 TCP 헤더의 비트와 첫 번째 세그먼트 유형이다.

**TCP**  Transmission Control Protocol(전송 제어 프로토콜)로, 흐름과 혼잡 제어를 포함하는 메시지 경계가 없는 연결 지향 신뢰 프로토콜이다.

**TCP-AO**  TCP Authentication Option(TCP 인증 옵션)으로, TCP에서 사용된다. MSM 공격을 방지하기 위한 알고리즘에 민감한 메커니즘이다.

**TDES, 3DES**  Triple DES(트리플 DES)로, 112비트의 유효 키 길이로 표현되는 DES 암호의 3 라운드를 사용하는 암호화다.

**TDM**  Time Division Multiplexing(시분할 다중화)으로, 별도의 사용 시간 슬롯을 할당해 공유한다.

**TFC**  Traffic Flow Confidentiality(트래픽 흐름 기밀)로, IPsec에서 사용된다. 더미 패킷의 생성과 패딩을 포함해 암호화된 경우에도 트래픽 흐름을 위장하는 방법이다.

**TFRC**    TCP Friendly Rate Control(TCP 친화적인 속도 제어)로, 유사한 운영 환경의 TCP 흐름 안에서 불공정하게 경쟁하지 않도록 프로토콜의 전송 속도를 제어하는 방법이다.

**TFTP**    Trivial File Transfer Protocol(간이 FTP)로, UDP/IP 기반 단순 전송 프로토콜이다.

**TKIP**    Temporal Key Integrity Protocol(임시 키 무결성 프로토콜)로, WPA를 위한 WEP 암호화 알고리즘의 대체다.

**TLD**    Top-Level Domain(최상위 도메인)으로, 최상위 도메인 네임이다(예를 들어 EDU, COM, UK, ZA).

**TLS**    Transport Layer Security(전송 계층 보안)로, 넷스케이프가 개발한 SSL(Secure Socket Layer) 프로토콜을 기반으로 한다.

**TLV**    Type/Length Value(유형/길이 값)로, 프로토콜에 사용된다. 유형, 가변 길이 값의 길이, 그리고 값을 나타낸다.

**ToS**    Type of Service(서비스 유형)로, 서비스의 형식을 나타내는 IPv4 헤더 바이트에 대한 오래된 이름이다. DS 필드와 ECN 비트로 대체된다.

**TS**    Traffic Selector(트래픽 선택기)로, IKE에서 사용된다. IP 주소 범위, 포트 번호 등과 같이 트래픽을 식별하기 위한 사양이다.

**TSER, TSecr**    Timestamp Echo Reply(타임스탬프 에코 회신)로, TCP에서 사용된다. 피어에게 TSV 값을 회신하는 데 사용되는 TSOPT의 부분이다.

**TSF**    Time Synchronization Function(시간 동기화 기능)으로, 802.11 BSS의 공통 시간을 설정한다.

**TSIG**    Transaction Signatures(트랜잭션 서명)로, 개인적인 DNS 트랜잭션을 안전하게 하는 데 사용되는 서명이다. 원래부터 있던 내용은 아니다.

**TSOPT**    Timestamps Option(타임스탬프 옵션)으로, TCP에서 사용된다. TSV 및 TSER 값을 포함하는 옵션이다.

**TSPEC**    Traffic Specification(트래픽 사양)으로, 802.11의 QoS 트래픽 매개변수를 나타내는 구조다.

**TSV**    Timestamp Value(타임스탬프 값)로, TCP에서 사용된다. 발신자의 시간을 식별하는데 사용하는 TSOPT의 부분이다. RTTM이나 PAWS에서 사용한다.

**TTL**    Time-to-Live(유지 시간)로, 데이터그램에게 허용된 남아있는 라우터 홉 수를 표시하는 IPv4 헤더 필드다.

**TURN**    Traversal Using Relay NAT(NAT 릴레이 사용 탐색)로, 호스트 간의 제3자 릴레이 정보의 프로토

콜이다. 이것이 없으면 하나 이상의 NAT 존재 때문에 통신할 수 없다.

**TWA**  Time-Wait Assassination(시간 대기 감소)으로, TCP에서 사용된다. 시간 대기 상태 동안에 특정 세그먼트를 수신해 발생된 오류 조건이다.

**TXOP**  Transmission Opportunity(전송 기회)로, 802.11에서 사용된다. 스테이션이 하나 이상의 프레임을 보낼 수 있게 허용하는 '신용'의 형태다.

**TXT**  Text(텍스트)로, 설명 문구를 표현하는 DNS RR이다. DKIM에서 사용된다.

**UBM**  Unicast Prefix-based Multicast addressing(유니캐스트 프리픽스 기반의 멀티 캐스트 주소 지정)으로, 할당된 유니캐스트 프리픽스를 기반으로 멀티캐스트 주소를 파생한다.

**UDL**  Unidirectional Link(단방향 링크)로, 한 방향으로만 통신을 제공하는 링크다.

**UDP**  User Datagram Protocol(사용자 데이터그램 프로토콜)로, 메시지 경계가 있는 혼잡이나 흐름 제어가 없는 최선 노력의 메시지 프로토콜이다.

**UEQM**  Unequal Modulation(비균등 변조)으로, 서로 다른 데이터스트림이 동시에 서로 다른 변조 방식을 사용한다.

**ULA**  Unique Local IPv6 Unicast Addresses(고유 로컬 IPv6의 유니캐스트 주소)로, IPv6에서 사용되는 개인 주소다. fc00::/7 프리픽스에서 할당한다.

**U-NAPTR**  URI-enabled NAPTR(URI를 이용하는 NAPTR)로, 제한된 정규 표현식 치환을 허용하는 단순 NAPTR이다.

**U-NII**  Unlicensed National Information Infrastructure(무면허 국립 정보 인프라)로, 대부분 국가에서 허가받지 못한 라디오 스펙트럼이다.

**UNSAF**  Unilateral Self-Address Fixing(일방적 자체 주소 고정)으로, NAT 통과 후에 트래픽이 어떻게 식별되는지 결정하기 위한 시도에 사용되는 발견적 학습이다. 취약 과정 ICE와 같은 기법에 대해 취약 프로세스가 권장 대안이다.

**UP**  User Priority(사용자 우선)로, 802.11 우선순위다. 802.1d에서와 동일한 용어 기준이다.

**UPnP**  Universal Plug and Play(범용 플러그앤플레이)로, 가정용 사용자를 겨냥한 장치 및 서비스 발견에 대한 프로토콜 프레임워크다. UPnP를 포럼에 의해 표준화한다.

**URG**  Urgent Mechanism(긴급 메커니즘)으로, TCP에서 사용된다. '긴급'으로 정보를 표시하고 식별하는 방법이다. 권장하지는 않는다.

**URI**  Universal Resource Identifier(범용 자원 식별자)로, 인터넷상의 이름이나 리소스를 식별하는 문자의 문자열이다. URL 및 URN를 포함한다.

**URL**  Uniform Resource Locator(단일 자원 위치)로, 공식적인 WWW 주소다.

**URN**  Universal Resource Name(범용 자원 이름)으로, URN 스킴을 사용하는 URI다. 자원의 가용성을 암시하지 않는다.

**USRK**  Usage-Specific Root Key(용도 특정 루트 키)로, 특정 목적을 위해 사용되게 의도된 EMSK에서 파생된 키다.

**UTC**  Coordinated Universal Time(협정 세계 시)으로, NTP나 다른 프로토콜에서 사용하는 표준시다. GMT와 호환 가능하지만, 일부 기술적 차이가 있다.

**UTO**  User Timeout(사용자 시간 초과)으로, TCP에서 사용된다. 연결을 포기하기 전에 재전송을 시도하려고 TCP 발신자가 기다리는 최대 시간이다.

**VC**  Virtual Circuit(가상 회로)으로, 가상 전용 통신 경로다.

**VLAN**  Virtual LAN(가상 LAN)으로, 공유 배선에서 다수의 LAN을 시뮬레이션하는 데 가장 많이 사용한다.

**VLSM**  Variable-Length Subnet Masks(가변 길이 서브넷 마스크)로, 동일한 환경에서 다양한 길이의 서브넷 마스크를 근접 사용한다.

**VoIP**  Voice over IP(IP상의 음성)로, IP 네트워크를 통해 음성 트래픽을 운송한다. 보통 SIP 시그널링을 포함한다.

**VPN**  Virtual Private Network(가상 사설 네트워크)로, 가상적으로 고립된 네트워크다. 종종 암호화된다.

**W3C**  World Wide Web Consortium(월드 와이드 웹 컨소시엄)으로, XML과 같은 웹 표준을 정의하는 SDO다.

**WAN**  Wide Area Network(광역 통신망)로, 지리적으로 분산된 사이트를 연결하는 네트워크다. 보통 여러 관리 조직을 포함한다.

**WEP**  Wired Equivalent Privacy(유선급 프라이버시)로, Wi-Fi 암호화의 원본이다. 보안에 취약하다.

**WESP**  Wrapped ESP로, IPSec에서 사용된다. 다음 트래픽이 암호화됐거나 인증만 됐는지 표시하는 헤더 앞에 ESP를 붙이는 방법이다. 중간 장비에 의한 검사에 유용하다.

**Wi-Fi**  Wireless Fidelity(와이파이)로, IEE802.11 무선 랜 표준이다.

**WiMAX**　Worldwide Interoperability for Microwave Access(와이맥스)로, IEEE 802.16 무선 광대역 표준이다.

**WKP**　Well-Known Prefix(잘 알려진 프리픽스)로, 검사합 중립 IPv6의 프리픽스 64:ff9b:: /96다. IPv4와 IPv6 주소 간의 매핑 알고리즘에 사용한다.

**WLAN**　Wireless LAN(무선 LAN)으로, Wi-Fi와 같은 무선 LAN이다.

**WMM**　Wi-Fi Multimedia(와이파이 멀티미디어)로, 802.11e QoS 보장의 부분집합이다. 현재 802.11n으로 사용 가능하다.

**WoL**　Wake on LAN(LAN 시동)으로, 특정 패킷을 받을 때까지 슬립 모드를 유지하는 방법이다.

**WPA**　WiFi Protected Access(와이파이 보호 접근)로, 802.11 암호 방법이다.

**WPAD**　Web Proxy Autodiscovery Protocol(웹 프록시 자동 발견)로, 인접한 www 프록시 의 존재를 발견하는 프로토콜이다.

**WRED**　Weighted RED(무거운 RED)로, 표시/폐기 확률이 트래픽 클래스와 비중 할당의 함수인 RED다.

**WSCALE, WOPT, WSOPT**　Window Scale Option(윈도우 크기 옵션)으로, TCP에서 사용된다. 스케일링 인자가 윈도우 크기 필드에 적용되는 것을 표시하는 옵션이다.

**WWW**　World Wide Web(월드 와이드 웹)으로, HTTP/TCP/IP 프로토콜을 사용한 네트워크 데이터 환경이다.

**X.25**　ITU-T recommendation X.25(ITU-T 권고 X.25)로, OSI 계층 1~3을 다루는 ITU-T 표준 패킷 교환 네트워크 표준이다. TCP/IP의 광범위한 사용 전까지 가장 대중적인 패킷 교환 기술이다.

**XML**　Extensible Markup Language(확장성 마크업 언어)로, 기계가 읽을 수 있는 형태로 문서를 인코딩하는 일련의 규칙이다. 웹 서비스에서 광범위하게 사용한다.

**XMPP**　Extensible Messaging and Presence Protocol(확장 메시지 존재 프로토콜)로, 메시지의 교환, 존재, 연락처 목록 정보에 대한 개방적이고 확장 가능한 HTML 기반의 프로토콜이다.

**ZSK**　Zone Signing Key(존 서명 키)로, 영역의 내용 서명을 위해 DNSSEC에서 사용하는 키다. 대체로 KSK로 서명된다.

# 찾아보기

# TCP/IP Illustrated, Volume1 Second Edition
## TCP/IP 네트워크 프로토콜의 이해

발 행 | 2021년 8월 31일

지은이 | 케빈 폴 · 리차드 스티븐스
옮긴이 | 김 중 규 · 이 광 수 · 이 재 광 · 홍 충 선
감수자 | 이 정 문

펴낸이 | 권 성 준
편집장 | 황 영 주
편 집 | 조 유 나
　　　　김 진 아
디자인 | 송 서 연

에이콘출판주식회사
서울특별시 양천구 국회대로 287 (목동)
전화 02-2653-7600, 팩스 02-2653-0433
www.acornpub.co.kr / editor@acornpub.co.kr

한국어판 ⓒ 에이콘출판주식회사, 2021, Printed in Korea.
ISBN 979-11-6175-563-2
http://www.acornpub.co.kr/book/tcpip-illustrated-new

책값은 뒤표지에 있습니다.

## IPv4 헤더

| | | | | |
|---|---|---|---|---|
| 0 | | (2비트)→ | 15 16 | 31 |

| 버전<br>(4비트) | IHL<br>(4비트) | DSField<br>(6비트) | E<br>C<br>N | 전체 길이<br>(16비트) |
|---|---|---|---|---|
| 식별자<br>(16비트) | | | 플래그<br>(3비트) | 단편 오프셋<br>(13비트) |
| TTL<br>(8비트) | | 프로토콜<br>(8비트) | | 헤더 검사합<br>(16비트) |
| 발신지 IP 주소<br>(32비트) | | | | |
| 목적지 IP 주소<br>(32비트) | | | | |
| 옵션(있는 경우)<br>(320비트/40바이트 이내의 가변 길이) | | | | |

기본 IPv4 헤더 (20바이트)

IPv4 헤더

## IPv6 헤더

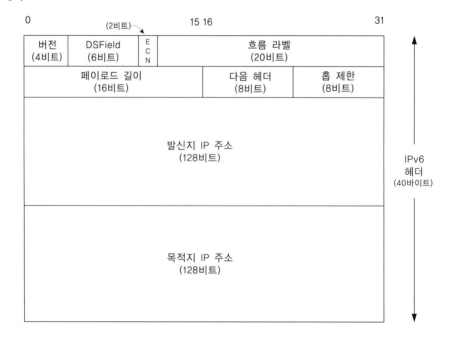

| | | (2비트)→ | 15 16 | 31 |
|---|---|---|---|---|

| 버전<br>(4비트) | DSField<br>(6비트) | E<br>C<br>N | 흐름 라벨<br>(20비트) | |
|---|---|---|---|---|
| 페이로드 길이<br>(16비트) | | | 다음 헤더<br>(8비트) | 홉 제한<br>(8비트) |
| 발신지 IP 주소<br>(128비트) | | | | |
| 목적지 IP 주소<br>(128비트) | | | | |

IPv6 헤더 (40바이트)